《苏州通史》编纂委员会 ◇ 编

苏州通史

中华人民共和国卷
（1978—2000）

姚福年 ◇ 编著

学术总顾问

戴 逸

学术顾问

李文海　张海鹏　朱诚如　汝 信
茅家琦　段本洛　熊月之

总主编

王国平

苏州大学出版社
Soochow University Press

图书在版编目(CIP)数据

苏州通史. 中华人民共和国卷. 1978－2000 /《苏州通史》编纂委员会编；姚福年编著. ——苏州：苏州大学出版社,2019.3
ISBN 978-7-5672-2511-4

Ⅰ.①苏… Ⅱ.①苏… ②姚… Ⅲ.①苏州－地方史－1978－2000 Ⅳ.①K295.33

中国版本图书馆 CIP 数据核字(2018)第 263262 号

苏州通史 中华人民共和国卷(1978—2000)

编　　著	姚福年
篆　　刻	陈道义
责任编辑	欧阳雪芹　顾　清
装帧设计	唐伟明　吴　钰
出版发行	苏州大学出版社
地　　址	苏州市十梓街1号
邮　　编	215006
电　　话	0512-67481020　65222617(传真)
网　　址	http://www.sudapress.com
邮　　箱	sdcbs@suda.edu.cn
印　　刷	苏州工业园区美柯乐制版印务有限责任公司
开　　本	787 mm×1 092 mm　1/16　印张 42.5　字数 763 千
版　　次	2019 年 3 月第 1 版
	2019 年 3 月第 1 次印刷
书　　号	ISBN 978-7-5672-2511-4
定　　价	190.00 元

版权所有　侵权必究

序

在苏州市委、市政府领导和市委宣传部的组织实施下,经过长达十年的努力,皇皇16卷本的《苏州通史》即将出版,实在可喜可贺。

盛世修史,是中华民族的优良传统。伴随着经济的发展和社会的进步,2002年8月,党中央、国务院郑重做出了启动国家清史纂修工程的重大决定。在国家清史纂修工程的成功示范下,不少地方政府也开始组织力量,对本地区的历史文化进行深入挖掘和梳理,编纂区域性通史即是其中的重要途径。

苏州是我国重要的历史文化名城,在2500多年的发展史上,苏州先民创造了光辉灿烂的地方文化,成为中华文化的重要组成部分。宋代以来,苏州就有"人间天堂"的美誉。明清时期的苏州,在很多方面都达到了中国封建社会发展的顶峰。当今的苏州,作为改革开放的前沿,在经济、社会和文化诸方面都取得了令人瞩目的成就,综合实力位居全国前列。深入挖掘苏州的历史文化内涵,总结苏州发展的得失成败,是历史赋予当今苏州人的光荣使命。《苏州通史》在这种背景下应运而生。

十年来,在苏州市委、市政府和市委宣传部的大力支持下,总主编王国平教授带领课题组的数十位专家学者,心怀高度的历史责任感,反复切磋,努力钻研,通力合作,高质量地完成了《苏州通史》的撰写,堪称"十年磨一剑"。可以说,这部《苏州通史》系统地厘清了苏州发展的历史脉络,全面展现了苏州丰厚的文化积淀,是第一部完全意义上的苏州通史。我认为,这部《苏州通史》不但可以作为苏州城市的文化名片,也可以作为爱国主义教育的乡土教材。

古人云:"鉴于往事,有资于治道。"对于一个国家如此,对于一个地区何尝不是如此。相信《苏州通史》的出版,必将会为苏州的进一步发展提供强大精神力量。

　　苏州是我魂牵梦萦的家乡。八年前,我曾为《苏州史纲》作序;八年后的今天,又躬逢《苏州通史》出版的盛事,何其幸哉!对于家乡学术界在苏州历史文化研究方面取得的历史性跨越,我感到由衷的喜悦,故赘述如上,谨以为序。

戴逸

2017年10月25日

绪 言

苏州是中国重要的历史文化名城。早在一万多年前,太湖的三山岛就已出现了光辉灿烂的旧石器文化,成为中华文明的摇篮之一。商代末年,泰伯奔吴,带来了先进的中原文化。此后,吴国在此立国。吴王阖闾时期,兴建了吴大城,吴国也渐臻强盛,最终北上称霸。秦汉时期,今苏州地区纳入统一王朝的治理,经过孙吴政权的经营和东晋南朝的发展,到唐代中叶,苏州已经成为中国的经济中心之一。宋元时期,苏州的经济文化得到长足发展。到明清时期,苏州的发展水平已臻历史巅峰,成为全国著名的经济和文化中心,影响直至今日。晚清至民国时期,苏州逐渐从传统走向现代。中华人民共和国成立后,特别是改革开放以来,苏州再度强势崛起,成为当今中国发展最快、率先基本建成高水平全面小康社会的地区之一,创造了新的奇迹。这是苏州历史进程的主要脉络,构成了《苏州通史》的主线。

作为第一部完全意义上的苏州通史,我们希望能够以16卷的体量,系统完整地厘清苏州历史发展的脉络,全方位地展现苏州政治、军事、经济、社会、文化各方面的历史风貌。《苏州通史》撰写所涉及的主要内容与问题说明如下:

一、《苏州通史》的时空界定

1. 时间界定:苏州的历史包括这一区域的史前史。今日苏州所辖吴中区的太湖三山岛,早在一万多年前就出现了旧石器文化,这就成了《苏州通史》的起点。《苏州通史》的时间下限为公元2000年。

2. 政区空间界定:兼顾政区空间的现状与历史,以现行行政区域为基准,详写;历史行政区域超越现行行政区域部分,在相关历史时期中略写。

二、《苏州通史》的体例

参照中国传统史书编撰体例,借鉴国家清史纂修工程的《清史》主体设计,《苏州通史》主体部分为导论以及从先秦至中华人民共和国时期的历史(分为若干阶段的断代史),另设人物、志表、图录等三部分。人物、志表、图录中的内容是对通史部分相关内容的补白与补强。

《苏州通史》共分16卷。第1卷为导论卷,第2卷为先秦卷,第3卷为秦汉至隋唐卷,第4卷为五代宋元卷,第5卷为明代卷,第6卷为清代卷,第7卷为中华民国卷,第8卷为中华人民共和国卷(1949—1978),第9卷为中华人民共和国卷(1978—2000);第10卷为人物卷(上),第11卷为人物卷(中),第12卷为人物卷(下),第13卷为志表卷(上),第14卷为志表卷(下),第15卷为图录卷(上),第16卷为图录卷(下)。

三、"导论卷"的结构与内容

"导论卷"为丛书首卷,包括苏州历史地理概要、苏州史研究概述以及苏州史论三个部分。

"导论卷"上篇为苏州历史地理概要。在对苏州各历史时期地理环境要素演变做分期分类的基础上,重点对苏州历史沿革地理和苏州历史自然地理演变做概要性叙述,主要包括苏州历史气候与生态变迁、苏州地质与地貌变迁、苏州古城水道变迁、苏州历史建置沿革以及苏州城池防务沿革。

"导论卷"中篇为苏州史研究概述。《苏州通史》是学术界业已取得的研究成果的集中体现。对于苏州各个时期历史的研究,学术界已有或多或少的成果,并以著作、论文等为载体展现世间。《苏州通史》的作者们充分关注和汲取了这些宝贵的学术营养。"导论卷"的苏州史研究概述,分别列举并适当评述了先秦、秦汉至隋唐、五代宋元、明代、清代、中华民国、中华人民共和国等历史时期苏州史的研究成果。

"导论卷"下篇为苏州史论。按照通史的体例,正文中不可能就论题展开详细的专题性论述,这些相关论述即构成了"导论卷"下篇的苏州史论。这些专题论述有:《春秋吴国国号及苏州城市符号的"吴"及其溯源》《秦汉至隋唐时期吴城所辖行政区域及政治地位的变迁》《五代宋元时期来苏移民问题》《明代苏州地位论纲》《晚清苏州的现代演进》《民国以降苏州经济社会发展的传统规定性》《人民公社时期苏州农村社队工业的兴起与发展》《改革开放时期苏州经济发展的三次跨越》,大体上覆盖了苏州历史发展进程中的一些重要节点。

四、自先秦至中华人民共和国各卷的章节体系

自先秦至中华人民共和国各卷是通史的主体,分为8卷断代史。各卷采用纵横结合的结构,根据本卷所跨时段的政治经济发展状况,划分若干客观发展阶段为若干章,主要写政治、军事、经济状况;另设社会一章,主要写整个时段苏州人口家族、宗教信仰、民风节俗等;另设文化一章,主要写科学技术、教育、文化艺术等。这样,以"X+2"模式架构和贯通8卷断代史。

自先秦至中华人民共和国共8卷的章节体系,展示了苏州历史进程的主要脉络,体现了《苏州通史》的主线。各卷设章如下:

先秦卷 第一章,远古文明;第二章,泰伯南奔与立国勾吴(泰伯至寿梦);第三章,从徙吴至强盛(诸樊至吴王僚时期);第四章,"兴霸成王"与吴大城建筑(阖闾时期);第五章,从称霸到失国(夫差时期);第六章,战国时期的吴地;第七章,吴国社会状况;第八章,吴国的文化。

秦汉至隋唐卷 第一章,秦汉时期的苏州;第二章,六朝时期的苏州;第三章,隋唐时期的苏州;第四章,秦汉至隋唐时期的苏州社会;第五章,秦汉至隋唐时期的苏州文化。

五代宋元卷 第一章,五代苏州从混战走向稳定;第二章,北宋苏州的稳固与发展;第三章,南宋苏州的复兴与繁华;第四章,元代苏州的持续发展;第五章,五代宋元时期苏州的社会组织与社会生活风俗;第六章,五代宋元时期苏州的文化。

明代卷 第一章,洪武时期苏州社会恢复性发展;第二章,建文到弘治时期苏州社会持续性发展;第三章,正德到崇祯时期苏州社会转型性发展;第四章,明代苏州社会生活;第五章,明代苏州文化。

清代卷 第一章,恢复、发展与繁荣(顺治至乾隆年间);第二章,衰退与剧变(嘉庆至同治初年);第三章,变革与转型(同治初年至宣统年间);第四章,社会风貌;第五章,文化成就。

中华民国卷 第一章,民初情势;第二章,革命洗礼;第三章,近代气象;第四章,战争浴火;第五章,社会生活;第六章,文化教育。

中华人民共和国卷(1949—1978) 第一章,向社会主义过渡;第二章,全面探索的十年;第三章,"文化大革命"的十年内乱;第四章,在徘徊中前进的两年;第五章,社会变迁;第六章,文教、卫生事业的曲折发展。

中华人民共和国卷（1978—2000） 第一章，全面拨乱反正和改革开放启动时期；第二章，推进改革开放和加快发展时期；第三章，深入改革开放和现代化建设勃兴时期；第四章，和谐多彩的社会生活；第五章，与时俱进的文化建设。

五、人物、志表、图录各卷的编排

人物卷 《苏州通史》第10—12卷为人物卷（上）（中）（下），所录人物共1600余人（含附传），包括苏州籍人士、寓居苏州有影响的非苏州籍人士，以及主要活动在外地的有影响的苏州籍人士。所录人物主要按人物生卒年排序。

志表卷 《苏州通史》第13—14卷为志表卷（上）（下），志表合一，分为建置、山川、水利、城市、街巷桥梁、园林、乡镇、人口、财政、职官、教育、藏书、文学、新闻出版、绘画、书法篆刻、音乐、昆曲、评弹、工艺美术、宗教、物产、风俗、古建筑、会馆公所、古迹等共26章。

图录卷 《苏州通史》第15—16卷为图录卷（上）（下），所录历史图片按政区舆图、军政纪略、衙署会所、城池胜迹、乡镇名景、水陆交通、市政设施、农林水利、工矿企业、店铺商社、苏工苏作、园林园艺、科学技术、科举教育、文学艺术、报纸杂志、书法绘画、文献藏书、文化设施、文娱体育、医疗卫生、风俗民情、宗教信仰、慈善救济、人物图像、故居祠墓等共26类编排。各类图片基本按图片内容发生时间排序。图录卷共收录图片2000余幅，每幅图片均附扼要的文字说明。

《苏州通史》的人物、志表、图录等卷与其他相关的人物传记、方志、专业志、老照片等著作体裁有别，详略不同，其内容取舍取决于丛书的学术需求。

六、苏州元素的体现

苏州通史，所以能区别于其他地区的通史，在于展现了苏州悠久的历史发展过程中形成的历史文化特色，这些特色又是通过其独特的元素来体现的。为此，《苏州通史》的撰写，对历史进程中的苏州元素予以重点关注与剖析。诸如三山旧石器文化、太湖与苏州水系、伍子胥建城、三国东吴、范仲淹与"先天下之忧而忧，后天下之乐而乐"、苏州府学、"苏湖熟，天下足"、"上有天堂，下有苏杭"、吴门画派、吴门医派、昆曲评弹、园林、丝绸、顾炎武与"天下兴亡，匹夫有责"、姑苏繁华、明清苏州状元、苏福省、冯桂芬与"中学为体，西学为用"、苏州洋炮局、东吴大学、社队企业、"苏南模式"、苏州工业园区等，都会在相关各卷进行重点论述。

绪　言

从 2007 年撰写《苏州史纲》算起，至 2010 年《苏州通史》立项，再至 2018 年《苏州通史》付梓，整整十一年。若谓十年磨一剑，绝非虚语。

十余年里，我们怀抱美好的愿望，希望这部《苏州通史》能够成为第一部完全意义上的苏州通史，系统完整地厘清苏州历史发展的脉络，全方位地展现苏州政治、军事、经济、社会、文化各方面的历史风貌。希望这部《苏州通史》能够成为苏州城市的一张靓丽名片，展现苏州历史文化的丰厚积淀，展现当今苏州发展的辉煌成就，也在一定程度上展现苏州社会科学界在本土历史文化研究方面的学术成就。希望这部《苏州通史》能够成为苏州历史文化资源开发利用的一个坚实基础。

为此，《苏州通史》作者力求城市通史体系创新，力求新史料应用及史实考证的创新，力求观点提炼与论述创新，力求《苏州通史》能够达到同类通史的最高水平。

为此，《苏州通史》作者严格把握了保障学术水平的几个环节，诸如开题研讨、专题研讨、结项研讨、书稿外审、总主编审定、编委会审定等。在通史撰写过程中，熊月之、崔之清、姜涛、周新国、范金民、李良玉、戴鞍钢、马学强、张海林、王健、王永平、孟焕民、徐伟荣、汪长根、吴云高、卢宁、邓正发、涂海燕、陈其弟、陈嵘、尹占群、林植霖、张晓旭等专家学者参与了书稿的审阅，并提出了宝贵的意见与建议。

为此，苏州市领导还聘请了全国史学界及相关领域权威学者戴逸、李文海、张海鹏、朱诚如、汝信、茅家琦、段本洛、熊月之等先生担任学术顾问，并聘请戴逸先生担任总顾问。非常感谢他们听取相关事宜的汇报，并不吝赐教。

《苏州通史》作为市属重大社科研究项目，十余年来，得到苏州市委、市政府的高度重视和大力支持。先后担任中共苏州市委书记的王荣同志、蒋宏坤同志、石泰峰同志、周乃翔同志，以及先后担任苏州市市长的阎立同志、曲福田同志、李亚平同志等，都对《苏州通史》的研究编纂工作给予关心、指导和帮助。作为《苏州通史》编纂的主管部门，苏州市委宣传部历任部长徐国强同志、蔡丽新同志、徐明同志、盛蕾同志、金洁同志，历任分管副部长高志罡同志、孙艺兵同志、陈雪嵘同志、黄锡明同志等接续发力，从各方面为《苏州通史》编纂团队排忧解难，提供条件，创造了从容宽松的工作氛围。苏州市委宣传部副部长、市文明办主任缪学为同志和市社科联主席刘伯高同志积极支持项目立项和研究，并从资金等方面提供保障。苏州市委宣传部工作人员洪晔、吕江洋、徐惠、刘纯、刘锟、陆怡、盛征、陈华等同志先后参与了具体组织和协调推进工作。谨此致谢。

《苏州通史》杀青之际,掩卷而思著作之艰辛,能不感慨系之?感慨于《苏州通史》课题组各位同仁十余年来付出的难以言表与计量的刻苦与辛劳,感慨于众多学者专家审读各卷书稿所给评价与建议的中肯与宝贵,感慨于苏州市委宣传部历任领导对《苏州通史》从立项到出版全程的悉心呵护与大力支持,感慨于苏州大学领导从我们承接任务到付梓出版所给予的支持和关心,感慨于社会各界对《苏州通史》方方面面的关注与期待。

　　历经十余年打磨,《苏州通史》即将面世。果能得如所愿,不负领导希望,不负社会期待,不负同仁努力,则不胜欣慰之至!

王国平
2018年10月于自在书房

目 录

第一章　全面拨乱反正和改革开放启动时期
（1978年12月—1982年8月）/ 001

第一节　工作重点转移和全面拨乱反正 / 004
一、实行工作重点转移 / 004
二、全面拨乱反正 / 006

第二节　城乡经济调整和发展新局面 / 018
一、苏州地区调整规划和实施成效 / 019
二、压减双季稻与发展多种经营和社队工业 / 021
三、城市经济的调整与优化发展 / 030

第三节　改革开放的启动 / 043
一、农村家庭联产承包责任制逐步推行 / 043
二、城市经济体制改革初步展开 / 051
三、对外开放迈出步伐 / 054

第四节　苏州城市建设方针初步确定与实施 / 057
一、苏州城市性质与建设方针逐步明确 / 057
二、苏州城市建设初步探索与实践 / 062

第二章　推进改革开放和加快发展时期
（1982年9月—1991年12月）/ 069

第一节　工业化推动经济加速发展 / 072
一、80年代加快发展的目标与规划 / 072

　　　　二、乡镇工业的异军突起及其历史意义 / 074
　　　　三、"四大名旦"鹊起与城市工业的壮大 / 088
　　　　四、第三产业方兴未艾 / 104

　　第二节　扩大开放构筑经济发展新优势 / 119
　　　　一、对外开放战略部署的制定与实施 / 119
　　　　二、切块自营促进外贸大步发展 / 122
　　　　三、利用外资举办"三资"企业 / 129
　　　　四、自费开发区的创办与"昆山之路" / 133
　　　　五、尝试"走出去"和对外合作交往领域的拓展 / 140
　　　　六、张家港港开发建设和苏州境内海关的设立与发展 / 143

　　第三节　城乡经济体制改革全面推进 / 146
　　　　一、取消人民公社和推进农业规模经营为主的农村第二步改革 / 146
　　　　二、城市企业改革不断深入 / 158
　　　　三、配套改革有序推行 / 161

　　第四节　城乡建设加快步伐 / 168
　　　　一、国务院批复苏州市城市总体规划 / 169
　　　　二、"碧溪之路"和农村城镇化的大力推进 / 171
　　　　三、古城保护整治改造逐步展开 / 180
　　　　四、苏州新区开发建设加大力度 / 187

　　第五节　贯彻"两手抓、两手都要硬"方针 / 192
　　　　一、精神文明建设务实开展 / 192
　　　　二、民主政治建设扎实推进 / 195
　　　　三、法制建设切实加强 / 203
　　　　四、加强和改善新时期党的建设 / 209

　　第六节　迎战种种考验实现全面崛起 / 213
　　　　一、经受经济治理整顿的挑战和考验 / 213
　　　　二、抗御1990年中强地震和1991年特大洪涝灾害 / 217
　　　　三、实现经济"农转工"的历史跨越和全面崛起 / 225

第三章　深入改革开放和现代化建设勃兴时期
　　　　（1992年1月—2000年12月）/ 229

第一节　90年代加快发展的新部署 / 231
　　一、贯彻邓小平南方谈话和中共十四大精神 / 232
　　二、部署率先实现基本现代化 / 234

第二节　开发区构筑跨越发展新平台 / 237
　　一、国家级开发区领跑开放型经济 / 238
　　二、省级开发区构筑区域经济增长极 / 250
　　三、乡镇经济小区走上特色化发展之路 / 259
　　四、苏州工业园区崭露头角及其"园区经验" / 262

第三节　经济发展"内转外"的第二次历史性跨越 / 281
　　一、加快发展开放型经济的重大决策部署和成效 / 281
　　二、利用外资量质并举 / 285
　　三、对外贸易全面拓展 / 288
　　四、对外经济技术合作开新局 / 291

第四节　经济总量跃升和结构逐步优化 / 292
　　一、国内先进制造业重要基地初步形成 / 292
　　二、现代农业迈开发展步伐 / 311
　　三、第三产业加快发展 / 325

第五节　市场经济体制改革的深化与完善 / 351
　　一、农村经营管理体制的创新与完善 / 351
　　二、乡镇企业改革的不断深化 / 354
　　三、国有集体企业改革步步推进 / 359
　　四、综合配套改革全面展开 / 365

第六节　城乡现代化建设和城镇化进程加速 / 372
　　一、城乡一体基础设施建设大力推进 / 373
　　二、古城保护更新与中心城市建设有序推进 / 376
　　三、县域城镇现代化建设和城镇化加速推进 / 391

四、生态环境保护日益加强 / 398

第七节　扎实推进"四大建设"保障促进改革开放 / 407
　　一、精神文明建设蓬勃开展与培育弘扬"张家港精神" / 407
　　二、民主政治建设积极推进 / 415
　　三、法制建设和依法治市不断深化 / 424
　　四、推进党的建设新的伟大工程 / 434

第四章　和谐多彩的社会生活 / 443

第一节　变化多端的人口家庭婚姻状况 / 445
　　一、人口规模与构成的变化 / 445
　　二、计划生育的全面实施及其成效 / 451
　　三、婚姻家庭观的嬗变及其正负效应 / 453

第二节　日益改善的人民生活 / 456
　　一、城乡居民收入水平不断提高和收入差距逐步缩小 / 456
　　二、市民生活改善与生活方式演变 / 458

第三节　创新完善社会管理与建设 / 466
　　一、社会组织体制的变革与完善 / 467
　　二、社会治安的新挑战及其应对与治理 / 470
　　三、社会济困助残和慈善公益事业长足发展 / 476

第四节　社会习俗和苏州方言的传承与演化 / 482
　　一、吴地民俗的传承与流变 / 482
　　二、苏州方言的承继与演化 / 492

第五节　多元并存的宗教信仰 / 495
　　一、宗教政策的恢复和落实 / 496
　　二、五大宗教的繁荣发展 / 498
　　三、民间宗教信仰活动呈现多样化 / 503

第五章　与时俱进的文化建设 / 507

第一节　科技事业长足发展 / 509
一、科技兴市方略的制定与实施 / 509
二、科研机构和科技队伍的成长壮大 / 512
三、科技创新成果不断涌现 / 517

第二节　教育现代化不断推进 / 526
一、教育改革与发展的重大决策部署 / 526
二、义务教育的率先普及与高标准发展 / 530
三、普通高中教育的发展起伏与办学模式探索 / 533
四、中等职业技术教育的兴盛与发展特色 / 535
五、普通高等教育的发展与壮大 / 537
六、其他各类教育的发展与演变 / 547

第三节　文化事业繁荣发展 / 551
一、公共文化服务体系日臻完善 / 551
二、物质文化遗产保护成果不凡 / 555
三、非物质文化遗产保护与传承初现成效 / 562
四、文学艺术创作繁荣兴旺 / 576
五、传媒业发展壮大与史志社科研究活跃兴盛 / 590

第四节　卫生和体育事业发展提升 / 599
一、医疗卫生事业飞跃发展 / 599
二、体育事业日益兴盛 / 606

大事记 / 612

参考文献 / 656

后　记 / 660

第一章 全面拨乱反正和改革开放启动时期（1978年12月—1982年8月）

第一章　全面拨乱反正和改革开放启动时期
（1978年12月—1982年8月）

1978年12月召开的中共十一届三中全会,彻底否定"两个凡是"的方针,停止使用"以阶级斗争为纲"的口号,形成以邓小平为核心的党中央领导集体,果断做出把全党工作着重点转移到社会主义现代化建设上来的战略决策,从而结束了粉碎"四人帮"后两年来党在徘徊中前进的局面,使党在思想、政治、经济、组织等领域的拨乱反正开始全面展开,揭开了改革开放的序幕,成为中国进入社会主义事业发展新时期的标志。[1]

在中共十一届三中全会后到1982年9月中共十二大召开的近四年中,苏州市(时辖东风区、红旗区、延安区3个城区及1个郊区,1979年6月起3个城区分别更名为平江区、沧浪区、金阊区)和苏州地区(时辖吴县、常熟、无锡、江阴、沙洲、昆山、太仓、吴江8个县)各级党委、政府,团结带领700多万(按1982年统计,苏州市66.97万人、苏州地区661.83万人[2])干部群众,在十一届三中全会正确路线的指引下,着重进行了三方面的工作与探索:一是迅速组织工作重点的转移,积极实施对国民经济的调整,在调整中实现经济的全面恢复和城乡建设的加快推进;二是逐步启动改革开放,探索开辟新时期城乡经济社会发展的新路子;三是系统展开拨乱反正,把"文化大革命"时期受到严重扰乱的社会关系调整过来,极大地调动干部群众的社会主义建设积极性,探索加强新时期的社会主义精神文明建设、民主政治建设和党的建设。经过近四年的艰苦努力,取得了较为显著的成果,苏州同全国一样,平稳地实现了开辟建设有中国特色社会主义道路的历史大转折,苏州的经济社会发展掀开了崭新的历史篇章,有些方面逐步开始在全省乃至全国崭露头角,为20世纪80年代的迅速崛起奠定了坚实的基础。

---

[1] 中共中央党史研究室:《中国共产党简史》,中共党史出版社2001年,第169、170页。
[2] 苏州地委办公室:《有关苏州地区基本情况的一些统计资料》,1982年9月23日,第1页,苏州市档案馆藏,档号H1—1—155。

第一节 工作重点转移和全面拨乱反正

中共十一届三中全会后,中共苏州地委(以下简称"地委")和苏州市委(以下简称"市委")坚决、果断地实行工作重点转移,在统一思想认识、变革领导体制、搞好人才保障等方面采取扎实有效举措,推动苏州各级党委、政府的工作切实、迅速地转移到以经济建设为中心的各项社会主义现代化建设上来;同时,按照中央的部署,认真组织开展各个领域的全面拨乱反正工作,为顺利推进全党工作重点转移奠定坚实的思想基础,提供强大的精神动力,构建坚强的政治和组织保证,营造安定团结的社会环境。

一、实行工作重点转移

地委和市委坚决贯彻中央关于实行全党工作重点转移的重要决策,从1978年12月下旬起分别连续召开多次会议,传达、学习十一届三中全会精神,研究、确定重点转移后苏州地、市工作的主要方向及相应措施,明确要求并积极引导各级各部门果断排除一切干扰,切实加快工作重点的转移,带领干部群众聚精会神搞建设、一心一意谋发展,把"文化大革命"耽误的时间和造成的损失尽快弥补回来,开创苏州"四个现代化"(简称"四化")建设的新局面。

1. 苏州市的工作重点转移

1979年2月市委召开市委工作会议,研讨、部署实现工作重点转移问题。市委要求:全市各级各部门要"牢固树立以生产为中心的思想。……大胆地、理直气壮地去抓生产建设,一心一意搞'四化'";"主要领导精力、三分之二的领导力量,集中到经济建设,特别是工业生产上来……各级领导要努力探索客观经济规律,逐步学会按照客观经济规律办事,用经济方法管理经济,促进经济建设的迅速发展"。[1]会议还初步明确了全市经济工作的主攻方向。

针对全市上下工作着重点还没有真正地完全地转移过来,以至于上半年工业生产完成得不够理想的状况,市委于8月底、9月初连续召开两次全市党员领导干部大会,进一步要求:各级党委特别是一、二把手真正集中主要精力抓经济

---

[1]《从苏州市的实际情况出发,把工作着重点切实转移到社会主义现代化建设上来——贾世珍同志在市委工作会议上的讲话》,1979年2月19日,第7、8页,苏州市档案馆藏,档号A1—1—179。

工作,真正做到以生产为中心,以四化为中心,把这个中心抓到手里。[1]

为了加强经济建设第一线的力量,市人事部门1979年中调进了1905名干部,充实进工交财贸系统、科研单位和郊区;积极开展科技干部技术职称的恢复和晋升工作,对学非所用的科技人员进行了调整归队,其规模相当于1970年以来分配给苏州市大学生人数的总和。[2] 1980年又设法调进干部752名,其中各类专业技术干部496名;为适应经济建设新发展的需要,向社会公开招录外语人员58名、银行金融单位工作人员99名;按照国务院《科技干部技术职称暂行规定》,成立市工程技术干部技术职称评定委员会,授予工程师职称339名、技师职称76名、工艺师职称29名、副工艺师职称30名、畜牧师职称1名。[3] 市劳动部门在各区、局的大力协同下,积极安置集中返城知青、下放人员等各类待业人员和应届初、高中毕业生就业,大幅度增加企业职工人员,1979年共招录53 950人,相当于当年末全市企业职工总人数的23.49%;1980年又招录各类企业新职工25 268人。[4] 这些都为大规模开展经济建设做好了劳动力和人才上的准备。

2. 苏州地区的工作重点转移

苏州地委贯彻十一届三中全会精神雷厉风行,1979年1月初明确提出要把苏州地区的工作着重点转移到农业和农村经济工作上来;[5] 2月初又召开县委书记会议,专题讨论实现工作着重点转移问题,着力统一县委主要负责同志的思想认识,提出:"我们讲工作重点的转移,转得好不好,转得快不快,归根到底要看物质成果,要看农副工业生产搞得好不好,发展的速度快不快,农民收入增加多不多。"[6] 在工作落实上,一季度着手部署按照重点转移的要求,调整干部力量配备,提高各级干部领导经济工作的能力与素质,提高机关工作效率;召开社队工业工作会议,就加快发展社队工业、壮大农村集体经济进行动员和部署。二季

---

[1]《贾世珍同志在全市党员领导干部大会上的讲话》,1979年9月3日,第1、2页,苏州市档案馆藏,档号A1—1—182。
[2]《苏州市革命委员会人事局工作情况汇报》,1979年12月31日,第2、3页,苏州市档案馆藏,档号C2—1—37。
[3]《苏州市革命委员会人事局关于1980年人事工作情况的汇报》,1981年2月9日,第2—4页,第7页,苏州市档案馆藏,档号C2—1—40。
[4]《苏州市革命委员会劳动局1979年工作总结》,1980年1月26日,第1、2页,苏州市档案馆藏,档号C4—1—26;《苏州市革命委员会劳动局1980年工作总结》,1981年1月7日,第3页,苏州市档案馆藏,档号C4—1—28。
[5] 中共苏州市委党史工作办公室:《苏州改革开放三十年大事记(1978—2008)》,中共党史出版社2008年,第2页。
[6]《罗运来同志在县委书记会议结束时的讲话》,1979年2月6日,第6页,苏州市档案馆藏,档号A1—1—76。

度就贯彻落实中共中央的两个农业文件、大力加强党对农村工作的领导问题召开县委书记会议;专题研究部署加快阳澄淀泖地区(这一地区范围包括48个公社)商品粮基地建设,提高科学种田水平;又在昆山召开单季稻移栽现场会议,请全国著名水稻专家陈永康作技术报告,提出要实现单季稻生产的新突破。8月再次召开县委书记会议,对冬春农田基本建设和发展副业生产进行了部署。由此,全地区工作的重点迅速转移并集中到了经济建设上。

着眼于加强对经济工作的组织领导,地区首先对工业行政管理体制做了较大改变,撤销了工交办公室,成立了经济委员会,调整了第一、第二工业局的业务范围,并充实了一批干部;接着新组建了地委农工部,行署基建局、统计局、水产局,地区医药公司、水产公司、珍珠公司等地区一级的经济专业管理部门和经营公司。地区人事部门1979年、1980年两年中,共调配干部790名,主要充实到农林水产、计委工业、财贸经贸等经济管理部门;从外省引进科技人员约300名,学非所用科技人员调整归队469名;做好科技人员技术职称的恢复和晋升工作,全区晋升工程师130人、技师6人、农艺师97人、助理工程师260人、助理农艺师64人,套改和确定助理工程师、助理农艺师1 920人、技术员1 065人。[1]

二、全面拨乱反正

十年"文化大革命",造成全民族空前的思想混乱,党的思想路线、政治路线、组织路线遭受全面颠覆,党的建设和社会风气受到严重破坏,造成的冤假错案和中华人民共和国成立以来的历史遗留问题堆积如山,所涉及的范围之广、难度之大前所未有。十一届三中全会后,地委、市委按照中央的统一部署,积极地、有条不紊地开展思想路线、政治路线、组织路线上的全面拨乱反正,做了大量艰苦、细致的工作,努力医治"文化大革命"及长期"左"倾错误路线造成的社会创伤,营造安定团结的社会政治局面,为实现伟大历史转折营造有利的条件和良好的环境。

1. 进一步端正思想路线

中共十一届三中全会高度评价了1978年5月起在全国范围内开展的关于"实践是检验真理的唯一标准"问题的讨论。在贯彻三中全会精神过程中,拨乱反正、改革开放伴随着思想解放,人们的思想空前活跃,但仍遇到了一些来自"左"的和右的方面的思想干扰,主要是"左"的干扰。市委在总结分析中认识

---

[1]《苏州地区行政公署人事局关于1979年人事工作的情况报告》,1980年1月22日,第1、2页,苏州市档案馆藏,档号H28—3—163;《苏州地区行政公署人事局关于1980年人事工作的情况报告》,1981年2月25日,第1—3页,苏州市档案馆藏,档号H28—3—155。

到:"从全市来说,这场(真理标准问题)讨论开展得还很不充分,因此,不少同志的思想路线问题还没有很好解决,包括我们市委常委在内,思想路线也没有完全解决。"[1] 1979年7月邓小平提出全党要进行真理标准问题讨论的补课、解决思想路线问题的任务。[2]是年9月地、市委按照中央的部署,组织深入开展真理标准问题的讨论。这场"补课",为解除广大干部群众的思想枷锁,逐步端正被"文化大革命"严重搞乱的党的实事求是的思想路线、推动各条战线的拨乱反正奠定了重要的思想理论基础,有力地推动了地、市积极实现工作着重点的转移。

1981年6月中共十一届六中全会通过《关于建国以来党的若干历史问题的决议》,标志着党在指导思想上的拨乱反正胜利完成。[3]六中全会后,地、市委迅速动员各级党组织集中主要精力,开展学习、宣传、贯彻六中全会《决议》活动。通过学习领会,广大党员和干部进一步端正了解放思想、实事求是的思想路线,受到了一次彻底否定"文化大革命"的再教育,掌握了如何正确评价中华人民共和国成立以来党的历史和毛泽东同志的思想武器,明确了新时期我国社会主义现代化建设的方向目标和主要任务,增强了贯彻执行十一届三中全会精神的自觉性。

2. 全面平反十年内乱中的冤假错案

十年内乱中,大量干部群众遭受打击迫害。粉碎"四人帮"后,地、市平反冤假错案的工作已着手进行,但从总体上来看进展比较缓慢,且留有许多"尾巴"。十一届三中全会后各级各部门认识高度统一,组成专门班子,加大工作力度,使一大批含冤受屈多年的干部群众重见天日,受株连的亲属消除了影响。

为受迫害的地、市领导干部平反昭雪。1979年1月初,地、市委组织对"文化大革命"中曾被立案审查的同志、在正式文件中被点了名(包括当时的负责人在大会讲话中被点了名并形成文件)的同志、在党的报刊上被公开批判过的同志,突击开展清理、复查和纠正、平反工作,并召开平反大会,宣布为原地委书记储江、行署专员杨明,原市委书记柳林和原担任市领导职务的李执中、王人三、焦康寿、茅於一等同志平反。[4]

对重大冤假错案进行复查平反。地、市委组织对"文化大革命"冤假错案中的"陈杨反革命集团"案、"反革命抽血集团"案、王敬先案、陆兰秀案、"五一四"

---

[1]《贾世珍同志在全市党员领导干部大会上的讲话》,1979年9月3日,第2页,苏州市档案馆藏,档号A1—1—182。
[2]《邓小平文选》第2卷,人民出版社1994年,第190、191页。
[3]中共中央党史研究室:《中国共产党简史》,中共党史出版社2001年,第177、178页。
[4]《中共苏州地委的平反报告》,1979年1月8日至10月30日,苏州市档案馆藏,档号H1—2—632;《中共苏州市委文件》,苏发(1979)6—21号、27号,苏州市档案馆藏,档号A1—2—744。

专案(又称"苏中十地委案")等大案要案进行了认真复查和彻底平反昭雪。原中央警卫局副局长王敬先长期在毛主席身边做警卫工作,对江青的一些历史情况及其所作所为有所了解并进行过斗争。1962年5月调任苏州地委副书记。1968年3月江青指令吴法宪用专机将他及其妻秘密押至北京,关进监狱,1969年1月王敬先因不堪残酷折磨和迫害含冤而死。1979年1月地委向中央组织部请示复查王敬先案,为王敬先同志平反、昭雪,8月中共江苏省委(以下简称"省委")做出为王敬先同志平反昭雪的决定[1],9月地委召开王敬先同志平反昭雪大会,11月中共中央办公厅和江苏省委在北京八宝山革命烈士公墓礼堂为王敬先同志隆重举行了追悼会。[2]"文化大革命"中苏州地区成立"五一四"专案办公室,对原苏中十地委(1946年成立,隶属中共苏中区党委)处于苏州地区境内两个下属工委的1 517名地下革命工作者进行了全面审查,其中336人被定为有"叛徒""特务""自首变节"等问题。根据省委有关指示精神,1979年地委组织对该案进行认真复查,对"五一四"专案中被隔离、关押进行重点审查的128位同志都发给了复查纠错结论和平反通知书,恢复名誉。[3]1940年加入中国共产党的苏州市图书馆副馆长陆兰秀,"文化大革命"开始不久就察觉到这场给全党和全国各族人民带来深重灾难的内乱是"历史的倒退",毅然公开批判"文化大革命"的错误,多次上书党中央要求解放刘少奇同志,1968年5月起遭长期非法关押,后以"现行反革命罪"被逮捕,1970年7月被判处死刑,英勇牺牲。1978年5月省、市党委及政法部门对陆兰秀案进行了全面复查并为其平反昭雪,1982年4月省委、省人民政府(以下简称"省政府")决定:追认陆兰秀同志为革命烈士,恢复其中国共产党党籍。[4]同月市委、市人民政府(以下简称"市政府")做出《关于学习和纪念陆兰秀同志的决定》,5月市委、市政府隆重举行追认陆兰秀同志为革命烈士大会,市委书记贾世珍在追悼会上讲话,会后市领导同志前往横山烈士陵园祭扫了陆兰秀烈士墓。

搞好涉及广大干部群众的冤假错案复查平反。苏州地区十年内乱中被立案

---

[1]《中共江苏省委关于王敬先同志的平反昭雪决定》,1979年8月18日,第1—3页,苏州市档案馆藏,档号H1—2—632。
[2] 中共苏州市委党史工作办公室:《苏州改革开放三十年大事记(1978—2008)》,中共党史出版社2008年,第7页。
[3]《林华同志给省委书记包厚昌关于苏州地区"五一四"专案平反纠错有关情况的汇报信》,1979年8月31日,第1—4页,苏州市档案馆藏,档号H2—2—307;《中共苏州地区委员会关于对"五一四"专案平反纠错的通知》,1979年5月28日,第1、2页,苏州市档案馆藏,档号H2—2—307。
[4]《中共江苏省委、江苏省人民政府关于追认陆兰秀同志为革命烈士的决定》,1982年4月2日,第1、2页,苏州市档案馆藏,档号A3—1—54。

审查的干部共 10 671 人,占当时干部总数的 24.1%,其中省管、地管干部的审查面分别占当时同类干部总数的 72% 和 35%;经过复查、纠正或改变原结论等方式处理 9 028 件,占立案审查总数的 84%,其中恢复党籍的 118 件、恢复公职的 327 件,非正常死亡重新做结论的 463 名,有 505 名干部平反纠错后重新安排了工作和职务。[1]同时,地区组织对十年内乱中涉及基层不脱产干部、党员的 12 338 件案件,在复查基础上平反纠错了 70.6%;涉及一般群众的 13.1 万多人中,平反纠错了 11.53 万多人;涉及动用司法手段的 9 178 件中,查纠冤假错案 1 976 件。[2]苏州市对在"文化大革命"中被立案审查的 5 749 名脱产干部、20 474 名不脱产干部和群众,以及由政法部门立案的 4 124 件政治、刑事案件,逐一认真进行了复查,对其中大量的冤假错案进行了纠错平反,使沉冤得到了昭雪,受迫害的干部、知识分子、爱国人士和人民群众恢复了名誉。[3]1980 年 2 月中共十一届五中全会决定为刘少奇同志平反后,苏州市到 3 月底已为 470 多名同志因受刘少奇问题株连而造成的冤假错案平反,苏州地区至 8 月底共复查平反 596 件。[4]此后几年中清理、复查历史老案的工作继续进行。至 1985 年全市清理历史老案 3 048 件,占应复查总数的 99%;至 1987 年全市 136 件地下党历史遗留问题全部得到解决,1 379 件可能有错的历史案件做好了善后工作。

3. 妥善解决历史遗留问题和落实各项政策

十一届三中全会后,苏州地、市各级按照中央的统一部署,开始系统处理和解决中华人民共和国成立以来的大量历史遗留问题,逐步落实党的各项政策,直接使 10 万多人获得了政治上的新生。1979 年初,地、市为 33 313 名多年来守法的"四类分子"(地主、富农、反革命分子、坏分子)摘掉帽子,对 1 378 名进行错划改正;对 74 744 名地主、富农家庭出身的子女重定成分,其本人的成分和家庭出身一律定为公社社员;[5]在 1978 年 5 月已按中共中央有关决定要求全部摘掉

---

[1]《中共苏州地委关于全区审干复查工作的总结报告》,1979 年 9 月,第 1—3 页,苏州市档案馆藏,档号 H1—2—636。
[2]《林华同志在全区复查纠错、落实政策工作会议上的讲话》,1979 年 7 月 14 日,第 1、2 页,苏州市档案馆藏,档号 H22—3—88。
[3] 方明同志在苏州市第八届人民代表大会第一次会议上所做的《政府工作报告》,1981 年 1 月 21 日,第 2、3 页,苏州市档案馆藏,档号 B1—1—1。
[4] 邹柏林、林成中:《为因刘少奇同志问题受株连者彻底平反,市有关部门认真做好复查纠错工作》,《苏州报》,1980 年 4 月 10 日;顾纲:《苏州公安 60 年大事记》,《苏州日报》,2009 年 9 月 23 日。
[5]《周治华同志在市委工作会议上的讲话》,1979 年 5 月 22 日,第 5 页,苏州市档案馆藏,档号 A1—2—728;苏州地委办公室:《关于苏州地区当前农民状况的调查》,1982 年 10 月 27 日,第 2 页,苏州市档案馆藏,档号 H1—1—149。

"右派分子"帽子的基础上,对原划3 240名(其中包括外地划定后转入苏州工作、居住的1 255名)"右派分子"予以改正3 003名,并撤销他们以往受到的各种处分,有关的工作安置、经济补偿问题也都逐项进行了处理。[1]1980年初,地、市共把1956年在对资本主义工商业实行社会主义改造中带进的10 510名小商、小贩、小手工业者以及其他劳动者从原资产阶级工商业者中区别出来,恢复他们原来的劳动者身份;市区对不作为区别对象的约300名仍在职的原工商业者,除让他们参加工会组织外,还与其他职工一样给予安排使用,还从中任命工程师3人,安排担任局、公司科长级行政领导职务的5人,任副厂长的7人。[2]

"文化大革命"中苏州市区和各县共计有近8万户人家被查抄财物。粉碎"四人帮"后地、市各级组织进行了清退工作,1984年下半年起又部署妥善处理好遗留问题,找到各种查抄原物1万多件,为1.8万多户被查抄户查找到了清退的可靠依据,三次举办查抄财物展认会,供失主认领。到1986年全市(包括原地区所辖6县)共清退各种查抄财物23万多件(册),发还财物折价款和经济补偿款1 500余万元,此项工作基本结束。[3]

"文化大革命"中市区被没收和被挤占的私房共6 802户,计74.9万平方米,安排住户8 138户。1979年后开始落实私房政策,至1980年底发还使用权的占当时认定数的56%。[4]1982年5月成立市落实私房政策办公室,明确一二年内基本解决的目标,制定了具体措施:第一步先发还产权,第二步发还使用权;采用建房、买房、借房、收购应发还私房等多种办法解决房源。至1990年底落实私房政策任务基本完成。

此外,苏州地、市还按照中央统一部署,落实原国民党起义投诚人员政策和对台政策,纠正了侨务、民族、宗教等工作中"左"的错误。

在解决历史遗留问题和落实政策中涉及面最广、社会影响面最大的一项工作,就是集中解决上山下乡知识青年和各类下放人员的回城及安置。苏州市区

---

[1]《周治华同志在市委工作会议上的讲话》,1979年5月22日,第6页,苏州市档案馆藏,档号A1—2—728;中共苏州地委:《关于全区错划右派改正、安置工作的情况报告》,1979年8月24日,第1、2页,苏州市档案馆藏,档号H1—2—636;中共苏州市委党史工作办公室:《中国共产党苏州党史大事记(1949—1999)》,中国文史出版社2000年,第166页。
[2]中共苏州地委:《转发地委统战部关于召开各县委统战部长会议的情况报告》,1980年12月12日,第1页,苏州市档案馆藏,档号H1—2—671;中共苏州市委统一战线工作部:《1980年工作情况和1981年工作要点》,1981年3月11日,第2、3页,苏州市档案馆藏,档号A5—1—35。
[3]徐仁官:《我市落实"文革"中被查抄财物工作成绩显著》,《苏州报》,1986年1月27日。
[4]方明同志在苏州市第八届人民代表大会第一次会议上所做的《政府工作报告》,1981年1月21日,第7页,苏州市档案馆藏,档号B1—1—1。

知识青年上山下乡从 1962 年 120 人去苏北东辛农场开始,到 1977 届毕业生赴市郊知青点为止,先后共有 70 937 名,至 1978 年 4 月上旬仍在农村(农场)的 43 572 人(不含 1977 届下乡知青人数)。[1]苏州地区从 1959 年组织首批赴新疆和田地区支边到 1977 届到知青点插队插场为止,全区共计有 10 万余名知识青年上山下乡,到 1978 年底全区仍在农村的知青约 5.9 万人。[2]但随着时间的推移,知青年龄增大后自身及家庭、社会面临的各种矛盾日益突出,知识青年上山下乡运动演变发展成为一个十分尖锐的社会问题。

1978 年 12 月中央召开全国知青工作会议,中共中央批转了《会议纪要》和《国务院关于知识青年上山下乡若干问题的规定》,提出:今后上山下乡要逐步缩小范围,有条件安置的城市不再动员下乡,尚需动员下乡的不再插队,已在农村插队的知识青年要逐步给予解决,老知青问题要限期解决,要广开门路,多种渠道,有计划、有步骤地争取在一二年内逐步解决好。按照中央的部署,地、市委于年底前专门召开会议,迅速做出分类、分批统筹解决知青回城安置的工作计划,首批解决的是 1972 年前下乡插队的老知青。市里迅即动员、组织市区几乎所有的企事业单位和部分机关开展接收安置,抓紧兴办 100 多个集体所有制的工厂、车间、服务队,让知青回城前就分配落实了工作岗位。1979 年春节前,正值"老三届"上山下乡 10 周年之际,近万名 1972 年前在苏州地区和盐城地区插队未婚知青和夫妻均为苏州市区知青的全部回城,春节后便愉快地踏上了新的工作岗位。同时约 1.2 万名 1972 年前在省农垦系统 23 个农场中的知青也以病退、困退、统筹、父母退休顶替等方式陆续回到苏州,并很快安置了工作。[3]紧接着,全力以赴抓好市郊 56 个知青工厂的建设和开工准备,至 1979 年 8 月全面投产后,原在市郊 60 多个知青点中的 10 350 名知青全部转入知青工厂,成为集体所有制职工;对 1 606 名仍在郊区所属各农场务农的知青,采取工作不动、户口转为城镇的办法予以解决。1979 年 8 月地区行署和苏州市革命委员会(以下简称"市革委会")召开联席会议,研究确定对 1972 年前插队在苏州地区的 2 800 余名已婚知青进行分类统筹解决的方案,对仍在苏州地区知青点插队的 900 余

---

[1] 苏州市革命委员会上山下乡办公室:《关于统筹解决"老知青"问题的报告》,1978 年 4 月 10 日,第 2、3 页,苏州市档案馆藏,档号 C4—12—83。
[2] 《林华同志在全区知青工作会议结束时的讲话》,1978 年 12 月 28 日,第 5 页,苏州市档案馆藏,档号 H1—3—219。其中 1978 年底地区知青总数,系根据林华报告中的 7.5 万多名减去苏州市当时仍在地区各县插队的知青 1.62 万人计算得出。
[3] 苏州市革命委员会上山下乡办公室:《关于统筹解决下乡知青的意见》,1979 年 5 月 11 日,第 1 页,苏州市档案馆藏,档号 C4—11—13。

名1974届知青由苏州市收回安置。至年底,全市已婚老知青问题得到妥善解决,因各种原因没有回城的插队知青仅剩71人。[1]对于2 000名左右仍在省农垦系统的知青,也继续以病退、困退的形式陆续调回苏州。在1979年一年中,共有42 317名市区动员下乡的知青集中回城安置。[2]在以后的半年中,又有8 037名市区各类下乡知青陆续回苏。到1980年6月整个市区知青回城安置工作圆满结束。不久,又按国家规定给知青上山下乡期间计算工龄,使广大回城知青更加心情舒畅地投身新的工作岗位,成为城市经济社会建设的一支生力军,后来他们中涌现出不少优秀分子,有的还走上了各级领导岗位。1985年全市为男插队知青与农村女青年结婚所生留在农村的子女(之前的户籍政策规定,子女的户口随母亲落户,男知青返城时其子女户口仍随母亲留在农村),全部解决由农村户口就地转为城镇户口。1989年全市又为下乡知青的农村配偶解决由农村户口转为城镇户口,从而使知青返城后的遗留问题都得到了妥善解决。从1978届开始市区中学毕业生停止上山下乡,全部留城安置。

1969年底到1970年春,苏州市贯彻省《关于动员干部下放、知识青年和城镇居民上山下乡的通知》,共动员和组织9 507户、36 900人下放苏北盐城地区8个县。其中:机关干部、全民企事业单位工作人员、中小学教师、医务工作者、演员等带资下放3 178人,企业工人退职下放10 075人,个体劳动者、城镇无业居民和家属子女23 647人。1979年3月开始进行下放人员回城安置工作,到8月集中收回3.45万多人。除少量回原单位工作的人员之外,大部分需重新安排工作。为落实他们的就业,市里组织区、街道、居委会建立劳动服务公司,举办各种生产和生活服务行业,尽快予以了安置。[3]至1980年末,除约800名已与当地人员结婚、市里协调盐城地区就地转为城镇人口并安排到县属单位工作之外,所有下放苏北人员全部安排回城,使这一涉及面较大的"文化大革命"遗留问题也得到了妥善解决。

用短短两年时间,集中解决约5万名下乡知青和3万多名下放人员的回城和回城后就业、住房等各方面的安置,对于苏州这样一个只有43万市区人口(不含郊区12万人在内)的中等城市来说,其社会影响面之大,各方面所承受的压力

---

[1] 苏州市革命委员会上山下乡办公室:《1979年城镇知识青年上山下乡基本情况年报表(表一)》,1980年1月11日,第1页,苏州市档案馆藏,档号C4—11—14。
[2] 苏州市革命委员会上山下乡办公室:《77—79年知青统筹回城安置统计表》,1980年2月,第1页,苏州市档案馆藏,档号C4—11—14。
[3] 《贾世珍同志在全市党员领导干部大会上的讲话》,1979年5月3日,第5页,苏州市档案馆藏,档号A1—1—182。

之大、矛盾之多,都是不难想象的。这也充分彰显了苏州各级党委、政府解决历史遗留问题、落实党的政策、致力营造安定团结政治局面的决心之大、措施之实。

苏州地区从1979年2月至1980年8月的一年半中,共在城镇安置下乡知青、下放人员、1977届和1978届城镇毕业生和往届待业青年等共计84 354人,圆满解决了诸多历史遗留问题,让广大干部群众全身心地投身"四个现代化"建设。

4. 惩处帮派骨干和纯洁领导班子

在粉碎"四人帮"后开展的揭批"四人帮"斗争中,苏州市迅速开展了清查与"四人帮"篡党夺权阴谋活动有牵连的人和事。1977年1月间,对"文化大革命"期间追随林彪、江青集团大肆兴风作浪的帮派为首分子、时任苏州市委副书记和苏州市革委会副主任的华林森,报经中央同意(因其当时为中共第十届中央委员会委员)后实行隔离审查,紧接着对华林森帮派骨干、时任市委副书记和市革委会副主任的汪永珠,时任市总工会副主席的邹学祺,时任市革委会办公室副主任的赵宝康,及陈德滋、曹根男、许定贵、张云泉、周吉祥等,也实行隔离审查。经过一年的审查,基本查清了"四人帮"在江苏、苏州的代理人华林森的帮派体系,以及华林森与他的同伙的主要罪行。在此基础上,经省委报请党中央批准,将华林森定为参与"四人帮"篡党夺权阴谋活动的骨干分子、搞打砸抢的首恶分子,决定撤销其党内外一切职务,开除党籍,开除公职,交司法机关逮捕法办。[1]1979年1月市委、市革委会召开全市干部大会,宣布中共中央、省委的上述决定。不久华林森及其同伙由市人民检察院批准逮捕。经过司法机关近一年的缜密审查和依法审理,1979年12月底市中级人民法院宣布查明:以华林森为首在"文化大革命"中与邹学祺、汪永珠、赵宝康等结成的帮派,制造分裂,煽动武斗,迫害干部,镇压群众,与"四人帮"及其死党相互勾结,大肆进行搞乱江苏、篡党夺权的阴谋活动,实属"四人帮"帮派骨干分子、打砸抢首恶分子,罪行严重,民愤极大,依法判处华林森有期徒刑18年、剥夺政治权利5年,邹学祺有期徒刑15年、剥夺政治权利4年,赵宝康有期徒刑7年、剥夺政治权利2年。[2]其余骨干分子曹根男等19人均被判处有期徒刑不等。1982年7月市中级人民法院判决华林森帮派骨干分子汪永珠构成反革命煽动罪和诬告陷害罪,鉴于其能主动坦白交代

---

[1]《贾世珍同志在市委工作会议上的讲话》,1979年2月19日,第5页,苏州市档案馆藏,档号A1—1—179。

[2]《苏州市中级人民法院刑事判决书(79)刑字第006号》,1979年12月,第1—3页,苏州市档案馆藏,档号A1—2—722。

并能检举他人罪行,决定免予刑事处分。[1]与此同时,地区司法机关也对3名密切配合华林森、罪行严重的"四人帮"帮派骨干分子进行依法查处,判处地区机关的张鹤林、太仓县的殷仲山、吴县的张勇有期徒刑不等,使他们得到了应有的惩处。[2]

"文化大革命"彻底搞乱了党的干部路线和领导班子建设,粉碎"四人帮"以后,经过清查运动和几次调整与整顿,苏州在纯洁领导班子方面取得了一定成效,但是对清理领导班子中"三种人"(即紧跟林彪、江青一伙造反起家的人,帮派思想严重的人,打砸抢分子)的工作在基层还没有深入进行。按照中央的统一部署,1980年10月起地、市委认真组织开展了清理领导班子中"三种人"工作,重点考察了102名县、区、局以上领导干部,占同级干部数的16.3%;经市委研究确定为"三种人"2名、犯严重错误的5名,因"文化大革命"中有这样或那样问题调整职务的30名,其中撤销领导职务、清除出党的1名,降级使用的10名,安排临时工作和暂不分配工作的11名。1983年地市合并后不久,对县(市)、区、局的领导班子和后备干部又进行了重点考察,6县(市)干部中因"文化大革命"中错误而调整职务的100名,其中清理出领导班子的43名、降级使用的43名;区、局(公司)干部中因"文化大革命"中错误而调整职务的104名。这项工作的开展成为新时期保证党在政治上的纯洁性、保证国家长治久安、顺利进行"四化"建设的一项战略性组织措施。[3]

5. 重塑良好社会风尚

中共十一届四中全会首次确立了建设社会主义精神文明的任务。苏州地、市各级党政部门开始把精神文明建设作为一项战略任务抓在手上,不断做出部署,组织开展各种宣传教育活动和群众性创建活动。1981年3月响应全国总工会等9个群众团体的倡议,在全市组织开展以治理脏、乱、差为主要内容的"五讲四美"文明礼貌活动,市委、市政府召开动员大会,很快形成了浓厚的社会氛围。6月起结合开展纪念建党60周年,在全市系统进行了一次热爱祖国、热爱社会主义制度、热爱中国共产党的"三热爱"教育。随后按照中央的部署,把"五讲四

---

[1]《苏州市中级人民法院刑事判决书(82)刑字第013号》,1982年7月24日,第1、2页,苏州市档案馆藏,档号A1—14—159。

[2] 中共苏州地区委员会:《关于对"四人帮"帮派骨干分子的处理意见》(共3份文件),1979年11月5日,苏州市档案馆藏,档号A1—14—159。

[3] 中共苏州市委员会:《关于切实搞好清理领导班子中"三种人"工作的意见》,1981年1月14日,第4页,苏州市档案馆藏,档号A1—2—840;中共苏州市委组织部、市委清理领导班子中"三种人"工作领导小组办公室:《向市委常委会汇报提纲》,1983年12月,第1—3页,苏州市档案馆藏,档号A1—19—18。

美"活动和"三热爱"教育活动统一为"五讲四美三热爱"活动,市委成立"苏州市五讲四美三热爱活动委员会",设办公室于宣传部,负责该项活动的日常组织、协调和指导,使活动常态化。11月全国文明村镇建设座谈会在苏州召开,对全市的精神文明建设又起到了很大的推动作用。1982年3月苏州组织开展全国第一个"文明礼貌月"活动,制定了《苏州市民文明公约》,得到了全市人民的响应和自觉践行,促进了社会风气的好转。[1]

进入改革开放新时期,市和有关部门十分注重发现、培养、树立群众中涌现出来的精神文明先进典型人物,大力弘扬在他们身上所展现出来的、符合时代要求的新精神和新风尚,发挥群众身边榜样教育的特殊作用,收到了很好的成效。如:排除种种非议,将法定继承的十万元遗产献给国家的苏州丝绸印花厂青年女工杜芸芸;在国外研学期间研究发现国际上第一株抗人血小板膜糖蛋白Ⅰ单克隆抗体,获得博士学位后毅然回国报效祖国的苏州医学院讲师阮长耿;顽强战胜病痛,用钢铁般意志发奋学习的江苏省苏州中学初中女生姚姚;不远万里赴前线慰问英雄子弟兵,表达军民鱼水情深的画坛拥军模范沈彬如和谢孝思等,都在全国引起了较大的反响。1979年起苏州市还恢复评选、表彰全市劳动模范、先进集体、先进生产(工作)者,每年授予100余人市劳动模范称号。[2]

6. 社会主义民主法制的逐步恢复与完善

"文化大革命"时期,我国的民主政治制度和社会治理上的法制化体系都遭受了严重破坏。在拨乱反正过程中,苏州按照中央关于党和国家领导制度改革、社会主义法制建设完善的总体设计和具体部署,积极、有序地推进,以适应改革开放和社会主义现代化建设新时期的需要。

(1)地方党政领导制度和政权体制的变革与完善。1980年1月1日起苏州市委、市革委会分开办公,市革委会主要代行政府的行政管理职能;同年8月14日苏州地区的地委和行署也分开办公,从而改变了十多年来党政不分、以党代政的"一元化"领导体制。[3]

1980年2月7—10日,中共苏州市第五次代表大会召开。大会听取和讨论了贾世珍代表上届市委所做的《同心同德,奋发图强,把苏州市的现代化建设事业扎扎实实地推向前进》报告,选举产生了中共苏州市第五届委员会。随后举行

---
[1]《苏州市民文明公约》,1982年4月28日,第1页,苏州市档案馆藏,档号A1—1—275。
[2] 苏州市工会志编纂委员:《苏州市工会志》,江苏古籍出版社1993年,第475页。
[3] 中共苏州市委党史工作办公室:《中国共产党苏州党史大事记(1949—1999)》,中国文史出版社2000年,第176页。

的市委五届一次全会,选举产生市委常委会,贾世珍任市委书记;还首次选举产生了市委纪律检查委员会。

十一届三中全会后,苏州的人民代表大会制度逐步恢复和完善,进入一个新的重要历史时期。按照全国人大五届二次会议通过的《地方各级人民代表大会和地方各级人民政府组织法》和修订的《选举法》的规定,1979年四季度太仓县作为省的两个试点单位之一,率先进行县级人民代表的直接选举。[1] 1980年苏州市4个区先后召开区人民代表大会,并首次设立了区人大常委会,首次采用差额选举方式选举产生市第八届人民代表大会代表。

1981年1月21—26日,苏州市第八届人民代表大会第一次会议召开,会议听取、讨论和通过了《政府工作报告》以及计划、财政、市检察院、市中级人民法院的4个报告;选举产生新组建的市人大常务委员会,梅村任主任;决定废除市革命委员会,恢复市人民政府,并选举产生了市政府领导人员,方明当选市人民政府市长;选举产生了市中级人民法院院长和市人民检察院检察长。1981年上半年,地区所辖其他7个县全部举行县人民代表直接选举;县人代会选举产生新组建的县人大常委会,撤销了县革命委员会,恢复了县人民政府。由此,因"文化大革命"中断达14年之久的苏州地方各级人民代表大会制度得以全面恢复,并按照新时期的要求加以完善和发展。市人民代表大会闭会期间,市人大常委会依法行使权力,定期召开会议,讨论、决定苏州市各方面工作的重大事项,依法决定人事任免,保证宪法、法律、行政法规和上级人民代表大会及其常委会决议的遵守和执行,加强人民代表大会对同级人民政府、人民法院、人民检察院的监督,切实加强了地方人民民主政权的建设。

1978年11月,中共苏州市委召开各民主党派和各界人士会议,宣布经中共中央批准恢复政协苏州市委员会和各民主党派活动,潘林儒任市政协主席。由此,苏州的人民政协工作进入了一个新的发展时期。恢复工作后的市五届政协于1980年11月举行第二次会议,137名委员出席了"文化大革命"后的第一次全体会议,听取关于市政协六届一次会议筹备工作和组织委员视察问题的汇报。

市各民主党派组织恢复活动后,一方面抓基层组织的整顿恢复和发展成员工作,到1980年底,6个民主党派的35个基层组织、8个直属小组都已恢复活动,发展成员87人,成员总数达763人,其中民革43人、民盟184人、民建200人、民进101人、农工党148人、九三学社87人;另一方面抓履行职能和开展各

---

[1] 贾轸、唐文起:《江苏通史·中华人民共和国卷(1978—2000)》,凤凰出版社2012年,第18页。

类活动,对全市经济社会发展中的一些重大问题建言献策。[1]1980 年 7 月,民革市第三届党员大会、民盟市第二次代表大会、民建市第六次会员代表大会、民进市第三次会员大会、农工党市第二次代表大会、九三学社苏州分社第三次全体社员大会、市工商联第六届代表大会分别召开,选举产生了新一届市级组织领导成员。[2]

1981 年 1 月 19—27 日,政协苏州市第六届委员会第一次会议召开,来自中共、各民主党派和工商联以及 16 个界别的 383 名委员出席会议,其中各民主党派、无党派人士以及各界的非中共知识分子占总数的 59%。[3]会议听取和审议了市政协第五届常委会工作报告;与会委员还列席了市人大八届一次会议,听取和讨论政府工作报告和其他报告;选举产生市政协第六届委员会常务委员会的组成人员,潘林儒任主席,10 名副主席中有 4 名为民主党派负责人、1 名为无党派知识分子,常务委员由上届的 37 人增至 70 人。在同时举行的市人大八届一次会议上,有 2 位民主党派负责人当选市人大常委会副主任。

(2)社会团体工作的恢复与组织的发展。十一届三中全会后,因"文化大革命"被迫中断正常工作的市各群众团体纷纷恢复工作和活动。继苏州市科学技术协会(以下简称"市科协")1977 年底率先召开新一届(第五次)会员代表大会后,1979 年 3 月苏州市第六次妇女代表大会、4 月苏州市工会第八次代表大会、5 月共青团苏州市第十一次代表大会、1980 年 10 月苏州市青年联合会(以下简称"市青联")第七届代表大会、1981 年 3 月苏州市文学艺术界联合会(以下简称"市文联")第四次代表大会相继召开。同时,为适应新时期新任务的需要,创立了一些新的社会团体。1979 年 7 月苏州市归国华侨联合会(以下简称"市侨联")、1981 年 12 月苏州市哲学社会科学联合会(以下简称"市社科联")正式成立。市各社会团体和群众组织紧紧围绕市委的中心工作,按照各自的章程,积极、自主地开展各具特色、形式多样的活动,同时搞好自身的组织建设,在"四化"建设中较好地发挥了党和政府联系各界群众的桥梁和纽带作用。

(3)司法机构的恢复和法治的逐步完善。1978 年 8 月恢复组建苏州市人民检察院和江苏省人民检察院苏州分院。市中级人民法院和地区人民法院,1979

---

[1] 中共苏州市委统一战线工作部:《1980 年工作情况和1981 年工作要点》,1981 年 3 月 11 日,第 7、8 页,苏州市档案馆藏,档号 A5—1—35。

[2] 中共苏州市委党史工作办公室:《中国共产党苏州党史大事记(1949—1999)》,中国文史出版社 2000 年,第 179 页。

[3] 中共苏州市委统一战线工作部:《1980 年工作情况和1981 年工作要点》,1981 年 3 月 11 日,第 8 页,苏州市档案馆藏,档号 A5—1—35。

年后根据经济发展的需要,在原来刑庭、民庭基础上增设了经济庭和主管律师、公证工作的司法行政科。进入新时期,公安、检察、法院等司法机关,坚持贯彻有法必依、违法必究、执法必严的社会主义法制工作方针,依法、公正地开展各项司法工作,维护社会主义法制的权威与尊严。20世纪80年代初重点打击经济领域中严重犯罪活动和死灰复燃的卖淫嫖娼、赌博、传播淫秽色情物品活动,同时根据改革开放新形势下的新情况,加强了民事案件的审判工作和执行力度,运用法律手段调整经济关系和社会关系,着力维护良好的经济秩序和和谐的社会关系,切实维护社会稳定。

适应社会主义民主和法制逐步健全的需要,1980年恢复建立苏州市公证处,恢复国内公证业务;[1]根据实施《刑事诉讼法》的要求,恢复建立苏州市法律顾问处,由法院抽调6名审判员担任律师,主要担任辩护人出庭辩护。1981年10月,已撤销27年之久的苏州市司法局恢复建立,承担全市的司法行政管理职能,接管原由市中级人民法院代管的市法律顾问处和市公证处,促进律师、公证业务得到较快发展,人民调解工作走上规范化轨道。1982年,全市各街道和公社都配备1名列国家编制的司法助理员,全市多层次的各项法律服务工作有效开展。由司法行政机关牵头,协调组织各部门大力开展形式多样的法制宣传教育活动,提高全体公民和全社会的法制意识和法律素养,为逐步实行依法治国打下了良好的基础。

第二节　城乡经济调整和发展新局面

中共十一届三中全会后,鉴于国民经济中一些重大比例关系严重失调的状况和经济工作中急于求成现象的出现,党中央于1979年4月制定"调整、改革、整顿、提高"的八字方针,开始对国民经济进行为期三年的调整,促使国民经济迅速走上有计划、按比例发展的轨道。苏州地、市坚决贯彻中央的决策部署,把经济调整作为纠正经济建设指导思想上"左"的错误、打好"四化"建设第一战役来抓,积极实施对国民经济的调整,认真探索符合苏州实际的经济发展道路,使苏州国民经济中一些重大比例关系逐步趋于合理,工农业生产、商贸服务业等开始全面复苏,城乡经济在大调整中呈现可喜的发展新势头,经济综合实力有较大提升,人民生活得到显著改善,为下一步全面推进社会主义现代化建设打下了良好的基础。

---

[1]　苏正:《市公证处恢复国内公证业务》,《苏州报》,1980年4月29日。

一、苏州地区调整规划和实施成效

1. 地区经济调整的规划和部署

中央部署开展国民经济调整后,苏州地委、行署对全地区经济现状进行认真研究分析,认为:苏州地区现有工业生产能力很大,尤其是加工工业大部分没能纳入国家计划,存在能力过剩、能源原材料供应紧张、基础不牢的问题。如,全区纱锭已有30万锭,而计划内的只有18万锭;全区共有2.5万台横机,250台经、纬编机,一年需化纤丝2万吨,国家分配总共只有1050吨;全区已建成投产和正在基建的化纤小喷丝厂有15个,列入计划的只有1个;全区一年需要的煤炭在200万吨以上,而国家计划分配数只占1/3。只要把现有企业的潜力充分挖掘出来,不铺新摊子也可以增产,而且能够取得更好的经济效果。因此,确定全区经济的调整首先要从抓好压缩基本建设项目入手,明确在调整期间,凡是扩大生产能力的基建项目原则上不搞;地方财力和企业自有资金的投资方向,应当主要用于居民住宅、文教卫生、商业网点、城镇建设,以及加强农副业和用于节约能源、三废治理、提高质量、增加品种的技改措施项目。全区各级各部门据此调整发展规划,确定1979年当年全区共停缓建141个项目,压缩投资5197万元,占总投资额的13.8%。[1]

1979年9月,苏州地区制定贯彻"八字方针"、调整国民经济的三年规划,总的目标任务围绕"三个大发展"(农业、副业和社队工业)、"两个降下来"(农业生产成本和人口)、"一个大提高"(社员分配水平)来展开,实行"农副工三业生产一起上,农副工和家庭副业四个轮子一起转,国家、集体、个人三者一起富";三年中,每年农业以4%、工业以10%、副业以20%的速度向前发展,社员平均分配水平由1978年的134元提高到180元。经过三年的调整,要加快农业的全面发展和农村的全面建设,把苏州地区建设成为商品率更高的农副产品基地和外贸出口基地,使全区农村和国民经济出现一个更加兴旺发达的新局面。[2]

2. 地区经济调整的初步成效

经过1979—1981年三年的调整和发展,苏州地区国民经济尤其是农村经济开始出现新的发展局面和结构上的历史性变化。一是全区经济综合实力显著增

---

[1]《王余积同志在各县人民政府负责人会议结束时的讲话》,1980年12月29日,第4、9页,苏州市档案馆藏,档号H24—3—542。

[2]《戴心思同志在地委农村工作会议上的报告》,1979年9月23日,第3页,苏州市档案馆藏,档号H1—1—78。

强。1981年全区国民经济总产值达105.82亿元,其中农业总产值32.17亿元、工业总产值57.17亿元,分别比1978年增长41%和80.9%;国民收入(即净产值)38.02亿元,比1979年增长25.4%;人均国民收入574.5元,折合358.65美元;财政收入6.81亿元,比1978年增长34.3%。[1]1980年,常熟县、江阴县实现财政收入分别达1.16亿元和1.13亿元,成为全国首批两个财政收入破亿元的县。[2]二是农村经济的发展速度加快。尽管连续两年遇到较为严重的自然灾害,粮食较大幅度减产,但由于农副工综合经营、农林牧副渔全面发展,全区人民公社农副工总收入由1978年的31.24亿元上升到55.94亿元,增长79%。其中,林牧副渔由4.14亿元上升为7亿元,增长69%;社队工业由16.14亿元上升到39.37亿元,增长1.44倍。三是农村经济的结构逐步优化。1981年与1978年比较,全区农村农副工总收入中各业所占比重,农业收入由占35.08%下降到17.11%,副业收入由占13.25%略降为12.54%,工业收入由占51.67%上升到70.35%;从劳动力结构变化看,全区350.2万农村劳动力中,从事工业的已占29%,成为农村富余劳动力转移的主要渠道;从三级经济所占比重看,公社一级由占33.5%上升到44.14%,大队一级由占23.95%上升到31.28%,生产队一级由占42.55%下降为24.58%。四是社员收入有所增加。1981年社员从生产队集体分配的人均收入175.5元,比1978年增长30%;社员家庭副业人均收入83.5元,比1978年增长82.2%;农村社员储蓄总额3.28亿元,比1978年底增长2.3倍;农民建造房屋43.73万间、建筑面积1043万平方米;社会商品零售总额达22.79亿元,比1978年增长61.75%。五是对国家的贡献增多。全区平均每年向国家交售粮食19.5亿斤[3],交售棉花73.07万担、油菜籽112万担、生猪396.5万头,分别比70年代平均每年增加8%、53.6%、60%;同时每年还提供价值数十亿元的社队工业产品和林牧副渔产品;上缴国家的财政收入每年递增10.3%。[4]

1982年是国家继续实行国民经济三年调整的第一年。在地委、行署"大打

---

[1] 苏州地委办公室:《有关苏州地区基本情况的一些统计资料》,1982年9月23日,第2、3、10页,苏州市档案馆藏,档号H1—1—155。
[2] 中共常熟市委党史工作办公室:《缔造辉煌》,中共党史出版社2001年,第166页;江苏省统计局、国家统计局江苏调查总队:《巨大的变化 辉煌的成就——江苏改革开放30年》,中国统计出版社2008年,第336页。
[3] 本书所用部分计量单位,如"斤""亩""担"等,是一定历史时期农业领域各种文献资料中常用的统计单位名称,为尊重历史记录及作者使用习惯起见,予以保留,特此说明。
[4] 苏州地委办公室:《三中全会以来苏州地区农村经济形势》,1982年8月23日,第1—3页,苏州市档案馆藏,档号H1—1—149。

农业'翻本帐'、工业调整提高、各项事业全面发展"的号召下,全区出现了发展的好形势。工农业总产值突破百亿元大关,达101.64亿元,其中农业41.18亿元,工业60.46亿元;工业中县属以上全民、集体工业实现31.74亿元,全区列入计划考核的主要工业产品有61种,开发的新产品中有60多种达到了国内和省内较高水平,无锡县柴油机厂的S195柴油机、无锡县拖拉机厂的12型手扶拖拉机荣获国家质量金质奖,吴县刺绣研究所的苏绣精品荣获国家金杯奖;[1]实现财政收入8.11亿元,城乡居民储蓄存款5.85亿元,社会商品零售总额24亿元;农村社员集体分配人均237.4元,家庭副业收入人均130元;新建城镇职工住宅60万平方米,居民居住条件得到进一步改善。[2]在1979—1982年的4年调整期间,苏州地区取得了工农业总产值年递增12.65%、国民生产总值年递增10.49%的可喜成绩。[3]

二、压减双季稻与发展多种经营和社队工业

在经济调整中,苏州地区着重打破单一粮食生产的思想束缚,改变一个时期偏重于农业生产而忽视多种经营、偏重于粮食生产而忽视经济作物、偏重于耕地利用而忽视其他资源利用的片面性,在继续发展粮棉油等农业生产的同时,下决心把多种经营和社队工业搞上去,探索走出一条农副工综合发展的道路,从而较快开创了农村经济发展的新局面。[4]

1. 压减双季稻恢复两熟制

素以精耕细作、鱼米之乡而著称的苏州地区,历来是我国农业生产水平较高的先进地区,尤其是以稻米为主的粮食生产地位重要。中华人民共和国成立后至60年代中期,苏州地区延续明清以来形成的两熟制为主的耕作制度。

1964年吴县长桥公社龙桥大队率先试行双三制,即一年中种植一季麦子(或油菜或绿肥)加双季稻(一季早稻,又称前季稻;一季晚稻,又称后季稻),较

---

[1]《于万杰同志在全区计划、经济工作会议上的发言稿》,1983年1月17日,第1、2页,苏州市档案馆藏,档号H43—1—43;《费铭铄同志在全区计划、经济工作会议上的发言稿》,1983年1月17日,第2、4、5页,苏州市档案馆藏,档号H43—1—43。

[2]《于万杰同志在全区计划、经济工作会议上的发言稿》,1983年1月17日,第3页,苏州市档案馆藏,档号H43—1—43;苏州地委办公室:《三中全会以来苏州地区农村经济形势》,1982年8月23日,第4页,苏州市档案馆藏,档号H1—1—149。

[3] 苏巍诗:《那一年,他给苏州带来春天——邓小平1983年视察苏州追记》,《苏州日报》,2004年8月10日。

[4] 苏州地委办公室:《苏州地区农村工作情况》,1980年5月15日,第13页,苏州市档案馆藏,档号H1—1—87。

单季稻增产显著,双季稻亩产达1000斤以上。1966年苏州专区总结推广龙桥大队三熟制高产经验,全地区许多地方开始扩种,获得大面积成功。1976年是全区双季稻种植面积最多的一年,达491万亩(其中前季稻面积400.1万亩),占水田面积的85.9%,其中无锡、吴县、吴江、江阴四县接近100%。[1]

十多年来双三制在正常年份比稻麦两熟每亩可净增粮食150斤左右,这对提高总产有较大的作用。1976年全区粮食总产74亿斤,比双三制推广前的1965年增产19亿多斤。随着粮食产量的增加,苏州地区农民对国家的贡献也持续增长。70年代全区平均每年上缴商品粮23.3亿斤,占粮食总产的33.4%;[2] 1979年上升到27亿斤,比1971年多交8.7亿斤。[3]

但是,大规模快速发展双三制后,也带来了一些新的矛盾和问题,出现了一些负面影响。一是增产潜力退化。双季稻生长受温度、光照、气象等自然条件的影响较大。苏州地区要在一年230天左右无霜期内,种好两季稻,种熟三熟作物,保证前季稻不插6月秧、后季稻不插8月5日以后秧、三麦不种立冬麦,把作物布局安排好、茬口搭配好、品种选择好、劳力调配好,难度实属不小。全区大面积推广种植以来的情况表明,前季稻稳而不高,后季稻低而不稳,1967—1976年的10年中全区双季稻亩产4个年份增、6个年份降,由此造成全区水稻亩产1973年突破千斤以后一直徘徊不前。[4] 二是土质肥力下降。种双三制后,土地每年浸水时间比单季稻长1个月,两季水稻中间没有时间晒垡,造成田块土壤板结,通透性变差,养分吸收和释放能力差;加上茬口布局过紧,大部分田地得不到轮作休闲,土质和肥力都逐年下降。三是经济效益不佳。种双季稻,一方面由于多种了一季稻,种子、肥料、农药、机耕、灌水、人工等生产成本增加较大;另一方面,为了适应双三制的种植季节要求,有些夏熟小麦改种大元麦,前后两季稻都不能种粳稻而只能种籼稻,而大元麦比小麦、籼稻比粳稻的价格低。两项因素叠加,经济收益就少了。据调查测算,种两熟制每亩的物资消耗为64.27元,而种三熟制每亩为82.85元,增加18.58元。1979年与1966年相比,全区粮食总产

---

[1]《国家农业委员会向国务院报送〈关于苏州地区发展双三制的考察报告〉》,1981年7月18日,第5页,苏州市档案馆藏,档号H1—1—115。
[2]《国家农业委员会向国务院报送〈关于苏州地区发展双三制的考察报告〉》,1981年7月18日,第5页,苏州市档案馆藏,档号H1—1—115。
[3] 苏州地委办公室:《苏州地区一些情况的汇报》,1980年7月16日,第12页,苏州市档案馆藏,档号H1—1—87。
[4]《戴心思同志在地委农村工作会议上的报告》,1979年9月23日,第9页,苏州市档案馆藏,档号H1—1—78。

量增加 22 亿斤,农业总收入增加 3.84 亿元,农业支出增加 2.69 亿元,两者相抵只增 1.15 亿元,而其中国家提高农产品收购价格的加价因素就有 1 亿元。这笔大账表明,种双季稻粮食产量是增加不少,但农民的收益实际没有增加多少,比种单季稻不合算;如果比腾出田地种经济作物,腾出劳力搞多种经营,就更加不合算。四是劳动强度增大。种植双季稻,一年两熟变三熟,劳动量增加许多,劳动强度也大为增强。[1]据吴江县震泽公社测算,平均每亩双季稻比单季稻要多用 21.5 个工。[2]前季稻 5 月初做秧田、5 月下旬移栽下水田实在太冷,大暑季节"双抢"(前季稻抢收、后季稻抢栽)酷暑难当,天天凌晨四点多钟出早工,晚上九十点钟才收工,农民形容说是"鸡叫做到鬼叫",人人都喊吃不消。

1977 年开始,随着农村务农劳动力逐步向社队工业转移,双三制存在的季节紧、花工多、劳动强度大、经济效益低等不足开始凸显,改革熟制成为农业发展的必然趋势,农村基层干部和广大农民要求少种双季稻的呼声很高。不少农业科技人员也强烈反映,要尊重科学、减少双三制的比重。一些生产条件不太好的大队、生产队开始对双三制自发进行调整,适当压缩双季稻面积,腾出绿肥和早稻秧田地扩大夏熟麦子种植面积和秋熟单季稻面积,保证粮食总产的稳定和增长。而地、县、公社领导则考虑到当时仍受制于征购任务重、粮食这根弦绷得太紧的现实矛盾,处在"尊重生产队自主权"还是"决不放松粮食生产"的两难处境中。还有些领导同志则仍然"强调了种双季稻对国家的贡献,把种不种双季稻提到了不适当的高度,把它说成是个'方向问题'、'道路问题'"[3]。于是 70 年代末 80 年代初,一场关于"双三制问题"的大讨论在全区上下热烈展开,争论的焦点是"三三得九"还是"二五得十"。

地委总结各方初步讨论意见,于 1979 年对双三制提出了"基本稳定,适当调整"的原则[4],由此全区对双三制面积继续进行微调,但调整步子不大。1979 年全区实种双季早稻 337 万亩,1980 年实种 310 万亩。[5]下面的呼声还是要求

---

[1] 苏州地委办公室:《苏州地区一些情况的汇报》,1980 年 7 月 16 日,第 10、11 页,苏州市档案馆藏,档号 H1—1—87。
[2] 《国家农业委员会向国务院报送〈关于苏州地区发展双三制的考察报告〉》,1981 年 7 月 18 日,第 9 页,苏州市档案馆藏,档号 H1—1—115。
[3] 《戴心思同志在单季稻移栽现场会议结束时的讲话提纲》,1979 年 6 月 18 日,第 4 页,苏州市档案馆藏,档号 H1—2—619。
[4] 《罗运来同志在县委书记会议上的讲话提纲》,1979 年 8 月 28 日,第 6、7 页,苏州市档案馆藏,档号 A1—1—76。
[5] 苏州地委办公室:《苏州地区一些情况的汇报》,1980 年 7 月 16 日,第 11 页,苏州市档案馆藏,档号 H1—1—87。

再减少点,尽量少种为好。此时,地、县领导表示:现在是规律(指自然规律)服从权力,还有个纪律的约束(指国家的粮食征购计划和任务),压力太重;担心调整步子过大难以完成粮食生产任务。1980年气候反常,秋季低温冷害比正常年景提早了12天,使立秋后栽插的183万亩后季稻(占全区后季稻面积的48%)遭遇严重减产。通过这一事实,全区上下认识到,推广双三制必须因地制宜、尊重客观规律,过去发展过了头,应当加以调整。[1]

上级对苏州地区发展双三制面临的困境和由此引发的争议十分关注。为了减轻苏州地区的粮食征购压力,江苏省决定,1981年苏州地区粮食征购、议购总数,按1977—1979三年平均数计算,只要22亿斤,比1979年减少3亿斤。这为全区缩减双三制提供了较为宽松的环境。1981年春,根据国务院副总理万里批示,国家农业委员会组织农业专家对苏州地区推行双三制问题进行考察调研,7月形成《考察报告》报送国务院。《考察报告》对苏州地区今后的农业应当怎么发展提出意见:总的要树立大农业的观点,合理安排农副工,使农林牧副渔及粮食作物、经济作物与养地作物各得其所。在发展粮食生产方面,从苏州地区的土壤、水利、温、光等条件来看,还是要搞多种形式的多熟制,按地力、劳力、财力等具体条件,因地制宜地安排每个熟制的合理比重。《考察报告》还提出了扶持苏州地区推行熟制改革的两条具体政策:一是减少苏州地区的粮食征购比重,增加超议购比重,做到征购和超议购各占50%(1979年国家实行超议购加价50%的政策后,江苏全省超议购的比例是40%,而苏州地区只有22.4%),使商品粮区粮农获得实惠;二是稳定22亿斤征购任务5年不变,并以1981—1985年5年共完成110亿斤粮食征(议)购任务,算总账以丰补歉,以稳定民心,促进农业生产的发展。[2]此议很快获得国家、省主管部门的采纳。1981年8月,省确定苏州地区1982—1985年每年的粮食包购任务为21.8亿斤,其中征购基数为12.93亿斤,比原定数调减了6.5亿斤,超基数议购部分的比例上调至全省平均的40%。[3]

这场关于双三制的争论,历时3年,随着政策、环境等外部因素的变化,全区上下的思想认识也逐步统一,调减双季稻、恢复两熟制,得到大多数人的赞同。1981年全区双季早稻面积下调至149.1万亩,比1976年减少了250万

---

[1]《国家农业委员会向国务院报送〈关于苏州地区发展双三制的考察报告〉》,1981年7月18日,第6页,苏州市档案馆藏,档号H1—1—115。

[2]《国家农业委员会向国务院报送〈关于苏州地区发展双三制的考察报告〉》,1981年7月18日,第2、6、7页,苏州市档案馆藏,档号H1—1—115。

[3] 苏州地区行署办公室:《情况简报》第88期,1981年10月10日,第1、2页,苏州市档案馆藏,档号H24—2—393。

亩,而1979—1981年三年粮食平均总产量仍达到68亿斤,接近70年代的平均水平。[1]1982年是个好年景,双季稻面积虽进一步减少,但单季稻面积及单产大幅度增加,全区粮食总产量达73.09亿斤,比上年增28%;棉花和油菜籽也因播种面积有所增加和单产提高而获丰收,棉花总产量87.6万担,比上年增19.3%,油料总产310万担,比上年增31.5%,创历史最高水平。[2]地市合并后的1984年,苏州双季早稻面积进而减少到86.4万亩。这年8月市委、市政府做出调整农业种植布局的重大决策,不再下达计划种植面积,各地可自主安排决定,双季稻种植尊重群众意愿,不下达硬性指标。[3]之后,全市双季稻种植面积进一步锐减,1989年仅吴江保留5.4万亩,1991年开始全区全面恢复麦(油)、稻两熟制。[4]

2. 农业多种经营的恢复发展

苏州地区人多田少,有山有水,劳力资源和自然资源丰富,群众中又有从事工副业的传统习惯,发展多种经营的有利条件很多。十一届三中全会后,地委总结以往经验教训,觉察到在全区农副工三业生产中,多种经营是条"短腿",是个薄弱环节,又是最易恢复、大有潜力的发展新空间。由此,地委、行署1979年提出"农副工三业生产一起上,农副工和家庭副业四个轮子一起转,国家、集体、个人三者一起富"的口号,并提出不要在挤占粮田上打主意,而要在充分利用每一亩水面、每一块山地、每一条江湖堤岸、每一寸十边隙地和每一个富余劳力上做文章,在"多"字上下功夫。是年8月,总结推广吴县渭塘公社西湖大队开展"七种、八养、九行当"的经验,主张靠山吃山、靠水吃水,西瓜要抱、芝麻要捡,积少成多、以多取胜。1980年4月,行署召开副业工作现场会,推出一批先进典型进行示范引路。全区很快形成了广开门路、因地制宜发展多种经营的良好局面,集体和社员两方面的副业收入三年翻了近一番,社员从集体和家庭副业所得的收入占了全部收入的将近一半。[5]其中几个主要或特色多种经营项目,在这三四年中不仅全面恢复,而且得到了长足发展。

---

[1] 苏州地委办公室:《三中全会以来苏州地区农村经济形势》,1982年8月23日,第1页,苏州市档案馆藏,档号H1—1—149。
[2] 《于万杰同志在全区计划、经济工作会议上的发言稿》,1983年1月17日,第2页,苏州市档案馆藏,档号H43—1—43。
[3] 居德里:《我市作出调整秋播布局的重大决策》,《苏州报》,1984年8月31日。
[4] 苏州市农业委员会:《苏州农业志》,苏州大学出版社2012年,第178、184页。
[5] 苏州地委办公室:《三中全会以来苏州地区农村经济形势》,1982年8月23日,第5、6页,苏州市档案馆藏,档号H1—1—149。

养猪业创历史新高。1979年起调整发展养猪方针,实行"继续鼓励社员养猪,积极发展集体养猪",对社员出售生猪实行斤猪斤粮奖励政策(即按出售生猪重量每1斤配供1斤饲料粮);政府重点扶持太湖猪的良种繁育体系建设,县乡配套建设生猪人工授精网络,加快推广生猪"三化"的经济杂交利用模式。1979年全区向国家出售生猪418万头;年末存栏量412.2万头,比上年增加50万头,首次实现了多年提出的突破400万头的指标。[1]1980年出栏量比上年又增长4.73%,总量创全区历史最高。[2]1981年起进入调整下降期,1982年末存栏量降至290.5万头。[3]

淡水养殖业稳步扩展。苏州地区河湖密布,共有水面565万亩,淡水养殖业历来发达。十一届三中全会后,全区贯彻"内塘、湖泊、河道养殖一起抓,国家、集体、农户三者一起上,投入、政策、技术措施一起下"的方针,大力促进淡水养殖业加快发展。内塘养殖方面,利用所获农牧渔业部商品鱼基地建设专项资金,在吴县、吴江、昆山兴办289个商品鱼基地渔场,通过围垦塘田退耕还渔、低田改造和开挖,共建成连片池塘4.6万亩;总结推广吴县黄桥、东山高产养殖技术,1981年全区精养塘平均亩产超250公斤,比改革开放前平均高出25%—40%。湖泊与河道养殖方面,1980年推广吴江县八坼乡西联村开展小型湖泊精养成功经验[4],至1982年全区共放养85.7万亩,占可放养水面面积的63%,水产品总产量120万担。[5]同时,特种水产品养殖也在探索中逐步发展起来,最先形成规模效应的当属人工培育珍珠。全区珍珠总产1978年3.68吨,1979年猛增到22.5吨,1981年又增加到53.7吨,其中吴县占全区的近2/3。[6]

蚕桑业恢复性增长。苏州地区种桑养蚕、纺丝织绸源远流长,享有"丝绸之乡"的美誉。1979年苏州调高蚕茧收购价格40%,调动养蚕积极性。1980年后苏州各地开始大搞缫丝厂,仅吴江一地就相继开办17家之多,吴县也新开5家,

---

[1] 苏州地委办公室:《苏州地区一些情况的汇报》,1980年7月16日,第2页,苏州市档案馆藏,档号H1—1—87。
[2] 苏州市农业委员会:《苏州农业志》,苏州大学出版社2012年,第485页。
[3] 《于万杰同志在全区计划、经济工作会议上的发言稿》,1983年1月17日,第2页,苏州市档案馆藏,档号H43—1—43。
[4] 苏州市农业委员会:《苏州农业志》,苏州大学出版社2012年,第332—341页。
[5] 苏州地委办公室:《有关苏州地区基本情况的一些统计资料》,1982年9月23日,第1、5页,苏州市档案馆藏,档号H1—1—155。
[6] 苏州市农业委员会:《苏州农业志》,苏州大学出版社2012年,第355页;苏州地委办公室:《有关苏州地区基本情况的一些统计资料》,1982年9月23日,第1、5页,苏州市档案馆藏,档号H1—1—155。

原料茧紧俏,蚕桑业开始恢复性发展。[1]1979年全区桑田面积恢复至16.6万亩,产茧16.88万担,亩均产茧100斤,超过历史最高年份。又经过3年的发展,至1982年全区桑田面积、蚕茧总产分别基本恢复到改革开放前23万亩、20万担的历史最高水平。[2]

3. 社队工业的第一个发展高潮

国民经济调整时期,苏州地区农村经济发展最大的变化、最主要的特色,就是人民公社社队企业和社队工业的逐步兴起,并形成了改革开放后的第一个发展高潮。

经历70年代中期起的恢复发展,至1978年苏州地区社队企业总数超万家,社队工业总产值17.65亿元,占全区人民公社农副工总收入的51.67%,成为农村经济的"半壁江山";[3]全区农村工业产值超过农业产值的时间,比全国整整提前了10年。[4]其中,1983年3月后属苏州市管辖的6县,共有社队两级集体工业企业7508家,拥有固定资产3.35亿元,职工40.91万人,占农村总劳力的17%;实现工业总产值9.92亿元,占农村工农业总产值的37.36%。

中共十一届三中全会后,国家开始逐步调整农村经济体制与政策,苏州各级干部群众思想大解放,发展社队工业的积极性全面高涨。1979年1月,地委、行署召开社队工业工作会议,强调指出"社队工业是人民公社集体经济不可分割的重要组成部分,是全面发展农业、全面建设农村的必由之路",把发展社队工业的认识提到了一个崭新的高度。会议讨论通过了《关于社队工业若干问题的规定》,首次明确提出了社队工业"四服务"的发展方向,即为农业生产服务、为人民生活服务、为城市工业服务、为外贸出口服务,冲破了70年代提出的社队工业"三就地"(就地取材、就地加工、就地销售)发展方针的束缚,从而为促进社队工业的大发展拓展了更为广阔的天地;明确要求各级党委要真正把社队企业抓在自己手上,像抓农业一样抓好社队企业,保证农副工综合发展,还明确要求各县要从上到下强化社队企业一条线领导。

中央和省对社队工业也日益重视。1979年6月,省委转发省县社工业局党组《关于当前社队工业的情况和意见的报告》,要求各行各业在各方面大力支持

---

[1] 苏州市农业委员会:《苏州农业志》,苏州大学出版社2012年,第663、664页,第719页。
[2] 《于万杰同志在全区计划、经济工作会议上的发言稿》,1983年1月17日,第2页,苏州市档案馆藏,档号H43—1—43。
[3] 苏州地委办公室:《有关苏州地区基本情况的一些统计资料》,1982年9月23日,第6页,苏州市档案馆藏,档号H1—1—155。
[4] 中共中央党史研究室:《中国共产党简史》,中共党史出版社2001年,第185页。

社队工业,使全省社队工业在国民经济的调整过程中能够有一个新的发展和提高。[1] 7月,国务院颁发《关于发展社队企业若干问题的规定(试行草案)》,对社队工业的性质、地位、发展宗旨和方针政策等一系列重大问题首次用法规形式予以明确规定,并实施新办社队企业免税3年的鼓励政策。9月,中共十一届四中全会通过的《中共中央关于加快农业发展若干问题的决定》又进一步指出:"社队企业要有一个大发展",并明确要求"到1985年,社队企业的总产值占三级经济收入的比重,要由现在的20%提高到一半以上","城市工厂要把一部分宜于在农村加工的产品或零件,有计划地扩散给社队企业经营,支援设备,指导技术","国家对社队企业,分别不同情况,实行低税或免税政策"。这是党中央对发展社队企业做出的一个十分重要的、及时的决策,开创了社队企业发展的新阶段。[2] 1980年6月2—4日,中共中央主席、国务院总理、中央军委主席华国锋视察苏州、无锡、南京等地时指示:"社队工业大有可为,要越办越好。"[3] 苏州全区上下受到极大鼓舞。

面对比较有利的大环境,全区各级和广大社队企业干部,充分发挥"草根工业"生命力顽强、"船小调头快"机制灵活的优势,大力排除所谓社队工业是"三挤一冲"(指挤国营企业的原材料、能源、市场,冲击国家计划)、"挖社会主义墙脚"和"不正之风的风源"等种种非议和责难[4],始终抱着"不管东南西北风,咬定发展不放松"的坚定信念,知难而进,迎难而上,积极探索开创社队工业发展新局面的新思路、新办法。当时主要实施了三大举措。

一是找准市场,加大投入,兴办一批企业和项目。1979年、1980年两年,全区分别投入基本建设资金1.7亿多元和3亿元左右,分别占到社队企业当年利润的47%和65%之多;[5] 1981—1983年3年中又累计投资5.61亿元,相当于社队集体累计积累额的91.97%[6],新上了一大批市场前景良好的新企业和新项目,其中有些企业日后发展壮大成为全省乃至全国乡镇企业的佼佼者。如:促进江阴县华士公社华西大队成为全省第一个"亿元村"的村办骨干企业钢板厂,

---

[1] 江苏省地方志编纂委员会:《江苏省志·乡镇工业志》,方志出版社2000年,第448页。
[2] 苏州市经济贸易委员会、苏州市乡镇企业管理局、中共苏州市委党史工作办公室:《苏州乡镇工业》,中共党史出版社2008年,第3、4页。
[3] 江苏省地方志编纂委员会:《江苏省志·乡镇工业志》,方志出版社2000年,第448页。
[4] 江苏省地方志编纂委员会:《江苏省志·乡镇工业志》,方志出版社2000年,第444—453页。
[5] 《王余积同志在各县人民政府负责人会议结束时的讲话》,1980年12月29日,第3、4页,苏州市档案馆藏,档号H24—3—542。
[6] 江苏省地方志编纂委员会:《江苏省志·乡镇工业志》,方志出版社2000年,第96页。

日后发展壮大为江苏梁丰食品集团的沙洲县杨舍镇城西村乳制品厂,日后成为制造国际名牌波司登羽绒服康博集团的常熟县白茆公社山泾大队服装厂,日后壮大成省级AB集团的昆山县正仪公社针织品加工厂,90年代初成为国家级乡镇企业集团和全国乡镇企业最大出口创汇企业的太仓县归庄公社香塘大队工艺鞋厂,后来成为全国著名溴化锂制冷机制造龙头企业双良集团的江阴县利港公社陈墅大队钣金厂,仅用3年就成为全国三大玻璃生产企业之一和全国最大规模的乡镇企业平板玻璃生产企业的沙洲县锦丰玻璃厂等。[1]

二是充分利用有利的区位优势,大张旗鼓地组织开展同城市大工业的横向联合,实现社队工业的跨越式发展。苏州地区早期建起的社队企业与周边的上海等城市工商业就有着千丝万缕的联系。1979—1981年,苏州社队企业的横向联合形成一波高潮,全地区共有442家企业实行了各种形式的联合。联合的对象,既有上海等地的大企业,又有本地县属企业,还有大专院校的科研单位;联合的内涵,既有零部件加工、工艺配套等扩散型联合,又有联产、联购、联销一条龙式的联合,还有组建公司、总厂等联合体的紧密型联合。[2] 横向联合的广泛开展,既解决了计划经济主导体制下部分社队企业生产任务不足的困境,又开辟了众多新的生产经营门路,还使许多企业的产品质量、技术层次、管理水平等跃上了一个新台阶。

三是对已有企业开展全面整顿,以提高经营管理水平,实现健康发展。1979年,各地在社队企业中进行全面整顿,重点解决企业管理、产品销售等薄弱环节,同时逐步推行"五定一奖"(定人员、定任务、定资金、定利润、定分配,按"五定"各项指标完成情况确定奖金)责任制,使社队企业的经营管理体制与机制逐步优化。1980年9月行署社队企业管理局建立后又陆续组织对社队企业的生产、财务、领导班子和技术进步等方面进行了全面整顿,收到了明显效果。[3]

通过大力兴办、横向联合和整顿提高,苏州社队企业迎来改革开放以来的第一个发展高潮。1981年,全区已有11 800多个社队企业,职工95.6万多名,拥有12.5亿元固定资产,生产着3 323种产品,年产值达41.74亿元,比1978年增长136.5%,实现利润5.83亿元;江阴的周庄、华士、要塞,无锡的前洲、玉祁、杨市,沙洲的妙桥、南沙、塘桥等9个公社的社队工业产值超5 000万元。社队工业

---

[1] 江苏省地方志编纂委员会:《江苏省志·乡镇工业志》,方志出版社2000年,第376—393页;苏州市政协文史委员会:《昇军突起——苏州乡镇企业史料》,古吴轩出版社2012年,第136、137页。
[2] 苏州市经济贸易委员会、苏州市乡镇企业管理局、中共苏州市委党史工作办公室:《苏州乡镇工业》,中共党史出版社2008年,第4页。
[3] 苏州市经济贸易委员会、苏州市乡镇企业管理局、中共苏州市委党史工作办公室:《苏州乡镇工业》,中共党史出版社2008年,第4页。

在全区经济社会发展中开始发挥着举足轻重的作用,社队工业产值占全区国民经济总收入的46.1%,由农村经济的"半壁江山"变为全区经济的"半壁江山";占公社农副工三业总产值的70.38%,由"半壁江山"变为"三分天下有其二";企业职工占农村总劳力的27.3%,比1978年末又提高了约7个百分点;向国家缴纳税金2.2亿元,占全区财政收入的1/3;向社、队提供资金9 800万元,用于农业基本建设和农村文教卫生、道路交通等集体福利事业和公共建设;全年转队工资4.34亿元、返回生产队参与社员分配利润1亿元,全区社员人均分配中来自社队工业的占50.87%。[1]苏州地区社队工业1981年实现产值占全省社队工业总产值的33.45%,比1978年增加了7.5个百分点[2],开始确立在全省乃至全国社队工业发展中的领先地位。

三、城市经济的调整与优化发展

1. 城市经济调整的计划与部署

经1979年5、6月间两次苏州市委工作会议讨论研究,市委认为,苏州市随着"文化大革命"结束后两年多来国民经济的迅速恢复和发展,以前一些被掩盖着的比例关系严重失调的情况更加明显地暴露出来了,主要反映在六个方面:首先,最突出的是燃料、动力和原材料供应紧张,缺口很大。第二,"骨头"和"肉"的比例关系严重失调。由于长期以来国家投资和地方财力用于非生产性方面的比例太小,造成城市建设、公共事业和居民住房等人民生活方面欠账太多。第三,从工业内部比例关系来说,主要存在三大问题:一是轻纺工业的发展速度缓慢。二是加工工业长线产品多,短线产品和新产品上得慢,在国内外市场的适应和竞争能力差。三是在行业内部存在这样那样的薄弱环节。比较明显的是丝绸纺织行业前后工序比例失调,后处理是个短腿。新兴的电子行业元器件质量差,整机软件不配套。第四,基本建设战线一年比一年拉得更长,建设规模超过了建设能力。第五,城市没有好好规划,工业布局混乱,大量工厂挤在城里,化工行业四面开花,工业"三废"没有得到及时的治理,造成环境污染十分严重。第六,劳动就业问题十分突出。[3]

---

[1] 苏州地委办公室:《有关苏州地区基本情况的一些统计资料》,1982年9月23日,第6、7页,苏州市档案馆藏,档号H1—1—155;《苏州地区行署社队企业管理局在全区工业座谈会上的发言稿》,1982年6月17日,第2页,苏州市档案馆藏,档号H54—1—7。

[2] 江苏省地方志编纂委员会:《江苏省志·乡镇工业志》,方志出版社2000年版,第6、7页。

[3] 《贾世珍同志在市委工作会议结束时的讲话》,1979年6月2日,第14—17页,苏州市档案馆藏,档号A1—4—327;《市计委何仁同志在市委工作会议上的发言》,1979年5月22日,第1—4页,第7、8页,苏州市档案馆藏,档号A1—2—728。

市委提出经济调整总的指导思想是：从苏州市的实际情况出发，扬长避短，实事求是地考虑苏州的发展方向。工业上要大力发展苏州的传统特色，并向高、精、尖、轻、新的方向发展；要积极发展对外贸易，多找门路，增加品种，提高质量，增强竞争力，多创外汇；要搞好城市建设，改善人民生活，发展旅游事业。

根据这样一个大致的发展方向，针对当时比例失调的情况，初步确定全市三年调整中抓住三个重点，调整比例关系。一是调整工业内部的比例，加快轻纺工业的发展速度，大力发展钢铁、建材工业和轻型制造工业。二是进一步调整"骨头"和"肉"的比例关系，当务之急是多建居民住房和解决环境污染问题。三是下决心缩短基本建设战线，集中力量打歼灭战。初步排出停缓建项目34个，涉及投资额2 372万元、建筑面积8.28多万平方米；要重点保的项目20个（9月进一步调整压缩为14个）。[1]

1980年2月召开的中共苏州市第五次代表大会将全市国民经济的调整工作列为主要议题，并根据大会确定的"把苏州建设成为经济繁荣、文化发达、环境优美的、拥有以轻纺为主体的现代化工业的园林风景旅游城市"这一新的总体发展目标，对经济的调整做了进一步的部署，明确调整时期全市的主要任务有六项：一是加快轻纺工业的发展速度，全面提高工业水平。调整时期全市工业总产值每年增长8%以上，其中轻纺工业增长16%以上。二是缩短基本建设战线，积极搞好城市建设，狠抓环境保护工作。搞好综合平衡，使建设的规模同人力物力和施工力量相适应，把重点放在城市建设、人民生活急需的设施以及轻纺、外贸出口、市场短线产品中急需上马、配套项目上来。三是大力发展对外贸易和旅游事业。调整时期全市外贸收购总额年平均增长20%以上，在发展出口产品的同时，采取多种灵活形式，积极开展对外加工装配、补偿贸易、合资经营和劳务出口，千方百计增加外汇收入，争取三五年内在出口创汇方面打开新的局面。四是加强财贸工作，促进工农业生产的发展和市场的繁荣。搞好商业设施的建设，合理调整和增设商业网点，建设有苏州特色的商业区。五是积极发展科学文教事业，大力培养建设人才。六是积极而慎重地进行经济管理体制改革，继续大力搞好企业整顿。[2]

---

[1]《贾世珍同志在市委工作会议结束时的讲话》，1979年6月2日，第17—21页，苏州市档案馆藏，档号A1—4—327；《市计委何仁同志在市委工作会议上的发言》，1979年5月22日，第2、10页，苏州市档案馆藏，档号A1—2—728。

[2] 中共苏州市委党史工作办公室、苏州市档案局（馆）：《中国共产党苏州市历次代表大会（会议）文献汇编（1949—2001）》，苏出准印JSE—001549号，2001年，第352—358页。

市第五次党代会后,全市的国民经济调整工作更加精准发力、扎实开展、深入推进。经过三四年的努力,全市经济尤其是工业经济在恢复中逐步发展,结构趋于合理和优化,整体水平有所提升。

2. 工业结构的调整与优化

苏州市的经济格局以工业为主,1978年工业产值在社会总产值中占91.68%。但除了少数几家丝绸、纺织行业的骨干企业和几家部属企业之外,从总体看市区工业大多处于企业规模小、技术装备陈旧落后、产业和产品档次低的状态,在省内、国内基本上没有地位。十一届三中全会以后的头四年中,由于实行以调整为主的方针,发展速度不算快,市区工业总产值1982年为33.14亿元,只比1978年增长37.56%,总的来看属于恢复性增长;但这几年中工业产业结构、产品结构、技术构成的调整与优化的步伐较大,实现了预定的计划和目标,为以后的加快发展打下了良好的基础。

(1)传统轻纺工业大幅回升。按照苏州城市性质和扬长避短原则,市区在调整中采取优先发展轻纺工业的措施,人、财、物等各种生产要素向其倾斜,以实现轻纺业增长速度比全部工业增长速度快出一倍左右、占全市工业的比重逐步恢复到"文化大革命"前的水平。

纺织丝绸工业1976年在全部工业产值中占26.1%,为市区工业的第一大支柱。调整中,1980年8月撤销纺工局,分建市纺织工业公司和市丝绸工业公司;全市纺织丝绸工业抓住市场需求旺盛、计划逐步放开的有利机遇,通过技术改造、新产品开发、向前后道工序延伸产业链等途径获得了较快较好的发展,总体水平上了一个台阶。纺织行业全面实施"内(销)转外(销)、低(档)升高(档)、多品种、深加工"的转变,市纺织公司及各区敢于"负债经营",四年间组织贷款和自筹投资超亿元,实施改造项目数十个,引进大批国内外先进、适用设备,新建企业17家,8家由古城区迁至市郊进行改建扩建,并在城南形成相对集中的纺织工厂区。苏纶纺织厂3万余锭纺纱设备实行全程更新,苏州染织一厂装备425台宽幅织机建成省内首家色织布大整理车间,4家毛纺厂全部进入纺工部"六五"技术改造规划,苏州化纤厂与上海金山石化研究院合作在国内首家开发生产国际上70年代后期才出现的新型改性纤维并获国家优秀新产品金龙奖,振亚丝织厂建成国内首条涤纶长丝生产线,江南丝厂在国内首家开发生产有色树脂切片。至1982年底,市区纺织工业装备水平略超国内通常水平,共形成了漂白、印花、紧式大整理等7条印染后整理专线,基本改变"织大于染"的状况,实现产品加工向深度发展。丝绸行业在调整中继续实施自70年代起开始的第一轮技术改造,至1980年固定资产比技改前增长2.68倍,其中一直是"短腿"的印染业增长了6.26倍;丝织品出口量由改造前的2 035万米增至3 593万米,占当年产量的比重由44%上升至55%,其中真丝绸出口量由780万米增至1 393万米;工业总产值由2.06亿元增至4.09亿元。1981年起抓住丝绸产销体制改革机遇,实施以增加合纤绸、阔幅机和提花机比重及提高印染水平与能力为主要目标的第二轮更大规模的技术改造,共完成投资1.22亿元,改造项目116项,包括引进项目27项,新办了8家丝织厂、2家印染厂。2家缫丝厂设备更新后年产丝450吨左右,产品质量一直保持在平均3A级以上。4家丝织厂先后引进喷水织机334台以及与之配套的大卷装设备,全部淘汰了电力铁木机,发展为大型企业。丝织业共产各类丝织物7 480万米,比1980年净增1 000万米。绸缎炼染厂迁建新厂后发展成为省内最大的专业厂。苏州丝绸印花厂引进国外先进印花设备,印花能力由年产500万米提高至1 500万米,成为省内最大的丝绸印花专业工厂,高换汇的小额真丝印花绸产量居全国第2位,真丝印花双绉占全国双绉出口的1/3,被国外誉为"中国绉"。自1979年国家开展质量评比以来至1982年,东吴丝织厂的真丝塔夫绸、振亚丝织厂的全人造丝修花缎、丝绸印花厂的真丝印花双绉等3只产品先后获国家金质奖,振亚丝织厂的全人造丝伊人绡和迎春绡、新苏丝织厂的人造丝条子花绡获国家银质奖。

　　轻工业是市区工业结构调整中大力扶持、加快发展的另一个重点部类,着重抓好扩大短线产品产能、开发有市场前景的新产品这两大环节,取得了可喜成效。作为重头的日用机械和电器制造业,首先抓好市场热销的"老三大件"(手表、自行车、缝纫机)等的增产和技改。苏州手表厂形成年产手表100万只生产能力,为1977年的近6倍,成为大型钟表制造企业。苏州自行车厂上方山新厂1981年开工后年产10万余辆,为1978年的近5倍,1982年又增加两款新车,形成年产32万辆整车生产能力。苏州缝纫机厂1981年生产18万余台,为建厂初期的2倍多。同时抓好市场渐热的"新三大件"(电风扇、电冰箱、洗衣机)等家用电器产品的研制和投产,引导市场消费潮流。苏州电扇厂1979年产量突破10万台,在1982年全省电扇质量测试评比中吊扇、落地扇双获第一,市场占有率大升,成为国内电扇业的骨干厂之一。苏州冰箱厂1979年试制成80立升家用电冰箱,1982年形成批量生产能力,被轻工业部列为生产家用电冰箱的全国五大骨干企业之一。苏州洗衣机厂1980年单独建厂,1981年"白云泉"牌单缸洗衣机产量首闯万台关,翌年又开发Ⅲ型单缸洗衣机,受到市场欢迎。苏州电表厂转变为以生产空调器为主的企业。1980年由长江五金厂组建家用电器一厂专业生产吸尘器，1982年产6 000台左右。苏州照相机厂开发生产135型"虎丘"牌照相机市场热销，成为具有一定规模的专业厂。经过这几年的大力整合与开发，当时国内市场日趋受消费者欢迎的日用机械和家用电器类产品，苏州几乎都已形成较大的生产能力，并成为市场声誉较高的产品，为80年代中后期苏州家电产品"四大名旦"声名鹊起打下了良好的基础。造纸及纸制品业生产处于省内首位，华盛造纸厂所产52克凸版纸被评为全国一类优质产品，红叶造纸厂生产的高强瓦楞纸获国家银质奖。苏州印刷厂1978年建办彩色印刷厂，80年代相继引进国外排版、印刷、装订先进设备，成为全省印刷业骨干企业之一。塑料制品业先后研制开发出获轻工业部重大科技成果奖的交叉定向复合薄膜、钢带人造革、泡沫人造革、照相制版薄膜彩印、烈性塑料制品等在国内领先的产品和技术；嘉美克钮扣厂生产的珠光有机玻璃钮扣获国家银质奖，销售量占全国1/3，居全国之首。缝纫业在原有6家服装厂生产能力扩大的同时，四年中又兴办了7家市、区属服装厂。苏州人造板厂的大规格纤维板和干法生产刨花板先后试制成功，迎合了家具业、装饰业发展的需要。日用五金产品的品种、花式之多在国内同业中少有，好多还打入了国际市场。食品工业，调整时期引进一批先进技术设备，完成了从手工劳动向机器生产的过渡，促进行业发展加快。苏州面粉厂、味精厂、助剂厂（糖精）、食品厂、罐头食品厂、糖果冷饮厂、东吴酒厂、水产冷藏厂1982年产量均比1979年增长1倍左右。糖果糕点蜜饯业各老字号恢复传统食品生产，18种苏式蜜饯先后获国优、部优、省优称号。苏州茶厂主产"虎丘"牌一级茉莉花茶1982年获国家银质奖，茉莉苏萌毫茶被评为全国30种名茶之一。

苏州的工艺美术素以历史悠久、技艺精湛、风格独特、门类齐全而著称，全国工艺美术产品24个大类中苏州占有22个，许多工艺品既有艺术价值也有实用功能。经济调整中，苏州市根据改革开放后人民对美化日用品的需求和开发国际市场的需要，也将日用工艺美术类产品列为发展的重点之一。苏州刺绣厂1978年试制成国际首台电子绣花机，1981年装备有12套国内第一代带有3个机头的自动绣花机组，所产各类绣花产品热销国内外市场。苏州剧装戏具厂恢复传统剧装戏具生产，在全国同行中居首位。织毯业的各类毯子总产量占全省的1/3，外销近100%，美术地毯厂的产品获省工艺美术百花奖。苏州檀香扇厂的檀香扇1981年获中国工艺美术品百花奖银质奖，苏州扇厂两款折扇被评为全国同类产品第一名。乐器业的民族定音鼓、苏锣、钹、古典吉他等被评为部优产品。经过调整、提高和发展，市区工艺美术业在全国同行中再度占有举足轻重的地位。

(2)电子工业振兴发展。具有一定基础的市区电子工业,1979起贯彻调整方针,坚持面向市场,改变产品结构,大力发展民用产品和外销产品;调整生产布局,以名优产品为龙头,建立和发展横向经济联合体;大力引进国际先进技术,进行技术改造,由此出现了全行业振兴发展的新局面。广播电视器具制造业中,苏州电视机厂1982年产黑白电视机19.5万台,并研制成首批用国产显像管的35厘米彩色电视机,成为全国为数不多的几家彩电生产企业之一;江南无线电厂、无线电五厂试制的收录音机于1982年投产;广电部在苏州建立的磁记录设备厂(1985年更名为苏州录像机厂)于1982年基本建成,生产广播专用录音机,成为苏州市第8家部属企业。通信设备制造业中,江南无线电厂研制生产的微波信道机成为我国广播电视专用微波接力系统设备的主机;苏州有线电一厂开发生产1 000门以上纵横制自动电话交换机,为国家邮电总局的定点产品。电子计算机及技术应用设备制造业中,苏州电子计算机厂的DJS-130型小型计算机1982年获部优称号,运行速度达160万次/秒的152型机为当时国产小型电子计算机的高档机种;市计算机开发应用研究所研制出银行利息机,为银行业广泛使用。电子元器件制造业,先后新办或组建了胜利无线电厂、电视机三厂、磁头厂等6家企业,生产半导体器材、光电器件、锗管、硅管、集成电路等15大类产品,其中苏州半导体总厂的技术、设备、产品在国内都属比较先进,其研制成的TTL小规模电路为我国火箭发射实验进行配套,成为国防科委和第六、第四机械工业部长期定点生产单位。

(3)重化工业调整优化。重化工业着重抓好培育骨干企业、壮大优势产品、形成特色行业等举措,实现在调整中前进、在优化中发展。

机械工业1976年占全市工业总产值的23.2%,仅次于纺织丝绸工业。1979—1982年间共新办8家企业,企业总数达104家。实力较强的仪器仪表行业中,三机部长风机械总厂生产的航空仪表和航空电器器件等军品共120多种,为国内18种飞机配套,启动箱试验器1980年获国家银质奖,测温传感器热电偶1982年获国家金质奖,新开发的民品数控线切割机床1984年获国家银质奖;核工业部国营二六七厂(又名苏州光学仪器厂)研制开发高速扫描摄像机、摄谱仪等国防尖端技术产品,5种高速分幅相机分获国家科技进步二、三等奖和国防科工委三等奖;苏州试验仪器厂开发生产多种规格、用途的振动试验台,成功应用于洲际导弹、潜艇导弹、同步通信卫星发射等国家重大项目的试验,多次获国家、省、市科研成果奖,并收到中共中央、国务院、中央军委的贺电;仪表元件厂1980年试制成功的计算机标准键盘达到国外70年代末水平,1982年形成年产接插件800万件、键盘2万台的生产能力;晶体元件厂在国内最早生产人造宝石(合成刚玉)和激光体材料,1978年获全国科学大会重大科技成果奖,销售量占国内市场的50%,锥形刚玉轴承1981年获国家银质奖,宝石圆管1983年获国家经委优秀新产品金龙奖;第一光学仪器厂研制生产的2秒级经纬仪、数字式闪光测速仪属国内领先。电工电器制造业中,合金材料厂各类银电触头产量为国内同行之首;电机厂开发的特种稀土永磁低速电机获电子工业部科技成果一等奖;轻工电机厂和电讯电机厂研制开发多种家用电器和注塑机、工业缝纫机等工业设备的专用电机,分别成为轻工业部和四机部定点生产企业。设备制造业中,铸造机械厂研制的射芯机、第三光学仪器厂研制的线切割机床,1984年同获国家银质奖;电梯厂在新厂区建起1万平方米超大车间和72米高的电梯试验塔,1980年形成年产电梯165台的批量生产能力,成为80年代初全国八大电梯厂之一;净化设备厂开发形成气体纯化、空气净化、水纯化和环境保护设备四大类产品,净化工作台1983年获国家银质奖,成为国内生产工业环境净化设备的重点骨干企业;起重机械厂试制成功采用计算机控制的无轨巷道堆垛机,成为机械工业部唯一定点厂家;轴承厂开发的滚针轴承系列产品,品种和数量均占全国的50%左右;二机部国营五二六厂(1980年12月起对外称中国原子能工业公司苏州阀门厂)开发生产核工业、石油化学工业的专用阀门,超低碳不锈钢阀获国家银质奖;制冷设备厂在国内率先开发研制出新型氨压缩机和系列空调冷水机组;医疗器械厂开发生产的眼科医疗器械YZ-5A型裂隙灯显微镜1980年获国家银质奖、1985年获国家金质奖,眼科显微手术器械包和眼科手术器械1981年获国家银质奖;农业药械厂主产品担架机动喷雾机被评为农机部优质产品;开关厂先后研制开发10多种新品,建有省内唯一的高压电器测试中心,成为机械工业部重点企业,也是省内最大的电气专业制造厂之一;动力机器厂生产的165F-Ⅲ型汽油机1981年获国家银质奖;林业部苏州林业机械厂逐步向木材综合利用和木材深度加工机械发展,至1982年先后研制成人造纤维板、刨花板、胶合板生产设备和人造板表面装饰成套设备,SJ2-3架空索道绞盘机1983年获国家银质奖;冶金工业部苏州冶金机械厂承担并完成部"六五"重点攻关项目——井下车通用底盘,开发为进口大型车配套使用的部件,成为部的冶金、采矿专用设备的生产基地。

冶金工业,在调整中走改造、挖潜、配套发展新路,形成黑色金属和有色金属并举的格局。苏州钢铁厂制成27米双排铸铁机,炼成16锰钢和铆螺钢两个新品种,1980年钢材产量突破万吨,1981年建成年产10万吨炼焦炉;苏州轧钢厂和轻工金属材料厂年加工各类钢材能力均提高到10万吨级。1982年市区生铁总产量15.49万吨、钢5.93万吨、钢材11.22万吨,比1975年分别增长59.5%、102.9%和82.5%。有色金属加工业中,苏州铜材厂先后建成铜棒、铜皮车间,年生产能力均达4 000吨。

采矿业,苏州本来比重极小,调整中呈现"下"的态势。设计总规模年产20万吨的苏州西山煤矿,因有的矿井采毕、有的开采后发现不具有开采价值而停采,14年间累计产煤仅64万吨、实现产值889万元,只占同期总投资的52.7%,至1982年全矿正式闭坑。苏州潭山硫铁矿中的西迹山硫铁矿至1979年基本采完并闭坑,同年起设计年产6万吨的铅锌矿于1982年正式投产。

建材及陶瓷工业,在国家确定建材工业为国民经济先行部门后,1980年建立市建筑材料工业公司,1981年从市建工局划出成为局级公司。调整中10多家骨干企业共投入资金6 689万元,相当于1978年前30年投入总和的2.6倍。水泥行业中,光华水泥厂投资扩建技术水平先进的大型回转窑,成为全国最大的白水泥生产企业,1981年"鹦鹉"牌白水泥获国家银质奖;横塘水泥厂新建中型白水泥生产线,使市区白水泥年产量增至5万吨以上;苏州水泥厂和第二水泥厂先后扩建,硅酸盐水泥年产量增至11.8万吨,两个品牌均获省优质产品称号。电瓷厂、高频瓷厂相继建成多条具有国内先进水平的瓷料加工生产线,成为部定点生产电子陶瓷的骨干企业。

化学和医药工业,1979年恢复市化工局,同时划出5家制药厂另建市医药工业公司,年内又改建为工商合一的市医药公司。化工行业确定大力发展优质、高效、能耗少、污染小、技术密集的精细化工产品为主的方向,果断停产或减产10只能耗大、环保问题不易治理、经济效益低的产品,增产适销产品和开发新产品,形成135只主产品。硫酸厂的硫酸和苏州化工厂的纯碱通过技术改造,1982年生产能力分居全省首位和第二位。溶剂厂新建乙酸、扩建改造二苯醚生产项目,产能增加并同获国家银质奖。助剂厂甲醛年产量达2万吨以上,糖精钠年产量超1 000吨,合成化工厂苯酐生产能力也提升到2 500吨以上。炭黑厂产能扩大到1万吨,成为全国四大炭黑生产基地之一。安利化工厂建成国内首创的聚丙烯酰胺干粉流水线和珠光有机玻璃新生产线,成为全国有机玻璃七大生产厂之一。造漆厂重点发展丙烯酸高档油漆涂料,年产油漆超万吨,比1978年增1倍。染料厂开发出多种新品,2只品种在全国同行业质量评比中获第一名。苏州化工厂淘汰2只高残留毒性产品,扩大主产品甲基1605、乐果乳剂生产,甲胺磷采用新工艺后产量增长1倍。硫酸厂扩建全部机械化作业的磷肥车间,被化工部授予小化肥红旗先进单位称号。市区医药工业形成独立的产业部门后,6家企业先后开发投产苄星青霉素、盐酸盐四环素、盐酸洁霉素等近10种新药品,青霉素钠盐、青霉素钾盐、麦迪霉素等近10种老产品经工艺革新实现稳产高产,5个产品大批出口。1978年底复名的苏州雷允上制药厂通过技改,中药加工实现连续化生产,品种多达200多个,其中按《中国药典》药品标准生产的有70个;其核心产品"九芝图"牌六神丸在1979年首次国家质量奖评比中荣获金质奖,当家产品消炎解毒丸获国家银质奖,1981年被列为全国56家重点中药厂之一。经过这一轮的调整和发展,市区化学和医药工业占全部工业的比重虽略有下降,但仍达到14%左右。

经过上述一系列的有序调整,苏州市区工业中轻重工业的比例向着预定的目标逐步演进。由于轻纺工业总产值1981年比1978年增长75.94%,比全部工业总产值增速快了1倍,轻纺工业占比由1978年的50.72%提升至1981年的64.89%。[1]1982年轻纺工业因化纤等部分产品限产、降价而发展趋缓,重化工业开始全面回升,轻重工业比重总体上保持在一个比较合理的水平上。据1982年全国222个城市统计,苏州市工业总产值位列第26位。[2]

3. 三次产业构成的逐步演变

从1958年"大跃进"到"文化大革命"结束这近20年间,由于片面强调发展工业而忽视第三产业,苏州市区的产业结构出现了畸轻畸重的发展局势,在第一产业所占比重基本稳定的情况下,第二产业占比上升了21.2个百分点,第三产业占比则下降了20.5个百分点,1976年一、二、三产业增加值的比重为2.8%、78.7%、18.5%。为了扭转这种结构严重不协调、明显不合理的状况,在1979年起的经济调整中,苏州市在抓好工业内部结构调整优化的同时,着力做好郊区农业转向城郊型农业和加快第三产业的发展这两篇大文章。

(1)农业开始向城郊型转型。"文化大革命"期间片面强调"以粮为纲""菜农不吃商品粮",市郊农业结构单一,发展速度缓慢。十一届三中全会以后,尽管农业劳动力和农业用地面积逐步减少,但由于加快农业内部产业结构调整,加大农业科技推广力度,推行各种形式农业生产责任制,郊区农林牧副渔各业同步发展,农业结构逐步趋向合理,开始由自给、半自给经济向较大规模商品生产转化,

---

[1] 方明同志在苏州市第八届人民代表大会第二次会议上所做的《政府工作报告》,1982年4月15日,第2页,苏州市档案馆藏,档号C1—1—201。
[2]《苏州市计划委员会戴坤生同志在全市经济和社会发展规划会议上的发言》,1983年6月7日,第9页,苏州市档案馆藏,档号C1—1—247。

初步形成以服务城市为主的城郊型经济结构。主要表现在两个方面。

一是种植业中粮油作物比重下降而经济作物比重上升。1978年前,郊区7.36万亩耕地中,粮油种植面积超过6万亩,蔬菜、瓜果、茶花等经济作物种植面积不足万亩,其中旱生菜地仅剩5 000—6 000亩、瓜果面积3 600多亩,按城市居民人均的菜地面积不足2厘地。1979年起郊区大力压缩主要用于自给的粮油种植面积,每年减少的几千到上万亩主要调整为增加经济作物种植面积,按城市人均不少于4厘地的要求,逐年恢复老菜区、开辟新菜区,不断扩大蔬菜种植面积,至1985年全区蔬菜面积稳定在2.2万亩(其中旱生1.5万亩、水生0.7万亩),总产量6 260万公斤,比1978年前增长一半左右;全区69个村(大队)、769个生产队中,拥有纯菜村17个、粮菜兼种村14个、专种蔬菜生产队210个;重点推广了多项栽培新技术,增产少则50%,多则1倍左右。众多的蔬菜瓜果上市,不仅基本解决了城市居民每人每天半斤以上蔬果的生活需求,而且满足了苏州市民一年四季爱吃本地菜、时令菜、新鲜菜,盛夏季节"宁可一日无菜,不可一日无瓜"的特殊消费需要。市郊虎丘一带的茶花为全国四大产区之一。1978年后郊区鼓励虎丘、长青乡各生产队恢复、扩大茶花生产,至1985年有211个生产队和一个农科站共种植茶花350万盆,总产达82.5万公斤,接近85.5万公斤的历史最高水平,成为郊区农村主要经济作物之一。

二是农业中种植业比重下降而养殖业比重上升。1976年郊区农业总产值中种植业占70%,林牧副渔业只占30%。1980年林牧副渔业在农业中所占比重上升至37.2%,1985年开始超过种植业,占比达53.4%。奶牛业,鼓励国营、集体、个体一起上,区属苏州乳牛场(1980年改为苏州市牛奶公司)至1985年奶牛从400余头增至966头,年产奶从100万公斤左右增至300余万公斤,日供应消毒牛奶8.34万瓶;5家区属场(园)相继办起集体奶牛场,至1985年共养乳牛268头,年产奶50余万公斤;奶牛专业户发展至1985年共284户,养乳牛623头,年产奶123万公斤。家禽饲养业,1980年建成一家年产肉鸡2万羽、产蛋2万公斤的大型机械化养鸡场,全区1985年达48.98万羽,比1977年增加近4倍,年产禽蛋53.5万公斤。生猪饲养业,1979年后集体猪场逐渐撤销,重点转向农户生猪饲养,至1985年全区有年养30头以上大户193户,年出售生猪7.38万头。1985年全区畜牧业占农业总产值的比重上升为28.2%。渔业发展上,1978年全区共有水产养殖面积2.73万亩,鲜鱼总产量1 311吨。之后几年中虽然面积基本没有增加,但由于养殖技术水平的提高,至1985年鲜鱼总产量已达3 717吨,渔业在农业中的比重提高到17.7%。

（2）第三产业加快复苏。市区各有关方面加大投入，努力营造有利的政策环境，使第三产业尽快走出低谷，生产和生活服务业加快发展，并成为经济发展中一个重要的新增长点。

商业服务业迅速发展，购销持续增长。十一届三中全会后商业体制开始改革，商品流通渠道扩大，计划经济和国营商业一统天下的局面被打破，集体、个体商业发展迅速，给苏州商业发展带来了生机。市区老商业街青春焕发，重振雄风。第一商业中心观前街区，松鹤楼、黄天源、采芝斋、稻香村、陆稿荐、生春阳、月中桂、小吕宋、乾泰祥、戎镒昌等百年老字号1979年起先后恢复原号，并恢复传统特色商品和特色经营项目；人民商场、一百商场、广州食品商店等大商场纷纷扩建改造；太监弄美食街规划建设，1982年得月楼菜馆、松鹤楼新楼落成开业；市工商管理部门1979年在玄妙观开办日用小商品贸易市场，1982年6月起观前街改造成步行街，观前地区成为集体、个体商业开发热地，整个观前商区日趋繁荣兴旺。商业副中心石路街区，石路商场等国营集体商业网点先后扩建翻建一新，金门路形成新的商业街，石路小商品综合贸易市场、渡僧桥贸易市场等先后兴起，人气渐旺。一批新商业街区也在孕育形成之中。人民路随着1979年拓宽工程竣工，工业品商场、食品商场、友谊商店、外贸商场、新苏州商场、艺苑商厦、文物商店、东吴商行等一个个大型、现代商场相继在沿线建起或换上新容，人民路加快形成"商场路"，其南端以扩建改造后的南门商业大楼和西二路新辟的农贸市场、综合贸易市场为核心，正在成为继观前、石路之后的市区第三个商业区。十全街"文化旅游特色街"、景德路"家具街"商铺聚集成市。市工商、粮食、供销等部门在古城内外先后开放、兴办了44个集贸市场，1982年总成交量达3 660万公斤，市民菜篮子已有近一半来自农贸市场。1982年末，市区各类商业（含饮食服务业）网点达2 726个，比1978年增加了1 655个；社会商品零售额5.49亿元，比1978年增长98.27%；在1 488个商业零售（不含饮食服务业）网点中，国营418个、集体所有制724个、有证个体户346个；在饮食和生活服务业中，个体网点比1979年增加了1 300多个，形成了多种所有制共同发展、相互竞争的可喜局面。

旅游业逐步兴起，开始成为苏州的特色产业。苏州虽为名闻遐迩的游览胜地，但至改革开放前旅游一直没有成为经济产业，1964—1976年年均亏损27.4万元，均由地方财政补贴，真可谓"捧着金饭碗讨饭吃"。1979年国家有关部门把苏州列为全国5个重点风景游览城市之一，苏州市开始把旅游作为经济产业来开发，采取一系列有效措施，取得明显起色。首先是有计划、有重点地抓好园林、风景区的建设,开发新的游览项目。运用国家支持的专项经费和自筹资金,分期分批对尚未开放的园林名胜和人文古迹展开整修,北寺塔、耦园、忠王府、玄妙观三清殿、鹤园、灵岩山寺院殿堂、曲园、艺圃等修缮后相继对外开放,市属景区开放游览点1982年增至近20处;1979年建成开放现代公园东园,举办首届寒山寺除夕听钟声活动,1980年起开辟"古运河水上游""姑苏园林一日游"项目;对海外旅游者开放参观单位也由1978年前的刺绣研究所等十来家增加到30多家,形成了工农业旅游的新"卖点",带动了旅游商品的销售。其次是加大硬件建设力度,提升旅游接待能力。1978年前苏州的旅行社仅国际旅行社苏州支社和苏州市中国旅行社2家,可接待海外客人的宾馆酒店仅苏州饭店、南园宾馆、南林饭店、乐乡饭店4家,床位500张左右,接待国内客人的旅社仅23家,铺位5 500只,加上企事业单位开办的招待所,市区的日最大接待能力只有1.8万只铺位,而1979年后旅游旺季中每日来苏要求留宿的旅客约2.3万人。为缓解这方面的突出矛盾,全市上下掀起一波扩建、兴办宾馆旅社的热潮。市投资在苏州饭店新建9层客房楼,中国旅行总社投资兴建从澳大利亚引进的组装式简易宾馆——姑苏饭店,2家总共增添海外客人床位528张;葑门饭店、阊门饭店、西美巷招待所相继改造扩建,使这3个政府招待所成为涉外酒店;市商业系统改造老旅社,又先后兴建苏城饭店、新华饭店、园外楼宾馆等中高档宾馆饭店;社会各界兴办的申江酒家、华侨饭店、花卉饭店等相继建成开业,至1983年社会办旅店已达83户、床位1.8万张,从而使得全市铺位总数1983年增至2.39万张,基本适应了游客的住宿需求。为方便游客出行,建办市客车服务公司(后改名为市汽车出租公司)和市旅游汽车服务公司,拥有各类车辆150余辆,面向社会开展营运服务;市三轮车服务公司(1983年后隶属于市风光旅游服务公司)更新了100余辆人力三轮车,成为"老外"在市内观光游览喜爱的一种出行工具。为了适应旅游购物的需要,各旅游景点、涉外宾馆饭店和参观开放单位纷纷设立卖品部,1981年来苏游览的海外客人消费构成中购物已占49.7%。[1]再次是加强旅游业软件建设,提升服务质量和水平。先后恢复和创办了国际旅行社苏州支社、苏州市中国旅行社(苏州市华侨旅行社)、市总工会旅游部、市青联旅游部、吴县东山中国旅行社等5家经营国际旅游业务的机构和市园林旅游公司、苏州旅行社等5家经营国内旅游业务的机构,组织本地市民外出旅游业务1981年起也相继展开,开辟多条国内旅游专线,提高了市民外出旅游的兴趣和便捷程度。政府的

---

[1]《苏州市旅游志》编委会:《苏州市旅游志》,广陵书社2009年,第54页。

旅游管理部门也在完善之中,1982年建立苏州市旅行游览事业管理局(与市外事办公室合署办公),负责全市的国际旅游业务、国内旅游归口管理及旅游发展规划。旅游专业人才的培养工作积极推进,1980年市二十九中高中部改办成苏州市旅游职业中学,开设烹饪、宾馆服务等专业,为各旅游经营单位定向培养输送宾馆服务员、烹饪技工和宾馆管理人才。经过三四年的努力推进,市区的旅游业发展有了良好的开端。1982年共接待海外游客11.3万多人[1],比1978年翻了两番多;1983年共接待国内游客1 603万人次,比1978年增长1.14倍;1982年市旅游公司所属单位营业额1 541万元,全市旅游外汇收入674万美元,相当于当年省分配给苏州(包括市和地区在内)的贸易外汇留成数的82.4%。

交通运输业顺势推进,展现方兴未艾态势。公路运输业呈现大发展态势。1978年后,地、市交通部门加大公路建设力度,先后新建5条干、支线公路,接通了2条县之间的断头公路,干线路面全面拓宽并基本实现黑色化,全市公路通车里程超过1 000公里,基本形成干支相连、县乡相通、四通八达的公路运输网。货运方面,市汽车运输公司先后添置了一批大型、专用车,营运汽车总数达300辆、2 000吨位左右,提高了运输机械化程度,并先后开辟跨省市中长途运输、零担车队、集装箱运输业务,1983年完成货运量205万吨、货运周转量5 014万吨公里,分别比1976年增长39%和91%;非交通部门的货运业至1985年共有200余辆汽车,完成货物周转量相当于市运输公司的一半左右。客运方面,1982年与1976年比较,苏州地区汽车运输公司苏州站的总运营线路由71条增加至129条,总运行里程由1 905公里增加至3 332公里,班次由638对增加至1 800对,运行客车由253辆增加至580辆,客运量由2 236万人增加至4 954万人。1980年起非交通部门客运服务业猛增,成为一支专业客运的补充力量。苏州水上交通自古便利。改革开放后,市交通局实施大运河航道治理工程和胥江航道拓宽工程,提高通航能力;市航运公司全面开展船只和码头装卸设备更新,大力提高运输生产能力,1982年拥有轮机船89艘,货驳船总吨位由2 263吨猛增到1.43万吨,货物周转量达25 820万吨/公里,比1978年增长19%。内河客运业受公路客运迅速扩大的影响,城乡乘船旅客明显下降,负责苏州地区(包括苏州市在内)客运经营的地区轮船运输公司1982年客运量为636万人,比1978年减少了109万人。铁路运输业,沪宁铁路复线全部建成后,苏州站白洋湾货场改建工程

---

[1] 方明市长在苏州市人大常委会八届十三次会议上所做的《苏州市人民政府工作报告》,1983年2月,第7页,苏州市档案馆藏,档号C1—1—249。

紧锣密鼓地进行,苏州火车站新客站1982年交付使用,经上海铁路局批准升为一等站;1983年与1978年相比,苏州站日到、发客运列车由16对增加到近30对,年旅客发送量由284.46万人次增加到463.71万人次,年货物发送量由87.28万吨增加到114.5万吨,货物到达量由465.79万吨增加到577.63万吨。

经过这一时期的积极调整和有序发展,苏州市区的经济总量逐步壮大,1982年实现工农业总产值30.04亿元、国民生产总值13.23亿元,比1978年分别增长41.34%和41.23%。产业结构也朝着规划预想的目标逐步演变。调整结束的1985年与1976年相比,三次产业的比重已调整为1.6∶74.4∶24.0,其中一产、二产占比分别下降1.2和4.3个百分点,而三产则上升了5.5个百分点。从三次产业中社会劳动力的构成变化来看,第一产业劳动力由4.48万人下降为1.6万人,占比由14.5%下降为3.42%;第二产业劳动力由18.87万人增加至32.6万人,占比由61%上升为69.73%;第三产业劳动力由7.6万人增加至12.55万人,占比由24.5%上升为26.85%。

第三节 改革开放的启动

中共十一届三中全会提出,实现四个现代化、大幅度地提高生产力,必然要求多方面地改变同生产力发展不相适应的生产关系和上层建筑,改变一切不适应的管理方式、活动方式和思想方式;必须在自力更生的基础上积极发展同世界各国平等互利的经济合作,努力采用世界先进技术和先进设备,实现从封闭半封闭到对外开放的历史性转变。[1]三中全会后,我国在调整经济的同时,以农村和企业为主的经济体制改革也迈出步伐,多层次、多领域的对外开放逐步展开,改革开放开始成为新时期的主旋律,推动着社会主义现代化建设向前发展。苏州地、市各级各部门以三中全会精神为指针和动力,从城市到农村的各项改革也逐步推进,对外开放在多个方面开始启动。

一、农村家庭联产承包责任制逐步推行

我国的农村改革以1978年底安徽省凤阳县小岗生产队农民自发地实行包干到户为发端,在邓小平的支持和中央的肯定下,包产到户、包干到户的"双包"责任制(1983年中央1号文件明确统一称之为家庭联产承包责任制)1981年至

---

[1]《中国共产党第十一届中央委员会第三次全体会议公报》,人民出版社1978年,第5、6页。

1982年间在全国迅速推广,成为农村改革乃至整个经济体制改革的一个突破口[1],随后也成为新时期我国农村长期稳定实行的一项最为重要的和基本的生产经营制度。

苏州地区农村家庭联产承包责任制的推行,从推进时间过程来看,酝酿探索似"十月怀胎",全面推行像"一朝分娩"。与全省、全国大部分地区相比较,苏州起步探索、试点的时间不算晚,中间观察、比较、鉴别、筛选和反复的过程比较长,大约经历了三年多,因而最终普遍实行的时间比省内、国内大多数地区大体晚了半年到一年左右;[2]从责任制形式演变过程来看,主要经历了由不联产到联产,由联产到组到联产到劳,再到家庭承包、包干分配的几种形式阶段;[3]从整体改革进程来看,又大致经历了以下四个发展阶段。

1. 个别自发试行阶段(十一届三中全会前)

农村人民公社体制上存在的"一大二公"(即指第一组织规模大,第二公有化程度高),滋生了农业生产上的"大呼隆"、评工计分上的"大概分"、农村分配上的"大锅饭",平均主义泛滥,极大地挫伤了农民的生产积极性,阻碍了生产力的发展,使农业生产和农民收入水平长期徘徊不前,难以走出困境。苏州地区虽然自然条件较好,农业生产水平和农民分配水平相对较高,但广大农村基层干部和农民对人民公社体制下长期以来存在的平均主义和"大锅饭"也极为不满,个别胆子稍大的基层干部,尊重群众意愿,十一届三中全会前就暗地里试行旨在打破平均主义"大锅饭"的新的劳动生产管理和按劳计酬分配制度。如:吴江县七都公社吴溇大队,1978年初悄悄试行按亩定产、超产奖励的劳动管理办法,把农田划分到作业组实行联产承包,年终成为全公社唯一的社员集体分配收入超历史的生产大队。[4]吴县光福公社陈华大队,原先生产和分配水平都比较低,1978年冬起实行"专业分工、五统五定、联产到组、责任到劳、等量劳动、等额奖赔"的生产责任制后取得显著效果,1979年粮食增产幅度在全公社最大;1980年粮食因灾出现普遍减产,但其减产幅度为全公社最小,在全公社27个大队中其名次由原来的22位上升到第4位,多种经营收入增长42%,社员分配水平增长

---

[1] 中共中央党史研究室:《中国共产党简史》,中共党史出版社2001年,第173、174页。
[2] 根据中共中央党史研究室编《中国共产党新时期历史大事记(1978.12—2002.5)》(增订本,中共党史出版社2002年版)第124页和贾蛰、唐文起主编《江苏通史·中华人民共和国卷(1978—2000)》(凤凰出版社2012年版)第42页中所分别记述的全国、全省普遍推行时间比较而得出。
[3] 中共苏州地委农工部:《关于1982年工作总结》,1982年3月,第1页,苏州市档案馆藏,档号H5—1—86。
[4] 王芬兰:《"大包干"催生生产力大解放》,《苏州日报》,2008年12月18日。

43.3%,1 000多亩荒山由承包农户开辟成成片的桑园、果园、苗圃。[1]受到当时本地乃至全国大的政策环境的影响,苏州地区这种自发试行的单位还不是很多,试行单位的成功经验和做法也没有得到及时的肯定和推广,相反还引起了一些非议和争议。

2. 组织实行多种形式生产责任制阶段(1978年12月至1980年8月)

中共十一届三中全会促进了人们的思想逐步解放。受七都吴溇大队自发实行分组联产责任制初获成功的启示,1978年底吴江县委在全县选择6个生产队进行分组联产计酬试点,成为苏州地区第一个正式组织试点生产责任制的县。至1979年2月,吴江全县5 000余个生产队中共有1 100个实行了分组联产,坚持到年终结算兑现的有183个生产队。[2]1979年5月,苏州地委在阳澄淀泖地区商品粮基地建设座谈会上首次提出,要以建立责任制、落实"按劳分配"政策为重点,大力改善农业经营管理,下决心在二三年内抓出较大成效来。从此,苏州农村也同全国各地一样,积极酝酿探索各种行之有效的责任制形式。这一阶段,从地区到大队各级的基本态度是:在坚持因地制宜和群众自愿的原则下,尊重生产队自主权,各种形式都允许试验,不做统一规定。刚开始阶段,比较普遍的形式是"小段包工、定额计酬"。其基本的办法是,将农作物生产管理中某段劳作交给社员或作业组承包,按质按量完成的可得到相应的工分,由此改变以往"干多干少一个样"的做法。但这种方式仍只联系劳动量,与最终的农作物产量并不挂钩。1979年9月十一届四中全会通过的《中共中央关于加快农业发展的若干问题的决定》提出,农业的生产责任制,可以在生产队统一核算和按工分分配的前提下,实行按定额计工分、按劳动时间评工记分和包工到作业组、联系产量计算劳动报酬以及实行超产奖励等三种形式。此后,苏州地区不联产的小段包工做法渐被遗弃,较为普遍地采用了包工到组、联系产量计算工分报酬的办法,具体形式则是因地制宜、多种多样,主要为"农副工三业分开,农业大组(或分组)联产承包"。少数地方还在尝试着"包工、联产到劳"的做法。个别地方试探着改变农村"三级所有、队为基础"的生产关系,实行起"农副业分组综合承包",基层干部群众称之为"明分组暗分队(生产队)"。还有极少数生产队干脆搞起了"包产到户",以农户为单位承包生产队的粮棉油等大田作物种植,年终

---

[1] 中共苏州市委农村工作办公室:《苏州建国以来农村历次运动史料简综》,2006年内部发行,第99页。
[2] 允上、海龙、云赞、陈栋、建越:《当年苏州"弄潮儿"深情话小平》,《苏州日报》,2004年8月19日。

按完成定产指标情况计算各户所得报酬。[1]

3. 稳定专业承包、联产计酬责任制阶段(1980年9月至1982年秋)

由于农业生产责任制还是个新生事物,各地的形式和做法又多种多样,有些因工作方法简单化或制度设计不够科学规范而推行效果不尽理想,引发了干部群众间的矛盾,尤其是围绕着各种责任制形式的孰优孰劣、包干到户姓"社"姓"资"等敏感问题,从各级干部到社员群众"议论很多,思想上有些动荡"。[2] 1980年9—11月间,地委组织全面回顾总结一年多来全区探索试行多种形式农业生产责任制的情况和经验,对下一步责任制的推进和完善提出指导性意见,提出:"我们提倡专业承包、联产计酬的形式,并分别不同的生产项目和不同的劳动方式,宜组到组,宜户到户,宜劳到劳","至于包产到户的形式,不适合我区农业生产力的发展水平,群众也没有这种要求,所以不宜采用"。[3] 地委之所以提出苏州地区"不宜采用"包产到户,主要是认为:"现在有一些生产长期上不去、群众生活十分贫困的地方搞包产到户,那是克服困难的一种临时措施。我们苏州地区,农业机械化程度和生产水平都比较高,农副工综合发展已达到一定水平,集体家底比较雄厚。在这样的情况下,如果搞包产到户,不难想象,势必会降低耕作水平,影响农副工的全面发展,挫伤干部群众进行农村全面建设的积极性,更不用说分田单干了。我们苏州地区今后应当是向更高级的专业化方向发展,而绝不是离开现有的生产水平和生产条件去搞包产到户。对极少数大田作物已经包产到户的,要在做好思想教育工作的基础上,积极引导他们改过来。"[4]

就在这时,中共中央发出的《进一步加强和完善农业生产责任制的几个问题的通知》(即1980年中央75号文件),首次肯定了生产队领导下实行的"包产到户"的社会主义性质,在苏州地区引起了较大反响,要求改变责任制形式的呼声多了起来。吴江震泽公社新民大队1队、金家坝公社锦旗大队4队等一些地方在1980年底又私下对大田作物搞起了联产到劳或到户。[5] 1981年2月,吴县县委在藏书、淞南、金山等7个公社进行家庭联产承包责任制试点,生产队将土地

---

[1] 中共苏州市委农村工作办公室:《苏州建国以来农村历次运动史料简综》,2006年内部发行,第96—102页。

[2] 《罗运来同志在县委书记会议结束时的讲话》,1980年9月5日,第9页,苏州市档案馆藏,档号H1—1—82。

[3] 《中共苏州地区委员会印发全区农村工作会议纪要的通知》,1980年11月23日,第4、5页,苏州市档案馆藏,档号H1—2—657。

[4] 《罗运来同志在县委书记会议结束时的讲话》,1980年9月5日,第9、10页,苏州市档案馆藏,档号H1—1—82。

[5] 允上、海龙、云赞、陈栋、建越:《当年苏州"弄潮儿"深情话小平》,《苏州日报》,2004年8月19日。

承包到户,进行分户作业,联系粮油产量计酬,包干分配。到9月底全县有264个生产队实行了联产到劳,占生产队总数的3.1%。[1]但由于省委、省政府对"包产到户"仍持谨慎态度;[2]地区各级领导也强调苏州情况特殊,不属于中央75号文件讲的"三靠"(即吃粮靠返销、生产靠贷款、生活靠救济)地区,因而,经过一段时间的比较、筛选,目光渐渐集中到了"专业分组、联产承包"上。地委在1981年2月下旬《批转地委农工部关于加强和完善农业生产责任制座谈会纪要》中提出:要逐步向"统一经营、三业分开、专业承包、联产计酬"方向发展,提倡在大田粮食作物上搞大组联产计酬责任制,不搞分组联产,不搞分田单干,不搞大田包产到户。[3]同年8月,地委农工部制定了《苏州地区农村人民公社实行专业承包联产计酬责任制试行条例》,对所倡导的这种责任制提出了规范性意见。到1981年底,全区5.3万个生产队中实行农业联产责任制的生产队发展到3.79万个,其中实行联产到劳的生产队逐步增加到了1.42万个,但占大头的形式还是大组联产。[4]

这样的行政"指导"和"规范",没有使"包干到户"的责任制形式在苏州地区完全消失,相反,一些地方仍在暗自推行。1980年秋,昆山陆杨公社党委根据部分生产队农业长期上不去的实际情况,决定在枉江大队第2生产队和换新大队第4生产队用"五定一奖赔"的办法,对油菜生产推行名为"联产到劳"实为"包产到户"的承包责任制试点,结果全公社60.7%的生产队紧跟仿效,翌年全公社油菜籽产量比上年猛增76.6%,该年底全公社油菜、三麦实行"包产到户"的生产队分别扩大到93.6%和45.9%。1981年夏该公社的换新、超英、跃进、东江、横江等大队的干部毅然突破水稻生产不能搞联产到劳的禁区,在12个生产队试行搞水稻联产到劳责任制,公社党委为他们撑起了"保护伞"。1981年10月,昆山周庄公社复兴大队率先实行以农户为承包单位的联产承包责任制,以生产队为单位,按在队人口每人分口粮田0.7亩,其余为责任田,按劳力均分,将田块落实到户,生产队的耕牛、农船、农具等按田亩多少分摊到户、折价归私,同时确定

---

[1] 中共苏州市吴中区委宣传部:《往事回眸——吴县(市)历史资料(1919—2001)》,2002年内部资料,第204、205页。
[2] 贾轸、唐文起:《江苏通史·中华人民共和国卷(1978—2000)》,凤凰出版社2012年,第42页。
[3] 中共苏州市委农村工作办公室:《苏州建国以来农村历次运动史料简综》,2006年内部发行,第101页。
[4] 中共苏州市委农村工作办公室:《苏州建国以来农村历次运动史料简综》,2006年内部发行,第102页。

每户应完成的上缴国家粮食、农业税和大队"两金一费"任务。[1]

1982年1月中共中央批转《全国农村工作会议纪要》(即1982年中央1号文件),充分肯定包产到户、包干到户的社会主义性质,指出:"目前实行的各种责任制,包括小段包工定额计酬,专业承包联产计酬,联产到劳,包产到户、到组,包干到户、到组,等等,都是社会主义集体经济的生产责任制","反映了亿万农民要求按照中国农村的实际状况来发展社会主义农业的强烈愿望"。[2]2月中旬地委在吴江县召开现场会,学习贯彻中央1号文件精神,但研究的主要议题是如何稳定苏州地区占主导形式的"三业分开、专业承包、联产计酬"责任制,改进和完善实施中存在的种种问题。会后,地委组织6个工作组、2.6万名干部分两批帮助5.3万个生产队完善联产计酬到组责任制,到上半年全区生产队的实行比例由1980年底的71%上升到81%。[3]而在这同时,全国和江苏绝大部分地区在中央1号文件精神鼓舞下,以"大包干"为基本形式的农业生产责任制取得突破性的进展,至1982年夏季全省有61.9%的生产队实行包产到户、包干到户,成为多种形式生产责任制中的主要形式。[4]

1982年夏熟全区获大丰收,年成好是一个因素,推行联产计酬责任制也是一个因素。于是一些地方基层干部群众又在酝酿着深化生产责任制改革。"有少数社队夏收夏种分了一批田,双抢大忙中又分了一批田,秋收秋种还在分田。"为此,地委提出:"对当前有些地方盲目要求改变生产责任制形式的偏向,我们要站出来讲话,多做思想教育工作。""要向干部社员讲清楚……中央对农业生产责任制强调总结、完善、稳定的方针,从苏州地区的实际情况来看,生产责任制的大变动时期已经过去,现在应该保持相对稳定,逐步加以改进完善……我们应该继续按照今年春天吴江会议上讲的'不在形式上多争论,要在完善上下功夫'。现行的各种形式的责任制,即使有些队确实需要调整,也要等到生产周期终了,经过干部社员认真讨论,在秋收前有组织、有领导、有准备地进行调整。"[5]由于地委态度明确,并做了限制,这一阶段"大包干"责任制在全区范围内未能推行

---

[1]《周庄镇党史资料》编辑部、《陆杨镇党史资料》编辑部:《推行农业联产承包责任制的先行者——周庄、陆杨实行联产承包责任制纪实》,见昆山市政协学习与文史委员会:《昆山文史》第20辑,内部资料,第36—41页。

[2] 中共中央书记处研究室、中共中央文献研究室:《坚持改革、开放、搞活——十一届三中全会以来有关重要文献摘编》,人民出版社1987年,第131、130页。

[3] 王荣、韩俊、徐建明:《苏州农村改革30年》,上海远东出版社2007年,第3页。

[4] 贾轶、唐文起:《江苏通史·中华人民共和国卷(1978—2000)》,凤凰出版社2012年,第43页。

[5]《戴心思同志在县委书记碰头会上的讲话》,1982年7月6日,第14、15页,苏州市档案馆藏,档号H1—1—143。

开来。至这年8月中旬,全区实行专业承包、联产计酬责任制的生产队共占82%,其中大组联产40%左右,分组联产10%左右,联产到劳31%左右,真正实行包产到户、包干到户的不足1%。[1]

4. 家庭联产承包责任制普遍推行阶段(1982年秋冬至1983年秋冬)

以三业分开、专业承包、联产计酬为主要形式的农业生产责任制在全区虽然相对稳定了近2年时间,但广大干部群众的思想并未凝固,在深刻领会1982年中央1号文件和中共十二大精神(中共十二大对以包干到户为主要形式的农业生产责任制给予了充分肯定,强调必须长期坚持下去并逐步加以完善)、认真总结前几年探索实践的经验教训、剖析比较现有各种生产责任制利弊得失的理性思辨中,全区干部群众的思想认识渐趋统一,责任制的形式逐步集中,苏州农民同全国农民一样,终于找到了农业生产责任制的最佳实现形式——统分结合、包干分配,亦即外地一般称之为"包产到户、包干到户"的这种责任制。其内涵和要义是,在土地等主要生产资料公有制基础上,生产队将集体土地、农林牧副渔生产项目承包到户,由农民自主生产经营,落实好国家、集体、个人三者关系,并用合同形式固定下来,年终按合同结算兑现,农民形象地概括为"保证国家的,留够集体的,剩下全是自己的"。

苏州地区率先大规模组织推行家庭联产承包责任制的是常熟和太仓。1982年9月上旬常熟县委提出积极发展家庭联产承包责任制的要求,通过干部培训和典型示范,由点到面,分批推进,短短一个月时间里,实行家庭联产承包责任制的生产队由原来的220个发展到2 059个,占总队数的26.5%。太仓县各级领导亲自动手,全面宣传发动,选队试点,面上推进,到9月中旬全县3 963个生产队中,丈量土地、划分责任田的占8.5%。在先行地区的带动影响下,这年秋收秋种结束后,全区出现"上上下下谈承包,村村队队忙划田"的一片繁忙景象,势如破竹,一气呵成。[2]至1982年末,全区54 262个生产队中有49 370个生产队实行了家庭联产承包责任制,占总数的91%,其中昆山、沙洲、江阴县实行比例达95%以上;已划田队数占实行包干分配队数的84.2%,其中无锡县100%,沙洲、江阴、太仓县达90%以上;继续实行联产到劳、联产到组、小段包干的生产

---

[1] 苏州地委办公室:《三中全会以来苏州地区农村经济形势》,1982年8月23日,第7页,苏州市档案馆藏,档号H1—1—149。

[2] 中共苏州市委农村工作办公室:《苏州建国以来农村历次运动史料简综》,2006年内部发行,第105—107页。

队,分别只占总队数的3.5%、2%、3.5%。[1]至此,经历了"过分强调经济发达地区的特殊性,把该分的不敢分下去,影响了农民自主经营的积极性"这一段曲折[2],比外地稍稍来迟的家庭联产承包责任制在苏州农村终于站住了脚跟。

家庭联产承包责任制在全区普遍推行初期,"领导落后于群众,认识落后于现实"的状况已经有所改变[3],但干部群众的认识还比较肤浅,仍有一些同志对联产承包责任制的性质及其深远意义认识不清,怀疑这种责任制形式到底是集体还是单干、是姓"社"还是姓"资"、是前进还是后退,有的甚至发出"辛辛苦苦几十年,一夜回到解放前"的质疑声;[4]同时由于工作经验不足、推进时间过快,在承包土地划分和承包合同签订这两个重要环节上还存在较多问题,有的合同没有签订,有的"三田"(即劳划责任田、人划口粮田、猪划饲料田)没有划好,有的土地划得过于零散,有的人口、劳力错划漏划等。尤其在划分承包土地这一基础性工作上,不少地方指导滞后,加上农民中的平均划田思想又占了上风,多数生产队采取了好田差田、近田远田、高田低田大家都分一点的办法,结果使不少农户的承包田划得比较零散。如沙洲县泗港公社善港大队一队一户社员承包的1.96亩耕地共划了18个地方,太仓县牌楼公社夹石大队三队有块1.2亩的差田由全队106人平分。[5]针对上述问题,1983年初全市(这年3月起苏州实行地市合并、市管县新体制)回过头来对家庭联产承包责任制进行了认真的补课。首先是学习领会1983年中央1号文件精神,深刻认识实行家庭联产承包责任制的重大和深远意义,从而更加主动、积极地做好完善工作。[6]同时组织认真制定、修改承包合同,举行签订仪式,明确发包集体组织与承包农户的责、权、利;开展整顿社队财务工作,妥善处理了错、悬、呆账,解决集体财务中普遍存在的乱、散、低问题。8月份开始,各地按照市委统一部署,本着"大稳定、小调整"的原则,由点到面进行调整零散承包地,调整面占生产队总数的32%、承包农户总数的

---

[1] 苏州地委办公室:《各县农业生产责任制情况汇总表》,1983年1月27日,苏州市档案馆藏,档号H1—1—149。

[2] 中共苏州市委:《汇报提纲》,1983年9月20日,第5页,苏州市档案馆藏,档号A1—1—326。

[3] 苏州地区行署办公室:《情况简报》第2期,1983年1月26日,第2页,苏州市档案馆藏,档号H24—2—450。

[4] 中共苏州市委农工部:《苏州市农村工作会议情况汇报》,1983年3月1日,第2页,苏州市档案馆藏,档号A28—1—3。

[5] 中共苏州市委农村工作办公室:《苏州建国以来农村历次运动史料简综》,2006年内部发行,第107—110页。

[6] 中共苏州市委农工部:《苏州市农村工作会议情况汇报》,1983年3月1日,第2、3页,苏州市档案馆藏,档号A28—1—3。

23.7%,共调整土地49.2万亩;市委还宣布,调整后的承包大田和水面一般5到10年不变,经济林木可20年不变,还可以颁发土地承包权证,以鼓励农民从长计议,对责任田投劳投资。随着完善工作告一段落,至1983年秋冬,苏州地区的农村家庭联产承包责任制从量的概念和质的角度看,都真正建立起来了,在土地集体所有的条件下,广大农民取得了土地承包经营权,实现了"耕者有其田",成为苏州农村改革的一个重要里程碑。[1]

二、城市经济体制改革初步展开

中共十一届三中全会后,城市经济管理体制改革也开始试点。苏州地、市按中央、省的统一部署和要求,在多个领域、多个层次逐步展开各项改革试点工作,着重点是:改变计划经济"一统天下"的局面,通过搞活政策、搞活企业、搞活流通、搞活分配来实现搞活经济,解放和发展社会生产力。

1. 组织扩大企业自主权试点

为了改变计划经济体制下企业只是政府附属物、普遍"吃国家的大锅饭"的局面,逐步确立企业的经济发展主体地位,中央决定逐步扩大企业自主权。1979年7月国务院连续颁发5个扩大企业自主权的文件后,江苏扩大企业自主权试点方案9月下旬被国家经委和财政部批准实施,苏州市14家、苏州地区6家全民所有制工业企业进入全省首批试点单位之列。自主权的范围包括产、供、销、人、财、物,并实行利润留成制度,企业所得的分成充作生产基金、职工集体福利基金和奖励基金,由企业自主安排使用。[2]1980年8月,苏州市的纺工全行业、钟表公司各企业及溶剂厂、江南无线电厂等共31户企业被列入省第二批扩大自主权试点,苏州地区的纺工全行业和其他行业中部分企业共计33家工交企业也在其列。为了鼓励企业从长计议,试点企业的基数利润留成比例比第一批时提高了很多,进一步调动了企业发展生产、提高效益的积极性。试点单位中主要试行六方面权力,即生产计划权、产品销售权、出口产品权、挖(潜)改(造)革(新)的自主权、人事劳动(调配)权、职工奖惩权,给企业提供了较大的自主决策权力和空间。[3]工交企业试点初获成功后,1980年8月省政府批准全省财贸系统首

---

[1] 中共苏州市委农村工作办公室:《苏州建国以来农村历次运动史料简综》,2006年内部发行,第107—111页。
[2] 《方明同志在全市党员领导干部大会上的讲话》,1979年9月3日,第4、5页,苏州市档案馆藏,档号A1—1—182。
[3] 江苏省经济委员会:《关于扩大企业自主权试点单位进一步扩大试点内容的具体意见》,1980年7月11日,第2—5页,苏州市档案馆藏,档号C10—2—44。

批扩权试点单位,苏州市有人民商场、石路商场、苏州蜜饯厂等5家被列入,年底前又有11家国营商店被列为试点。[1]

在此前后,苏州还探索推行企业职工分配制度改革。苏州市1978年起在部分企业试行计件工资和奖励工资制度,1979年全面推开,有97.7%的职工获得相当于平均标准工资1.64个月的超定额奖励和考核计分等级奖励。[2]苏州地区至1979年5月已有620个单位、11.85万职工实行了奖励制度,发放的奖金额占同期企业增加利润的22%,至1981年8月底共有31个单位分别实行了7种形式的工资奖金分配制度。[3]职工分配制度改革使职工的收入和劳动成果直接挂上了钩,改变了职工十多年人人只拿一份"死工资",干多干少、干好干坏一个样的不利局面,调动了广大职工投身"四化"建设的积极性。

2. 组建企业性专业公司和联合体

1978年后,苏州市根据中央《工业三十条》和省委部署,在省内率先开展改革工业管理、组建专业公司的工作。市机械工业局率先将原行政管理性质的拖拉机设备"会战"办公室改建为企业性质的铸造机械工业公司,成为国内同行中首家地方性专业公司。市二轻局1979年组建了企业性的皮革服装、家具2个公司,第二年又组建了五金、塑料、家用电器3个工业公司。市一轻局为改变局直接管理15个行业大类、上百家中小企业"管不了,也管不好"的局面,1979年尝试组建缝纫机总厂和自行车总厂,各辖5个分厂,实行有统有分式管理,较好地发挥了行业专业管理的优势。

与此同时,市里也开始探索局一级工业行政管理体制的变革。1979年建立市医药工业公司,而后又根据国家对医药管理体制进行重大改革的精神改建为生产、流通统一管理的市医药公司;筹建市建筑材料工业公司,管辖企业13家。1980年撤销市纺工局,分建市纺织工业公司和市丝绸工业公司,又将市工艺美术局改建为市工艺美术工业公司。这5个局级建制的工业公司,虽仍以行业行政管理职能为主,但也都尝试充实了一些诸如作为投融资主体、项目开发主体、原材料采购和产品销售实体等企业化经营管理职能,为改革政府的经济管理体

---

[1] 方明同志在苏州市第八届人民代表大会第一次会议上所做的《政府工作报告》,1981年1月21日,第5页,苏州市档案馆藏,档号B1—1—1。

[2] 《苏州市革命委员会劳动局1979年度工作总结》,1980年1月26日,第3、4页,苏州市档案馆藏,档号C4—1—26。

[3] 苏州地区行政公署:《批转行署劳动局关于全区工矿企业实行奖励情况和今后意见的报告》,1980年11月18日,第3页,苏州市档案馆藏,档号H24—2—328;苏州地区行政公署办公室:《情况简报》第89期,1981年10月10日,第1、2页,苏州市档案馆藏,档号H24—2—393。

制进行了有益的探索。

苏州地区许多工交企业以自愿互利为原则,实行跨地区、跨部门、跨所有制的联营联办,至1980年10月有各种形式的联合企业251个,参加的单位1 280个,其中组织以产品为中心的专业化协作生产有36个产品、353个单位,为探索按经济规律办事、发展横向经济联合迈出了实质性步子。[1]

3. 探索流通和金融领域的改革

十一届三中全会后,商业体制开始改革,原有"站、批、零"(即二级站、三级批发部、归口零售商店)自成一体、封闭运行、高度集中的经营管理体制被逐步打破,工业品购销渠道由统购包销一种形式发展至计划收购、订购、选购、代批代销、工商联销等多种形式。市商业局下属的四大专营公司积极与市内外生产厂、经营公司建立业务联系,扩大经营范围,拓展批发业务。1982年国家取消了供销社与国营商业间的原来分工,实行城乡开通,市及吴县供销社纷纷进城办商场、开商店,国营商业也组织工业品下乡,举办巡回展销等活动,下农村供应。

1978年后,物资流通逐步冲破"生产资料不是商品"的束缚,国家大幅度减少直接管理的物资品种(1978年为689种,1985年减至28种),探索突破行政区划和行业经营的界限,按商品生产规律组织物资流通,建立多渠道、少环节、开放式的新型物资流通体制。苏州市组建负责对外协作采购的苏州市物资贸易公司,许多生产工厂也开始打破"工不经商"的旧规,纷纷开展物资协作,1979—1982年4年中组织到的计划外五大物资占总消费量的比重为:煤炭63.88%、钢材74.46%、生铁72.7%、水泥67.97%、木材59.07%。苏州地区物资协作的力度也不断加大,1981年拟组织的计划外物资占总消费量的比重,煤炭占60%多,木材占50%多,棉纱占40%多。[2]

金融业改革迈开步子,主要是改变人民银行政企不分局面,逐步建立经营性的专业银行,根据经济社会发展需要拓展金融业务。1979年恢复重建建设银行苏州市支行,1980年中国银行苏州支行、地区农业银行投入运营。1979年后银行打破贷款"只对公不对私"的禁锢,对持有营业执照、合法经营的个体工商户给予小额短期贷款。1980年人民银行苏州支行开始恢复信托业务,存贷款利率

---

[1] 苏州地区行政公署:《关于印发全区工业工作座谈会纪要的通知》,1980年11月18日,第10页,苏州市档案馆藏,档号H24—2—334。
[2] 《梁如仁同志在全区物资供销会议结束时的讲话》,1980年9月30日,第4、5页,苏州市档案馆藏,档号H24—3—542。

均可在银行规定利率的范围内浮动,迈出了金融市场化改革的步伐。1980年重建中国人民保险公司苏州市支公司,恢复国内保险业务。

4. 发展集体所有制和个体经济

十一届三中全会后,中央多次指出:要允许全民所有制和集体所有制长期共存,互为作用,竞相发展,共同提高。市委提出:我市"集体所有制在国民经济中占有很大比重,我们在思想上要重视它,在经济改革上要调整、改变一些不合理的现象,扶持和发展集体经济。"[1]市政府(市革委会)为鼓励、扶持集体企业,制定了包括收益分配、贷款、用工等一系列政策优扶措施。当时为解决大批集中返城知青的就业安置问题,由全民和大集体企业出资金、设备和技术,在郊区办了一批知青厂,至1980年共办56家,安置知青逾万人,后被确定为集体所有制企业。还采取全民办集体、全民带集体、全民与集体联营、鼓励街道举办小集体企业等多种形式,促进集体企业的发展。苏州电扇总厂、苏州冰箱厂等集体企业发展成为规模较大、国内知名度较高的市区骨干企业。1985年与1976年相比,市区集体所有制工业企业增加了185家,达464家,占全部工业企业数的70.2%;实现工业产值增长2.56倍,达21.98亿元,占市区工业总产值的比重由32.4%提高到44.2%。

1979年4月,国务院在批转国家工商管理总局的一份报告中首次提出恢复和发展个体经济。同年8月起市工商局恢复对个体工商户登记发证,返城知青周国忠等76人领到了改革开放后的首批个体营业执照[2],至年底市区共核发568户(包括重新核发的老户)。1980年10月,市革委会在国内率先出台了多条放宽个体工商户经营的政策意见,明确个体工商户可吸收学徒2人,可以"请帮手",可以合伙经营。至1982年,市区个体工商户发展至1410户、1457人、实有资金19.8万元、营业额256.8万元。

三、对外开放迈出步伐

十一届三中全会打开了我国对外开放的大门,苏州地、市各级各部门在不断学习、认识这一新鲜事物的同时,本着不等不靠、敢想敢试、百谈不厌、锲而不舍的态度,积极探索,大胆尝试,在实行对外开放上扎扎实实地起好步、开好头,并创造出了多项省内第一。

---

[1]《方明同志在全市党员领导干部大会上的讲话》,1979年9月3日,第5页,苏州市档案馆藏,档号A1—1—182。

[2] 王英:《三代工商人眼中的苏州新变化》,《苏州日报》,2009年7月30日。

1. 扩大对外贸易

苏州市和地区抓住国家鼓励发展对外贸易的有利时机,发挥外贸商品出口已有较好基础的优势(1975年苏州地、市外贸收购额占全省的16.8%、全国的1.38%),从多方面入手,大力开拓国际市场,促进对外贸易进一步加快发展,使之成为经济结构调整优化的着力点和经济发展的重要新增长点。一方面,着力健全对外经贸机构。1978年起苏州市对外贸易公司将地区各县的外贸商品收购业务移交给正式恢复运行的苏州地区对外贸易公司,各县的对外贸易公司也相继恢复,市、地区和8县的对外贸易公司(均与对外贸易局政企合一)负责本地区对外贸易工作的组织、指导、协调和外贸商品收购业务。1980年苏州市成立进出口管理办公室,成为统一管理市区对外经济贸易工作的机构。1981年省外贸丝绸、工艺品两家分公司的苏州绸缎出口部、抽纱出口部先后成立,分别代省执行对外履约业务,为拓展这两类商品的外贸业务提供了便利。另一方面,地、市外贸部门组织推进20多个单项出口农副产品生产基地建设,搞好12个国家丝绸出口专厂专车间建设,探索举办30多家工贸合营企业,大力发展以进养出业务,使得苏州的外贸出口在4年间上了一个台阶。1982年,市区形成年出口额300万元以上的骨干商品33个,比1978年前增加了14个,其中年出口额1 000万元以上的商品有:绸缎、绸服装、丝绸复制品、厂丝、蚕茧、棉花、纯棉纱、人造棉纱、棉织品用纱、毛针织品、布涤服装、手绣品、机绣品、淡水养殖珍珠、蘑菇罐头、兔毛等16个;地、市合计完成外贸收购额8.65亿元,比1978年增长1.06倍。[1]

2. 尝试利用外资

实行对外开放后,苏州的外经贸部门和一些企业学习广东经验,结合开展"三来一补"(境外来料、来件、来样加工和中小型补偿贸易),利用外资和引进国外先进技术与设备。1978年10月,港商向苏州服装一厂提供2条衬衫生产流水线,成为全市和全省第一个以补偿贸易方式利用外资的项目。[2]同年11月,江南无线电厂、电讯电机厂、电子手表厂等3家工厂与港商签订来料加工装配电子手表合同,两年内除用工缴费抵偿5.57万美元港方提供的设备款外,还净收入工缴费2.34万美元。1979年国务院做出鼓励地方和企业开展"三来一补"部署后,苏州迅速掀起了热潮。到1983年3月地、市合并前,苏州共与外方签订"三来一补"合同35份,有30家企业承接此项业务,先后引进设

---

[1] 陆允昌、高志斌:《苏州对外经济五十年(1949—1999)》,人民出版社2001年,第15页。
[2] 贾轸、唐文起:《江苏通史·中华人民共和国卷(1978—2000)》,凤凰出版社2012年,第81、82页。

备1 183台(件),除工缴费抵偿258.9万美元设备价款外,净得加工费收入151.9万美元。[1]

苏州直接利用外资、举办中外合资企业的探索起步于1981年4月,经省批准,苏州地区无锡县轻工公司、省轻工业品进出口分公司、无锡市家具总厂与菲律宾维德集团四方合资,在无锡县西漳公社域内建立中国江海木业有限公司,主要生产当时国内市场紧缺的板式家具和建筑装饰所需的大规格胶合板,投资总额389万美元,注册资本298万美元,其中中方占60%。该项目成为全省第一个中外合资经营项目,而且日后的经营非常成功。[2]1982年12月,常熟县手表厂、中国轻工业品进出口公司及省分公司、香港华铊公司四方签订合资经营中国天文钟表有限公司的合同,并经外经贸部批准,成为省内第二家中外合资经营企业。尽管开业后不久因多种原因而自行解散,但它为今后举办合资企业积累了经验。[3]

3. 开启对外工程承包和劳务输出

1978年春,美国纽约大都会艺术博物馆提请我国为该馆建造一座中式古典园林,国家城建总局将任务交给苏州市政府,承担该项目的市园林管理处仿照苏州网师园中的"殿春簃"建造,取名"明轩",1980年5月竣工开园,成为全省及苏州的第一个对外承包工程,也是苏州古典园林第一次走出国门,可谓对外文化交流和经济技术合作的一大突破。苏州第一个对外劳务输出项目始于1981年2月,常熟县砖瓦厂受省建材工业公司委托,派出26名工人去伊拉克迪瓦尼砖瓦厂工作,为期2年。1984年该厂又派14名工人赴伊拉克执行新一轮劳务输出合同项目。

4. 开展对外交往

改革开放后,苏州除认真做好外国贵宾和重要团组的接待工作外,还注重积极开展民间友好往来活动。一方面,开始大量邀请自费客人来苏开展经济、贸易、科技、文化、教育、卫生、体育、旅游等交流洽谈、参观考察和培训研学。1982年市外事部门邀请来苏的外籍人员8 046人,比1978年增长2.3倍;市区共接待境外旅游者11.3万多人[4],为1976年的12.68倍。另一方面,物色对象建立

---

[1] 陆允昌、高志斌:《苏州对外经济五十年(1949—1999)》,人民出版社2001年,第17页。
[2] 贾轸、唐文起:《江苏通史·中华人民共和国卷(1978—2000)》,凤凰出版社2012年,第82页。
[3] 陆允昌、高志斌:《苏州对外经济五十年(1949—1999)》,人民出版社2001年,第93页。
[4] 方明市长在苏州市人大常委会八届十三次会议上所做的《苏州市人民政府工作报告》,1983年2月,第7页,苏州市档案馆藏,档号C1—1—249。

国际友好城市,开展长期交往与全方位合作。1979年3月意大利威尼斯市长向中国人民对外友好协会倡议,将东西方两个美丽水城——威尼斯和苏州结为友好城市,得到我国有关方面赞同。1980年3月苏州市友好代表团访意,与威尼斯市政府举行缔结友好城市签字仪式,由此苏州缔结了历史上第一个国际友好城市,也在全国地级城市中开了建立国际友好城市的先例。随后,苏州市又于1980年10月、1981年6月、1982年6月与加拿大维多利亚市、日本金泽市、日本池田市先后建立友好城市。日后苏州与这些友城像走亲戚一样常来常往,经济、文化、科技、教育等多领域的合作交流长期开展、不断深化,取得了预期的良好效果。

第四节 苏州城市建设方针初步确定与实施

改革开放后,苏州市注意解决长期积累下来的城市建设和人民生活方面的历史欠账。然而,在推进城市建设的过程中首先面临着对苏州城市性质的认识问题,不解决好这个问题,城市建设就会失去方向和目标,各项建设和工作就无法区分轻重缓急。尤其是,苏州的城市建设还有着其特殊性,即如何处理好古城风貌保护与城市现代化建设的关系,如何处理好经济发展、人民生活改善与满足旅游事业发展需要的关系。新时期伊始,苏州党政领导必须对此做出正确的抉择与决策,并按照新的发展方向和规划精心组织实施。

一、苏州城市性质与建设方针逐步明确

新时期初,苏州在城市建设和发展中面临的许多突出矛盾和困难,引起一些著名人士和专家的关注,更引起了省、国家有关部门乃至中央的高度重视,他们及时给予一系列重要的指示,并采取了一系列有效的举措,帮助苏州逐步明确城市建设和发展的方针大计,解决苏州自身"力不从心"的困惑。

1. 新时期初苏州城市建设存在的主要问题和突出矛盾

其一,长期以来缺乏一个完整的、比较切实的总体规划。中华人民共和国成立以来30年,由于市领导机构对城市建设缺乏经验,对苏州城市性质前后认识不一致,致使1959年开始编制的苏州城市建设总体规划长期定不下来。20年来,由于城市性质变化不定,加上受"左"倾思想的影响,强调"先生产,后生活",片面理解了"把消费城市变为生产城市",搞工业、抓建设基本上都没规划可循,

并造成了一系列严重的后遗症。[1]

其二,区域范围太小,城市功能和工业发展没法科学布局。苏州市行政区域面积为119.2平方公里,其中城市建成区面积仅为28.7平方公里,同时还是苏州地区、吴县行政机关的所在地,市区人口55.15万人,每平方公里的人口密度为19 216人,超过国家建委拟定的标准1倍,14.2平方公里的古城区中居住了36万多人,平均每平方公里高达2.5万人,且每年还有1 500多万的中外游客来苏旅游。[2]建成区内共开设工厂200多家,全城被21家化工厂四面包围,10家印染厂在市中心开花,3家大造纸厂占据水源上游,42家电镀厂星罗棋布,形成了居民区、工厂区、宾馆区、园林风景区犬牙交错的混乱布局。同时市政公用设施严重落后,市区人均占有道路面积仅2.72平方米,远不能适应5 500多辆机动车和19万辆自行车的车流要求;人均城市公共绿地仅1.26平方米,与园林城市的称号相距甚远。[3]

其三,古城风貌遭到严重的破坏。从"大跃进"到"文化大革命"这近20年间,苏州这座古城发生了很多次"建设性破坏"和"破坏性建设",做了很多无法挽回、令人痛心的蠢事。[4]突出表现在三个方面:一是不少古典园林、风景名胜和历史建筑被鲸吞蚕食,遭受比较严重的破坏。据1959年普查,苏州市区共有保存较完整的古典园林38处、庭院47处[5],但至1981年,艺圃、惠荫花园、南半园、畅园、曲园、慕园、五峰园等园林庭院已被企事业单位占用,或被当作民房居住着"七十二家房客",损毁比较严重,有的面目全非,有的荡然无存,能作为旅游景点开放的仅有16处;在开放的16处中,原与园林连成一片的住宅部分也被大量占用,被侵占的土地约有15万平方米,其中十年内乱期间被侵占的约10.8万平方米。[6]1978年后,由于财力不济,相当一批亟须维修的古建筑没能得到及时的维修;由于认识不足,古建筑遭人为破坏的事件还时有发生。二是古

---

[1]《方明市长向市人大常委会汇报城市总体规划和评选劳动模范工作的讲话稿》,1981年4月25日,第3页,苏州市档案馆藏,档号B1—1—20。

[2] 苏州市城建局在苏州市第八届人大常委第二次会议上所做《关于苏州市城市总体规划有关情况的汇报》,1981年4月25日,第8页,苏州市档案馆藏,档号B1—1—20;中共苏州市委办公室:《苏州市解放三十二年来建设概况》,1982年2月6日,第1、9页,苏州市档案馆藏,档号A1—1—284。

[3] 中共苏州市委办公室:《苏州市解放三十二年来建设概况》,1982年2月6日,第9页,苏州市档案馆藏,档号A1—1—284。

[4] 吴黎平、匡亚明:《古老美丽的苏州园林名胜亟待抢救》,《文汇报》,1981年11月30日。

[5] 中共苏州市委员会、苏州市人民政府:《关于拆除我市原"道台衙门"的情况汇报》,1982年6月17日,第1、2页,苏州市档案馆藏,档号A1—1—299。

[6] 吴黎平、匡亚明:《古老美丽的苏州园林名胜亟待抢救》,《文汇报》,1981年11月30日。

城格局遭到破坏。苏州古城建成2500年来不仅城址未变,而且形成了河街相邻的"双棋盘"格局,为世界所特有。苏州解放时,城墙城门基本保存,河道保留一环三横四直骨干网架,总长40多公里,桥存261座。但至1978年,保存较为完整的砖石城墙仅存1 000余米,城门仅存盘门、金门、古胥门(21世纪初才被发现和打开)3座;河道仅存33.37公里,且三横三直主河道中,有两段"文化大革命"中"备战备荒"时被改筑成防空地道,桥梁仅存161座(1985年统计数),造成河道水系和水城风貌的严重破坏。三是环境污染日益严重。1979年市区600多家工矿企业中,有污染物排放的达300多家、重污染的82家,而且多数插建于建成区内,不少工厂与民房仅一墙之隔,甚至同院同楼;有锅炉520台、工业窑炉593台、烟囱和工业排气筒900多个,每年排入大气烟尘8 435吨、二氧化硫5.8万吨;每天排放工业废水42万吨、生活污水5万吨,其中60%未经任何处理就直接排放河道,造成苏州水道污染十分突出,甚至危害城市饮用水源。胥江第一水厂因胥江被污染于1979年被迫停产,取用阳澄湖水的北园第二水厂也由于湖泊附近工厂污水排放造成严重污染。[1]

对于上述突出问题,十一届三中全会以来,苏州市委、市政府已逐步"引起了重视,做了不少工作,但由于欠账很多,短时期内不能完全解决,有些问题必须从城市规划上予以明确"。[2]正如中共中央书记处研究室1981年11月18日的《情况简报》中所说的:保护和维护苏州众多的文物古迹、风景名胜,"不是苏州市的党政不努力,他们是确有难处"。[3]

2. 苏州古城保护引起国家高度重视

十年动乱结束后,同济大学园林古建专家陈从周来苏州考察,看到许多园林古建遭到破坏,发出"救救苏州"的呼声。[4]著名报告文学作家徐迟在1979年3月发表的一篇文章中向世人警言:"现在,苏州已经是一个被污染了的'天堂'。"[5]1979年7月,国务院环境保护领导小组办公室调查组在苏州调查研究后向国务院报送《苏州——"天堂"的灾难》特急汇报材料,列举苏州"江南水乡无净水喝"

---

〔1〕 吴黎平、匡亚明:《古老美丽的苏州园林名胜亟待抢救》,《文汇报》,1981年11月30日。
〔2〕 《方明市长向市人大常委会汇报城市总体规划和评选劳动模范工作的讲话稿》,1981年4月25日,第4页,苏州市档案馆藏,档号B1—1—20。
〔3〕 沈伟东:《吴亮平与苏州古城保护》,《苏州日报》,2008年7月8日。
〔4〕 沈伟东:《吴亮平与苏州古城保护》,《苏州日报》,2008年7月8日。
〔5〕 《江苏省革命委员会关于报送〈苏州市环境保护三年规划〉的请示报告》,1979年9月21日,第6页,苏州市档案馆藏,档号C1—1—108。

"鱼米之乡无鲜鱼吃"等触目惊心的污染状况。[1]不久,国家城建总局初步确定把苏州与杭州、桂林、承德、肇庆列为全国五个风景旅游城市加以保护和规划。是年9月,江苏省革命委员会在一文件中提出:苏州的"这种污染严重的情况不能再继续下去,已经到了非下决心解决不可的时候了","我们同意国务院环境保护办公室调查组提出的苏州的建设方针应该是园林风景和旅游城市,在今后的经济发展过程中,应按照旅游城市的方向和要求进行建设和改造"。[2]1980年10月全国城市规划会议确定,苏州作为国家指定的城市之一,与中央直辖市、特大城市一样,城市总体规划必须报国务院审批。

3. 国务院首次明确苏州城市性质

1981年2月24日,国务院做出的《关于在国民经济调整时期加强环境保护工作的决定》(即国务院27号文件)提出:"杭州、苏州和桂林是我国著名的风景游览城市,一定要很好保护。有关省(区)、市人民政府要把保护好这三个风景区作为一项重要工作,按照风景游览城市的性质和特点,做出规划,严加管理。要采取有效措施,防止污染,制止破坏自然景观,逐步恢复已破坏的风景点。"并要求国务院环境保护领导小组会同国家有关部门帮助和督促这几个城市制定规划,积极实施,切实做出成绩。[3]这是国务院首次明确苏州的城市性质,并把苏州列为三个"我国著名的风景游览城市"之一,显示国家对苏州这座城市的高度重视。

1981年11月,全国政协常委、中共中央党校顾问吴亮平(又名吴黎平)约请江苏省人大常委会副主任、南京大学名誉校长匡亚明到苏州做了20多天的调查研究后,写成《关于苏州园林名胜遭受破坏的严重情况和建议采取若干紧急措施的报告》,指出苏州遭受了"触目惊心的严重破坏",存在三方面的突出问题;对紧急抢救苏州园林名胜提出了尽快明确苏州城市的性质和建设方针、坚决而有力地进行经济的调整、颁布加强保护苏州风景的严格规定并坚决地严格地予以实现、建立姑苏风景特区等四方面有针对性的建议。[4]该报告送呈四位中央主要领导同志,迅速引起高度重视。中共中央主席胡耀邦批示要求"江苏省委对苏

---

[1] 中共苏州市委党史工作办公室:《苏州改革开放三十年大事记(1978—2008)》,中共党史出版社2008年,第6页。
[2] 《江苏省革命委员会关于报送〈苏州市环境保护三年规划〉的请示报告》,1979年9月21日,第2页,苏州市档案馆藏,档号C1—1—108。
[3] 《中央领导同志和国务院有关保护苏州古城风貌和今后建设方针的部分批示、文件》,1984年1月21日,第18页,苏州市档案馆藏,档号C1—1—332。
[4] 《中央领导同志和国务院有关保护苏州古城风貌和今后建设方针的部分批示、文件》,1984年1月21日,第9—16页,苏州市档案馆藏,档号C1—1—332。

州市的工作和建设方针作一二次认真的讨论,不论是近期的建设方针或远期的建设方针,都要实事求是、讲究实效,都要靠苏州市的各级党组织和全市人民以奋发图强、自力更生的革命精神加以实现";提出"书记处明年上半年认真讨论一次城市工作,请各同志从现在起脑子里就装着这个问题,经常注意收集些情况和问题,以便作一次决定性的推动"。中共中央副主席、中央军委主席邓小平批示:"此件转江苏省委研究,采取有效措施,予以保护。"中共中央副主席陈云批示:"'上有天堂、下有苏杭',这个风景区应该整顿了。请给江苏省委,要他们专门研究一下。"中共中央副主席、国务院总理赵紫阳批示要求"建委牵头,组织一个小组,协同江苏省委拟定有效措施,予以保护,并有计划进行恢复"。[1]中央领导批示后,吴亮平、匡亚明还将这份报告稍做改动,以"古老美丽的苏州园林亟待抢救"为题,在《文汇报》公开发表,引起社会各方面较大反响。

4. 国家和省精心指导苏州逐步明确城市建设方针和思路

1981年12月省委召开常委(扩大)会议,专题研究贯彻中央领导同志批示,讨论苏州城市性质、城建方针等问题。1982年1月,中央委派国家建委、经委负责人带领由国家8个部委成员参加的调查组和省委组成联合调查组,在苏州深入现场观察踏勘,分专业召开多种类型的座谈会,摸清古城保护存在的问题及对策措施。3月,省委、省政府、国家建委分别向中共中央、国务院上报《关于保护苏州古城风貌和今后建设方针的报告》《关于苏州建设问题的报告》。《报告》提出:"苏州市今后要注重处理好建设风景游览城市和发展工业生产的关系、保护古城与现代化建设的关系,苏州市的工业经过合理调整以后,还应该继续有所发展和提高;要在保护古城风貌的前提下,改造环境,改造各项生活服务设施,使之逐步符合现代化的要求。"《报告》还建议中央考虑调整和扩大苏州市的行政区划,将吴县划归苏州市,并在税收和资金政策上给予苏州特殊的扶持。[2]5月,国务院复函江苏省政府,原则同意省的《报告》,并要求加强领导,搞好规划,协同有关方面尽快制订具体实施方案;同时明确:关于建设资金方面问题,主要靠苏州市自力更生解决,不足部分,由国家、江苏省适当给予补助,四年内(1982—1985)国家、省每年各补助1 250万元,并同意苏州市按工商利润5%的标准向企

---

[1]《中央领导同志和国务院有关保护苏州古城风貌和今后建设方针的部分批示、文件》,1984年1月21日,第6—9页,苏州市档案馆藏,档号C1—1—332。

[2]《中共江苏省委关于保护苏州古城风貌和今后建设方针的报告》,1982年3月20日,第1—8页,苏州市档案馆藏,档号A1—2—875。

业征收城市维护建设资金。[1]

1981年12月,国家建委、国家文物局、国家城建总局三部门呈报国务院《关于保护我国历史文化名城的请示》中提议:选择24个有重大历史价值和革命意义的城市,作为国家第一批历史文化名城,加强管理和保护。翌年2月8日,国务院正式公布苏州等24个城市为国家第一批历史文化名城。

1982年6月,民盟中央副主席、全国政协副秘书长萨空了率领由吴亮平、钱伟长等参加的全国政协调查组来苏州调查文物保护情况,后向中央呈报《请示立即制止对苏州风景区的继续破坏》。中央领导同志对此做出批示后,省委、省政府委派省太湖风景区建设委员会办公室进行详细调查,了解掌握了包括苏州在内的太湖风景区所在地发生的大量破坏情况,主要是侵占蚕食、乱搞建筑,开山采石、毁林营葬、围湖造田、造鱼池。7月,省委、省政府接连发布《关于坚决制止任意侵占和破坏太湖风景资源的通知》《关于保护苏州风景名胜的布告》。[2] 11月,国务院批准江苏省规划的太湖风景区为首批国家级风景名胜区,分为13个景区,其中木渎、石湖、光福、东山、西山、甪直、同里、虞山等8个风景名胜区在苏州(市和地区)境内。[3]

二、苏州城市建设初步探索与实践

苏州城市性质和建设方针逐步明确的过程,同时也是苏州各级各部门认真总结历史经验教训、自身进行研究探索的过程。在中央和省关于苏州城市性质和建设方针初步确定后,苏州进行了积极、有效的贯彻与实施,逐步走上了一条科学的建设与发展之路。

1. 不断统一对苏州城市性质与建设方针的认识

1979年国家有关部门初步明确苏州的建设方针应该是风景旅游城市后,苏州有些同志一度存在一些思想顾虑,担心这样会影响生产发展、财政收入和就业安排,担心苏州的旅游业能否兴得起来,担心今后的城市建设将会受到更多的束缚等。市委、市革委会及时组织多次讨论,引导大家逐步认识到:建设风景游览城市和发展生产,从本质上和长远发展来说,是相辅相成、互为促进的;兴办旅游

---

[1]《中央领导同志和国务院有关保护苏州古城风貌和今后建设方针的部分批示、文件》,1984年1月21日,第27页,苏州市档案馆藏,档号C1—1—332。
[2] 中共苏州市委党史工作办公室:《苏州改革开放三十年大事记(1978—2008)》,中共党史出版社2008年,第27页。
[3]《苏州市旅游志》编委会:《苏州市旅游志》,广陵书社2009年,第114页。

事业也是国民经济的重要组成部分,本身就是繁荣经济、发展服务行业、扩大劳动就业的一个重要途径;明确城市性质后,苏州市的工业调整和发展就有了方向,有利于逐步建立轻型、节能、高效、清洁的工业结构;苏州园林和文物古迹虽遭到严重破坏,但经过努力还是可以把精华部分较好地修缮和保存下来,完全可以作为苏州进一步建设风景游览城市的良好基础;只要注意科学规划、合理布局、风格协调,正确处理保护古城风貌和现代化建设的关系,两者是可以统一起来的,搞得好还能形成苏州城市建设的独特风格。[1]

由于各方面逐步形成共识,1980年2月召开的中共苏州市第五次代表大会,在苏州历史上首次提出了"把苏州建设成为拥有以轻纺工业为主体的现代化工业的园林风景旅游城市"的目标。一年后召开的苏州市八届人大一次会议也确定了这一城市发展新目标。[2] 1982年8月,市委召开中华人民共和国成立以来第一次城市建设工作会议,学习贯彻《国务院关于保护苏州古城风貌和今后建设方针的报告的复函》和中央、省委有关指示精神,动员全市人民保护好、建设好、管理好苏州这座全国历史文化名城和重点风景游览城市。自此,全市各级各部门对苏州城市性质的认识开始出现一个飞跃,按照城市性质进行建设的自觉性大为提高。[3]

2. 认真组织拟制城市总体规划

1979年下半年,市委、市革委会着手组织对1977年重新启动拟制的城市总体规划进行全面修改。11月,邀请国家建委和省有关领导及国内著名专家来苏参加总体规划评议会议。1980年6月,市政协召开城市规划讨论会。1981年1月,市"两会"上把城市规划图向与会代表做了展出汇报,以听取和集中各方面的意见。其后对规划方案进行了多次修改,市委对每一稿方案都进行了讨论审查,并多次向国家建委和省委、省政府进行汇报。[4] 4月,市委常委办公会议专题研究贯彻落实国务院27号文件精神,把苏州建设成为园林风景旅游城市的规划、措施。随后市八届人大常委会第二次会议审议并原则通过《苏州市城市建设

---

[1]《中共江苏省委关于保护苏州古城风貌和今后建设方针的报告》,1982年3月20日,第2—4页,苏州市档案馆藏,档号A1—2—875。
[2] 方明同志在苏州市第八届人民代表大会第一次会议上所做的《政府工作报告》,1981年1月21日,第20页,苏州市档案馆藏,档号B1—1—1。
[3]《梅村同志在市委城市建设工作会议上的讲话》,1982年8月6日,第6页,苏州市档案馆藏,档号B1—1—60。
[4]《方明市长向市人大常委会汇报城市总体规划和评选劳动模范工作的讲话稿》,1981年4月25日,第5页,苏州市档案馆藏,档号B1—1—20。

总体规划(1981—2000年)》,《规划》确定:苏州的城市性质为"园林风景旅游城市",规划指导思想为"保护和改造老城区,建设城郊区,重点发展小城镇,充分体现苏州城市固有的园林、风景、水乡特色"。[1]1982年8月,市政府根据省要求组织力量对已报省的城市总体规划中关于苏州城市性质、规模、布局、古城保护原则、园林绿化、道路网络、河道治理、城市环境综合治理、公用事业、商业和旅游服务设施等方面做进一步修改完善,再次报省政府审议。

3. 探索按城市建设方针进行建设和治理

十一届三中全会以后,苏州市本着大胆探索、积极有为、自力更生、量力而行的原则,逐步加大古城风貌保护的力度,加快城市建设的步伐。从1981年起,在编制年度经济社会发展计划的同时,每年还排出一批这方面的政府"实事项目",加以推进和落实,取得了初步成效。

古城风貌保护方面:1981年,市委、市政府组织对全市1 000余处文物古迹、园林名胜和古建筑进行一次全面调查,历时半年,为城市总体规划和历史文化名城保护规划的制定以及文物保护单位的补充和维修提供了大量可信的资料。后经市政府批准公布了列入保护范围的69处园林和252处古建筑名单,明确规定产权单位和使用单位"不得任意改建、翻建或拆除"。1982年10月,市政府重新公布了经调整的1963年公布的苏州市第一批文物保护单位55处(包括已列入全国重点文保单位7处和省文保单位23处),新公布了苏州市第二批文物保护单位38处。之后,采用使用中央和省重点拨款、地方财政投资、使用单位自筹经费多管齐下的方法,先后组织对26处文保单位进行维修,其中全面维修的13处。倾斜加快的虎丘塔经多年维修塔体已基本稳定,千年古塔转危为安。深藏古城小巷内的明代私家庭院艺圃,清退占用单位和20多家住户后全面整修,竣工后开放游览。对七里山塘、上塘河枫桥河这两条古城外的风情水廊进行整治改造,恢复其古朴风貌。同时全面整治城内河道水系,组织疏浚河道34条、总长21.87公里[2],其中5段进行了河面拓宽、驳岸重修,第一横河桃花桥至张公桥段和第二横河香花桥段的人防工事进行拆除后重新凿通河道;为改变古城区河水流量小流速慢、稀释自净能力差的局面,在环城河口门处建起4座换水泵站,

---

[1] 苏州市城建局在苏州市第八届人大常委会第二次会议上所做《关于苏州市城市总体规划有关情况的汇报》,1981年4月25日,第11、12页,苏州市档案馆藏,档号B1—1—20;《中共苏州市委员会贯彻中央、省委关于苏州城市性质和建设方针的情况报告》,1982年8月30日,第2、3页,苏州市档案馆藏,档号A1—1—299。

[2] 《梅村同志在市委城市建设工作会议上的讲话》,1982年8月6日,第7页,苏州市档案馆藏,档号B1—1—60。

每月总排水量约 300 万立方米,从而使古城内以"三横三纵"为骨架的河道水系和水城景观基本得到恢复。[1]

污染治理方面:为加强环保日常监管,1979 年将原市"三废"(废水、废气、废渣)综合利用领导小组、市环境保护领导小组的两个办公室合并,组建了市环境保护局;[2]制定并组织实施《苏州市环境保护三年规划》,坚持以治水为主,采取积极防止污染源措施,重点解决位于居民稠密区、水源保护区、风景游览区等三类重点控制保护区内的工业污染和工业布局调整。对位于重点保护区内的"三废"污染严重、噪声震动大、易燃易爆、一时难以就地治理的 42 个工厂或车间,进行有计划的关、停、并、转、迁;对 98 个重点污染企业,实行分三批限期治理;更新改造锅炉 309 台,占锅炉总数的 72%;建立一批电镀、铸造、热处理协作中心,将部分分散在各厂的作业点集中起来,实行专业化加工。至 1981 年底,市区共实施环境污染治理项目 148 个,总投资 3 000 万元,完成 120 个。这批建成的治理设施,每日可不同程度地处理废水 5.9 万吨,占废水总排放量的 42.1%,处理废气 100 万立方米,每年 37 万吨工业废渣绝大部分已经利用。同时从 1979 年起严格执行环境保护"三同时"(建设项目中防治污染的项目,应当与主体工程同时设计、同时施工、同时投产使用)规定,实施《排污收费的暂行办法》,运用经济手段促进企业治理污染。1979 年,苏州市中级人民法院审理了市人民化工厂的一起严重污染环境案,判决工厂向受污染单位赔偿经济损失 10.5 万元,判处肇事者张长林有期徒刑 2 年。该案成为我国《环境保护法》颁布实施后由人民法院公开审理的全国第一起严重污染环境案,《人民日报》等众多报刊做了报道,最高人民法院转发了审理该案的经验。[3]据 1981 年监测统计,市区内外城河除酚外,氰、砷、铬、汞都不超标,内城河采取换水措施后一潭死水的状况有所改善,大气中年降尘量比 1980 年下降 13%,其中居住区下降 21%。[4] 1982 年又安排治理项目 57 个,完成 40 个。对处于重点控制保护区内的 39 个工厂进行迁移,改造蒸汽锅炉 54 台,动工兴建市区首座日处理能力为 5 000 吨的污

---

[1]《中共苏州市委员会、苏州市人民政府关于我市环境保护工作和今后意见的报告》,1982 年 8 月 31 日,第 6 页,苏州市档案馆藏,档号 A1—1—299。

[2] 方明市长在苏州市第八届人大常委会第十三次会议上所做的《苏州市人民政府工作报告》,1983 年 2 月,第 8 页,苏州市档案馆藏,档号 C1—1—249。

[3] 中共苏州市委政法委员会:《苏州政法工作五十年(1949.4—1999.12)》,苏准字 JSE—0001048号,2004 年,第 365 页。

[4]《中共苏州市委员会、苏州市人民政府关于我市环境保护工作和今后意见的报告》,1982 年 8 月 31 日,第 1、2 页,苏州市档案馆藏,档号 A1—1—299。

水处理厂——城西污水处理厂。[1]

市政建设与管理方面:路桥建设上,先后拓宽、改造了20余条道路,新建、改建了20余座桥梁,改造、翻建了40余条小街小巷的路面;[2]人民桥改建为市区首座可上下通行汽车的立交桥;红旗路(后改名道前街)向西延伸至三香桥,为在古城外西部开发建设新城区开通了首条道路(后恢复旧名三香路)。市政公用设施建设上,北园水厂向北延伸到阳澄湖湾里取水,并实施横山水厂二期工程,提高了水质,日供水量由11万立方米增加到22.39万立方米,居民自来水普及率大幅上升,用户突破2万户;市煤气公司建办后用户迅速发展,加上社会各单位自行组织供气,到1985年市区用气户59 910户,用气人口20.8万人;公交客运新辟了4条通往市郊的线路,延伸了3条线路,总线路达17条,营运车辆比1977年增加一倍多。住宅建设上,1978年成立苏州市住宅统建办公室,由各系统各单位自行选点、分散建造逐步改变为统一征地拆迁、规划设计、施工管理。1980年成立苏州城市建设开发公司,市区住宅建设进入按城市总体规划综合开发的新阶段,一批规模较大、基础设施和公建配套较齐全、环境质量较好的居住小区拔地而起。到1982年末的4年中市区累计竣工住宅152.8万平方米,相当于1949—1976年总和的3.7倍;建成或已开建的建筑面积在10万平方米以上的住宅小区8个(三香、彩香一村、辛庄、苏安、东环、里河、南环、盘溪新村)、建筑面积在5万平方米以上的住宅小区6个(竹辉、钟楼、北园、二郎巷、解放、航西新村),总套数达33 825套,不仅使10多万市民改善了居住条件,而且有效疏散、松动了古城区人口。[3]城市绿化美化逐步展开,1981年建立市、区两级绿化组织,有计划地开展城市绿化,并动员市民义务植树,几年间共绿化道路46条、长71.2公里,形成5段城墙绿带,在居民新村中建起了11个较大组团式小游园,利用城市闲置地建起阊门鲇鱼墩滴翠园、三香路三香园、城东北古城垣东园等公共园林、绿地。1982年12月市政府确定并经市人大通过,香樟树为苏州市市树,桂花为苏州市市花。城市管理工作有所加强。1980年市成立以整顿市容

---

[1]《方明同志在市计划经济工作会议结束时的讲话》,1983年1月11日,第54页,苏州市档案馆藏,档号C1—1—248;方明市长在苏州市第八届人大常委会第十三次会议上所做的《苏州市人民政府工作报告》,1983年2月,第8页,苏州市档案馆藏,档号C1—1—249。

[2]《梅村同志在市委城市建设工作会议上的讲话》,1982年8月6日,第6页,苏州市档案馆藏,档号B1—1—60;方明市长在苏州市第八届人大常委会第十三次会议上所做的《苏州市人民政府工作报告》,1983年2月,第10页,苏州市档案馆藏,档号C1—1—249。

[3]《梅村同志在市委城市建设工作会议上的讲话》,1982年8月6日,第6页,苏州市档案馆藏,档号B1—1—60。

卫生、交通秩序、违章建筑和占用道路为重点的"三整顿"办公室,1981年在该办公室基础上成立城市管理委员会,下设办公室,专司市容市貌管理工作,市、区还分别成立市容监察大队、中队,配备了城市管理执法民警。有关部门按照初步形成的城市总体规划,对新建项目的定点、层高、造型、色彩等开始进行管理和控制,对在建项目进行认真清理,对一批分布在主干道两旁、园林名胜周围的违章建筑做出妥善处理,使得城市建设中的无政府状态开始扭转,市容市貌上的脏乱差现象逐步好转。[1]

---

[1]《梅村同志在市委城市建设工作会议上的讲话》,1982年8月6日,第7页,苏州市档案馆藏,档号B1—1—60。

◎ 第二章 推进改革开放和加快发展时期（1982年9月—1991年12月）◎

第二章 推进改革开放和加快发展时期
（1982年9月—1991年12月）

从1982年9月中共十二大到1992年春邓小平南方谈话的这近十年中，苏州各级党委、政府广泛动员和依靠全市干部群众，坚持贯彻十一届三中全会以来的路线方针政策，紧紧围绕党的十二大制定的到20世纪末实现工农业总产值（中共十三大起改成国民生产总值）翻两番的奋斗目标和中共十三大制定的我国经济发展三步走的战略部署，注重从本地实际出发，紧紧抓住苏州特有的四个历史性机遇（即1983年2月邓小平视察苏州，充分肯定苏州改革发展的初步探索实践，为苏州的发展指引了一条康庄大道，给广大干部群众以极大的鼓舞和强劲的动力；1983年3月起苏州实行地市合并和市管县新体制，为苏州开始迈入"市县统筹、城乡一体、工农协调"发展的历史新阶段创设了极为有利的条件；1985年中央确定苏州为沿海经济开放区，助推苏州走上开放型经济发展的快车道；1986年国务院批准苏州市城市总体规划，促进苏州的城市建设开始走上科学、规范和现代化的发展之路），经受住了经济治理整顿、国内外政治风波、遭遇地震和特大洪涝灾害等一次次严峻考验，坚持以发展为主线，以改革开放为动力，以推进工业化、城镇化和经济国际化为主要抓手，大胆探索，积极进取，奋发有为，推动改革开放和现代化建设不断取得新突破、开创新局面、登上新台阶，实现了经济的跨越发展、社会的全面进步、城乡面貌的巨大改变，并提前12年实现了中央规划的"翻两番"战略目标，开始走在全国大中城市的发展前列。

1983年1月18日，国务院批准江苏省关于改革地市体制、调整行政区划的实施方案。这次行政区划调整涉及苏州部分的实施方案是：撤销苏州地区行政公署，将原苏州地区的吴县、吴江、昆山、太仓、沙洲、常熟6县（市）划归苏州市；江阴、无锡2县划归无锡市；撤销常熟县改设常熟市。[1]常熟市由此成为改革开放后全省首批撤县建市的县级市，也是继1958年撤市后再度复设的县级市。根

---

[1] 贾轸、唐文起：《江苏通史·中华人民共和国卷（1978—2000）》，凤凰出版社2012年，第68页。

据这一实施方案,苏州市共辖6个县(市)、4个区(平江、沧浪、金阊区和郊区)、167个乡、17个县(市)属镇、3372个生产大队、38 130个生产队;总面积8 488平方公里,其中水面占42.5%、丘陵占0.5%,其余为低矮平原,共有耕地560.04万亩;总人口530.2万人,其中市区66.97万人,总人口中农业人口423.81万人,农业劳动力260.04万人。[1]按新区划范围统计,苏州市1982年年末总人口占全省8.7%,在全省11个市中列第4位;实现地区生产总值47.61亿元,占全省12.2%,列第2位;工农业总产值101.68亿元,列第1位;财政总收入10.61亿元,占全省15.93%,列第2位。[2]实行地市合并和市管县的新体制,不仅仅是一次区划调整,更是一项具有广泛而深远影响的重大举措。这标志着苏州1962年以来实行20多年的"地市分设、城乡分治"的制度画上了句号,开始迈入"市县统筹、城乡一体、工农协调"发展的历史新阶段。2月7日,省委发出《关于苏州市一级领导成员任职的通知》,决定由戴心思任市委书记,方明任市人民政府市长,费铭钊任市人大常委会主任,梅村任市政协主席。3月1日,原地、市各机关合并办公,市管县新体制正式运行。[3]

第一节　工业化推动经济加速发展

中共十二大后,苏州各级各部门以邓小平同志视察苏州和实现"翻两番"为强劲动力,以加快工业化进程为主要战略举措之一,推动城乡经济建设持续快速发展,使苏州从20世纪80年代末起跻身全国经济大市行列。

一、80年代加快发展的目标与规划

1. 市规划会议初步确定第一个翻番目标任务

实行地市合并、市管县新体制后,苏州市委、市政府立即着手研究制定全市经济和社会发展的中长期规划,使全市上下明确发展目标和主攻方向。1983年

---

[1] 苏州市委办公室:《汇报提纲》,1983年9月20日,第1页,苏州市档案馆藏,档号A1—1—326。各项数据统计至1982年末。

[2] 江苏省统计局、国家统计局江苏调查总队:《巨大的变化　辉煌的成就——江苏改革开放30年》,中国统计出版社2008年,第199—281页;黄正栋:《数字见证苏州改革开放30年巨变》,苏出准印(2008)字第JSE—1002233号,第102、108页;《苏州市计划委员会戴坤生同志在全市经济和社会发展规划会议上的发言》,1983年6月7日,第9页,苏州市档案馆藏,档号C1—1—247。

[3] 中共苏州市委党史工作办公室:《苏州改革开放三十年大事记(1978—2008)》,中共党史出版社2008年,第32页。

6月,市政府召开全市经济和社会发展规划会议,研究分析苏州发展现状中存在的"三长三短"。三个长处是:经济基础比较好、发展潜力比较大,技术上有一定优势、在发展中居于比较有利的地位,是开放型城市、吸引力比较大。三个短处是:缺少资源、能源,人口多、负担重、压力大,受到城市性质的某些制约。提出制定好规划必须明确三个指导思想:一要充分发挥城乡结合的优势,树立城乡一体的指导思想;二要充分发挥苏州本地的优势,明确扬长避短的指导思想;三要充分发挥中心城市的优势,树立城市为农村服务的指导思想。会议根据中共十二大提出的工农业总产值20年翻两番、分两步走的战略部署,按照邓小平同志1983年春考察苏州时提出的发达地区要确保和争取提前实现翻两番的战略目标任务、为全国做出更大贡献的要求,初步确定苏州"七五"期间(1986—1990)全市工农业总产值平均每年递增7%,其中农业4.2%、工业8%,确保实现第一个翻番,并为后十年经济振兴打基础、做准备。[1]

2. 市第六次党代会确定全市总体奋斗目标

1984年9月23—27日,中共苏州市第六次代表大会召开,这是实行地市合并、市管县新体制后首次举行的市党代表大会。大会审议通过戴心思代表市委作的《振奋精神,锐意改革,全面开创苏州城乡社会主义现代化建设的新局面》的报告,制定了全面开创新局面的奋斗目标和经济发展分两步走的规划,即"到本世纪末,我们要把全市城乡建成一个经济繁荣、文化发达、科技先进、旅游兴旺、人民富裕、风气良好的地区,我们要在不断提高经济效益的前提下,力争提前和超额完成工农业总产值翻两番的任务,努力赶超国内外先进水平,成为全国率先富裕起来的地区之一。作为两步走的第一步,我们要按照中央负责同志向江苏提出的夺取新的'七战七捷'的要求,从今年起到1990年的7年中,在进一步理顺经济关系、改革产业结构、改善经营管理、加速技术进步、大力培养人才、增强发展后劲的基础上,实现工农业总产值翻一番,并为后十年经济振兴打好坚实的基础"。

大会提出,实现上述奋斗目标的关键,在于抓好改革和开放这两件大事。强调工业是全市国民经济的主体,因此,必须加快改革,推进技术进步,加强经营管理,调动市、县、区、乡各个层次的积极性,把全市的工业不断提高到新水平。大

---

[1]《苏州市计划委员会戴坤生同志在全市经济和社会发展规划会议上的发言》,1983年6月7日,第9—12页,第21、22页,苏州市档案馆藏,档号C1—1—247;《林瑞章同志在全市经济和社会发展规划会议上的讲话》,1983年6月10日,第2—10页,苏州市档案馆藏,档号C1—1—247。

会就"主要依靠科技进步实现工业翻番"规划了一个总体发展目标。[1]大会还选举出新一届市委。市委六届一次全会选举戴心思为市委书记。1987年3月、1989年8月,高德正、王敏生先后继任市委书记。

3. 市"七五"计划确定提前实现翻两番新目标

1985年下半年起,市委、市政府开始研究制订地市合并后全市经济和社会发展的第一个五年计划,即第七个五年计划(1986—1990)。市委、市政府提出,"七五"期间全市要提前实现工农业总产值比1980年翻两番;到1990年全市国民生产总值要达到154亿元,比1980年的40.68亿元接近翻两番(这与1987年中共十三大将"翻两番"主要指标由"工农业总产值"改成"国民生产总值"也做到了超前对接)。这一自加压力、奋力争先的新目标,得到全市各级各界的普遍赞同。1986年5月,市九届人大五次会议审议并通过《关于苏州市国民经济和社会发展第七个五年计划草案的报告》。

市"七五"计划突出了工业在实现翻两番中的重要地位,并进行了全面规划和部署,提出:"以提高促发展,把工业发展转移到现代化的基础上来","必须把立足现有企业,走内涵型为主的扩大再生产的路子,作为'七五'工业发展的基本途径";今后5年规划的目标是:加速老产品升级换代,并开发出一大批技术密集型的新产品,产品质量要普遍提高一个档次,主要产品达到国内先进水平,其中一半左右达到国际上20世纪70年代末、80年代初的水平,部分达到当时的国际先进水平,工业全员劳动生产率由20 500元提高到35 000元,实现产值、销售收入、税收、利润同步增长,从而不仅保持工业的一定增长速度,而且要大大增强竞争能力和发展的后续能力,把苏州城乡工业推进到一个崭新的发展阶段。[2]

二、乡镇工业的异军突起及其历史意义

邓小平同志1987年6月12日会见外宾时下了一个著名的判断:"农村改革中,我们完全没有预料到的最大的收获,就是乡镇企业发展起来了,突然冒出搞

---

[1] 中共苏州市委党史工作办公室、苏州市档案局(馆):《中国共产党苏州市历次代表大会(会议)文献汇编(1949—2001)》,苏出准印JSE—001549号,2001年,第381、391、395、396页。
[2] 苏州市代市长俞兴德在苏州市第九届人民代表大会第五次会议上所作《关于苏州市国民经济和社会发展第七个五年计划草案的报告》,1986年5月9日,第2、10、15、16页,苏州市档案馆藏,档号B1—1—185。其中1980年全市国民生产总值40.68亿元的数据,系统计局根据1983年地市合并后苏州市区和所辖6个县(市)数据相加、重新核算统计后得出(参见黄正栋主编《数字见证苏州改革开放30年巨变》第103页,苏出准印[2008]字JSE—1002233号)。本卷以后内容中出现的1983年之前有关苏州市全市性数据,均由市统计局按上述方法重新统计得出,不再专门注明。

多种行业,搞商品经济,搞各种小型企业,异军突起。这不是我们中央的功绩。乡镇企业每年都是百分之二十几的增长率,持续了几年,一直到现在还是这样……这是我个人没有预料到的,许多同志也没有预料到,是突然冒出这样一个效果。"[1]苏州乡镇工业这一阶段发展的实践和实绩,正是邓小平同志所指的"异军突起"的生动写照和典型范例。80年代苏州的工业化进程,由乡镇工业首先吹响进军号,并以乡镇工业的异军突起为显著标志和主要推动力。苏州乡镇工业的异军突起,对苏州农村乃至全市的经济和社会发展起到了巨大的促进作用,并在全国产生了重大影响。

1. 乡镇工业异军突起的进程

1983年2月,邓小平来到苏州实地考察苏州经济和社会发展情况,探寻经济发达地区如何到20世纪末再实现翻两番的路径,充分肯定苏州靠走市场经济之路、大力发展社队工业带动经济社会发展实现新飞跃的成功实践,引起了中央对发展社队工业的高度重视。1984年3月,中共中央、国务院批转农牧渔业部的报告(即中央4号文件),首次全面肯定乡镇企业(这个文件确定将"社队企业"名称改为"乡镇企业")是农业生产的重要支柱,是广大农民群众走向共同富裕的重要途径,是国家财政收入新的重要来源,已经成为国民经济的一支重要力量;并做出"开创乡镇企业发展新局面"的重大决策,要求各级党委和政府对乡镇企业积极引导,给予必要的扶持,促其健康发展。[2]从而为乡镇工业在全国异军突起创造了有利的条件,我国乡镇工业迎来了大发展的春天。苏州市委、市政府迅速做出抓抢机遇、乘势而上的决策部署,进一步加强对乡镇工业发展的组织领导和工作指导;全市农村各级充分发挥乡镇工业已经全面恢复、崭露头角的先发优势,以更大的力度、更实的措施,全面推动乡镇工业加速发展。由此苏州乡镇工业很快形成了改革开放以来第二个发展高潮,实现异军突起,并大力推动80年代全市城乡工业化浪潮滚滚向前。这一时期的发展大致可分为三个不同着力点的阶段。

(1)1983—1984年的多措并举、继续大力兴办阶段。这两年,以实现量的扩张为主,利用地市合并的有利条件,发动和组织乡乡村村寻找项目、兴办企业、扩大生产、壮大规模,同时开始探索改革创新乡镇企业的经营管理机制。

全面组织以城带乡式发展。地市合并当年动员和组织市属工业与乡镇工业

---
[1]《邓小平文选》第三卷,人民出版社1993年,第238页。
[2] 中共中央书记处研究室、中共中央文献研究室:《坚持改革、开放、搞活——十一届三中全会以来有关重要文献摘编》,人民出版社1987年,第194、195页。

举办联合项目213个、联合协作生产产品92个。第二年又发动在苏州的11个省部属单位与78家乡、村办企业进行联合,达成协作项目57个;组织市直单位和市属企业为乡镇企业筹资借款1.2亿元,帮助创办和扩建社队企业2 200家,吸纳职工10万人。[1]通过以城带乡、城乡协作,苏州的丝绸、服装、家用电器等优势产品逐步形成了龙头在城、龙尾在乡的一条龙生产,出现了一批以城市工业为骨干、乡镇企业为主体的企业群体。[2]

重点扶持薄弱乡发展。市里排出1983年工业产值不过1 000万元或利润不满100万元的乡43个,其中29个一般困难乡明确由各县工业主管部门负责组织帮扶,14个重点薄弱乡由市经委组织30余家市级局、公司、研究所、直属企业和大专院校分工包干、对口扶持。仅过一年就有27个薄弱乡"摘帽",5个乡的工业产值实现了翻一番,由此促进全市各地乡镇工业的平衡发展。[3]

培育乡镇企业新生长点。1982年1月《人民日报》通讯《沙洲县生产队办起了小加工业》发表后,被基层干部和农民称赞为"小鸡吃米,粒粒下肚"的队(村)办企业开始受到全市上下普遍重视,各级把它作为这一波发展中的一个重要新生长点加以大力推进,并很快形成"星火燎原"之势。沙洲县1983年底有2 157个生产队办起了加工工业,占全县生产队总数的38.5%。[4]1984年中央4号文件明确界定乡镇企业包括乡办企业、村办企业、社员联户办合作企业、个体企业,即"四个轮子"后,苏州农村的联户合作企业和家庭工业开始快速兴起,当年底已有家庭工厂和联户工业企业5 000多个,成为苏州乡镇工业的一支新生力量,并使苏州乡镇工业开始形成多层次发展的新格局。[5]

大力做好招贤纳士工作。为了解决办厂人才不足的"先天不足",各乡镇企业想方设法从城市企事业单位引进一批在职的、聘用一批退休的专业技术人员和经营人才,更多的则是借用"礼拜天工程师",实现"不求所有,但求所用",从而涌现出许多"引进(聘用)一个人才办好一个企业"的成功典型。沙洲县115

---

[1] 苏州市经济贸易委员会、苏州市乡镇企业管理局、中共苏州市委党史工作办公室:《苏州乡镇工业》,中共党史出版社2008年,第5页。
[2] 苏州市体制改革办公室主任周德欣:《农村经济的发展为城市经济的发展开辟了道路》,1986年5月,第2、3页,苏州市档案馆藏,档号C1—1—522。
[3] 苏州市经济贸易委员会、苏州市乡镇企业管理局、中共苏州市委党史工作办公室:《苏州乡镇工业》,中共党史出版社2008年,第84—86页。
[4] 苏州市政协文史委员会:《异军突起——苏州乡镇企业史料》,古吴轩出版社2012年,第112、127、128页。
[5] 《林瑞章同志在全市农村经济工作会议上的讲话》,1985年1月30日,第4、5页,苏州市档案馆藏,档号A1—1—452。

个乡镇企业1983年共从外地聘用521名技术人员,其中有46名工程师。常熟市540多家乡镇企业至1984年4月底共聘用了900多名技术人员。由此为乡镇工业的加快发展提供了人才支撑。

改革创新企业经营机制。1983年起苏州乡镇企业开始探索所有权与经营权适当分开,推行多种形式的经营承包责任制,以创新已延续十多年的企业经营管理制度,消除"集体所有,集体经营"体制的一些弊病,防止走上"二国营"的老路,保持乡镇企业的活力和生机。是年底全市97%的社队办企业实行了经营承包责任制,其中97%实行的是以厂长为首的经营者集体承包,另有3%的企业实行了经营者个人承包。1984年组织推行无锡县堰桥乡"一包三改"经验(即实行厂长为主的承包责任制,改干部任命制为选聘制,改工人录用制为合同制,改固定工资制为浮动工资制),由此增强了企业机制活力,提升了经营管理水平。

1983—1984年苏州乡镇工业开始驶上发展的快车道。1983年全市乡镇工业产值占全省乡镇工业产值的22.19%,居全国地级以上城市首位。1984年全市乡、村两级集体共兴办大小项目3 077个,总投资5.2亿元,当年投产见效的项目超过2 000个;年末实有企业达10 499家,职工90.68万人,完成工业产值56.09亿元,比1982年分别增长32.8%、40.9%和88.7%。[1]

(2) 1985—1988年的发展转向、提升竞争能力阶段。1985年后国营和城镇集体企业全面贯彻十二届三中全会《关于经济体制改革的决定》,活力逐步增强,发展全面加速,我国经济逐步由卖方市场转变为买方市场,这对已经形成较大生产能力的苏州乡镇工业而言是一个严峻的挑战。为此苏州乡镇企业在发展战略上围绕"五个转向"开始了重大转变,即从注重产值增长转向注重提高经济效益,从外延扩大为主转向内涵挖潜为主,从粗放经营为主转向集约经营为主,从负债经营为主转向以自我积累为主,从内向型为主转向内外结合型发展,把工作着重点转到提高企业整体素质和市场竞争能力上来。

在提高企业整体素质上:1985年市委、省委先后肯定和推广沙洲县委提出的"三上一高"(上质量、上技术、上管理,提高经济效益)的战略思想,引导乡镇企业推进技术进步,强化质量管理,实施名牌战略,实现结构优化升级。当年全市乡镇企业获部优产品6个、省优产品15个,成为全省乡镇企业中获部、省优质产品最多的市,另有62个产品获苏州市优良产品称号。1986年市乡镇工业局

---

[1] 苏州市经济贸易委员会、苏州市乡镇企业管理局、中共苏州市委党史工作办公室:《苏州乡镇工业》,中共党史出版社2008年,第5、6页,第30—34页,第272—274页。

组织企业苦练内功,强化"七基",夯实管理基础工作。1987年国家有关部门首次评选优秀乡镇企业家,吴江北厍达胜皮鞋总厂厂长肖水根获评10个全国"当代最佳农民企业家"之一,张家港市沙洲纺织印染公司董事长谭惠亚被评为"当代优秀农民企业家";国家有关部门首次考评命名11家大中型乡镇企业,苏州的沙洲客车厂、特种汽车改造厂、锦丰玻璃厂3家企业率先跨入,第二年全市又有17家跻身全国大中型乡镇企业行列。1988年市委、市政府决定每两年评选表彰一次先进乡镇企业和优秀企业家,激励争先创优,同时在全市范围内开展乡镇企业管理、技术人员大规模培训工作,当年轮训企业厂长经理近万人次,参加初级技术岗位培训人数达4.4万人次,通过委托代培等形式培训大专生8 600多人、中专中技生6.2万人,全面提高人员素质。[1] 到1988年底,全市乡镇企业共引进国外先进设备和技术143项,有95个产品按国际标准生产,有9个企业进入省级先进企业行列,有600多个产品分别获得国家、部省、市级优质产品称号,其中2个获国家银质奖;全市已有年产值在5 000万元以上的上规模、上水平乡村企业968家,有2家企业年产值突破了亿元。[2]

在外向开拓提升发展上:1985年苏州被列为沿海经济开放区后,市委、市政府制定了重点发展"出口导向型经济"的目标和战略,并要求乡镇企业发挥机制灵活的优势,充当发展外向型经济的先行军和生力军。为此,1986年市委在"三上一高"的基础上又增加了创优、创汇,即"三上两创一提高";1987年市委、市政府印发《关于乡镇工业发展外向型经济上水平增效益的意见》,引导全市乡镇企业实行利用外资、外贸出口、外经合作的"三外"齐上,在发展外向型经济中开拓新的、更大的经济增长点,并在参与国际市场竞争中全面提升苏州乡镇工业的素质与水平。全市大批乡镇企业积极响应,主动调整,大胆开拓,开始走上从"五湖四海"到"五洲四洋"的外向发展新路。许多原来跑惯"田岸"的乡村干部,开始西装革履跑起了"口岸",经常出入大宾馆与外商洽谈,破除了发展外向型经济中的神秘观念,学会了与"洋人"打交道。1985年全市乡镇企业中仅有215家出口生产企业,出口品种171个,出口供货额1.4亿元,占全市外贸出口总额的比重仅为16.15%。1988年出口企业增至923家,出口额猛升至21.6亿元,占全市外贸收购总额的63.74%,一跃成为出口创汇的主力军。是年外经贸部、农业

---

[1] 苏州市经济贸易委员会、苏州市乡镇企业管理局、中共苏州市委党史工作办公室:《苏州乡镇工业》,中共党史出版社2008年版,第5、6页,第37—40页。
[2] 苏州市政协文史委员会:《异军突起——苏州乡镇企业史料》,古吴轩出版社2012年,第13页。

部、国家经委命名了第一批206个贸工农联合出口商品生产基地,苏州吴江绣服厂等15家企业榜上有名;第一次评选表彰乡镇企业出口创汇先进企业,碧溪毛纺厂等10家企业获创汇大户"飞龙奖",吴县工艺草制品厂等3家企业获出口优质产品"金龙奖",张家港市医用乳胶厂等2家企业获出口新产品开发"青龙奖",苏州市获奖数占全国9.5%。这一阶段乡村利用外资工作也摸索起步。1985年8月,昆山玉山镇成功吸引外商合资兴办了昆山赛露达有限公司,成为全市第一家由乡镇和外商合资兴办的企业。1987年10月,常熟赵市镇瞿巷村举办常熟三联皮件有限公司,成为全市乃至全省第一家由村与外商合资兴办的企业。到1987年底,全市批准举办的28家中外合资企业中由乡镇、村举办的有10家,1988年全市举办的96家外商投资企业中有77家是乡镇企业举办的。通过引进外资,苏州乡镇企业引进了国外先进设备、技术和管理,有效加快了自身的发展壮大。[1]

在深化企业经营机制改革上:1986年市委、市政府总结推广吴江县铜罗乡首创的"生产要素承包,资产滚动增值"承包责任制,以生产要素即资产、资金、劳力三要素为发包的主要依据,以经济效益为承包的中心目标,使得乡镇企业的承包责任制趋于规范和科学合理。这种经营承包制度在得到省委的肯定后在全省乡镇企业中推广。1987年开始在企业经营承包者队伍中引入竞争机制,面向企业和社会招标选聘承包者,实行择优录用、能人治厂。[2]

由于采取了上述一系列正确的决策部署和改革发展的新举措,全市乡镇工业出现了一波4年翻两番的发展高潮,整体素质也明显提高。1988年全市乡镇企业职工人数增加至129万多人,达历史最高点,占农村总劳力的近50%;[3]乡镇工业总产值达238.6亿元,为1984年的4.25倍,占农村经济总量的80%以上,占全市工业总产值的55.4%,成为苏州农村经济的重要支撑,全市工业经济的"半壁江山";自1984年全市涌现首批3个工业"亿元乡"(沙洲县乐余、塘桥、妙桥乡)后[4],至1988年工业产值超亿元的乡镇已达111个之多;[5]全市乡镇

---

[1] 陆允昌、高志斌:《苏州对外经济五十年(1949—1999)》,人民出版社2001年,第67、68、96、97页,第141—144页。
[2] 苏州市经济贸易委员会、苏州市乡镇企业管理局、中共苏州市委党史工作办公室:《苏州乡镇工业》,中共党史出版社2008年,第37、38页。
[3] 苏州市政协文史委员会:《异军突起——苏州乡镇企业史料》,古吴轩出版社2012年,第11页。
[4] 陆允昌、高志斌:《苏州对外经济五十年(1949—1999)》,人民出版社2001年,第137页。
[5] 苏州市经济贸易委员会、苏州市乡镇企业管理局、中共苏州市委党史工作办公室:《苏州乡镇工业》,中共党史出版社2008年,第40页。

工业产值占全省的24.3%。[1]由此,苏州乡镇工业开始牢固确立在全省、全国的领先发展优势,并成为苏州经济社会发展中最令人瞩目的一大特色和亮点。

（3）1989—1991年的主动调整、稳中有进阶段。1989年起全国实行"治理整顿",宏观经济紧缩。苏州乡镇工业在前一段飞跃发展过程中积累起来的基建投资过量、负债经营过度、能源和原材料价格上涨因素难以消化、市场销售疲软等问题也逐步显露。1989年全市乡镇企业增幅成为1983年以来最小的一年,比上年骤降10多个百分点,实现利润出现了负增长,降幅达38.63%;有近20%的企业面临生存困难;全市166个乡镇中经济运行比较好的不足30%,非常困难的有10个乡镇。

面对严峻的形势,苏州乡镇工业在治理整顿中主动开展全面调整,努力实现"稳中有进"。市委1990年提出：乡镇工业发展总的指导思想是"三面向两提高",即面向现实、面向市场、面向未来,提高组织程度、提高整体素质;着重抓好四项战略措施：一是加快调整步伐,二是扩大对外开放,三是走正提高路子,四是增强流通能力。不久市委、市政府连发了《关于健全和完善全市乡镇企业管理体制的若干意见》《关于促进乡镇企业稳定发展的若干政策意见》等5个关于乡镇工业的文件,制定实施了一系列重大举措。主要有：在乡镇一级成立农工商总公司,全面管理乡镇经济工作,对乡镇办企业行使财产所有权,总公司下建立工业公司、外经贸公司,作为行使管理乡镇企业职能的办事机构和主管乡镇外向型经济发展的职能部门;针对乡镇企业分配上"两头实,中间空"(上缴乡村实,职工报酬实,企业留利空)和"包盈不包亏""以包代管"等现象,推行全员风险基金抵押承包、普遍推行职工入股、在有条件的企业中推行增量股份制、组织企业存量股份制试点等一系列完善承包经营责任制和搞活企业经营机制的举措。

在治理整顿的3年中,苏州乡镇工业的企业数虽减少了近1 500家,发展增幅有所减慢,但经济的结构却得到了较大的优化,突出的是外向型经济主要指标的增幅高于乡镇企业经济总量指标的增幅。1990年实现全市每个乡镇有产品出口,有100个乡镇外贸出口超1 000万元;出口创汇企业增至1 121家,占全省出口企业数的24.8%,其中53家企业外贸出口超1 000万元。1991年全市乡镇工业完成工业总产值441.4亿元,只比1988年增长85%,而外贸交货额(60.9亿元)增长了近2倍,占全市出口交货额的一半,占全省乡镇企业出口交货值的

---

[1] 江苏省地方志编纂委员会：《江苏省志·乡镇工业志》,方志出版社2000年,第7页。

36.5%。利用外资加大步伐,乡村两级3年累计批准外商投资企业517家,占全市累计兴办外商投资企业总数的2/3左右;1991年底累计实有"三资"企业579家、累计合同外资额2.55亿美元,分别占全省总数的51.9%、45.4%。同时,企业经济效益也有所好转,实现利润比1989年增长56%。上规模上水平企业加快成长。1990年,农业部评审公布31项部级科技进步成果,苏州乡镇企业有3项获奖;评选公布全国乡镇企业首批76家国家二级企业,张家港市电子计算机厂、常熟江南仪表厂榜上有名;张家港市杨舍镇荣获首届"中国乡镇之星"称号。1991年,全市乡镇工业产值超亿元乡镇增加至158个,其中超5亿元的有12个,吴江盛泽镇实现年工业总产值15.7亿元,荣获"华夏第一镇"称号;有12个村工业产值超亿元,村办工业发达的张家港城西村、太仓群星村、常熟福圩村、张家港城南村、吴县渭西村等5个村跨入全国农村社会总产值前50强村行列;共有968家乡镇企业工业产值超1000万元,其中亿元厂21家;6家跻身农业部首次公布的全国乡镇企业系统先进企业。[1]根据农业部统计发布,1991年全国乡镇工业产值超50亿元的县(市)有15个,其中苏州除太仓外的5个县(市)都入列;乡镇企业总产值超过10亿元的乡镇有8个,苏州的盛泽镇、杨舍镇入列;产值前十位的企业中,苏州有吴江印染总厂(前称盛泽印染厂)、吴江工艺织造厂2家入列。[2]

2. 乡镇工业异军突起的历史作用[3]

(1)乡镇工业对苏州农村变革发挥了巨大作用。乡镇工业植根于农村,对农村的影响与作用可谓最直接、最广泛、最突出、最深远。概括地说,主要体现在以下六个方面:

一是突破农村传统经济格局。苏州乡镇工业的发展,使世代居住于农村、耕作于农田的大量劳力开始实行"离土不离乡,进厂不进城"式的就地转移,占农村总劳动力的比重达一半左右;过去以农业为主的农村经济,至20世纪80年代末工业在农村社会总产值中已占据到60%以上、农业降到不足10%。只用了短短一二十年时间,便突破了千百年来"农村—农业,城市—工业"的传统分工格

---

[1] 苏州市经济贸易委员会、苏州市乡镇企业管理局、中共苏州市委党史工作办公室:《苏州乡镇工业》,中共党史出版社2008年,第7、8页,第40—45页;江苏省地方志编纂委员会:《江苏省志·乡镇工业志》,方志出版社2000年,第36、92、168、169、174页;苏州市经济委员会:《走向辉煌——阔步前进的苏州工业经济》,古吴轩出版社1994年,第366、367页。

[2] 新华社电:《全国县、乡、村乡镇企业产值前座次排定》,《苏州日报》,1992年6月18日。

[3] 本小目主要参考苏州市经济贸易委员会、苏州市乡镇企业管理局、中共苏州市委党史工作办公室编《苏州乡镇工业》(中共党史出版社2008年版)中"综述"部分内容编写。

局,走出了一条依靠发展乡镇工业实现农村工业化、城镇化的新路子。1992年国家统计局依据1991年统计指标首次评定、公布全国农村综合实力百强县(市),苏州的常熟市、吴县、张家港市跻身前10名,成为全国进入前10强最多的地级市;居前10名的县(市)国民生产总值大致接近中等城市的水平。[1]

二是促进农业现代化建设。乡镇企业孕育于农村,利用农业的原始积累逐步发展壮大,反过来又自觉地承担起了反哺农业的义务,以工补农,以工建农,使农业稳定发展和提高。1978—1985年苏州乡镇企业共提供5亿余元建农资金,相当于国家同期对农业投入的5倍多;1985年起苏州建立农业合作发展基金制度,乡镇企业按职工每人每月10元标准提取"建农基金",每年1亿多元用于农业基础设施建设,从而使得苏州在农村快速工业化的进程中,农业非但没有萎缩,还大大加快了农业现代化建设的步伐,传统农业正朝着机械化、集约化、现代化方向发展。

三是推动农村社会事业发展。乡、村集体组织凭借发展乡镇工业积累的资金,大力发展农村教育、文化、卫生、体育等各项社会事业,实现了农村经济社会协调发展,农村的社会文明程度明显提高。如在发展农村教育事业方面,苏州自1985年起按乡镇企业销售额的5‰—10‰征收农村教育事业费附加,全市农村在义务教育达标期间共征收到教育费附加5亿多元,相当于同期达标建设投入资金总数的90%,全市农村2 000余所中小学于1992年底前全部达到江苏省实施义务教育办学条件标准,走在全省、全国的前列。[2]

四是推动小城镇的蓬勃兴起。(将在本章第四节第二目中详述)

五是实现农民脱贫致富。苏州的农业长期靠精耕细作保持较高生产水平,然而400万左右的农民固守在人均不足一亩的耕地上,无论如何也实现不了小康。乡镇工业的发展使苏州农民找到一条迅速脱贫致富、持续增收的有效道路,几乎每家每户都从中直接受益。80年代后期起乡镇企业推行股份制,使广大乡镇企业职工都有了股份分红收入。随着乡镇工业快速发展、小城镇建设迈出大步伐,苏州农村还有50万人左右从事农村第三产业,工资性和经营性收入也非常可观。由此促进苏州农民收入水平不断提高,收入构成日趋优化,与城市居民的收入差距不断缩小。1991年全市农民人均纯收入1 731元,是1978年的7.66倍,为全省农民人均纯收入的1.88倍;与城市居民人均可支配收入之比为1.4∶1(以农民收入为1),

---

[1] 新华社电:《全国农村评出综合实力百强县(市)》,《苏州日报》,1992年7月7日。
[2] 苏州市经济贸易委员会、苏州市乡镇企业管理局、中共苏州市委党史工作办公室:《苏州乡镇工业》,中共党史出版社2008年,第14、15页。

就全省、全国来看,属于城乡居民收入差距较小的地区。[1]

六是促使传统农民向现代农民的转变。乡镇工业的发展在创造物质文明的同时,还深刻地改造着广大农民的生活方式和思想观念。占农村总劳力一半左右并几乎占青壮劳动力全部的这些务工农民,彻底改变了"面朝黄土背朝天""日出而作、日落而息"和自给自足的生产、生活方式,迅速转变为掌握一定专业技能、操控先进技术设备、具有较高组织纪律性、适应现代工业文明的一代新型产业工人。他们既保持了农民吃苦耐劳、勤俭朴实的传统美德,又逐渐形成了许多新的思想观念和文明素养,如市场意识、竞争意识、创新意识、团队精神、科学精神等。更值得指出的是,苏州乡镇工业还培养造就出了一大批优秀农民企业家,他们已从昔日的"泥腿子"变成国内一流的企业经营管理者,如吴江永鼎集团董事长顾云奎、吴江印染总厂厂长徐关祥、沙钢集团董事长沈文荣、科林集团(前身为吴江除尘设备厂)董事长宋七棣等。这些都促成苏州地区广大农民最先完成从农民到居民、从农民到工人的历史性的蜕变,并对苏州农村的方方面面产生了广泛、深刻且不可逆转的影响。

(2)乡镇工业对苏州经济社会发展做出重要贡献。乡镇工业是苏州经济发展中的一个亮点、一大特色、一项奇迹。乡镇工业的发展,也对苏州经济社会的发展进程产生了巨大的影响,做出了不可磨灭的巨大贡献,突出体现在四个方面。

苏州经济快速崛起的重要支柱。统计显示,快速发展的苏州乡镇工业在全市经济总量中的贡献份额逐渐加大,并推动苏州经济隔几年上一个大的台阶,于80年代实现了"第一次腾飞"。1983年全市乡镇工业产值占全市工业总产值的40.1%,可谓"三分天下有其一"。1984年乡镇工业总产值56.09亿元,占全市工业总产值的45.1%,使苏州跨入全国工业总产值超过100亿元的10个城市之列。1986年全市乡镇工业总产值123.37亿元,占全市工业总产值53.1%,可谓占据"半壁江山",并把苏州工业总产值推上200亿元新台阶,名列全国大中城市第4位。1990年乡镇工业上缴税收占到全市财政收入的1/3;国家统计局公布苏州进入全国25个国民生产总值超百亿元城市行列(列第7位),并进入全国36个人均国内生产总值超800美元的城市之列,达到小康水平。1991年乡镇工业产值占全市工业总产值的66.9%,可谓"三分天下有其二",苏州稳步进入全

---

[1] 黄正栋:《数字见证苏州改革开放30年巨变》,苏出准印(2008)字JSE—1002233号,第114、115页;贾轶、唐文起:《江苏通史·中华人民共和国卷(1978—2000)》,凤凰出版社2012年,第231页。

国大中城市的发展前列。[1]

苏州经济实现"由农转工"的主要推动者。由于乡镇工业的异军突起,苏州只用了短短十多年时间,就基本完成了一个国家或地区通常需要几十年、上百年时间才能完成的工业化进程,并从 80 年代中后期开始确立作为全国重要的新兴工业城市和全国第四大工业城市(列前三位的是上海、北京、天津 3 个中央直辖市)的领先地位。

苏州市场经济的勇敢开拓者。乡镇工业曾被费孝通先生誉为"草根工业",完全不同于国有企业和城镇集体企业,产、供、销都是受市场调节,实行完全的市场经济模式,这在当时计划经济体制下无疑是一种创举。正是这种"夹缝经济"环境,迫使苏州乡镇企业练就了一种顽强生存的能力和积极适应的本领,培育形成了"四千四万"精神,还要顶着种种社会非议,甚至是巨大的政治压力。1984年中央为乡镇企业正名、我国实行发展社会主义商品经济重大改革后,苏州广大乡镇企业家如鱼得水,更加大胆地开拓创新,成为市场经济浪潮中勇敢搏击的弄潮儿,在市场竞争中不断赢得先机。乡镇工业的不断发展壮大,使长期习惯于计划经济体制的国有、城镇集体企业,面临着来自乡镇企业的激烈竞争和严峻挑战,激发苏州的国营、集体企业学习、弘扬乡镇企业"不管东南西北风,咬定发展不放松"、不等不靠不要、勇于开拓创新的精神,较早地探索改革创新,走市场化发展之路。

为各级培育输送了一大批领导干部。苏州众多的乡镇企业家和管理者,较早地受到社会主义市场经济的洗礼,他们勇于开拓、善于探索,从理论和实践的结合上掌握了一系列发展社会主义商品经济和建设社会主义新农村的经验和办法,其中一些优秀者被选拔到各级领导岗位。首先是充实加强了乡镇一级党政领导,替代了 1949 年前后参加工作的一批老乡镇干部。然后这一层面中的佼佼者又被选拔至县(市)、区的党政领导岗位上,由此才出现了"苏州跃起六只虎"(这是《人民日报》在 1995 年 12 月 18 日头版头条刊登的长篇通讯标题,反映了当时苏州 6 个县的发展就像 6 只勇猛的老虎那样虎虎有生气、互相争先称雄)的喜人局面。进而,这一层面的佼佼者则被选拔到苏州市级、省内兄弟市和省级机关部门的领导岗位,将苏州乡镇企业和经济发展的经验带到了更大的领域中去发挥更多的作用。[2]

---

[1] 黄正栋:《数字见证苏州改革开放 30 年巨变》,苏出准印(2008)字 JSE—1002233 号,第 188 页。
[2] 王荣、韩俊、徐建明:《苏州农村改革 30 年》,上海远东出版社 2007 年,第 51 页。

80年代苏州乡镇工业异军突起,引起上级领导的高度关注。这一期间来苏考察的中央领导同志也经常把乡镇工业的发展作为重要内容之一,深入乡村和企业进行实地考察调研,对苏州乡镇工业所取得的业绩给予充分肯定、高度赞扬,并对乡镇工业的改革和发展做出重要指示,鼓励苏州总结经验、发扬成绩,不断开拓创新,继续走在发展的前列。

1983年2月,邓小平在苏州考察,对苏州农村改革开放以来各个方面的新面貌、新气象留下了深刻印象,回京后在同中央几位领导同志谈话时和翌年10月的中央顾问委员会第三次全体会议上,都谈到苏州主要靠发展社队工业实现了工农业总产值人均接近800美元,"在这样的水平上,下面这些问题都解决了:第一,人民的吃穿用问题解决了,基本生活有了保障;第二,住房问题解决了,人均达到二十平方米,因为土地不足,向空中发展,小城镇和农村盖二三层楼房的已经不少;第三,就业问题解决了,城镇基本上没有待业劳动者了;第四,人不再外流了,农村的人总想往大城市跑的情况已经改变;第五,中小学教育普及了,教育、文化、体育和其他公共福利事业有能力自己安排了;第六,人们的精神面貌变化了,犯罪行为大大减少"。称赞"这几条就了不起呀",并满怀信心地说,"看来,四个现代化希望很大","现在看翻两番肯定能够实现"。[1]通过这次江浙沪考察,小平同志对中国小康战略宏伟构想产生了一个新的重要思想,他从苏州等发达地区的发展趋势推断出,到20世纪末,应该并且可以在人均工农业总产值800美元基础上再提高一步,达到人均国民生产总值800美元。1984年3月邓小平会见日本首相中曾根康弘时提出:"翻两番,国民生产总值人均达到八百美元,就是到本世纪末在中国建立一个小康社会。这个小康社会,叫做中国式的现代化。"[2]小平同志的这个新设想,逐步得到全党的赞同,1987年召开的党的十三大正式确定了我国经济发展三步走的战略部署,遂以实现国民生产总值翻番为目标和衡量标准。[3]

1986年10月,中共中央总书记胡耀邦在苏州的沙洲、常熟、吴县等地进行视察,乡镇企业为考察的重点之一。[4]在沙洲县,胡耀邦考察了村办工业发展领先的妙桥镇欧桥村,了解到全村当年三业产值可达4600万元、工业产值占90%以

---

[1]《邓小平文选》第三卷,人民出版社1993年,第24、25、88、89页。
[2]《邓小平文选》第三卷,人民出版社1993年,第54页。
[3] 中共中央党史研究室:《中国共产党简史》,中共党史出版社2001年,第194页。
[4] 中共苏州市委党史工作办公室:《苏州改革开放三十年大事记(1978—2008)》,中共党史出版社2008年,第64页。

上、农民人均分配可达1 150元时,高兴地说:"这些数字不小了。"随后他又兴致勃勃地参观了欧桥农民文化宫中的村影剧院、书场、灯光球场,对欧桥村的文化设施和人民生活十分满意。[1]在考察全国第一所县办大学沙洲职业工学院时,对学院主要为乡镇企业和地方工业培养专业技术人才的办学方向和取得的成绩给予充分肯定,欣然为学院题词:"沙工有如扬子水,不尽人才滚滚来。"[2]回京后,他在中央机关干部大会上表扬了"以工兴农"的欧桥村,肯定了沙洲县依靠乡镇工业"治穷致富"的经验。[3]在常熟市参观考察大义镇办的江南稀土材料总厂时,对该厂开发利用我国珍贵的稀土资源很为赞赏,指示企业要"进一步提高加工的深度和精度,不要卖半成品,要注意和国外企业开展协作,搞好合作科研、合作生产、合作开发,以此来提高效益,多创外汇"。[4]在琴南乡元和村参观考察中,详细了解村办工业发展、农业机械化进程、农业规模经营和农民生活变化情况。了解到该村60%以上的劳力已到乡镇企业工作,工业产值已占全村总产值的80%,依托村办工业的坚强后盾,农村水利建设已比较完备,农业收、种、管基本实现了机械化,全村仅靠18个女劳力就承包耕种了全部550亩集体耕地,基本上实现了农业规模化经营,胡耀邦非常肯定元和村的发展路子和成功经验,要村里好好总结一下,向全国推广,让其他地方借鉴。[5]

3. 克服乡镇工业大发展中的负面问题

80年代苏州乡镇工业快速发展过程中也逐步暴露出了一些不足和问题,各级各有关部门对此逐步重视,并采取了一些针对性措施,努力加以克服和解决。这些问题中,除了片面追求量的增长而不同程度地忽视质、产业雷同化、低水平重复、企业员工素质较差、管理水平较低、装备水平不高、产品竞争力不强问题外[6],还有两个比较突出的负面问题。

一是土地管理工作滞后,土地使用集约化程度不高。在苏州乡镇工业发展第一波高潮中的1979年,苏州地区就提出:"发展社队工业所使用的土地要严格

---

[1] 中共张家港市委员会、张家港市人民政府:《厚爱——党和国家领导人视察张家港实录》,内部资料,2002年10月,第49页。
[2] 沈石声、卢润良:《总书记在沙工笑谈人才培养》,《苏州日报》,1987年1月5日。
[3] 苏州市政协文史委员会:《异军突起——苏州乡镇企业史料》,古吴轩出版社2012年,第91页。
[4] 中共常熟市委党史工作办公室:《缔造辉煌》,中共党史出版社2001年,第213页。
[5] 常熟市政协文史委员会:《常熟文史》第四十一辑,熟出准印(2010)字JSE—1002189号,2010年版,第255—259页。
[6] 《中共苏州市委、苏州市人民政府印发〈关于乡镇工业发展外向型经济上水平增效益的意见〉的通知》,1987年10月9日,第4页,苏州市档案馆藏,档号A1—6—333。

控制,应本着节约的精神。"[1]但在实际执行中,各地化整为零、先斩后奏、越权审批、少批多用、用而不批的情况多有发生。苏州市 1986 年 3 月始成立市政府土地管理办公室,县级的土地管理局 1987 年才先后建立。1987 年市土地管理局首次开展《土地管理法》执法大检查和清理非农业建设用地工作,市政府和市土地管理局对农村集体土地使用逐步进行了规范,同时对用地审批办法进行了改进和完善。1988 年在全市范围内对非农业建设用地进行了土地初级申报登记,对权属合法、界址清楚、面积准确的发给登记证明。全市乡镇企业无序用地、违法用地的情况逐步有所好转。

针对苏州乡镇企业发展过程中普遍存在的"村村点火、处处冒烟"、布局过于分散、集约化程度不高的问题,1987 年市委、市政府认真总结推广昆山等地开发建设乡镇工业小区的成功经验,提出:"按照'因地制宜、因势利导、相对集中'的要求,依托小城镇、交通沿线、现有骨干企业,有计划有步骤地开辟一批不同层次、不同规模、各具特色的新颖工业区,形成相对集中的区域化布局。""对于村及村以下工业,应区别情况,分类指导。有基础有条件的村办厂应扶持其发展壮大,形成一定规模;没有办厂条件的村,可以通过向工业区投资投劳,取得效益,增加收入。"[2]在此引导下,全市乡镇工业小区开发建设加快步伐,乡镇企业向工业小区集中,使之逐步成为新办和改造企业的聚集区,乡镇企业土地使用的集约化水平大有提高。

二是环境保护意识淡薄,防治措施不力,污染较为严重。80 年代苏州乡镇工业大发展期间,有很多项目是通过横向联营形成的城市工业"脱壳"转移项目。由于各级干部普遍存在着急于求成的思想,环境保护的观念尚未形成,有的误认为我国也必然经历西方国家工业化过程中"先污染,后治理"的过程,从而接纳了相当一部分具有废水、废气、噪声、重金属等污染的项目。据苏州市环保局调查掌握:1980 年全市乡镇企业存在 130 多家电镀厂重金属污染和 100 多家印染厂废水污染,企业排放的有害物往往超标几倍、几十倍,甚至上百倍;有些废水不经任何处理直接排放,影响了农村的生产用水和饮水安全;"六五"初期市、县环保部门抓了电镀、印染污水的限期治理,上了一批治理或回收设施,但从 1985 年 7 月至 1987 年 3 月环保部门组织进行的全市第一次工业污染源调查情

---

[1] 中共苏州地委:《关于社队工业若干问题的规定》,1979 年 1 月 8 日,第 10 页,苏州市档案馆藏,档号 H1—1—77。
[2]《中共苏州市委、苏州市人民政府印发〈关于乡镇工业发展外向型经济上水平增效益的意见〉的通知》,1987 年 10 月 9 日,第 6 页,苏州市档案馆藏,档号 A1—6—333。

况来看,全市14 719个乡镇企业中,轻污染的企业占15%,重污染的企业占7%;污染较重的企业年产值占到全市乡镇企业年工业总产值的41%。1988年苏州6县(市)共发生水污染事故67起。[1]

乡镇工业环境污染日趋严峻的形势和一次次惨重的教训,引起苏州各级的警觉和深刻反思。20世纪80年代中期起,苏州把防治乡镇工业污染问题摆上重要议事日程,采取多方面措施,下决心逐步扭转被动局面,重塑江南水乡的优美自然环境。一抓规划,搞好合理布局。把乡镇环保规划纳入乡镇总体发展规划之中,制订合理的污染防治计划。二抓调整,优化产业产品结构。对污染负荷较高的染料、印染、电镀、造纸等行业,走控新、撤点、并厂、建中心的路子。三抓治理,有重点按行业各个突破,做到治理一批、成功一批、巩固一批,不留后遗症。80年代最后几年中全市已上废水处理设施705套,日处理能力达11.18万吨,占需处理量的41%,其中印染行业的废水处理率达60%,电镀行业已全部得到治理。四抓机构,健全环保网络。除进一步加强县级环保部门外,在全市乡镇政府设立环保办,有污染的企业建立环保专门科室,形成三级环保管理网络。五抓制度,强化监督管理。1987年起严格执行建设项目审批管理制度,1988年市政府发布实施《苏州市乡镇企业环境管理实施细则》,层层建立环保目标责任制,推行环保合格证制度。[2]通过上述举措,90年代起苏州乡镇工业环境污染持续恶化的趋势逐步有所遏制。

三、"四大名旦"鹊起与城市工业的壮大

苏州城市工业(即县属以上工业)1982年共有企业1 405个,其中全民企业522个,大集体企业883个。[3]1983年起,在中共十二大和十二届三中全会精神的鼓舞和指引下,在苏州农村乡镇工业异军突起的挑战和促动下,依托经历四五年时间的有效调整后自身积蓄起来的较大发展能量,市、县(区、局、公司)两级全面加强对城市工业经济的组织领导、政策引导和业务指导,制定和组织实施了一系列重大举措:1982年下半年起开展了历时3年的企业整顿,全面提升了各项管理水平;1983年地市合并后大力组织城乡企业之间开展横向经济联合,实现优势互补;1984年起积极推进以名优产品和骨干企业为龙头组建企业联合

---

[1] 钱栋林:《苏州乡镇工业污染防治对策》,见《中国环境管理》1991年第2期。
[2] 钱栋林:《苏州乡镇工业污染防治对策》,见《中国环境管理》1991年第2期。
[3] 中共苏州市委办公室:《汇报提纲》,1983年9月20日,第2页,苏州市档案馆藏,档号A1—1—326。

体,组织资源整合和生产协作配套;1985年起组织制定并实施《"七五"工业技术改造规划》和《发展高新技术规划》,积极鼓励和引导企业走外向开拓发展之路,以十二届三中全会精神为指针全面推进企业改革,努力搞活大中型企业。在这一系列举措的共同作用下,市、县属企业加快发展,呈现多级联动、内外并举、量质齐升、传统产业和新兴产业并驾齐驱的崭新发展局面,形成了一波连续5年每年递增20%左右的发展高潮。1988年末开始的3年治理整顿期间,制定实施《工业结构调整意见》《关于扶持重点产品重点企业、促进工业结构调整的意见》,积极引导和组织广大企业主动进行适应性调整,经受住了治理整顿的严峻考验,整个市县属工业发展速度虽有所放慢,但仍保持10%左右的年递增率。由此,1983—1991年的9年中,市县属工业总产值由52.13亿元增加到218.48亿元,实现了翻两番;[1]且基本摆脱了几十年"小、低、散"(即企业规模小,技术档次和竞争能力低,生产经营各自为战、组织化程度不高)的发展格局,进入了企业生产规模、技术装备水平、产品竞争能力、人员综合素质和经营管理水平都比较高的现代工业发展新阶段,涌现出一大批在全省、全国同行中具有一定地位的骨干企业和拳头产品。

1. "四大名旦"领衔市区新兴产业逐步崛起

20世纪80年代苏州市区工业按照市第六次党代会提出的"开拓一批很有发展前途的,市场适销对路、竞争力强的新兴行业和新产品","以高技术的新产业领航,在微电子、激光、生物工程、新材料等方面选择一批具体目标,组织协作攻关,大力开拓一批新兴产业,并使之逐步成为新的主导产业"的战略部署,采取加强新技术的研究开发和应用、搞好现有企业的行业和产品结构调整、投资兴办新企业等举措,大力加强新兴产业和高技术含量新产品的培育和发展,共培育形成22种产量居全国前10名的名、优、特新产品,一些还填补了国内甚至是国际的空白。[2]从80年代中后期起,苏州崛起了国内家电业的"四大名旦"——"长城"电扇、"香雪海"冰箱、"孔雀"电视机、"春花"吸尘器。

长城电扇厂1983年起率先走上发展快车道,在80年代国内3 000多家电扇制造企业间展开的3次"电扇大战"中,靠实施三大战略赢得了主动。一是规模

---

[1] 1982、1991年苏州全市县属以上工业总产值系根据黄正栋主编《数字见证苏州改革开放30年巨变》(苏出准印[2008]字JSE—1002233号)第188页所列这两年全市工业总产值与苏州市经济贸易委员会等编《苏州乡镇工业》(中共党史出版社2008年版)第30、45页所列这两年全市乡镇工业总产值两组数据相减所得。
[2] 《苏州市人民政府批转苏州市工业结构调整意见的通知》,1990年11月29日,第2、3页,苏州市档案馆藏,档号C1—1—938。

发展战略。靠横向经济联合,生产专业化分工,长城电扇总厂迅速提高了生产批量和经营规模,1983—1985年产量从20万台猛增至80多万台,居全国第一。二是品牌宣传战略。80年代中叶电视广告还刚刚兴起时,中央电视台"长城电扇、电扇长城"的广告语便传遍了千家万户,不久长城电扇在"天、南、海、北"(即天津、南京、上海、北京)4大城市出现了轰动性抢购场面。三是新品开发和质量保证战略。在全国同行中率先开发出新一代电子扇,获得了国内电扇产品第一项国家专利,这款高档先进的落地扇驰骋市场10年而不衰,为企业创造了近千万元的效益。同时企业投入几百万元兴建了具有国际先进水平的质量检测中心,为把好产品质量关提供了保证。三大战略的实施,使一个名不见经传的里弄小厂迅速发展成为在全国家电行业响当当的大型集团公司。"七五"期间企业的产值、产量、销售额、利税总额分别达到24.4亿元、1 250万台、15.8亿元、2.25亿元,比"六五"期间分别增长了7.65倍、6.39倍、5.85倍和2倍。1987年"长城"电扇摘取国家优质产品银质奖,1989年起跻身中国500家最大工业企业行列,1990年成为全国电扇行业首家国家一级企业。[1]

苏州电冰箱厂1982年建立,第二年80立升电冰箱产量为1.52万台,并开始研制125立升单门、160立升双门等新品。1985年投巨资从意大利引进冰箱生产流水线,生产自动化程度和产品质量大为提高,当年产量突破10万台,"香雪海"冰箱开始受到市场青睐。1988年总投资达6 000万元、列入国家"七五"重点项目也是全国唯一电冰箱扩建项目的二期扩建工程竣工,引进设备84台(套),成功开发出大容量双门和三门冰箱,年产冰箱35万台,仅次于万宝冰箱,名列全国第二,出口销售值1亿元,企业进入中国500家最大工业企业行列,160立升双门电冰箱荣获国家银质奖。1989年企业壮大为集团型香雪海电器公司,冰箱产量占全国市场份额6%,实现产值5亿元、利税5 395万元。1991年被认定为国家一级企业。[2]

苏州电视机厂作为国内最早生产电视机的企业,在1982年全国第三届电视机质量评比中名落孙山之后,3年间引进先进设备,建立了5条电视机生产线,使企业的生产规模和技术手段产生了质的飞跃,35厘米黑白电视机获国家银质奖,44厘米黑白电视机被评为省、部优质产品(该型机1989年获国家银质奖),

---

[1] 中共苏州市委党史工作办公室、苏州市体制改革委员会:《姑苏春潮——苏州改革开放纪实》,上海大学出版社1998年,第115—117页。
[2] 苏州市经济委员会:《走向辉煌——阔步前进的苏州工业经济》,古吴轩出版社1994年,第247、248、499页。

企业自行研制的35厘米彩电开始批量生产,结束了我国彩色电视机照搬国外机芯的历史,被机电部推荐为彩电机芯优选机种,投放市场后受到热捧,"孔雀"牌彩电成为与"北京""金星""牡丹"齐名的全国四大彩电之一。之后几年中该厂创造了多项国内第一:第一款多画面彩电,第一台数字电视,第一家电视机整机进入欧美市场,第一个在全国同行中获得直接对外贸易权,第一次在全国同行中到国外建造电视机生产流水线。1988年47厘米彩色电视机获国家银质奖,年产电视机81.6万台,实现产值6.22亿元、利税6 120万元,跨入全国500家最大工业企业行列、排名第110位,在全国电子行业百强企业中名列第19位。[1] 1989年产量列全国第5位,占全国的市场份额为5.2%。[2]

苏州吸尘器厂1984年建立后开发生产"春花"牌家用、商用、工业用几大类吸尘器,1985年产量18 859台,是国内吸尘器生产起步早、较快形成批量生产能力的企业。之后从国外引进先进生产线和设备,有效提高了产品质量,研制开发的多款新机在国内外市场十分畅销。1988年产量83万台,实现产值2.03亿元,产品出口收购值1 194万元,三大指标连续3年居全国同行首位。1990年在全国吸尘器评比中获总分第一名,并荣获国家银质奖。1991年开始向欧洲批量出口,企业为全国同行中唯一的国家二级企业。[3]

"四大名旦"群芳争艳,不仅创造了苏州家电业的一度辉煌,而且为全市工业经济的发展壮大做出了极其重大的贡献。自80年代后期起,家电工业成为苏州地方工业的支柱行业,以"四大名旦"为龙头,带起了全市五六百家企业,四个联合体每年的产值和利税都占到市区工业的1/4左右[4],同时在企业经营管理制度创新、科技进步、内联外合、外向开拓等方面也发挥了带头示范作用,成为苏州工业经济领域改革、开放、发展的"排头兵"。进入90年代以后,国内外家电行业竞争越趋激烈,外地同类产品生产群起而上,本市其他行业发展步伐有所加快,"四大名旦"在市区的产值比重已从最高时期的27%下降为11%。[5] "四大名

---

[1] 苏州市经济委员会:《走向辉煌——阔步前进的苏州工业经济》,古吴轩出版社1994年,第202、499、500页;刘苏勋等:《迅速崛起的电子行业排头兵——苏州电视机厂》,《苏州日报》,1989年10月6日。

[2] 苏州市经济委员会:《1992年市区工业经济实施意见》,1992年2月21日,第8页,苏州市档案馆藏,档号C16—12—808。

[3] 苏州市经济委员会:《走向辉煌——阔步前进的苏州工业经济》,古吴轩出版社1994年,第249、250页,第395—397页。

[4] 苏州市经济贸易委员会、苏州市乡镇企业管理局、中共苏州市委党史工作办公室:《苏州乡镇工业》,中共党史出版社2008年,第198页。

[5] 《解放思想,振奋精神,加快市区工业发展步伐——殷顺宝同志在市区工业经济会议上的发言》,1992年2月11日,第8页,苏州市档案馆藏,档号C16—12—808。

旦"在转变发展方式和经营机制的改革大潮中,探寻着的新的发展方向。"孔雀"电视和"香雪海"冰箱选择资本经营、中外合资之路,"长城"电扇和"春花"吸尘器则在企业转制后走上了民营化之路,向受让方出让了品牌和市场。由此,"四大名旦"逐步淡出人们的视线。

除家电业"四大名旦"外,20 世纪 80 年代,市区在精密机械、汽车零部件、环保设备、输变电设备、通讯及电子信息、医药、精细化工等领域还培育形成了一批战略性新产业和新产品。长风机械总厂和第三光学仪器厂在国内首先批量生产多种型号的数控线切割机床,"八五"期间年产量突破 1 000 台,双双夺得国家银质奖,苏州成为全国数控线切割机床生产的主要基地。[1]苏州电梯厂的垂直电梯及自动扶梯"七五"时期形成批量生产能力,1989 年与瑞士迅达等合资,产品采用计算机与集成电路控制,达到国际先进水平,1991 年产量 667 台,名列全国前茅。苏州第二纺织机械厂研制出两款刚性剑杆织机,1990 年获省科技进步奖,形成年产 1 000 台的规模,成为国内丝织行业设备更新换代和替代进口产品的新品,并且向海外出口。国营二六七厂和苏州工艺美术研究所联合研制的电脑刺绣机及其智能化编程系统,为国家计委下达的国家重点技术开发项目,1988 年批量投产,其性能优于、价格低于国外同类产品,获轻工业部科技进步一等奖。苏州净化设备厂 80 年代中期起研发生产 5 大类 60 多个品种的超净超纯净化设备,为国内众多行业尤其是大规模集成电路生产企业优选使用,年产量达近万台,1990 年国内市场覆盖率达 25%,连续 8 年名列全国同行第一,"净化基地"项目列入国家"八五"计划。苏州开关厂生产高压、低压成套开关板(柜)和主要配套电器元件,1991 年投资 5 200 万元进行技改,跻身国内同行前三位。苏州电瓷厂开发生产电站、输变电线路及电气化铁路建设急需的高压电瓷新产品 30 余种,1989 年被列为机电工业部重点企业及国务院批准的机电产品出口基地。[2]长风机械总厂研制成功国际上先进的飞机显示系统,提升了我国军用战斗机的装备水平。二六七厂研制开发高速扫描摄像机等多种国防尖端技术产品,其中获国家级技术进步奖 2 项、全国科学大会奖 8 项、全国和部省重大科研成果奖 34 项,填补国内空白 8 项。广电部所属苏州录像机厂 1988 年形成年产广播专用录像机 1 000 部的生产能力,并能承担甲级录音机、采访机、电视转播车、微机播控

---

[1] 苏州市经济委员会:《走向辉煌——阔步前进的苏州工业经济》,古吴轩出版社 1994 年,第 27 页。
[2] 苏州市经济委员会:《走向辉煌——阔步前进的苏州工业经济》,古吴轩出版社 1994 年,第 206 页。

设备的研制开发,被列为我国生产广播电视设备的4个基地之一。苏州有线电厂研制成微机控制的纵横制用户自动电话交换机,被国家经委列入"六五"期间技术改造重点项目,1986年产量达10.9万门,1988年引进荷兰飞利浦公司当时世界最先进的程控数字用户交换机生产技术,被列为电子工业部"七五"期间5个重点工程之一,后又与邮电部上海第一研究所合作研制成大容量局用数字程控交换机。省电子工业厅所属烽火机械厂1984年由安徽迁回苏州后加入生产通信设备行列,开发生产按键式电子电话机。1982年创建的苏州磁头厂引进年产100万套录音机磁头生产线,成为机电工业部专业骨干企业,1990年实施技改后产量猛增到1 450万只,出口924万只,产品荣获国家银质奖。市区电子基础材料和元器件类产品,规模和水平在全国一直保持在前四五位,处于全省领先地位,电视机组件厂的回扫变压器和偏转线圈、胜利无线电厂的电视机机械式调谐器、电阻厂的碳膜和金属膜电阻、电力电容器厂的并联电容器均获国家银质奖。电子计算机厂引进具有80年代国际先进水平的16位微机生产线,半导体总厂建成中国第二条直径75毫米硅片生产线。1991年起市电子系统上马总投资数亿元、年产240万平方米覆铜板和120万平方米印刷线路板、半导体发光光电器件、高清晰度彩电配套件等一批重大项目,使这些新兴产业产品走在全国同行前列。[1] 80年代我国以轿车为主的汽车工业逐步兴起,市区一些企业在这一"朝阳产业"中寻求新的发展机遇。塑料一厂开拓工程塑料新领域,为上海桑塔纳等品牌汽车配套生产109种汽车零部件;汽车配件厂加盟东风汽车公司,1991年生产离合器15万台、转向器4.5万台。市区医药系统5家化学原料药厂80年代以内酰胺类抗生素为重点,扩大青霉素类药品产能,并先后开发林可霉素、头孢霉素、麦迪霉素、先锋霉素、乙酰螺旋霉素等新型高效抗生素产品,许多产品为国内首家生产或产量最高,1991年形成2 000吨成品药的年生产能力,产值数亿元。由中国医药对外经济技术合作公司与美国华纳公司合资建办的苏州胶囊有限公司1989年投产,专门生产制药和保健品所需的空心胶囊,在国内质量最好,可替代进口,并大量出口创汇,1991年产量超30亿粒。化工行业重点开发高技术、低能耗、高效益、系列化的精细化工产品达上百种,很多产品填补了国内空白,苏化厂的新型高效有机磷农药、醚醛、二苯醚,益民化工厂的三甲氧基苯甲醛,合成化工厂的樟脑、富马酸,树脂厂的二甲苯甲醛树脂、橡胶添加剂树脂等,

---

[1] 苏州市经济委员会:《走向辉煌——阔步前进的苏州工业经济》,古吴轩出版社1994年,第23、24、208页。

成为国内化工行业的"单打冠军"。助剂厂的糖精钠和甲醛获国家银质奖。造漆厂的丙烯酸酯涂料和染料厂的分散深蓝染料合成加工技术,具有80年代世界先进水平。

2. 市区传统产业在改造优化中提升发展

20世纪80年代,苏州市区的丝绸、纺织、轻工、工艺、机械、冶金、建材等传统产业,以拓展市场为导向、结构调整为主线、技改项目为龙头,大力开展传统产品升级换代,加快发展步伐,增强发展后劲,取得了明显成效,许多行业和产品继续保持在全省、全国的优势地位。[1]

丝绸工业。80年代,市丝绸工业系统围绕真丝绸行业提档升级和化纤仿真丝绸行业开拓发展这两条主线,共投入技改资金5.06亿元,实际用汇6 441万美元,竣工项目316个;共拥有引进的先进无梭织机1 368台,无梭织机占总机台的比重为27.34%,超过国际25%和国内4%的平均水平;拥有先进印染设备比1980年增加了7倍,比重也超过50%;新增产值9.65亿元,新增创汇2.15亿美元。"六五"后三年,丝绸印花厂真丝印花双绉获国家金质奖,光明丝织厂克利缎、金玉缎,振亚丝织厂、新苏丝织厂人造丝条子花绡,第一丝厂的白厂丝先后获国家银质奖。"七五"期间,新苏丝织厂的真丝顺纡乔其纱、丝绸印花厂的真丝印花层云缎和印花缎获国家金质奖。1991年市区丝绸业实现工业总产值由1980年的4.09亿元增加到16.6亿元,丝织品总产量由6 488万米增加到1.13亿米,其中真丝绸由1985年的2 377万米增加到3 143万米,炼印染绸由1979年的6 360万米增加到8 196万米;丝织品外贸收购量2 414万米,其中真丝绸1 555万米;绸缎年总产量、创汇额双双列居全国同行第一。[2]

纺织工业。经过"六五"后三年的大发展,棉纺织业1985年拥有纱锭达15.3万枚,比1979年增加67.6%,织机4 414台,其中提花色织布机2 115台,年产棉纱13.6万件、布8 303万米,其中出口3 798万米,苏纶纺织厂的10支无光人造棉纱、人造棉布获国家银质奖;棉布印染业年加工量增至4 121万米,其中漂、染、印等加工产品合计3 088万米;毛纺织业的精毛纺由3 200锭发展为1.17万锭,粗纺设备由6台套发展为16台套,毛织机由70台增加到188台;合成纤维业已具有年产短丝1万吨、长丝4 000吨和涤纶切片2 500吨的能力,年总产值达1.61亿元;针织复制和线带业形成年产值接近和超过1 000万元的企业5家,

---

[1] 苏州市经济委员会:《走向辉煌——阔步前进的苏州工业经济》,古吴轩出版社1994年,第265、266页。
[2] 彭敷周、吴剑荣:《丝绸系统坚持不懈抓技改推进技术进步》,《苏州日报》,1992年7月18日。

苏州针织总厂的涤花绡1984年获国家金质奖、60支精梳汗衫1985年获国家银质奖,苏州线厂60支涤纶线团1984年获国家银质奖。1985年纺织工业总产值、出口产品收购值、利税总额分别占市区工业的15%、23.6%、11.1%。1986年纺工部确定苏州市为"七五"期间全国12个重点纺织品深加工出口基地之一[1],市区实施了10多项重大技改项目,成功开发出改性中长毛型纤维、苎麻花色织物、牛仔布、仿毛型华达呢、仿真丝绸和仿羊绒针织面料等一大批新产品新品种,苏纶纺织厂的纯棉普梳纱获国家银质奖;外贸出口收购值1991年猛增至4.06亿元,占市区本口岸出口收购总值的25.1%,占全省纺织品出口收购总值的18.7%,深加工产品出口比重由40%左右提高到70%以上。1991年市区纺织业主要产品产量为:纱1.96万吨、布7539万米、呢绒391万米、合成纤维1.65万吨、服装1388万件;实现工业总产值12.31亿元,比1985年增长47.6%。

轻工业。"六五"后三年,完成科研"四新"项目3446项,相继引进111项国外先进设备,使轻工业生产具有较高的机械化水平,产品质量稳定提高,30个企业的46个产品获国优、部优、省优称号55项,红叶造纸厂高强瓦楞纸1983年获国家银质奖。1985年实现工业总产值11.56亿元,占市区工业总产值的21%。"七五"时期,以优势企业和骨干产品为龙头,大力实施资源整合,先后组建了10个总厂、2家企业集团和5家工贸合营企业,继续推进技术改造,加强"四新"产品开发生产,拓展国内外市场,推动企业上规模上水平。1988年产值1000万元以上的企业扩增至32家,外贸收购值达2.3亿元,实现3年翻两番。1990年苏州眼镜一厂的变色光学眼镜片获国家银质奖。1991年全系统实现工业总产值22.68亿元,占市区工业总产值的16.1%,保持市区各行业第一位;外贸收购值2.08亿元,占市区的11.1%;5家企业跻身大型企业行列,17家企业进入中型企业行列,比1985年分别增加3家和10家。

工艺美术业。"六五"后三年,苏州刺绣厂产值3年翻了两番,苏州金属工艺厂被列为全国9大黄金饰品定点生产单位之一,苏州民乐厂红木精制二胡获国家银质奖。1985年实现产值2.46亿元,外贸收购总额1.39亿元,名列全省之冠。"七五"时期,组建苏州刺绣工艺美术品集团公司,大力开发日用工艺品、旅游纪念品生产销售,3家机绣服装企业获省首批发放的出口服装许可证;1988年,和服腰带、丝绸服装、浴衣睡衣、童装、机绣品等5只产品出口值达1000万元

---

[1] 中共苏州市委党史工作办公室:《苏州改革开放三十年大事记(1978—2008)》,中共党史出版社2008年,第65页。

以上,刺绣厂、绣品厂获轻工业部出口创汇金龙奖;1989年、1990年苏州红木雕刻厂的红木制品小件、苏州绣品厂的机绣绗缝制品、"金凤"牌机绣制品获国家银质奖。1991年市区工艺系统共完成产值4.61亿元、外贸收购额2.22亿元。

机械工业。"六五"后三年中,研制投产了大型两工位自动热芯盒射芯机、差动压自动造型机、排卧式快装锅炉、大型反应釜、锚杆液压旋转钻机、Y系列节能电机等10多种更新换代产品;合金材料厂引进4条电触头流水线,年产量为国内同行业之首;试验仪器厂引进电动振动台先进技术,产品质量提高到80年代国际先进水平;仪表元件厂研制成第二代微处理机动态轨道衡并获国家科技进步三等奖,完成键盘、接插件国家重点技术改造项目;晶体元件厂生产的合成刚玉(人造宝石)系列产品销售量占国内市场的50%,锥形、球形刚玉轴承先后获国家银质奖;砂轮厂被列为全国磨具磨料行业重点骨干企业,烧结刚玉砂轮获国家银质奖;冶金机械厂承担开发生产宝钢工程所需的23种规格的输送机托辊的任务,为宝钢一期工程1985年投产做出了贡献。1985年市区机械工业总产值7.32亿元、利税总额1.82亿元,分别占市区工业总量的13.3%、19.15%,仅次于轻工业;共有14家企业的31种产品出口,比1979年增加19个品种。1986—1991年间,完成包括国家、部省级在内的技改项目100多项,其中引进项目50余项,开发生产新产品500余个,冲压套圈滚针轴承、T2型经纬仪、高压清洗机、集成电路漏电器、惯性振动落砂机、银氧化镉电触头、135自动曝光照相机、微机控制轨道衡、螺旋换热器、A系列链条等一批产品填补了国内或省内空白,双面宽带砂光机、空气冲击造型机、GOL1系列动力装置达到国外同类产品水平,农业药械厂开发生产的担架式机动喷雾机1987年获国家银质奖。1991年市区机械工业实现产值10.39亿元;外贸出口产品收购值超亿元,比1985年增长20多倍。

冶金工业。"七五"期间苏钢总厂先后建成7个部、省、市重点技改和新建项目,累计完成投资总额1.7亿元,固定资产原值增长到2.07亿元,上缴利税9157万元,相当于重建了两个苏钢、上缴了一个苏钢,1988年起连年进入中国500家最大工业企业行列。〔1〕苏州铜材厂与港商合资,引进具有国际先进水平的铜棒联合拉拨机生产线和高精度铜板带生产线,成为省内最大的有色金属加工企业,1992年跻身中国最大500家外商投资企业行列。〔2〕1990年市区冶金工业实现总产值2.3亿元,产生铁29.38万吨、钢37.84万吨、钢材38.23万吨、铜

---

〔1〕 苏州市经济委员会:《走向辉煌——阔步前进的苏州工业经济》,古吴轩出版社1994年,第86、273、499页。

〔2〕 苏州市经济委员会:《走向辉煌——阔步前进的苏州工业经济》,古吴轩出版社1994年,第276页。

材 2.23 万吨,分别比 1985 年增长 77.5%、458.1%、141.2%、23.2%,铜材、生铁、钢的年产量分别居全省第一、第二和第三位。

建材工业。"六五"期间,白水泥年产量从 4.1 万吨增加到 6.57 万吨,光华水泥厂成为全国最大的白水泥生产企业,硅酸盐水泥年产量从 11.87 万吨增加到 19.12 万吨。"七五"期间,水泥生产企业对旋窑线进行技术改造,开发生产市场紧俏的 525 号道路硅酸盐水泥。1991 年市属建材企业完成工业总产值 1.51 亿元,比 1986 年增长 1.09 倍。

3. 县属工业在形成特色中长足发展

1982 年 6 县县属工业企业共 850 个,其中全民企业 339 家、大集体企业 511 家[1],产值 22.92 亿元,占全市工业总产值的 28%。[2] 80 年代县属工业企业数没有大的变化,但固定资产投入显著增加,技术改造加强,设备更新规模扩大,产品结构调整优化力度不断加大,利用外资、引进先进技术开始起步并取得明显成效,在日趋激烈的市场竞争中,各自的优势产业进一步做大做强,基本形成了各有所长、各具特色的发展之路。1985 年县(市)属工业共有企业 849 家,职工总数 27.93 万人,固定资产原值 12.41 亿元;实现工业产值 38.92 亿元,占全市工业总产值的 20.58%;在各行业中,纺织占 45%,轻工占 18%,机械占 18%,电子占 4%,冶金占 4%,化工医药占 7%,建材占 3%。1991 年,县(市)属工业企业减少到 732 家,而实现产值猛增到 125.74 亿元,占全市工业总产值的 19.06%,占全市县属以上工业总产值的 52.8%,比重比 1982 年上升了 11 个百分点,发展速度快于市属工业;[3]并且培育形成了一批上规模的大中型企业(其中大型企业 11 家),涌现了一批产销量居全国首位和达到国内先进水平乃至国际水平的产品,成为地方工业经济的骨干和"名片"。

常熟市属工业 80 年代在 6 县(市)中最为发达,行业门类比较齐全,纺织、机械、家电、电子仪表、轻工造纸、化工医药业颇有特色和地位。1991 年市属工业企业 179 家,实现工业总产值 25.75 亿元,列 6 县(市)之首,比 1983 年增长 2.2 倍。常熟花边厂 A 字牌手工雕平绣台布被套系列产品 1988 年获国家金质奖,为常熟市首个国优产品。1990 年常熟棉纺织厂和色织二厂、三厂跨入中型企业行

---

[1] 中共苏州市委办公室:《汇报提纲》,1983 年 9 月 20 日,第 2 页,苏州市档案馆藏,档号 A1—1—326。
[2] 《解放思想,振奋精神,加快市区工业发展步伐——殷顺宝同志在市区工业经济会议上的发言》,1992 年 2 月 11 日,第 5 页,苏州市档案馆藏,档号 C16—12—808。
[3] 《解放思想,振奋精神,加快市区工业发展步伐——殷顺宝同志在市区工业经济会议上的发言》,1992 年 2 月 11 日,第 5 页,苏州市档案馆藏,档号 C16—12—808。

列,丙纶厂丙纶超细旦丝填补了国内空白,被单厂"双猫"牌床单、印染总厂"鸽球"牌涤棉印花布(1991年)荣获国家银质奖;制冷设备厂(后更名白雪制冷设备集团公司)为国内冰箱压缩机和全国产化冰箱生产的首家企业,年产冰箱3.98万台;千斤顶厂与港商合资组建通润机电公司后各类油压千斤顶年产量跃上100万台能级;标准件厂年产紧固标准件在全国同行名列第一;无缝钢管厂的高压油管和中小口径轴承钢管、开关厂的MCB系列塑壳断路器、建筑机械总厂的五级预热器回转窑烧成系统、电缆厂的交联辐照电缆、特种电子材料厂的键合金丝等新产品填补了国内空白;3家造纸厂年产机制纸及纸板2.13万吨,占苏州全市总量的28.6%;医药化工厂的扑热息痛年产量居亚洲第一,叶酸年产销量名列国内首位。[1]

张家港(1986年由沙洲县改设为市)县属工业起步最晚,基础较为薄弱,但80年代发展业绩显著,尤其在规模型企业培育壮大方面走在了各县(市)前列,冶金钢铁、机械装备、酒类食品为其骨干行业。1991年172家市属工业企业实现工业总产值18.35亿元,比1983年增长5.09倍,其中产值超亿元的企业有3家。张家港市钢铁厂原是县供销系统的锦丰轧花厂,1975年靠45万元自筹资金创办钢铁厂,1990年热轧窗框钢荣获国家银质奖,1991年壮大成拥有资产6.48亿元、年产钢和钢材60万吨、年利润2 000万元的江苏沙钢集团公司,窗框钢占国内市场总销量的40%以上,跻身全国500家最大工业企业行列。[2]沙洲棉纺织厂(后改组为振丰纺织集团公司)和市化肥厂(后改组为华昌集团公司)年产值也过亿元。市啤酒厂(后改组为江苏沙洲酿酒集团公司)生产的啤酒荣获全国明星啤酒称号,"沙洲优黄"获全国地方名酒称号,90年代初成为年产值近亿元的大型酿酒企业。市医疗器械二厂的"燕"牌普通手术钳、市医疗器械厂的"金鹿"牌普通止血钳、张家港化工厂的次亚磷酸钠先后获国家银质奖。[3]

太仓县属工业80年代调整发展,形成了纺织、铜材、机电、化工、食品5大骨干产业,71家企业1991年实现工业总产值14.77亿元,比1983年增长3.1倍。利泰纺织厂纱锭增加至8.2万枚,开创了全省中长纱生产的先河,1991年进入中国千家大型企业行列。第一、二、三棉纺厂先后投入2亿多元进行高起点改

---

[1] 苏州市经济委员会:《走向辉煌——阔步前进的苏州工业经济》,古吴轩出版社1994年,第101、288页。
[2] 杨石林、邱载、沈石声:《沙钢十七年创造九亿财富》,《苏州日报》,1992年12月1日。
[3] 中共张家港市委党史地方志办公室:《中国共产党张家港市历史大事记(1949.4—1998.12)》,中共党史出版社1999年,第188页;苏州市经济委员会:《走向辉煌——阔步前进的苏州工业经济》,古吴轩出版社1994年,第293—309页。

造,形成了具有国内同期先进水平的 20 万枚纱锭。铜材厂 1985 年铜管产量居全省之首,之后引进先进设备开发生产出 4 个填补国内空白的新产品,"仓环"牌紫铜毛细管 1990 年获国家金质奖,国内市场占有率达 90% 以上。冷气机厂"江南"牌系列空调器 1990 年产量突破 1 万台,1991 年获机械部颁发的生产许可证。化肥厂从原来一个小氮肥厂发展成为拥有资产近亿元的综合性化工企业,1990 年成为全县首家大型企业。造纸厂(后改组为宏达集团公司)开发生产填补国内空白的耐高温 a—淀粉酶,被列为"八五"时期全国重点项目。[1]

昆山县属工业 1983 年工业产值还只有 2.98 亿元,1991 年增长到 21.43 亿元,共有企业 78 家,其中 4 家为大型企业,医药化工、机械制造、纺织服装业颇具特色和实力。[2] 昆山制药厂是我国最大的磺胺药类生产和出口基地,90 年代初 SMZ 的年产量占全国 1/3,1993 年被列为全国医药工业 50 家最大企业之一。昆山化工厂成为全国品种最多、销量最大的新型化学除草剂生产企业,其中产量、出口量占全国一半的"宇宙"牌硫脲 1990 年获国家银质奖。纺织机械厂的高速精密针织机被列为省首批高新技术产品,多功能干法涂层生产线列为"七五"国家重大科技攻关项目。昆山印染厂外贸交货额连续 3 年居昆山市首位。三山实业公司先后开发出获纺工部"金牛奖"、国家科技进步三等奖、被列为国家级新产品的一批特色新产品,1992 年成为全国首家获准向社会公开发行股票的县属企业。[3]

吴县县属工业 1991 年共有企业 187 家,实现工业总产值 21.07 亿元,比 1983 年增长 4.97 倍,丝绸、刺绣服饰、机械、冶金、建材业有一定规模和水平。刺绣总厂 1987 年出口产品已销往 30 多个国家和地区,人均创汇、创利额在全国 2 600 多个工艺企业中均占首位,1989 年成为全县首家国家二级企业。刺绣和服厂所产刺绣和服、腰带全部销往日本市场,1989 年获北京国际博览会银奖和全国工艺美术百花奖新产品一、二等奖。防爆电机厂 80 年代初转向以开发生产各类电扇为主,1987 年"骆驼"牌落地扇获国家银质奖,1991 年组建骆驼电器集团,年产值跃升至 3 亿元以上。石灰氮厂 6 大主产品质量在国内外享有较高声

---

[1] 苏州市经济委员会:《走向辉煌——阔步前进的苏州工业经济》,古吴轩出版社 1994 年,第 310—320 页。
[2] 苏州市经济委员会:《走向辉煌——阔步前进的苏州工业经济》,古吴轩出版社 1994 年,第 113、114 页。
[3] 苏州市经济委员会:《走向辉煌——阔步前进的苏州工业经济》,古吴轩出版社 1994 年,第 327—340 页。

誉,成为吴县主要的出口创汇产品之一。[1]1988年开建的吴县银铅锌矿,1990年年初被列为省冶金矿山重点项目,形成9万吨铜生产能力,成为苏州最大的金属采矿企业。[2]

吴江县属工业1991年共有企业145家,实现产值24.37亿元,比1983年增长3.62倍。丝绸工业为其最富特色的主导产业,在国内外有重要影响。1983年全县丝绸产量4 130万米,其中真丝绸1 532万米,占全国的1/6。1983—1985年间新联丝织厂的02双绉、新生丝织厂的01双绉和新华丝织厂的01素绉缎分别获得国家银质奖。自1985年新民丝织厂首先引进128台喷水织机起,"七五"时期丝绸行业先后从国内外引进喷水、喷气、剑杆、片梭等先进的无梭织机以及染整设备,产量、质量、新品开发生产及深加工能力大大提高,一大批阔幅、提花、重磅丝绸新品相继投产,1986年外贸出口真丝绸2 041万米,占全国真丝绸出口量的近1/5,创汇7 309万美元,新华、新民丝织厂的真丝骏花缎摘得国家金质奖。[3]1990年新民、新生、新联、新华四大丝织厂均进入大型企业行列,丝绸(以真丝绸为主,包括部分合纤绸丝织品)产量分别达1 793万米、1 696万米、1 104万米、893万米,共计占苏州全市真丝绸年产量的68.2%;新生丝织厂的真丝绸产量、出口创汇额居全国同行业之首;县丝绸印花厂炼染印真丝绸883万米,县绸缎炼染一厂炼染丝织品5 081万米,均处于苏州全市乃至全国同行业领先水平。1991年取得真丝面料后道加工上的一大突破,丝绸印花厂的印花素绉缎、新生厂的真丝骏花缎夺得国家金质奖,新联厂的真丝素绉缎获得国家银质奖,吴江的真丝绸产品继续鹤立于国内同行。1983年创办的振华毛纺厂,先后引进日本粗疏毛纺设备和德国精毛纺技术设备,成为江苏出口创汇骨干企业,5只产品先后被评为部、省优质产品,振华毛纱一直代表"江苏纱"在国内外市场享有很高的声誉。爱富希新型建筑材料厂成为八九十年代国内同行中唯一引进万吨级压机、FC板材年产量最大的生产厂家,产品被第十一届亚运会工程、西昌卫星发射中心、上海火车站等许多重点工程所采用,还远销海外。[4]

---

[1] 苏州市经济委员会:《走向辉煌——阔步前进的苏州工业经济》,古吴轩出版社1994年,第343—353页。
[2] 吴县地方志办公室、吴县档案馆:《吴县大事记(石器时代—1993年)》,古吴轩出版社1994年,第404、418、465页。
[3] 沈炳荣、倪晓英:《吴江县丝绸工业巡礼》,《苏州日报》,1986年12月22日。
[4] 苏州市经济委员会:《走向辉煌——阔步前进的苏州工业经济》,古吴轩出版社1994年,第358—360页。

4. 区属和校办工业在配套补缺中逐步兴起

区属工业在恢复中加快发展。1983年平江、沧浪、金阊3个城区共有工业企业114家,实现产值1.14亿元、利润总额1 245万元,其中平江区基础较好,产值、利润数均占50%左右。之后几年城区各级加大工业发展步子,并将一部分前景较好的原街道办企业上升为区管,作为骨干企业加以培育,在与市属大中型企业搞好配套协作、发挥好拾遗补阙作用中寻求发展的机遇。1988年市对区实行新财政体制,各区发展经济积极性高涨,并把工业作为经济发展的主要增长点,建立区工业局,推动城区工业形成一波发展高潮。当年3区工业企业增至288家,实现产值2.57亿元(其中区属企业占88.7%),利税总额3 403万元;涌现出了一批具有一定规模和水平的骨干企业,有6家企业年利税总额超100万元,3家企业年外贸收购额超100万元。平江区的东风通讯器材厂年产值超1 000万元、实现利润超200万元,列城区工业企业之首,成为机电部调度电话总机定点生产厂,研制的微波电话列为全市21只战略产品之一。沧浪区的金属丝布厂主要产品获部优省优称号,产量、出口量居全国同类第一。金阊区的油墨厂引进国内第一套油墨合成树脂生产设备,产品除自用外还大量供应各大油墨厂。[1] 1989年开始的治理整顿期间,城区工业在积极开展技改升级和外向开拓中谋求继续发展,1991年3区外贸收购值总计达8 036万元,比1988年翻了两番多。1991年市委、市政府组织开展"双挂"工作,从人、财、物上帮助城区兴办了一些新的企业,开发生产了一批新产品,促进城区工业继续保持较高的增长势头,1991年3区实现工业总产值4.67亿元,比1988年增长81.8%。

校办工业在普及中蓬勃兴起。在20世纪80年代苏州工业化浪潮中,一些非工业部门也积极加入了工业发展的行列,其中组织推进力度最大、业绩最为显著的当属教育部门的校办工业。1980年成立市校办工业公司,促进中小学校办工业加快发展。1984年工业产值突破亿元大关。1987年达2.55亿元,实现利润3 829万元,分别比1980年增长4.79倍和3.14倍。1988年国务院明确可以"兴办以专业人员劳动为主并按市场需求经营的校办企业",并在税收上给予优惠。苏州各级教育行政主管部门和广大中小学校抓住机遇,大力发展。1990年全市中小学共有校办工厂2 035个,职工3.94万人,固定资产净值3.36亿元,完成工业总产值11.14亿元,实现利润9 571万元,全市城乡2/3以上的中小学校

---

[1]《高德正同志在城区经济工作会议上的讲话》,1989年4月19日,第3—13页,苏州市档案馆藏,档号C1—5—120。

举办了校办厂,乡办以上中小学基本全覆盖;校办企业普遍走上"小而精、小而专"发展之路,产品中有国优产品1只、部省优质产品25只。"七五"期间,全市中小学校办企业共补助教育经费1.09亿元,上缴国家税收1.07亿元。1991年实现工业产值15.04亿元,列全省各市首位;实现利润1.16亿元,成为全国地级市中第一个勤工俭学年创利润超亿元的城市;当年补助教育的经费达4270多万元,相当于国家支出基础教育经费的27.6%。[1]

5. 骨干企业在做大做强中提升竞争实力

80年代初苏州工业企业总体偏小型化,上规模上水平的企业所占比重不大,在全国同行中有重要地位的企业很少。1983年,全市3768家城镇工业企业中,职工200人以下的2715家,占到72%,1000人以上的才80家;全市工业总产值86.75亿元(当年价)中,大型企业完成4.4亿元,中型企业完成10.89亿元,大中型企业合计只占全部产值的17.6%。1984年,全市4661家乡办以上工业企业,共有职工44.48万人,平均每家才95.4人;固定资产原值38.19亿元,平均每家企业81.94万元,低于全国平均数。[2] 80年代苏州工业化进程中,全市各级工业主管部门贯彻"量质并举"方针,在继续实现量的扩张的同时,注重培育具有较强市场竞争实力的骨干企业,一方面花大力气抓好已有企业的达标升级和做大做强,一方面投巨资兴办一批上规模上水平的高起点新企业和新产品项目,1989年起市政府还制定实施扶持重点企业和重点产品的方案,从而以一大批骨干企业和拳头产品的脱颖而出,实现全市工业综合实力的较大提升,推动苏州工业经济不断迈上新台阶。

一批企业经营管理达标升级。80年代中后期苏州工业企业开展达标升级活动,1990年东吴丝织厂被国务院批准为全国首批国家一级企业,1991年苏州电扇总厂、苏州电冰箱厂、望亭发电厂等3家企业跻身国家第二批一级企业之列。至1991年全市共有75家企业获得国家二级企业称号,195家企业获省先进企业称号,245家企业获市先进企业称号。

一批企业生产经营上规模上水平。1985年全市涌现出89个产值超1000万元的规模型企业,81个大中型企业当年实现工业总产值77.24亿元,占全市工业总产值的39.9%,实现利税12.34亿元。[3] 1989年全市涌现79家(其中市

---

[1] 苏州市教育局《苏州教育志·续志》编纂组:《苏州教育志·续志(1986—2000)》,香港文汇出版社2007年,第424—428页。
[2] 《苏州市"七五"期间技术改造规划纲要》,1985年7月29日,第1页,苏州市档案馆藏,档号A1—1—128。
[3] 《省政府调查组关于搞活大中型企业对苏州市的调查报告》,1986年12月3日,第1页,苏州市档案馆藏,档号C1—1—545。

区 45 家)年产值 3 000 万元以上或年利税总额 500 万元以上的重点企业。[1] 1990 年全市按国家有关部门制定的主要技术经济指标划定的大型企业 42 家(其中市区 31 家)、中型企业 171 家(其中市区 84 家),大中型企业占全省总数的 17.2%;[2] 全市大中型企业占乡以上工业企业数的 3.8%,而它们的固定资产原值占全市的 39.2%,工业总产值占 32%,工业净产值占 35.7%,上缴的税利占全市财政收入的 42%;市区大中型企业占市区工业的各种比重更高,产值占 63%,利税占 71%,上缴税收占 69%。[3] 1991 年全市 5 004 家乡办以上独立核算工业企业共拥有固定资产原值 175.2 亿元,平均每家企业拥有 350 万元,比 1984 年增长了 3.27 倍;大中型工业企业增加至 241 家。1988 年起国家统计局等单位按当年企业销售额排序确定"中国 500 家最大工业企业",至 1991 年苏州共有 7 家企业先后跻身其中。1991 年入列的 5 家是:苏州电视机厂以 7.3 亿元位列 175 位,苏州电扇总厂以 4.3 亿元位列 333 位,苏州化工厂(苏州化工农药集团公司)以 3.7 亿元位列 387 位,苏州钢铁厂以 3.5 亿元位列 408 位,张家港沙钢集团公司位列 410 位;其中电视机厂、电扇总厂、苏钢厂 3 家系连续 4 年蝉联,苏州电冰箱厂(香雪海电器公司)曾于 1988 年、1989 年连续 2 年入列中国 500 强,苏纶纺织厂曾于 1990 年入列。[4]

一批产品居国内领先水平。从 1979 年国家有关部门开始评定国家优质产品起到 1991 年最后一次评定为止,苏州先后有 27 个产品荣获国家优质产品金质奖,81 个产品荣获银质奖。1991 年全市共创部、省优质产品 374 项,优质产品产值率 18.41%。1990 年市区有 53 个产品的产销量名列全国前三名,长城电扇、春花吸尘器、轴承厂滚珠轴承、净化设备厂净化厂房、一光厂 J2 经纬仪、助剂厂糖精、苏化厂甲胺磷、胶囊公司空心胶囊、高岭土公司精选瓷土等 9 个产品的产销量居全国第一。6 个县(市)也都有一批大中型企业的产品在全国或全省处于领先地位。[5]

---

[1]《苏州市人民政府批转市经委〈关于扶持重点产品重点企业促进工业结构调整的意见〉的通知》,1990 年 2 月 20 日,第 2 页,苏州市档案馆藏,档号 C1—1—938。
[2] 贾轸、唐文起:《江苏通史·中华人民共和国卷(1978—2000)》,凤凰出版社 2012 年,第 127 页。
[3]《王敏生同志在全市大中型企业负责人学习班开始时的讲话》,1991 年 11 月 9 日,第 2、7 页,苏州市档案馆藏,档号 C1—7—78。
[4] 苏州市经济委员会:《走向辉煌——阔步前进的苏州工业经济》,古吴轩出版社 1994 年,第 499、500 页;《苏州电视机厂等 4 家企业进入全国 500 家最大工业企业行列》,《苏州日报》,1992 年 6 月 5 日。
[5]《王敏生同志在全市大中型企业负责人学习班开始时的讲话》,1991 年 11 月 9 日,第 7 页,苏州市档案馆藏,档号 C1—7—78。

四、第三产业方兴未艾

20世纪80年代苏州工农业生产的快速发展,为第三产业的发展开拓了领域;城乡人民收入水平的大幅提高,推动居民购买力持续增长、消费水平普遍提高;各项改革和对外开放逐步展开,为生产性、生活性服务业的发展创造了十分有利的政策环境和市场条件。1984年市第六次党代会对加强财贸工作、促进市场繁荣、发展交通运输和邮电通讯业、建设园林风景旅游城市等提出了任务和要求。1985年市委六届二次全体会议首次提出"放手发展第三产业",并做了全面部署。1989年市第七次党代会提出进一步培育和健全社会主义市场体系的任务和要求。1991年市委、市政府首次召开全市市场建设培育工作会议和全市旅游工作会议,对这两项工作进行全面部署。在这一系列重大决策和部署的指引和推动下,全市各级抓住有利机遇,把加快发展第三产业摆上重要议事日程,促进第三产业在全市经济中的比重显著上升。1983—1991年全市第三产业增加值由7.96亿元增加至52.11亿元,增长了5.55倍,快于工业增长速度,占全市地区生产总值的比重由1982年的16.72%上升至22.17%;全市第三产业从业人员,1982年末为39.08万人,1991年末扩充至65.6万人,占全社会从业人员的比重由11.81%上升至19%。1987年全市第三产业增加值首次超过第一产业,全市经济结构序列由"二、一、三"演进为"二、三、一",这是苏州经济发展史上的又一个里程碑。[1]

1. 商贸服务业全面转旺

中共十二大后商贸流通业的体制改革有序推进,生活消费品和生产资料从计划分配逐步向按市场价敞开供应过渡,商贸流通业的市场准入不断放宽,全社会参与商贸服务业的积极性不断高涨,集体商业和个体私营商户逐步增多,多渠道流通体制基本形成,多种经营方式进入市场,新兴服务行业不断涌现;城乡居民消费水平大幅提升,日常生活类消费品从温饱型向改善型转化,商品的高档化、营养化、装饰化趋向明显,耐用消费品增长突出,文化、娱乐、休闲类服务需求开始显现。这些都为城乡商易服务业的繁荣创造了有利条件,带来了巨大的发展空间。1985年全市社会消费品零售总额43.13亿元(当年价),占全省的14%,首年位列全省11市第一。1991年全市社会消费品零售总额83.94亿元

---

[1] 黄正栋:《数字见证苏州改革开放30年巨变》,苏出准印(2008)字JSE—1002233号,第128—144页。

(不变价),比1982年增长4.46倍。[1]

城市商贸服务业蓬勃发展。1983—1985年,市区各老商贸区的范围均有所扩展,骨干经营场所普遍有较大扩容,经营环境有不小改善,中小经营服务网点大量充实其中,专业商店、专业街逐步形成,苏帮菜肴、传统小吃、婚纱摄影、女式烫发等恢复发展。1985年与1982年相比,市区共有商业零售网点3 857个,增长1.59倍,其中国营490个、集体958个、个体(有证)2 409个,分别增加72个、234个和2 063个,共有从业人员21 438人,增加5 524人;1985年与1979年相比,市区饮食服务网点共有2 597个、人员14 865人,分别增长192.5%和80.3%。"七五"前三年,观前商业区130多家商店几乎全部改造、装修一新;石路地区20多个门店翻建扩建;新增了拙政园与狮子林间、西园与留园间主要为游客服务的商业网点群;各新建居民新村配套建设的社区商业中心和吴县新县城团结桥以南商街等一批区域性商贸区初步形成,古城区主要干道商铺连绵。商业零售业中,衣着类消费比重上升,黄金首饰消费异军突起,新兴日用品盛销不衰,以彩色电视机、电冰箱等家用电器为代表的耐用消费品销售爆发性增长。饮服业中,新建萃华园菜馆、五芳斋面馆、陆长兴、美味斋等特色个体面馆开始涌现,甲级以上浴室开始辟设小室盆浴和休憩雅室,白牡丹美发厅首开化妆美容服务项目。1988年5月市委、市政府组织实施城区改革,调整市、区两级职能分工,除名、优、特及大型零售商店留市管理外,市商业局将占局原属网点总数93%的478个零售商业和饮服业网点划归区管,市供销社将占市区网点总数49.4%的43家零售店划归区管。调整后,市商业、供销部门着力抓好留市管理的骨干网点建设改造和经营管理,使其进一步做大做强做优;各区建立商业局和若干专业公司,大力实施零售商业网点改造,有力促进了市区两级商贸服务业的提升和发展。至1991年市区新开业的大中型商场有24家,市区两大商贸中心的状况有了较大发展变化。在观前商贸中心,人民商场进行二次扩建改造,年销售额突破亿元大关,跻身全国百家最大规模、最佳效益零售商店行列;第一百货商店原地重建,新建工业品商场(后改名购物中心、美罗商城)、食品商场、风光商场(后改称虹桥友谊商城)、新苏州商厦、远东商场、上海商场、祥达商厦等开业,察院场建市区首个地下环道和地下商场;北局苏州书场改建成文化广场、大光明影院改建成影城,旧学前、因果巷拓宽改造形成新商业街。在石路商业区,石路商场1989年原址翻建,成为市区首家配置自动扶梯的百货商场,石路国际、

---

[1] 黄正栋:《数字见证苏州改革开放30年巨变》,苏出准印(2008)字JSE—1002233号,第202页。

亚细亚、威尼斯、精品商厦等一批大型百货商场先后开建,同时改扩建了一批特色商贸服务网点。商业部颁布1990年度全国酒店、饭店"50强",苏州的园外楼饭店和松鹤楼菜馆名列其中。1991年市区实现社会商品零售总额26.63亿元(当年价),比1985年增长1.57倍,占全市的比重上升至27.68%。

农村消费市场持续升温。1983年全市农村商业网点共6 499个,其中属县(市)商业部门办、乡(镇)和村办、社会各部门办和个体办的网点数达3 748个,超出供销部门,改变了中华人民共和国成立后30多年来农村商业供销社"一家独尊"的局面。"六五"后三年,苏州农民消费呈现爆发性增长态势,生活类商品需求全面增加,家用电器开始进入农户家庭,对化肥、农药、小型农业生产工具的需求也稳定增长,农村商贸服务业进入中华人民共和国成立以来发展最快的阶段。1985年6县(市)共计实现社会商品零售总额32.76亿元,其中供销社系统生活资料零售额6.92亿元、生产资料零售额2.99亿元、县属商业实现商品零售总额4.43亿元。"七五"时期,农村消费需求、消费结构与城市居民的差距进一步缩小,吃、穿、用各类商品全面旺销且等级提高,高档家电产品开始进入农户家庭;农村"建房热"持续升温,且标准不断提高,全面进入楼房化阶段,钢材、木材、水泥、砖瓦等建筑材料远不能满足需要,新房内部装修材料销量大幅上升;农村生产资料市场稳定增长。1991年6县(市)零售商业、饮食服务业网点共达63 518个,占全市网点总数的85.44%,其中零售商业45 038个、饮食业8 470个、服务业10 010个,平均每万人拥有网点数132.55个,超过市区每万人127.22个的水平;实现社会商品零售总额69.55亿元,比1985年增长1.12倍,其中乡以下农村为40.99亿元。

2. 专业市场崭露头角

80年代苏州商贸流通业提升发展最大的亮点,就是城乡各类专业市场逐步兴起,不仅成为市场流通中一个新的重要平台,而且日益发挥着"办好一个市场,带动一业经济,致富一方百姓"的独特作用。1983年后一些乡镇政府因势利导,依托骨干产业和特色产品,在已有自发形成的简易市场基础上,创办立足当地、辐射四周、集中交易、批发为主的专业市场,如昆山玉山水产市场、太仓鹿河针织品市场、新湖水产市场、吴县东桥和吴江铜罗的苗猪专业市场等,产生了良好的市场效应,引起各地的重视和仿效。至1986年底全市已有各类专业市场88个,其中工业品专业市场24个、农副产品专业市场47个、建材市场9个;各类专业市场的年成交额达6.5亿元,占全市社会商品零售总额的16%。至1991年全市有各类市场481个,年成交额39.62亿元,相当于全市社会商品零售总额(当年价)的41.2%;骨干专业市场日益壮大,年成交额5 000万元以上的专业市场有20个,亿元以上的有10个。其中最为成功的骨干专业市场有以下4个。

吴县渭塘珍珠交易市场。吴县是我国淡水珍珠的主要产区之一,80年代初全县年产量达63吨,占全国1/4多,产地主要集中在渭塘及其邻近的黄埭、北桥、蠡口等乡镇,产品主要由外贸部门专营收购。进入80年代外贸收购突然压缩,珍珠价格从每公斤2 000元下跌至120元,迫使珠农走南闯北自找销路,慢慢地有客户从各地汇集而来,一个农民自发的珍珠交易市场在渭塘乡何家湾逐步形成。1984年11月建立渭塘珍珠市场,经10年耕耘培育,从300平方米的露天场地、年交易量3吨、交易额500万元起步,到1994年市场已形成占地2.6万平方米、建筑面积1.4万平方米、拥有摊点1 200余个、日进场交易7 000多人次、年成交量480吨(相当于当年我国淡水珍珠产量的2/3)、年交易额6.5亿元的规模,辐射20多个省、市、自治区及10多个国家和地区,并有16家海外企业直接在市场内设立了经营机构,成为全国最大的珍珠集散地和闻名世界的珍珠专业交易市场。市场的发展带动了相关行业的兴起,仅渭塘乡就开设了8家珍珠加工企业,有3 000多名农民直接从事珍珠养殖、经营和加工业务,昔日贫穷偏僻的何家湾已成为农民人均年收入超万元、商业繁荣的新兴市镇。[1]

常熟招商场。改革开放后常熟乡镇企业和家庭的针织、服装加工业迅速发展,至1984年从事针织、服装加工业的个体和家庭工业户有4 000多户,年产值达3 000多万元。这年初在常熟南门汽车站附近自发形成了一个沿马路设摊销售的针织品、服装交易市场。1985年春琴南乡和所在村联合集资55万元,搭建大棚1 100平方米,办起了常熟招商场,把在马路边交易的400多个地摊组织到场内交易。市场发展过程中逐步形成了"专、齐、快、新、廉、活、便"的经营特色,对客商产生了强大的吸引力,越办越红火。1993年市场交易额突破20亿元,被国家工商局评为全国十大市场。至1995年招商场占地面积达20万平方米,建筑面积17.5万平方米,设立摊(店)1万多个,客户来自全国30个省、市、自治区的900多个县,日客流量12万人次,年销售服装和针织品5 600万件(套),成交额40多亿元,上缴国家税收4 500万元,成为辐射全国广大地区的针织、服装集散基地和批发中心,被《市场报》誉为"华夏农民第一集市"。招商场的建立,吸纳了约10万个农村劳动力,全市有针织、服装加工和经销专业户1万多,几乎户

---

〔1〕 中共苏州市委党史工作办公室、苏州市体制改革委员会:《姑苏春潮——苏州改革开放纪实》,上海大学出版社1998年,第242—246页。

户年收入超万元;在市场周围形成了一个第三产业服务群体,其中包括饭店142家、旅馆招待所28家、家庭旅社1 000多家、各类商店近百家、各种运输车辆1 200多辆,昔日冷落的市南郊成为繁华的闹市区。[1]

吴江东方丝绸市场。80年代吴江丝绸业迅速发展壮大,1986年丝绸织物产量超1亿米,占全国的1/5,其中盛泽的产量约占全国的1/8。然而除外贸部门收购约2 000万米外,其余要靠企业自销来解决,生产的持续发展和产品的销售成为一对突出的矛盾。经县、镇两级党委、政府决策,1986年10月吴江东方丝绸市场在盛泽建成开业,吸引185家企业和129个个体户进场设立门市部和摊位,每天前来订货的客商千人以上,遍及27个省、市、自治区,1987年成交额1.59亿元。1988年后市场扩建,占地面积达4万平方米、建筑面积2万平方米,1991年交易额名列全国专业市场第3位。至1995年,该市场共为当地企业提供原料约15万吨,销售面料15亿米,累计销售额达240亿元,成为全国丝绸化纤织物最大的交易中心;盛泽镇自办市场以来乡镇工业产值翻了五番多,被誉为"华夏第一镇"。[2]

苏州物资贸易中心。1984年后,我国煤炭、钢材、木材、水泥、化肥、化纤、化工原料等大宗生产资料物资的计划分配比例不断缩小,而苏州经济尤其是工业的快速发展对物资的需求日益增加,物资分配计划只占需用量的15%左右,供需矛盾十分突出。当时全市有8万名采购大军走南闯北"满天飞"采购计划外物资,虽有一定效果,但盲目性大、费用大、效率低。1985年9月市物资局探索建立适合市场经济发展的物资流通新体制,借用北兵营部队营地搭建3 000平方米简易用房,创建了华东地区第一家开放型的物资交易市场——苏州物资贸易中心,30多家本地和外地经销商常驻,市场很快红火起来,1986年营业额达7.9亿元,占市区物资部门同期进销总额的50%。1987年中心迁进胥城大厦营业,现代化的交易场所使中心的生意更加兴旺,并形成了以钢材和有色金属交易为主的经营特色,当年进场交易企业达9 000多个,交易额猛增到32亿元,其中中心自营额占10%。[3]是年11月,中共中央总书记赵紫阳在苏州考察期间来到苏州物贸中心视察建设物资市场的情况,对中心开放式、多功能的

---

[1] 中共苏州市委党史工作办公室、苏州市体制改革委员会:《姑苏春潮——苏州改革开放纪实》,上海大学出版社1998年,第255—260页。

[2] 中共苏州市委党史工作办公室、苏州市体制改革委员会:《姑苏春潮——苏州改革开放纪实》,上海大学出版社1998年,第229—233页。

[3] 中共苏州市委党史工作办公室、苏州市体制改革委员会:《姑苏春潮——苏州改革开放纪实》,上海大学出版社1998年,第247—249页。

交易模式和业已发挥的显著作用表示十分赞赏。[1]1988年中心经营成交额达64亿元。1990年2月,国家有关部门批准苏州物贸中心在全国率先进行综合商社式企业集团和规范化物资交易所改革试点,可以跨地区、跨行业、跨部门在全国范围内经营。[2]9月,我国物资流通领域第一家综合商社式企业集团——苏州物资集团成立,《人民日报》以"物资流通体制改革的重大尝试"为题报道。翌年6月,由市政府主办、市物资局管理的规范化苏州物资交易所开业,为日后开展物资期货交易打下了基础。[3]

3."大旅游"开发建设展开布局

80年代国家确定苏州为历史文化名城和全国重点风景旅游城市后,苏州各级各部门把发展旅游业摆上重要地位,做出了一系列重大决策部署,推动苏州旅游业实现了从"友好接待型"向"经济经营型"再到培育具有一定规模的"新兴经济产业"逐步转轨,跨入发展的新时期,初步形成了市县乡多级联动、国际旅游与国内旅游并举、古城旅游与郊县旅游交互促进的"大旅游"格局。1991年全市接待入境旅游人次26.32万人,旅游创汇2 101万美元,分别比1982年增长1.5倍和1.4倍;国内旅游收入3亿元。[4]

(1) 加大组织领导力度。1983年6月,市委、市政府决定成立苏州市旅游公司(后更名为市旅游总公司),局级建制,与市外事办公室分开办公,促进苏州旅游业向独立的经济事业发展。1989年,市政府成立苏州市旅游综合治理协调小组、市旅游事业委员会和市旅游局,进一步加强旅游业的综合协调、管理和指导,旅游局与市旅游总公司实行"两块牌子、一套班子"的体制。1990年创办首届中国(苏州)丝绸旅游节。1991年,市政府首次召开全市国内旅游工作会议,提出要把发展旅游业作为一项重要的经济工作来抓,全市旅游业发展实行"繁荣市区、带动郊县、市县一体、共同发展、扩大规模、提高水平"的方针。[5]

(2) 搞好旅游发展规划和开发建设。1982年前苏州市区开放的旅游景点总共才20来处,且以古典园林为主,游览空间局促,几个主要园林名胜景点每年接

---

[1] 苏讯:《中共中央总书记赵紫阳同志来苏视察》,《苏州日报》,1987年11月29日;《赵紫阳总书记视察苏州物贸中心情况汇报》,1987年11月,第1—9页,苏州市档案馆藏,档号A1—1—606。
[2] 物资部、国家体改委、国务院发展研究中心:《关于同意在苏州物贸中心进行组建综合商社式企业集团和规范化物资交易所试点的复函》,第1—4页,苏州市档案馆藏,档号A27—2—21。
[3] 中共苏州市委党史工作办公室、苏州市体制改革委员会:《姑苏春潮——苏州改革开放纪实》,上海大学出版社1998年,第250页。
[4] 《苏州市旅游志》编委会:《苏州市旅游志》,广陵书社2009年,第34、530页。
[5] 《苏州市旅游志》编委会:《苏州市旅游志》,广陵书社2009年,第18页,第543—556页。

待人次均达1 000万以上,占全市年接待人次的2/3以上,逐渐显示出不能适应旅游业发展需要的状况。1983年,市委、市政府研究制定了园林风景名胜总体规划。[1]1985年,市有关部门制定"七五"期间全市旅游设施和主要景点开发建设的规划,投资4亿元新建、改造和扩建一批旅游饭店和景区。1986年,国务院批转国家旅游局制定的全国首个旅游事业发展规划,苏州市被列为"七五"期间旅游建设的重点地区之一,太湖风景区和枫桥寒山寺景区列入国家旅游重点建设项目;[2]城乡建设环境保护部批复省政府拟制的太湖风景名胜区规划,苏州境内包括8个景区和1个泰伯庙独立景点,根据需要和可能分期进行开发建设。[3]在这两个大规划的指导下,市各有关地方和部门制订了具体景点项目开发建设计划,并分期分批组织实施。

一是提升已开放景点的文化内涵。80年代市园林部门在已开放的园林景点中先后修复了一批闲废园景,大量充实丰富了园内的历史信息和文化内涵。虎丘景区1982年建成开放"万景山庄"盆景园,长期封闭的拥翠山庄、虎丘塔院也先后恢复对游客开放。拙政园清末园主"李宅"部分1989年修复后作为苏州园林博物馆对游览拙政园的游客免费开放参观。网师园1990年在全市首家开办"古典夜园游",让中外游客领略月色朦胧中苏州古典园林和评弹、昆曲的特殊韵味。北塔公园修复的明楠木观音殿、元末张士诚记功碑、清古铜佛殿、藏经楼等和重建的梅圃陆续对游客开放。1986年起市园林部门在开放园林中集中提升陈设布置,恢复、新悬匾额、对联、宫灯、碑框、挂屏和陈设家具、陈设大件等600余件,使苏州古典园林更显迷人风采。

二是开发建成一批富有"水乡、古城、吴文化"特色的旅游新项目。市园林、文化部门1984—1990年间先后组织修复并开放了4个古典园林、5处名胜古迹和苏绣、戏曲、民俗、工艺美术、钱币、丝绸等6所专业性博物馆。由盘门、瑞光塔、吴门桥组成的盘门三景为苏州古城的标志性景观。市组织对年久失修的盘门水陆城门进行维修加固,整修东段城墙约300米,1986年纪念苏州建城2 500年之际对游客开放;对严重损毁且长期封存的瑞光塔进行全面整修加固,1990年千年古塔风貌得以重现;吴门桥也于1989年组织维修。[4]国家旅游局"七

---

[1] 周苏宁、吴靖宇:《苏州园林保护修复建设卓有成效》,《苏州日报》,1993年11月29日。
[2] 《苏州市旅游志》编委会:《苏州市旅游志》,广陵书社2009年,第405页。
[3] 城乡建设环境保护部:《关于太湖风景名胜区规划的批复》,第1、2页,苏州市档案馆藏,档号C76—2—7。
[4] 汤钰林:《苏州文化遗产丛书·文物卷(Ⅰ)》,文汇出版社2010年,第45、94、164页;汤钰林:《苏州文化遗产丛书·文物卷(Ⅱ)》,文汇出版社2010年,第28页。

五"期间重点开发的寒山寺风景名胜区,规划面积45.5公顷,1987年启动,修复铁铃关,整修枫桥和江村桥,修建450米长的古镇寒山寺弄工艺旅游街,建成1700平方米仿古建筑群,寒山寺进行内部整修扩建,并配建旅游专用码头和停车场等,整个寒山寺景区古关、古桥、古镇、古运河与古刹相互映衬的韵味初步呈现,成为中外游客到苏州的必选景点之一。这一期间修复开放的这些景点中,艺圃和环秀山庄日后作为苏州古典园林的代表作被列为世界文化遗产,环秀山庄、瑞光塔、双塔、文庙、艺圃、曲园、盘门、吴门桥、全晋会馆等9处日后被列为全国重点文物保护单位。此外,市旅游公司1983年开发"太湖水上游",1986年推出由火车站旅游码头至虎丘的"龙舟水上游",1991年推出"古城水巷游",1992年将周庄、同里、甪直3个古镇统一策划包装,推出"江南古镇游"项目,使苏州的这几颗"水乡明珠"逐步发展成海内外闻名的旅游热点。[1]

三是启动太湖风景名胜区的开发建设。自1982年11月国务院公布太湖为首批国家重点风景名胜区起,尤其是1986年城乡建设环境保护部提出要将太湖风景名胜区规划建设成为具有吴文化传统和江南水乡特色,集旅游、度假、休养、水上运动和科学文化等各种功能于一体的天然湖泊型国家重点风景名胜区的目标要求后[2],各地各有关部门历经近10年的开发建设,苏州境内的8个景区初步形成,逐步成为全市旅游业的一大新生长点和一个重要品牌。市郊石湖景区,规划面积14.25平方公里,1986年起实施石湖退田还湖工程,恢复水面3800余亩,修砌石驳岸3350米,修筑1800米长的越堤和烟波桥,基本恢复了原来的湖面景观,还先后修复了石坊、乾隆钓鱼台、隋楞伽寺塔院、宋石佛寺、行春桥石狮、潮音寺、明范成大祠堂、晚清渔庄(又名余庄)等建筑群,兴筑登山道路,将上方山逐步纳入旅游轨道,首期项目建成后遂对外开放。[3]市郊木渎景区,灵岩山先后重建塔院、印光塔,兴建智积殿、千佛殿、观音洞(又名西施洞),修复韩世忠墓园;天平山全面整修高义园古建筑群、范公祠,建"先忧后乐"石坊,辟范仲淹陈列室,沿登山道增建乾隆更衣亭、梭子亭、白云亭、饮马池六角石亭、云泉精舍等山间景观;天池山的元代寂鉴寺(后被列为全国重点文物保护单

---

[1]《苏州市旅游志》编委会:《苏州市旅游志》,广陵书社2009年,第11、215页。
[2] 城乡建设环境保护部:《关于太湖风景名胜区规划的批复》,第1、2页,苏州市档案馆藏,档号C76—2—7。
[3]《苏州市旅游志》编委会:《苏州市旅游志》,广陵书社2009年,第119—121页。

位)整修后开放参观。[1]光福景区,香雪海、司徒庙、石嵝、石壁及光福古镇上的光福宝塔、铜观音祠、宋桥、下淹湖、浮庙岗、古香樟等景观陆续修复,供游人参观。[2]东山景区,东山古镇、陆巷古村落、莫厘峰、紫金庵、杨湾、三山岛等10个景点(区)展开抢救性保护,先后整修、开放了被世人称为彩塑罗汉"天下二堂半"之一堂的紫金庵、享有"雕花楼"和"江南第一名楼"之美誉的春在楼、素有明代"断梁殿"之称的轩辕宫以及作为东山古民居典型代表的明善堂、怀荫堂、凝德堂,2006年这6处同时被列为全国重点文物保护单位;太湖之滨的私家园林启园(又名席家花园)重修并扩建后于1990年对外开放。[3]西山景区,规划恢复和增建20个景点,80年代先后恢复开放了石公山、林屋洞、禹王庙、罗汉寺等。[4]甪直景区,1987年在原址建造保圣寺古物馆,陈列被列为首批全国重点文物保护单位的唐代塑圣杨惠之的半堂(9尊)罗汉塑壁,供游人观赏;同时对陆龟蒙墓、斗鸭池、清风亭等古迹进行了修建,利用原吴县县立第五高等小学旧址兴建的叶圣陶纪念馆1990年落成开馆。[5]吴江同里景区,由同里镇、同里湖、九里湖组成,面积18.2平方公里,规划开辟8个景点。1982年成为全省首个以整个古镇为单位的省级文物保护单位后,首先进行退思园的修复,一期中部庭院和东部园林部分1984年对外开放,二期修复了西部内宅和外宅部分,使这座水乡名园完整地呈现在世人面前,2000年以"苏州古典园林"的扩展地列入世界文化遗产名录,2001年列为全国重点文物保护单位;1988年重建吉利桥,与太平、长庆桥复呈"品"字形摆布,"二堂"之一的崇本堂1992年修复后开放。1986年中央电视台播出《话说运河》专题片,从历史沧桑、自然景观到乡土风情全方位介绍同里,把同里的美名一下子传遍了全国,同里遂与周庄一起成为中国古镇旅游中最早红火的景区。[6]常熟虞山景区,位于1986年12月被列为全国第二批国家历史文化名城的常熟城区,以古城西南部的虞山和尚湖为主体,面积32.42平方公里,规划设虞山(国家森林公园)风景区、尚湖风景区、方塔名胜区3大游览

---

[1]《苏州市旅游志》编委会:《苏州市旅游志》,广陵书社2009年,第117、118页;江洪、朱子南、叶万忠、唐文:《苏州词典》,苏州大学出版社1999年,第1051页;汤钰林:《苏州文化遗产丛书·文物卷(Ⅰ)》,文汇出版社2010年,第85—87页。
[2]江洪、朱子南、叶万忠、唐文:《苏州词典》,苏州大学出版社1999年,第741页。
[3]汤钰林:《苏州文化遗产丛书·文物卷(Ⅰ)》,文汇出版社2010年,第90页,第98—106页。
[4]《苏州市旅游志》编委会:《苏州市旅游志》,广陵书社2009年,第129—134页。
[5]《苏州市旅游志》编委会:《苏州市旅游志》,广陵书社2009年,第135、136页;江洪、朱子南、叶万忠、唐文:《苏州词典》,苏州大学出版社1999年,第996页。
[6]吴江市政协文史委员会:《吴江文史资料》第24辑,苏出准印JSE—1001752号,2009年,第49、50、60页;《苏州市旅游志》编委会:《苏州市旅游志》,广陵书社2009年,第137—139页。

区和綵衣堂独立景点1处。80年代重点整修作为常熟古城标志性景点的宋代辛峰亭和明代剑门剑阁,还先后修复了仲雍墓、言子墓、黄公望墓、钱益谦柳如是墓、翁同龢墓、维摩山庄、兴福寺(1983年被国务院公布为全国重点开放寺院)。1987年批准设立虞山国家森林公园后,增加了植树造林面积,加大了生态保护和修复力度。[1]尚湖原有水面1 300公顷,1985年开始"退田还湖",构筑21公里环湖大堤和1.4公里穿湖大堤,当年即恢复水面800公顷,并形成总面积73公顷的7个人工岛屿,开建荷香洲公园等一批游乐项目,1986年起向社会开放。[2]方塔名胜区,由著名的方塔和清代古典宅园燕园、曾园、赵园组成。南宋方塔经整修1987年重新披上古朴的塔衣,2006年被列为全国重点文物保护单位。燕园1984年起园中"十六景"陆续恢复。始建于明代的綵衣堂,系清同治、光绪两朝帝师翁心存及其子翁同龢故居,80年代后腾退单位和居民进行整修,竣工后翁氏后裔将房产捐献给政府,1991年綵衣堂作为翁同龢纪念馆陈列开放,1996年被列为全国重点文物保护单位。[3]

四是县区旅游开发建设迈出步子。80年代苏州所辖各县(市)从发掘和利用自身的优势着手,开始开发建设旅游业,除前述属于太湖风景名胜区的项目之外,各地都有一批自主决策实施的项目,其中一些日后经培育成为在全市乃至全国有一定地位的旅游品牌,为繁荣发展苏州的旅游业发挥了重要作用。如:昆山县政府80年代初确定重点保护开发千灯、陈墓、周庄3个古镇后,古镇风貌保护和旅游开发工作逐步展开。周庄镇,处在4个湖荡环抱之中,镇上4条井字形的河道隔出8条长街,河上有元、明、清所建古石桥10座,存有近百座明清古老宅院及60余座砖雕门楼,画家吴冠中曾称"黄山集中国山川之美,周庄集中国水乡之美",建筑学家罗哲文则称"周庄是国家的一个宝"。1983年周庄先行全面整修明初富户沈万山后裔宅第敬业堂(俗称沈厅)和10座古石桥,并对老镇区的格局和风貌进行保护修复。1984年旅美画家陈逸飞以周庄古镇上联袂而筑的明代世德、永安"双桥"为素材创作了一幅题为《故乡的回忆》的油画,美国收藏家哈默收藏后访问中国时将此画赠送给邓小平,被传为佳话,使周庄这个"养在深闺人未识"的小镇声名鹊起,欲一睹双桥和古镇风采的游客和美术、摄影工作者

---

[1]《苏州市旅游志》编委会:《苏州市旅游志》,广陵书社2009年,第140—142页;汤钰林:《苏州文化遗产丛书·文物卷(Ⅱ)》,文汇出版社2010年,第40—56页;中共常熟市委党史工作办公室:《制造辉煌》,中共党史出版社2001年,第234页。

[2] 金雪庆、鲍丽清:《常熟尚湖成为江南著名旅游胜地》,《苏州日报》,1995年8月8日。

[3] 汤钰林:《苏州文化遗产丛书·文物卷(Ⅰ)》,文汇出版社2010年,第58、108页;汤钰林:《苏州文化遗产丛书·文物卷(Ⅱ)》,文汇出版社2010年,第144、148页。

大量涌来。1986年周庄开始依托古镇发展旅游,自筹资金近亿元,有计划地修复玉燕堂(俗称张厅)等古建筑,新建南湖园等人文景观和旅游配套设施。1988年成立了全省首家乡镇旅游公司,打出"中国第一水乡"的品牌,使旅游业走上产业化发展之路。[1]陈墓镇(1992年更名锦溪镇),80年代先后修复清代文昌阁(又名文星阁)、始建于南宋的神通道院,水乡古镇风貌也逐步得以恢复。千灯镇,陆续修复北宋秦峰塔、玉皇殿、尚书浦上的4座古石桥及顾炎武墓,保存了绵延千米的古石板街和沿街传统民居、店铺,逐步受到游客青睐。[2]昆山巴城镇,1991年兴建阳澄湖旅游区,首期项目为天然游泳场、游船码头、快艇及多种娱乐服务设施,还可品尝大闸蟹美味,开业后深受游客欢迎,由此拉开了阳澄湖旅游开发序幕。吴江黎里镇,1982年起维修柳亚子故居房舍,全面复原其当年生活起居场景,并辟设柳亚子纪念馆开放参观,2006年被列为全国重点文物保护单位。[3]京杭大运河吴江中段留存一段元代古纤道,名"至正石塘",1984年组织修复两段共1 500米,同时修复尚存三山桥、南七星桥两座古纤桥;1995年又重建北七星桥,使大运河全线已弥足珍贵的这一段古纤道基本恢复了原貌,2006年该段古纤道与吴江段运河上保存的松陵三里桥、平望安民桥、安德桥一起作为京杭大运河(苏州段)的文物遗存被列为全国重点文物保护单位。[4]太仓县,1985年组织按历史原貌对始建于元代的浏河天妃(即妈祖)宫进行修复,将明代著名航海家郑和当年"七下西洋"在此所立《通番事迹碑》重新勒石,同时将该宫辟建为郑和纪念馆,是年7月纪念郑和下西洋580年之际落成开馆,1995年天妃宫被列为省文物保护单位;[5]1984年起修复明末著名文学家和社会活动家张溥宅第,1987年辟设太仓博物馆开放参观,后又重修第三进,使这座明代"尚书府第"的风貌较完整地得以展现,2006年被列为全国重点文物保护单位。[6]常熟市芦荡乡(1992年改名沙家浜镇),1989年起开发的沙家浜红色旅游和生态旅游有机融合项目,当年一炮打响,1991年投巨资改扩建,特色效应凸

---

[1] 陈兆弘:《以千灯、陈墓、周庄为重点,昆山县重视保护集镇文物古迹》,《苏州报》,1984年5月30日;刘钦贤:《周庄的启示》,《苏州日报》,1997年4月18日;昆山市政协:《昆山文史选辑》下册,古吴轩出版社2008年,第556—558页。

[2] 中共昆山市委党史研究室:《新昆山五十一年(1949.5—2000.12)》,苏出准印JSE—0000338号,2003年,第567页。

[3] 姜平通:《柳亚子先生故居隆重揭幕》,《苏州报》,1983年6月16日;汤钰林:《苏州文化遗产丛书·文物卷(Ⅰ)》,文汇出版社2010年,第120、121页。

[4] 汤钰林:《苏州文化遗产丛书·文物卷(Ⅰ)》,文汇出版社2010年,第140、146页。

[5] 江洪、朱子南、叶万忠、唐文:《苏州词典》,苏州大学出版社1999年,第996、1132页。

[6] 汤钰林:《苏州文化遗产丛书·文物卷(Ⅰ)》,文汇出版社2010年,第124—126页。

显,日后跻身全国爱国主义教育基地和全国红色旅游百家经典景区。[1]

（3）提升旅游接待服务能力。随着旅游业逐步兴起,80年代苏州逐步加大旅游接待服务机构和设施建设的力度,经历了摆脱制约、基本适应再到适度超前的发展变化过程,初步形成"吃、住、行、游、购、娱"的配套服务体系。1988年康辉旅行社苏州分社成立,全市国际旅行社增至6家;先后新办风光、永安、天马旅行社等,国内旅行社总数增至近10家。1985年全市翻译导游达185名,比1978年前增加3倍多,委托市职业大学定向培养外语翻译导游200余名。国内旅游导游从无到有,1990年达300余人。[2]市旅游公司新建南林饭店山水楼,扩建南园宾馆,与港商合资兴建竹辉饭店,至1990年公司直属饭店的客房总数增加到977间,为1983年的2.6倍。社会各界也积极加入旅游设施建设行列,市商业局园外楼饭店、市物贸中心胥城大厦、市老干部局东方饭店、市总工会友谊宾馆、吴县苏苑饭店和吴中苑饭店等相继建成开业,原有的东吴饭店、新华饭店经过改造批准为涉外饭店,这8家旅游涉外饭店1988年止共增加客房905间。市经济技术发展总公司与港商合作建造了当时苏州最高(29层)、客房最多(410间)的雅都大酒店,主楼设有当时江苏唯一的观光电梯和旋转餐厅,1991年投入运营。各县(市)的高档涉外宾馆饭店从无到有,张家港沙洲宾馆和馨园度假村、昆山宾馆、太仓娄东宾馆、常熟虞山饭店等改建、新建涉外宾馆相继投入运营。吴县旅游公司与上海有关单位合作,投放车辆、游船,兴建明清酒家、石公山庄、龙洞饭店等,初步组成了太湖东西山旅游的配套服务体系。到1988年市外事旅游车船公司高档旅游客车总数增加到206辆,满足了旅游团队接待用车。1989年国家旅游局开始推行旅游饭店星级评定制度,当年苏州的南林饭店、苏州饭店、胥城大厦3家被评为三星级,姑苏、友谊、园外楼、吴中苑、苏苑、东方、乐乡7家饭店被评为二星级。[3]

4. 交通运输业加速发展

"七五"时期苏州交通加快城乡交通基础设施建设和运输能力提升步伐,5年共完成固定资产投资近4亿元,滞后状况得到初步改善,形成"铁、公、水、空"的初级综合运输体系。[4]

---

[1] 常熟市政协文史委员会:《常熟文史》第三十九辑,熟出准印(2008)字JSEC—1000291号,第30—32页;江洪、朱子南、叶万忠、唐文:《苏州词典》,苏州大学出版社1999年,第992页。
[2] 《苏州市旅游志》编委会:《苏州市旅游志》,广陵书社2009年,第254—260页,第398、400页。
[3] 《苏州市旅游志》编委会:《苏州市旅游志》,广陵书社2009年,第10、11、15、16、406页。
[4] 《苏州交通运输志》编纂委员会:《苏州交通运输志(1986—2005)》第一册,广陵书社2011年,第1、2页。

道路运输业不断扩展。5年间全市公路建设固定资产投资1.3亿元,主要对不堪重负的204、312、318三条国道和205省道组成的"丰"字形干线进行维护改造,提高公路等级;对市域内县乡道路做出网状规划建设,新增县乡公路174公里,打通了多条跨县的断头路,消灭了178公里等外级公路;顺应张家港港口开发建设需要,新建全省第一条疏港汽车专用公路——张杨公路。1990年末全市公路总里程1 532公里,比1985年新增209公里,其中二级公路434公里,比重从1985年的不到1%上升到近30%。1991年全市公路建设投资首次突破亿元,宁沪二级公路(312国道)苏州段和十苏王公路二级公路改建工程全线竣工,主干道通行能力大为提高。道路客运业务稳定增长。1985年苏州至吴县西山的直通(轮渡)客班汽车通车,使岛上数万居民可以乘坐客运班车进出西山岛。[1] 1991年全市公路营运线路635条,比1985年增加471条;旅客运输量7 024万人次,比1982年增长29.8%。城市公共交通进入快速发展期,1985年苏州市区公共汽车运营线路20条,线路总长200公里,运营车辆254辆;1991年营运线路22条,长度305公里,营运车辆315辆,运客总量1.23亿人次。汽车客运出租业缓慢发展,1985年市区有出租汽车77辆,主要为宾馆饭店和外事单位服务;1986年市区首批个体出租车开始在火车站、察院场、接驾桥等几个固定地点候客经营,实行招手即停的出租汽车则始于1992年。各县(市)1990年前后相继组建公共汽车公司,开辟县城内的公交线路。道路货运业务发展较快,1991年全市拥有货运汽车3万多辆,完成公路货运量1 046万吨,比1982年增长3.71倍。[2]

水路运输业调整压缩。80年代水运市场放开后国有、集体、个体一齐上,1986年全市干支线航道里程2 870公里,水上运输占全社会货运量的84%,主要航道船舶流量均达历史最高值,其中京杭运河浒关观测点年通过12.62万艘。1988年1月京杭大运河苏州浒关段航道发生历时13天的船舶严重阻航事件后,国家计委批准对苏南运河苏州段进行拓宽整治,一期工程为京杭运河苏州市河改道,自横塘大庆桥至宝带桥9.3公里顺直开挖、接通形成新河道,1992年竣工后途经苏州的船只不再进入环古城河,原市河段过往船只数量减少60%,大幅

---

[1] 吴县地方志办公室、吴县档案馆:《吴县大事记(石器时代—1993年)》,古吴轩出版社1994年,第372页。
[2] 《苏州交通运输志》编纂委员会:《苏州交通运输志(1986—2005)》,广陵书社2011年,第一册第1、2页,第二册1、4、41、76、77、85、95、97页,第四册20、29页;黄正栋:《数字见证苏州改革开放30年巨变》,苏出准印(2008)字JSE—1002233号,第196、198页。

度提高了苏州城区段的通航能力,也大幅度降低了船舶对古城区的噪声和水体污染。进入"七五"后,由于道路运输业日益发展,水路客货运输业都有所萎缩。货运业1991年与1986年相比,全市货船数由26 172艘减少为21 927艘,年货物运输量由4 992万吨下降到2 662万吨;货运经营主体也发生较大变化,交通行业水运企业拥有的船只数、吨位数由"半壁江山"减少到只占全社会总数的9.7%和23%,而个体货运占总数的比重上升至79.1%和53.1%。船舶客运业,1985年因部分航线航班客源大幅减少,全市撤销干支航线20条,尚存苏州至杭州、湖州、无锡、常熟等19条;1986年全市有客运船舶258艘/14 949客位,1991年仅剩119艘/9 825客位;1992年苏州轮船公司经营的航线仅留苏州至杭州、震泽至杭州2条;1993年起苏杭日班、震泽至杭州班停航,苏杭夜班改为水上旅游直达航线。各市(县)的水路客运航线,除张家港开行金港至双山渡运航线外,90年代也陆续停航。各地的内河渡运也加速撤除,1985年底全市共有渡口204道,日平均流量约4.5万人,至1995年市区6道渡口全部撤销。[1]

铁路运输业客增货缩。铁路苏州站原为客货同营站,1984年白洋湾新货场扩建工程一期竣工,改称苏州西站,为货运一等站。但铁路货运业务受公路运输快速发展的影响有较大下降,1991年苏州站货物发送量77.9万吨、货物到达量312.3万吨,分别比1983年下降32%和46%。80年代苏州经济和旅游业逐步繁荣,1991年铁路苏州站旅客发送量672万人次,比1983年增长45%。[2]

民用航空运输业起步发展。苏州历史上没有民用机场和民用航空运输业。为适应对外开放新形势,1985年苏州、无锡两市共同投资在空军硕放机场新建候机楼,并与机场方联办中航联江南分公司,开辟旅客航空运输,当年7月首条苏州—北京航线开通运营,每周2个往返航班,苏州民用航空业由此起步;1986年起增开至惠阳(深圳)、佛山(广州)航线;1991年开行航班349班次,客运量7 195人次。[3]

5. 新兴服务业逐步兴起

80年代苏州的邮电通信、金融保险、技术中介、律师公证等新兴服务业开始孕育发展、从小到大,基本适应了经济社会发展变革的需要,并成为全市第三产

---

[1]《苏州交通运输志》编纂委员会:《苏州交通运输志(1986—2005)》第三册,广陵书社2011年,第1、2、9、10、29页,第35—42页,第46、48、89、90页。

[2]《苏州交通运输志》编纂委员会:《苏州交通运输志(1986—2005)》第三册,广陵书社2011年,第4—6页。

[3]《苏州交通运输志》编纂委员会:《苏州交通运输志(1986—2005)》第三册,广陵书社2011年,第8、9页。

业的新兴力量。

邮电通信业迅猛发展。1985年苏州市内电话总容量扩容到1.14万门,电话用户6443户,普及率由1980年的1.83%提高到2.66%;全市电话机拥有量56348部,吴县农村电话乡乡可直通苏州。1988年开通国际自动直拨电话业务,苏州市电话号码由5位升至6位。1990年光纤通信系统建成开通,全市每百人拥有电话机2.4部,比1985年增加1.3部。1991年建成数字微波通信工程,全市城乡电话机拥有量16.37万部,比1985年增长了1.9倍[1],其中市话用户52543户、农话用户24854户。无线通信业务从无到有,1988年苏州邮电局开通无线寻呼系统(客户终端为BB机),1991年开通移动电话业务,年末共有移动电话(模拟制,俗称"大哥大")25部。

金融保险业迈开发展大步。随着金融体制改革的推进,1983年进行农村信用社体制改革,恢复吸收农村集体经济组织和农户入股,入股农户从55.1%增长到83.2%;[2]1984年工商银行苏州市支行营运,农业银行市支行由管理型向经营型转变;1985年市区恢复开办4个城市信用合作社;是年全市金融机构存款余额37.57亿元、贷款余额53.01亿元,分别比1982年增长73.4%和84.2%。[3]1986年苏州被确定为全国13个金融体制改革试点城市之一,工、农两行获准发行金融债券,农村信用社经批准首次实行存贷款利率浮动制。1987年交通银行苏州支行由苏州市政府重新组建开业,成为全市首家股份制银行;中国投资银行苏州支行成立;各银行先后组建11个信托投资公司,增设了信托贷款、融资租赁放款等新金融业务。1988年全市金融机构年末贷款余额首次突破100亿元大关,常设性苏州金融市场正式成立,经营多种金融业务等;中国银行在本市发行长城信用卡,开启苏州使用信用卡的先河;市工商银行对公业务全面实行电子计算机核算,改变了传统的手工操作方式。1989年,继中行后工行、农行、建行、交行的苏州支行均升格为分行;建行的房改金融业务起步,对购房职工个人发放低息抵押贷款;金融市场为企业代理向社会公开发行融资债券。1990年全市金融机构年末人民币存款余额首次突破100亿元,达132.2亿元。1991年全市新设金融机构14个,开放境内居民外汇调剂市场,信用卡发卡量、持卡消

---

[1] 黄正栋:《数字见证苏州改革开放30年巨变》,苏出准印(2008)字JSE—1002233号,第200页。
[2] 中共苏州市委党史工作办公室:《苏州改革开放三十年大事记(1978—2008)》,中共党史出版社2008年,第39页。
[3] 黄正栋:《数字见证苏州改革开放30年巨变》,苏出准印(2008)字JSE—1002233号,第208、210页。

费额处于全国城市先进水平,年末金融机构贷款余额170.16亿元、人民币存款余额178.11亿元、城乡居民储蓄存款余额逼近百亿元(98.5亿元)。[1] 保险业,人保苏州支公司1985年升格为分公司,正式独立开展经营活动。1986年太保公司在苏州交通银行内部成立机构、开展保险业务。保险业务深入经济社会各个领域,至1991年全市保险机构共开办国内险种61个、涉外保险20种,保费收入2.2亿元,共有1 626户企事业单位参加企业财产保险,112.9万户参加家庭财产保险,覆盖面城市为65.5%、农村为65%。

技术中介服务业探索发展。1983年市科协建立市科学技术咨询服务中心,1985年市科委设立科技市场,1988年市技术贸易中心建立,市政府举办市首届技术交易会,1989年常设性的市技术市场开张,1991年全市各级设立的技术贸易机构发展至454家,技术贸易活动日益活跃。

第二节　扩大开放构筑经济发展新优势

中共十二大后,全市各级各部门认真贯彻中央关于扩大对外开放的一系列战略部署,紧紧抓住一个个有利机遇,积极有为地进行探索和实践,及时做出一系列重大的决策和部署,并精心组织实施,营造有利于扩大开放的软硬环境,推动对外开放的领域不断拓展,开放型经济全面加快发展,成为80年代苏州经济发展的一个新亮点和新优势,并推动苏州经济由内向型向外向型逐步转轨。

一、对外开放战略部署的制定与实施

1. 制定苏州对外经济开放实施方案

1984年10月中共十二届三中全会后,中央和邓小平同志又开始谋划扩大对外开放的新举措。1985年1月,国务院召开长江、珠江三角洲和闽南厦漳泉三角地区座谈会,建议将这三个三角地区开辟为沿海经济开放区。[2] 2月,中共中央、国务院批转这个会议的《纪要》并发出通知,指出:"这三个经济开放区应逐步形成贸一工一农型的生产结构,建立以外向型为主的经济。要围绕这一中心,合理调整农业结构,认真搞好技术引进和技术改造,使产品不断升级换代,大力

---

〔1〕 黄正栋:《数字见证苏州改革开放30年巨变》,苏出准印(2008)字JSE—1002233号,第208、210页。

〔2〕《长江、珠江三角洲和闽南厦漳泉三角地区座谈会纪要》,1985年1月31日,第5、6页,苏州市档案馆藏,档号C1—4—385。

发展出口,增加外汇收入,成为对外贸易的重要基地。同时又要加强同内地的联系,共同开发资源,联合生产名牌优质产品,交流人才和技术,带动内地经济的发展,成为扩展对外经济联系的窗口。"[1]

按照中央的部署,在这三个三角区开辟经济开放区,实行"由小到大,以点带面"的步骤和方法。由小到大,即先"小三角",后"大三角"。以点带面,"点"指的是上述三个"小三角"内的苏州、无锡、常州、嘉兴、湖州、泉州、漳州、佛山、江门等市的市区,上述市中按照贸—工—农安排生产、发展出口的重点县的城关区,经三个"小三角"所在省、直辖市人民政府批准的重点工业卫星镇;"面"就是安排以发展出口为目标的、利用外资建设的农业技术引进项目、农产品生产基地和农产品初级加工厂的上述市、县所辖农村。[2]按照中央的决策方案,经省批准,苏州迅速形成包含四个层次的全方位对外开放体系:苏州市区和被列为按贸—工—农安排生产、发展出口重点县的所辖6县(市),为第一层次;各县(市)城关镇区及张家港港区一并列入经济开放区,为第二层次;第三层次为中央授权省批准的157个对外开放重点工业卫星镇(1985年12月至1988年1月省政府分4批批准);以上三个层次属于沿海经济开放区中"点"的范畴,第四个层次则属于"面"的范畴,亦即苏州市所辖区域内的广大农村。[3]

1985年2月,苏州市委、市政府研究制订了《苏州市对外开放实施方案》。次年1月,省政府批复原则同意该《方案》。该《方案》提出:苏州的对外经济开放,要从自己的实际情况出发,发挥本地自然、劳力、旅游资源比较丰富的优势,发挥本地工业基础较好、产品有一定竞争力的优势,利用靠江近海、交通方便、拥有港口等优越条件,扬长避短,确定一条具有自己特色的路子,努力实现贸—工—农、出口创汇—引进技术—扩大出口、外引—消化—向内转移这三个良性循环,振兴苏州经济,为社会主义现代化建设多做贡献。要努力把苏州建设成为重要的外贸出口商品生产基地、区域性的内外贸易商埠、掌握现代科学技术和现代管理知识的经济区、具有一流水平的重点风景旅游区;要努力提高出口创汇水平,使外贸出口的增长速度逐步超过国民生产总值的增长速度;要争取提前实现翻两番的目标,人均国民生产总值至2000年达到1 800美元,成为文明富裕的地

---

[1] 中共中央党史研究室:《中国共产党新时期历史大事记(1978.12—2002.5)》(增订本),中共党史出版社2002年,第180页。
[2]《长江、珠江三角洲和闽南厦漳泉三角地区座谈会纪要》,1985年1月31日,第5、7、8页,苏州市档案馆藏,档号C1—4—385。
[3] 陆允昌、高志斌:《苏州对外经济五十年(1949—1999)》,人民出版社2001年,第289、297、302、307、312页。

区。《方案》还首次提出苏州经济要逐步实现以内向为主向外向为主的战略转变,即要从现在的以内向为主、内外结合、以外补内,转变为以外向为主、内外结合、以外促内。

在实施步骤上,《方案》提出,要采取稳妥的步骤积极推进,分阶段实施,要以点带面、由小到大、分层次地逐步扩大范围;"七五"期间主要抓好增加出口、改善投资环境和理顺体制、政策三件事。[1]1985年1月,市政府决定撤销市外经贸局,成立市对外经济贸易委员会;翌年各县(市)、区也先后成立对外经济贸易委员会,市各工业主管局(公司)设立利用外资科;1987年起各乡镇的对外经贸公司也先后设立,从而使全市上下形成了对外经贸工作网络。同时,各级党委组织部门组织培训,使全市广大干部、业务人员提高了发展外向型经济的业务知识和实际工作水平;通过人才市场从外地吸收了一批具有较高学历和实际才干的外向型经济人才,为苏州对外开放和外向型经济的发展提供了组织保证。[2]

2. 贯彻执行中央制定的沿海地区发展外向型经济战略

1987年10月中共十三大确定了我国经济发展三步走的伟大战略部署,做出加快长江三角洲进一步对外开放和制定实施沿海地区外向型经济发展战略的重大部署。1988年1月,邓小平就中央拟定的沿海地区经济发展战略做出批示,提出:沿海地区的对外开放和经济发展要放胆地干,加快步伐,千万不要贻误时机。是年3月起国务院开始全面部署实施沿海地区发展外向型经济战略,即利用沿海地区劳动力资源丰富而且素质较好的优势,以来料加工等形式引进外资、先进技术和必要的原材料,大力发展劳动密集型以及劳动密集型和知识密集型相结合的产业,把加工的产品打入国际市场。国务院相继做出进一步扩大沿海经济开放区范围、深化外贸体制改革、鼓励外商投资等重大决策部署和对沿海地区实行鼓励及优惠政策的新规定。这个发展战略的实施,使我国引进外资的规模迅速扩大,水平不断提高,对改革开放和整个国民经济的加速发展起到了推动作用。[3]

中央实施沿海地区外向型经济发展战略之后,苏州全市上下发展外向型经济的主动性、进取心不断增强,自觉贯彻中央的战略方针,积极有序地组织实施。1988年4月市政府成立市对外开放办公室,5月市政府颁布实施《关于鼓励出口商品生产、扩大创汇的试行办法》《关于鼓励开展对外来料加工装配业务的试行

---

[1] 中共苏州市委员会、苏州市人民政府:《关于送审〈苏州市对外开放实施方案〉的报告》,1985年9月15日,第1—3页,苏州市档案馆藏,档号C1—1—545。
[2] 陆允昌、高志斌:《苏州对外经济五十年(1949—1999)》,人民出版社2001年,第21、22页。
[3] 中共中央党史研究室:《中国共产党简史》,中共党史出版社2001年,第191页。

办法》,使全市外向型经济的发展迅速形成了一波高潮。[1]

3. 紧紧抓住上海浦东开发开放机遇

在即将进入90年代的关键时候,1990年3月邓小平在总结我国第一阶段对外开放的经验教训后,把上海作为"我们的王牌"放到全国改革开放的大局之中,提出浦东开发开放的战略决策。同年4月,中共中央、国务院宣布:上海浦东实行经济技术开发区和某些经济特区的政策,将浦东开发开放作为今后10年中国开发开放的重点。[2]

苏州各级各部门敏锐地意识到,中央决定加快浦东开发开放,对于苏州的外向型经济乃至整个经济社会的发展都将是一个千载难逢的极好机遇。1990年8月,市委提出全市上下要抓住全国90年代重点开发上海浦东的机遇,利用苏州腹地广阔、交通便捷、加工工业和外向型经济基础较好、土地和劳动力资源丰富的特有优势和作为经济开放区的各项政策优势,积极扩大对外开放,在接轨上海、配套上海、服务上海中,谋求新的更快、更大的发展。[3]随后,市委、市政府又制定了"依托上海、接轨浦东、迎接辐射、发展苏州"的战略方针;[4]9月,召开对外开放咨询研讨会,研究探讨如何呼应浦东开发、提升苏州外向型经济发展水平,并举行首届中国(苏州)丝绸旅游节暨经济贸易洽谈会,搭建招商引资新平台;10月,市委、市政府召开全市乡镇工业工作会议,研究部署乡镇工业加快调整步伐,扩大对外开放[5],并做出加快开发建设苏州新区、在新区建设高新技术产业开发区的重大战略部署,开始构建对外开放的新载体。[6]

二、切块自营促进外贸大步发展

80年代,苏州实施扩大对外开放、加快发展外向型经济,把"多出口多创汇"列为主要目标任务,取得显著成效。1991年与1983年相比,全市外贸出口商品收购值由7.17亿元猛增到80.61亿元,出口额占全市工农业总产值的比重由

---

[1] 苏州市对外贸易经济合作局:《苏州对外经济二十六年发展历程(1980年—2005年)》,2007年内部资料,第131、132页。

[2] 熊月之:《上海通史》第11卷,上海人民出版社1999年,第312、313页。

[3] 《王敏生同志在市委工作会议上的讲话》,1990年8月21日,第5—8页,苏州市档案馆藏,档号A1—1—877。

[4] 孟焕民、陈楚九:《第二次突破——苏州开发区建设实证研究》,人民出版社2002年,第3页。

[5] 中共苏州市委党史工作办公室:《苏州改革开放三十年大事记(1978—2008)》,中共党史出版社2008年,第102、103页。

[6] 苏州市对外贸易经济合作局:《苏州对外经济二十六年发展历程(1980年—2005年)》,2007年内部资料,第145页。

6.4%提升到11.22%,出口额占地区生产总值的比重(即经济外向度)由13.64%提升到34.29%,几乎提前10年实现了省制定的苏锡常开放区总体发展规划所提出的到2000年比重达到30%的目标。[1]80年代苏州外贸出口发展,主要经历了从间接出口到自营出口这两大阶段,既创造、积累了许多成功的经验,也出现了几次重大的曲折和失误,留下了极为深刻的教训。

1. 发展外贸出口的两大阶段[2]

1983—1987年为千方百计扩大间接出口阶段。苏州自有外贸出口业务以来直至80年代初,所有外贸公司和出口商品生产企业均没有外贸经营权,只能靠省级外贸公司和外省市的外贸经营机构组织出口,属于间接出口性质。由于对外谈判、签约、履约等业务活动不参与、不知情,故人们把这一时期的苏州外贸喻为"瞎子外贸""聋子外贸"。面对这种不利的局面,为了让更多的工农业产品走向国际市场,苏州的政府、外贸公司和广大出口产品生产企业都千方百计争取多出口多创汇。市政府1982年起鼓励并推动企业发展和扩大跨地区、跨行业的横向经济联合,从中获得出口产品加工制造业务;1985年颁布《关于鼓励扩大出口多创外汇的暂行规定》,对生产出口商品所需的原辅材料、动力燃料、信贷资金等优先予以安排,税收和企业留利上实行政策倾斜,并在市、县两级建立外贸发展基金,从各方面保证生产经营外贸产品的企业实际收益不低于或略高于生产内销产品的企业。外贸部门和各地加大出口商品生产基地建设力度。农产品上,各地循着按"贸工农"组织商品生产、把苏州建成为重要的出口商品生产基地的思路和目标,加快实现粮食由商品粮向畜产品水产品转化、经济作物向出口产品转化、农副产品向加工食品转化,重点开发建设瘦肉型猪、水产、禽类、水生作物、食用菌、优质果品、高档花卉盆景等12个农产品出口商品生产基地,1985年经初加工的出口商品外贸收购值达2.2亿元,比1982年增长60%左右,占全市外贸收购总额的23%。1988年苏州15家乡镇企业被国家有关部门命名为全国首批"贸工农联合出口产品生产基地企业",批准数占全国7.3%、全省34.1%。工业产品上,丝绸行业以全市7家出口专厂为重点,1984年绸缎出口量居苏、沪、杭三大基地之首,其中创汇高的真丝绸出口占全国1/3,1985年丝绸产品的外贸

---

[1] 黄正栋:《数字见证苏州改革开放30年巨变》,苏出准印(2008)字JSE—1002233号,第102、104页。

[2] 本小目主要参考陆允昌、高志斌主编《苏州对外经济五十年(1949—1999)》(人民出版社2001年版)一书中有关"苏州外贸基地建设专述"和"苏州对外贸易自营出口专述"的内容编写。以下凡同一出处的不再一一注明。

收购额占全市总量的26.9%;棉纺织业,1986年苏州被纺工部列为"七五"期间全国重点纺织品深加工出口基地,1987年出口产品深加工比重达到70.1%,1989—1991年共有50家企业获得国家轻纺产品出口生产发展基金扶持;机电行业,1987年张家港市医疗器械厂和大新集团公司两家企业被批准为全国首批机电产品出口基地企业,翌年苏州电冰箱厂和张家港医疗器械厂又被批准为全国首批机械产品出口基地。全市外贸部门积极利用外贸收购计划"双轨制"留出的发展空间,主动出击,多渠道、多口岸组织出口。1987年共向70多家外口岸公司提供商品近200个,金额6.14亿元,占全市外贸收购总额的比重增至24.7%。1986年苏州外贸收购创下3个纪录:收购总额首次跃居全省第一,外贸收购额的增幅首次超过工农业总产值的增幅,6县(市)全部跨入外贸收购亿元县行列。

1988年起为实行切块自营阶段。1984年9月国家实施外贸体制改革,苏州要求外贸自主经营权的时机逐步成熟。1985年10月市政府组建苏州市对外经济技术贸易公司,后经争取由外经贸部授予进出口经营权。1986年苏州向省里提出,以"一放三不变"(即下放出口经营权,计划、财务、管理体制不变)的方式,赋予苏州市级外贸支公司对外出口经营权。这一建议被省采纳并对上争取,1987年外经贸部先后批准苏州市纺织、丝绸、工艺、轻工4家进出口支公司出口经营权。尽管省规定这4家支公司属有限的外贸经营权,自营出口品种要由省公司指定、出口成本要由省公司核定、超计划出口要报省公司批准、经营地区限于港澳和少数几个东南亚国家和地区,但毕竟实现了从单纯组织收购出口货源到可以直接对外签约成交的重大转变。1988年初国务院部署实施以外贸承包经营责任制为重点的新一轮外贸体制改革。江苏省决定,把省向国家承包的出口创汇、上缴外汇和经济效益各项外贸指标数切块到市,由各省辖市政府向省政府承包,可自主选择"切块自营"或"切块联营"(承包后与省外贸公司联营,仍然维持由省公司负责对外经营的局面)的不同经营方式。实行"切块自营",市一级政府承担的风险较大,如果完不成出口收汇指标,就要由市财政补足上缴,但由此可以获得地方的外贸自主经营权。在两种经营方式的艰难选择中,苏州市委、市政府根据自身条件和经济发展的需要,经过缜密考虑,认为苏州的外贸经营基础较好,出口产品生产稳定且有较强的市场竞争力,选择自营后可以"摆脱过去受制于外贸'一条鞭子、一把刀子'的束缚",获得更好、更大的发展空间。于是果断地选择了"切块自营",并作好了"付出学费"、承担风险的充分思想准备。[1]同年3月,省政府同意苏州实行"切块自营",由此苏州市的10家外贸公司全部获得了进出口自主经营权。接着,市委、市政府按照"中央和省给市什么政策,市里就给县(市、区)什么政策,省给市多少亏损补贴,市里就下达多少亏损补贴"的原则,把5项承包指标切块下达到了各县(市、区)和市区各系统,外贸切块承包经营在全市得以全面实施。与此同时,为了使有条件的生产企业直接参与国际市场的竞争,市政府积极支持有出口能力的生产企业向上争取进出口经营权。1988年,苏州电视机厂、苏纶厂、香雪海电器公司、电扇总厂、手表总厂、针织总厂、第四制药厂、苏州刺绣研究所等8家生产企业(所)首批获得进出口经营权。1990年,苏州享有自营出口权的企业猛增至189家,完成自营出口总额1.41亿美元,其中外贸公司6 929万美元、自营生产出口企业1 557万美元、外资企业5 628万美元。1991年起,国务院决定将原来由各级政府向国家承包外贸指标全部改为由批准享有对外经营权的企业自负盈亏、平等竞争,取消出口亏损补贴。对此,苏州各自营出口单位及时转换机制,搞活经营,开拓市场,当年全市自营出口额达3.1亿美元,比1990年翻了一番多,出口的品种有千余种,出口国家和地区扩展至65个,其中出口欧美的比重由1987年时的15.1%提高到24%。

2. 发展外贸出口的三次重大失误和曲折

80年代苏州外贸出口长足发展,但由于受当时历史条件的限制,对于外向型经济这个新生事物有个学习、认识的过程,获取国内外市场信息的渠道不多、信息滞后,发展外贸生产存在着较大的盲目性和从众性,国内的经济体制尚处在转轨进程中,开展市场竞争仍较多处于无法可依、无章可循的无序状态,加上各地各企业求胜心切,因而,苏州大力发展外贸出口的过程并非一帆风顺,其间也出现了几次重大的失误和曲折,为此付出了不小的"学费"。正因为有了这样的经历,大家从中积累了宝贵的经验和教训。

毛兔业大起大落。[2]苏州农村民间养兔为家庭副业之一。70年代末80年代初,苏州取消对农户家庭养兔的限制,国际市场兔毛需求骤增,价格连续上涨,外贸部门将毛兔饲养列为苏州地区出口商品重点生产基地之一,苏州地区出资

---

[1]《高德正同志在全市农村外向型经济工作会议上的讲话》,1988年3月24日,第12页,苏州市档案馆藏,档号C1—1—746。

[2] 本段主要参考苏州市农业委员会编《苏州农业志》(苏州大学出版社2012年版)第五卷第二章第四节"养兔"和江苏省多种经营信息中心办公室编写的《关于兔毛生产发展趋势分析》(苏州市档案馆藏,档号G9—2—596,1985年11月)有关内容编写。以下凡同一出处的不再一一注明。

扶持在各县及近一半的乡镇建立了种兔场,各地农户发展养兔业积极性空前高涨,涌现出一批养兔专业大户,1981年末全市家兔存栏量达154.24万只。我国是世界主要兔毛生产国和出口国,1980年共出口4242吨,占世界兔毛贸易量的90%左右。1982年起西方国家进入经济危机时期,国际市场兔毛价格大幅下跌,我国外贸部门被迫降价、限收、停收,并取消了对养兔户的物资补助,引起全国约60%的长毛兔被杀掉或被淘汰,酿成了民间所称的"拉毛兔事件"。苏州地区的情况同样如此,年末存栏量1982年降为130.28万只,1983年进而减少到88.21万只。主产地吴江情况更为糟糕,一些农户因兔毛卖不起价钱将兔子全部掼死,全县毛兔饲养量一下减少了20万只。[1]1984年起由于西方国家经济开始复苏、兔毛加工技术开发和兔毛制品恢复流行等因素的共同作用,国际市场兔毛日益紧俏,引发各地争相办兔毛纱纺织厂和针织厂,短短一年时间国内兔毛收购价连续调高了七八次,特级毛每市斤由22.5元一路飙升到110元。市场的利好刺激苏州的养兔业呈现第二波发展高潮,1985年年末存栏量达到创纪录的236.53万只;其中吴江县的养殖量达150万只,占全省兔毛产量的1/3,外贸收购量在全国各县中领先,换取外汇1 000多万美元,全县60万农业人口人均养兔收入100多元,专业户中收入超万元的有78户、超5 000元的达250户,成为"毛兔之乡"和外贸重点生产基地。[2]由于兔毛价格连续暴涨,加工厂商无利可图,或被迫减产、转产,或改从发展中国家收购低价兔毛,由此引发国际市场兔毛价格的又一次剧烈波动,国家经贸部采取了一些市场调控措施并很快产生作用。1986起苏州的毛兔饲养业出现第二波大落,并呈现一蹶不振局面,到年底全市兔存栏量下降至147.15万只,1987年又减少到74.9万只,1988年再下降至46.95万只,好多饲养大户投资尚未收回也只能选择放弃,损失较为惨重。进入90年代,吴江的毛兔业生产也一再萎缩,同样没有摆脱被淘汰的结局。

乳胶手套生产线一哄而上。[3]80年代中期起,出于防止艾滋病传染需要,西方国家医卫界使用一次性乳胶手套的逐步增多,使得一次性乳胶手套成为国际市场上抬价抢购的"香饽饽",包括美国在内的许多国家对其都不设配额限

---

[1] 陈家彬、陈仲达、沈石声:《从"兔子尾巴"到"五龙配套"》,《苏州报》,1985年7月4日。
[2] 吴延元、徐福林:《吴江农村去年人均养兔收入超百元》,《苏州报》,1986年1月2日。
[3] 本段主要参考中共苏州市委办公室编《内部参阅资料》第17期(1988年5月4日)所载《乳胶手套的现状与展望》一文(苏州市档案馆藏,档号A1—6—444)和苏州市乡镇工业局编《苏州乡镇工业》简报第一期《苏州市乡镇企业乳胶手套生产现状和设想》(1989年1月16日)、第三期《部分乳胶手套生产厂座谈会纪要》(1989年4月15日)、第四期(1989年5月3日)(苏州市档案馆藏,档号C79—2—103)有关内容编写。以下凡同一出处的不再一一注明。

制,且对产品质量的要求也暂无明文规定。于是国内外好多地方纷纷建厂、上生产线。1986年10月,张家港医用乳胶厂抢先引进全省第一条乳胶手套全自动生产流水线,年产量6 000万只。[1] 1987年,苏州乳胶厂采用设备租赁和产品返销的方式引进一条生产线,实现了当年投资、当年收回。[2] 是年全市乡镇企业迅速出现大上快上乳胶手套生产线的热潮,乳胶手套成为全市出口增长幅度最大的品种。1988年4月止,苏州乡镇企业中正在运转和批准在建的乳胶手套生产线共有104条,每条线的投资额平均25万美元左右。这种一哄而上的状况引起苏州市乡镇工业局的关注,该局在进行了专题调研和分析后指出:乳胶手套生产工艺比较简单,设备也不复杂,上马容易,但原料和销售两头在外,完全受制于外国经销商,一旦国内外生产线全部投产,将面临极大的市场风险。市委对此高度重视,速将该调研分析报告印发各地各部门,提出有效防止"过热"、防范风险的警示。但在巨大的利益驱动下,苏州乡镇企业大上乳胶手套生产线的热潮仍在持续升温,到1988年底全市有60家乡镇企业共计建起了168条生产线,全年共生产乳胶手套7.9亿只,其中出口5.6亿只,最终全部销往美国一地。未料1988年10月起全球乳胶手套市场急转直下,国内外大批生产线投产,尤其是掌握原料的东南亚国家的产能和外销量迅速扩张,导致美、日、欧等主要需求国家和地区对我国的订单异常冷清,且对产品质量的要求不断提高,乳胶手套从卖方市场一下变成买方市场,我国许多企业受到强烈冲击,陷入供销两难的困境。苏州的企业也未幸免于难,到1988年底全市31家厂的77条生产线处于时断时续的非正常生产状态。进入1989年形势进一步恶化,全国已投产的乳胶手套生产线已达900多条,产量已超过全世界的需求量,引起相互竞争日益激烈,出口价格剧降,许多企业难以为继,停产或关厂的比比皆是。到4月上旬苏州地区175条生产线中67%已处于停产,即便有原料的也因销路不落实、价格已处于亏损状态而不敢投产。尽管有关部门采取了一些保护和应对措施,但都无法挽回我国乳胶手套生产出口"无可奈何花落去"的局面。在这前后短短几个月中,苏州乡镇企业的180条乳胶手套生产线几乎"全军覆没",只有1/3左右收回了投资。[3] 停产后设备报废,经济损失巨大。

无序竞争引发"蚕茧大战"。苏州南部被誉为"丝绸之乡"的吴江连同吴县及浙江的嘉兴、湖州环太湖一带,历来是我国蚕桑生产的主要基地。茧丝作为丝

---

[1] 陆允昌、高志斌:《苏州对外经济五十年(1949—1999)》,人民出版社2001年,第302页。
[2] 庄南夫:《苏州乳胶手套生产线首次打进国际市场》,《苏州日报》,1989年3月24日。
[3] 吴长生:《"压"出来的对策——整治中看苏南的乡镇工业》,《人民日报》,1989年4月6日。

绸生产的重要原料和外贸出口的重要物资,国家历来实行统购统销。因 80 年代这一带丝绸业进入大发展时期,蚕丝供不应求,生茧逐年紧俏;农村实行家庭承包经营责任制后,蚕茧原有的统购统销模式受到很大挑战,管理上逐步显现不同程度的失控;加上一些地方领导存在本位主义思想,保护本地资源不外流,还要尽可能争取一些外地货源,由此造成苏州地区的原料茧实际收购价连年飙升,1985 年平均每百斤 213 元,1986 年 424 元,1987 年 592 元,在吴江七都、庙港、震泽等邻近浙江的重点蚕区一度达近千元。正是在这种情况下,1988 年春夏茧收购中吴江县和浙江毗邻地区竞相抬价收购的情况已有发生,到中秋茧收购时进而引发了"蚕茧大战"。[1] 8 月下旬中秋茧收购即将展开之前,吴江县政府接连 3 次召开各乡镇分管领导、蚕茧站站长会议,要求贯彻落实省政府有关蚕茧收购的规定,做到三个不准:不准抬价收购,不准跨乡、县、省收购,不准茧子外流。27 日吴江乡镇茧站开秤收购,毗邻浙江的青云、铜罗、南麻、桃源、七都等部分茧站没有认真执行规定,以超过最高限价的价格进行收茧,致使毗邻的部分浙江蚕农到吴江售茧。28 日应浙江邀约,吴江、湖州、嘉兴三地政府分管领导和江浙两省丝绸总公司负责人在湖州召开协调会议,共商江浙边界收茧事宜,双方商定:浙江秋茧每百斤最高价 480 元,吴江茧质稍好些,最高价 500 元,双方都不收购对方茧子。当晚吴江召开与浙江毗邻的乡镇和茧站负责人紧急会议,贯彻落实湖州会议精神。29 日吴江由县负责同志带队,会同浙江方面根据吴江县政府提议派出的省政府副秘书长、省计经委主任等一行,一起深入边界乡镇督查收购情况,发现仍有少数乡镇茧站以每百斤超过最高限价 100 多元的价格进行收购,引起部分浙江蚕农继续到吴江售茧。当晚十时许,浙江省计经委主任一行独自来到七都乡心田湾茧站察看,见到有不少浙江蚕农在结算售茧账,情绪激动之下掀翻了 2 张账桌,拿走了 100 多张售茧结账提款单,引起浙江农民的不满,双方发生争执,在推挤之中该主任被浙江蚕农在楼梯上推倒,腰部轻微受伤。他们一行返回浙江后,迅速将吴江边界地区抬价争收浙江约 2 万担蚕茧并致省计经委主任受伤一事报告江苏省政府和国务院。30 日上午苏州市政府接到江苏省政府指示后,立即决定采取措施,防止"蚕茧大战";并派出负责同志前往湖州,对受伤的浙江省计经委主任进行慰问,与浙江方面就后续处理问题交换了意见。据初步调查,吴江到 9 月 3 日收购已近尾声止估计流失茧子近万担,其中有的被浙江嘉兴、湖州的茧站和缫丝厂、茧贩子以每百斤 600 元以上的高价收走了。江浙

---

[1] 苏州市农业委员会:《苏州农业志》,苏州大学出版社 2012 年,第 719 页。

发生的蚕茧大战引起中央的重视。9月3日晚江苏省省长顾秀莲专程来到苏州,传达国务院领导的三条指示,确定由江苏省政府副秘书长带领省市调查组展开进一步调查。当晚苏州市政府在与嘉兴、湖州两市负责同志联系沟通后,向江苏省政府和国务院办公厅呈报了决定采取的5项措施,决定对已经收购的中秋茧全部烘干封存,听候处理;处理好与吴江毗邻的湖州、嘉兴两市的关系,共同做好晚秋茧的收购工作,打击抬价收购和茧贩子的不法活动。[1]翌日市政府向全市发出通报,要求全市各个地区、各行各业吸取吴江"蚕茧大战"的教训,近期内认真进行一次全面检查,对违反物价纪律、扰乱市场的行为必须迅速查办,并严肃追究主要责任人的责任。[2]9月底,苏州市政府就吴江发生的"蚕茧大战"向江苏省政府做出书面检查,同时根据国家监察部和外经贸部联合调查组的意见,对吴江县政府主要领导及有关乡镇、茧站的7名有关责任人做出党纪、政纪严肃处理。[3]

三、利用外资举办"三资"企业

1983年后,苏州各级党政部门对利用外资助推外向型经济发展的意识逐步增强,各种举措不断出台,促进全市利用外资从间接利用向直接利用为主、从中小型项目向大中型项目为主、从中外合资合作向外商独资、从市县向乡村、从工业领域向第一和第三产业,一步步向广度和深度推进,取得了许多突破和创新,初步形成了良好的发展局面,为20世纪90年代的跨越式发展奠定了坚实基础。

1. 开展多种形式的间接利用外资[4]

1983年3月,外经贸部确定苏州市和大连市为全国利用外资联系点。4月,市政府首次对全市利用外资工作做出部署,成立市利用外资引进技术领导小组,建立计委、经委、进出口办联席会议制度,市外贸局内专设外资科,各县市和市各主管局(公司)也确定一个职能部门,形成了利用外资的工作推进与管理系统。

---

[1] 苏州市人民政府电报省人民政府并国务院办公厅:《关于吴江县秋茧收购中有关问题的情况报告》,1988年9月3日,第1—6页,苏州市档案馆藏,档号C1—5—35。
[2] 苏州市人民政府:《关于吴江县少数乡镇一些茧站擅自抬价收购蚕茧问题的通报》,1988年9月4日,第1—3页,苏州市档案馆藏,档号C1—5—35。
[3] 苏州市人民政府电报省人民政府:《关于吴江县抬价收购蚕茧问题处理意见的请示》,1988年9月30日,第1—3页,苏州市档案馆藏,档号C1—5—35。
[4] 本小目及第2、3小目主要参考陆允昌、高志斌主编《苏州对外经济五十年(1949—1999)》(人民出版社2001年版)一书中"综述""苏州兴办外商投资企业专述"和苏州市对外贸易经济合作局编《苏州对外经济二十六年发展历程(1980年—2005年)》(内部资料,2007年版)的有关内容编写。以下凡同一出处的不再一一注明。

由于缺乏直接利用外资的经验和渠道,1983—1987年间全市利用外资仍以"三来一补"的间接形式为主。一种是国际租赁业务,即由国际租赁公司垫付资金购买国外设备供国内企业使用,企业将产品出口换取的外汇分期偿付设备租金。市半导体总厂首家开展此项业务,5年间全市共72项,金额3 384万美元。一种是利用国外政府或国际金融组织的优惠性贷款,采购进口设备和原材料。1983年苏州丝绸印花厂首批获准贷款95万美元,5年间全市共获贷款28项,金额5 447万美元。再一种是易货贸易,即国内企业使用国外厂商提供的设备生产,以出口货款抵偿设备款。1983—1985年间罗马尼亚一企业先后采用此方式提供给苏州东吴酒厂、糖果冷饮厂等4家企业啤酒、汽水灌装生产线各一条。通过这些途径,苏州至1985年共获得、使用各类外汇资金9 131万美元,共引进项目320项,进口各类设备1 240台(套)、生产线及装配线49条。1987年后举办中外合资企业成为利用外资的主要形式,各种间接利用外资的形式在苏州逐步淡出。

2. 探索举办外资企业

20世纪80年代中期起,苏州市委、市政府开始提出要把直接利用外资作为重点来抓。1984年初省政府向苏州下放300万美元以下的利用外资项目自行审批权,市政府向各县(市)下放100万美元以下项目的审批权,给全市利用外资工作以很大的推动。是年6月,由昆山县轻工业品公司、中国银行信托投资公司和日本苏旺你株式会社三方合资兴办的中国苏旺你有限公司获外经贸部批准,成为地市合并后苏州第一家、同时也是省内第一家县级举办中外合资企业。该企业建于昆山新辟玉山新区(1985年改设昆山工业开发区)内,总投资150万美元,装备5条日方投资的生产流水线,年产中高档牛皮手套300万双全部出口国外,投产后两年净创汇60多万美元。[1]同年底,由苏州铜材厂与港商等三方合资兴办的苏州铜材有限公司获准设立,成为苏州市区首家中外合资企业,同时也是全市首个老企业嫁接型合资项目,总投资950万美元,从国外引进具有80年代国际先进水平的铜棒、铜板带生产线,可生产国内外市场紧缺的多类产品,翌年9月投产后被赞为中国有色金属加工行业的"江南一枝花"。[2]1985年8月由昆山城南乡与日商合资设立的昆山赛露达公司,成为苏州第一家乡镇办合资

---

[1] 张树成:《昆山发展纪实》,江苏人民出版社1996年,第18页;中共昆山市委党史研究室:《新昆山五十一年(1949.5—2000.12)》,苏出准印JSE—0000338号,2003年,第793页。
[2] 苏州市经济委员会:《走向辉煌——阔步前进的苏州工业经济》,古吴轩出版社1994年,第275页。

企业。[1]同年9月由张家港外轮代理公司等与港商合资开办的江谊船舶服务公司设立,是为苏州首个非生产性合资企业。[2]同年11月由苏州市医药公司等与美商合资经营的苏州胶囊有限公司建立,项目总投资1 800万美元,成为苏州首家注册资本超1 000万美元的中外合资企业。[3]同月由港商全额投资、与市旅游公司合作经营的竹辉饭店和由市经济技术发展总公司与港商合作投资经营的雅都饭店同时获批,成为苏州首批与外商合作经营的宾馆饭店项目。1986年1月由东桥乡吴县锦纶涤长丝厂等合资组建的苏州华泰有限公司获批成立,是为吴县首家合资企业,同时也成为苏州首家台商投资企业。[4]之后两年间,梅里华美毛衫织造有限公司、横塘苏茂无纺品有限公司、太仓环球皮革制造有限公司分别成为常熟、郊区、太仓的首家合资企业,常熟赵市乡瞿巷村举办的常熟三联皮件有限公司成为苏州乃至全省第一家村办合资企业。[5]至1987年底,全市共批准举办中外合资(合营)企业28家,合同利用外资6 739万美元,分别占全省的14.5%和25.9%。[6]1988年4月苏州市外商投资企业协会成立。

3. 举办"三资"企业掀起第一波热潮

1988年起苏州大力实施沿海地区经济发展战略,紧紧抓住治理整顿中中央对外向型经济"网开一面"的政策机遇,开始掀起兴办外商投资企业的热潮。当年,市委、市政府召开一系列会议,动员和部署大力开展利用外资工作;市政府颁发《关于加快利用外资步伐的若干意见》,确定将市政府新取得的1 500万美元以下外商投资项目审批权下放给各县(市),各区和市属各工业主管局(公司)对总投资500万美元以下项目可行使立项权,还首次在香港举行招商引资活动。1989年市委、市政府对发展外商投资企业提出指导性意见,要求以符合投资方向的生产性项目为主、以利用外资改造老企业为主、以出口创汇为主要目标,坚持高起点和采用先进技术;同时强调必须克服"重审批、轻开工投产"以及用管理国内企业的办法来管理"三资"企业的现象,要按照国际惯例,一个一个地办

---

[1] 张树成:《昆山发展纪实》,江苏人民出版社1996年,第19页;中共昆山市委党史研究室:《新昆山五十一年(1949.5—2000.12)》,苏出准印JSE—0000338号,2003年,第811页。
[2] 中共张家港市委党史地方志办公室:《历史的回声——张家港市党史专题集(1962—2000)》,中央文献出版社2001年,第328页。
[3] 苏州市经济委员会:《走向辉煌——阔步前进的苏州工业经济》,古吴轩出版社1994年,第265页。
[4] 吴县地方志办公室、吴县档案馆:《吴县大事记(石器时代—1993年)》,古吴轩出版社1994年,第383页。
[5] 中共常熟市委党史工作办公室:《缔造辉煌》,中共党史出版社2001年,第214页;徐国良:《历史性的跨域——常熟市改革开放启示录》,大众文艺出版社2008年,第58页。
[6] 贾轸、唐文起:《江苏通史·中华人民共和国卷(1978—2000)》,凤凰出版社2012年,第83页。

好。[1]1990年10月市委、市政府做出开发建设苏州新区的重大战略决策,构筑市区招商引资的新载体;年底苏州市外商投资管理委员会成立,并开始实行"一个窗口"对外、"一条龙"服务。这些务实又有力的举措,促进外商投资企业在苏州城乡大地如雨后春笋般迅猛发展。1988年全市新批外商投资企业97家,1991年猛增到412家,4年共计新批"三资"企业767家,合同外资共计5.69亿美元,占全省同期兴办外商投资企业总数的37%、合同外资总额的36.4%,均居全省各市第一位。[2]

这一阶段,苏州兴办的外商投资企业在一些领域又有所突破。1988年6月,吴江县创办首家外商投资企业——莘塔的西麦克玩具艺品有限公司,从而实现全市各县(市)创办外资企业的"满堂红"。[3]同年8月,日本苏旺你株式会社因对与昆山的合资企业运行情况和昆山的投资环境表示十分满意,又投资举办了苏州乃至全省第一家外商独资企业——国际苏旺你手套有限公司。[4]同年12月,由苏州电梯厂与瑞士迅达控股公司合资创建苏州迅达电梯有限公司,项目总投资1.78亿美元,其中外方投资占63%,成为苏州首个超亿美元的中外合资企业。1991年6月,吴县与港商合作的苏州美惠房产有限公司签约,翌年1月"苏美中心"大厦奠基,是为省内首家外商投资房地产开发企业。[5]

4. 80年代利用外资的成效及主要特点

1984—1991年间,苏州利用外资、举办外资企业呈现以下特点:一是企业形式以中外合资为主。累计795家外商投资企业(合同外资总额63 619万美元)中,中外合资企业728家,中外合作企业共27家,外商独资企业40家。二是投资领域以生产性工业项目为主。工业项目企业批准数和合同外资数分别占全市总额的96.3%和89%;农业项目仅4家,合同外资286万美元;第三产业类企业10家,合同外资3 480万美元。[6]三是合资类别以老企业嫁接改造为主。这类

---

[1]《高德正同志在全市农村发展外向型经济经验交流会结束时的讲话》,1989年3月10日,第14页,苏州市档案馆藏,档号A1—1—759。

[2] 贾轸、唐文起:《江苏通史·中华人民共和国卷(1978—2000)》,凤凰出版社2012年,第134页。

[3] 苏州市对外贸易经济合作局:《苏州对外经济二十六年发展历程(1980年—2005年)》,2007年内部资料,第133页。

[4] 中共昆山市委党史研究室:《新昆山五十一年(1949.5—2000.12)》,苏出准印JSE—0000338号,2003年,第793页。中共昆山市委党史研究室编《中国共产党昆山市历史大事记(1949.5—1999.12)》(上海科学技术文献出版社2000年版)第270页记述为全省第二家外商独资企业,存疑。

[5] 苏州市对外贸易经济合作局:《苏州对外经济二十六年发展历程(1980年—2005年)》,2007年内部资料,第149页。

[6] 此处外商投资领域产业分类统计按到1990年止的数据统计。

企业约占80%,加快了企业结构、产品结构调整和技术改造的步伐。[1]四是投资国别、地区以香港为主。香港投资企业、合同外资占总数的58.9%和65.2%,台资企业108家、7744万美元,美资75家、4953万美元,日资60家、6083万美元。五是本地合资方以乡镇企业为主。全市共计有121个乡镇办起了569家外商投资企业,占全市总量的71.6%;至1992年3月全市166个乡(镇)全都办起外商投资企业。六是项目规模总体偏小。项目平均合同外资额虽略高于全省平均水平(1988—1991年全省外商投资企业平均合同外资规模为75.6万美元[2]),但也只有80万美元。

经过几年摸索和实践,苏州市在举办"三资"企业方面,正在克服起步阶段"捡到篮里就是菜"的某些盲目性,开始由"碰撞式"转为"选择式",开始注重选择合作伙伴和项目,以提高成功率;同时各级各部门亲商、富商的意识逐步提高,对外商投资企业的服务不断完善,促进已成立的企业及早开工建设、竣工投产,已投产的企业能够正常运行、不断提高产出效益。1991年底全市已开业投产的"三资"企业达325家,实现销售额18.5亿美元,自营出口创汇1.43亿美元;全市利润超100万元、创汇超100万美元的"双百"外商投资企业有27家。逐渐显示的效益,使许多客商主动提出增资扩产,1991年增资的"三资"企业达43家,新增合同外资2659万美元,出现了"以外引外"的新景象。在外经贸部、国家统计局等单位联合公布的"1991年中国规模最大的500家外商投资工业企业"中,苏州有昆山协孚皮革、常熟函润千斤顶、常熟通润机电、昆山斯维特蜂产品、苏州迅达电梯、张家港贝贝制鞋、苏州胶囊、常熟英沪紧固件等8家企业名列其中。

四、自费开发区的创办与"昆山之路"

苏州在20世纪80年代招商引资逐步展开、大力推进外向型经济发展的过程中逐步意识到:苏州的乡镇工业是在所谓"船小好调头"的"小船论"的指导下起步的,形成"村村冒烟、遍地开花"的布局,而现在乡镇企业要与世界经济接轨,实现质态提高,原有的分散格局显然不利于资源的优化配置和投资环境的改善,必须逐步向基地化、集约化、城市化方向推进;受城区空间制约的国有企业和县属企业,原来的存量资产经过一个阶段的"嫁接"之后,迫切需要开辟新的、更为有利的发展空间;苏州虽然不是经济特区,但也可按照邓小平特区开发的思

---

[1]《高德正同志在全省扩大对外开放、办好外商投资企业经验交流会上的讲话》,1990年11月17日,第4页,苏州市档案馆藏,档号C58—3—307。
[2] 贾轸、唐文起:《江苏通史·中华人民共和国卷(1978—2000)》,凤凰出版社2012年,第134页。

想,探索进行开发区建设,在一定的区域,赋予特殊的政策,以局部的突破拉动整体的发展。[1]正是基于这样的认识,在"不等不靠、敢想敢试、没有条件创造条件也要上"的思想指导下,昆山 1985 年首先"划出一块地方""杀出一条血路",创办自费开发新区。中央和省对昆山的做法给予充分肯定。苏州市委、市政府 1988 年总结推广昆山的经验,鼓励和支持各县(市)搞开发区建设,提出了开发区建设的指导思想和目标:成为改善投资环境、实现大开发大发展的示范区,实施全方位开放、高层次引进外资的前沿区,引进和发展高新技术产业的先导区,优化结构和推动经济上水平、增效益的启动区,深化改革和建立社会主义市场经济体制的试验区。受昆山初步成功经验的启迪,全市各地结合小城镇建设和县城改造,搞开发区建设,由分散投入变集约投入,形象地说"即由原来的'巴掌路线',伸开五指,变为收拢五指,形成'拳头方针'"[2]。到 80 年代末,各县工业新区和一大批乡镇工业小区拔地而起,苏州新区也拉开开发建设的序幕,成为苏州发展外向型经济的一大重要载体、外商投资的一片"热土",同时也成为全市经济发展战略大转移的一个重要标志。

1. 昆山自费开发区的创建与初步发展

昆山是江苏省的东大门,东临上海,西连苏州,水陆交通便捷,腹地广阔。改革开放初几年,昆山背了田多劳少、每年要向国家上缴 4 亿斤商品粮的包袱,错失了苏南乡镇工业第一波大发展的机遇,经济发展尤其是工业明显地落到了苏州所辖 6 县(市)的后面,被称为"小六子"。1984 年初县委组织全县干部大讨论后做出大力发展工业的决定,在论证如何发展中县领导意识到,如果昆山沿袭周边县乡的老路,小打小闹起家,肯定是行不通的,必须另找捷径。当时上海城市工业开始向外释放能量,正在寻找新的出路,于是提出到上海找"靠山"。不久,通过与上海的横向联合,14 个 500 万元以上、有较高技术含量和市场竞争力的项目达成了意向。紧接着遇到的问题是:这些项目放在哪里?当时县城玉山镇镇区 4.2 平方公里,居住了 5 万多人,已经很拥挤,工厂已经影响了居民生活,不可能再建新工厂。也设想将上海来的企业引导到乡镇去,但条件不成熟,上海人一见尘土飞扬的砂石路和慢吞吞的轮船就摇头。经过反复酝酿、论证,作为著名的阳澄湖大闸蟹主产地的昆山毅然决然要"第一个吃螃蟹",1984 年 7 月县委决

---

[1] 孟焕民、陈楚九:《第二次突破——苏州开发区建设实证研究》,人民出版社 2002 年,第 2、21、22 页。

[2] 孟焕民:《崛起的热土——来自苏州各级开发区的报告》,上海科学普及出版社 1994 年,第 2 页。

策,8月县政府提交县人大常委会审议通过,决定在玉山镇的东南侧开辟一个工业新区(当初名玉山新区)。[1]这比国务院批准建立的全国第一个(除特区之外)开发区——大连经济技术开发区的时间还要早一个多月。[2]翌年1月昆山县政府成立县城新区开发领导小组,县长任组长,下设开发指挥部,对3.75平方公里开发区进行统一规划、统一管理、统一办理土地征用、统一筹集建设资金、统一安排建筑物。[3]指挥部靠向地方财政暂借的100万元资金,遂即组织开展道路、桥梁建设。昆山开发区由此成为全省第一个启动建设的以招商引资、发展现代工业和外向型经济为目标的开发区,其启动建设的时间比省内南通、连云港两个国家批准的开发区要早半年多。[4]

昆山工业新区建设之初,没有国家给的"名分",更没有国家给的资金和政策优惠,属于一个县级的"自费"开发区。县委、县政府借鉴沿海城市开发区的经验教训,从当地实际出发,发扬自力更生、艰苦奋斗、勇于创新、锐意进取的精神,克服各种困难和矛盾,顶住各种压力和非议,走出了一条投资少、速度快、效益好、自费开发的成功之路。在开发方针上,坚持"富规划,穷开发"。着眼长远,面向现代化,整个开发区一次性总体规划好,力求设计新、功能全、配套全、标准高;开发中,勤俭节约,艰苦创业,少花钱、多办事,先搞1平方公里启动区,土地按项目需要随用随征,不搞超前征收,不闲置抛荒。在开发模式上,采取"依托老城、开发新区"的策略。注重利用好老城区的各种资源和优势,推动新区开发建设。在开发步骤上,实行"滚动发展,逐步延伸"。在服从总体规划的前提下,按照"三先三后"(先生产后生活,先外后内,先上马后完善)的顺序,突出重点,逐步推进,开发一片,成功一片。1986年10月工业新区规划面积扩大到6.18平方公里。在开发目标上,实行"三个为主,一个致力,四个一起上",就是资金以引进为主,项目以工业为主,产品以出口为主,致力于发展高新技术,内联企业、中外合资企业、中中外合资企业、外商独资企业同时并举,一起发展。[5]初创阶段昆山工业新区还明确提出:"外商投资我服务,外商发财我发展","硬件不足软

---

[1] 吴克铨:《初创阶段的昆山经济技术开发区》,见昆山市政协学习与文史委员会:《昆山文史》第20辑,2008年内部资料,第1—6页。
[2] 孟焕民、陈楚九:《第二次突破——苏州开发区建设实证研究》,人民出版社2002年,第22页。
[3] 中共昆山市委党史研究室:《中国共产党昆山市历史大事记(1949.5—1999.12)》,上海科学技术文献出版社2000年,第235、236页。
[4] 贾轸、唐文起:《江苏通史·中华人民共和国卷(1978—2000)》,凤凰出版社2011年,第85页。
[5] 顾厚德:《"昆山之路"的由来》,见昆山市政协学习与文史委员会:《昆山文史》第20辑,2008年内部资料,第14—16页。

件补,政策不足服务补",讲究办事节奏快、工作效率高、服务态度好,做到"三个一",即一站式管理,一条龙服务,重要项目一个人跟踪服务到底。为此,昆山工业新区首创了联合办公制度,对项目审批、土地征用、工程建设、水电供应、职工招聘、工商登记、银行开户等实行一条龙服务,深受投资者的欢迎,也成功地吸引了许多项目。[1]

昆山工业新区从零起步,经过3年开发建设,到1987年共投入资金1200万元用于基础设施建设,基本达到"五通一平"要求,平均每平方公里开发成本322万元,不到"国批"开发区的1/10;从1985年2月区内第一家中外合资企业苏旺你公司竣工投产,到10月区内第一家内联企业上海电视机厂昆山分厂投产,再到第一家军工企业897厂与昆山联营的万平电子实业公司落户,区内先后建起了17家企业,其中中外合资企业4家;1987年完成工业总产值3.1亿元,外贸出口834万美元,实现利税1528万元,财政收入350万元。[2]

1987年11月,中共中央总书记赵紫阳在昆山工业新区考察,当县领导汇报到这个新区是自筹资金搞开发,而且每平方公里开发成本仅为国家开发区1/10左右的时候,问:为什么不叫开发区?县领导说:国家没有批准不敢叫。他想了一下说:你们是自费开发区。从此"自费开发区"的名称就这样流传开来。他还问:资金是哪里来的?县领导怕上面追究资金来源不正,便含糊其词地说:借的。他随即要求随行的中央农村政策研究室和国务院特区办主任回去帮助解决。之后,在中央特区办和财政部的帮助和运作下,把昆山的财政包干年上缴基数减少了500万元,这对昆山开发区的开发建设是个很大的支持。[3]

1988年6月,昆山工业新区更名为昆山经济技术开发区,开发建设的力度进一步加大,并又有一些创新和突破,第一家外商独资企业、第一家欧美投资企业、第一家台资企业在半年内相继进区,六丰机械、沪士电子等一批合同外资1000万美元以上的大项目也相继进区。引进一个,带来一批,昆山开发区很快成为上海产品的扩散地、"三线"军工企业的聚集地。几年时间里,贵阳风华冰箱厂、四川红岩汽车厂、陕西汉江机床厂、贵阳虹山轴承厂、江西景华电子器件厂等"三线"企业先后落户,有的还在区内与外商合资合作,成为吸纳外资的重要载体。

---

[1] 中共昆山市委党史研究室:《新昆山五十一年(1949.5—2000.12)》,苏出准印JSE—0000338号,2003年,第796页。
[2] 顾厚德:《"昆山之路"的由来》,见昆山市政协学习与文史委员会:《昆山文史》第20辑,2008年内部资料,第16页。
[3] 吴克铨:《初创阶段的昆山经济技术开发区》,见昆山市政协学习与文史委员会:《昆山文史》第20辑,2008年内部资料,第4页。

1988年8月,省政府批准昆山开发区率先进行土地使用制度改革和以地招商试点。翌年4月,昆山县与中外合资申大公司正式签约出让开发区内的1公顷国有土地的使用权,期限50年,用途为工业用地,每平方米出让价100元人民币,开创了全国县级城市工业用地有偿出让的先例。此举不仅缓解了开发区建设资金不足的困难,而且因其政策透明、制度规范,对投资者产生了巨大的吸引力。[1]1991年5月国务院批转《昆山市土地管理情况调查报告》,国务委员陈俊生批示,要求全国各地研究推广昆山市有偿出让国有土地、搞好土地资源开发利用和保护管理方面的经验。[2]

昆山自费开发区越办越红火,开发建设成效日益显著。1989年昆山经济技术开发区工业产值名列全国开发区第三位。[3]开发区经济的发展直接推动昆山经济很快走出了低谷,有了很大的发展,1990年昆山市人均国民收入名列全省第一。[4]到1992年底,昆山开发区累计投入建设资金2.5亿元,形成了"七通一平"的基础设施和一应俱全的配套服务设施;累计建办中外企业133家,其中外商投资企业106家,合同利用外资金额3.53亿美元;区内企业累计完成工业产值53亿元,实现利税2.8亿元,出口创汇2.3亿美元。一座气势恢宏的现代工业园和昆山新城区呈现在世人的面前。[5]

昆山自费开发区的崛起引起中央媒体的高度关注,他们做了大量宣传报道。1988年7月22日,《人民日报》在头版刊登《自费开发——记昆山经济技术开发区》的长篇通讯,并发表《"昆山之路"三评》的评论员文章,指出:"尽管中央确定的沿海开发区没有它,尽管国家投资的计划表上找不到它的份额,3年之后,昆山经济技术开发区却初具规模,奇迹般地出现在人们面前",赞扬昆山开发区发扬自力更生、艰苦奋斗精神,不要国家一分钱,靠内部挖潜,靠量力而行,靠精打细算,靠因陋就简,走出了一条"富规划,穷开发"的"昆山之路"。[6]"昆山之

---

[1] 中共昆山市委党史研究室:《新昆山五十一年(1949.5—2000.12)》,苏出准印JSE—0000338号,2003年,第793—796页。

[2] 苏州市对外贸易经济合作局:《苏州对外经济二十六年发展历程(1980年—2005年)》,2007年内部资料,第136页。

[3] 中共昆山市委党史研究室:《中国共产党昆山市历史大事记(1949.5—1999.12)》,上海科学技术文献出版社2000年,第293页。

[4] 吴克铨:《初创阶段的昆山经济技术开发区》,见昆山市政协学习与文史委员会:《昆山文史》第20辑,2008年内部资料,第10页。

[5] 孟焕民:《崛起的热土——来自苏州各级开发区的报告》,上海科学普及出版社1994年,第68页。

[6] 中共昆山市委党史研究室:《新昆山五十一年(1949.5—2000.12)》,苏出准印JSE—0000338号,2003年,第806页。

路"由此而来。1991年昆山作家杨守松创作发表介绍昆山开发区发展历程的报告文学《昆山之路》,发行全国,反响强烈。

昆山自费创办开发区大获成功,也引起了国家、省、市的高度重视。1991年1月省政府发出《关于加快昆山开发区建设问题的通知》,确定昆山经济技术开发区为省重点开发区。[1]1992年6月,李鹏总理在国务院召开的长江三角洲及长江沿江地区经济发展战略规划座谈会上充分肯定了昆山的做法,他说:"各个省各个地方这方面(指申办开发区)积极性很高,要求很强烈,怎么解决这个矛盾呢?我们考虑,可以按照昆山的办法……。各地可以选择一些地方,进行自费开发,建立自己的开放城市或是经济开发区,发展到一定程度以后,国家进行验收,然后再戴帽。"[2]同年8月,国务院批准将昆山经济技术开发区列入国家开发区序列,开创了一个县级自费开发区进入国家级序列的先河,也成为苏州第一个获批的国家级开发区。

"昆山之路"的意义,不仅仅在于昆山经济发展的本身,更在于它在宏观机遇与微观实际的结合上走出了一条成功之路,它为苏州经济在20世纪90年代寻求第二次突破提供了一个成功范例,使苏州市的决策者在筹划第二次突破时有了经验的积累和坚定的信念。昆山开发区的实践无疑是苏州各级各类开发区成功崛起的"前哨战"。[3]

2. 各县(市)工业开发区和乡镇工业小区陆续兴建

在昆山创办工业开发区的启发影响下,苏州所辖其他各县也在谋划"筑巢引凤",先后规划兴建工业发展新区,一大批按照"功能分区、组团发展"目标开发建设的乡镇工业小区也陆续兴起,到1992年止全市162个乡(镇)中已有140多个完成了工业小区的规划设计工作,117个乡(镇)工业小区进入实施阶段。[4]

常熟市在被国务院公布为全国历史文化名城的1986年年底做出开发新的城市区域的决定,成立新区建设工程指挥部,首期规划在老城区北边开发建设

---

[1] 中共昆山市委党史研究室:《新昆山五十一年(1949.5—2000.12)》,苏出准印JSE—0000338号,2003年,第803—806页。
[2] 孟焕民、陈楚九:《第二次突破——苏州开发区建设实证研究》,人民出版社2002年,第23、24页。
[3] 孟焕民、陈楚九:《第二次突破——苏州开发区建设实证研究》,人民出版社2002年,第23、24页。
[4] 苏州市经济贸易委员会、苏州市乡镇企业管理局、中共苏州市委党史工作办公室:《苏州乡镇工业》,中共党史出版社2008年,第47页。

1.53平方公里的新城市中心区域,到80年代末8平方公里的工业开发区初步成形。1991年6月起又新辟以吸引外商投资为主的经济技术开发区。[1]同时,一批乡(镇)探索开发建设产业集聚的工业小区,到80年代末已初步形成何市的毛纺、王市的服装、徐市的化纤、梅李的制鞋、赵市的皮件等13个小区域企业群,成为乡镇工业小区的雏形。[2]

张家港1986年撤县建市当年启动新城区建设,首先实施的是4个片区中的城北工业新区,总面积约10平方公里,相当于市区当时建成区面积的3倍,1990年完成"五通一平"。[3]塘桥镇1991年下半年率先开发建设乡镇工业小区,位于镇北侧,占地面积1.26平方公里,计划总投资10亿元(包括进区企业投资额在内)。[4]

太仓县1991年初决定在城厢镇和娄东乡的东郊划出7.1平方公里,开发建设"城东经济新区",其中工业用地占40%。7月,4平方公里启动区建设全面铺开,并更名为"太仓经济新区"。当年先后有22个项目进区,其中工业项目8个,总投资超过1亿元。[5]太仓沙溪最早开发建设乡镇工业小区,到80年代末位于老镇区北侧初步形成了一个2平方公里左右的工业新区,使沙溪古镇得以较完好地保存了下来,并使全镇经济发展始终走在各乡镇前列。工业基础稍差的陆渡乡,老镇区仅0.3平方公里,1991年开始发挥毗邻上海的区位优势,开发建设乡经济小区,规划总面积8平方公里,启动区2.7平方公里,推动全镇工业经济迅速崛起,成为太仓各乡(镇)的后起之秀。[6]

吴县在苏州城南建设吴县新区的总体规划1988年获苏州市政府批准,作为新区5个功能小区之一的吴县经济技术开发区1990年5月建立[7],1991年3月启动建设,启动区面积1.6平方公里,首先开发建设苏吴、苏粤、苏宁3个工业

---

[1] 孟焕民:《崛起的热土——来自苏州各级开发区的报告》,上海科学普及出版社1994年,第86页。

[2] 徐国良:《历史性的跨越——常熟市改革开放启示录》,大众文艺出版社2008年,第43页。

[3] 中共张家港市委党史地方志办公室:《辉煌二十年(1986—2005)》,中共党史出版社2006年,第148页。

[4] 孟焕民:《崛起的热土——来自苏州各级开发区的报告》,上海科学普及出版社1994年,第144页。

[5] 陆允昌、高志斌:《苏州对外经济五十年(1949—1999)》,人民出版社2001年,第157页;太仓市政协学习文史委员会:《亲历太仓60年》,苏出准印(2009)字JSE—1000244号,第23—30页。

[6] 孟焕民:《崛起的热土——来自苏州各级开发区的报告》,上海科学普及出版社1994年,第157—159页。

[7] 吴县地方办公室、吴县档案馆:《吴县大事记(石器时代—1993年)》,古吴轩出版社1994年,第417、439页。

小区。用直镇按照"保护古镇,建设新区"的总体规划,在古镇西侧辟出3.5平方公里建设工业小区,1990年首期2平方公里启动开发建设,至1991年共引进外资企业13家,总投资2074万美元,名列全省乡(镇)榜首,镇经济总量出现连年翻番,成为全县乃至全市乡镇中的一匹"黑马"。[1]渡村乡80年代后期逐步成为羊毛衫专业乡,1990年起开发建设主要吸引台商投资的乡工业小区,1991年首家台资锦祥毛纺针织公司顺利投产后,引来锦丽、锦荣、锦谥、锦马等一批台资企业,使渡村成为苏州首个台商投资区。[2]

吴江新区1987年启动开发建设,启动区1平方公里,3年中完成6.2平方公里新城区内的"四通一平",相当于老县城面积的1.5倍,为一大批企业项目进区营造了良好的投资环境。[3]盛泽、黎里、芦墟、北库、梅堰等乡(镇)的工业小区开发建设较早,到1988年全县半数以上乡镇开发了工业新区,并逐步形成各具特色和优势的产业集聚群,如盛泽的丝绸化纤纺织印染、黎里的啤酒和日化工业、芦墟的通信电缆和机械电子、梅堰的轻纺和精细化工、北库的皮鞋等。

昆山在1985年创办县级开发区的同时,陆杨乡创办了全县第一个乡镇工业小区,巴城、城北紧随其后,到1988年全县有12个乡(镇)开发建设了工业小区。城北镇工业小区1991年底向落户小区的一家美资企业有偿出让一幅土地,成为苏州市小城镇土地使用权有偿转让第一例。周庄乡1986年起为解决古镇保护与工业发展的矛盾,在古镇区以北新辟3.2平方公里的工业小区,3年中先后有24家镇、村办企业在此安家落户,其中包括10家中外合资企业。位于上海嘉定、青浦和昆山交界处的花桥乡曹安地区,1985年后先后办起了一批与上海联营的乡镇企业,逐步形成了工业小区,1992年被批准建立占地15.88平方公里的曹安经济技术开发区。[4]

五、尝试"走出去"和对外合作交往领域的拓展

中共十二大后的80年代,苏州在国家对外开放方针政策的指引下,将进一

---

[1] 孟焕民:《崛起的热土——来自苏州各级开发区的报告》,上海科学普及出版社1994年,第128—130页;第241页。

[2] 孟焕民:《崛起的热土——来自苏州各级开发区的报告》,上海科学普及出版社1994年,第133—135页。

[3] 孟焕民:《崛起的热土——来自苏州各级开发区的报告》,上海科学普及出版社1994年,第102—105页。

[4] 张树成:《昆山发展轨迹纪实》,江苏人民出版社1996年,第114—129页,第138页;中共昆山市委党史研究室:《新昆山五十一年(1949.5—2000.12)》,苏出准印JSE—0000338号,2003年,第811页。

步发展对外经济技术合作和友好交往作为促进对外开放、提升开放水平的一项重要举措,1989年1月市委、市政府首次提出"三外(即外贸、外资、外经)齐上"方针,要求逐步改变外经工作在"三外"中处于"短腿"的局面。[1]由此苏州在探索境外投资和技术合作、开展对外工程和劳务承包、组织援外生产、实施境外援助项目、发展与外国多种形式的友好交流等方面全面加以推进,并不断有所创新,为"苏州走向世界,世界了解苏州"开辟了窗口、拓宽了渠道、搭建了平台。

1. "走出去"发展的初步尝试[2]

1985年10月国务院制定境外投资的有关政策措施,江苏有些地方和企业开始跃跃欲试。苏州市首家尝试的是常熟虞山镇所属的常熟市丙纶厂,该厂的丙纶长丝年产量居全国同行业首位,1985年11月该厂和中科院化学研究所下属一公司、浙江海宁化纤厂为中方单位,与泰国亿峰(集团)公司正式签署在泰国曼谷工业园内合资兴办"丝特(集团)有限公司"合同书,总投资292万美元,中方投资119万美元,其中常熟丙纶厂以设备、技术投资。该项目1987年获两国批准,成为苏州首家境外投资企业和全省首家由乡镇企业到国外举办的合资企业。项目包括新建聚丙烯母粒厂和丙纶长丝厂各一座,产品填补泰国工业的空白,1990年5月投产营运后中方每年可赚回外汇30多万美元。[3]此后至1990年间,全市又有苏州仪表元件厂、电扇厂、电视机厂、上海艺术品雕刻厂常熟徐市分厂等6家企业分别与国内企业合作一起"走出去",到6个国家与外商合资兴办了6家企业。这些项目虽然规模都不大、档次也不高,但通过"走出去"闯出了企业发展的一片新天地。如苏州电视机厂在泰国兴办的合资企业总投资虽然才91.8万美元,出资比例只有35%,但解决了欧美国家对中国实行的出口配额限制问题,还能向泰国周边国家辐射产品,为企业带来更大的国际市场空间。[4]

2. 对外工程承包和劳务合作的拓展

继纽约"明轩"项目后,80年代苏州又在4个国家承包承建了中国古典园林建筑项目,即吴县城建局古建工程队的澳大利亚墨尔本唐人街广场牌楼、市古典

---

[1] 苏州市对外贸易经济合作局:《苏州对外经济二十六年发展历程(1980年—2005年)》,2007年内部资料,第139页。

[2] 本小目及第2、3小目主要参考陆允昌、高志斌主编《苏州对外经济五十年(1949—1999)》(人民出版社2001年版)一书中"综述""苏州对外经济技术合作发展专述"和苏州对外贸易经济合作局编《苏州对外经济二十六年发展历程(1980年—2005年)》(2007年版内部资料)的有关内容编写。以下凡同一出处的不再一一注明。

[3] 蒋正行:《常熟市丙纶厂在泰国建办合资企业纪事》,《苏州日报》,1988年7月15日。

[4] 姜平通:《在国外办合资企业的尝试——访苏州电视机厂》,《苏州日报》,1988年7月21日。

园林建筑公司的加拿大温哥华"逸园"、市吴门园林艺术服务部的日本崎凑公园、吴县古建公司的新加坡"唐城"一期工程。1984年由苏州市建工局承包为科威特建造8.36万平方米住宅工程,标志着苏州承接的对外承包工程向其他工程领域拓展。"七五"期间苏州先后执行对外承包工程和劳务合作项目19项,合同总额4937万美元;对外承包工程开始由零星的分包发展到成建制外派人员的工程项目总承包,由单纯从事建筑工程的体力劳动转向技术输出、技术服务相结合,由过去单一的建筑业发展到工业和渔业等领域。如市纺工局承包的苏丹青尼罗河纺织厂建设和设备提供、安装项目,市建材工业公司承包的伊拉克阿他明水泥厂和中央机修厂建设项目,省海洋渔业公司承包的伊朗深海捕鱼项目,苏州服装一厂承接的美国塞班岛制衣项目,等等。

"七五"期间苏州的纯技术对外输出也开始起步。1986年由苏州市太湖猪育种中心选育提纯的太湖梅山种猪首次出口日本,日本政府将其列为贵重遗传资源收集保护项目。1989年太湖梅山种猪首次出口美国,结束了中国从美国单向进口种畜的历史。同年,郊区东吴化学工业公司的白炭黑生产技术有偿转让给印度尼西亚一公司,转让金额15万美元。

1983—1990年间,苏州各级各有关单位服从国家需要,积极承担执行我国政府的援外生产和技术援助项目。全市众多领域的干部职工先后奔赴世界208个国家和地区(各年中有重复计算因素)的117个企事业单位,执行完成合同1098份,为发展我国外交事业和对外经济技术援助工作做出了一定的贡献。

3. 对华援助项目的组织实施和对外友好交往逐步扩大

1985年后苏州接受一些国际机构和发达国家的双边或多边援助项目增多,市各有关部门和受援单位认真组织实施,努力争取从中获得更多的收益。至1990年全市7家单位共组织实施了11项国际援助项目,其中最大的项目为市牛奶公司接受的欧洲共同体提供的"发展牛奶业",援助额达145.2万美元。

1983—1991年间,苏州每年接待外宾1万人左右,到访的外宾由一般的参观游览逐渐向经济、科技、文化等多领域、多渠道的合作交流发展。1988年苏州与美国波特兰市缔结友好城市,苏州的国际友城增加到5对。各县(市)也都与国外城市商谈建立友好城市关系,友城间的相互往来日益频繁和务实。1983年苏州开始协助联合国专门机构和国际组织、国家有关部委承办国际会议,增进了苏州与世界的交往,也向世人展示了苏州改革、开放、发展的成果。

六、张家港港开发建设和苏州境内海关的设立与发展

适应苏州全面对外开放、加快发展外向型经济的需要,20 世纪 80 年代苏州加大了张家港港口开发建设的力度,取得了较大的进展,对扩大苏州的对外贸易发挥着日益重要的作用,并由此拉开了苏州沿江开发建设的序幕。在搞好张家港海关建设的同时,于 80 年代末获准设立苏州海关,这成为苏州进一步对外开放的又一重要标志。

1. 张家港港的开放开发[1]

苏州沿江的张家港(1986 年前为沙洲县)、常熟、太仓共拥有长江岸线 139.9 公里。张家港段岸线全长 92 公里,江面平均阔 1 250 米,最深处达 – 17 米, – 10 米等深线平均宽 700 米,岸线顺直,深水贴岸,河床稳定,不淤不冻;港口水陆交通通畅便捷,并有我国经济最为富庶、活跃的苏锡常地区作为广阔腹地,拥有港口开发的优质资源和良好条件。因战备和分流上海港的双重需要,1968 年国家计委、中央军委、交通部批准建设张家港港,设计年吞吐能力 220 万吨,建成万吨级、5 000 吨级泊位各 2 个,库场总面积 33.1 万平方米,仓库 2.4 万平方米,1970 年 11 月正式开港投产。后因受"上马"还是"下马"争论的影响,港口的建设发展比较缓慢。

改革开放后,东部沿海地区尤其是苏锡常地区的进出口贸易率先活跃起来,张家港港为上海港所起的分流作用日益明显,中央把张家港港的开发开放列入了我国扩大对外开放的总体战略部署之中。1980 年交通部宣布张家港港为长江各港口中首批对国内远洋船舶开放的港口之一(即"二类开放")。1981 年成为长江全线第一个营办国际集装箱运输的内河港。1983 年 5 月国务院批准张家港港为一类对外开放口岸,并迎来了进港卸货的首艘外籍货轮。张家港口岸成为长江流域第一批正式对外开放的国家一类口岸,张家港港成为苏州改革开放以来第一个对外开放的港口。

张家港港对外开放后,从中央到地方各级都高度重视,采取了一系列重大举措,不断推进港口的开发建设与口岸的开放。1980 年张家港港务管理局成立,

---

[1] 本小目主要参考陆允昌、高志斌主编《苏州对外经济五十年(1949—1999)》(人民出版社 2001 年版)中"综述""苏州对外开放港口建设专述"和苏州市对外贸易经济合作局编《苏州对外经济二十六年发展历程(1980 年—2005 年)》(2007 年版内部资料)中有关内容以及中共张家港市委党史地方志办公室编《历史的回声——张家港市党史专题集(1962—2000)》(中央文献出版社 2001 年版)一书中有关"张家港口岸建设和对外开放"专题的内容编写。以下凡同一出处的不再一一注明。

1983年实行由交通部与江苏省双重领导、以部为主的管理体制,与上海港务局脱钩;沙洲县在港区建立党工委和政府办事处。1984年交通部和省政府联合制定《张家港港口总体规划》,明确到2000年张家港港将成为既有煤炭、木材、粮油、集装箱等专业泊位,又有杂货散货泊位,以外贸进出口为主的现代化商港。[1]1985年后张家港的开发建设先后列入市、省对外开放总体方案中的重点项目。张家港市委、市政府1987年提出"以港兴市,以市促港"的发展战略。[2]至1991年的10年间,张家港港处于建设和逐步完善阶段,着重开展了四个方面的建设工作。

一是加快推进港口码头建设。国家投资3 737万元建设的港口一期扩建工程,包括2个万吨级泊位,于1985年竣工;1989年国家又投资3.6亿元建设港口二期扩建工程,列为国家"七五"重点交通建设项目,包括西港区3个万吨级泊位、东港区的内河港池等,1990年竣工。[3]1984年省粮食局选址张家港建江苏省江海粮油储运部,建造2个万吨级粮油专用泊位和配套的储量为6万吨的粮库、2.5万吨的储油罐等附属设施,首开该港口建造货主码头之先河。至1991年港口共建成并开放了5个万吨级以上泊位,货物年吞吐量扩大到1 500万吨。

二是积极开辟航线增加航次。1983年初开辟至日本和香港地区的2条集装箱航线,同时开辟了6条中转航线,跻身于全国集装箱运输四大港口之一。1987年开辟至广州的定期杂货班轮。1988年开通至新加坡、马来西亚货运航线。1989年开辟至西欧的国际集装箱直达航线,至此张家港港开通的国际航线达10条。1990年开辟至上海港的长江支线集装箱班轮。

三是加强港区基础设施和城镇建设。港口所在地原是滨江农村,无城镇依托,基础设施极不完善。港口对外开放后,大量工作人员和流动人口到港,吃、住、行、娱和家属安置、子女入学、看病就医、社会治安等问题急需解决。在各级支持下,港区1983—1986年共建各类房屋12万平方米,先后建成了一系列配套公用设施和大量办公、生活用房,形成了港口城镇的雏形。1987年经省政府批准建立港区镇后,基础设施、配套设施和镇区建设力度进一步加大。1988年疏港公路(张杨公路)建成通车。

---

[1] 苏州市对外贸易经济合作局:《苏州对外经济二十六年发展历程(1980年—2005年)》,2007年内部资料,第104页。

[2] 中共张家港市委党史地方志办公室:《中国共产党张家港市历史大事记(1949.4—1998.12)》,中共党史出版社1999年,第211页。

[3] 苏州市对外贸易经济合作局编《苏州对外经济二十六年发展历程(1980年—2005年)》(2007年内部资料)第142页记述:张家港二期扩建工程总投资为2.6亿元,1993年9月22日竣工,存疑。

四是健全完善港口管理机构和口岸功能。先后建起了海关、边防、港监、商检、卫检、动植物检等查验执法机构,除边防外,都先后升格为正处级建制;增设海员俱乐部、外轮供应公司、中国银行、保险公司等服务机构;建立木材、化肥、煤炭、机械等专项货物的储运、中转机构。1987年成立苏州市口岸管理委员会,协调各口岸机构发挥各自职能,确保港口的安全、畅通、文明、高效运转。1989年起实行苏州市政府与交通部双重领导、以市为主的新管理体制;长江航运局对张家港港监管辖的水域范围做出调整,由原来的14公里调整为全长69公里的长江水域。

2. 苏州境内海关的设立与发展[1]

中华人民共和国成立之后的30年间,苏州境内没有设立海关,涉及苏州的进出口货物、物品的监管均由南京海关及相关口岸所在地的海关负责。1980年4月国务院批准张家港港为对外贸易港口,9月中华人民共和国海关张家港分关成立,为科级建制,与原管辖张家港港业务的上海海关办理了交接手续。1984年张家港海关机构升格为处级建制,1985年改称"张家港海关"。张家港海关(包括分关)设立后,进出口货物监管业务量从1980年的3.89万吨、2410标箱集装箱,迅速发展至1991年的190.4万吨、41 888标箱;1988年首开加工贸易监管业务时,该关共负责监管张家港、江阴两市的30多个加工贸易点、2家保税工厂、1家保税仓库,共备案加工贸易合同92份,实际减免税2 443万元,到1991年全年共备案加工贸易合同513份,实际减免税5 200万元;关税征收方面,1985年仅征收2 500万元,1991年达2.04亿元。

苏州海关设立前,企业办理海关手续,涉及口岸进出口业务的,要到上海海关办理;涉及办理加工贸易手册和申请外资企业进口物品减免税的,则要到南京海关办理。在一切顺利的情况下,企业办完一项海关审批手续往往需要2—3天,既耗费人力精力,又影响生产,增加通关成本。1987年苏州市政府向省政府和南京海关提出尽快设立苏州海关的请示,省政府两次上报国务院,1988年国务院批复同意设立苏州海关,1990年苏州海关筹备处成立。1991年3月30日,中华人民共和国苏州海关正式开关,管辖范围为苏州市区和除张家港市以外的苏州所辖5县(市),成为苏州对外开放架构基本完备的一个重要标志。苏州海关开关后,迅速接管并全面展开各项监管业务工作,重点做好290多家企业的

---

[1] 本小目主要参考陆允昌、高志斌主编《苏州对外经济五十年(1949—1999)》(人民出版社2001年版)一书中有关"苏州境内海关建设专述"的内容编写。以下凡同一出处的不再一一注明。

加工贸易管理和面广量大的一般贸易进出口货物管理,对实行保税制度的外贸中转仓库、保税工厂加强政策指导和业务监管。[1]开关当年共备案加工贸易合同1 111份,监管进口料件货值1.58亿美元,保税金额5.58亿元;监管一般贸易进出口货运总量9.04万吨,货运总值8 577万美元,其中出口6 412万美元;受理报关单1 383份。

第三节 城乡经济体制改革全面推进

1982年中共十二大后,苏州各级政府按照十二大精神和十二届三中全会通过的《中共中央关于经济体制改革的决定》的总体部署,围绕"建立起具有中国特色的、充满生机和活力的社会主义经济体制,促进社会生产力的发展"这一基本任务,按照发展社会主义有计划商品经济的要求,紧密结合本地实际,积极、有序、创造性地推进城乡各项经济体制改革,为全市经济加快发展提供了强劲的动力。同开放一样,改革在20世纪80年代日益深入人心,成为时代的主旋律和最强音。

一、取消人民公社和推进农业规模经营为主的农村第二步改革

苏州农村1983年基本完成普遍推行家庭联产承包责任制的第一步改革后,农村的生产力和生产关系发生了极大的变化。中共十二大后,按照中央的统一部署,苏州农村又组织实施了以实行政社分设、改革农产品统派购制度、调整农村产业结构、发展农业适度规模经营、建立和完善统分结合的双层经营体制等为主要内容的第二步改革,逐步建立完善了适应新时期要求的农村上层建筑和经济管理新体制,迈开了农村经济向专业化、商品化、现代化的转变步伐,"给苏州农村带来了蓬勃生机和活力,带来了历史性的巨大变化。"[2]

1. 从政社分设到取消人民公社

进入改革开放新时期,长期实行的人民公社"政社合一"体制,在实践中日益暴露出其根本性的缺陷。主要是,政权组织和经济组织不分,过多地运用行政手段领导生产,不尊重农村经济基本核算单位(指农村的生产大队和生产队)的经

---

[1] 苏州市对外贸易经济合作局:《苏州对外经济二十六年发展历程(1980年—2005年)》,2007年内部资料,第138、142页。
[2] 《刘济民同志在全市农村工作会议上的讲话》,1987年3月6日,第1、2页,苏州市档案馆藏,档号A1—1—584。

营自主权,"一平二调"(搞平均主义和无偿调用大队、生产队的人财物力)的情况时有发生,不利于发挥经济组织的主动性和积极性;政社合一和党政不分结合在一起,形成权力过分集中,农村基层政权架构不健全,职能作用得不到很好发挥,还使党、政、社的干部分工不明确,职责不清,既不利于干部的专业化,又不利于调动他们的积极性。随着家庭联产承包责任制和农村各项政策的推行,农村加快了向较大规模的商品生产和现代农业转化的进程;随着社会主义民主和法制建设的推进,迫切需要重新构建农村的基础政权组织体系和集体经济经营管理架构,因而实行政社分设已成为农村经济社会发展的必然趋势。[1]1982年5月全国人大常委会公布《宪法修改草案》,交付全国各族人民讨论;同年12月通过的新宪法做出了一系列的新规定,其中之一就是"改变农村人民公社的政社合一的体制,设立乡政权"。1983年中央一号文件提出了"改革人民公社体制""实行政社分设"的农村改革任务。[2]

1982年9月,地委决定先在太仓县娄东公社进行政社分设试点工作。经过一阶段筹备,1983年3月娄东乡人民政府成立。[3]同年5月苏州市委决定在全市范围内分批展开实施,争取在秋收前结束;6月市人大常委会做出《关于苏州市农村人民公社实行政社分设的决议》,全市的实施工作正式展开;到10月中旬中共中央、国务院发出《关于实行政社分开,建立乡政府的通知》发布之时,全市除太湖公社因情况比较特殊(渔业公社)外,其余已全部完成乡、村两级的体制改革,比中央要求的1984年底以前大体完成的时间提前了一年多。[4]太湖公社于1985年9月改社为乡。[5]

根据中央关于实行政社分开的总体指导思想和苏州的实际情况,对机构设置,经过反复调查研究,听取各方面意见,多次权衡分析,苏州在全市采用了以下模式:(1)公社一级,以原来人民公社的管辖范围建立乡,实行党、政、企分开,建立乡党委、乡政府;把原来政社合一的人民公社改为劳动人民集体所有的经济组织,保留人民公社的名称,把原来的"公社管理委员会"改为"公社经济联合委员

---

[1] 《中共苏州市委关于批转〈全市农村政社分设工作会议纪要〉的通知》,1983年6月3日,第1—4页,苏州市档案馆藏,档号A28—1—1。
[2] 中共中央党史研究室:《中国共产党新时期历史大事记(1978.12—2002.5)》(增订本),中共党史出版社2002年,第121、125页。
[3] 中共苏州市委党史工作办公室:《中国共产党苏州九十年纪事》,中共党史出版社2012年,第151页。
[4] 中共苏州市委给省委《关于政社分设情况的报告》,1983年11月28日,第1页,苏州市档案馆藏,档号A28—1—1。
[5] 江洪、朱子南、叶万忠、唐文:《苏州词典》,苏州大学出版社1999年,第69页。

会"(以下简称"经联会"),作为全公社的经济联合体,由各经济组织的代表组成;在经联会下设立经营管理办公室、农业生产服务公司、多种经营服务公司和工业公司(简称"一室三公司")。有的公社根据生产发展的需要,还相应设立建筑、劳务服务、花木等专业公司。(2)村一级,以大队为单位建村,分别建立村党支部、村民委员会、村经济合作社,村民委员会为群众性自治组织,村经济合作社为各个生产队的经济联合组织;经济合作社下一般设会计服务站、农业服务站、多种经营服务站等,为承包经营的农户提供多方面的服务。(3)以原生产队建立村民小组,由生产队长兼任村民小组组长。同时,在昆山千灯将原千灯公社与千灯镇合并,在吴江黎里将原黎里公社与黎里镇合并,进行苏州首批镇管村的试点。[1]

同全国大部分地区的情况有所不同,苏州在实行政社分设之后,虽然实行"政社合一"的人民公社体制已经废除,但"人民公社"的名称并没有立即取消,人民公社的组织机构及部分制度还存在了相当长一段时间,也并没有很快全部废除,各乡的公社经联会在乡党委、政府的领导下,继续承担着作为全乡集体经济联合体的组织指导层的职能,握有乡办企业财产的所有权,在农村经济的发展中发挥着规划决策、投资融资、资源开发、经营管理、生产服务等多方面的重要作用,成为新型的农村合作经济组织;从乡经联会到其下设的"一室三公司"、农科站、植保站、畜牧兽医站等行使具体管理、服务职能的办事机构,都仍冠以"人民公社"的名称。

随着我国经济管理体制逐步走上规范化、法制化的轨道,为了理顺全市乡镇企业的管理体制,促进公社经济联合体逐步向经济实体转变,市委、市政府于1990年11月正式颁文并组织实施:撤销乡(镇)的人民公社经济联合委员会,成立乡(镇)农工商总公司。[2]吴县木渎镇、光福镇、斜塘乡于当年底首批实施[3],翌年上半年全市各乡(镇)全面推行。乡(镇)农工商总公司的性质、宗旨和基本任务,都与原来的乡(镇)经联会基本一致,但在农工商总公司及其下设的专业公司、办事机构的名称中已不再冠以"人民公社"。至此,延续了30多年

---

[1] 中共苏州市委给省委《关于政社分设情况的报告》,1983年11月28日,第1、2页,苏州市档案馆藏,档号A28—1—1。

[2] 中共苏州市委、苏州市人民政府:《关于健全和完善全市乡镇企业管理体制的若干意见》,1990年11月24日,第7页,苏州市档案馆藏,档号A1—1—889。

[3] 沈石声:《吴县三个乡镇率先成立农工商总公司》,《苏州日报》,1991年1月3日。

的人民公社在苏州才正式取消。[1]

2. 推行农产品流通体制改革

粮棉油、肉禽蛋、蚕奶菜等主要农副产品,既是人民生活的必需品,又大多是重要工业原材料和外贸出口商品,从而成为我国计划经济体制下管控的主要物品,新中国成立后一直实行统购统销或统派购制度。随着我国农村家庭联产承包责任制普遍推行,面对农村商品生产迅速发展和商品交换规模日益扩大的新形势,农产品流通体制的改革已经势在必行。1985年1月中共中央、国务院发布《关于进一步活跃农村经济的十项政策》(简称"1985年中央一号文件"),把"改革农产品统派购制度"列为首项,宣布:从当年起,除个别品种外,"国家不再向农民下达农产品统购派购任务,按照不同情况,分别实行合同定购和市场收购"[2]。

在此前后,苏州的农产品统派购制度改革逐步展开。1984年8月底,市委、市政府决定从当年秋播起不再下达计划种植面积,只下达粮食购销差额和品种,各地可自主安排决定;调整出来的农田可适当扩种经济作物,低洼圩田可改淡水养殖。[3]1985年中央一号文件后,苏州根据全省的统一部署,从年初起首先取消对粮食、棉花这两个最主要农产品的统购政策,改为合同定购。省里分配给苏州市的合同定购的粮食13亿斤,比上年收购实绩减少5亿斤,减少幅度达27.8%;合同定购的棉花86万担,比上年实绩减少31万担,减少幅度达26.5%;[4]粮食收购价格改按"倒三七"(30%按原统购价、70%按原超购价)计算。同时,对水产品的收购和销售价格全面放开,一律不再派购。是年4月起全省取消生猪统派购政策,实行合同定购;7月起放开猪肉销售价格,取消对城镇居民的定量平价供应,改为议价敞开供应。[5]1986年起省里将苏州的粮食合同定购任务减少到12.3亿斤,棉花的合同定购任务调整到80万—90万担之间。1987年起省下

---

[1] 中共苏州市委党史工作办公室、苏州市体制改革委员会编《姑苏春潮——苏州改革开放纪实》"农村改革综述"一章中记述苏州"1987年取消人民公社"(上海大学出版社1998年版第29页),王国平主编《苏州史纲》中沿用了这一说法(古吴轩出版社2009年版第664页),显然与史实不符。因为苏州农村的公社经济联合会及其下属的"一室三公司"等机构1991年上半年改建为乡镇农工商总公司之前还都存在,苏州市档案馆保存的、出现"人民公社"名称的最后一份档案为:1990年10月吴县甪直人民公社农科站所填报的《苏州市乡级农业科技档案工作合格证发放审批表》(档号C44—2—175)。

[2] 中共中央党史研究室:《中国共产党新时期历史大事记(1978.12—2002.5)》(增订本),中共党史出版社2002年,第128、164、178页。

[3] 居德里:《我市作出调整秋播布局的重大决策》,《苏州报》,1984年8月31日。

[4] 《林瑞章同志在全市农村经济工作会议上的讲话》,1985年1月30日,第15页,苏州市档案馆藏,档号A1—1—452。

[5] 苏州市农业委员会:《苏州农业志》,苏州大学出版社2012年,第20、21、78页。

达的生猪定购和上调任务由上年的80万头调减到52万头。[1]主要农副产品统派购制度改革实施后,苏州各级认真贯彻落实各项政策措施,积极发挥微观调节功能,针对出现的新情况及时采取一些行之有效的措施,保护和调动农民的生产积极性,保障农业的持续稳定发展,确保改革的顺利推进。1985年起对农业税征收制度也进行了改革,以征收粮食为主统一改为折征代金,每年的实际征收额随着粮食收购价格、耕地面积的变化而做相应调整。[2]

90年代农产品统购统销体制改革进入攻坚阶段。1992年1月起,苏州改革蔬菜产销经营体制,放开生产品种,放开市场渠道,放开购销价格,完全纳入大市场、大流通的市场经济轨道。[3]1993年4月起,根据省政府决定对粮食和食油这两个关系国计民生的最主要的农产品购销体制进行彻底的改革,放开粮食、油料购销价格,不再使用粮食、食油票券,取消对粮油流通的限制,向粮油商品化、经营市场化方向发展。[4]此后,苏州各级政府开始编制指导性粮食购销计划,每年春播和秋播前研究公布粮食收购指导价,引导农民种植,收购价格可在一定幅度内适当浮动;国有粮食企业与乡村合作经济组织、种粮大户、农户签订购销合同,在粮食收购中实行"死任务活价格"办法和最低保护价;全市筹集建立粮食发展基金和风险调节基金,主要用于弥补粮食企业政策性亏损和差入粮补贴,由此保障市场供应和物价的基本稳定,调动农民和粮油生产企业的积极性。[5]1994年春全省茧丝流通体制改革,开放鲜茧收购价格,取消调拨计划,经营权由省丝绸公司独家垄断改为下放到县,收购价随行就市,由此时续时断的江浙"蚕茧大战"彻底终结。[6]至此,历时10年之久的主要农产品流通体制改革在苏州基本完成,全市农民在实行家庭联产承包责任制后真正获得了生产经营的自主权,走上了发展商品经济之路,也极大地促进了全市农村产业结构的调整。

3. 建立完善统分结合的双层经营制度

家庭联产承包责任制实行初期,苏州一部分干部社员在思想认识上和工作上还有许多不适应的地方,表现在对现行政策的长期性、持续性仍有某些疑虑,

---

[1]《范育民同志在全市农业工作会议上的讲话》,1987年3月7日,第5—7页,苏州市档案馆藏,档号A1—1—584。
[2] 苏州市农业委员会:《苏州农业志》,苏州大学出版社2012年,第78、79页。
[3] 苏州市农业委员会:《苏州农业志》,苏州大学出版社2012年,第27页。
[4] 江苏省人民政府:《关于加快粮食流通体制改革步伐的通知》,1993年3月5日,第1—3页,苏州市档案馆藏,档号C1—7—429。
[5]《王振明同志在市级机关各部门负责人会议上的讲话》,1993年3月24日,第1—9页,苏州市档案馆藏,档号C1—30—42。
[6] 苏州市农业委员会:《苏州农业志》,苏州大学出版社2012年,第719页。

对兴办农田水利、增施有机肥等土地投资缺乏应有的积极性;户与户之间的收入差距拉大,尤其是一些既缺乏劳力,又缺智力、财力的困难户收入有所下降;生产过程中和产前产后的各项服务工作虽然努力做了改进,但还不适应千家万户发展商品生产的需要;对林特产区、渔区、蔬菜区的责任制缺乏系统的总结提高,"两户一体"(指种植大户、专业户和新型经营联合体)内部和外部的关系有待于建立和完善。由此,农村家庭联产承包责任制建立后,如何抓好规范完善工作、确保其长期稳定下来,成为摆在苏州各级干部面前的又一重大课题。1983年12月,市委发出《关于进一步完善农业生产责任制的意见》,要求各级干部认真总结经验,集中精力抓好完善工作,从完善中求得稳定和提高,求得生产力的新发展。[1]之后,全市各地按照中央和市委的指导意见和工作部署,以建立和完善"分散经营和统一经营相结合的双层经营体制"为目标,从两方面入手,搞好相关的组织、制度和配套政策建设,抓紧构建"农村经济新体制的框架"。[2]

一方面进一步完善家庭联产承包责任制,提高农户分散经营的积极性和水平。苏州根据1984年中央一号文件的精神,明确农户的土地承包期延长到15年以上,以鼓励农民做长期打算,对责任田投资、投肥、投劳,同时指导家家户户制定生产发展规划和致富计划;对全市的水面进行定权发证,在渔区和渔农中推行和完善承包经营责任制;吴县原集体经营的山林、果树于1984年全面推行家庭联产承包,并将全县一半左右的荒山(3万亩)划给群众开发,谁种谁有。[3]之后几年中,各地在坚持"大稳定、小调整"的原则基础上,曾进行过几次局部性承包土地调整,其中规模较大的一次在1989年秋,调整的方法主要有:重新测算,全面调整;协商转包,个别调整;"两田"(口粮田和责任田)互补,动账不动田(或尽量少动田)。调整涉及的村、组分别占全市总数的54.7%和40.3%;涉及40多万农户、33.93万亩耕地,分别占全市总数的33%和8.6%。与农户签订承包合同时,注意正确处理国家、集体、个人三者关系,合理确定农户的各项上缴任务,努力减轻农民负担,坚决制止不合理的乱摊派、乱筹款、乱收费;坚持"以工补农",继续从上缴乡、村的乡村企业利润中拿出一部分返还给村民小组(原生产队),连同集体的多种经营收入,主要按出售商品粮(棉)的数额进行分配,以鼓

---

〔1〕《中共苏州市委关于进一步完善农业生产责任制的意见》,1983年12月18日,第1、3页,苏州市档案馆藏,档号A1—6—34。
〔2〕 中共中央党史研究室:《中国共产党新时期历史大事记(1978.12—2002.5)》(增订本),中共党史出版社2002年,第225页。
〔3〕 苏州市农业委员会:《苏州农业志》,苏州大学出版社2012年,第18、20页。

励农民种粮种棉的积极性,支持农业承包大户。[1]

另一方面依靠集体力量搞好产前产中产后服务工作,为广大农户排忧解难。实行家庭联产承包责任制后,千家万户农民在机耕、灌溉、植保、育种等方面有许多一家一户办不了也干不好的事,迫切需要集体为他们提供各项农业服务。全市各级积极探索创新,花大力气搞好生产服务工作。1983年底,吴县黄桥乡张庄村在全国率先按照"有健全的组织、有固定的人员、有配套的农机、有完善的设施、有规范的制度"的要求,建立村级农业服务站,为承包农户提供"统一作物布局、良种供应、机械作业、水浆管理、防病治虫、肥药供应"等服务,简称"五有六统一"服务,深受农户欢迎。市委、市政府及时总结推广,到1984年底全市各村都建起了农业综合服务站,一般设有农机、管水、植保、农技4个专业队。到90年代初,村农业综合服务站有55%基本达到"五有六统一"要求,乡(镇)的农业服务公司也纷纷建立起来;1990年全市有农业技术人员1 725名,比1983年增加50%,其中高级职称由5名增加至96名,中级职称由199名增加至601名。苏州的这一做法为全国各地纷纷效仿。与此同时,太仓县浮桥乡为解决农户在承包田开发生产经济作物和发展庭院经济中出现的买难卖难问题,率先组建乡多种经营服务公司。这一经验被迅速推广,到1984年底全市163个乡(镇)和1 200多个村先后办起了乡、村多服公司(站),拥有职工1.5万多人,服务领域涉及畜牧、水产、蚕桑、林茶、花果、蔬菜等。到1990年全市78%的村建有多种经营服务站,初步形成"国家服务为龙头、合作服务为主体、个体服务为补充"的市、县(市)、乡(镇)、村四级服务网络,农业和多种经营服务系统的自我发展实力也大大增强,实现了良性循环发展。[2]

4. 发展农业适度规模经营

以推行家庭联产承包责任制为主要内容的农村第一步改革,大大提高了农民的生产积极性,也为大批劳动力向非耕地经营转移创造了条件。然而,在人均耕地仅1亩左右的苏州地区,实行家庭承包经营后那种由于"人分口粮田、劳分责任田、猪分饲料田"形成的分散性和狭小规模,由于"家家农副工、户户小而全""上班(指到乡镇企业上班)三班倒、种田早中晚"而形成的兼业性,使原来相对独立的农业变成了依附性的"副业",加上农业的比较效益不高,劳动强度又大,农民经营土地的积极性不高,以致许多生产措施推不开、落不实,农业生产处

---

[1]《中共苏州市委关于进一步完善农业生产责任制的意见》,1983年12月18日,第4—6页,苏州市档案馆藏,档号A1—6—34。
[2] 苏州市农业委员会:《苏州农业志》,苏州大学出版社2012年,第138、139页。

于"跌不倒、跳不高"的相持阶段。这种狭小的经营规模同社会化大生产之间的矛盾,成为农村生产力,尤其是农业进一步发展中的新的制约因素。[1]

苏州农村基层干部群众较早认识到了这个新矛盾和新问题,从实行家庭联产承包责任制后不久就开始探索、寻求解决这一问题的新对策。几乎在推行家庭联产承包责任制的同时,昆山就出现了转包农户责任田进行耕种和具有一定规模养殖的专业户、重点户(简称"两户"),太仓也在一年中涌现出1500多户粮棉承包大户。[2]到1983年10月,全市出现各种类型的专业户102 172户,占总户数的8.6%;同时涌现了涉及多种经营领域的联合体5 512个,参加农户18 160户。伴随着专业户、联合体的发展,全市农村涌现出700多个"一村一品"式的专业村。当了专业户、进了联合体、成了乡镇企业职工的农民,有部分转掉或全部转掉承包土地的要求;而一些专心务农并在农业生产上有一技之长的农民则有扩大承包土地的愿望。在这样的情况下,土地转包应运而生,种粮大户、家庭农场犹如雨后春笋般发展起来。[3]

苏州各级党委、政府因势利导,尊重农民的意愿,启发农民的自觉,鼓励农民的探索,支持农民的创新实践。昆山县委、县政府1983年1月召开农村专业户、重点户代表会议,并从10个方面放宽政策,大力促进"两户"生产的发展。[4]1984年1月,市委、市政府召开地市合并后的第一次全市农村三级干部会议,研究部署"实行自给半自给经济向较大规模商品生产转化,传统农业向现代农业转化",其中一项重要举措就是要大力发展多种形式的农副业规模化经营。[5]由此,农业适度规模经营在各地全面推进,主要有三种类型。

第一类是将已实行家庭承包经营的土地逐步向种田能手转移而形成的家庭农场。1984年3月,昆山陆扬乡横娄村谢三根兄弟三人联合承包了队里14户社员转让出的耕地,连同自己的承包田总共106亩办起了家庭农场。接着,原在乡办厂当供销员的许家村俞三男、原在村办厂务工的潘泾村祁阿花也退工务农、接

---

[1]《戴心思同志在县委书记会议上的讲话》,1987年9月5日,第3、4页,苏州市档案馆藏,档号A1—1—599。
[2] 中共苏州市委党史工作办公室:《苏州改革开放三十年大事记(1978—2008)》,中共党史出版社2008年,第37页。
[3] 中共苏州市委农村工作办公室:《苏州建国以来农村历次运动史料简综(1951—1983)》,2006年内部资料,第122页。
[4] 中共昆山市委党史研究室:《中国共产党昆山市历史大事记(1949.5—1999.12)》,上海科学技术文献出版社2000年,第212页。
[5] 中共苏州市委党史工作办公室:《苏州改革开放三十年大事记(1978—2008)》,中共党史出版社2008年,第41页。

包耕地,在不到 1 个月的时间里该乡先后办起了 8 个家庭式小农场,共承包土地 604 亩,规模最小的 31 亩、最大的 134 亩,当年秋熟一季向国家出售粮食 52.6 万斤,商品率达到 87.8%,劳均售粮 2 万多斤,相当于全县一般农业劳动力售粮的 10 倍;劳均纯收入 2 203 元,比一般劳力高出 1 倍多。俞三男秋熟纯收入 8 773 元,加上夏熟原来家庭承包的收入,全年获净利 1 万多元,成为全县种田致富的第一个"万元户"。土地向种田能手集中,使相当一部分劳力从责任田里转移出来,他们各展其能,各显神通,向新的生产领域进军。向谢三根农场转让土地的 14 户家家成了养禽、养鱼、发豆芽、种香菇、搞运输的副业专业户,当年户均副业净收入 3 000 多元。[1] 1984 年 5 月中央新闻纪录电影制片厂拍摄谢三根、俞三男等种粮大户承包生产的影片在全国公映,引起很大反响。[2]

第二类是将仍归集体经营的土地组织专业承包,形成村办合作农场。实行大队(村)一级核算的常熟琴南乡元和村,在苏州地区全面推行家庭联产承包责任制时,由于大部分农民已从事工副业生产,加上原来就人多地少,以及几年来被连年征地"蚕食",人均耕地只剩 0.35 亩,因而群众不愿意将土地分散承包经营。1984 年 9 月,该村邹招根[3]、唐桂芬、钱二媛、戈凤金等 4 位妇女大胆经营承包了全村 687 亩耕地,分别担任起 4 个合作农场的场长,最多的一个农场有耕地 270 亩,最少的也有 92 亩。[4] 她们聘用了 18 名女劳力,采用机械化耕作方式,在第二年创造出每个劳力平均产粮油 28 600 斤的新纪录,人均创造农业产值 5 090 元,比承包前提高了 65.3%。1986 年 10 月中共中央总书记胡耀邦视察该村时,与 4 位女场长亲切交谈,详细询问、了解了有关情况。常熟市和村领导告诉总书记,元和村开创的中国农业发展史上由个人承包经营村办农场的"元和模式"引起了国内外的极大关注,社会学家费孝通将此誉为"代表中国现代化农业发展方向",总书记深表赞同。[5]

第三类是承包开发荒地闲田,创办家庭(合作)农场。吴县光福乡田舍大队 12 队队长顾春生,家中 3 个劳力承包集体 2.9 亩责任田,劳力有剩余,1983 年串联 12 户社员承包本村和外村的游湖田 49 亩,到年底除上缴集体和付给帮工的,

---

[1] 中共苏州市委员会:《今日苏州农村经济》,江苏人民出版社 1985 年,第 71—73 页。
[2] 苏州市农业委员会:《苏州农业志》,苏州大学出版社 2012 年,第 20 页。
[3] 常熟市政协文史委员会编《常熟文史》第四十一辑(熟出准印〔2010〕字 JSE—1002189)第 256 页中为姚大大,存疑。
[4] 中共苏州市委员会:《今日苏州农村经济》,江苏人民出版社 1985 年,第 77、78 页。
[5] 常熟市政协文史委员会:《常熟文史》第四十一辑,熟出准印(2010)字 JSE—1002189,第 255—257 页。

平均每户分到粮食5 100斤、收入770元。尝到甜头的他1984年3月承包本乡和东渚乡渔场320多亩荡田,加上游湖垦荒芦苇田总面积达432.8亩,原在乡镇企业当会计的妻子辞职后一起来到荒滩荡田上安营扎寨,办起了"春生农场",成为全市首家开发型承包经营的家庭农场。他们雇聘了18名职工,实行生产专业化和内部承包责任制,两年中共向国家交售30多万斤商品粮,向市场供应鲜鱼4万斤、西瓜28万多斤、家禽1 500只、禽蛋1万斤、生猪20头,全员劳动生产率达到4 750元,走出了一条农业综合开发、规模化经营、产业化发展的成功路子,顾春生被评为省劳动模范。1986年,农场与东渚乡农业服务公司合作改组为春生合作农场,顾春生担任全市首家由集体和农民合营的合作农场场长,由此开辟了苏州发展农业规模经营的又一种新形式。[1]吴江县莞坪乡新湖村陈行政1984年承包81亩边远低洼地办起了农牧副结合型家庭农场,全家8个劳力共交售商品粮2万多斤,饲养生猪、家禽转化粮食5万多斤,出售43万只种蛋、7万斤鲜蛋,全年总收入21.2万元,净收入5万元。[2]吴县东山乡含山村金天明联合3家农户承包开发了太湖中的一个小岛,种了10亩柑橘,培育1.8万株橘苗,办起了合作果园苗圃,当年出售橘苗就收入1万元。[3]

多种形式的土地规模经营不断涌现,到1986年2月全市20亩以上规模的家庭农场、合作农场、种粮大户有265个,集中耕地1.3万亩。1987年市委、市政府制发《关于社会主义农业现代化试点工作的意见》,常熟和吴县经国务院批准被列为"苏南社会主义农业现代化试验区",全市选择19个村作为全国的试验点、35个村为市级的试验点,农业规模经营开始走上有领导、有步骤的发展轨道,其指导思想已经不是解决部分农民不愿种田的权宜之计,而是实现农业现代化、从根本上解决农业出路问题的战略措施。到1988年4月全市粮棉规模经营单位发展到630个,集中耕地2.89万亩。至1991年底全市土地规模经营单位达1 293个,经营耕地7.20万亩。[4]

同时,养殖、畜牧、苗木、菌类、经济作物种植等农副业的规模经营也在全市农村蓬勃发展。首先兴起的还是家庭经营,沙洲县饲养27头奶牛的翟惠庆、太仓县以养鱼为主多业经营的潘士兰、昆山县户养300头兔子的袁仁永、吴县花木

---

[1] 张三林、徐志刚:《春生合作农场在吴县东渚诞生》,《苏州报》,1986年4月28日。
[2] 中共苏州市委员会:《今日苏州农村经济》,江苏人民出版社1985年,第18页。
[3] 中共苏州市委员会:《今日苏州农村经济》,江苏人民出版社1985年,第29页。
[4] 中共苏州市委农村工作办公室:《苏州建国以来农村历次运动史料简综(1951—1983)》,2006年内部资料,第122、123页。

专业户陈根兴、郊区一年交售生猪200头的徐永元等,成为家庭联产承包后首批家庭农副业规模化经营的开拓者。[1]到1984年底,全市已涌现出养殖专业户5214户、经济作物种植专业户2981户。[2]随后乡村集体兴办的农副业规模经营项目也陆续发展起来。1985年太仓陆渡乡多服公司投资兴办了康福养殖公司,养殖从国外引进的优质肉鸽、鹧鸪、鹌鹑、珍珠鸡、肉用鸡等3万羽,年产240多万只,建成苏州首家大型特禽养殖基地。此后,常熟梅李凤凰村创办北极狐(又名蓝狐)特种养殖场,吴县东桥乡创办养鸡专业生产合作社,吴江县八圩供销社与镇南村养鱼专业户联办全省首家渔业专业合作社,郊区横塘乡56个养猪专业户结成联合体承包经营乡办的2个万头养猪场。至1991年,全市已建成一批规模较大、集约化程度较高的多种经营种养基地。

5. 推进农业的专业化、商品化和现代化

苏州虽是我国主要的商品粮基地之一,然而由于人多地少,加上长期实行"以粮为纲"和农产品统派购制度,至1978年全市农村综合商品率仍只有65%,作为全市最主要农产品的粮食1982年的商品率仅为35.2%,基本上仍没有摆脱自然经济和产品经济的格局。[3]在1984年开始的农村第二步改革中,苏州除了前述的缩减双季稻、推行规模经营、将农业富余劳力向二三产业大规模转移等措施外,还主要采取了"三招",使长期蕴藏着的各种经济能量一齐释放出来,把农业经济推进到了专业化、商品化、现代化的发展新阶段。一是退耕,就是将一部分过去在"左"的思想影响下盲目扩种粮棉而又无法实现高产的近40万亩高垾田、低洼田、滩荡田,实行退耕还渔、还林、还果、还桑、还其他经济作物。二是开发,就是把过去弃之不用或半荒不熟的各种自然资源充分开发利用起来。重点放在辽阔丰富的水域资源上,分别水面的不同规模和地域,运用分层养鱼、外塘精养、湖泊围养、网箱养鱼、稻田养鱼、鱼蚌混养等多种技术,使水面的开发利用价值大大提高。1986年全市水面利用率由1978年的60%左右提高到94%,水产品总产量突破300万担。吴县1984年起将荒山疏林放给群众开发,包给社员长期经营,仅东山一乡一个冬春就开发荒山2000余亩,栽种果树13万株。三是转化,主要是将初级产品通过养殖、加工等途径增加附加值。上述举措的实施,

---

[1]《林瑞章同志在全市农村经济工作会议上的讲话》,1985年1月30日,第4页,苏州市档案馆藏,档号A1—1—452。

[2] 中共苏州市委员会:《今日苏州农村经济》,江苏人民出版社1985年,第16、221页。

[3]《戴心思同志在县委书记会议上的讲话》,1987年9月5日,第2页,苏州市档案馆藏,档号A1—1—599。

迅速打破了农业单一粮棉油和单一农业经济的格局,优化了生产力的组合,促进了资源优势向产品优势、商品优势、经济优势的转化,形成了农林牧副渔综合经营、一二三次产业协调发展的局面。1986年全市农村综合商品率达到86%。[1]

为推进农业现代化,还突出抓了农业机械化水平的提高。家庭联产承包后,苏州的农业机械化从分段作业转向联合作业、复式作业,从部分环节机械化向稻麦生产全程机械化发展,并向林、牧、副、渔业机械化延伸,新式农机具大面积推广运用,农村运输、农副产品加工机械得到迅速发展,逐步形成国家、集体、农户多层次、多种形式办农机的新局面。1991年与1983年相比,全市农机总动力由176.12万千瓦增加到222.69万千瓦,平均每亩耕地拥有0.6千瓦左右;联合收割机由60台增加到929台,大中型拖拉机由681台增加到2 294台,机动插秧机由358台增加到734台,开沟机由1 320台增加到5 788台,机动植保机由15 663台增加到23 951台,拥有拖拉机配套农具57 101台,基本实现耕作、排灌、植保、脱粒、农副产品加工和农业物资运输的机械化和半机械化。1986年中央农村政策研究室刊发《苏州市农业机械化的现状及发展趋势》一文,苏州农机化先行村组织实施情况在全国农业工作会议上做专题介绍,把苏州发展农机的经验推向全国,中央人民广播电台将此事作为全国农机十大新闻之一予以报道宣传。[2]

苏州80年代在乡村劳动力一半以上转向非农产业、耕地面积减少20多万亩、农业比较效益不断下降的情况下,农业非但没有萎缩,相反还继续有所发展。大宗农产品种植业方面,1990年与1981年比较,粮食在三熟制改两熟制、复种指数大幅下降的情况下,总产量达283.5万吨,增加61万吨,水稻、三麦的亩产分别达520公斤、256公斤,增幅分别为41%、18.6%,年年完成或超额完成国家合同定购任务,苏州及吴江、吴县、昆山被国务院授予"全国粮食生产先进单位";棉花在种植面积由76.1万亩减少为49.8万亩的情况下,总产达3.7万吨,增加0.47万吨,亩产由42.5公斤增长到74公斤;经济效益较高的油菜种植面积则由88.95万亩增加到111.2万亩,总产由11.26万吨增加到14万吨。[3]多种经营方面,1986年全市多种经营收入比1978年增长4倍多,成为农村的第二大产业,农民从多种经营中取得的收入人均300元,占总收入的1/3以上;1991

---

[1]《刘济民同志在全市农业工作会议上的讲话》,1987年3月6日,第3、5、12、13、18、19页,苏州市档案馆藏,档号A1—1—584;中共苏州市委员会:《今日苏州农村经济》,江苏人民出版社1985年,第29、30页。

[2] 苏州市农业委员会:《苏州农业志》,苏州大学出版社2012年,第754、755、777、778页。

[3] 苏州市农业委员会:《苏州农业志》,苏州大学出版社2012年,第175、183、198、204、210页。

年与1981年相比,林牧渔业总产值由3.09亿元增长到22.26亿元,占农林牧渔业总产值的比重由21.27%上升到37.93%,其中林业由740万元增长到4 698万元,牧业由2.2亿元增长到11.51亿元,渔业由0.81亿元增长到10.28亿元;[1]林牧渔业主要产品产量1990年与1980年相比,除猪肉略有下降外,其余都有较大增加,其中牛奶由0.41万吨增加到1.61万吨,家禽存栏量由453.57万只增加到1 048.48万只,淡水品由3.98万吨增加到17.07万吨,蚕茧由4 784吨增加到9 785吨,水果由1.74万吨增加到4.23万吨,茶叶由286吨增加到369吨,苎麻由20.3吨(1985年)增加到1 128吨。[2]

二、城市企业改革不断深入

中共十二大和十二届三中全会制定了全面改革蓝图,提出要加快以城市为重点的整个经济体制改革的步伐,明确经济体制改革的中心环节是增强企业活力,本质内容和基本要求是确立国家和企业、企业和职工这两方面的正确关系。[3]1983年起的80年代,苏州各地各部门按照中央确定的方针和部署,从企业外部和内部两方面同时入手,组织实施了一系列重大改革措施,把国有和城镇集体企业的改革不断引向深入、推向前进,使全市企业的活力有所增强,逐步成为自主经营、自负盈亏的社会主义商品生产者和经营者。

1. 多措并举逐步理顺国家与企业的关系

为改变长期计划经济体制下形成的企业如同政府附属物,既缺乏生产经营自主权又不具备自负盈亏能力的状况,逐步理顺政府与企业的关系,给企业松绑、放权、加动力,十二大后苏州按照中央的部署,结合本地实际,在国有和城镇集体各类企业中相继组织推行了包括两步"利改税"在内的一系列重大改革,广大企业主管部门和企业经营管理领导层在改革中进行了积极探索和大胆尝试、实践,力争使改革措施真正落到实处、多见成效。

推行企业经营承包责任制方面:1983年1月经营状况长期不好的苏州缂丝厂,由厂党支部书记和一名副厂长以向市工艺公司立"军令状"的形式首开企业承包经营先河。至1984年10月,市区70%、县(市)76%的工业企业以及商业、

---

[1] 黄正栋:《数字见证苏州改革开放30年巨变》,苏出准印(2008)字JSE—1002233号,第157—161页。
[2] 苏州市农业委员会:《苏州农业志》,苏州大学出版社2012年,第18—27页,第97、98、216、220页。
[3] 中共中央党史研究室:《中国共产党新时期历史大事记(1978.12—2002.5)》(增订本),中共党史出版社2002年,第113、172页。

供销系统的全部企业,与主管部门签订了多种形式的承包经营责任制。[1]适应企业承包经营的需要,1986年起推行企业工资总额与经济效益挂钩浮动的工资制度改革试点,至1988年已在全市95%以上的企业中推开,具体形式增加到10种,挂钩形式更加符合实际,效果更为明显。这年9月12日《人民日报》报道了苏州这一改革举措和成效,称其把企业逼上了提高经济效益的"梁山",做到"效益长一寸,工资增几分"。

进一步扩大企业自主权方面:1984年下半年中,苏州各级主管部门贯彻"层层放权、权放一格"的原则,把按规定企业应该得到的10个方面权力基本放到了企业。众多企业本着自愿互利的原则,运用市场机制,形成了城乡技术协作、产品脱壳、设备转让、定点加工、合资经营等多种联合形式,而不再是行政式的"拉郎配";企业30万元以下的技术改造项目自行决定,不再层层审批;市工艺美术公司下属的吴门画苑、民间工艺厂,遵循艺术创作活动规律,组织绘画车间100多名职工回家分散生产,每月按考核实绩进行计奖分配;吴江盛泽5家国营丝织厂招收合同制农民工1 180人,满足了企业增加用工的需要;市机械局14个企业对管理人员实行了招聘,打破了工人与干部的身份界限;市工艺玩具厂在市属企业中首家公开招聘厂长,大胆起用能人治厂;市轻工系统试行企业内部技术职称,使一批技艺水平高但无学历的能工巧匠在企业内部享受较好的经济待遇,调动了积极性。[2]至1987年底全市企业已全面推行厂长(经理)负责制,1988年市政府做出《保障企业领导人依法行使职权的若干规定》,保障了厂长(经理)负责制的顺利实施。[3]

发展壮大企业生产经营联合体方面:一些企业遵循市场经济规律,按照自愿互利的原则,突破地区、部门、行业和所有制的藩篱,以产品、技术、资金等为纽带,结成了形式多样的生产经营联合体,创新了企业组织形式。首先发展起来的是半紧密型的联营企业,1983年苏州第一家城乡经济联合体——苏州净化设备公司成立,到1986年底全市共有联营企业1 150家,其中全民与全民联营的65家,集体与集体联营的550家,全民与集体联营的508家,集体与个体联营的27家。1986年底,长城电扇、香雪海电器、孔雀电子等首批3家以股份为主要纽带

---

[1] 苏州市人民政府办公室:《工业系统经济体制改革情况》,1984年11月5日,第3、4页,苏州市档案馆藏,档号C1—1—323。
[2] 苏州市人民政府办公室:《工业系统经济体制改革情况》,1984年11月5日,第1—3页,苏州市档案馆藏,档号C1—1—323。
[3] 中共苏州市委党史工作办公室:《苏州改革开放三十年大事记(1978—2008)》,中共党史出版社2008年,第74、85页。

的紧密型企业联合体相继成立,至1988年全市股份制企业集团增至28家,其中市区17家。至1990年底全市经批准建立的企业集团已达44家,成员企业722家,定点协作配套单位2 500多家,孔雀、长城、香雪海、春花、苏纶、东华电器集团等发展壮大为全省同行业中的佼佼者。[1]

转换企业经营机制方面:1986年底市政府组织推行"改、转、租"的办法,放开搞活小型商业企业,市区101家国营小型商业企业改为国家所有、集体经营,51家小型国营商业企业实行由原门店负责人或员工租赁经营。翌年各县也普遍推行。随着企业经营自主权的扩大,一些有扩张需求和经营能力的企业开始跳出囿于本企业经营的框框,运用市场机制,通过承包、租赁经营其他企业和兼并劣势企业的办法,谋求企业更大更好的发展。1986年,市轻工业局所属企业中先后有24个企业采用承包、租赁、代管、兼并的方式自愿进行了11对组合,优势企业总计吸收或利用了劣势企业固定资产3 000多万元、厂房等建筑面积10万多平方米、劳动力3 000余人,其中香雪海电器公司兼并洗衣机厂、市钟表研究所兼并日用玻璃厂,成为全市首批兼并式企业。进入90年代之时,全市全民、大集体企业"现在搞得比较活的不到20%,相当一部分处在'半死不活'状态,有些则在生存线上挣扎,资不抵债,严重亏损,濒临破产"。为了在搞活企业上能"杀出一条血路",1991年,市委、市政府决定进行企业放开经营、转变经营机制试点,11家企业(其中大中型企业8家)列入首批试点;总的要求是围绕搞好、搞活企业,着重学习借鉴乡镇企业、"三资"企业的适用经验,从进一步改善企业外部环境和转换企业内部经营机制结合上进行综合治理,从根本上解决体制和机制问题,形成营销、投资、积累、资金运筹、用人、劳动、分配、定价、外向开拓、民主管理等10个方面的新机制,从而把全市企业转变经营机制的改革推进到一个新阶段。[2]

2. 推进内部改革,构建职工与企业的新型关系

20世纪80年代中期,全市企业按照市委、市政府提出的"以外包促内包,以内包保外包,从内外包结合上全面深化企业配套改革"的要求,普遍实行多种形式的内部经济责任制,把企业对上承包的各项指标分解落实,更好地体现按劳分配、奖勤罚懒的原则。[3] 1986年深入推进企业内部职工分配制度的改革,把原

---

[1]《苏州市人民政府批转〈苏州市工业结构调整意见〉的通知》,1990年11月29日,第3页,苏州市档案馆藏,档号C1—1—938。

[2]《黄俊度同志在全市企业放开经营、转变经营机制试点动员大会上的讲话》,1991年10月16日,第4页,第9—12页,苏州市档案馆藏,档号A1—35—26。

[3]《黄俊度同志在市深化完善企业承包经营责任制动员大会上的讲话》,1990年9月20日,第4、5页,苏州市档案馆藏,档号A27—1—40。

来只涉及奖金一块推进到涉及基本工资一块,逐步拉开职工之间的分配档次。翌年全市推行多种形式职工浮动工资制的分别占企业总数的97.5%和职工总数的94.6%,原来的固定工资加奖金的分配模式已被打破。

1987年,市委、市政府部署在企业内部实行"三位一体"的改革,即实行"满负荷工作法"、推行划小核算单位、建立厂内银行,在企业内部引进竞争机制,促进企业加强经济核算,改善经营管理,增强企业内部素质。

企业增量股份制由点到面推行。1984年市儿童用品厂首开吸收职工集资入股先河[1],1987年太仓县在集体商业企业中推行职工集资入股,为企业的股份合作制改革进行了有益探索。1988年市委、市政府做出在企业全面推行增量股份制的决策,吸收职工入股,所获资金用于企业扩大生产经营和新上技改项目、开发新产品,由此新增的产出效益按股向职工分红。到年底全市企业职工认股额已达6.96亿元,市属工业企业有90%推行股份制,使职工变成企业的股东,主人翁意识和生产积极性提高。

三、配套改革有序推行

中共十二大和十二届三中全会以后,苏州按照中央的统一部署,围绕建立起具有中国特色的、充满生机和活力的社会主义经济体制的基本任务和搞活企业这一中心环节,有计划、有步骤、有秩序地进行了计划、流通、价格、财政、税收、金融、科技体制和劳动工资、社会保障、职工住房制度等方面的配套改革,同时大力鼓励发展多种所有制经济,逐步建立起有计划的商品经济新体制的基本框架和"国家调节市场,市场引导企业"的经济运行新机制,成为促进苏州80年代经济快速崛起的重要动力源泉。为加强对城市经济体制综合配套改革的统筹协调和专业指导,市政府于1985年6月成立了市体制改革办公室(1991年更名为市经济体制改革委员会),市委于1986年3月设立了市委城市工作部,与市体改办合署办公,1988年3月,市委、市政府建立市改革协调领导小组。[2]

1. 推进政府经济管理职能的改革

各级政府部门尤其是经济综合和专业管理部门,本着"自我革命"的精神,遵循精简、统一、效能的原则,积极进行经济管理职能的改革,努力清除长期计划经

---

[1] 苏州市人民政府办公室:《工业系统经济体制改革情况》,1984年11月5日,第6页,苏州市档案馆藏,档号C1—1—323。
[2] 中共苏州市委党史工作办公室:《苏州改革开放三十年大事记(1978—2008)》,中共党史出版社2008年,第46、49、52、58页。

济体制下形成的高度集中的积弊,改变过去那种主要依靠行政手段管理经济和企业、推动经济运行的老办法,学会掌握和运用现代科学管理方法。

计划体制改革。1985年起市政府不再向县、郊区下达农业生产的指令性计划,工业生产中的统配和部管产品实行指令性计划和指导性计划并行,其余放开。该年计划产品83只,比上年减少27只,其中指令性计划40只,占市区工业总产值的27.1%。"七五"时期朝着以市场调节为主、计划调节为辅的方向深入推进。至1990年全市工业生产国家计划任务下降到4%,固定资产投资国家计划部分下降到9%,物资计划供应量下降到5%,外贸收购计划产品下降到23.5%,以市场调节为主的运行机制基本形成。[1]

土地管理制度改革。1986年3月市政府土地管理办公室成立,1987年改建为市土地管理局,各县(市)的土地管理机构也相继成立,全市土地管理工作开始由行政管理为主转向行政、法律和经济措施相结合的综合管理阶段。1989年4月昆山开发区首块工业用地有偿出让后,全市国有土地使用制度改革开始逐步推行,至1991年底县(市)共有偿出让国有土地9幅、面积33.6万平方米。1990年苏州按照国务院要求,开始实施建立基本农田保护区的规划编制和相关工作,1991年全市共划定基本农田一级保护区(永久性保护区)436万亩、二级保护区(长期农业发展和非农业建设发展用地区)30万亩、三级保护区(非农业建设用地规划预留区)15.5万亩。通过划定工作,从宏观上加强了土地利用的计划管理和规范化管理。[2]

财政体制改革。适应企业实行"利改税"需要,1984年5月税收征管业务工作从财政中分离,重建市税务局。1986年全市乡(镇)全部建立了乡(镇)一级财政,使乡(镇)政府有了一定的财权。1988年起省对苏州市实行"收入递增包干"的财政新体制,市将其分解、落实到各县(市)、区,市还向3个城区下放部分财权,首次建立起区级财政。

推行建设工程招投标改革。针对政府投资工程建设项目一直以行政手段下达给本地下属建设单位施工,缺乏竞争、没有活力且极易滋生腐败的情况,1984年起实行市区公共建筑和住宅小区建设项目招标投标试点工作,1986年起在市政工程建设领域推行。这项改革显示出良好的经济效益和社会效益,很快在建设工程领域普遍推行开来,也促进了建筑市场的逐步形成和日趋规

---

[1] 王敏生:《扩大开放是发展社会主义市场经济的重要途径》,《苏州日报》,1992年10月14日。
[2] 苏州市人民政府:《关于建立基本农田保护区的实施意见》,1990年11月6日,第1—4页,苏州市档案馆藏,档号C1—5—268。

范、活跃。

2. 加快流通体制和价格改革步伐

商业流通体制改革。1984年市委、市政府批转《关于城市商业体制改革的意见》,实行多渠道、多形式、多层次、少环节的"三多一少"城乡商业流通体制改革。主要是改变工业品由商业包销办法,当年国家计划收购品种进一步减少到占总量30%左右,大部分品种已属自由购销;改变长期形成的分配式进货形式,实行自由选点、择优进货,不论是批发还是零售,除计划分配商品外,均不受地区、行业的限制;改革省、市、县三级商业批发体制,建立区域性的贸易中心和批发市场,逐步打破批发机构的等级、商业企业的批零界限。

价格改革。1980年重建市物价委员会,恢复物价管理网络。就与人民生活密切相关的生活消费品价格改革来看,80年代主要经历了三个阶段。第一阶段是1985年前的探索改革阶段。部分商品开始实行价格改革,由国家单一的计划价格逐步改为国家定价、国家指导价和市场调节价三种价格形式,一些商品价格背离(低于)价值的矛盾有所缓解。粮油方面,在国家1979年、1983年、1985年连续三次较大幅度提高收购价格的同时,对于定量供应城镇居民的粮油维持原价,亏损由地方财政补贴,市民消费超过定量部分按市场调节的议价供应。副食品(肉、禽、蛋、鱼、奶)方面,1981年后逐步扩大议购议销品种,放宽最高限价幅度;1985年猪肉供应改为指导性议价后给市民增发肉食补贴,家禽、蛋品、水产品先后放开价格。日用工业品方面,1981年调低化纤布价格、调高烟酒价格;1984年取消棉布定量供应,缝纫机、手表、电风扇和半导体收音机的价格放开;至1985年放开的品种共694种,除少数品种外已基本退出计划价格范围,实行市场调节。经一系列价格改革,1985年市区社会商品零售物价中,国家定价占50%,国家指导价占30%,市场调节价占20%。第二阶段是1986年、1987年的大稳定、小调整阶段。在继续改革价格管理体制的同时,逐步理顺价格体系。1986年按国家规定放开国产电冰箱、洗衣机、收录机等7种工业消费品价格,1987年将市区居民凭票供应猪肉价格适当上调。这两年中还调整了市管价格中部分矛盾比较突出的商品和收费价格共25项。第三阶段是1988年4月起的全面实施"放调结合、以放为主"的价格改革阶段(详见本章第六节第一目中相关内容)。

3. 进行劳动人事制度改革

劳动管理制度改革方面:1980年后贯彻实行"在国家统筹规划和指导下,劳动部门介绍就业、自愿组织起来就业和自谋职业相结合的方针"[1],苏州的劳动制度改革逐步展开。一是逐步推行劳动合同制,在企业中构建一种契约式的新型用工制度,至1985年全面推行。[2]二是改革劳动力配置计划管理体制,变过去"清理、压缩、控制"农民工为"引导、鼓励和支持";逐步实行企业用工自主,招工指标经劳动部门批准后劳动力由市场配置。三是探索发展劳务市场。1981年建立苏州市劳动服务公司,1987年首次举办劳动力交流洽谈会,1990年成立苏州市职业介绍所,为企业用工和择业人员找工作创设了平台,提供了服务。

人事管理制度改革方面:一是打破吸收录用干部的形式和身份限制,除组织人事部门统调统配应届大中专毕业生和军转干部之外,1983年起用人单位可以公开招考,择优录用分散在社会上的专业技术人才,试用一年后吸收为国家干部,至1985年共吸收录用1 291名"五大生"等为正式干部。1984年起市区通过公开招聘、择优录取的方式录用合同制干部,打破了干部身份的"铁饭碗"。二是改革毕业生接收分配工作,1984年起大中专毕业生接收分配开始实行"供需见面"办法,1989年起组织毕业生双向选择供需洽谈会,毕业生分配逐步向按市场需求配置转变。三是实行人才流动,消除人事分配中"一配定终身"的积弊,逐步做到自主择业、才尽其用。1984年市人事局成立苏州市人才交流服务部(后更名市人才交流中心),各级的人才市场网络形成,为人才流动提供中介服务。至1987年全市共从外省市引进各类专业技术人才22 771名,市县之间的干部自主交流达1万余人。

4. 探索建立社会保障制度

中共十二大后,苏州探索改变长期以来职工的生老病死全由企业包下来的不合理做法,针对不同的社会成员、不同的保障程度,分别轻重缓急,本着先易后难的原则,逐步建立起职工养老、失业、医疗、生育等多项社会化保障制度,同时职工住房分配制度改革开始起步,逐步改变了职工各项劳动保险待遇由企业直接支付、企业之间社会负担畸轻畸重状况,实现了职工由"企业人"向"社会人"的转变,为企业回归生产经营主体的本来面目营造了有利条件,也为全市20世纪90年代建立起统一、完善的社会保障制度奠定了基础。

职工社会养老保险制度逐步推出。1983年市区推出新办集体企业职工养老

---

[1] 中共中央党史研究室:《中国共产党新时期历史大事记(1978.12—2002.5)》(增订本),中共党史出版社2002年,第55页。
[2] 《苏州市人民政府批转市劳动局〈关于试行劳动合同制的请示〉》,1985年1月2日,第2、3页,苏州市档案馆藏,档号C59—1—113。

金统筹办法。1984年市区部分行业试行按主管局(公司)统筹企业职工离退休基金。1985年人保苏州市支公司推出劳动合同制工人养老金保险办法。1985年7月实行市区全民和区属以上集体企业固定职工离退休基金的社会统筹,至1986年末市区共有686家企业、29.26万人参加统筹,7.12万名退休人员在统筹基金中领取养老金。1988年起市区对外商投资企业中方职工实行单独的养老保险办法。1990年起市区由劳动部门(劳动服务公司)介绍使用的城镇户口临时工、季节工试行社会养老保险。1991年起城区街道集体企业职工退休费试行区一级社会统筹。尽管以上这些分类型实施的职工养老保险制度还存在着覆盖面不广、办法不统一、管理分散、基金不能集中使用、养老待遇不统一、不利于职工流动等问题,但不失为苏州养老保险制度改革的发端。为加强对社会劳动养老保险事业的领导和管理,1989年7月市政府成立苏州市社会劳动养老保险统筹委员会及其办公室,负责办理市区离退休职工养老金统筹的日常工作。

失业保险制度的建立。1986年在全市国营企事业单位劳动合同制工人中建立失业保险制度,1987年扩大到集体企业及事业单位全部职工,1988年扩大到外商投资企业中方职工;失业救济金发放标准,根据待业人员工龄的长短,以离开企业前本人标准月工资的50%—70%领取3—24个月的救济金。

探索建立职工生育保险制度。女职工的生育费用以往一直由女职工所在单位承担。80年代生育费用上涨幅度较大,造成女职工比重大的企业不堪重负,女职工就业出现一些困难。1989年市政府出台实施《苏州市女职工生育费用补偿暂行办法》,实行女职工生育费用补偿全市统一标准、男女双方单位各半承担的方法。这一办法虽仍未实现女职工生育负担的社会化统筹,但初步达到了合理分担女职工生育费用、均衡企业负担的目的。[1]

住房制度改革开始起步。改革开放前城市居民的住房主要由房管部门分配安排。改革开放后大批知青和下放人员集中返城,居民住房矛盾突出,而随着生活水平的逐步提高,居民要求改善住房的呼声日益高涨。1980年市住宅交易服务处成立,恢复私房买卖。同时一些机关、事业单位和经济效益较好的企业,开始购买统一开发建设的新村住宅,或择地自行建造住宅楼,作为单位福利分配给职工居住。1982—1985年间市区共出售商品住宅约28万平方米,基本上都由单位购买后分配给职工。这样虽在很大程度上改善了居民和职工的住房条件,但

---

[1] 苏州市人民政府:《苏州市女职工生育费用补偿暂行办法》,1989年11月30日,第1—4页,苏州市档案馆藏,档号A34—1—190。

由此带来了单位、职工之间的分配不均,并滋生了分房之中比较严重的不正之风。1984年国务院部署开展城市公有住宅补贴出售给个人的试点,逐步推行住宅商品化。[1]1986年常熟市房地产公司在新区开发和旧城改造中,按房屋土建全价向个人出售商品房,开了全市住宅商品化的先河。1987年苏州市房地产管理部门在南环新村新建84套住宅向个人出售,是为市区首个直接向市民出售的商品住宅小区。1988年国务院部署住房制度改革,市政府成立苏州市住房制度改革领导小组,制发《苏州市公有住房出售试行办法》,成立市房地产市场管理委员会,开办市房地产交易市场,至年底该市场共成交商品房227套、私房交易84处、住房交换108处。当年苏州化工厂建造的50套商品房全部向职工出售,成为全市向职工出售商品房的第一家企业。1989年,与住房制度改革相配套的金融业务开始起步,当年苏州建设银行首次向一企业32名购房职工发放低息抵押贷款。

农村社会保障制度的探索起步。改革开放前苏州农村唯一的社会保障项目就是60年代开始建立的"农村合作医疗",生产队公益金和农民个人各交纳一定标准合作基金,社员小病可到大队卫生室免费看病取药。随着乡镇企业的快速崛起,80年代初乡镇企业职工统筹医疗制度逐步形成,至1985年年中苏州农村120万在乡镇企业务工的农民开始享受劳保医疗待遇,并依托乡镇企业的经济实力,全市农村的合作医疗制度进一步巩固。[2]随着农村经济社会发展水平的提高,一些地方开始探索建立医疗之外的社会保障项目。1979年起郊区各乡村逐步对年满65岁的男村民、60岁的女村民实行退休养老金补助制度,一般每人每月8—15元,经济好的村高达25元。苏州地区到1980年4月底已有102个大队实行老年社员养老金制度。[3]至1986年前后,一些条件比较好的乡(镇)实行多种形式的乡镇企业职工合作养老保险,至1988年3月底全市已有90多个乡(镇)的30多万职工参加。市政府因势利导,1988年4月部署在全市推行,养老基金的统筹采取"国家扶持、集体提留和职工个人交纳相结合",以乡(镇)为实施主体和范围,参加保险的职工在乡村企事业单位连续工龄满5年退休后,每

---

[1] 中共中央党史研究室:《中国共产党新时期历史大事记(1978.12—2002.5)》(增订本),中共党史出版社2002年,第171页。

[2] 中共苏州市委党史工作办公室:《苏州改革开放三十年大事记(1978—2008)》,中共党史出版社2008年,第52页。

[3] 中共苏州市委党史工作办公室:《苏州改革开放三十年大事记(1978—2008)》,中共党史出版社2008年,第13页。

月可领取保养金基数加工龄增加金。[1]至1992年年底全市试行统筹的乡(镇)34个,参加统筹单位4 409个、人员40.49万人,3.34万人领取养老金。

5. 大力发展城镇集体经济和个体私营经济

中共十二大和十二届三中全会提出:集体经济是社会主义经济的重要组成部分,个体经济是社会主义经济必要的有益的补充;实行国家、集体、个人一起上的方针,坚持发展多种经济形式和多种经营方式。[2]苏州各级各部门积极贯彻这一方针,不断为城镇集体经济和个体私营经济的发展扫除障碍、创造条件、提供保护,使各类城镇集体经济和个体经济加速发育壮大,私营经济从无到有逐步成长,在全市经济中的比重不断提升,实现了各种经济成分的共同繁荣发展。

城市集体经济占据举足轻重地位。1982年后苏州市、县(区)属集体企业迅速发展壮大,街道办、学校办、部门办新集体企业如雨后春笋,集体经济尤其是集体工业经济进入大发展时期。至1986年年底,全市95个大中型企业中集体企业有54个。1991年全市5 407家乡办以上工业企业中,市、县(区)属集体企业976家,为全民企业的1.74倍;全市700.78亿元(1990年不变价)的工业总产值中,市、县(区)属集体企业完成131.63亿元,为全民企业的1.11倍;全市集体商业零售网点9 628个、饮食业网点1 255个、服务业网点1 177个,分别为全民所有制网点数的5.4倍、7.1倍、6.6倍;当年全市96.18亿元社会商品零售总额中,城镇集体企业完成48.36亿元,为全民企业完成额的1.58倍。

个体经济蓬勃发展。80年代苏州城乡的个体经济长足发展,尤其是农村的个体加工业和城镇的个体商贸服务业每年都呈几何级数增长。1984年末全市个体工商户6.32万户,从业人员达10.36万人,均比1982年增长了数十倍之多。1986年全市个体工商业户已达7.36万户,从业人员11.89万人,注册资本9 172万元,其中商业占32.5%,工业和手工业占24.2%,交通运输占22%;全市共有个体商贸服务业营业网点3.82万个,占全社会商业服务网点的80%以上。1991年全市个体工商户发展至8.73万户,从业人员13.19万人,注册资本2.5亿元;城乡个体商业、饮食服务业共有6.02万户(有证户),实现商品零售总额10.07亿元,占全市社会商品零售总额的10.5%。

私营经济起步发展。80年代中期起苏州一些有扩张要求和经营能力的城乡

---

[1]《苏州市人民政府批转市委农工部、市乡镇工业局、市税务局〈关于办好农村合作养老保险的试行意见〉的通知》,1988年4月19日,第3、4页,苏州市档案馆藏,档号C1—1—759。

[2]《中国共产党第十二次全国代表大会文件汇编》,人民出版社1982年,第22页;《中共中央关于经济体制改革的决定》,人民出版社1984年,第32页。

个体户,开始不满足于个人"单打独斗"和局限于家庭成员参与式的"小打小闹",搞起了雇工经营,并有人尝试突破当时国家规定的只能雇工 8 人以下的政策"禁区",暗地里实行大量雇工生产经营。据吴县调查,至 1985 年 10 月中旬该县有雇主 356 户,雇佣劳力 2 073 人,一般一户雇三五人,有的雇二三十人,最大的雇工多达 174 人;雇主从事的经营项目,以雇佣劳力承包建筑工程最多,计 145 户,办加工企业的 112 户,开商店的 52 户,办农牧场的 8 户,搞运输、种苗木、承包渔场的 39 户。对于这种雇工较多、雇主年获利几万元、十几万元的现象,社会上有不同的看法,既有认为"这是靠剥削发财"的非议,也有认为这是"一人办厂、四邻沾光,一家先富、几家跟上"而为之叫好的,当地县、乡、村的大部分基层干部则对此采取"默许"和"顺其自然"的策略,既没有禁止,也没有公开支持。[1]其他县(市)的情况大体相同,私营经济处于"暗潮涌动"的状态。1987 年全市个体工商户中雇工 8 人以上的私营企业有 488 户。1988 年国务院发布《私营企业暂行条例》,首次确定私营经济(雇工 8 人以上)是社会主义公有制经济的补充,宣布国家保护私营企业的合法权益。[2]当年 9 月金阊区时美服装百货店开业,成为全市首家经工商登记注册的私营企业。[3]至年底全市共有 35 个自然人成为具有合法身份的私营业主,这些企业共有从业人员 350 名,注册资本 266 万元。1991 年底全市私营企业发展至 268 家,从业人员 5 991 人,注册资本 2 600 余万元。1992 年国家进一步放宽个体私营经济发展的限制,禁止个体私营经济经营的品种由 95 种减少至 15 种,苏州私营经济发展开始提速。当年 6 月,苏州市私营企业第一次代表大会召开,市私营企业协会成立。[4]

第四节　城乡建设加快步伐

20 世纪 80 年代中期,苏州由小城镇建设首先发轫的农村城镇化建设大规模展开,改变了农村千百年来的传统面貌,闯出了一条实现农村工业化和城镇化的

---

〔1〕 中共苏州市委办公室、中共苏州市委政策研究室:《内部参阅资料》第 53 期《对待当前农村雇工经营的几种不同看法》,1985 年 10 月 21 日,第 1—4 页,苏州市档案馆藏,档号 A1—6—182。

〔2〕 中共中央党史研究室:《中国共产党新时期历史大事记(1978.12—2002.5)》(增订本),中共党史出版社 2002 年,第 254 页。

〔3〕 中共苏州市委党史工作办公室:《中国共产党苏州九十年纪事》,中共党史出版社 2012 年,第 193 页。

〔4〕 中共苏州市委党史工作办公室:《苏州改革开放三十年大事记(1978—2008)》,中共党史出版社 2008 年,第 124 页。

"碧溪之路",在全国产生重大影响。1986年起,在《国务院关于苏州市城市总体规划的批复》的指导下,苏州认真贯彻执行"全面保护古城,加快建设新区"的方针,古城保护治理和新区开发建设都加大了力度,取得了许多新突破和新进展。1990年苏州城市新区向运河以西推进,标志着苏州城市建设进入历史新阶段。

一、国务院批复苏州市城市总体规划

1. 苏州城市总体规划的修订完善和获批

苏州实行地市合并前夕的1983年2月,邓小平考察苏州,一再叮嘱苏州的同志说:苏州园林是老祖宗留给我们的宝贵遗产,一定要好好加以保护。要保护好这座古城,不要破坏古城风貌,否则它的优势也就消失了。要处理好保护和改造的关系,做到既保护古城,又搞好市政建设。[1]由此为苏州的城市建设和发展指明了方向。苏州实行地市合并后,按照省政府的要求,对1982年底报审的苏州市城市总体规划进行重大调整和修改。1983年9月中共中央政治局委员、国务院副总理万里在苏州考察城建工作回京后,与谷牧副总理等一起郑重商定,把苏州作为全国唯一的一个"全面保护古城风貌"的历史文化名城。1984年3月,省委、省政府与城乡建设部工作组在南京召开专题会议,研究审议苏州重新报批的《苏州市城市总体规划》,省委书记韩培信、省长顾秀莲和城乡建设部部长李锡铭与会。会议提出,修改制定好苏州的规划重点是两条:一是古城全城保护;二是加快开发新区。

据此苏州对总体规划进行完善修改,省政府组织再次审议后于1985年7月第二次上报国务院审批。三天之内国务院就将文件批转城乡建设部。当月城乡建设部和省政府派有关负责人和专家来苏具体指导修改总体规划。修改稿经市"四套班子"讨论,并经市人大常委会第二次审议通过,确定苏州城市建设方针是"全面保护苏州古城风貌,重点建设现代化新区"。这次修改稿9月底上报城乡建设部。11月,省委、省政府根据万里副总理、谷牧副总理批示,指派分管副省长来苏帮助制订出新一稿,第三次上报国务院。12月,韩培信、顾秀莲向万里副总理呈报《关于保护苏州古城的情况汇报》,就苏州城市总体规划中有关古城保护的内容,报告了进一步修改和完善的意见。1986年2月,城乡建设部党组

---

[1]《戴心思口述历史:1983年小平同志在苏州视察坚定了实现"小康社会"的信心》,《苏州日报》,2014年9月25日。

专题研究并原则通过了苏州市的城市总体规划。[1]3月,苏州按城乡建设部要求对其中的苏州新区规划部分又进行了补充完善,然后由省政府报国务院。

1986年6月13日,国务院发出《国务院关于苏州市城市总体规划的批复》。至此,自1977年起制订,历时近10年,国家、省、市三级以极其认真、科学的态度,先后经过十多次大的修改和完善,市八届、九届人大常委会两次专题审议并作出相应决议,市政府(市革委会)5次报省,省委和省政府多次召开各类会议组织讨论和审议,省政府3次正式报国务院审批,国务院领导3次提出重大修改意见后,在苏州建城2500年之际,《苏州市城市总体规划》终于获得国务院的正式批准。

2. 国务院对苏州城市总体规划的重要指导

国务院《批复》明确了苏州的城市性质、历史文化地位和今后的建设方针,指出:苏州是我国重要的历史文化名城和风景旅游城市,今后的发展建设,要在保护好古城风貌和优秀历史文化遗产的同时,加强旧城基础设施的改造,积极建设新区,发展小城镇,努力把苏州市逐步建成环境优美、具有江南水乡特色的现代化城市。《批复》要求苏州在规划的实施中要注意8个方面的问题:(1)要严格控制市区人口规模。到20世纪末,市区人口控制在70万以内,其中古城区人口应采取有力措施控制在25万人左右。(2)苏州市的经济发展,特别是工业发展,要在市域范围内统筹安排,形成合理的工业布局和城镇体系。市区要逐步调整经济结构,积极发展为人民生活和旅游事业服务的各种产业,保护和发展具有传统特色的丝绸、刺绣等产品,古城内严禁再新建或扩建工厂,也不宜新建吸引大量人口的公共建筑。对严重污染环境的工厂,要逐步迁出。(3)要全面保护古城风貌,正确处理保护古城和现代化建设的关系。在进行城市的各项建设时,既要运用现代科学技术,又要继承和发扬我国建筑艺术特点,保护好传统的城市格局和水乡风貌。古城内与传统风貌极不协调的建筑物,要根据条件逐步加以妥善处理;对原有的基础设施和居住条件,根据财力的可能,逐步进行必要的改造和改善。新建筑要严格执行建筑高度的控制规定。(4)新区建设要与古城区相协调,注意继承和发扬地方的传统特色,并有所创新。(5)积极发展旅游事业,扩大旅游容量。旅游的开发建设要与上海经济区和太湖风景区的旅游网络协调发展,与城市建设紧密配合。(6)搞好环境保护。加强"三废"治理,特别

---

[1] 苏州市城乡建设委员会在市城市建设工作会议上所做的《苏州市城市总体规划介绍》,1986年4月5日,第1、2页,苏州市档案馆藏,档号C1—1—522。

要抓紧对水体污染的治理。要大力加强绿化建设,规划的绿化用地和保留的农田不准占作他用。(7)要抓紧补充、完善各项专业规划,特别是交通规划。(8)加强城市规划管理。制定有关管理的法规并严格执法,维护规划的严肃性。苏州市今后的一切建设,都要按照批准的规划进行,在苏州市的党、政、军各部门都要服从城市的规划管理。[1]

自此,苏州的城市建设在国务院批复的直接指导下,开始走上科学、有序、规范的发展之路,也为苏州的经济和社会发展构筑起了更为有利的平台和空间。

二、"碧溪之路"和农村城镇化的大力推进

1. "碧溪之路"开创农村城镇化新路

苏州农村的小城镇大都有着悠久的历史,全市所有的县属镇和85%的乡所在地的集镇都是中华人民共和国成立前早就存在的。中华人民共和国成立后至改革开放前,由于国家长期实行计划经济,加上极左路线和十年动乱的干扰,苏州农村处于单一的农业经济时期,农副产品实行统购统销,集镇商业独家经营,集市贸易严加限制,造成小城镇的经济严重不振,小城镇的建设也大都停滞不前,且基本处于自发状态。小城镇的格局基本上是沿河、沿路而建,镇容镇貌破旧,基础设施简陋,服务功能低下。[2]从而,除县的城关镇外,除了清晨和粮棉油等农产品集中收购入库的日子,包括建制镇在内的绝大部分集镇,平日里都是冷冷清清,商铺门可罗雀。70年代中期起一部分公社开始在集镇上兴办社办企业,给小城镇的经济增添了新的活力,为小城镇建设发展带来一线生机。据1978年末统计,全市184个乡镇(按1983年地市合并所辖范围统计)共形成了159个小城镇,其中,5个为县政府所在的城关镇(吴县因与苏州同城,没有单独的县城),12个为县属建制镇(沙洲县后塍镇,太仓县沙溪镇、浏河镇,昆山县千灯镇、成茂镇,吴县木渎镇、浒墅关镇,吴江县同里镇、平望镇、黎里镇、盛泽镇、震泽镇),142个为公社所在地的一般集镇(或称乡集镇)。另有24个公社因紧邻苏州市区或县的城关镇,或与建制镇在同一所在地,没有形成单独的集镇,吴县太湖公社因属于渔业公社也没有建立专门的集镇;全市建制镇占全省总数的

---

[1]《国务院关于苏州市城市总体规划的批复》,1986年6月13日,第1—4页,苏州市档案馆藏,档号C1—1—536。

[2] 苏州市人民政府副市长沈长全在全国村镇建设工作会议上的发言材料《建设现代化多功能的小城镇群体,加速农村经济发展和社会全面进步》,1993年10月14日,第2页,苏州市档案馆藏,档号C1—10—34。

14.9%,集镇与集镇之间的平均间距 6.5 公里左右,平均 38.1 平方公里就有一个小城镇,其分布密于全省平均数(47 平方公里);小城镇共有城镇居民户籍人口 39 万人,平均每个小城镇 2 453 人,其中乡集镇平均不足 1 000 人,有不少只有几百人;市镇户籍人口仅比解放初的 1949 年增加 18%,而同期全市农村人口增长 58%,城市人口也增长了 55%。[1]

  改革开放后,在中央正确路线方针政策指引下,苏州农村经济迅速发展,特别是乡镇工业的蓬勃兴起,以及集镇商业的渐趋繁荣、集贸市场的日益兴旺、交通条件的不断改善,使小城镇建设进入发展的快车道,面貌发生了极为深刻的变化。这其中,常熟市碧溪的小城镇建设不失为典型代表。

  碧溪位于常熟市东北部的长江之滨,全公社 22 个生产大队、8 943 户、26 763 人,人均耕地 0.84 亩,属于纯棉乡。[2]70 年代中期碧溪办起了一批社队工厂,1979 年后加快走上农副工综合发展之路。1982 年全公社农副工业总收入达 5 986 万元,其中工业占 79%,比 1978 年增长近 2 倍;社队企业发展至 63 家,其中乡办 21 家,初步形成了以针织为主、多门类的工业结构;全社的劳力中,务农的剩 7 716 名,务工的增至 10 106 名,已占 53.65%,98% 以上的社员家庭户户农兼副、工兼农;社员人均生活资料零售总额 232.4 元,人均储蓄额 267.6 元。[3]在 70 年代末碧溪还是穷乡僻壤,交通闭塞,所谓碧溪镇不过是一条 200 来米的小街,两旁房舍低矮,街面狭窄,街上所有的商业设施仅是两爿小酒店、四家茶馆、一个剃头店、一个缝纫铺、一个小百货店和一个土布收购站。社队工业的崛起,商品经济的日趋繁荣,推动着小城镇建设大踏步向前。1979—1983 年 5 年间,国营商业部门和碧溪乡一共拿出 616 万元用于碧溪集镇的建设,其中乡政府从社队工业利润中拨出的就有 473 万元。用这笔资金,新建了 2 万多平方米的厂房,修筑了十多公里长的乡间公路和柏油马路,新建了 24 座桥梁,办起了一个医院,翻建了中小学校,兴建了一个比常熟市百货大楼还要大的商场,一批国营商店、集体办门市部及个体户开的店铺相继建成开张,使碧溪集镇的商业面貌焕然一新。为满足人们对文化生活的需求,1981 年起乡里在集镇上办起了文化中心,建造了一座现代化的影剧院,建立了一支业余文艺宣传队,整个市镇建设面

---

[1] 中共苏州市委员会:《今日苏州农村经济》,江苏人民出版社 1985 年,第 272—279 页。
[2] 苏州市人民政府副市长沈长全在全国村镇建设工作会议上的发言材料《建设现代化多功能的小城镇群体,加速农村经济发展和社会全面进步》,1993 年 10 月 14 日,第 5、8 页,苏州市档案馆藏,档号 C1—10—34。
[3] 中共苏州市委办公室:《常熟市碧溪乡简介》,1983 年 10 月 14 日,第 1—3 页,苏州市档案馆藏,档号 A1—1—324。

积比 1978 年扩大了将近一倍。过去从集镇上运出去的仅是棉花、生猪、家禽等少量农副产品,如今更多的是当地生产的大批工业品。集镇容纳的人愈来愈多,至 1983 年末集镇上吃商品粮的居民仅有 494 人,而在集镇上生产、工作的却有 6 000 多人,其中有 5 000 人是在乡办企业干活的农民。他们白天到镇上上班,傍晚骑自行车回家,可谓"进厂不进城,离土不离乡",不吃商品粮,不要国家的任何补贴,就办起城市的工业。小城镇建设的发展也使农村与城市之间的差别逐步缩小,广大农民的生产方式和生活方式在短短的几年里发生了惊人的变化,上下沿袭几千年的"日出而作,日落而息"的作息方式从碧溪乡农民的生活中悄悄地退走了,农民对于"时间就是效益"的观念十分强烈,他们总是来去匆匆,尽可能地挖掘着自己的劳动潜力。[1]

1984 年 2 月,新华社播发记者采写的通讯《碧溪之路》并配发了"编者按",对碧溪依托乡镇工业的发展建设小城镇的做法和经验给予了高度评价,指出:全国逐步建立起成千上万个像碧溪这样的小集镇,亿万农民离土不离乡,到镇上做工、经商、从事服务业,这样对我国安排农村剩余劳动力、繁荣商品经济具有战略意义,是建设中国特色的社会主义的一项重要内容。这篇通讯和编者按发表后,一直默默无闻的碧溪小镇迅速成为全国新闻媒体的报道热点,《人民日报》头版刊登《碧溪乡发展农副工建成新型集镇》的报道,中央新闻电影制片厂来碧溪摄制《新兴的小镇》纪录片,中央电视台前来摄制《来自碧溪的道路》纪录片。成千上万慕名而来参观考察的国内外嘉宾络绎不绝,万里、李鹏、乔石、习仲勋、姬鹏飞、费孝通等党和国家领导人也先后来到碧溪视察,盛赞这里的农民走出了一条具有中国特色的、通向富裕繁荣的社会主义之路。1986 年 1 月李鹏副总理在视察时为碧溪乡题词:"离土不离乡,进厂不进城,亦工又亦农,集体共富裕,镇小信息通,建设两文明",对"碧溪之路"的成功经验做了高度概括。1984 年碧溪乡成为常熟首批 4 个农副工三业总产值"亿元乡"。1985 年城乡建设部将碧溪乡列为全国 3 个集镇建设试点单位之一,省政府批准碧溪为全省首批对外开放重点工业卫星镇(乡)之一。1986 年 4 月碧溪实施撤乡建镇,成为一个颇具规模的建制镇。[2]

由此,苏州的干部群众和国内的理论工作者,开始把苏州以至苏南地区依托乡镇工业的发展、就地转移消化农业剩余劳动力、促进小城镇建设、建设社会主

---

〔1〕 袁养和、费强:《碧溪之路》,《新华日报》,1984 年 2 月 27 日。
〔2〕 中共常熟市委党史工作办公室:《缔造辉煌》,中共党史出版社 2001 年,第 188、197、204、205、208、210 页。

义新农村的做法和经验,形象地称为"碧溪之路"。

2. 乡镇工业助推小城镇建设全面兴起

"碧溪之路"只是20世纪80年代苏州农村城镇化的一个缩影,几乎同时苏州农村各地的小城镇建设也都在如火如荼地推进。经过1979—1984年这6年的开发建设,全市小城镇建设取得历史性的进展,主要发生了四个方面的变化。

一是小城镇建设发展目标逐步明确,管理机构逐步建立健全。苏州市委、市政府审时度势,把建设发展小城镇作为苏州经济社会发展上水平的一项战略任务,摆上重要位置,确定了"建设经济繁荣、文化发达、设施完善、功能齐全、环境优美、城乡渗透的现代化小城镇"的目标;同时确立了"三面向"的规划原则,即小城镇规划必须面向未来、面向现代化、面向世界。[1]县、乡两级的政府开始设立村镇建设的专门管理机构,普遍确立了"先规划、后建设"的理念。为搞好规划,全市共培训初、中级规划技术人员1 700余人,不少地方还重金聘请高层次的专业规划设计部门帮助制定规划,到1984年底全市县属镇、乡集镇的建设规划已全部编制完成。在省举办的两次优秀方案评比中,苏州先后有12个方案获奖,常熟碧溪、吴江庙港乡开弦弓村的规划方案还在全国优秀方案评比中获奖。更为可喜的是,各乡(镇)基本上走上了按规划建设的轨道。

二是经济结构和集镇功能显著变化。苏州过去的小城镇,功能主要是提供农副产品集散、交换场所和为当地农民及集镇居民服务的简易手工业、服务业和商业,因而城镇特点主要是集贸型的;80年代其经济结构已形成以工业生产为主、工商并举的综合经济,小城镇也开始像城市一样具有综合型的特点。全市设在小城镇上的工厂有3 000多家,职工近40万,平均每个小城镇20家、2 500人左右;小城镇上的产值占6县(市)工农业总产值的一半,乡村的农副工业生产的商品除少部分被就地消化、消费外,大量的通过小城镇进行交易和分流,因而小城镇日益发挥着全乡政治、经济、文化的"中心"作用和联结城乡的"纽带"作用。

三是投资规模扩大和建设内涵提升。各地小城镇在工业厂房、商贸服务网点、文化娱乐设施、市政基础设施、绿化景观、居民住房等方面进行综合性、现代化建设。据1984年对全市141个乡集镇的统计,工商业建设共投资2.25亿元,公用设施投资共3 852万元,公共建筑投资共4 773万元;全市约有80%的小城镇新辟了街道,130个乡(镇)兴建了影剧院、文化中心等文化设施,比较发达的

---

[1] 苏州市人民政府副市长沈长全在全国村镇建设工作会议上的发言材料《建设现代化多功能的小城镇群体,加速农村经济发展和社会全面进步》,1993年10月14日,第8页,苏州市档案馆藏,档号C1—10—34。

镇上建起了农民乐园,有近一半的镇兴建了自来水厂,有61个乡(镇)建造了盖有顶棚的大型农贸市场,初步形成一个新兴小城镇的格局,让人们看到了农村城市化的诱人前景。[1]

四是镇区规模扩展和人口的变化增长。改革开放前的二三十年间,苏州农村无论是建制镇还是乡集镇,建成区面积几乎没有大的变化,镇户籍人口占全乡镇总人口比例仅7%—8%。1979—1984年,全市小城镇的建成区面积由73平方公里扩展至95平方公里,增长了30%,其中,县城关镇每年扩展0.2—0.5平方公里,其他建制镇每年约0.1平方公里;各县属镇的建筑面积比1979年增长了近50万平方米,相当于前30年增长总和的5倍。小城镇人口也大量增加,并发生了人口结构的重大变化,最主要的是亦工亦农人员开始向小城镇集聚,从而在人口和户籍管理中开始出现"常住人口"的概念,即没有取得城镇户籍但实际在小城镇上就业和居住生活的居民。1979—1984年,全市小城镇总人口(包括常住人口)由73.5万增加到110万,其中属城镇户籍的人口由39.1万增长到51万(主要是知识青年和下放人员回城镇工作或恢复城镇居民身份的人,计10.9万),非城镇户籍人口增加了25万左右,并首度超过了户籍人口;1984年包括常住人口在内超过5 000人的小城镇已占全市小城镇总数的三分之一多。[2]

20世纪80年代苏州小城镇建设取得突破性进展,是农村经济和社会发展与变革的必然产物,这其中乡镇工业对小城镇建设发展的影响和作用最大,这就是一些专家们所说的在乡镇工业带动下的"造镇运动"。主要体现在以下三方面:

其一,为小城镇的建设和改造创造了必要的物质条件。搞小城镇建设,钱从哪里来?依靠国家拨款是不现实的,单靠农业积累更是极其困难,只有乡镇工业发展起来之后才提供了这个条件。1978年后全市每年要从乡镇工业利润中拿出1 000多万元用于小城镇建设。不断兴办的乡镇办企事业单位,每年都有一大批厂房、经营设施、办公用房及其配套建筑等在镇上落成投入使用,使镇区面积大量扩充,而且同过去那种"房屋破连连,人来肩擦肩,踮起脚来手碰檐"的农村集镇旧貌已不可同日而语。由此促进了新型小城镇的加快成型和不断扩展。

其二,扩大了小城镇在城乡交流中的活动范围和商品交换的内容。乡镇工业的发展,使得从城市运到小城镇和通过小城镇输送到农村的,不仅有为数比过

---

[1] 苏州市人民政府副市长黄铭杰在全国村镇建设座谈会上的发言《关于我市小城镇建设的情况汇报》,1985年5月4日,第1—7页,苏州市档案馆藏,档号C22—3—214。
[2] 中共苏州市委员会:《今日苏州农村经济》,江苏人民出版社1985年,第274、279页;邬大千:《农村城市化的最新发展》,《苏州报》,1985年12月12日。

去多得多的日用工业品,还有大量的供应乡镇工业的原材料和燃料;从小城镇运往城市的也不再限于农副产品了,而更多的是各类工业品;小城镇同城市的联系,大大冲破了原来的行政区划和经济区划,从近处向远处辐射,从向少数几个城市转而向更多的城市甚至是国外辐射。

其三,改变了人口流向,发挥了"节制闸"和"蓄水池"作用。长期以来我国的人口布局很不合理,大中城市不断膨胀,农村劳动力也严重过剩,而小城镇的人口却发展缓慢,形成了两头大、中间小的"葫芦型"态势。乡镇工业的兴起改变了这种人口结构和流向。至1984年全市在小城镇上的乡镇企业就吸收了41.15万农村剩余劳动力,还安排了3万多名市镇居民在其中就业。这样,一方面起到了控制小城镇人口继续向大中城市流走的"节制闸"作用,另一方面也起到了吸收农村剩余劳动力的"蓄水池"作用,加速了农业人口向非农业人口转化、农村人口向城镇人口转化的历史进程,探索出了一条符合我国国情的、逐步缩小三大差别的具体途径。[1]

3. 苏州农村城镇化的初步实现

随着80年代前期小城镇建设的推进,一些乡集镇的建成区规模、人口规模和经济总量、经济结构等先后达到了国家有关设立建制镇的标准,苏州市政府对符合条件的及时进行申报,经省政府批准,从1983年地市合并至1986年间全市出现了一波"撤乡建镇"的高潮,到1986年底全市建制镇已达54个,比地市合并前增加了37个之多,乡的数量则由166个减少为111个。从被基层干部统称为"撤乡建镇"的具体情况来看,实际上包含着三种不同的类型:第一种是撤乡复镇。即中华人民共和国成立后五六十年代曾是建制镇,后来由于种种原因撤销了镇建制,成为公社(乡),现在又复为县属镇。地市合并后全市第一个"撤乡建镇"的吴江芦墟镇就属这类,1985年吴县洞庭乡复称东山镇也属这类。第二种是撤乡并镇。即撤销原来与建制镇同一所在地的乡,或是紧靠建制镇、没有单独形成乡集镇的乡,成建制与镇实行合并。全市第一批实施的是1983年昆山千灯公社并入千灯镇,吴江黎里公社并入黎里镇。之后这种类型的合并普遍推开,有的是一个乡与一个镇合并,有的是紧邻的两个乡与一个镇合并。1993年6月太仓的娄东乡与城厢镇合并、沙溪乡与沙溪镇合并,为全市最后两个同一治所的乡、镇实施合并。第三种是真正意义上的撤乡建镇。即撤销原来的乡建制改设

---

[1] 中共苏州市委员会:《今日苏州农村经济》,江苏人民出版社1985年,第277—279页;邬大千:《农村城市化的最新发展》,《苏州日报》,1995年12月12日。

为镇,有的是3个乡同时撤销合并建立1个镇。从1985年7月全市首批6个到1991年止先后有64个乡实施撤乡建镇,使全市的建制镇数增加至73个,乡建制数进一步减少为93个。[1]1990年11月昆山最后一批7个乡实施撤乡建镇,成为苏州乃至全国首个"无乡县(市)"。[2]

随着撤乡建镇大面积推行,已成为建制镇的镇开始逐步把工作重点由农村转向集镇,同时通过开征城市维护费增加了集镇建设、管理的资金来源;其他乡集镇也按照建制镇的目标要求,在小城镇规划、建设上进一步加大力度,提升水平。各级在小城镇规划、建设上注重抓好四个环节:一是形成特色和优势。苏州的小城镇在漫长的历史发展过程中形成了不少特色,改革开放后一些地方也逐步培育、形成了新的产业优势和发展潜在优势。在制订小城镇规划时,各地坚持从实际出发,因地制宜,充分发挥各自的独特优势,避免建设中的"千篇一律""千镇一面"。至80年代末,全市除县城关镇外的小城镇,大体形成了城郊结合型、古镇旅游型、专业市场型、沿江开发型和工业基地型等5种类型。二是提升基础设施综合配套水平。每个乡镇平均每年的投入达300万至500万元,部分乡镇达2 000万至3 000万元,并将小城镇的基础设施建设推进到综合配套阶段,按照现代化城镇的要求进行建设。三是开辟工业小区。乡(镇)建设工业小区,土地资源可节省5%—10%,基础设施投资可节约10%—15%,生产要素集约化程度、环境保护综合效益和社会化服务水平都可以大大提高。因而各地把开发工业小区作为提高小城镇建设水平的一个重要途径,到1992年止全市166个乡(镇)中兴办工业小区的有99个,规划面积达330.33平方公里,启动区面积141.36平方公里,平均每个小区分别为3.34平方公里和1.43平方公里;平均每个小区实现工业产值1.27亿元、利税1 023万元、出口创汇378.7万美元、实际利用外资928.7万美元。四是实行综合开发。即在规划指导下,对小城镇建设从征地、拆迁到设计、施工,由开发公司统一组织实施,从而有效地保证规划实施,扭转各自为政、分散建设的局面,提高建设的整体水平和效果。

经过80年代以来十多年的开发建设,到1992年止,全市160多个小城镇的建成区规模从平均0.3平方公里扩展到1平方公里左右,布局从沿河、沿路发展到工业小区和老镇新区,人口从几百人、几千人增加到平均2万人左右。市政基

---

[1] 本段主要参考江洪、朱子南、叶万忠、唐文主编《苏州词典》(苏州大学出版社1999年版)第二部分"建制沿革"中有关内容编写。
[2] 中共昆山市委党史研究室:《中国共产党昆山市历史大事记(1949.5—1999.12)》,上海科学技术文献出版社2000年,第236页。

础设施从简陋残缺改善为基本配套,乡村道路形成网络,总长度达8 807公里,其中水泥路和沥青路1 027公里,实现了乡乡村村通公路;供电基本实现一镇一变电所,通信实现了村村通电话、乡(镇)程控化;乡(镇)建有自来水厂137座,日供水能力43.3万吨,自来水普及率达95%以上;环境保护工作得到加强,部分乡(镇)实现了集中供热和污水集中处理,雨污水管道总长度788公里,年垃圾清运能力达到50万吨;文教卫设施初具规模,共有小公园40多座、影剧院158座、文化馆(站)131个、中小学校2 569所、医院182家。这些表明,苏州市的小城镇建设已走上了科学规划、配套建设、综合管理的轨道,正在向城市化、现代化的方向迈进。[1]

按1992年统计,全市农村地区(指6个县市和郊区)500万总人口中,实际在小城镇上生产、生活的人口,除了近82万城镇户籍居民外,还有66万多各类企业职工和40万左右从事商贸饮服、运输劳务的农村户籍人员,加上在小城镇生活居住的上述人员的家属子女和20万左右外来务工经商人员,全市小城镇常住人口约250万人,农村地区按常住人口计算的城镇化率约45%,初步实现了城镇化。

4. 撤县建市的逐步推进

20世纪80年代,苏州各县的县城都进入了历史上少有的大发展时期,朝着小城市的方向大踏步前进,为撤县建市积极创造条件,并以撤县建市为契机和新的起点,推动县域经济社会加速向城市形态转化。

改革开放后,为了适应城乡经济社会发展的需要,中央提出并贯彻实施"控制大城市规模,合理发展中等城市,积极发展小城市"的方针,适当调整放宽了设市的条件,并在1983年推行的全国范围的地市合并和撤地建市中,首批对40多个县实施了撤县建市,成为由地级市管辖的县级市。苏州在1983年地市合并时,经国务院批准首先对常熟实施了撤县建市(常熟市政府驻地所在的虞山镇,1949年5月划县城单独设立常熟市,为县属;1951年改为苏州专区属,成为我国首批设立的为数不多的县级市之一;1954年升为省辖市;1958年撤市后重新并入常熟县[2],因而也可称为撤县复市)。复设为常熟市时,治所虞山镇镇域面积

---

[1] 苏州市人民政府副市长沈长全在全国村镇建设工作会议上的发言材料《建设现代化多功能的小城镇群体,加速农村经济发展和社会全面进步》,1993年10月14日,第2、5页,第11—15页,苏州市档案馆藏,档号C1—10—34。

[2] 苏州市地方志编纂委员会:《苏州市志》第一册,江苏人民出版社1995年,第131页;江洪、朱子南、叶万忠、唐文:《苏州词典》,苏州大学出版社1999年,第110、111页。《苏州市志》记述新中国成立后常熟设市起始时间为1950年5月,存疑。

约15平方公里,人口10万多,占全市总人口的1/10多,1986年被国务院公布为全国第二批历史文化名城之一,1988年6月省政府批复的常熟市城市总体规划中明确常熟的城市性质为:"国家历史文化名城,传统工艺、轻纺工业和风景旅游城市。"[1]

1986年4月,国务院首次设定了撤县建市的标准,规定:总人口50万以下的县,县人民政府驻地所在镇的非农业人口(含县属企事业单位聘用的农民合同工、长年临时工,经工商行政管理部门批准登记的镇、街、村和农民兴办的第二、三产业从业人员,城镇中等以上学校招收的农村学生,以及驻镇部队等单位的人员)10万以上,常住人口中农业人口不超过40%,年国民生产总值3亿元以上(包含镇区内的各级各类生产经营单位在内),可以撤县设市;总人口50万以上的县,县人民政府驻地所在镇的非农业人口一般在12万以上、年国民生产总值4亿元以上,可以撤县设市。沙洲县基本符合上述条件,于当年9月经国务院批准撤销沙洲县、设立张家港市。同年12月1日张家港市召开成立大会。1987年起省政府确定张家港市国民经济和社会发展计划由省单列。1989年5月省政府批复同意《张家港市市区总体规划》,城市性质定为"新兴的港口及工业城市",由杨舍(含泗港)、港区两个组团构成双城式格局的市区,城市建成区按27平方公里规划,相当于1986年时杨舍镇建成区面积的7倍。[2]1990年起,张家港市确定"整治老区、开发新区、建设港区"的城市建设发展规划,首先在杨舍镇开发建设10平方公里的城北新区,第二年港口工业新区的基础设施建设也全面展开。1991年,市政府驻地杨舍镇户籍人口达7.88万人,占全市总人口的9.37%;实现工农业总产值12.51亿元,为撤县建市时的3倍多。

昆山县,随着昆山经济技术开发区的自费开发建设,县政府驻地的玉山镇城市化步伐大大加快,1989年7月国务院批准撤县建市,同月28日昆山市举行成立庆祝大会。[3]之后,玉山镇的经济社会呈现跳跃式发展。1991年全镇户籍人口达10.45万人,占全市总人口的18.4%;镇和开发区合计完成的工农业总产值18.36亿元,占昆山全市的21.5%,相当于撤县建市前1988年全县工农业总产值的46%。

---

[1] 中共常熟市委党史工作办公室:《缔造辉煌》,中共党史出版社2001年,第214、230、640页。
[2] 中共张家港市委党史地方志办公室:《中国共产党张家港市历史大事记(1949.4—1998.12)》,中共党史出版社1999年,第208、209、211、212页。
[3] 中共昆山市委党史研究室:《中国共产党昆山市历史大事记(1949.5—1999.12)》,上海科学技术文献出版社2000年,第285、287页。

吴江县,1991年全县国民生产总值超过28亿元,总人口76.88万人;其中县城松陵镇户籍人口6.88万人,建成区面积4平方公里。1992年2月国务院批准撤县建市,5月4日举行吴江市成立大会。建市后,吴江迅速规划开发松陵新镇区,至年底8平方公里的新城区框架基本形成,当年全镇实现工农业总产值6.08亿元。

太仓县,1992年总人口44.85万人,实现国民生产总值35亿元;县城城厢镇,镇区面积已由80年代的4.5平方公里扩展到10多平方公里,户籍人口4.05万人,常住人口超过8万,工业总产值14.8亿元。1993年1月国务院批准撤县建市,3月28日举行成立大会。[1]

吴县的情况比较特殊,中华人民共和国成立后其治所一直在苏州市区内。1984年起,县委、县政府筹备在苏州城南团结桥地区(长桥乡龙桥村)开发建设独立的县城,1988年经苏州市人民政府批准的新县城规划面积6.94平方公里。1989年8月县四套班子机关迁至团结桥新区办公。1990年起在新区南部开辟经济技术开发区,规划面积7.81平方公里。[2] 1995年县政府驻地的长桥镇,镇级实现的国内生产总值已达3.58亿元,并已形成了小城市形态,户籍人口达4.62万,常住人口近10万,经济社会主要发展指标均已达到国务院1993年调整、提高的撤县建市标准。是年6月国务院批准吴县撤县建市,7月12日举行吴县市成立大会。[3] 至此,苏州所辖6个县全部完成撤县建市,这是苏州农村城镇化初步实现的一个重要标志。

三、古城保护整治改造逐步展开

1986年6月国务院批复《苏州市城市总体规划》后至1991年的五六年间,苏州各级各部门以极其严肃、认真而又积极的态度,全面贯彻国务院确定的苏州城市建设方针,按照国务院提出的8个方面要求,科学、有序地推进苏州古城的保护、整治和改造,取得了具有开创性的成果,使苏州这座千年古城近现代以来不断遭受严重毁损的局势得以有效遏制和逐步扭转,全面保护古城风貌有了良好的开端。

---

[1] 太仓市政协学习文史委员会:《亲历太仓60年》,苏出准印(2009)字JSE—1000244号,第123、124页。

[2] 中共苏州市吴中区委宣传部:《往事回眸——吴县(市)历史资料(1919—2001)》,2002年内部资料,第237、332页。

[3] 江洪、朱子南、叶万忠、唐文:《苏州词典》,苏州大学出版社1999年,第62、63页。

1. 确定全面保护古城风貌的内容和要求

苏州在呈报给国务院审批的《苏州市城市总体规划》中确定了全面保护古城风貌的范围和五个方面的具体内容,得到了国务院的原则同意。范围是:一城二线三片。一城指护城河以内的苏州古城;二线指山塘街、山塘河一线和枫桥路、上塘河一线;三片指虎丘片、枫桥镇片和留园、西园片。五个方面的内容是:保护三横三纵一环的水系和小桥流水的水巷特色;保护路、河并行的双棋盘格局和道路景观;保护古典园林、文物古迹及古建筑;继承和发扬古城环境空间处理手法和传统的建筑艺术特色,使整个古城处处使人感到是具有高度艺术修养的空间环境,对保护区内的新建筑物要在形式、体量、色彩等方面严格控制;继承和发扬优秀的地方文化艺术。经过2500年历史所逐步形成的丝绸、纺织、刺绣、雕刻、食品以及吴门画派、吴门书法、吴门医派、昆剧、评弹等地方传统文化艺术,都要认真研究,加以保护和发扬。[1]

据此,市建委规划部门进行城市分区规划,修订完善景点开发、文物保护、城市交通、环境保护、河道治理、城市绿化、住宅建设、公用事业、城市防洪、商业服务、文教卫体、人民防空等专业规划。为加强城市规划管理,市政府于1988年1月颁发施行《苏州市城市规划管理暂行规定》,包括规划区范围、古城保护、土地管理、建筑管理、违章建筑处理等多方面内容;成立了苏州市城市规划管理监察中队,负责处理违章占地、违章建设行为。是年9月,市第十届人大常委会第四次会议做出《关于加强城市规划管理,保证实施城市总体规划的决议》,提出要继续抓紧进行深化完善城市总体规划的工作,建立健全规划的法制管理,改革规划管理体制,理顺各方面关系,强化规划管理机构,保证城市总体规划的实施。

2. 文物古迹保护修复积极推进

古典园林和文物古迹是苏州这座历史文化名城和风景旅游城市的精华所在,也是全面保护古城风貌的重点所在。1983年后的80年代,市园林、文物、建设等部门,根据市委、市政府制定的园林风景名胜总体规划和"保护、疏导、恢复、发展"的八字方针,在保护、修复、利用古典园林和文物古迹方面做了大量工作,取得了令人瞩目的成绩。1986年起,对市区的各级文物保护单位逐一重新划定保护范围和建设控制地带,并纳入城市总体规划;对市区现有文物古迹,根据其本身的历史和艺术价值,实行分级保护。国家级文物实行三级保护(环境协调

---

[1] 苏州市城乡建设委员会在市城市建设工作会议上所做的《苏州市城市总体规划介绍》,1986年4月5日,第5—7页,苏州市档案馆藏,档号C1—1—522。

区),省级实行二级保护(建筑控制区),市级实行一级保护(文物本身)。对各级保护区内的建筑都规定层高及形式。对古典园林,除继续保护好现已对外开放的名园外,对保存较完整而又可以恢复的70多处古典园林,尤其是有代表性的28处,计划逐步修复。对现有较完整的253处明清古建筑,除已列入文物保护单位的221处外,将根据本身的历史价值和现场条件,分别申报列入文物保护单位,或创造条件开放利用。其余古建筑均明确保护要求,并统一建立档案,由使用单位代管。[1]

3. 旧街坊和老宅整治改造逐步开展

苏州城区的街坊格局成型年代久远。据解放初调查,房屋大多数是砖木结构的平房,楼房极少,钢筋混凝土房屋不足1%;房屋建筑年限在100年以上的占12.6%,50—100年的占26.15%,30—50年的占22.73%,10—30年的占29.28%,10年以内的仅占9.24%;房屋八成新以上的仅占2.53%,四成到七成新的占83.55%,三成新以下的占13.92%,每年倒塌和被迫拆除的房屋逾千间。居民住宅情况更差,大多采光、通风条件不好,结构也不尽合理;中华人民共和国成立后大部分私房改变了产权性质,原来一家一户式的大宅院变成了"七十二家房客",大多缺乏独立的生活空间,十分不便。直到80年代初,居民生活还离不开"五桶一炉"(即马桶、浴桶、脚桶、吊桶、水桶和煤炉)。1986年市区实有住宅建筑面积990万平方米,其中房管部门直管公房395万平方米,1991年末直管公房中危险房屋达50.8万平方米。

遵照国务院《批复》的要求,市政府迅速将古城旧街坊和老民居的整治改造摆上重要议事日程,提出:苏州的旧城改造既要全面保护古城风貌,又要通过改造满足发展旅游业和市民现代生活的要求,不能大拆大建,也不能保持现状、纹丝不动,其原则应是"积极稳妥,小步前进"。1986年7月市政府建立苏州市旧城建设办公室,随即组织对城区的街坊改造进行规划。为方便规划设计,依街道、河道的走向、组合,划分环城河以内14.2平方公里古城为54个街坊,按照从西北到东南的排列次序分别编定了每个街坊的序号,环城河外建成区内的旧街坊未做序号划分,但也列入规划范围;然后提出了每个街坊合理的建筑容积与密度以及人口容量、绿地面积等主要指标;1987年制定了首批街坊改造详细规划,包括1号、37号街坊和12号街坊中的桐芳巷住宅区,其中桐芳巷街坊改造规划项目1987年还被列为城乡建设部的科研项目。

---

[1] 相关内容详见第五章第三节第二目,本处仅作概述。

此后街坊改造以由点入线到片、逐步拓展的方式,选古城区若干个居民点作试点。十梓街50号西部修缮为首个试点,1987年起历时两年多,涉及17户居民的931平方米老式住宅,在不改变其外貌和主结构的情况下,将其改造成具有独用厨房和卫生间、采光较好、相互干扰少、分隔较合理的单元式住宅,深受住户欢迎,改造费用每平方米160元左右,房屋使用年限可延长20—30年。获得成功后,1991年市、区旧城建设办公室选择十梓街50号东部、干将路144号、山塘街480号、十全街275号等4处具有苏州民居特色的旧住宅进行推广性改造,当年先后竣工。同时,中华人民共和国成立后建造的瑞光新村、北园、二郎巷、九条弄等简陋工房式住宅及房管部门直管的危旧房维修、改造也逐步进行,有的大修,有的原地翻建,增建了阳台、天井和化粪池,接水到户、电表增容等,极大地改善了老住户的居住条件。

4. 市政公共设施建设成效初现

苏州古城既像一座历史文化博物馆,又是一座中等规模的城市,几十万人须在其中生产、工作和生活。"六五"期间市政府在城市建设方面虽做了大量工作,市区用于城市建设方面的总投资达2.98亿元,超过了以往30多年的总和[1],然而古城内工业、人口、交通、旅游超负荷的问题尚未得到根本解决。国务院《批复》下达后,苏州市在城市基础设施和公用事业建设方面进一步加大力度,"七五"期间共投入建设资金15亿元左右,1991年又增加至6.57亿元,使城市建设和古城保护中长期积欠的旧账和积累的突出矛盾逐步得到解决。

古城交通拥挤状况有所缓和。为逐步改变古城区内道路狭窄、人车混杂、断头路多、出入口少的状况,"六五"期间,先后新建、改造了城区49条主次干道。实施的最大工程为长1 430米的道前街拓宽改造,1984年将人民路至学士街段南侧沿河420余户居民和75个企事业单位及商业网点的房屋全部拆除,由原宽9米拓宽至30米,开辟了一条连接古城和环城河以西新城区的主干道,为加快新城区的开发建设创造了条件。昔日高低不平、行走不便的城区492条小街小巷的弹石路面,为多种形状的道板所替代,变得平整舒坦。1983年城北公路(312国道苏州市郊段)建成通车,使得每日1 000多辆过境车不再穿城而过。1985年实施平门桥拓宽改建和苏虞路公铁立交桥建设,加上原苏州铁路货站的拆除,使得古城区北大门昔日拥挤、混乱的道路交通状况大为改善。古城外的枫

---

[1]《俞兴德同志在市城市建设工作会议上的讲话》,1986年4月5日,第2页,苏州市档案馆藏,档号C1—1—522。

桥路和虎丘路进行了拓宽改造,苏浒路公铁立交桥(长青立交桥)动工。[1]"七五"期间城区道路交通建设每年投入的资金达7 000万元左右。古城区内的重大工程有:1986年拓宽人民路香花桥至平门桥段,重建平门桥,实施因果巷旧学前改造;1988年拓宽干将路言桥至乐桥段,打通了从人民路直达相门的机动车道;带城桥弄和乌鹊桥弄先后拓宽延伸至竹辉路,成为机动车道;1991年实施新市路西延工程,建跨环城河的新市桥连接胥江路,成为古城的第10个出入通道(之前9个顺时针方向排列依次为红旗桥、金门、阊门、平门、齐门、娄门、相门、葑门、南门,吴门桥通道因不能通行汽车故不计入在内)。古城外环道路建设主要有:1987年起修筑南环东路和南环西路;1988年完成东环路、阊胥路拓宽改造,开辟盘南路;1990年起拓宽广济路,从而基本形成古城外环路网。[2]1991年末市区城市道路长度达520公里、道路面积289万平方米,桥梁365座,铁路、公路立交桥6座。

公共建筑建设展现新颜。在城区主干道两侧、商业闹市区、风景游览区和交通枢纽地区,兴建了一大批既有苏式传统建筑风貌、又有现代气息的公共建筑,既完善了城市功能,又为古城增添了新颜。"六五"时期,在人民路沿线先后建起了苏城饭店、友谊商店、萃华园菜馆、文物商店、工人文化宫游艺楼;在观前商业中心翻建扩建采芝斋糖果店、松鹤楼菜馆,建造得月楼、王四酒家、京华酒楼、上海老正兴4家酒楼菜馆;在大公园东南侧建造了多功能的公园会堂;在留园路兴建了园林式的园外楼饭店;重建的宫殿仿古式苏州火车站新站楼1985年建成,增添了姑苏一景。"七五"期间,在人民路沿线兴建了苏州汽车北站、丝绸博物馆新馆、中国银行苏州分行、新苏州商厦、工业品商场、食品商场、风光商场、古旧书店新大楼、工商银行苏州分行、农业银行苏州分行,重建了第一百货商店等。市区公共建筑面积(不含住宅建筑)由1986年的249.6万平方米增加到1991年的1 274万平方米,建设速度之快为苏州城市发展历史上少有。

住宅建设加快改善居住条件。1982年后的80年代,市区住宅建设掀起高潮,建设主体多元化的格局形成。"六五"时期市区用于住宅建设的投资3.4亿元,为前30年投资总额的3.7倍;共建成住宅246万平方米,有1/5的居民搬进了新居,人均居住面积由1979年的3.9平方米增加到5.75平方米;共有3.2万

---

[1]《俞兴德同志在市城市建设工作会议上的讲话》,1986年4月5日,第4页,苏州市档案馆藏,档号C1—1—522;江洪、朱子南、叶万忠、唐文:《苏州词典》,苏州大学出版社1999年,第276、447页。

[2] 江洪、朱子南、叶万忠、唐文:《苏州词典》,苏州大学出版社1999年,第263、266、313、325、331、360页。

户,约 10 万人口从老城区迁移至新城区和四周居民新村,大大松动了古城区的居住人口。[1]"七五"期间,市区每年竣工的住宅建筑面积高达近 100 万平方米。至 1991 年底市区实有住宅建筑面积 1 196 万平方米(其中私房 270 万平方米),比 1985 年增加了 484 万平方米(其中私房增加 21 万平方米);形成 5 万平方米以上的新型住宅小区 23 个,其中 10 万平方米以上的 14 个;市区人均居住面积为 7.73 平方米,比 1985 年增加 1.98 平方米。在居民住房条件普遍有所改善的同时,1988 年起市政府开始着手解决住房特困户,到 1991 年用三年多时间首先解决了市区 2 300 户人均居住面积 2 平方米以下的特困户,1992 年起提高住房解困标准,到 1994 年底基本实现了市区 2 480 户人均居住面积 4 平方米以下特困户的"三年解困"目标。

公用设施建设加快步伐。一是自来水供水能力不断提高。1982 年城区有水井近 2 万口,饮用井水人数占 50%。"六五"期间,北园水厂取水口延伸至阳澄湖及挖潜配套工程竣工,横山水厂扩建,城区日供水量增至 25 万吨,居民自来水用户发展至 3 万多户,入户率达到 48.2%,普及率达 88.2%,饮用井水人数下降至 10.3%。"七五"期间,横山水厂取水口延伸至太湖口,新建白洋湾水厂一期工程,1991 年市区日供水能力达 45.5 万吨,居民自来水普及率达 93.8%。二是煤气化有较大进展。1982 年苏州被国务院列为全国 40 个重点发展管道煤气城市之一,实施城区第一期管道煤气建设工程,主要利用苏州钢铁厂焦炉煤气,参混苏州煤气厂制取的水煤气,日产煤气 7.2 万立方米,建成 5.4 万立方米的大型煤气柜,1985 年竣工投产后首批 8 037 户居民用上了管道煤气。1983 年建成总容量 1.8 万立方米的横山液化石油气储罐场,为市区液化石油气供应基地。"七五"期间建设管道煤气二期工程,市液化气储罐场新增 2 台 400 立方米球罐,1991 年建成,年末市区家庭管道煤气用户发展至 38 760 户,民用液化气用户发展至 24 532 户,煤气和液化气普及率达到 55.7%。[2]三是电力建设努力适应发展需要。进入"七五"时期,华东电网发电量滞后于国民经济发展,居民家用电器快速普及,苏州供用电矛盾日益突出,用电缺口达 1/3 左右,苏州开始千方百计加大地区性的发、输、配、供电设施建设力度。1989 年省统配电厂望亭发电厂总装机容量由 80 万千瓦增加至 110 万千瓦。1990 年列入国家"八五"重点建设

---

[1]《俞兴德同志在市城市建设工作会议上的讲话》,1986 年 4 月 5 日,第 5 页,苏州市档案馆藏,档号 C1—1—522。

[2]《俞兴德同志在市城市建设工作会议上的讲话》,1986 年 4 月 5 日,第 7 页,苏州市档案馆藏,档号 C1—1—522;江洪、朱子南、叶万忠、唐文:《苏州词典》,苏州大学出版社 1999 年,第 396 页。

项目的常熟发电厂(初名徐六泾电厂)开工建设,一期工程总投资19亿元,建设安装4台30万千瓦国产发电机组。[1]同时地方政府和一些企业兴建地方公用电厂和企业自备电厂,1991年发电量占全市总用电量的近20%。在电网建设上,"七五"时期苏州开始大力建设220千伏输电网络,逐步替代110千伏电网,1991年220千伏葑门变电站建成投运,多个变电站相继增容,改善了用电环境。1991年市区全社会用电量13.35亿千瓦时,其中城市居民生活用电3.17亿千瓦时,比1985年增长1倍多。四是城区防汛工程初见成效。苏州古城区原来基本不设防,地面海拔一般4—4.5米,外城河两侧低洼处在3.5米以下,加上地面沉降、水位抬高等原因,每当汛期总有几千户居民受淹,低洼的地段水深达1米多,一淹就是十天半月,给人民群众的生活带来了很多困难。1983年起制订市区防汛工程规划,确定城区设防标准为5米,设防面积41平方公里,陆续按规划兴建(改建)闸39座、泵站41座,建造防汛驳岸、防汛墙、防洪堤2.2万米,开挖疏浚河道、改造河流束口3 500米,改造低洼地段14处,至1988年古城区防洪大包围和城外6个局部包围圈建成,达到抗御中等程度洪涝灾害标准,低洼地区汛期水淹之患基本解除。

5. 污染治理和市容整治加大力度

环境保护方面:"六五"期间市区用于污染治理总投资4 500万元,至1985年完成171个废水、废气、废渣、噪声治理项目;结合工业布局调整,搬迁、转产或停办了54个污染重、治理难的工厂(车间),初步建立了电镀、热处理、锻压、铸造、染色等专业化工艺协作中心;建成首个城西污水处理厂,工业废水处理率由1980年的38%提高到67%;老城区河道一潭死水状况基本改变,内外城河水体中的5项工业有害毒物的含量均控制在地面三级水质的标准之内;近500台蒸汽锅炉普遍进行了更新改造,黑烟污染基本得到控制;噪声污染也得到了有效治理,有10个街道的固定噪声源基本达到了国家规定的功能区标准,环境质量有所提高。[2]"七五"时期,市政府做出了《关于进一步加强环境保护工作的决定》,市人大常委会做出《关于进一步加强水环境综合整治的决议》,市环保部门制订了"七五"环保规划,每年都列出一批污染防治项目和环保实事工程,积极组织实施。水污染防治方面,成立市河道管理处,征收排污水费,推行排污许可证制度,城南和城东污水处理厂先后建成投运,1991年市区日处理工业废水能

---

[1] 中共常熟市委党史工作办公室:《缔造辉煌》,中共党史出版社2001年,第247页。
[2] 《俞兴德同志在市城市建设工作会议上的讲话》,1986年4月5日,第6页,苏州市档案馆藏,档号C1—1—522。

力达到13万吨,饮用水源地水质达到Ⅲ类水质以上标准。大气污染防治方面,完成了一批"老大难"的废气治理项目,"苏州大气监测系统"投入运转,1988年成为省内第一个"城市区域达到国家烟尘控制区标准"的城市,1989年市区大气质量保持在二级水平,1990年市区酸雨频率为50%,往后呈逐年下降趋势。噪声污染防治方面,1988年建成"城市区域固定噪声源控制区"。1989年苏州在全国32个重点城市环境综合整治定量考核中列第13位,1990年升至第9位。

市容整治方面:1986年苏州建立城市管理委员会,下设办公室,加强城市管理监察大队建设,统一穿着制服上街执法;1987年全面推行沿街单位"门前三包"工作,促进了市容卫生工作的经常化、制度化。1990年建立市创建国家卫生城市领导小组,组织全市的创建工作,并以此为总抓手,推动城市市容市貌、环境卫生、市政绿化等各个方面的建设、管理不断上新水平。环卫保洁方面,道路保洁装备机械化垃圾清扫车和道路洒水车,1986年建成启用占地面积达5.87万平方米的远郊七子山垃圾填埋场,1990年市区公厕增加至498座。市场环境整治方面,1989年市政府成立菜场改造办公室,至1991年先后对5家菜场(农贸市场)实施较大规模的改造。绿化美化方面,1984年中央绿化委员会授予苏州市"全国义务植树先进单位"称号,1986年结合道前街拓宽工程,在路北侧沿河带建造1.5公里城市绿化景观带,1987年开发建造大型现代城市公园——运河公园,1991年市区城市园林绿地面积增加至493公顷,建成区绿化覆盖率上升至16.5%,人均公共绿地面积为1.6平方米。

四、苏州新区开发建设加大力度

国务院批复苏州城市总体规划后,苏州开始把新区的开发建设放在与全面保护古城风貌同等重要的位置,在河东新区基本形成的基础上,不失时机地向大运河以西推进,到1991年底基本形成河西新区启动区的形态开发,成为20世纪80年代苏州城市建设中的最大亮点。

1. 苏州新区开发建设的总体规划和构想

20世纪80年代初国务院将苏州列入全国重点风景旅游城市和首批国家历史文化名城后,苏州市委、市政府意识到,苏州只有在古城以外另辟新区,才能从根本上解决好保护古城和发展经济、建设城市、改善居民生活环境之间的矛盾,从而在1981年第一次上报审批的《苏州市城市总体规划》中首次提出了"保护和改造老城区,建设城郊区,重点发展小城镇"的城市建设方针。然而由于没有明确"建设城郊区"的重点方向和具体规划,因而在接下来的几年中形成了向古城外围四周"摊大饼"式的发展格局,给苏州城市的发展带来了新的不利影响。

1984年3月,城乡建设部领导在讨论修改《苏州市城市总体规划》专题会议上,要求苏州在明确定向的前提下加快开发新区。苏州经过广泛酝酿、多方论证,选择确定在古城以西至天平山、灵岩山之间的开阔地带开发建设新区,据此研究制订了新区开发建设的规划,将其调整充实于《苏州市城市总体规划》之中。[1]第二、第三次上报后,又根据国务院领导同志的要求着重对新区规划多次进行修订,编制了《苏州市城市总体规划总图和新区规划补充说明》。在1986年6月国务院最终批复同意的《苏州市城市总体规划》中,有关苏州新区的总体规划和构想如下:

新区的规划开发范围:东至外城河,南至胥江、大运河,西至狮子山、何山西麓,北至枫桥河、齐白桥路;规划总面积26.48平方公里,其中大运河以东11.37平方公里,大运河以西15.11平方公里。在开发建设步骤上,先集中力量发展运河以东地区,河东基本成型后再向河西地区推进。

新区建设的目的:首先为了更有效地保护古城,解决古城内工业、人口、旅游、交通的超负荷问题;同时为了更好地解决保护古城与城市发展的矛盾,为城市发展提供出路。到2000年,老城区计划迁出的工厂和人口主要迁往新区,新区居住人口达25万;市区计划新增加的23.8平方公里用地(即由1984年底的32.2平方公里增加到56平方公里)主要集中在新区。

新区规划构思和特点:一是具有独立职能而又相对独立的新区。今后古城区以历史文物、文化艺术、传统工业、商业和旅游为主;新区以经济贸易、现代工业、科技信息和居住为主。二是具有吸引力和现代化的新区。新区的规划建设都要体现现代感,突出一个"新"字,具有完备的城市基础设施和公共服务设施,具有良好的城市环境和优美的城市景观。人均用地面积105.92平方米,相当于古城区内1984年时人均用地面积的3倍;道路干道宽度40—60米,人均交通占道8.4平方米;人均绿地面积7.2平方米。这些指标不仅远远超过古城水平,有的还超过国家标准。三是具有苏州特色的新区。要在继承发扬古城传统布局的基础上创造新的城市特色,在充分体现苏州地方建筑特色的同时力争有所创新,在城市设计中要注重利用水面和园林城市的特色,与古典园林遍布的古城相互辉映,构成古城内是"假山假水城中有园"、新区是"真山真水园中建城"的特点。

---

[1] 苏州市城乡建设委员会在市城市建设工作会议上所做的《苏州市城市总体规划介绍》,1986年4月5日,第7页,苏州市档案馆藏,档号C1—1—522。

新区规划布局:工业区,占新区总面积的14.2%;居住区,运河以东片区在已居住6.2万人基础上增加至11万人,运河以西片区计划安置14万人居住;绿化区,占总面积的13.86%,规划在何山和狮子山建设两座综合公园,并配建游乐园;新区中心,规划在彩香浜和白莲浜、三香路和金门路之间地块建设,内有金融贸易、商业服务、科技信息中心及体育中心、青少年宫、综合性医院等大型公共设施,并预留行政机关用地;运河以西片区,初步安排科研文教区、经济贸易中心区,在狮子山麓开辟宾馆区,并设若干居住中心。[1]

2. 河东新区开发建设加快推进

20世纪80年代初,大运河以东苏州新城区的开发建设以住宅小区和道路建设为重点。在扩建三香新村的同时,开发建设规划设计水平更高的彩香新村,建筑面积29.3万平方米,有楼190幢、房6 297套、各类小区配套建筑面积1.66万平方米,1984年获苏州首个国家优质工程银质奖。1984年将三香路延伸至彩香桥,建设连接三香路和金门路的彩香路,使这两条新区东西向主干道实现环通。[2]

1985年起,随着苏州新城区总体规划基本明确,河东新区进入综合开发建设的新阶段。是年7月市政府成立新区开发领导小组,是时始有"新区"称谓;领导小组下设苏州新区开发指挥部,归口市建委管理,具体负责开发建设工作;组建主要从事新市区开发建设的苏州市政建设综合开发公司,承办开发区内征地、补偿、动迁安置等业务和项目建设。[3]

按照城市发展功能需要,河东新区的公共设施建设逐步展开,一批公共管理机构、科研、教育、医疗、公共文化单位相继进入,城市形态日趋完善。1983年国家建材工业局新组建的苏州混凝土水泥制品研究院选址三香路建院,是为进驻新城区的首家部属科研单位。1984年位于三香路东段的市妇幼保健医院正式对外门诊,成为新城区的首个公共服务设施。1987年三香路一直延伸至大运河东的狮山大桥堍,形成全长3 192米的东西向主干道;[4]同年高17层的开发大楼投入使用,为苏州市第一幢专门用于出租使用的经营性商务楼;由苏州物资贸

---

[1] 苏州市人民政府:《关于苏州市城市总体规划修改意见的报告》,1985年9月12日,第2、3页,该报告附件《苏州市城市总体规划说明》第3—6页,苏州市档案馆藏,档号C1—1—536;苏州市城乡建设委员会:《苏州市城市总体规划介绍》,1986年4月5日,第7—9页,苏州市档案馆藏,档号C1—1—522。
[2] 江洪、朱子南、叶万忠、唐文:《苏州词典》,苏州大学出版社1999年,第322、333页。
[3] 苏州市高新区虎丘区志编纂委员会:《苏州市高新区虎丘区志》,上海社会科学院出版社2012年版,第36页。
[4] 江洪、朱子南、叶万忠、唐文:《苏州词典》,苏州大学出版社1999年,第322、466、834页。

易中心投资开发建造的胥城大厦投入使用,为新区开设的首家高档宾馆酒楼和大型交易市场。1988年苏州市计划生育指导中心建成投入使用,市计划生育委员会同时迁入,成为入驻新区的第一个政府机关;高94.6米雅都大酒店结构封顶,刷新了苏州高楼新纪录;苏州医学院附属第二人民医院门诊部建成开诊。80年代末国家建筑材料工业部苏州非金属矿山设计院也在三香路建造新大楼,并从浒墅关迁此办公。[1]1991年苏州海关大楼落成运行,苏州国际贸易展览中心、苏州革命博物馆奠基兴建;苏州市青少年活动中心建成投入使用,成为新区第一个大型公共文化活动场所。住宅小区建设主要向彩香河以西地区推进。至1991年先后建成彩虹、三元等5个15—20万平方米的大型住宅小区及一批中型小区;[2]还开发建造3幢17层高层住宅楼,是为苏州首处高层住宅;配套建设了新村各类商业服务网点和幼儿园、小学及彩香、三元两所中学校。[3]

经过不足9年的紧张、有序开发建设,至1990年9月,11.37平方公里范围的河东新区,道路网络基本形成,城市功能初步完善,共建成住宅房100多万平方米,公共建筑配套设施10多万平方米,居住人口超过10万人,其中绝大部分从老城区迁徙而来,有效松动了古城人口。河东新区的开发建设把苏州城市建设发展推上了快车道,市区的建成区面积由1980年的28.6平方公里扩展到1991年的49.2平方公里。[4]这样的扩张速度、建设规模和人口迁徙规模,为苏州建城2500年来所未有。

3. 河西新区开发建设拉开序幕

1987年9月,横跨京杭大运河、打开河西新区通道大门的狮山大桥破土动工,标志着苏州新区的开发建设开始由河东向河西挺进。随之各项启动前期准备工作紧张展开。一是区划调整。1988年6月省政府批准将吴县浒墅关镇和枫桥镇的狮山村、何山村划归苏州市郊区管辖,11月正式移交[5],为市政府将这些地区授权新区开发管理机构代为管理做好了准备。二是规划制订。规划范围为东至大运河、西至狮子山和何山、南至横山北麓、北至白洋湾附近,总面积

---

[1] 江洪、朱子南、叶万忠、唐文:《苏州词典》,苏州大学出版社1999年,第465页。
[2] 江洪、朱子南、叶万忠、唐文:《苏州词典》,苏州大学出版社1999年,第333页。
[3] 苏州市教育局《苏州教育志·续志》编纂组:《苏州教育志·续志(1986—2000)》,香港文汇出版社2007年,第89、92页。
[4] 黄正栋:《数字见证苏州改革开放30年巨变》,苏出准印(2008)字JSE—1002233号,第114—116页。
[5] 苏州市高新区虎丘区志编纂委员会:《苏州市高新区虎丘区志》,上海社会科学院出版社2012年,第36页。

12.84平方公里,分成工业区、科研文教区、商业区、行政区和住宅区等功能区。1988年9月组织专家对规划进行论证并获通过。三是组织领导准备。1990年10月市委决定:调整新区开发领导小组成员,由市长任组长,分管城建和工业、外向型经济的两位副市长任副组长;11月市政府决定市新区开发领导小组指挥部由市新区开发领导小组直接领导,相当于一级局建制;指挥部成员和工作人员从市各有关部门统一抽调,所有人员迅即到位。自此,市新区开发领导小组及其指挥部专门负责组织领导河西新区的开发建设,不再承担河东新区的开发建设事宜,同时明确"苏州新区"的称谓专指运河以西的新区。1991年3月,市委建立中共苏州市新区开发指挥部党组。[1]

市委、市政府对新区的开发建设一开始便提出了更高、更新的目标,提出河西新区要面向未来、面向现代化、面向21世纪,建设现代化新都市的战略构想,主要任务是:建设高新技术产业开发区,通过发展高新技术产业和加快引进国外先进技术,建设成为苏州的产业高地和外向型经济的集聚基地,带动苏州市经济发展上新水平,形成现代化、国际化和规模化的经济发展格局;建设一个现代化的新城区,为古城区的改造腾出空间,使古城区成为苏州商业、旅游和文化中心,苏州新区则成为金融、商贸和现代化的产业中心。[2]

新区指挥部紧锣密鼓地展开1平方公里启动区的各项建设和招商引资工作,在短短一年多时间里取得重大进展。一是商业开发和一站式服务模式建立。为适应新区开发建设的需要,启动伊始指挥部筹资设立了经营实体性质的新区经济发展总公司(以下简称"总公司"),作为开发投资和建设主体,下辖3个子公司。为优化新区投资"软环境",市计委、经委、外经委、建委等14个部门进驻新区联合办公,实行"一站式"服务,深受投资者的欢迎和好评。二是基础设施建设全面展开。启动区基础设施基本实现"五通一平",形成狮山路、金山路、索山路(后改称玉山路)、滨河路、运河路三横二纵"小环通"路网。三是招商引资取得初步成果。总投资8 700万美元的24个项目先后进入,其中工业项目14个,占总数的58.3%;总公司以合资、合作等形式引进外商投资项目15个,总投资达5 582万美元,合同利用外资3 580万美元,占苏州市区当年合同利用外资总额的50%;新区首家外商投资工业企业苏州立锵服装有限公司、老城区首家

---

[1] 苏州市高新区虎丘区志编纂委员会:《苏州市高新区虎丘区志》,上海社会科学院出版社2012年,第216页。

[2] 苏州市高新区虎丘区志编纂委员会:《苏州市高新区虎丘区志》,上海社会科学院出版社2012年,第216页。

迁入新区的合资企业三光电加工有限公司、苏州空调器厂等14个项目陆续开工建设,其中工业项目12个;总公司与央企、港企三方合资建立的苏州新创建设发展有限公司(是为新区及苏州市区第一家与外商合资的房地产开发企业),当年开发建设新区第一批标准厂房、专用厂房、写字楼,当年竣工3万平方米全部售罄;总公司与港商合作投资建造锦华苑小区,成为苏州首个主要面向境外人员出售的高档住宅小区。

第五节　贯彻"两手抓、两手都要硬"方针

中共十二大以后的80年代,苏州市委认真领导和精心指导全市各级党委和政府,全面贯彻执行党中央提出的"两手抓、两手都要硬"的战略方针,结合苏州的实际,大力开展社会主义精神文明建设,不断推进社会主义民主和法制建设,切实加强和改进党的建设,努力为推进改革开放和实现苏州经济的快速崛起提供精神动力、思想保证、法制保障和政治保证,成为全市改革开放和社会主义现代化建设事业的一个重要组成部分,同样取得了显著的成果,积累了丰富的经验,涌现出许多新生事物和先进典型,在有些方面走在了全省、全国的前列。

一、精神文明建设务实开展

1984年中共苏州市第六次代表大会对精神文明建设专门进行全面部署。1986年,市委就贯彻党的十二届六中全会《决议》、加强社会主义精神文明建设制定了实施意见。1990年起,市委、市政府每年公布并组织实施《全市两个文明100项奋斗目标》,把精神文明建设的目标任务实化、硬化,实行目标化管理,促进"两个文明"建设的协调发展。市"五讲四美三热爱"活动委员会(1987年8月更名为市精神文明建设委员会)精心组织推进,逐步形成了党政军民学一致行动、各行各业齐抓共管的新局面。[1]

1. 多种形式思想政治教育常抓不懈

1983年后,市委相继召开企业思想政治工作会议、青少年教育工作会议,建立高校工作领导小组,切实加强了对重点领域、重点人群的思想政治工作的领导和指导。全市各级党委和有关工作部门进一步端正宣传思想工作的指导思想,

---

〔1〕 中共苏州市委党史工作办公室:《苏州改革开放三十年大事记(1978—2008)》,中共党史出版社2008年,第65、99、100页。

清除"左"的影响和陈旧观念,紧密结合改革开放和社会主义现代化建设的实践,密切联系广大干部群众的思想和工作实际,分层次、多形式地开展思想政治教育,努力使每一个社会成员都成为有理想、有道德、有文化、守纪律的社会主义公民。

结合形势任务开展主题教育。1986年举办"社会主义商品经济"系列讲座,帮助干部群众学习掌握社会主义商品经济理论,转变思想观念,自觉投身改革大潮。1987年,针对社会上尤其是高校中出现的资产阶级自由化思潮,市委高校工作领导小组会同各高校强化大学生思想政治教育,组织开展反对资产阶级自由化教育。1989年春夏之交的政治风波后,全市开展坚持"两个基本点"(坚持四项基本原则,坚持改革开放)的教育,市委召开青少年教育工作会议,部署实施学校、家庭、社会三结合,努力培养社会主义事业接班人。80年代还相继在全社会组织开展了形势政策理想纪律教育、"抵制和清除精神污染"活动、党的基本路线教育、"我与社会主义"主题教育、"两德"(职业道德、社会道德)教育、"弘扬抗洪精神"教育、农村社会主义思想教育等。

运用地方资源开展革命传统教育。全市两级党史工作部门先后编写出版了一大批地方革命历史书籍;经党史部门调查考证,市委、市政府先后在市区勒石设立了"五卅路纪念碑""中共苏州独立支部旧址"、马伯乐烈士生前任教的"伯乐中学旧址",各县(市)也先后设立了一批革命遗迹遗址和纪念设施。1990年市委做出筹建苏州革命博物馆的决定,该馆主要由全市共产党员以交一次特殊党费的方式以及社会各界、广大市民捐款建造。这些成为全市党员干部和广大群众接受革命历史传统教育和爱党、爱国、热爱社会主义教育的理想场所。

树立先进典型开展榜样教育。1985年全国总工会首次评选、颁发"五一劳动奖章",苏州的钱福珠、卫德风、陆虞江、时匡、蒋婉中、钱祖培等6人获此荣誉。1986年市政府重点表彰了中华人民共和国成立后当选的16位各级劳模,市委宣传部、市总工会组织市区劳模(先进)报告团,分别在市区、县(市)作了49场报告,听众达3.8万人。1989年国庆前夕,改革开放后全国首次评选、表彰劳模,苏州的王以德、王秀芳、孙水土、肖水根、李长宝、邹家祥、范云妹、胡建军、顾惠芳、黄晓明等10人被国务院授予全国劳动模范称号,王美卿、沈长林、阮长耿、赵景楠、浦菊泉等5人被国务院授予全国先进工作者称号,市委发出通知在全市开展向全国劳动模范和先进工作者学习活动。1990年起共青团组织开展评选表彰"新长征突击手",妇联评选表彰"三八红旗手"。1986年市委组织部、宣传部举办共产党员先进思想、事迹报告会,推出邵根娣、吕振刚、肖水根、金德门等4位不同类型的先进典型,为新时期共产党员如何发挥先锋模范作用树立了良好榜样。1991年市精神文明建设委员会等部门联合开展"1990年度苏州市精神文明建设'十佳'新闻人物"评选活动,之后这项活动成为市民广泛参与的、一年一度的全市精神文明建设先进人物评选盛会。[1]

2. 群众性精神文明创建活动常抓常新

全市各级各部门注重让精神文明建设活动成为人民群众广泛参与、自觉践行的群众性实践活动。1982年起每年3月组织开展"全民文明礼貌月"活动,每年确定一个主题或重点。1983年,市委、市政府决定全市城乡每年评选、命名、表彰一批文明单位;是年,全国文明村(镇)建设座谈会在苏州召开,沙洲县委在会上做经验介绍,苏州推出沙洲县塘桥镇及常熟碧溪乡、琴南乡元和村等一批先进典型。[2]1984年,市政府首次制定公布《苏州市市民守则》,内容有爱党爱国、助人为乐、遵纪守法等10条。此后,全市的精神文明创建活动在各个领域、不同人群中广泛、深入推进,搞得有声有色。

窗口地区和行业文明创建方面:1986年在市区十多个窗口服务行业开展"遵守职业道德,搞好优质服务"竞赛活动。市委政策研究室调查总结苏州市"三场一店"(人民商场、石路商场、南门商业大楼和采芝斋糖果店)开展职业道德建设的成果和经验,撰写的《唱好"为人民服务"的主题歌》一文在中共中央书记处研究室理论组编写的《调查和研究》发表,在全国引起较大反响。1987年开展窗口地段共创"三优"(优美环境、优良秩序、优质服务)文明示范活动;1989年开展"满意在苏州"活动;1990年苏州市青年服务总队成立,青年志愿者利用业余时间和自己的一技之长,积极开展"学雷锋精神,做四有新人"活动。[3]

弘扬家庭美德和倡导文明健康生活方式方面:1984年苏州市被评为"全国爱国卫生运动先进单位"后,全市上下从小事抓起,从实事做起,硬件软件一起上,推进城市环境面貌不断改善;[4]有关方面组织开展的"五好家庭"创建活动、移风易俗理事会、"美在心灵、美在家庭"评选、尊老敬老活动月、首届集体婚礼、"科普宣传周"活动等吸引广大市民的积极参与;1988年常熟市率先开展"文

---

[1] 中共苏州市委党史工作办公室:《苏州改革开放三十年大事记(1978—2008)》,中共党史出版社2008年,第51页;苏州市工会志编纂委员会:《苏州市工会志》,江苏古籍出版社1993年,第453页。
[2] 中共苏州市委党史工作办公室:《苏州改革开放三十年大事记(1978—2008)》,中共党史出版社2008年,第26、32、37、38页。
[3] 中共苏州市委党史工作办公室:《苏州改革开放三十年大事记(1978—2008)》,中共党史出版社2008年,第97页。
[4] 中共苏州市委党史工作办公室:《苏州改革开放三十年大事记(1978—2008)》,中共党史出版社2008年,第47页。

明户"创建评比活动,苏州市委召开现场会予以推动,省委办公厅、宣传部转发了苏州市"新风户"活动的经验和调查报告,《人民日报》《瞭望》杂志等十多家报刊予以宣传。[1]

弘扬尊师重教时代新风方面:1985年全市隆重庆祝第一个教师节,市委、市政府向从事教育工作30年的645名老教师颁发荣誉证书;1986年市政府举行教育先进工作者表彰大会,175名中小学教师受到表彰;1989年市政府成立苏州市中小学和幼儿教师奖励基金。1985年起市政府拨款和筹资近1 000万元建造教师住宅,至1989年市区9 600名中小学教师中约有1/5住上新居。[2]

弘扬尊老爱幼传统美德方面:针对全市60岁以上老人已达65万、占全市总人口12%、已进入老龄型社会的新情况,1985年市政府建立苏州市老龄委员会及其办公室,专门负责老年人的社会管理,创办苏州市老年大学;1987年设立苏州市老年人基金会,举行"老有所为"经验交流会暨成果展览会;[3]1988年市十届人大常委会确定每年农历九月初九重阳节为"苏州市老年节",比全国确定"老年节"时间上早了一年,全市城乡举行各种活动庆祝苏州市首届老年节。1987年在东园辟建市区首个儿童少年游乐场,1991年建造市青少年活动中心,成为青少年开展社会活动的主要场所。

拥军爱民和军民共建方面:全市多层次、多形式的军(警)民共建活动广泛、持久开展。1983年解放军总政治部在苏州召开全军军民共建精神文明汇报会,省人大常委会决定授予苏州市石路街道南阳里居委会"军民共建文明居委会标兵"称号(1986年南京军区也授予该居委会同一荣誉称号)、吴门画苑工艺师沈彬如"拥军模范"称号、驻苏部队某部七连"城市群众工作模范连"称号。[4]至1987年,全市军(警)民共建点发展到198个,驻苏部队为地方培训各种技术人才585名,地方为部队培养军地两用人才4 000多名。海军命名"苏州舰"后,1987年市委、市政府举行仪式,授予"苏州舰"全体官兵"苏州市荣誉市民"称号。

二、民主政治建设扎实推进

中共苏州市委认真贯彻党的十二大、十三大精神,切实加强对社会主义民主

---

[1] 中共常熟市委党史工作办公室:《缔造辉煌》,中共党史出版社2001年,第863、877页。
[2] 苏州市教育局《苏州教育志·续志》编纂组:《苏州教育志·续志(1986—2000)》,中共党史出版社2008年,第333、338页。
[3] 江洪、朱子南、叶万忠、唐文:《苏州词典》,苏州大学出版社1999年,第805页。
[4] 中共苏州市委党史工作办公室:《苏州改革开放三十年大事记(1978—2008)》,中共党史出版社2008年,第38、40页。

政治建设的领导和指导,1988年市委成立政治体制改革领导小组,翌年发出《关于政治体制改革近期实施意见》,从多方面入手,有领导、有秩序地逐步推进。全市各级各有关部门积极探索、自觉践行、勇于创新,涌现了许多新生事物,积累了有益的经验。

1. 逐步建立健全民主决策和民主监督制度

市委、市政府切实转变作风,改变领导方式和决策方式,积极推进决策的民主化、科学化。在制定重大发展战略、发展规划和作出重要工作部署、出台重要政策措施时,坚持民主集中制,注重听取和积极采纳各方面的意见和建议,提高了民主决策、科学决策的水平。同时探索建立和完善对党委和政府工作的民主监督制度。一是加强信访工作,1988年起各级逐步建立"领导接待日"制度,成为党政领导直接倾听群众呼声、了解社情民意、关心群众疾苦的重要渠道和途径。1989年市及各县(市)信访办公室改称信访局,强化了信访工作机构职能。二是推行"两公开一监督"(即公开办事制度、公开办事结果、依靠群众监督),至1990年在全市机关部门及基层行政执法、管理部门和公用事业单位中推行。为增加政务透明度,1989年起市政府办公室组织编印《苏州政报》和《苏州市规范性文件汇编》,将政府制定颁发的可以公开的文件、规章、领导讲话的材料汇编成册,供基层单位订阅、了解掌握;1990年向全市人民公布《市政府领导班子廉政勤政八项守则》及群众联系电话,以自觉接受群众监督;[1]1991年起邀请市各民主党派、工商联负责人列席市政府组成人员会议,并在政府14个委、局和民主党派之间建立对口民主协商和监督制度;市纪委、监察、工商等部门共聘请104名民主党派、工商联成员担任党风联系员、特邀监察员和义务监察监督员,参加全市财政、税收、物价和清理基建项目等大检查,对行风明察暗访。

2. 坚持和完善人民代表大会制度

为适应市管县新体制,并使市的人大同全国人大和省人大的任期相一致,市人大1983年4月提前进行了换届。市九届人大一次会议选举费铭钊为市人大常委会主任,方明为市长。1985年4月戴心思继任市人大常委会主任,1984年7月段绪申、1986年5月俞兴德继任市长。1988年1月市十届人大一次会议按期召开,选举戴心思任市人大常委会主任、俞兴德任市人民政府市长。1990年2月章新胜继任市长。

---

[1] 中共苏州市委党史工作办公室:《苏州改革开放三十年大事记(1978—2008)》,中共党史出版社2008年,第96、106页。

苏州市人大常委会在中共苏州市委的领导下,认真履行宪法和法律赋予的职权,积极、务实、创新地开展各项工作和建设,取得了很大的成效。一是加强机构建设,健全工作制度,提高工作效率。市人大常委会先后制定了《和市人民政府、市中级人民法院、市人民检察院的工作联系制度》《关于议事的若干规定(试行)》《人事任免办法(试行)》《关于加强市人大常委机关同人民群众联系的意见》等7个工作制度,把常委会的工作纳入程序化、制度化的轨道。为进一步做好代表人事工作,1990年设立代表人事工作委员会,召开全市人大代表工作经验交流会。1990年起在全市乡(镇)人大开始设立主席团常务主席,使乡(镇)人大工作得到了加强,推进了基层政权建设。二是发扬民主做好换届选举工作。1988年的市十届人大一次会议,充分发扬民主,尊重代表意愿,在选举苏州市出席省人代会代表和市级国家机关领导人员时,除主席团提名的候选人名单外,还将代表联名提出的共计10名省代表,市人大常委会副主任、秘书长、委员、副市长候选人依法列入正式候选人名单,进行差额选举。三是认真讨论决定地方重大事项。10年中市人大共听取和审议市政府、市中级人民法院、市人民检察院工作报告和政府专项工作汇报297项,做出相应的决议、决定127项。四是组织代表开展参政议政活动。市人大常委会努力为人民代表参政议政搭建平台、畅通渠道、创造条件,1987年制定实施《关于市人大代表视察的暂行办法》,开辟人大代表监督"一府两院"工作的新渠道;1989年根据6名市人大常委会委员联名提案,就市政府对苏杨公司(即苏州市杨舍购销公司)搞大面积违章建筑等问题查处不力,首次向市政府提出质询案,成为对政府工作的一次有力鞭策和有效监督;[1]10年中共督促市政府办理代表议案和建议共达4 270件之多,还受理代表和群众来信来访6 091件次,转交市政府办理,推进了政府工作。五是加强法制宣传和建设。市人大常委会1988年、1991年做出在全市公民中开展法制宣传教育的决议,1990年开展宪法宣传周活动;并经常选择一些与人民群众生产生活密切相关的、将要实施的新法律或在本地实施过程中存在较多问题的法律法规,通过组织视察、听取汇报、执行检查、专题审议等方式,及时就实施工作提出意见,做出相应的决议,促进法律法规在本市得到较好的实施和执行;还积极组织参与国家和省的立法工作,就法律法规草案及时征求修改意见,汇总上报。

---

[1] 苏州市人大常委会办公室:《关于转交质询案的函》,1989年9月,第1—5页,苏州市档案馆藏,档号B1—1—338;苏州市人民政府:《关于给市人大常委会部分委员提出的质询案的答复》,1990年1月3日,第1页,第7—11页,苏州市档案馆藏,档号B1—1—338。

3. 坚持和完善中国共产党领导的多党合作和政治协商制度

中共苏州市委认真贯彻中共十二大、十三大和1982年政协新《章程》精神，坚持贯彻"长期共存，互相监督，肝胆相照，荣辱与共"的方针，坚持和完善中国共产党领导的多党合作和政治协商制度，充分发挥政协组织和民主党派、工商联在国家政治生活中的重要的、特殊的作用，热情支持他们加强组织建设，按照各自的章程独立自主地开展工作，对全市经济社会发展中的重大事项开展政治协商、参政议政，为苏州的改革开放和现代化建设建言献策，对党委政府的各项工作进行民主监督，共同促进社会主义民主政治建设。

多党合作和民主协商制度进一步完善和发展。中共十二大以来，市委重视非中共人士的人事安排，发挥党外人士在国家政治生活中的积极作用，在各级人大代表、政协委员中民主党派、无党派人士的比例比"文化大革命"前有所增加，在市、县（市、区）政府中安排了一批党外人士担任领导职务。至1991年年底，苏州市有党外副市长1名、副县（市、区）长7名，市政府有关部门配备党外领导干部7名，担任县处级的党外领导干部共64人。1985年中共苏州市委建立"双月座谈会"制度，市委、市政府在会上就有关重大决策和部署、有关重大问题和情况、有关政策和信息、市级领导班子成员的调整方案等进行通报，听取各党派、工商联等团体的意见和建议。1989年市委转发《政协苏州市委员会关于政治协商、民主监督的暂行规定》，制定《关于进一步加强和完善民主协商制度的意见》。

人民政协事业长足发展。1983年4月政协苏州市七届一次会议提前举行，委员人数扩充至476名，来自27个界别，机构设置进行了调整充实，增设经济发展、城乡建设、提案工作等3个专门委员会，又设置了政协苏州市委办公室，作为在秘书长领导下开展日常工作的办事机构；选举梅村为市政协主席。1984年4月方明、1987年3月林瑞章继任市政协主席。1988年1月政协苏州市八届一次会议举行，增加了致公党界别，专门委员会调整充实至7个；选举林瑞章任市政协主席。1989年市政协制定并实施《政协苏州市委员会工作规则》和《政协苏州市委员会专门委员会组织通则》，把政协工作推向制度化、规范化轨道。1987年市郊区建立了首届政协，实现了苏州所辖各县（市）、区政协组织的全覆盖。

中共支持民主党派和工商联组织的恢复和发展。1983年6月致公党在苏发展首批7名党员，1984年9月成立首届致公党苏州市委，是为苏州市第7个民主党派。1984年，九三学社苏州分社召开了成立26年来的第一次社员代表大会，完善了社务建设。自改革开放恢复组织至1986年底，市各民主党派共发展新成员 193 名,总人数达 1 832 名,共有基层支部(社)、组 138 个,其中新建 18 个。至 1991 年底全市 7 个民主党派共有成员 3 366 名,基层支部(小组)221 个。工商联组织建设方面,1986 年各县(市)工商联组织全部恢复,发展 511 名新会员,会员总数达 2 271 名;1987 年市工商联在市区首批发展新企业会员 38 家、特邀个人会员 7 名;1989 年市工商联与民建苏州市委分署办公,进行组建同业公会的试点工作;1991 年起市工商联开始重点吸收非公有制企业会员和个体工商户个人会员,实行工商联的结构调整。市各民主党派和工商联切实加强自身建设,提高党派、工商联干部、成员的政治素质和业务水平;发动担任各级人大代表和政协委员的成员参加各项视察、调研活动,提高参政议政的质量;同时发挥各自的优势和特点,立足本职、面向社会,服务两个文明建设,在举办业余学校、开展咨询服务、支边扶贫帮困、弘扬精神文明等方面都取得了显著成绩。

4. 充分发挥人民团体联系群众的桥梁和纽带作用

中共十二大后的 80 年代,市委和各级党政组织十分重视做好新时期人民团体的工作,领导和支持人民团体不断加强建设,团结和带领各自联系的群众,广泛开展各具特色的工作和活动,积极投身改革开放和社会主义现代化建设事业,为苏州经济社会更好更快地发展做出应有的贡献。各人民团体切实代表和维护各界群众的利益,成为党和政府联系人民群众的桥梁和纽带。

工会:1984 年起开展建设"职工之家"工作;1987 年起试建企业集团工会联合会和外商投资企业工会联合会,在企业中推行建立职代会制度和"共保合同"制度等,加强职工民主管理;1988 年起建立企业工会劳动保护监督检查委员会,组织职工维权。市总工会先后组织开展"话说改革""四热爱一激励"等主题教育活动、"五个一"劳动竞赛和合理化建议活动、窗口行业优质服务竞赛、"双增双节"等劳动竞赛活动。

共青团:1984 年按照"有利于发展生产,有利于青年参加活动,有利于团组织发挥作用"的原则,改革共青团的工作方法;1988 年实施组织建设三年规划,加强基层团组织建设,在团的属地管理方面进行尝试,各种跨行业、跨区域的"团联会""青联会"应运而生。团市委组织开展各种有利于发挥团员青年才干、有利于青少年身心健康的活动,1990 年起开展"苏州市十大杰出青年"评选活动,成立苏州市青年服务总队,把"学雷锋精神、做四有新人"活动推向经常化。各级党委把共青团作为党的后备队,不断探索"党建带团建"的新路子。1986 年起市委组织部和团市委联合开展"推荐优秀团员作党的发展对象和推荐优秀青年人才进入更重要的生产和工作岗位"的工作(简称"双推双荐"),至 1991 年全市先后推荐的3.5万团员中有8 270名被吸收入党,其中有40%的优秀团员走上各级领导岗位,2万多青年踊跃提出入党申请,增添了团组织的吸引力和工作活力。苏州市第六届学生代表大会1984年召开,恢复市学联,组织全市大、中学校学生开展健康有益的校园活动,投身参加各项社会实践活动。1985年苏州市第一届少先队队员和辅导员代表大会召开,市少工委以服务少年儿童健康成长为工作重点,开展形式多样的教育和纪念活动。

妇联:1988年开展组织建设年和基础建设年,构筑由层级式纵向组织、组联式横向组织、开放式柔性组织组成的纵横交叉的妇女组织网络,1991年全市有基层妇代会(妇联)6 496个,还有市女企业家、市女知识分子两个联谊会。各级妇联组织广大妇女在"双增双节""双学双比""巾帼建功"活动中献智出力,开展创建"五好家庭"、建立"妇女之家""家长学校""法律顾问处"、设立市儿童少年基金会、出台市女职工生育社会保障制度等各种活动和维权阵地,促进城乡妇女文化素质和知识水平有所提高,妇女社会地位不断提高,妇女儿童合法权益得到切实保护。1988年全市女性人大代表、政协委员分别占总数的25.3%和18.3%。1989年全市有女干部4.1万名,占干部总数的29.1%,其中局处级女干部58名,占同级领导干部总数的10%。1991年苏州女性就业率88.34%,比全省、全国平均水平分别高出1.42和9.54个百分点。

科协:1986年起重点推进厂矿、乡镇科协和各类专业技术研究会的建设,至1991年全市共建立经过社团登记的学会75个、厂矿科协210个、乡镇科协166个、农村专业技术协会807个。市科协围绕实施"科技兴市"战略,抓住苏州的优势学科和与苏州经济发展密切相关的综合性课题,大力开展学术研究交流、群众性科技创新活动和科技咨询服务、科学知识普及与适用技术的推广应用,1985年起开展自然科学优秀学术论文评选活动。1991年苏州市科技咨询服务中心共有咨询服务部220多个,参加服务的科技人员达1万多人,共完成项目4 816项,合同金额1 195万元,创经济效益3.8亿元。

文联:20世纪80年代先后组建起书法、舞蹈、摄影、电影电视艺术等4个市级专业文艺工作者协会(1991年起市各文艺工作者协会改名为"××家协会"),协会总数达10个;1989年全市共有会员2 286人,其中省级会员882人、全国级会员170人。市文联团结全市文艺工作者,鼓励支持团体会员和文艺工作者致力于繁荣发展社会主义文化事业,创作出一大批反映时代的精品力作,一批作品参加了第一届、第二届中国艺术节,一批作品获国家级奖项。1987年,苏州市政府首次表彰了1979年以来在文学艺术领域做出优异成绩的225位文艺工作者。

社科联：20世纪80年代，全市社科类学会组织队伍迅速发展壮大，学会数从4个增加到70个，个人会员数从数百人扩大到3万人，基本形成以应用研究为主、学科门类比较齐全、结构比较合理的群众性学术研究网络，会员中具有大专以上学历和高、中级专业技术职称的占50%以上。市社科联团结和组织全市哲学社会科学工作者，整合社会科学各种资源，开展理论研究、学术交流、社科知识普及工作，发挥哲学社会科学"认识世界、传承文明、创新理论、资政育人、服务社会"的作用。市社科各学会经常举办综合性学术年会、专题研讨会、报告会，编辑出版的学报、会刊有近30种。1984年起选送论文、专著参加省3届社科优秀成果评奖，共有100余项获奖，其中12项获二等奖。1988年起市政府开展每三年一次的苏州市哲学社会科学优秀成果评奖活动。

个劳协：1984年4月苏州市首届个体劳动者代表大会召开，正式成立苏州市个体劳动者协会。市个劳协组织会员学习党和政府关于发展个体经济的方针政策以及有关工商法规，教育会员遵守章程，恪守职业道德，加强自律自治，搞好生产经营，繁荣城乡市场，同时正确反映个体工商户的正当意见和要求，为个体经济发展创造有利条件。

残联：为适应残疾人事业发展的需要，"文化大革命"时期一度停顿的苏州市盲人聋哑人协会于1979年恢复工作；1987年苏州市残疾人福利基金会（由市民政局代管）成立；1990年6月苏州市残疾人联合会第一次代表大会举行，市残联正式成立，下设盲人、聋人、肢残人3个协会。市残联代表全市残疾人利益，为残疾人在就业、生活、康复医疗和社会教育方面排忧解难，实现残疾人工作资源共享，努力建立健全残疾人救助、教育培训、劳动就业、医疗康复、法律服务五大网络和平台。1991年全市开展第一次"全国助残日"宣传周活动。

消协：1987年9月苏州市消费者协会成立。[1]第二年市消协共接受消费者投诉2 113件，处理结案率达98%，为消费者索赔和退还商品价值99.5万元；建立5个消费者监督站，各县（市）的消费者协会开始组建或筹建。

5. 巩固和发展最广泛的爱国统一战线

中共十二大以来，苏州各级党委和政府坚决贯彻中央的方针政策，顺应时代变化，以服务于改革开放和祖国统一大业为己任，认真做好新时期统战工作，进一步巩固和加强由全国各族人民、全体社会主义劳动者、拥护社会主义的爱国者

---

〔1〕 中共苏州市委党史工作办公室：《苏州改革开放三十年大事记（1978—2008）》，中共党史出版社2008年，第73页。

和拥护祖国统一的爱国者组成的,包括台湾同胞、港澳同胞和海外侨胞在内的最广泛的爱国统一战线。

爱国统一战线工作不断加强。1986年市委召开统战工作会议,学习贯彻中央关于新时期统战工作要"开阔眼界,走向世界,广交朋友,联络友谊"的指示精神,在继续做好国内统战工作的同时,大胆开展海外统战工作;市召开台湾同胞、港澳同胞、海外侨胞及其亲友为统一祖国、振兴中华服务经验交流会,提倡全市"三胞"及其亲友广泛开展海外联谊活动;被改作他用49年之久的苏州中山纪念堂正式恢复,在锦帆路章太炎晚年故居内辟设章太炎纪念室,举行叶楚伧诞辰100周年纪念会。[1] 1987年,苏州海外联谊会成立;举行柳亚子诞辰100周年暨"南社"发起80周年纪念活动,吴江黎里柳亚子纪念馆开馆,全国政协主席邓颖超发来《缅怀柳亚子先生》纪念文章;举行纪念我国近代著名民族工商企业苏纶纱厂建厂90周年活动。1989年,九三学社成员、吴江籍女蚕桑专家费达生以86岁的高龄光荣加入中国共产党,实现了她一生的夙愿。1991年举办东吴大学建校90周年校庆活动,蒋纬国发来贺电,加强了与台湾东吴大学及海外东吴大学校友的联系。

侨务工作全面开展。1983年市政府华侨事务处改称侨务办公室。市侨办和市侨联以统一祖国、振兴中华为总目标,发挥"侨"的独特优势,全面组织开展参政议政、维护侨益、海外联谊等各项侨务工作,联系团结广大归侨侨眷和海外侨胞,牵线搭桥、引资引智、建言献策、反独促统,为推进苏州的改革开放和现代化建设、推进苏州与海内外的多领域民间交流合作做出努力。1985年统计,散居在55个国家和地区的苏州籍华侨、华人、港澳同胞达4万余人(其中外籍华人1.08万人),全市共有归侨240人,侨眷、港澳同胞眷属5万人。1980—1985年共接待来苏探亲、观光的华侨、港澳同胞22.89万人,其中包括著名物理学家吴健雄和袁家骝夫妇、诺贝尔奖获得者李政道博士、著名建筑设计师贝聿铭、美籍华人宇航员王赣骏等一批苏州籍的知名人士;共接受捐赠的实物和现金折合人民币396.28万元,主要项目有捐赠办学、设奖学金、提供科技设备、资助福利院等。1986年起每年接待的人数都在5万以上,1987达创纪录的8万多人,这些人员中知名人士、苏州籍的、第一次回故乡的仍比较多,如美籍华人电脑大王王安,林肯大学校长张道行,密执安大学教授戴振铎,加拿大滑铁卢大学教授贝聿

---

[1] 中共苏州市委党史工作办公室:《苏州改革开放三十年大事记(1978—2008)》,中共党史出版社2008年,第64页。

渠,香港知名实业界人士周文轩、朱恩馀等。1989年全国、全省首次表彰归侨、侨眷知识分子和企业家,苏州有20人受表彰。1991年起全市侨务系统认真贯彻实施《归侨侨眷权益保护法》,市侨办建立市侨务事业发展基金,增强了为归侨、侨眷服务的能力。

对台工作有效展开。1984年2月,苏州市台湾同胞第一次代表会议召开,成立市台湾同胞联谊会。市台办和市台联认真贯彻中央有关指示,与居住在苏州的台胞保持联系,按照"一视同仁,并在各方面优先照顾"的原则,落实各项政策,帮助台胞排忧解难。1984年底全市有对台通信2126户,落实台属信访751件,安置台胞回苏州定居10人。至1987年10月共接待来苏观光的台湾同胞450人。1987年11月,台湾当局正式开放台湾民众赴大陆探亲,市建立台胞接待站,迎接台胞返乡探亲、观光高潮的到来,至年底的2个月内全市共接待来苏的台湾同胞837人。1989年市政府成立台湾事务办公室,与市委对台办合署办公;是年7月召开市第一次台属代表大会,成立苏州市台属联谊会,全市有台属8700余户、近4万人;台商来苏投资兴业显著增多,当年共开办合资企业18家;是年台湾当局开放大陆同胞赴台探亲访问,当年全市有40人赴台探亲访问。1991年全市台商投资企业总数累计达114家、总投资额1.73亿美元、合同利用台资0.95亿美元,三项指标均位居全省前列,国务院及国台办领导同志来苏考察对台工作时,对苏州市吸引台资工作给予充分肯定。

民族团结进步工作不断推进。苏州是零星少数民族散杂居地区。全市各级党委、政府认真贯彻执行党和国家的民族政策,致力推进民族团结进步。1979年成立市民族宗教事务处(后改建为局),少数民族在节庆、饮食、丧葬等方面的风俗习惯重新受到尊重,改善了对回民的副食品供应。许多原籍少数民族人员解除戒备心理,把自己的民族成分从汉族改回少数民族,如书法家沙曼翁恢复满族身份,并将他的姓氏改回"爱新觉罗"。1990年苏州市少数民族联谊会成立,辅助政府更好地开展民族工作。

三、法制建设切实加强

20世纪80年代,苏州各级各部门精心组织全民普法教育,积极推进依法行政,努力维护司法公平,严厉打击各种犯罪活动,不断提升社会主义法制建设的水平和成效,营造安定团结的政治局面和安居乐业的社会环境,保障改革开放和现代化建设的顺利进行。

1. 开展普法教育

1981年苏州地、市司法局恢复建立后,会同有关部门,将法制宣传教育摆上重要位置,通过配合重要法律的颁布实施组织宣讲、举办法制展览、组织公开审判、开设电视法制专栏节目、演出法制文艺节目、组织法律知识竞赛等形式,大力开展法制宣传教育活动,努力消除"文化大革命"对社会主义法制造成的严重危害,努力使每个公民都知法守法,逐步增强全社会的法制意识,为推进社会主义法制建设提供良好的社会基础。根据中央关于有计划地"向全体公民普及法律常识"的要求,1986年"一五"普法在全市城乡起步开展,到1989年全市348万公民接受了普法教育,普及率达94.8%。1991年"二五"普法启动,将与公民密切相关的"十法一例"的普及与切合实际地用法同步进行,以提高法制宣传教育的实际效用。

2. 推进依法行政

1987年,苏州市召开第一次政府法制工作会议,对进一步加强政府法制工作进行全面部署,并成立市政府办公室法规科,培训政府法制干部。1989年组建市政府法制局,对全市政府法制工作通盘考虑、综合研究、组织协调、具体指导。一是加强行政立法工作。1988年市政府制发《关于制定法规、规章性文件工作程序的规定》。1986—1990年间,市政府根据国家和省的有关法律、法规,结合苏州实际情况和工作需要,共组织制定了100多件地方性法规和规章性文件,基本实现政府对经济社会管理有法可依、有章可循。二是加强行政执法监督。1987年市政府组织在全市开展执法大检查,通过检查揭露和查处各类违法案件5 102起,查处违纪金额3 100多万元。之后每年都选择一些法律法规进行执行情况的检查。1988年,市政府恢复设立行政监察机关——市监察局,监督、处理监察对象违反国家政策和法律法规以及违反政纪的行为。三是探索加强对人财物的法制化管理。1983年建立市审计局,审计监督的独立性、专业性、权威性得到强化和保障。1986年市政府颁布《苏州市预算外资金管理实施办法》,对不纳入国家预算的财政资金实行规范化管理。1991年市政府制发《关于加强国有资产管理的实施意见》,提出要保护国有资产及其权益不受损害,并合理配置和有效经营国有资产,提高经济和社会效益。四是搞好行政复议和行政应诉。1990年10月《行政诉讼法》实施后,市政府及各级行政机关加强复议、应诉机构建设,搞好人员的选拔、培养,推进工作制度化、规范化建设。1991年全市共受理行政复议案件67件,其中市和县(市)政府受理12件;审结62件,其中撤销、变更原具体行政行为19件,占31%。在行政诉讼活动中,自觉接受审判机关的司法监督,维护了行政机关的形象和法律的尊严。

3. 维护司法公正

全市各级党委加强对政法工作的领导,从各个方面保证公安、审判、检察、司法等政法机关严格执行法律;全市各政法机关认真履行宪法和法律赋予的神圣职责,务实、创新地开展工作,大力加强自身的队伍建设、业务建设和法制建设,不断完善机构设置、职能划分、管理制度和监督制约程序,努力维护法律的尊严和司法的公正,努力发挥人民民主专政机关的职能作用,坚决贯彻"打击敌人,保护人民,惩治犯罪"的方针,在严厉打击各种犯罪活动的同时,用法律手段维护与调整正常的经济关系和社会关系,为改革开放和现代化建设提供安全保障和法律服务。

公安机关切实加强新时期的社会治安管理,合理运用治安处罚措施,依法惩治盗窃、流氓滋事等违法行为,努力遏制黄、赌、毒等社会不良风气的蔓延;不断提高刑事侦查技术和水平,应对刑事犯罪活动智能化、多发化的严峻挑战;根据经济犯罪案件增多的新情况,及时组建经济案件侦查机构,依法打击走私贩私、经济诈骗、合同诈骗、非法集资等新型经济犯罪活动。全市公安机关不断加强公安法制建设,先后建立政策法律研究室、治安处罚复查应诉组,在市、县两级公安机关设立诉讼代理人;根据工作需要大量充实工作机构和人员,1983年建立苏州人民警察学校,每年有100—200名毕业生充实公安队伍。1984年起在全省率先公开招聘合同制民警,至1993年全市有1 243名合同制民警转为国家行政编制的公安民警。[1]

检察机关依据宪法和法律独立行使检察权,不断完善办案制度,提高办案质量,各项法律监督职能全面发挥。1983年市检察院设置法纪检察科,突出对玩忽职守、重大责任事故和渎职侵权3类案件的查处,1986—1991年受理案件464件,立案244件,其中还包括查处了一批执法机关工作人员刑讯逼供、非法拘禁等严重侵犯公民权益的案件。1988年市检察院成立经济案件举报中心,到年底通过受理举报立案侦查经济罪案31件,占全年立案数的20%,其中万元以上大案9件,占全年大案数的19%。控告申诉检察部门认真受理公民来信来访,1986—1989年共受理14 547件,据此复查历史老案772件,对其中362件错案做出撤销原处理的决定。1990年市检察院成立民事行政检察科,负责对民事经

---

[1] 中共苏州市委政法委员会:《苏州政法工作五十年(1949.4—1999.12)》,苏准字JSE—0001048号,2004年,第29、30页。

济审判活动和行政诉讼进行监督;对本级及下级人民法院已发生法律效力但确有错误的民事、经济、行政判决和裁定,向省检察院提请抗诉或向市中级人民法院提出抗诉。1988年市检察院设立刑事技术科,1990年增加法医门类,为提高检察办案质量提供了技术支撑。

审判机关积极履职。进入80年代全市两级法院受理案件数大量增加,1986年各类案件一审收案8 696件、二审收案389件,1989年共审理各类案件20 730件,审结19 616件。两级法院努力适应新形势,不断增设审判机构,在乡镇全面设立人民法庭;全面发挥审判职能,拓宽审判领域,探索新的审判管理模式,稳妥审理新类型案件,强化依法执行手段,积极推行审判、审判结果、执行过程的公开,坚决不搞"地方保护主义",促进司法公正。1986年两级法院设立刑事审判第二庭,专门负责案件的申诉复查工作,1987年又增设告诉申诉庭,负责立案和申诉工作;不断抓好历史老案的复查、再审工作,1986—1990年共受理复查案件929件,其中改判404件。1987年起两级法院逐步设立行政审判庭,至1990年10月《行政诉讼法》实施时共受理一、二审案件72起,审结69起。1987年《民法通则》贯彻实施后,两级法院积极审理侵犯公民和法人利益、名誉权等新类型民事纠纷案件。80年代中期起经济纠纷案件日益增多,1987年收案3 569件、诉讼标的物7 718万元,1989年上升至5 752件、1.7亿元。全市法院保护平等主体合法权益,通过民商事审判解决市场经济发展过程中出现的利益纷争,维护市场经济秩序和社会信用,规范市场交易行为,促进社会主义市场经济体制的逐步完善,为苏州经济发展提供司法保障。为确保已发生法律效力的判决、裁定和调解协议的执行,遏制法律"打白条"现象增多的趋势,1986年起两级法院建立执行庭,1987年共受理各类执行案件1 183件,其中全部执行完毕的875件,解决执行标的物总金额866万余元,有效地保护了当事人的合法权益,维护了法律的严肃性。

司法行政部门主要通过律师、公证和人民调解等工作发挥法律服务和法律保障职能。1984年由市法律顾问处改建的苏州市第一律师事务所成立,乡镇和城区街道法律服务所逐步推广开来。1985年市区共有律师工作者47人。1987年成立苏州市涉外经济律师事务所。1989年全市首家律师人员合伙开办的天平律师事务所成立,意味着律师逐步褪去"官办"色彩,转为独立的社会职业。1991年全市17个律师事务所共担任机关、企事业单位常年法律顾问1 233家,其中"三资"企业55家,办结涉外、涉港澳台民事法律服务220件。公证处复建后,1985年办证930件,内容涉及出身、学历、亲属、婚姻、经历、收养、继承等11

类。之后各类经济合同公证业务迅速增多。1991年全市8个公证处共办证40 208件。

4. 严厉打击犯罪活动

全市各级党委、政府和政法机关始终保持对破坏现代化建设、扰乱社会安定、污染社会风气的严重经济犯罪和刑事犯罪的高压态势,努力维护政治稳定和社会安定,全力保障改革开放和现代化建设的顺利推进、人民群众安居乐业。

严惩经济领域严重犯罪活动。1982年3月全国人大常委会做出《关于严惩严重破坏经济的罪犯的决定》后,市委成立经济案件领导小组及其办公室。至1985年的3年中,市检察机关共立案侦查经济案件339件,其中万元以上大案42件;1985年审判的经济案件中被判处有期徒刑以上的占89.5%,有效地震慑了犯罪。1986年后全市检察院、法院每年立案查处、审理的经济犯罪类案件都达四五百件,还查处了几起有重大影响的和新类型经济犯罪案件,取得了良好的社会效果,其中包括在全国有较大影响的吴县花果酒厂毒酒案。1986年9月间,吴县花果酒厂从苏州前进化工厂误将30吨工业酒精当成食用酒精购入,又未按规定送交检验便直接投入食用酒类的生产,导致一批有毒酒流入本地和外地市场,造成死亡13人、重伤致残13人、轻伤11人的严重中毒事故。1988年,市中级人民法院判处前进化工厂、吴县花果酒厂8名被告无期徒刑、3—12年有期徒刑不等,其中包括花果酒厂厂长和1名副厂长。

开展打击严重刑事犯罪的斗争。进入20世纪80年代,全国范围内的严重刑事犯罪活动呈不断上升趋势,接连发生了数十起震惊全国的重大恶性案件。为迅速扭转社会治安的不正常状况,1983年8月中共中央做出《关于严厉打击刑事犯罪活动的决定》,部署统一以三年为期,按照依法"从重从快,一网打尽"的精神,对刑事犯罪分子予以坚决打击。随后,全国人大常委会就严惩严重危害社会治安的犯罪分子和关于迅速审判的程序等问题做出了决定。[1]一场声势浩大的严厉打击刑事犯罪活动的斗争(简称"严打")在全国迅速展开。

苏州的治安形势进入80年代后同样十分严峻。据地、市公安机关统计,1980—1982年间苏州每年发生的刑事案件在4 000件左右。中央部署开展"严打"后,全市各级党委、政府迅速组织部署,政法各部门全力以赴。1983年9月4日凌晨,雷厉风行地组织了第一战役第一仗的集中搜捕行动,全市出动力量2万

---

[1] 中共中央党史研究室:《中国共产党新时期历史大事记(1978.12—2002.5)》(增订本),中共党史出版社2002年,第141、142页。

余人,一举搜捕对象 2 658 人,其中逮捕 2 478 名、劳教 180 名;当月市、县两级审判机关共依法判处 98 名罪犯,其中判处死刑立即执行的 30 名,有力地震慑了犯罪分子的嚣张气焰。1984 年 8—11 月、1986 年 4—6 月间组织开展了第二、第三战役。三年"严打"期间,全市检察机关共批准逮捕刑事犯罪分子 11 464 人,提起公诉 10 250 人;全市两级法院初审刑事案件 8 859 件,依法从重从快判处了一批有重大影响的严重刑事犯罪分子。"严打"开始后三年与前三年相比,全市各类刑事案件和治安案件分别下降了 34.8% 和 44.2%;公共热闹场所的治安秩序大为改观,严重危害社会治安的杀人、抢劫、伤害、纵火、强奸 5 类案件显著下降,人民群众的安全感普遍增强,社会治安非正常状况基本结束。但囿于当时严峻形势,这次"严打"贯彻"从重从快"方针,实行公安、检察、法院联合办案,致使某些案件办得较为粗糙,定罪量刑不够准确,之后出现大量申请再审案件。全市两级法院坚持实事求是、依法纠错的原则,认真复查再审,解决"严打"中的遗存问题,1986—1990 年共收案 2 262 件,经过再审改判了其中的 709 件。

第一次"严打"斗争后,全市政法各部门对严重刑事犯罪活动继续保持高压态势,针对一个时期、一个地区的治安突出问题,组织开展专项斗争和专项治理,努力维护社会治安的稳定。但随着改革开放的深入推进、社会利益格局的调整、地区间发展差距的拉大、外来流动人员的大量增加,苏州城乡的社会治安形势始终十分严峻,1988 年起刑事发案数大幅反弹,达 4 095 起;1989 年又猛增到 7 069 起,相当于"严打"前最高的 1981 年发案数的 1.48 倍。[1]这几年间还发生了几起有重大社会影响的刑事案件,包括一外来流窜人员两次潜入苏州博物馆盗走 6 件明清珍贵文物案、本地一对父子参与的一起 3 300 克海洛因的特大国际贩毒案、苏州首起抢劫出租车并杀害驾驶员案等。面对严峻复杂的治安形势,1990 年全市按照中央政法委的统一部署再次集中开展"严打"斗争。1991 年 5 月 16 日,张家港市公安民警赵晔星在某卡拉 OK 舞厅执行巡查任务时发现流氓斗殴并上前制止,被流氓顾士明等人刺死,被公安部追授为全国公安战线二级英雄模范,省政府批准其为革命烈士。他是地市合并后苏州首位与歹徒斗争中牺牲的公安革命烈士。[2]

---

[1] 中共苏州市委政法委员会:《苏州政法工作五十年(1949.4—1999.12)》,苏准字 JSE—0001048 号,2004 年,第 415 页。

[2] 中共苏州市委政法委员会:《苏州政法工作五十年(1949.4—1999.12)》,苏准字 JSE—0001048 号,2004 年,第 123、125、361 页。

四、加强和改善新时期党的建设

中共十二大后的 80 年代,苏州市委和全市各级党委认真贯彻十二大提出的"把党建设成为领导社会主义现代化事业的坚强核心"这一新时期党的建设总任务和十三大确定的"从严治党"这一新时期党的建设的基本方针和根本要求,努力适应执政、改革开放和发展社会主义市场经济的新形势,从思想、作风、组织等各个方面着手,切实加强和不断改进党的建设,把各级党组织建设成为团结带领全市干部群众不断推进改革开放和社会主义现代化建设、奋力实现苏州全面崛起的领导核心和战斗堡垒,使广大共产党员在各条战线上积极发挥先锋模范作用。

1. 开展全面整党

中共十二届二中全会决定从 1983 年冬开始用三年时间对党的作风和组织进行一次全面整顿,简称"整党"。按照中央和省委的部署,1985 年 2 月至 1987 年 1 月全市分 4 批开展整党。这次整党基本上达到了中央提出的四项要求。一是对全体党员进行了一次普遍、深入、系统的党性教育,使广大党员的思想觉悟有了提高。二是恢复和发扬了党的批评和自我批评的优良传统,不同程度地解决了党内存在的问题,促进了党风的好转。三是对犯有严重错误的党员认真、严肃地进行了处理,纯洁了党的组织,提高了党在群众中的威望。全市受到组织处理、处分的党员(包括核查"三种人"中处理的党员)共 1 217 人,其中开除党籍 119 人、留党察看 192 人、受其他纪律处分的 497 人,因长期消极落后、不起党员作用而不予登记的 128 人、缓期登记的 253 人,取消预备党员资格的 28 人。在整党的两年中,全市共有 1.55 万人被吸收入党,给党组织增添了新鲜血液,有 1.63 万人申请入党。四是通过整党,各级领导班子得到了充实加强,党组织的战斗力有了提高。

2. 探索党内政治生活正常化和组织建设常态化

这次全面整党后,市委及各级党组织在实现党内政治生活正常化和强化组织建设方面进行了积极探索和不懈努力。在发扬党内民主,建立健全党的集体领导方面,1989 年 6 月市委制定《中共苏州市委常委会议事规则》,对充分发挥党委集体领导作用、推进常委会议事决策民主化科学化和规范化、发挥全委会作用做出了规定。在加强党员教育方面,1986 年起全市乡镇、市属企事业单位普遍设立党校,1990年市委建立了中心组学习制度。[1]在完善党员监督管理方面,1988年开始开展民主评议党员工作,到1990年第一轮民主评议党员工作结束。在探索基层组织建设新路子方面,1990年起市委把整顿治理集体经济薄弱村党支部作为农村党建的重点,从党支部建设入手,落实班子、人才、项目、资金等多方面的帮扶措施,进行综合治理。经过两年整顿,全市首轮360个集体经济薄弱村已有217个走出低谷、脱贫达标;同时对加强和改进企业党建工作进行深入探索,1990年市委批转《关于加强工业企业党组织建设的几点意见》,望亭发电厂等3个企业加强党建工作的经验被选入全国《企业党的工作经验选编》。

3. 推进领导班子和干部队伍"四化"建设

市委和全市各级党委把继续推进领导班子的"四化"建设、实现干部队伍的革命化、年轻化、知识化、专业化,作为一项十分重要和紧迫的工作紧紧抓在手上,采取多种切实有效的措施,努力解决各级领导班子年龄偏高、文化水平偏低、专业知识偏少的问题,以适应改革开放和现代化建设的需要。一是大胆启用德才兼备的中青年干部。地市合并时2人被破格提拔,分别担任苏州市委副书记、苏州市副市长。[2]1986年对市部委办局、高校和科研单位的领导班子进行调整充实,提拔了87名年富力强的干部,使这些班子中具有大专以上文化程度的比例比原来提高了14.1%。1987年选拔一批德才兼备的中青年干部进入县(市)区党政领导班子,使45岁以下的中青年干部占60.3%、大专以上文化的占54.3%。二是大力开展干部正规化培训。培训层次结构包括高等教育、中等教育、文化教育和继续教育,培训方式以党校、干校、高校干部专修科为基本阵地。除选派少量重点培养对象至中央党校、省委党校脱产学习外,1982年起市挑选一批青年干部进入6所在苏普通高校附设的干部专修科脱产学习,1983年市创办的苏州经济管理干部学院及苏州市委党校、苏州市农村干部学校也开办干部大专班,至1985年全市已选送3 751名干部到各类大专院校脱产培训2年以上,已有毕业生566名。[3]三是抓紧"第三梯队"的建设。至1986年底全市有县(局)级后备干部618名,其中有44名先后被提拔进入领导班子。1990年市委选调首批215名市级机关中青年干部赴乡(镇)、街道等基层挂职工作1年,为年

---

[1] 中共苏州市委党史工作办公室:《苏州改革开放三十年大事记(1978—2008)》,中共党史出版社2008年,第98页。

[2] 中共苏州市委党史工作办公室:《苏州改革开放三十年大事记(1978—2008)》,中共党史出版社2008年,第433、445页。

[3] 苏州市教育局《苏州教育志》编纂组:《苏州教育志》,上海三联书店1991年,第211页。

轻干部和后备干部的锻炼成长开辟了一条新的有效途径。[1]四是积极推进干部制度的改革。1986年市委首次组织民主推荐市级领导干部,还进行了民主推荐县级领导干部和局级后备干部的试点;乡(镇)普遍实行选聘制,共聘用干部841名,其中有235名担任乡镇领导职务。1988年全市乡(镇)、县(市)区党代会换届选举中首次实行党委成员(委员、常委)差额选举。

4. 大力惩腐倡廉

20世纪80年代,改革开放全面推进,新旧经济体制处在转换之中,党内的消极腐败现象逐步滋生,不正之风在各个领域蔓延。市委和全市各级党委充分认识到党风面临问题的严峻性,坚决贯彻"从严治党"方针,常抓不懈地扎实开展惩腐倡廉工作。

加强对党风廉政建设工作的领导。1983年地市合并之时,根据中央有关精神,将中共苏州市委纪律检查委员会更名为中共苏州市纪律检查委员会,并实行常委制,在市委和省纪委双重领导下开展工作。1987年起在全市乡(镇)逐步建立纪委,配备专职纪检干部。1988年市政府成立市监察局。1989年市政府颁布《行政监察举报工作暂行规定》,全市两级行政监察举报中心(站)全部成立;市纪委内部机构名称由科改为室,室主任配备副处级干部;市纪委先后向市公安局、税务局等4个与人民群众关系密切的部门派驻纪检组。1990年市委制定省内第一个企业纪检工作条例,提出国有和集体企业在经营活动中应掌握的4个原则和5条政策界限。[2]

切实纠正不正之风。针对不同时期人民群众反响强烈、党政机关和党员干部中存在的比较突出的不正之风问题,市委、市政府和纪检监察等部门及时做出部署,开展制止和纠正不正之风的专项工作,并严厉查处其中的违法违纪案件和人员,通过建章立制和有效防范消除产生不正之风的根源。1983年贯彻中纪委《公开信》精神,在全市组织开展制止党员干部在建房分房中的不正之风的专项工作,至1987年立案查处包括市房管局局长在内的违纪案件212件,给予党纪处分的96人,少数属于违法犯罪的移交司法部门查处。[3]之后几年又开展清查农村党政干部违章建私房、清理纠正干部用公款超标准装修住房和违反规定用

---

[1] 中共苏州市委党史工作办公室:《苏州改革开放三十年大事记》,中共党史出版社2008年,第98页。

[2] 中共苏州市委党史工作办公室:《苏州改革开放三十年大事记》,中共党史出版社2008年,第100页。

[3] 中共苏州市委党史工作办公室、苏州市档案局(馆):《中国共产党苏州市历次代表大会(会议)文献汇编(1949—2001)》,苏出准印JSE—001549号,2001年,第419、420页。

公款为干部购买商品房工作,对严重以权谋房党员干部严肃查处。1988年开展清理党政机关和党政干部经商办企业工作,拟保留的公司办理人员、资金、隶属关系与机关"三脱钩",并重新核定经营范围;至1991年全市党政机关办的177家公司中165家撤销,清退344名在企业任(兼)职的党政机关干部。[1] 1988—1991年对全市行政性、事业性收费项目进行清理、审核和整顿,使一度失控、泛滥的"三乱"(乱收费、乱摊派、乱罚款)现象得到有效遏制。

严厉惩治腐败。1982年起贯彻中共中央《紧急通知》,重点打击发生在机关、团体、企事业单位党员干部中的贪污、受贿、侵吞国家集体资产等经济犯罪活动,至1984年8月止全市共立案查处千元以上经济案件1 101件,其中涉及党员288人,受党纪处分的183人(其中开除党籍104人),受政纪处分的238人,依法判刑的442人。之后5年间,全市纪检监察部门共查处党员干部和公职人员的各类违纪案件1 930起,其中贪污受贿等351件、严重以权谋私案件286件;共处分违纪党员2 654名,其中开除党籍455名、留党察看524名、撤销党内职务82名,受处分的党员干部中县处级14名、科级127名。[2] 期间还严厉查处了两个有重大社会影响的领导干部违法违纪案件。一是高政生活腐化违纪案。高政在任常熟市委副书记、市长期间,与一名妇女长期保持不正当两性关系,情节严重,影响很坏。1989年苏州市委、市政府决定撤销其常熟市委副书记、市长职务(按法定程序办理)[3],随后省人大常委会依法罢免了其第七届全国人大代表资格。高政成为苏州改革开放后被查处的首位县(市)党政正职干部。二是唐韧受贿案。1989年省纪检机关对苏州市副市长唐韧收受贿赂一案立案调查,1991年市中级人民法院认定唐韧利用职务之便收受贿赂12 098元,构成受贿罪,依法判处其有期徒刑5年。唐韧是改革开放后苏州市被依法追究刑事责任的首位市级领导干部。

5. 召开市第七次党代会

1989年12月6—8日,中共苏州市第七次代表大会召开。会议正式代表595名,代表全市258 296名党员。大会全面总结六次党代会五年来市委各方面的工作,总结全市改革开放和社会主义现代化建设的成就和经验,规划了下一个

---

[1] 中共苏州市委党史工作办公室:《苏州改革开放三十年大事记(1978—2008)》,中共党史出版社2008年,第94、112页。

[2] 中共苏州市委党史工作办公室、苏州市档案局(馆):《中国共产党苏州市历次代表大会(会议)文献汇编(1949—2001)》,苏出准印JSE—001549号,2001年,第420、471、472页。

[3] 苏州市监察局局长邹继梅在苏州市十届人大常委会第十三次会议上所作《关于全市行政机关惩治腐败廉政建设情况的汇报》,1990年1月3日,第6页,苏州市档案馆藏,档号B1—1—338。

五年的发展蓝图;提出了加强党的建设、精神文明建设、民主法制建设的任务、要求和措施;号召全市各级党政组织和全体党员干部,振奋精神,同心协力,为进一步搞好治理整顿和深化改革、实现到20世纪末国民生产总值翻两番的战略目标而努力奋斗。大会听取和审议王敏生代表上届市委和王士诚代表市纪委所做的工作报告,通过了上述两个报告的决议,选举组成中共苏州市第七届委员会和新一届市纪委。市委七届一次全会选举王敏生为市委书记。[1]1994年7月杨晓堂继任市委书记。

第六节　迎战种种考验实现全面崛起

从1982年中共十二大到1992年春邓小平南方谈话之间的近十年,苏州市委、市政府和全市各级党政组织团结带领广大干部群众,紧紧抓住改革开放的历史性机遇,克服各种困难,经受政治、经济领域的多场严峻挑战和考验,战胜多次严重自然灾害,胜利完成和超额完成了全市经济社会发展的第六、第七个五年计划,实现了苏州经济社会的全面发展和迅速崛起。

一、经受经济治理整顿的挑战和考验

1988年9月,中共十三届三中全会做出把1989年和1990年两年改革和建设的重点放到治理经济环境和整顿经济秩序(即治理整顿)上来,使经济建设持续、稳步、健康地发展的决定。[2]苏州各级各部门坚决贯彻中央的方针和部署,上下齐心协力,迎难而上,积极化被动为主动、变挑战为机遇,经过艰苦的努力,顺利完成了治理整顿的各项任务,不仅迅速制止了经济生活中一度大量存在的混乱现象,而且实现了经济的平稳调整和发展的逐步转型升级。

1. 治理整顿前苏州改革和发展中面临的突出矛盾和问题

一是工业连续5年超高速增长,导致原材料和能源供应全面紧张。1984年至1988年全市工业总产值由1983年的93.3亿元猛增到505.83亿元,翻了两番多[3],为苏州之前的历史上从未有过。如此迅猛的增长,使得主要靠市场调

---

[1] 中共苏州市委党史工作办公室、苏州市档案局(馆):《中国共产党苏州市历次代表大会(会议)文献汇编(1949—2001)》,苏出准印JSE—001549号,2001年,第437、469、493页。
[2] 中共中央党史研究室:《中国共产党新时期历史大事记(1978.12—2002.5)》(增订本),中共党史出版社2002年,第260页。
[3] 黄正栋:《数字见证苏州改革开放30年巨变》,苏出准印(2008)字JSE—1002233号,第188页。

节的大部分工业原材料和煤炭、石油等能源供应紧张,电力、交通等基础设施建设远远跟不上工业发展的需要。如1988年华东电网分配给苏州的统配电量20.03亿千瓦时,仅占全市实际需用量的一半不到。

二是固定资产投资规模过大、增长过猛,导致积累和消费比例严重失衡。全社会固定资产投资额由1983年的11.65亿元猛增到1988年的67.52亿元,5年增长4.8倍,而同期全市地区生产总值只增长了2.14倍;积累率(固定资产投资额占地区生产总值的比重)由22.17%上升到40.89%,[1]超过了经济学界公认的40%的警戒线。再从固定资产投资的资金来源看,"六五"期间市区15.92亿元投资总额中,地方自筹部分达到9.05亿元,占比高达56.8%。过高的积累率和地方自筹率,不仅使得靠继续增加投资来维持较高的经济增长难以为继,而且严重制约了消费的合理增长,造成整个经济发展的结构性矛盾日益突出。

三是物价上涨过快,导致严重通货膨胀和社会不稳定。20世纪80年代中期,苏州根据中央的统一部署,不断推进粮、油、肉、蛋、奶、蔬菜、水产等主要农产品和日用工业消费品的价格改革,1987年全市社会商品零售物价指数突破两位数,比上年上涨11.8%。1988年3月起,苏州市管商品价格和非商品收费标准共调高81个品种,由此造成市民的极度恐慌和市场的全面混乱,农、轻、重、吃、穿、用等商品价格逐月上升、轮番上涨,到了严重失控的程度,3月、6月、8月接连发生了3次大的抢购潮,全市社会商品零售总额二季度增长35.73%,三季度增长45.19%,10月份达到最高峰,增幅接近50%。同时市场秩序较乱,一些紧俏商品大量滞留在流通环节,有些不法经营者囤积居奇、待价而沽。为应对危机,市里被迫对曾一度放开供应的食糖、食盐、火柴、肥皂等商品实行临时凭票定量供应或限量供应。

2. 贯彻中央治理整顿的方针和决策

市委、市政府坚决贯彻中央的决策和部署,迅速做出了一系列重要部署,推动治理整顿在全市上下有领导、有步骤地开展起来。9、10月间紧急组织开展控制物价上涨、稳定市场供应,控制信贷规模、稳定金融秩序和税收、财务、物价大检查工作。11月,市政府研究制订了苏州市贯彻中央治理整顿方针的初步方案,提出7个方面的工作措施,经市人大常委会会议审议通过。在治理整顿已经开展一年多并取得初步成效的情况下,市第七次党代会贯彻十三届

---

[1] 黄正栋:《数字见证苏州改革开放30年巨变》,苏出准印(2008)字JSE—1002233号,第128、173页。

五中全会做出的《中共中央关于进一步治理整顿和深化改革的决定》精神,把搞好治理整顿作为一项主要内容进行认真总结和全面部署,提出今后5年全市的奋斗目标之一,就是要力争用3年或者更多一些时间,完成治理整顿任务,进一步深化、完善已有的改革措施,合理调整产业结构,促进国民经济持续稳定协调发展;并就进一步开展治理整顿制定了6个方面的举措,推进苏州的治理整顿工作继续深入发展。[1]全市上下思想认识和行动高度统一,按照市委、市政府的决策部署和要求,积极迎战当时经济面临的严峻形势,狠抓各项措施的落实到位,正视并努力克服多年经济过热积累下来的种种困难,共同承受治理整顿和深化改革过程中难以避免的"震荡"和"阵痛"。到1992年春全市的治理整顿基本完成,经济虽有所滑坡但仍保持了适度增长,以物价、工资制度改革为主的各方面改革又择机向前推进,为20世纪90年代苏州经济的跨越发展奠定了一个良好的基础。

3. 开展治理整顿的主要举措和成效

一是严格控制物价上涨。开展治理整顿后,市、县管商品全部暂停出台新的涨价措施,纠正了部分已涨的不当价格,建立健全了大宗商品和已放开商品中的重要商品、敏感商品的提价申报制度,对主要农产品和生产资料实行限价管理。为稳定群众生活必需品以及年节传统商品价格,运用政府的稳副基金实行价格补贴,1989年市区全年补贴达5 000万元之多。持续开展物价大检查,全面清理整顿流通领域的公司,对转手倒卖、哄抬物价等违法经营行为进行严肃查处。同时努力增加有效供给,平抑市场物价。这一系列措施很快显现成效,1988年11月起物价过快上涨的势头得到遏制,物价指数至年终回落到下半年来最低点,全年市区零售物价指数控制在比上年上涨23.9%,1989年比上年上涨幅度回落到16.1%,1990年继续大幅回落至3.2%。在通货膨胀压力大为减轻的情况下,根据国务院部署,1991年5月起苏州将自1955年实行城市居民定量供应以来从未调整过的粮食、菜油统销价格进行大幅度调价[2],在市管价格中又调整了数十种突出不合理的商品价格和收费标准。是年市区全年零售物价指数比上年上升8.7%,低于省确定的不突破10%的物价控制目标。

二是坚决控制社会总需求。开展治理整顿后迅即对固定资产投资进行了全

---

[1] 中共苏州市委党史工作办公室、苏州市档案局(馆):《中国共产党苏州市历次代表大会(会议)文献汇编(1949—2001)》,苏出准印JSE—001549号,2001年,第448—454页。

[2]《孙中浩同志在传达贯彻全国、省粮油价格改革工作会议上的讲话》,1991年4月22日,第2页,苏州市档案馆藏,档号C1—5—510。

面清理,1988年停建、缓建了307个项目,压缩投资6.1亿元,其中生产性项目198个,压缩投资5.1亿元;年末银行贷款总额在7月底基数上压缩了6.9亿元,新增贷款已控制在省下达的规模内。1989年全市全民和城镇集体固定资产投资比上年又压缩18.9%,全市银行贷款仅比上年增长10.17%,城乡储蓄新增17.24亿元,净增数为上年的4.55倍,多年借差(贷款大于存款)扩大的现象有了较大扭转。1990年全市又新增储蓄存款23亿元。

  三是努力保持经济的适度增长。市委提出:不论是在治理整顿期间,还是在治理整顿任务基本完成之后,都要努力实现经济稳定增长,防止经济滑坡。全市各级各部门遵循市委的这一指导思想,多措并举,攻坚克难,找准既符合国家治理整顿要求,又能促进经济保持适度增长的契合点和着力点,狠下功夫,扎实工作。其一,积极调整工业结构,引导广大企业加快产品适应性调整,同时注重产品的战略性调整,培育更具市场竞争力的工业经济新增长点。其二,大力开拓外向型经济,充分利用治理整顿中国家对外向型经济网开一面的特殊政策和机遇,同时努力克服西方对我国实行经济"制裁"的负面影响,依托苏州已有的对外开放格局,抓好调整出口产品结构、立足多口岸外销、办好已有外资项目、利用外资新项目提高水平等几个主要环节,促进对外开放取得新的进展,借助外力促进苏州经济结构的调整和工业发展上水平。其三,集中力量办好农业,认真抓好"菜篮子"工程,发展副食品基地,为保障供给、稳定物价、繁荣市场创造条件。[1]经过全市上下的共同努力奋斗,1989—1991年的治理整顿三年间,全市经济增速虽然大大放慢了脚步,但仍然保持了适度的增长。地区生产总值每年的增幅分别为6.75%、14.66%、16.31%,工业总产值每年的增长幅度分别为17.45%、11.45%、17.06%。[2]原来比较担忧的乡镇工业不仅没有垮下,而且实现了新的发展,三年增长85%。外向型经济也实现了不降反升和稳中有进。1989年全市外贸收购总额比上年增长20.5%,超省下达计划3亿多元;新批准举办"三资"企业128家,合同外资4 893万美元,两项指标都相当于改革开放以来历年累计总和。1990年西方经济"制裁"阴影基本消除,全市外向型经济加快发展,走在全省、全国地级市的前列。

---

[1] 中共苏州市委党史工作办公室、苏州市档案局:《中国共产党苏州市历次代表大会(会议)文献汇编(1949—2001)》,苏出准印JSE—001549号,2001年,第450—458页。

[2] 黄正栋:《数字见证苏州改革开放30年巨变》,苏出准印(2008)字JSE—1002233号,第128、188页。

二、抗御1990年中强地震和1991年特大洪涝灾害

素有"鱼米之乡""人间天堂"之称的苏州,由于所处的地质构造、地理环境和自然气候条件较好,大范围严重危及人民生命财产安全的地震、洪涝、台风、干旱、冰冻等自然灾害历史上发生的概率极小。进入改革开放新时期,苏州总体上风调雨顺,然而1990年和1991年苏州却连续遭受了百年不遇的中等程度地震灾害和特大洪涝灾害,使经济发展和人民生活受到严重影响。在各级各方面的共同努力下,夺取了抗御这两次重大自然灾害的最终胜利。

1. 抗御1990年5.1级地震灾害[1]

苏州属长江中下游—南黄海地震带,该地震带地震活动10年左右为一个周期。自1984年5月南黄海6.2级地震开始,该地震带进入活跃期。1990年2月10日凌晨1时57分,常熟和太仓交界处的支塘和沙溪附近发生5.1级地震,震中烈度6度,震源深度15公里,主震过后又发生了13次余震。这是苏州历史上有记载(公元108年)以来的第四次中强度(5级以上)地震,也是苏州市域范围内震级最大、距今最近的一次地震。

这次地震给苏州人民的生命财产造成了较大损失。一是范围广。极震区6级范围波及23平方公里,包括太仓县的沙溪镇、沙溪乡、归庄乡、直塘乡以及常熟市支塘镇的一部分;5级区含太仓县13个乡(镇)、常熟市6个乡(镇)以及昆山周市等20个乡(镇)的302平方公里;共有太仓、常熟、昆山、吴县四地的34个乡(镇)的308个村受到不同程度的波及并遭受损失;苏州及长三角周边城市均有震感。二是灾情重。震区内间接死亡2人,受伤25人;受灾农户40 807户,损坏民房188 477间,其中倒塌217间、涉及103户,严重裂缝和结构移位的63 356间;受损工厂企业456家,损坏厂房5 618间,其中严重裂缝、结构移位1 369间,机器设备损坏20台(套);93所学校、2 047间教室受损;机电、水利、供电和粮食、商业等设施也遭到不同程度的损坏。三是暗伤重。这次地震属中等震源深度,遭损坏的大量地面建筑物经过维修很难达到原来的结构牢度和质量水平。四是经济损失大。总计直接经济损失达到26 779.5万元,其中农房损失19 806万元、工厂企业受损4 637万元、其他损失2 336万元,还有一些无法估量的"隐形损失"。

---

[1] 本小目主要参考1990年6月27日《中共苏州市委办公室、苏州市人民政府办公室转发市抗震防震工作领导小组〈关于"二一〇地震"的救灾情况以及今后工作的意见〉的通知》(苏州市档案馆藏,档号C1—1—949)中的内容编写。以下凡同一出处的不再一一注明。

"二一〇"地震发生后,各级领导十分重视。国务院秘书长罗干来电表示慰问,省、市、县主要领导和有关部门的负责同志都立即赶赴现场,了解灾情,慰问灾民,组织指挥抗震救灾。一方面积极做好灾民思想稳定、灾区社会稳定工作,动员和组织干部群众搞好抗灾自救;另一方面把救治伤者、安置灾民生活放在首位,在资金、物资等方面大力支持灾区,体现了"一方受灾、八方支援"的精神。国家民政部和省、市、县政府紧急安排拨出救灾款和专项补助款,社会各界组织了捐款,保险公司及时给付农户和企业财产保险赔款,使得各项救灾工作顺利开展,灾民的思想情绪迅速得到稳定。市财政拨发农业税减免款,银行增加投放农业贷款,使灾后恢复生产得到了资金的支持。

2. 抗御1991年百年不遇洪涝灾害[1]

(1) 历史罕见的洪涝。1991年汛前苏州降水比常年偏多3成,5月1日入汛时太湖平均水位已达3.49米高值,离警戒水位仅差0.01米,比中华人民共和国成立后苏州遭受最大洪涝灾害的1954年的同期还要高出0.44米,预示着这年汛期将会不同寻常。6月3日苏州正式入梅,成为苏州有气象记录以来最早入梅年份。之后几日持续阴雨,至20日全市平均降雨336毫米,导致各地河湖水位全面暴涨,雨量和水位均超1954年同期,太湖平均水位4.26米,苏州(枫桥)水位3.99米、超过警戒水位0.49米。6月下旬虽然没有下雨,但由于上游来水大量压境,下游泄水不够畅通,太湖成了"囤水仓库",水位仍每天上涨5.5厘米。6月30日至7月11日出现第二段梅雨期,全市平均降水256毫米。两段梅雨,全市平均降雨量达到580毫米,相当于苏州年平均梅雨量的2.49倍,也相当于正常年景全年雨量的80%,是1954年同期雨量的2倍多,沿江的常熟市和张家港市总雨量分别为740毫米和880毫米,成为20世纪以来同期降雨最猛、雨量最多的一次。7月7日太湖平均水位首次超过1954年4.65米的历史最高水位,达到4.68米;苏州水位4.30米,望虞河沿线水位达5米以上、超过历史最高水位10多厘米。7月11日以后虽然本地区降雨量不大,但上游洪水大量过境,太湖水位继续上涨,16日太湖平均水位达这年的最高值4.79米,为1190年以来最高的一次,之后持续14天超过历史最高水位。8月6—9日,全市出现该年汛期的第三次集中降雨,昆山、吴江有13个乡(镇)还遭到龙卷风袭击,导致已经稍退的河湖水位又迅速抬升,一天内太湖平均水位上升21厘米、苏州水位上升38厘

---

[1] 本小目主要参考王敏生1991年6月27日《在县(市)委书记会议上的讲话》、1991年7月20日《在全市抗洪救灾会议上的讲话》(苏州市档案馆藏,档号A1—35—34)的有关内容编写。以下凡同一出处的不再一一注明。

米,如此上涨速度也为历史罕见。这年汛期中,长江出现两次较大洪峰,影响苏州的内涝水排入长江,加剧了苏州的洪涝灾情。

(2)触目惊心的灾情。1991年夏季的特大洪涝灾害,给苏州全市的经济建设、社会事业和人民生命财产造成了重大损失,直接经济损失达27.73亿元,是苏州历史上和平时期遭受到的最大一次损失。一是人民生命财产受到重大损失。市区和全市166个乡(镇)全部受灾,受灾人口313.81万人,占全市总人口的55.6%,其中因灾死亡32人、重伤201人。城乡有24万户居民住宅进水,其中城镇居民6万户。苏州市区41.5平方公里的建成区有一半面积受淹,居民住宅进水最深的超过1.5米。全市城乡共倒塌房屋1.24万间,严重损坏3.6万间。群众财产损失(不含生产经营损失)合计3.89亿元。二是农作物严重遭灾。总计农作物受涝面积412.2万亩,其中成灾295.3万亩(包括失收40.6万亩、重灾93.8万亩、轻灾160.9万亩),减产粮食3亿斤,成灾农业人口137万余人,共损失10.75亿元。三是工厂进水受淹。总计全市有8 800多家工厂进水受淹,占全市村以上工业企业总数的60%以上,因灾停产半停产企业5 800多家。工业损失总计8.01亿元。四是商贸物资损失巨大。全市商业、供销、粮食、物资部门损失达2.8亿元,主要是各种水毁设备和物资。商业系统有29家仓库、16家工厂、74家商店进水。五是关系国计民生的生命线工程进水告急。市区的自来水厂、煤气厂、胥江变电站、西汇路粮库等相继进水告急,威胁着人民群众的生活;七子山垃圾填埋场、6座大型贮粪池、200多座公厕进水后污物溢出,严重污染了环境,威胁着人民群众的健康。六是社会事业设施水毁面大。全市进水受淹的学校有714所,校舍因灾受损面积达17万平方米。卫生系统有67家医疗单位受淹,倒塌、损毁房屋761间。七是交通运输数度受阻。境内204、318国道和206、319省道路基出现多处塌方、沉陷,受损公路100多公里。大运河、望虞河、张家港、澜溪塘等主要航道二度被迫停航。公路、桥梁、航道、车船设备等交通设施损失达1.12亿元。八是水利基础设施损坏严重。严重洪涝风暴和长期高水位浸泡,使太湖大堤、圩区圩堤和长江防洪堤岸发生裂缝、坍塌,合计损毁涵洞、闸门、机电排灌站1 551座,桥梁1 028座,堤防8 546处、1 585.8公里,损失土石方566.94万立方米,1 347台套排灌设备和113公里排灌供电线路遭到严重损坏。总计各种水利基础设施毁坏损失1.15亿元。

酿成苏州1991年特大洪涝灾害的主要原因,除了气候异常、降雨强度大、时间集中、周边雨区范围大,加上苏州地势低洼,大部分耕地和城镇处于江河的洪水位以下这些不可抗拒的客观、自然因素之外,还有以下几个主客观方面的原因:一是太湖洪水出路不足。1987年国家太湖流域治理规划确定的十大骨干工程,由于种种原因没有完成,而上游浙皖天目山区、杭嘉湖平原地区的入湖导流工程却不断扩建,入湖排水能力增加了90%;下游的80个泄水口被建闸控制65个,泄洪能力降低60%;苏州夹在其中,头顶洪水,腹藏涝水,"洪水走廊"成了"囤水仓库"。1991年太湖总进水量超过出水量3倍,比1954年的1.86倍还要高出一倍多。二是太湖大堤尚不能有效防御特大洪水侵袭。1977年起苏州地区组织全线兴修太湖大堤,历经8年,建成152公里长、高7米、顶宽5米的太湖堤防工程,工程之浩大史无前例。该大堤在抗御1991年历史罕见洪涝灾害中发挥了重大作用,但因资金不足等方面原因,大堤上2/3的控制口门仍然敞开,洪水沿口门漫流而下,使处于太湖下游的苏州城乡腹地因洪致涝。三是区域性泄水能力不足。苏州全市按水系分6个治水区,除1个新沙区(盐铁塘以北临江区域)涝水入江条件较好外,其他5个治水区(虞西区、阳澄区、淀泖区、滨湖区、浦南区)尚未完全达到日降雨200毫米2天排出的要求。四是部分水利工程设防标准偏低,防洪阵地尚不够坚固。太湖大堤经过长期高水位浸泡和冲刷,出现了77.7公里的险情,15座控制闸不同程度损坏;沿江节制闸74%的工龄长达25年以上,严重老化;5800公里内部防洪圩堤40%以上难以抗御历史最高洪水,2400公里一度发生险情;苏州城区1988年建成的古城区防洪大包围和古城外7个局部包围圈,设防标准仅为4.37米,20余座泵闸的排涝能力仅有每秒30多立方米,根本无法抗御1991年这样的异常灾害;城乡河道淤积严重,不少淤高了1—1.5米,淤积土方多达1.9亿立方米,引不进、排不出,河道正常功能不能发挥,过水断面减少20%—40%。五是部分区域基本不设防。全市103万亩半高田的圩堤标准大多不足,县城和乡(镇)集镇大多不设防。

(3)全力以赴抗御特大洪涝灾害。面对突然袭来的历史罕见洪涝灾害,苏州市各级党政组织迅速行动起来,在党中央、国务院和省委、省政府的正确领导和亲切关怀下,在人民子弟兵和兄弟省市的支持下,全市干部群众全力以赴,奋起抗洪救灾,经过100多个日日夜夜艰苦卓绝的连续奋战,终于赢得了抗洪救灾斗争的胜利。

全党动员,全民动手,把抗洪救灾作为压倒一切的中心工作来抓。6月20日第一段梅雨期结束,全市性灾情显露。25日市委召开常委会议,26日召开全市抗洪救灾紧急会议,分析面临的严峻形势,对抗洪救灾工作进行全面部署。7月3—6日,市委、市政府领导带队分5路奔赴全市城乡灾情最严重地区,了解灾情,指导抢险救灾。鉴于全市的水情在恶化、灾情在发展,7日,市委果断提出抗洪救灾是当前压倒一切的中心工作,决定成立市抗洪救灾指挥部,统一组织实施各项抗洪救灾工作。市委、市政府研究制订了抗洪救灾和恢复生产的22条具体政策措施,并由市委常委和副市长带队组成8个工作组分赴抗灾第一线,进行现场指导和督促。7月上旬,省委、省政府领导带队来到苏州。

在苏州灾情最为危急的关头,7月9—10日,中共中央总书记江泽民来到苏州,深入吴江太浦河节制闸、苏州城区胥门变电站、冶金机械厂职工宿舍、大运河城区段等抗洪排涝现场,详细考察灾情,亲切慰问灾民和奋战在一线的抗洪救灾人员,对搞好抗洪救灾工作做出了许多重要指示,给苏州广大干部群众以极大的鼓舞和巨大的动力。国务院副总理、国家防汛抗旱总指挥田纪云,中共中央书记处候补书记温家宝等随同考察。13—16日,国务院赴江苏抗洪救灾(苏南)工作组深入苏州多地,实地察看灾情,指导抗洪救灾。

20日,市委召开县(市)区委书记会议,研究部署下一阶段抗洪救灾以及恢复生产、人民生活等各项工作。22日,省委、省政府在苏州召开恢复生产现场办公会议。26日,市抗洪救灾指挥部召开县(市)区长紧急会议,要求各地夺取抗洪救灾和恢复生产的双胜利。全市各级各部门都迅速行动起来,组成高效快速的指挥系统,做到周密计划、果断决策、分片包干、科学组织、灵活应变、冷静指挥,表现出较高的决策、组织、指挥能力和极强的号召力、战斗力;各地、各部门顾全大局,不折不扣地服从上级的统一指挥,宁愿牺牲局部利益,保证整体方案的实施;广大共产党员、基层干部和人民子弟兵带头奋战在最危险、最艰苦的抗灾最前列,以自己的模范行动发动群众,万众一心投入抗灾救灾斗争,从而把因灾造成的损失降低到了最低的限度。据统计,全市共组织群众性抢险组织4 536个,投入抗灾总人数310万余人,其中驻苏解放军部队共出动官兵1.19万人次、武警支队共出动1 500余人次、消防支队共出动官兵900人次;紧要关头每天有100多万人奋战在抗洪斗争第一线,绘就了一幅20世纪以来规模气势最为壮阔的"天堂战洪图"。

服从大局,泄洪排涝,为夺取抗洪救灾胜利奠定基础。6月23日,太湖入湖水量达22亿立方米,相当于增加了太湖常年平均总容积44.3亿立方米的一半,平均水位上升到4.28米,超过警戒水位0.78米。为确保太湖防汛安全,国家防汛抗旱总指挥部(以下简称"国家防总")根据预案,果断下达关于开启太浦闸(太浦河为连接太湖与上海黄浦江的最大、最直接的河道)泄洪的命令,决定先开启20%,然后视情调度。25日中午太浦闸中间11—20孔闸门上升至1米高度,泄洪流量为100秒立方米,是为苏南第一大闸——太浦闸建成32年来首次开闸泄洪,发挥防汛抗灾效用。7月4日,第二段集中降雨加剧了灾情,国家防总下达扒开吴县和吴江交界处太湖口门水利工程施工围堰排洪的命令,苏州市顾全大局,组织力量于12时突击打开施工围堰,驻军协助进行水下爆破,进一步加大泄水口。6日,田纪云在吴江平望主持召开江浙沪两省一市治水协调会,要求两省一市服从命令,发扬风格,团结治水,团结抗洪,必要时牺牲局部,保护全局利益,为夺取这次防汛抗洪的胜利做出贡献。10日,根据国家防总提出的在太湖水位超过4.50米并继续上涨时,拆除望亭沙墩港坝、利用望虞河(连接太湖和长江的最大、最直接的河道)泄洪、加大太湖出湖流量的预案,市指挥部组织拆开沙墩港东坝60米长缺口进行泄洪;11日,又将西坝炸开50米宽的过水口门,流量达80秒立方米;16日,进一步扩大沙墩港过水断面,达到国家防总的清障要求。此后根据国家防总调度命令,太浦闸逐步加大泄洪流量,7月30日起加大到350秒立方米,至9月1日前后共开启67天,泄洪总量12.34亿立方米,最大泄洪流量达426秒立方米。在这前后的半个月内,苏州各地服从市指挥部的统一指挥,先后组织清除阻水障碍1 134处,20多条主要泄洪河道全部畅通无阻。这中间,众多以渔业为生的农民"舍小家,保大家",主动撤除了许多鱼簖围网,满足了泄洪的需要。

奋力排险,悉心安置,千方百计解救被洪水围困的群众。针对苏州城区6万多居民先后被水围困,市委、市政府领导连夜研究,制订方案,组织力量,迅速动手,3天内突击加固加高了古城大包围圈上的7个薄弱点,完成古城外5个小包围圈的筑堤任务,以后又扩大到10个包围圈,以最快的速度排除了这些地区的积水。市、区房管部门在一个多月内抢修193处特危房,临时加固打撑1 331户,动员3 756户临时出屋避险,拆除危房160户,避免因塌房造成次生灾害。部分乡村一度被洪水包围,当地党政领导立即采取紧急措施,组织船只疏散灾民,使群众尽快脱险。洪涝灾害期间,全市及时转移安置受灾群众8万多人。

全力以赴,协同作战,确保生命线工程的安全。首先是保太湖、长江和主要圩堤的安全。各地组织巡逻队、抢险队,日夜巡逻,突击抢险,与洪水做殊死搏斗。到7月20日突击加高加固堤防456公里,完成土石方486万方,使太湖大堤、长江江堤和主要围堤经受住了特大洪水的严峻考验。二是对电、水、气、煤、油、粮食及邮电通信、广播电视等设施进行重点设围排涝,确保正常运行。7月2日,胥门变电站内一片积水,危及市区50%以上供电和排涝用电,市指挥部迅速组织突击队用1天时间筑起了一条长400多米、高1米、宽2米的堤坝,为市区这一主供电枢纽垒起了一道安全屏障。地处低洼地段的西汇路粮库21万公斤成品大米全部及时转移到安全地点。粮食、蔬菜、商业、食品等部门千方百计把大米、蔬菜送进受淹地区,解决被水围困的居民吃饭问题,通过大力组织生产和外调,把各类主副食品源源不断地运往市场,保证了供应,稳定了人心。三是对剧毒、易燃、易爆、易污染物品及时做了妥善处理,确保重要物资的安全;对交通大动脉加以严密监测,发现险情及时抢救,同时加强调度,确保运输不长期中断;卫生防疫部门迅速组织队伍,先后派出183个防疫工作队和221个医疗小分队到灾区开展卫生防疫和紧急救护工作,组织调集各类消杀药品146吨发往灾区,有效地控制了病疫的暴发,1991年全市传染病发病人数比1990年不升反降13.11%;公安部门全警出动,紧要关头挺身而出,及时抢救受灾群众6 220名,抢救国家和人民财物价值1.8亿元,同时加强治安巡逻、交通指挥疏导,强化重点单位、要害部门的安全保卫工作,及时侦破趁灾打劫的各类犯罪活动93起,较好地维护了受灾期间全市城乡社会治安的稳定。

一方有难,八方支援,洪水无情人有情。苏州遭受的特大洪涝灾害,牵动着中央、省和全国人民的心。中央和省多次拨出救灾款和救灾物资,为开展抗洪救灾提供物质支持;中央20多个部、委负责人先后前来苏州察看灾情、慰问干部群众,指导本市有关部门搞好抗洪救灾工作;全国各地开展赈灾募捐,到年底苏州民政部门共接收捐赠款1 486.8万元、救灾物品价值121.5万元。国际社会、外国友好人士、港澳台同胞、海外侨胞和在国外的留学生也纷纷伸出援助之手,本市广大人民群众也通过各种途径自发组织捐款捐物。到7月底市民政部门组织接收1.6万多个单位、48多万人次的捐款756万元、物品价值80多万元。

(4)大力开展灾后重建。这场洪涝灾害使苏州蒙受了巨大的灾难和损失,但苏州500多万干部群众没有被压垮,大灾之后迅速振作起来,在中央、省和各方面的大力支持下(省委、省政府7月22日和8月10日两次在苏州召开现场办公会,出台了帮助苏州尽快恢复生产、生活的一系列扶持政策),从7月下旬起全力以赴、有条不紊地投入灾后恢复生产和重建家园的新的战斗中,到年底取得了基本的胜利。

迅速恢复生产实现灾后不减产。各地各单位始终贯彻市委提出的一手抓抗灾、一手抓生产的方针,争分夺秒,采取各项有效的应急措施,开展生产自救,争取生产经营不受和少受影响,把灾害损失降到最低程度。到7月20日止,全市所有停产半停产企业基本上都恢复了生产,当年全市工业总产值比上年增长17%。农业上大力开展"夏熟损失秋熟补,田内损失田外补,农业损失副业补",加上后期天气帮忙,夺得了秋熟较好收成,全市秋粮在实收面积减少的情况下总产比上年增长0.2%,棉花增产9.5%,多种经营收入比上年增长10%。学校的灾后修复工作紧锣密鼓地进行,确保全市70万中小学生9月1日新学期按时入学。

尽快帮助灾民重建家园。乡(镇)、街道组织力量对倒房户、严重损坏户逐一察看、沟通,根据各户人口、家境和集体经济的实力,确定建房标准、资金来源、帮建队伍、完工时间;在建房款的筹集上,除国家下达的救灾款外,采取以个人为主、集体给予一定补助的办法,到当年11月底全市共帮助灾民重建住房4 398户、9 677间,修复住房1.28余万户、3.31万余间,倒房户基本上都住进了新房。各地民政部门对缺粮灾民发给免费口粮,组织定制1.4万余件(条)衣被发放给缺衣少穿的重灾户,使灾民有住、有吃、有穿,安然越冬,温暖了千万灾民的心。

大灾后反思大兴水利。灾后不久,全市上下以前所未有的决心和魄力,迅速掀起了大干水利建设的热潮。是年10月,市委、市政府决定成立苏州市太湖治理工程领导小组,下设办公室,对苏州"八五"期间计划实施的流域性工程进行了全面规划和设计,一批高强度投入、高标准建设的大型骨干水利设施项目相继上马,计划总投资达4亿元,当年底开工的望虞河和太湖复堤工程为太湖流域十大重点治理工程中的第二、第三号工程。望虞河工程包括对现有60.8公里河道顺直拓宽浚深,建造首座穿越大运河的大型水底立交涵洞(防止大运河上游来水进入望虞河而泄入太湖)、望虞河新闸及抽水站(在闸门关闭情况下能按防汛抗旱的需要进行抽入长江水或排出河湖涝水的作业)、两岸配套控制及通航建筑物。工程全部完成后,最大行洪流量可达450秒立方米,年可承泄太湖水量23.1亿立方米,成为继太浦河后苏州境内宣泄太湖洪水的第二大通道。环太湖大堤复堤工程苏州段长152公里,主要包括对太湖大堤进行复堤和加固,续建70公里护堤挡墙和70多座口门控制建筑物,使之达到抗御1954年洪水水位并加10级风浪爬高的标准。在后来的实际实施中,吴县更改设计思路,提高建设标准,将东山至蒋墩太湖大桥段按防洪大堤、滨湖公路、太湖旅游景观道三位一体的要求设计和建造,发挥了更大的经济和社会效用。苏州城区也立足于长期防灾抗灾,对市区的防汛排涝规划进行重大调整和整体规划,规划构建12个永久性防汛包围圈,建设防洪堤坝49.8公里、单闸17座、套闸7座、泵闸47座,挖通河道6.4公里。吴江松陵镇、太仓城厢镇也在大灾后迅速启动城区防洪工程的规划和建设。

这场特大洪涝灾害虽然使苏州在物质上遭受了重大损失,但通过抗洪救灾,进一步增强了党和政府在群众中的凝聚力,密切了党群、政群、干群关系,充分体现了社会主义制度的优越性。几百万干部群众在同自然灾害做斗争中培育形成的伟大的"抗洪精神",成为苏州人民在和平建设时期极为宝贵的精神财富。

三、实现经济"农转工"的历史跨越和全面崛起

从党的十二大到1992年春邓小平南方谈话发表这短短10年间,苏州经受了种种考验,克服了重重困难,实现了经济和社会的全面崛起,其主要标志是"三个重大历史性跨越"和"一个提前",即经济总量从在国内无足轻重一跃发展为全国的经济大市,经济主体由农业为主转变为工业为主,城市性质由以往典型的消费型城市转变为我国重要的加工工业基地、外贸出口基地、风景旅游城市和对外开放城市,地区生产总值比全国规划提前12年实现了翻两番。由此,苏州在改革开放和社会主义现代化建设的恢宏大道上迈出了坚实的一大步。

1. 提前12年实现地区生产总值翻两番,进入小康社会

1981—1985年的"六五"计划期间,苏州城乡经济出现了持续、稳定、协调发展的新局面,国民生产总值与工农业总产值、社会总产值等同步增长,都顺利实现了5年翻一番,其中国民生产总值由1980年的40.68亿元增加到91.91亿元。"七五"头三年,由于结构进一步优化,开放度明显提升,苏州经济发展速度更快、效益更优。1988年全市地区生产总值总量增加到165.13亿元,仅用3年时间就实现在1980年基础上的第二个翻一番,比党的十二大提出的到2000年实现国民生产总值翻两番的奋斗目标提前了12年,比全国实际实现翻两番的时间早了7年,比全省实现时间提前了5年;全市人均地区生产总值3 009元,超过了国家设定的"小康"标准(人均2 500元,按当时汇率折合800美元),率先12年实现了由温饱跨入小康。[1]

2. 实现"农转工"的第一次历史性跨越

改革开放前苏州的基本市情是:县区大、市区小,两者在地域面积上占比为98.6∶1.4(按1983年地市合并后苏州所辖行政区域范围统计,下同),人口占比为87.4∶12.6;农村人口多、城镇人口少,占比为79.9∶20.1;农业强、工业弱,农业历来发达,主要农作物的单产水平很高,成为全省乃至全国的重要商品粮基地。农村中虽然乡镇工业起步较早,但直至1978年农业仍占主导地位。市、县

---

[1] 黄正栋:《数字见证苏州改革开放30年巨变》,苏出准印(2008)字JSE—1002233号,第128页;江苏省统计局、国家统计局江苏调查总队:《巨大的变化 辉煌的成就——江苏改革开放30年》,中国统计出版社2008年,第4、25、250页;中共中央党史研究室:《中国共产党简史》,中共党史出版社2001年,第213页。

属工业虽具有一定的规模,但总体上看规模偏小,水平不高。

改革开放后至80年代末,苏州在经济总量大幅提升的同时,实现了经济结构的大力调整,最突出的一点就是全市的经济主体由千百年来的农业为主转变为工业为主。首先,从劳动力结构变化来看,1978年全市全部劳动力(从业人员)为301.15万人,其中从事第一产业(苏州主要为农林牧渔业,矿藏采掘业可忽略不计)的占总量的62.33%,从事第二产业的仅占27.09%,其中工业(其余为建筑业)只占总量的24.5%;80年代初农村劳动力大量从土地上解放出来,主要向乡镇企业转移,到1984年全市第一产业从业人员下降为144.36万人,第二产业从业人员达148.25万人,首次超过第一产业;1990年全市第二产业从业人员达177.83万人,首次超过全社会从业人员的一半,占到了51.29%。[1]其次,从工农业总产值构成变化来看,全市农业总产值占工农业总产值的比重从1978年的27.88%下降到1985年的12.66%,1990年进而下降到只占9.35%。[2]综合上述两方面的调整变化可见,经过十多年的发展演变,在苏州的经济结构中,农业无疑已退居次要地位,工业经济开始占据主导地位;80年代苏州实现了改革开放后经济发展史上的第一次跨越,即完成了"农转工"的工业化演变。[3]

3. 经济地位显著提升[4]

苏州在省内奋起争先,多项国民经济主要指标开始位居第一。1978年,苏州国土面积占全省总量的8.28%,在全省各市中列第5位;人口占8.68%,列第4位;地区生产总值占12.82%,次于南京列第2位;第一产业增加值占13.05%,列第4位;工业增加值占14.25%,次于南京列第2位;第三产业增加值占10.84%,列第3位;人均地区生产总值相当于全省平均值的1.47倍,次于南京、无锡列第3位;财政总收入占13.55%,次于南京、无锡列第3位;社会消费品零售总额占11.17%,次于南京列第2位;城乡居民储蓄存款余额占14.27%,列第3位。经过80年代加快发展,苏州逐步确立起在全省经济发展中的领先地位。地区生产总值,1983年超过南京,位居全省第一,1991年占全省的比重上升至

---

[1] 黄正栋:《数字见证苏州改革开放30年巨变》,苏出准印(2008)字JSE—1002233号,第140—144页,第150页。

[2] 黄正栋:《数字见证苏州改革开放30年巨变》,苏出准印(2008)字JSE—1002233号,第157、188页。

[3] 洪银兴、王荣:《改革开放三十年:苏州经验》,古吴轩出版社2008年,第17—20页。

[4] 本小目经济指标数据来源于江苏省统计局、国家统计局江苏调查总队编《巨大的变化 辉煌的成就——江苏改革开放30年》(中国统计出版社2008年版)第193、195、201、209、222、240、242、244、246、248、250、256、264、375、376、379、380页。以下凡同一出处的不再一一注明。各项数据统计范围与省内各市现行行政区划范围相同。

14.68%;工业增加值,1981年起超过南京,位居全省第一,1991年占全省的比重提升至18.52%;第三产业增加值,1985年起超过南通,位居全省第二,1991年占全省比重为11.27%;人均地区生产总值,1988年起超过南京,位居全省第二,1991年绝对额4 178元,相当于全省平均水平的1.78倍;财政总收入,1981年起超过南京,1989年超无锡,位居全省第一(1990年后又被南京反超,居全省第二);居民储蓄存款余额,1979年超南通,1982年超南京,位居全省第一;外贸商品收购额,1986年达12.86亿元,并从这年起一直名列全省第一。前述主要指标中,唯有第一产业增加值一项80年代占全省的比重呈逐年下降趋势。1991年,苏州的地区生产总值占全省1/7,财政收入占全省1/6,工农业总产值占全省1/5,外贸商品供货总值占全省1/3,累计批准兴办"三资"企业占全省1/3。

苏州在国内后来居上,开始跻身全国经济大市行列。改革开放后,苏州乡镇工业在全国率先异军突起,外向型经济实现后来居上,由此带动全市经济总量和综合实力快速提升,不仅在全国数百个地级市中崭露头角,并开始跻身于全国大中城市发展的"第一方阵"。据统计资料显示,1987年苏州在全国22个大中城市(其中直辖市3个,省会城市、副省级和沿海开放城市14个,地级市5个)中,国土面积列第14位,总人口列第15位,地区生产总值列第8位,工业总产值列第4位,外贸商品收购总值列第6位,社会商品零售总额列第9位,地方财政收入列第11位,城乡储蓄余额列第15位,开始引起国内外瞩目。此后,尽管国内发展竞争日趋激烈,苏州仍保持着持续、快速发展的好势头,多项重要经济发展指标实现了争先进位。1988年,苏州的地区生产总值超过沈阳和哈尔滨,上升至第6位;1989年,苏州的外贸商品收购值超过北京、广州,列全国第3位。按1990年实绩计算,苏州以占全国约1/1 130的国土面积、1/200的人口,实现了约占全国1/90的地区生产总值、1/40的工业总产值、1/90的财政收入、1/110的社会消费品零售总额。1991年,苏州的地区生产总值超过重庆,位居全国大中城市第5位;人均GDP达到1 869.02元,为全国人均值的2.2倍,为全省人均值的1.78倍。[1]1992年11月,国务院发展研究中心、中国社科院等机构联合公布1991年全国188个地级以上城市经济社会发展水平评价(按5大类39个指标进行评价)结果,苏州市列第7位,前6位为北京、上海、深圳、杭州、江门、广州。

正是由于80年代的奋发崛起,苏州彻底告别了"小苏州"时代,并为90年代的进一步跨越腾飞积蓄了巨大的能量。

---

[1] 洪银兴、王荣:《改革开放三十年:苏州经验》,古吴轩出版社2008年,第31页。

◎ 第三章 深入改革开放和现代化建设勃兴时期（1992年1月—2000年12月）◎

第三章　深入改革开放和现代化建设勃兴时期
（1992年1月—2000年12月）

1992年以后的90年代，苏州实现了跳跃式前进、超常规发展，隔几年上一个大的台阶，并实现了全市经济结构"内转外"的第二个历史大跨越，使苏州保持和扩大了在全省、全国的发展领先优势，成为充满活力的经济强市、别具吸引力的新兴开放城市、传统文化与现代文明有机融合的现代化城市群。

第一节　90年代加快发展的新部署

1992年初邓小平视察南方发表重要谈话，科学地总结了党的十三届三中全会以来的基本实践和基本经验，从理论上深刻回答了长期困扰和束缚人们思想的许多重大认识问题，提出：改革开放胆子要大一些，看准了的，就大胆地试，大胆地闯。发展才是硬道理。抓住机遇，发展自己，关键是发展经济。我国的经济发展，总要力争隔几年上一个台阶。是年10月召开的中共十四大，以邓小平南方谈话精神为指导，提出：我国经济体制改革的目标是建立社会主义市场经济体制；90年代我国经济发展的速度应该从原定平均每年增长6%调整到8%—9%，到20世纪末我国国民经济整体素质和综合国力将迈上一个新台阶，国民生产总值将超过原定比1980年翻两番的目标，人民生活由温饱进入小康。[1]邓小平南方谈话和党的十四大为我国20世纪90年代加快发展绘就了新蓝图。苏州市委、市政府和全市各级党委、政府认真把握这一千载难逢的有利时机，凝聚各方共识，理清思路对策，制定新的奋斗目标及相应的政策措施，使之成为全市上下新的前进方向和工作着力点。

---

〔1〕中共中央党史研究室：《中国共产党简史》，中共党史出版社2001年，第203—207页。

一、贯彻邓小平南方谈话和中共十四大精神

1. 贯彻邓小平南方谈话精神,提出加快发展新目标

1992年3月初收到中央关于邓小平同志南方重要谈话的文件(中央2号文件)后,市委迅即组织四套班子领导同志进行传达学习,并向全市发出通知,要求各级党委认真组织好全体党员、干部的学习,全面准确地领会"谈话"和3月上旬中央政治局会议的精神实质,转变作风,埋头苦干,集中精力,使全市改革开放和经济建设再上一个新台阶。5月上旬,市委、市政府召开全市三级干部会议,引导各级干部把思想观念进一步从"左"的、求稳怕快的、满足现状的、墨守成规的思想束缚中解放出来,牢固确立加快改革开放和经济发展的机遇感,做到思想更解放一点、胆子更大一点、步子更快一点,推动邓小平同志南方重要谈话精神的进一步落实。

邓小平南方谈话发表前夕的3月1日,苏州市十届人大五次会议刚刚审议通过了《苏州市国民经济和社会发展十年规划和"八五"计划纲要》。这个规划提出:90年代全市国民经济发展的主要目标是实现国民生产总值再翻一番,2000年达到450亿元,年递增8%左右;"八五"的主要指标是:1995年国民生产总值300亿元,工农业总产值1005亿元,外贸收购值123亿元,实际利用外资5年累计5.5亿美元,财政收入26.7亿元,固定资产投资5年累计150亿元。

苏州市委审时度势、因势利导,在调查研究、听取各方面意见的基础上,就贯彻邓小平重要谈话、中央政治局全体会议精神和江苏省委、省政府4月中旬做出的《关于加快改革开放,促进经济发展若干问题的决定》,实现邓小平提出的"江苏应该比全国平均速度快一点"和省委省政府提出的"跳跃式前进、超常规发展"的要求,于5月上旬全市三级干部会议上提出了90年代苏州经济加快发展的新的奋斗目标,即力争国民经济主要指标"八五"计划三年完成,十年规划五年实现,用20年时间使苏州的经济水平和人民生活水平赶上亚洲"四小龙"。[1]这一新决策、新目标一经提出,立即得到全市上下的一致赞同,并写入了5月20日市委、市政府制发的《关于认真贯彻落实中央2号文件精神进一步加快经济发展的意见》。《意见》提出,"八五"期间全市经济和社会发展的主要目标是:到1995年,全市国民生产总值达452亿元,比1990年增长1.24倍;工农业总产值

---

[1] 《王敏生同志在全市三级干部会议上的讲话》,1992年5月7日,第6、7页,苏州市档案馆藏,档号A1—35—119。

达 1 570 亿元,其中工业总产值 1 500 亿元,比 1990 年增长 1.57 倍;外贸商品供货总值达 250 亿元,比 1990 年增长 2.7 倍;城乡人民的经济收入以及物质生活和文化生活水平也相应得到提高和改善。[1]

为了实现上述新目标,市委、市政府制定了 8 个方面 36 条政策和措施,6 月下旬又做出向县(市)下放经济管理权限的决定,包括项目审批及有关配套权限、对外经贸管理权限、财政税务管理权限等 5 个方面。这些举措的力度之大、措施之实是苏州改革开放以来少有的,许多都是新的突破,由此促进城乡大开发、大开放、大建设、大改革局面迅速形成。

2. 贯彻十四大精神,制定加快发展实施方案

1992 年 10 月召开的中共十四大,按照邓小平南方谈话提出的战略新构想,就我国 90 年代提前实现翻两番做出了新部署,明确要求沿海地区要比全国提前 30 多年率先基本实现现代化。[2] 根据中央的这一新的总体部署,1992 年 11 月省委八届六次全体(扩大)会议确定:90 年代江苏经济要保持高于全国平均水平的发展速度,地区生产总值提前实现翻两番和到 2000 年翻三番的目标。在紧接着制定的《江苏省沿江地区经济发展规划纲要》中,又明确沿江 7 市要保持高于全省平均水平的发展速度,苏锡常三市要勇于争当加快发展的排头兵,走在全省、全国发展的前列。[3] 正是在这样的大背景下,在 1992 年 12 月召开的苏州市委七届九次全体(扩大)会议正式提出了到 20 世纪末"把苏州建成基本现代化的地区"的新的宏伟目标。这是市委首次提出基本实现现代化目标。这意味着,苏州要比党的十四大提出的沿海地区到 2012 年左右率先基本实现现代化的目标还要提前 12 年时间。这个目标体现了苏州勇于承担全省、全国发展大局的责任和争当发展排头兵的决心。[4]

据此,苏州市在原"八五"计划、十年规划的基础上,进一步研究和梳理了 90 年代工作思路和发展目标,突出呼应上海浦东开发开放这一主线,形成了《苏州市实施方案》。《方案》制定的 90 年代苏州经济发展战略目标是:把苏州建设成为以高新技术为导向,以外向型经济为龙头,电子信息、机电一体、医药化工、轻

---

[1] 中共苏州市委、苏州市人民政府:《关于认真贯彻落实中央 2 号文件精神,进一步加快经济发展的意见》,1992 年 5 月 20 日,第 2、3 页,苏州市档案馆藏,档号 A1—36—120。

[2] 《中国共产党第十四次全国代表大会文件汇编》,人民出版社 1992 年,第 26、32 页。

[3] 贾蓁、唐文起:《江苏通史·中华人民共和国卷(1978—2000)》,凤凰出版社 2012 年,第 197 页。

[4] 《王敏生同志在市委七届九次全体(扩大)会议上的报告》,1992 年 12 月 8 日,第 1 页,苏州市档案馆藏,档号 A1—35—90。

纺丝绸现代工业为主体,高产、优质、高效农业为基础,发达的第三产业为支柱的国际化的区域经济中心和旅游度假胜地,形成多层次、网络状、开放型、具有江南水乡特色的现代化城市群体。《方案》结合苏州的实际,首次提出要在全市实施"四沿"发展战略,优化生产力布局。即沿苏沪交通线为中轴的高新技术产业带,重点建设苏州高新技术产业开发区,由点向线扩展,由线向面扩散,积极培育和加快发展高科技产业,用高新技术改造提升传统产业,成为引进、吸收、消化国际先进技术的核心地区;沿江基础工业、商贸出口综合产业带,在太仓浏河—七丫口地段紧邻上海和宝钢的有利区位建设港口,布置大型基础原材料工业,开辟大型开发区,同时加快张家港保税区建设,抓紧建设张家港港口二期工程,开发建设常熟浒浦港,充分利用岸线资源丰富的优势,以港兴城,布局运输量大、耗水量多的重型工业,尽快形成石化、电力、钢铁等重化工业为主的产业群;沿沪外向型经济出口加工产业带,大规模吸收利用外资,大力举办"三资"企业,发展高档次、高效益、高创汇的外销产品为主的加工工业,重点办好昆山经济技术开发区以及其他开发区,坚持自费开发,由小到大,带动附近乡镇工业小区的开发;沿湖风景旅游度假区,重点把太湖度假区建成富有现代气息的"东方游乐天堂",成为苏州旅游事业发展的新的生长点。[1]

二、部署率先实现基本现代化

1. 市第八次党代会的战略部署

1992年起苏州经济呈现"跳跃式""超常规"的发展局面,仅用两年时间就实现了国民生产总值翻一番,提前两年完成了原定1995年全市国民生产总值450亿元的目标。1994年10月20—23日,中共苏州市第八次代表大会隆重召开。大会以邓小平同志建设有中国特色社会主义理论为指导,深入贯彻党的十四大和十四届三中、四中全会精神,认真回顾市第七次党代会以来的工作,全面总结过去5年全市进行现代化建设的具体实践和基本经验,精心规划未来的5年,研究确定到20世纪末苏州经济社会发展、改革开放和精神文明建设、党的建设的奋斗目标及主要任务。大会听取和审议杨晓堂代表上届市委作的《解放思想,开拓前进,为在20世纪末把苏州建设成为基本现代化的地区而奋斗》的工作报告,并一致通过了这个报告。中共苏州市委八届一次会议选举杨晓堂为市委书记。

---

[1] 苏州市人民政府办公室:《关于印发〈江苏省沿江地区经济发展规划纲要苏州市实施方案〉的通知》,1992年11月26日,第1、5、7、8页,苏州市档案馆藏,档号C1—7—247。

1998年6月梁保华、2000年12月陈德铭先后继任苏州市委书记。

大会提出：苏州实现基本现代化，就是按照党的十四大提出的目标，率先建立社会主义市场经济的新的管理体制和新的运行机制，经济运行和经济管理基本同国际接轨；工业、农业和科学技术基本现代化，具有现代化功能的城市化格局形成；城乡居民既有较丰富的物质生活，又有较高文明层次的精神生活。努力把苏州建设成为经济繁荣昌盛、科技文化发达、人民生活富裕、民主法制健全、城乡环境优美、社会风气良好的地区。到2000年全市的主要发展目标是：经济保持较快速度发展，国民生产总值达到1500亿元以上，人均2.5万元左右；经济素质实现整体优化，一、二、三次产业在更高层次上协调发展，科技进步对经济发展的贡献份额在现有基础上再提高5—10个百分点；经济外向化程度进一步提高，进出口贸易额占全市国民生产总值的比重达40%以上；基础设施和市政公用设施基本配套，基本适应经济、社会发展和人民生活需要；城市化格局基本形成，苏州市区建成现代化、国际知名城市，县（市）所在城镇和一批农村集镇基本具有城市功能和开放型水平，自然生态环境得到保护和改善；人民生活水平明显提高，全市职工和农民的年人均收入在现有基础上再翻一番，城市普及、农村基本普及高中段教育，市区居民人均居住面积达到12平方米、成套率达80%以上，农村居民住宅设施基本配套，人人享有卫生保健和社会保障。[1]

苏州提出的率先实现基本现代化的奋斗目标，得到江苏省委的赞同。1994年12月举行的省第九次党代会正式提出："到本世纪末，全省全面实现小康，苏南和沿江有条件的地方初步实现现代化。"[2]

苏州市委提出"基本现代化"概念，当时主要是基于三方面考虑：一是市委参考国内外研究机构和专家学者的意见认为，现代化在"化"的过程中必然呈现阶段性，一般会经历初步（初级）现代化阶段、基本（中等）现代化阶段、完全（高级）现代化阶段这样三个现代化程度不同的阶段，"基本现代化"是指达到或接近达到的水平和目标，与中共十四大提出的"基本实现现代化"、省第九次党代会提出的"初步实现现代化"等阶段性目标属于同一范畴；二是市委认为实现现代化的水平和标准是动态的，即使全部达到了国际上一般采用的美国斯坦福大学英格尔斯教授提出的现代化指标，也并不能说已进入高级现代化阶段；三是市

---

[1] 中共苏州市委党史工作办公室、苏州市档案局（馆）：《中国共产党苏州市历次代表大会（会议）文献汇编（1949—2001）》，苏出准印 JSE—001549 号，2001 年，第 495—497 页，第 507—519 页，第 647 页。

[2] 贾轼、唐文起：《江苏通史·中华人民共和国卷（1978—2000）》，凤凰出版社 2012 年，第 199 页。

委认为,从苏州的实际情况来看,到20世纪末的6年多时间里要使苏州的经济和社会事业发展到国际最先进水平、全部"化"起来,显然是不可能的,提"基本现代化"比较客观,是实事求是、切实可行的。

苏州市第八次党代会提出的20世纪末实现"基本现代化",是与当时的认知水平和依据的指标体系联系在一起的,存在着某些不确定性。尽管如此,这一目标的提出是1992年以来苏州为加快发展多次所做出的部署的总结和整体提升,是苏州各级党组织团结和带领全市人民,把邓小平实现现代化"三步走"发展战略转化为本地具体实践而制定的一幅宏伟蓝图,它对于动员和凝聚全市的力量为实现社会主义现代化的目标而奋斗将发挥重要作用。[1] 市第八次党代会后,"到本世纪末实现基本现代化"成为全市各级党组织和广大干部群众开拓前进、迈向21世纪的行动纲领,全市的基本现代化建设进入边规划、边实践的阶段。

2. 市"九五"计划暨基本现代化总体规划纲要的制定

1995年年底,市委八届四次全会议讨论通过了《中共苏州市委关于制定苏州市国民经济和社会发展"九五"计划暨基本现代化总体规划的建议》,市政府根据这一《建议》组织制定了《苏州市国民经济和社会发展"九五"计划暨基本现代化总体规划纲要》,次年经市人代会审议批准。该《规划纲要》关于苏州市到2000年实现基本现代化的总体目标的表述,在市第八次党代会报告的基础上又增加了要把苏州建设成为"三个中心"的概念,即成为区域性的加工制造业中心、商品物资集散中心和旅游度假中心。

该《规划纲要》还参考国内外研究机构关于现代化的研究成果,首次拟制了苏州市实现基本现代化规划指标体系,包括经济综合实力、经济综合效益、生活质量、人口素质、环境质量等5个方面在内的26项具体指标,使基本现代化成为兼顾经济总量与质量、总量与人均、经济和社会发展水平、环境与人民生活质量、城市与农村的可量化、可考核的科学系统,成为人民可切身感受和体验的具象化成果,成为各级各部门为之努力奋斗的具体目标任务。鉴于这几年快速发展的新形势,该《规划纲要》中有关2000年全市实现国内生产总值的指标,由市第八次党代会提出的1500亿元调整为1800亿元,人均国内生产总值也由2.5万元调高到3万元。

---

[1] 苏州日报社:《基本现代化讲座之一——全面准确地理解基本现代化的含义和总目标》,《苏州日报》,1995年8月11日。

第二节　开发区构筑跨越发展新平台

邓小平南方谈话以及中央做出加快开发开放上海浦东的决定后,中央和省开始把发展开放型经济、加快开发区建设置于经济工作的突出位置。苏州各级各部门抢抓机遇,依托已有的优势和80年代后期创办各级各类开发区所打下的基础,将加大开发区开发建设力度作为苏州实现跨越式发展最具全局性和战略性的举措,最首要的工作着力点,成功创办了包括4个国家级开发区、中新合作苏州工业园区、10个省级开发区和100多个乡(镇)配套工业小区在内的一大批各级各类开发区,使之成为全市"改善投资环境、实现大开放的示范区,优化结构、推动经济上水平的启动区,引进和发展高新技术的先导区,深化改革和建立市场经济新体制的试验区,实行全方位开放的前沿区,城市(镇)现代化建设的样板区"[1],为全市经济社会跨越发展开辟了巨大的新空间,构建了崭新的增长极,并积蓄了强盛、持续的后劲,为全市经济社会发展发挥了巨大的辐射和带动作用,走出了一条富有特色的开发区建设之路,成为邓小平"特区开发"思想在苏州的又一成功实践。

总结苏州开发区建设的成功经验,共同之点可概括为5个方面:寻求突破——抢抓机遇,因地制宜,大胆创办;重中之重——立足全局,倾注全力,推进开发区的发展;方略得当——三位一体(既是苏州经济增长的希望之区,又是高新技术的密集之区,还是现代化的新城镇区),近城开发,创造开发区建设的苏州特色;营造环境——增强开发区招商引资的竞争力;联动呼应——各级各类开发区在优势互补中共赢发展。

90年代全面兴起并迅速成长壮大的苏州各级各类开发区,成为全市经济社会发展的新引擎和增长极、制高点、领头羊。据测算,苏州开发区的国内生产总值、财政收入、进出口总额和出口总额每增长1个百分点,就可相应分别拉动全市总量增长0.29、0.37、0.64和0.61个百分点。世纪之交的2000年,苏州的外向型经济实现两大突破:一是累计实际利用外资突破200亿美元,二是当年全市外贸进出口总额突破200亿美元,在全省总量中分别占到45%和44%,其中

---

[1]《王敏生同志在苏州市开发区工作会议结束时的讲话》,1993年2月5日,第7页,苏州市档案馆藏,档号A1—36—267。

各级各类开发区的贡献份额分别占到59.6%和81%,发挥了举足轻重的作用。[1]

一、国家级开发区领跑开放型经济

1992年4月后,苏州市委、市政府和各地主要负责人迅即组织和协调各个部门的力量,以80年代中后期以来业已自费开发建设的一批开发区为基础,为争取创办成几个国家级开发区进行规划论证、筹建机构、对上争取,并展开动迁安置、区划调整、基础设施建设等各项有关工作。5月下旬,中共中央政治局常委、国务院总理李鹏前来常熟出席全国县级综合改革经验交流会,并在苏州进行考察。期间,市委书记王敏生向总理详细汇报了苏州贯彻邓小平南方谈话精神、加快发展步伐的初步打算,并就建立苏锡常高新技术产业开发区、建立张家港加工贸易保税区、进一步办好昆山经济技术开发区、建立太湖风景旅游开发区等问题,提请国务院和中央有关部门给予支持和帮助。李鹏总理亲临规划中的太湖旅游度假区和张家港保税区进行实地考察,听取有关专题汇报,对苏州拟开发建设这几个开发区表示赞同,认为规划科学、选址适当、各方面条件基本成熟,并指明了下一步努力的方向。[2]从而为苏州争取创办这几个国家级开发区奠定了基础。由于超前谋划、合理规划、积极主动工作,苏州成功挤上了1992年下半年全国首轮大规模扩充、批办各类国家级开发区的"头班车",到年底成功获批了4个不同类型的国家级开发区,在全国地级城市中绝无仅有,占了全省共获批11个各类国家级开发区的三分之一多。[3]1995年5月,中共中央总书记、国家主席江泽民在苏考察中先后视察了苏州工业园区、昆山经济技术开发区、张家港保税区、太湖旅游度假区,对苏州各级高度重视开发区建设的战略举措和这几个国家级开发区开发建设所取得的显著成果表示赞赏,为苏州的开发区建设增添了强劲动力。[4]

1. 成功跻身国家级开发区序列的昆山经济技术开发区

昆山首创自费兴办的经济技术开发区,经过近8年的艰苦创业和开发建设,一座气势恢宏的现代化工业园区覆盖了6.18平方公里的原野。邓小平南方谈

---

[1] 中共苏州市委政策研究室、苏州市经济技术开发区研究会:《邓小平"特区开发"思想在苏州的成功实践》,见孟焕民、陈楚九:《第二次突破——苏州开发区建设实证研究》,人民出版社2002年,第1页。
[2] 苏惠中:《李鹏总理在苏州考察》,《苏州日报》,1992年5月27日。
[3] 贾轸、唐文起:《江苏通史·中华人民共和国卷(1978—2000)》,凤凰出版社2012年,第216页。
[4] 殷学成:《江总书记在苏南》,《苏州日报》,1995年5月24日。

话发表后,昆山市委、市政府抓住机遇,重新审视和修订开发区的发展规划,按照与浦东开发开放全方位接轨的需要,将开发区面积扩大到20平方公里,从而在全国大开发、大开放高潮刚刚兴起的第一时间又一次抢得了先机,1992年8月22日被国务院正式批准列入国家级开发区序列,成为苏州第一家国家级开发区,同时也成为全国首家设在县级市并由县(市)管理的国家经济技术开发区。

获"国批"后昆山开发区在开发建设上出现了四个显著变化。一是在建设方针上,从"筑巢引凤"到"引凤筑巢"。昆山一方面加大有偿出让国有土地使用权的力度,"引凤筑巢";另一方面鼓励外商进区建办独资企业和外方出资比例高的中外合资企业。二是在行业结构上,从"短平快"到"高大新"。突出重点发展以引进外资为主、高新技术为主、出口创汇为主的机械、电子和高附加值的轻纺行业。三是在项目引进上,从"来者不拒"到"择优接纳"。大力发展具有产业导向性和市场生命力的新兴工业和"三产"项目,坚决淘汰层次低、耗能大、污染重的项目。四是在规划布局上,从"小开发"到"大开发"。开发区建设突破了自身区域的局限,把触角伸到了全市,与20个乡(镇)经济小区融为一个互相衔接、内外呼应的统一体。

"四个转变"促进开发建设全面提速升级。至1993年底的一年多中,开发区投资2亿元用于基础设施建设,在新拓展的14平方公里区域内实现了"四通一平",前进东路两侧的14项公建设施基本完成,并建立了海关、商检等分支机构,创造了大规模招商引资的基本条件;区内新办外商投资企业96家,新增合同外资4.13亿美元,分别接近、超过了前8年的总和;区内投资额在1 000万美元以上的外资企业已有27家,其中12家超过3 000万美元,平均每家投资规模由150万美元扩大到465万美元,10多个国际著名大企业、跨国公司纷纷进驻开发区;辐射到乡镇配套小区的项目有50多项,总投资为1.5亿美元;1993年开发区实现工业产值30.1亿元,利税1.3亿元,出口创汇1.5亿美元。[1]1994年、1995年又每年投入基础设施建设资金2亿多元,使开发区的经济和各项建设产生良好的连锁效应,成功吸引台湾地区捷安特、仁宝和日本禧玛诺、德国赫斯特、法国阿尔卡特、丹麦丹尼斯克、日本精工等28家世界跨国大企业进区投资兴办企业。1995年5月江泽民总书记考察了昆山经济技术开发区,详细察看了开发建设模型,同昆山市委负责人进行交谈,问长问短,高兴地说,从市区过来感触很

---

[1] 孟焕民:《崛起的热土——来自苏州各级开发区的报告》,上海科学普及出版社1994年,第69—71页。

深,昆山面貌大变样。[1]据国务院特区办对全国32个国家级经济技术开发区1995年经济指标统计,昆山经济技术开发区累计引进外资、协议外资、实际利用外资、项目平均投资规模分别列第6、第4、第5和第5位;实现工业生产总值、自营出口总额、国民生产总值分列第7、第6和第10位,进入全国开发区的领先行列。

1996年起区内"三资"企业进入产出期,经济增长呈现强劲势头,"三资"企业在全区经济总量中的占比大幅提高。1997年10月,外经贸部和国家统计局首次发布全国产品销售额最大的500家外商投资企业,苏州共有18家上榜,昆山开发区的富士康、中讯电子、禧玛诺、捷安特等4家名列其中。1998年起实施"立足台资,面向欧美"的招商引资新策略,当年批办台资企业24家、合同外资2.24亿美元,分别占新批项目和合同外资总额的50.9%和37%。是年,昆山开发区在全国52个国家级经济技术开发区中,国民生产总值为第5位,出口额为第3位,协议外资为第6位,外资实际到位为第4位。同时,为进一步完善投资环境,着手进行功能开发,谋划构建陆路口岸、出口加工区和留学人员创业园三大功能载体。1998年,苏州市政府批准设立昆山经济技术开发区陆路二类口岸,使开发区拥有了口岸功能,货物进出口不必再转关上海。1999年昆山留学人员创业园建成投入使用,来自多个国家的留学人员在园内创办了15家企业,被人事部命名为全国首批"留学人员归国实验基地"。1997年,昆山开发区向国家有关部门建议,借鉴台湾经验在开发区内建立出口加工区,实行与保税区相类似的"境内关外"管理体制,以适应电子信息企业原材料、产品、技术装备"大进大出、快进快出"的需要。1998年4月,在开发区划出一块地方启动建设出口加工园,当年有4个项目进园。经积极对上争取,2000年4月昆山开发区与苏州工业园区一起被国务院批准列入全国第一批15个出口加工区试点,10月昆山出口加工区在全国15个区中率先封关运作,首期封关面积1.86平方公里。出口加工区的成功建立,赢得了开发区发展的极大的政策空间,提升了开发区的投资软环境,至2000年年底进区企业总数达16家,投资总额8.1亿美元,总投资近1亿美元的广志电子生产出江苏的第一台液晶显示屏笔记本电脑,为昆山成为全国最大的笔记本电脑生产基地打响了第一炮。[2]

---

[1] 殷学成:《江总书记在苏南》,《苏州日报》,1995年5月24日。
[2] 孟焕民、陈楚九:《第二次突破——苏州开发区建设实证研究》,人民出版社2002年,第119页,第126—130页;中共昆山市委党史研究室:《新昆山五十一年(1949.5—2000.12)》,苏出准印JSE—0000338号,2003年,第801页。

至2000年年底,昆山开发区累计投入基础设施建设资金23.6亿元,先后向外商出让土地262幅、868.4万平方米,出让合同金额13亿元,到位9.3亿元;累计开工投产"三资"企业328家,引进合同外资48亿美元,实际利用外资25亿美元,其中世界500强企业15家(2000年6月底数);美国艾利等10多家外企研发机构先后进区;共批办台资企业850家,南亚塑胶、鸿海电子、仁宝电脑、统一食品等13家台湾百强企业和捷安特自行车、樱花卫厨等19家台湾知名上市公司投资昆山开发区,合同台资和实际到账台资占江苏全省的1/4、全国的1/10,成为继福建厦门、广东东莞之后第三大台商投资密集地区;电子信息类(即IT、IC产业)高科技项目集聚度不断提高,投资额在1 000万美元以上的项目有30个,台湾前8大笔记本电脑制造厂商中已有5家落户昆山开发区,建成投产后年产量可达1 000万台;开发区实现国内生产总值82亿元、工业销售收入261亿元、利税23亿元、出口创汇15.8亿美元、财政收入8.9亿元,分别占昆山全市的40.83%、29.37%、64.79%、41.98%和44.21%,成为昆山经济的重要支柱和最大增长极。[1]这一年国家外经贸部发布国家开发区投资环境综合评估情况通报,昆山开发区名列全国第五,引起全国开发区系统的瞩目。[2]

2. 旅游业发展进入新阶段的标志——苏州太湖国家旅游度假区

早在1982年国务院就公布太湖为首批国家重点风景名胜区,区内分为13个风景区,其中8个在苏州境内。由于种种原因,在此后的近10年时间里,苏州的太湖旅游业并没有得到大的、实质性的开发和建设,与相邻的无锡差距越来越大。

太湖面积2 400余平方公里,三分之二在吴县,国家公布的太湖风景名胜区苏州境内8个风景区中,围抱太湖或镶嵌在太湖之中的木渎、光福、东山、西山等4个景区都在吴县境内。1991年12月,吴县县委将开发建设太湖旅游区列为重点议题,设想在太湖之滨开发建设一座集度假、游乐、休闲、美食于一体的滨湖旅游城和一条观光旅游带。1992年春,国家有关部门意欲制定引进外资开发旅游业的新方略,吴县县委、县政府敏锐地感到这是个极好的机遇,立即着手制定建立太湖旅游度假区的方案,3月底报到国家旅游局,积极争取列入国家级的开发试点。5月,李鹏总理视察吴县太湖,详细了解了吴县对太湖旅游开发的初步规

---

[1] 孟焕民、陈楚九:《第二次突破——苏州开发区建设实证研究》,人民出版社2002年,第40、43、83、89页。

[2] 中共昆山市委党史研究室:《新昆山五十一年(1949.5—2000.12)》,苏出准印JSE—0000338号,2003年,第806页。

划和打算,给予了充分肯定,并指示,今后我国第三产业的主要支柱将是发展旅游业,像太湖就应该很好地利用起来,在发展旅游业上做点文章,把人吸引来旅游。[1] 是年10月4日,国务院批准全国首批8个国家旅游度假区,属国家级开发区范畴,并对其实行与国家经济技术开发区、高新技术开发区相似的各项优惠政策。江苏太湖国家旅游度假区名列其中,由苏州胥口度假中心和无锡马山度假中心两部分组成。苏州胥口度假中心,东起胥口镇,西靠渔洋山,南临太湖滨,北依香山、穹窿山,连接太湖中长沙、叶山、西山诸岛,规划面积11.2平方公里,控制面积26平方公里。这里山环水抱,群岛相望,一派山清水秀的自然美景,人文景观、名胜古迹也十分密集,在全县103处名胜古迹中占了77处,待开发利用的名胜还有70多处。水陆交通便捷,距苏州城16公里、上海95公里、无锡70公里,是得天独厚的旅游"金三角"地区。

度假区总体构思是:以太湖山水、古吴文化、桥岛风光、美食度假、游乐世界为特色,逐步建成包括游乐观光、度假休闲、水上风情、桥岛风光、旅游工艺、高尔夫球运动等6个功能小区在内的"东方游乐天堂";到2000年形成有5万至8万人口的对外开放湖滨游乐城市,年接待国内游客400万至500万、国际游客40万至50万人次。1993年6月,国务院发文同意"江苏太湖国家旅游度假区胥口度假中心"更名为"苏州太湖国家旅游度假区",与无锡马山度假区分设为两个独立的国家级旅游度假区。

苏州太湖国家旅游度假区的批准设立和开发建设,使苏州的旅游业开始跳出古城狭小的空间和有限的资源,标志着苏州旅游业发展进入了一个新阶段。自批准建区以后的一年多时间里,度假区遵循"统一规划,分区启动,滚动发展,逐步建设"的原则,基础设施建设全面铺开,招商引资卓有成效,各类项目先后启动。全长15.8公里、自木渎镇西首至度假区渔洋山麓的旅游专线公路建成通车;度假区第一个大型旅游项目——太湖明珠水上乐园开业,半年接待游客20万人次;墅里花园高档住宅、太湖山庄别墅、太湖中心(度假区行政管理中心办公楼)、度假酒店、水乡俱乐部、香橘别墅、卓运大厦、邮电大楼、海关大楼等项目相继开工;共批准出让土地4500余亩,签订合作合资项目52个,总投资5亿多美元,举办"三资"企业22家,合同利用外资近3亿美元。1994年,全国首家县办机场——苏州光福机场(属空军)吴县联航航班"北京—苏州"首航成功,不仅结束了苏州无民航的历史,而且使得太湖度假区有了十分便捷的航空港;由3座特

---

[1] 苏惠中:《李鹏总理在苏州考察》,《苏州日报》,1992年5月27日。

大桥组成、全长4 348米、被称为中国内湖第一长桥的太湖大桥建成通车,李鹏总理为大桥题写桥名并发来贺电;度假区实现销售额(包括营业收入)9 800万元。[1]1995年建成开放了蒯鲁班公园、桥岛公园、芦苇憩园、方程式赛车场、豪华游轮太湖山水环岛游等一批新景点和游乐项目。[2]

1996年7月起调整完善度假区总体规划和开发建设思路。首先是进一步完善投资环境,至2000年累计投入基础设施建设资金4.04亿元,完成7平方公里开发面积。其次是逐步走上了借力开发、"引凤筑巢"之路,吸引中外客商进区开发,共同参与项目建设和经营。水上乐园转让给中青旅经营,吸引省内外大企业开发建设太湖之星休闲度假中心、长沙岛宝岛花园酒店、叶山岛状元楼宾馆、鹰冠庄园、香山花园、海关总署外事培训中心等一大批旅游项目和设施,还吸引外商投资兴办了水星海事游艇俱乐部、渔洋公园滑道和观光缆车、贵都度假村湖畔别墅、叶山岛度假村等。2000年度假区接待海内外游客51万人次,太湖度假区在海内外的知名度和影响力与日俱增。[3]1995年5月和1998年4月,江泽民总书记两次考察了太湖旅游业的开发建设情况,对度假区所拥有的旖旎湖光山色和一流服务设施甚感满意,欣然为吴县挥毫题词:"开发太湖,保护太湖,发展吴县,造福后代。"[4]

3. 全国首家内河港型保税区——张家港保税区[5]

1990年中共中央、国务院做出"以上海浦东开放为龙头,进一步开发长江沿岸城市"的决策后,张家港市委、市政府及时做出了争取在张家港建设保税区的大胆设想和战略决策。张家港境内有着优越的港口地理条件。张家港港深水贴岸,不冻不淤,经过近20年的开发建设,已经成为对外开放的新兴商港,到90年代初有13个万吨级泊位和1座粮油中转码头,有11条国际航线、6条集装箱运输线,同世界上100多个国家和地区有货运往来,年货物吞吐量达1 100万吨,集

---

[1] 孟焕民:《崛起的热土——来自苏州各级开发区的报告》,上海科学普及出版社1994年,第78—84页;吴县地方志办公室、吴县档案馆:《吴县大事记(石器时代—1993年)》,古吴轩出版社1994年,第474、478、479、485页。
[2] 良耳:《太湖度假区一批新景点昨开放》,《苏州日报》,1995年7月2日。
[3] 孟焕民、陈楚九:《第二次突破——苏州开发区建设实证研究》,人民出版社2002年,第76、77、89页。
[4] 殷学成:《江总书记在苏南》,《苏州日报》,1995年5月24日;沈石声、王晓宏:《总书记情系太湖水》,《苏州日报》,1998年4月24日。
[5] 本小目主要参考唐继尧、陆新民撰写的《全国首家内河港型保税区》一文(刊载于中共张家港市委党史地方志办公室编《历史的回声——张家港市党史专题集(1962—2000)》,中央文献出版社2001年版)的内容编写。以下凡同一出处的不再一一注明。

装箱运输量名列全国第6位,全省外贸货物有50%从张家港运出;港口还有配套齐全、相对集中的涉外管理机构。张家港市地理位置优越,地处长江"黄金水道",临近入海口,水路交通便捷,既有苏锡常这一全国经济发达地区的广阔腹地,又与苏中、苏北及长江中游的经济发展有着密切的联系,在此建立保税区不仅对苏州、江苏经济十分有利,而且对长江中上游地区的发展也明显有益。

1991年7月,张家港市政府正式向上申请在张家港市建立保税区。1992年4月,国务院特区办和政策研究室负责人多次来到张家港作实地调查、考察、指导和科学论证。5月16日,《中共中央关于加快改革,扩大开放,力争经济更好更快地上一个新台阶的意见》(即中央4号文件)中原则同意设立张家港保税区。当月24日,李鹏总理在苏州考察期间亲临张家港作实地考察,对保税区的有利条件和张家港紧张有序的筹办工作均表示十分满意。10天后总理办公室寄来了李鹏总理题写的"张家港保税区"区名。设立张家港保税区已成定局后,张家港市随即成立筹委会,筹建攻坚战也全面打响,仅用2个多月时间就完成了1 284户民房的动迁和8公里长、3米高的铁丝网隔离带工程;保税区2平方公里起步区的"五通一平"、保税区外两条专用公路和1个万吨级化工码头的建设也相继展开(至年底均告建成)。

1992年10月16日,国务院发出《关于设立张家港保税区的批复》。区址设在港区镇东侧的长江岸边,规划面积4.1平方公里,起步面积2平方公里。《批复》要求,张家港保税区要充分发挥港口优势,积极为加工出口和拓展转口贸易服务,开展为贸易服务的加工、整理、包装、储存、运输、商品展示等业务,促进长江流域外向型经济的发展。张家港保税区由此正式设立,并成为全国首批批准设立的15个保税区中唯一一个不是设在沿海港口,而是设在长江内河港口的保税区。张家港人的大胆创新,由设想变成了现实。12月20日,省政府在张家港市召开保税区成立大会,保税区4.1平方公里隔离区封关运行。省政府发文明确:该保税区是江苏省的保税区,保税区管理委员会是省政府的派出机构,省政府委托张家港市政府管辖张家港保税区;保税区内设保税仓储、国际贸易、出口加工三个主体功能区和国际金融、房地产业、管理服务等辅助功能区。

保税区设立后至2000年的8年间,共投入7.9亿元用于"五通一平"及配套设施建设,先后建起最高为30层楼的12幢商务办公楼、1.6万平方米的标准厂房、2万平方米的轻钢结构标准型仓库。保税区管委会利用国家赋予的优惠政策和区位优势,主动出击,外引内吸,很快成为中外客商踊跃投资的热点。至2000年底保税区共引进各类项目2 172个,总投资21.55亿美元,合同利用外资

13.53亿美元;初步形成三大加工产业群体:以东海粮油、统清食品为龙头的粮油食品加工产业群体,以雪佛龙、南港等企业为龙头的化工加工产业群体,以光王、顺德为龙头的电子加工产业群体。保税区的三大主要功能业务大幅增长。国际贸易方面,1994年保税区进出口货物总额为6205万美元,2000年达5.35亿美元;保税仓储方面,1993年全区共进出货物150余批次,保税仓储总值2855万美元,2000年增长至2.81亿美元;出口加工方面,1995年全区实现工业产值4.17亿元,2000年完成工业总产值34.27亿元、销售收入37.77亿元。财政税收方面,1997年上缴国家税收9656万元,完成财政收入6106万元;2000年上缴国家税收3.5亿元、海关税收2.21亿元,完成财政收入3.16亿元,实现国内生产总值14.3亿元。保税区的开发建设,成为张家港经济发展的重要增长点。2000年保税区占该市经济的比重,工业总产值为3.2%,进出口总额占28.2%,合同利用外资占29.1%,财政收入占15.4%。随着一大批大型工业加工龙头项目落户进区,张家港全市一批以保税区为窗口和集散地的工业项目陆续建起,一个依托保税区,凭借长江优势,沿江大开发、大开放的热潮正在逐步形成。1995年5月,江泽民总书记来到张家港保税区考察,一片兴旺的码头,一派生机勃勃的保税区给江总书记留下了深刻的印象,他感触至深地说:"我1984年来张家港时,江边还是一片农田,现在都建成港口群和保税区了!"[1]

4. 开拓市区经济发展新格局的苏州国家高新技术产业开发区[2]

邓小平南方谈话发表后,中央做出了"九十年代集中力量把高新技术产业开发区建设好"的战略决策,并准备在1991年已建27个的基础上再增建一批国家高新技术产业开发区。1992年5月,苏州市政府向上级申请在初步成型的苏州新区设立国家高新技术产业开发区。经国家有关部门对全国各申请地考察调研后,是年11月9日国务院批复同意在苏州等25个城市增建第二批国家高新技术产业开发区,同月18日国务院授权国家科委发文正式批准苏州高新技术产业开发区为国家高新技术产业开发区。该开发区面积6.8平方公里,区域范围为:京杭运河以西,枫津河以南,天平、灵岩风景区规划线以东,生产河、横塘镇镇界以北。[3]

---

[1] 殷学成:《江总书记在苏南》,《苏州日报》,1995年5月24日。
[2] 本小目主要参考苏州市高新区虎丘区志编纂委员会编《苏州市高新区虎丘区志》(上海社会科学院出版社2012年版)第15—21、37、60—62、216—244、354—357页中的有关内容编写。以下凡同一出处的不再一一注明。
[3] 国家科委:《关于在苏州建立国家高新技术产业开发区的通知》,1992年11月18日,第1页,苏州市档案馆藏,档号C1—7—243。

苏州国家高新技术产业开发区获批建立后,1993年3月市委决定:河西新区更名为苏州新区,一年前建立的河西新区工委、管委会同时更名为中共苏州市委苏州新区工作委员会、苏州市人民政府苏州新区管理委员会,新区管委会拥有部分相当于省辖市的经济管理权限;同时建立苏州国家高新技术产业开发区管委会,与新区管委会合署办公;确定新区按照国家高新技术产业开发区、经济聚集区、苏州现代化新城区"三位一体"的总体构想,实行"统一规划,分步实施,统筹兼顾,滚动发展"的方针;确定苏州新区中长期规划面积为60平方公里,在已开发的6.8平方公里(即国家批准的高新技术产业开发区的范围)基础上,先行向西北拓展9平方公里左右,将郊区横塘乡及吴县枫桥镇、木渎镇的8个相关行政村和狮子山划归新区代管。4月,市委、市政府召开苏州新区工作会议,提出苏州新区要力争"十年再造一个新苏州",即经过10年时间的开发建设使新区的国内生产总值、工业总产值、出口总额、财政收入等主要经济指标达到或超过1992年市区的总量;要求"苏州新区的建设,要走在各县(市)的前面,并且要力争在全省乃至全国成为先进"。[1]1994年7月,经省政府批准,将吴县枫桥镇和木渎、郊区横塘乡的11个相关行政村划归苏州市管理,由苏州新区代为管理。是时苏州新区的区域面积扩至52.06平方公里,首期开发面积扩至25平方公里。

获批国家级开发区后,苏州新区按照"三位一体"和"争创一流"的要求,加大投资力度,全面推进各项基础设施建设,逐步完善城市功能和投资环境。至1996年,累计建成道路29条、大小桥梁69座,主干道里程77公里,25平方公里范围内实现道路环通,纵贯新区的长江路拓宽工程竣工,何山大桥成为横跨大运河、连通古城区的第二通道;建成狮山、新升、姑苏、何山花园等6个住宅小区,其中锦华苑为首个涉外居住区;规划中的30余幢高层建筑全面开工,已建成和基本建成的有十多幢,金狮大厦、华东食品城、百汇购物中心等一批商贸设施建成投入运营;由新区经济发展集团公司与外商联合投资6亿元兴建的苏州乐园一期工程"水上世界"建成开业。1997—2000年间,新区的城市功能日臻完善,先后建成投用了燃气厂、热电厂、自来水厂、污水处理工程二期、苏州汽车客运西站和中学、小学、幼儿园12所;建设完成了农行大厦、金盈大厦、国际商城、新城花园酒店、乐园度假酒店等一大批重点和标志性工程项目;建成玉山、索山、竹园、妇儿中心公园等十多处开放式公园绿地,公园绿化面积达26万平方米,"真山真

---

[1]《王敏生同志在苏州新区工作会议上的讲话》,1993年4月2日,第2—7页,苏州市档案馆藏,档号A1—36—267。

水园中城"的风貌日益凸显;累计建成商品房近100万平方米(1999年底数),新区的户籍人口由1992年的3 662户、11 020人发展至2000年的69 639人(其中辖区内的原居民约5万人),在新区居住半年以上的常住人口有60 322人,其中还有3 000多名(1998年底数)外籍人士在此安了新家,形成了实际居住人口13万人的一个苏州新市区。

  日益优化的投资环境,使新区成为市区乃至全市外向型经济发展的先行区和主要聚集区。1993年中国台湾明基电脑、中国香港晨兴纸业、英国迈达食品、日本电波等首批境外投资项目和国际著名跨国公司相继进入新区。1994年、1995年,日本松下、索尼、福田、富士通、爱普生、富士、住友、精工,美国高达,瑞士迅达、罗技,新加坡永泰,德国西门子、百林、百得补,英国考陶尔兹等世界著名大公司进区投资兴业,其中爱普生一期投资1.5亿美元,为苏州当时规模最大的外商投资项目。1996年、1997年,日本伊奈洁具和中国台湾荣成纸业、国巨电子、中化制药等80余个外资项目进区,罗技集团将设在爱尔兰、美国及中国台湾、上海的鼠标器生产全部转移到苏州罗技电子有限公司,占全球产量55%的鼠标器源源不断地从苏州新区销往世界各地,年产值超过9亿元,出口创汇达1.2亿美元。摩托罗拉公司选择在苏州新区建立中国第二生产基地,主要生产通信系列产品、汽车电子、等离子大屏幕显示器等当时世界先进产品。外经贸部和国家统计局首次联合发布全国产品销售额最大的500家外商投资企业(按1996年销售额排序),新区的飞利浦、富士通跻身其中。1998年共引进外资项目44个,项目继续向已有较强优势的电子信息、精密机械、新材料等高新技术产业集聚,其中罗礼电脑、力捷电脑等电子通信类项目就有20个。1999年共引进台资、外资项目61个,其中台商、外商增资项目23个,台资项目占总投资的近一半,欧洲项目约占总投资的1/3,投资规模3 000万美元以上的大项目10个;国内生产的第一台21英寸显示器在新区明基科技园亮相,明基的彩色显示器、电脑键盘、光驱、扫描仪年产量分别超过400万台、500万台、500万套和400万台,产品90%外销欧美,成为中国品牌第一大显示器厂,进入全国最大、世界前五大电脑周边产品制造商行列;明基、飞利浦、罗技、爱普生、力捷、富士、日本电波等7家台资、外资企业跻身外经贸部公布的全国进出口额最大500家企业,其中4家还进入全国出口额最大200家企业行列。2000年新引进台资、外资项目91个,其中3 000万美元以上的大项目20个、电子信息类项目50个,分别占当年投资总额的65%、86%;飞利浦、摩托罗拉、富士通、包尔文、台湾罗礼、明基电脑的研发中心等相继进区,使企业的研发成果不断推出,新区的创新能力不断增强;

沪苏直通苏州新区海关监管点正式通关,新区陆路二类口岸开通运行,国家海关总署批准新区设立出口监管仓库,进一步优化了新区的外商投资环境。[1]至2000年底,区内外商、台商投资企业累计达453个,总投资45亿美元,进区的世界500强企业39家(1999年底数),投资上亿美元的超大型项目有十多个;当年全区进出口总额达42.8亿美元,其中出口22.8亿美元。

苏州高新区在发展壮大高新技术产业方面,除引进境外客商投资兴办高新技术企业及其研发机构这一主要推动力外,还有第三光学仪器厂、电表厂、电视机厂、化纤厂、第四制药厂、有线电一厂、华盛造纸厂等45家(1998年止数)市区老企业进区与外商合资兴办高新技术企业,生产高新技术产品;50多家(1998年止数)市区老企业进区实施技术改造项目,实现由传统产品向高新技术产品产业的升级。[2]同时,还大力引进国外高科技人才和国内研发机构,研制高新技术产品,并在区内孵化创办企业,实现规模化生产。至1995年8月已与东南大学、苏州大学、上海赛科电子工程研究所、苏州非金属矿山设计院及北京的一些院所共同实施高新科技成果转化项目。[3]1999年10月,中国科学院两个直属研究所同时进区创办科技型企业:作为中国机器人技术国家工程中心的沈阳自动化研究所与苏州自动化仪器仪表研究所合资创办了沈苏自动化技术开发有限公司,作为中国光学、精密机械学、电子学、计算机应用综合研究开发主要基地的长春光学精密机械与物理研究所同苏州市机械控股集团等合资创办了苏州长光科技发展有限公司,实现了国家级科研院所与本土企业的联合,促进科技成果向生产力转化。新区于1994年创办苏州高新技术创业服务中心,1996年由联合国开发计划署确认为国际企业孵化器,为全国首批8家国际企业孵化器之一;[4]1998年创办中国苏州留学人员创业园;1999年苏州新区博士后科研工作站经国家人事部批准正式成立,成为全国第4家且首家设在省辖市开发区的博士后科研工作站;2000年开发设立软件园,一创立就有30多家企业入驻,有人员近500人。[5]上述4个科研服务机构与研发载体形成了强大的"磁场",吸引了大

---

[1] 孟焕民、陈楚九:《第二次突破——苏州开发区建设实证研究》,人民出版社2002年,第42—44页。
[2] 周驿、樊宁:《狮子山下展新颜——苏州新区开发建设成就综述》,《苏州日报》,1998年12月20日。
[3] 亦鸣:《苏州新区大力推进高新技术产业化》,《苏州日报》,1995年8月20日。
[4] 孟焕民、陈楚九:《第二次突破——苏州开发区建设实证研究》,人民出版社2002年,第4页。
[5] 尹平:《苏州创业服务中心硕果丰》,《苏州日报》,2000年1月27日;尹平:《苏州创业中心备受同行关注》,《苏州日报》,2000年11月11日。

批创新创业高层次人才,培育了大批高新技术企业。苏州创业服务中心建运6年多时间里,先后进入的3 000多人中有各类高级人才2 000多人,其中教授、博士和留学人员占20%;进驻企业累计达300多家,其中包括107家留学人员企业和30多家院所企业,累计"毕业"企业80余家;被认定为省高新技术企业的50家,共开发高科技项目450余个,其中在国内领先或可申报国家重点的高科技项目40多个;由于工作成效显著,1997年被国家科委认定为"国家高新技术创业服务中心",1998年荣获科技部"火炬先进创业服务中心管理奖",1998年、1999年连续两年获评省科技企业孵化器第一名。2000年,新区的苏州留学人员创业园与昆山留学人员创业园双双入列由国家科技部、人事部、教育部联合认定的19家国家级示范基地行列。[1]至2000年,新区累计拥有各类专业技术人才1.3万名。

新区的高新技术企业和产业不断发展壮大,并逐步形成自己的产业特色。1996年全区高新企业总数达38家,电子信息产业迅速崛起成为第一大高新技术产业,占全区工业总产出的52%。[2]1997年区内初步形成的高科技主导产业比重已占各产业的80%以上。1998年新区新获批省高新技术企业46家,总数达95家,占苏州全市的45%;电子产业占全区全年外商投资额的30%;摩托罗拉在新区开设的半导体设计中心成为我国首家国家级IC设计中心。[3]2000年,新区又有50个外资电子信息类项目进入,总投资近6亿美元,占当年投资总额的86%,是年6月省政府授予苏州新区"江苏省电子信息产业基地"。至2000年年底,区内共有经认定的高新技术企业181家、高新技术产品118个,高新技术企业的年销售额已占全区工业销售总额的80%以上。

苏州高新区在全国52个高新技术产业开发区中,虽然起步较晚,却以起点高、发展快而令人刮目相看。据国家科委1997年对全国52个高新区1996年度主要经济指标的统计,苏州高新区的技工贸总收入和工业总产值均列第2位,达到140亿元和110亿元,出口创汇列第3位,达到4.6亿美元;高新技术项目投资额占全部工业性项目总投资的76%,领先于全国绝大多数高新区。[4]1997年9月,苏州与北京、合肥、西安的4个高新区经国务院批准,作为中国高新区的杰出代表入选

---

[1] 高坡:《苏州留学人员创业园荣膺国家级示范单位》,《苏州日报》,2000年12月5日。
[2] 梁海、樊宁:《苏州新区成为我市高新技术产业主要载体》,《苏州日报》,1996年12月27日。
[3] 尹平、陈晓蓝:《摩托罗拉落户苏州》,《苏州日报》,1999年10月5日。
[4] 夕春、文标:《跨世纪的能量积聚——苏州高新技术产业开发区功能综述》,《苏州日报》,1997年11月18日。

为中国首批向亚太经合组织(APEC)18个成员特别开放的科技工业园区。

1992年高新区初创时,全区年国内生产总值仅0.26亿元,工业总产值3.22亿元,财政收入0.22亿元。1998年全区国内生产总值增至92亿元,超过1992年苏州市区71亿元的实绩;外贸商品出口值8.69亿美元,为1992年市区3.22亿美元的2倍多。1999年全区实现工业销售产值243亿元,超过市区1992年182亿元的实绩;财政收入12.72亿元,超过市区1992年8.38亿元的实绩。至此,新区提前3—4年实现了市委、市政府提出的"十年再造一个新苏州"的目标。2000年新区实现国内生产总值140亿元、工业销售产值346亿元、外贸商品出口额22.4亿美元、财政收入19.33亿元,分别占市区总量的21%、39.9%、42.6%和26.6%,为市区经济发展提供了强有力的支撑。[1]

二、省级开发区构筑区域经济增长极

1992年邓小平南方谈话发表后,江苏各地掀起争办省级开发区的热潮。自1993年11月至1995年10月,苏州全市共获批了4种类型的10个省级开发区,占了全省总数的1/6。[2]这些省级开发区获批后,各地都进一步加强了组织领导和开发建设的力度,很快形成了新的总体规划,呈现了新一轮基础设施建设、招商引资、项目建设的热潮,尤其是6个县(市)区的经济开发区和太仓港港口开发区,开发建设的成效更加显著,成为当地经济特别是外向型经济加快发展的新引擎、现代化新城区建设的主战场。

1. 常熟经济开发区[3]

常熟经济技术开发区1992年8月8日成立,位于常熟市东北郊,分为两块:一为高新技术工业开发区,紧靠老城区,规划总面积8平方公里,启动区面积2.2平方公里;二为沿江经济开发区,地处浒浦、碧溪、吴市、东张镇沿江一线,为港口和重化工区,规划面积14平方公里,启动区面积0.8平方公里。两处均以发展规模型、外向型、高新技术型工业为主,兼有经济开发和城市开发功能。开发区建立后,首先进行高新技术区的开发建设,至当年底,进区"三资"企业项目54个,投资总额4亿美元,合同利用外资1.12亿美元;投产企业27个,实现工业产

---

[1] 黄正栋:《数字见证苏州改革开放30年巨变》,苏出准印(2008)字JSE—1002233号,第128、185、189、204页。
[2] 孟焕民、陈楚九:《第二次突破——苏州开发区建设实证研究》,人民出版社2002年,第27页。
[3] 本小目及以下2—10小目各开发区批准的面积、界址及功能定位参照1993年11月22日和1994年1月19日苏州市人民政府的有关批复(苏州市档案馆藏,档号C1—7—410;苏州市档案馆藏,档号C1—7—545)。以下凡同一出处的不再一一注明。

值1.8亿元,出口创汇1 100多万美元。1993年初,常熟市委、市政府明确提出:"以港兴市,再建一个新常熟,以港区为龙头,把城区和港区联成一体,逐步形成带型商业港口城市"的战略目标,组织制订了《常熟港总体布局规划》,同时抓紧搞好沿江开发区的规划和基础设施建设。当年内,国家"八五"重点工程、计划装机总容量达240万千瓦的常熟发电厂(筹建时曾名徐六泾电厂)首台30万千瓦机组并网发电,全长23公里的通江大道和沿江公路一期工程竣工;共批准各类进区项目87个、总投资18.38亿美元,其中外资项目35个、合同利用外资1.27亿美元。这些标志着常熟经济发展的重心正向沿江推进。[1]

1993年11月,常熟经济技术开发区被列为省级开发区,定名为常熟经济开发区,规划面积8平方公里,启动区面积2.2平方公里,即常熟原先规划开发的紧靠城区的高新技术开发区范围。在实际开发中,仍然维持新城区和沿江区两片区域同时推进的格局,并经省有关部门批准实行政策共享。1993年5月,与新加坡泛联集团达成在碧溪、浒浦段合作开发建设常熟港的意向,港口筹建全面展开,由此推动常熟沿江37公里长的岸线迅速成为投资开发的热土。至2000年,全区共投入基础设施建设资金16.11亿元,完成了14平方公里面积的开发,形成了毗邻城区8平方公里、沿江34平方公里的开发范围。[2]

获批后7年,常熟经济开发区成功吸引包括4个世界500强企业(日本夏普、荷兰飞利浦、韩国大宇、印尼金鹰)在内的一批国际著名的大公司大集团进区投资办厂,其中投资额1 000万美元以上的27个、3 000万美元以上的7个,有效提升了常熟工业的规模和水平。例如,日本夏普公司独资开办的常熟夏普办公设备有限公司,1998年生产国际先进的激光扫描复印机43万台、激光打印机11万台,产销量占世界总量的10%,为全国同行业之冠,实现工业总产值45.8亿元、工业增加值3.53亿元、直接出口1.95亿美元,2000年成为常熟最大工业企业,名列苏州市产品销售收入最多的50家企业第6位和实现利税最多的50家企业第6位;国际著名的林产造纸跨国集团印尼金鹰集团1996年在沿江投资5.4亿美元,建立亚太纸品(后更名为芬欧汇川纸业)、纸板、热电等5个项目,建设年产32万吨高档文化用品纸和20万吨铜板纸的现代化大型纸厂及2个配套辅料厂和供电、码头等一批配套项目,1998年又与奥地利KNP公司合资3亿多美元兴办凯亚纸业等5个建设项目,形成了亚太最大的造纸工业城;日本大金和

---

[1] 中共常熟市委党史工作办公室:《缔造辉煌》,中共党史出版社2001年,第273、280、281、821页。
[2] 孟焕民、陈楚九:《第二次突破——苏州开发区建设实证研究》,人民出版社2002年,第53页。

法国阿托公司投资2.14亿美元,与化工部下属公司合资,在沿江西段开发建设了一个以精细化工为主的国际化学工业园,吸引法国埃尔夫·阿拉、意大利嘉倍等一批国际知名企业进区投资兴业;美国洲际能源公司1996年投资12亿美元兴建常熟第二电厂,包括2台30万千瓦燃煤发电机组及配套工程项目,与常熟电厂一起构成了华东最大的电力能源基地。同时,一批本土企业通过进区实现技术升级、新品开发和产能扩大,形成了全国最大的冰柜、千斤顶、标准件、床单等生产基地。[1]到1997年,该区年完成工业总产值达78.9亿元,超过了1987年时常熟全市的总量;年完成出口创汇4.4亿美元,占了当年常熟全市总额的44%。至2000年,全区累计批准项目500余个,项目总投资170亿元,共引进外资项目170余个,累计合同利用外资16亿元;年工业总产值突破100亿元大关(101亿元),出口创汇6亿美元,分别占常熟全市总量的18%和38.4%。

2. 张家港经济开发区

为与张家港保税区的发展相配套,同时也考虑到发展新城区的需要,1993年8月张家港市委、市政府决定在市区西侧建立经济开发区,是年11月经省政府批准为省级开发区,规划面积6.2平方公里。开发区成立后至1999年,共投入1.77亿元用于2平方公里起步区内的基础设施建设,建造了1.1万平方米的标准厂房。2000年起6.2平方公里的基础设施建设全面铺开,总投资近2亿元。到2000年末,全区累计引进项目总投资约19亿元。其中外商投资项目27个,投资总额达4.43亿美元,投产项目4个(最大的项目为美国陶氏化工,计划总投资4亿美元,一期投资8 407万美元,年产12万吨聚苯乙烯);内资工业企业15个,投资总额达2亿元,其中已投产项目6个。累计实现工业总产值59亿元,国内生产总值11亿元,上缴国家税收1.8亿元。[2]

3. 太仓经济开发区

设立于1991年初的太仓经济新区,1992年5月更名为太仓经济技术开发区,位于太仓老城区东侧,一期规划开发面积7.1平方公里,启动区4平方公里。到1993年底累计批准进区项目168个,总投资38.1亿元,其中外商投资企业项目50余个、合同利用外资1.24亿美元,竣工投产企业65家。[3]1993年11月被

---

[1] 中共常熟市委党史工作办公室:《缔造辉煌》,中共党史出版社2001年,第811页;张成林:《常熟崛起"港口经济带"》,《苏州日报》,2000年10月27日。
[2] 中共张家港市委党史地方志办公室:《历史的回声——张家港市党史专题集(1962—2000)》,中央文献出版社2001年,第349—351页。
[3] 太仓市政协学习文史委员会:《亲历太仓60年》,苏出准印(2009)字JSE—1000244号,第22—31页。

批准为省级太仓经济开发区,规划面积仍为7.1平方公里。获批后头两年成功引进外资项目46个,合同利用外资2.95亿美元,包括世界500强企业英荷联合利华的和露雪冰淇淋、中日合资神明电子、德国托克斯机械和威格玛公司、中美合资特灵空调等一批投资规模大、技术含量高的项目相继落户。"九五"期间又有30多个外资项目先后进区,包括美国耐克体育用品、德国慧鱼等几个国际著名跨国公司,并初步形成了由11家德资企业集聚的德资工业园。2000年,高21层的太仓标志性建筑——开发大厦开工建设,由开发区和同济大学共同开发的太仓同济科技园正式启动;是年累计引进外资项目126个,合同利用外资6亿美元;年实现工业总产值30.82亿元、出口创汇1.32亿美元,分别占太仓全市总额的近10%和21.9%。

4. 太仓浏家港港口开发区

太仓建港历史久远,古称浏家港,是古代苏州地区对外通商的重要港口,元代称"六国码头",明代是著名航海家郑和七次下西洋的起锚地。之后由于明、清朝廷实行禁海政策,加之河口淤积而逐渐衰落,成了一个渔港。[1]太仓境内长江岸线总长38.8公里,其中适宜建港的优良深水岸线25公里,岸线平直,边滩稳定,深泓近岸,深槽深宽且长期稳定,能满足5万—10万吨级船舶回转水域的要求。太仓港位于长江入海口、江海交界处,距上海吴淞口仅20海里。1991年交通部专家曾自大连溯海南下考察,得出的结论是:长江太仓段是全国最好的黄金岸线。

1992年初,江苏省委、省政府做出重点开发南通启东吕泗港区和太仓浏河、七丫港区的重要部署。太仓县委、县政府抓住机遇,决定在沿江地区建立港口开发区,组建港口办公室和浏家港开发建设指挥部。港区开发建设规划面积为80平方公里,岸线长18公里,首期启动区位于浏家港镇的沿江地区,面积为6平方公里,占有长江岸线3.3公里;目标是争取用三到五年时间初步建成新型港口和大型化工工业基地。[2]当年,由太仓市石油化工公司与香港达华杰公司、上海海运局等6家合资建立江苏长江石油化工有限公司,建设一个1.5万吨级的石化码头及4.1万立方米的石化储罐;由美国华美集团、挪威海德鲁公司(世界500强企业)、苏州化工农药集团、太仓石油化工公司4方合资建立苏州华苏塑料化工有限公司,建办年产2.4万吨PVC胶布、10万吨PVC树脂项目各一个。[3]

---

[1] 太仓市政协学习文史委员会:《亲历太仓60年》,苏出准印(2009)字JSE—1000244号,第1、2页。
[2] 太仓市史志办公室:《太仓港发展史》,西安地图出版社2005年,第168—170页。
[3] 太仓市史志办公室:《太仓港发展史》,西安地图出版社2005年,第175、177、178页。

1993年11月,浏家港港口开发区被批准列入全省3个省级港口开发区之一,首期规划开发面积6平方公里。1994年7月太仓市港口开发区管委会成立,1995年经省批准更名为太仓港港口开发区,同年12月国务院批准太仓港为国家一类口岸对外籍船舶开放。1996年,苏州市政府成立上海国际航运中心太仓后备港建设协调领导小组,由市长兼任组长。之后苏州市始终把它列为全市港口开发和沿江开发建设的重点。1997年,省政府建立江苏省太仓港港口规划建设领导小组,由省政府常务副省长任组长。[1]

获批省级开发区后,港区基础设施建设大规模展开,至2001年共投入1.6亿元。太仓市政府同时在全市范围内进行了"大三通"建设,兴建了全长30.3公里的沿江一级公路和总长52公里的3条横向一级疏港公路,沪嘉(定)高速公路延伸到太仓段工程2001年底建成投运,可通航1 000吨单船的浏河套闸2000年建成投运后沟通了长江与内河的直航运输通道。港口和项目开发建设大步推进。1995年,中国华能集团与美国阿莫科炼油公司(世界500强企业)合资成立华能阿莫科清洁能源有限公司,建设2座3.1万立方米冷冻石油液化气储罐站,1997年5月竣工投运。1996年,美国美孚石油公司(世界500强企业)与太仓市政府合资开发建设的美孚(太仓)石油化工公司一个4×2 000立方米液化气储罐项目、一个年产7.3万吨的润滑油调配厂及其配套的塑料制品厂动工兴建,翌年7月润滑油调配厂竣工试产。1996年,中国远洋运输(集团)总公司与太仓市政府决定在开发区共同开发建设一座以港口为依托,集工业、高科技产业、运输、贸易、物业等多门类为一体的中远国际城,首期注册资本4亿元,中远方出资74%,主要建设4个集装箱泊位码头,次年3月开工,1998年年底2.5万吨级多用途泊位码头开业,2000年2.5万吨级全集装箱泊位码头建成投运。作为苏州工业园区源厂之一的华能太仓电厂一期工程,总投资26.5亿元,装机容量各300兆瓦的亚临界1号、2号燃煤发电机组1999年12月和2000年4月先后投入运行。2000年,江苏长江石化公司又扩建储罐4.5万立方米,总容量达到了9.3万立方米。至2000年底,整个港口开发区进区项目累计已达56个,总投资约13亿美元;区内企业年实现工业总产值28.4亿元,其中华苏、华能电厂、华能阿莫科、美孚4家产值超5亿元,一跃成为太仓工业企业的排头兵,实现利税2.64亿元,完成进出口总额1.46亿美元。[2]

---

[1] 孟焕民、陈楚九:《第二次突破——苏州开发区建设实证研究》,人民出版社2002年,第194页。
[2] 太仓市政协学习文史委员会:《亲历太仓60年》,苏出准印(2009)字JSE—1000244号,第5—18页。

5. 吴县经济开发区

1990年5月开始启动的吴县经济技术开发区,至1993年底在1.6平方公里范围内共完成基础设施投资3.56亿元,建筑面积10万多平方米;累计进区项目98个,其中工业项目83个、"三资"项目63个,总投资1.9亿美元,合同利用外资1.35亿美元;年实现工业产值13.5亿元,出口创汇5690万美元。

1993年11月,吴县经济技术开发区获批入列省级经济开发区,规划面积7.81平方公里,1996年扩至13.14平方公里。至1999年,先后建成工业小区9个、标准厂房13万平方米,建成吴东商城、加利大厦、东苑大厦、苏州服装城、华诚国际商厦等一批三产设施。2000年1月,大运河以东郭巷镇界内1.75平方公里区域划归开发区管理,至年底完成7.81平方公里的开发面积。招商引资取得显著成效。1994年初美国施乐工程复印系统项目落户,为进区的首家世界500强企业。1995—2000年共引进项目341个,其中外资项目78个、世界500强企业项目3个,投资总额8.96亿美元,合同利用外资4.97亿美元,内资项目注册资金3亿元。2000年,区内372家中外工业企业实现销售收入30.2亿元、自营出口1.39亿美元,分别占吴县全市总量的7.7%和23.6%。[1]

6. 吴江经济开发区

吴江市委、市政府1992年7月决定设立经济技术开发区,下设松陵、盛泽、汾湖3个分区,总规划面积40平方公里,其中松陵分区规划为轻纺产业和高新技术区。至1993年底进入三区的项目共229个,其中"三资"企业161家,总投资3.4亿美元,累计批租土地1.1万亩。

1993年11月,吴江经济开发区被省政府批准列为省级开发区,规划面积8平方公里,起步区面积4平方公里,即原三个分区中的松陵分区范围。获批后又在大运河以东规划了4平方公里的工业小区,由开发区组织统一开发建设。至2000年底,共投入基础设施建设资金4.65亿元,完成了约5.2平方公里范围的开发。[2]1994、1995两年共引进项目105个,总投资30多亿元,其中"三资"企业65家、总投资3.7亿美元;进区项目以机电行业为主,有华渊电机、福陵电子、宝碟激光等,与苏州高新区明基电脑相配套的12家台资企业以组团方式同时进区落户。1996年又有8家为明基配套的企业组团进区,形成了共20家全部为独资企业的台湾电子城,其中7家开业投产。1998年起确立了以引进台资、发展

---

[1] 苏州市吴中区地方志编纂委员会:《苏州市吴中区志(1988—2005)》,上海社会科学院出版社2012年,第284—286页,第292页。

[2] 孟焕民、陈楚九:《第二次突破——苏州开发区建设实证研究》,人民出版社2002年,第53页。

电子信息产业为重点的招商引资和开发建设新策略,3年中高创、立扬、泓凯等一批投资额在2 500万美元以上的台资大项目和大同、台达、华宇、诚洲、全友5大台湾电子龙头企业相继落户,从而形成了以年产电脑显示器120万台的高创公司为龙头、由近40家台商独资电子信息类企业组成的、合同外资达5.11亿美元的新兴电子工业城。[1] 2000年开发区内企业年进出口总额达7.1亿美元,出口创汇1.5亿美元;工业销售总收入达35亿元,占吴江全市的11%。

7. 苏州浒墅关经济技术开发区

由苏州市郊区政府承办开发的苏州浒墅关新区(不久更名为浒墅关经济技术开发区)1992年9月设立,规划面积6平方公里,启动区面积2.4平方公里。市政府明确,该区比照苏州高新区的一切有关优惠政策进行建设。[2] 至1993年底,共投入基础设施建设资金1.5亿元,11个外商独资项目进区开发,总投资额4.23亿美元,到账资金8 500万美元,成为全省唯一一个全外方独资项目开发区。其中跨国公司维德集团计划总投资4亿美元,在区内开发建设总占地2平方公里的维德综合城,首期兴办生产三合板的维德木业和生产墙地砖的维德建材2个企业,为当时全省最大的外商独资项目,1993年5月动工,次年10月建成投产。

1993年12月,该区被批准为省级经济开发区,规划面积5平方公里,起步区2.4平方公里。获批后开发区进一步理顺开发建设思路,明确以服务维德工业城建设为重点。到2000年累计投入基础设施建设资金2.81亿元,完成开发面积2.6平方公里。维德集团于1996年、1997年又创办投资额均达1亿美元的维隆木业、德华建材2家工厂,形成了年产50万立方米木材制品的能力,被国家有关部门评定为"木材加工能力全国第一",维德木业还跻身"1997—1998年度中国最大外商投资企业500强"。2000年,维德四大生产企业已形成年产9个系列高科技木制品118万立方米、10大系列高档墙地砖500万平方米的生产规模,德华建材被评为省高新技术企业,维德木业被评为省外商投资先进技术企业,其研制生产的改性美化木被评为省高新技术产品。在维德集团不断追加投资的同时,先后有来自美国、新加坡、马来西亚等国家以及香港、台湾地区的十多家外商投资企业进区投资置业,至2000年已投产外资企业9家,形成了新型建材、精密机械、精细化工等工业门类,年完成工业总产值10.8亿元,累计合同外资4.5亿美元、实际到账外资2.12亿美元。1999年开始规划建设4个民营科技园,吸引

---

[1] 孟焕民、陈楚九:《第二次突破——苏州开发区建设实证研究》,人民出版社2002年,第163、164页。

[2] 钱雪良:《浒墅关新区昨正式挂牌奠基》,《苏州日报》,1992年9月9日。

内资企业进区落户,至2000年底已投产内资工业企业共144家,总投资4亿元,年完成工业总产值6.9亿元。

8. 昆山旅游度假区

昆山旅游资源的潜在优势十分丰厚,尤其是阳澄湖、淀山湖的自然风光和水乡情趣更具魅力。1992年4月经省、市政府批准,昆山市淀山湖旅游度假区和巴城阳澄湖旅游区先后设立并开始动工兴建。[1]1993年2月,国家旅游局局长考察了这两个旅游度假区,认为资源独特,要求加快开发。随后淀山湖镇与港商合资兴建36洞旭宝高尔夫球场及其配套服务设施,新加坡客商在正仪镇兴办昆山大上海高尔夫俱乐部项目,分别成为进入这两个区的首个外资旅游开发项目。至1993年底两区共引进项目35个(包括工业项目),总投资5.4亿美元,合同利用外资3.76亿美元。

1994年7月,昆山旅游度假区被批准为首批省级旅游度假区,享受省级开发区的同等政策。该区分为阳澄湖、淀山湖旅游度假中心两部分,总规划面积20平方公里。阳澄湖旅游度假中心位于巴城镇辖区内,规划面积7.5平方公里,开发建设特色是以"中"为主。淀山湖旅游度假中心规划面积12.38平方公里,开发建设特色是以"洋"为主。获批后,度假区加快基础设施建设,内外资并举积极开发,当年累计批准旅游项目43项,其中外商投资项目17项,总投资6.7亿美元,合同外资4.7亿元。至1996年底共接待国内游客375万人次、海外游客16.53万人次,旅游业营业收入3.73亿元。随后4年间又引进和开发建设了上海威尼斯度假村、阳澄湖度假村、喀仙努俱乐部、格兰特游艇俱乐部、东方游乐园等一批规模较大、富有特色的旅游项目。至2000年6月底共引进项目152个,合同利用外资8.48亿美元,其中旅游(三产)项目37个(阳澄湖14个、淀山湖23个)、合同利用外资4.33亿美元(阳澄湖1.49亿美元、淀山湖2.84亿美元)。[2]

9. 吴江汾湖旅游度假区

汾湖旅游度假区1992年7月作为吴江市经济技术开发区三个分区之一而设立,位于紧邻上海大观园的莘塔乡和芦墟镇部分村域内,规划开发面积10.88平方公里。区内湖荡密布、港河纵横,有"千岛之乡"之称,318国道在其南侧通

---

[1] 孟焕民、陈楚九:《第二次突破——苏州开发区建设实证研究》,人民出版社2002年,第27、155页。

[2] 孟焕民、陈楚九:《第二次突破——苏州开发区建设实证研究》,人民出版社2002年,第154页;《苏州市旅游志》编委会:《苏州市旅游志》,广陵书社2009年,第180页。

过,离上海市区60公里,是上海至大观园景区和浙江西部的必经之地。1994年7月,汾湖旅游度假区被批准列入首批省级旅游度假区,享受省级开发区的政策,陆地规划面积为10.85平方公里,总体构想是建成参与性旅游和休闲性度假为特色、集商贸为一体的多功能、综合性新兴旅游基地。获批当年,该区全面沟通了环绕元荡的旅游线路,沙滩游泳场、水上飞机、水上降落伞、上海电视台"上海大竞技"外景基地等旅游项目相继建成开业迎客,同时引进英资彩虹岛游艇俱乐部、日资文森特高尔夫俱乐部、上海冶金度假村、上海焦化总厂度假村等一批大型旅游开发项目。台商独资兴建的福禄贝尔科幻乐园,占地2 000余亩,总投资9 500万美元,设有环幕电影院、镭射馆、世界风情表演馆、武士竞技馆、高空弹跳等娱乐设施,是为苏州最早开发建设的现代主题乐园,1996年8月建成投入运营,当时在长三角地区影响很大。后因经营不善破产,该区的旅游业随之衰落。之后该区开发的重点转向工业,至2000年底共引进工业外资项目29个,合同利用外资超过1亿美元,初步形成了以通信设备、精密机械、电子元器件为主导的产业区。2006年10月,经省政府批准该区变更为吴江汾湖经济开发区。[1]

10. 常熟外向型农业综合开发区

1995年10月批准设立的江苏省常熟外向型农业综合开发区,也享受省级开发区的政策待遇,坐落在藕渠镇、唐市镇域内,首期规划面积为1.5万亩(10平方公里),起步区面积为5 018亩。开发区植根于原自费开发建设的农业开发示范区,旨在通过实施科技兴农与外向带动战略,建设一个高产、优质、高效、创汇农业示范基地。建区后一年多内投入基础设施建设资金5 275万元,添置大中型农机具60多台套,建设现代化的农业植保中心、农机维修中心、种子综合服务中心等;开发项目15个,总投资1.5亿元。主要项目有3 818亩的稻麦吨粮田、800亩的特种水产养殖基地、150亩的大棚温室花卉栽培、100亩的大棚蔬菜、年出栏瘦肉型商品猪超万头的畜牧实验场。1998年该区被科技部列为"持续高效农业技术研究与示范区",为全国首批7个A类示范区之一和江苏省唯一的国家示范区,为苏州发展现代农业发挥了示范和先导作用。到2000年底开发面积达20平方公里,累计进区项目21项,其中外资项目4个,合同外资885万美元。[2]

---

[1] 《苏州市旅游志》编委会:《苏州市旅游志》,广陵书社2009年,第433页。
[2] 孟焕民、陈楚九:《第二次突破——苏州开发区建设实证研究》,人民出版社2002年,第157、158页。

三、乡镇经济小区走上特色化发展之路

20世纪90年代,苏州乡镇经济小区开始由自发发展向扬长避短、各具特色、走上专业化和产业集聚化发展之路的重大转变,有效提升了开发建设水平,成为全市乡镇经济尤其是开放型经济加快发展的主要推动力,亦成为全市开发区中一个不可或缺的重要层次。

1. 90年代初期开发步伐加快

80年代中后期应运而生的苏州各地的乡镇工业小区,1992年后开发建设进入一个新阶段,引进和实施的项目不再是"工业一家独大",第三产业项目日益增多,因而开始改称乡镇经济小区。至1993年底,全市162个乡(镇)中建立经济小区的达130个。这两年的发展主要呈现以下特点。

开发区域明显扩大,开发步伐日益加快。130个乡(镇)经济小区累计规划面积466.9平方公里,启动区面积247.7平方公里,实际开发面积182.5平方公里,其中1993年开发面积为162.5平方公里;累计投入基础设施建设资金82.7亿元,建成道路862.2公里,竣工建筑面积827.1万平方米,批租土地面积32.9平方公里,批租总金额6.66亿美元。

利用外资势头强劲,项目档次有较大提高。至1993年底共引进项目2 561个,投资总额44.6亿美元,合同外资28.7亿美元,实际投入外资8.35亿美元,平均每个小区引进项目20个、投资额3 427万美元、合同外资2 200万美元、实际投入外资642万美元。引进项目中,具有80年代先进水平以上的项目占58%,工业项目占78%,"三资"企业项目占63%,投资规模在100万至1 000万美元之间的占33%,1 000万美元以上的大项目有85个,超5 000万美元的特大项目有2个。

经营实绩显著提升,经济效益前景看好。1993年全市乡镇经济小区共计完成工业产值285.1亿元,占全市工业总产值的11.7%,其中"三资"企业完成122.4亿元;实现利税22.4亿元,其中"三资"企业实现10亿元;出口创汇7.49亿美元,其中"三资"企业5.59亿美元;平均每个小区完成工业产值2.19亿元、实现利税1 723万元、出口创汇576万美元。[1]

---

[1] 孟焕民:《崛起的热土——来自苏州各级开发区的报告》,上海科学普及出版社1994年,第39—41页。

2. 90年代中后期特色化发展展现成效

这一阶段苏州乡镇经济小区走特色化发展之路主要有三大类型。

一为开发区配套型。1994年起,苏州的国家级和省级开发区有大量外资项目进入,一方面一些项目由于占地过多等种种原因,不宜进入开发区;另一方面一批大型最终产品生产制造企业和整机装配企业急需让跟随其而来的外资配套企业就近寻找到合适的落户地方,或急需就近寻找一批与之相关的零配件制造、辅助材料生产加工、产品外包装等方面的配套协作企业,尽量争取在本地形成"产业链"。苏州的乡镇领导和广大乡镇企业紧紧抓住这一极好的发展机遇,瞄准国家级、省级开发区主导产业和龙头企业的需要,调整乡镇经济小区的产业发展方向,做好做足"小配套"的大文章。有的开辟专门的配套小区,吸引外资配套企业安家落户;有的主动靠上去,攀亲结眷,开发配套协作项目;有的上马建设新的企业,专门为之配套生产加工,都迅速收到了良好的效果。这方面,见事最早、组织化程度最高的当属昆山。1992年下半年,昆山开发区投资总公司与紧连开发区的兵希镇共同开发配套工业小区,不到两年时间开发面积已由0.45平方公里扩展为5.68平方公里,引进"三资"企业37家,合同利用外资1亿美元,形成由19家独资企业组成的新加坡家具工业园。兵希的成功做法很快在其他乡镇推广。陆家镇工业小区将面积扩大至4.7平方公里,很快引来了6家规模大、档次高、总投资达10亿美元的外资企业;台商投资2.16亿美元兴办的正新橡胶公司,成为1994年全省外商投资规模最大的企业;台商投资4 250万美元的华成纺织公司,一期引进700台喷水织机,正常投产后年产值可达12亿元,为当时全国最大的纺织印染企业;1994年陆家镇工业小区完成工业产值5.2亿元,出口交货值5亿元,成为苏州市出口创汇先进单位。蓬朗镇开发了4.68平方公里的昆嘉工业小区,1994年底已兴办台商独资企业22家,总投资3.3亿美元,成为苏南最大的"三车"(汽车、摩托车、自行车)配件生产和出口基地。张浦镇工业小区1994年规划为开发区的配套小区后,由外商投资9 000万美元的长江浮法玻璃项目落户,兴建年产量可达250万标箱的技术先进的大型玻璃生产企业,年销售额可达15亿元;紧跟着日本日立化工与港商共同投资兴办了一家专门为开发区企业配套的覆铜基积层板、绝缘材料生产企业,年产值可达10亿元,使7年"开而不发"的该小区一下红火了起来。[1] 短短几年中昆山共建起了18个乡(镇)配套小区,开发区帮助这些配套区引进外资项目150多个,总投资达14

---

[1] 张树成:《昆山发展轨迹纪实》,江苏人民出版社1996年,第130—132页。

亿美元；共有100多家企业为开发区的200多家外资企业进行加工、产品、原辅材料配套，参与国际名牌产品的生产和服务，使外商感到极大的便利。捷安特自行车公司刚落户昆山开发区时，原本准备同时带入配套企业30多家，后来只带入2家，其余都在昆山找到了相应的配套伙伴。樱花热水器制造商初期从台湾进口配件，后来在昆山当地组织了30家配件生产企业，其生产规模不断扩大。仁宝电脑公司一次性辐射就在新镇镇落户了6家配套企业。[1]随着乡（镇）配套小区的日益完善，昆山开发区又按照产业结构的导向，将区内原有一些企业转移、扩散到乡（镇）小区，或将开发区内企业增资扩展的项目安排到乡（镇）小区，腾出有限空间兴办技术含量更高的项目，实现"腾笼换鸟"、三方（开发区、乡镇小区、转移企业）共赢。

二为特色品牌小区型。苏州一些乡（镇）在工业小区初具规模和形成一定特色的基础上，抓住机遇，积极向上争取，使乡（镇）小区被国家有关部门批准列入某些专业的品牌区域，享受到某些特殊的政策扶持和资金、人才、项目的支持，获得了较大的发展新机遇，开发建设搞得有声有色。昆山玉山镇1992年获批建立国家民政工业区，这个既有国字号招牌又有"民政福利"性质的开发区，吸引了大批国内外企业前来投资开发，至1998年底落户企业增至56家，合同利用外资3.25亿美元。[2]昆山城北镇1994年被国家科委命名国家级星火技术密集区，新加坡狮城工业园、台商独资富士康电脑接插件等几个投资3 000万美元以上的高新技术项目开始落户；1998年省政府批准在此设立昆山高科技工业园，是为省批9个高科技园区之一，享受省级经济技术开发区及省有关发展高新技术产业的政策，至1999年底有265家企业落户该区，总投资18.5亿美元，合同利用外资12亿美元，实现年工业销售额42.2亿元、利税2.8亿元。[3]昆山淀山湖镇1994年由国家计委、科委批准设立中国中小企业国际合作基地，享受一些专门的优惠扶持政策，当年底已举办中外合资企业12家，国内联营企业及镇办骨干企业20多家，并组建了丝路达印染、晟泰包装、东湖服装等3个企业集团。[4]

---

[1] 孟焕民、陈楚九：《第二次突破——苏州开发区建设实证研究》，人民出版社2002年，第178、179、181页。

[2] 张树成：《昆山发展轨迹纪实》，江苏人民出版社1996年，第133页；中共昆山市委党史研究室：《中国共产党昆山市历史大事记（1949.5—1999.12）》，上海科学技术文献出版社2000年，第339页。

[3] 孟焕民、陈楚九：《第二次突破——苏州开发区建设实证研究》，人民出版社2002年，第121页；中共昆山市委党史研究室：《中国共产党昆山市历史大事记（1949.5—1999.12）》，上海科学技术文献出版社2000年，第371、375页。

[4] 张树成：《昆山发展轨迹纪实》，江苏人民出版社1996年，第127页。

三为产业集聚开发型。90年代中后期,苏州许多乡(镇)经济小区在业已形成的产业中,选择确定市场前景良好的一两个优势产业作为小区产业发展的重点方向,有的放矢地进行招商引资,走上"小而专、小而精"的发展之路,致力形成"一镇一品、一镇一业"式的与周边乡镇错位竞争、特色化发展的新格局,一个个集聚度强、产业链长、市场占有率高的专业化乡镇工业小区脱颖而出。如:常熟市赵市镇的皮件、何市镇的毛纺织、王市镇的服装、琴南乡的针织服装、徐市镇的化纤、梅李镇的鞋子、任阳镇的无纺布、莫城镇的制笔等[1],吴江菀坪的工业缝纫机、金家坝的彩钢夹芯板、盛泽的轻纺织造加工产业等,成为这些镇工业小区的主打产业,形成系列和规模,提高了产品档次,成长为在全国叫得响的专业之乡。太仓市陆渡镇的台资自行车业、归庄镇的日资糖果食品加工业、板桥镇的韩国玩具业、新毛镇的外资农副产品加工业[2],张家港塘市的欧洲精毛纺,吴县渡村的台资羊毛衫加工业等外资特色小区也初具规模,形成了当地利用外资的品牌效应。昆山周庄镇1992年与中科院上海技术物理研究所合作创办沪昆光电所,吸引众多高科技企业纷纷"孔雀东南飞",在古镇的外围逐步形成了一个以传感器为主要产品的高科技产业基地,至2000年小区内已有12家由科研机构参与、高级工程师或教授主持的研发企业,年产各类传感器近2亿只、配套产品近3亿只,产品95%出口,周庄镇向着"乡村硅谷"迈进,成为国内知名的"传感器之乡"。[3]吴江七都镇1991年开发建设工业小区,进区第一家企业为镇办的吴江市光电通信线缆总厂,当年产值仅358万元。1992年与邮电科学研究院联合开发光纤电缆,48芯光缆产品列入国家火炬计划,获得国家"国防通信网设备器材进网许可证",还通过了美国REA标准鉴定,一步跨入同行前列,1994年企业固定资产近亿元、产值4亿元,创立了省级亨通集团,跃入我国光电生产主力军行列。继亨通之后,小区内的双塔、巨通、恒通三大集团也迅速崛起,使七都成为全国最大的通信电缆生产基地,1998年全镇工业总产值一跃至20多亿元。[4]

四、苏州工业园区崭露头角及其"园区经验"

20世纪90年代苏州开发区建设和发展中最为浓重的一笔,就是苏州工业园

---

[1] 中共常熟市委党史工作办公室:《缔造辉煌》,中共党史出版社2001年,第797、840页。
[2] 国荣、刘峥、宋欣:《特色小区成为太仓外资"着落点"》,《苏州日报》,2000年7月12日。
[3] 孟焕民、陈楚九:《第二次突破——苏州开发区建设实证研究》,人民出版社2002年,第51页。
[4] 沈炳荣、陈雷根、王悦:《从"亨通速度"看乡镇企业高起点开发》,《苏州日报》,1994年11月3日;晓宏:《湖滨小镇的升华》,《苏州日报》,1999年1月13日。

区的开发建设和迅速崛起。它不仅成为苏州90年代经济社会发展尤其是开放型经济发展中最大的亮点和增长极,而且开创了中新两国政府合作开发建设工业园区的新模式,成为中国和外国政府间经济合作的最大项目和成功典范。苏州工业园区在开发建设和借鉴新加坡经验的过程中,培育形成了"园区经验",成为苏州加快发展的"三大法宝"之一。

1. 中新两国合作的一项战略性举措

苏州工业园区这个史无前例的开发项目,是在中国和新加坡两国领导人的大力支持下,经过反复酝酿、调研论证和精心筹备,决策实施的一项重大战略举措。

(1) 项目孕育。[1] 1978年10—11月间,在中国改革开放的大幕即将开启之时,邓小平接连访问了日本、泰国、马来西亚和新加坡,他一路走,一路看,一路问,一路思考着社会主义中国的未来道路。当年的新加坡依托自己作为世界海路运输重要中心的有利条件,通过大力引进外国的资金、技术、人才,在一片荒地和沼泽上进行大规模的成片开发,建成了一个占地5平方公里、基础设施完备的裕廊工业城,建成了一批现代化工厂,推动了全国经济的高速增长。邓小平对新加坡的做法和所取得的成就表示了浓厚的兴趣,1979年10月在全国各省、市、自治区第一书记座谈会上说到了新加坡靠引进外国资金发展本国经济、实现迅速崛起的奥秘。1985年9月,中国政府首次聘请外国专家担任我国"沿海开发区经济顾问",其中之一就是当年陪同邓小平考察裕廊工业园、人称"新加坡经济之父"的新加坡原第一副总理吴庆瑞博士。他担任中国政府顾问近6年,邓小平每年都会见他,详细听取他的建议。1988年邓小平会见来访的李光耀时说:中国改革缺乏经验,但本领是可以学会的,其中包括向新加坡学习。1992年初邓小平视察南方时说:"广东二十年赶上亚洲'四小龙',不仅经济要上去,社会秩序、社会风气也要搞好,两个文明建设都要超过他们,这才是有中国特色的社会主义。新加坡的社会秩序算是好的,他们管得严,我们应当借鉴他们的经验,而且比他们管得更好。"[2]

邓小平南方谈话传出,新加坡朝野反响热烈。在李光耀资政的倡导下,新加

---

[1] 本小目主要参考苏州工业园区地方志编纂委员会编《苏州工业园区志(1994—2005)》(江苏人民出版社2012年版)"立项建区""中新领导推动合作""各级政府支持开发"三章及平通、夕春所撰《一个战略性的举措——中新合作开发苏州工业园区项目诞生记》一文(刊于1994年3月1日《苏州日报》)和李巨川所撰《裕廊山上那棵海苹果树》一文(刊于2008年5月13日《苏州日报》)编写。以下凡同一出处的不再一一注明。"那棵海苹果树"指1978年11月邓小平访问新加坡时所栽下的树。

[2] 《邓小平文选》第三卷,人民出版社1993年,第378、379页。

坡决定采取非同凡响的行动来呼应。1992年9月开始,新加坡李光耀、吴作栋、王鼎昌等主要领导人分别率领大型商务考察团频频来华,带着落实邓小平关于借鉴新加坡经验讲话精神的"一揽子计划",即在中国帮助开发建设一个工业园区,并把新加坡经济和公共管理经验运用到工业园区的设想,风尘仆仆逐个考察中国沿海、沿江开发区,意在寻找一个可与中国进行"软件移植"的深层次经济合作的试验场。江泽民总书记、李鹏总理、朱镕基副总理、李岚清副总理等领导人分别多次会见了他们,反复商谈了工业园区项目。李光耀资政和王鼎昌副总理于10月初在江苏省省长陈焕友的陪同下到苏州、无锡两市访问,听取了有关江苏及苏州、无锡经济发展的情况介绍。苏州这座具有2500多年历史的古老城市改革开放以来经济和社会发展各个方面取得的成就,给新方领导人留下了深刻的印象。结束访华离境时,由王鼎昌副总理出面向记者透露:有意在苏州物色一块土地,用新加坡的经验来发展。当年12月,章新胜市长率领苏州市政府代表团访问新加坡,与新方签署《联合公告》,明确表示双方对在苏州建设工业园区的设想很感兴趣。1993年4月,新加坡副总理王鼎昌首席私人秘书率团来苏州市考察,与苏州市政府签署合作建设苏州工业园区的《谅解备忘录》。[1] 紧接着新加坡总理吴作栋访华,在与李鹏总理的国事会谈中第一次明确提出中新合作在苏州建设工业园区。李鹏总理当即表示:中国对此持积极态度,并希望苏州工业园区既抓物质文明,又抓精神文明;凡涉及主权的行政管理归中方,经济管理可以请新方参与。5月10日,李光耀、王鼎昌率团专程访问苏州,亲自踏勘即将与中方合作开发的工业园区选址地域。11日,苏州市政府与新加坡劳工基金(国际)公司签署《合作开发苏州工业园区的原则协议》。协议提出:苏州工业园区规划发展总面积为70平方公里,计划总投资将达200亿美元,首期开发8平方公里;苏州工业园区的发展目标是:从中国的国情出发,借鉴新加坡的经验和发展裕廊工业园镇的成功做法,逐步建设一个以高新技术为导向、外向型经济为主体、基础设施先进完备,二产发达、三产繁荣、环境优美、交通便捷、生活方便、社会文明,具有一流水准的国际化工业园区。[2] 5月18日,江泽民主席在北京会见李光耀,在谈到中新合作项目放在中国的哪个省时,江泽民表示:作为个人的看法,认为放在江苏苏州好,因为

---

[1] 中共苏州市委党史工作办公室:《苏州改革开放三十年大事记(1978—2008)》,中共党史出版社2008年,第134页。

[2] 孟焕民:《崛起的热土——来自苏州各级开发区的报告》,上海科学普及出版社1994年,第57页。

那里劳动力素质比较高,靠上海近,交通方便,称得上是上海的后花园。江泽民还对李光耀说:他和李鹏总理、朱镕基副总理、李岚清副总理都是非常支持这个项目的。特别是有李光耀亲自过问和支持,他们对合作的信心就更足。相信通过这种合作,新加坡会带来一些管理方面的新鲜经验,这都是很好的事。[1]至此,经过长期观察和反复比较,中、新双方领导人一致决定:把中新合作开发建设的工业园区项目放在苏州。

(2)选址规划。[2]1993年初当中新双方领导人基本确定工业园区项目建在苏州时,新方政府就指派市区重建局与苏州市的规划专家一起首先为园区选址。这年2月,双方规划专家一道跑遍了苏州四郊。当时,苏州市政府为未来的工业园区提供了4块可能地块。其中2块位于城市西北部,都接近苏州钢铁厂,考虑到环境等因素,专家们很快就表示不做考虑;另一块地处城北部的沪宁高速公路正中,也被排除了。经双方反复商量,最终选择在市区以东金鸡湖畔的地块作为园区发展用地,主要考虑到它与苏州古城区相连,而且这块地围绕金鸡湖,很有发展的纵深感,又靠近上海,向东延伸可有70平方公里的发展回旋余地,可以为长期发展提供理想空间。

这一选址方案在得到新方高层和苏州市政府共同认可后,双方专家紧接着用仅仅一个多月时间制定出园区的规划概念图。在为园区的未来规划设计时,大家大胆设想,参考新加坡的城市规划经验,结合苏州的地理位置、自然环境、经济基础、发展趋势等因素,设计出园区20年的发展构想,包括功能定位、区域特色、产业结构、人员构成、开发建设进度等。按当时预测,园区最终将有60万人居住、38万人就业,配合这样的人口增速,住宅规划、完整的公共社会事业及公共配套设施等总体轮廓跃然纸上。在初步的结构规划中,园区70平方公里的总规划发展面积将分成三区、三期滚动开发。设定首期开发区为金鸡湖以西、紧邻苏州城区的区域,面积为8平方公里,着重建成一个现代化的商业、金融、贸易中心,同时安排一定的工业区和相应的居住用地、公共设施、公共绿地,争取在3年左右时间内基本完成;第二期将充分利用金鸡湖的水环境,建成一个富有苏州水乡特色、环境优美的高技术中心小区;第三期将充分利用紧靠上海和地域较为宽阔的优势,建成技术密集的大型制造业和加工工业为主体的中心小区。整个三

---

[1] 苏州工业园区地方志编纂委员会:《苏州工业园区志(1994—2005)》,江苏人民出版社2012年,第47、48页。
[2] 本小目主要参考《崛起在希望的田野上——新加坡规划署长谈苏州工业园区选址规划经过》(刊于2002年2月4日《苏州日报》)一文编写。

期的开发争取用10年左右时间基本完成,将形成一个综合配套的现代化新镇。这个总体概念规划被新加坡市区重建局局长邱鼎财(当年新加坡裕廊工业园镇总体规划专家之一)称为"新加坡之梦"(指一种理想规划),可见对规划评价之高。[1]这个概念性规划的制定,为中新双方领导者最终决策提供了一个重要的依据。

(3)紧张筹备。[2]苏州工业园区项目决策定局后,在中新两国领导人的直接推动下,双方有关部门随即展开一系列紧张、有序的筹备工作,为园区的早日启动开发创造条件。1993年6月,新加坡成立了由14个财团参加的苏州工业园区开发财团(以下简称"新方财团")。8月,苏州市政府与新方财团签署关于苏州工业园区发展的原则协议,即主要商务条件的协议,主要内容涉及土地使用费、首期启动开发投资等。10月,由陈焕友省长和国务院特区办主任胡平率团访新,省政府与新加坡贸工部签署《新加坡政府机构向苏州市提供经济和公共管理软件备忘录》,苏州市政府与新加坡苏州工业园区开发有限公司签署《苏州工业园区商务协议书》。之后,国务院特区办会同14个部门对江苏省呈报国务院的苏州工业园区项目建议书及软件方面若干问题的请示报告进行了研究和论证。11月美国西雅图亚太经合组织会议期间,江泽民主席在会见新加坡总理吴作栋时对外宣布:中国十分重视同新加坡的合作和新加坡建设自己国家的经验。苏州工业园区项目开创了两国合作的新模式。是月23日,苏州市委组建苏州新加坡工业园区筹备委员会,市长章新胜任主任,从全市抽调十多名县局级以上干部参加筹委会工作;筹委会下设软件综合办公室、农村办公室、联合发展总公司(不久改称经济发展股份有限公司,公司由苏州财政证券公司等10家单位共同注资2 500万美元组建)。12月31日,园区筹委会在位于金鸡湖西北的娄葑乡新湖村(原金鸡湖度假村)挂牌办公。1994年1月,朱镕基副总理主持召开苏州工业园区项目情况和有关问题汇报会。[3]2月11日,国务院发出《关于开发建设苏州工业园区有关问题的批复》,要求按照建立社会主义市场经济体制的要求,将苏州工业园区建设成为与国际经济相适应的高水准的工业园区;经过积极探索

---

[1] 孟焕民:《崛起的热土——来自苏州各级开发区的报告》,上海科学普及出版社1994年,第59、60页。

[2] 本小目主要参考平通、夕春所撰《一个战略性的举措——中新合作开发苏州工业园区项目诞生记》一文(刊于1994年3月1日《苏州日报》)和李巨川所撰《裕廊山上那棵海苹果树》一文(刊于2008年5月13日《苏州日报》)编写。以下凡同一出处的不再一一注明。

[3] 苏州工业园区地方志编纂委员会:《苏州工业园区志(1994—2005)》,江苏人民出版社2012年,第48页。

和努力,既出物质文明成果,又出精神文明成果,进一步推动中新经济合作和两国关系的发展;确定苏州工业园区实行沿海开放城市经济技术开发区的各项政策,致力于发展以高新技术为先导、现代工业为主体、第三产业和公益事业配套的现代化经济;同意苏州市的开发公司与新加坡开发财团组建合资公司,从事苏州工业园区内的土地开发经营;苏州可依照现行法律确定的较大的市的权限和程序制定地方性法规、规章,在苏州工业园区实施;苏州工业园区管理委员会作为苏州市人民政府派出机构,自主行使园区的行政管理职能,按照"精简、统一、效能"的原则,设立精干的管理机构,不要求区内机构与上级机构对口设置。2月26日,中、新两国政府《关于合作开发建设苏州工业园区的协议》(以下简称《协议》)在两国总理李鹏、吴作栋的见证下在北京钓鱼台国宾馆签署。李鹏总理在会见新方领导人时说:中新两国政府决定合作建设苏州工业园区,这是双边关系中的一件大事,为两国经济合作提供了一个新的模式,注入了新的内容,对推动两国友好合作关系的深入发展有积极意义。双方在较短的时间里能就合作建设苏州工业园区达成协议体现了彼此的合作诚意。苏锡常地区投资环境好,劳动力素质高,可谓"人杰地灵"。相信在两国政府的支持下,通过双方有关部门的密切配合,苏州工业园区一定会结出丰硕的成果。同日,苏州市政府与新方有关借鉴新加坡经验及中、新财团合作的商务总协议书也在李岚清副总理、李光耀资政的见证下签署。

1994年3月,苏州工业园区中方财团组建,5月中方财团与新方财团共同组建中新合资公司。是年3月,苏州工业园区(以下简称"园区")面向全国公开招聘中、高级管理人才,经过层层筛选,在217名竞聘者中录用9人,其中博士1人、硕士4人、外地人员2名。[1]4月下旬,工业园区派员参加由新加坡总理吴作栋率领的赴欧招商团,首次进行联合招商。同月省政府下达批复,将苏州工业园区规划发展面积所涉及的苏州市郊区娄葑乡和吴县斜塘镇、跨塘镇、唯亭镇、胜浦镇成建制划归苏州市政府直接管理,由苏州工业园区管理委员会(筹)行使行政管理职能。这5个乡镇总面积220.99平方公里,人口15.2万人,1993年国民生产总值12.18亿元。至此,苏州工业园区开发建设的各项筹备工作基本就绪。

(4)合作模式。[2]苏州工业园区项目是改革开放以来我国成片开发规模最

---

[1] 苏州工业园区地方志编纂委员会:《苏州工业园区志(1994—2005)》,江苏人民出版社2012年,第161、162、197页。

[2] 本小目参考孟焕民主编《崛起的热土——来自苏州各级开发区的报告》(上海科学普及出版社1994年版)第60页有关内容和苏州工业园区地方志编纂委员会编《苏州工业园区志(1994—2005)》(江苏人民出版社2012年版)第96、118、132、154页有关内容编写。

大的项目,其合作方式在国内还没有先例。其最基本的特点有三:一是由中、新两国政府高层决策确定,以两国政府的合作支持作为背景;二是由苏州方面与新加坡方面实行优势互补,合作双赢;三是硬件、软件一起上,国际资本大规模集中投资开发与借鉴新加坡经济和公共管理经验紧密结合。具体主要体现在三个方面。

在领导组织架构上,为此项目建立中新两国政府的联合协调理事会,两国政府各委派一名副总理担任主席,负责协调园区借鉴运用新加坡经济和公共行政管理经验中的重大问题;理事会每年召开一次,在中新两国轮流举行。经国务院批准,中方理事会由李岚清副总理为主席,国务院一名副秘书长,国家计委、经贸委、财政部、外经贸部、中国人民银行、国务院特区办各一名负责人及江苏省一名副省长、苏州市市长为理事。两国联合协调理事会下设苏州市和裕廊镇管理局双边工作委员会,设两位主席,由苏州市市长和新加坡裕廊镇管理局主席分别担任,双方定期联系,根据需要适时召开会议,就借鉴运用新加坡经济和公共行政管理经验的工作进行协商,并分别向理事会中的两国副总理报告工作。双边工作委员会下设中新联络机构,双方各自建立一个办公室,负责具体工作,通过定期召开会议等形式进行交流协商。苏州方面的联络机构为园区软件综合办公室(1994年7月更名为园区借鉴新加坡经验办公室,简称"园区借鉴办")。

在开发形式上,确定70平方公里的中新合作开发区范围内的开发建设为商业性项目,实行企业化运作,由中方财团和新方财团合资组建苏州工业园区开发有限公司(英文缩写CSSD),统一负责土地开发经营。1994年5月合营公司获准成立,首期确定投资总额为1亿美元,注册资本5 000万美元;双方合资的比例,新方占65%,中方占35%。

在管理形式上,国务院原则同意,在园区内,在坚持维护我国国家主权的前提下,自主地、有选择地借鉴、吸收新加坡发展经济和公共管理方面对我适用的经验。

(5)未开先热。中新两国领导人签署合作开发建设苏州工业园区协议后,新加坡的中英文报刊纷纷予以大量报道,连续介绍中国国情、苏州的投资环境和园区项目的未来发展前景,同时也引起了世界主流新闻媒体的广泛、热切关注,从而形成了"苏州热"。1993年5月到1994年2月间,新加坡实业界与苏州达成的各种合作项目已有50多项,意向或协议投资总额达30亿美元。其中包括:总投资3亿美元的林增控股公司建设金鸡湖康乐园项目,远东集团改造玄妙观地区、建设粤海广场项目,胜宝旺公司在太仓浏家港的发电厂项目,汇联集团和裕廊环境工程公司开发常熟浒浦港项目,百腾集团开发太湖旅游度假区项目等。[1]

2. 高起点高效率的启动开发

1994年2月国务院《批复》下发后,园区首期开发建设的各项实质性启动工作随即全面展开。首期开发区8平方公里,西到苏州市区东环路以东400—600米处(即规划中的苏嘉杭高速公路沿线),东到金鸡湖西岸,北至娄江,南至莳门塘、黄天荡和独墅湖北侧。土地功能分布,以干将路为中轴线延伸至金鸡湖,开发为由西向东的带状商务中心,将规划建造密集的行政和商务办公楼、购物中心、饭店宾馆、娱乐休闲中心以及中央公园;中轴南北两侧为居住区,规划建设5个居住小区,每个生活小区还将包括商业邻里中心、中小学校、小型公园绿地、体育康乐等公共设施;居住区外侧依次分布轻型工业、高科技工业、一般工业区。从而既方便居民和从业者来往于商业生活区与上班工作区之间,又能将工业对城市生活环境的干扰影响降低到最低限度。首期开发区建成后,将成为一个就业、居住、服务设施相对平衡的、相对独立的城市新区。[2]园区选定规划建设的机场路北侧一带的2平方公里为首期开发区的启动区,并从中划出10公顷为示范区,作为园区开发建设的开端。

1994年3月15日,江苏省苏州工业园区领导小组成立,省委书记、省长陈焕友任组长。次日,省委、省政府召开省级机关领导干部开发建设苏州工业园区动员大会,要求充分认识开发建设苏州工业园区对于全省、全国的重大意义和深远影响,决不辜负党中央、国务院的期望和重托,全省上下一定要树立全局观念,把开发建设苏州工业园区作为全省对外开放的头等大事,通力协作,主动服务,改革创新,下决心把它搞好、搞成功。18日,苏州市委、市政府召开市级机关局以上领导干部动员大会,要求全市各级、各部门、各单位把关心、支持、服务于园区开发建设摆到重要的位置,给予积极的支持,做到想园区所想、急园区所急、帮园区所需,促进园区的启动建设。是月底,国务院办公厅、特区办领导来苏了解园区启动工作的进展情况,并到启动区现场检查指导。4月初,陈焕友率省委、省政府检查团到园区启动区实地察看,进行现场办公,省、市有关部门一起协商解决园区启动建设的具体政策落实和一些紧迫的问题。

为确保园区开发如期启动,市政府3月初制订了园区"六通到边"实施方案,即尽快把道路、供电、供水、供气、邮电和污水处理6项基础设施提供到园区首期

---

[1] 孟焕民:《崛起的热土——来自苏州各级开发区的报告》,上海科学普及出版社1994年,第60页。
[2] 冯立、夕春:《苏州工业园区蓝图如画》,《苏州日报》,1994年3月2日。

开发区边缘。市有关部门以超常规的速度迅速投入这一工程之中,至4月20日,从东环路进入园区的4条主干道中的第一条苏斜路(后改称金鸡湖路、中新大道)600米段的半幅快车道建成通车,雨水、污水管道铺设工程同时完成,沿线19家企事业单位首批开始动迁。5月4日,启动区中10公顷示范区开始填土,拉开了园区开发建设的序幕。

1994年5月12日,苏州工业园区首期开发启动典礼在金鸡湖畔隆重举行。至1995年底,园区开发建设格局全面形成,启动区的开发建设基本完成,主要体现在以下六个方面:

一是管理机构和制度逐步建立完善。1994年7月,省政府批准《苏州工业园区首期开发区总体规划》,中新苏州工业园区开发有限公司举行首届董事会议;9月,省委、省政府联合制发《关于加快苏州工业园区建设若干问题的通知》,明确在园区分别设立党的工作委员会和管理委员会(翌年2月园区工委和管委会正式建立),暂定为副地市级建制,作为苏州市委和市政府的派出机构,对工业园区及其周边乡镇依法行使管理职能,管委会享受省辖市经济管理权限,建立一级财政、一级预算;10月,国家海关总署批准设立园区海关筹备处(次年4月对外开办海关业务,5月国务院批准设立苏州工业园区海关);11月起园区管委会可自行审批中外合资、中外合作和外商独资项目(次月园区管委会首次向落户园区的韩国三星电子株式会社颁发外商投资企业批准证书)。1995年1月,省政府批准《苏州工业园区建设项目环境保护管理暂行办法》,是为苏州市政府获准在工业园区颁布实施的第一个地方性管理办法;3月,省政府又批准《苏州工业园区城市规划建设管理暂行办法》;12月,国务院明确园区参照对经济特区和上海浦东新区的规定执行,在进口物资关税方面享受优惠的政策。[1]

二是"六通到边"工程全面完成。包括600米的金鸡湖路西段、22万伏输配电扩建工程、日供水3万吨、日处理污水5 000吨、日供煤气3万吨、1万门程控电话开通能力,确保了园区启动开发建设的需要。

三是动迁安置工作顺利展开。1994年6月,园区首期开发区内的娄葑乡团结村56家农户首批动迁,至年底已动迁农户466户、乡镇企业21家;同时开始对具有劳动能力的列为征土工进行统一安置,其余列为保养人员按月领取征土保险金。次年2月,419户动迁农民搬进园区投资建设的首批安置小区——夏家

---

[1] 苏州工业园区地方志编纂委员会:《苏州工业园区志(1994—2005)》,江苏人民出版社2012年,"大事记"第9—12页,第84—86页,第90页。

浜小区,年内已动迁农户的安置房全部得到落实。1995年2月,娄葑乡8个村86个村民小组撤销建制,被征地农民8 607人转为城镇户口,至年底又有3 396人由农业户口转为城镇户口。[1]

四是合作区内各项建设不断加快。至1995年底启动区基础设施建设全面完成"九通一平",比各地国家级开发区一般实现的"七通一平"增加了供热和有线电视两项,而且借鉴新加坡经验,在开发过程中全面实施"先地下、后地上"的开发程序,把8种管线一次性深埋地下,避免了城市建设中屡有发生的"拉链路"现象。园区地处阳澄淀泖地区,地势低洼,为清除遭受水淹后患,按规划实施填土方案,平均填高0.9米,使园区的防洪标准高于百年一遇洪水水位0.5米。[2] 3平方公里启动区内建成12条道路、9座桥梁,完成4条河道的整治、8万平方米的绿化,埋设各类地下管线90公里,全长52.8公里的苏沪机场路苏州段超二级公路建成通车,苏州至虹桥机场的时间缩短至1小时;区内首个标准厂房——新苏工业坊和首幢商务办公楼——馨都广场主楼先后开工;首块68万平方米工业用地正式出让,出让单价为每平方米16.8美元。[3]

五是招商引资工作初见成效。1994年9月,苏州医疗用品厂和美国BD公司合资兴办的苏州碧迪医疗器械有限公司签约,是为园区第一个工业合资项目。紧接着14个外商投资项目举行集中签约仪式,总投资8.71亿美元,其中美国超微半导体、狮王啤酒等6个项目投资额在1 500万美元以上;投资额最大的为韩国三星电子,也是落户园区的首家世界500强企业,首期举办一个投资额达3亿美元的独资半导体项目和一个与苏州香雪海电器公司合资2.03亿美元的苏州三星电子有限公司。12月初第二批9个进区外商投资项目集中签约,包括国际著名的食品生产企业美国纳贝斯克,是为进区的第二家世界500强企业。到年底已签约进区的外商投资企业26家,计划投资总额达11亿美元,合同利用外资1.84亿美元,实际到账外资0.7亿美元。[4] 1995年招商引资取得突破性进展,引进近50个外商投资项目,合同外资12.6亿美元,到账外资2.4亿美元,其中

---

[1] 苏州工业园区地方志编纂委员会:《苏州工业园区志(1994—2005)》,江苏人民出版社2012年,"大事记"第9、10页,第577、580、584页。

[2] 苏州工业园区地方志编纂委员会:《苏州工业园区志(1994—2005)》,江苏人民出版社2012年,第642、643页。

[3] 苏州工业园区地方志编纂委员会:《苏州工业园区志(1994—2005)》,江苏人民出版社2012年,第594页。

[4] 苏州工业园区地方志编纂委员会:《苏州工业园区志(1994—2005)》,江苏人民出版社2012年,第247、250、261页。

投资额3 000万美元以上的有20家、超过1亿美元的5家,平均单项投资规模达2 770万美元,创造了全市各开发区的最高纪录;进区项目中有40%的高新技术产品可以填补国内空白;进区世界500强企业新增德国西门子,日本富士通、日立,英国BOC集团、BP公司,美国礼来、百得、哈里斯、霍尼韦尔集团,法国莱雅集团等10家。至年底区内共有15家外商投资企业开工建设,该年5月力斯顿助听器项目在租用的1号标准厂房内正式投产,成为园区首家投产的外资企业。[1]

六是借鉴新加坡经验工作逐步展开。园区管委会把招录的工作人员分期分批送往新加坡,接受了城市规划、建筑设计、环境保护、土地开发、交通管理、经贸发展、劳动管理等方面的专业管理培训,至1995年底共派出104人,占管委会工作人员的65%。受训人员运用所学到的管理知识和经验,编制了规划建设、环境保护等7项园区管理办法,其中2项已获准实施,使借鉴成果实现了法制化。1995年8月,中新双方举办借鉴新加坡经验研讨会,围绕经济增长的亲商环境、持续增长的有序发展等专题共同研讨制定园区的竞争战略。为投资者提供便利的"一站式服务",已在企业设立、规划建设、人力资源3个环节上开始实行。[2]

园区的启动开发建设得到中新双方领导层的高度关注和亲自推动。园区启动典礼当日,中新双边工作委员会第一次会议在苏州举行。翌日,李岚清在苏州主持召开中新联合协调理事会中方理事会第一次会议,还视察检查了园区启动工作。同月20日,中新联合协调理事会第一次会议在新加坡举行,双方主席李显龙和李岚清出席并共同主持会议,听取园区规划和建设进展情况的汇报。这3个"首次会议"的举行标志着苏州工业园区领导组织架构启动运行。[3]是年12月,朱镕基副总理视察园区,称赞苏州工业园区搞得很快,成绩很大,强调要结合国内自己的实际学习和吸收新加坡的经验。1995年5月,江泽民总书记视察园区并题词:"加快建设苏州工业园区,为发展中外经济技术互利合作积累新经验。"年内江泽民先后会见新加坡总理吴作栋、副总理李显龙时表示,对苏州工业园区的建设进展情况感到高兴,希望在平等互利基础上推动国际经济技术合作的发展。10月,李岚清与李显龙在苏州工业园区共同主持中新联合协调理事会第二次会议,确定争取用3年时间(到1997年底前)基本完成8平方公里的开

---

[1] 苏州工业园区地方志编纂委员会:《苏州工业园区志(1994—2005)》,江苏人民出版社2012年,第267—272页。

[2] 苏州工业园区地方志编纂委员会:《苏州工业园区志(1994—2005)》,江苏人民出版社2012年,第198—204页。

[3] 苏州工业园区地方志编纂委员会:《苏州工业园区志(1994—2005)》,江苏人民出版社2012年,第99、115、119页。

发,在园区初步形成与国际经济发展相适应、能够达到最佳经济效益的投资环境("亲商"环境)的目标。李岚清在与李显龙一起会见园区管委会、开发公司、海关全体工作人员时说:让我们共同努力,把苏州工业园区的工作搞好,以最好的质量、环境、设计为前提,创出一个惊人的速度展示于世界。1996年1月李鹏总理视察园区时说,苏州工业园区已经启动,并且进展顺利,希望大家继续努力,加快园区的建设,把园区建设成为对外开放的试验场。从园区启动建设到1995年底,先后到园区视察的党和国家领导人还有乔石、吴邦国、邹家华等20多位。1995年8月,新加坡内阁资政李光耀、总统王鼎昌先后访问苏州,并参加园区有关项目的揭牌仪式。[1]

3. 首期开发建设目标圆满完成

园区开发顺利启动后,苏州和园区坚决贯彻江泽民总书记关于苏州工业园区"是中新经济合作的重中之重,更是中国对外合作的重点项目"[2]的重要指示,经过"九五"期间的5年奋战,胜利实现了各项目标任务,一期开发建设至1998年4月基本完成,一个十多平方公里的现代化新城区悄然崛起,二、三区开发逐步启动,成为苏州经济和社会事业发展的强大引擎和对外开放的主要窗口,并开始在全国各级各类开发区中崭露头角。

为适应园区发展的需要,1995年12月经省政府批准,将与工业园区相邻的吴县郭巷镇塘北村8个村民小组的0.78平方公里土地划归娄葑乡,1996年5月,市政府批准将东环路及路以东区域交由园区管理,使园区一区的开发与管理的范围扩大至11.3平方公里;1997年5月,市政府决定郊区所属的苏州市渔牧工商总公司划归园区管理,为金鸡湖水产养殖场地块和其所拥有的养殖水面纳入金鸡湖景观工程统一规划建设创造了条件。[3]

在一区建设紧锣密鼓推进的同时,园区与新方专家一起着手编制金鸡湖以东二、三区建设详细规划,考虑将二、三区的北部区域列为二期建设区域,面积23.7平方公里;南部列为三期建设区域,面积为29.5平方公里。编制中双方专家对中新合作区内70平方公里的总体布局做了相应的调整和改进,使整个布局结构更为合理。主要是:延伸城市东西中轴线至二、三区新城区,以形成贯穿苏州整个城区

---

[1] 苏州工业园区地方志编纂委员会:《苏州工业园区志(1994—2005)》,江苏人民出版社2012年,"大事记"第9—13页,第48、49页。

[2] 苏州工业园区地方志编纂委员会:《苏州工业园区志(1994—2005)》,江苏人民出版社2012年,第50页。

[3] 苏州工业园区地方志编纂委员会:《苏州工业园区志(1994—2005)》,江苏人民出版社2012年,"大事记"第19页,第4页。

的东西中轴线,提升中轴线的城市景观效果;适当减少生产性用地,增加第三产业和社会公益事业用地,提高人均公共绿地和配套公共设施的用地指标;在环金鸡湖地带留有足够的生态绿地和其他相关用地,水面面积不再减少,将工业用地相对集中于第三区及第二区的北部,沿金鸡湖和二区的南部腾出一块开阔地带发展住宅区。1995 年 10 月,省政府批准《苏州工业园区二、三区总体规划》。[1]之后,园区编制了《东环路地区城市设计》方案;委托国际著名景观设计公司编制了《金鸡湖景观设计总体规划》,总规划面积为 4.55 平方公里(不含 7.4 平方公里金鸡湖水面面积在内),环湖设置城市广场、湖滨大道、水乡邻里、望湖角、金鸡墩、文化水廊、玲珑湾、波心岛(包括 A、B 两岛)8 个各具功能的特色区,通过绿地和步行道连成一体,将成为国内最大的城市湖泊公园。该规划 1999 年 1 月由国家发展计划委员会批准,计划总投资 11 亿元。[2]至此,一幅苏州工业园区完整的宏伟蓝图呈现在世人面前。

基础设施建设高强度投入,投资环境日臻完善。至 2000 年底,园区在 11.3 平方公里的一期范围内累计投入基础设施建设资金 78.27 亿元,平均每平方公里达 6.93 亿元之多,居国内各开发区之首,比苏州 5 个国家级开发区的平均水平高出 4 亿多元,按照规划实现了一步到位、适度超前;自来水厂、污水处理厂、吉宝供热厂、第一燃气厂等 4 座基础设施配套源厂 1997 年全面建成运行,实现生活污水和工业污水 100% 纳入污水处理系统进行处理,配套的太仓华能电厂首期 2 台 35 万千瓦机组提前于 2000 年 6 月投入商业运行;共修筑道路 31 条计 60 多公里、桥梁 59 座,其中位于中轴线上的中新路(后改称苏州大道)和东西向主干道现代大道西段(时称三新路)以及星明街、星海街、星港街 3 条南北向主干道均于 1997 年底建成通车,贯穿合作区北部工业区的苏虹路西段、中段和东段半幅路面先后建成通车,与最东端的青秋浦大桥相连接,形成了全长 14 公里的东西向交通大动脉,合作区外沪宁高速公路南北两侧的唯新路和娄江路 1998 年起开建,沪宁高速公路苏州工业园区互通、连接线和青秋浦大桥建成通车;1996 年 5 月区内首条公交线路 28 路开通运行,至 2000 年湖西地区设有 9 个公交站点。为了给高强度的基础设施建设提供资金支撑,并适应中新苏州工业园区开发有限公司投资总额从原来的 1 亿美元增加到 3 亿美元、注册资本从原来的 5 000 万美元增加到 1 亿美元的需要,1996 年 1 月中方财团扩容重组,吸收 9 家

---

[1] 平通:《苏州工业园区二、三区总体规划论证会举行》,《苏州日报》,1995 年 8 月 1 日;平通、俞愉:《苏州工业园区一幅完整的宏伟蓝图面世》,《苏州日报》,1995 年 8 月 2 日。
[2] 尹平:《金鸡湖畔将建我国最大城市湖泊公园》,《苏州日报》,1999 年 1 月 30 日。

国家级大公司入股,使中方财团的股本金增加至7 200万美元,全部用于园区开发建设,其中投资于中新苏州工业园区股份有限公司的3 500万美元。至2000年又先后吸收3家本地、外地公司入股,注册资本扩增至1.3亿美元。[1]

住宅和配套设施建设全面展开,城市格局基本形成。根据园区总体规划,借鉴新加坡经验,以每8 000—10 000户居民约3万人口配套建设一个集商业、文化、社区服务于一体,为周边居民提供全方位、多功能生活服务的邻里中心。1998年区内首个商品房住宅小区新城花园首期住宅竣工投用,配套的邻里中心新城大厦、小学、幼儿园及邻里公园也相继投入使用。至2000年相继建成或开建了住宅小区20个,入住人口近2万人;[2]合作区内共有户籍人口4 727人,领暂住证人口4 312人,在园区工作生活的外籍人口830人。2000年11月,园区湖西社区工作委员会建立,是为园区合作区内首个基层行政管理机构和居民自治管理组织。[3]公共建筑和公用设施建设方面,1997年园区海关大楼、国际大厦相继动工建造,标志着园区中央商贸区建设启动;1999年底国际大厦竣工后,园区工委、管委会机关随之迁入该大楼办公,占地12.8公顷的中央公园建成开放;2000年初金鸡湖城市湖泊公园八大环湖景观工程中的首个项目、湖西岸2.5公里长观光林荫道——湖滨大道建成开放,大道北端矗立着由新加坡内阁资政李光耀赠送的12米高大型金属雕塑《圆融》,遂成为园区的一个标志性景观。第二项城市广场建设工程当年也开始实施。[4]商业服务设施网点建设方面,1996年6月,园区首次出让中心商务区中的4块商业用地使用权,至1999年底合作区内共出让商住及其他类非工业用地177.51公顷,与同期出让工业用地184.68公顷相当;十来家银行、保险、证券等金融服务机构于2000年底前先后在区内开设营运机构,金融机构年末存、贷款余额分别由1994年的6.28亿元、3.51亿元,增加到2000年的50.82亿元、92.74亿元;1996年馨都广场1B楼商业走廊开业,9家外资餐饮企业租赁经营,是为合作区内的第一个商业网点,其中法国的索迪斯是落户园区的首个非工业的世界500强投资项目;1997年五星

---

[1] 孟焕民:《崛起的热土——来自苏州各级开发区的报告》,上海科学普及出版社1994年,第89—91页;苏州工业园区地方志编纂委员会:《苏州工业园区志(1994—2005)》,江苏人民出版社2012年,"大事记"第20页,第157—159页,第604—609页,第621、624、627、636页。

[2] 尹平:《园区首期建成区内入住人口已近2万》,《苏州日报》,2001年4月21日。

[3] 苏州工业园区地方志编纂委员会:《苏州工业园区志(1994—2005)》,江苏人民出版社2012年,"大事记"第14—20页,第38、413、414、416、647、676、677、709页。

[4] 苏州工业园区地方志编纂委员会:《苏州工业园区志(1994—2005)》,江苏人民出版社2012年,第468、650、651、669页,第677—679页。

级标准的新苏国际大酒店建成试营业,是区内首家高档宾馆酒店(2000年7月挂牌五星级);1999年百润发超市开业,是园区也是苏州首家大型超市,带动欧尚、家乐福、百安居等大型超市卖场随后纷纷落户园区;2000年师惠坊商业一条街和第二个邻里中心贵都大厦开工建设,星海游泳馆、华东装饰城开业。[1]教育事业发展方面,1996年专门招收外籍人士子女就读的苏州新加坡国际学校开学;1997年园区与苏州大学合作办学,将娄葑中学更名为苏州大学附属中学,1999年被列为省级重点高中;2000年建成第一所九年一贯制星海学校,园区职业技术学院首批大专学员入学(2001年省政府批准正式建院),是为园区第一所高等职业技术院校。[2]

  招商引资持续升温,支柱产业逐步形成。受日趋完善的投资环境吸引,"九五"期间园区成为全市外商投资的热土和国际大公司的投资首选地。到2000年底,累计合同外资69.48亿美元、实际利用外资37.95亿美元,均列全市各开发区首位,分别占苏州全市累计总额的19.54%和18.67%;美国旭电、伊顿、百特、艾默生,德国克莱斯勒,英国葛兰素,荷兰壳牌,日本久保田,芬兰诺基亚,法国阿尔卡特,荷兰阿克苏诺贝尔,德国采埃孚,瑞士迅达,法国道达尔,德国博世,日本三井等一大批世界500强企业和国际著名大公司先后进区投资兴业,还成功吸引虹光、旺宏、绿点、联建等4家台湾地区著名电子企业进入园区;众多进区的世界500强企业追加投资,仅2000年增资总额就达10亿美元,其中韩国三星电子增资3亿美元上马液晶面板项目,产能名列世界第一;部分进驻园区的国际大公司、大企业开始设立研发机构,如美国超微半导体的软件开发、码捷的激光扫描技术、旭电的印刷线路板,法国阿尔卡特的新型手机,芬兰诺基亚的通信技术,新加坡安特的精密模具设计,中国台湾旺宏的集成电路设计研发中心等,有力促进这些企业核心竞争力的不断提高;合作区内外商投资企业共有210家,年主营业务收入247亿元,主营业务收入、自营进出口总额分别占全市开发区外资企业总量的23.1%和26.3%;合作区内共有世界500强企业35家、项目数37个(2000年6月底数),均占全市开发区引进500强企业和项目总数的38.9%,500强项目平均投资超过3 000万美元,其中投资额上亿美元的有19个,总投资25.8亿美元,合同利用外资25.24亿美元,分别占全市开发区500强企业总额的49.4%

---

[1] 苏州工业园区地方志编纂委员会:《苏州工业园区志(1994—2005)》,江苏人民出版社2012年,"大事记"第23、25、26页,第270、391、392、413、416、420、423、424、594页。
[2] 苏州工业园区地方志编纂委员会:《苏州工业园区志(1994—2005)》,江苏人民出版社2012年,第860、866、867、878页。

和59.2%。[1]

"九五"期间园区还加大了利用内资的工作力度,出台专门的优惠政策,吸引一大批国内同行业骨干企业进区办厂。如:1997年东风汽车集团投资2.35亿元建立东风汽车传动轴制造基地;[2]1998年苏州市塑料一厂发起创办富士达塑业公司,成为苏州地区塑料行业的"托拉斯";[3]1999年国内民营高科技企业华园微电子公司进区注册成立,发展方向是IC卡及微处理器的设计和制造,很快成为我国半导体芯片产业的领军企业。[4]至1999年园区内资企业投资总额达174.28亿元,实际利用内资62.74亿元。

随着国内外大批制造业企业的落户投产,园区的工业规模迅速扩张,2000年工业销售产值达307亿元,工业产品出口额15亿美元,实现工业增加值79.99亿元,占全区国内生产总值的61.3%。工业结构趋向高新化和产业聚集化,高新技术产业占工业总产值比重超70%,并逐步形成了在国内外具有较强竞争力的五大高新技术产业群和支柱型产业,占全部工业的比重达80%左右。一是电子信息产业,主要集中在集成电路、液晶显示屏、移动通信研发制造领域,至1999年园区的IC后道封装量已占国内一半以上,成为中国IC生产基地。二是精密机械产业,以新加坡安特精密机械、新达精密机械,丹麦格兰富水泵,美国艾默生压缩机、凯联航空发动机、美西航空制造,德国安特优发动机、博世汽车部件、采埃孚传动技术,瑞士迅达电梯,日本久保田农机为主体,2000年21家规模以上机械设备制造企业实现工业总产值35亿元、工业增加值8.2亿元、出口交货值17亿元。三是生物医药产业,有美国辉瑞胶囊、碧迪医疗器械、礼来制药、百特医疗用品、荷康莱(后更名康宝莱)保健品,德国西门子听力仪器,英国葛兰素史克制药,日本卫材药业等企业,构成了当时国内规模最大的外商投资生物医药产业基地。四是新材料产业,主要集中在半导体专用辅助产品产业。五是名牌轻工产业,有美国纳贝斯克食品,法国美宝莲、尚美化妆品,新西兰狮王啤酒等国际知名企业和品牌。[5]

---

[1] 苏州工业园区地方志编纂委员会:《苏州工业园区志(1994—2005)》,江苏人民出版社2012年,第267—270页,第298、358、359、366、373、380页;孟焕民、陈楚九:《第二次突破——苏州开发区建设实证研究》,人民出版社2002年,第9页,第41—43页。
[2] 苏州工业园区地方志编纂委员会:《苏州工业园区志(1994—2005)》,江苏人民出版社2012年,第265、370页。
[3] 孟焕民、陈楚九:《第二次突破——苏州开发区建设实证研究》,人民出版社2002年,第188页。
[4] 尹平:《华园微电子技术发展有限公司昨开业》,《苏州日报》,1999年12月17日。
[5] 苏州工业园区地方志编纂委员会:《苏州工业园区志(1994—2005)》,江苏人民出版社2012年,第359—374页;孟焕民、陈楚九:《第二次突破——苏州开发区建设实证研究》,人民出版社2002年,第49页。

周边乡(镇)开发同步推进,发展水平快速提升。园区建区时所辖5个乡(镇)总人口15.2万人,年工农业总产值45.68亿元(其中工业总产值43.71亿元)、国民生产总值12.18亿元、累计合同利用外资0.83亿美元(1993年底统计数)。建区后,这些乡(镇)除70平方公里划入"中新合作区"由园区管委会直接管理外,其余部分(面积为144平方公里)统称"周边乡镇",仍由各乡(镇)政府行使管辖权。园区在开发建设伊始就按5个乡(镇)规划设置了功能分区,各乡(镇)抓住千载难逢的发展机遇,规划和建设乡(镇)工业小区,纷纷投资创办为园区大企业配套的加工企业,积极吸引为园区配套的和不适宜在园区设立的外商投资企业前来落户,收到了很好的效果。胜浦乡原是穷乡僻壤,乡政府所在的集镇仅有一条"百步街",居民不足300人。1996年印尼金光集团投资11亿多美元在胜浦镇建设一座占地3.18平方公里、世界级的"金光造纸城",兴办金华盛和金红叶两家工厂,1999年初投产后很快入围苏州市、江苏省纳税百强企业。同时镇上开办了直接为"金光"配套服务的相关企业7家。至2000年胜浦已成为一个现代化小城镇,集镇居民过万,全镇实现国内生产总值7.02亿元,比1993年翻了两番,农民人均收入跃居全市乡(镇)第8位。其他4个乡(镇)情况基本如此,2000年园区5个周边乡(镇)共实现国内生产总值37.68亿元、财政收入4.44亿元、农民人均收入6601元、累计合同利用外资7.08亿美元,分别是6年前的3.33倍、11.3倍、2.2倍和8.57倍。[1]

苏州工业园区不仅在全市国家级、省级经济开发区中起步最晚,而且比起中国经济特区和沿海开放城市的国家级开发区起步整整晚了10年之多,但由于中新两国政府的全力推动和支持,加上高水准规划、高强度投入、高起点开发建设,从而弥合了这10年的时空之差,实现了后来居上。到1998年9月园区累计合同利用外资42.53亿美元,在全国48个国家级开发区中名列第4位。[2]2001年6月江泽民主席在苏州会见新加坡内阁资政李光耀时说:7年来,通过双方的共同努力,苏州工业园区借鉴新加坡的管理经验,在开发建设和对外招商方面取得很大成绩,已成为中国对外开放的重要窗口之一。[3]2000年园区实现地区生产总值130.48亿元,高于1992年时市区总量,财政总收入16.5亿元,相当于1993

---

[1] 孟焕民、陈楚九:《第二次突破——苏州开发区建设实证研究》,人民出版社2002年,第179、180页。

[2] 李泓冰、杨晴初:《借得东风张巨帆——看苏州工业园区如何借鉴新加坡经验》,《人民日报》,1998年10月22日。

[3] 苏州工业园区地方志编纂委员会:《苏州工业园区志(1994—2005)》,江苏人民出版社2012年,第50页。

年时市区总量,进出口总额35.3亿美元,高于1997年时市区总量;与1994年相比,地区生产总值增长近11倍,财政收入增长6.67倍;在苏州全市所占比重,地区生产总值为8.47%,工业增加值为9.19%,财政收入占10.44%,进出口总额占17.59%;占苏州市区的比重,地区生产总值为24.25%,工业增加值为28.64%,财政收入为22.69%,进出口总额为33.27%;[1]在全市15个国家级、省级开发区中所占比重为,累计开发面积占6.75%,累计合同外资、实际利用外资均占33%,年实现国内生产总值占29.63%,年财政收入占28.16%。

4. "园区经验"的形成及其重大影响

苏州工业园区建区伊始,借鉴新加坡发展经济和公共管理的有益经验,把握"亲商"服务这一经验之核心,开启苏州开发区"亲商"风气之先。通过学习与借鉴、磨合与实践,园区不仅让"亲商"理念深深地植根于人们的思想意识,而且推行了"尊商、引商、留商、便商、安商、富商"的一系列具体举措,并上升到制度层面,逐步建立健全了一整套"全过程、全方位、全天候"的亲商服务的有效制度,成为"园区经验"最初的主要内涵。[2]主要体现在三个方面:一是推进办事程序透明、简化、高效。1995年4月起,园区在国内开发区中率先开展招商引资"一站式"服务,成立隶属于管委会管理的园区咨询服务公司,为外商投资企业提供代理代办数十项审批手续的"一条龙"服务,还建立了"一站式"服务联合办公会议制度、重大项目与疑难复杂问题"全程跟踪服务"等制度。1995年起实施收费标准公示制和收费审批许可制,将属于管委会各部门的75项收费削减为11项,同时降低收费标准,有效杜绝了"乱收费"现象,减轻了企业负担,深受投资者好评。1998年起实施政府机构服务承诺制,明确服务内容和标准、审批和办结时限等,有效杜绝了暗箱操作、推诿扯皮,密切了政府与客商之间的沟通与联系。二是全力拓展服务功能。1995年起设立人力资源开发公司,举办定期就业集市和大型人力资源招聘会,为企业搭建人才招聘和流动的平台。通关便利服务上,1998年陆路二类口岸建立运行,1999年对货物实行商品检验、动植物检疫、卫生检疫"三检合一",2000年起园区海关实行24小时预约制度和加工贸易电子账册联网监管模式,园区获准设立出口加工区,成为全国首批15个出口加工区之一,2001年1月封关运作。三是积极为外商提供安全舒适的生活环境。先后建

---

[1] 苏州工业园区地方志编纂委员会:《苏州工业园区志(1994—2005)》,江苏人民出版社2012年,"概述"第2页;黄正栋:《数字见证苏州改革开放30周年巨变》,苏出准印(2008)字JSE—1002233号,第128、131、185、203页。

[2] 王荣:《苏州精神——"三大法宝"的价值与升华》,苏州大学出版社2008年,第130页。

成了国际学校、多功能邻里中心、一批高档次文化娱乐设施和中央公园、世纪广场、湖滨大道等休闲游览场所,满足了外籍人员在此工作、生活的需要,也进一步优化了投资环境。[1]

1996年下半年起,园区管委会和市政府开放办共同开展园区借鉴新加坡经济和公共管理经验的课题研究,1997年第一批研究成果形成,专家学者首次概括提炼出"亲商"的概念。1998年,省政府在苏州召开"苏州工业园区借鉴新加坡经济和公共管理经验成果汇报会",总结园区借鉴工作五个方面重大成果,第一条就是建立了一个和开发主体分开的"精简、统一、效能"的行政管理机构,培养了一支亲商、高效、廉洁的公务员队伍。1999年第二批研究成果推出,专家学者比较集中地把园区成功之道概括提炼为"亲商理念"。自此,省、市和园区自身都开始把"亲商理念"作为园区的成功经验之一,加以总结和弘扬。[2]2001年6月8日新华社稿件《思想的花朵最美丽》中写道:"昆山之路""张家港精神""在经济国际化过程中形成的'重礼'、'亲商'的观念",丰富了苏州人的精神宝库。这是首次将苏州工业园区倡导和实践的"亲商理念",与苏州干部群众在改革开放大潮中培育形成并已在全国广为传扬的"昆山之路"和"张家港精神"相提并论,概括总结为苏州90年代成功崛起的三大主要发展经验和精神财富。2004年初苏州市委书记在接受《新华日报》记者访谈时说,苏州持续、快速而健康发展的内在力量,"在实践中可以归结到自己的'三大法宝',即张家港精神、昆山之路和亲商理念"。这是首次将这三者概括提炼为苏州制胜的"三大法宝"。同年,苏州市委首次将"三大法宝"载入了市委全会的文件之中。

园区在不断发展中日益呈现出外向开放、多元共存的多样性,海纳百川、兼容并蓄的包容性,作为招商引资成功法宝的"亲商理念",已经难以完整地概括其丰富内涵和深厚意蕴。于是社会各界仁者见仁、智者见智,把关注的目光和思维的焦点集聚于"园区经验"的研究、提炼和升华上。2004年省、市委研究室对园区经验开展专题调研,园区开展"园区经验主题词有奖评选活动",最后确定"园区经验"主题词为"借鉴、创新、圆融、共赢"。[3]这一概括提炼得到各方面的广泛认同。2005年《中共苏州市委关于制定国民经济和社会发展第十一个五年

---

[1] 孟焕民、陈楚九:《第二次突破——苏州开发区建设实证研究》,人民出版社2002年,第131—135页;苏州工业园区地方志编纂委员会:《苏州工业园区志(1994—2005)》,江苏人民出版社2012年,"大事记"第17、24、28页,第273—279页,第530、795、969、990页。

[2] 苏州工业园区地方志编纂委员会:《苏州工业园区志(1994—2005)》,江苏人民出版社2012年,第214—217页。

[3] 王荣:《苏州精神——"三大法宝"的价值与升华》,苏州大学出版社2008年,第131页。

规划的建议》中,首次对推动苏州经济社会发展的"三大法宝"做了重新表述,提出:进一步发扬"张家港精神""昆山之路""园区经验",塑造以创业、创新、创优为核心的新时期苏州精神。

第三节　经济发展"内转外"的第二次历史性跨越

20世纪90年代,苏州在全力办好开发区的同时,推行了一系列扩大开放、促进发展的重大举措,外贸、外资、外经"三外齐上",加快推进苏州经济国际化,成功走出了一条"以外促内、内外互动"的崭新发展道路,实现了经济结构"内转外"(即由内向型为主全面转向外向型为主)的第二次历史大跨越,加快了苏州经济腾飞的进程,实现了地区生产总值9年增长5倍多的超常规、跳跃式发展,成为苏州改革开放乃至中华人民共和国成立以来发展最快的时期,而且使得经济发展全面进入国际大循环,外向型经济水平跃居全国领先水平,苏州开始迈入开放型城市行列。

一、加快发展开放型经济的重大决策部署和成效

苏州在20世纪90年代扩大开放的时代大浪潮中,依托80年代初步开拓外向型经济打下的良好基础和初步实现工业化奠定的发展优势,突出开放型经济(亦称为外向型经济)"重中之重"的战略地位,围绕加大开放力度、扩大开放领域、提升开放水平、实现经济国际化这一总课题、总目标,不断解放思想,抢抓机遇,大胆探索,开拓创新,及时做出决策和部署,狠抓各项政策和措施的落实,开创多层次、全方位对外开放新格局,推动开放型经济实现超常规、跳跃式发展。

1. 开放带动战略的确立

1992年,市委、市政府先后召开了十多次有关会议,制定下发了5个有关文件,组织各级各部门全面扩大对外开放,进一步实行大开放、大开发,促进外贸、外资、外经工作再上一个新台阶;先后向各县(市)、区、局(公司)下放经济管理权限,包括外资项目和举办海外企业的审批权;市政府设立驻上海联络处,及时了解掌握浦东开发开放的最新动向,并为各地各单位在上海开展招商引资牵线搭桥、提供服务。全市各部门积极为发展开放型经济出谋划策、搞好服务。省政府也于6月批准常熟、张家港、昆山、吴县享受省辖市的经济管理权限,为各地放手发展外向型经济创造了有利条件。1993年市委、市政府又召开了近10次重要会议,2月召开的全市经济工作会议上首次提出"要坚持以外向型经济为'龙

头',加快苏州经济国际化",12月市委提出"要坚持不懈地实施以建立社会主义市场经济体制为目标和以形成全方位、大开发格局为核心的改革开放战略"。[1] 1995年2月,市委、市政府提出"坚定不移实施开放带动战略,走出有苏州特色的开放路子",标志着开放型经济在全市的地位进一步提升。

2. 坚持外向开拓化"危"为"机"

1997年下半年起东南亚金融危机逐渐波及国内,对于苏州这样经济外向度很高的地方来说,所受到的冲击就更大。最为突出的是招商引资"源头"受阻,外商投资项目由1992年、1993年的每年二三千个跌至1998年的520个;已签和在建项目的进展也受到不同程度影响,不少项目延缓外资到位和推迟开工;出口竞争加剧,出口商品价格的比较优势逐步失去,竞争处于不利地位,收汇风险进一步增加,影响了出口企业的经济效益。[2]

面对开放型经济发展面临的新情况、新问题,尤其是来势凶猛的东南亚金融危机,市委、市政府及各级各部门始终坚持"开放带动战略"不动摇,沉着应对,积极进取,采取一系列切实有效的措施,化被动为主动,化不利因素为有利因素,在"危机"中寻找新的发展"机遇"。一是突出"重中之重",做出开发区"二次创业"的重大部署,提出开发区建设要从初期的主要依靠政策优惠转到主要依靠机制、技术和功能优化、管理创新上来,以实现更高层次上的可持续发展,进一步推进开发区建设;二是针对苏州工业利用外资发展比较快而一、三产业发展比较慢的实际情况,及时提出要做好引导外资投向工作,按照国家产业结构调整要求重新制定《苏州市外商投资产业指导目录》,进一步引导外资重点投入高新技术产业、农业、基础产业、基础设施和高水平的第三产业项目,实行全方位利用外资;三是组织内外资企业配套协作,成立"苏州市工业产品配套协作工作领导小组"及其办公室,排出一批重点配套项目和产品,多次举办配套协作产品展示洽谈会,使在苏投资的众多外资企业就地找到了理想的配套协作加工生产基地,扩大了产销量,节约了加工时间和成本,同时使得苏州众多的中小企业在与外资大项目、大企业、大产品当好"配角"中,拓展了企业生存发展的空间,逐步形成了一批配套"小巨人"企业,内外资企业共同提升了国内外市场竞争力;四是进一步优化投资软环境,市人大常委会先后制定《苏州市外商投资企业管理条例》《苏州市经济开发区管理条例》,以地方立法形式规范和强化对外商投资企业和开发

---

[1] 陆允昌、高志斌:《苏州对外经济五十年(1949—1999)》,人民出版社2001年,第337—339页,第346、353页。

[2] 刘伯高:《东亚经济危机后苏州外向型经济走势分析》,《苏州日报》,1998年2月26日。

区的管理,走上法制化轨道,市及各级成立外商投资服务中心(属行政性无偿服务机构),为外商投资企业提供政策咨询、项目审批、工程建设、生产经营、企业投诉、纠纷调解、法律咨询等方面的服务,增强招商引资的竞争力。从而不仅把金融危机的负面影响减小到了最低程度,避免了大滑坡、大衰退,而且推动外向型经济在更高层次上健康发展。[1]

3. 开放带动战略推动经济发展"内转外"

邓小平南方谈话后的90年代,苏州开放型经济呈现全方位、多层次、超常规发展局面,形成继80年代中后期以来的第二个发展高潮。2000年与1991年相比,全市进出口贸易总额由3.8亿美元增至200.7亿美元,其中出口总额由3.1亿美元增至104.81亿美元;对外承包工程及劳务合作合同额由1643万美元增至1.22亿美元,实际完成营业额由1661万美元增至1.21亿美元;累计到境外投资兴办的企业由7家增至74家;批准举办外商投资项目数由442个增至1 259个(1992—2000年9年平均数,下面2个数据计算方式相同),合同利用外资额由3.91亿美元增至46.78亿美元,实际利用外资额由1.19亿美元增至28.83亿美元。2000年全市累计实有外商投资企业7 572家,其中世界500强跨国公司有77家,开业投产企业4 761家,其中年工业销售收入500万元以上的外商投资企业982家;累计合同外资355.64亿美元,实际利用外资203.22亿美元;当年外商投资企业实现主营业务收入1 098.5亿元(其中主要为工业产品销售收入),完成涉外税收54.8亿元,实现利润44.98亿元,就业人数近50万人。[2]

90年代,苏州在处于国家对外开放体系中第三层级的条件下,开放型经济创造出了在全省、全国逐步领先的优异成绩。在全省13个省辖市中,苏州实际利用外资从1991年起始终保持全省第一的位次,进出口总额和出口总额从1996年起同时超越南京,开始名列全省第1位。2000年苏州当年合同利用外资额占全省的44%,累计额占全省的41.5%;当年实际利用外资占全省的43.7%,累计额占全省的45.8%;当年进出口总额、出口总额分别占全省的44%和40.7%,占比分别比1991年提高近37个百分点和31个百分点,成为全省外向型经济发展

---

[1] 陆允昌、高志斌:《苏州对外经济五十年(1949—1999)》,人民出版社2001年,第46、47页,第104—111页。

[2] 黄正栋:《数字见证苏州改革开放30年巨变》,苏出准印(2008)字JSE—1002233号,第203—207页。其中2000年全市累计合同外资额、实际利用外资额运用苏州市档案局《苏州年鉴》编辑部编《苏州年鉴(2001)》(古吴轩出版社2001年版)第219、220页所列数据,与《数字见证苏州改革开放30年巨变》第34页中所列数据不一致,存疑。

的排头兵。[1]苏州的外向型经济主要发展指标在全国大中城市(包括中央直辖市、国家计划单列市、省会城市、主要地级市)中也不断争先进位,2000年苏州进出口总额、累计合同利用外资额、实际利用外资额在全国大中城市中分列第4位、第2位、第4位。[2]

随着开放带动效应日益凸显,外向型经济在全市经济中开始具有举足轻重的地位和作用。2000年,全市年销售收入500万元以上的规模型工业企业中外商投资企业已超过31%,外商投资企业占全市规模以上工业总产值的49.4%,成为苏州工业的主体;[3]全市经济对外贸出口的依存度(即外贸出口额与地区生产总值的比值)已超过56%,财政收入40%来自涉外税收,全社会固定资产投资50%来自外商投资,城镇从业人员40%以上在外商投资企业工作。[4]这些表明,外向型经济已成为苏州经济的重要新增长点和主要形态,苏州经济在20世纪80年代实现"农转工"的第一次历史性跨越的基础上,在90年代又实现了"内转外"的第二次历史性大跨越,即从主要依靠自身的资金积累扩大再生产,主要面向国内市场组织生产,生产所需的原材料、技术装备、管理技术等要素主要来自国内,转向充分利用国际国内两种资源、两个市场,实现生产要素在国内外自由流动,使苏州的生产服务体系参与、融合到国际产业链的分工体系之中,苏州经济与国际经济的互补性不断增强,实现了生产要素、市场发展、管理模式、产业发展的国际化,赢得了广阔的发展空间,加快了从传统经济向现代经济的转型,提高了产业技术能级,成为走在全国前列、经济国际化程度较高的外向型经济强市。[5]

开放型经济的迅猛发展,有力支撑和推动苏州经济综合实力不断跃上新台阶,使之成为全国瞩目的一颗新星。全市地区生产总值(GDP)1993年超过500亿元,达526亿元,两年翻了一番多,列上海、北京、广州、天津之后居全国第5位,1996年突破千亿元大关,3年间又接近实现翻番。90年代10年中全市GDP年均增长16.8%、财政收入年均增长19.8%,分别高于80年代平均增幅4个百

---

[1] 江苏省统计局、国家统计局江苏调查总队:《巨大的变化 辉煌的成就——江苏改革开放30年》,中国统计出版社2008年,第282—284页。
[2] 文标、张波:《我市开放型经济实现历史性跨越》,《苏州日报》,2001年1月16日。
[3] 黄正栋:《数字见证苏州改革开放30年巨变》,苏出准印(2008)字JSE—1002233号,第34页。
[4] 文标、张波:《我市开放型经济实现历史性跨越》,《苏州日报》,2001年1月16日。
[5] 黄正栋:《数字见证苏州改革开放30年巨变》,苏出准印(2008)字JSE—1002233号,第17、18页。

分点和10.6个百分点。[1]工业总产值1992年超过1 000亿元,1993年起仅次于上海位列全国第2位,1996年超过2 000亿元,1999年超过3 000亿元。2000年,全市实现地区生产总值1 540.68亿元、工业增加值790.83亿元、工业总产值3 621亿元、财政收入158亿元,分别比1991年增长5.55倍、4.88倍、4.49倍、7.01倍,人均国内生产总值26 692元,按当时汇率折算超过3 200美元,达到世界同期上中等收入国家水平的下限;这一年,占全国土地面积不足0.1%、人口不足0.5%的苏州,创造出了占全国1.6%的国内生产总值、2%的工业增加值、4.2%的进出口总额和出口总额、7.1%的实际利用外资额、1.18%的财政收入,人均地区生产总值为全国平均水平3.4倍、城镇居民人均可支配收入为全国平均水平1.48倍、农民人均纯收入为全国平均水平2.42倍,为全国经济发展做出了较大的贡献。[2]

二、利用外资量质并举

在20世纪90年代"三外齐上、三外互动"发展外向型经济的总格局中,苏州始终把利用外资放在突出的位置,持续发力,狠抓不放,开创了量质并举、突飞猛进的发展局面。巨量外资的进入,大批外资企业的举办,使苏州经济国际化的进程加速,经济发展领域大为拓展。这9年,全市利用外资工作的发展可分为两个阶段。

1. 1992—1994年的高速增长阶段

1992年起加快发展外向型经济,全市迅速掀起了吸收外商直接投资、举办"三资"企业的第二波高潮,3年中全市共批准外商投资企业6 674家,合同外资136.1亿美元,批办企业数和合同外资数为前8年(1984—1991年)总数的7.4倍和20.4倍。[3]这一阶段的利用外资呈现四个特点:一是呈现出全方位、多层次一起上的局面。从国家级、省级开发区到乡镇经济小区,从部属、市县属大中型企业到区属企业、乡镇企业、校办企业,都步入了利用外资的快车道,举办"三资"企业全面开花。二是项目规模不断扩大。全市平均单项合同外资从1991年的84万美元提高到1994年的363万美元,3年累计新批1 000万美元以上大项

---

[1] 文标、张波:《我市开放型经济实现历史性跨越》,《苏州日报》,2001年1月16日。
[2] 苏州2000年经济数据来自江苏省统计局、国家统计局江苏调查总队编《巨大的变化 辉煌的成就——江苏改革开放30年》(中国统计出版社2008年版)第236—292页。全国数据来自国家统计局《2000年国民经济和社会发展统计公报》,刊于2001年3月1日《人民日报》。
[3] 陆允昌、高志斌:《苏州对外经济五十年(1949—1999)》,人民出版社2001年,第27页。

目500多个,合同外资额超过100亿美元,占总额的80%以上。三是发达国家国外大公司投资增多。1994年美、日、欧洲发达国家的投资比重占到65%,超过了以往一直占大头的香港和台湾地区。至1994年底已有107家跨国公司、著名专业公司和财团进入苏州,其中世界500强有48家来苏投资。四是投资领域不断拓展,结构日趋优化。外商投资从原先的以纺织、服装、轻工等简单加工工业为主,逐步向机械、电子、精细化工、生物医药等技术含量高的行业发展,并向石化、冶金、农业等基础产业和港口、公路、电力等基础设施领域拓展。第三产业利用外资日趋增多,并从房地产业拓展至20多个行业,1992年市区创办了全省首家中外合资零售企业——美罗时装城,3年共兴办第三产业外商投资企业近1 200家,合同外资近50亿美元。[1]1995年5月江泽民总书记来苏考察,对苏州各级各部门大力利用外资举办"三资"企业、促进经济更快更好发展大为赞赏,希望把"三资"企业越办越好。[2]

2. 1995—2000年的调整提高阶段[3]

1995年起,由于国内外环境的变化,尤其是东南亚金融危机的影响,苏州的外商投资进入调整发展阶段,批办外商投资企业数至1998年连年下降,合同外资额至1999年连年下降。但在国家鼓励发展外向型经济的宏观政策指导下,苏州坚持外向带动不动摇,积极应对各种新情况,着重搞好国家级和省级开发区的开发建设,为外商投资提供了良好载体,提高了在国内的招商引资竞争力,从而迅速摆脱了国际突发事件的困扰,利用外资在恢复中得到新的发展。这6年中,全市平均每年新增合同外资45亿美元,与第二波高潮3年平均值持平;实际到账外资32亿美元,高于第二波高潮3年平均值。2000年底全市实有外商投资企业7 572家。1998年10月江泽民总书记在苏考察中,了解到苏州实际利用外资1997年已突破100亿美元、约占全省一半、在全国大中城市中居第5位,昆山一个县(市)合同引进外资累计已达到70亿美元,赞赏地说:"密度很高,不容易啊。"[4]

这一阶段苏州的外商投资呈现六个特点:一是独资和增资项目增多。6年

---

[1] 苏州市对外贸易经济合作局:《苏州对外经济二十六年发展历程(1980年—2005年)》,内部资料,第41、42、157、181、183、186页。
[2] 殷学成:《江总书记在苏南》,《苏州日报》,1995年5月24日。
[3] 本小目主要参考陆允昌、高志斌主编《苏州对外经济五十年(1949—1999)》(人民出版社2001年版)第46、47页和第104—111页有关内容编写。以下凡同一出处的不再一一注明。
[4] 新华社电:《江泽民在江苏上海浙江考察时强调沿海发达地区要率先基本实现农业现代化》,《苏州日报》,1998年10月8日。

累计兴办外商独资企业2 458个,合同外资189.75亿美元,分别占同期全市总量的56.9%和70.4%;累计有1 321家外商投资企业先后增资,增资总额78.3亿美元,占同期全市合同外资的29.3%。二是发达国家和跨国公司投资增多。6年间欧美国家在苏投资兴办企业540家,合同外资45.2亿美元;又有29家世界500强企业先后来苏投资,至2000年底共计达77家,共在苏举办了155个项目,合同外资39.25亿美元。[1]三是外商投资结构进一步优化。6年中新批项目平均投资额达624万美元,比1994年又增加了261万美元之多。高新技术项目比重加大。到2000年底,全市230多家高新技术企业中外商投资企业占45%;外商投资电子信息产业的合同外资额达17.3亿美元,年出口1 000万美元以上的大企业就有42家,为之配套的本地中小企业有400余家,构成了一个庞大的电子信息产业群,使苏州成为国内最大的电子信息产业基地之一。外商在非工业领域的投资有新开拓。1995年吴县浦庄乡与新加坡客商合资兴办了苏州首个休闲观光农业项目"中国未来农林大世界"[2],1996年上海巴黎国际银行苏州办事处成为全市首家获准进入的外国金融机构,1997年日本住友银行苏州分行成为全市首家正式开展存贷款金融业务的外资银行。1999年第三产业占全市合同外资总额的比重上升到10.2%。四是外商投资向开发区集聚。至2000年底,全市15个国家级和省级开发区累计进区外商投资企业2 321家,平均单个项目的投资额近1 000万美元,规模比全市平均值大出50%左右;世界500强企业在苏投资的项目近80%落户开发区,共有90家世界500强企业在开发区投资了95个项目(2000年6月底数。因存在一家企业在多家开发区投资的情况,企业数有重复统计,故与全市口径有所差异)。[3]开发区的开放型经济主要指标在全市一直保持很高的比重,并年年有所上升。2000年与1995年比较,外商投资企业数由占36%上升到48.3%,实际利用外资额由占53%上升到59.6%,进出口总额由占31.6%上升到81%。五是台商投资密集区加快形成。"九五"时期苏州各主要开发区抓住台资纷纷向大陆转移、重点转向长江三角洲的机遇,大力吸引台商投资,利用台资出现了快速增长态势,协议投资额和实际到账额连年成倍增加。2000年末全市累计兴办台资企业2 000多家,合同利用台资102亿美元,到账台资54亿美元,分别占全市总额的28%、26%和27%,在来苏投资的100多个国家和地区中占据首位;占全省引进台资总数的2/3,并超过福建厦门和广

---

[1] 孟焕民、陈楚九:《第二次突破——苏州开发区建设实证研究》,人民出版社2002年,第41页。
[2] 沈炳荣:《我市农业外向型经济成绩显著》,《苏州日报》,1995年9月23日。
[3] 孟焕民、陈楚九:《第二次突破——苏州开发区建设实证研究》,人民出版社2002年,第42页。

东东莞而成为大陆台商投资密度最高的地区。台商投资产业集中度越来越高,已有包括明基、华硕、仁宝、国巨等300多家电子资讯业企业来苏投资。台商投资的区域集聚度也日益提高,昆山开发区、苏州高新区、吴江开发区成为台商集中投资区,三区的台资企业数超过全市一半,协议台资额占全市的近2/3。[1]六是开业投产"三资"企业运行情况大多良好。在外经贸部等部门首次排序并公布的"1996年度中国最大的500家外商投资企业"(按销售额排序)中,苏州有18家企业上榜。在"1997—1998年度中国最大的500家外商投资企业"中,苏州有16家企业上榜,其中昆山富士康、新区飞利浦、常熟夏普、张家港东海粮油、园区富士通、新区罗技等6家进入了前100强。在"1999—2000年中国最大的500家外商投资企业"排序中,苏州共有31家企业入榜,它们的年销售额共计378.71亿元,平均每家超过10亿元,其中电子信息和机械行业达16家之多。2000年全市开业投产"三资"企业4 761家,实现主营业务收入突破1 000亿元大关,达1 098.5亿元,占全市工业总产值的30%左右;实现净利润44.98亿元,其中年利润在1 000万元以上的企业有119家;全市工业系统产品销售收入最多、实现利税最多、固定资产最大的各50家企业中,外商投资企业分别占到31家、33家、28家之多;4 000多家外资企业自营出口82.72亿美元,占全市出口总额的78.9%;完成涉外税收54.8亿元,约占全市财政收入的35%;就业人数近50万,约占全市二、三产业从业人员总数的20%。

三、对外贸易全面拓展[2]

90年代,苏州仍把拓展对外贸易尤其是发展出口加工业放在十分突出的位置狠抓不放,全市出口总额由1991年的3.1亿美元增加到2000年的104.81亿美元,增长33.8倍,出口值占当年全市工农业总产值的比重达23.8%,占全省出口总额的40.7%,在全国大中城市中名列第4位。[3]这9年间全市对外贸易的发展变化主要可分为两个阶段。

---

[1] 苏州市对外贸易经济合作局:《苏州对外经济二十六年发展历程(1980年—2005年)》,内部资料,第255页。
[2] 本目主要参考陆允昌、高志斌主编《苏州对外经济五十年(1949—1999)》(人民出版社2001年版)第78—90页有关内容编写。以下凡同一出处的不再一一注明。
[3] 黄正栋:《数字见证苏州改革开放30年巨变》,苏出准印(2008)字JSE—1002233号,第105、111页;江苏省统计局、国家统计局江苏调查总队:《巨大的变化 辉煌的成就——江苏改革开放30年》,中国统计出版社2008年,第224页。

1. 自营出口初创发展阶段(1992—1995年)

在1992年全国性的外贸企业清理整顿和重新核准中,苏州市政府将原来享有进出口经营权的10家市外贸进出口公司按照"合并名称、不撤公司"的原则组建为3家公司,原有的公司分属于上述3家公司,并明确赋予其二级法人地位,从而保证了市级外贸公司队伍不散、力量不减,并能用足用好自营经营权。1995年市各外贸公司共完成自营出口2.89亿美元,比1991年增长了近1倍。同时,各县(市)外贸公司在1992年向上争取到了自营进出口权后,仅用3年时间自营出口就达5.13亿美元,占1995年全市外贸公司自营出口额的64.5%,其中张家港市外贸公司自营出口达1.78亿美元,成为全省乃至全国县级市外贸公司的排头兵。全市5个国家级开发区也积极申报成立对外贸易公司。随着开业投产的外商投资企业日益增多,1992年起外商投资企业出口额超过外贸公司和内资企业出口总和,成为全市出口队伍中的主力军。1995年全市外贸自营出口总额23.35亿美元,比1991年增长了6.53倍;出口的国家(地区)121个,比1991年增加了56个,其中年超1 000万美元的国家(地区)由3个发展到23个,出口欧美市场的份额由1991年的占24%提高到1995年占28.1%。

2. 调整改革促发展阶段(1996—2000年)

这一阶段虽然爆发了亚洲金融危机,给苏州的外贸出口带来了较大的负面影响,但在全市上下的正确应对和奋发进取下,成功实现了全市外贸出口的不降反升,2000年全市自营出口总额突破100亿美元大关,开始进入全国外贸出口强市行列。这一阶段全市外贸经营的发展主要有四个特点:

一是外贸公司步入改革轨道,发展活力增强。1996年,市委、市政府决定将7家市专业外贸公司的人、财、物全部与市外经委脱钩,其中丝绸进出口公司与市丝绸工业公司整合组建为科工贸一体化的苏州丝绸集团公司,其余6家合并组建为苏州进出口(集团)公司。这2个市级外贸集团成立后出口规模逐步扩大,市场竞争能力有所提升。1997年,由张家港市外贸公司为主体组建的江苏国泰国际集团成立,是为全市首家由员工和社会资本参股的股份制外贸经营集团,当年就以进出口总额4.33亿元的实绩跻身全国外贸公司50强。[1]至2000年,市、县两级外贸公司完成改制,共有26家公司拥有进出口经营权,总注册资本15 037万元,其中国有股占52.4%、社会法人股占13.2%、企业经营者和职工

---

[1] 中共张家港市委党史地方志办公室:《历史的回声——张家港市党史专题集(1962—2000)》,中央文献出版社2001年,第330页。

入股占总股本34.3%,经营者个人出资最多的100万元,出资比例最高的达75%,调动了企业经营者和业务骨干的积极性。

二是出口主体不断增多,内资和个私企业开始直接开展对外贸易。1998年,常熟市梅李镇8家经编布个体户成为苏州最早的一批个体创汇大户。1999年昆山三牛集团成为苏州首家享有自营权的私营企业,苏州市水产研究所成为全市首家获得自营进出口权的科研院所。[1]2000年起国家放宽了外贸经营权的审批,逐步由"许可制"改为"登记制",苏州的众多企业抓住机遇获得了自营进出口权,当年全市近200家内资企业完成自营出口额6.44亿美元,名列全省第一位,成为苏州自营出口的"三驾马车"之一。[2]

三是着力调整优化商品结构,机电产品出口能力增强。亚洲金融危机后,全市众多外贸生产、经营企业着力走好调整发展之路。1997年全市机电产品出口比重比上年上升6个百分点,占全市出口总额的40%,首度超过苏州传统优势的丝绸纺织产品,成为第一大类出口产品。1998年起,加大产品出口额名列全省首位、单项超过3 000万美元的彩色显示器、彩色电视机、鼠标器、电动工具、多层线路板、千斤顶等十多只产品出口力度。1999年,苏州被外经贸部、科技部确定为全国15个"科技兴贸"试点城市之一,市政府出台方案,加大高新技术产品出口的工作和扶持力度。2000年,全市机电产品出口62.34亿美元,占全市出口总额的59.5%,其中电子信息类产品及电气设备、零件出口达45.1亿美元,丝绸纺织原料及制成品出口比重下降为21.5%。

四是出口大企业不断涌现。1999年全市出口超1 000万美元的公司、企业达114家,其中外贸公司和自营生产企业26家、外商投资企业88家,其出口量占全市当年出口总额的70%;在外经贸部公布的"1999年中国出口额最大的200家企业"中苏州有11家名列其中,其年出口额都在1亿美元以上,昆山仁宝电脑以2.73亿美元名列苏州首位。在"2000年度全国出口额最大的200家企业"中苏州又有11家企业榜上有名,其中外商投资企业8家、外贸公司3家。这表明苏州的外贸出口已具有相当的规模优势和整体竞争实力。

---

[1] 阿斌、黄智:《昆山"三牛"集团成为省首家获进出口权的私营企业》,《苏州日报》,2000年1月24日;陆允昌、高志斌:《苏州对外经济五十年(1949—1999)》,人民出版社2001年,第393,397页。
[2] 苏州市经济贸易委员会、苏州市乡镇企业管理局、中共苏州市委党史工作办公室:《苏州乡镇工业》,中共党史出版社2008年,第61页。

四、对外经济技术合作开新局[1]

苏州的外经工作作为发展外向型经济的一个重要组成部分,在20世纪90年代的经济国际化进程中得到进一步的重视,市政府多次出台专门文件,从思想认识、工作思路、发展目标以及政策措施等方面提出具体意见。自1993年苏州国际经济技术合作公司首获授权至1999年,外经贸部先后批准苏州15个单位的对外经营权,其中6家享有对外劳务合作经营权,6家享有对外承包工程经营权,3家享有对外园林设计和古建工程承包经营权。1999年党中央、国务院提出"走出去"发展战略,苏州外经工作进一步形成以对外承包工程与劳务合作、开展境外投资与加工贸易为主体的格局。

1. 对外承包工程与劳务合作快速发展

1992年起苏州的对外工程承包和劳务合作开始快速发展,至1999年全市先后承接项目1 910个,合同金额5.96亿美元,实际完成营业额5.1亿美元,累计外派劳务人员5 799人;1999年苏州实际完成对外承包工程与劳务合作营业额占全省的13.8%、全国的1%。2000年全市外派的劳务人数猛增到6 426个,新签合同额1.22亿美元,实际完成营业额1.21亿美元。这一时期,苏州工程技术和劳务人员的足迹遍布世界近100个国家和地区,虽然主要集中在第三世界国家,但也涉及美、英、法、德、俄、日等发达国家;劳务输出主要集中在纺织、服装、制鞋等劳动密集型行业的一线操作岗位,还涉及电子、机械、海洋捕捞、服务业等,也有以技术指导为主的项目,如1993年苏州针织总厂18名工程技术人员赴斯里兰卡进行了为期1年的技术服务;承包的工程中不乏一些当地的标志性建筑,如纳米比亚高等法院大楼、乌干达民航局办公楼、赞比亚卡翁达学校、澳门莲花大桥、新加坡大戏院工程等;较有特色和优势的项目是苏州古典庭院和建筑营造项目,且大都为项目的全程化、一揽子承包,把苏州园林和古典建筑营造技艺推向了世界。如苏州古典园林建筑公司在美国佛罗里达建造的"锦绣中华"工程,建筑面积达6.3万平方米,创汇1 120万美元,是当时中国在境外承担的最大旅游开发项目,1993年12月开园时江泽民主席发去"让世界了解中国"的贺电;苏州国际经济技术合作公司在美国波特兰市承包建成了"兰苏园",被誉为"镶嵌在世界著名环保城的一颗东方绿宝石"。

---

[1] 本目主要参考廖志忠所著《苏州对外经济技术合作发展专述》一文(刊载于陆允昌、高志斌主编《苏州对外经济五十年(1949—1999)》,人民出版社2001年版,第123—132页)编写。以下凡同一出处的不再一一注明。

2. 境外投资经历调整实现恢复性发展

由于在国内企业到境外投资问题上宏观政策的调整变化,这一时期苏州的境外投资经历了"发展高潮期—整顿调整期—恢复性发展期"的起伏变化。针对东欧剧变、苏联解体的局势,1992年国务院制定了一系列优惠政策,鼓励国内企业到这一地区建立独资或合资企业,同时明确这些办法适用于周边国家。在此引导下苏州企业很快出现了一波向境外投资的高潮,1991—1994年全市经批准或备案的海外非贸易企业达141家,协议总投资4 669万美元,中方协议投资2 188万美元,其中在苏联(俄罗斯)、东欧地区和越南、老挝等国的项目103个,占73%。1995年起东欧各国的经济状况不断恶化,外经贸部做出暂停审批境外投资项目并对已批办项目进行清理整顿的决定,当年全市报撤境外企业66家,1996年、1997年又报撤了56家。这几年中苏州的有关企业以更稳妥的态度开展境外投资工作,至1998年先后在十多个国家投资举办了14家境外生产性企业和13家贸易代表处、对外承包劳务办事处或海外公司。1999年初党中央把"走出去"发展作为实现经济国际化的一项重要战略提了出来,国务院做出鼓励企业开展境外加工装配业务的部署。苏州迅速落实了贯彻措施,当年5月,经批准苏州仪表总厂、电瓷厂、江南电梯厂、张家港市建筑工程公司等4家在境外举办的非贸易企业进入我国首批"50家境外加工贸易企业"行列,下半年又有3家获准,累计批准数占全省的22.6%,其中昆山建达制衣服装公司在柬埔寨创办的远东纺织品有限公司成为苏州私营企业中首家海外生产性企业。[1]至2000年底,苏州共在37个国家和地区实际举办了74家境外投资企业。

第四节 经济总量跃升和结构逐步优化

20世纪90年代,苏州各级各部门抓住机遇,乘势而上,推动一、二、三产业全面、快速、协调发展,全市经济总量又上了一个大台阶,经济结构日趋合理优化,经济综合竞争能力进一步提升,稳固确立了全国经济大市的地位,逐步成为国内先进制造业重要基地、全球新兴科技城市、国际著名旅游城市。

一、国内先进制造业重要基地初步形成

虽然苏州的工业经济总量1990年已达500多亿元的规模,跻身全国大中城

---

[1] 苏州市对外贸易经济合作局:《苏州对外经济二十六年发展历程(1980年—2005年)》,内部资料,第242页。

市的第4位,但由于主要靠乡镇工业"发家"和"支撑",中小企业的比重过高,全市按国家有关部门1992年重新制定的标准划定的大型企业仅27家,中型企业也只有250家,大、中型企业相加只占全市独立核算工业企业总数的1.71%,在全市乡级以上工业企业中也仅占4.8%,而且相当大一部分仍属于传统企业和传统产品。以市区近900家企业为例,1991年拥有的高新技术产品仅155种,年产值才10亿元,只占市区工业总产值的11.2%。总体上看,属于"小萝卜头一筐"的格局。进入90年代,苏州工业由于种种原因,生产能力过剩、资源配置浪费、效益低下的矛盾日趋突出,继续靠低水平重复、"以量取胜"已经难以为继,难以与日趋搞活的国有大企业和不断进入的外商投资企业同台竞争,若想在20世纪90年代继续加快发展、在国内日趋激烈的发展竞争中保持总量领先的地位更是难上加难。[1]正如江苏省委常委、苏州市委书记杨晓堂在接受《光明日报》记者采访时所说的那样:"改革开放的前十几年,苏州城乡经济发展的成就是巨大的,但也付出了很大的代价。在过去的十多年里,苏州为了实现快速增长,兴办了1.32万个工厂(包括乡镇企业),职工队伍扩大到160万人,还不包括50万外来工。为了办这些工厂,占用土地60万亩(还不包括城镇建设、基础设施建设用地在内),还带来了一些环境、水质污染等问题。这种扩大外延再生产、以量的扩张为主的道路,在当时的历史条件下是可行的,但今后决不能也再也没有条件那样干了。我们必须将经济发展从量态扩张向质态提高转移,把技术创新作为新一轮发展的关键来抓,加大经济结构调整力度,提高经济运行质量,这是推动苏州经济持续、协调、快速发展的必由之路。"[2]

面对进一步发展面临的新挑战,市委、市政府按照中央提出的实现"两个根本性转变"的要求,坚持从苏州的实际出发,紧紧抓住工业结构调整优化这根主线,审时度势,先后部署实施了市区工业"新兴工程"、县(市)工业"振兴工程"及区域性工业布局调整优化工程、扶优扶强工程、名牌培育工程、淘汰压缩落后产能等重大工程,从而有效推动90年代苏州工业经济继续呈现持续、高速增长的态势。全市工业总产值由1991年的659.88亿元猛增到2000年的3620.74亿元,9年增长4.49倍,年平均增长速度达24.8%[3],远远高于全省、全国的发展速度,在全国地级以上城市中的位次1992年起超过北京、天津,晋升至仅次于上

---

〔1〕 中共苏州市委办公室:《我市加快工业结构调整的调查》,《苏州日报》,1997年7月17日。
〔2〕 朱庆:《苏州:跨世纪的创新工程》,《苏州日报》,1998年5月20日。
〔3〕 黄正栋:《数字见证苏州改革开放30年巨变》,苏出准印(2008)字JSE—1002233号,第22、104、105页。

海的全国第二位。在工业总量拾级而上的同时,工业的结构也发生了重大变化。2000年全市规模以上工业中,重工业产值首次超过轻工业,重工业所占比重由1990年的33%、1995年的40.3%上升至45.13%,改写了苏州工业向来以轻纺工业为主的历史;[1]经济增长方式开始走上从粗放型向集约型转变的轨道,逐步形成一个以高新技术产业为龙头、规模型企业为领头、名牌优势产品为拳头,传统产业和新兴产业、支柱产业和战略产业协调发展,并在国内外具有比较优势和实力地位的新型工业结构和现代工业体系,逐步成为我国先进制造业的重要基地。

根据国际经济学家钱纳里等人提出的关于工业化发展阶段的划分和测算方法,2000年,苏州人均GDP达到26 692元(按户籍人口计算),折合3 255美元(按当时官方汇率1∶8.2计算),第一、二、三产业结构比为5.9∶56.5∶37.6(按各业增加值占GDP的比重计算),就业结构比为21∶49.8∶29.2,制造业占GDP的比重达51.3%。这几项指标均表明,苏州的经济和社会发展已进入20世纪末国际工业化中期水平。[2]

1. "八五"工业的快速发展与初步调整

市区工业"新兴工程"的实施。20世纪80年代苏州乡镇工业的异军突起,带动了县域工业经济迅速崛起,而1991年苏州市区工业产值还不足100亿元(92.74亿元),只占全市工业总产值的15.28%。在酝酿苏州90年代新发展的关键节点上,1991年下半年开始,市委、市政府决策在市区工业中实施"新兴工程",旨在通过抓好一批重大工业项目的实施,带动市区工业结构大规模、高起点调整优化,战略性新兴支柱产业加快培育成长。[3]这一被视作重振市区工业雄风"希望工程"的"新兴工程"实施后,力度不断增强,水平年年提升,成效日益凸显。1991年规划时计划工程总投资11.3亿元,头两年间竣工了39个项目,完成投资5.92亿元;[4]至1997年6月底累计竣工投产142项,竣工项目总投资117亿元,新增固定资产总额92亿元,相当于中华人民共和国成立40年来市区工业

---

[1] 黄正栋:《数字见证苏州改革开放30年巨变》,苏出准印(2008)字JSE—1002233号,第23页。
[2] 黄正栋:《数字见证苏州改革开放30年巨变》,苏出准印(2008)字JSE—1002233号,第22、46、104、105、121、133页。
[3] 《抓住机遇,全面推进苏州工业结构调整——苏州市人民政府在全省工业结构调整工作交流会上的交流发言材料》,1997年7月23日,第2页,苏州市档案馆藏,档号C10—9—59。
[4] 王文标:《市区新兴工程的回顾与展望》,《苏州日报》,1995年5月16日。

全部固定资产原值的2倍。[1]刚开始实施时主要立足于依靠地方自身的资金力量,1994年利用外资项目数和投资额分别提高到占"新兴工程"实施项目总数和投入总额的30%和72%,到1995年已有26家国际著名跨国公司、大企业、大财团来苏参与"新兴工程"项目建设,外商投资规模已达9.85亿美元。1991年竣工的12项"新兴工程"项目中有10项属于传统产业改造,到1994年属于高新技术产业的项目已占到50%,到1995年工程项目引进的装备技术中3/4达到了国际国内同类装备先进水平,十多只国际名牌已形成规模批量,新兴产业产出比重占当年市区"新兴工程"项目总产出的90%,比1993年增加了59个百分点,由此加快了市区工业产品结构的升级换代。市区工业"四大名旦"之一的孔雀电视,在经历了90年代初产品竞争力衰减的痛苦之后,与荷兰飞利浦公司全面合作,总投资达9 559万美元,引进世界一流的彩电开发制造技术,成为我国电视机行业当时最大的合资企业,被列入1993年国家54个重点项目之一,企业重新呈现产销两旺的可喜局面。苏州电梯厂与迅达合资后,使原来60年代的产品一下提高到90年代国际先进水平,苏州迅达公司一跃成为我国产量最大、出口量最多的自动扶梯制造基地。苏州试验仪器厂以技贸结合的形式从日本引进电动式振动台,通过消化、吸收成为国内唯一能够制造当时最先进的电动振动台的企业和全省首批高新技术企业,企业的经济效益综合指数在全国同行中名列榜首。[2]市区丝绸行业从纺丝、织造到印染、后整理大规模引进国外先进技术和装备,使大部分企业的技术装备接近世界平均先进水平,产品的市场覆盖日趋广阔,在全国同行业中继续保持领先地位。[3]"新兴工程"的实施,使"八五"时期的市区工业上了一个较大的台阶。一方面是总量迅速做大,与快速崛起的县域工业保持了同步增长;另一方面是质量效益显著提升,结构趋于优化。市里确定的六大支柱产业在市区已形成雏形、初具规模,1995年末在市区工业经济总量中的比重已达29%,比1991年增加了18个百分点。随着苏州铜材厂高精度铜板带、苏州钢铁厂特优钢、苏州化纤厂聚酯切片、苏州化工农药集团的华苏塑料、华苏石油化工加工项目等一批大项目的相继上马投产,一直薄弱的重化工业与基础原材料工业逐步做大做强,轻重工业比例趋于合理。[4]在国家统计部门

---

[1]《抓住机遇,全面推进苏州工业结构调整——苏州市人民政府在全省工业结构调整工作交流会上的交流发言材料》,1997年7月23日,第2页,苏州市档案馆藏,档号C10—9—59。

[2] 王文标:《市区新兴工程的回顾与展望》,《苏州日报》,1995年5月16日;黄戟、朱名驹:《市区新兴工程纪实》,《苏州日报》,1996年11月27日。

[3] 文标:《我市现代工业体系初步形成》,《苏州日报》,1997年8月23日。

[4] 朱名驹:《市区三十九个"新兴工程"投产》,《苏州日报》,1993年10月1日。

1994年底评选揭晓的"全国千家效益最佳工业企业"中,苏州钢铁厂、胶囊公司、电视机厂、化工农药集团、迅达电梯公司、振亚集团、长城电器集团、钟表元件厂、机床电器厂等9家市属企业(含中外合资企业)名列其中。在国家统计局公布的历年"中国500家最大工业企业"名单中,市属企业中的长城电器集团1992—1995年连续4年入列,香雪海电器公司、苏州钢铁厂、苏州电视机厂、苏纶纺织品公司1992—1994年连续3年入列。

县属工业"振兴工程"的实施。在市区"新兴工程"实施的同时,市委、市政府部署在县(市)属工业中实施"振兴工程"。各县(市)从各自的特点出发,致力于两三个重点领域的突破,初步形成了各具特色的新兴产业体系。张家港市,市属工业1992—1994年间共投入36亿元,把主攻目标定位在粮油加工、重化工、钢铁三个支柱产业上。1993年合资建办的东海粮油首期项目投产后成为世界第二的综合性粮油加工企业,其生产的"福临门"牌食用调和油成为国内知名度极高的商品。沙钢集团1993年在国家统计局公布的"中国500家最大工业企业"中的位次提高到161位。1994年与港商兴建亚洲首座90吨超高功率交流竖式电炉,同时引进五流弧形连铸机、高速线材轧机等,1995年投产后形成年产70万吨钢、63万吨硬质高速线材的生产能力,电炉钢生产能力成为"全国之最",被冶金部确认为代表当今冶金工业发展方向和先进水平;企业的总资产达34亿元、销售收入23.6亿元、完成利税1.2亿元,在全国大中型工业企业竞争力百强中位居第10位,成为全国首个跻身十强的县属企业。[1]1993年张家港县属工业完成产值65亿元,夺取全省县属工业第一;1994年工业产值82亿元,亿元企业由1991年的3家增加到23家,利税超1 000万元的大户由1992年的1家增加到13家;[2]1995年实现工业产值猛增到120亿元。常熟市,常熟被单厂以赶超世界名牌美国"大炮"牌床上用品为目标,1992年在全国同行业中产量、销量、效益、产品水平夺取了4个第一,李鹏总理到厂考察时连声称好,欣然为企业题词"质量取胜,价格取胜,敢超世界名牌";[3]1994年总共186家市属企业中有29家跨入大、中型企业行列,有15家跨入年产值超亿元行列;键合金丝、丙纶超细旦丝、千斤顶、小口径无缝钢管、紧固标准件、冰箱压缩机、冰柜等一批产

---

[1] 沈石声:《"沙钢"90吨竖炉炼钢连铸热调试一举成功》,《苏州日报》,1995年10月4日;沈石声:《"沙钢"在全市率先被列为省重点大型企业集团》,《苏州日报》,1996年7月26日。

[2] 苏州市经济委员会:《走向辉煌——阔步前进的苏州工业经济》,古吴轩出版社1994年,第105、303页。

[3] 苏惠中:《李鹏总理在苏州考察》,《苏州日报》,1992年5月27日。

品在全国居于领先地位;1995年市属工业实现工业总产值近100亿元,比1991年接近翻两番。[1]太仓市,在市属工业中着重做大做强纺织、铜材、机电等支柱型行业。利泰纺织厂淘汰更新了落后纱锭,装备起大批成套先进设备,1994年完成工业产值2.62亿元、出口创汇1 100万美元,成为省棉纺织业的国有大中型企业和纺织品出口重要基地。太仓铜材厂开发生产的超长冷凝管、紫铜盘管、大卷重空调盘管和冰箱管填补了国内空白,形成年万吨铜材加工基地。江南空调器总公司(太仓冷气机厂)重建的新厂装备6条各类空调的全自动装配流水线,1994年投产后产能提高到年20万台。工业搪瓷厂开发生产的搪玻璃真空干燥机被国家质监局评为1993年全国名牌产品。[2]昆山市,至1994年共组织实施了8期、总计128个"振兴工程"项目,竣工93个,完成总投资28.39亿元,拓展了多个新兴工业门类。昆山制药总厂1994年被列为全国医药工业50家最大企业之一。昆山化工集团(原昆山化工厂)发展成为全国品种最多、销售量最大的新型化学除草剂生产企业。锦港集团公司(前身为昆山化肥厂)1993年纯碱产量为全国第一。昆山印染厂先后成功开发多类深加工新产品,外贸交货额连续6年居昆山市首位。江苏三山集团着重研发生产获纺工部新产品"金牛奖"、国家科技进步三等奖、国家级新产品、纺工部"八五"攻关项目的多类差别化纤维新产品,1993年9月"苏三山"股票在深圳挂牌上市,成为苏州第一家上市企业,也是全国县属企业中首家上市公司。昆山皮件羽绒服装厂的"并蒂莲"牌羽绒服1994年在全国首届羽绒服评比中被评为中国名牌产品。[3]吴县,1992—1995年间共实施"振兴工程"项目327个,总投资87.37亿元,1994年151家县属工业企业共实现工业总产值67.7亿元,比1991年增长2.18倍,形成了家电、丝绸、医药、化工、冶金等几个优势产业。骆驼电器集团(前身为吴县防爆电机厂)经过技改扩能,其主打产品各类电扇在国内外市场的知名度仅次于苏州长城电扇,产销量也与其不相上下,1994年各类家用电器产品产量逾500万台,完成工业总产值6.8亿元,名列全县之首,成为机械工业部重点大中型企业。吴县丝绸印染总厂1994年引进8套国内外最先进的印染设备,年产真丝绸印染产品扩大至1 000万米。吴县工艺制衣集团跻身省级企业集团(更名为江苏吴中集团公

---

[1] 苏州市经济委员会:《走向辉煌——阔步前进的苏州工业经济》,古吴轩出版社1994年,第100、101、283、286页。

[2] 苏州市经济委员会:《走向辉煌——阔步前进的苏州工业经济》,古吴轩出版社1994年,第108—111页,第310页,第312—315页,第320页。

[3] 苏州市经济委员会:《走向辉煌——阔步前进的苏州工业经济》,古吴轩出版社1994年,第114页,第327—324页。

司),1994年实现产值6亿元、利润2 700万元,成为全市服装业的骨干企业。苏州立达制药公司开发生产了国家级新药莎菠立栓剂和新安络血片,老产品10%葡萄糖质量名列全国第一,盐酸林可霉素注射液名列全省第一。[1]吴江市,1993年、1994年竣工投产"兴吴工程"(即吴江的"振兴工程")重点技改项目66只,新增固定资产约6亿元,完成投资20多亿元,使市属工业的规模和水平都上了一个大档次,80家市属工业企业中有6家列入国家大型企业,占到苏州全市总数的22%,还有10家列入中型企业;1994年产值超亿元的企业有14家,产值超5 000万元的企业有10家;1995年完成工业总产值超过60亿元,比1991年增长了1.4倍。市属丝绸工业持续推进装备、技术进步,新生丝织厂在全国丝绸行业首家引进200台喷气织机,新民丝织厂拥有世界先进水平的喷水、喷气、剑杆三种无梭织机已达400台,列全国同行业第一位,吴江丝绸印花厂引进电脑印花、转移印花、圆网印花机及碱减量处理机等先进设备,2家绸缎炼染厂的设备也提档升级。雄厚的设备优势与"盛(泽)绸"精工织造的传统技术优势相结合,使吴江丝绸业如虎添翼,真丝绸产量、深度加工真丝印花绸量、丝绸出口量均创历史最好水平,1994年新联丝织厂进入"中国500家最大工业企业"行列。[2]

乡镇工业"抓机遇,上台阶"进入发展鼎盛期。一是大投入大产出,实现超常规发展。1992年、1993年两年间,全市乡(镇)、村两级新办工业企业近1 000家,新上基本建设和技术改造项目超过1万项,总投资规模达263亿元之多,超过"七五"时期总和的1.5倍;新增固定资产117.9亿元,固定资产总额达231.13亿元。1993年全市乡镇工业产值首次突破千亿元大关,达1 386亿元,在全市工业经济中形成"四分天下有其三"的格局;实现利税总额60多亿元,其中利润39.5亿元,比1991年分别增长2倍和3倍。1994年、1995年两年中又新上基建和技改项目4 941只,总投资规模达233亿元,新增固定资产约180亿元。1995年完成工业总产值2 135亿元,利税总额82.96亿元,其中利润49.32亿元;苏州乡镇工业总产值占全省乡镇工业总产值的26.35%。[3]二是大力向

---

[1] 苏州市经济委员会:《走向辉煌——阔步前进的苏州工业经济》,古吴轩出版社1994年,第117、118页,第345—353页;苏州市吴中区地方志编纂委员会:《苏州市吴中区志(1988—2005)》,上海社会科学院出版社2012年,第495、545页。

[2] 苏州市经济委员会:《走向辉煌——阔步前进的苏州工业经济》,古吴轩出版社1994年,第121—123页,第354—356页,第362页;沈炳荣、沈惠忠:《吴江丝绸工业利润十年翻两番》,《苏州日报》,1994年1月25日。

[3] 全省乡镇工业总产值数据来自贾蔤、唐文起主编《江苏通史·中华人民共和国卷(1978—2000)》(凤凰出版社2012年版)第225页。

外开拓,经济国际化程度显著提高。1992年、1993年两年中,全市乡(镇)批办"三资"企业3 700多家,合同利用外资43亿美元,累计创办4 593家,累计合同利用外资60多亿美元,实现全市每个乡(镇)都有外资企业,并涌现出吴县甪直、张家港杨舍等一批累计创办"三资"企业超100家的乡(镇);实现每个乡(镇)都有出口产品,1993年乡(镇)、村两级工业企业外贸收购额270.8亿元,占全市乡镇企业销售总额的30%,占全市外贸收购额的70%以上。由此乡镇企业成为全市发展外向型经济的生力军和主力军。1994年、1995年两年中,乡(镇)又新批办"三资"企业1 293家,新增合同外资37.7亿美元,累计举办"三资"企业5 750家,占全市举办外商投资企业总数的68.7%,累计合同利用外资接近100亿美元,占了全市总额的一半;1995年完成外贸交货额538亿元,占乡镇企业销售收入的43%,在农业部和外经贸部联合评选表彰的全国乡镇企业出口创汇优胜单位中,张家港、吴江、吴县荣获"全国五强县(市)",杨舍镇、塘桥镇、盛泽镇荣获"全国五强乡(镇)",沙洲纺织印染公司、吴江医疗保健品总厂、吴江工艺织造厂进入"全国十强企业"。三是规模经济加快培育壮大,整体竞争实力显著增强。各地和广大乡镇企业大力破除以往"船小好调头"的习惯思维方式,依靠行政推动和市场取向的选择,积极推进生产要素的集聚和优化组合,一批昔日单枪匹马闯荡江湖的"小舢板"抱团发展壮大为能够抗拒大风大浪的"航空母舰"。至1995年,全市共组建起乡镇企业集团328家,其中有153家跻身省级企业集团行列,56家跻身农业部命名的全国乡镇企业集团;有350个村、厂的工业产值超亿元,其中超10亿元的有6个,超20亿元的有3个;涌现出14个利税超亿元的镇和100多个超1 000万元的村、厂,这些规模型骨干企业的产、销、利等主要指标占到全市乡镇企业总量的50%以上。在"1993年度全国千家效益最佳工业企业"评选中,吴县木渎水泥厂、吴江工艺织造厂、永鼎电缆厂、特种电缆厂、亨通电缆厂、张家港申洲毛纺集团、春洲旅行车集团、华菱集团、华芳集团等9家乡镇企业入列;在"1995年度中国500家最大工业企业"名单中,金猫集团公司(前身为吴县木渎水泥厂)、盛泽印染总厂、吴江工艺织造厂等3家乡镇企业入列。四是乡镇工业布局由分散走向集中,经济集聚度有所提升。至1994年,全市乡镇工业小区已聚集了约20%的乡镇企业、40%的"三资"企业、40%的乡镇工业产值;至1995年,全市乡镇工业小区实际开发面积已达315.66平方公里,平均每个小区2平方公里,成为苏州乡镇工业续写新辉煌的重要载体。[1]1992年5月,李鹏总理来到吴县渭塘乡渭西村星火五金厂、渡村乡锦祥毛纺织有限公司、张家港中港纺织集团公司、振业橡胶总厂和常熟市乡镇企业产品展览馆参观考察,看到苏州乡镇企业拥有这么好的设备、这么好的管理、这么好的效益,连连称赞。[2]1995年5月,江泽民总书记参观考察吴江芦墟苏州通讯电缆厂和盛泽印染总厂,热情赞扬这两家乡镇企业深化改革、大搞技改、走向市场所取得的成绩。[3]

2. "九五"期间工业的发展举措和调整成效

1996年2月,市委、市政府提出了"九五"期间重组苏州工业整体优势的总体思路,要求着重围绕"一个目标"(即形成经济国际化、技术高新化、产业规模化、经营集约化、装备现代化、布局最优化、运行高效化的现代工业体系,到20世纪末实现工业基本现代化),搞好"三个结合"(即与开发区建设相结合,加快生产力布局的调整;与发展社会主义市场经济相结合,加快组织结构、资产结构的调整;与发展开放型经济相结合,加快产业结构和产品结构调整),抓好"四个方面的优势重组工作"(即加快调整工业布局,重组产业优势;加快企业组织结构调整,重组规模优势;加快技术进步,重组科技优势;加快培育和造就企业家群体,重组人才优势)。[4]全市各级和各工业部门按照上述要求和部署,采取了一系列扎实有效的举措,促进全市工业经济运行质量的提高和产业转型升级。

一是培育壮大六大新兴主导产业,努力实现产业升级。1994年10月市第八次党代会首次明确提出:全市"工业结构调整的方向和重点,主要是促进六大支柱产业的发展,即电子信息产业、机电一体化产业、新型家用电器产业、精细化工产业、生物医药和食品产业、新材料产业"[5]。之后又根据实际情况,对具体门类作了一些微调,调整为电子信息、精密机械与机电一体化、新型家用电器产业、石油化工与精细化工、生物医药、基础原材料与新型材料产业,总的称谓也改为

---

[1] 邬大千:《农村城市化进程的最新发展——苏州市乡镇工业小区现象述评》,《苏州日报》,1995年12月12日。
[2] 苏惠中:《李鹏总理在苏州考察》,《苏州日报》,1992年5月27日。
[3] 殷学成:《江总书记在苏南》,《苏州日报》,1995年5月24日。
[4] 文标、志雄:《全市工业经济会议提出实现转变总体思路》,《苏州日报》,1996年2月13日;《"九五"期间我市工业结构调整的思路和措施》,见苏州市人民政府办公室:《内部情况通报》第33期,1997年4月29日,苏州市档案馆藏,档号C1—30—918。
[5] 中共苏州市委党史工作办公室、苏州市档案局(馆):《中国共产党苏州市历次代表大会(会议)文献汇编》,苏出准印JSE—001549号,2001年,第510页。

"六大新兴主导产业"。[1]全市多措并举,加快培育和壮大六大新兴主导产业。其一,大力吸引属于六大新兴主导产业的外资项目,尤其是在国际同行业中技术和装备领先一步、处于产业链关键环节、龙头带动作用明显、投资规模巨大的"旗舰型"项目落户苏州,从而实现"借鸡生蛋""借梯登楼"。其二,继续组织实施好"新兴(振兴)工程"。市区1997年起实施单项投资额1 000万美元以上的重点项目125项,总投资53亿美元。其三,组织实施好国家"双加"工程项目。即国家经贸委于1994年起组织实施的"选择一批条件好的企业,抓一批水平高的技术改造项目,集中资金加大技改投资力度,加快技术改造步伐,促进经济结构有效调整和整个行业上水平"。全市仅列入国家二期"双加"计划的项目就有63项之多,争取利用到国家专项贷款14亿元。[2]2000年全市六大新兴主导产业实现销售收入854亿元,占全市规模以上工业销售收入比重的40.3%,其中市区比重高达58%,比1995年末的29%整整翻一番,表明其在全市工业中的主导地位开始确立。

电子信息产业:也称电子资讯产业,或IT、IC产业,是六大新兴主导产业中隆起最快、占比最高、产业链最为完整、与世界领先水平最为接近、对外界影响最大的产业。自90年代初起,荷兰飞利浦、瑞士罗技等在苏州高新区、昆山开发区创办独资或合资的计算机零部件和高清晰度大屏幕彩电生产厂,迈出了苏州电子信息产业的第一步。其后,以明基电脑、仁宝电脑、爱普生显示器、高创显示器、摩托罗拉手机、诺基亚手机等为代表的系统厂商进驻苏州,松下、福田、富士康等为代表的计算机、数码电子元器件生产企业、半导体集成电路研发生产企业也大量进驻苏州,形成了电子信息产业的完整产业链条,几乎囊括了生产一台完整电脑和一部完整数码终端产品所需的全部零组件,迈出了苏州构筑国际性IT产业制造业基地的第二步。90年代末,昆山开发区广志电子公司生产出中国大陆首台笔记本电脑,台湾最大的电脑生产企业宏碁集团落户昆山,标志着全国乃至亚洲最大的笔记本电脑生产基地正在崛起;工业园区的三星、超微、哈里斯、日立、AMD等半导体生产企业开工投产,罗礼、国巨、华硕等旗舰型项目进驻苏州高新区,标志着苏州的电子信息产业迈出了与世界同行业保持同步发展并具备

---

[1]《抓住机遇,全面推进苏州工业结构调整——苏州市人民政府在全省工业结构调整工作会议上的交流发言材料》,1997年7月23日,苏州市档案馆藏,档号C10—9—597。
[2]《"九五"期间我市工业结构调整的思路和措施》,见苏州市人民政府办公室:《内部情况通报》第33期,1997年4月29日,第2页,苏州市档案馆藏,档号C1—30—918。

冲刺"塔尖"能力的第三步。[1]到1999年底,全市电子信息产品有41只年销售收入超过5 000万美元,有的产品在全国乃至世界都占有一席之地:全球鼠标器产量1.56亿只,罗技公司生产的鼠标器占世界总量的50%;全球显示器总产量1.06亿台、总销售1.02亿台,中国总产量2 000万台、出口量1 480万台,苏州总产量583万台、出口426万台,苏州产量占全球的5.5%、占全国的29.2%,出口量占全国的28.8%;苏州高新区企业生产的电脑键盘和扫描仪各为600万只、电脑摄像头30万只,分别占国际市场的10%、13%和30%;苏州地区的IC后道封装量占国内一半以上,成为中国IC生产基地。[2]在苏州进入"1999年度全国进出口额最大500家企业"行列的29家企业中,属于电子信息产业的有17家之多,其中仁宝电子、明基电脑、飞利浦消费电子、罗技电子、夏普办公设备、苏州爱普生等6家进入全国前100位。2000年,全市具有一定规模的电子信息产品制造企业共600多家,完成工业总产值470亿元、利税总额56亿元、出口额30亿美元,分别占全市总额的19.6%、30.4%和28.6%;实现销售收入460亿元,占全市六大新兴主导产业的51.3%;全市电子信息产品制造业经济总量已占全国的15%左右,超过"中国IT产业起飞之地"的广东东莞,紧随上海、深圳、天津之后列全国第四,苏州开始成为全国重要、世界知名的电子信息制造业基地。[3]

机电一体化及精密机械产业:依托大批拥有世界先进技术装备与高端产品的外资企业的进入和在苏部属企业、本地骨干企业的集体发力,规划重点发展的七大机电一体化产业(新型建筑机械、新型纺织机械、木材自动加工设备、净化环保设备、成套开关设备、交通运输设备、大型农业机械)和五项精密机械产品(数控线切割机床、高智能测量仪器、高科技治疗诊察仪器、航空发动机及零部件、大功率振动试验台)都得到长足发展。苏州迅达公司成为全国电梯行业排头兵,跻身中国1 000家最大工业企业行列。[4]长风机械总厂、二六七厂、苏州三光电公司研制的快速走丝线切割机床打开了欧美市场。沙迪克三光机电公司、苏州电加工机床研究所实现了我国与国际电加工水平的接轨。[5]苏州第一、第三光学

---

[1] 高坡:《苏州IT"主板"冲刺"塔尖"》,《苏州日报》,2001年8月25日。
[2] 孟焕民、陈楚九:《第二次突破——苏州开发区建设实证研究》,人民出版社2002年,第48、49页;沈安华:《我市外销产品结构出现新变化:计算机设备成为出口第一大户》,《苏州日报》,1999年6月13日;宓晓文:《苏州工业凸现产品技术优势》,《苏州日报》,2001年2月7日。
[3] 文标:《建设人间新"天堂"的基石——我市加强技术创新,推进高新技术产业化综述》,《苏州日报》,2000年5月27日;宓晓文:《苏州成为电子城》,《苏州日报》,2001年5月6日。
[4] 童志宏、诸宝鑫:《迅达第1万台电梯出厂》,《苏州日报》,1998年6月19日。
[5] 王伟民、姚喜新:《苏州沙迪克三光机电有限公司的技术创新之路》,《苏州日报》,2001年9月22日。

仪器厂的精密光学机械技术达国际、国内一流水平。[1]吴江环保设备厂有4项技术获国家专利、3项产品为国家环保推广项目,一举成为全国除尘器行业新霸主。[2]苏州医疗器械厂研制出眼科医疗器械尖端科技产品——国产准分子激光眼科治疗机。[3]苏州阿尔斯通开关公司、常熟开关厂开发出具有当代国际先进水平的成套输配电设备和开关设备,被列为国家重点新产品,成为行业"大哥大"。[4]常熟通润机电集团公司2000年产销量跃居世界商用千斤顶第一。[5]苏州试验仪器厂设计研制出达到国际先进水平的5只振动试验台新品,为我国航天、汽车工业的产品研发提供了可靠的试验平台。苏州阀门厂研制生产高技术含量和高附加值的各类高中压阀门,被誉为"中国的阀门王国"。[6]苏州林业机械制造厂研制生产出14项国家级木材加工重点新产品,获评"国家重点高新技术企业",1999年起承担并完成了3项国家级研发项目。[7]苏州冶金机械厂研制开发出YZB14-18压路机、23辊矫直机分配箱等一批服务宝钢、面向全国冶金厂矿的高新技术产品,替代了进口产品。全市各开发区也先后引进了一大批精密机械加工制造企业,拥有世界一流的装备和加工制造技术,有的成为世界第一的专业制造基地,有力提升了苏州机械制造加工业的整体水平和实力。汽车、电动车及其零部件制造业,"九五"期间虽未列入全市六大新兴主导产业发展规划,但在这一期间已开始全面破土,并呈现很大的成长性,为"十五"期间跻身苏州的新兴主导产业奠定了坚实基础。苏州汽车工业最早发祥地的张家港,1995年联合组建江苏牡丹汽车集团公司,1998年可实产各类整车2万辆,中巴车产销量一跃成为全国第一,中型客车销量跻身国内五强行列,实现销售17亿元、利税近2亿元,名列苏州产品销售收入最多50家企业之列。[8]市机械控股(集团)公司与厦门金龙汽车联合公司1999年合资建立金龙汽车(苏州)公司,第二年推出豪华城间巴士,实现销售收入6.7亿元、利润5 660万元,成为全市机械系统的

---

[1] 周震麟:《"一光"仪器创一流效益》,《苏州日报》,2000年6月13日。
[2] 文洪:《激越的创业之歌——记吴江宝带除尘设备有限公司总经理宋七棣》,《苏州日报》,2001年5月14日。
[3] 陈红喜、王觉明:《准分子激光眼科治疗机造福患者》,《苏州日报》,1999年11月30日。
[4] 宋欣:《创新引领发展——来自常熟开关厂的报道》,《苏州日报》,2001年5月28日。
[5] 张成林:《产学研结合推进常熟工业发展》,《苏州日报》,1999年10月16日。
[6] 黄新炎、马缨:《勇立潮头创新业》,《苏州日报》,1998年9月3日。
[7] 尹平、觉明、国宪:《"苏福马"一马当先产销两旺》,《苏州日报》,2000年10月11日。
[8] 司凤高:《初冬"牡丹"俏春城》,《苏州日报》,1998年12月7日;王晓宏:《"牡丹"汽车繁花似锦》,《苏州日报》,2000年12月9日。

第二大企业。2000年全市生产各类汽车整车31 725辆,占全省的34.5%。[1]汽车零部件和配套件产业中,昆山正新橡胶公司为国内最大轮胎生产企业之一[2],张家港建办日产4.6万条的大型子午线轮胎生产企业,吴县上声电子公司的汽车用扬声器国内市场占有率达45%以上,产品一半出口为国际名牌轿车配套。[3]随着国内电动车市场的逐步热销,2000年小羚羊公司制造的"腾羚"牌电动车国内市场占有率超20%[4],吴县的"和平"牌电动车年生产能力超20万辆,在全国同行中列第三位。[5]

新型家电产业:主要打造以七大系列产品为主的新的产品优势和规模优势,使家电业继续作为全市工业的支柱型产业,并保持一定的成长性。[6]高新区飞利浦公司开发生产54厘米、74厘米等大规格彩电,1997年成为苏州首家国家认定的大型一档企业,1999年产量125万台,占全省产量的32.3%。[7]工业园区三星电子公司生产无氟大容量电冰箱、高效节能型空调器、多功能微波炉、全自动套桶洗衣机等产品,2000年产能分别达到75万台、30万台、80万台、30万台的生产水平,成为苏州家电业的龙头。连同常熟"白雪",苏州全市年产家用电冰箱91.8万台,占全省的71.9%,占全国的7.2%。[8]以高新区"春兰"为主,2000年全市产家用空调器20.12万台。苏州春飞和吴县三洋两家2000年吸尘器产量超过310万台。[9]昆山开发区的"樱花"牌热水器成为苏州的又一大家电产品。[10]主产电扇的苏州长城集团和吴县骆驼集团"九五"期间出产量分别达

---

[1] 江苏省统计局、国家统计局江苏调查总队:《巨大的变化 辉煌的成就——江苏改革开放30年》,中国统计出版社2008年,第215页。
[2] 中共昆山市委党史研究室:《新昆山五十一年(1949.5—2000.12)》,苏出准印JSE—0000338号,2003年,第799页。
[3] 苏州市政协文史委员会:《异军突起——苏州乡镇企业史料》,古吴轩出版社2012年,第463页。
[4] 童志宏:《小羚羊成为国家级重点新品》,《苏州日报》,2000年8月12日。
[5] 苏州市吴中区地方志编纂委员会:《苏州市吴中区志(1988—2005)》,上海社会科学院出版社2012年,第515页。
[6] 苏州市经济委员会:《走向辉煌——阔步前进的苏州工业经济》,古吴轩出版社1994年,第25页。
[7] 苏州市高新区虎丘区志编纂委员会:《苏州市高新区虎丘区志》,上海社会科学院出版社2012年,第304页;江苏省统计局、国家统计局江苏调查总队:《巨大的变化 辉煌的成就——江苏改革开放30年》,中国统计出版社2008年,第215页。
[8] 江苏省统计局、国家统计局江苏调查总队:《巨大的变化 辉煌的成就——江苏改革开放30年》,中国统计出版社2008年,第215页。
[9] 苏州市吴中区地方志编纂委员会:《苏州市吴中区志(1988—2005)》,上海社会科学院出版社2012年,第510页。
[10] 杨崇坚、孟海龙:《昆山市积极推进名牌战略实施》,《苏州日报》,1995年7月12日。

到460多万台、720多万台的最高峰。[1]

精细化工产业与石油化工：精细化工业，重点发展氯氰菊酯原药、新型农药、助剂、染料、表面活性剂、高档涂料等骨干产品。苏化农药集团开发生产多用途高效农药甲胺磷，年生产农药占全国总量15%，成为国内最大的有机磷农药生产基地，有机载热体联苯混合物在国内独家生产，为世界最大亚磷酸生产商；苏州精细化工集团成为国内最大的甲醛生产基地和世界最大糖精生产基地，还建成国内最大的液体硫黄制酸生产装置。[2]石油加工化学品业，苏州化纤厂10万吨聚酯切片和1万吨涤纶长丝工程项目1998年在高新区投产，2000年切片产量占全国的3%；[3]吴县江南化纤集团开发生产的碱溶性聚酯切片和复合短纤维为国家发明专利产品，成为国内外最大的再生涤纶短纤和涤纶毛条生产企业；[4]太仓港口开发区的华苏化工、塑料两大项目1995年、1999年先后竣工投产，2000年跻身苏州市产品销售收入最多的50家企业之列；美孚石油公司的年产7.3万吨润滑油调配厂及其配套项目塑料制品厂1997年建成投运，2000年进入苏州市实现利税最多的50家企业行列；[5]美国雪佛龙公司在张家港建办的10万吨聚苯乙烯项目1999年投产；常熟沿江开发区国际化学工业园内，2000年法国三爱富氟化工项目正式投产，日本大金（中国）氟化工公司落户开建，被省政府批准为"江苏高科技氟化学工业园"；苏州新区宝化炭黑公司2000年竣工投产，张家港保税区和鑫炭黑项目动工建设，建成后苏州将成为国内最大的炭黑生产基地。

生物医药产业：全市医药工业企业由25家发展至198家，形成了苏州工业园区、高新区和吴县3个生物医药产业新高地。吴县先后创办了立达制药（后更名为惠氏制药）、东瑞制药、长征—欣凯制药、天吉生物制药等外资、民营制药企业，吴中集团和科研院所合作组建了我国首个基因工程药品生产基地——苏州中凯生物技术有限公司，研制开发被列为国家首批基因工程项目的"重组粒细胞集落刺激因子"。1996年高新区苏州中化药品工业公司、普强（苏州）制药公司

---

[1] 苏州市吴中区地方志编纂委员会：《苏州市吴中区志（1988—2005）》，上海社会科学院出版社2012年，第510页。
[2] 陈红喜、诸家瑜：《三十万吨硫黄制酸装置投产》，《苏州日报》，1999年10月19日。
[3] 苏州市高新区虎丘区志编纂委员会：《苏州市高新区虎丘区志》，上海社会科学院出版社2012年，第315页。
[4] 苏州市政协文史委员会：《异军突起——苏州乡镇企业史料》，古吴轩出版社2012年，第450—456页。
[5] 太仓市史志办公室：《太仓港发展史》，西安地图出版社2005年，第175—182页。

相继投产,随后辉瑞、礼来、华纳、碧迪、百特等一批世界500强企业和跨国医药公司相继落户工业园区,葛兰素威康公司成为国内最大的外商投资制药企业。[1]1998—2000年全市医药行业共获国家级、省级新药证书43项,其中国家级10项,大大提升了苏州医药工业的水平。

新型材料产业:重点发展形成的产业产品有新型特殊钢材、高精度铜板带和精密铜管、光电缆、新型纸张、新型建筑装饰材料、高纯超细高岭土等。沙钢集团先后上马薄板材、热镀锌卷板、不锈钢薄板、高速线材、合金棒材等钢材加工项目,2000年年产能力已达钢300万吨、材400万吨,成为国内最大的也是世界级的现代化电炉钢厂,总资产超过100亿元,成为苏州最大的工业制造企业。[2]苏州钢铁厂与港商合资建设的苏兴特殊钢公司1998年竣工投产,生产合金钢、轴承钢、弹簧钢、锚链钢等特殊钢材,填补了苏州和省内的产品空白,2000年成为年产100万吨钢、年销售额30亿元的普特结合的大型冶金企业。[3]张家港永钢集团年生产能力扩大到120万吨,成为全国生产规模第三的螺纹钢产销基地,1997年名列"中国最大经营规模乡镇企业"第39名。[4]常熟旋力钢管集团成为国内小口径无缝钢管行业骨干企业。2000年全市产钢208万吨、各类钢材421万吨,分别比1995年增长1.65倍和3.07倍,分别占全省的33.7%和30%,分别名列全省第二和第一,分别占全国产量的1.62%和3.2%;苏州的钢材生产已超过了1992年江苏全省387.5万吨的生产规模,也超过了1985年竣工投产的上海宝钢一期工程年产钢312万吨的规模。[5]苏州、张家港、太仓的3家铜材厂开发生产高精度水箱铜带、锡磷青铜板带、造币铜带、框架材料、制冷用铜管、内外螺丝铜管、轧丝管、大卷重盘管等一批高新技术产品,达到国内领先和国际水平,2000年全市铜材产量达6.8万吨,居全省第一。吴江芦墟永鼎集团从国外引进90年代最先进设备,从美国贝尔实验室和中科院聘请多名高级专业人才,开发生产出前波光缆、软光缆等100多个处在国内通信光缆前沿的品种,1999年产各类通信光缆200万芯公里,并创造出多项"中国之最",成为全国唯一能够制造25公里无接头长跨距光缆的企业,进入全国大型工业企业的首家乡镇企

---

[1] 苏州工业园区地方志编纂委员会:《苏州工业园区志》,江苏人民出版社2012年,第373页。
[2] 陈黎明、杨石林:《张家港浦项钢板有限公司、晓沙钢材加工有限公司竣工投产》,《苏州日报》,1998年5月26日;沈石声:《沙钢跃上全面现代化生产快车道》,《苏州日报》,2000年10月5日。
[3] 孙荣昌、冯立:《苏钢特钢工程热调试一次成功》,《苏州日报》,1998年11月26日。
[4] 吴纪康:《永钢集团一派兴旺的奥秘》,《苏州日报》,1998年5月24日。
[5] 江苏省统计局、国家统计局江苏调查总队:《巨大的变化 辉煌的成就——江苏改革开放30年》,中国统计出版社2008年,第216页;熊月之:《上海通史》第12卷,上海人民出版社1999年,第337页。

业。[1]吴江七都的亨通集团开发超大余长不锈钢二次被覆光纤等新品,承担科技部下达的全介质自承式光缆等高新技术项目,2000年实现通信电缆销售连续5年全国第一、光纤电缆销量连续3年名列全国第三的业绩。连同恒通、巨通、双塔4家光电缆企业,2000年七都镇通信电缆销售达2000万对公里,占全国市场的1/6强,光缆生产销售80万芯公里,占全国的1/9强,销售总额达40亿元,成了名副其实的"中国光电缆之乡"。[2]"九五"期间几家外商投资大型现代化造纸企业相继兴办起来。1996年,高新区紫兴纸业公司建成投产,是为全国首家外商投资的现代化造纸企业,年产17万吨涂布美术印刷纸(高档铜版纸)。[3] 1997年,世界最大森林工业集团之一的芬欧汇川集团在常熟创办纸业公司,投资额高达6亿美元,年产各类印制用双胶纸35万吨。[4]同年,中国人民银行首家直属钞票纸厂——国营五○二厂从四川搬迁至昆山经济技术开发区,并改名为昆山钞票纸厂,成为苏州的第七家部属企业,目前流通使用的第四、第五套人民币钞票纸和新中国第一张带安全线的水印钞票纸均由该厂生产,达到国内领先水平。1999年,世界造纸业巨头印尼金光集团在工业园区胜浦镇举办的金华盛(主要生产各种无碳复写纸)、金红叶(主要生产多类生活用纸)纸业两大项目建成投产,总投资高达11.37亿美元,兴建了一座占地3.18平方公里的"造纸城",为当时工业园区投资额最大外资企业。[5]"九五"时期浒墅关开发区维德集团高档墙地砖年产量达500万平方米,连同用直罗马公司和高新区伊奈公司等,苏州生产的高档墙地砖年产量已进入全国前三位。吴江金家坝镇1998年夹芯彩钢板产量突破200万平方米,占全国市场份额50%以上。张家港华润集团1996年形成年产680万重量箱浮法玻璃的生产能力,年销售收入一跃成为江苏省建材行业第一位,1997年后引进世界一流的玻璃加工生产线,开发生产多类型、高附加值系列玻璃产品130万平方米;昆山长江浮法玻璃公司1996年投产当年平板玻璃产量260万重量箱;1998年苏州市平板玻璃产量达1 103.6万重

---

[1] 徐国平、沈卫新:《吴江光电缆产业乘势而上》,《苏州日报》,1998年8月5日;袁雪洪:《吴江永鼎集团创业记》,《苏州日报》,2000年6月7日。
[2] 袁雪洪、王芬兰:《七都成为通信电缆生产基地》,《苏州日报》,2001年2月10日。
[3] 苏州市高新区虎丘区志编纂委员会:《苏州市高新区虎丘区志》,上海社会科学院出版社2012年,第314页。
[4] 张成林:《芬兰在华最大投资项目昨正式命名》,《苏州日报》,2000年10月30日。
[5] 苏州市对外贸易经济合作局:《苏州对外经济二十六年发展历程(1980年—2005年)》,2007年内部资料,第215页;苏州工业园区地方志编纂委员会:《苏州工业园区志》,江苏人民出版社2012年,第381页。

量箱,占全省的67.7%。[1]部属中国高岭土公司开发超细粉碎及分离提纯技术,形成年产2.5万吨高纯超细高岭土的能力,继续处于全国领先地位。

二是加大扶优扶强力度,努力实现规模升级。市委、市政府部署抓好一批能够支撑苏州工业的重点企业集团和重点骨干企业,计划到"九五"期末全市大型工业企业集团壮大到116家,集团规模总量超过全市工业经济总量的60%,其中3—5家年销售额超100亿元,25家左右年销售额达30亿—50亿元,同时着力培育一批行业领先的效益型优势企业和"小巨人"企业。主要措施包括:用3年时间对列入省市重点集团企业基本完成改制、改组,实行资产授权经营;以市场为导向、资产为纽带,打破行业、部门、所有制界限,通过划归、兼并、工贸一体、工商联手、强强联合等多种调整方式,实行资产优化重组,加快优势企业、优势产品的扩张;加强组织和服务,千方百计争取项目列入国家盘子、资金进入国家笼子,指导帮助一些企业实行股票上市、海外包装上市、发行可转换债券等,扩大融资规模。[2]由此,扶优扶强、发展壮大规模经济成效逐步显现。1996年,全市涌现出了沙钢、孔雀电子、永鼎电缆、鹰翔印染、苏钢、牡丹汽车等6家销售收入超10亿元的规模型企业;市区20家重点企业平均销售额超过5亿元,有60只产品年销售收入超亿元,64只产品的国内市场占有率进入前三位,其中9只产品名列全国榜首。[3]1997年全市有6家企业列入省支柱产业重点企业,销售收入超10亿元的企业增加至10家。至1998年,全市共组建企业集团近300家,永鼎、孔雀电器、机械控股、吴江丝绸集团跻身全省工业产值前10名的企业集团之列。[4]至2000年,全市计划实施的100个年净增销售收入3 000万以上的新增长点产品、28个规模优势产品、100个年销售收入1 000万元以上的新产品、17个重点技改竣工项目全部产出,净增销售收入250亿元,占全市净增销售额的47.8%;沙钢集团、孔雀集团(苏州飞利浦消费电子公司)的年销售规模超过60亿元,吴江丝绸、苏化等5家企业进入国家520家重点企业行列。

三是大力实施技术创新工程,努力实现技术升级。"九五"期间全市工业技

---

[1] 江苏省统计局、国家统计局江苏调查总队:《巨大的变化 辉煌的成就——江苏改革开放30年》,中国统计出版社2008年,第216页。
[2] 《"九五"期间我市工业结构调整的思路和措施》,见苏州市人民政府办公室:《内部情况通报》第33期,1997年4月29日,第3页,苏州市档案馆藏,档号C1—30—918。
[3] 中共苏州市委办公室:《我市加快工业结构调整的调查》,《苏州日报》,1997年7月17日;文标:《我市现代工业体系初步形成》,《苏州日报》,1997年8月23日。
[4] 文标:《全省企业集团领头羊座次排出》,《苏州日报》,1999年10月13日。

术升级的主要目标是:科技进步对工业经济增长的贡献率超过50%,高新技术产值占工业经济总量的比重达到20%,其中市区占25%以上。经过全市上下的共同努力,苏州工业的技术升级取得显著成果。其一,高新技术企业大量涌现。自1992年苏州仪表元件厂、三光电加工公司、机床电器厂、净化设备厂、医疗器械厂、二六七厂等15家企业被省有关部门认定为首批高新技术企业,至1995年全市累计有高新技术企业102家(其中市区50家),其中的苏枫集团公司、迅达电梯公司、中港化纤纺织(集团)公司、吴江特种电缆厂等4家跻身国家统计局公布的"全国百强高新技术企业"。至2000年底全市认定的市级以上高新技术企业已发展到390家之多,其中国家重点高新技术企业15家、省级331家,约占全省的28%,列全省第一;全市共建有企业研发中心36家,其中省级10家,另有15家在苏投资的外资企业设立了设备先进、技术领先的研发机构。[1]其二,产学研结合取得重大进展。5年中全市70%以上的骨干企业与国内外科研机构和高等院校建立了合作关系,形成了200多个产学研联合体;院市合作(中科院和苏州)取得明显效果,中科院51个分院、院所、公司与苏州80多家企业建立了合作关系,正式合作项目78个,已完成项目23项,双方投入项目资金2.55亿元,实现销售收入8.5亿元。其三,科技创新成果丰硕。全市围绕5个重点高新技术领域的14个产品群,共组织实施科技攻关、应用研究、火炬计划、星火计划、成果推广、国外智力引进等各类科技项目1 800多项,取得1 200多项技术水平高、经济效益好的科技成果,其中750多项获得国家、省、市科技进步奖;全市专利申请量和授权量累计达11 819件和8 403件,在全国同等城市中领先,被授予全国专利工作先进市。2000年,全市省级高新技术产品累计达575个,产值达574亿元,占全市工业总产值的25%,比1995年增加了12个百分点;高新技术企业产品出口值达37亿美元,占全市出口总额的34%,占全省同类产品出口总额的60.4%,占全国的8.7%,位居全国第三,出口产品中电子信息类占73%、生物技术类产品占15.8%,高新技术产品对欧盟、美国和日本的出口已占全市高新技术产品出口额的73.2%;科技进步对全市工业经济增长的贡献份额达到53.73%,比1995年提高了5.73个百分点。[2]

四是积极实施名牌战略,努力实现产品升级。1992年起国家有关部门停止评定产品质量金、银质奖,改为评定中国驰名商标、省著名商标、省名牌产品。自

---

[1] 常新:《科技:苏州发展的必然选择——我市发展高科技实现产业化成果综述之三》,《苏州日报》,2001年9月20日。
[2] 张波:《苏州高新产品出口全国第三》,《苏州日报》,2001年3月10日。

1992年"春花"(吸尘器)等20件首获省著名商标,至1995年全市8 351件注册商标中,有省著名商标38个、省名牌产品40个。1996年市政府制发实施工业名牌战略的意见,提出到"九五"末要努力形成"三个一批"的名牌企业、名牌产品群体,即争创一批国内市场占有率名列全国首位的全国名牌,保护和提高一批传统名牌,形成一批在苏州落户的国际名牌。[1]经过几年努力,名牌战略初见成效。1996年全市新增"牡丹"客车、"波司登"羽绒服、"阪神"冷柜(常熟阪神公司)、"茶花"牌真丝绸(吴江新联丝织厂)等24件省名牌产品;1997年第三次省著名商标评定中苏州共新增28件;[2]1998年又有75个产品获省名牌产品称号,其中"春花"牌电器、"华佗"牌针灸针等9个产品列为省首批重点名牌产品,数量居全省第一;1999年底国家工商局认定"波司登"和"好孩子"两件商标为"中国驰名商标",是为苏州首批,"波司登"还被列为国家重点保护的100种名牌产品之一;[3]2000年又新增"春花""AB""梦兰"3件"中国驰名商标"和13件省著名商标,全市累计共有"中国驰名商标"5件、省著名商标44件、省名牌产品85只,3项均居全省各市首位;[4]全市名牌产品年销售达365亿元、实现利税达30亿元,占全市规模以上工业企业销售收入和利税总额的16.3%,出口创汇6.6亿美元。[5]

五是压缩过剩产能,淘汰落后产业。改革开放以来,苏州工业经济飞速发展,生产能力和综合实力显著增强,但同时也出现了严重的低水平重复,形成了大量的落后生产能力,造成了供求关系的严重失调和资源的大量浪费,也是造成进入90年代后一批国有集体企业陷入困境的一个重要原因。对此,全市各级按照中央提出的实现"两个根本转移"和"可持续发展"的要求,开始部署实施压缩过剩产能、淘汰落后产业。1993年起市区纺织系统首先关闭、撤销了10家织布生产企业,1995年10月起的一年多内市区第一至第四毛纺厂先后停产。1997年国务院确定全国纺织行业实施"压锭、减员、增效",1998年6月苏纶厂列入全国压锭破产重组计划,敲下压锭第一锤。至年底,市区、常熟、太仓等地共完成10万锭的压锭目标,核销呆坏账准备金3.73亿元,其中苏纶厂一家就压缩6.25

---

[1] 《"九五"期间我市工业结构调整的思路和措施》,见苏州市人民政府办公室:《内部情况通报》第33期,1997年4月29日,第3页,苏州市档案馆藏,档号C1—30—918。
[2] 朱澄潜:《省著名商标评定揭晓》,《苏州日报》,1998年4月1日。
[3] 苏州市政协文史委员会:《异军突起——苏州乡镇企业史料》,古吴轩出版社2012年,第193—198页。
[4] 宓晓文:《苏州工业凸现产品技术优势》,《苏州日报》,2001年2月7日。
[5] 陶冠群:《我市工业名牌列全省第一》,《苏州日报》,2001年1月13日。

万纱锭、核销2.28亿元,这家生产经营了103年的百年老厂宣告破产。1997年,冶金行业中的昆山钢铁厂、吴县铝加工厂、吴江新江钢铁厂因产能落后实施全面停产。同年,市区丝绸业由于化纤类产品份额已占75%左右,竞争不过机制灵活的乡镇企业和开始崭露头角的私营企业,14家主要企业无一家盈利,处于部分停产和半停产状态;1998年国务院批准将苏州丝绸业破产兼并项目列入国家重要结构调整项目计划,新苏丝织厂、江南丝厂成为首批实施政策性破产的企业。1999年中央做出"实施总量控制和压缩淘汰落后生产能力"的决定,市委、市政府确定1999年、2000年两年全市建材、冶金、电力、纺织、丝绸五大行业为实施总量控制、关闭"五小"、压缩淘汰落后产能的重点行业。[1]实施第一年中,全市纺织压锭三年目标已全面完成,市区棉纺织业的纱锭数从1990年最高峰时的15.75万锭压减至5.13万锭,织机台数从1985年最多时的1 609台压减至798台;市区缫丝业中的苏州第一丝厂也正式停产,保留少量生产设备仅供旅游参观;小轧钢企业关闭26家;水泥业共关闭淘汰了9条小水泥生产线、19.9万吨能力,2000年继续淘汰了11条小水泥生产线、48.4万吨能力,完成了全部压缩工作;[2]压缩传统砖窑业加大力度,常熟市生产黏土实心砖的企业从最高峰时的126家压减至58家,总产量比最高峰时下降了70%,2001年计划再关闭30家,余下的企业全面改制多孔砖。[3]

二、现代农业迈开发展步伐

90年代,苏州积极贯彻1993年中共中央、国务院《关于当前农业和农村经济发展的若干政策措施》和1995年苏州市委制定、市人大常委会通过的《苏州市农村基本现代化纲要》,在农业发展中坚持以市场为导向,以加大农业投入力度、加快结构调整步伐、发展适度规模经营、开拓外向型农业和推进科技兴农为主要抓手,开始朝着市场化开发、集约化生产、产业化经营、社会化服务、技术化支撑的方向发展,逐步实现了由传统农业向现代农业的历史性转变。

1998年10月上旬,就在党的十五届三中全会(这次会议审议通过了《中共中央关于农业和农村工作若干重大问题的决定》)即将召开前夕,江泽民总书记来到江浙沪,就农业和农村工作进行调查研究。在苏州考察期间,江总书记察看了昆山张浦镇诸天浦江河道清淤工地、港商投资建设的现代农业和农业观光休

---

[1] 文标:《我市五大行业将打破"坛坛罐罐"》,《苏州日报》,1999年8月12日。
[2] 宓晓文:《苏州工业凸现产品技术优势》,《苏州日报》,2001年2月7日。
[3] 叶红:《常熟压缩传统砖窑业》,《苏州日报》,2001年3月14日。

闲项目南港镇丹桂园、玉山镇共青丰产示范方和农技推广中心、阳澄湖大闸蟹养殖基地等,对昆山探索发展现代农业、外向农业的做法和取得的初步成果予以充分肯定,对陪同的农业部部长和省市领导说:看了昆山他感到农业的潜力还很大,苏南的农业要再提高一步,就要在科学技术上取得新突破。江总书记在昆山还主持召开了加强农业和农村工作座谈会,听取了江苏省委、苏州市委负责同志关于加强农业和农村工作、不失时机推进农业现代化的汇报。会上江总书记指出:沿海发达地区自然条件好,经济实力强,科技力量雄厚,有精耕细作的传统,同国际市场联系又比较紧密,加快农业发展,建设发达农业,是有基础、有条件的,各级党委、政府思想上高度重视,工作上切实抓紧,发挥优势,扎实推进,完全可以率先基本实现农业现代化。[1]

在江总书记视察苏州农业农村工作和中共十五届三中全会精神的指引下,苏州的农业现代化进程进一步加快。2000年,全市第一产业从业人员65.9万人,占全社会从业人员的20.99%,占乡村实有劳动力总数的30.83%,比1991年分别下降了8.27个和8.74个百分点;实有耕地面积453万亩,比1991年又减少了85.48万亩;农林牧渔业总产值169.3亿元(当年价),比1991年增长1.88倍;耕地亩均产出2 178元(1990年不变价),比1991年增长1.07倍;第一产业增加值90.96亿元,比1991年增长了1.54倍,第一产业增加值占地区生产总值(GDP)的比重为5.9%,比1991年下降9.3个百分点;农民人均纯收入5 462元,比1991年增长2.16倍,其中来自种植业的1 225元,来自多种经营和家庭副业的1 699元,两者合计占总收入的一半多。[2]

1. 农业产业结构调整全面展开和主导产业的日趋合理[3]

苏州1985年起步实施农业产业结构调整,逐步调减粮食及棉花播种面积,扩大高效经济作物种植比重,推动水产、畜牧、蚕桑、蔬菜等发展。至1991年全市538.48万亩耕地中,主要农作物种植面积的调整实况为:水稻减少为388.35万亩,麦子减少为284.6万亩,棉花减少为46.2万亩,油菜增加到111.3万亩,

---

[1] 新华社电:《江泽民在江苏上海浙江考察时强调沿海发达地区要率先基本实现农业现代化》,《苏州日报》,1998年10月8日;殷学成:《农业基础地位绝对不能动摇——江泽民总书记昆山调研记》,《苏州日报》,1998年10月8日。

[2] 黄正栋:《数字见证苏州改革开放30年巨变》,苏出准印(2008)字JSE—1002233号,第104、105、128、129、140、141、150、151、153、157、162、230页;苏州市农业委员会:《苏州农业志》,苏州大学出版社2012年,第102页。

[3] 本小目主要参考苏州市农业委员会编《苏州农业志》(苏州大学出版社2012年版)有关内容编写。以下凡同一出处的不再一一注明。

蔬菜增加到76.4万亩,果树增加到6.85万亩,花卉苗木发展至8万亩左右,桑园增加至17万亩左右,池塘养鱼面积26万亩左右。

1992年9月国务院做出《关于发展高产优质高效农业的决定》,提出:"九十年代我国农业的发展应当在继续重视产品数量的基础上,转入高产优质并重、提高效益的新阶段。"[1]苏州市委、市政府结合当年秋播部署大力发展"两高一优"农业,推进农业产业结构进一步调整优化,提出"稳定稻棉,调减麦油,搞活布局,提高效益"的原则,以"搞活夏熟,稳定秋熟"为主要内容,迈开了种植业结构调整的新一步。当年秋播中全市调减了三麦(主要是小麦)32万亩、油菜17余万亩,用于发展高效经济作物,利用冬春这一茬口发展粮棉与经济作物(主要为蔬菜瓜果)套夹种30万亩,调增了常年性桑、果、渔(内塘)面积9.98万亩。翌年春播夏种时又调减水稻种植面积30.75万亩、棉花5.8万亩。1993年4月起全省放开粮食购销价格和经营,在这一重大改革背景下,1994—1997年间全市农业结构调整处于"迈小步、不停步"阶段。因工业发展和建设征地,全市耕地面积减少了55万亩,主要是相应减少了16万亩三麦、18万亩棉花、7.5万亩桑田,水稻、油菜种植面积保持基本稳定,蔬菜种植面积增加10万多亩,池塘养殖面积也有较大发展。由于产业结构的调整、"两高一优"农业的发展,加上国家较大幅度提高农产品收购价格,这4年农业的产出效益有较大提高,全市农业总产值净增18.93亿元,第一产业增加值净增38亿元,增幅分别达到43.8%和75.8%;1997年全市农民人均纯收入5219元,比1993年增长了1.04倍,成为改革开放以来增收最快的阶段。[2]

90年代中后期,苏州农业连年大丰收,但增产不增效、丰收不增收的农业结构性矛盾日益显露。中央利用经济杠杆促进种植业结构调整的力度也不断加大,国家对棉花的收购和销售价格不再做统一规定;对包括江南小麦在内的一些品质差、不符合市场需求的粮食品种逐步退出保护收购价范围。[3]对此,1997年秋播开始,全市各级按照"稳定基础、培育支柱、发展特色"的总体思路,深入推进农业产业结构战略性调整,粮棉油种植面积进一步缩减,其调减力度超过了80年代初中期、90年代初中期这前两轮,同时大力发展水产、畜牧、蔬菜、花果园

---

[1] 中共中央党史研究室:《中国共产党新时期历史大事记(1978.12—2002.5)》(增订本),中共党史出版社2002年,第370页。
[2] 黄正林:《数字见证苏州改革开放30年巨变》,苏出准印(2008)字JSE—1002233号,第104、116、163页;沈石声:《苏州市农业连年丰收纪事》,《苏州日报》,1996年12月23日。
[3] 王晓宏、袁雪洪:《寻求突破之路:苏州市农业结构调整问题思考之一》,《苏州日报》,1999年6月15日。

艺业,加快发展外向、生态、特色、设施、都市等"五型农业",调高农业整体效益,标志着农业开始突破"粮棉油"的单一生产格局和"保供"功能。2000 年全市水稻、三麦、油菜、棉花四大农作物种植面积仅分别为 265.2 万亩、153.9 万亩、91.2 万亩、17 万亩,3 年分别减少了 91.35 万亩、81 万亩、2.4 万亩、5.5 万亩;压缩粮棉油种植调整出来的耕地,主要是增加了 60 多万亩蔬菜和 30 万亩左右的池塘养殖,适应了市场对农产品的需求,也提高了农田产出效益。据农业部门测算,调整出来的面积比种粮每亩收入高出 1 000 元以上,可使全市耕地每亩增加 60 元的效益。2000 年,蔬菜一跃成为全市第一大经济作物,种植面积进一步扩展到 151.7 万亩(复种面积),总产量 194.9 万吨,比 1997 年整整增加了 100 万吨;水产成为经济总量最大的优势产业,水产品年总产量 31.84 万吨、渔业产值 44.84 亿元,为 1991 年的 1.69 倍和 4.36 倍,池塘水产养殖面积达 61.48 万亩,其中虾、蟹、甲鱼、鳜鱼、珍珠等特种水产品养殖面积达 42.3 万亩;畜禽业成为发展速度最快的新兴产业,1999 年全市为饲养畜禽而开辟的种草面积达到 3.6 万多亩,年供养鹅 120 多万羽、养羊 28 万多头[1],2000 年全市牧业年产值 23.13 亿元,比 1991 年增长 1 倍,年出栏生猪 198.5 万头,为 90 年代最高量,牛奶年产量 43 742 吨,为 1991 年的 2.38 倍,家禽年出栏量 2 398.1 万只,为 1991 年的 3.95 倍;另有林果 9.12 万亩,年总产量 5.92 万吨,花卉苗木 10.65 万亩,桑园 8.9 万亩。

90 年代,苏州地区除了粮棉油作物种植面积大幅减少外,还有一些地方传统名优产品的种植业也因比较效益低这一主要原因而逐步退出栽种。如郊区虎丘、长青乡一带的茶花业,浒墅关、通安、望亭一带的席草种植和家庭织席业,太仓一些乡镇的薄荷种植业等。

至 2000 年,经过三轮较大的产业结构调整,全市粮食作物与经济作物种植比例由 90 年代初的 80∶20 调整到 54∶46,农业总产值中种植业与养殖业的比例由 62.9∶37.1 调整到 50.2∶49.8,全市农业基本形成了粮食、油菜、蔬菜、水产、棉花、蚕桑、经济林果、花卉苗木和畜禽等九大主导产业,经济作物比重不断增长,主要农副产品产量大幅增加,生产呈现多品种、高质量、高效益的发展态势,土地的综合产出效益不断提高,农产品商品率 1999 年提高到 78.4%,市场经济条件下的现代农业框架初步建立。

---

[1] 王晓宏:《我市畜禽生产出现三大变化》,《苏州日报》,2000 年 5 月 31 日。

2. 农业规模经营的快速发展和土地流转制度的逐步推行

适应农业产业结构调整、"两高一优"农业发展步伐加快的需要,90年代苏州农村劳力呈现加快"分工分业"的趋势,促使农业适度规模经营也被提上了重要日程,以"两田分离"(家庭联产承包中的责任田和农户口粮田经营上实现分离)为主要特征的土地流转也逐步推行起来。各地积极引导,大力扶持,促进农业生产经营实现专业化、规模化,成为农村实行家庭联产承包责任制后土地生产经营方式的又一场大变革。

耕地规模经营加快推进。发展规模经营首先从种植业发动,1992年起由农民自发性为主转向农村各级有组织引导,由边远田转入一般大田,由责任田发展至口粮田。一些种田能手或集体经济组织承接农户自愿转让出来的田地,建办家庭农场和集体农场,开展规模化生产经营。到年底全市耕地规模经营单位发展到1593个,其中家庭农场1282个、村及村农业服务站办农场279个、厂办农场14个、合作农场14个,共经营粮田10.17万亩,平均每个农场耕种面积63.8亩;全市共有28个村对全部责任田、5个村对全部粮田实行规模经营。1993—1997年全市农村土地适度规模经营发展中呈现五个特点:一是速度加快,每年新增规模经营10多万亩,累计面积增加到83.38万亩,占全市粮田面积的22.2%。二是规模扩大,劳均承包粮田15亩以上的规模经营单位达1万个,平均每个规模经营单位承包耕地数扩大到80亩左右。三是"两田分离"成为趋势,土地规模经营面积占全市粮田责任田面积的45%,土地规模经营单位承担了全市55%的粮食定购任务,全市有30多个乡(镇)、500多个村已基本实现"两田分离"。四是集体农场逐步成为主要形式,新增的规模经营单位大多为集体农场,尤其是集组织优势、技术优势和服务优势于一身的村农业服务站办农场发展迅速,家庭农场,尤其是外来农民承包者经营单位逐步减少。五是承包经营机制日趋完善,各地针对规模经营发展过程中出现的新情况新问题,一方面在土地流转中全面引入招标承包、有偿承包机制,规范承包合同,使土地的集体所有权、农民的土地承包受益权得到价值体现,并通过招标制促进承包者素质提高,挑选懂技术、会管理的人承包;另一方面对外来承包户从严控制,强化管理,普遍推行风险抵押承包,有效克服了外来承包户带来的负面效应。1998年开展土地续包和发证工作后,全市土地规模经营面积没有出现大的波动。1999年市委、市政府制发《关于加强农村集体承包土地流转管理的办法》,为进一步推进农业适度规模经营提供了政策保障和管理规范。

多种经营的规模经营蓬勃兴起。1992年,苏州农村集体经济组织和一些企业加入投资开发多种经营种养项目,形成了一批有特色、上水平的种养加综合型基地,当年底全市已建有乡(镇)级多种经营种养基地734个、村级基地2 000多个。[1]一些在规模经营中尝到甜头的农户也大胆投入,不断壮大经营规模。如苏州市郊区率先饲养百头以上生猪的娄葑乡新升村养猪专业大户范云妹,1992年投资10多万元办起了一个淀粉厂,所生产的淀粉在市场上销售,淀粉生产中形成的下脚料用于喂猪,开始改变以往主要靠到餐馆、食堂收泔脚喂猪的方式,既提高了猪肉的品质,又扩大了生产,当年出栏生猪猛增至5 900多头,继续荣获全市养猪状元称号。[2]1993年起各级政府大力实施"菜篮子"工程建设,加大投入和扶持力度,促进全市多种经营中的规模化生产经营年年迈新步。以特种水产业为例,随着罗氏沼虾、青虾、河蟹、加州鲈鱼、鳜鱼等特种水产引进、人工繁育、大面积养殖技术成功突破,1995年全市形成了100亩以上规模的特种水产养殖基地96个,规模化育蚌面积达到最高峰的5.27万亩,1996年全市罗氏沼虾养殖面积发展至1.25万亩,1997年全市池塘养蟹面积突破2万亩,太湖围网养蟹面积达4万亩,青虾养殖面积达5.85万亩。[3]1997年起,全市多种经营进一步朝着专业化、规模化、特色化方向发展,当年底涌现出纯收入超万元的专业户10多万户,超百万元的专业村700多个、超千万元的专业镇70多个,建成较大规模的生猪生产基地3 000个、蔬菜基地1 000多个、水产基地560个,规模经营基地上市的生猪、蔬菜、水产已分别占全市上市总量的75%、60%和70%。"一镇一业、一村一品"的区域化特色也更加明显。如张家港杨舍的奶牛、南丰的河豚、鹿苑的养鸡、永联村的梅花鹿养殖,常熟杨园的草皮、辛庄的蛇系列制品、大义的草莓、藕渠的鲜切菊花、何市的食用菌、徐市的蔬菜和葡萄、东张的荷仁豆套夹种,太仓的白蒜、金星獭兔、南郊的温氏养鸡、浮桥的蟹苗繁育、板桥的蔬菜、双凤的养羊和青虾养殖,昆山巴城的大闸蟹养殖和葡萄种植、大市的池塘养虾、周市的养鸭、陆家的蜂蜜、"张大千"(张浦、大市、千灯)和石浦一带的蔬菜花卉园艺,吴县东西山的果品和茶叶、沿太湖乡镇的莼菜种植和水产养殖、阳澄湖镇的养蟹、渭塘的珍珠、木渎的鸵鸟养殖、光福和藏书的苗木,吴江盛泽的鸵鸟养殖、横扇的肉鸽、芦墟的罗氏沼虾、八都的养鳖、桃源八坼一带的苗鸭孵化及养鸭和蛋制品加工、平望的加州鲈鱼养殖和乳黄瓜种植与酱菜加工、震泽一带的大头菜、七都一带的雪里蕻种植与腌制加工、青云铜罗桃源一带的苗木,郊区长青的池塘

---

[1] 苏州市农业委员会:《苏州农业志》,苏州大学出版社2012年,第103页。
[2] 耿林:《记全国劳动模范、养猪大户范云妹》,《苏州日报》,1993年1月21日。
[3] 苏州市农业委员会:《苏州农业志》,苏州大学出版社2012年,第299页。

精养鱼,工业园区娄葑的"水八仙"水生植物(本地土地被征用后,转向到吴江、车坊及苏北等地租地生产经营)等等,都成为地方农业经济的主导产业。一些农户大胆投入,创新发展思路,在发展壮大规模经营上令人刮目相看。如吴江桃源镇宅里桥村农民金洪兴,1992年开始自办孵坊孵鸭,规模迅速扩大后所产苗鸭本地无法消化,便通过空运将苗鸭销往全国各地,1999年起与航空公司签订常年承包上海至海南的3个航班有氧舱的协议,成为全国首个常年包机舱搞运销的农民。包舱后追加投入扩展种鸭养殖和苗鸭孵化,种鸭发展到2万只,电孵箱由20台增添至40台,苗鸭由原来日产不足1万羽扩大到2万羽,多时可达3万羽,包机舱不到一年共向海南空运400航班、销售苗鸭300万羽,月销售额达40万元。[1]至2000年,全市共有存栏规模千头以上养猪场231个(其中万头以上17个),年出栏50头以上肉猪的养猪专业户发展到3 970户,万羽禽场159个,千羽禽场960个;形成万亩以上种养规模的水产镇24个、蔬菜镇31个、5 000亩以上花果苗木镇4个;多种经营种养业人均年收入超3 000元的专业镇25个、5 000元以上的专业村200个,并涌现出收入10万元以上的专业户350户、100万元以上的专业户30多户。

3. 外向型农业的起步发展和农业产业功能的拓展

苏州最早的农业外向型开发项目当属吴江屯村的蔺草种植、加工、出口"一条龙"项目。1987年屯村与一日商签订蔺草制品种植产销协议,以补偿贸易方式引进织席机,建起吴江工艺草制品厂,加工榻榻米席子全部返销日本,于是开发种植蔺草。至1992年,全镇蔺草田已扩展到7 000余亩,每亩纯收入约800元,比原来种植水稻增收约700元,加上一部分农民在厂工资额200万元和工厂实现利税550万元,三项相加平均每亩草田效益可达2 480元;镇草制品厂年出口榻榻米150万张,创汇400万美元,成功走出了一条发展高效农业、创汇农业的路子。[2]常熟东张镇1987年为解决2万亩棉田小熟全部套夹种蔬菜后出现的销售难、价格大起大落的问题,通过向菜农集资和吸引民资等办法,筹资与台商合资创办常熟天杰食品公司,依托该公司的加工能力和外销渠道,基本保证了全镇"一棵菜"的生产和收购价格的稳定,从而使全镇农民每年种菜的净收入以千万元计,2.87万人人均银行存款1万元,95%的农民住上了新盖的楼房。

---

[1] 袁雪洪、周明华:《吴江农民养殖户300万羽苗鸭"包舱"飞海南》,《苏州日报》,2000年6月17日。

[2] 沈炳荣:《种植加工"一条龙",出口创汇效益高——吴江市屯村镇依靠蔺草制成品发展高效农业》,《苏州日报》,1993年1月21日。

1995年台商独资创办了规模更大的常熟台太兴食品公司,第二年东张及周边7个乡镇蔬菜种植总面积扩大到10万亩,实现了企业与农民的"双赢"。[1]

在成功典型的启发引领下,"八五"时期苏州各地以当地农产品加工出口、名优新特农产品引进开发、农业产业功能延伸拓展为主要开掘方向的外向型农业项目如雨后春笋般发展起来,并从种植业向养殖业拓展。继1991年常熟琴南乡特种养殖场率先与外商合资创办红荷特种养殖公司之后,与外商合资的吴县沙湖水产养殖场和养鳖场、渭塘蛇类养殖场、木渎太湖鸵鸟养殖公司、太仓直塘天富农场、张家港昌丰养殖公司等先后建办起来。常熟市在这几年中先后由市属、乡镇办、村办企业与外商举办了常庄养鳗、常都烤鳗、东方蛇园、欧赛贝家禽养殖、汇达水产、丹枫园艺、开成温室、山冈园艺、台太兴等15家农业"三资"企业,累计总投资7 300万美元,合同利用外资5 600万美元,至1995年已开业投产的十来家企业家家有产品出口创汇。[2]至1995年8月,全市已举办农业"三资"企业62家,合同利用外资1.3亿美元;引进开发种养新品30多只,直接出口的农产品及其加工制成品拓展到12个大类150多个品种,销往100多个国家和地区,出口值平均每年递增80%以上,占到了全市自营出口产品总额的一半以上。吴江的蚕丝及丝绸制品、吴县的果品和珍珠生产加工、昆山的蜂蜜、太仓的白蒜、常熟的烤鳗和荷仁豆、张家港的奶制品等,年出口创汇都超过1 000万美元,成为全市农业出口创汇的主导产品。[3]

"九五"期间苏州农业利用外资的项目数和绝对量有了较大的发展,成功引进了一批"旗舰型"项目,并在农业功能拓展方面取得了一些开创性的重大成果。如:吴县建办的祯祥食品公司,依托4 000多亩蔬菜基地,运用高新技术加工冷冻蔬菜、点心、肉类加工品、中式菜肴食品等,产品全部出口外销,成为全国首家将中华点心产业化并出口的企业。[4]吴县浦庄镇1995年与新加坡客商合资开发建设苏州未来农林大世界项目,注册资金达1亿元,一期开发1 000亩,成为集农业科技展示、科普教育、农事体验、休闲度假、绿色餐饮、会议培训、商务活动等服务功能为一体的大型综合性农业园区,后被列入首批国家农业旅游示范

---

[1] 沈石声、简雄:《产业化:苏州农业腾飞的翅膀》,《苏州日报》,1997年7月2日;沈石声、简雄、张成林:《东张镇的风风雨雨"一颗菜"》,《苏州日报》,1998年3月4日。
[2] 徐国良:《历史性的跨越——常熟市改革开放启示录》,大众文艺出版社2008年,第152、153页。
[3] 沈炳荣:《我市农业外向型经济成绩显著》,《苏州日报》,1995年9月23日。
[4] 周澜源:《祯祥食品从单一出口转向内外并举》,《苏州日报》,2009年4月19日。

点;[1]1998年该公司同美商合资兴建苏州维生种苗公司,建有2万平方米现代化温室,从美国引进先进生产线,从事工厂化穴盘育苗、温室栽培,年产能力为2亿株各类花卉、蔬菜种苗和200多万盆各类中高档盆花,使苏州的花卉种苗园艺业水平一下进入国际先进水平,并成为太湖之滨又一个靓丽的农业观光项目。[2]至2000年底,全市共举办农业外资企业206个,其中种养业与农产品加工业项目各一半左右,开业投产企业130多个;累计合同利用外资11.74亿美元,实际利用外资5.72亿美元;这些企业2000年主营收入55.48亿元,上缴国家税金1.66亿元,实现利润3.5亿元,农产品出口额4 953万美元;全市有150种农副产品及其加工制品跻身国际市场,出口创汇2.56亿美元,占全市出口贸易总额的3%左右。[3]

4. 农业产业化经营步伐的加快和市场机制的形成

90年代初,市委、市政府要求各地各部门多种形式地发展产加销一条龙、贸工农一体化经营。[4]苏州农业产业化经营的发展开始加快步伐,并逐步涌现出一批成功典型。如:1993年组建的张家港梁丰集团,组织周边广大农民种植各种青饲料,建立了上万亩规模的稳定的种植基地,农民每亩可增收800元;1996年发展成千头规模的机械化奶牛场和生产系列化、深加工奶制品的大型企业,年产值达7.5亿元、税利5 000万元,其所生产的"梁丰""金莎""蒙特莎"系列产品畅销国内外市场,还被国家主席江泽民出访欧洲六国时选为国宾礼品,集团成为首批国家级乡镇企业集团,被省政府列入全省30家农业重点龙头企业。[5]吴江八都镇1994年由25家相关企业组建成华鑫集团,至1996年形成了年产商品鳖100多万只、种鳖10万多只、幼鳖280万只的生产能力,还开发生产全价甲鱼饲料和纯鳖丸、鳖膏、鳖粉、口服液等系列保健食品,实现了全产业链一体化生产经营,有效增强了市场竞争力,年利税5 000万元,被农业部授予"全国十大利税乡镇企业"称号,其提供的幼鳖使周边众多农户成为养鳖专业户。[6]至1996年底,全市已有此类龙头企业47家,加工经营产品150多种,年产值60多亿元。

---

[1]《苏州市旅游志》编委会:《苏州市旅游志》,广陵书社2009年,第196页。
[2] 苏州市农业委员会:《苏州农业志》,苏州大学出版社2012年,第633页。
[3] 吴秋华、张国:《苏州"外"字号农业增多》,《苏州日报》,2001年5月31日;苏州市农业委员会:《苏州农业志》,苏州大学出版社2012年,第110、113页。
[4] 苏州市农业委员会:《苏州农业志》,苏州大学出版社2012年,第104页。
[5] 苏州市政协文史委员会:《异军突起——苏州乡镇企业史料》,古吴轩出版社2012年,第152—156页。
[6] 沈石声、简雄:《产业化:苏州农业腾飞的翅膀》,《苏州日报》,1997年7月2日。

1997年中央1号文件部署大力开拓发展农业产业化经营。市委、市政府迅即建立市农业产业化工作领导小组,印发《关于加快推进农业产业化的意见》,制定了五个方面的措施和政策;要求农村各级充分认识推进农业产业化经营是改革开放以来继实行家庭联产承包、调整农业产业结构后农村第三次重大改革,它用市场经济条件下产业化、工业化的思路来发展农业,将分散的家庭经营与社会化大市场相联结,把农业生产引向集约化、规模化、商品化的轨道,促进农业发展、农民增收、农村稳定和繁荣。此后几年中,全市各级更大力度地推进农业的产业化经营,创新出了多种发展模式,比较成熟的主要有以下几种:

一是"公司+农户"。即由农业项目经营实体企业负责向农户提供或产前的种子种苗供应,或产中的生产技术服务、饲料肥药供应,或产后的收购、加工、销售,由农户负责农产品的种植或养殖,通过各种形式的契约关系,公司和农户形成产供销一体化经营联合体,实现互惠互利、共赢发展。这是苏州农村产业化经营中运用较为普遍的一种形式,有着较强的生命力。如1997年太仓市棉花原种场与广东温氏食品集团公司合资兴办了太仓温氏家禽公司,设计生产能力为年上市肉鸡1 000万羽,而公司自己并不养鸡,只建立了种鸡养殖场、苗鸡孵化房和饲料加工厂,在肉鸡饲养环节上采取"委托饲养、全程服务、预交定金、保价回收"的经营方式和结算方式。这一契约化饲养模式很快被农户认可,至1999年加盟的饲养户已达530户,年上市肉鸡380万羽,农户年获益700余万元,一些大户年收益超过10万元。"温氏养鸡"也成为太仓历史上发展速度最快的农副业项目。[1]

二是"基地+农户"。即由乡(镇)或村集体搭台,兴建具有地方特色优势的农副产品生产基地,再依托基地的市场信息、生产技术、管理服务等优势,带动千家万户的生产经营。这种形式虽属松散型的产业化经营,但农户在基地和他人的启发引导下自愿加盟,队伍会"滚雪球"般地发展壮大,形成产业的规模效应和品牌效应,使大家从中得益,因而也是较为普遍的一种形式。如吴县光福镇在发展花卉苗木业中,依托镇办花木公司所拥有的首批省级绿化施工企业的资质和较雄厚的资金、技术实力,对外承揽绿化项目,使业务源源不断,花卉苗木的需用量大量增加;同时发动各村和广大农民调整土地种植结构,大力开垦荒山荒地,使花木种植面积由原来的1万多亩扩大到3万多亩,并组织实施"一村一品",避免相互竞争和低水平重复。至1997年,全镇27个村已有22个村栽种花

---

[1] 宋欣:《从"温氏养鸡"看契约化生产》,《苏州日报》,2000年3月18日。

木,其中 10 个村成为专业村;全镇 1/3 的农户从事苗木种植,拥有近千人的销售、运输队伍,还有 3 000 多人常年在外从事绿化养护管理;全镇苗木销售额达 8 000 万元,农民年收入的 1/3 来自花卉苗木业。[1]

三是"专业大户带农户"。即由当地最早、最大的种养业专业户发挥示范引领作用,带动周边农民共同参与,进而形成地方特色和优势产业,推动该产业的发展壮大。如昆山市大市镇尚明甸村村民陈坤福,1993 年与同村 5 家农户合股办起了首家工厂化养鳖场,第二年收回成本,第三年就分到了红利。尝到了甜头、积累了经验后,陈坤福与 5 个合伙人都分别与其他农户联合办起了自己的养殖场。在他们的典型引路下,至 2000 年全村已有 33 家农户合伙办成了 11 个工厂化养鳖场,年上市销售甲鱼 30 多万只,尚明甸村由此成了远近闻名的养鳖专业村。[2]

四是"经纪人+农户"。即依托农副产品销售经纪人,捕捉和传递市场信息,引导农民生产,并帮助千家万户实现产品的销售,产销分工合作、互惠互利,促进地方特色农副产品的规模化生产经营。如吴江南部的桃源、铜罗等镇 90 年代中期许多农户大面积发展苗木生产,一批头脑活络、门路较多的人开始充当起经纪人的角色,他们走南闯北对外承接绿化工程,一方面将本地的苗木源源不断地销往外地,一方面将苗木的市场信息及时反馈给农户,带动苗木种植和品种更新。由此,靠了 1 000 多人的经纪人,这一带的苗木生产经营不断发展壮大,至 2000 年形成了近 2 万亩的苗木基地,其中桃源、铜罗均超过 7 000 亩,年销售收入超过 1 亿元,成为吴江农业的一个新兴支柱产业。[3]

五是"专业市场带动农户"。即在大宗农副产品生产基地适时建办专业批发交易市场,农民靠市场实现产品不出家门销售,并及时获取市场信息,不断调整生产布局结构,促进该项产业的发展壮大。如常熟市徐市镇 90 年代中期起在调整农业产业结构中开始大力发展瓜菜种植,但原先那种靠经销商到农家田头收购的办法日显不相适应。镇里于 1998 年 4 月投资建办了曹家桥农副产品交易市场,让农民将所上市的产品集中于此,吸引各地客商来此收购瓜菜,至 2000 年春每天进场交易达 2 500 多人次,日成交量上升至 180 吨。市场办到家门口,农民省事又省心,一心扑在发展生产上。2000 年春全镇蔬菜瓜果面积拓展到 3.16

---

[1] 王莉、旭峰:《延长产业链,加速产业化——光福镇发展花卉苗木业纪实》,《苏州日报》,1998 年 4 月 1 日。
[2] 袁福荣、薛华:《尚明甸村养鳖好兴旺》,《苏州日报》,2000 年 9 月 1 日。
[3] 袁雪洪:《绿化产业致富吴江农民》,《苏州日报》,2000 年 5 月 22 日。

万亩。[1]至1998年,全市已建成各级各类农副产品专业交易市场200多个,年成交额超过30亿元,占全市多种经营总收入的15%。[2]

5. 农业科技示范园区和农业机械化助推现代农业加快发展

各级现代农业园区和农业科技示范园区建设崭露头角。为加快农业科技进步和现代农业的发展,1996年省政府批准在全省建立26个省级农业科技示范园区,苏州有常熟、昆山、吴县、吴江等4个园区入列,均为农业综合开发型。常熟园区亦为1995年批准设立的省级常熟外向型农业综合开发区的一部分,总面积5 018亩,包括高产粮食、出口花卉、蔬菜生产、水产养殖、万头猪场等。昆山园区坐落在玉山镇,总面积2 160亩,包括粮食高产示范、高效蔬菜栽培和生猪、奶牛、水产养殖项目等。吴县园区以越湖稻麦油生态农业、横泾特种养殖、东西山林果茶为主体,重点培育建设4个区域性支柱产业、3个技工贸农一体化的科技先导型企业、2个绿色食品开发基地。吴江园区由平望镇胜墩村、八圩镇农创村和吴江市蔬果园艺场组成,生产用地共4 218亩,包括高效粮田、蔬菜种植、果园和水产养殖。1997年,苏州选择了6个单项优势明显、科技开发基础好、具有规模化和产业化发展前景的单位作为市级农业科技示范园区,即太仓棉花、郊区蔬菜、吴县阳澄湖大闸蟹和吴江太湖青虾、柑橘、肉鸽科技示范园区。至1997年底,省、市科委已向10个园区下达了35个科研及推广项目,省内外6所高校和院所进园实施了一大批农业科技项目,促进了科技成果向现实生产力的转化,还为周围农民提供了看得见、摸得着的样板,产生了较强的辐射力,推动了农业规模化、产业化发展和经济效益的提高。如:吴江横扇镇太湖肉鸽养殖公司加强引进世界名种的杂交繁育和科学饲养管理,1997年底已拥有国外纯种和太湖杂交皇鸽等优良种鸽1.5万对,年产幼鸽18万羽,成为江苏省畜牧养殖百佳工程和全省白羽肉用种鸽培育、乳鸽生产的最大基地;吴江柑橘科技示范园区1997年已形成年产5 000吨优质果品生产能力,年收入占所在乡(镇)农业总收入的26.5%,"一只橘子"使全镇人均增收400元。1998年,苏州市又批准建立了张家港泗港镇王巷村农民徐卫东优质葡萄、张家港梁丰集团奶牛、常熟市冶塘镇和白茆镇特色稻米、常熟市东张镇棉区特色蔬菜、吴江芦墟镇平原绿化苗木等5个市级农业科技示范园区。1999年,苏州市又新增了太仓岳王、昆山淀山湖、吴江芦墟3个市级农业综合示范园区,当年引进种植经济作物160多种,产生了较好

---

[1] 顾洪元:《徐市镇瓜菜面积今年增一倍》,《苏州日报》,2000年3月31日。
[2] 蔡炳峰、石晓泉:《鱼肥虾壮富水乡》,《苏州日报》,1999年9月8日。

的经济效益和示范导向作用。与此同时,苏州市还于1998年2月经国务院农业综合开发办公室批准创办了吴县西山国家现代农业示范园区,列入国家农业综合开发项目区,是当时全国唯一享受国家财政扶持(包括无偿拨款和有偿使用资金)的农业综合开发项目,也是90年代苏州农业综合开发第一个大规模项目。在两年多时间里基本完成首期开发建设,总投资1.52亿元,实施项目包括高科技农业园、东山湖羊养殖示范区、特种水产养殖示范基地、"三高"粮油作物示范区、优质果品种苗基地、古樟植物园、大型实验动物养殖基地等十多个,大多为合资、合作项目,合同利用外资2 000多万元,还引进了一大批先进的生产技术。占地600亩、总投资6 000万元的高科技农业园,分为设施蔬菜、蝴蝶兰花、珍奇瓜果、鱼菜共生、新果精品5个园和1个功能服务区,其中蝴蝶兰花园年产各类名贵珍奇花卉50万盆,销售额达3 000万元,建成后该园还成为苏州的一大农业观光旅游项目。[1]

农业机械化快速推进。继吴县和常熟市1987年被国务院批准为重点探索适合中国国情的农业机械化和现代化道路的农业现代化试验县后,1996年张家港市被列为省级农机化示范县(市)。这3个县(市)进行了认真的组织实施,引导和推动苏州全市的农业机械化在90年代又上了一个新水平。"八五"期间全市农机总投入3.9亿元,加速推广应用适用农机具,农业综合机械化水平达67.5%。"九五"开始苏州各级建立农业机械化发展基金,对购买大型农机的农户和农业经营企业由县(市)、乡(镇)、村三级实行补贴政策,在全省乃至全国率先引进"洋马""久保田"高性能联合收割机和高速插秧机等世界先进的农业机械,基本实现三麦生产从种到收全程机械化,实现耕作大中型轮式拖拉机化,大幅度提高了水稻收割机械化水平,在水稻种植机械化方面取得突破,农业综合机械化水平达75%,传统的人工劳作为主的生产方式基本被机械替代,标志着苏州农业生产方式实现了历史性的变革。2000年,全市农机总动力279.49万千瓦,比1991年增加了25.5%;拥有大中型拖拉机5 713台、大中型轮式拖拉机配套农具15 118台、联合收割机5 966台、割晒机1 617台、农用汽车5 640辆,分别比1991年增长1.5倍、1.6倍、5.4倍、6.6倍和17.7倍。[2]

6. 抗御1999年特大洪涝灾害

1999年,苏州梅雨期从6月7日至7月20日长达44天,比常年多20天;全

---

[1] 华泉福:《高标准建设国家级农业示范园区》,《苏州日报》,2000年4月12日;俞愉:《梁保华在西山国家现代农业示范园区考察》,《苏州日报》,2000年7月27日。
[2] 苏州市农业委员会:《苏州农业志》,苏州大学出版社2012年,第116、755、761、777、778页。

市平均梅雨量为630毫米,是常年平均梅雨量的3倍,比1991年还多50毫米,30天面上平均降雨量相当于200年一遇。加上几年来浙江省进入苏州市的泄洪通道全面拓宽加深,苏南运河全线拓浚,而下游洪水出路严重不足,致使苏州境内河湖水位急剧上涨,形成了外洪内涝、洪涝夹击局面。一是太湖水位创历史新高。7月1日涨到4.79米,与1991年最高水位持平;7月5日突破百年一遇的5米大关,7月8日14时最高平均水位达到5.08米,超过历史最高水位0.29米,超设计可抗御洪水位0.43米;自6月7日至7月8日的32天中涨幅达2米,最大日涨0.2米;超历史最高水位的时间持续了19天,比1991年多5天。二是内河水位全面告急。7月1—3日全市各地内部河网湖泊水位大都超过或接近历史最高水位,其中澜溪塘铜罗水位、淀山湖陈墓(锦溪)水位、娄江昆山水位均超历史最高水位0.3米以上。三是苏州市区水位全面超历史。大运河枫桥水位、觅渡桥水位分别超历史最高水位0.27米和0.06米。

1999年汛期的特大洪涝灾害,给全市造成了重大损失。全市150个乡(镇)有149个受灾,有33个城镇积水,积水最深达1.5米,受灾人口158.97万,一度被洪水围困人数14.22万人,城镇居民受淹17 956户、农户受淹82 584户,损毁房屋26 400间,倒塌房屋2 303间;全市受淹农田180.14万亩,其中农作物受灾面积135.66万亩、绝收36.58万亩,毁坏耕地9 825亩,林果苗木受损20.21万亩,减产粮食3.25亿斤,损失粮食1.36亿斤,淡水养殖损失33.15万亩,损失水产品2万余吨;全市有3 191家企业受淹,造成2 176家企业停产或部分停产,33条航道被迫中断通航,水毁公路路基(面)56.15公里;水利设施受到严重破坏,有相当数量的圩区堤防漫水,损毁各类堤防1 669公里,11处堤防决口,损毁水闸、机电泵站、桥涵738座;全市直接经济损失20.15亿元,其中农业损失9.48亿元、工业交通损失6.38亿元、水利设施损失1.64亿元、其他方面损失2.65亿元。

灾情发生后,市委、市政府迅速调整工作部署,全市上下全力投入到紧张的抗洪救灾中去。6月30日,市政府依据《防洪法》首次宣布全市进入紧急防汛期,发出了抗洪救灾总动员令。7月3日,市委、市政府派出7个督查组,分赴沿太湖15个乡镇(场)。7月5日当太湖水位突破5米以后,及时研究制定并落实了应急抢险对策,包括圩区滞洪准备和人员撤离方案,沿湖各地立即组织上万民力,在147.42公里长的环太湖大堤上进行巡堤、查险、抢险施工。7月9日—10日,中共中央政治局委员、国务院副总理、国家防汛抗旱总指挥部总指挥温家宝亲临苏州地区考察,指导太湖流域防汛抗洪工作。7月12日,市委、市政府进一步研究部署防汛抗洪工作,全市各级各部门全力确保重要堤防、水电气和通信交通运输等基础设施,重要开发区和大中型企业,苏州城区和中心城镇,以及人民群众生命财产安全。当洪水威胁群众安全时,城乡各地及时组织9.39万群众撤离险区,并妥善安置灾民生活;全市共筹集救灾资金2.8亿元,其中直接用于灾民生活的救灾款达2 235万元,使灾区迅速恢复了正常的生产和生活秩序。

在1999年的特大洪涝灾害中,全市各级历年建设的水利工程经受了严峻的考验,同时也发挥了重要的减灾效益。1991年后高标准修建的环太湖大堤、胥口水利枢纽等重要口门控制建筑物发挥了至关重要的作用,超蓄洪水10.37亿立方米,相当于超蓄了太湖设计最大库容水量的1/8。[1]水利部门调度沿江8座大闸累计向长江排出水量85.12亿立方米,创历年汛期排出量之最,其中排泄太湖洪水56.68亿立方米,比太湖常水位时总库容量还要多12亿立方米,从而对缓和太湖地区防汛局势起到了积极作用,并使大面积农田及早脱险,为大灾之年全市秋熟作物没有大减产奠定了基础。这年全市水稻总产量只比上年减少15.2%;全市农民人均纯收入还比上年增长了3.12%。

三、第三产业加快发展

20世纪90年代,市委、市政府有重点地推动第三产业进入加快发展的通道,第三产业呈现出规模迅速壮大、领域不断拓宽、比重逐步提升、开放度日益扩大和数量与质量同步增长、城市和农村全面繁荣、传统行业与新兴行业交互促进的良好发展态势,成为全市经济的一个重要增长点,为苏州90年代的经济腾飞和跨越式发展做出了重要贡献。

1. 加快发展的规划部署与提高发展成效

1992年,中共中央、国务院首次做出《关于加快发展第三产业的决定》,召开全国加快发展第三产业工作会议。[2]1993年7月,市委、市政府结合苏州实际情况,制发了《关于加快发展第三产业的若干意见》。《意见》提出,全市加快发展第三产业的指导思想是:要围绕建立社会主义市场经济体制的总目标,以深化改革、扩大开放为动力,以提高经济效益和社会效益为中心,充分发挥地理位置、自然条件、经济实力、历史文化的优势,把第三产业作为支柱产业和经济发展新的生长点放在优先发展的位置上;要贯彻"政府搭台,社会参与"的方针,在统

---

[1] 苏州市农业委员会:《苏州农业志》,苏州大学出版社2012年,第64页。
[2] 中共中央党史研究室:《中国共产党新时期历史大事记(1978.12—2002.5)》(增订本),中共党史出版社2002年,第365页。

一规划和管理下,坚持国家、集体、个人一起上,动员社会各方面的力量一起办。《意见》确定了90年代全市第三产业发展的总体目标:在国民生产总值年均递增15%的情况下,第三产业增加值年均递增20%,1995年达到125亿元,占国民生产总值的27%,2000年达到275亿元,占国民生产总值的三分之一左右;全市第三产业的劳动者占社会劳动者总数的比重,1995年达到25%左右,2000年达到30%左右。[1] 1994年市委、市政府制发《苏州市第三产业发展规划纲要》,明确全市"三产"发展的重点是:对国民经济具有全局性、先导性影响的基础行业;能满足工农业生产发展和人民生活水平提高需要,投资少、收效快、效益好、就业容量大的传统、支柱行业;同加快科技进步相关的新兴智力型行业。[2] 市有关部门随即制定《关于加快发展第三产业的若干政策措施》,为加快发展提供了有力的政策支持和工作保障。1996年初,市委、市政府组织制定了《苏州市国民经济和社会发展"九五"计划暨基本现代化总体规划纲要》,提出要把苏州建设成为"三个中心",即成为区域性的加工制造业中心、商品物资集散中心和旅游度假中心,使全市上下进一步明确了苏州"三产"发展的重点方向和目标。

90年代,全市第三产业又快又好发展,突出表现在五个方面。

一是发展猛力加速。"八五"时期全市第三产业增加值以年平均26.6%的速度增长,"九五"时期仍保持年均增长13.9%的较快速度,继续高于同期全市一、二产业的增长速度。

二是总量迅速扩大。1995年全市实现第三产业增加值279.33亿元,比1991年增长4.36倍;2000年又扩大至579.62亿元,实现了5年翻一番多。两个五年计划的完成实绩都比1993年市委、市政府提出的奋斗目标值增加了1倍多。

三是占比逐年提高。全市第三产业占地区生产总值的比重跳出了长期在20%左右徘徊的局面,1995年比重提升至30.99%,2000年进一步提升至37.62%,均比1993年市委、市政府规划的目标值高了4个百分点左右;全市第三产业从业人员由1991年时的65.6万人增加到1995年的80.39万人、2000年的91.72万人,占全社会从业人员的比重也由1991年时的19.9%上升至1995年的

---

[1]《中共苏州市委、苏州市人民政府关于加快发展第三产业的若干意见》,1993年7月2日,第3、4页,苏州市档案馆藏,档号A1—36—226。

[2] 史福明:《市委市府召开全市第三产业工作会议》,《苏州日报》,1994年8月20日。

24.77%、2000年的29.22%,接近实现1993年市委、市政府提出的目标值。[1]

四是多种经济成分共同参与发展的局面初步形成。1991至1994年,全市第三产业批准兴办外商投资企业1 212家、合同外资51.86亿美元,占全市同期总量的17.1%和37.2%。1995年后基础设施、旅游、文化娱乐领域外商合资或独资项目明显增多,外资金融机构实现突破,至1999年5年间共兴办外商投资三产项目482项,合同外资24.23亿美元。[2]国有、集体、民资和外资、外地资金一起上,使苏州的第三产业的发展步伐大大加快,发展活力和后劲更加强劲。据1998年统计,全市实现的社会消费品零售总额中,国有经济占23.65%,集体经济占34.8%,个体私营经济占25.38%,外商投资经济占1.5%,股份制、联营等经济占14.78%;与1995年相比,国有和集体经济比重下降16.17个百分点,个体私营经济比重上升12.06个百分点,外商等其他经济比重上升4.46个百分点。

五是第三产业一些领域的发展走在全省乃至全国同类城市的前列。在传统商业零售业、餐饮业、旅游业等继续名列全省前茅的同时,90年代苏州的专业批发市场建设处于全国领先地位,期货交易市场在全国崭露头角,新颖特色旅游品牌在长三角地区乃至全国打响。

2. 传统商贸服务业提档升级

90年代全市商贸服务系统营业网点大量增加,经营服务规模有较大提高,经营业态和方式发生很大变化,实现了传统商贸服务业的提档升级,群众购买力有很大提高,城乡市场全面繁荣兴旺。1995年全市社会消费品零售总额达242.31亿元,比1990年增长2.36倍,年平均增长28.13%,为中华人民共和国成立以来增长最快的时期;每千人拥有的商业网点数由1990年的10.37个增至15.71个,每千人拥有的商业从业人员数由1990年的41.91人增至46.65人。2000年全市实现社会消费品零售总额348.17亿元,比1995年增长43.69%;人均社会消费品零售总额由1995年的4 235元提高到6 032元。

一大批较现代化的大型商场拔地而起。在观前商圈,苏州人民商场1993年改扩建南部营业大楼,1996年翻建北部老大楼,商场总面积增至3.5万平方米,年销售额达4.38亿元;市第一百货商店重建后于1992年重新营业,1995年兼并萃华园菜馆后营业面积增加至1.3万平方米;市工业品商场1993年创办苏州首

---

[1] 黄正栋:《数字见证苏州改革开放30年巨变》,苏出准印(2008)字第JSE—1002233号,第6、104、140、144页。

[2] 陆允昌、高志斌:《苏州对外经济五十年(1949—1999)》,人民出版社2001年,第103、107页。

个中外合资的商业零售企业——美罗时装城,1995年在南侧兴建的大楼落成投运,与老楼合为连体大型商场——苏州购物中心,1998年销售额5.6亿元,居全市零售商业第一位;由社会力量和外来投资为主建办的苏州商城、华联商厦、长发商厦等大型商业网点1995—1997年间先后开张;副食品经营业也有一批规模化、特色化的门店面世,百年老店采芝斋1997年起主营苏式传统食品,稻香村食品商店回迁观前街后主营特色糖果糕点,苏州食品商场1998年起设立苏州土特产一条街、小吃美食广场等。在石路商圈,1994—1996年间亚细亚商厦、威尼斯商厦、石路国际商城、八面风商厦等大型商贸大楼先后开张。在南门商圈,苏州商业大厦投资兴建的泰华商城开张,营业面积达2.5万平方米;1998年起转为品牌专厅、专柜经营为主,其中属苏州地区首家或独家引进的国内外著名品牌70多个。至1998年,全市共有规模以上商业零售企业157家,拥有营业面积69.32万平方米;市属商业贸易系统拥有年销售额超亿元的企业13家。[1]

餐饮服务业走上品牌化、特色化、规模化发展之路。1999年全市餐饮业实现营业收入28.28亿元,占社会消费品零售总额的9%;与1991年相比,营业额增长5.25倍,占社会消费品零售总额的比重提高了4.3个百分点。90年代的发展中具有四大亮点。一是一批老字号品牌焕发青春。1993年第三届全国烹饪技术比赛中,由松鹤楼、新聚丰、大三元菜馆5名选手组成的苏州队荣获团体金牌,松鹤楼菜馆的5个菜品获得金牌。1996年全国餐饮业在改革开放后首次评定最高级别的特一级烹调师共126名,苏州松鹤楼菜馆屈群根等6名入列。1997年松鹤楼卤鸭、新聚丰枣泥拉糕被中国烹饪协会审定为全国首批"中华名小吃",2000年第二届认定中苏州又有15个品种上榜。[2]松鹤楼1997年拥有特一、特二级烹调师14名,被国内贸易部评定为首批"国家特级酒家",经扩建可容纳1 000人同时用餐,1999年首席厨师屈群根被中国商业联合会、中国烹饪学会授予"中国烹饪大师"称号[3],2001年与得月楼菜馆、常熟山景园菜馆等5家一起被中国烹饪协会授予"中华餐饮名店"。得月楼菜馆先后兼并京华酒楼、大三元酒家,餐位增至170桌。黄天源成立公司后建速冻食品厂,使传统苏式糕点打入了全国近百家商厦超市,还出口外销多国。昆山百年老店奥灶面馆1998年由国资出资赎回经营权并注册了"奥灶馆"商标,恢复原有传统工艺,重新受到

---

[1] 国民、兰兰:《改革激活国有商业》,《苏州日报》,1999年10月25日。
[2] 昂林、伟民:《第二届"中华名小吃"认定,我市15个品种上榜》,《苏州日报》,2000年9月12日;尤薇:《烹饪之家父子兵》,《苏州日报》,1999年10月25日。
[3] 尤薇:《屈群根:苏帮船点大师》,《苏州日报》,2002年8月17日。

食客的青睐。[1]木渎乾生元主产的松子枣泥麻饼1999年起按旅游休闲食品定位进行创新开发,上市后打进了北京、上海的机场、车站,还出口美国等。[2]二是一批特色新门店新菜品受人青睐。美食家陆文夫1995年在十全街策划创办的"老苏州茶酒楼"、设有"姑苏一桌菜——四六四"等特色宴席的旧学前大鸿运酒店、善于营造就餐文化氛围的嘉余坊同济酒楼以及北门饭店的肠肺汤、通天府酒楼的鲍翅海鲜菜品、天竺酒楼的大众实惠宴、胥城大厦的江南四名宴、吴宫喜来登的高档自助餐、凯莱大酒店的船菜宴等,各具特色,圈定了各自的客户。[3]同时,全市多地农村利用各自的资源,开发具有独特风味的餐饮新亮点,如吴县太湖乡的船餐美食一条街、昆山巴城镇以阳澄湖大闸蟹为主要品牌的船坊、吴县藏书镇的白汤羊肉和"全羊宴"一条街、太仓双凤的红烧羊肉和"肥羊大面"一条街、张家港大新等地的"长江三鲜"美食宴等,都赢得大批食客。第三是一批餐饮"巨无霸"门店竞相亮相。1998年起市区一些餐饮业主开始跃跃欲试打造"餐饮大卖场",不到一年,新皇宫、贵宾楼、市会议中心丰乐宫、阿雷大酒店、福记好世界、新嘉余楼、南开大酒店等几家不约而同竞相开张,均可容纳1 000人以上同时就餐,最多的可容纳3 000人就餐,新嘉余楼还创下了"华东地区私营餐饮业之最"。[4]第四是"外来兵团"抢滩苏州角逐市场。90年代起苏州餐饮业苏帮菜点长期一统天下的局面开始被打破,全国各地乃至国外的特色餐饮逐步进入苏州,极大地丰富了餐饮市场。继1993美国肯德基快餐店落户观前街后,马来西亚芳香鸡、美国麦当劳、意大利必胜客、美国星巴克等外国快餐品牌接踵而至;外地各帮名菜系也进军苏城,如潮帮的韩香酒楼、粤帮的大三元、广东润记,浙杭帮的咸亨酒楼、张生记、小绍兴酒家及西北风情的北疆饭店等;兰州拉面、云南过桥米线、老妈米线、无锡小笼、常州大娘水饺、绍兴鸡粥、嘉兴粽子、阿潘骨头汤、南京鸭血粉丝汤、重庆要德火锅、台湾永和豆浆、福建沙县小吃、四川好人民间小吃等外地特色名点也落户苏州各地,并大量开设连锁门店。

商贸新业态和新营销方式层出不穷。90年代中国际通行的现代商贸流通、营销服务技术为我国大量引入和日益广泛采用,苏州业界人士大胆尝新,促使各种现代商贸业态得到快速发展,极大地改变了传统的经营方式、管理手段和居民

---

[1] 海龙、阿斌:《奥灶馆经营权归去来兮》,《苏州日报》,1998年7月12日。
[2] 王莉:《木渎乾生元创新显生机》,《苏州日报》,2000年1月7日。
[3] 朱澄潜、尤薇:《姑苏餐饮业竞争新动向》,《苏州日报》,2001年1月5日。
[4] 尤薇:《苏州出现一批餐饮巨无霸》,《苏州日报》,1999年12月30日;苏州市高新区虎丘区志编纂委员会:《苏州市高新区虎丘区志》,上海社会科学院出版社2012年,第352页。

消费方式。一是连锁经营日趋兴盛。90年代初苏州第一百货商店率先迈出步子,至1994年全市商业系统发展连锁经营门店97家,其中市属商业有60家,实现销售5亿元,已占市属商业零售总额的1/3以上;连锁网店中跨县(市)的约占30%,最远的开到了黑龙江、海南、广东等省。饮食行业也大力开展连锁经营,得月楼菜馆、黄天源糕团、长发西饼、好利来蛋糕、绿杨馄饨、朱鸿兴、观振兴、近水台、陆振兴、陆长兴、同德兴、陆稿荐、一品香、马泳斋卤菜等的连锁经营都呈良好发展态势。至20世纪末,苏州商贸的连锁业态业种发展到商场、便利店、餐饮、旅馆、服务维修、医药等30多个类别,连锁网点从市区向县乡全面拓展。二是超市卖场一举兴起。1995年,苏州新区创办全省首家超市性质的自选式便利店公司——百汇便利连锁店公司,苏州糖烟酒总公司与东莞合资开办的苏州首家以"超市"命名的美佳超市至年底共在市区开设连锁门店7家。随后几年中,华润、华联、联华、美宜佳、可的、喜士多等中小型连锁便利超市陆续发展起来。1999年,东环路三星路(后更名现代大道)口开出百润发大卖场,营业面积1.5万平方米,经营商品2万余种,为苏州首家大型货仓式卖场超市,当年销售额超2亿元,第二年达3.72亿元;超市所在的购物广场设室内商业街,引进各类品牌专卖店、餐饮店及娱乐场所,形成区域性商贸中心。2000年,百润发东环店、华润超市、北京华联苏州店名列市区商贸零售业"十强"企业。2001年,市区连锁超市门店总数已达230余个,营业面积1000平方米以上的连锁超市有11家,其中1万平方米以上的有3家。三是专营专卖和网售邮购等经营方式成为新趋势。1993年,全市第一家国际著名品牌的"佐丹奴"专卖店在市区开张,之后两年中金利来、花花公子、稻草人、鳄鱼、梦得娇、人头马、苹果、捷安特等国际著名品牌商品专卖店先后在市区开业。[1]大中型商贸企业普遍突出了品牌经营,以取得品牌商品经销权为特点的"总经销""总代理"已被广泛施用,新型的工商关系和营销网络正逐步形成,至1998年市贸易局直属企业年销售额超300万元以上的品牌有180多个,占总销售额的40%左右。1991年主营快餐盒饭外卖的天天快餐公司开办,紧接着新亚、红枫、三友、新狮王、立达、时尚等快餐公司一家接一家开出,生意都较为红火。[2]随着家庭电脑的逐步普及和互联网业务的开通,信用消费、网上购物、邮购等新颖经营方式逐步推行。1999年5月,全省首家网上商店——苏州一百网上商店电话银行付款正式开通,实现购物、转账一次完成,标

---

[1] 文洪:《街上流行"专卖店"》,《苏州日报》,1995年1月21日。
[2] 朱澄潜、尤薇:《姑苏餐饮业竞争新动向》,《苏州日报》,2001年1月5日。

志着电子商务走进了市民家庭,这一崭新的消费方式对传统商业经营方式带来的是一次"革命性"的冲击。[1]

市级商贸中心日益完善和区域性商贸中心培育成型。90年代,市、区两级政府结合旧街坊改造和商业网点建设,对城市商贸中心区和主要商业街进行统一规划,实施大规模的整治改造工程,对网点结构进行调整、充实、完善,老网点全面改造更新,新网点成倍增加,商贸区的面貌焕然一新,购物、休闲环境得到大幅改善提升。观前商贸中心,经80年代末90年代初一轮大改造大建设,日均客流量达8万人次;1994年因果巷、旧学前综合改造工程告竣,形成商铺林林总总、全长760米的"观后街";[2]1995年中外合资的粤海商业广场动工,占地2.5万平方米,建筑总面积近10万平方米,总投资3.8亿元;[3]1999年起市政府组织实施的观前地区整治更新工程分期告竣,整个观前商贸中心变得更加靓丽、繁荣,日均客流量猛增至15万人,古城商业核心板块的地位更加显著。石路商贸区,1993年金阊区商业局制定"拼搏三年,石路超观前"的发展目标,3年内投资3亿多元,在0.4平方公里的商区内兴建10幢现代化商业大楼,社会各界也参与建造了十来幢商贸服务大楼,20层以上的有协和大厦、华昌大楼、华银大厦、名人广场、新世纪大酒店等,并改扩建了一批老商贸服务网点;1996年起,由市城建开发总公司等单位联合开发总建筑面积达2.4万平方米的"金门商城";1999年,金阊区亚细亚集团重建的600米长南浩街北段商业街区竣工投用,使石路商业区的商铺总面积增至30万平方米;2000年,石路商贸区又实施优化整合改造工程,重点开发建设小天使广场,成为市区颇具特色的商业休闲步行广场。[4]市区两个新的区域性商业中心逐步形成。一为南门商贸中心。90年代中期进行大规模改造扩建,人民路两侧翻建商业楼,除泰华商城外,还建起三友商厦、瑞富广场、香雪海饭店、杭城大酒店,开办室内农贸市场、水果批发市场、南门小商品市场、大乐福超市、文化市场、电子市场、茶叶市场、文庙古玩市场等,整个南门商圈面积扩展至约2平方公里。二为苏州新区狮山路商贸中心。1994年起,新区商城、新城花园酒店、淮海路商业一条街、天狮皇座大酒店、狮山购物中心、百汇连锁超市、锦华苑商业中心、苏州乐园度假酒店、国新大酒店、锦江之星苏州乐园

---

[1] 罗宁凡、圆潜:《苏州一百网上商店生意兴隆》,《苏州日报》,1999年5月21日。
[2] 施华、伟丽:《后起之秀"观后街"》,《苏州日报》,1994年2月10日。
[3] 程国明:《古城中心的世纪之作——苏州粤海商业广场工程昨奠基》,《苏州日报》,1995年4月13日。
[4] 朱澄潜、尤薇:《古城休闲广场商机凸显》,《苏州日报》,2001年2月2日。

店、福记好世界餐娱店、阿雷大酒店等相继开业,遂成为苏州西部新城区的商贸中心。[1] 90年代,各区在古城内着重规划发展特色商业街,培育形成了东中市五金街、乌鹊桥路电脑街、胥江路汽配街、景德路婚纱影楼街、皮市街花鸟及收藏街等一批聚商成市的特色商业街。

县乡商贸服务业发展亮点纷呈。90年代,苏州所辖各县(市)的商贸业也有长足发展,2000年的社会消费品零售总额均比1991年翻两番,县(市)实现的社会商品零售总额占到全市的64.5%;[2]各县城的商业设施与城市不相上下,区域性商贸中心基本形成;乡(镇)的商贸服务网点日趋完善,基本适应了农民物质和文化消费的需求。县乡商贸业发展中形成了一些亮点和特色,如张家港市杨舍城区1994年依托沙洲中路建成全市和全国县级市中首条商业步行街[3],常熟市虞山城区以海虞路为轴线建设新城区商贸中心,常熟市供销社创办的常客隆超市迅速在农村集镇和部分中心村开办连锁门店[4],太仓市城厢城区打造的府南中心商贸区形成了一个具有现代化气息的繁华商业中心[5],昆山市商业、供销部门与苏州、上海商业大企业合作建办了万源商城、碧波大厦、长发大厦、昆山商厦等大型商贸经营设施和遍布乡(镇)的上海华联、上海捷强等超市、连锁网店[6],吴县新城区开发建设成为苏州城南一大区域性商贸中心,吴江市商业局建办的大发电器市场成为华东地区最大的专业电器市场。

3. 统一规范开放的市场体系基本形成

90年代苏州的市场经济充分发育,商品流通量大增,以批发销售地产工农业产品和区域性商品集散中心为主要功能的各类专业市场在城乡继续蓬勃发展,全社会办市场的积极性空前高涨,无论是生产资料市场还是消费品市场和生产要素市场,数量都有大量增加,门类有很大拓展,规模、功能、档次也显著提升,基本形成了社会主义市场经济新条件下的统一、规范、开放的市场体系,为全市第三产业的快速增长和市场经济体制改革的不断推进发挥了日益重要的作用。

---

[1] 芮伟国:《新区形成现代化商业框架》,《苏州日报》,2000年2月23日。
[2] 黄正栋:《数字见证苏州改革开放30年巨变》,苏出准印(2008)字JSE—1002233号,第202页。
[3] 中共张家港市委党史地方志办公室:《辉煌二十年(1986—2005)》,中共党史出版社2006年,第100页。
[4] 中共常熟市委党史工作办公室:《缔造辉煌》,中共党史出版社2001年,第654页;王荣、韩俊、徐建明:《苏州农村改革30年》,上海远东出版社2007年,第202页。
[5] 太仓市政协学习文史委员会:《亲历太仓60年》,苏出准印(2009)字JSE—1000244号,第179页。
[6] 中共昆山市委党史研究室:《新昆山五十一年(1949.5—2000.12)》,苏出准印JES—0000338号,2003年,第320、339页。

在江苏省市场协会组织评选的1995年全省三大类各十大市场中,苏州有东方丝绸市场、常熟招商场、渭塘中国珍珠城、妙桥羊毛衫商城、苏州市钢材市场等10家市场榜上有名;全省年成交额超50亿元的5个商品批发市场中,苏州独占4席。[1]2000年与1991年相比,全市商品交易市场由481个增加至846个,年成交总额由39.64亿元增加至798亿元,其中年成交额超亿元的市场由10个增加至63个。由此,市"九五"规划中提出的建设"区域性商品物资集散中心"目标基本实现。

知名老专业市场做大做强。常熟招商场,90年代发展壮大为常熟招商城,占地面积由近百亩扩展到300多万平方米,交易区面积由近万平方米扩大到100多万平方米,设有店铺、摊位上万个,年销售额由3亿元增加到126亿元,市场商品成交额占常熟全市市场商品成交额的2/3以上,招商城管理部门拥有的总资产超10亿元,实现利税由1 500万元增加到超亿元,市场的综合效益跃居全国十大市场第二位。商城直接吸纳10多万个个体经营者和商品生产者,日进场采购的商贩有10多万,当地上千家大大小小的服装及纺织品生产加工企业和2万多户个体服装生产专业户的产品主要靠这个市场销往全国各地,市场的不断壮大成为常熟经济发展的一股强劲推动力。[2]吴江盛泽东方丝绸市场,1992年底晋级为中国东方丝绸市场;1994年扩建占地200亩的盛泽丝绸商城,建筑面积扩大至12万多平方米,新增客商600多家;1995年市场成交额突破100亿元大关,成为全省首个年成交额超百亿元的商品批发市场;1996年达120.8亿元,建场10年累计成交各类纺织面料20亿米、化纤原料20万吨,销售总额354亿元,促进"丝绸之乡"的工业生产持续快速发展。[3]吴县渭塘珍珠市场,1994年再次改建扩建,摊位增至1 200多个,年成交额超10亿元,占全国淡水珍珠交易量的2/3,成为中国最大、世界闻名的淡水珍珠专业交易市场,1995年被命名为"中国珍珠城",1996年市场占地达3.2万平方米,日均进场人数8 000人,成交量达780吨。[4]

各类新办大型专业市场成批涌现。第一类是为适应农产品统购统销制度改革、实现市场化经营应运而生的农副产品批发交易专业市场。如1991年苏州市

---

[1]《我市市场建设成果喜人》,《苏州日报》,1996年4月21日。
[2] 中共常熟市委党史工作办公室:《缔造辉煌》,中共党史出版社2001年,第825页;吴剑蓉:《十里青山半入城,十年招商名天下》,《苏州日报》,1995年8月4日。
[3] 吴辰:《盛泽丝绸商城昨日开业》,《苏州日报》,1994年3月29日。
[4] 王荣、韩俊、徐建明:《苏州农村改革30年》,上海远东出版社2007年,第52页;尹平、文标:《姑苏著名市场掠影》,《苏州日报》,1999年3月19日。

食品公司建办的市肉食品批发交易市场,1993年市粮食局建办的市粮食批发交易市场、吴江震泽镇创办的江苏太湖茧丝市场,1994年国内贸易部与江苏省政府联合在昆山石牌镇建立国家级的羊毛交易市场。第二类是依托本地加工生产基地而建立的商品专业批发市场。如张家港市妙桥镇90年代初兴办妙桥针织精品市场,1995年市场成交额列江苏省十大工业品市场第二位,1996年成交额进一步放大至60亿元,成为全国最大的羊毛衫专业市场。[1]素有"沙发之乡"美誉的吴县蠡口镇,1992年在苏虞张公路两侧建起蠡口家具城,成为当地家具厂家的经销窗口,也吸引外地众多商家在此设立门店经销,至1998年底形成了绵延数公里、由36栋交易楼组成的两条专业街,总占地面积达1.66平方公里,总营业面积60万平方米,仓储面积近40万平方米,汇聚著名品牌200余家,驻场经营户2 868户,从业人员5.6万人,年成交额超10亿元,成为华东第一、全国第二的家具专业市场。[2]吴县镇湖的刺绣业改革开放后成为当地农户的主要家庭副业,全镇从业人数有8 000人左右。1998年起镇政府规划建造长1 670米、总建筑面积7万多平方米的绣品一条街,有前店后坊式的刺绣工艺品店及花线店、电脑印花店、镜框店等专业配套店近200家,2000年全街年销售总额4.98亿元,商家盈利1.8亿元,镇湖镇被文化部授予"中国民间刺绣艺术之乡"称号。[3]常熟市支塘镇1992年建办常熟食品城(又名支塘副食品市场),市场滚雪球般发展,经销各类炒货、糖果、蜜饯、饮料等,2000年成交额达10.8亿元。[4]第三类是为满足本地消费需要而创办的各类专业市场。这是90年代发展的数量和门类最多的一类。如:郊区横塘乡1993年开办了占地1.52平方公里的苏州首家装修材料专业市场——金屋装饰城,成为市民选购的首选之地,经6年的发展,市场的经营商户总数达1 200多户,年交易额超10亿元。[5]苏州肉联厂1995年起开发建设钱万里桥小商品市场,吸纳以浙商为主的500多家客商进驻,成为市区及周边一带小商品中转的"大本营",1997年成交额增至3亿元左右。1998年民营苏州鹏云集团投资兴建的华东电器城在东环路北端开张,建筑面积4万平

---

[1] 沈志坚、刘振华、刘放:《妙桥针织精品市场交易活跃》,《苏州日报》,1993年8月21日;向军、毛翼:《妙桥中国羊毛衫商城开业》,《苏州日报》,1994年11月9日。
[2] 沈石声、王莉:《江苏蠡口国际家具城崛起纪事》,《苏州日报》,1999年8月30日。
[3] 苏州市高新区虎丘区志编纂委员会:《苏州市高新区虎丘区志》,上海社会科学院出版社2012年,第291、294、343页。
[4] 中共常熟市委党史工作办公室:《缔造辉煌》,中共党史出版社2001年,第825页。
[5] 王芬兰:《横塘乡靠三产建成新型小城镇》,《苏州日报》,2000年7月31日。

方米,进驻厂商300余家,经营3 000余个品牌;[1]2000年又在东环路南端投资兴办了华东装饰城,总建筑面积达10万平方米,进场厂商800余家,两个市场的经营都十分红火。

市场中介服务业发展提速。[2]90年代苏州各级各部门把培育和发展市场中介组织及中介服务业作为建立健全社会主义市场体系的重要一环,大力加以推进,着重发展形成了三类中介组织。一是直接为市场主体和交易双方服务的"桥梁"组织、机构,如各种经纪商、职业介绍所、人才交流中心等。至1994年中,全市已有职业介绍所201家、人才交流中心11家。二是为保证公平交易、有序竞争的公正服务机构,如会计师事务所、审计师事务所、律师事务所,至1994年全市已有"三所"162家。三是为促进市场发育、提高决策和管理水平、降低交易成本而开展中介服务的中介组织、机构,如各类咨询中心、信息中心、评估和研究机构等,至1998年全市有咨询机构229家、专职咨询人员4 260人,占全省统计数的19.7%,居省辖市之首,咨询内容涉及决策、技术、工程、企业管理、金融、法律、信息等领域,全年承接咨询项目6.48万项,金额2.54亿元。

4. 区域性旅游度假中心建设全面推进[3]

90年代,苏州的旅游业进入了向经济产业大发展的新时期。其主要特点和标志为:一是各级党委和政府高度重视旅游业,提出了把旅游业发展成支柱产业的奋斗目标,不断加强对旅游业的领导和扶持;二是旅游业管理部门抓住机遇,积极探索发展新路子,大力推进旅游行业管理体制改革,逐步健全行业管理体系,促进旅游设施和景区景点的开发建设;三是旅游业不断涌现新亮点,行业规模迅速扩大,市县一体、共同繁荣的"大旅游"格局初步形成,旅游业各项经济指标快速增长,形成具有一定规模的新兴经济产业,市"九五"规划提出的建设"区域性旅游度假中心"的目标基本实现,苏州旅游在全省、全国和国际上的影响不断扩大,地位明显上升。经过90年代的快速发展,苏州旅游业登上了一个大台阶。2000年,全市接待境外游客71.4万人次,外汇收入2.01亿美元,分别比1991年增长1.7倍和8.57倍;接待国内旅游者1 496万人,国内旅游收入125.22亿元,比1991年增长了40多倍;旅游业增加值63.78亿元,占全市第三

---

[1] 尹平、文标:《姑苏著名市场掠影》,《苏州日报》,1999年3月19日。
[2] 本段主要参考《苏州日报》所载苏体信著《我市市场中介组织发展迅速》(1994年8月18日)、王重云著《我市积极发展咨询产业》(1997年8月14日)以及虞守平、陈莉著《咨询业发展快范围广》(1999年6月7日)内容编写。以下凡同一出处的不再一一注明。
[3] 本小目主要参考《苏州市旅游志》编委会编《苏州市旅游志》(广陵书社2009年版)有关内容编写。以下凡同一出处的不再一一注明。

产业增加值的11%。

90年代,围绕加快发展旅游业,在市级政府层面主要采取了五大举措。一是组织实施全国旅游行业综合改革试点。改革开放以来,苏州在加快发展旅游业方面虽然做了很多努力,试行了很多新措施,但受到政策、体制不完善等诸多因素影响,困难和矛盾依然很多。为谋求突破,苏州自1990年起建议国家在苏州进行旅游行业综合改革试点。不久国务院副总理吴学谦带领国家有关方面负责人到苏州考察,听取苏州的汇报,同意了苏州的要求。1991年3月国家旅游局正式批准苏州为全国唯一的旅游行业综合改革试点城市,翌年2月国务院旅游事业委员会颁文确定了苏州进行综合改革试点的主要目标和任务,提出要把苏州建成具有国际化水准的风景旅游城市,完善旅游业的运行机制和管理体制,确立以旅游业为先导的经济社会发展格局,促进旅游产业向更高层次发展。经过几年上下共同努力实施,在苏州落实了国家和省给予的10项优惠、扶持政策措施,推进了11项改革,取得了很大成果:1997年全市旅游外汇收入超过1亿美元,提前3年实现了试点的计划目标;1999年全市旅游总收入突破百亿元大关,超出2000年计划目标十余倍。旅游管理体制在改革中逐步完善,1992年建立苏州市旅游服务公司,为旅游经营单位提供综合服务;1993年起先后建立5个旅游业专业协会,发挥联系企业与政府的桥梁和纽带作用,开展行业自律和经营合作;1996年市旅游局更名为旅游管理局,为市政府统一管理全市旅游行业的职能工作部门,组建市旅游集团有限责任公司,负责经营原苏州市旅游总公司直属企事业单位的国有资产,迈开了"强化行业管理、搞活资产经营"的新步伐;1999年市政府颁布经市、省人大常委会审议批准的《苏州市旅游管理条例》,成为苏州市第一部地方性旅游法规,促进全市旅游业管理走上了法制化轨道。二是组织规划和开发建设旅游度假区。1992年10月国务院批准建立苏州太湖国家旅游度假区,1994年省政府批准建立吴江汾湖旅游度假区和昆山旅游度假区,3个国家级、省级旅游度假区的开发建设,培育了苏州旅游经济新增长点,打造了有较高知名度的苏州旅游新品牌,增强了苏州旅游业发展的后劲。[1]三是组织开展创建优秀旅游城市和星级景区活动。1999年初苏州被国家旅游局命名为首批"中国优秀旅游城市",2000年昆山市、常熟市、吴江市、吴县市成为全国第二批"中国优秀旅游城市";1999年国家旅游局开始对旅游景区(点)实施星级评定工作,当年苏州有拙政园、虎丘、周庄、苏州乐园4家成功跻身首批国家

---

[1] 这3个旅游度假区的开发建设情况详见本章第二节。

4A级景区,为当时国内最高等级的旅游景区(点),苏州亦成为全国拥有4A级景区最多的地级市。四是组织搞好"黄金周"接待服务。实施第二年的2000年国庆"黄金周",苏州市被列为全国直报单位的重点旅游城市,由中央电视台每日公布列入直报点的各景区接待人数及旅游市场情况,全国假日办发布的抽样调查显示,苏州是全国3个"游客最满意的城市"之一。五是组织制定实施《苏州市实施大旅游发展战略规划纲要》。市政府1998年制定的该规划纲要提出:以"营造旅游大环境,建立旅游大市场,发展旅游生产力,培育新的经济增长点,把苏州市建成全国著名旅游区和国际一流旅游城市,使旅游业成为苏州市国民经济新兴支柱产业"为指导思想,确立以"搞好规划、加快建设、市县联动、周边联网"为方针的政府主导型大旅游发展战略,从而为全市旅游业当前及长远的发展指明了方向、提供了重要保障。

90年代,苏州逐步明确了以"三古一湖"为主要品牌的旅游业发展总体定位,即古城风貌、古典园林、水乡古镇、太湖风光。按照这一目标定位,1994年起苏州在国家有关部门的精心指导下开始了苏州古典园林申报世界文化遗产的工作,经过三年多的积极争取和艰苦努力,1997年以拙政园、留园、网师园、环秀山庄为典型例证的"苏州古典园林"被联合国教科文组织批准列入《世界文化遗产名录》,2000年又批准沧浪亭、狮子林、艺圃、耦园、退思园等5座园林作为扩展项目正式列入《世界文化遗产名录》,进一步提升了苏州园林的"第一品牌"效应。[1]至21世纪初,苏州古典园林中又有留园、网师园、狮子林、亭林园(昆山)等4家跻身国家4A级景区之列。在古城历史文化遗存和旅游资源的挖掘开发利用方面,1993年对太平天国忠王府的中路官署建筑和东路部分宅第建筑进行维修,使这座古王府更显完整和宏伟秀丽;1995年寒山寺建成仿唐佛塔"普明宝塔",成为寒山寺和枫桥景区的标志性建筑;位于阊门西街的明代遗存五峰园,1998年修毕后对外开放;占地350亩、投资5亿元之巨开发建设的盘门旅游区1999年全部竣工投运,形成古城内最大的历史文化旅游风景区,2001年第8届APEC财长会议在景区内的四瑞堂举行,后该景区被评定为国家4A级景区。[2]在水乡古镇旅游资源挖掘开发利用方面,1992年"中国旅游观光年"中苏州正式向世人推出周庄、同里、甪直3个"江南古镇游";至1999年,包括木渎、锦溪、千

---

〔1〕 汤钰林:《苏州文化遗产丛书·文物卷(Ⅳ)》,文汇出版社2010年,第98—102页。

〔2〕 良耳:《中新合作开发盘门旅游区》,《苏州日报》,1994年4月2日;汤钰林:《苏州文化遗产丛书·文物卷(Ⅳ)》,文汇出版社2010年,第69、80页;汤钰林:《苏州文化遗产丛书·文物卷(Ⅱ)》,文汇出版社2010年,第88页。

灯、沙溪、东山、光福、震泽在内的10个古镇旅游点日趋成熟或基本成型,迅速成为苏州旅游经济的新亮点和重要增长点。在太湖风光旅游资源利用开发方面,除了重点搞好太湖国家旅游度假区的开发建设外,沿湖各有关乡镇共同发力,打响"太湖牌",念活"山水经",开始了新一轮的大规模生态保护修复、文化遗存保护开发、基础设施和旅游设施建设完善,促进太湖风光游迅速升温,成为90年代全市旅游开发的最大亮点。东山镇,80年代后期至90年代对春在楼(东山雕花楼)、紫金庵多次进行修缮,对轩辕宫进行全面修复,对杨湾明善堂、怀荫堂和翁巷凝德堂3处明代古宅第逐步进行腾空、修复,使这6处历史遗存在日后同时被列入了全国重点文物保护单位;还恢复重建了太湖之滨的启园(席家花园),对太湖之中素有"小蓬莱"之称的三山岛进行旅游整体开发,投巨资在太湖之滨建造了东山国宾馆,翻建了全长20多公里的环山公路,修建了连接太湖国家旅游度假区与东山景区的34公里长的湖滨大道,使得全镇的旅游业日趋兴盛;1995年东山镇被命名为江苏省首批历史文化名镇。[1]西山镇,1994年10月太湖大桥通车前后两年中投入近5 000万元用于基础设施建设,修筑长30公里的环山沥青路,至90年代末开发形成了桥岛风光、山湾景色、洞天福地、自然风光、观光农业等五大各具特色的旅游片,1998年接待中外游客181万人、旅游总收入3.8亿元[2],2001年西山镇被命名为江苏省历史文化名镇。光福镇,1995年后按规划整修宋铜观音寺塔、明圣恩寺,对香雪海景区进行了重点打造,再现了"邓尉梅花甲天下"的壮美景观;依山傍湖的窑上村则在1996年秋成为苏州"农家乐"的发源地;2001年光福镇也被命名为江苏省历史文化名镇。[3]太湖之滨的穹窿山景区,1993年起进行全面保护和开发建设,先后修筑了盘山公路,重建了上真观和宁邦寺大殿等,整修了乾隆御道、小王山摩崖石刻等胜迹,在山顶建造了占地百亩的望湖园和望湖亭(乾隆御碑亭),成为登高眺望太湖湖光山色的绝佳之地。苏州市孙武子研究会经过多年寻访考证,认定穹窿山茅蓬坞为当年孙武的隐居地和《孙子兵法》的诞生地,得到中国孙子兵法研究会等国内专家学者的一致认定。据此,穹窿山景区营建了孙武苑、孙子兵法碑院、兵圣堂,展陈孙武生平业绩及相关文物史料,于1998年落成开放,由此穹窿山又成为海内外纪念孙武

---

[1] 陈莉:《苏州太湖三山岛开发拉开序幕》,《苏州日报》,1994年7月30日;杨维忠:《吴县东山推出一批旅游新景点》,《苏州日报》,1995年4月12日。

[2] 王莉:《太湖山青水绿迎来八方游客》,《苏州日报》,1998年12月30日。

[3] 李嘉球、王莉:《邓尉"香雪海"重现昔日风采》,《苏州日报》,2000年1月24日。

及《孙子兵法》的重要瞻仰地。[1]

90年代,苏州各地的现代主题园和新旅游景点的开发也取得了显著成果。市区先后兴建了运河公园、上方山森林公园、桂花公园等3座较大规模的城市公园。高新区1994年起在狮子山麓投资10亿元、开发建造占地94公顷的苏州乐园,1997年起逐步投营,遂以"东方迪士尼"之名驰誉国内,2000年被评为首批国家4A级旅游景点。[2]张家港兴建了凤凰山风景区、东渡苑风景区、双山岛旅游度假区、香山风景区等4个特色旅游景区。常熟市90年代兴建和扩建了梅李聚沙园、方塔园景区、尚湖风景区、虞山宝岩生态观光园、沙家浜芦苇荡风景区等5个特色游览景区,尚湖风景区和宝岩生态观光园21世纪初被评定为国家4A级旅游景区,沙家浜芦苇荡风景区2001年被中宣部命名为苏州首个"全国爱国主义教育基地"和"全国百家红色旅游经典景区"之一,后又跻身国家4A级旅游区。太仓市1998年开始修复、扩建明王锡爵始建的南园,1999年开放后与太仓人民公园一起被评定为国家3A级景区。昆山市,除开发建设阳澄湖、淀山湖两个省级旅游度假区外,亭林公园内增建了昆曲博物馆、顾炎武纪念馆、昆石馆等旅游文化场馆,21世纪初被列为国家4A级旅游景区;1998年南港镇与港商合作建成丹桂园,总投资5亿元,形成集旅游、度假、休闲于一体的大型农业观光园。[3]吴县市,先后开发建设了浦庄镇未来农林大世界、通安镇树山村、西山国家现代农业示范园,开创了苏州发展农业观光休闲旅游之先河;枫桥镇青年农民陈慧中与吴县林场合股成立花山旅游发展公司,个人出资80万元取得花山林场山地使用权后,逐步修复花山自然森林景观和文物遗迹,1999年开始迎客,使这处清康熙和乾隆曾多次到此游览的吴中胜景之一重展风采,也开了苏州由个人出资修复和经营管理历史景区的先河。[4]吴江市,由当地民营企业家陈金根投资于1993年起始建的静思园,历时10年建成,占地面积百余亩,大小景点40余处,成为当代最大的江南私家园林,并被评定为国家4A级景区;利用吴江林场资源改建而成的肖甸湖森林公园,2001年被命名为省"百家生态村";坐落于盛泽镇的先蚕祠1995年被列为江苏省文物保护单位后全面修复,并辟设吴江丝绸陈列馆,为丝绸之乡的景色增添了浓重的一笔。[5]

---

[1] 李嘉球:《穹窿山坞孙武苑》,《苏州日报》,1998年10月22日。
[2] 苏州市高新区虎丘区志编纂委员会:《苏州市高新区虎丘区志》,上海社会科学院出版社2012年,第120、121页。
[3] 阿斌、黄智:《昆山丹桂园生态观光农业掠影》,《苏州日报》,2000年1月12日。
[4] 胡敏、张筠:《陈慧中投资百万"救"花山》,《苏州日报》,1999年3月23日。
[5] 汤钰林:《苏州文化遗产丛书·文物卷(Ⅱ)》,文汇出版社2010年,第108页。

90年代,全市旅游接待服务能力显著提高。一是旅游宾馆饭店建设步伐加快,层次不断提升。1994年竹辉饭店被评为苏州首家四星级旅游饭店并荣获"全国百家最佳星级饭店"称号,1995年雅都饭店、苏州饭店、张家港馨苑度假村晋升四星级,1996年、1997年东山宾馆和竹辉饭店先后荣获"中国旅游业标志性饭店"称号,1998年、1999年新城花园酒店、张家港国贸酒店先后晋升四星级。2000年吴宫喜来登大酒店、新苏国际大酒店同时晋升五星级,苏州成为江苏除南京之外唯一拥有五星级酒店的城市,胥城大厦、凯莱大酒店、昆山宾馆、吴江宾馆、中华园大饭店、天平大酒店晋升四星级。到2000年底,全市拥有星级饭店65家,其中五星级2家、四星级12家、三星级23家。二是旅行社队伍发展壮大,接待服务能力不断提高。1993年,苏州中国国际旅行社和苏州青年旅行社首次跻身"全国百强旅行社"。1995年,全市经营国际旅游业务的旅行社增加至14家(其中一类国际旅行社有国旅社、中旅社和苏州海外旅游公司3家,二类特许经营出境游组团社11家),三类国内旅行社37家,共有导游人员447名。"九五"期间全市三种类型的旅行社都继续扩展,尤其是县(市)区的旅行社发展较多。苏州海外旅游公司1998年跻身"全国百强国际旅行社",苏州永安旅行社连续6年获"全国国内旅游百强企业"并于1999年获准成立国际旅行社。1997年开始,多家一、二类旅行社组织开办本地公民出境游业务,当年成行824人,到2000年增加至8 203人。旅游购物方面,90年代起逐步打破行业、地区、境内外客人和所有制等一系列界限,开始朝旅游商品购物市场化方向发展。1992年凌阿九投资开办苏州第一家民营旅游购物店,2000年开办旅游丝绸市场,成为中外旅游团队的主要购物场所之一。

5. 交通运输和邮电通信业长足发展

1992年后的90年代,全市各级切实把交通和通信基础设施建设摆在"先行"的位置,以前所未有的力度加以推进,使其长期滞后的状况得到明显改善,促进了城乡经济社会实现跨越发展。

(1)交通运输业发展适度超前。[1]"八五"时期全市用于交通基础设施建设的资金达58.3亿元,为"七五"投入的26倍,组织实施并竣工了十大骨干工程,占同期全社会固定资产投资完成额的5.4%,占比比"七五"提高4.48个百分点。[2]

---

〔1〕本小目主要参考《苏州交通运输志》编纂委员会编《苏州交通运输志(1986—2005)》(广陵书社2011年版)有关内容编写。以下凡同一出处的不再一一注明。

〔2〕全市数据来自黄正栋主编《数字见证苏州改革开放30年巨变》(苏出准印[2008]字JSE—1002233号)第173页。

"九五"时期全市共完成交通基础设施建设投资81.07亿元(不含铁路和管道建设投资),比"八五"又增长了39%。初步形成了"快速便捷、干支通达、江海贯通、水陆空联运"的网络化、立体式交通运输体系,从"水运时代"全面迈向"公路时代",进而又跨进了"高速公路时代"和"远洋航运时代"。

道路建设力度空前。90年代苏州全面展开城乡公路路网建设,年完成投资额1991年突破1亿元,1994年突破10亿元,2000年达18.3亿元,先后完成了312、204、318等3条国道和205、323、324等省道的拓宽改造工程,其中312国道穿越苏州、昆山城区段实施了改线,318国道和205省道部分路段按一级公路标准改造,实现了苏州一级公路零的突破;新建和改建了张杨公路(苏州首条6车道公路)、刘家港大桥及其连接线(苏州首条收费还贷公路)、苏沪机场路(全省首条利用外资建设的公路)、苏州南大外环路、沿太湖公路(苏州首条路堤结合的旅游公路)等;县乡公路全面推进等级化改造,基本完成灰黑化路面铺装改造,除张家港双山镇之外乡乡通公路,并基本实现了村村通公路;1993年、1995年先后建成开通了常熟浒浦至南通的常通汽渡和太仓至海门的太海汽渡,缩短了苏州至苏北的公路运输距离。这期间具有里程碑意义的成果还有两项:一是开启了高速公路建设新阶段,并建成了苏州境内首条高速公路。列为国家"八五"交通基础设施重点工程和国家高速公路网主干线的沪宁高速公路,为双向4车道,设计时速120公里/小时,日车流量4.8万辆;苏州段全长70.32公里,东起与上海接壤的昆山花桥镇,西至与无锡衔接的吴县东桥镇,设昆山、工业园区、苏州东、高新区和东桥5座出入互通、6个收费站和1个服务区,其中长2.2公里的唯亭大桥为全线桥梁之最,阳澄湖服务区为全线规模最大的地面建筑,东桥互通为国内自费兴建高速公路互通的第一例;建设总投资34.6亿元,1992年6月开工,工程历时4年多,于1996年9月15日全线试通车,建成当年日均车流量就达4万辆,提前4年实现世界银行专家的预测。这条高速公路的建成投用,不仅使苏州开始跨入了"高速公路时代",而且对苏州经济社会发展产生了多方面的巨大影响,苏州到上海只需40分钟,到南京2小时,大大缩短了与外界的时空距离,苏州沿途的昆山经济技术开发区、苏州工业园区、苏州高新区、浒关经济开发区以及太湖旅游度假区,依托这条交通大动脉,招商引资能力大为增强,开发建设步伐加快。沪宁高速公路建成后不久,市委、市政府决定兴建纵贯苏州南北的苏嘉杭高速公路。该路北起规划中的苏通长江大桥南接线,往南经常熟市、相城区、苏州市区(工业园区)、吴江市,止于苏浙交界与浙江乍嘉苏高速公路相接,在嘉兴余新处与沪杭高速公路相接至杭州;苏州段全长99.915公里,实际建设总投资51.5亿元,设计时速120公里,双向4车道,全线设11个互通式立交、主线收费站1处、2个服务区(阳澄西湖、白洋湖)。该项目在全省首次采用"省市共建,以市为主,股份制建路"的建设模式,为此成立苏州市苏嘉杭高速公路有限公司,建立农民持股会,将部分拆迁补偿费转为农户的股权,既有利于筹集建设资金,又保护了被征地农民的长远利益,探索出农民拆迁安置补偿新路子。1999年7月,全长54.2公里的苏州城区至江浙交界段的一期工程开工,2002年12月建成通车,其中工业园区段高架桥长8.5公里,其恢宏气势成为苏州城区一大景观。2000年7月,全长36.1公里的常熟董浜镇龚家桥至沪宁高速公路的二期路段开工,2003年11月建成通车。第三期工程自董浜龚家桥至沿江高速公路交叉的董浜枢纽,与苏通长江大桥接线连接,全长9.6公里,2001年8月开工,3年后建成通车,全线贯通后的日通行量达8万辆,大大超出设计预测流量。这条高速公路的建成,改善了苏州地域南北向交通,便捷了苏州与苏北地区、杭甬地域的交通联系,使苏杭两座"天堂"城市之间的行车时间缩短至2小时左右。2000年起开工建设的沿江高速公路,是北京至上海国道主干线的重要分流线,也是苏州境内第三条高速公路,起自江阴青阳镇北,途径苏州北部张家港、常熟、太仓三市,终至太仓城厢镇苏沪交界,与上海嘉浏高速公路相接,全长104公里,其中苏州境内76.5公里,共投入建设资金44.26亿元,设计时速为120公里,常熟董浜以西段为4车道,以东段为6车道,苏州境内设有6处互通和董浜枢纽,2004年8月全线竣工通车。此条高速公路的建设,不仅使苏州各县市全部接通高速公路,而且有利于苏州更好地接受上海经济区的辐射带动,有利于张家港、常熟、太仓3个一类口岸在更高层次上发挥货物集运功能。[1]二是建成了国内湖泊第一长桥——太湖大桥。太湖大桥位于吴中区胥口镇渔洋山与西山镇大庭山之间,路线全长7.18公里,主要由3座分别长1768米、1621米、919米的跨太湖大桥与湖中的叶山岛、长沙岛陆地公路相连组成,桥面宽度12米,2车道,下设4个净空6米以上的通航孔,最大跨径为70米,达到5级航道通航标准,建设总投资1.15亿元,其中一半以上为吴县社会各界捐款。李鹏总理为大桥题写了桥名。1994年10月建成通车,使西山岛4.5万居民从此告别了依靠渡船出入的历史,为西山岛的农业、生态和旅游资源开发建设创造了良好的交通条件,整个大桥如长虹卧波,构成了太湖旅游"桥岛风光"的独特一景。1995年5月,在苏州考察的江泽民总书记参观了太湖大桥,赞扬吴县人民依靠自己的力量发展社会事业,

---

[1] 孟焕民、陈楚九:《第二次突破——苏州开发区建设实证研究》,人民出版社2002年,第100页。

既造福于太湖诸岛人民,又开辟了太湖旅游新景点,一举两得。[1]经过持续的高强度投入和建设改造,2000年底全市公路总里程达1925公里(按公路管理部门及公路经营公司管养的里程长度统计),比1990年增加了394公里,其中国道392公里(包含高速公路70公里)、省道256公里、县道916公里、乡道431公里;与1990年相比,国道增加了150公里,省道增加了19公里,县道增加了703公里,乡道减少了408公里;全市有二级以上公路992公里,比1995年增加了414公里。

道路运输业快速发展。90年代公路通车里程的大幅增长和等级的大提升,加之城乡经济社会的快速发展,促进全市公路客货运输业跨越式发展。客运方面,2000年全市拥有营运载客汽车8 478辆/116 979座,公路旅客运输量为18 447万人次,完成客运周转量1 009 983万人公里,分别比1990年增长9.3倍、1.8倍、1.8倍和3.6倍;全市客运班车线路由1991年的635条增加到1111条,主要是增加了省际班线,由167条增加至477条。货运方面,2000年全市拥有营运载货汽车42 660辆/112 683吨,完成公路货物运输量4 567万吨、公路货物运输周转量249 587万吨公里,分别比1990年增长65.4倍、23.1倍、5.1倍和8.4倍;1993年起货运市场放宽,运输企业的所有制结构发生重大改变。以市区为例,2000年市区共有营运载货汽车11 133辆/34 767吨,其中交通专业运输企业630辆/4 024吨,只占总量的5.7%,而非交通运输企业(含乡镇、街道)拥有9 579辆/29 681吨,个体私营拥有924辆/1 062吨。

内河航运业逐年萎缩。90年代投资2.4亿元实施了苏南运河苏州段整治工程,一期苏州市河段1992年竣工通航,从横塘至宝带桥新开了一条9.3公里的新运河,原胥江及环古城河西南段不再作为运河航道;二期从苏锡交界五七桥至横塘段24.26公里1995年底竣工;整治后可通航500吨级船舶,全线达到四级航道标准。同时对苏申外港线、长湖申线、太浦河也按四级标准进行了整治,对苏申内港线、申张线、苏虞线、锡十一圩线、苏嘉线、苏浏线、望虞河、苏西线等按五级航道标准进行了整治,从而使全市五级以上内河航道达到500公里,还修建了虞山复线船闸,通航能力大大提高。但由于道路运输业的快速发展,苏州的水路客货运在90年代逐年萎缩。客运方面,苏州轮船公司经营的航线1992年后只保留了苏州至杭州1条航线,2005年停航,水路客运在素有水乡泽国之称的苏州退出历史舞台。货运方面,全市运营货船由1990年的29 035艘/554 383吨

---

[1] 殷学成:《江总书记在苏南》,《苏州日报》,1995年5月24日。

减少至2000年的5 588艘/196 312吨,年货物运输量由1992年的4 023万吨减少至2000年的3 248吨。

铁路运输业缓慢发展。1999年10月,沪宁铁路开始运行我国第一列"新曙光号"快速列车(又称"子弹头"列车),时速达180公里,比普通机车快1倍以上,从上海到南京全程仅需2小时45分钟。[1] 2000年铁路苏州站(包括昆山站)完成旅客发送量714.6万人、货物发送99.63万吨,分别比1990年增长8.8%和27.9%,增长幅度都较小,但苏州站的涉外旅客运量在上海铁路局管内仅次于上海特等站,居第二。

民用航空客运业有所拓展。硕放机场90年代增辟苏州至福州、昆明2条航线,总航线达5条。2002年12月因国家政策调整停止硕放机场联航业务。2004年2月恢复民用通航,当年完成运输旅客32万人次,比1994年增长了30余倍。吴县人民政府报请国家有关部门同意,使用空军光福机场开展民用航空客运,1994年2月光福—北京首条航线开通,1996年开通苏州往返广东佛山航班,2002年12月依照国家新政策停止民用联航业务。

城市公共交通业大力发展。90年代市政府十分重视城市公共交通的发展,1991年起连续5年将公交车更新、线路新辟列为市政府实事项目,对社会各界营运的500多辆客运中巴车实行收购改组,实现城乡公交一体化;1995年市区首辆无人售票公交车在9路公交线上运行,至2002年全面实行公交无人售票和乘坐一票制(少数远郊线路实行按路段不同的票价翻牌制);1998年首批15辆空调车投入7路公交车营运,14辆双层公交车在68路公交线路上营运,市公交公司客运总量11 470万人次,最高日客运量48.25万人次,客运总收入7 620万元;1999年市公交公司与上海巴士公司合资组建苏州巴士公共交通公司,改变了市区公交几十年独家经营的局面;2000年市区共有公交营运线路43条,线路营运长度648.4公里,比1986年增加了22条和394.4公里。市区的出租汽车营运业于1992年起加快发展,当年国有、集体、个体出租汽车由1985年的77辆猛增到500多辆,1993年又发展到1 000辆。1995年组织首次公开拍卖市区出租汽车营运证280张,同时对市区营运的中巴车实行有偿收购后转为出租车,当年市区出租车数量猛增至2 134辆。1996年后市区出租汽车进入总量控制、稳定发展阶段,54家出租汽车营运企业、2 400余辆的总量一直保持到2003年。苏州各县(市)90年代也先后发展起出租汽车业务,2000年先后在县城开辟公

---

[1] 冯立、玮新、晓东:《"子弹头"昨驶抵苏州》,《苏州日报》,1999年10月11日。

交线路,并逐步开通农村公交线路,为人们出行提供方便。

(2) 国际贸易港口型城市的形成。邓小平南方谈话发表后,苏州以长江港口开发建设为牵引的沿江开发拉开大幕,并在90年代取得重大进展,在张家港港的基础上又先后建起了常熟、太仓两个国际贸易港口,使得苏州拥有了3个国家一类开放口岸,长江、沿海及国际航运业由此迅速发展起来,苏州也由内陆型城市变成了国际贸易港口型城市,谱写了苏州历史发展的新篇章。2000年,张家港、常熟、太仓3个长江港口共完成货物吞吐量3 053.61万吨、集装箱运量19.7万标准箱,分别比1996年增长1.7倍和66.7%,其中外贸货物1 043.21万吨,比1995年增长2.91倍。

张家港港,至1992年先后建成并被批准开放7个万吨级以上泊位。1992年10月建立的张家港保税区带动了港口建设快速发展,吸引了大量外埠资金和境外资金进入,出现货主码头建设超过部属码头建设的新态势,泊位功能更趋多样化、专业化,泊位布点由岸线西端5.5公里向全市60多公里岸线延伸。至2000年,张家港港先后建成并开放27个码头泊位,其中万吨级以上17个,东华能源公司液化石油码头、江海粮油公司3号码头达5万吨级;年完成货物吞吐量超过2 000万吨,集装箱运量13.68万标箱;公用码头共开通至日本、韩国等的国际集装箱航线4条、月航班28个,另有至上海外高桥、洋山及长江沿岸城市的国内支线多条、月航班120多个。

常熟港,1992年常熟确立"以港兴市"战略,常熟发电厂首先在长江岸线上建成3.5万吨级煤码头、5 000吨级重件码头和重油码头各1座。1994年常熟港被列为苏州工业园区配套港,开始中新合作开发港区。1995年10月国务院批准常熟港为国家一类开放口岸,次月常熟港正式对外国籍船舶开放,1997年开辟第一条集装箱内支线。至2000年,常熟港区内共建成集装箱、通用件杂、煤炭、液体化工码头7个,其中万吨级2个;运行的内支线和内贸线共14条,集装箱班轮每周90多个班次,与33个国家和地区的122个国际港口通航通商,年进出港船舶5 767艘次,其中航行国际航线船舶318艘次;年完成货物吞吐量782.7万吨,其中外贸货物144.6万吨,集装箱2.41万标箱;常熟港在上海组合港的名次上升为第8位,货物吞吐量列全国内河港第9位。

太仓港,1992年太仓市根据省沿江开发的总体规划和部署决策开发建设太仓港(当时称刘家港,1995年更名为太仓港),并在沿江地区建立港口开发区。1993年省政府批准太仓港港口开发区为省级港口开发区,当年江苏长江石化公司在港区建设的第一个1.5万吨级液体化工码头竣工投运。1994年苏州市政府把太仓港列为苏州工业园区配套港。1995年长江石化公司码头迎来了第一艘外轮,当年12月国务院批准太仓港为国家一类口岸对外籍船舶开放。1996年6月,国务院确定太仓港列为上海国际航运中心组合港,10月交通部发布决定太仓港正式对外籍船舶开放。1997年1月举行开港典礼,国务院总理李鹏题词"开创太仓港建设新局面"以示祝贺;年内省政府成立江苏省太仓港港口规划建设领导小组,由省政府常务副省长任组长。与此同时,港口开发建设大步推进。1997年,美孚石油公司与太仓市政府合资开发建设的一座2.5万吨级石化码头竣工投运,长江石化码头完成扩建改造(外档由1.5万吨级提升为3.6万吨级),整个茜泾港区的石化码头建成了大小、里外8个泊位,年货物吞吐量达400万吨。1998年,由中国远洋运输(集团)总公司与太仓市政府共同开发建设的中远国际城第一个2.5万吨级多用途泊位码头开业暨第一艘集装箱船装箱起航,2000年第二个2.5万吨级的全集装箱泊位码头建成投运,由此形成了太仓港港口开发区的第二个港区——中远国际城港区。1999年,由中国华能集团开发建设的华能太仓电厂1座3.5万吨卸煤码头和1座燃油码头建成投运,并形成了荡茜港区。至2000年,太仓港3个港区共建成码头泊位11个,其中万吨级以上5个;年靠泊中外货轮1100余艘次,货物吞吐量246万吨,集装箱吞吐量3.6万标箱。至2002年,太仓港共开辟近洋支线2条、内支线12条。[1]

(3)邮电通信业与时俱进。90年代,全市邮电通信业紧跟时代潮流,积极利用现代通信技术,不断拓展新的业务领域,引领社会公众的电信消费不断升级换代,开始进入现代无线通信和网络发展的新时代,成为苏州邮电通信发展史上的一个里程碑。"八五"期间,苏州市邮电部门多渠道筹集建设资金,大胆利用国外资金,大规模引进现代通信技术和装备,共投入6.5亿元,形成了邮电通信建设规模投入、规模经营、成片开发的良好局面。1992年,全市第一个电话村在常熟冶塘乡俞巷村诞生。1993年,在全省率先将人工、模拟交换机全部改建为数字程控交换机,建成苏州—上海、苏州—南京等大容量光纤传输通道,长途电路中光缆和数字微波占到96%,苏州邮电局建成了本地电话网,实现了传输光缆化、交换程控化,城乡电话用户发展至7.6万户。1995年,张家港市港区镇建成全省第一个电话镇,是年底全市城乡电话总数达到53.7万户,其中住宅电话39.9万户,电话普及率达到每百人15.64部,其中市话普及率每百人29.33部,

---

[1] 孟焕民、陈楚九:《第二次突破——苏州开发区建设实证研究》,人民出版社2002年,第194页;太仓市政协学习文史委员会:《亲历太仓60年》,苏出准印(2009)字JSE—1000244号,第5—18页。

农话普及率每百人9.69部,均属全省领先水平;苏州本地电话网启用2个区号,苏州、吴县、吴江区号为0512,其余4个县(市)区号为0520,全市电话号码同时升至7位;全市城乡邮电支局公众电报传递方式更新为传真化,传统的按键发报方式退出历史;无线寻呼业务(BP机)用户发展至20万户。苏州的通信技术接近世界发达国家水平。[1]"九五"时期苏州的现代通信业进一步加快发展,一个完整、统一、先进的公用通信网基本形成。1997年"全球通"移动电话迅速推广发展起来,至1998年底用户达28.98万户,业务总量11.43亿元;2000年移动电话用户发展到110万户,向社会推出了全球通、神州行、如意呼、语音信箱、短消息、金卡快捷通、手机银行、移动证券、GPS车载定位等多种业务;中国移动苏州分公司的业务收入达14.68亿元,国际漫游通达63个国家和地区。公众多媒体通信从无到有,市邮电局1996年5月开通163因特网;[2]1997年窄带综合业务数字网在苏州正式投入商用,因特网用户累计达到2 000余户,其中个人用户占近一半;1998年169网覆盖全市,苏州站点网上信息源超过60个;1999年苏州电信局(1998年10月苏州邮电局分建苏州电信局和苏州邮政局)实施建设"信息港湾工程",将信息站点建设到所有市(县),可开放包括网络教学、电子商务、股市交易、网络报税等一系列网上应用系统;2000年初苏州电信本地宽带网正式开通,带宽升至155M,与房地产商合作建成22个信息化小区,住户可实现宽带高速上网、VOD点播等网络应用服务,享受全新的信息化生活方式,至年底全市互联网用户新增29万户,企业上网增至2.4万户。固定电话进一步发展,1999年苏州在全省率先建成"本地网电话市";2000年3月全市电话交换机总容量达246万门,固定电话用户突破150万户,城乡电话普及率达每百人48.07部。

6. 金融保险和证券期货业全面兴盛

90年代我国的金融体制改革逐步深入,苏州的改革开放和现代化建设大踏步推进,促进全市金融业逐步形成以银行业为主体、多种金融机构并存的金融体系,呈现金融业务不断创新拓展和对外开放步伐逐步加快的发展态势,信贷、保险、证券期货交易、信托投资、拍卖典当等金融业务全面发展,对经济社会的发展起到了极大的促进作用。

银行金融机构和业务规模不断拓展。工、农、建、中等国有银行逐步突破专

---

[1] 陈红喜:《苏州邮电通讯业发展骄人》,《苏州日报》,1999年10月28日。
[2] 宓晓文:《我市信息化建设迅猛发展》,《苏州日报》,2000年9月12日。

业银行业务范围,向综合性银行发展。1993年中信银行、1996年华夏银行、1997年浦发银行、1998年光大银行、2000年招商银行在苏州设立分支机构,开展金融业务。1995年全市农村信用合作社与农业银行脱钩,独立开展金融业务。1996年设立中国农业发展银行苏州分行,承担从农业银行中分离出的国家有关农业政策性金融信贷业务。1997年以市区16家城市信用社为基础,由市财政和9家大型企业(集团)合资组建苏州城市合作银行(1998年更名为苏州市商业银行),为苏州市第一家地方性股份制商业银行。1995年苏州被国务院批准为金融对外开放的试点城市,且为全国23个试点城市中唯一的非省会城市。1996年上海巴黎银行苏州代表处成立,主要从事银行金融咨询工作。1997年日本住友银行苏州分行(2001年改称三井住友银行苏州分行)开业,成为落户苏州的第一家外资银行。全市银行货币信贷业务规模爆发式增长。年末各项存款余额,1991年178亿元,2000年达1440亿元,9年间翻了近3番;年末各项贷款余额,1991年170亿元,2000年达958亿元,9年增长了4.64倍,为当地经济发展提供了强有力的资金支撑。为适应开放型经济发展的需要,苏州银行业的国际业务从无到有、从小到大,行行都办,1994年呈现外汇供应供大于求、外汇储蓄全省领先的好形势。全市银行金融机构还积极拓展多种与国际接轨的现代融资功能和金融衍生业务,90年代初起开展信托投资业务,90年代后期拓展消费贷款业务,至2000年末已发放各类消费贷款28.94亿元。90年代市各银行引进和注入电子货币、电脑联网、无人银行、信用卡消费等一系列高新技术手段和金融新业务,使金融业的发展步入了崭新的天地。至2001年底,苏州联网金融机构12家、商户163家、联网POS机数量达356台,全年联网刷卡金额为4.9亿元,极大地方便了商户和持卡人的消费和结付。信贷规模的扩大和新金融业务的不断拓展,使银行业的经营效益不断提高,2000年全市各银行共盈利8.25亿元。1991年设立苏州市信托投资公司,为苏州首个非银行金融机构。1992年苏州典当行(后更名为华夏典当行)成立,1994年江苏拍卖典当行苏州分行开业,至2000年各县(市)也都先后开办了典当行。[1]

保险机构和业务稳中有升。1994年太平洋保险公司从交通银行分出,独立经营。1996年中国人保公司实行产险、寿险分业经营,分设为2家公司。1997年平安保险财险和寿险、2000年天安保险在苏州设立分支机构,至此苏州共有6

---

[1] 冯立、夕春:《我市首家国营拍卖典当行昨开业》,《苏州日报》,1994年12月13日;张宏图:《市区典当融资看好》,《苏州日报》,2000年4月17日。

家保险公司。各保险公司在各专所长、适度竞争中求得共同发展。2000年人保财险、人保寿险、太平洋财险、平安财险苏州分公司的保费总收入分别达4.82亿元、5.48亿元、1.95亿元、6 255万元。

证券交易业快速起步。苏州股票二级市场交易的起步虽稍晚,但起点较高,发展的势头很猛。1993年5月苏州财政证券公司正式开业,开通上海股市的异地交易,成为新中国成立后苏州第一家经营股票交易的证券商,年内又开通了深圳股市的交易,吸引6 000股民登记入市;至11月中旬,苏州及常熟先后有8家证券公司投入运行,全市登记入市的股民达42 280人,股票成交总额12.37亿元。[1]1998年起外地证券公司纷纷抢滩苏州市场,全市证券交易额增长至692亿元;是年3月苏州证券公司获中国证监委授予的"主承销资格",成为全省第二家获此资格的市级证券公司。2000年苏州共有证券交易营业部27家,年成交总额1 532亿元,全市证券开户股民增至39.6万户。

商品期货交易一度创造辉煌。发展和完善期货市场是我国市场建设培育和经济体制改革的一个重要内容。1990年,国家物资部、体改委、国务院发展研究中心批准在苏州物资贸易中心的基础上进行组建规范化物资交易所的试点。1991年6月,由市人民政府主办、市物资局管理的市物资交易所开业。[2]1992年5月,李鹏总理考察了该交易所,对该所在物资交易领域率先探索创新市场化及已经取得的显著成果甚为赞赏。[3]是年,深圳有色金属交易所和上海金属交易所的期货交易市场相继开业,苏州物资交易所开始筹划引进期货交易机制。经国家有关部门批准,当年10月12日苏州物资交易所期货市场黑色和有色金属期货交易开盘,并增挂"苏州商品交易所"(以下简称"苏交所")牌子[4],当年成交额达56.4亿元。1993年2月,国家体改委和国务院发展研究中心组织召开了全国期货市场试点工作联席会议,苏交所作为4家商品交易所之一参会。[5]在这次会议精神的指引下,3月苏交所选择6.5毫米线材等3个金属品种进行标准化合约交易,引起国际经济、期货、新闻界的强烈关注和高度评价。6月起国家开始经济宏观调控,期货市场的价格发现和套期保值功能引起更多企业的关

---

[1] 朱澄潜:《本市开通沪深股市的机构已达十家》,《苏州日报》,1993年11月17日。
[2] 吴剑蓉、夕春:《苏州商品交易所开业暨茧丝绸品种开市典礼举行》,《苏州日报》,1993年4月28日。
[3] 苏惠中:《李鹏总理在苏州考察》,《苏州日报》,1992年5月27日。
[4] 夕春:《苏州物资期货市场开盘》,《苏州日报》,1992年10月13日。
[5]《全国期货市场试点工作联席会议纪要》,1993年2月16日,第3、4页,苏州市档案馆藏,档号C9—2—747。

注,使得苏交所的线材期货交易量猛涨,当年成交额达680亿元,1994年又猛增到7 010亿元,在全国各商交所中名列榜首。随着苏交所线材期货的火爆,当时全国56家期货交易所中有11家先后推出了该品种的期货,一跃成为全国所有期货合约中的"老大"。至1994年线材期货品种退市这段时间,全国线材期货累计成交4.52亿吨、金额1.32万亿元,其中苏交所共成交3.71亿吨。据银行统计,苏交所最多时吸引的资金达300多亿元,相当于当时国内19个期货品种吸引的资金总额的一半。1994年3月,国务院依据宏观调控的需要做出暂停线材期货交易的决定,合约到期后线材期货摘牌退市。[1]在探索钢材交易引进期货机制的同时,苏交所结合苏州经济特点,积极筹划选择茧丝绸作为第二大宗品种上市交易。1993年4月27日,苏交所举行正式开业暨茧丝绸品种开市典礼,标志着苏交所开始向多品种、综合型商交所方向发展。[2]之后苏交所期货交易的规范化管理和运行状态提高到了新的水平。至1994年9月,苏交所的交易规模稳定在日成交30亿元以上,共有会员140家、一级代理客户5 000余家,分布在全国28个省、市、自治区,一个以交易所为核心的会员制和委托代理制体系已经形成;交割体系也日趋完善,仓储能力、实物交割能力、交割率、合约履约率等都优于国家证监委规定的标准,居全国交易所领先地位。1994年10月,经国务院同意,国家证监委批准苏交所成为11家国家试点期货交易所之一。[3]1995年起,苏交所先后成功推出了胶合板、红小豆、豆粕标准合约的交易,是年成交金额居全国第2位。1996年底,苏交所按中国证监会的要求完成了会员制改造,由原来隶属于政府部门的事业法人转变为不以营利为目的的会员法人制,实行规范化的自律管理。[4]至1997年,苏交所总共成交标准期货合约31 702.63万手,成交金额35 176.72亿元,在全国各大期货交易所中名列前茅;会员总数达215家,一级代理客户逾万家,遍布全中国。[5]为切实加强对期货市场的监管,防范和化解市场风险,1998年8月国务院做出进一步整顿和规范期货市场的部署,确定对现有14家期货交易所进行整顿和撤并,只在上海、郑州和大连保留3

---

[1] 李小弥、夕春:《调控之中期货活》,《苏州日报》,1993年9月23日;文标:《苏州商品交易所回顾与展望》,《苏州日报》,1998年3月27日;王建平:《首个钢材期货苏州产》,《苏州日报》,2009年3月23日。

[2] 吴剑蓉、夕春:《苏州商品交易所开业暨茧丝绸品种开市典礼举行》,《苏州日报》,1993年4月28日。

[3] 吴剑蓉、李小弥:《苏州商交所成为国家试点期货交易所》,《苏州日报》,1994年10月25日。

[4] 文标:《苏州商品交易所规范管理稳步发展》,《苏州日报》,1996年12月2日。

[5]《关于苏州商品交易所目前情况和今后发展意见的报告》,1998年2月16日,第2页,苏州市档案馆藏,档号C1—42—44。

家期货交易所;撤销的交易所已上市合约可以交易到最后交易日。[1]据此,苏交所1999年初停止运作,市委、市政府随后撤销了该交易所的建制。

第五节　市场经济体制改革的深化与完善

1992年10月召开的中共十四大确定我国经济体制改革的目标是建立社会主义市场经济体制,1993年11月中共十四届三中全会又做出了《关于加快建立社会主义市场经济体制若干问题的决定》,勾画了社会主义市场经济体制的基本框架,我国的改革由此全方位展开,不断向纵深推进。苏州各级党委和政府按照中央部署,紧密结合本地实际,在90年代坚持以"三个有利于"为根本标准,以制度创新和充分发挥市场作用为主要取向,在转换企业经营机制和建立现代企业制度、培育市场体系、推进综合配套改革、转变政府职能和改善宏观调控、深化农村经济体制改革等几大领域,全面组织,总体规划,大胆探索,持续推进,使各项改革在全市城乡既轰轰烈烈又扎扎实实地展开,掀起一股又一股改革的浪潮,在世纪之交基本实现了从传统的计划经济体制向社会主义市场经济体制的根本转变,为苏州经济的持续快速发展和对外开放的不断扩大提供了强大动力和制度保障。

一、农村经营管理体制的创新与完善

90年代,苏州各级党委、政府按照中央一系列农村工作文件的精神和部署,结合本地实际,在农村经济经营管理领域组织开展了多方面、深层次、配套化的改革,创设了新的历史条件下的农村经济经营管理一系列新体制和新机制,促进了农业稳定发展、农村经济持续繁荣、农民增收致富和安居乐业。

1. 推进农村集体资产营运管理体制改革

由于乡镇企业的繁荣兴旺和农副业集体经营服务组织的不断发展壮大,苏州农村乡(镇)、村两级的集体资产可谓"家大业大"。为了经营管理好这笔集体资产和众多的集体所有制企事业单位,苏州在90年代初全面建立专门行使乡(镇)办企业财产所有权的乡(镇)农工商总公司。1996年底,苏州市委、市政府决定在市委农工部增挂"苏州市人民政府农村集体资产管理办公室"的牌子,具

---

[1]《国务院关于进一步整顿和规范期货市场的通知》,1998年8月1日,第1—7页,苏州市档案馆藏,档号C1—42—39。

体承担农村集体资产管理的政策制定、行政监管和业务指导等方面的职能。随后各县(市)也相继增挂,并延伸到乡(镇)。[1]

随着乡(镇)集体企业产权制度改革的不断推进,企业投资主体多元化、经营方式多样化的新格局加速形成,集体资产在流动和重组中与不同所有制资产相结合,形成了众多混合所有制经济的财产组织形式,集体资产的存在形式也逐渐向股权、产权、债权等多种形态转变,要求集体资产的管理必须由财产管理向资产管理、由实物管理向价值管理、由静态管理向动态管理转变。有鉴于此,1998年市委、市政府制发《关于农村集体资产营运管理体制改革的意见》,在全省乃至全国率先部署建立农村集体资产营运和监督管理体系。全市全面组建了乡(镇)集体资产经营公司,它是一个具有法人资格、以注册资本额为限承担有限责任的公司制企业,具体承担集体资产经营运作;乡(镇)农工商总公司和村经济合作社则作为农村集体资产的管理主体,行使集体资产的所有权和收益权,主要以出资人的身份对集体资产营运的全过程进行监督管理。随后又在全省率先建立了农村集体资产产权登记管理、年检、保值增值考核等项配套制度。[2]2000年6月市政府颁布《苏州市农村集体资产管理办法》,并建立起农村集体资产行政执法管理队伍,将苏州农村集体资产的管理纳入法制化管理的轨道。[3]据统计,1999年底苏州乡(镇)、村两级共有集体净资产(不含资源性资产)261.72亿元,其中经营性净资产为190.01亿元。[4]

2. 完善和规范农村家庭联产承包责任制

1992年,市委、市政府部署在农村家庭联产承包中推行和完善双向承包合同,以进一步明确和规范发包集体与承包农户之间的权利与义务。1994年,市委、市政府提出实行"双四包",即经营承包方要包种植面积、包落实措施、包实现总产、包各项上缴任务;政府和合作经济组织包"三挂钩"政策兑现、包产中基本服务、包农副产品收购资金及时兑现、包生产指导和协调。1995年,市委、市政府强调要充分尊重农民意愿,不得随意调整承包关系、将土地打乱重分,也不得借调整和流转之机提高承包金标准。

---

[1] 中共苏州市委农村工作办公室:《苏州建国以来农村历次运动史料简综》,2006年内部资料,第120页。

[2] 《中共苏州市委、苏州市人民政府关于农村集体资产营运管理的意见》,1998年6月28日,第3—8页,苏州市档案馆藏,档号A1—36—717。

[3] 中共苏州市委农村工作办公室:《苏州建国以来农村历次运动史料简综》,2006年内部资料,第121页。

[4] 王晓宏:《农村集体资产管理有法可依》,《苏州日报》,2000年7月3日。

1997年中办、国办《关于进一步稳定和完善农村土地承包关系的通知》下发后,苏州用半年时间集中开展了延长农村土地承包期和发放土地经营权证书工作,即农村干部群众俗称的"二轮承包"。这次土地续包,按照中央的统一规定,明确农民家庭的土地承包期从1998年开始向后延长30年不变;在坚持"大稳定、小调整"原则的基础上,明确对因国家征用和集体建设等公占地多或近几年未做土地调整而人口变动较大,造成承包关系严重不均、矛盾突出的,可根据农民意愿,按有关规定进行适当调整,调整方案须报乡(镇)人民政府审核批准后方可实施;明确农户对已实行规模经营而让出的土地仍享有承包的权利,村与农户之间必须补签土地流转协议或合同,明确土地使用权转让期限、经济补偿办法及标准、双方的权利和义务等。[1]至当年11月底,全市涉及土地调整的农户为12.16万户,调整的土地面积为17.5万亩,分别占全市总数的11.6%和5.1%,其余农户和耕地均未做调整,直接在原有承包基础上延了土地承包期;全市有99.59万户农户领到了由县级市(区)人民政府签发的土地承包经营权证书;共签订近40万份土地流转协议,确认流转土地76.2万亩,农民获得土地流转补偿费1 323.59万元,从而从根本上解决了随意侵占农民土地、剥夺农民利益等土地承包中出现的问题。[2]"二轮承包"后,市委在1999年和2000年分别下发了《关于土地流转管理的意见》和《补充意见》,对加强土地流转的规范管理提出了具体的操作办法和工作要求。2002年起苏州全面贯彻实施《中华人民共和国土地承包法》。从此,农村家庭联产承包责任制和土地流转进入了法制化管理的新阶段,以家庭联产承包责任制为主的统分结合的双层经营体制作为农村的一项基本经济制度在苏州长期稳定下来。[3]

3. 规范涉农收费制度和减轻农民负担

1993年以来,苏州按照中央的要求和部署,对涉及农民负担的各种上缴、收费、出劳、集资项目进行多次认真清理整顿、自查自纠,改进和规范农民负担监督管理工作,逐步推行农民负担预算制度,对村提留和乡(镇)统筹使用资金实行总量控制、定项限额,严禁搭车收费,并依托集体经济的雄厚实力,不断减少原由农民出钱、出工的项目,农民负担逐年下降。全市农民人均合同(指农民土地承

---

[1]《中共苏州市委、苏州市人民政府关于稳定完善农村土地承包关系发放经营权证的意见》,1998年6月22日,第2—8页,苏州市档案馆藏,档号C1—42—35。
[2] 苏农工:《全市农村土地续包发证基本结束》,《苏州日报》,1998年12月1日。
[3] 中共苏州市委农村工作办公室:《苏州建国以来农村历次运动史料简综》,2006年内部资料,第112、126页。

包经营合同)内负担占上年农民人均纯收入的比重,1991年为3.87%,1995年降到1.29%,人均负担额39.84元;中央和省规定取消或暂缓执行的68项涉农收费、集资及基金项目已基本落实,对宣布取消的43个达标升级项目进行全面清理,由农民和乡镇企业出钱、出工、出物资助的各类达标活动有所遏制。[1]

随着全市农村现代化建设全面展开,农村的各项建设投入增加,1996年苏州农民负担有所反弹,全市农民合同内负担额上升至人均60.59元。有鉴于此,市委、市政府部署全面推行减轻农民负担规范化监督管理的三项制度,即村提留和乡(镇)统筹预决算制度、农民负担监督卡制度和专项审计制度。1999年全市农民人均负担额降为56.13元,占上年人均纯收入的1.1%,大大低于国家规定的最高限额。同时开始改变长期以来乡村提留统筹都是按田、按人或按劳进行平均分摊的做法,按照"收入高的多负担,收入低的少负担,贫困农户减免负担"的原则,稳步推行"公平负担"的改革政策,至1999年全市已有46.3%的村推行,昆山、张家港、常熟已全部推行,受到广大农民的欢迎,促进了农村社会和谐稳定。[2]

二、乡镇企业改革的不断深化

90年代,苏州乡镇工业乘邓小平南方谈话的东风和扩大对外开放的大潮,续写了发展的新辉煌,同时乡镇企业固有的体制性、结构性矛盾也逐步暴露,到90年代中期集中显现。在乡镇企业发展的重大转折关头,全市各级精心组织乡镇企业的改革,从探索集体经济的最佳实现形式到全面实行产权制度改革,层层推进,自我革新,改变乡镇企业的管理体制和运行方式,较快建立起了符合社会主义市场经济体制要求的新体制新机制,以崭新的面貌和重铸辉煌的发展业绩跨入了21世纪。

1."八五"时期多种形式的转制改革实践

"八五"时期苏州乡镇企业在续写辉煌的同时,也面临着前所未有的严峻挑战。主要体现在:随着改革开放大环境、大格局的逐步形成,乡镇企业原来拥有的机制灵活、政策优惠的比较优势逐步弱化;过去乡镇企业在市场上"占山为王",现在"狮子(国营企业)松绑,老虎(军工企业)下山,猴子(个体私营企业)上树,大象(外资企业)进寨",乡镇企业的回旋余地大不如以前;乡镇企业长期

---

[1] 晓宏:《我市农民的"包袱"越来越轻》,《苏州日报》,1996年7月27日。
[2] 农经、鲍农:《收入高的多交,收入低的少交,苏州农民负担更轻了》,《苏州日报》,1999年8月9日。

以来单纯集体经济体制的运营格局,作用被发挥到极致的政府推动所造成的政企不分、产权模糊等矛盾,与发展规范化的市场经济也显得不相适应;乡镇企业长期实行的高负债、高投入、高速度发展路子和增长方式,越来越难以为继。[1]面对这些前所未有的新矛盾新问题,1993年8月,市委、市政府及时做出全面推进乡镇企业改革的决策,着重推进企业所有制结构和组织结构的大变革、大调整。在随后的两年中,全市乡镇企业按照所有权与经营权分离、集体资产"有进有退"的原则和"因厂制宜""一厂一策"方针,主要推行了四种形式的改制转制。一是实行多种形式的股份合作制。共有1800多家企业分别实行了增量折股型、存量转换型、公私合股型、个体合伙型的股份合作制,其中还组建了133家规范化的股份有限责任公司。二是由原经营者实行风险抵押承包。推行企业1700多家,收取抵押金超亿元。三是对集体退出的企业进行租赁和拍卖。其中实行租赁经营的4000多家,拍卖近1000家。四是以集体控股的骨干企业为龙头组织企业集团。共组建企业集团300多个,其中省级集团占一半(153家),1995年有56家被农业部认定为全国乡镇企业集团。经过两年的大力转制,全市乡镇企业的所有制结构和集体所有制实现形式开始发生重大变化,使乡镇工业在各种挑战和多重困难中仍然保持了一定的发展。1995年与1993年相比,全市乡镇工业企业减少了2664家,职工人数减少15万多,而工业产值却增长了51.4%。[2]

2. "九五"时期产权制度改革势如破竹

自1995年起,苏州乡镇工业运行中普遍反映出资金紧张、销路不畅、效益下降、后劲不足等困难,可谓隐患重重。进入1996年形势愈加严峻,至6月底全市乡(镇)、村两级工业企业两项资金(应收款和库存产品占用额)占用总额187亿元,占全部流动资产的37%;全部资产负债总额549.7亿元,资产负债率达62.3%;亏损企业2003家,占全部企业的16%,亏损总额3.9亿元,比上年同期增长31%;全市162个乡(镇)中54个乡(镇)利润负增长,27个乡(镇)全面亏损,有一些规模较大的企业成了亏损大户;全年乡镇工业总产值仅比上年增长2.86%,为改革开放以来最低。市委、市政府分析认为,这些矛盾和困难都是表象,其本质是苏州乡镇工业自身的素质和运行管理体制与宏观环境变化不相适应。从苏州乡镇工业的自身素质看,主要反映为结构低度化和技术低度化,尽管

---

[1] 王国平:《苏州史纲》,古吴轩出版社2009年,第690页。
[2] 苏州市经济贸易委员会、苏州市乡镇企业管理局、中共苏州市委党史工作办公室:《苏州乡镇工业》,中共党史出版社2008年,第10、11页。

总量很大,但档次比较低,一般的、粗放的加工工业占了绝对大的比重,轻纺业的销售产值占总量的60%,而电子、医药等新兴行业仅占到6%,产品也以中低档为主,有一定规模和水平的骨干企业只占10%左右。起点本来就低,加上低水平扩张,致使乡镇工业结构性矛盾越来越突出,市场竞争力明显减弱。[1]从乡镇企业的运行机制看,在体制转轨、经济转型的新时期,在宏观经济环境已经发生重大而深刻变化的情况下,以乡村集体经济为主、以地方政府直接推动为主的"苏南模式",原有的优势日益弱化,局限日益显露,十多年来已留下了四个历史性的难题:一是产权不明,政企不分,基本上是"厂长负盈、企业负亏、银行负债、最后政府负责",谁对集体资产真正负责的问题没有解决;二是投资主体过于单一,集体的负债率普遍比较高,同时民间资本积累又相对不足,无论是所有制结构调整还是经济结构调整,要迈出大步都存在着较大的难度;三是由于长期实行的是地方政府无所不包式的推动,因而相当一部分企业干部养成了一种依附心理,竞争意识、风险意识不强,既缺乏资本投入和扩张的理性冲动,又缺乏效益观念;四是"所在必须所有"的狭隘观念严重束缚着各级政府,发展思路上往往表现出不开放、不开明,集体所有只能由集体经营,工厂只能开不能关,资产只能留不能转,造成所有制实现形式和资产经营方式过于单一,集体资产大量沉淀和流失,阻碍着生产要素在全社会合理流动和优化配置。[2]

在这何去何从的紧要关头,"苏州乡镇工业必须以改革求生存、求发展、求提高"迅速成为全市上下的共识。1995年10月,市委、市政府制定《关于深化乡镇企业改革的意见》,要求各地着重推进产权制度改革,探索集体经济的最佳实现形式,扶持民营经济加快发展,全面构建苏州乡镇工业的新机制新体制。1996年8月,市委、市政府从市县两级机关中抽调400多名干部,分赴全市162个乡(镇),为期半年,调研并指导乡镇企业改革工作。农村各级党政主要领导亲自抓乡镇企业改革,县、乡两级都建立了改革工作领导小组和专门工作班子,从上到下制定下发了一系列政策性文件及各种改革形式的操作意见,及时研究解决改革中出现的难点问题,全市各部门大力支持乡镇企业改革,很快形成了浓厚的改革氛围。各地坚持"分类指导、积极稳妥、先易后难、从小到大、逐步推进"的原则,对不同企业采用不同的企业组织形式和所有制形式来推进改革。各级各

---

[1]《黄俊度同志在全市乡镇工业工作会议上的讲话》,1996年8月12日,第2—4页,苏州市档案馆藏,档号A1—35—475。
[2] 孟焕民:《"苏南模式"扬弃的几点思考》,《苏州日报》,1997年12月4日;沈石声、王晓宏:《全市乡镇工业工作会议讨论侧记》,《苏州日报》,1996年8月14日。

部门严格把好资产评估、产权界定、招标竞争、证照变更、审查验收等5个关键环节,实行透明、规范操作。到当年底全市14 368家镇、村办企业中,涉及产权制度改革的2 608家,其中组建股份有限公司7家、股份合作制855家、租股结合258家、被兼并239家、被拍卖转让729家;转换企业经营机制的共有10 376家;实行改制或转制的两大类企业占全市乡镇企业总数的80%左右。[1]

1997年起,全市各地以中共十五大精神为指针,进一步加大以股份制和股份合作制为主要形式的乡镇企业产权制度改革,同时部署实施大中型乡镇企业的产权制度改革,力求在"大而难""大而亏"企业的改革上取得突破。1998年4月,江泽民总书记来到江苏苏州等地考察乡镇工业,就苏南乡镇企业进一步发展和如何解决当前面临的问题进行调查研究。考察中他指出,深化乡镇企业改革,要坚持以公有制为主体、多种所有制经济共同发展,继续调整和完善所有制结构,进一步创造公有制实现形式多样化和多种经济成分共同发展的局面,充分发挥乡镇企业机制灵活的优势。乡镇企业改革,要坚持"三个有利于"的标准,坚持尊重实践、尊重群众,要鼓励探索,随时注意总结经验。改革的根本目的是增强企业活力,调动投资者、经营者、生产者的积极性,确保集体资产保值增值。[2]在这一重要指示的指引和推动下,至1998年底全市有11 301家乡镇企业进行了各种形式的产权制度改革,改制企业的资产总额为435.4亿元,分别占乡村内资企业总数的81.6%、资产总额的64.6%;大中型企业的产权制度改革取得重大突破,实施改制的企业有188家、资产总额138.9亿元,分别占企业总数的53%、资产总数的42.5%。同时及时组织规范乡镇企业改制行为的"回头看"活动,重点抓好集体资产拍卖转让金、租赁抵押金、有偿使用费等各项资金的清理回收工作,资金回收到账率达77.3%;抓好企业变更登记等后续工作,1999年上半年工商部门对所有改制企业按新组建企业的性质重新变更工商登记;抓好推进法人治理结构的规范运作,改制后由集体控股的985家企业已全面建立"三会"(董事会、监事会、股东大会)制度,集体参股但不控股的4 305家企业也大多由集体经济组织向企业派驻了董事和监事。1999年全市主攻大中型乡镇企业的产权制度改革,至年底共有338家企业实施了改制,涉及资产231亿元,占比分别上升至83%和66.8%,其中改制为股份有限责任公司和有限责任公司129家、股

---

[1] 苏州市经济贸易委员会、苏州市乡镇企业管理局、中共苏州市委党史工作办公室:《苏州乡镇工业》,中共党史出版社2008年,第12、13页。
[2] 新华社电:《江泽民在江苏考察时指出要从战略高度重视乡镇企业的发展》,《苏州日报》,1998年4月23日。

份合作制企业108家、租卖企业58家、破产企业10家、兼并企业3家。

2000年6月,市委、市政府做出国有(集体)资本从一般性竞争领域和中小企业全面退出的决策,在全市乡镇企业中部署开展以"一转、二变、三提高、四促进"为主要内容的"二次改革",即股份合作制企业向公司制转变;租股结合、租赁经营企业,变租为股,变租为售;提高企业股权的集中程度,提高经营者、经营层的持股比例,提高非集体股份比重;促进政企分开,促进集体资产保值增值,促进企业法人治理结构完善,促进社会保障体系的建立。重点是将近1 000家集体控股或参股比重较大的股份合作制企业进一步改制为股份有限公司或有限责任公司,将租赁型企业全部改制为股份制企业或直接进行出售。至年底,历时近5年的乡镇企业产权制度改革工作基本结束,先后共有15 171家企业实施了产权制度改革,未改制企业仅剩307家。2001年又进行扫尾工作,对100余家进行了改制。

3. 苏州乡镇工业发展新体制新格局基本形成

经过全面改制,苏州乡镇企业形成了投资主体多元化、集体资产实现形式多样化、企业组织形式多层化的崭新格局。从所有制结构看,从乡(镇)村集体企业"一枝独秀",演变成镇村集体企业、"三资"企业、个体私营企业"三足鼎立"。2000年底全市乡镇企业440亿元实收资本中,乡(镇)、村两级集体资本金占比已下降至22%,个人和社会法人占38.4%,外商占39.6%;当年实现的经济总量中,镇村集体控股及参股企业占35%,"三资"企业占29%,个体私营企业占36%。从集体资产收益结构看,改制后全市乡(镇)、村两级所拥有的173亿元集体净资产,52%作为集体股权投入企业,取得投资分红收益,34%以资产租赁形式从企业获得出租收入,其余14%则作为工业以外的其他领域直接经营、投资入股、出租而取得收益,从而创新了集体经济的发展方式,丰富了集体经济的内涵。从政企关系看,政府以行政推动为主转变到以政策调节为主,从直接投资、直接参与企业经营决策转变到营造环境、依法监督、强化服务上来,建立起了一种全新的政企关系。这些都表明,苏州乡镇工业的体制机制已经实现了历史性的变革,"乡镇企业"这一概念的内涵也发生了根本的变化,即由以往的"乡村集体办企业"改变为"办在乡村的企业"。有鉴于此,2001年6月市委、市政府决定,市乡镇企业局并入市经济贸易委员会,不再单独建制。[1]

---

[1] 苏州市经济贸易委员会、苏州市乡镇企业管理局、中共苏州市委党史工作办公室:《苏州乡镇工业》,中共党史出版社2008年,第13、62页;孟海龙、吴秋华、朱小勤:《从"一枝独秀"到"三足鼎立"——苏州市农村工业经济发展透视之一》,《苏州日报》,2001年7月13日。

经过改制,乡镇企业新的投资主体、责任主体内在发展动力强劲,推动了苏州乡镇工业再上新台阶、再创新辉煌。2000年,全市乡镇工业实现总产值1 919亿元、工业增加值419亿元、利税总额115亿元,分别占全市工业总量的53%、53%和43.3%;全市乡镇企业户数超2万家,达23 929家,其中个体、私营企业发展到17 891家;乡镇企业职工人数再度突破百万,达104.29万人。这些都标志着苏州乡镇企业改革改制效益开始显现,将以崭新的面貌跨入21世纪。[1]

三、国有集体企业改革步步推进

90年代,全市各级紧紧围绕"搞活企业"这一中心环节,坚持一手抓发展一手抓改革、以改革促发展的方针,从政府、主管局(公司)、企业三个层面同时着手,经过组织试点、全面推行、开展攻坚等不同阶段,积极稳妥地不断推进、步步深化市县两级国有集体企业的改革,促进国有集体企业增强活力、摆脱困境、创新体制、完善机制,不断开创发展新局面。

1. 企业改革的多样化探索和不断深化

1992年6月,国务院制发《全民所有制工业企业转换经营机制条例》,9月,中共中央、国务院就贯彻执行《条例》发出通知;10月召开的中共十四大提出,要转换国有企业特别是大中型企业的经营机制,把企业推向市场,增强它们的活力,提高它们的素质。[2]由此吹响了国有企业改革的进军号。市委、市政府迅速贯彻部署。当年9月决定全市所有国有、大集体工业企业和市区国营、合作商业企业推行放开经营,政府对企业只管"三个一",即一个领导班子、一个承包合同、一个工效挂钩;同时决定国有集体工业企业的规范化股份制改制试点扩大到32家,对100多家小型商业企业进行经营权有偿转让试点。

1993年,围绕转换企业经营机制,全市积极推行"六条船"改革措施,即将国有集体企业改制为股份制企业、嫁接型"三资"企业、模拟"三资"企业、承包租赁企业、公有民营企业、双层经营企业,并以股份制改造为重点。是年,苏州科利达时控厂高岭土分厂成为市区首家"公有私营"的工业企业,多年亏损的苏州缝纫机厂成为首个由厂长(管前根)个人与市财政局签订风险承包责任书的企

---

[1] 苏州市经济贸易委员会、苏州市乡镇企业管理局、中共苏州市委党史工作办公室:《苏州乡镇工业》,中共党史出版社2008年,第61页。
[2] 中共中央党史研究室:《中国共产党新时期历史大事记(1978.12—2002.5)》(增订本),中共党史出版社2002年,第366、367页;《中国共产党第十四次全国代表大会文件汇编》,人民出版社1992年,第24页。

业[1],严重资不抵债的苏州工艺美术厂成为市区第一家依法破产的企业。[2]

1994年,企业多种形式改制继续推进。全市规范化股份制企业新批331家,累计405家(市区173家),股份总额达45亿元(市区24.28亿元);股份合作制企业累计达1219家,股本总额36亿元。对"微、小、亏"企业实行"包、租、转、卖"等多种方式转换经营机制,全市累计有公有民营企业745家、租赁企业3337家、风险抵押承包企业1502家、拍卖企业298家、破产企业12家。在抓好苏州火柴厂试点基础上,年内市区已有11家微利和亏损工业企业实行了"退二进三"。

1995年,市委、市政府组织重点推进以建立现代企业制度为目标的国有、集体企业改革,要求通过三到五年的努力,在全市基本建立现代企业制度,构筑"产权明晰、权责明确、政企分开、管理科学、资产流动合理"的新的运行机制。苏钢集团、苏州化工农药集团、苏州商业大厦股份有限公司等14家省级改革试点单位和长城电器集团、苏州人民商场等18家市级改革试点单位按照要求实行了规范的公司制改革;[3]其余800家县属以上企业结合推行和完善股份制、股份合作制、承包制等改革,进一步转换经营机制,实现企业制度创新。

1996年11月起,按照中央关于"抓大放小"的部署,加快中小企业的改革步伐,至翌年底全市80%的中小企业进行了改组、兼并、租赁、出售等多种形式的改制、转制,有40家企业实施破产。

围绕搞活企业的上述种种改革举措,虽然也在一部分企业取得了一些阶段性成效,但同全国的情况基本相同,自90年代中期起,苏州的市、县属国有、集体企业,尤其是工业企业,面临着越来越多的问题和矛盾,集中体现在不少企业经济运行质量和效益不够理想,许多企业"人多、债多、负担重",缺乏活力、动力和竞争力,停产、半停产企业增多,下岗失业人员增加,再就业压力加大等。[4]1994年全市县属以上工业亏损企业有222家,亏损面24.4%,其中亏损100万元以上的有47个。1995年6月底,市属工业企业中停产、半停产企业有23家。[5]1996年市区工业企业下岗职工达2.95万人,经过多渠道分流安置,失业人员仍

---

[1] 夕春:《管前根甘冒风险立责任状》,《苏州日报》,1994年1月21日。
[2] 冯立:《苏州工艺美术厂宣告破产》,《苏州日报》,1993年8月12日。
[3] 《中共苏州市委办公室、苏州市人民政府办公室转发市委城工部、市体改委关于深化企业改革、逐步建立现代企业制度的实施意见》,1995年1月17日,第3—16页,苏州市档案馆藏,档号C12—6—394。
[4] 文标:《市属工业国有集体企业改制备忘录(上)》,《苏州日报》,1999年8月18日。
[5] 俞愉:《市府要求推动特困企业解困》,《苏州日报》,1995年7月11日。

达1.74万人。

1997年9月,中共十五大将调整和完善所有制结构列为经济体制改革的重大任务,明确提出:要着眼于搞好整个国有经济,抓好大的,放活小的,对国有企业实施战略性改组。[1]市委、市政府审时度势,及时做出把国有、集体企业改革全面推向深层次的产权制度改革的重大部署。1998年6月和8月,市政府先后制定了《苏州市国有大中型企业三年改革与脱困工作意见》《关于加快我市中小企业改制的若干意见》,市各控股(集团)公司和各县(市)对国有、集体企业的产权制度改革逐步展开。至1999年9月,全市145家国有大中型企业中整体改制面达38.6%,国有和城镇集体中小企业改制面达51%,与"三年计划"提出的到1999年大企业改制面要达80%以上、中小企业要达90%以上的目标相比差距还很大,且在改革改制中还存在许多不足:一是产权多元化步子不大,市属工业96家放开改制的国有集体小企业到产权交易所挂牌上市成交的不足10家,百万元以上产权置换和企业整体出售的尚无一例,市属35家整体改制的企业中国有、集体股所占比重仍然高达73%;二是仍有不少改制企业在机制创新上进展不快,发展的活力和动力还不足;三是企业改制成本依然偏高,相当一部分政策难以落实到位,下岗、离退休职工的基本生活保障和拖欠医药费、集资款等容易激化矛盾的因素比较多,保稳定的成本越来越大,依靠企业自身难以消化。[2]至1998年底,全市83户国有大中型企业中亏损的有18户,亏损金额13 045万元之多,企业面临的形势日益严峻。[3]"四大名旦"之一的长城电器集团公司1998年底负债总额高达5.54亿元,相当于总资产3倍,企业无银行信誉,债务诉讼接连不断,被迫全面停产,整体交由市机械控股集团公司托管。另一家"四大名旦"苏州电冰箱厂也于这年全面停产。苏州的纺织、丝绸两大传统优势行业全面陷入困境,开始进入政策性破产阶段,百年老厂苏纶纺织厂1998年11月由市中级人民法院裁决依法破产。

1999年9月,中共十五届四中全会做出《中共中央关于国有企业改革和发展若干重大问题的决定》,提出:推进国有企业改革和发展是一项重要而紧迫的任务,要按照"有进有退,有所为有所不为"的原则,从战略上调整国有经济布

---

[1] 江泽民:《在中国共产党第十五次全国代表大会上的报告》,人民出版社1997年,第22—25页。
[2] 《梁保华同志在全市国有企业改革和发展会议上的讲话》,1999年10月27日,第8—11页,苏州市档案馆藏,档号A1—35—670。
[3] 苏州市经济委员会:《1999年苏州市国有大中型工业企业脱困工作意见》,1999年3月1日,第2页,苏州市档案馆藏,档号C16—13—574。

局,推进国有企业战略性改组。[1]市委、市政府迅速贯彻中央《决定》精神,制定了企业战略性改组总的目标:年内全市国有集体大中型工业企业改制面达到60%,中小企业改制面达到80%;到2000年末全市国有集体大中型工业企业基本完成公司制改革,初步建立起现代企业制度,中小企业实施多种形式放开搞活,基本完成改制,所有制结构趋向合理。[2]这次部署后苏州国有集体企业产权制度改革工作力度加大。2000年6月,市委、市政府认真总结乡镇企业产权制度改革成功经验,冷静分析苏州市国有、集体企业面临的严峻挑战和困难局面,果断做出国有资本坚决、全部、逐步、稳妥地从一般竞争性领域和中小企业退出的决策,并在资产量化、置换职工身份和国有资产转让作价等方面制定突破性政策,从而为加快推进国有、集体企业产权制度改革创造了有利条件。到年底,全市140多家国有及国有控股大中型工业企业整体改制面实现了省政府确定的80%的目标,达83%;县属以上463家工业企业实施产权制度改革的有393家;市属工业有17家企业在原有基础上进行了整体改制,还有20家企业的国有集体资本全部退出;市属15个非工业系统的358家独立核算企业涉及产权制度改革的占49.4%,粮食、蔬菜、供销系统的企业改制面超过90%。[3]整个企业改革改制出现了一些重大突破:改制形式从过去的股份合作制为主转为有限责任公司和股份有限公司为主;净资产为负数的"老大难"企业改制工作在胜利无线电厂率先有了突破,实施了整体"零资产"转让;企业改制中职工劳动关系处理上,在试点企业整体改制时剥离出一部分作为职工安置费,固定职工改变了原来身份,与新企业重新签订劳动合同,为企业改制中安置好职工找到了切实可行的办法。[4]这些成功探索实践,为21世纪初全市全面推开和完善国有集体企业的产权制度改革积累了有益的经验。

2. 推进资本运作和企业上市

20世纪90年代,苏州各级各类企业结合进行规范化股份制改革,积极争取向社会发行股票,实现企业上市;一些企业积极开展资本运作,通过"借壳上市"

---

[1] 中共中央党史研究室:《中国共产党新时期历史大事记(1978.12—2002.5)》(增订本),中共党史出版社2002年,第577页。
[2] 《梁保华同志在全市国有企业改革和发展会议上的讲话》,1999年10月27日,第12—16页,苏州市档案馆藏,档号A1—35—670。
[3] 《苏州市人民政府关于进一步深化我市国有工业企业改革工作的实施意见》,2000年6月13日,第2—16页,苏州市档案馆藏,档号C1—7—998;宓晓文、王竟、汪卓英:《全市工业企业改制目标基本实现,国企整体改制面83%》,《苏州日报》,2001年1月19日。
[4] 王竟、汪卓英:《我市企业改制实现"四突破"》,《苏州日报》,2000年10月29日。

和向上市公司参股等方式,打通了向社会融资的渠道,从而实现了企业的资本扩张和快速发展。1993年4月,昆山三山纺织集团公司发起设立昆山三山实业股份有限公司,向社会公众发行4 000万个人股,9月"苏三山"股票在深交所挂牌上市,成为苏州首只股票,也是全省第一个发行、第二只上市的股票。同年11月,苏州物资集团股份有限公司5 400万公众股票发售,次年1月"苏物贸"股票在深交所挂牌上市。1994年4月,昆山金桥实业股份有限公司在中国证券交易系统(NET系统)挂牌面向苏州本地发行800万股法人股,年底通过证券公司上市交易,是为苏州首家向社会发行法人股的企业。[1] 1996年,由苏州新区高新技术产业股份公司发行的"苏州高新"股票上市,成为苏州开发区的首只股票。1997年,由核工业部苏州阀门厂发行的"中核苏阀"股票上市,成为中国核工业系统和市区工业企业中第一家上市公司;同年,由吴江永鼎股份有限公司发行的"永鼎光缆"股票也上市,是为苏州乡镇企业第一股。1999年,吴县校办企业"吴中实业"股票上市,成为"中国普教第一股"。2000年,苏州林业机械厂"苏福马"股票上市;张家港保税区通过投资控股实现"买壳上市","大理造纸"股票遂更名为"保税科技";吴江丝绸股份公司在发行可转债基础上成功发行"丝绸股份"股票,跻身上市公司之列。至此,苏州共有8家上市公司("苏三山"1998年9月起停牌),公司总股本18.2亿元,总市值285亿元,共向社会公众募集资金20.3亿元。

这些上市公司运用融到的巨额资金,选准投资方向,进行资本扩张和资产优化重组,拓展了企业的发展新空间。"苏物贸"在市政府的组织和直接推动下,1999年向苏州机械控股公司和新区新城花园酒店集团出让其持有的41%股份,实现流通企业向高科技制造企业的转变,股票更名为"创元科技",为再融资创造了良好条件。"中核苏阀"1999年和2000年出资参股深圳和苏州的3家高科技企业,使企业的资产质量和产品科技含量得到新的提升,股票也更名为"中核科技"。"永鼎光缆"2000年先出资收购上海一家光缆公司,扩大了产品的国内市场占有率,后出资与上海一企业组建新企业,开拓了汽车零部件新产业。"吴中实业"收购本地2家制药厂,与省医药研究室成立医药开发公司,短短两年就有四类以上新药12只迅速投入工业化生产,其中国家一类新药2只、二类新药3只、国家级新产品3只,成为全国医药板块十多家上市公司中一匹"黑马",仅一

---

〔1〕 朱澄潜:《昆山金桥公司首发法人股》,《苏州日报》,1994年4月13日。

年多公司总资产就达6.27亿元,比上市前增加了近3亿元。[1]

3. 推行国有(集体)资产委托经营管理

1995年1月,常熟市在苏州和全省率先成立市属工业公有资产经营投资总公司,对70多家市属工业企业的9亿多元固定资产实施统一经营管理,为苏州全面推行国有(集体)资产的授权委托经营探索了经验。[2]是年6月,市委、市政府推出全市国有(集体)资产经营管理体制的重大改革措施,确定"搞活企业、盘活存量、优化结构、提高效益、保值增值"的改革方针,一方面将市机械、纺织、丝绸、电子、轻工、化工、医药、工艺等8个产业局(公司)先后改制组建为集团(控股)有限责任公司,同时组建了长城电器、苏钢、孔雀电器、化工农药、精细化工等5个市属工业集团公司和建筑、建设、供销、蔬菜、物资、物贸中心、国发、旅游、进出口等9个非工业集团公司,将市属企业统一整合后分别划交这22个集团公司经营管理,集团公司成为市属国有(集体)资产人格化代表的组织和新型的企业法人;另一方面建立苏州市国有资产管理委员会及市国有资产管理局,由其代表市政府履行出资人职责,对22个资产经营公司进行国有资产授权和集体资产委托经营,并与这些公司签订资产保值增值责任书,进行1个主指标(资产保值增值率)和6个辅助指标的综合考核。经不断完善、规范,到1997年苏州市已初步建立由市国资委、控股(集团)公司、生产经营企业三个层次组成的国有(集体)资产经营管理新体制,走在了全省乃至全国的前列,1997年8月被国家体改委确认为国有资本营运体制改革试点城市。至1997年底,市区22家控股(集团)公司授权(委托)经营的总资产达270亿元,占市属企业总资产的72.5%。授权后的各资产控股(集团)公司重点做好了"盘活存量"和"资产重组"这两篇大文章,至1997年底累计盘活存量、优化重组资产24亿元;同时切实转变管理职能,逐步减少对子企业具体生产经营活动的干预,努力形成投资中心、利润中心、成本中心的管理格局。

1998年后,市属国有(集体)资产授权(委托)经营工作进一步规范和完善,部分集团公司资产重组、增量投入成效显著。1998年底,市机械集团下属的化工机械厂等3家相邻企业以场地和厂房作投资,与厦门金龙汽车公司合作成立了金龙联合汽车工业(苏州)有限公司,占股30%,生产市场适销对路的豪华型金龙客车,开了苏州市区汽车整车生产的先河,1999年股份收益就达500万元,

---

[1] 晓宏、王莉:《从"江苏吴中"看资本运作威力》,《苏州日报》,2000年12月23日。
[2] 常新:《常熟成立工业公有资产经营投资总公司》,《苏州日报》,1995年1月8日。

使这3个严重亏损企业实现了"化蛹为蝶"式的蜕变。[1]化工农药集团被授权委托经营原局属的一批生产经营困难企业后,运用多种手段实施跨地区、跨所有制资产重组,做大、盘活存量资产,至1999年底集团公司已拥有子公司18家、中外合资企业4家,国有总资产达15亿元,比授权委托经营之初扩张了5倍。[2]至2000年年底,23家市级资产授权公司(新增苏州恒河投资开发管理公司1家)的资产总额262.42亿元,净资产75.22亿元,实现利润2.46亿元;各市(县)、区共对55家重点企业进行了国有(集体)资产授权经营,授权总资产143亿元、净资产45.6亿元,授权经营面达44%。

四、综合配套改革全面展开

90年代,在着力抓好企业改革的同时,苏州的社会保障制度改革、城镇住房制度改革、土地有偿使用制度改革、城区管理制度改革、所有制结构的调整完善等其他各项经济体制改革和综合配套改革,也都按照建立社会主义市场经济体制的总方向总目标,积极而有序地开展,不断地深化和完善,形成了体制改革的系统工程,实施了一系列涉及国家、集体、个人三者利益关系的政策调整,有效地促进了改革开放和现代化建设的顺利推进,也极大地促进了社会的发展和稳定。

1. 建立完善社会保障体系

90年代,苏州社会保障体系建设全面加速和不断深化,经历了由企业保障向社会保障、由单项保障向系列保障、由城镇向农村、由国有集体企业向各类企业和各类劳动者全覆盖的四大跨越,到20世纪末基本形成了由养老、医疗、工伤、生育、失业等五大基本保险构成的保障覆盖广、保障领域宽、保障水平较高,并向着城乡一体化方向迈进的社会保障体系。

职工社会养老保险制度不断完善。1993年,苏州市将80年代先后实行的区属以上企业职工、外资企业职工、农民合同工、城镇临时工等4种职工养老保险制度统一,由市社保局统一管理,并开始实行国家、企业和职工个人三方共同负担、职工个人缴纳养老保险基金的新制度。1994年后,市职工养老保险统筹范围逐步向区属以下集体企业退休退职退养人员、集体企业合同制工人、城镇私营企业、个体从业人员、自由职业者、灵活就业人员扩展,至1999年,除国家机关、社会团体、全额拨款事业单位工作人员外,基本实现全覆盖。1996年起实行社

---

[1] 童志宏、王伟民:《苏州"金龙"化蛹为蝶求蜕变》,《苏州日报》,2000年8月2日。
[2] 席以侃、邢宵若:《苏化集团资产重组壮实力》,《苏州日报》,1999年10月29日。

会统筹和个人账户相结合的新制度,为每位职工建立基本养老保险个人账户。1997年起实行离退休职工养老金社会化发放,由市社保经办机构直接委托银行发放,不再经由原单位发放。

社会统筹医疗保险制度初步建立。1992年9月,市体改委、总工会和太保公司联合出台实施全民、集体所有制职工大病住院医疗保险办法,缓解了参保单位职工大病治疗方面的突出矛盾。[1]1996年苏州被列为全国医疗保障制度扩大试点城市,翌年4月苏州市社会医疗保险制度开始试运行,实行社会统筹基金和个人账户分开运行、分别管理的操作办法。2000年11月,苏州形成基本医疗保险、大额医疗费用社会共济和补充医疗保险三位一体的医疗保障体系。

工伤保险制度全面建立。1994年,常熟市在苏州率先实施工伤保险制度。1997年《苏州市职工工伤保险暂行办法》出台,市区单位按社保缴费基数的1%缴纳工伤保险费,建立工伤保险基金。年内市区32.6万人和常熟、太仓、昆山三市的22.9万人参保。2001年起全市全面实施工伤保险制度。

失业保险制度不断完善。1992年,全市职工待业保险范围从国有、集体企事业单位和外资企业扩大到私营企业,待业保险基金仍由参保单位缴纳。鉴于企业调整改革,失业人员逐步增多,1998年起实行个人缴费(1%)制度,失业保险待遇与职工累计缴费年限和金额挂钩,并设定最低和最高标准。

生育保险实行社会统筹。1989年开始实施的女职工生育保险费用由男女双方单位各半负担的办法到1994年发生变化,市制定了生育保险社会统筹的新办法,在常熟市开始试行,1997年在全市推行,市区、各县建立生育保险基金。市区在用人单位缴纳的养老保险基金中提取1个百分点转为生育保险基金,职工个人不缴纳;参保单位女职工生育,按顺产、难产、多胞胎生育、流产等不同情况给予补偿,由此提高了这项保障的社会化水平。

农村社会保障探索推行。在20世纪80年代中期起全市农村推行乡镇企业职工以乡统筹养老保险的基础上,1992年,苏州贯彻国务院关于在农村开展养老保险的意见,在农民中试行储蓄式养老保险,但几年下来推行的比例一直不高,全市只有78个乡(镇)的不足20万人参保。1992年,昆山市率先探索建立农村社会养老保险制度,同时针对失地农民逐步增多的新情况,推行"以土地换保障"的养老保险办法,规定每征用或出让1亩土地必须缴纳养老保险费5 000元,到1995年上半年末该市已统筹征土养老保险基金近4 000万元,有3 937人

---

[1] 尤薇、朱澄潜:《本市职工大病保险出台》,《苏州日报》,1992年9月5日。

按每人每月 80 元标准享受了养老金。[1] 1995 年,张家港市首先实行城乡一体、略有分别的养老保险制度,将农民纳入全市统一的养老保险体系,保费由单位和农民共同缴纳,实行社会统筹和个人账户相结合的制度,当年被评为全国农村养老保险先进县(市)。在农民医疗保障方面,1994 年吴县率先实施以县统筹的农村大病风险医疗制度,随后在全市得到推广;1995 年市政府颁发《苏州市农村合作医疗管理办法》,促进全市农村合作医疗的稳定推行,对农民的保障补偿水平也有了较大提高;2000 年全市农村以村为单位的合作医疗覆盖面达 95% 以上,大病风险型合作医疗人口覆盖率达 80% 以上,年兑现保障费用达 5 000 多万元。

2. 稳步推进城镇职工住房制度改革

与城镇职工居民生活息息相关的住房制度改革,1992 年 7 月在苏州市区率先启动,首先推行的是职工住房公积金制度,职工个人和单位各缴存工资总额的 5%,之后逐步提高到各 10%,职工购房时可按缴存额提取住房公积金;1993 年 4 月起开展住房公积金个人住房贷款业务。1995 年 7 月,苏州市区深化住房制度改革方案出台实施,主要包括全面推行住房公积金制度、稳步出售公有住房、积极推进公有住房租金改革、加快经济适用住房建设等四个方面。在出售公有住房方面,规定市区公有住房(包括房管部门直管公房和单位自管公房)均可向职工优惠出售,每个职工家庭可购买 1 套(处)自住房,并可分期付款,职工购买的住房 5 年后可依法进入房地产市场交易。这一售房优惠政策极大地激发了职工的购房积极性,当年市区申请购房职工 3.97 万户,占可售数的 55%,使这部分职工实现了"居者有其屋"的多年梦想。经济适用住房的开发建设也开始起步,以解决中低收入的住房困难户的住房问题。[2]

1998 年 12 月,市区进一步深化住房制度改革方案出台实施,核心是停止实物分配、实行货币分房,并实行"老人老办法、新人新办法,老房老办法、新房新制度,新老政策平稳过渡"。即 1998 年 12 月 1 日之前参加工作的无房户和住房未达标户,有条件的单位在其购买新住房时给予一次性购房补贴和工龄补贴;之后参加工作的新职工,在单位按规定为其缴纳住房公积金的同时,实行住房补贴纳入工资的制度,补贴比例为本人工资的 13%。[3] 住房制度改革成效十分显著。到 2000 年末市区住房公积金缴存率达 98%,累计归集住房公积金 17.51 亿元,余额 11.98 亿元,累计发放公积金贷款 2.16 万户、8.73 亿元;累计出售公有住房

---

[1] 先进、海龙:《昆山市积极抓好农村社会养老保险》,《苏州日报》,1995 年 7 月 5 日。
[2] 《苏州市区深化住房制度改革实施方案介绍》,《苏州日报》,1995 年 4 月 26 日。
[3] 程国明:《市区深化房改实施方案出台》,《苏州日报》,1999 年 1 月 21 日。

12.15万套、建筑面积742.58万平方米,占可售房的90%;房改房上市交易累计4552套,出售后重新购买住房的3254套,平均每套增加建筑面积35平方米、增加投资11万元,拉动了住房消费。

3. 全面推行土地有偿使用制度改革

以1989年昆山率先试点为开端,苏州各级贯彻落实《土地管理法》,依据土地是一种不可再生的稀缺资源和特殊商品的属性,逐步推进城乡土地使用制度的改革和创新,以切实保护土地,规范使用土地,充分体现土地的使用价值。

国有土地有偿出让方面,1992年出现了四个突破:一是从县市向市区推进;二是从单纯工业用地批租向商业、旅游、住宅开发用地突破;三是出让地位置从开发区扩大到其他城镇建设区;四是受让者由境外企业公司向国内开发商甚至个人投资者开放。这些改革措施极大地吸引了国内外客商前来苏州投资开发,当年全市共出让城镇国有土地使用权211幅,总面积达2573万平方米,其中市区15幅,出让面积近30万平方米;出让面积中,工业项目用地占50%,商业、旅游业用地占20%,住宅开发项目用地占30%。更为重要的是,这些改革措施使得苏州的开发建设模式实现了由过去的先掏钱"筑巢引凤"向"引凤筑巢"的历史性转变,全市各开发区的资金来源绝大部分来自土地出让收入,苏州旧城改造的资金也一改捉襟见肘的困难处境。[1] 1994年3月市政府颁布实施《苏州市国有土地使用权出让和转让暂行办法》,推动出让制度法规化。

农村集体所有土地有偿使用方面,1990年起苏州试行农村非农业建设用地有偿使用,各县(市)先搞一两个乡进行试点,1992年全面推行。农民建房用地使用收费上,规定标准为三口之家一户250平方米,土地使用费每年约15元,超过标准的最高收费为每平方米每年8元;使用费的使用和管理实行"村有乡管"的方法。乡镇企业用地有偿使用制度上,针对乡镇企业改制中企业使用的土地连同厂房等一起出售、转让、租赁等流转的普遍情况,1996年9月市制定《苏州市农村集体存量建设用地使用权流转管理暂行办法》,规定对农村集体存量建设用地第一次流转时流转方必须向政府缴纳流转收益的30%,再次流转时需向政府缴纳土地流转增值费;土地流转收益实行市、县、乡政府三级分成,增值费实行县、乡两级分成。这些费用专项存储,主要用于土地资源的保护和开发。

4. 不断深化城区管理体制改革

1992年8月,市委、市政府部署加快城区经济发展和城市建设的步伐。提

---

[1] 沈石声:《我市国有土地使用权有偿出让全面推行》,《苏州日报》,1992年7月13日。

出:从1993年起用3年时间,城区三业(工业、商业、劳务业)总值在1992年基础上翻一番,达到50亿—55亿元,国民生产总值达到7亿—8亿元,每个街道的年利润超过100万元,其中1/3的街道超过300万元,1/4的街道三业总值超过1亿元;城区建设也要跨出新的一步,城市面貌要有大的改观。1995年初,市委、市政府进一步提出城区工作"发展定向、功能定位",要求各城区继续以经济建设为中心,大力加强社区服务工作,由此促进城区经济的发展和各方面工作取得明显成效。1995年,平江、沧浪、金阊3个城区的工业、商业、劳务业的三业总值82.3亿元,超过3年奋斗目标的50%以上;财政收入8 503万元,比1992年增长51.5%。

1996年3月,市委、市政府制发《苏州市市、区实行两级政府、两级管理的总体方案》,明确了市、区两级政府各自的职责,强化城区政府在加强城市管理、参与城市建设、发展城区经济、搞好社区服务、加强基层政权建设等五个方面的功能,尤其是对城区在加强城市管理、参与城市建设等方面的职能进行了较大幅度的调整和充实。各城区全面贯彻落实这一改革方案,着重逐步调整经济发展的结构和思路:一是由区、街道直接投资经营企业为主,转变为以吸引外来投资和民间投资为主;二是由以发展工业为主,转变为以发展为城市生产、生活服务的第三产业为主。到1997年底,工业企业数由1995年的237家减少为179家,工业产值由7.12亿元减少为5.46亿元;而第三产业呈加速发展态势,到1998年第三产业增加值已占到3个城区国内生产总值的80%以上,第三产业入库税收已占到财政收入的90%以上。各城区制定扶持优惠政策,促进内资、个体私营经济发展,1998年个体私营企业和外地来苏投资企业上缴税收已占到城区财政收入的45%,逐步实现了由区街投资拉动型经济向"税源经济"的转变。1999年3个城区共实现财政收入2.8亿元,为1995年的3.3倍。随着城区经济实力日益壮大,1997年市委、市政府部署增强城区的社区服务功能,制定了到2000年的发展规划和扶持政策,并开展社区服务达标活动,城区形成了区、街道、居委会的三级社区服务网络,加快发展了老年公寓、专业市场、商业网点、中介服务公司、物业管理公司等一批社区服务基地和载体,社区服务的产业化程度有所提升。1998年,金阊和沧浪区被民政部命名为"全国社区服务示范城区"。为改善城区居委会干部队伍结构,结合开展下岗职工再就业工作,1998年起,市委、市政府出台吸纳下岗职工充实市区居委会干部队伍的办法,至1999年共有447名下岗职工走上了居委会干部工作岗位,占到居委会干部总数的31.5%,长期以来居委会干部队伍年龄偏大、文化偏低、后继无人的困局得到破解。

随着城区管理和服务功能的不断拓展、工作量的大量增加,原来以区为主集中统一管理的体制显得越来越不能适应。2000年开始,苏州在市区实行"两级政府、三级管理"新体制,逐步把城市管理的重心下移到街道办事处一级,与此相联系的一系列工作相继展开。例如:将区环卫所承担的环卫、绿化保洁工作和人员、设施全部下放到街道办事处;在各街道建立社区卫生服务站,实行"小病在社区,大病进医院"的分级诊疗制度;将原有居委会改建为社区居民委员会,将辖区内的企事业单位纳入社区工作管理范围,增添开展社区服务的资源和能力等。

5. 大力发展非公经济,促进所有制结构调整

为贯彻中共十四大制定的以公有制为主体、多种经济成分共同发展的方针,1993年7月市政府出台积极发展个体私营经济的若干意见,对个体私营经济实行放宽登记对象、经营范围和经营方式、登记条件的"三放宽",许多地方建立了个体私营经济开发小区、"一条街"等载体,为个体私营经济发展创造了宽松的大环境,并引导个体私营业主扩大投资、参与中外合资、进行出口贸易、提高科技含量,登上新的发展台阶。当年金阊区私营业主陈念祖在苏州高新区投资建立"盛宏"服装厂,成为全市私营企业到开发区与外商合资办厂的第一人。到当年底全市个体工商户发展至101 053家、私营企业达1 133家,注册资金5.3亿元,分别比1991年增加13 789家、865家和2.54亿元;从产业构成看,二产占13.1%,三产占79.2%。[1]之后两年全市私营经济发展加速,到1995年底全市私营企业已达4 143家,户均注册资金从1991年的9.7万元扩大至37万元,在生产经营上开始向规模型、集团型、外向型方向发展。

"九五"时期私营个体经济呈现蓬勃发展的良好态势。至2000年底全市共有私营企业3.1万户,注册资金175.14亿元,首次跃居全省第一位;[2]有个体经营户14.87万户,注册资金32.38亿元。私营企业的井喷式发展,一方面是由于这一时期全市全面推行乡镇企业和城镇国有集体中小企业的产权制度改革,其中绝大多数为企业原经营者出资买断变更为私营企业,一批有实力的个私经营者也抓住这一机遇出资收购企业;另一方面是由于国家和地方对发展非公有制经济采取鼓励和扶持的政策措施,尤其是1998年4月市委、市政府召开首次全市个体私营经济工作会议后,各地各有关部门实施一系列有效举措,激发了私营业主的投资创业热情。如苏州工业园区创立"民营工业区发展基金",启动资

---

[1] 周学仁、朱澄潜:《全市个体私营经济发展迅速》,《苏州日报》,1994年2月1日。
[2] 隆瑜玮:《我市私企注册资本跃居全省第一》,《苏州日报》,2001年1月14日。

金达500万元;常熟市在开发区和乡镇工业小区内共开辟个体私营园区81个,培育个体私营经济专业村137个;太仓市扶持创办个人独资企业,宏伟洗涤用品厂、新龙音响制造厂、佳得利电脑刺绣厂等3家在苏州首获营业执照;[1]吴县用直筹资组建了苏州首家主要为私营企业提供担保业务的投资咨询担保公司等。1999年、2000年两年,全市不仅新办了私营企业1.6万多家,而且在发展上呈现四个显著特点:一是规模层次不断提高。私企投资和产出规模迅速扩大,两年全市私营个体完成投资额116.31亿元,占全社会投资总额的5.2%;2000年全市私企户均注册资本达71.2万元,又比"八五"末提高了92.4%,已有注册资本超千万元的"小巨人"私企32户;共有年销售收入500万元以上规模型私营工业企业477家,占全市规模以上工业企业总数的15.3%;1999年个私经济实现社会商品零售额141.4亿元,占全市总量的44.8%。私企的品牌经营意识也不断增强。1999年苏州首创的"波司登"和"好孩子"2个"中国驰名商标",均由转制为民营的企业夺得;至2000年末全市私营企业累计注册商标2149件,占全市总数的1/7。二是涉足行业领域不断拓宽。在制造业私企继续加速发展的同时,从事园艺花卉、畜禽养殖、电脑网络、科技开发、旅游服务、餐饮娱乐等第一产业和新兴服务领域的企业不断增多;到2000年底全市已有500余家私营企业进入电子商务网络、信息咨询、生物工程等现代科技企业行列,700多家被各级认定为科技型企业,其中45家获省级以上高新技术企业证书。三是参与国际合作和竞争意识增强。到1999年底全市已有117家私营企业与外商合资创办企业,私营企业认缴资本6372万美元、利用外资8263万美元;1999年10月经外经贸部批准,昆山建达制衣服装公司在柬埔寨创办远东纺织品有限公司,是为苏州私营企业创办的第一家海外生产性企业;到2000年底先后有11家私营企业获得了自营进出口权。[2]四是个体私营经济的社会效益日益显著。2000年底全市私营企业从业人员34.66万人,个体经营从业人员23.21万人,两者合计占全市非农产业从业人员总数的23.3%,已经成为劳动者就业和职工下岗再就业的重要渠道;同时个体私营经济上缴的税收日益增多,对地方和国家的贡献不断加大。

这一阶段吴江盛泽镇的民营经济发展在苏州颇具代表性。全国四大绸都之一的吴江盛泽镇,进入90年代中期,受东南亚金融危机等影响,加上原有国有、集体丝绸企业自身机制等因素的制约,盛泽丝绸业连续几年处于徘徊状态。就

---

[1] 宋欣:《太仓三家个人独资企业获"硬派司"》,《苏州日报》,2000年4月12日。
[2] 苏州市对外贸易经济合作局:《苏州对外经济二十六年发展历程(1980年—2005年)》,2007年内部资料,第234、242、246页。

在此时民营经济担当起了重振盛泽丝绸业雄风的历史重任。1999年起,一批在东方丝绸市场的经营者在完成资本原始积累后走出贸易领域,投资实业,有的在出资收购一批本地改制企业基础上追加投入,有的新办了一批拥有国际一流设备的规模型企业。两年中全镇投资500万元以上的民营项目有213个,其中1 000万元以上的158个,总计进入民资达30亿元,并主要集中在丝绸纺织业。到2000年全镇拥有各类丝织机2万台,其中无梭类织机11 344台,为两年前的5倍多,占全国无梭织机总量的1/5强,标志着盛泽镇一举跨入了织造无梭化时代,顺利实现了新一轮丝绸革命,并成为国内第一的薄型里料织物生产基地。[1]

90年代,在外商投资企业大举发展、国有集体企业转制改制大举推进、私营经济大举迈步三重因素的共同作用下,苏州经济的所有制结构发生历史性的变革。1992年后外资企业的资本在全部资本构成中的比重迅速提高,1998年后民营资本在全部资本构成中逐渐提升,中华人民共和国成立后数十年中形成的国有集体经济"一统天下、一家独大"的局面被彻底打破。至2001年末,全市企业法人单位的全部资本构成中,国有企业资本占16.6%、集体企业资本占11.5%、公司法人资本占10.8%、个体私营企业资本占15.1%、外资企业资本占46.3%,各类非公有制企业资本的比例合计超过六成,在工业、商业等一般竞争性领域非公经济所占比重还要更高些。

第六节 城乡现代化建设和城镇化进程加速

20世纪90年代,苏州市认真贯彻国务院1986年批复的《苏州市城市总体规划》和1996—2010年新一轮城市总体规划,按照苏州率先实现基本现代化的目标要求,全面铺开城乡各项现代化建设,从城市到乡村,从基础设施建设到公共配套设施建设,从古城整治更新到新城开发建设,从各级各类开发区的开发建设到江湖山地各种资源的开发利用,从环境保护污染治理到生态修复,其涉及范围之广、投资规模之大、筹资办法之新、规划起点之高、建设速度之快,都可谓是空前的。加上区划调整、撤县建市、撤乡建镇等行政手段的推动,效果更为显著。经过90年代的大开发、大建设,全市城乡面貌发生了巨大变化,一个"城市更像城市,农村更像农村",既能促进经济社会发展又能满足人民生活需要,既有江南

---

[1] 袁雪洪、王芬兰、徐国平:《民营经济加快盛泽丝绸产业集聚,绸都实现织造无梭化》,《苏州日报》,2000年12月18日。

水乡和古城古镇风貌又有时代气息的现代化城镇群展现在了世人的面前。由此,苏州城市化水平严重滞后于工业化发展的局面在90年代得到逐步扭转。2000年,全市城镇户籍人口达到246.34万人,比90年代初增加了100万人之多,城镇户籍人口占总人口的比重达42.61%,比1992年提高了16.25个百分点,比全省平均水平高出1.1个百分点,比全国平均水平高出6.1个百分点;如按实际居住在城镇的人口统计,全市的城市化率则超过50%;全市的城市(苏州市区及6个县市城关镇)建成区面积扩大到210.43平方公里,为80年代初51.5平方公里的4倍多,占到全省城市建成区总面积的15.23%。[1]

一、城乡一体基础设施建设大力推进

90年代苏州城乡的现代化建设首先从大规模的基础设施建设开始,并按照"规划先行、城乡一体、适度超前、配套完善"的方针有序推进。除了前文所述基本形成了一个现代化大交通格局和现代邮电通信网络这两方面外,还充分展现在以下三个方面。

1. 构筑现代化大电网

90年代,全市各级政府和电力建设部门抓住全市经济高速发展和国家兴建常熟电厂的有利时机,加快电网建设。"八五"期间,总装机容量为240万千瓦的常熟发电厂一期工程计划建成120万千瓦,总投资29.2亿元,其中苏州市出资25%,成为苏州在单个项目上投入最大的项目;同时苏州还每年投入1亿—2亿元,建设与常熟电厂配套的十大输变电工程项目,至1995年底全部竣工投运时,全市共新增220千伏输电线路491公里,拥有220千伏变电站16座、110千伏变电站34座、35千伏变电站89座,35千伏以上变电总容量达648.89万千伏安;年社会用电量99.85亿千瓦时(度),比1991年增长73%,连续3年居全省第一;最高日用电负荷达144.6万千瓦。农村电气化建设长足发展,1995年农村用电量达44.77亿千瓦时,其中乡镇工业用电量25.41亿千瓦时,农民生活用电量5.25亿千瓦时,农村年人均用电量1090千瓦时,下辖6个县市中除吴县外均实现了农村电气化、用电标准化达标。[2]"九五"期间全市城乡电业建设继续大力推进。电厂建设上,1997年望亭发电厂拥有4台30万千瓦发电机组,跻身华东电网的主力电厂行列;1998年张家港市华宇电厂2号机组建成投产,总装机

---

[1] 孟焕民、陈楚九:《第二次突破——苏州开发区建设实证研究》,人民出版社2002年,第53、54页;贾轸、唐文起:《江苏通史·中华人民共和国卷(1978—2000)》,凤凰出版社2012年,第309、310页。

[2] 刘克明、吴剑蓉:《我市已构成现代化大电网》,《苏州日报》,1994年10月5日。

容量达25万千瓦,成为苏州市域内最大的地方电厂;1999年苏州工业园区华能电厂30万千瓦1号机组建成投产。1998年苏州被列为全国第一批电网建设和改造工程的20个试点城市之一,在之后的两年多时间里全市共完成建设和改造投入14.17亿元。主网方面,建设了自动化水平在国内领先、容量为全国之最的石牌、车坊2个500千伏和8个220千伏输变电工程。[1]城网方面,开展城市居民一户一表改造工程和集中抄表系统建设,实施"八路三片"城市架空供电线路地埋电缆改造工程,为城市提供了更安全可靠的供电环境,促进了古城风貌的保护。农网方面,完成20项35—110千伏输变电工程;张家港双山岛建成过江输电线路,实现苏州乡乡通电;实施村级电网改造,在全省率先实施城乡居民生活用电同价。至2000年,全市具备了国内一流先进城乡电网的条件,全社会用电量达190.04亿千瓦时,其中工业用电153.17亿千瓦时、城乡居民生活用电17亿千瓦时,电网供电最高负荷为308.73万千瓦,比1995年分别增长90.3%、116.5%、86.5%和113.5%。

2. 提升市政公用设施承载能力

1992年起,市政府部署加大投入,力争用两到三年时间使城区基础设施滞后的矛盾有所缓解。一是加快城市道路建设,至1995年末市区共计新建、改建、扩建主次干道250公里,完成大型桥梁10座,新增道路面积335万平方米,实有道路长度469公里、道路面积543万平方米,人均拥有道路面积超过6平方米。主要推进了东环路、阊胥路、桐泾路、干将路"三纵一横"骨干道路的改造和建设;延伸新市路西段和兴建新市桥,辟建南园路和南园大桥,向东延伸竹辉路并修建竹辉桥,增加了沟通古城内外的3个机动车出入通道;延伸修建金门路,增加河东新区北部通道,并成为连接苏州新区的第二通道;修筑南环西路和西环路,开工建设北环路,基本形成了古城外围环路。二是抓紧建设供水供气工程。先后完成了白洋湾水厂和横山水厂二期扩建工程,"八五"末与"七五"末相比,日供水能力由42.5万吨增加到60.5万吨,居民用水普及率由81.2%提高到99%;建成苏钢厂二期煤气供气工程,日供气能力达28万立方米,新铺设煤气管道240余公里,建设2 000立方米液化气储罐场,扩展了灌装液化气用户,实施管道液化气输送工程,部分新村居民首先使用上了管道液化气,使得市区的气化率比"七五"末提高了17个百分点,近80%的居民生活告别了煤炉。三是提高污水和垃圾处理能力。城西污水处理厂1993年完成二期扩建,城东污水处理厂

---

[1] 储永声:《国内最大的变压器运抵苏州》,《苏州日报》,2000年12月9日。

1994年起扩建,污水日处理能力提高到7.75万吨;建成可用15年的七子山垃圾填埋场,改造了18座集装箱式垃圾中转站,使生活垃圾无害化处理率达100%;建成日处理能力250吨的粪便处置场,改造300多座公共厕所,改善了城市环境卫生状况。

"九五"期间苏州在"东园西区"新城区开发建设大规模、高标准展开的同时,老城区投入的各项改造、更新建设资金就达80亿元左右,使各项市政公用设施的承载能力有了较大提升。[1]道路方面,2000年末市区实有道路长度达736公里、道路面积972万平方米,分别比1995年末增加267公里、429万平方米,人均道路面积增至10.5平方米。供水方面,吴中区红庄水厂一期7.5万吨、工业园区水厂一期15万吨、高新区新宁水厂30万吨项目先后建成供水,使市区自来水日供水能力提高至106万吨。供气方面,主要是加快发展管道液化气,2000年煤气供气总量6 827万立方米,液化供气总量达6.77万吨,市区居民家庭气化率达98.5%。污水处理方面,高新区日处理2万吨、工业园区日处理10万吨、吴县城区日处理1万吨的污水处理厂先后投运,2000年市区生活污水日处理能力达到21.25万吨,处理率提高到64.91%。[2]

3. 提高水利设施服务和保障能力

1996年8月1日长江大潮、台风和洪水相遇,出现了超历史的长江高潮位,苏州沿江各地险象环生。"8·1"大潮后省委、省政府部署沿江各地用三年时间实现长江堤防全面达标,张家港、常熟、太仓先后展开实施。[3]1997年8月18日,12级风力的11号强台风、7.6米的天文大潮(超出历史最高潮位0.38米)、暴雨同时袭击沿江各地(俗称"三兄弟碰头"),沿江共有18处江堤决口、13个外围圩破圩,全市直接经济损失4.65亿元。这之后,市委、市政府提出长江堤防整治三年任务两年完成,由此一场声势浩大的长江堤防达标工程建设在沿江三市142.8公里的主江堤、59.88公里的闸外港堤和15.6公里的双山沙洲堤上全面展开,到1999年底累计完成投资4.91亿元,完成护岸工程9.73公里、挡浪墙74.9公里、护坡工程165公里、大中型闸8座、防汛公路137公里,一大批险工险段得到解除,长江堤防抵御风暴潮和洪水的能力显著增强。

---

[1] 徐蕴海、董慈华:《苏州经济社会发展七年回眸之四·基础设施篇》,《苏州日报》,2001年8月23日。

[2] 徐蕴海、董慈华:《苏州经济社会发展七年回眸之四·基础设施篇》,《苏州日报》,2001年8月23日。

[3] 郭根林:《我市水利投入二十年超二十三亿元》,《苏州日报》,1998年12月27日。

1999年夏超历史特大洪涝灾害后,市委、市政府部署实施了为期三年的新一轮水利大建设,以"高筑堤、深挖河、广设防"、加快建设防洪保安体系为主要目标任务。除了继续完成望虞河、太浦河、长江江堤达标工程和加快全市河道疏浚进度外,还主要组织实施了三大工程。[1]一是环太湖大堤加高加固工程。按照达到抗御1999年洪水水位的水平,对原高程为5—5.5米的152公里环太湖大堤全面加高到7米,同时在险要处护砌挡墙66公里;口门全部实施水利建筑设施封堵,完成病险涵闸加固;完成环太湖防汛公路建设。工程总投资市级统筹2.26亿元,到2002年全面完成。[2]二是淀山湖防洪工程。以解除娄江和沪宁铁路以南的淀泖地区水患为目标的这一工程,主要建设圩堤36公里、口门建筑物65座、护堤挡墙36公里,总投资1亿多元,工程完工后可抵御百年一遇的洪涝灾害。[3]三是苏州城区防洪综合治理工程。1999年洪灾后市投资5.85亿元组织实施,主要项目包括构筑防洪驳岸、铺设防洪道路、改造雨水进出口、建设防洪大包围、对汛期受淹居民住宅区进行综合改造等六大方面。2001年工程完成后,城区56平方公里设防范围内的防洪标准达到50年一遇,河道两侧岸线全面达到5.0米(吴淞高程)的设防标准,113座排涝泵站的总排涝流量提升至每秒150立方米,皇亭街、冰厂街等5 600余户低洼区居民摆脱了水淹之苦。[4]

二、古城保护更新与中心城市建设有序推进

1992年起,苏州市委、市政府对加快苏州中心城市的建设做出了全面部署,确定了古城新区大布局和从两个方面、分三步实施的计划。1994年苏州工业园区开发建设后,市区按照"古城居中,东园西区,一体两翼"的整体规划,进一步拉开开发建设新城区的架势,使两个具有时代气息的新城区迅速崛起在东西两侧,同时组织实施了旧城整治更新的一系列重大工程项目,使古城的各项建设与时俱进,焕发出了新的生机和活力,并彰显出特殊的魅力,走出了一条"全面保护古城"与"开发建设新区"并驾齐驱、相得益彰的成功之路。苏州古城保护与更新项目2001年获建设部首届"中国人居环境范例奖",2002年获联合国人居中

---

[1] 沈炳荣:《市委市政府召开全市水利工作会议要求:加快建设防洪保安体系》,《苏州日报》,1999年11月7日。
[2] 袁雪洪:《市环太湖大堤除险加固工程建设会议要求:把环太湖大堤建设作为重中之重》,《苏州日报》,1999年12月16日。
[3] 高坡、祁学才:《淀山湖防洪工程纪事》,《苏州日报》,2000年5月24日。
[4] 黄新炎:《城区防洪综合治理工程正式启动》,《苏州日报》,1999年11月23日。

心"迪拜国际改善居住环境最佳范例奖"。随着城市开发建设的大规模推进,苏州市区的区域面积由 119.12 平方公里(1988 年数)扩大至 2000 年的 392.3 平方公里;建成区面积 1995 年扩展至 68 平方公里,2000 年又扩展至 86.5 平方公里,9 年间猛增了 37.3 平方公里;市区城市户籍人口 2000 年末达 85 万人左右,比 90 年代初增加 15 万人左右。2000 年 7 月,省确定苏州为全省 4 个特大城市之一。[1]

1. 干将路建设工程

作为饮誉中外的历史文化名城,苏州是全国唯一由国务院确定的"全面保护古城风貌"的城市。因此,尽管随着经济发展和社会进步,清末民初遗留下来的道路格局已不能适应现代城市的要求,但为了全面保护古城风貌,历届市委、市政府都采取慎之又慎的态度,在历史与现实的夹缝中艰难地探索前行。进入 90 年代,苏州城区尤其是古城区,道路交通、市政公用等基础设施陈旧老化等矛盾日益突出。贯穿 14.2 平方公里古城的道路除一条南北向的人民路外,东西向贯通的没有一条,城区道路人均只有 2.6 平方米,远低于国家标准;密如蛛网的小街巷使各项基础设施工程无法施行,大量危旧残破的房舍给百姓带来的是日趋恶化的生活环境。苏州古城的出路何在,已成为放在人们面前的一个迫在眉睫的课题。[2]对此,市委、市政府有着充分而清醒的认识:这与苏州城市的性质、地位、作用很不相称,已经对经济发展带来一定影响,已经削弱了苏州城市的中心地位和服务功能,制约着市区居民生活质量的改善。[3]

1992 年 6 月,市委、市政府决策大规模推进市区的城市建设和古城更新改造。为了找准切入点,选准突破口,市委、市政府广纳众议,反复考察论证,认为:在当前城市建设任务繁重紧迫的情况下,集中力量规划建设好干将路,不仅可以使其成为城市路网骨架和东西向交通主干道,而且可以成为基础设施管线进入旧城中心区的主要通道,成为城市建设轴线、繁荣的商业街道和靓丽的城市景观道,对于促进旧城基础设施现代化、发展城区第三产业、提高中心城市综合服务功能都具有十分重要的作用,在建设效益上也能产生事半功倍的作用。总之,不论是从地理位置还是城市整体布局衡量,不论是着

---

[1] 贾轼、唐文起:《江苏通史·中华人民共和国卷(1978—2000)》,凤凰出版社 2012 年,第 313 页。
[2] 冯立、夕春:《连接历史与未来的通衢——写在干将路竣工通车之时》,《苏州日报》,1994 年 9 月 28 日。
[3] 《沈长全同志在干将路工程建设动员大会上的讲话》,1993 年 4 月 28 日,第 2 页,苏州市档案馆藏,档号 A1—36—267。

眼于解决当前突出矛盾还是考虑将来长远发展,打通建设干将路是最理想的选择。[1]

为了科学地搞好干将路工程建设,市委、市政府在提出初步方案后,先后向有关方面做了六轮汇报,广泛听取意见和建议,不断修改和完善方案,最后上报建设部。建设部领导意识到苏州古城的建设对国内乃至全世界古城保护、发展的意义,给予了极大的关注,侯捷部长及多位副部长都前来苏州实地考察,并就干将路的规划设计、开发建设、古城风貌和文物保护等工作提出了明确的要求,发表了很多很好的意见和建议。特别是当时主管城市规划工作的两院院士周干峙副部长,一年间专程三下苏州,并邀请东南大学齐康、吴明伟,清华大学朱自煊,同济大学阮仪三、徐循初教授一同前往,就规划方案和各项重点技术问题实地考察、论证、审定,并确定齐康、阮仪三教授任干将路工程的顾问。周干峙第一次来苏听取规划汇报时提出:现在不是研究要不要打通这条道路的问题,而是要研究如何把它做好。苏州的名声太大,这条路位置十分重要,不做则已,要做就要做出世界级金牌,要经得起历史的检验,全世界的检验。他第二次来苏审议规划时特别指出:历史文化名城的保护不是原封不动,也不是改头换面,更不能面目全非,要彰显城市特色和历史传统,也体现时代气息。审议论证中,专家们一致认为建设干将路符合苏州市城市总体规划和城市发展的要求,规划设想在总体上是可行的,同时对规划建设中的一些具体问题也提出了许多真知灼见。如:在干将路与人民路交叉口,苏州方面原先准备采用回车转盘形式,专家们认为有碍路面交通流速和景观,决定采用建造下沉式立交的方案;对原先规划在沿线建造5座人行天桥的方案,专家们考虑与古城风貌不协调,基本予以否决,只在古城外保留了1座相门人行天桥;在沿线有待于建设或改造的建筑物应是什么样的风格,专家们对苏州古城中已建成的竹辉饭店、工商银行楼、建筑设计院等建筑的式样十分推崇,概括出"化大为小,化高为低,高低错落,有进有出,色彩淡雅"的20字建造准则。[2]

该工程是一项体现历史与现实衔接、继承与创新交融的宏大建设工程。干将路东起东环路,西至苏浒南路(后改称西环路),全长7.03公里。东环路至相

---

[1]《沈长全同志在干将路工程建设动员大会上的讲话》,1993年4月28日,第2、3页,苏州市档案馆藏,档号A1—36—267。

[2] 冯立、国明、夕春:《功载千秋利在人民——来自干将路建设工程的报告(上)》,《苏州日报》,1993年1月5日;冯立、夕春:《连接历史与未来的通衢——写在干将路竣工通车之时》,《苏州日报》,1994年9月28日。

门桥的东段长0.71公里,路幅宽40米;古城中的中段长3.11公里,以原干将坊、铁瓶巷、镇抚司前、通和坊为基础,路幅拓宽至50米,采用"两路夹一河"的传统手法,中间10米为河道和绿化带、建筑小品;干将桥至西环路的西段长2.97公里;两边跨越护城河处重建相门大桥和新建干将桥。

1992年7月,古城外东、西两端的道路工程先后启动;8月,开始实施14个动迁住宅小区建设,共计201幢、47.4万平方米;10月底,拆迁工程展开实施;1993年1月,干将桥和相门大桥同时开工;[1]4月,整个工程全面、紧张展开。经过数千名各路建设大军的艰苦拼搏,同时依靠广大拆迁户和单位的支持、配合甚至包括一定的利益牺牲,1994年9月28日,干将路竣工通车,比原计划提前了整整一年。干将路道路工程实际总投资10亿元,为中华人民共和国成立后苏州工程量、投资量最大的建设项目。完成的总工程量为:总面积达36.2万平方米的道路建设,1座下沉式立交桥,2座跨护城河大桥,27座中小桥梁;整治古城区3公里河道,砌筑4.96公里驳岸,新建5座河闸,改建1座河闸,建成1座多功能河道泵站;埋设污水管12.1公里、雨水(合流)管21.5公里、污水倒虹吸管11条,建污水泵站1座,埋设供电线管7.5公里、邮电线管12.6公里、煤气管道4.2公里、自来水管19.8公里;铺设3万平方米绿地等。1995年干将路古城段市政工程被中国市政工程协会评为"市政工程金杯奖",这是我国市政行业在工程质量方面的最高荣誉奖。

干将路的打通建设,产生了多方面的良好效果。一是形成了东西向的城市中轴线。这条通衢大道把古城、东园、西区联成一体,一直困扰着苏州古城的人口稠密、交通拥挤、空间狭窄的难题得以有效解决,机动车日通行能力近2万辆,车速提高到每小时40公里左右。二是使现代化的基础设施进入了城市中心区。路下9种17条管线以现代化方式铺设,并向道路南北两侧纵深辐射。三是使大批居民居住环境得到明显改善。全线拆除了旧房约30万平方米,新建了住宅56万平方米,动迁安置了8 000多户居民,约2.5万人的人均居住面积从7.2平方米提高到10.3平方米,户均居住面积从38.9平方米增加到61.7平方米,而且住上了独立成套、配套设施齐全的新村小区。四是大大改善了市容市貌。古城段河道得到彻底整治,河宽从原来1—4米拓宽至6—10米,两侧埋设的污水截污管改变了原先污水直接排入河道的状况,重新砌筑的驳岸、河道两侧的绿地和

---

[1]《沈长全同志在干将路工程建设动员大会上的讲话》,1993年4月28日,第4、5页,苏州市档案馆藏,档号A1—36—267。

建筑小品美化整洁了城市。五是促进了古城区产业结构的调整优化。一些污染严重的企业得到了搬迁和治理,净化了古城区的环境;两侧统一规划开发的地块从原来的居住用地转化为第三产业用地,大大提高了城市土地的使用价值,为发展城区经济提供了空间和载体。总之,打通一条干将路,使古城保护从被动走向主动,从落后走向进步,走活了苏州城市建设一盘棋。[1]

干将路竣工通车后,古城中段干将河两侧辟设的绿化带建设随即展开,建起了20多个建筑小景、绿化小品;在宫巷口临河建造了高达9米的"勾吴神冶"牌楼和"干将""濂溪"石坊各1座,昭示了苏州悠久的历史文化。沿路两侧18万多平方米、57个地块的开发建设也相继展开。一年后,其中10个地块4万平方米的建筑先后完成,32个地块近3万平方米的项目陆续开工,15个地块已在设计,逐步建成具有建筑景观、商贸服务、旅游娱乐等多功能的繁华街道。[2]

在具有2500多年历史文化积淀的苏州古城中进行如此大规模的改造建设,就如同"在太岁头上动土"。它将无情地拆除古城内27万平方米的旧房屋,消灭十多条老街古巷,这会不会影响古城风貌?其中有多处古建筑和大量文物古迹,会不会因此损毁或消失?对此,从本市的普通民众到身处外地的热心人士、专家学者都深表关切。也正因为此,在众多人的心目中,干将路工程成为"喜忧参半"的事。有鉴于此,苏州的领导和规划、建设、文物保护部门未雨绸缪,从酝酿干将路工程开始就高度重视这一问题,把既保护古城风貌又加快城市现代化进程作为一个重大课题,进行反复研究、深入探讨、积极探索,并在国内专家顾问的指导下,拟定了科学、周密、切实的保护规划和具体实施方案,尽最大可能和一切努力,尽量不破坏或少影响古城风貌,妥善保护和利用好所涉及的文物古迹古建。在总体规划上,为了承继苏州古城路河并行、河街相邻的传统风格,最终在古城段形成了"两路夹一河"的方案,依据原来河道的位置加以改造、移位、整治,重新砌筑石驳岸,建造各种形式的河埠踏级,并在河上保留、移建了多座造型各异的古桥,新建了多座单孔拱形桥。在路两侧动迁地块中,决定留存6处具有较高历史文化价值的古建筑,即元和县学大成殿、孝友堂张宅、过云楼顾宅、铁瓶巷任宅、小曹家巷孙岳颁故居、让王庙。在具体实施过程中,分别不同情况,及时做出妥善处理。第一种是必须涉及的文物古建,尽量少动少毁。如位于乐桥西

---

[1] 冯立、夕春:《连接历史与未来的通衢——写在干将路竣工通车之时》,《苏州日报》,1994年9月28日;金洁、陶宏:《市区"八五"期间城市建设取得显著成就》,《苏州日报》,1995年10月29日;国明:《干将路工程获国家级市政工程金杯奖》,《苏州日报》,1996年1月26日。

[2] 国明:《干将路建成使用一年成效显著》,《苏州日报》,1995年10月13日。

块的市级文物保护单位过云楼顾宅,只拆除了处于路幅之内的正路门厅,在深埋污水管道时为确保古建不受损伤,指挥部果断决定采用钢板垂直打桩,为此多支出了七八十万元,随后按原样全面复原修缮了东路的"过云楼"和花厅"艮庵"等。第二种是万不得已只能拆除的具有一定建筑艺术价值的古建筑,采用另择他处整体移建的方法,不使它们灭失。如大太平巷22号的黄宅西大厅和花厅,干将路128号的王宅明代大厅,嘉余坊6号的雷宅后进古建筑,嘉余坊13号刘宅的清砖雕门楼,官太尉26号民居内的晚清花篮厅,临顿路6、7、8号的民初民居建筑等。第三种是在施工中遇到涉及文保古建的问题及时妥善处理,甚至不惜调整规划设计方案。如在乐桥立交桥回车道施工中,西北方向的原定从怡园里到庆元坊路段,指挥部实地踏勘后发现,怡园里拓宽势必要拆动顾宅及其西边相邻的任宅这两处市级文保单位,而且触及怡园,经再三研究决定将此回车道北移100米至嘉余坊,拆迁量、工程量虽大大增加,然而一园二宅保了下来。[1]

2. 古城区旧街坊成片改造

苏州古城历经2 500多年沧桑变迁,仍然保持着小桥流水人家的小巷风貌以及粉墙黛瓦、层高和体量小巧的传统建筑艺术特色。但进入90年代,古城区尤其是在居民聚集的旧街坊,拥挤、破旧、污染、堵塞加上生活设施不配套,日益成为一个严重的社会民生问题。以1995年被列为首批改造的3个旧街坊为例,其共同面临的问题是:房屋破旧,危旧房占70%;住房拥挤,户均建筑面积仅43平方米;住房成套率低,仅为10%,绝大部分居民家中没有厨卫设施,使用水桶、浴桶、马桶、煤炉等"三桶一炉";居住环境差,建筑密度高,活动空间小,住房采光、通风不足;基础设施薄弱,道路、绿化面积不足,供水、排水、煤气等条件极差,有的连自来水都难以入户。[2]对此,市委、市政府负责同志深感忧虑,深切认识到:"苏州古城毕竟不是一件历史文物,这里有几十万人在生活、工作,不可能也不应该把它凝固起来,当成一座博物馆";并对各级干部提出:"在经济比较发达的苏州市,在被称为人间天堂的地方,还有那么多的群众生活在这样的条件下,我们能心安理得吗?对人民群众的困难,我们各级领导干部应该感到寝食不安。"[3]

为寻求"全面保护古城风貌"与发展经济、改善民生、进行现代化建设之间有

---

[1] 朱红:《护宝》,《苏州日报》,1994年8月20日。

[2] 苏州市人民政府批转市建委《苏州市古城区街坊解危安居工程实施方案》,1995年10月31日,第2页,苏州市档案馆藏,档号C16—13—210。

[3] 《杨晓堂同志在古城区街坊解危安居工程动员大会上的讲话》,1995年11月13日,第2页,苏州市档案馆藏,档号A1—36—496。

机结合、协同前进的最佳途径和有效办法,1992年起,市委、市政府决定在前几年进行的古城区旧民居"点"的改造试验基础上,组织较大范围的"线"与"面"的综合改造试点。"面"的试点主要选择在12号街坊中的桐芳巷小区进行,这也成为建设部在全国范围内选定的第一个开展古城保护的试点项目。该小区占地3.82公顷,总建筑面积4.5万平方米,经过综合改造,建造了4.5万平方米以2至3层为主、局部4层的住宅和商用建筑,保持了苏州传统风貌和民居特色,大大降低了建筑密度,并配套完善了市政公用基础设施,美化了整体环境,松动了古城人口,一部分居民外迁,400多户居民回迁,住房条件均得到很大改善。[1]"线"的综合改造试点选择了地处宾馆旅游区的十全街,历时近三年,对东起葑门桥、西至带城桥弄全长约1 000米的路段沿街两侧房屋进行了全面改造,建造了数万平方米古色古香的门面房,通过招商出售很快形成旅游商品一条街,此地的居民则大多搬迁安置了新村成套住房,居住条件得到改善。

在历经10年点、线、面的探索性实践并初获成功的基础上,1995年10月市委、市政府决策进行以街坊为单位的成片改造,以加快这方面的步伐。根据四次邀请全国知名专家来苏论证时提出的意见与建议,确定工程性质为古城区街坊解危安居工程,按照"重点保护、合理保留、普遍改善、局部改造"的原则进行规划和实施,并要求在设计思想、建筑风格、建材选用、工艺水平、管理方法上都要有新的概念,不把它当作普通的民居来对待,而当作苏州市建筑的标志。[2]

首批实施的是平江区10号街坊、金阊区16号街坊和沧浪区37号街坊,规划总面积59万平方米,原有房屋总面积61.1万平方米,居民7 346户;根据原有建筑的性质、风貌质量和建筑质量,确定保护建筑占5%、保留建筑占35%、拆除改造建筑占50%、需局部改善的建筑占10%;工程预算总投入为86 767万元,产权调换、改善房回收、沿街商业用房销售等共计可回收58 795万元,尚留缺口27 972万元,由市、区两级财政予以弥补。[3]1995年11月工程全面启动,历经三年多的整治、改造、建设,总共拆除了22.7万多平方米危旧建筑,新建了28万多平方米房屋,改造后的总建筑面积达57.76万平方米,比原先增加了5.3万平方米。3个旧街坊以传统风貌与现代气息相互交融的崭新面貌展现在世人面

---

[1] 程国明、何国富:《桐芳巷试点小区改造工程开工》,《苏州日报》,1992年11月11日。
[2] 《杨晓堂同志在古城区街坊解危安居工程动员大会上的讲话》,1995年11月13日,第3—5页,苏州市档案馆藏,档号A1—36—496。
[3] 苏州市人民政府批转市建委《苏州市古城区街坊解危安居工程实施方案》,1995年10月31日,第1—4页,第10页,苏州市档案馆藏,档号C16—13—210。

前,受到广大民众的欢迎,也得到了各级领导和国内专家的高度评价。其成果主要反映在以下四个方面:一是较大改善了居民生活条件。共有 4 639 户居民搬迁了新居,户均住房面积增加到 61 平方米,人均居住建筑面积由 15.4 平方米提高到 25.1 平方米,且达到了合理分室和住宅成套的基本要求。市政公用设施配套完善,8 根管子一次性铺设到位,居民们从此甩掉了"三桶一炉",用上了现代化的煤卫设施。外部居住环境也大为改善,规划建设了公共绿地和绿化小区,绿化覆盖率由原来的 7% 上升到 26%,组团小区与外界的出入通道拓宽,交通出行通畅了许多;街坊内形成了比较配套的商业网点,规划建设了配套小学、幼儿园、健身活动场所、居委会和老年活动中心等社会服务设施。整个工程真正实现了政府提出的"解危安居"的初衷。二是切实保护了古城风貌。3 个街坊改造中都在维持路河平行的双棋盘格局下,注重保护干线、街巷、河道的"三张皮",基本保留了原来河道、街巷的名称、走向以及空间尺度;两边的建筑充分考虑与古城总体风貌吻合,对保留改善建筑进行"穿衣戴帽"式的包装,增加小青瓦、马头墙,新建的居民住宅均为 3—4 层,错落有致,充分体现了苏州民居低层次、坡屋顶、粉墙黛瓦、小桥流水人家的特色;4 处文保单位、18 处控保建筑、187 处列入保留改善建筑,以及一批体现传统风物的古树名木、古井古桥、驳岸河埠等,不仅无一受损,而且通过保护、抢救和修缮更显出熠熠光彩,在工程实施中还发现和挖掘出了一些以往未知的古迹古建,充实了古城的历史文化内涵,如 10 号街坊中的白塔西路 84 号、86 号明清民居建筑群,37 号街坊的清代文人袁学澜故居等。三是有效缓解了古城区人口压力。3 个街坊改造后共疏散外迁居民约 2 500 户、近 9 000 人,加上此前实施的干将路等工程,至 1998 年底苏州古城区人口已减少到 28 万人,比 1986 年减少了 8 万人,为实现国务院批复确定的到 2000 年减少为 25 万人左右的目标创造了条件、提供了可能。四是加快了古城区用地结构的调整。工程的实施,使 130 多家不适宜办在古城区的工厂搬到了新区、园区或关闭歇业,古城区的用地结构大幅调整,土地得到了合理利用,符合城市规划的商业、文教等行业得到了扩展机遇。[1]

在首批 3 个街坊改造基本完成之时,1997 年 5 月起古城第二批 7 个街坊改造同时启动。即 11 号、12 号、17 号、33 号、36 号、39 号(包括 40 号、45 号街坊局部)和 43 号街坊,7 个街坊合计占地 1 平方公里多,有住户 1.8 万余户,有 50%

---

[1] 文洪:《白发苏州展红颜——来自街坊改造工地的现场报道》,《苏州日报》,1997 年 1 月 10 日;常文、楚九:《鹤发童颜家乡美——苏州古城街坊工程扫描录》,《苏州日报》,1999 年 8 月 27 日。

的房屋需改造重建。第二批与第一批相比,工程规划实施中有三个方面的调整:一是在实施步骤上,采用"先剥皮后掏瓤"的方式,先行在沿街、沿河处启动,再由表及里,以有利于资金回收,减少运作上的困难,同时也适应正在开展的创建国家卫生城市的需要,以尽快改善市容市貌;二是在安置政策上,将动迁安置与正在推进的住房制度改革结合起来,鼓励拆迁户购买新建住房,合理提高古城内安置的有关收费标准,使回迁比例下降到了30%,加大了古城人口疏散力度;三是在规划设计上,根据居民生活水平提高的需求,增加汽车停车场和停车位,注重房屋外形的变化和美观,打破传统的房间开间尺寸,改进房屋套型设计。第二批改造工程一年半基本完成。[1]

之后三年中古城区又有一批街坊展开成片改造。1997年9月,同属老城区的古城外南浩街北段解危安居工程开始动迁,工程规划总面积6.2公顷,共计动迁了1 050户居民和70户工商企业,改造后建筑用地仅占36.7%,道路、广场面积占27.5%,绿化面积占到了35%,重建了1 200间商业用房和360套住宅房,并从阊门内下塘移建了具有千年历史的神仙庙,在古城河畔形成了一个极具传统风貌的集购物、旅游、餐饮、休闲于一体的新街区,苏州市民每年农历四月十四的"轧神仙"庙会从此移至该处举行。[2]至2001年年中,古城区54个街坊中,已完成改造16个,正在进行改造的12个,有3万多户、10万左右居民改善了居住条件,享受到了现代生活文明,为此政府为每户平均花费12万元之多。[3]

1992年6月起,市区还分期分批实施了老城区低洼地和无地队综合改造。到1998年,先后改造了南河沿、东虹桥、东巴里、邱家桥等30多处低洼地,成片拆除重建了数十万平方米房屋,1999年大水灾后又在一两年内集中改造了20多处、共计3 000余户,使低洼地居民不仅彻底解除了遭受洪涝灾害的后顾之忧,而且都住上了成套新公寓房。城中村改造首先结合苏州河东新区开发建设从虹桥村、三香村等开始,然后向古城四边拓展,到1998年累计97个城中村农民拥有了与城市居民同样的居住环境。

3. 观前地区整治更新工程

始建于1863年的观前街,是一片广汇商贸、旅游、文化之精华的热土,也是苏州古城的中心和窗口。但随着岁月的流逝和社会经济环境的变迁,90年代中

---

[1] 程国明:《古城第二批7大街坊改造在即》,《苏州日报》,1997年7月29日。
[2] 文标:《南浩街解危安居改造工程昨奠基》,《苏州日报》,1998年4月23日。
[3] 徐蕴海、董慈华:《苏州经济社会发展七年回眸之四·基础设施篇》,《苏州日报》,2001年8月23日;新华日报赴苏州特派记者组:《人居的天堂,创业的天堂》,《苏州日报》,2001年4月26日。

期起该地区交织存在的结构性衰退、功能性衰弱和物质性老化等矛盾日趋明显，主要表现在：历史积淀的商贸旅游和传统文化资源未得到很好开发利用；空间布局混杂，商业布局不尽合理，整个商区300多个门店中各类传统特色店仅存20余家，经营场所愈见狭小寒碜，且经营层次和特色不断退化；基础设施薄弱，交通混杂，停车矛盾突出；部分商业用房和居民住房质量较差，破旧危房相间。这些问题集中到一点，反映为观前地区的商气、人气日益下降，日均人流量已由10年前的15万余人次下降到8万人次左右，曾经作为城区市民购物必选之地和休闲娱乐首选之地的地位经受严峻挑战。市委、市政府认为，这些问题的存在，不仅影响观前地区自身今后的发展，而且影响在业已确定的"东园西区、古城居中、一体两翼"的城市格局中古城中心区作用的发挥，影响苏州商贸旅游业的发展。因此，以"振兴观前"为主旨的观前地区综合整治与改造更新不仅势在必行，而且迫在眉睫。

对观前地区实施大规模、综合性整治更新，好比在古城的心脏地带实施一次高难度的大手术。为了搞好这项工程，经过四轮的方案设计和修改完善，1998年底市委、市政府正式制订《观前地区整治更新规划设计方案》，确定了工程的指导思想：弘扬传统文化，优化商业布局，发展旅游经济，完善基础设施，提高环境质量，把观前地区逐步建成具有浓郁地方特色的融商业、文化、旅游于一体的市区购物、餐饮、休闲和旅游中心，实现社会效益、经济效益的统一，促进观前地区的全面繁荣。[1]工程规划范围为：东起临顿路，西至人民路，南临干将路，北靠旧学前、因果巷，规划总占地52.37公顷。工程功能定位是：以玄妙观为核心，以观前街、宫巷为轴线，形成7个功能区和若干条特色街的布局结构。工程的主要内容包括以下几个方面：改造城市基础设施，合理组织交通，保护和发掘历史传统文化，整治与传统风貌不相适应的环境、建筑和设施，改造危旧住房，优化商业布局。用地调整的原则是：增加商业服务用地（由原占23.43%增加到42.91%）、道路广场用地（由占12.96%增加到17.49%，另新增停车场用地占4.74%）、绿化休闲用地（由占0.21%增加到3.61%），适当减少居住用地（由占25.84%减少到18.65%），原占1.79%的工业用地全部调整取消。实施总体要求和步骤是：遵循"统一规划，分期实施，全面整治，局部改造"的原则，分三期进行，到2001年年底全面完工，把该项工程建成一流的精品工程

---

[1] 夕春、文标：《市委市政府正式批准观前地区整治更新规划方案和实施意见》，《苏州日报》，1998年12月17日；常新、尹剑峰：《"黄金地段"因何失色——"观前经济"思考录（上）》，《苏州日报》，1998年10月13日。

和形象工程。[1]

1998年12月30日,这项古城区最大的综合整治项目全面启动。一期工程1999年1—9月实施,主要围绕一线(观前街)两片(玄妙观和北局小公园)进行,总投资3.3亿元,共搬迁88家店面、43户个体商店、1098户个体摊位、509户居民和众多企事业单位,共拆除各类房屋4.62万平方米,其中单位房2.89万平方米、民宅1.73万平方米;[2]主要建设项目有:新建建筑43座、建筑面积7.1万平方米,整治观前街建筑55座,打通小公园至观前街通道(又称第七通道),开通豫园商城东、西两侧至碧凤坊通道,拓宽两侧小巷和醋坊桥,翻建、铺装道路、广场面积4万平方米,建成玄妙观广场、小公园广场和观前街节点广场等8个广场,修缮和重建玄妙观部分殿阁和景点,改造水、电、气、通信、电视、路灯等8种基础管线系统,并全部埋入地下。1999年9月24日,整治更新后的新观前街开街。二期工程2000年3月至2001年1月实施。主要是将改造区向南拓展逐步"做方",充实餐饮、文化、娱乐、旅游等功能,总投资3.1亿元,主要建设项目有:拓宽宫巷路面,开发建设宫巷两侧地块,新建商业和文化娱乐用房,建设新艺文化广场,扩建苏州光裕公所,建设碧凤坊美食街,建设临顿河西侧落瓜桥下塘家居式旅馆,建造碧凤坊广场和地下停车场,改造由巷民居,移建控保建筑。三期工程2001年6月至2002年8月实施,计划总投资2.5亿元左右。主要项目有:打通北局弄、颜家巷、阔巷,综合整治吉由巷、大井巷、塔倪巷等9条街巷,实施民居改善,建造8000平方米的观前公园,配套建地下停车场,北局弄、观前公园一带建文化、商业用房。

观前地区整治更新工程使百年观前在优化布局、完善设施、提高品质、强化特色等方面都取得了预定的成效,苏州市民把该项工程评选为"建国50年来苏州人心目中的20件大事"之一,并列为近16年来苏州市区"十大民心工程"的榜首。该工程的成功之处概括为一点,就是城市中心区的商贸、旅游、文化功能凸现,实现了世纪跨越。其一,一大批"老字号"擦亮招牌,旧貌换新颜、长大变靓,一些早些年已忍痛离开观前街的品牌店号重新回归,凸现了黄金地带名店、名牌和地方特色产品密集区的功能。其二,开发建设碧凤坊美食街,引进各路餐饮大军,与太监弄一起形成苏州最兴旺的餐饮美食区,实现了让吃吃喝喝带动观前繁荣的初衷。其三,做大做优玄妙观核心景点,增添古街区文化氛围,进一步彰显

---

[1] 文标、夕春:《市委市府召开观前地区整治更新工程动员大会》,《苏州日报》,1998年12月31日;文标、夕春:《观前地区整治更新工程规划设计方案介绍之五》,《苏州日报》,1998年12月19日。

[2] 陈红喜:《观前整治更新工程大搬迁纪事》,《苏州日报》,1999年3月21日。

古城魅力。玄妙观这一江南著名道观、全国重点文物保护单位,此次工程中对尚存的正山门和4座殿宇全面修缮,移建、复建了6座殿宇,拆除了正山门两侧的2幢与整体风貌不协调的现代商业楼,迁移了观内广场中原有的小商品市场和各类个体摊位,还在正山门前拓建了广场、建竖了石牌楼,延伸了中轴线景观,将三清殿台基四周地面下降,使得整个玄妙观扩大了视觉空间和层次,基本恢复了鼎盛时期的历史原貌。其四,完善了路网系统,辟建了大量停车场,方便了购物休闲旅游。二期工程完成后观前地区的日平均人流量已由整治前的8万多人次增加到12万人次左右,节假日高峰甚至超过了35万多人次;人流结构中,市民与外地游客的比例则由改造前的17∶3变为2∶1;区内各大商场的销售额平均增长25%左右,一些"老字号"的增幅更是高达50%至70%。观前黄金街提高了"含金量",吸聚力大大增强,在观前二期招商总共成交面积1.1万平方米中,外地投资置业者占到60%,观前地区的旺铺租金纪录不断被打破,甚至出现了125个客户争租1个店面的热烈场面。[1]

4. 城区各项现代化建设大举开展

90年代,苏州城区着力加强了城市公共建筑、大型新村住宅小区、城市公园和公共绿地广场、城市亮化美化工程等方面的建设力度,使千年古城跟上时代发展的步伐,在浓郁的传统古韵中散发出现代化的气息。

众多高层建筑拔地而起。苏州城区直到20世纪80年代中期最高的建筑还是老祖宗留下来的74米高的北寺塔。80年代末94.7米高的雅都大酒店刷新了历史纪录。进入90年代,高层建筑开始如雨后春笋般在古城外围拔地而起,高度纪录也不断被刷新。1993年,苏州首幢超百米的市邮电通讯指挥大楼和首幢超200米的苏州国际商城(今为香格里拉酒店)相继开建,后者的高度当时名列全省之冠。至1996年9月底,市区已建成和在建的百米以上高楼还有石路华银大厦、名人广场、新区管委会大楼、金狮大厦、伊莎中心等5座。[2]"九五"时期,苏州商品交易所在城区兴建高度为174.5米的恒河大厦[3],苏州工业园区先后建起了海关大楼、国际大厦、华新信息大厦、建园商务大厦、阳光公寓等一批高层

---

〔1〕 王文标、尹剑峰、徐蕴海:《面向新世纪的成功实践——写在新观前开街一周年之际》,《苏州日报》,2000年9月23日;王东来、徐蕴海:《新观前美景如画》,《苏州日报》,2001年2月10日;尹剑峰、徐蕴海:《新观前的世纪跨越——苏州凸现城市中心区功能的成功实践》,《苏州日报》,2001年5月8日。

〔2〕《为苏州高楼排座次》,《苏州日报》,1996年10月1日。

〔3〕 施晓平:《苏州第一高楼只领风骚三五年》,《城市商报》,2009年8月16日。

建筑,或稳重气派,或新颖活泼。[1]在21世纪到来之际,一向被称为"小家碧玉"的苏州城开始长高、长大了,一向以古朴为特色的苏州城开始洋溢出青春活力。

一批大型公共设施建成投用。1993年苏州革命博物馆开馆,1994年苏州市妇女儿童活动中心建成,1997年苏州市人民大会堂(又称"苏州市会议中心")、苏州市行政中心建成投用。1999年苏州市图书馆新馆开工建设,系利用腾空的原市人大、市政府办公场所的地块建造,总建筑面积2.5万平方米,为公园路老馆的近6倍,成为国家一级公共图书馆。1997年苏州市体育中心开工建设,总建筑面积10.9万平方米,其中西区的体育场区建筑面积2.8万平方米,设看台座位3.5万个;中区的体育馆建筑面积4.3万平方米,设座位6 000个;东区的健身馆建筑面积3.8万平方米,2002年竣工投用,成为一处可以举办国际级赛事的现代化综合性体育中心,也为举办大型文娱表演活动和市民参加健身活动提供了一个理想场所。这些大型公共设施的建成投用,使得苏州的城市功能和区域性中心城市的地位有了较大的提升。

城区绿化美化亮化工程不断推进。尽管苏州"园林之城"闻名遐迩,但苏州古城因其建筑密度大、寸土寸金地而制约着绿化事业的发展,1991年市区绿化覆盖率仅为16.5%、人均公共绿地仅有1.6平方米,离省园林绿化城市规定的标准(城市绿化覆盖率不低于26%,人均公共绿地5平方米)相距甚远。1992年后市委、市政府下决心大搞城市绿化建设,并改变以往只靠"见缝插绿"的做法,大手笔推进大块绿地的营建。1993年占地17万平方米并以绿地为主的运河公园建成,占地500万平方米、森林覆盖率达95%以上的上方山森林公园在苏城西南兴建。1994年起市区形成了以干将路为主轴、环古城为框架、东园西区为两翼的绿化大开发大建设框架,平均每年新增绿地80万平方米,相当于人均每年增加1平方米,先后建成高新区玉山、索山和苏州乐园3个大型绿地公园,工业园区中央公园、湖滨绿地广场,古城区乐桥和凤凰街口各1万平方米左右的绿地广场,还建成了8万平方米的桂花公园和12万平方米的盘门姑苏园绿地景区,两批10个街坊的改造绿地面积全部达到25%以上的规划目标。为提高城市绿化的品位,干将路、桐泾路都按照景观绿化带的标准营建,2000年实施"大树进城"工程,将560棵外地大树移植到苏州城区,提高了绿化的生态效应。经过10年

---

[1] 苏州工业园区地方志编纂委员会:《苏州工业园区志(1994—2005)》,江苏人民出版社2012年,第650页。

持续努力,至2000年苏州市区建成区中的绿化覆盖率猛增到31.1%,人均公共绿地增加到5.47平方米,城市绿化水平跃升至全省先进水平。[1]为提升市容的整洁美观度,2000年对人民路实施历史上最大规模的改造,将尚存的北寺塔前、南门段两处小方石路面改建成沥青路面,将似蛛网林立的杆线全部入地,使这条古城区南北向主通道面貌焕然一新。[2]为实现城市亮化美化,2000年市投资实施了观前街、人民路等三纵三横四地的灯光建设工程,939处(组)各类灯光群使夜晚后的苏城更加流光溢彩。[3]90年代城市雕塑不断增多,在古城、新区、园区的要道口、公园里、广场中、新村小区内频频出现,到2000年共有高新区狮山路滨河路口的《异彩》、苏州乐园广场上的《飞狮》、狮山小区内的《花之问候》、工业园区中央公园口的《合作》、湖滨绿地广场的《圆融》《嬉戏》、古城区南浩街神仙庙广场的《百仙》、劳动公园的《热爱地球》等70多座雕塑作品。[4]

城区居民住宅建设大举推进。90年代,市区组织各方面力量,投入巨量资金,大力加以推进,形成了改革开放以来的第二次住宅建设高潮。"八五"时期市区先后新建和续建了5万平方米以上的大型住宅小区48个,共新增住宅建筑面积351万平方米,相当于1949年至1979年30年间市区竣工住宅面积,实有住宅总面积达到1513万平方米,人均居住面积由1990年的7.6平方米增加到8.4平方米,人均居住4平方米以下的特困户由1990年的2 400余户减少到50户左右。住宅的档次普遍提高,厕所、厨房共用的房型已绝迹,代之以全部独立成套公寓房,客厅、厨房、卫生间面积增大。三元四村实施复式住宅、大开间设计,获建设部城市住宅小区建设试点银牌奖。[5]"九五"时期,市区一方面结合古城区重大改造项目、东园西区开发建设等继续大力推进住宅建设,一方面不断深化住房制度改革,提高居民购买商品房的积极性,再一方面在住宅开发建设中积极满足不同层次消费者的需要,促进住宅建设产业更加兴旺。5年间竣工住宅面积1 567.32万平方米,先后又兴建起了20多个5万平方米以上的大型住宅小区;小区的整体配套建设水平也日益提升,2001年初省首次评定"园林式居住

---

[1] 文标:《古城呼唤绿色》,《苏州日报》,1998年8月17日;高岩:《"大树进城"进什么树》,《苏州日报》,2000年12月20日;徐蕴海、董慈华:《苏州经济社会发展七年回眸之四·基础设施篇》,《苏州日报》,2001年8月23日;徐蕴海:《苏州最早的景观路·桐泾路》,《苏州日报》,2008年4月28日。

[2] 徐蕴海:《人民路将给市民惊喜》,《苏州日报》,2000年10月16日。

[3] 周啸风:《古城今夜绚烂缤纷》,《苏州日报》,2000年12月31日。

[4] 陆天荣:《大型雕塑尽展都市风采》,《苏州日报》,2001年8月16日。

[5] 冯立:《万千广厦平地起》,《苏州日报》,1995年10月1日;金洁、陶宏:《市区"八五"期间城市建设取得显著成就》,《苏州日报》,1995年10月29日。

区",苏州市区采香花园、玉兰新村、10号街坊和园区都市花园、新区何山花园等5个小区名列其中;共销售住宅1 272.55万平方米,几乎均为个人购房。至2000年底,市区居民人均住房使用面积16平方米,名列全省榜首。[1]

5. 国务院批准苏州区划调整和第二轮城市总体规划

为进一步扩大苏州城区的规模,提升中心城市的建设水平,1999年12月31日,国务院批准苏州市郊区更名为虎丘区。翌年9月8日,虎丘区挂牌成立,下辖横塘、虎丘、浒墅关3个镇和白洋湾街道、浒墅关经济开发区。自此,虎丘区将按照城区的标准进行规划、建设和管理。[2]

国务院1986年批复同意的第一轮《苏州市城市总体规划》实施期本应到2000年,但由于规划实施的头十来年间苏州经济社会发展进入了快速发展期,市区的城市建设也日新月异,发展超出了预期。为了更好地发挥规划的引领和指导作用,并着眼于21世纪头十年的发展,苏州市从1994年起着手编制第二轮《苏州市城市总体规划(1996—2010)》(简称"1996年版总规"),1996年底完成送审稿,2000年1月10日国务院批复同意该规划。1996年版总规的主要内容有:城市性质为国家历史文化名城和重要的风景旅游城市、长江三角洲重要的中心城市之一;城市建设与发展的总体目标是:逐步把苏州建设成为经济繁荣、社会文明、布局合理、环境优美,具有江南水乡特色和丰厚历史传统的现代城市,并逐步形成层次分明、规模适度、功能合理、基础设施完善的市域城镇体系;城市规划区确定为2 014.7平方公里,范围包括苏州市区、吴县市行政区、吴江同里、屯村及昆山周庄、锦溪、巴城、正仪、南港等周边乡(镇),城市规划区内实行城乡统一规划管理;城市规模上,城市实际居住人口2000年控制在149万人以内、2010年控制在185万人以内,城市建成区建设用地2005年控制在150平方公里以内、2010年控制在187平方公里以内;城市总体布局采用"分散组团式"的布局形式,划分为中心城区、苏州新区、工业园区、吴县新区、浒墅关5个分区,在保护古城的前提下,形成古城居中、东园(工业园区)西区(苏州新区)、一体两翼,南景(风景区)、北廊(交通走廊),多中心、开敞的城市布局形态,古城内保持传统的"假山假水城中园"和"路河平行双棋盘"格局,古城外在继承传统的基础上创造"真山真水园中城"和"路河相错套棋盘"的格局。1996年版总体规划为苏州在新世纪初的城市建设和发展指明了方向,明确了任务和要求。

---

[1] 邢霄若:《市区居民住房提前小康》,《苏州日报》,2001年5月16日。
[2] 苏州市高新区虎丘区志编纂委员会:《苏州市高新区虎丘区志》,上海社会科学院出版社2012年,第37页。

为贯彻落实国务院批复的新一轮苏州市城市总体规划,在 21 世纪进一步做大做强苏州中心城市,市委、市政府于 2000 年 4 月拟订对市区行政区划进行调整的方案,主要是将吴县纳入苏州市区管辖。2000 年 12 月 31 日,国务院批复同意苏州市行政区划调整方案,即撤销县级吴县市,设立苏州市吴中区、相城区。2001 年 3 月 1 日起,吴中区、相城区正式开始运行。吴中区辖原吴县市南部的 15 个镇,区政府驻长桥镇;相城区辖原吴县市北部的 12 个镇,区政府驻陆慕镇。[1] 这次行政区划调整后,苏州市辖张家港、常熟、太仓、昆山、吴江 5 个县级市和平江、沧浪、金阊、虎丘、吴中、相城 6 个区以及苏州新区、工业园区,市区面积一下扩大到 1 649.72 平方公里,比调整前增加了 1 257.42 平方公里,已接近于 1996 年版苏州市城市总体规划设定的规模,并且拥有了 1 600 多平方公里的太湖水域(不计入市域面积之中)和约 200 平方公里的丘陵山地,苏州市区的城市开发建设由此开始由"运河时代"迈进了"太湖时代";市区的人口突破了 200 万,达到 209.45 万人,占到全市总人口的 36%,其中城市户籍人口突破 100 万,跻身百万级大城市行列;2001 年市区实现国内生产总值占全市的比重达到 35.14%,地市合并以来一直存在的市区小、县域大、中心城市弱的"小马拉大车"局面得到扭转。

三、县域城镇现代化建设和城镇化加速推进

1992 年后,苏州所辖各县(市)和各乡(镇)紧紧抓住改革开放和现代化建设全面加快步伐的历史机遇,以经济技术开发区和乡(镇)工业小区的开发建设、繁荣发展第三产业、老城镇区改造更新等为主要抓手和推动力,依靠加大地方资金投入、利用外资和吸引社会资金、民间资金参与等多种筹资途径,积极组织、大力推进县城和乡镇所在地的城镇化建设,迈入了县域城镇化提速升档的新阶段,转移了大量农村人口,全市新增的 100 万左右城镇人口中 80% 多落户在县域的城镇之中,由此在国家强调严格控制大城市规模的情况下成为吸纳城镇人口的主要"蓄水池",推动苏州的城市化水平进入到一个新阶段。[2]

1. **县级中小城市群的形成和撤县建市的全面实施**

1992 年后,苏州所辖 6 个县(市)都选择在与城关镇老镇区相邻的地区各设

---

[1] 中共苏州市吴中区委宣传部、吴中区档案局:《吴中史话》,古吴轩出版社 2006 年,第 472 页。
[2] 洪银兴、王荣:《改革开放三十年:苏州经验》,古吴轩出版社 2008 年,第 214 页。

立了一个国家级或省级的经济开发区,并把开发区的经济开发与县城镇的城市开发有机结合,使开发区的开发建设成为直接推进县城各项城市化建设全面展开的主要突破口和重要载体,取得了巨大的成效。至2000年,这6个开发区累计投入基础设施建设资金63.9亿元,开发面积达到50.31平方公里,并带动各城关镇的建成区面积由80年代初的平均4.15平方公里迅速扩大到20.65平方公里。适应开发区发展和城关镇做大做强的需要,90年代各县(市)还普遍将临近乡(镇)撤并至城关镇,还适时对老镇区开展大规模的改造更新,使其旧貌换新颜。经过90年代高强度投入、高标准规划建设,一座座经济繁荣、设施完善的新兴中小城市拔地而起,展示在人们面前的是:四通八达的城市交通,精雕细琢的城市景观,繁荣兴旺的商业街区,基本完善的城市基础设施,拔地而起的一座座大型现代化公共设施。[1]至1995年底每个县城都已有十来幢10层以上高楼建竖起来。[2]1998年10月江泽民总书记在昆山视察时称赞"昆山城市很'海派'"。其实,苏州所辖6个县(市)的城关镇的城市现代化建设个个都精彩,个个都有自己的亮点和特色。

随着各县(市)城关镇的城市化进程加快,继20世纪80年代常熟、张家港、昆山先后撤县建市后,经国务院批准,吴江于1992年2月18日、太仓于1993年1月8日、吴县于1995年6月28日先后撤县建市,至此苏州所辖各县全部实施了撤县建市。[3]1999年,苏州对县级市城区的发展首次做出规划,要求朝着面积15—20平方公里、人口15万—20万、成为现代化的中等城市的目标加快发展步伐。[4]伴随着城关镇的发展和乡镇合并,2000年与1990年相比,5个县级市(除吴县外)的城关镇所辖人口占全县(市)人口的比重,张家港增加了12.7个百分点、达21.9%,常熟增加了11.9个百分点、达24.1%,太仓增加了20.8个百分点、达28.8%,昆山增加了23.1个百分点、达31.2%,吴江也增加了6.2个百分点、达15%;[5]常熟虞山镇的人口达24.94万人,张家港杨舍镇和昆山玉山镇人口分别达18万多人,太仓城厢镇和吴江松陵镇人口分别有12.86万和11.45万人。5个县(市)城关镇的辖区面积和建成区面积都有很大扩展,常熟虞山镇分别达93.7平方公里和25平方公里,张家港杨舍镇分别达109平方公

---

[1] 孟焕民、陈楚九:《第二次突破——苏州开发区建设实证研究》,人民出版社2002年,第54页。
[2] 吴家晓:《120幢高层建筑在全市拔地而起》,《苏州日报》,1996年3月8日。
[3] 中共苏州市吴中区委宣传部、吴中区档案局:《吴中史话》,古吴轩出版社2006年,第472页。
[4] 《梁保华同志在全市小城镇建设工作座谈会上的讲话》,1999年6月19日,第16页,苏州市档案馆藏,档号A1—35—675。
[5] 洪银兴、王荣:《改革开放三十年:苏州经验》,古吴轩出版社2008年,第223页。

里和20平方公里,太仓城厢镇分别达126.8平方公里和14.1平方公里,昆山玉山镇分别达136.9平方公里和29平方公里,吴江松陵镇分别达148.6平方公里和22.8平方公里,都达到了城市的规模。[1]2000年7月江苏按城市规模划分等级,苏州被列为特大城市,常熟、张家港2座县级市被列入中等城市行列,昆山、太仓和吴江市均列入小城市行列。[2]由此,苏州在进入21世纪之前,在8 488平方公里的区域内成功崛起了由6座大、中、小城市组成的城市群,成为全国城市密度最大的地区。

2. 经济和行政双重推动小城镇建设加速

1992年后,苏州的小城镇建设和发展驶上了快车道,无论是在面积还是在设施、功能、面貌等方面,都得到前所未有的扩张和升华,建成了一批"功能分区明确、基础设施配套、环境面貌优美、经济和社会事业比较繁荣"的新型小城镇,成为联结城乡、辐射农村的重要枢纽。到1999年6月,全市已有111个镇达到市级新型示范小城镇标准,其中31个镇被评为江苏省新型示范小城镇,继张家港塘桥镇、昆山淀山湖镇跨入首批全国小城镇建设示范镇行列,是年内常熟大义镇、昆山周庄镇、吴江黎里镇也被国家建设部命名为全国小城镇建设示范镇。[3]1992—2000年全市小城镇公用设施建设共投入37.83亿元,[4]使小城镇的基础设施从不配套到逐步完善,水平有了明显提高。到2000年底,全市农村已建成镇村公路1.2万公里,各镇区基本形成了网状道路框架,基本实现了村村通公路,与外界相沟通的道路体系已基本形成;公用事业迅速发展,镇镇村村通程控电话,共拥有农话话机181万多部,共建有乡镇自来水厂133座,供水管网达3 510公里,日供水能力90万吨,镇区自来水普及率达100%、工业废水处理率达84%、工业废气处理率达92%、绿化覆盖率达23%。公共文化设施日臻完善,各镇均建有文化站、中小学、医院、影剧院、广播站、小游园等。一批环境优美、设施配套的居住小区在小城镇陆续建起,1998年末全市镇区(不含县城镇)居民人均住房使用面积已达25.3平方米,远远高于苏州市区和县城居民的住房平均水平。到2000年底,全市小城镇建成区平均面积已达1.95平方公里(不含县城镇),为70年代末的6.5倍,全市246万城镇户籍人口中有130万居住在小城

---

[1] 孟焕民、陈楚九:《第二次突破——苏州开发区建设实证研究》,人民出版社2002年,第54页。
[2] 贾轶、唐文起:《江苏通史·中华人民共和国卷(1978—2000)》,凤凰出版社2012年,第312、313页。
[3] 《梁保华同志在全市小城镇建设工作座谈会上的讲话》,1999年6月19日,第3页,苏州市档案馆藏,档号A1—35—675。
[4] 王荣、韩俊、徐建明:《苏州农村改革30年》,上海远东出版社2007年,第281页。

镇,比1992年增加了48万人之多;[1]小城镇居住人口占全市总人口的22.5%左右,比全省平均水平高出6.5个百分点。[2]

90年代苏州小城镇建设又好又快地发展,是经济和行政双重推动的共同结果。经济推动,最主要的是"八五"时期以举办外资企业为主的乡镇工业小区开发建设力度加大,且规划起点和建设标准都比较高、投入力度大,大大推进了新镇区的量态扩张和功能提升。此外,还有一批镇开始突破"以工兴镇"的单一格局,充分挖掘和利用已有的特色资源和区位优势,走出了一条主要靠发展第三产业兴镇强镇的成功之路。如周庄、同里、甪直等镇通过发展水乡旅游,盛泽、蠡口、支塘等镇通过发展大型专业市场,实现了经济发展与小城镇开发建设的"双赢"。行政推动,主要是不断推进撤乡建镇和乡镇撤并,优化小城镇的空间布局,同时推行小城镇户籍制度改革,壮大小城镇的人口规模。1992—1995年全市又形成了第二波撤乡建镇的高潮,1992年有45个乡实施撤乡建镇,1994年张家港、常熟、吴江实现最后一批乡撤乡建镇,1995年太仓、吴县实现最后一批乡撤乡建镇,至此全市6个县级市全部完成撤乡建镇,实行镇管村体制。郊区的虎丘、长青、横塘乡及工业园区娄葑乡,因情况比较特殊,于1999年实施撤乡建镇(其中虎丘和长青乡撤销后合并设立虎丘镇),至此苏州全市乡改镇实现"满堂红"。撤乡建镇后,各农村小城镇的城镇化建设工作力度、投入强度和建设标准明显提升。

1998年10月,中共十五届三中全会做出《中共中央关于农业和农村工作若干重大问题的决定》,提出"小城镇,大战略",肯定了小城镇发展在我国城市化中的独特作用和地位。1999年3月,省委、省政府颁发《关于进一步加快小城镇建设的意见》,明确提出全省小城镇建设要突出重点,采取切实措施促进生产要素向重点中心镇聚集,撤并行政区域面积30平方公里以下或人口2万人以下的乡(镇),不久确定在全省1 971个乡(镇)中着重抓好222个重点中心镇。[3]苏州市委、市政府提出:苏州要在小城镇建设规模量态扩张基本完成的基础上,逐步推进现有城镇结构的调整,坚持以质态提高为重点,以中心镇建设为重点,增

---

[1] 孟焕民、陈楚九:《第二次突破——苏州开发区建设实证研究》,人民出版社2002年,第55页;《梁保华同志在全市小城镇建设工作座谈会上的讲话》,1999年6月19日,第5页,苏州市档案馆藏,档号A1—35—675。

[2] 贾轶、唐文起:《江苏通史·中华人民共和国卷(1978—2000)》,凤凰出版社2012年,第311页。

[3] 贾轶、唐文起:《江苏通史·中华人民共和国卷(1978—2000)》,凤凰出版社2012年,第310、311、316页。

强小城镇对农村经济的吸引功能、向周边地区的辐射功能、为农村经济发展和农民生活的服务功能,提高小城镇的产业集聚和人口集聚程度,促进农村经济和社会更快更好发展;经过二三年努力,全市小城镇再吸收 30 万非农业人口进镇置业落户,促进全市城镇化水平由 1998 年的 33.5% 提高到 40%,形成 30 个左右具有一定规模和特色的中心镇,40% 左右的小城镇进入省级以上新型示范小城镇。苏州市设定了重点发展中心镇的基本条件:现状基础较好、发展前景看好、地理区位恰好,具有辐射、带动周边一般乡(镇)共同发展和部分公共事业区域共享共用的功能,其镇域范围现有人口在 3 万以上,镇区非农业人口超过 3 000 人、建成区面积达到 2 平方公里以上;中心镇的发展目标是镇区建成区规模 3—5 平方公里,镇区人口 3 万—5 万。同时明确:对于那些镇域范围和人口明显偏小、与中心镇相距较近的一般建制镇,可结合发展中心镇调整乡(镇)区划。[1]据此,全市在 158 个乡(镇)中确定 27 个镇为中心镇,并结合中心镇的发展组织实施乡(镇)撤并。经省政府批准,1999 年、2000 年全市先后撤并了 30 个一般镇。至 2000 年底全市共有建制镇 128 个,其中张家港 20 个、常熟 24 个、太仓 12 个、昆山 15 个、吴县 27 个、吴江 21 个、虎丘区 3 个、苏州工业园区 5 个、苏州新区 1 个。全市乡(镇)总数比 1983 年地市合并时减少了 55 个,比 1991 年减少了 38 个,从而适当降低了全市乡镇的分布密度,降低了乡镇的行政成本,提高了小城镇建设的集聚度。

90 年代小城镇户籍制度改革的逐步推行,成为小城镇城镇户籍人口增长的一个最主要因素。同全国一样,长期以来苏州在户籍管理上实行城乡分割的二元社会结构,农民进镇落户的门槛过高。由此造成了两方面的不正常情况:一方面,尽管小城镇的地域规模迅速扩大,但人口集聚度仍然较低,1998 年末全市平均每个建制镇(不含县城镇)的常住人口仅为 5 400 余人,而小城镇人均建设用地已达 330 平方米,大大超过省政府确定的人均 100 平方米的指标,许多小城镇因人气不足而商店门庭冷落,市场生意清淡,房地产开而不发;另一方面,实际生活在小城镇上的大量本地农村人口和外来人口因受户籍制度的障碍,在生产、生活和教育、医疗等方面遇到很多困难,成为"二等镇民",这在一定程度上影响了小城镇的人口与产业集聚,也限制了小城镇的发展。[2]为了改变这种不利局

---

[1]《梁保华同志在全市小城镇建设工作座谈会上的讲话》,1999 年 6 月 19 日,第 14—17 页,苏州市档案馆藏,档号 A1—35—675。
[2]《梁保华同志在全市小城镇建设工作座谈会上的讲话》,1999 年 6 月 19 日,第 8 页,苏州市档案馆藏,档号 A1—35—675。

面,根据省政府的部署,90年代起苏州在一些地方进行小城镇户籍制度改革试点,为在小城镇上投资置业达到一定数量或缴纳一定数额的公共设施配套建设资金的本地农民和外来投资者办理落户手续,取得"地方城镇居民户口"。这种方式被群众俗称为"买户口",其中仅1992年一年就为地方财政筹集小城镇建设资金8.8亿元。1997年国务院出台《小城镇户籍制度改革试点方案》,规定试点城镇具备条件的农村人口有权办理城镇常住户口,标志着新中国成立40多年来严格的传统户籍管理体制发生了松动。[1]至1998年全市试点镇共有7 666人通过这种方式办理了小城镇户口。1999年省政府决定扩大小城镇户籍制度改革试点范围,2000年决定全面推行。苏州调整、放宽了小城镇落户政策,降低了准入门槛,规定凡在小城镇上有自己的固定住所、有稳定的职业或生活来源,并实际居住在小城镇的人员,本人有申请要求的,均应为其办理城镇常住户口,不再提出其他标准设卡阻拦。[2]由此全市小城镇户籍人口实现了跳跃式增长,1999年全市48个试点镇共办理小城镇户口41 461人,2000年办理人数猛增到332 950人,提前、超额实现了市委、市政府提出的二三年内全市新增30万进镇置业落户人员的目标任务。

3. 新农村建设逐步展开

80年代苏州依托乡镇工业所提供的资金支持,农村的城镇化、现代化建设逐步展开,并取得了不小的成果。但直到90年代中期,广大农村地区的建设仍处在无序化状态,没有统一的规划和明确的目标要求,基础设施十分薄弱,村庄面貌不如人意,与城市文明有着较大的差距。1994年10月,市第八次党代会提出了"到本世纪末力争把苏州建设成为基本现代化的地区"的宏伟目标。市委认为,全市要实现基本现代化,重点在农村,难点也在农村,为此提出:"必须把握时机,因势利导,积极推进农村城市化建设。要抓紧制订和完善农村的建设规划,制订相应的政策,按照合理布局、相对集中的要求,积极创造条件,推进新农村建设。"[3]1995年市委、市政府制发《苏州市农村基本现代化实施纲要》进一步提出:在新农村建设中,应把城市社区概念引入农村,以城市标准规划农村,以社区标准建设村庄,以市民标准培育农民,全面加快农村城市化、村庄社区化、

---

[1] 中共中央党史研究室:《中国共产党新时期历史大事记(1978.12—2002.5)》(增订本),中共党史出版社2002年,第486页。

[2] 《梁保华同志在全市小城镇建设工作座谈会上的讲话》,1999年6月19日,第20页,苏州市档案馆藏,档号A1—35—675。

[3] 中共苏州市委党史工作办公室、苏州市档案局(馆):《中国共产党苏州市历次代表大会(会议)文献汇编(1949—2001)》,苏出准印JSE—001549号,2001年,第510页。

农民市民化进程,着力解决和缩小城乡文明落差。[1]

在贯彻实施《苏州市农村基本现代化实施纲要》精神过程中,全市各级着重抓好五个方面工作。一是抓好农村建设发展规划。1996年起各县(市)普遍加强了村镇建设管理机构建设,增加了人员编制;苏州市举办由各乡(镇)规划人员参加的中心村规划培训班,还组织42名乡(镇)干部赴新加坡培训,增强规划意识以及实施规划建设的组织领导能力。规划中结合小城镇建设发展规划、基本农田保护规划等,着重搞好基础设施建设规划、中心村建设规划、农民集中住宅点规划等。二是抓好各级试点村建设。苏州确定了40个市级试点村,县(市)、乡(镇)两级也确定了328个试点村,以摸索积累经验,并进行典型引路。至1999年,市级试点村中涌现出了张家港永联村、小河坝村、青龙村,常熟和甸村、小山村,昆山同心村,吴县渭南村,吴江杨文头村等一批老村庄整体改造和常熟市白茆镇山泾村、藕渠镇梦兰村等一批农民新集中住宅区建设方面的先进典型。[2]三是抓好弱小行政村撤并。改革开放以来苏州农村的行政村(1983年前为公社生产大队)建制,除少数因城镇开发建设和各级开发区开发建设需要撤销,或因整顿转化集体经济薄弱村需要合并外,总体上呈现"大稳定、小调整"格局。1999年底全市农村共有行政村3 001个,只比1983年地市合并之初减少了371个。[3]2000年市委、市政府根据加快推进社会主义新农村建设需要,部署开展加强中心村建设,各县(市)和虎丘区按照强带弱、大并小的原则,组织实施了一次较大范围的行政村撤并,经苏州市人民政府批准,于9月和12月分两批共集中撤并了135个行政村。是年底全市实有行政村2 833个,比地市合并之初减少了539个,共减少了24.9%。四是抓好农村基础设施建设。至2000年全市农村建成村与镇、村与村之间的机动车道路上万公里,实现了村村通程控电话和电视信号全覆盖,除太湖中的漫山岛外(该村2001年11月通电)基本实现了村村通电,自来水普及率达92.9%,无害化户厕普及率达41.7%,村级卫生所、文化室、老年活动室等公共文化卫生设施也基本普及,广大农民过上了与城市居民基本相同的生活。[4]五是抓好农村的城市化管理。1996年起全市公安机关开展

---

[1] 洪银兴、王荣:《改革开放三十年:苏州经验》,古吴轩出版社2008年,第231页。
[2] 《梁保华同志在全市小城镇建设工作座谈会上的讲话》,1999年6月19日,第4、5页,苏州市档案馆藏,档号A1—35—675。
[3] 中共苏州市委办公室:《汇报提纲》,1983年9月20日,第1页,苏州市档案馆藏,档号A1—1—326。
[4] 孟焕民、陈楚九:《第二次突破——苏州开发区建设实证研究》,人民出版社2002年,第55页;阿坤:《孤岛用上"光明电"》,《苏州日报》,2001年11月24日。

农村户口城市化管理工作,对每户进行户籍登记发证,装订门牌。1998年又在全市开展村镇房产登记发证工作,年内基本完成,结束了苏州农村房产无产权证书、难以进行依法管理的历史。

四、生态环境保护日益加强

经历80年代快速工业化后,进入90年代苏州的发展开始面临环境容量、土地资源、生态承载力的严重制约,公众对生态环境质量的要求也越来越高,苏州又掀起大开发大开放的高潮,对资源的需求量进一步加大,生态环境面临的压力有增无减。苏州各级党委、政府站在对人民、对现实和对历史负责的高度,坚决贯彻可持续发展战略和计划生育、土地管理、环境保护三项基本国策,积极解决发展中的问题,环境保护与治理力度不断加大,生态保护与修复迈出步伐,逐步走出了一条具有苏州特色的生态环境保护之路。[1]

1. 环境综合治理不断推进

进入"八五"时期,苏州在国外先进环保理念的推动下,开始调整环境治理的思路,以可持续发展为目标多方面推进环保工作的展开,实现了以"末端治理"为重心向"源头控制"和"综合治理"的重大转变,从环保部门"单兵独战"到推行多部门合作的大环保手段,不断探索和创新环保工作。90年代初,吴县甪直镇在大力发展工业中建设了镇集中污水处理厂和热电联供厂,在全国乡镇中开创了环境与经济协调发展的先河,被国家环保局局长誉为"环境保护好,中华第一镇";昆山市率先在小城镇周边开辟工业小区,以解决"村村冒烟、处处点火"造成的污染与基础设施不配套的问题,被国内环保界称为"昆山经验";张家港市在苏州率先创造了环境保护"三个一"的成功经验,即环保工作一把手亲自抓负总责、建设项目环保第一审批权、评先创优环保一票否决权;苏州工业园区创办伊始就把环境质量作为开发的第一准则,将环境保护与园区的建设和发展融为一体。这些先进典型和经验对各地各单位起到了很好的示范引导作用。[2]苏州市政府切实加强对环保工作的组织领导和监督管理,1992年成立创建城市环境综合治理先进城市领导小组,连续3年累计总投资20.41亿元,用于城市环境综合整治,为同期国民生产总值的14.5%;1993年开始组织开展环保执法大检查,建立健全市、县(市)、乡(镇)三级环境监理机构和网络;1994年组织开展

---

[1] 洪银兴、王荣:《改革开放三十年:苏州经验》,古吴轩出版社2008年,第258页。
[2] 洪银兴、王荣:《改革开放三十年:苏州经验》,古吴轩出版社2008年,第259页。

"中华环保世纪行"活动,提高全民环保意识;1995年在全市推广实施张家港创造的"三个一"措施。与此同时每年都组织实施一批省、市重点环保实事项目和污染治理项目。经过这一系列的艰苦努力和大力投入,"八五"时期全市的环境综合整治取得重要进展,从80年代的"环境压力积累、矛盾聚集期"转入"环境矛盾缓和、投入提升期";全市80%的水域水质达到国家地面水Ⅲ类标准以上,饮用水源水质保持在Ⅱ类标准的水平,市区地面水环境有机污染有所控制,城乡80%以上区域的大气质量好于国家大气二级标准,市区大气环境主要污染物浓度呈下降趋势;市区连续5年获全国37个重点城市环境综合整治定量考核前10名(其中2年获第1名),连续2次被国务院环委会授予"全国环境保护十佳城市"称号,张家港市被国家环保局授予全国唯一的"环境保护模范城市"称号。[1]1995年8月国家环保局局长来苏调研考察时指出,苏州环境保护工作走在了全国的前列,苏州的环保工作不仅出经验,而且出质量,"苏州模式"值得总结推广。[2]

"九五"伊始,市政府做出《关于在"九五"期间加强环境保护工作的决定》,提出全市环保工作的目标任务:总投资25.33亿元,实施43个项目,污染物年均削减约3.4万吨,到2000年全市排放的污染物必须控制在国家和省规定的排放总量指标之内。[3]经过5年的"铁腕治污",2000年2月苏州荣获"国家环境保护模范城市"称号。这期间全市组织实施了几项重大环境保护与治理工程。

太湖水污染防治"零点行动"。改革开放以来,太湖流域成为我国工业化进程最快的地区之一,这也使太湖遭受了越来越严重的污染。1980年太湖Ⅱ类水体面积占全湖总面积的98.8%,1995年下降为65%,水质级别整整下降了一个等级,而水体营养状态则上升了两个等级,由80年代初的中营养—中富营养为主上升到90年代中期以富营养为主,每年排放入太湖的工业废水达13.3亿吨,生活污水也达3.23亿吨,分别占废水排入总量的33.44%和8.12%。[4]太湖的严重污染情况引起了中央的高度重视,中央确定把太湖污染防治作为国家"九五"期间环保工作的重中之重。1998年1月国务院批复《太湖水污染防治"九五"计划及2010年规划》,提出:1998年底全流域工业企业等单位排放的废水达到国家规定的标准,1999年1月1日起禁止一切单位向太湖流域水体超标排

---

[1] 陈红喜:《市委市政府召开苏州市第六次环保会议》,《苏州日报》,1996年12月21日。
[2] 陈红喜:《苏州环保工作出经验出质量》,《苏州日报》,1995年8月11日。
[3] 陈红喜:《市委市政府召开苏州市第六次环保会议》,《苏州日报》,1996年12月21日。
[4] 吴志峰、陈红喜:《世纪末的治污大战——达标前夕访太湖》,《苏州日报》,1998年8月7日。

放水污染物,2000年实现太湖水变清,2010年基本解决太湖富营养化问题,湖区生态系统转向良性循环。这一治理项目的第一战役——水污染源限期达标排放,俗称"零点行动",苏州涉及单位占全省总数的36.1%,任务非常艰巨。是年7月,温家宝副总理主持召开太湖流域水污染防治工作会议,强调治理太湖水污染的决心不能动摇,目标不能改变,期限不能延长,要求不能降低。苏州市各级各有关部门高度重视,紧张行动起来,将所有任务层层分解落实,实施过程中市还组织了12次督查和拉网式检查,促进治污达标任务按期完成。至1999年来临之际,苏州的"零点行动"取得预期战果:全市278家重点单位和113家非重点单位全面完成治理任务,除关闭、停产、转产的58家外,其余都实现了工业废水达标排放。重点单位治理总投资4.87亿元,形成点源污水处理能力43万吨,每年可减少近800万吨废水排放,年削减化学耗氧量排放量近7万吨,占总量的70%以上。[1] 在第一战役取得阶段性成果的基础上,苏州再接再厉,根据省的统一部署开展以农业面源污染、运输船只污染等为主的第二阶段的治理,包括压缩围网养殖面积,对太湖一级保护区范围内的养殖场实施粪便与污水的综合利用,对船舶垃圾实行统一收集、清运,还对流域内的河道进行清淤,运用望虞河水利设施在夏季实施"引江济太",将长江水引入太湖,较好地改善了太湖水质。2000年底苏州太湖水污染防治第二阶段工作通过省政府的检查考核。

市区水环境综合整治工程。苏州古城内由于河道狭窄和大运河的改道,面临着河道水量补给不足、水流缓慢、工业废水和生活污水污染加剧等突出问题,古城区70%—80%的污水流进了河道,全年有50%的河水黑臭期。1995年底市委、市政府决定实施市区水环境综合整治,确定了"疏、截、引、管"治理方针,即疏浚河道、截留污水、引水进城、依法管理,目标是使古城河道水质达到景观水(地面水Ⅳ类)的要求。[2] 至1998年的3年为一期项目,主要组织实施了苏州历史上规模最大的一次河道疏浚工程和铺设接通了三大商业区、城南部五大居民区地下污水排放管道网。1998年底开始实施第二轮工程,总投入近12亿元,两年间主要实施了三方面工程:一是污水管网与处理工程,新建污水管网110.72公里,新建改建污水泵站20座和19个住宅小区的排水系统,新建福星和娄江污

---

[1] 陈肇琪:《国务院批复太湖水污染防治规划》,《苏州日报》,1998年2月28日;吴志峰、陈红喜:《世纪末的治污大战——达标前夕访太湖》,《苏州日报》,1998年8月7日;吴志峰:《永远的太湖——写在"零点行动"之前》,《苏州日报》,1998年12月16日;陈红喜:《苏州"零点行动"成果卓著》,《苏州日报》,1999年1月1日。

[2] 程国明:《标本兼治绘新图——水质水环境综合整治综述》,《苏州日报》,1997年6月2日。

水处理厂,建设规模分别为日处理8万和6万立方米;二是引水进城项目,铺设29.1公里输水管道,从外河每日引进清洁水35万立方米;三是对市中心区内65.28公里河道进行全面疏浚整治,拓宽11处,改造出口控制闸8座,建设河网监控调控中心。[1]经过5年的努力,苏州城区河水综合治理取得明显成效。

实施老城区工业企业"三个三分之一"调整工作。1996年6月,市委、市政府在城市发展功能定位、产业重组、大跨度进行结构调整中,确定"三个三分之一"的调整方案,即对近30平方公里老城区内的96家工业企业,1/3结合技术改造、产品升级,分3年搬迁入工业园区和苏州新区,实现技术和装备提高档次;1/3有污染、效益差、没有发展前途的企业,资产重组,关停并转;1/3具有民族和苏州传统文化特色、没有工业污染的手工业企业,进行改组改造,留在老城区继续发展。到1999年底,已完成调整计划的80%左右,解决了长期以来老城区工业污染重、治理难的老大难问题。[2]

开展"一控双达标"工作。1998年,开始苏州按照省政府的部署,在全市城乡开展控制污染物排放总量、工业污染源达标排放和城市环境功能区达标为内容的"一控双达标"工作。对全市10 689家(其中污染重点控制单位1 062家)工业企业进行排污申报登记工作,下决心取缔、关停了193家小钢铁、小水泥、小化工等"15小企业",对158家大气污染源、固体废物源企业实行了限期治理。市区先后投入6亿多元,搬迁治理了134家工业污染企业(车间),年削减工业污水排放量1 200多万吨,841家企业中707家实现了达标排放,对453家企业实施了排污口规范化整治。加强交通噪声及机动车尾气污染治理,市区建成区全部禁止机动车鸣号,禁止发展燃油型助力车,限制发展摩托车。到1999年底,城市水、气、声环境达到功能区要求,张家港市、昆山市通过省政府的考核验收,苏州市区通过国家环保总局的复核,比省定的3年时间提前1年基本完成任务。[3]2000年其余4个县(市)也都通过了市政府的考核验收;全市列入主要污染物排放控制计划的污染源全部实现了达标排放,污染治理设施运转率99.1%、达标率93.3%。

取缔市郊废旧塑料加工点。自80年代开始,市郊浒墅关地区有人从事废旧

---

[1] 尹平、阮涌三、黄新炎:《苏州治水工程进入实质性启动》,《苏州日报》,1998年12月2日。

[2] 陈红喜:《调整工业布局,营造环境优势——苏州环境保护工作综述》,《苏州日报》,1999年12月18日。

[3] 陈红喜:《调整工业布局,营造环境优势——苏州环境保护工作综述》,《苏州日报》,1999年12月18日。

塑料回收和加工活动,由于是粗放经营,成本低,收益大,到1998年初加工经营户已发展到2 000多户,涉及20多个村,来自十几个省市的各种废旧塑料蜂拥而至。废旧塑料在清洗中大量使用清洗剂并将污水直接排入河中,给当地的河水带来严重污染,环保部门从中查出了数十种有害物质,包括一些剧毒成分;还有一些不能被利用的废旧边角料,经过焚烧使有害气体散入空中,对空气又造成了严重污染;村子里违章搭建的棚屋随处可见,室内屋外到处杂乱无章地堆放着废旧塑料,使得这些村庄异味刺鼻、不堪入目,与江南水乡风貌格格不入,成了远近闻名的垃圾村、破烂村,生态环境遭受严重破坏,人民群众的身体健康遭到严重威胁。[1]为彻底清除"白色污染"这一大公害,市政府于1998年4月发出《关于取缔废旧塑料加工点的通告》,责令各废旧塑料加工点随即停止收购原料,一个月内停止加工和销售,自行撤除设备和违章建筑,退出非法占用土地,清理场所。《通告》发布后,绝大多数经营户自觉遵守,按期进行了自行整改;对少数逾期不执行的,由有关部门组织联合执法,并依法进行了处罚。加工点全面停业后,当地组织对涉及村庄进行全面的环境整治,逐步恢复了往日的面貌。

2. 生态保护与修复逐步开展

1995年底起,苏州的生态环境保护、治理与修复逐步展开。"九五"期间着重在以下几个方面进行了实践和努力。

切实保护耕地。苏州历来人多地少,耕地后备资源不足。进入80年代后苏州人均耕地面积减少的趋势加剧,1982—1993年全市人口增加了39万人,耕地面积减少了115.92万亩,人均占有耕地从1.12亩减少到0.84亩,已到了联合国粮农组织提出的警戒线,比全省平均少18%,比全国平均少35%,有些乡(镇)甚至连半亩都不到,全市已出现一大批无地队,每个乡(镇)都有三四个无地队;按城镇人口计算的人均城镇建设和工矿用地达162平方米,比国家规定的用地标准高出了62平方米。如果按照这11年耕地减少的速率推算,再过50年苏州就无地可耕了。[2]面对日益严峻的耕地减少形势,从"九五"规划起苏州坚持"开源"与"节流"并举方针,在保护耕地、节约和集约使用土地上采取了一系列有效的举措。一是严格实施基本农田保护制度。1995年基本农田保护区划定工作全部完成后,市政府依据国家和省有关规定颁布实施了《苏州市土地资源管理办法》,明确规定划入一级基本农田保护区的农田不得占用,国家重点工程建

---

[1] 胡敏:《对市郊废旧塑料加工点的调查》,《苏州日报》,1998年4月11日。
[2]《黄炳福、王振明同志在苏州市开发区建设与土地资源的保护、开发和合理利用研讨会上的讲话》,1995年6月20日,第7、8、13、14页,苏州市档案馆藏,档号C63—3—347。

设必须征用一级基本农田的按照"占一补一"的原则补足基本农田面积,凡不符合规划和占用基本农田的建设用地一律不予审批。全市还聘请了178名土地监测员,由市发给行政执法证和土地监测证件,形成了基本农田保护的执法监测网络。[1]1996年,市政府把一级基本农田分解到各市、区,基本做到图、表、地块"三对头",使基本农田保护制度真正落到实处。二是加大土地复垦整理力度。为解决建设用地需要与基本农田保护之间的突出矛盾,苏州各地积极开展土地复垦整理,既保障建设必需用地,又实现基本农田占补动态平衡。1997—2000年全市共完成复耕整治面积39.06万亩,净增耕地8.8万亩。1999年苏州被国土资源部列为全国首批土地开发整理示范区。三是千方百计节约和集约利用土地资源。第一种是试行土地置换政策,允许开发建设单位投资将闲置废弃地复垦后与同面积新增的建设用地交换,1997—2000年全市通过置换方式盘活了3.4万亩土地。[2]第二种是采取"定点取土""河底取土"的方法,尽量减少建设项目占地和挖废、压废耕地。工业园区一期开发的近10平方公里范围内需平均填高90厘米左右,为节约土地,舍近求远,全部在市郊丘陵地区定点取土,不但没有挖废一亩耕地,反而削高填低平整了大片土地。张家港市在沿江高速公路路基填土工程中采用深挖方式取土300万立方米,节约耕地2 500亩,形成了一个0.7平方公里的人工湖泊,建成了暨阳湖生态公园,成为该市最大的城市湖泊公园。第三种是与新农村建设相结合,各地在撤并自然村、建设中心村过程中,至1995年底共退出20多万亩农户宅基地可供复垦利用。[3]第四种是与兴修水利相结合,将河道疏浚中取得的淤泥用于土地复垦整治和道路、工程填土。吴江市专门创办疏浚工程公司,四年多疏浚太浦河等大小河道100多条,并把河道疏浚与吹填318国道等道路工程、复垦造田结合起来,没有挖废一亩耕地,还复垦造田4 500多亩,公司创办人王平被誉为"吴江造田王",1997年荣获第二届"中国十大杰出青年农民"称号。[4]昆山市建立的泥源公司,每年从河底取土200万立方米左右用于需填土建设项目和土地复垦整治,相当于每年减少挖废耕地

---

[1] 《黄炳福、王振明同志在苏州市开发区建设与土地资源的保护、开发和合理利用研讨会上的讲话》,1995年6月20日,第17页,苏州市档案馆藏,档号C63—3—347。

[2] 吴秋华:《苏州三年盘活土地3.4万亩》,《苏州日报》,2000年12月13日。

[3] 季学军、王伟民:《试析我市土地复垦整治工作的实践及其经验》,《苏州日报》,1996年3月17日;《苏州交通运输志》编纂委员会:《苏州交通运输志(1986—2005)》第二册,广陵书社2011年,第12页。

[4] 徐国平、王伟民:《"吴江造田王"王平荣获"中国十大杰出青年农民"称号》,《苏州日报》,1997年11月6日。

1 000多亩。[1]

逐步压缩湖泊围栏养殖。进入90年代,苏州东太湖、阳澄湖等大型湖泊水产围栏养殖业加速发展,1994年全市网围养鱼10.2万亩,比1991年增长82%;1996年网围养蟹开始兴起,1998年全市围网养殖水面达19.7万亩[2],其中太湖网围养鱼年产值2.2亿元,首次超过捕捞产值。但由于网围养殖密度大、投饵多、鱼类排泄物多,逐渐对湖泊造成污染,成为大型湖泊水质富营养化的重要原因之一。针对日益严重的围网养殖渔业污染,结合太湖治理"零点行动",1998年起省太湖渔业管理委员会提出苏州压缩太湖围网养殖总面积4万亩的任务,沿湖的吴县和吴江两市积极组织实施。吴县在东太湖中当年拆除3 000亩鱼簖网箱,第二年又拆除无证围网6 000多亩,同时大力发展生态渔业,降低养殖密度,每年每亩水面少投饲料1吨左右,亩产量从1993年的451公斤降为100公斤,从而大大减少了对养殖水域的外源性污染。[3]1999年全市湖泊围网养殖面积削减到12.2万亩。2000年太湖继续压缩围网养殖面积1.7万亩,但其他地方有所反弹。直至2003年开始的新一轮整治,全市的围网养殖得以大幅度压缩。[4]

禁止开山采石。苏州西南部环太湖地区和张家港、常熟共有丘陵221平方公里,占境域总面积的2.6%。长期以来拥有山丘资源的一些乡、村、企业"靠山吃山",大量进行开山采石活动,用作建筑材料或烧制水泥,至1998年底全市共有露采矿山企业115个,年矿石开采量1 750万吨,从业人员1.2万人,矿产品销售收入2.5亿元。[5]吴县西山岛上3家水泥厂均为县和镇的骨干企业,年产水泥37万吨,安置当地劳动力3 500多人,但每年排出的8 000吨粉尘、1 500吨二氧化硫,不仅带来了严重的大气污染,还严重影响了太湖的景观。[6]鉴于开山采石对山体地形地貌和生态环境造成的严重破坏,1997年市委、市政府提出,要限制和整治开山采石,严禁在风景名胜区开山采石。[7]继1998年42家开山采石

---

[1] 海龙:《昆山市努力实现耕地总量动态平衡》,《苏州日报》,1996年12月8日。
[2] 苏州市农业委员会:《苏州农业志》,苏州大学出版社2012年,第338页。
[3] 吴志峰、陈红喜:《世纪末的治污大战——达标前夕访太湖》,《苏州日报》,1998年8月7日;沈石声:《让"明珠"愈加灿烂——访太湖渔管会办公室主任凌根生》,《苏州日报》,1998年12月30日;杨军:《严格控制围网总量,大力发展生态渔业,东太湖养殖区水质达Ⅱ级》,《苏州日报》,1999年4月11日。
[4] 苏州市农业委员会:《苏州农业志》,苏州大学出版社2012年,第338页。
[5] 黄静:《开山采石忙,青山难依旧》,《苏州日报》,1999年5月18日。
[6] 王莉、袁雪洪、旭峰:《吴县市关闭所属环太湖水泥厂》,《苏州日报》,1999年6月6日。
[7] 《杨晓堂、章新胜同志在贯彻三项基本国策坚持可持续发展工作会议上的讲话》,1997年6月19日,第5、7页,苏州市档案馆藏,档号A1—35—562。

企业完成"零点行动"后,1999年吴县市痛下决心,将西山3家水泥厂实现停产转产,并拆除了6根大烟囱,岛上的另一家省属水泥厂不久后也停产转产。[1] 1999年12月,市人大常委会审议通过了《苏州市禁止开山采石条例》,明确用5年时间在全市实现全面禁止开山采石,各级政府要负责停采后的山体和环境整治的组织实施工作,在风景名胜区内的宕口应当按照景区规划的要求进行整治。紧接着市政府制定规划并组织实施,1999年全市关闭开山企业27个、采石宕口59个,2000年再关闭33家企业、117个宕口,到2004年全面停止,使在苏州已经延续了千百年的开山采石成为历史。[2]

禁采地下水和控制地面沉降。苏州市自20世纪80年代中期起出现地下水超量开采情况。之后10年中由于经济处于高速增长期,地表水普遍受到不同程度污染,一些地方已经难以找到合格的工业和生活用水地表水源,纷纷把目标转向开采地下水,村镇的自来水厂则普遍以地下水为水源,由此造成全市开采地下水的深井总数由20世纪80年代的800多眼发展到1995年的近2000眼,地下水年开采总量由1986年的1亿立方米增加到2.15亿立方米,相当于全市可开采地下水总量的1/6;全市超采区面积已达1942平方公里,占整个苏锡常地区超采面积的一半,其中严重超采区520平方公里(苏州市区90平方公里,吴县市236平方公里,吴江市194平方公里);苏州城区、黄桥、浒关一带地下水位已降至-60米以下,导致地面严重沉降,市区每年平均沉降10厘米左右,累计沉降普遍达40—60厘米,严重地段累计下沉已超过160厘米,个别地区曾出现过深达1米的大面积地面塌陷,成为一些地段遇雨即涝的主要原因之一,同时也给基础设施带来严重隐患,桥梁净空减低,城市管线和建筑物遭到破坏。加强地下水资源管理、控制地面沉降、保护生态平衡已刻不容缓。1996年9月,省政府下发《关于加强苏锡常地区地下水资源管理的通知》,苏州实行水行政管理部门对地下水资源统一管理,并组织开展了地下水开采的专项整治。[3]市区主要采取三方面措施:一是对地下水开采实施计划控制,实行取水许可证制度,严格控制新成井数量,及时报废回填深井,3年中共报废回填了25口深井,未增加一口;二是对超采区和漏斗区组织人工回灌,在每年冬春向深井回灌自来水180万—250

---

[1] 王莉、袁雪洪、旭峰:《吴县市关闭所属环太湖水泥厂》,《苏州日报》,1999年6月6日。

[2] 俞愉:《市十二届人大常委会第十五次会议昨审议通过苏州市禁止开山采石条例》,《苏州日报》,1999年12月2日。

[3] 《苏州市水利局关于苏州市地下水资源开采和管理情况的汇报》,1996年9月25日,第1—4页,苏州市档案馆藏,档号C75—2—563;苏州市人民政府:《加强领导,综合治理,努力提高地下水资源科学管理水平》,1996年11月,第1、2、6页,苏州市档案馆藏,档号C75—2—563。

万立方米,使回灌量大于开采量,地下水位逐步回升到-40至-45米;三是鼓励调整用水结构,扶持节水、改水项目,形成了年节水能力2 584.2万立方米。由此市区地面沉降速率大为缓和,每年沉降量减少到3.3厘米。[1]之后两年市区地面沉降继续趋缓,在43个水准点中沉降量减小或持平的有30个。[2]2000年8月,省人大常委会颁布《关于在苏锡常地区限期禁止开采地下水的决定》,苏州进一步采取强硬措施,立即全面停止新打深井,同时对深井分期分批回填,到2003年封闭所有深井。[3]

  探索资源综合利用和治理农业面源污染。改革开放以来,苏州在农业生产中大量使用化肥、农药,其所产生的大量残留物质,一部分被排入河道中,一部分积存在土壤中,由此造成了一种新的污染源——农业面源污染,对生态环境质量构成了严重威胁。据环保部门90年代中期的监测统计,每年排入太湖的污染废水中,来自农田排放的占32%。[4]90年代起苏州农业面源污染的防治被提上重要日程,逐步推广生态农业技术和路径。一是农药减量使用。全市农药总用量1996年降至1万吨以内,2000年再降为8 112吨,高效低毒低残留农药使用面积占农业使用总面积的90%以上。二是推广使用优质复合肥,减少化肥施用量。到2000年复合肥取代单元素化肥成为苏州农业的当家肥料,化肥利用率提高到36%。三是增加有机肥的施用。80年代起苏州农户燃料大量使用燃气,造纸厂也停止收购,稻麦秸秆由"香饽饽"变为农民的"累赘",农民被迫无奈,在收割完的农田里一把火焚烧了事,不仅造成了资源的浪费,还带来了大气污染的新问题。90年代起苏州大量引进使用联合收割机,对稻麦秸秆开展机械切割还田,1997年全市秸秆还田面积达365.55万亩,其中夏种还田面积占73.8%,每亩还草量在200公斤左右,使秸秆成为有机肥的主要新来源。1999年夏收起开始实施禁止秸秆焚烧,一些乡村还开展秸秆综合利用的探索,至2000年全市农村建起了14个秸秆气化工程项目,使农户家庭使用上了高效能的清洁能源。[5]

---

[1] 程国明:《我市推出加强地下水资源管理新举措》,《苏州日报》,1996年11月23日;程国明:《市区地下水位回升明显》,《苏州日报》,1998年9月26日。
[2] 徐蕴海:《我市地面沉降继续趋缓》,《苏州日报》,2000年7月12日。
[3] 徐蕴海:《我市三年内封闭所有深井》,《苏州日报》,2000年9月1日。
[4] 吴志峰、陈红喜:《世纪末的治污大战——达标前夕访太湖》,《苏州日报》,1998年8月7日。
[5] 苏州市农业委员会:《苏州农业志》,苏州大学出版社2012年,第231、232、263页。

第七节　扎实推进"四大建设"保障促进改革开放

20世纪90年代,苏州各级党委政府坚持以建设有中国特色社会主义理论为指导,不断提高贯彻执行党的基本路线的自觉性和坚定性,在坚持以经济建设为中心、不断深化改革和扩大开放的同时,大力加强和有效推进社会主义精神文明建设、民主政治建设、法制建设和党的自身建设。"四大建设"的与时俱进和卓著成果,为苏州90年代推进改革开放和现代化建设、实现经济和社会的跨越式发展,提供了强大的精神动力、稳定的政治环境和可靠的组织保障。

一、精神文明建设蓬勃开展与培育弘扬"张家港精神"

1. 精神文明建设的整体部署和务实开展

1992年初市委制定了《苏州市社会主义精神文明建设"八五"规划纲要》,全市上下紧紧围绕经济建设这个中心和培养"四有"(有理想、有道德、有文化、有纪律)新人的目标,积极、广泛组织开展群众性精神文明建设活动。1996年初市委制定精神文明建设"九五"规划,确定了塑造面向21世纪的现代市民新形象、现代城市文明新形象,精神文明建设各项工作在已进入全省全国先进行列的基础上再上新水平等三项总体目标,推进精神文明建设的扎实开展和整体优化。1997年初,中宣部命名张家港市、苏州市区三元四村为"全国创建文明城市示范点",常熟市为"全国创建文明村镇示范点",苏州汽车站等5家单位为"全国创建文明行业示范点",全市上下认真组织示范点的建设和推广。中共十五大后,苏州各级党组织从贯彻执行经济建设、政治建设、文化建设"三位一体"的社会主义初级阶段基本纲领的高度,进一步强化对精神文明建设的组织和领导,促进"九五"规划各项目标任务的全面实现,苏州成为全国"两个文明"建设协调发展、互相促进的先进典型之一。

90年代苏州的精神文明建设,在大力培育弘扬以"张家港精神""昆山之路""园区经验"为集中代表的争先领先率先、创新创业创优的时代精神的同时,紧紧围绕提高人们的思想道德水平和文明素养这条主线,以形式多样、群众广泛参与的精神文明创建活动为主要抓手,两者有机融合、互相渗透,使精神文明建设扎扎实实地开展起来,取得了显著的成效。

思想道德建设方面,始终把用邓小平理论武装干部、教育群众放在精神文明建设的首位,引导广大干部群众牢固树立建设有中国特色社会主义的共同理想,同时加强爱国主义、集体主义、社会主义教育,开展以践行《市民守则》为主要内容的社会主义公德教育、以优质服务为主要内容的职业道德教育、以倡导文明新风为主要内容的家庭伦理道德教育。1994年组织实施中共中央制定的《爱国主义教育实施纲要》,在青少年学生中开展"爱我中华"读书活动,1995年市委、市政府命名首批22个爱国主义教育基地,1997年起举行18岁成人仪式。2000年贯彻落实《中共中央关于加强和改进思想政治工作的意见》,根据新时期的特点建立完善思想政治工作网络,改进思想政治工作的方式方法。全市上下还围绕纪念重大纪念日、重大历史事件和庆祝活动,开展声势浩大、生动活泼、形式多样的爱国主义教育活动,激发了广大群众的爱国热情、报国之志,坚定了建设有中国特色社会主义的信心和信念,为苏州率先实现基本现代化增添精神力量。

文明市民培育活动方面,1992年开展《苏州市文明市民读本》学习教育活动;1994年成立苏州市见义勇为基金会(至2000年10月全市先后表彰奖励见义勇为人员2 684人,40人被苏州市人民政府授予"苏州市见义勇为先进分子"称号,5人被追认为烈士[1],51人受到省表彰奖励,王才珍、李道萍、赵引泉被评为全国见义勇为先进分子);1995年推广常熟市枫泾村创办文明市民学校做法,动员市民从"七不"做起,争当文明市民;1996年市委、市政府首次表彰117名"苏州市优秀文明市民";1997年全市开展"文明家庭"评比活动,促进家庭美德的弘扬,肖龙兴、韩素英家庭被评为"全国五好文明家庭";1998年全市30万户被评为"五好文明家庭",占全市总户数的16%;1999年以市文明委编写的《城乡文明歌》为普及读本开展市民文明知识普及教育;2000年开展首届文明市民宣传月活动。

文明行业创建活动方面,80年代末起开展的"满意在苏州"活动深入持久,1993年起在个体工商户中开展评选"文明个体工商户""信得过摊位(商店)"活动;1996年苏州市被国务院纠风办确定为全国推行社会服务承诺制试点城市,在30个行业开展以服务承诺制为主要内容的创建文明行业活动;1999年全市有13个行业实现规范服务达标,3个行业达市文明行业标准,26个行业申报省创建文明行业先进行业,8家窗口单位获全国创建文明行业工作先进单位称号;2000年观前街被授予全国"百城万店无假货"活动示范街称号,苏州人民商场、苏州工业品商场购物中心被授予全国"百城万店无假货"活动示范店称号。

---

[1] 房余龙:《我市拥有见义勇为基金1 889万,六年表彰奖励2 684人次》,《苏州日报》,2000年10月27日。

文明社区创建活动方面,1995年起全市开展创建文明示范小区活动;1997年制定文明小区创建管理办法;2000年制定《苏州市文明社区创建管理办法》,推广三元社区的创建机制、府前社区构建社区教育体系的经验,树立三元、桃坞两个先进社区典型。

文明村镇创建活动方面,1997年制定《苏州市文明村镇的标准》及创建实施意见,常熟市成为全国创建文明村镇示范点;1999年吴江市七都镇、张家港市塘桥镇、常熟市蒋巷村被授予全国创建文明村镇工作先进镇、村,全市有19个镇、57个村被评为省文明村镇;2000年市委、市政府命名首批苏州市文明村镇、科普文明村镇,张家港市杨舍镇创建文明镇的经验在全国会议上做交流发言。

2. 国家卫生城市创建活动蓬勃开展

90年代苏州开展的群众性精神文明创建活动中,持续时间最长、参与面最广、影响面最大、效果最明显的,当属创建国家卫生城市活动。1990年,苏州市建立创建国家卫生城市领导小组,组织推进全市的创建工作。经过近两年的努力,在全国爱卫会组织的1991年度考核评定中,苏州市(指市区)首获"全国卫生城市"称号,1992年度继续保持这一称号,得分列全国149个地级市中第11位;张家港市、昆山市率先跻身全国县级市中的"全国卫生城市"行列。1994年张家港市成为全市、全省首个"国家卫生城市"。[1]

1995年5月,市委、市政府做出创建"国家卫生城市"的决定,明确到2000年全市创建的目标任务和措施,并成立市创建领导小组和指挥部,整合组建苏州市公共环境委员会这一专门部门,召开创建动员大会,与各区、县(市)及部门签订创建目标管理责任书。1996年初,市委、市政府又对创建工作制定了"一年达标,两年建成"的奋斗目标。全市上下积极投身创建活动,出现了全党动员、全民动手、共同参与、奋力创建国家卫生城市的局面。

市区三年的创建工作环环紧扣、高潮迭起,主要围绕建设、整治、管理三大方面来组织和展开。建设方面,包括城市基础设施建设、城市建设、城市环境美化三部分;整治方面,全面实施城市形象美化、基础设施标准、居住环境优美、单位卫生达标和健康知识普及"五大工程",重点解决无地队、城乡接合部、露天农贸市场等的环境脏乱差问题;[2]管理方面,市人大常委会、市政府制定出台了河道

---

[1] 中共苏州市委党史工作办公室:《苏州改革开放三十年大事记(1978—2008)》,中共党史出版社2008年,第131、149、171页。

[2] 陈莉、周震麟:《苏州市创建国家卫生城市综述之二:整治篇》,《苏州日报》,1997年10月17日。

保护、除四害管理、公共场所禁烟、环境卫生管理、市政设施管理、建筑工地管理等一系列与创建有关的法规、条例和办法,为长效管理提供了法规保障。市文明委、市创建指挥部联合制定了市民文明卫生行为"十不"规范。各级各有关部门加强队伍建设,坚持各负其责,实行严管重罚,在整个市区范围内实施全方位的监控,做到不留死角,及时发现和解决问题。[1]

经过全市上下的共同努力,苏州创建卫生城市工作不断取得新成果。在1995年度评定中,张家港市、苏州市、昆山市继续保持"全国卫生城市"称号,吴江市、常熟市也被评为"全国卫生城市"。1996年苏州市区顺利通过了省爱卫会组织的国家卫生城市省级调研,昆山市被全国爱卫会命名为"国家卫生城市"。1998年5月全国爱卫会命名苏州市为"国家卫生城市",苏州成为全省省辖市中第一个国家卫生城市;是年吴江市也成功创建"国家卫生城市"。

在创建国家卫生城市成功后,市委、市政府于当年底召开苏州市加强国家卫生城市长效管理暨创建文明城市动员大会,组织并动员全市人民进一步巩固创建成果,朝着创建文明城市的新目标迈进。1999年,苏州市区及6个县级市均被评为江苏省文明城市,苏州市区、张家港市、昆山市被中央文明委授予"全国创建文明城市工作先进市"称号,常熟市被正式命名为"国家卫生城市"。2000年吴县、太仓两市双双跻身国家卫生城市行列,实现了苏州市区及6个县级市创建国家卫生城市"满堂红"。

3. "张家港精神"的培育和弘扬[2]

张家港市前身为沙洲县,是苏州最年轻的县,1962年才由常熟、江阴的部分"边角料"组合而成,建县之初由于底子薄、经济基础差,发展速度一直比较缓慢,全县80%以上的农户住的是草屋,被称为"苏南的苏北"。1978年县城杨舍镇建成区面积不足1平方公里,房屋破旧,环境脏乱,镇办企业寥寥无几,全镇工业产值不到500万元,在苏州各县城关镇中倒数第一。中共十一届三中全会后,新出任杨舍镇党委书记的秦振华带领全镇党员干部和群众,顽强拼搏,艰苦创业,"两个文明"一起抓,使杨舍镇短短几年一跃成为苏州乡镇的"排头兵"和全国的"明星乡镇"。在创业过程中,杨舍镇形成了"为官一任,造福一方,顾全大

---

[1] 陈莉:《苏州市创建国家卫生城市综述之三:管理篇》,《苏州日报》,1997年10月18日。
[2] 本小目主要参考王荣主编《苏州精神——"三大法宝"的价值与升华》(苏州大学出版社2008年版)中"张家港精神"一章和中共张家港市委党史地方志办公室《历史的回声——张家港市党史专题集(1962—2000)》(中央文献出版社2001年版)中"张家港精神的形成及影响"一文的有关内容编写。以下凡同一出处的不再一一注明。

局,乐于奉献,扶正祛邪,敢于碰硬,雷厉风行,脚踏实地,严于律己,以身作则,自加压力,永不满足"的创业精神,被誉为"振华精神",又称"杨舍精神",这便是"张家港精神"的雏形。

1992年春,刚上任的张家港市委书记秦振华及市委班子认为,经济要腾飞,思想要先行,只有解放思想、振奋精神,才能激励斗志、抓住机遇、加快发展、开创大业。于是,通过对"杨舍精神"进行概括、提炼、升华,市委提出了"团结拼搏,负重奋进,自加压力,敢于争先"的16字"张家港精神"。"张家港精神"迅速在该市广大干部群众心中扎根,成为全市人民共同勇创大业的精神动力。1992年4月张家港市委、市政府自加压力,瞄准先进,提出"三超一争"(工业超常熟、外贸超吴江、城建超昆山,样样工作争苏州第一乃至全国第一)的奋斗目标,带领全市人民咬住目标,奋力赶超。当年该市完成工业总产值、外贸出口供货额分别比上年增长1.17倍和3.05倍;城市建设以空前的力度推进,整治老区、建设新区、开发港区,大动作一个接一个,当年就建成了"全国卫生城市"。至年末,"三超一争"目标全面实现,在苏州市开展的"五杯"竞赛中一举夺得工业、外贸、精神文明建设3只金杯。张家港人民在保税区创办和张杨公路建设等重大项目建设中也创造了令人瞩目的张家港速度。1992年获批的张家港保税区是张家港抢抓机遇、敢为人先的产物,保税区内1 284户农户住房从动员到拆迁完毕仅用45天,8公里长的铁丝网隔离带工程用20个日夜突击建成,与保税区配套的1座万吨级化工码头按常规需3年左右建成,结果苦战5个多月就胜利完工,前后仅用200天,保税区就高标准通过海关总署验收正式投入营运。投资2.26亿元、长29.3公里、路面宽38米的张杨公路,其宽度在当时是苏州最宽的,3年的工程量张家港人硬是用1年5个月抢了出来。

初步的实践成果显示了"张家港精神"的威力,又进一步增强了广大干部群众践行"张家港精神"的自觉性和积极性。之后几年中,"张家港精神"激励着该市人民继续奋力拼搏,创造出了令人瞩目的张家港成就、张家港经验。一是推动经济建设跃上大台阶。1991年第一届全国百强县(市)评定中张家港市名列第7位,1992年第二届上升至第4位,1994年第三届进一步跃升至第2位。[1] 2000年张家港市实现国内生产总值270亿元、财政收入20.5亿元、城乡居民储蓄128.14亿元,分别为1991年的8.5倍、8.9倍和8.8倍,也就是说只用9年时间就实现了经济主要指标翻三番还多。二是促使城乡面貌发生深刻变化。90年

---

[1] 贾轸、唐文起:《江苏通史·中华人民共和国卷(1978—2000)》,凤凰出版社2012年,第305页。

代张家港坚持高起点规划、高质量建设、高水平管理,加快城市现代化、农村城市化、城乡一体化进程,把城市规模做大、功能做优、环境做美。1994年获得全省首个"国家卫生城市"殊荣,建成的沙洲中路商业步行街成为全国县城首条步行街;1995年建成的杨舍东街美食街成为老城改造的一个典范;1996年城区最后2 211户不成套住宅改造工程竣工,1万多户城区居民全部住上了新公寓房或经改造的成套房,也标志着老城区改造全面完成,走在了苏州市区及各县城的前面,城区的建成区面积也扩大到了12平方公里。[1]至2000年,张家港市先后被评为中国明星县(市)、全国环境综合整治优秀城市、全国首家环境保护模范城市、全国首批创建文明城市工作先进市。

"张家港精神"虽然只有16个字,从字面上看也不难理解,但是它的内涵丰富,寓意深刻,作用非凡。"张家港精神"是张家港人在20世纪90年代初,以邓小平理论和有中国特色社会主义理论为指导,对自己创业实践的高度提炼和概括,构成了张家港人的思想之瑰宝、创业之灵魂和力量之源泉,凝聚了张家港全体干部群众的智慧才华,促进了张家港的率先发展、科学发展、和谐发展,创造了张家港的惊人奇迹,确立了张家港的过硬品牌,塑造了张家港的美好形象。

"张家港精神"形成后,首先在苏州传播开来。1992年7月下旬,苏州市委召开七届八次全体(扩大)会议,会上张家港市委书记秦振华着重介绍了培育和弘扬"张家港精神"、大力开展"三超一争"的有关情况,引起与会者的强烈反响,市委书记王敏生在会议总结讲话中首次提出要学习和发扬"张家港精神"。8月中旬市委、市政府和市级机关部分领导人赴张家港市考察,9月下旬市委在张家港召开精神文明建设座谈会,总结推广张家港市坚持两手抓、两手都硬的先进经验,树立张家港精神文明建设这一先进典型。之后,市委组织宣传部门和理论工作者会同张家港共同对"张家港精神"的本质内涵进行系统总结和大力弘扬。21世纪初,随着"园区经验"的培育形成,市委把"张家港精神""昆山之路""园区经验"概括、上升为苏州跨越发展、率先发展的"三大法宝"。

"张家港精神"的强大精神威力首先在苏州转化为巨大的物质成果。在张家港提出"三超一争"目标的推动下,在"张家港精神"的感召和激励下,苏州全市上下,尤其是6个县(市)之间,在邓小平南方谈话和党的十四大之后,形成了一种你追我赶、暗暗较劲、大干快上、争先创优的竞争态势,市委、市政府因势利导,组织开展农业"丰收杯"、多种经营"致富杯"、工业"振兴杯"、外贸"创汇杯"、精

---

[1] 缪源:《张家港市建成区告别马桶》,《苏州日报》,1996年12月24日。

神文明"新风杯"的"五杯"竞赛活动,形成6个县(市)以经济建设为中心的良性竞争氛围。正如《人民日报》记者所描述的那样:苏州"鼓起了六县市奋勇争先的风帆","苏州大地变成了'六虎'争雄的角逐场","为秀丽的江南水乡陡添几分生机、几分豪放,演出一幕幕威武雄壮的活剧",推动苏州"迅速驶入经济发展的'快车道'"。[1]由此开始,苏州的县域经济一直走在了全省、全国的前列,也使苏州一跃成为新兴的、全国瞩目的经济大市。在国家统计局等部门依据1991年主要发展指标评定的首届"全国百强县(市)"中,江苏有6个进入前十强,其中苏州的常熟、吴县、张家港分列第5、6、7位,其余的吴江、昆山、太仓3县(市)分列第20、24、33位。1992年第二届评定中,江苏有7家进入前十强,其中苏州占据4席,分别为张家港第4位、常熟第6位、太仓和吴县并列第9位,昆山和吴江分别上升为第11位和第22位。1994年第三届评定中,苏州有4家进入前十强,其中张家港跻身全国第2位,常熟第6位、吴县第7位、昆山第9位,太仓和吴江分列第11、13位。[2]

1995年2月,江苏省委主要负责人带队到张家港市进行调研,系统总结张家港市"两个文明"协调发展的经验。3月,省委在张家港召开以经济建设为中心、"两个文明"一起抓经验交流现场会,组织全省学习、推广张家港市的精神和经验。10月12日,《新华日报》头版头条刊载《陈焕友同志谈张家港成就、张家港经验、张家港效益》的长篇报道。张家港"两个文明"一起抓典型的推出,在全省反响热烈,很快产生了推动全局、影响深远的效果。[3]

张家港这一"两个文明"协调发展的先进典型,也引起了中央层面的关注。从1992年5月至1995年4月的3年间,李鹏等十多位党和国家领导人先后来到张家港考察,对张家港"两个文明"建设的成绩和经验给予肯定。1995年4月,新华社《内参选编》刊登了张家港市"两个文明"建设的3篇专题调查报告,比较全面地介绍了张家港市"两个文明"建设协调发展的做法和经验,《半月谈》《人民日报》《精神文明报》都转载了这个调查报告。是年5月13日,正在苏州考察的江泽民总书记来到张家港视察,张家港"两个文明"建设成果和干部群众的精神风貌都给江总书记留下了深刻的印象。视察途中秦振华向江总书记汇报

---

[1] 杨振武、孙健:《苏州跃起六只虎》,《人民日报》,1993年12月15日。
[2] 贾轸、唐文起:《江苏通史·中华人民共和国卷(1978—2000)》,凤凰出版社2012年,第305页。
[3] 贾轸、唐文起:《江苏通史·中华人民共和国卷(1978—2000)》,凤凰出版社2012年,第398页。

情况,当汇报到"张家港精神"的四句话时,秦振华用方言说一句,总书记就用普通话重复一句,一句接一句,车内气氛十分活跃。视察中江总书记做了重要讲话,他说张家港在小平同志南方谈话以后变化很大,"这是干出来的,不是喊出来的","张家港市非常重视两个文明一起抓,我听了很高兴"。离开前,还愉快地答应题写"张家港精神"的四句话,不久张家港市就收到了江总书记的题词。9月上旬,中宣部组织8家中央新闻单位记者采访团到张家港市集中采访报道,《人民日报》陆续发表22篇文章,全方位报道张家港市以经济建设为中心、"两个文明"建设协调发展的事迹,其他中央媒体也都连篇介绍张家港经验和张家港精神。[1] 10月中旬,中宣部和国务院办公厅在张家港市召开全国精神文明建设经验交流会,各省、市、自治区党委的分管书记、宣传部长、政府秘书长等与会代表对张家港市"两个文明"建设情况进行了全面考察。会上刘云山副部长在主题讲话中说,这次会议选择在张家港召开,可以说是张家港精神文明建设的现场会,目的是要通过学习、推广张家港的经验,推动精神文明建设,促进"坚持两手抓、两手都要硬"方针的落实,张家港所创造的经验是丰富的,有较强的现实意义。在全国宣传、推广张家港的经验,有利于使广大干部群众更好地学习、理解邓小平同志建设有中国特色社会主义理论,增强贯彻执行党的"一个中心、两个基本点"的基本路线的自觉性;有利于引导和激励各级领导干部在实际工作中真正加强社会主义精神文明建设。[2] 中共中央政治局委员、书记处书记、中宣部部长丁关根在会议总结讲话中总结了张家港的六条经验:一是抓住机遇,坚持发展才是硬道理,精神文明建设坚持高起点、高标准;二是成绩是干出来的,张家港说了算数,定了就干,而且不是一般的干,"张家港精神"的16个字朴实、有气概,始终有那么一股子劲,一股子气概;三是把社会主义、集体主义的优越性和个人的积极性、创造性有机地结合起来,既发挥了集体经济实力雄厚的优势,又发挥了个人的积极性,这是一条以公有制为基础的、全面调动社会各方面力量、走共同富裕的路子;四是严字当头,把思想道德教育和严格管理结合起来;五是始终把"两手抓、两手硬"结合起来;六是领导班子过硬,干部队伍以身作则,造就了一支思想过硬、作风过硬的干部队伍。[3] 这次会议召开之际及以后一段时间

---

[1] 中共张家港市委党史地方志办公室:《中国共产党张家港市历史大事记(1949.4—1998.12)》,中共党史出版社1999年,第287、289页,第291—294页。

[2] 史福明:《全国精神文明建设经验交流会在张家港召开》,《苏州日报》,1995年10月19日。

[3] 中共张家港市委党史地方志办公室:《中国共产党张家港市历史大事记(1949.4—1998.12)》,中共党史出版社1999年,第296页。

里,中央新闻单位以显著版面、黄金时间节目连续、大量报道张家港典型经验。《人民日报》连发4篇报道和5篇评论员文章,赞扬张家港是中国特色社会主义"伟大理论的成功实践"。新华社连续播发4篇通讯,生动介绍了"张家港精神"催生的巨大变化。中央电视台播放了反映张家港精神的4集专题片《狂飙》,又在《新闻联播》节目里连续4天播放了《张家港奇迹》专题报道片。中央人民广播电台也在《新闻联播》节目里报道了张家港的"两个文明"建设成就。[1]1996年4月,中宣部又在张家港市举办了为期6天的全国市委书记精神文明建设研讨班,研究在不同地区如何结合实际进一步推广张家港经验。全国55个市的市委书记、分管副书记参加研讨,并在会议期间参观考察了张家港"两个文明"建设的成果。

中宣部这两次会议后,全国各地到张家港考察的队伍络绎不绝,形成一股热潮,1995年有65万人,1996年为70万人,1997年达80万之多。[2]同一时期内,有32位党和国家领导人来张家港考察,对张家港给予了充分肯定和热情鼓励。[3]1996年10月下旬,中共中央政治局常委、书记处书记胡锦涛在苏州考察期间来到张家港,亲临十多个单位和乡镇,总结了张家港市"两个文明"建设的三条成功经验。他说,改革开放以来,特别是"八五"期间,张家港市发展很快,变化很大,"两个文明"建设成绩显著,经验可贵,走在了全省、全国的前列,起到了很好的带头示范作用。发展的道路是无止境的,省委、中央越是表彰、肯定张家港,树张家港为典型,张家港市的干部越要保持清醒头脑,戒骄戒躁,乘势而上,再接再厉,继续前进。[4]

二、民主政治建设积极推进

90年代,苏州努力适应经济体制改革和经济社会发展的需要,按照中共十四大提出的积极推进政治体制改革、建设有中国特色的社会主义民主政治的要求和中共十五大制定的经济、政治、文化"三位一体"建设有中国特色社会主义的战略部署,积极推进社会主义民主政治建设。

1. 地方各级人民代表大会制度的新发展

1992年至2000年间,苏州市人民代表大会(简称"市人大")完成两届换届

---

[1] 石花:《中央新闻单位连续报道张家港经验》,《苏州日报》,1995年10月21日。
[2] 王霞林:《邓小平理论在江苏的成功实践》,江苏人民出版社2000年,第479页。
[3] 中共张家港市委党史地方志办公室:《辉煌二十年(1986—2005)》,中共党史出版社2006年,第383、384页。
[4] 中共张家港市委党史地方志办公室:《中国共产党张家港市历史大事记(1949.4—1998.12)》,中共党史出版社1999年,第313页。

选举。1993年3月召开的市十一届人大一次会议,选举王敏生为市人大常委会主任、章新胜为市人民政府市长。1998年1月召开的市十二届人大一次会议,选举黄俊度为市人大常委会主任、陈德铭为市人民政府市长;依据1995年修订的地方组织法,将苏州各区、县(市)人民代表大会的每届任期改为5年。90年代,各级重视提升人大代表的素质,改善代表的结构,增强代表的社会活动能力和参政议政能力。以市人大代表为例,1998年的第十二届与1988年的第十届相比,在代表构成类别上,干部的比例由占27.88%下降为26.77%,工人、农民、知识分子的比重有所上升;文化程度上,大专以上比重由占40.73%上升至69.57%。

全市各级人大及其常委会和乡(镇)人大主席团,将监督行政、审判、检察机关的工作和保证宪法法律在本行政区域的有效实施作为重要职责。人代会闭会期间,市人大常委会紧紧抓住苏州改革开放与经济社会发展中的重大问题和人民群众关注的热点、难点问题,听取和审议政府的汇报,提出意见和建议,有的还做出相应的决议,制定颁布相应的地方性法规,督促市政府切实做好相关工作。如,阳澄湖是苏州市区和昆山、吴县、常熟沿湖100多万人民的主要饮用水源地,但自80年代以来阳澄湖水源水质污染日趋严重,由原来的Ⅱ类水下降到Ⅲ类至Ⅳ水,这一情况引起社会各界的广泛关注。市历届人大曾多次提出意见、建议并做出保护阳澄湖饮用水源的相应决议,制定专门条例,建立由市、县(市)、乡(镇)三级人大组成的联动监督网络,市人大常委会领导和市政府分管市长带领有关部门负责人进行现场办公,对有严重污染的企业做出关停和限期治理的处罚决定。在人大的促进下,市政府迅速组建了阳澄湖水资源管理委员会和三级政府组成的管理网络,各地政府和有关部门先后在保护区内投资建设了40个环保设施项目,对30个污染企业做出限期治理的决定,取缔了8家、关停了26家有污染的企业,总体上有效控制了阳澄湖水质污染,饮用水源水质逐年有所改善。据市环保部门1997年对7个监测点的监测结果,2项主要反映有机污染的指标已达到Ⅲ类水标准,5项毒物和重金属指标全部保持或达到Ⅰ类水标准,湾里取水口水质21项指标中19项恢复到Ⅱ类水标准。[1]与此同时,市人大常委会还积极探索其他途径和形式,切实加大监督力度,使法律监督和工作监督取得新的进展。一是加强执法检查。1994年做出《关于加强对法律法规实施情况检

---

[1] 陈红喜:《人大政府双向联动,强化管理严格执法,阳澄湖水资源保护取得阶段性成果》,《苏州日报》,1995年6月14日;常新:《我市三级人大联动监督不断强化,阳澄湖水源水质保护取得阶段性成果》,《苏州日报》,1997年11月1日。

查监督若干问题的决定》,1998年颁布《关于执法检查的规定》;每年都选择若干重点问题开展专项执法检查,1993—2000年间先后就贯彻国家、省、市9个法律法规的实施情况及加强对食品卫生工作、保护耕地、农技队伍建设、农业社会化服务体系等情况进行执法检查,及时、有效地督促政府严格执法,提升行政执法和治理水平。二是拓展评议工作。1994年做出《关于组织市人大代表评议政府、"两院"工作的决定》,当年首次组织对市公检法司机关工作进行评议,1996年首次对5名局长和"两院"部分审判委员、检察委员等市人大常委会任命的国家机关工作人员开展述职评议,2000年组织力量对述职干部的整改情况进行跟踪检查,以提高述职评议工作的实效。三是实施个案监督。市人大常委会在处理群众来信、接待群众来访中,注意发现"一府两院"工作和执法中存在的问题,于1996年组织并督促"两院"制定错案责任追究制、市政府推行行政执法责任制。1998年起开展个案监督,依法纠正有案不立、有罪不究、以罚代刑等问题。

市人大常委会保障、支持和激励人大代表依法履行职责,在依法管理地方国家事务和社会事务中发挥好人大代表的作用。在常委会会议、常委会组成人员视察、执法检查活动和评议任免干部时,安排部分市人大代表列席参加,推荐人大代表担任有关部门的作风监督员。1994年制定《苏州市人民代表大会代表联系的办法》,2000年建立6个市区专业代表组,以利于人大代表按专业开展活动。市人大常委会把督促办理人大代表建议、批评、意见(简称"代表建议")作为一项重要工作来抓,1995年起开展代表建议承办单位的评选活动,对代表建议办理工作进行跟踪。市十一届人大的5年间,共提交市政府办理的议案10件、代表建议1 623件,其中代表建议已解决和基本解决的占62.7%、列入计划逐步解决的占23.2%,人大代表对建议办理满意和基本满意的占96.2%。

为适应对外交往不断扩大的需要,彰显苏州的城市特色,提升苏州的城市知名度,市十一届人大常委会提出了关于确定苏州市城市标志(简称"市标")的议案。1995年4月市人大常委会会议对市政府提出的3件候选方案进行了认真审议,决定以修改后的第一号方案为苏州市城市标志。苏州市市标,以水城门、流水、苏州(用汉语拼音)组成圆形图案。圆形象征日月同辉,天长地久;图案中央的水城门突出苏州是一座历史悠久的文化名城,水城门下面的流水表示苏州是"江南水乡";两个圆形组成的偏心圆展示了苏州勃勃生机、灿烂辉煌的明天。整个图案简洁、庄重,有特色和时代感。[1]随后市政府制定了关于市标的制作和

---

[1]《苏州市人民代表大会常务委员会公告》,《苏州日报》,1995年4月27日。

使用规定。

2. 政协工作在服务大局和弘扬主题中开拓前进

1992—2000年间市政协进行了两次换届选举。市政协第九届委员会由29个界别组成,比上届增加1个界别,委员共490人。1993年3月苏州市政协第九届第一次会议召开,选举曹兴福任市政协主席。1998年1月苏州市政协第十届第一次会议召开,选举范育民任市政协主席。为适应新形势新任务,十届与八届相比,市政协委员的结构有了一些积极的变化,委员中非中共党员所占比重由57.29%上升到61.84%,大专以上文化程度的占比由52.08%上升到76.33%,委员平均年龄由51.8岁下降到49.45岁。

90年代,历届苏州市政协认真履行政治协商、民主监督、参政议政的职能,为促进全市经济社会健康发展和推进率先实现基本现代化发挥了重要作用;同时适应新形势新要求,不断改进政协工作,促进工作水平的提升。

政治协商方面,着重加强决策前协商。形成全委会议集中协商、常委会议专题协商、主席会议及时协商、专门委员会对口协商的四个层次协商议政格局,实现了协商工作的经常化、制度化、规范化,促进了市委、市政府重要决策的民主化和科学化。1994年市委着手制定苏州市基本现代化总体规划,市政协通过主席会议、常委会议进行协商讨论,对纲要初稿提出了近百处修改意见,为这个纲要的形成做出了努力。随后,市政协经过7个专题的调查研究,对制定有关专业规划纲要提出意见和建议,被市委、市政府大量采纳。第九、第十届市政协常委会会议共形成25个建议案,报送市委、市政府做决策时参考;主席会议共协商了63个问题。

参政议政、建言献策方面,形成围绕市委市政府中心工作、"既要多出精品,又要量力而行"的工作思路,努力提高政协委员参政议政水平,实现"参政参到点子上,议政议出实效来"。1992年市政协委员率先提出"保护和开发'七里山塘'风景名胜资源"的建议,市政府采纳后责成市规划局制定保护和开发山塘街的详细规划,为山塘街日后的保护、开发、利用并成为中国历史文化名街做出了重要贡献。第十届市政协先后就"三农"问题进行多次调查研究,提出了3个建议案,市委、市政府多位领导对建议案做出批示,其中农民增收和农村劳动力转移这2个建议案被市委、市政府转发至各县(市)区和市有关部门,推动了全市农村工作。

民主监督方面,市政协总结经验,使民主监督寓于协商、调研、视察和提案办理等各项活动之中。八届市政协的部分委员被聘为特邀监察员、党风联络员和义务监督员,参加全市党风廉政建设检查活动。九届市政协制定《关于加强了解和反映社情民意工作的意见》,建立信息工作网络,通过编发《情况反映》及时反映各界人士的意见、建议和呼声,市委、市政府领导对大多数《情况反映》做出批示并进行落实。十届市政协选择各方面比较关注的环保工作开展专项民主监督活动,通过市、县两级政协联动,民主党派、工商联和有关人民团体共同参与,先后组织召开20多次座谈会,发放回收1 000多份调查问卷,收集到许多有价值的意见和建议,市政协常委会会议进行专题评议,并向市委、市政府提出专项监督报告。市委、市政府主要领导和分管副市长做出批示,有关职能部门吸取意见建议,逐条对照落实。

广大政协委员积极运用提案履行职能,提案数量逐届增多,第八届1 906件,第九届2 588件,第十届3 344件;提案的质量不断提高,重点关注社会的热点和群众的疾苦,既提出问题,又就问题的解决提出切实可行的具体方案或建议,彰显了政协委员人才荟萃、智力密集的优势。市政协高度重视提案工作,探索提高提案办理质量的新途径新形式,实行提案人参与办案、主席分工督办重点提案、重视征集办理集体提案和评选表彰提案积极分子、先进集体和承办提案先进单位。

市政协注意发挥委员社会联系面广、海外关系多和中老年委员熟悉苏州历史文化传统的优势,做好政协的特色工作,发挥政协的特殊作用。通过加强海外联谊工作,促进海峡两岸的交往,宣传"一国两制"方针和有中国特色的政党制度,经过市政协和委员的牵线搭桥,办成一批合资合作项目和捐赠项目;通过开展重大事件和重要人物的纪念活动,举办太湖历史文化国际学术研讨会等,团结社会各界及海外爱国人士,激发他们的爱国热情,巩固、扩大爱国统一战线;通过开展文史资料收集、整理和编辑出版工作,发挥其在存史、资政、团结、育人方面的特殊作用。

3. 多党合作事业在新形势下不断推进

1992年以来,中共苏州市委坚持和完善中国共产党领导的多党合作和政治协商制度,与各民主党派、工商联、无党派人士一道共同推进多党合作事业,积极探索非中共人士在更大的范围内有序参与国家政治生活、发挥积极作用的新途径,巩固和发展了新时期爱国统一战线。

全市民主党派、工商联组织不断发展壮大。1995年中共苏州市委批转《关于支持与帮助我市各民主党派加强基层组织建设的意见》,对民主党派在县级的发展工作进行分工调整和布局协调,形成每个党派到3个县级市发展组织、每个县级市发展3个党派组织的基本格局。至2000年,全市民主党派成员由1991年的3 366名发展为5 289名,占全省总数的15.3%;基层支部(小组)由221个增加到296个。工商联在组织结构和主要职能平稳过渡的基础上,1992年市工商联增挂"苏州市商会"牌子,便于加强与海外工商社团的联系;1993年4个区的工商联恢复建立,个体、私营、外资等非公有制企业第一次进入市工商联执委会;之后开始加强基层商会建设。2000年底市工商联共有会员5 992个,其中企业会员4 231个、团体会员54个、个人会员1 707人,共有乡镇(街道)分会71个。[1]为帮助提高民主党派、工商联干部队伍素质,1992年8月中共苏州市委统战部建立苏州市社会主义学校(后更名为学院),开展各类短期培训班,组织民主党派、工商联负责人、骨干成员及党外干部、非公经济代表人士等学习政治理论,更新知识结构。

中共与党外人士的政治联盟得到巩固。1993年市和县(市)、区换届时,全市实现市、各县(市)区都配备1名党外副市长、副县(市)区长。1995年,市委制定《苏州市1995—1999年培养选拔党外领导干部工作规划》。1998年,市十二届人大493名代表中党外代表150人,市政协十届488名委员中党外委员303人;市人大选举党外副主任1人,市政协选举党外副主席6人。1999年,23名党外人士担任苏州市政府部门或市级集团公司的领导职务,85名党外人士担任县级市、区政府的部门领导职务,还有91名党外人士任县处级干部。2000年,全市10个县级市、区选举10名党外人士担任人大常委会副主任,37名党外人士担任市、区政协副主席。民主党派和无党派人士参加国家政权工作的制度安排,为发挥参政党的作用、加强社会主义民主政治建设提供了组织保证。

民主党派和工商联积极参政议政,发挥民主监督作用。10年间市委共召开座谈会、协商会、通报会84次,就重大决策和重要事项,同民主党派、工商联进行民主协商,听取意见和建议。1999年市政府发出《关于进一步加强政府及司法机关与市各民主党派、工商联联系制度的意见》,至年底有112名民主党派、工商联成员受聘担任市级各类特约、义务监督员,参加市纪委、市廉政办组织的纠风评议和市财政局组织的收支两条线检查活动。市各民主党派、工商联围绕全市经济、社会发展和市委、市政府所关注的热点、难点问题,开展专题调研活动,积极建言献策,反映社情民意,1993—1998年共形成调研报告160篇,其中,在市

---

[1] 贾轸、唐文起:《江苏通史·中华人民共和国卷(1978—2000)》,凤凰出版社2012年,第417页。

政协全会上做大会发言57篇,递交市委、市政府87篇。许多调研报告、社情民意由市委领导做出批示,并被市政府及有关部门采纳。市各民主党派和工商联发挥优势,积极开展社会办学、技术培训、科技咨询、扶贫帮困、义诊、拥军等社会服务活动,为经济社会发展贡献智慧和力量。

4. 人民团体建设与履职的与时俱进

90年代,苏州的各人民团体努力适应改革开放深入推进的新形势新任务,积极履行和发挥市委、市政府联系人民群众的桥梁和纽带的职责,成为国家政权的重要社会支柱;履行和发挥市政协的组成单位的职责,积极参政议政、民主监督;履行群众性组织的职责,依法维护和保障群众利益,举办各种丰富多彩的活动,动员和组织各界群众投身改革开放和社会主义现代化建设,为全市经济社会发展做出贡献。

工会组织职工发挥主力军作用。90年代全市工会组织建设与时俱进,先后在乡镇、私营企业、外商投资企业、骨干村级企业、城区街道、社区建立起工会组织,至2000年底全市外商投资企业建工会累计达3 003家、私营企业建工会1.05万家、改制企业建工会率保持在99%以上。各级工会组织大力加强职工教育,广泛开展劳动竞赛,推动群众性技术革新、技术发明和合理化建议活动蓬勃开展。市总工会受市政府委托,具体负责做好每5年一次的全国、省劳动模范(先进工作者)和3年一次的市劳动模范评选、表彰工作。1995年和2000年,苏州各有10人被评为全国劳动模范,各有6人被授予全国先进工作者。各级工会创新推进民主管理,"八五"时期全市企业职代会制度和"共保合同"制度在普遍建立的基础上不断完善,"九五"时期在改革改制企业中建立职工代表董事和监事制度,开展以职代会评议企业领导干部和企业业务招待费向职代会报告为重点的民主监督工作,推行厂务公开和事业单位内部事务公开工作。同时切实维护职工权益,针对企业内部改革中出现的新情况,推动企业与职工协商签订集体合同工作,开展工资集体协商,指导改制企业规范成立职工持股会,联合有关部门开展对企业贯彻《劳动法》的监督检查,对少数企业存在的侵害职工权益问题严肃查处并下达整改指令书,督促其进行整改;市总工会成立法律援助中心,为劳动权益受到严重侵犯的职工等提供法律援助。

共青团组织青年发挥突击队作用。90年代全市共青团组织以社区、小城镇团建为基础,拓展非公经济团建新领域,2000年全市有基层团组织8 349个、团员29.39万人,团员在全市15—29岁的青年中占17.51%。各级团组织积极组织开展适合青年特点、有利于激发青年建设积极性和创造性、为青少年成长成才服务的活动。团市委每两年一次评选表彰"苏州市十大杰出青年",每年组织开展"青工技能月""青年文明号"活动,成立苏州市青年志愿者协会,建起了一大批服务基地,开展创建优秀青少年维权岗活动,实施"青春网上行"万人培训免费计划等。

妇联组织妇女发挥"半边天"作用。各级妇联着重推进在个体劳动者、私营企业、社区中建立健全妇代会;市妇联先后建立形成了市妇女儿童活动中心、妇女干部学校等五大实体,增强了服务妇女儿童的能力;在全市持续开展五好家庭、文明家庭创建活动,创建家庭文化促进会、金相邻联谊会等精神文明建设品牌;持续开展农村"双学双比"和城市"巾帼建功"竞赛活动,全国妇联相继在苏州召开现场会推广苏州经验。1992年起实施《妇女权益保障法》,维权工作开始全方位地关注妇女的生存发展,维护妇女的合法权益,1994年市妇联获全国维权工作先进集体称号。1996年市政府批准实施《苏州市妇女和儿童少年事业"九五"发展规划》,翌年苏州市被国务院列为《九十年代中国儿童发展规划纲要》实施示范市,被评为全国儿童工作标兵市。"九五"时期全市投入80亿元,建成教育现代化、妇幼卫生现代化和妇女儿童基础设施工程项目1 600个,使苏州妇女儿童的教育、卫生等主要指标达到或接近达到中等发达国家水平。在女干部培养上,市妇联会同市委组织部制定实施了两轮培养选拔女干部工作规划,建立女性人才推荐、女干部培训、女干部培养督查等工作机制,1998年市人大、政府、政协换届中市妇联推荐了72名处级女干部人选,绝大部分获使用。

全市科协组织不断壮大。至2000年共有市级科技类学会95个、局(公司)科协3个、乡镇(街道)科协144个、企业科协373个、各类农村专业技术协会980个。各级各类科协组织广大科技工作者开展形式多样的学术交流、科技建言和群众性科技创新等活动。市科协每年举办科技进步"献计杯""攻关杯"竞赛活动,并选出100个优秀项目予以表彰;会同有关部门组织实施科技成果转化"厂会协作行动"、青少年科技创新大赛等,组织参与全国、全省各类大赛,90年代累计获得省级以上奖励1 000多项。

市文联以推动文艺创作、建设文艺队伍、发展文艺事业为重点,鼓励支持团体会员和文艺工作者解放思想、继承创新,致力于繁荣社会主义文艺事业。1992年各文艺工作者协会全部改名"某某家协会",2001年市第八次文代会时全市会员2 742人,其中省级会员1 026人、全国级会员234人,分别比1989年第六次文代会时增加456人、144人、64人。1992年起先后建立苏州市文学艺术奖评比奖励制度、社会主义精神文明产品"五个一工程奖"评比奖励制度、非专业创作人员申请创作假期制度、扶持优秀文艺作品出版发行规定以及在全国一流文学刊物发表作品奖励制度等,激发了广大文艺工作者的创作热情,提升了苏州的文艺创作水平。

市社科联加强重点骨干学会建设,推动学会建设有序发展,组织广大社会科学工作者开展理论研究、学术交流、社科知识普及工作。1999年市政府制定《苏州市哲学社会科学优秀成果评奖办法》,开始由以往每3年一次改为每2年评奖一次,每次奖励200项左右优秀成果,一批有理论深度和新意的优秀社科论文和决策咨询报告为市委、市政府科学决策和施政提供了重要参考。全市涌现出一批研究成果丰硕、社会影响广泛、活力充足、作用显著的品牌学会,苏州市孙武子研究会、工商行政管理学会、传统文化研究会被评为"全国大中城市先进学会"。

市侨联联系团结广大归侨侨眷和海外侨胞,牵线搭桥、引资引智、建言献策、反独促统,为推进全市"两个文明"建设和苏州与海内外的多领域民间交流合作做出努力。90年代,市侨联密切与新移民的联系,并把重点华商、海外高层次人才作为工作重点,引导海外华商在苏投资,为海外新移民及留学人员回苏考察和创业做好穿针引线工作,接受华侨捐赠居全省第一。贯彻《归侨侨眷权益保护法》,至1995年共依法处理和解决归侨侨眷的各类问题355件,全市归侨侨眷知识分子中182人加入中国共产党,20人担任县级以上领导干部,173人被选为全国、省、市、县(区)人大代表或政协委员,24人被评为省先进、劳模,6人获全国、省归侨侨眷优秀知识分子称号。

市台联根据《中共中央关于落实居住在祖国大陆台湾同胞政策的指示》,协助市政府让居住在苏州的台胞少有所教、老有所养、孤有所依,1994年起为离退休台胞发放生活补助费。积极为台胞来苏投资兴业牵线搭桥,热情提供各类服务,维护台胞的投资利益和合法权益,使苏州成为祖国大陆台商投资的密集区。以乡情为纽带,开展两岸民间经济、文化交流,组织接受台湾人士的公益捐赠。为在苏台胞搭建参政议政平台,至2000年全市先后有30多人次成为各级人大代表和政协委员。

市残联代表全市残疾人利益,团结教育残疾人,并积极充当党和政府联系广大残疾人的桥梁和纽带,协调社会各方面力量,共同关心残疾人的健康发展,为残疾人排忧解难,进一步发展残疾人事业。1998年全市各县(市、区)、乡镇(街道)相继建立残疾人工作协调委员会,2000年市残联升格为正处级建制,为市政府直属人民团体。

三、法制建设和依法治市不断深化

进入90年代,苏州在进一步提高全市公民的法律意识和法制观念的基础上,坚持学法用法相结合的原则,促进依法办事、依法行政、依法管理,把各项工作逐步纳入法制轨道,为依法治市打下基础,并成为全国最早提出"依法治市"的城市之一。1996年中央提出依法治国、建设社会主义法治国家的基本方略,苏州建立依法治市领导小组,制定了首个《苏州市1996—2000年依法治市规划》,市人大常委会做出相关决议,市委、市政府召开了首次依法治市工作会议,由此标志着苏州的依法治理工作全面正式地上升到依法治市的新阶段。[1]

1. 持续深入开展普法教育

90年代,由党委宣传部门和司法行政部门主管,全市的法制宣传教育连续实施了两个五年规划。"二五"普法以各行各业的领导干部特别是乡镇以上领导干部、执法机关的工作人员、宣传教育工作者和青少年特别是大中学校学生为重点,组织进行了以宪法为核心、实现基本国策为主要内容的16个必学法律法规的普及教育,普及率达92%。"三五"普法,重点对象增加了企事业单位经营管理人员和外来人口两大类;在方式方法上注重利用大众传媒,完善社会化法制宣传网络。主要办好"八个一"工程,即市普法办的一个"法制传播中心"、一本《苏州法制》月刊、一本《案例选编》、一次普法知识竞赛、苏州电视台《法与社会》专栏、苏州日报《法庭内外》专版、苏州人民广播电台《法律社会》节目、社会各界的一支法制文艺演出队伍,营造了浓厚的法制宣传社会氛围。[2]5年中全市共有395万人接受了各种形式的普法教育,占应普人数的91%,为推进依法治市奠定了良好的基础。

2. 加快地方立法步伐

1979年制定的《中华人民共和国地方各级人民代表大会和地方各级人民政府组织法》引入了"较大的市"这一政治法律概念,主要是赋予一些省辖市地方部分立法权,明确"较大的市"制定的地方性法规须报省人大常委会批准后才能施行,所以通俗的叫法为"半个立法权"。至1992年底我国的"较大的市"共有48个,其中江苏有南京、无锡2个。进入90年代后,苏州的改革开放和经济社会

---

〔1〕 中共苏州市委政法委员会:《苏州政法工作五十年(1949.4—1999.12)》,苏准字JSE—0001048号,2004年,第218、219、228页。

〔2〕 中共苏州市委政法委员会:《苏州政法工作五十年(1949.4—1999.12)》,苏准字JSE—0001048号,2004年,第224、225页。

发展取得显著成绩,城市规模也有很大扩展,在省内、国内的地位显著上升,苏州的法制建设在省内也领先。于是苏州开始积极对上争取,请求获批"较大的市"。省政府对此积极支持,于1993年初向国务院呈报,1993年4月22日国务院批复同意苏州市和徐州市为"较大的市",明确两市可以根据有关法律和规定制定地方性法规和规章。[1]苏州获批为"较大的市",标志着市级国家权力机关和行政机关法律地位的提高,从整体上提升了全市政治、法律等方面的地位。取得地方立法权后,苏州可以通过立法工作,及时把改革开放和经济建设中的成功经验以地方性法规和规章的形式固定下来,在国家和省尚未立法的领域,制定符合本市实际的地方性法规和规章,为全市的改革和发展创造良好的法制环境,提供有力的法律保障,必将对苏州社会、政治、经济等领域产生重大影响。[2]

苏州市拥有地方立法权后,市委、市人大和市政府高度重视并认真组织实施。为做好此项开创性工作,市人大设立法规室这一常委会专门办事机构,1993年8月与市政府联合召开首次立法工作会议,对各项有关工作进行了全面部署,对拟定的第一批地方性法规的起草工作进行了具体的安排。[3]是年9月,市十一届人大常委会第三次会议审议通过《苏州市人大常委会制定地方性法规的规定》,经省人大常委会会议批准于同年11月公布施行,是为苏州市第一个地方性法规,标志着苏州市的地方立法工作从一开始就纳入了规范化的轨道。为加强对此项工作的领导和指导,1994年初成立了市立法工作领导小组。

自开展地方立法工作起,市人大常委会边探索、边实践、边总结,从苏州经济建设、社会管理和民主法制建设中的热点、难点着眼,坚持需要为先、以人为本、特色为重、质量为上的"四为"指导思想和立、改、废并举原则,总结出了"立意要新不抵触,题目要小有特色,内容要实可操作,针对性强能解决问题"的工作思路,至2000年底先后制定出台了29项地方性法规和2项法规性决定,修改法规4项,废止法规9项,现行有效地方性法规22项。在所制定的31项地方性法规(包括法规性决定)中,有关经济建设、管理方面的9件,有关古城和生态环境保护方面的11件,有关社会事业方面的8件,有关人大工作制度方面的3件。其中《苏州市农业社会化服务条例》《苏州园林保护和管理条例》《苏州市禁止开山采石条例》等在国内尚无先例,形成地方立法项目中的"苏州特色"。在地方立

---

[1] 姚喜新:《地方立法:苏州挤上"末班车"》,《苏州日报》,2008年5月15日。
[2] 常新:《市人大常委会市政府召开新闻发布会,介绍苏州为"较大的市"有关情况》,《苏州日报》,1993年6月29日。
[3] 文标:《我市召开首次立法工作会议》,《苏州日报》,1993年8月13日。

法中,市人大常委会严格坚持法定程序,严把立项关、起草关、审议关三个关口,逐步建立和完善了一整套制度,还聘请17位专家、教授担任立法咨询员,为制定地方性法规提供咨询服务,从而确保所立法规的质量。[1]

苏州成为"较大的市"后,市政府有了制定颁布市政府规章的职权,地方行政立法工作随之规范化地开展起来,成为地方立法工作的重要组成部分。1993年10月20日颁布《苏州市人民政府关于制定规章的规定》,为苏州首个政府规章,并首次以市长签署苏州市人民政府令的形式颁布。之后,市政府每年都依法制定颁布一批政府规章和规范性文件,成为依法行政和依法治市的重要法律规范和依据。

3. 逐步推进依法行政

90年代中,苏州市各级政府适应经济社会发展和民主法制建设推进的要求,积极推进政务运行的各项制度改革,大力加强政府法制工作,不断增强自身的法治能力,依法履行政府的经济调节、市场监管、社会管理和公共服务职能,打造"法治型政府""阳光型政府""服务型政府"。

积极推进政务运行制度改革。一是于1996年进行第二轮党政机构改革和推行公务员制度,基本理顺了政府部门之间的职能交叉、矛盾问题,完善了公务员队伍的建设与管理。二是推行政务公开。"九五"时期全市首先开展乡(镇)政务公开,2000年向县级市、区和市各部门拓展延伸。[2]市政府于1993年建立"网上苏州"网站,2000年"名城苏州"网站开通运行,构建了苏州的"电子政府"和政府联系群众的快捷平台。[3]三是推行政府采购制度改革。自80年代全面推行政府投资建设工程项目招投标制度后,1996年建立苏州市建设工程有形(常设)市场,规定100万元以上国有投资建设项目必须进场招投标,进一步规范了政府的项目建设行为。1999年起推行政府采购制度,通过公开招投标,不仅节约了财政资金,而且有效防止和杜绝了政府采购中的权钱交易。

依法执法和严格执法监督监察。1992年,市政府全面审核了33个市级行政执法部门及其下属执法组织的执法主体资格以及他们的执法依据、程序、手段,1993年起全市2万多名行政执法人员统一实行持上级制发的行政执法证件执行

---

[1] 姚喜新:《地方立法:苏州挤上"末班车"》,《苏州日报》,2008年5月15日;常新:《我市积极稳妥开展地方立法工作》,《苏州日报》,1997年10月5日。
[2] 苏州市人民政府办公室:《印发关于在全市进一步推行政务公开的实施意见的通知》,2000年11月21日,第2、3页,苏州市档案馆藏,档号C1—7—1011。
[3] 高岩、徐蕴海:《十万人次访"网上苏州"》,《苏州日报》,1999年1月18日;汉忠:《"名城苏州"网站昨开通》,《苏州日报》,2000年10月2日。

公务。1993年,市政府建立本市地方性法规、规章实施周年的情况检查和书面报告制度。[1]1996年起贯彻《行政处罚法》,市制定并实施行政处罚听证程序,并组织全面推行行政执法责任制、公示制和错案责任追究制度。2000年起推行行政处罚罚没收入罚缴分离制度,较好地杜绝了"以罚代查"和乱罚款的现象。是年底考核显示,全市51个行政执法机关的行政执法活动基本达标。市两级监察局成立后,积极履行执法监察、效能监察和廉政监察职能。1992年市行政监察中心设立企业投诉窗口,全面检查经济综合部门、工业主管部门、执法监督部门,及时发现问题并向被检查部门反馈意见;1997年起对减轻企业负担、减轻农民负担、土地出让金、中小学乱收费、医生收红包、国有资产流失、清理预算外资金、农村税费改革等进行专项监察,促进改革开放各项政策措施的顺利贯彻落实;对政府投资的重点工程项目、政府实事工程进行监察,共制止纠正违纪行为141起,查处违纪案件31件,协助建章立制54项。

积极开展行政复议和纠纷仲裁。1994年《行政复议条例》修改,受审范围扩大,当年全市各级行政机关共受理各类行政复议案件84件,为1990年的近4倍,经过审理撤销和变更15件;全市法院一审行政诉讼案件58件、二审案件17件,行政机关积极应诉,法院全部审结。1996年市有关部门开始办理行政赔偿案件,仅公安部门当年就办理了14件,返回财产和赔偿金额300多万元。1999年贯彻实施《行政诉讼法》,市法制局建立复议工作责任制、联席会议制度等,对复议、应诉人员进行系统培训和资格认证,促进提高了办案质量。通过行政复议和应诉,有效维护行政机关合法、适当的行政行为,及时纠正了一批违法、不当的行政行为,保护了法人和公民的合法、正当权益。1996年市政府依据《仲裁法》重新组建了苏州仲裁委员会,聘请省内外多个领域的230多名专家、学者担任仲裁员,至2000年仲裁委共受理案件203件,涉及争议标的金额3.08亿元。通过政府主持的纠纷仲裁,有效维护了当事人合法权益、市场经济秩序和社会的安定。

4. 坚持严肃执法和公正司法

90年代我国各项改革不断深化,对外开放不断扩大,经济和社会格局发生重大而深刻的变化,各类社会矛盾和纠纷随之增多,各类犯罪活动也大量增加,新型犯罪层出不穷,社会的治安稳定和政治稳定面临着严峻的挑战。全市各级党委和政府坚持把严肃执法和公正司法作为加强社会主义法制建设、推进依法

---

[1] 常新:《依法治市在积极推进中》,《苏州日报》,1998年1月18日。

治市的中心环节来抓;全市各级法院、检察院和公安、国家安全机关狠抓队伍建设,强化职能职责,严格执行宪法和法律,不断加强和改进各项执法司法工作,提高审判、检察、侦查工作水平,切实做到有法必依、执法必严、违法必究,努力营造安全安定的社会环境,构建公平公正的法制环境,为全市改革开放和现代化建设提供了法制保障。

(1)严厉打击各种刑事犯罪活动。90年代全市政法机关继续保持对严重刑事犯罪活动的高压态势,接连开展了打击车匪路霸、追"三逃"、打流窜,追逃犯、打团伙、扫"六害",打击盗窃机动车,破案防范百日会战,网上追逃,打黑除恶,破案会战,打击人贩子、解救被拐卖妇女儿童等一系列专项行动和斗争,从中破获了一大批犯罪案件,严厉惩处了一大批违法犯罪分子。全市公安机关拘留和执行逮捕的人员数,1995年为15 794人,比1990年增加9 311人,2000年达19 398人。全市检察机关提起公诉的刑事犯罪嫌疑人,1991年为2 050人,1995年增加到4 495人,2000年达5 688人。全市两级法院一审审理的刑事和经济犯罪案件,1991—1995年共12 486件,为上一个5年的1.44倍,1996—2000年共18 826件,从而有力遏制了刑事犯罪案件的高发态势,维护了社会治安秩序和经济秩序的稳定。这一期间全市破获和惩处了一批重大、新型经济犯罪,如:1993年太仓孙某某签订价值2 000多万元的虚假棉布购销合同,诈骗银行1 050万元贷款后携款潜逃案;1994—1995年间张家港罗某某在公司经营活动中先后7次虚开4 457万多元(其中税款647.6万余元)的增值税专用发票案;1995年陆某某从18家单位非法集资3.58亿元、最终造成这些单位重大经济损失的特大非法集资案;1998年昆山陆某伪造交通事故责任书,骗得保险公司赔偿金2万余元的首起保险诈骗案;1999年两家在苏台资企业负责人偷逃个人所得税225.5万元案。这一期间全市破获和惩处了一批重特大刑事犯罪,如:1995年发生在竹辉饭店的全市首起涉外持枪抢劫案,[1]1997年发生在东方居宾馆的全市首起涉外杀人案,1997年发生的盗窃犯罪嫌疑人拒捕并枪杀民警徐发荣案,1998年在高速公路苏州治安卡口查获的全省最大的运输毒品案(海洛因26.1公斤),2000年发生在张家港一公司的苏州首例破坏计算机信息系统案,同年发生在昆山石浦镇的一起纵火致死5人案等。2000年全国"打击拐卖妇女儿童犯罪"专项行动中,全市抓获人贩子97人,解救被拐卖的妇女儿童152人,摧毁了一个拐

---

[1] 中共苏州市委政法委员会:《苏州政法工作五十年(1949.4—1999.12)》,苏准字JSE—0001048号,2004年,第368页。

骗、强迫13名少年在闹市区卖花的犯罪团伙,中央电视台对此做了《我们要回家》的专题报道。这一期间全市还查处了几起在国内有较大影响的重大刑事(经济)犯罪案件。

一是宝碟公司复制淫秽音像制品案。1995年11月,江苏省委常委、苏州市委书记杨晓堂收到一封来自吴江一位母亲的来信,检举揭发苏州宝碟激光电子公司复制加工淫秽VCD碟片的犯罪事实,声泪俱下地控诉了其在校读书的16岁儿子观看淫秽碟片后深受其害的无情事实,并发出了"救救孩子"的悲切呼声。杨晓堂收到此信后及时批示有关部门"严厉查处"。后经中央、省、市专案组日夜工作查清案情:由港商在吴江横扇投资建办的苏州宝碟激光电子有限公司,公司副总经理卜兴华在主持工作的一年多时间里,伙同业务部副经理钟建生等人,以营利为目的,为广东不法客户大量复制盗版激光唱盘和视盘共313万余片,违法经营额达1 206万余元;复制有淫秽内容的激光视盘11种共13万余片,违法所得69万余元。江苏省高级人民法院以复制淫秽物品罪、侵犯著作权罪等并罚,终审判处卜兴华有期徒刑17年、钟建生有期徒刑11年,判处宝碟公司罚金20万元。同时,市有关部门彻底查清并依法收缴了流散在本地的淫秽光盘。1997年4月,最高人民法院公布了这起复制淫秽物品和侵犯著作权犯罪的典型案例。[1]

二是塔陵非法传销案。苏州的丘陵山区尤其是环太湖丘陵区,因依山傍湖,"风水"较好,历来是本地市民和上海众多市民逝后的骨灰安葬地。90年代苏州殡葬管理部门和公墓经营单位为保护自然生态环境,开始探索殡葬方式创新,1994年经民政部和国家工商局批准,苏州郊区新民公墓、苏州市殡葬管理所和美国麦克林公司三方合资建立新民塔陵有限公司,以建造占地较少的塔陵方式供人安放骨灰盒,设计可容放骨灰盒8万只,计划两年后交付存放。全面负责项目经营管理的麦克林公司违反国家有关规定,以高额回报为诱饵,于项目动工前后在上海、南京、无锡、常州、苏州等地采取非法传销和"返本销售"等非法经营手段,大量收取客户预付款。至1999年全市共获批兴建吴县凤凰、西华、名流、万国,郊区真山、皇冠山、昆山长云、仙鹤、张家港凤凰等14个塔陵(园),这些公司大多仿效新民塔陵方式大肆进行非法传销,以吸引客户购买或参与传销;少数

---

[1] 史福明:《我市查获一起复制淫秽音像制品大案》,《苏州日报》,1995年12月17日;新华社北京电:《苏州宝碟公司被追究刑事责任》,《苏州日报》,1997年4月16日;《江苏省广播电视厅关于对苏州宝碟激光电子有限公司大量复制非法激光唱、视盘的行政处罚决定》,1995年12月8日,苏州市档案馆藏,档号C43—2—242。

塔陵的不法经营者非法抽逃、拆借、侵占、挪用塔陵巨额预售款,有的外商还大肆挥霍或卷款离境、长期不归,致使工程停工,约定到期的本息及穴位无法兑付,使广大客户的权益受到严重损害,并引起客户的心理恐慌。1997年7月起购买新民塔陵穴位的上海市民屡次集体上访江苏省政府驻上海办事处,要求退还购买的穴位款。此后多个塔陵均出现类似情况,南京、无锡、常州等地的客户也进行集体上访,少数积极参与非法传销的"穴头"煽动、蛊惑、胁迫一些客户,以要求退款为由,长时间侵占有关机构的办公场所,围攻接待工作人员,并出现挂牌、静坐、散发传单、阻塞交通、砸毁公物、辱骂党和政府等非法行为。鉴于塔陵销售已成为有较大社会影响的聚众闹事事件,市委、市政府于1998年1月果断做出全部停售塔陵穴位、全面审计塔陵公司、组织追讨流失资金、积极筹措资金抓好塔陵恢复建设、搞好来访接待、防止突发事件等一系列处置工作部署。政法机关随即成立专案组,侦破并依法严厉查处了新民、名流、长云、万国等塔陵相关人员的各种违法犯罪活动。市民政局原分管殡葬工作的1名副局长和1名处长也因塔陵问题分别受到法律制裁和党纪政纪处分。至2005年,全市塔陵事件逐步平息。

三是沈昌偷税和非法经营案。沈昌原为南通海门市一农场的农技员,1991年开始以"超凡脱俗的特异气功大师"自居,在上海、北京、无锡等地与人联办茶室销售"信息茶"和举办"特功学习班""康复门诊"等,至1993年共偷逃税额超过90万元。1994年,沈昌在苏州新区独资设立苏州沈昌人体科技应用中心(以下简称"沈昌公司")并担任法人代表,在开办"特功学习班"同时大肆销售其加工制作的"信息茶""功夫梳""功夫鞋"等物品,在未取得音像制品经营许可证的情况下大肆加工、复制、销售"沈昌牌功带"。1996年根据群众举报,市标准计量局查实其销售的"信息茶"系以次充好的"三无产品",市公安局查实沈昌公司非法销售"沈昌牌功带"25万余盒、非法经营额高达634万元,市国税局查实该公司共少缴增值税250万余元和应依法加收的滞纳金334万余元,上述几项应追缴的违法所得和罚金合计超过了1 500万元。[1]是年,沈昌公司对市物价检查所没收其违法销售"信息茶"牟取暴利所得48万余元、罚款144万余元的行政处罚不服,向市中级人民法院提起行政诉讼。市中院在审理中顶住压力、排除干扰,

---

[1] 文洪:《"沈昌牌信息茶"被停止生产销售》,《苏州日报》,1996年5月15日;黄静:《违法产销"沈昌牌信息茶"沈昌人体科技应用中心被处罚》,《苏州日报》,1996年7月11日;王建亚、谈连明:《"沈昌"涉税违法案告结》,《苏州日报》,1999年7月28日;王晓红、周倜:《沈昌偷税、非法经营案庭审记》,《苏州日报》,2001年7月27日。

坚持倡导科学、揭露其伪科学的真面貌,依据事实和法律依法判决沈昌公司败诉。沈昌的骗局被揭穿后,转道北京、上海、沈阳等地继续行骗。在取得了大量证据后,2000年苏州公安机关将沈昌抓获归案,翌年苏州法院一审判处沈昌犯有偷税罪和非法经营罪,合并执行有期徒刑12年,并处罚金894.6万元。名噪一时的沈昌得到了法律的严惩。不久中央电视台《焦点访谈》节目报道了该案被查处的情况,全国许多媒体纷纷刊登、发布消息,成为在全国有很大影响的一个案件。[1]

90年代反动会道门组织、邪教、宗教非法活动在苏州尤其是农村地区呈现抬升势头,全市政法部门坚持"露头即打",依法查处了反动组织"呼喊派"、反动会道门组织"红三教"、邪教组织"观音法门"等,抓获作案人员69名;依法取缔境外天主教和基督教渗透活动点19个、天主教地下教堂3个,查获天主教地下神父骨干和自由传道人13名,解散有100余名青少年参加的地下读经班,取缔、劝散宗教非法活动90次。1999年7月全国开展取缔"法轮功"专项斗争后,政法机关对苏州的"法轮功"非法活动进行了全面清查。经查,1996年6月昆山、1997年3月苏州市区先后建立起"法轮功"辅导站,2年左右时间全市"法轮功"练习者发展到3 000多名。[2]"法轮功"的歪理邪说和精神控制使许多练习者失去了正常理智和生活,变得是非不分、有病不医,甚至酿成了一幕幕人间惨剧。吴江桃源吴德桥痴迷"法轮功"后残忍地将妻子杀害,成为公安部公布的李洪志及其"法轮功"险恶罪行的16个典型案例之一。[3]市公安机关在专项斗争中依法传唤审查和留置教育131名练习者,教育转化160余名"法轮功"点以上负责人,刑事拘留19名策划、煽动进京"上访""护法"的"法轮功"顽固分子,收缴了4.5万件各类"法轮功"宣传品,取缔一批"法轮功"书籍销售点、转运点和藏匿点。2000年又侦破24起"法轮功"专案,依法惩处了一批违法犯罪人员,全市取缔"法轮功"专项斗争取得阶段性成果。

(2)公正开展民事和行政审判。90年代全市两级法院和基层人民法庭受理的民事诉讼和行政诉讼案件大量增加,且新类型案件大量涌现,案情复杂程度加剧,许多与矛盾易激化案件交织在一起,社会影响面广泛。在此情况下,全市审

---

[1] 中新网北京消息:《偷税和非法经营被判12年,沈昌神茶骗局破产》,《苏州日报》,2001年11月21日。
[2] 金伟忻:《江苏"法轮功"非法组织体系基本查清》,《苏州日报》,1999年8月6日;沈向东:《原"法轮功"苏州市区辅导站站长朱家君悔悟记》,《苏州日报》,1999年7月30日。
[3] 文洪:《我市揭批"法轮功"斗争综述之一》,《苏州日报》,1999年8月20日。

判机关认真执行有关法律,不断改进审判和执行工作,坚持公正司法,依法调整各种社会、利益关系,保护平等主体合法权益,弘扬公序良俗,维护社会稳定。

民事诉讼案件是90年代各类案件中增长最多最快的一类。全市法院一审收案数1990年仅8 859件,1994年突破万件,1997年突破2万件,2000年达32 478件。[1]其中,婚姻、债务、损害赔偿纠纷案件持续增多,房地产、劳动争议、侵权、保险金纠纷等新类型案件大量涌现,群体性纠纷、共同诉讼和集团诉讼案件也日趋增多。审判机关注重抓好各类不同案件的重点和难点,不断提高纠纷调处的能力和裁决的水平。如:在经济合同纠纷案件的审理中,法院尊重商事交易规则及惯例,坚决不搞地方保护主义,维护公平竞争环境,降低国内外商事主体进入苏州市场的法律风险。1995年全市两级法院受理合同纠纷案件11 676件,解决争议标的金额11亿元,比10年前分别增长6.97倍和28倍。又如:在婚姻纠纷案件审理中,法院着眼于保护妇女、儿童和老人的合法权益,注重调解,积极促和,不简单判离了案;对双方争议的焦点,在财产分割上分清婚前财产、婚后财产,并照顾无过错方,在争夺对子女的监护权、抚养权上,着眼于有利子女抚养、教育和健康成长。

行政诉讼案件90年代中的增幅也较大,涉及众多行政执法管理部门,且诉至法院的多为一些疑难、复杂、久拖不决、极易激化矛盾的案件。法院在审理行政案件时,严格依法办事,杜绝官官相护,把保护行政相对人合法权益作为基本的着眼点和落脚点,认真履行司法审查权,强化对行政行为的职权依据、程序依据、法律适用的监督,审判工作水平不断提高,以往行政机关怕当被告、公民和法人诉讼顾虑多的现象大有改观。1990年《行政诉讼法》实施以来10年间,全市法院共审结行政诉讼案件942件,其中原告胜诉率达30.9%;共受理和执行了行政机关申请执行的非诉行政案件5 065件,执结标的额9 018万元,拆除违章建筑1.63万余平方米,支持了行政机关依法行政。[2]1995年《国家赔偿法》颁布实施后,至2000年全市法院共审理了55件行政赔偿案件,绝大部分受损主体获得了赔偿,取得了良好的社会效益和法律效益。

(3)改革完善司法体制和加强审判监督。公安机关为提高刑事犯罪侦查能力和水平,加大刑侦技术设备的投入,不断推广运用先进侦察、鉴定技术;为迅

---

[1] 中共苏州市委政法委员会:《苏州政法工作五十年(1949.4—1999.12)》,苏准字JSE—0001048号,2004年,第420页。
[2] 顾晓芸、苏中苑:《我市行政审判工作水平不断提高,十年审结"民告官"案件近千件》,《苏州日报》,2000年10月28日。

速、准确发现犯罪案件线索,利用建成的全市公安机关局域网,研制开发了人口资料管理系统、治安信息管理系统等应用软件;为抓好与经济犯罪的斗争,建立了专门的经济案件侦查部门。

审判机关为彰显审判工作的公正性,到1998年已杜绝了办案"三同"(法院办案人员与案件当事人在外出办案过程中同行、同吃、同住)现象,全市法院一审案件应当公开的已全部实行公开审理;为强化经济审判服务职能,市中级人民法院于1992年成立经济纠纷调解中心,在经济审判庭内设立涉外经济合议庭,由精通涉外法律和外语的审判人员组成,受到外方当事人的好评;为强化审判监督,1991年设立告诉申诉庭,审理中坚持有错就改的原则,1991—1997年间对80年代"严打"期间的826件刑事案件进行了再审,改判了265件,1991—2000年对1 050件民事案件进行了再审,共改判了374件;为消除法律"打白条"这一大社会诟病,1994年起加大执行工作力度,多次组织执行会战,集中力量"啃硬骨头",并逐步推行被执行人财产申报、执行公告等执行新举措,因人、因案采取执行担保、股权转让、劳务抵债等方法,促进案件执结,至1999年老案清结率达95.13%。[1]

检察机关为加强对贪污、贿赂、挪用公款等职务犯罪的立案侦查工作,1994年建立举报奖励制度,鼓励公民举报,提高举报成案率,1995年成立反贪污贿赂局;为做好控告申诉检察工作,在"敢抗、会抗、抗准"上下功夫,1991—2000年共立案各类民事行政申诉案件307件,实行抗诉66件,提请上级检察机关抗诉125件,办理不服从检察院处理决定和法院判决的申诉案件件件得到纠正或落实;为加强对监管改造场所执法活动的监督,对监所超期羁押人员、违规留所服刑等问题和监所呈报的减刑、假释、保外就医材料中不符合法定条件的及时提出纠正意见,维护了刑法执行的严肃性。[2]

5. 大力发展法律服务和法律援助

公证服务业,90年代初贯彻司法部《公证办证程序规则》,公证处内部管理和各项制度开始健全;1994年起实行公证体制改革,公证处开始向事业单位过渡,全市公证机构从8个发展到14个,共有执业公证员60余名;公证业务开始从办理民事公证为主向以经济事项公证为重点转变,并实行国内、涉外公证并

---

[1] 中共苏州市委政法委员会:《苏州政法工作五十年(1949.4—1999.12)》,苏准字JSE—0001048号,2004年,第357页。

[2] 中共苏州市委政法委员会:《苏州政法工作五十年(1949.4—1999.12)》,苏准字JSE—0001048号,2004年,第36页。

举,全市年办理的公证事项由 90 年代初的 2 万余件增加 1996 年的 8 万余件,其中涉外事项由每年 1 万余件扩大到 3.65 万余件。[1]

律师服务业,进入 90 年代后从传统的代理刑事、民事案件为主的单一领域发展为涉及社会经济广泛领域的各个方面,形成了诉讼代理与非诉讼代理、国内与涉外业务并重的新格局。1992 年实行律师行业管理制度改革,成立了苏州市第一届律师协会,开始实行司法行政部门监管和行业自律"两结合"的管理模式;1995 年实施合伙制律师事务所试点,全市设立 4 家合伙制事务所;1996 年贯彻《律师法》,23 家国资律师事务所与司法行政机关完全脱钩,改制成自收自支的合伙、合作制社会中介组织。90 年代的 10 年间,全市律师机构由 14 家发展到 73 家,律师人员由 170 多人发展到 780 多人;受聘担任企事业单位、社会团体、国家机关法律顾问的由 1 000 家左右扩大到二三千家;年代理刑事、民事诉讼案件由 4 000 余件增加到 1 万多件,非诉讼案件由 400 余件增加到 3 100 多件。[2]

法律援助工作,1996 年苏州市律师协会设立苏州律师法律援助中心,承办由市中级人民法院指定的刑事案件。1998 年起向民事援助、公证援助等领域拓展,切实维护了弱势群体的合法权益。1999 年市政府颁布《苏州市法律援助实施办法》,市司法局成立苏州市法律援助中心,在市区和各县开通了"148"("要司法"的谐音)法律服务专用电话,相继在工会、共青团、妇联、残联、老龄委等社团设立法律援助中心或工作站,面向社会提供无偿法律援助,全市法律援助活动走上政府主导、律师自觉参与的发展道路。

四、推进党的建设新的伟大工程

进入 90 年代,市委和全市各级党组织认真贯彻党的十四大提出的"坚持党要管党和从严治党"方针、十四届四中全会通过的《中共中央关于加强党的建设几个重大问题的决定》精神和党的十五大提出的党的建设新的伟大工程的总目标,从思想上、组织上、作风上全面加强党的建设。

1. 以理论武装和"三讲"教育为重点抓好思想建设

90 年代苏州全市党员队伍发展壮大,党员人数由 1991 年的近 27 万人增加

---

[1] 中共苏州市委政法委员会:《苏州政法工作五十年(1949.4—1999.12)》,苏准字 JSE—0001048 号,2004 年,第 423 页。
[2] 中共苏州市委政法委员会:《苏州政法工作五十年(1949.4—1999.12)》,苏准字 JSE—0001048 号,2014 年,第 422 页。

到2000年的33.88余万人,其中大专以上文化程度的比重由9%上升到19.9%,十四大以后的新党员有近7.8万人。全市各级党委始终把用邓小平理论武装干部、教育党员放在党的思想建设的首位,先后形成两次高潮。第一次高潮从学习邓小平南方谈话和党的十四大文件开始,接着组织学习《邓小平文选》第三卷及社会主义市场经济理论、外向型经济知识和现代科学技术知识等,使广大党员干部增强了解放思想、勇于探索、深化改革的自觉性。第二次高潮是党的十五大后,把学习邓小平理论同学习十五大文件相结合,使党员干部对邓小平理论的历史地位、科学体系、精神实质和指导意义有了更新的认识,成为加强党的思想政治建设的强大思想武器,为担当跨世纪重任准备思想政治条件。

1998年11月,中共中央部署在县以上党政领导班子和领导干部中深入开展以"讲学习、讲政治、讲正气"为主要内容的党性党风教育,以提高各级领导班子、领导干部素质特别是思想政治素质,推进党的建设这个伟大工程。市委对"三讲"教育精心组织部署,按计划分三批开展。1999年8—10月在苏州市四套班子和领导干部中进行,2000年3—7月各市(县)、区和市级机关共92个领导班子和1 112名领导干部分两批开展。张家港市作为中央确定的7个县级"三讲"教育联系点之一,中共中央政治局常委、全国人大常委会委员长李鹏在张家港市领导干部"三讲"教育会议上做动员报告,并进行"三讲"教育活动的调查研究。全市"三讲"教育严格按照中央确定的指导思想、基本原则、步骤和方法进行,体现了整风精神和"四个贯彻始终"的共同特点:坚持把学习贯彻始终,努力掌握理论思想武装;坚持把依靠群众贯彻始终,切实开门搞"三讲";坚持把查摆问题、解剖自己贯彻始终,不断提高解决自身问题的能力;坚持把边整边改贯彻始终,着力推进当前工作。这次"三讲"教育是一次深刻的马克思主义理论教育,一次实实在在的党性党风教育和一次生动的群众路线和群众观点的教育,对各级领导班子、领导干部思想政治水平的提高、作风的转变、纪律性的增强起到了较大的促进作用。

2. 以基层党组织和干部队伍建设为重点抓好组织建设

苏州农村随着90年代乡镇企业改制工作的推进,不少村集体缺少了经济来源和支撑,村级经济出现了两极分化的现象,加上少数村党支部存在着软弱涣散的情况,缺少能带领群众致富的党员干部能人,村党支部的战斗堡垒作用和党员的模范带头作用削弱。有鉴于此,1992年起市委采用"抓两头带中间"的办法,部署全面加强村级基层党组织建设。一方面开展"加强村级组织建设,加快集体经济发展"示范村活动,每年评选表彰40余个示范村,至2000年全市已有302个村跻身示范村行列;另一方面开始第二轮300余个集体经济薄弱村(村集体年可支配收入 10 万元以下)党支部的整顿转化工作,至 1999 年底全部完成整顿任务。2000 年起确定在村年可支配收入不足 20 万元、农民年人均纯收入不足 3 500 元、村党支部发挥领导核心作用不明显的 229 个村中开展第三轮整顿,经过 3 年努力,有 193 个村成功转化升级。

因企制宜抓好非公经济和改制企业党组织建设。1992 年,市委总结推广昆山苏旺你、赛露达等 10 家外商独资、中外合资企业党支部"单独建制、公开活动、立足业余、小型分散、灵活多样、讲求实效"的工作经验,并对外资企业党建工作进行指导、提出要求。1994 年市委就加强私营企业党组织建设工作做出部署,首批 17 家私营企业成立党组织。1998 年市委批转《关于加强股份合作制企业、外商独资企业、私营企业党建工作的意见》,至 1999 年底全市这三类企业党组织组建率分别达 89.6%、91.4% 和 95.6%。2000 年苏州工业园区、苏州新区、昆山开发区分别成立外商投资企业党委,集中管理外企党支部和党员;全市非公有制经济组织中已建立党组织的企业共有 3 008 家,其中单独建立党组织的 1 670 家。这些企业党建工作的创新和不断完善,使非公经济企业中的党组织和党员发挥了应有的作用,受到许多外方和资方的赞许。

与时俱进抓好干部队伍建设。90 年代初市委制定领导班子建设"八五"规划,建立县局级后备干部队伍,并有计划地安排后备干部进行换岗和到苏北、陕西等对口援助地区挂职、下基层挂职锻炼。1995 年市委选拔 10 名 35 岁以下、大学本科以上文化程度的年轻干部担任县处级领导助理职务,并选派一批年轻干部进高校、到国外学习深造。1995—1997 年,全市提拔县处级党政领导干部和企事业单位领导干部中 40 岁以下的有 175 名,占提拔总数的 42.2%,63 名后备干部被提拔担任县处级领导职务。1999 年加大干部选拔任用制度改革,有 23 个县处级领导职位首次面向社会公开选拔,318 名干部通过竞争走上中层干部领导岗位,使全市干部队伍不断充满生机活力。

3. 以三项工作为主要抓手推进作风建设

1992 年以来,全市改革深化、开放扩大,由于发展社会主义市场经济体制有一个新旧体制交替、市场机制逐步完善的过程,党风廉政建设和反腐败斗争面临着日益严峻的新形势和许多新课题,任务十分艰巨。苏州市委充分认识党风廉政建设的重要性和紧迫性,在各级党政领导干部中深入进行反腐倡廉教育。[1]

---

[1] 中共苏州市委党史工作办公室、苏州市档案局(馆):《中国共产党苏州市历次代表大会(会议)文献汇编(1949—2001)》,苏出准印 JSE—001549 号,2001 年,第 525 页。

1993年全市两级纪检、监察机关合署办公，各级党委和纪检监察机关全面履行"保护、惩处、监督、教育"四项职能；中共十五大后全市建立健全"党委统一领导，党政齐抓共管，纪委组织协调，部门各负其责，依靠群众参与与支持"的反腐败领导体制和工作机制；1999年起认真执行中共中央、国务院关于党风廉政责任制的规定，实行目标管理，加强考核和责任追究，至2000年全市被追究责任受到党纪政纪处分的24人、组织处理的10人。90年代全市党风廉政建设着重围绕三项工作来组织和展开。

一是抓好廉洁自律，严管党员干部。1995年苏州市被中央纪委确定为《廉政准则》试点城市，市委制定《苏州市党政干部廉政准则（试行）》，市纪委、监察局制定违反廉政准则的处理意见，设立举报电话。各级党委和有关部门坚持"教育为主、预防为先"的方针，坚持不懈地开展党风廉政宣传教育，运用剖析典型案例、观看案例教育片等方法，开展警示教育；对在任干部有针对性地"打招呼"，对新提拔的干部进行诫勉谈话，使他们时刻保持自警自省。2000年，市委树立了几十年如一日带领全村群众艰苦创业，使一个昔日贫困落后的村庄变为繁荣兴旺的现代化新农村的常熟市任阳镇蒋巷村党支部书记常德盛这一先进典型，市委、市政府表彰了22位首批"苏州市人民满意的公仆"。[1] 90年代全市统一部署，先后对一些涉及面广、群众反响强烈的突出问题集中进行清理纠正或用改革的办法进行解决。1994年清理干部拖欠公款和党政机关及其工作人员无偿占用企业钱物的工作（简称"两清"），清理超范围使用公安汽车号牌；1995年规范党政机关小轿车配备和管理，狠刹公款吃喝玩乐不正之风；1997年全市贯彻落实中共中央、国务院《关于党政机关厉行节约、制止奢侈浪费行为的若干规定》，市有关部门制定了7项规定；1999年对全市党政机关和事业单位公费手机管理办法进一步改革，原核定配备的手机和寻呼机全部折价过户处理给个人；2000年查纠948名干部在房改售购房中的违规问题，其中县处级以上干部122人，共退出住房534套，退出面积3.19万平方米，补交各种款项1 223.5万元。

二是严肃执纪查案，严惩腐败分子。全市各级纪检监察部门坚持以查办"三机关一部门"（党政机关、司法机关、行政执法机关、经济管理部门）和县处级以上领导干部的违法违纪案件为重点，着重查处贪污贿赂、挪用公款、失职渎职、贪赃枉法、腐化堕落以及严重违反政治纪律等方面的案件。1992、1993年全市纪

---

〔1〕 中共苏州市委党史工作办公室、苏州市档案局（馆）：《中国共产党苏州市历次代表大会（会议）文献汇编（1949—2001）》，苏出准印JSE—001549号，2001年，第585页。

检监察机关共立案查处违纪案件1 006件,其中贪污受贿等经济案件536件,赌博和腐化堕落、道德败坏案件243件;处分违纪党员914名,其中开除党籍209人、留党察看151人、撤销党内职务25人。在随后的七年多里(1994年至2001年7月),全市纪检监察机关共计查处各类党员干部违法违纪案件5 473件,给予党纪政纪处分5 434人,其中开除党籍2 081人、追究刑事责任458人,县处级领导干部共81人、乡科级干部445名;通过查案为国家和集体挽回经济损失18.2亿元。90年代,在省纪委的领导下,苏州还严肃查处了4起领导干部违法违纪重大案件。

一为市交通银行特大经济犯罪案件。成立于1987年的交通银行苏州分行(以下简称"苏州交行"),是苏州首家由地方国有资本控股的股份制商业银行。1992年下半年起,反映苏州交行党组书记、总经理蔡涵刚独断专行、违章拆借、生活腐化以至造成大量贷款被骗等情况的群众来信来访不断,有的直接反映到中央机关,引起国务院领导的重视。1993年8月,苏州市纪委、交行总行及上海分行联合对该行进行清理整顿,发现蔡涵刚等人利用海南、北京等一些不法分子在该行开设的假账户肆意将大量资金搞到"体外","放贷"给一些公司和不法分子炒房地产等,从1990年到1993年7月非法拆借、放贷共实际占用资金15.32亿元,至案发时尚有8.4亿元逾期难以收回,且失去追索连带责任的权力,使苏州交行损失严重,经营难以运行。在市委决定进行立案调查一年多的基础上,1995年3月起省、市两级抽调200余人组成联合调查组深入调查。调查中,苏州市委主要领导亲自过问,省委领导同志先后十多次听取汇报,4次带领省有关部门领导集体到苏州进行具体指导;中央纪委也多次专题听取案件情况汇报,对办案中有关问题进行协调研究。经过三年多的努力,最终查清了蔡涵刚、杨荷生、戈晓菲、朱大明等人内外勾结、沆瀣一气,大肆进行权钱、权色交易,疯狂地侵吞国家资产的严重罪行。1997年3月,苏州市中级人民法院对此案的3名主犯做出一审判决:原苏州市政协副主席、苏州交行管委会主任杨荷生构成受贿罪、玩忽职守罪,被判处有期徒刑10年,剥夺政治权利1年;原苏州交行综合计划部经理戈晓菲伙同其丈夫朱大明共同贪污、侵占、挪用公款共计2 155万元,单独受贿、贪污7万余元,玩忽职守造成苏州交行690万元经济损失,被判处死刑,缓期2年执行,剥夺政治权利终身;空头挂靠在苏州交行的苏州信谊集团公司原总经理朱大明,除伙同戈晓菲共同实施犯罪外,个人侵占公款93万余元、商业受贿15万元、挪用资金120万元,被判处无期徒刑,剥夺政治权利终身。蔡涵刚严重玩忽职守,违规发放巨额贷款,给苏州交行造成3.22亿元的严重损失,同时还利用职权收受140余万元贿赂和35万元的非法所得,被检察机关依法批捕,在羁押期间因脑溢血死亡。杨荷生、蔡涵刚因严重违法违纪被开除党籍。在查处蔡涵刚等主犯经济犯罪的同时,专案组还查处案中案11件、37人,全案共41名违法违纪人员受到严惩;追款组跑遍大半个中国,追回欠款6.2亿元,挽回了70%多的损失。[1]

二为郭学祺受贿案。苏州市人大常委会原副主任郭学祺,1992—1996年在担任苏州市金阊区区委书记期间,多次接受该区物资局副局长万毅清贿赂,共计人民币5.8万元、美元1 000元,利用职权将万毅清提升为局长,后又多次向市委组织部推荐万毅清为区领导干部后备人选。1997年3月案情行将暴露,郭学祺将部分受贿款退回局资金账户以掩盖受贿事实,并找人为已经被立案调查的万毅清说情。在万毅清已交代了向郭学祺行贿问题后,郭学祺组织亲属转移隐匿大量现钞、存折及财物,同时还分别向市委、省有关部门及中纪委寄出多封"申诉信"为自己开脱。经过纪检、检察机关的深入调查取证,郭学祺最终不得不承认收受贿赂的犯罪事实。1999年1月,苏州市中级人民法院以受贿罪判处郭学祺有期徒刑5年。[2]

三为苏州物资贸易集团重大经济犯罪案。苏州物资贸易集团(以下简称"苏物贸")及其首任董事长、总经理顾衡如,曾被作为苏州改革发展的先进典型。然而在层层光环下,顾衡如等人却依托着苏物贸这艘"经济航船",干着谋取不义之财的勾当,导致企业急剧地向资不抵债的边缘下滑。1999年11月省纪委、苏州市委成立专案组,对苏物贸顾衡如等人违法犯罪问题立案调查。历经一年半揭开了苏物贸问题的盖子,查清了苏物贸原党委书记、董事长、总经理顾衡如,原党委书记、董事长何汉强(1997年4月接任),原总经理张华明(1996年4月接任),原总经理邵伟忠(1998年1月接任)等人重大经济犯罪问题;整个案件涉案41人,其中县处级干部10人、移送司法机关立案查处27人;苏物贸两任董事长、三任总经理、副总经理和董事会董事几乎全部因涉案而"烂掉"。2001年至2002年7月间市审判机关对苏物贸涉案人员依法做出判决:顾衡如共贪污99.58万元、受贿22.89万元,被判处有期徒刑17年;何汉强犯受贿罪被判处有期徒刑6

---

[1]《黄俊度同志关于苏州交行蔡涵刚等人重大经济犯罪案件查处情况的通报》,1997年4月10日,第1—16页,苏州市档案馆藏,档号A1—36—647。

[2]《中共苏州市委员会关于开除郭学祺党籍的请示》,1998年12月29日,苏州市档案馆藏,档号A1—35—637;亦兵、易红:《苏州市人大常委会原副主任郭学祺受贿案纪实》,《苏州日报》,1999年2月1日。

年;张华明犯贪污罪、受贿罪被判处有期徒刑14年;邵伟忠犯受贿罪被判处有期徒刑5年;胡滋玮、侯若波、朱国钧等3名苏物贸原副总经理被分别判处有期徒刑15年、1年零6个月、10年;顾衡如的大儿子顾国强因犯挪用公款罪被判处有期徒刑2年,小儿子顾群因犯共同受贿罪被判处有期徒刑13年。苏物贸原副总经理徐某,利用分管证券营业业务的便利,伙同证券营业部朱某、陆某等人,累计私自动用数亿元资金进行"地下自营"证券期货,非法获利上亿元,苏物贸问题案发后他们卷取大量现金畏罪潜逃境外,尚未来得及提走的股票(市值)和现金4 000余万元被依法冻结。通过查案,共追缴赃款赃物折合人民币1 150万元,挽回公司直接经济损失3.8亿元。[1]

四为胡剑鹏及家族腐败案。1997年底张家港市委班子进行调整,自以为升任"一把手"非己莫属的张家港市委副书记、市长胡剑鹏未能如愿以偿,而是担任了张家港保税区管委会主任(副厅级)。由此"官场失意"的他心态发生变化,在"寻求补偿"中逐步贪欲膨胀、蜕化变质,开始把保税区经营成为自己的"家属企业"和"胡氏王国",直至走向犯罪的深渊。2000年9月省检察院开始对胡剑鹏等11名相关涉案人员立案侦查,其中6人分别为胡的妻子、儿子、儿媳、女儿、女婿、弟弟。经查明,在胡剑鹏的策划下,其妻黄霞芳及长子胡波以虚假出资、虚假注册、挂名法人等手段,在保税区先后设立了7家公司,不仅获得了保税区大量的财政补贴,还向银行大量贷款,通过炒股等方式不断滚动、聚敛家财;在保税区保税实业有限公司(胡剑鹏任董事长和总经理)收购"大理造纸"股权、借壳上市的过程中,胡剑鹏与其子胡波共同贪污公款380万元,胡波还借助原始股东的身份在资产重组上市公告前后以大量资金进行内幕交易,一下就赚得盆满钵满。胡剑鹏在生活上也开始疯狂放纵,迷恋打麻将赌钱,还向下属索贿58万元以供包养一名在北京夜总会结识的情妇。2002年7月苏州市中级人民法院做出一审判决,胡剑鹏1994—2000年间先后单独或伙同他人贪污408万元、索贿受贿合计74万余元,被判处无期徒刑,剥夺政治权利终身,并处没收个人全部财产。在此前后,本案涉及的其他20名被告人(包括胡剑鹏的6名家属人员)也全部被做出了有罪判决。[2]

三是进行专项治理,纠正不正之风。全市纪检监察机关按照中央和省的部

---

[1] 中共苏州市纪委教育室:《前车之鉴(三)——2000年以来苏州市党员干部违纪违法典型案件剖析》,苏出准印(2003)字JSE—000329号,第1—16页。
[2] 中共苏州市纪委教育室:《前车之鉴(三)——2000年以来苏州市党员干部违纪违法典型案件剖析》,苏出准印(2003)字JSE—000329号,第20—28页。

署,结合本地本单位群众反响强烈的热点问题,采取扎实有效措施,抓住源头,纠建结合,9 年间先后组织开展了十多个方面的专项治理工作。1993 年开展治理乱收费、乱摊派、乱罚款,市政府决定取消 124 项不合理收费,清理罚款单位 361 家、罚款项目 44 个,严肃处理了几件乱罚款事件,翌年起在省内、国内率先制定实施行政事业单位预算外资金"收支两条线"管理办法,规范了行政事业单位的收费行为和资金管理。1993 年起开展治理公路和河道乱设卡、乱收费、乱罚款现象,至 1996 年苏州率先在全省实现公路、河道基本无"三乱"。1995 年起集中开展治理中小学乱收费,5 年中共查出违规收费近 1 400 万元,减轻学生负担 316 万余元,共查处乱收费案件 16 件,党纪政纪处分 2 人。1996 年起在全市药品生产、经营单位和医疗单位中治理药品回扣歪风,2000 年起实施药品集中招标采购制度。1997 年组织开展新一轮清理整顿机关经商办企业工作,至 1998 年全市共清理各级机关所办企业 3 339 家,占应清理总数的 99.2%;经过清理共清退公司在机关内部和面向社会的集资款 9 826 万余元,在注销企业过程中查补回收入库税收 540 万元,查处违法违纪案件 48 件,干部在企业中兼职脱钩 226 人。通过这些治理,全市部门和行业的不正之风得到了有效的遏制,铲除了腐败现象滋生蔓延的土壤和条件,改善了党和政府与人民群众的关系。

◎ 第四章 和谐多彩的社会生活 ◎

第四章 和谐多彩的社会生活

改革开放的伟大历史变革,不仅直接推动了苏州经济的快速发展,同时也极大地促进了社会的全面进步和发展。20世纪的最后20多年间,苏州的社会结构和社会面貌发生了深刻的变化,社会生活日益和谐多彩并趋向现代化,城乡人民群众安居乐业,新老苏州人和睦共处,各种文化现象交互融合,整个社会奋发向上。同时,全市各级高度重视社会生活中出现的新矛盾新问题,大力加强社会建设,积极推进社会治理结构的变革,创新社会管理,实现了社会持续稳定和繁荣。

第一节 变化多端的人口家庭婚姻状况

20世纪最后20余年间,苏州的人口、婚姻、家庭状况发生了历史性的重大变化,成为社会变迁中最为变化多端的重要表象,体现了改革开放和现代化建设对其所产生的巨大影响,并折射出人们婚姻观、家庭观的重大变革。

一、人口规模与构成的变化

改革开放以来,苏州的人口状况,无论规模、分布还是迁移和构成,都发生了重大而且不可逆转的变化。总结其规律,主要受经济社会发展和政策性因素的影响,并呈现出明显的阶段性特征。总结其特点,主要表现为"一递增、一稳定、四降低、四增长",即城乡人口总规模呈直线一路递增,户籍人口中男女性别比例稳定保持在相对合理的区间,人口自然增长率不断降低而机械增长率不断增长,农村人口占比不断降低而城镇人口规模不断增长,本地户籍人口占比不断降低而外来流动人口规模不断增长,人口死亡率不断降低而人口平均预期寿命不断增长。总结其变化结果和发展趋势可见:苏州的人口规模与经济规模、城市规模同步并进,开始跻身国内特大城市行列,人口的城镇化进程不断加速,移民城市的格局基本形成,老龄化社会快速向人们走来。

1. 人口规模的增加与分布的变化

户籍人口在控制中小幅增长。1978年全市户籍总人口(系按1983年地、市合并后的苏州市行政区口径计算,下同)506.27万人,其中市区56.39万人。由于计划生育的全面实施,加上较为严格的户籍准入制度,至2000年全市户籍人口578.17万人,22年间只增加了71.9万人,增长14.1%;其中,市区110.79万人,增加54.4万人。市区人口增加较多主要是由于上山下乡知青和下放人员返城,加上市区城市发展和开发建设苏州高新区、工业园区的需要,1988年起先后将原吴县6个乡(镇)划归苏州市区所致。

人口分布密度趋于均衡化。1978年苏州市8 848.42平方公里辖区内的人口密度为每平方公里596人。由于苏州市区实行的是小郊区模式,只辖有4个乡,市区总面积才119.12平方公里,户籍人口却有56.39万人,人口密度为每平方公里4 734人;其中市区建成区面积为26.6平方公里,却居住着44万人左右,人口密度达每平方公里1.65万余人,为当时国家建委设定的城市人口密度上限平均每平方公里1万人的1.65倍,其中14.2平方公里的古城区内人口密度更是高达每平方公里2.5万人。可见,改革开放之初苏州的人口分布极不均衡,城区人口密度过大,严重超负荷。这种情况在之后的10年中进一步加剧,到1988年全市人口密度为每平方公里650人,只比10年前增长9.06%,而市区由于上山下乡知青和下放人员返城造成人口猛增,人口密度达每平方公里6 284人,比1978年又增长了32.74%,为全市平均密度的近10倍。1989—1994年吴县6个乡(镇)先后划归苏州市区管理,市区人口虽增加到105万人,跻身百万级大城市行列,但市区面积扩大到了392.3平方公里,人口密度减少至每平方公里2 677人,比1993年降低了45.4%,相当于全市平均密度的4倍不到,形成了一个城乡人口分布比较科学合理的比例。至2000年,全市人口密度为每平方公里681人,市区为2 824人;苏州市区城市户籍人口虽增加到近90万人,但城市建成区面积扩展到86.5平方公里,比1990年增加了49.4平方公里[1],建成区内的人口密度已降低到每平方公里1万人左右,极大地提升了城市人口的生存适宜度。

2. 人口的迁徙变动及其阶段性特征

改革开放以来20多年间,在经济发展、城镇扩展、对外开放、社会变迁、政策调整等因素的共同作用下,苏州的人口迁移、变动现象较为普遍、频繁,总体呈现"数量庞大、种类繁多、有进有出、大进小出"的局面。从全市户籍人口机械变动

---

[1] 黄正栋:《数字见证苏州改革开放30年巨变》,苏出准印(2008)字JSE—1002233号,第47页。

的特点看:80年代前期表现为流出人口大于流入人口的净流出状态,80年代后期起则一直呈净流入状态;机械增长率多年保持在1‰—2‰的区间内,2000年起才开始放大到3.36‰。从机械变动的规模看,1986—1991年间每年迁入的人口在六七万之间,迁出的人口为5万余人;1992—2000年间规模均有所扩大,年迁入、迁出人口最少7万余人,最高的在17万左右;1986—2000年全市累计迁入的人口总量达133.14万余人,相当于1985年全市户籍总人口的25%,同期迁出的人口总量也高达118.57万余人,如此大量的人口机械变动实属历史所罕见。从人口机械变动的原因来看,迁入的主要种类有(参考1990年普查统计时的分类):来苏落户务工经商占1/3强,考入苏州大中专院校学习、大中专学校毕业生和转复军人分配录用、工作调动三类合计占近1/3,婚姻迁入、随迁家属、投亲靠友及其他几类也占近1/3;迁出的原因和各种类占比,与迁入的大体相同、相当,只是多了参军入伍和出国(境)移民这两类。纵观20余年间全市人口的机械变动,形成了几次较大规模的迁徙潮。

70年代末的知青和下放人员集中返城潮。仅苏州市区,1978—1980年就有近2万名到苏州地区各县插队知青、1.4万名赴苏北农场插场知青和3.6万余名下放苏北的干部、职工、城市居民集中返回苏州,造成这3年间市区人口净增93 043人,相当于1977年末市区城市户籍人口总数的22%。

三次小城镇落户潮。为促进小城镇的繁荣发展,走出一条中国特色城镇化道路,改革开放以来,苏州通过经济的、行政的手段,鼓励和引导农村居民到小城镇安家落户,前后出现了三次大的热潮。第一次是1979年至1984年,全市鼓励和引导在小城镇上乡镇企业工作的职工,或在小城镇上从事商贸服务业的农民,到小城镇上安家落户,告别"亦工亦农,离土不离乡"式的生活方式,得到相当一部分农民的响应,5年间全市小城镇新增非户籍的常住人口25万多人(包括一部分外来务工经商人员,下同)。第二次是90年代初的几年中,苏州各县普遍推出农民到小城镇落户的新政策,规定凡在小城镇上投资置业(包括购买住宅房和商用房)达一定数额,或缴纳小城镇公共设施配套建设资金达一定数额,就可办理城镇户口,这种被群众称为"买户口"的办法一度也受到一部分农民的欢迎,仅1992年全市就有1万多农民因此取得了城镇户籍。第三次是1997年国务院颁布实施《小城镇户籍制度改革试点方案》,规定凡在小城镇有固定住所且实际居住在小城镇、有稳定职业或生活来源的人员均可申请办理小城镇常住户口,到1999年苏州试点规模扩大至44个小城镇,共有4.91万人在小城镇落户;2000年全面推行,全市小城镇常住户口猛增了33.3万人。

90年代的人才引进潮。1992年后苏州各级各类开发区建设如火如荼,大量外资企业进入,全市经济进入以发展先进制造业和现代服务业为主的新阶段,仅靠本地的人才远远不能适应,为此全市各地开始向国内外敞开大门,大力引进各类拥有较高文化水平、掌握专业管理知识和技术的人才。1994年起苏州市接受大学本科以上学历的毕业生取消户籍限制,凡录用的外地生都可办理苏州常住户口,当年共接收外地户籍本科以上毕业生1 431人,1996年起每年达2 000余人,2000年超过3 000人。1995年起苏州有关开发区开始招聘接收回国创新创业的留学生,至2000年全市8个国际企业孵化器成功吸引了470余名具有硕士、博士学位的留学生,同时还吸引了国内3 800余名优秀科技人才来苏共同创业。

出国出境移民潮。改革开放后我国公民因私出国(境)政策逐步放开,早期一批有海外关系的苏州居民以投靠父母或亲友的方式移民国(境)外。据统计,1980—1985年间市区公民去国外和港澳地区定居的共1 953人,相当于新中国成立后30年间去国(境)外定居人数之总和。80年代中后期起一些有特殊技艺的人员,如演员艺人、工艺美术师、中医医师、烹饪师、教授等,开始获准到国(境)外发展。90年代后期起,苏州一些优秀大学本科毕业生被国(境)外学校录取,开始到国(境)外留学深造,还有少量高中学生自费到国(境)外读预科。

3. 外来人口的大量涌入与积极应对

改革开放以来,苏州城乡经济快速发展,本地劳动力由富裕逐步转向不足;本地居民的就业越来越充分,开始出现择业倾向,一些一线操作岗位、苦脏累工作岗位和低端服务业岗位无人问津,于是不得不招收、吸纳外来人员。同时,城乡的商贸流通服务业逐步发展起来,尤其是各类专业批发市场蓬勃发展,吸引大量外来经营者、务工者进入。1985年经公安部门登记掌握的外来暂住人口(暂住3天以上的外来人员)有6万人,领取暂住证(16周岁以上、在苏居住超过3个月)和暂住户口簿(发给集体使用外来工的单位)的有3.83万人。之后苏州经济以每几年翻一番的速度加快发展,各行各业对劳动力的需求与日俱增,全市城乡外来人口开始大量进入。在劳动力一直富裕的农村,不仅乡镇企业和第三产业各行各业中到处都有外来务工、从业人员的身影,还有一些外地人开始进军第一产业,他们承包农户或集体的土地、水面等,进行种养业的规模化生产经营。1990年普查全市外来暂住人口达11.3万人。进入"九五"时期,苏州市对国有集体企业使用外地劳动力放宽管制,企业的一线苦脏累操作岗位开始大量使用外来人员,每年的总量在20万人左右;全市各级各类开发区投产开业企业中,从简单劳动岗位到企业经营管理、创新研发等高端岗位,从全国各地招聘而来的外地人员几乎成了主力军;城镇建设和日常运行管理中少不了的建筑、市政施工养护、环卫保洁、客货运驾驶、货物搬运、家政服务、物业管理等行业,大量兴起的餐饮商贸服务业中,外来人员更是形成了一统天下的局面;一些看好苏州发展前景的外地民营企业家开始到苏州投资办企业、搞项目,使苏州增添了众多外来的老板型实业家,从而也改变了以往外来人员以打工谋生为主的格局。2000年普查全市外来暂住人口达151.3万人。

大量外来人口的进入,不仅满足了苏州经济快速发展对劳动力的需求,填补了众多行业中的巨大劳动力缺口,给广大企业提供了相对低成本的劳动力资源,而且给苏州带来了大量的人才、技术、资金、市场和信息;同时,在人们几乎还没来得及做好充分准备的情况下,大量外来人口的涌入,加大了苏州的人口、资源、生态环境压力,给社会管理、社会服务、社会保障等都带来了严峻的挑战和考验。对于这一崭新、重大课题,苏州各级各有关部门高度重视,积极应对,不断探索、实践、总结并加以完善。为改善外来工的生活环境,便于集中管理,不少使用外来工较多的企业和镇村建造了"打工楼"和"集宿区",设置了食堂、浴室和文体活动设施,使广大外来工有了一种家的感觉,也满足了这些正处于青壮年时期的外来工的业余生活之需,堵塞了八小时之外的管理漏洞。劳动部门对外来务工人员提供免费的职业技术培训和就业指导服务,为广大外来务工人员提供了"雪中送炭"式的帮助和服务。工会、妇联、劳动、司法等部门注重维护外来民工的合法权益,在仲裁、裁决等司法实践中适当向处在弱势一方的农民工倾斜。教育部门一方面尽量吸纳外来民工子女进入公办教育机构入学、入托,一方面放宽审批条件,在政策上鼓励民办教育机构的发展,争取更多地吸纳外来民工子女。1998年起市政府颁布实施《苏州市区蓝印户口管理暂行办法》,对符合条件的外来人员核准发放市区蓝印户口,让他们享受准市民待遇,甚至在对外来人员的称呼上,倡导使用"新苏州人"这一新概念。90年代起苏州的外商投资企业雨后春笋般发展,外商派驻在苏州企业和项目上的境外人员大量增加,其中有董事长、总经理等高级经营管理人员、"白领"专业管理人员,也有属于来华就业性质的"蓝领"技术工人,俗称"洋打工"。市有关部门对"三资"企业外方人员的住宿简化审核手续,允许留宿厂区,同时为在苏暂住时间较长的境外人员办理暂住证、居留证,对"洋打工"核发境外人员就业证;苏州工业园区、苏州高新区等境外暂住人员较多的开发区,开始建造专供境外人员集中居住的涉外小区、公寓以及高档次的生活服务和文化娱乐设施,建办主要供外籍人员子女就读的国际学校,市公安局"110"报警服务台开通英语接警台,从硬件、软件两方面共同为外商营造安全、舒适的居住环境。2000年全市常住的境外人员已从1996年的4 000人增加到8 000人[1],苏州日益成为国际化城市。

4. 人口构成的变化与质态提升

性别构成的变化。苏州地区社会文明程度较高,"重男轻女"现象不太明显,相反不少人认为女儿是"贴肉布衫",老来对父母的照应比儿子好,因而无论城市还是农村,生育中人为选择性别、溺弃女婴的现象十分少见,加上女性的平均实际寿命略高于男性,从而男女比例历来比较正常、合理。苏州市区1978年男女性别比(女=100)为102.96,男性略大于女性。改革开放以来全市女性比例呈逐渐上升态势。1985年全市人口性别比为100.81,1996年起全市女性比例超过男性,2000年性别比为98.83。

年龄构成的变化。20世纪末的最后20余年间,苏州三大类人口群(即14岁以下少儿人口、男16—59岁和女16—54岁的劳动适龄人口、60岁以上老年人口)占比变化都较大,突出的是老年人口的不断增加。1982年7月1日全国第三次人口普查(以下简称"三普",其他各次普查也按此简称)时,苏州60岁及以上老年人占总人口的10.03%。按我国将老年人占总人口比重超过10%作为进入老龄社会的标准计算,苏州已进入老龄化社会,比全国预期的进入时间提前了15年。之后近20年中,一方面由于实行计划生育效果显著,总人口增长速度大大放慢;另一方面由于经济生活改善,医疗卫生事业进步,人民的实际寿命不断延长,从而人口总体结构中老年人口的比重相对提高。1990年7月1日"四普"时全市老年人比重占12.22%,2000年11月1日"五普"时占比进一步提高到13.42%,有百岁以上老人52名,其中最长者112岁。与此同时,"三普""四普""五普"时苏州全市少儿人口占比从23.9%一路减少到18.62%、14.41%;劳动适龄人口占比则从61.96%增加到65.7%、69.07%。

民族构成的变化。苏州是一个以汉族为主、多民族同胞共同聚居的区域。1982年"三普"时,全市汉族人口占总人口的99.95%,23个少数民族人口总计2 759人,其中回族最多有2 417人。随着改革开放的推进,来苏的外来人口中少数民族增多,1990年"四普"时全市少数民族人口增加到5 699人,比"三普"时增长了一倍多;其中壮族新增了1 120人,成为苏州人口中的第二大少数民族。2000年"五普"时,全市汉族人口占比微降至99.76%,少数民族总人口较大幅度增加至1.66万人;全市少数民族达46个,比1982年整整增加了一倍。其中回族

---

[1] 孟焕民、陈楚九:《第二次突破——苏州开发区建设实证研究》,人民出版社2002年,第135页。

人口仍为最多,达3 740人;居第二位的由土家族替代,达2 938人;壮族退居第三位,有1 859人;朝鲜族总人数也超过了1 000人。

文化构成的变化。改革开放后苏州人口的文化构成水平显著提升,成为人口素质提高的一个重要标志。1982年"三普"时,全市小学文化程度占总人口的36.38%,初中占20.61%,高中及中专占7.15%,大专占0.23%,大学本科占0.56%。1990年"四普"时,小学占比下降至35.3%,初中占比提高到26.4%,高中及中专占比增加到9.35%,大专占比达1.16%,大学本科学历总人数超过了4万,比"三普"增加了1万多人。2000年"五普"表明,全市人口的文化构成更上一层楼,突出表现在:研究生及以上高学历者猛增至5 152名;大学本科、大专文化程度者分别达11.39万、20.32万人,均比"四普"时增长了2倍左右,中专及高中文化程度的比"四普"时增加近一倍。更为可喜的是,女性接受高等教育的日益增多,"五普"与"四普"相比,全市大学本科文化程度中的男女性别比由258.05缩小到184.96,大专文化程度中的性别比由244.04下降到152.38,从一个侧面彰显了女性社会地位的提高。

农业人口与非农业人口构成的变化。中华人民共和国成立以后我国实行严格的户籍管控制度,农民要想成为城镇居民,除了参军提干、上大中专学校"书包翻身"外,几乎没有其他机会。1978年全市506.27万户籍人口中,农业人口(亦称农村户籍人口)多达422.23万人,非农业人口只有84.04万人,只占总人口的16.6%;[1]除市区外,6个县中非农业人口只有不足40万,县域人口中非农业人口只占8.77%。改革开放以来,农村工业化和城镇化、国家现代化建设、城乡户籍制度改革等一系列因素,使得许多农民获得了梦寐以求的城镇居民身份,苏州农业人口逐年减少趋势尤为明显。至1990年底全市有50余万农业人口实现了户籍身份转换,全市非农业人口增加至139.75万,占总人口的比重上升到24.91%。90年代主要依托开发区、城镇大规模的开发建设和全面推行城镇户籍制度改革,全市10年累计增加非农业人口106.59万,至2000年非农业人口总量达246.34万,占总人口的比重大幅上升至42.61%,增幅明显高于全国、全省同期水平。

二、计划生育的全面实施及其成效

新时期苏州人口工作的一个最重要内容,就是贯彻基本国策,严格实行计划

---

[1] 黄正栋:《数字见证苏州改革开放30年巨变》,苏出准印(2008)字JSE—1002233号,第45页。

生育,以控制人口的过快增长,其实施时间之长、工作力度之大、执行政策之严、实际效果之显著,都是史无前例的。

1. 计划生育政策的不断调整和完善

苏州1970年开始贯彻实施国家计划生育政策,控制多孩生育。1974年开始实行"晚(晚婚)、稀(两孩之间要间隔4年)、少(一对夫妇最多生两个孩子)"政策。1979年苏州市革委会颁布《关于计划生育若干问题暂行规定》,开始实行一系列计划生育奖励和鼓励政策。1980年中共中央发出《关于控制我国人口增长问题致全体共产党员、共青团员的公开信》,国务院也向全国人民发出号召,提倡"一对夫妇只生一个孩子",习称"独生子女"政策,计划生育渐成影响全社会的一项重要国家政策。1982年成立苏州市计划生育委员会,颁布《苏州市计划生育若干问题的实施细则》,规定了鼓励晚婚晚育、奖励只生一胎、严格控制二胎、杜绝多胎,并规定无计划生育和超计划生育者要交社会抚养金等办法,规定了对确有实际困难者照顾生二胎的范围及间隔时间。1984年苏州对城乡青年晚婚晚育年龄做出统一规定,对按《婚姻法》规定婚龄推迟3年结婚的,即男性25周岁、女性23周岁定为晚婚,女性24周岁生育定为晚育,实行晚婚晚育的以增加婚假12天、产假30天作为奖励。1989年市政府颁布《苏州市计划生育暂行规定》,对涉及计划生育的各项奖惩措施进一步补充完善,同时在全市开始实行计划生育目标管理责任制、行政首长负责制、违反计划生育"一票否决制"等严格的管理制度,对计划外怀孕、无计划生育、超生、未婚先孕者等的管理措施涵盖政治、行政和经济等方方面面,由此促进计划生育工作持续有效开展。"八五"时期苏州市年均计划生育率为98.67%,名列全省第一;所辖6县(市)的计划生育工作各项指标全部进入省先进一档。之后的十多年间计划生育的有关政策总体上没有大的调整和变动。

2. 人口自然增长控制的显著效果

改革开放头十年,苏州计划生育工作力度很大,但由于一些特殊原因,人口自然增长控制出现了较大的反复起落,并出现了城乡反差较大的局面。70年代末80年代初,由于大批知识青年集中返城结婚,市区很快形成了一个生育高峰,1979年、1980年两年的出生人口由之前的年5 000余人增加到7 000人左右;1981年、1982年两年突破了年1万人,人口出生率由1978年的10.38‰回升至16‰,自然增长率也相应由1978年的3.61‰回升至近10‰的高点上;此后虽有所回落,但市区每年新出生人口仍保持在7 000余人的高位上。苏州6县(市)的情况则略有不同,由于正值生育年龄阶段的知识青年的集中离开返城,加上计划生育工作效果显现,进入80年代后人口出生率大幅下降,1983年太仓县成为新时期全国第一个人口负增长县,1984年全市县域人口出现了人口负增长,净增数为-3 158人。县域人口负增长使得全市1984年的人口自然增长率出现了1979年以来的首次负增长,为-0.08‰。1985年起由于60年代初三年困难时期之后出生的女性进入生育期,全市人口的出生率和自然增长率都进入了一个持续多年的高位增长期,高峰出现在1987年,是年全市出生82 361人,出生率达15.16‰,人口自然增长率达8.33‰,两者均为新时期的最高点。

1988年起全市人口自然增长出现拐点,开始呈逐年下降趋势,至1993年出生率降至10‰以下,自然增长率亦相应下降至2.84‰。1995年全市人口出生率再降至8.53‰、自然增长率降至1.53‰;按1970年妇女生育水平推算,25年中累计少生约150多万人,相当于常熟和太仓两市人口的总和;全市还有符合现行生育政策可照顾生二胎而自愿不再生育的夫妇3万多对。是年太仓市在全市再次率先呈现人口负增长,人口自然增长率为-0.79‰,2000年小幅回升至正增长。苏州全市人口自然增长率为0.58‰,是全国人口自然增长最低的地区之一。

三、婚姻家庭观的嬗变及其正负效应

改革开放以来,苏州城乡居民的婚姻观、家庭观发生了较大的变革,导致婚姻、家庭状况也出现了一系列不同于以往的变化,从婚姻基础到婚姻质量,从家庭规模到家庭关系,无不体现了社会文明程度提高对其所产生的巨大影响,总体趋势是在不断进步。

1. 渐趋进步的婚姻观和日益提升的婚姻质量

进入新时期,苏州居民的婚姻观和婚姻质量随着经济的发展、社会的进步、开放度的提高而与时俱进,尤其受到西方现代生活方式及婚姻观的影响和妇女经济、社会地位提高的影响。主要体现在以下几个方面:

自主择偶、自由恋爱成为婚姻的主导观。改革开放后,社会的开放度增强,人们的社交圈放大,有关方面还建办了一批婚姻介绍所,给婚龄青年带来的择偶机会大大增加;同时青年男女都有各自的工作和稳定的经济来源,有了自主建立家庭、维系婚姻关系的经济基础,可以摆脱父母的影响和制约。因而,无论城乡,无论男女,苏州青年择偶的自主意识不断增强,"自己认识、自己看中"成为择偶的主要方式和途径,"父母之命、媒妁之言"的包办、强迫现象鲜有发生。

择偶范围与标准日趋宽泛化。进入新时期,苏州青年男女择偶标准出现积极的变化,除了经济因素考量外,开始把感情融洽作为重要因素,而原先比较看重的年龄、籍贯、品貌、学历、职业、家庭背景等因素的权重在逐步弱化。由此,苏州姑娘以前"非苏州人不嫁"的观念也开始打破,甚至还有以前不敢想象且极少发生的涉外婚姻。据市民政部门统计,1996年全市登记结婚双方中一方为外地人的有4 596对,占总数的10%多;1979—1985年市区涉外婚姻登记共100对,1995年后每年在150—200对。这在总体上体现了人们婚姻择偶观的成熟与进步,改善了婚姻的基础,提高了婚姻的美满度。但也带来了一些负面影响,突出的是有两类人群的择偶婚配发生了困难:一类是一些学历层次高、经济收入高和社会地位高的"三高"女性,往往因找不到匹配的对象而成为"剩女";另一类是各方面条件都稍差的苏州小伙,许多因找不到本地姑娘而无奈选择地位较低的"外来妹"。据吴县调查统计,80年代中期至1990年8月间农村娶"外来妹"的有4 275人,其中缺乏感情基础的"凑合"婚姻有2 600余对。此外,有少量女性因片面追求男方的物质利益和社会地位,开始不顾年龄差异悬殊而选择嫁老板、老外、老教授等,社会上"老夫少妻"逐步增多。

结婚年龄推迟成为主流的现实选择。改革开放后苏州青年的结婚年龄绝大多数达到或超过男25周岁以上、女23周岁以上的晚婚年龄。之后,随着受教育年龄的延长,待到完成学业后首先考虑的是"事业有成",能在工作单位"站住脚",女青年还怕结婚生育影响事业的发展;而更为现实的是,男女青年都希望结婚时有一定的经济基础,争取成为"有房、有车、有积蓄"一族。由此种种造成青年的结婚年龄在国家规定的晚婚年龄基础上不断推迟。据民政部门的统计显示,全市青年初次结婚平均年龄90年代初为27岁左右,至20世纪末已达近30岁。

性解放意识的提高及其对婚姻关系的挑战和对社会的影响。改革开放前受传统伦理道德的束缚和影响,苏州青年男女尤其是女性在性观念上大都处于朦胧、保守状态,因而婚前一般都保持着性的"贞操",婚后也很少有婚外情情况发生。改革开放后,西方的"性自由""性开放"等观念渗入我国,对青年的影响尤其大。从而,一些尚在恋爱的青年中非法同居、未婚先孕的现象增多;一些夫妻感情基础不太牢固的已婚者,对婚姻不忠或对现有婚姻生活表现出厌倦,为寻求性刺激搞起了"一夜情""婚外恋";一些尚在读书的大学生甚至中学生"偷尝禁果"的情况也屡有发生。凡此种种,都对维护婚姻法律的严肃性和社会公序良俗构成了挑战,由此而导致的"第三者插足""非婚生子女"等给当事人家庭及整个社会带来了较大的负面影响。

2. 家庭构成和家庭关系的变化及其社会影响

家庭规模趋于小型化。进入新时期,一方面由于计划生育,家庭多为独生子女;另一方面青年一代与其上辈之间因思想观念、生活方式不同,开始产生较大的"代沟",已婚子女独立生活的意愿越来越强烈,大都不愿再与父母同堂生活;再一方面,住房条件的改善为子女婚后单独组建小家庭提供了条件,由此改革开放以来苏州的家庭规模呈逐步缩小趋势,一对夫妇带一个孩子的"三口之家"成为家庭构成中的主要形态。1982年"三普"资料显示,市区平均每户人数由1979年的3.74人减少到3.56人,3人户占总户数的42.4%;家庭户类别中,一对夫妇户和一对夫妇带孩子的二代户两者合计占到71.69%,三代同堂户只占11.98%。2000年"五普"与1990年"四普"相比较,全市平均每户由3.51人进一步下降到3.15人;一代户和二代户增加到73.83%,三代户下降到23.82%,四代以上户仅存2.34%。

"空巢老人"和"鳏寡老人"家庭比重不断上升。由于子女结婚后单独组建家庭独立生活,加上人口寿命的大幅延长,老人大多数时间只能靠老夫妻相依为命,缺乏子女的日常关怀和照顾,随着年龄的增长和自理能力的下降,一部分体弱多病高龄老人的日常生活起居发生了较大的困难,生活质量尤其是精神生活质量下降,由此引发了社会养老的新课题。1986年起,一些身边无子女又缺乏生活自理能力的老人开始住进乡(镇)敬老院、老年公寓、老年病康复医院。至1992年,全市182所敬老院、8所老年公寓共入住老人近4 000人。2000年末,全市共有养老机构221家,总床位7 951张,仍不能满足社会需求。

独生子女教育问题成为社会新问题。80年代后出生的独生子女,虽然物质生活条件和受教育条件普遍比较优厚,但这些集万千宠幸于一身的"小皇帝"从小"娇生惯养""唯我独大",在各个方面都过分依赖大人,缺乏独立自主意识和能力,对困难的挑战力和对挫折的承受力都比较脆弱,且不懂得感恩和与人分享成果,不善于与小伙伴交流和协作,有的还患上了自闭症。独生子女的抚养和教育问题成为家长和教育工作者的一件头痛事,也构成了一个普遍性的社会问题。

离婚率不断攀升和再婚家庭的日趋增多成为不可逆转的趋势。改革开放之前,离婚被人们视为"不光彩""不应该"的事,因而即便婚姻关系已经"死亡",人们也不敢轻易离婚,即使已经离了也不敢声张。进入新时期,一方面随着婚姻自主观念的日益强化、感情在婚姻关系存续中的权重越来越大,尤其是女性经济和社会地位的提高、自尊自强自立意识的增强,一方或双方一旦对婚姻质量感到不满意就极易产生离婚的念想;另一方面由于社会现象日趋纷繁复杂,家庭婚姻关系受到外界因素的干扰和影响越来越多,极易导致家庭婚姻关系的变故并诱发离婚。由此,"从一而终"的传统婚姻家庭观念被逐步打破,导致离婚率不断上升。据苏州市区统计,1977年登记结婚共4 813对,离婚共134对,其中采取"好合好散"式的登记离婚(又称协议离婚)51对、法院处理离婚(又称判决离婚)83对;1985年离婚达379对,离婚者中36岁以下者占53.2%,表明婚姻关系存续中的"七年之痒"已经构成一种社会现象。导致离婚的原因主要是:婚后性格不合者占23.1%,第三者插足占20.9%(其中78.7%是女方有第三者插足),家庭关系处理不当及经济问题引起的占15.9%,感情基础不牢、草率结婚的占14.2%。之后苏州的离婚件数不断增加,1995年全市离婚9 035对,离婚率(一年中离婚人数与婚姻总人数之比)由1977年的0.49‰、1985年的1.08‰上升至3.15‰。2000年全市仅登记离婚就多达4 024件。同时,社会对离婚者和再婚者的看法也有了很大的改变,往往会尊重当事人的选择,对离婚和再婚行为表示理解甚至支持。由此,改革开放以来全市登记再婚的人数也在不断增加。1998年全市登记初次结婚40 661对,再次结婚6 533对。2000年"五普"统计显示,全市再婚人口占婚姻总人口的2.52%,再婚有配偶者11万余人,离婚后选择再婚的人数比例高达68.75%。离婚率和再婚率的上升,虽从一个侧面反映婚姻观的进步,但不可否认其也对家庭关系的稳定和整个社会的稳定带来了较大的负面影响。伴随着"闹离婚",不但涉及的财产分割和子女抚养纠纷案件大量增加,家庭暴力事件也时有发生,甚至还引发了一些故意伤害、杀人等恶性刑事犯罪,尤其是对离异家庭中的子女造成了很大的心理伤害,引发了种种令人揪心的社会问题。

第二节 日益改善的人民生活

进入新时期,伴随着经济社会的快速发展和改革开放的全面推进,苏州城乡居民收入水平大幅提高,人民群众的生活经历了从解决温饱到实现小康、再到基本步入现代化的历史性跨越,可以说是千百年来发展最快、变化最大的时期。

一、城乡居民收入水平不断提高和收入差距逐步缩小

1. 城乡居民收入的快速增长

改革开放后,国家和地方政府都把提高城乡居民收入作为共享改革发展成

果的一个重要方面,在提高全社会经济效益的基础上逐步增加职工和农民的收入。虽然实行市场经济体制改革,苏州的居民消费品价格总指数2000年比1984年增长了3.62倍,但同期城镇居民人均可支配收入增长了13.18倍,农民人均纯收入增长了8倍[1],都大大高于物价涨幅,因而城乡居民的实际收入水平还是有了很大的提高。

从城镇职工工资收入看,1978年全市职工年平均工资514元,在全省各市中名列第6位,与全省平均513元持平,但比全国职工平均工资615元低了16.4%。1980年国家将苏州的工资区类别从5类调高到5.33类。至1983年间,苏州按国家部署先后4次进行职工工资调整,每人至少晋升2级工资;同时先后发放多种补贴津贴,职工每人每月增收23元。1985年全国实行新中国成立以来的第三次工资改革,较大幅度地提高了职工的工资收入,同时国家允许企业按2—4个月不等的工资额度向职工发放各类奖金、津贴等,当年全市职工人均年工资(含奖金、津贴,下同)达1 106元,开始接近全国(1 148元)、全省(1 135元)的平均水平。1986年国家再次将苏州的工资区类别提高到6类区执行。1986—1995年间苏州7次全面调整工资,1995年全市城镇职工人均年工资已增加到6 944元。之后,苏州城镇职工的工资收入随着经济社会的发展而不断"水涨船高",1998年全市职工人均年工资首次位居全省各市第一;1999年人均年工资收入首次突破万元大关;2000年达11 778元,相当于全省平均值的1.14倍、全国平均值的1.26倍。[2]随着职工工资收入水平的不断提高,加上城镇居民家庭收入的来源开始多样化,全市城镇居民家庭人均可支配收入从1981年的455元增至2000年的9 274元,为全省平均值的1.36倍、全国平均值的1.48倍。[3]

从农民收入看,全市农民人均年纯收入1978年时虽然已名列全省各市首位,但也只有226元,相当于全省水平的1.46倍、全国水平的1.69倍。[4]改革开放之初,苏州农村主要靠乡镇工业的发展,加上国家逐步提高农副产品收购价

---

[1] 黄正栋:《数字见证苏州改革开放30年巨变》,苏出准印(2008)字JSE—1002233号,第110—117页。

[2] 江苏省统计局、国家统计局江苏调查总队:《巨大的变化 辉煌的成就——江苏改革开放30年》,中国统计出版社2008年,第288、382页。

[3] 江苏省统计局、国家统计局江苏调查总队:《巨大的变化 辉煌的成就——江苏改革开放30年》,中国统计出版社2008年,第290、383页。

[4] 黄正栋:《数字见证苏州改革开放30年巨变》,苏出准印(2008)字JSE—1002233号,第114页;江苏省统计局、国家统计局江苏调查总队:《巨大的变化 辉煌的成就——江苏改革开放30年》,中国统计出版社2008年,第288、292、382、384页。

格,大幅提高了人均分配水平。1982年全市农民人均纯收入419元。之后农村实行家庭联产承包责任制,农民生产经营和致富的门路越来越多,从而带动全市农民人均纯收入快速增长,1987年成为全省首个突破千元大关的市(人均1 015元),1992年突破2 000元大关,2000年达人均5 462元,相当于全省平均水平的1.52倍、全国平均值的2.42倍。[1]

2. 城乡居民收入差距日趋缩小

1981年苏州城镇居民人均可支配收入455元,与农民人均纯收入356元之比为1.28∶1,与全省1.99∶1、全国2.50∶1(参考1980年数据)相比,属于城乡差别小的地区。之后的十多年间,苏州农民人均纯收入增幅略大于城镇居民可支配收入的增长幅度,城乡差别再逐步缩小,1989年最低达到过1.27∶1,其他年份一般在1.3∶1—1.5∶1的区间内。2000年收入比略有放大,为1.7∶1,但与全省1.89∶1、全国2.79∶1相比,差距还是较小的。[2]因而,苏州不仅成为全国农民最为富裕的地区之一,而且也是全国城乡差距最小的地区之一。

二、市民生活改善与生活方式演变

改革开放以来,随着城乡居民收入水平的大幅提高和消费品的日益丰富,苏州广大城乡居民不仅迅速解决了温饱问题,而且消费观念和生活方式都发生了历史性的变革,不仅有量的增加,并有了质的改变和提高,普遍过上了"吃讲营养、穿讲漂亮、用讲高档、住讲舒畅、行讲便当"的小康式生活,农村生活方式趋于城市化,城乡生活方式都趋于现代化,与发达国家和地区的差距日益缩小。

1. 消费水平的大幅提升和恩格尔系数的不断下降

消费品计划供应和"凭票购物"时代终结。改革开放之初,苏州农村居民的粮食、食油、柴草等基本必需品由生产队按人头配给供应,由于当时的劳动强度大、粮食消耗量大,又缺少可替代的副食品,因而农民家庭口粮常常出现"青黄不接"的情况。城市居民不但吃的粮食、食油、食糖等基本必需品和肉、鱼、禽、蛋、豆制品等主要副食品都要凭粮票、油票、备用券计划供应,穿的布料、服装和用的床单等要凭布票供应,每人每年一丈六尺布票,大约只够做两件衣服或买一条床

---

[1] 江苏省统计局、国家统计局江苏调查总队:《巨大的变化 辉煌的成就——江苏改革开放30年》,中国统计出版社2008年,第292、384页。
[2] 江苏省统计局、国家统计局江苏调查总队:《巨大的变化 辉煌的成就——江苏改革开放30年》,中国统计出版社2008年,第383、384页。

单被单;就连煤球、火柴、肥皂、胶鞋等日用必需品也要凭票供应;至于自行车、手表、缝纫机等当时的"三大件"紧俏商品以及铁壳热水瓶、搪瓷高脚痰盂、人造革包、呢绒服装、毛毯、丝织被面等稍微高档一点的日用商品,都需凭工业品券购买,每户凭券可买到的商品十分有限;结婚所需置备的家具、盆桶等要凭结婚证配给供应。没有票证或票证不敷使用的市民如需购买某物,可以去买"议价"物品,其间有一个不菲的差价,无形中成为票券的"价值"。用粮票或煤球票换鸡蛋,是当时一些省吃俭用的市民偶尔会犯的"过错";靠倒卖各类专供券来牟利的"黄牛"也难以禁绝。直到 1983 年取消城市居民工业品券和布票、1985 年取消肉票、1993 年取消粮票和油票后,延续了 40 多年的计划供应和"凭票购物"才完全退出历史舞台。

消费性支出和储蓄水平逐步提高。20 世纪 70 年代末 80 年代初,由于收入水平低,苏州城乡居民的日子都过得十分"紧巴巴",1978 年全市农民人均消费性支出才 212 元,占人均纯收入的 93.8%;1981 年市区居民人均消费性支出 414 元,占人均可支配收入的 91%。城乡居民家庭几乎都没有什么积蓄,1978 年全市人均储蓄存款才 35 元,其中市区也仅人均 110 元,是为留着急事(天灾人祸)、大事(子女结婚、造房起屋)备用。1984 年起城乡居民年消费支出以每年 100 余元的幅度增加。1987 年市区居民人均消费支出超 1 000 元,人均结余额 134 元。1988 年全市农民人均消费支出超 1 000 元,人均结余额 86 元。1994 年市区居民、1997 年全市农民人均消费支出超 4 000 元。之后几年中城市居民消费支出增幅加大,而农村居民增幅放慢。2000 年,市区居民人均消费性支出 7 027 元,为全省人均水平的 1.32 倍,支出占收入的比例下降至 75.77%;全市农民人均消费性支出 4 073 元,为全省人均水平的 1.74 倍,支出占收入的比例下降至 74.57%;全市人均储蓄存款 13 901 元,为全省人均额的 2.28 倍。[1]

恩格尔系数逐年下降。改革开放之初,苏州城乡居民消费都以"吃饱穿暖"为首要目标,因而消费结构中的恩格尔系数(即食品消费支出占居民消费性总支出的比重)仍保持在较高的水平上。1981 年市区居民消费的恩格尔系数为 57.25%,还高于全省平均水平 1.35 个百分点;至 1986 年恩格尔系数仍达到 51.56%,仍处于"温饱"阶段;1996 年起低于 50%,进入国际公认的"小康"阶段;2000 年市区居民的恩格尔系数又降至 42.65%,但也许因为苏州市民喜欢

---

[1] 黄正栋:《数字见证苏州改革开放 30 年巨变》,苏出准印(2008)字 JSE—1002233 号,第 114—117 页;江苏省统计局、国家统计局江苏调查总队:《巨大的变化 辉煌的成就——江苏改革开放 30 年》,中国统计出版社 2008 年,第 233、234 页。

吃、讲究吃,所以恩格尔系数仍比全省平均水平高出1.55个百分点。苏州农村的情况稍有不同,主要由于农民将造房起屋作为家庭的"头等大事",因而1986年全市农民人均消费品支出774元中,用于居住的达247元,食品方面的开支只有364元,恩格尔系数只有47.02%,比全省平均水平低2.48个百分点;之后全市农村居民消费构成中的恩格尔系数一路下降,至2000年为40.04%,比全省平均水平低3.46个百分点。[1]

2. 城乡居民物质生活从解决温饱到步入小康

吃的变化:从吃饱到吃好。改革开放以来苏州城乡居民的食物构成发生了很大的变化,最突出的一点是"主食型"的饮食习惯逐步为"副食型"为主所取代。80年代起随着商品供应情况的好转,肉、禽、鱼、蛋等高蛋白类食品敞开供应,逐步成为居民的日常菜肴,粮食的消耗量随之逐步减少,食物消费出现了"从素到荤""从粗到细"的结构性改变。据1992年市区社会商品零售量统计,人均消费的猪肉达57.48斤、鲜蛋为25.78斤,分别为1985年计划供应前年消费量的3倍和2倍;人均消费的水产品也达30斤之多。之后人们的餐食中以猪肉为主的动物性脂肪摄入量不断减少,而家禽、鱼虾的消费大量增加,营养价值大为提高。各色新鲜水果开始成为市民日常生活中不可或缺的食品,人均消费瓜果由1985年的64.4斤增加到1997年的118.2斤。[2]饮品中,以往只有婴幼儿和重病人才能享用的牛奶成为大众化的东西,鲜牛奶及其制品男女老幼一年四季服饮者比比皆是。2000年市区居民人均食品消费支出2 999元,比1981年的237元增长了11.65倍。苏州农民的食品消费额也不断增长,1986年人均364元,1990年683元,2000年已达人均1 631元;2000年比1990年增加的近1 000元中,主食品粮食只增加了85元,而副食品增加了485元,饮品、滋补品等也增加了274元之多;2000年全市农民食品消费虽比城市居民人均还少1 368元,但由于其蔬菜、禽蛋等大多自产,因而食品的实际消费水平并不比城里差多少,平日里也几乎到了"无荤不吃饭"的水平,"吃讲营养"同样成为广大农民常挂在嘴上的口头禅。在吃的内容不断向丰富、高档演变的同时,吃的形式也有了大的变化。直至改革开放之初,苏州人用餐基本上在家里,红白喜事、逢年过节、招待亲朋好友也在家中自便,"上馆子"只有经济条件好的人家偶尔为之。后来,随着经济条件好转,家中遇子女婚礼、老人祝寿、小孩满月生日、招待来客等,都到餐

---

[1] 江苏省统计局、国家统计局江苏调查总队:《巨大的变化 辉煌的成就——江苏改革开放30年》,中国统计出版社2008年,第233页。

[2] 黄静:《食:迈过温饱奔小康》,《苏州日报》,1998年10月2日。

馆设席宴请,就连最具家庭味的"年夜饭"也改到了餐馆酒家;隔三岔五举家到饭店撮上一顿、到卤菜店买上点熟菜、青年人不想做饭就叫上一份"外卖"也越来越普遍。这种"饭桌子"从家庭走向社会的变化,使得苏州的餐饮网点如雨后春笋般不断增长,1997年市区共有餐饮网点13 047个(不含流动摊点),是1979年的近10倍。[1]

穿的变化:从御寒遮体到时尚个性。1981年市区居民人均穿着消费58元,只占总消费支出的14%;总的穿着理念是"节俭""朴素""实惠";总的穿着状况是简单乏味,色调沉闷,式样雷同,质地粗劣。1983年起随着布票的取消、纺织服装业新面料新款色不断推出、我国对外开放程度逐步提高,苏州市民的衣着开支随之增加,2000年达到人均489元,比1981年增长7.43倍。80年代中人们的服饰逐渐增多,质地变好变新,打补丁服装基本消失,且紧随流行趋势变换款色风格的从众现象比较明显。90年代后人们的穿着变化节奏越来越快,款色千姿百态、色彩斑斓,并可从中找出一些共同的特点:一是成衣化,自己买布做衣的越来越少;二是时装化,服装的审美功能越来越突出,个性特征越来越强烈,各个年龄、各个阶层的衣着层次分明,街上服装"千人一面"的状况不复存在;三是高档化,夏天穿着真丝绸类、春秋穿高档羊绒毛衣和皮夹克、冬天穿着鸭绒衫和裘皮类服装已十分普遍,国际名牌服装成为一些人的日常穿着;[2]四是反常规,尤其是女性着装的传统风格多被"颠覆"。如:自从牛仔裤流行后,女裤的门襟从右侧面改到了前面,变成"男女无别";中青年女性穿着大胆走性感路线,尤其是夏装"(面料)轻、(款式)露、(内衬)透、(尺寸)短"的风格特征日益明显,穿衣里长外短、寒冬季节"要风度,不要温度"的比比皆是。人们对这类穿着逐步见怪不怪,以至于渐成为人们对服装的共同审美取向。[3]同时苏州农民的衣着消费也大幅增加,人均消费额从1986年的58元增加到2000年的204元,衣着水平大为提高,尤其是青年人平日的穿着与城里已无太大差异。

住的变化:从拥挤简陋到舒畅高档。1979年由于下乡知青与下放干部、职工、居民集中返城,苏州市区居民人均居住面积(按建筑面积的50%计算)下降至3.9平方米,为新中国成立后最低点,比全国出名的住房拥挤城市上海市区人均水平还要低。为缓解居民住房困难的突出矛盾,市政府除动用财政城建资金规划建造住宅新村外,还发动各行各业自建职工住宅,至1985年市区人均居住

---

[1] 黄静:《食:迈过温饱奔小康》,《苏州日报》,1998年10月2日。
[2] 尤薇:《从"灰蚂蚁"到"花蝴蝶"》,《苏州日报》,1998年10月1日。
[3] 尤薇:《从"灰蚂蚁"到"花蝴蝶"》,《苏州日报》,1998年10月1日。

面积增加到5.75平方米;但尚有1.2万户(占总户数的6.5%)人均建筑面积在4平方米以下,住户成套率(指房舍可独立分割且有单独的厨房、卫生间)也仅为39.4%。之后继续加大住宅建设力度,并鼓励市民购买新建的商品房,1990年居民人均居住面积增加至7.6平方米,居民自有房产户占15%。1992年起随着住房制度改革的不断推进,市民住房条件改善的步伐大大加快。1992—2000年,城区共出售公有住房12.15万套,居民自有房占比提高到64%;城区居民人均住房使用面积猛增至16.3平方米,超过全省平均水平(14.4平方米),并名列全省第一。20世纪末市区居民大都住上了成套多层公寓楼房,少数住上了复合式(每户有二层,设有内楼梯)公寓或更高档的连排式别墅、独立别墅。[1]改善住房的居民,对房屋的装修从简单到考究不断进步,90年代中期起家庭装修开始系列化,90年代后期起趋于高档化,总的住房条件达到或超过了小康水平。新时期苏州农民的住房改善也很显著,且变化节奏加快,有一句广为流传的农村民谚大体概括了大多数农户人家在住房上的变化发展进程,即60年代住草房,70年代盖瓦房,80年代住楼房,90年代造洋房。由此苏州农民在居住上的消费支出也一直比城市居民多,并始终成为仅次于食品消费的第二大支出项目。1982年底全市农民人均住房面积20平方米,2000年达59.7平方米,农家内部设施齐全,装潢水平基本向城市住宅靠拢,甚至超过城市。一些村级经济发达的村,由村集体或骨干企业出资建造连片别墅群,形成了土地集约、环境优美、生活方便、居住舒畅的农民居住小区。

用的变化:耐用消费品从普及到完善配套。改革开放之初,苏州城市居民家庭中的耐用消费品除少量简陋的家具外,其他几乎没有。谁家要是有一台9英寸黑白电视机已算是奢侈品了,晚饭后市民往往会聚集而来看电视。至1981年城区居民人均消费品支出中"用"的部分只有73元,占消费支出总量的17.6%;条件稍好些的家庭耐用消费品也只有手表、自行车、缝纫机等"老三大件"。1982年洗衣机、1984年彩电、1985年电冰箱等"新三大件"先后进入家庭。1985年城区居民家庭人均"用"的消费支出额达175元。"七五"时期,彩电加快普及,收录机、电炊具等家电产品开始进入家庭,城区居民家庭人均"用"的消费支出额增加到300元左右。"八五"时期,录(放)像机、空调器、文化娱乐类耐用器具加快进入家庭,"厨卫革命"全面启动。1995年城区居民家庭人均"用"的消费支出额增加到732元,以往市民家庭常用的"三桶一炉"(马桶、浴桶、

---

[1] 邢霄若:《市区居民住房提前小康,人均面积名列全省榜首》,《苏州日报》,2000年5月16日。

水桶、煤炉)和竹木碗橱等逐步退出历史舞台。"九五"时期家用电器升级换代节奏加快,2000年城区居民家庭人均"用"的消费支出额增加到940元,每百户拥有组合式家具39套、沙发115只、洗衣机99台、电冰箱100台、彩色电视机149台、录音机72台、组合音响26套、影碟机44台、录像机28台、照相机58架、家用电脑20台、钢琴电子琴等中高档乐器4件、空调器71台、微波炉61台、淋浴热水器59台、脱排油烟机65台。家用电器大举进入家庭并不断升级换代,对提高生活质量有明显的促进作用,尤其是电脑和互联网逐步进入家庭,预示着居民生活的一场更大变革已经悄悄到来。苏州农村居民家庭的耐用消费品,20多年中不仅实现了从无到有,而且几乎与城市同步,最多只是"慢半拍"。全市农民人均年消费性支出中的"用"的部分,1986年仅90元,1995年大幅增加到493元。2000年全市农村家庭每百户拥有的耐用消费品为:电风扇346台、洗衣机79台、电冰箱58台、彩电98台、黑白电视机62台、收录机33台、录像机27台、影碟机21台、组合音响17套、空调器20台、脱排油烟机19台、吸尘器12台、家用电脑2台。由此可见,苏州农村居民家庭的生活已基本城市化。

行的变化:从自行车代步到机动快捷化。改革开放之初,苏州城乡居民出行主要靠自行车代步,或乘坐公交车,农村居民还有靠船只的,个别有海外关系的凭侨汇券买上一辆摩托车,在街上飞驰而过会吸引很多人的眼球。1986年城、乡每百户居民家庭拥有的自行车分别为201辆、145辆,1990年分别增加至225辆、216辆。80年代中后期起少数城市居民开始骑上电动自行车。90年代初国产燃油型踏板式助力车(又称轻摩)上市,迅速形成消费热潮,至1994年全市轻摩拥有量达12万辆,其中市区1.2万辆左右[1],3年后市区轻摩保有量超5万辆。之后市区轻摩停止登记上牌,市民代步工具开始选择电瓶车,还有一部分经济条件较好或从事私营经济活动的居民干脆买起了私人小轿车。1988年苏州开始有私人汽车,年底总数为247辆,其中市区108辆。至2000年底全市已有私家车4.72万辆,其中私人轿车3.15万辆。只用了短短20余年,苏州市民的出行方式,经历了从自行车时代到助力车时代再到大步迈入私家车时代,这样的升级换代速度远远超出了西方发达国家。同样具有"行"的属性的通信工具,也随着通信业的快速发展不断升级换代。80年代末住宅电话在城乡一些家庭中落户,到90年代中已基本普及。随之可移动的通信工具也逐步装备到城乡居民

---

[1] 润泉:《摩托代步说远近》,《苏州日报》,1994年10月9日。

家庭。1988年"BP机"(无线寻呼机)、1992年"大哥大"(模拟移动电话)、1997年数字移动电话和互联网先后进入家庭,给市民的通信和生活带来了极大的方便,也开始成为市民生活中不可或缺的重要工具。1986年全市城、乡居民家庭人均交通和通信类支出额分别才8.6元和2.6元,2000年达411.1元和315.2元,成为新时期城乡居民家庭生活费支出中增长最快的一部分,占年总支出额的比重分别达到5.85%和7.74%。

家务劳动的社会化:改革开放之初,苏州城市居民的家务活儿,小到洗衣做饭,大到搬家、装修、操办婚丧喜事,基本上都是自己亲力亲为,一来不舍得花钱,二来社会上也缺少专门的服务。后来人们的生活节奏加快,普遍感到时间不够用,何况"家务"的外延不断扩大、内涵不断丰富,样样自己干有点力不从心,于是从1988年起社会化的专业家政服务类机构逐步问世,涉及的行当有搬家服务、房屋装修、家庭保姆、保洁钟点工、接送小孩、医院护理工、干洗等,都很受市民青睐。[1]各类家务劳动实行社会化,居民虽多花了些钱,但能够购买到专业、优质的服务,省去了自己很多辛劳和烦恼,对居民和服务机构来说是一种"双赢",既是社会分工、进步的体现,也是家庭生活方式的一大历史性变革。

3. 精神生活的日益丰富

改革开放之初,苏州城乡居民文化娱乐方面的消费,除了偶尔花一二毛钱看上一部电影、花四五毛钱看上一出戏、花五分钱进一次公园游玩外,其他就没什么了。因而直到1986年,城市居民人均娱乐消费额才3.6元,农村居民更是少到只有0.7元。80年代中期起,人们在"吃饱穿暖"的基础上开始变得越来越"懂得生活"并尽情地"享受生活",突出的是把精神文化层面的生活摆上了重要位置。1995年我国开始实行一周五天工作制(即双休日制度),1999年起又实行"黄金周"制度,从而使得民众的精神文化休闲生活日益丰富多彩,着重体现在以下四个方面:

一是普遍追求"美",努力展现自己的美好形象。1982年国内恢复销售黄金首饰,虽然每克价格高达64元(相当于普通职工2个月的工资),但市民还是舍得拿出多年的积蓄购买,戒指、耳环、项链挂件等饰品遂成为女性日常的普遍佩戴物。文胸(胸罩)这种改革开放前只有外事人员、演员等高端女士穿着的舶来品,逐步成为老中青女性一年四季的穿戴物,其功能也从主要为遮挡隐私变为塑身美体,款色从背心式变为吊带式,能与各类时装相匹配。除了讲究穿戴外,80

---

[1] 文洪:《家务劳动社会化趋向寻踪》,《苏州日报》,1993年4月11日。

年代初理发店恢复中断了十余年的烫发,90年代后期起染发和焗油逐步兴起,各个年龄的女性纷纷光顾。同时美容业作为一种新兴的服务行业也悄悄地进入人们的生活领域,成为不少人日常生活中的一个"节目"。最初人们买来口红唇膏、粉底胭脂、指甲油等化妆品为自己美容,90年代初城区开始出现美容院,不过两年已达百来家,主要进行文眉、卷眼睫毛、祛痣、面部护理等简单项目。同时医院开设手术整形美容,项目从最初的割双眼皮、面部修饰等发展到填削鼻骨腮帮、调整眼距、硅胶隆胸、抽脂减肥、注射羊胎素葆青春颜容等高难度项目,甚至可以按照影星的标准给人重塑容貌,社会上由此出现了许多"人造美女"。

二是逐步追求"娱""乐""健",娱乐健身活动成为生活和消费的重要内容。80年代初文化部门对以往被视为"封资修"的交谊舞首先开禁,迪斯科等现代舞流入我国,社会上各种档次的舞厅迅速发展起来,一时间男女老少都进入舞厅学起跳舞来,促使文化娱乐消费从以前的"你演我看"向"自娱自乐"演化。不久卡拉OK风靡起来,仿佛一夜间人人都成了"业余歌手"。80年代后期起保龄球、桌球、轮滑、体育舞蹈等休闲体育类娱乐项目在苏州逐步发展起来,参与者日渐增多。90年代中期起健身、减肥开始走进寻常百姓的生活,健身馆成为很多白领人士经常光顾的场所,还有相当多的家庭添置健身器具,每日在家中锻炼。[1] 家庭旅游发展也十分迅速,或利用节假日、暑寒假举家出行,或邀上几个朋友同行,花上几天、成百上千元,饱览祖国大好河山,使身心都得到愉悦。1997年出国出境旅游向居民开放后,自费随团出国出境旅游的逐步增多,全市每年万人左右。1993年起公安部门对城区家庭饲养观赏狗解除实施多年的禁令,"宠物热"迅速升温,至20世纪末市区办过证的犬有上万条之多。人们不惜每月花费数百元饲养宠物,每天早晚遛狗、与猫狗一起嬉戏,成为许多人日常生活的重要内容。2000年市区居民人均娱乐类消费开支已达480元,和穿着类消费支出相当。

三是注重提升"文化品位",业余文化生活越来越丰富充实。人们纷纷利用业余时间,到文化补习班、技术培训班、成人夜大职大等进行学习,或参加各种自学考试、职业技能资格等级考试等,以不断地给自己"充电",提升文化素质和专业技能,有的自参加工作起直至50多岁就一直没有停歇过,从补习高中文化直到拿到大专、本科、研究生文凭。80年代后苏州人读书藏书逐步蔚然成风。

---

[1] 俞愉:《夏季健身,爱你没商量》,《苏州日报》,1995年8月5日;徐宁:《乐:多姿多彩生活美》,《苏州日报》,1998年10月7日。

1993年全市人均购书53.56元(全省人均9元),列全省首位。1992年起市有关部门举办"姑苏十大藏书家庭"评选活动,参评门槛为家庭藏书2 000册以上,最后当选的家庭藏书逾万册之多。城乡众多有一定文化艺术特长、爱好的居民自行组织起来,成立业余社团,平日定期集中活动,一起切磋交流、研学习艺,还时常组队参加各种表演和比赛,使业余生活变得十分充实。至1998年仅苏州城区就活跃着178支群众业余文艺社团。[1]以往苏州很多家庭或多或少有些收藏物品,后受"文化大革命"冲击被迫中断或放弃。改革开放后许多人重拾旧好,大多数从入门比较容易的邮票钱币开始。1982年市邮票公司成立之初,全市集邮爱好者仅3 000多人,至1992年已发展至近9万人。[2]1997年全国第三次邮市高潮时,城内形成六大邮币交易市场,每日人头攒动,节假日更是挤爆。90年代起古玩开始成为市民的收藏新热点,从古字画到文房四宝、陶瓷玉器、饰品杂件等各有所好,把玩收藏者日益增多,吴趋坊、大成坊、园林路、景德路、文庙等处相继形成交易聚集地,苏州文庙遂逐步成为与北京大栅栏、南京夫子庙齐名的全国三大古玩市场之一。[3]

四是生活大胆涉"性",性生活和谐成为人们追求高质量精神生活的一个重要方面。以往国人对性生活羞于启齿,遇有性功能障碍或性生活不和谐,只是自己默默忍受着生理和精神上的痛苦。进入新时期,受到西方性文明观念的影响,苏州人在这方面的思想观念也逐渐解放。90年代起一些医疗机构开出男、女性保健科,一些有性功能障碍的男士主动求医问药,按医嘱服用壮阳类药物,一些性欲不高的女性也尝试通过医学手段提高性激素水平。1998年市区开出首家个体经营的性保健和夫妻用品商店,短短半年多市区这类商店已发展至百余家,一些成年男女前去选购合适的用品,以提高性生活的情趣和质量。[4]

第三节 创新完善社会管理与建设

随着改革开放的不断推进和经济社会的深刻变革,进入新时期社会管理中

---

[1] 徐宁:《古城区67平方公里的土地上活跃着178支群众业余文艺社团》,《苏州日报》,1998年8月27日。
[2] 肖泓:《苏州集邮爱好者近9万》,《苏州日报》,1992年12月14日。
[3] 姜晋:《收藏·这片热土》,《苏州日报》,1995年1月7日。
[4] 晓郭:《性用品悄悄形成市场》,《苏州日报》,1999年3月22日。

的新矛盾、新问题层出不穷。全市各级党委和政府适应新情况、新要求,逐步把社会建设摆上重要位置,不断加强社会管理,积极探索和推行社会治理结构和方式的创新,大力激发社会活力,整合社会管理资源,努力构建党委领导、政府负责、社会协同、公众参与、法制保障的中国特色社会主义社会管理新体制和新机制,从而有效地提高了社会建设与管理水平,促进了社会的稳定与和谐、文明与进步。

一、社会组织体制的变革与完善

进入新时期,全市各级党委政府改革、完善领导方式和执政方式,按照党的"总揽全局、协调各方"的原则,逐步理顺和协调同方方面面的关系,充分发挥广大群众参与社会管理的基础作用,大力加强基层社会管理和服务体系建设,完善培养扶持和依法管理社会组织的政策,引导社会组织健康有序发展,发挥各类社会组织提供服务、反映诉求、规范行为的作用,从而加快形成了政社分开、权责明确、依法自治的现代社会组织体制,使之逐步成为国家治理结构中的一个重要组成部分,较好地实现了政府行政管理与社区社团自我管理的有效衔接、政府依法行政与居民和社团依法自治的良性互动。

1. 村民自治活动由点到面开展

针对实行家庭联产承包制和取消人民公社制度后农村社会组织结构发生很大变化、基层社会管理方式急需改革的新情况,苏州探索开展村民自治活动由太仓县首先起步。1986年太仓第二届村委会换届选举之际,县政府转发《太仓县村民委员会组织暂行规定》,为村民委员会的选举产生、村委会的职能和运行、村民的自治活动等提供了依据。1988年起贯彻实施《村民委员会组织法》,苏州开始在农村组织开展村民自治示范活动,确定太仓县为试点县,通过全面培训村民委员会主任、宣传教育、建章立制,引导和组织全市村级组织逐步建立和完善村务公开、民主选举、民主决策、民主管理、民主监督(简称"一公开四民主")制度,实行自我管理、自我教育和自我服务。1990年省民政厅确定太仓为全省村民自治示范县,该县各村普遍设立村务公开栏、村民联系箱、村民议事会,建立村规民约,促进村委会的民主政治建设,1992年底经省考核成为全市第一个村民自治示范县。[1]市政府推广太仓成熟经验,促进这项活动在全市广泛、深入地开展。

---

[1] 太仓市政协学习文史委员会:《亲历太仓60年》,苏出准印(2009)字JSE—1000244号,第75—77页。

1995年底,太仓市和昆山市双双荣获全国首批"村民自治示范县(市)"称号。[1] 1996年底,全市经验收合格的村民自治示范乡镇、示范村分别占总数的45%和38.4%。之后几年中,市政府制定《苏州市村级民主管理制度(试行)》,召开全市农村基层民主建设工作会议,制定村民自治模范乡镇、模范县(市、区)标准,促进村级民主管理工作上新水平。1998年全市开展村务公开的占村委会总数的82.9%,1999年太仓市和昆山市双双荣获"全国村民自治模范县(市)"称号。在创新村委会民主选举方式上,1997年太仓市第六届村委会换届选举中采取"两个直接"的选举办法,即先由村民一人一票直接等额提名候选人,再由村民一人一票直接无记名投票选举村委会主任、副主任和委员。太仓首创的这一选举办法得到民政部肯定,1998年11月《村民委员会组织法》修订中吸收了太仓市的一些做法。2000年全市第七届村委会换届选举中,太仓市普遍采用"一票直接选举"办法,即不确定候选人,凡有选举权的村民一人一票,以无记名方式一次性投票选举产生村委会。[2] 其他各县(市、区)村委会换届选举中也有17.5%的村采用"一票直选"办法。应全国人大常委会邀请和安排,美国前总统卡特率观察团到昆山周庄全旺村观摩了第七届村委会选举大会,向西方领导人展示了中国农民民主选举的过程和村民自治的成果。

2. 城区居民自治和社区服务功能的不断完善

市区和县城镇的居民委员会,以往的管理对象单纯为辖区内的无工作户籍居民,每个居委会的管辖范围400—800户不等;管理和服务内容甚少,主要为小街小巷卫生打扫、治安联防、暂住人员信息收集等;居委会干部没有实行规范化的民主选举,且年龄大、文化程度低,难以适应工作要求。改革开放后,苏州城区的社区建设着重围绕完善居民自治、向社区化转变和提升社区服务能力这几方面展开。

在完善居民自治上,1990年起贯彻实施《城市居民委员会组织法》,结合实际搞好居委会换届选举,规范民主选举制度。为优化居委会干部队伍结构,多途径物色居委会委员尤其是主任人选,至1999年面向社会公开招聘了1 120余名居委会干部,并依法进行换届选举,新当选的居委会主任均为担任过企业中层干部的中共党员,居委会干部平均年龄降至48岁,高中以上文化程度超过55%。市、区两级财政每年拨给居委会办公经费和干部工资补贴,将居委会专职干部纳

---

[1] 王伟民:《太仓市荣获全国首批"村民自治示范县(市)"称号》,《苏州日报》,1995年12月2日。
[2] 泰民、宋欣、王璟晋:《太仓"一人一票直选"村干部》,《苏州日报》,2000年10月7日。

入地方事业编制,使他们能全身心地投入社区建设和工作。

在向社区化过渡上,90年代起适应企业转制的改革大环境要求,将企业退休、下岗职工的管理关系转入居委会,实现与原企业脱钩,由"单位人"转变为"社会人"。随着居委会管辖人员范畴的大为扩展,2000年根据民政部《关于在全国推进城市社区建设的意见》,苏州城区启动社区居民委员会组建工作,当年8月金阊区三元街道三元一村社区居委会率先成立,之后不到一年间迅速在各区和县城镇推开。2000年末全市有城镇居委会1 075个,其中三个城区原427个居委会合并调整为157个社区居委会,平均每个居委会所辖居民数由463户增至1 750户,有效地提高了管理和服务的规模效益。

在发展社区服务上,1987年民政部倡导发展社区服务业,至1989年全市城镇居委会以群众自助和互助为主要形式,兴办便民利民的生产生活服务事业。1990年起实施江苏省城镇社区服务网络化标准,1993年起创办社区服务中心,1995年起探索社区服务"服务社会化、经营产业化、管理规范化",开展创建社区服务示范城区(市)、街道活动。1998年金阊区、沧浪区被评为全国社区服务示范城区,平江区被命名为省示范城区。2000年三城区均被定为省社区建设实验区,各区、街道、居委会及辖区企事业单位分别建立社区服务志愿者协会和小组,志愿者2.7万人,共开设社区服务网点3 132个,形成10个系列60多项服务项目,深受辖区居民的欢迎和好评,社区居委会的凝聚力大为增强。

3. 各类社会组织的健康有序发展

进入新时期,苏州各级党委、政府鼓励和支持社会力量在教育、文化、卫生、体育、社会科学研究、社会福利等领域兴办民办非企业单位,发挥行业协会、学会、商会、基金会等新型社会团体的社会功能,为经济社会发展服务;同时引导各类社会组织加强自身建设,提高自律性和诚信度,更好地为各自联系的群体服务。由此促进了各类社会组织如雨后春笋般发展起来。

1990年起贯彻实施国务院《社会团体登记管理条例》,市县两级民政部门统一负责社会团体登记管理工作,至1991年底全市登记的社会团体2 651个,其中市属社团615个、县区属645个,并开始实施规范化管理。1998年开展第三次社团清理整顿后,全市社团数量有所减少,社团的发展日益健康,自治和自律水平不断提升,承担起了许多原先由党委、政府和行政部门施行的管理性事务,在两个文明建设和社会发展中发挥着不可替代的作用。2000年全市有各类社会团体1 455个,其中市级450余个;专业性社团占总数的24%,行业性的占20%,学术性的占40%,联合性的占16%。

90年代中苏州的民办非企业单位蓬勃发展起来,包括民办学校、医院、科研机构、文艺团体、信息咨询、福利机构、体育服务以及各类中介服务机构等,至1999年总数达3 700多个。1998年开始将这类单位统一归口到民政部门登记管理,并从社会组织中单列出来,由业务主管单位和登记管理机关双重管理和指导。至2001年9月,全市共核准登记各类民办非企业单位231个,其中苏州市级124个,各县(市)、区登记107个。这类单位是新时期社会组织的创新,其所进行的事业成为对政府公共服务业的一种拾遗补阙。

二、社会治安的新挑战及其应对与治理

新时期苏州的社会治安面临着新的挑战和考验,形势始终相当严峻,成为摆在各级党委、政府和政法各部门面前的一个重大新课题。[1]20多年来,苏州各级各部门以维护社会治安大局稳定为己任,以保一方平安的高度政治责任感和历史责任感、敢于探索的精神和适度超前的研判、务实创新的工作,积极应对遇到的新矛盾、新问题、新任务,全面推行和不断完善社会治安综合治理,加快形成源头治理、动态管理、应急处置相结合的社会治安管理机制,实现了城乡社会的长治久安,保障了改革开放与现代化建设的顺利进行和人民群众的安居乐业,并给全国创造了许多新鲜经验,成为全国社会治安的先进模范地区。

1. 社会治安综合治理的不断推进[2]

十年浩劫使社会伦理道德出现空前严重的危机,导致社会治安一度陷入积重难返的局面,中华人民共和国成立以后第三次社会性犯罪高峰期伴随而来。面对严峻的社会治安形势,1981年5月中央确定对社会治安实行综合治理的方针后,苏州地、市各级党委政府和政法综治部门在这方面的探索和实践就开始起步,80年代末全市社会治安综合治理工作逐步形成格局,取得了初步成效。

首先是切实加强领导,总结推广基层创造的可复制的成功经验。1981年地委召开全区综合治理社会治安经验交流会,推出了江阴县澄江镇等23个先进典型。1983年,市委、市政府又总结推广了昆山县石牌公社齐抓共管社会治安、沙

---

[1] 中共苏州市委、苏州市人民政府:《苏州市1991—1995年社会治安综合治理工作规划》,见中共苏州市政法委员会:《苏州政法工作五十年(1949.4—1999.12)》,苏准字JSE—0001048号,2004年,第200页。

[2] 本小目主要参考中共苏州市委政法委员会编《苏州政法工作五十年(1949.4—1999.12)》(苏准字JSE—0001048号,2004年版)中"综述"部分内容编写。以下凡同一出处的不再一一注明。

洲县社队企业推行治安责任制等一批先进经验。80年代中期,各级各部门建立了由党政领导挂帅、各有关部门负责同志参加的社会治安综合治理领导小组,下设办公室;在城区推广观前地区首创的"以块为主、条块结合"的地区性综合治理联合会,在乡(镇)推广常熟浒浦、梅李首建的综合治理办公室。

其次是强化工作措施,开创综合治理社会治安的新局面。根据社会治安综合治理包括"打击、防范、教育、管理、建设、改造"六个方面工作范围的要求,以加强基层基础工作为主要目标和抓手,认真落实各项从源头上预防和减少犯罪的措施,努力化被动为主动。针对农村警力严重不足、乡镇只配备1名公安人员,难以担负起维护乡村社会治安重任的突出矛盾,1984年年底全市已建乡派出所96个,共招聘合同制民警944名;1993年,在全面考核的基础上将1 243名合同制民警正式录用为国家行政编制的公安民警。针对财会室、仓库、专业市场、公共娱乐场所盗窃、寻衅滋事案件高发的状况,全面开展上述重点场所的"四合格"系列防范活动和创建"安全小区"活动。针对社会动态治安管控薄弱、流窜作案频发的状况,1983年成立武警苏州市支队,1989年市公安局建立110指挥中心和110报警服务台,同时强化重点地区和场所的治安秩序整治,先后开展集贸市场、旅馆业、路边店、特种行业(印刷业、废品回收业、古玩旧货市场等)、公共娱乐休闲场所、"除六害"(卖淫嫖娼、制作贩卖传播淫秽物品、聚众赌博、吸贩毒品、拐卖妇女儿童、利用封建迷信骗财害人)等专项集中整治和打击行动,消除治安安全隐患和容易滋生犯罪的各种温床,从而在全市范围内构建起城乡联结、水陆并进、内外兼顾、昼夜衔接、点线面结合、人防技防物防结合的全方位、多层次治安防范体系,提高发现和控制犯罪的能力。针对"两劳"(刑满释放和解除劳动教养)人员重新犯罪率居高不下的状况,强化对他们的帮教、转化工作,使他们能够顺利回归社会,成为自食其力的新人,使"两劳"人员的重新犯罪率控制在10%以内。针对违法青少年帮教转化工作薄弱的状况,1980年由市教育局、公安局联合创办苏州市工读学校,1988年起在法院设置少年刑事审判合议庭,使全市一般违法犯罪青少年的转化率达80%以上。针对外来人口管理工作滞后的状况,加强和改进人口管理,1985年起实行外来人员暂住证制度[1],1987年在全省率先开发使用计算机管理人口基本信息,1989年起境外来苏人员居留管理规范化,大大提高了人口管理工作的效率和信息准确度,有效堵塞了安全隐患。针对社会矛盾纠纷日趋增多、极易激化转化的状况,组织加强社会矛盾

---

[1] 顾纲:《苏州公安60年大事记》,《苏州日报》,2009年9月23日。

纠纷的基层排查和化解工作。至1987年年底全市有8 539个调委会、9.6万名调解员,基本做到小事不出村、大事不出镇、矛盾不上交,有效防止因民事纠纷引起的非正常死亡和民事转刑事案件的发生,促进了社会的安定团结。针对"坏人神气,好人受气"的不正常状况,1990年起建立市见义勇为基金会,对于面对面跟违法犯罪行为做斗争、举报和协助捉拿犯罪嫌疑人、及时制止恶性案件发生等见义勇为人员进行记功奖励,大力弘扬见义勇为行为。

再次是健全规章制度,使综合治理工作逐步走上规范化、法制化轨道。除了认真贯彻中央综治委等颁布的关于实行综治工作领导责任制、一票否决制、属地管理原则等规定外,苏州还根据本地实际和有关法律法规,先后制定、实施了城乡治安联防工作、单位治安承包责任制、集会游行示威管理、居民住宅建筑安全防范措施、自行车安全管理等规定和办法,还创造性地将安全生产等方面的经验"移植"到社会治安综合治理工作中来,制定落实了发生重大案件"三不放过""责任赔偿""教训例会"等制度。

90年代,苏州各级党委、政府和政法综治各部门认真贯彻中共中央、国务院和全国人大常委会1991年做出的《关于加强社会治安综合治理的决定》,在总结80年代工作的基础上,积极推进社会治安综合治理工作向巩固、深化和全面完善阶段发展。在完善领导体制方面,1991年市委建立市社会治安综合治理委员会,下设办公室,与市委政法委合署办公,全市市、县、乡三级综治办共有专职工作人员244名;批转全市第一个社会治安综合治理的五年规划,进一步明确综合治理的方针、任务、要求和目标;各级党委、政府认真贯彻中央五部委《关于实行社会治安综合治理领导责任制的若干规定》,切实承担起保一方平安的政治责任,市、县两级选派有经验的政法干警到乡镇、街道担任副职,专抓综治工作;全市政法各部门充分发挥各自的职能,起到了主力军作用。在强化工作措施方面,全市上下不断创新、认真落实各项措施,着重抓好六个方面的工作。一是对单位的保险箱加穿"铁马甲",在金融营业网点安装红外线或CK报警装置、电视监控系统,强化单位内部安全保卫机制。二是在居民新村修围墙、造车库、设门卫,建立专业管理队伍,实行昼夜值班看护;对城镇老居民住宅区和农村自然村组建了3万多人的"四护"(护村、护巷、护楼、护院)队伍,改善居民住宅区治安环境。三是强化对公共场所和流窜人员的治安管控,1994年市公安局成立巡逻警察支队,公安110报警服务指挥系统形成诸警种协同配合的快速反应体系,至1998年末在全市建起治安卡口160个,其中省际卡口8个、市际卡口7个;至2000年末全市共有专职治安联防队伍2 000多支、1万余人,为公安干警总数的1.5倍,群众义务"四护"组织1 300多个、近7 000人,企事业单位、公共娱乐场所、专业市场、外资企业等聘请保安有偿服务的达95%以上。四是针对外来人员增多和外来人员作案占全部刑事作案成员的比重逐年上升(1991年占33.4%,1993年已超过60%)的突出问题,各级和各有关部门本着既要敞开大门、又要严密管理的方针,采取多种积极措施,包括与用工单位签订治安承包责任书、外来人员较多的用工单位和乡村建造"打工楼"集中吃住、实行私房出租许可证制度、经常对外来人员可能滞留的场所进行清查等,最大限度地减少和预防外来人员违法犯罪。五是社会、家庭、单位共同努力,做好刑释解教人员安置帮教工作,做到对刑释解教人员思想上不歧视、行动上送温暖、政策上给出路,不断拓宽安置渠道,建立健全安置帮教机构和制度,预防这些人员重新犯罪。六是做好人民调解工作,防止矛盾激化转化。1995年市政府颁布实施《人民调解暂行办法》,标志着人民调解工作走向制度化、法制化。1998年全市共有调解组织6 631个,调解人员8.78万名,调解各类民间纠纷19 639起,调结率和成功率分别达99.2%和97.2%。

苏州深入开展社会治安综合治理工作的做法和经验,得到中央及中央政法委、中央综治委领导的充分肯定,在多次全国性的会议上介绍了经验。1992年6月中共中央政治局常委、中央政法委书记乔石在苏州考察期间,对苏州及吴江市开展社会治安综合治理工作的情况进行了较为详细的考察并给予充分的肯定。是年苏州被中央综治委评为全国综治工作先进单位;在中央综治委召开的全国反盗窃斗争座谈会上,省综治委专门介绍了苏州以反盗窃斗争为契机健全社会防范机制的经验。1994年6月,中央综治委、组织部、公安部、司法部、民政部在吴江联合召开全国农村社会治安综合治理工作会议,温家宝、任建新、罗干、张思卿等中央综治委领导及中央国家机关有关部门、各省市自治区党委的分管领导参加了会议,苏州市委、吴江市委在会上介绍了加强综合治理工作的经验,与会代表用两天时间参观考察了苏州各地综合治理的各类典型单位,对苏州的综治工作给予了高度评价,苏州经验开始在全国推广开来。1997年,苏州再度被中央综治委评为全国综治工作优秀单位。

2. 社会丑恶现象的沉渣泛起与努力治理

赌博、吸毒贩毒、卖淫嫖娼等色情活动,新中国成立初期已对其实施全面禁绝,此后虽有少量发生,但未对社会构成大的危害。进入改革开放新时期,苏州同全国一样,这些社会丑恶现象死灰复燃,并不断蔓延扩散,还由此引发了一系列其他犯罪,使社会治安形势更趋严峻复杂。广大人民群众对这些社会丑恶现象的沉渣泛起深恶痛绝。全市各级党委政府和政法机关对此极为重视,保持高度警觉,坚持"露头即打""常抓不懈""标本兼治"的方针,予以严厉打击,切实加强治理,努力把这一改革开放以后社会发展中的负面效应降低到最小限度,维护苏州开放、文明、和谐的良好社会形象。

遏制赌博歪风。进入新时期,由于农村开始实行生产责任制,农民有了自主支配的闲暇时间,农民手头的钱也逐步多了起来,一些人从最初的"消遣""小来来"开始,逐步迷上了赌博,因而赌博之风首先在农村兴起。同时,城市的赌博活动也开始增多起来。为遏制这一歪风的蔓延,1982年年底市政府发布通告,集中力量狠刹赌风。之后,赌风时起时伏,虽禁未止,且参与赌博的人员日益增多,赌资数量和赌注金额大幅提高,赌博工具多样化,赌博活动由暗变明,赌博造成的社会危害性增大。1987年起全市组织以打击处理赌棍和惯赌为主的禁赌专项治理,至1995年每年查处赌博人员2 000—10 000人。1996年根据省公安厅统一部署,开展禁毒禁娼禁赌专项斗争,捣毁赌窝,取缔赌博游戏机,责令有严重赌博行为的老年活动室停业。2000年起重点打击豪赌、铲除流动赌博团伙,同时明确对亲友在自己家中和老年活动室、个体棋牌室中进行的以娱乐消遣为主要目的的"小来来"不再以赌博活动论处,这也当属公安机关从实际情况出发的一种"无奈之举"。

打击淫秽色情活动。改革开放后,一部分人"温饱思淫欲",淫秽色情活动重新活跃起来。首先泛起的是传阅黄色书刊和图片活动。1984年贯彻公安部《关于收管处理淫秽物品的通知》,仅市区就收缴淫秽书、画、照片、手抄本12 042本(张),淫秽录像片500部(盒)左右。之后将该项查禁工作列入"扫黄打非"常抓不懈。80年代初起卖淫嫖娼活动也逐步抬头。1981年市区查获卖淫"台基"16处,暗娼、容留卖淫及皮条客96人。进入90年代后卖淫嫖娼活动在全市城乡有大规模蔓延发展之势,并随着社会环境的变化出现了一些新的特征。其一,卖淫活动由基本出于"自愿"的个人行为,发展为"自愿"与有组织的、被胁迫的相混杂,有的还雇佣专门的拉客人和具有黑势力性质的保护人。其二,卖淫者从以本市人口为主逐步向以外来人口为主,以无业游民等社会底层人员为主向青年职工、白领阶层甚至大学生蔓延。其三,卖淫活动场所由暗到明,逐渐公开化。起初是KTV包房、夜总会、高档宾馆酒店等公共休闲娱乐场所,后来发展到遍及城镇大街小巷、乡间公路两侧的桑拿浴室、美容店、按摩店。其四,嫖娼和接受色情服务者以最初的境外人员为主发展到以国内人员为主,外来的本地的、老中青各个年龄层次都有。其五,从"业余型"逐步向"职业化"发展。一些好逸恶劳者以出卖色相赚取"轻松"钱财的情况逐渐增多。卖淫嫖娼活动对社会的危害性也不断增强,不仅有悖社会公序良俗,有伤社会风化,而且有碍家庭和社会的稳定,还造成久已绝迹的性病重新开始传播。80年代起苏州有人感染梅毒、淋病、下疳等性病,1987年市公安部门通过对查获的卖淫嫖娼人员体检从中发现了首批性病患者,1992年市内发现首例现代性病——艾滋病(HIV)感染者,1990—1999年全市性病病例数每年以41.5%的速度增长,至1999年共报告8种性病,报告发病率为271.77/10万,性病已上升为第一位的传染病。为遏制卖淫嫖娼等淫秽色情活动的蔓延,90年代起市委全面部署开展查禁卖淫嫖娼专项斗争,市有关部门开始加强对容易滋生淫秽色情活动的服务业的管控,市公安局建立卖淫嫖娼人员收容教育所;1995年起每年多次组织集中清查行动,仅两年中就查处卖淫嫖娼案件3 258起,查获作案人员7 036人。之后开始重点查处容留卖淫嫖娼重大案件,至2000年间先后端掉隐匿在公共娱乐场所和宾馆酒店中的数十个卖淫窝点和卖淫团伙,查处几百家提供营业性陪侍活动的场所和几千名"三陪女",依法取缔了被市民称为"鸡场路"(苏州人称娼妓为"鸡")的桐泾南路46家涉嫌色情活动的美容美发店。

开展禁毒斗争。80年代中期起,一度禁绝的毒品在中国大陆重现,国际毒潮向我国侵袭的程度加大。1989年11月,平江公安分局在白塔公园查获3名正在贩卖鸦片的犯罪嫌疑人,缴获鸦片0.9公斤,是为苏州改革开放后重现的第一例涉毒案件;1993年首次查获2名吸毒人员。从此,禁毒、缉毒、戒毒成为公安工作的一项重要内容,司法部门禁毒力度不断加大,并始终保持高压态势,但毒品犯罪活动在苏州一直禁而不绝,相反有较快较大的发展蔓延,形势的严峻性表现为:一是吸毒人员数量迅速增多,开始一年查获几个,后来发展至几十个甚至几百个,且以青年为主;二是贩毒数量迅速增大,一次查获的毒品起初以克计,后来以公斤计;三是吸毒场所从家中发展至酒吧、歌舞厅、夜总会等公共场所,具有群体化倾向,一些毒品贩子在上述场所引诱人们吸毒,在尝试吸食者对毒品成瘾后便对其实施控制;四是毒品的种类从传统的鸦片、大麻向海洛因等高纯度毒品、冰毒和K粉等化学合成类毒品、杜冷丁和摇头丸等麻醉与兴奋精神药物类毒品等新类型毒品扩散,查禁的难度加大;五是毒品犯罪的组织化倾向日益明显,制、贩毒团伙的黑恶程度日趋严重。毒品对社会的危害日益严重,许多涉毒者很快成为瘾君子,自愿或强制戒毒的成功率很低,复吸率极高;许多吸毒者的身心遭受严重摧残,危及生命健康,因吸毒造成倾家荡产、妻离子散、家破人亡的悲剧时有发生;为维持吸毒的巨额资金来源,相当多的吸毒者同时沦为赌徒、卖淫者,有的走上了参与制毒、贩毒的"以毒养毒"犯罪道路,甚至成为盗窃、抢劫、谋财害命的严重刑事犯罪分子。面对来势迅猛的涉毒犯罪,全市各级各职能部门认真贯彻全国人大常委会《关于禁毒的决定》,坚持打击、查禁、治理、巩固相结合,对毒品犯罪始终严阵以待、严惩不贷,禁毒斗争一浪高过一浪。1995—1997年,全市共查获制贩毒品案件113起、103人,缴获毒品海洛因458.1克,查处吸贩毒人员799人;依法打击处理涉毒人员591人,其中判刑77人、劳动教养36人。[1] 1998年,全市破获毒品案件644起,其中3起为特大贩运毒品过境案,共查获涉毒犯罪人员303人,摧毁毒品违法犯罪团伙11个,缴获海洛因50余公斤。1999年破获一起非法运输、携带制毒化学品出(苏州)境案件,缴获易制毒化学品13.4吨。2000年,昆山公安局摧毁一个涉及50余人的贩毒团伙,平江公安分局抓获一名运输海洛因10.62公斤的毒品罪犯。同时实行标本兼治,抓好戒毒和涉毒人员药品源头控制。1993年市公安局在太仓安康医院设立临时戒毒所,1995—1997年全市自愿到该所戒毒的有540人。1997年市公安局在陆慕看守所内设立强制戒毒所,对毒瘾较大、自愿戒毒后的复吸者实行强制戒毒,翌年强制戒毒182人,2000年强制戒毒529人。

三、社会济困助残和慈善公益事业长足发展

改革开放以来苏州的经济社会快速发展,广大人民群众的生活有了翻天覆地的变化,过上了小康生活。但由于种种原因,城乡社会中都还存在着一部分贫困户、生活困难人员和需要特殊照顾的人群,他们的生存、生活状况一直牵动着全社会的心。为了帮助他们克服困难,渡过难关,提高生活质量和幸福指数,共享改革发展的成果,进入新时期以来,全市各级党委政府把发展社会公益事业纳入经济社会发展总体规划,投入了大量的人财物力,同时借助和凝聚社会各方面力量,积极倡导和大力组织推动,使得苏州的扶贫、济困、助残事业从小到大,社会慈善、公益、捐助事业从无到有,不断完善壮大,基本满足了特殊人群的需要,体现了中国特色社会主义制度的优越性,也彰显了全社会和衷共济、共创和谐社会的新风尚。

1. 孤老残幼社会福利事业

市区有专门为"三无"(无依、无靠、无生活来源)孤老残幼和精神病人服务

---

[1]《我市禁毒工作扎实有效取得了很大成绩》,1997年5月7日,第1—3页,见苏州市人民政府办公室:《内部情况通报》,苏州市档案馆藏,档号C1—30—918。

的苏州市社会福利院,1979年末在院供养人数640人,其中孤老233人、孤儿106人、精神病人160人。80年代市财政除每年正常拨款外,还不断拨给福利院增添医疗设备、生活设施和文体器材的专项经费,先后兴建了精神病疗养院、颐养楼和专供文化娱乐用的"得月楼",提高供养标准,建立康复病床,实施"供养与康复并重",提高护理质量;1990年后接受海外华人、香港同胞和社会热心人士捐赠,大幅改善了软硬件设施,1993年被评定为省一级社会福利事业单位。在创建国家级福利院过程中,对各项业务实行标准化服务管理制度;1996年在市福利院内设立市儿童福利院暨市伤残儿童康复中心,承担收养弃婴、孤残儿童的保育护理、特残教育、功能康复任务,2000年底收养人数100余名。

苏州所辖各县,1979年时只有常熟1家社会福利院,1984年起各县先后建起社会福利院(中心),逐步实现全市城镇社会福利院全覆盖,2001年各县(市)福利院收养的供养对象300余人,常熟和吴中区社会福利院(前身为吴县社会福利院)被评定为省二级社会福利事业单位。80年代起各县(市)先后建立起精神病福利院,至2000年末仍保留了常熟、张家港、吴江3所,集中收养"三无"精神病患者70名左右。90年代常熟、张家港先后建立儿童福利院,收养儿童数十名,2001年常熟院、张家港院分别被评定为省一、二级社会福利事业单位。依托这些福利院,全市农村"三无"老年农民和孤儿等"五保"人员的入园供养率和供养水平不断提高。1986年全市"五保"人数6 419人,入院人数3 402人,入院率53%,年均供养水平311元。2000年全市供养"五保"老人减少到3 661人,入院率提升到78.9%,生活不能自理的全部入园供养,人均年供养水平提高到2 662元,与当地群众生活水平相当。此外,各城区1983年起对散居在家中需照顾的孤寡老人,通过建立"包护组"和街道生活服务站的方式,专门为他们提供各方面的照料。1985年沧浪区、1986年金阊区先后建立区敬老院,将孤寡老人逐步纳入院中供养。

2. 残疾人事业

1986年全市有残疾人38 845人,占全市户籍人口的0.72%,其中有劳动能力的约2.7万人。之后,纳入残疾人范畴的人群种类增加(主要是纳入了精神疾病人群),评定标准适当放宽,全市残疾人总数有所扩大,2000年共有约20万人。改革开放以来,全市各级党委、政府把残疾人事业纳入经济社会发展总体规划,大力组织推进残疾人康复、教育、就业、福利保障及维护合法权益、活跃文化娱乐生活等,使广大残疾人能得到全社会的关爱和尊重,与正常人一样有尊严地生活,身心获得健康发展,实现自尊、自立、自强。

残疾人康复工作不断加大力度。1986年起市逐步组织开展残疾人三项康复工作。90年代先后为有残余听力的聋儿配备助听器并开办听力语言训练班,建立市智障儿童康复中心和市伤残儿童康复中心,在吴江开展全国精神病防治康复试点工作,实施"视觉第一中国行动"方案(白内障复明)等。2000年末,全市有社区康复指导站11个、社区康复点(室)494个和各类专业康复机构71个,残疾人社会化康复体系基本建立,为广大残疾人提供及时、方便的康复服务。

残疾人教育与职业培训有效推进。市、县(市、区)两级教育部门办好专门针对听障、视障、智障儿童少年的义务教育阶段的特殊教育。1986年和1987年,全市共有12名通过自学考试获大专毕业证书的残疾人获中国残疾人福利基金会授予的"残疾人自学成才奖"。1993年,虎丘乡马琴芳被南京中医药大学推拿专业录取,成为苏州市第一位进入高校学习的盲人大学生。1998年起,市政府对考入全日制高校或通过自学考试等成人教育方式获得大专以上学历的残疾人给予2 000—5 000元一次性奖励。90年代全市通过各种形式培训残疾人8 000多人,有76名参加全国、全省残疾人职业技能比赛,获得奖项44项。

残疾人就业高水平巩固发展。80年代起苏州各乡镇、城区、街道纷纷创办福利生产企业,1986年全市共有245家,共安置残疾职工2.33万人,占有劳动能力残疾人总数的86.1%,残疾职工占福利企业职工总人数的45.8%。1989年全市有劳动能力的残疾人4.38万人,就业安置率达90.6%,居全省首位,其中有2.88万人在523家福利企业就业,占残疾人就业总人数的72.5%。1996年末全市福利企业增加到1 054家,安置残疾人3.75万人。之后由于市场竞争日益激烈,福利企业生存发展面临很大挑战,为此全市开始实施残疾人分散就业新举措,1997年《苏州市按比例安排残疾人就业办法》颁布,实行按单位从业人员总数1.7%的比例安排残疾人就业的制度,对未达到安置比例的单位征缴残疾人就业保证金。2000年市属1 400多家单位中有513家达到或超过安置残疾人就业比例,按比例就业人数达1.35万人,相当于在福利企业集中就业残疾人数的1.59倍,残疾职工上岗率保持在80%左右的高水平上,加上其他多种渠道就业,全市有劳动能力残疾人就业率达90%,全市残疾职工年均收入增加到5 037元。

残疾人扶助和保障措施不断完善。90年代起全市贯彻《残疾人保障法》,每年5月开展"助残日"活动,制定《苏州市优惠扶助残疾人的意见》,优惠措施涵盖有关残疾人生产生活的方方面面。1998年将2.7万名贫困残疾人纳入最低生活保障范围,对城区享受低保的残疾人每年给予特困补助。1999年成立市残疾人法律援助中心,构筑起残疾人法律服务的绿色通道。残疾人无障碍设施建设

90年代起步,至2000年全市已初步形成包括无障碍道路、坡道、公厕、电话亭、商场、公园等在内的无障碍设施环境。

残疾人文体生活日益丰富多彩。1996年市残疾人俱乐部(后更名为残疾人活动中心)成立,开展多种形式的文化、娱乐、康复健身活动,组织残疾人开展体育训练,参加全国、国际比赛,1997年戴正峰成为苏州残疾人运动员在国际体育比赛中首夺金牌者。2000年起残疾人体育活动纳入市运会项目。在参加文艺评比中,90年代全市残疾人先后获各类奖项数十个,肢残人管永芬1997年获第四届全国残疾人文艺汇演一等奖,并被聘为中国残疾人艺术团独唱演员。至2000年,4个县市的残疾人文体活动中心建成投用,各地共有基层残疾人文化活动室768家,为丰富残疾人文化生活创造了良好条件。

3. 扶贫济困工作

改革开放以来,各级党委政府组织民政等有关部门,对城乡家庭中因缺乏劳动和生产经营能力,或遭受重大疾病、自然灾害、不幸事故等而不能维持基本生活的群众及时开展贫困救济,实施"雪中送炭",并通过多种方式帮助他们早日脱贫。1986年全市筹集扶贫资金280余万元,扶持贫困户1万余户;并突破以往不对农民定量补助的框框,对其中3 199户农村特困户实行以集体为主的定期定量救济扶持,当年扶持5 670户贫困户通过开发适合的生产经营门路实现脱贫,脱贫率为83.1%,其中有112户成为农副业生产专业户,是年苏州被评为全国市级扶贫工作先进集体。1988年起苏州提出"扶贫与防贫相结合,以防贫为主"的方针,防贫重点在新脱贫和遭天灾人祸后人均年收入在350—500元的农户,推出多项政策优惠措施和扶持生产经营项目,增收减支,防止复贫,取得明显成效。2000年,全市农村贫困户由1986年的1.8万余户减少到3 700余户,年脱贫率达70%。

为使扶贫济困工作走上制度化、规范化轨道,从1996年起首先在城镇居民中探索建立"最低生活保障制度",当年市区确定家庭月人均收入低于180元(相当于市区居民月人均消费性支出额41%的水平)的属保障对象,可获得民政部门或所属单位的差额救济。1997年开始在全国率先实施城乡一体化的居民最低生活保障制度,全市约有1.45万人纳入最低生活保障,保障标准为城镇月人均180元、农村月人均100元,不足部分给予补差。1998年起为市区企业中纳入最低生活保障的特困职工核发社会救济证,凭证享受优供粮油、优惠住房租金、补贴水电煤气费等7项优惠补助措施,进一步减轻了他们的生活消费支出。2000年,全市纳入低保范围的城镇3 621户、7 091人,农村4 722户、9 520人;

保障标准城镇提高到月人均200元,农村100元未变。

4. 慈善公益事业

改革开放以来,在党委政府的倡导和引领下,苏州社会各界和公众继承弘扬乐善好施、扶贫济困、慈心为人、善举济世的中华民族传统美德,参与社会慈善公益事业的自觉性和积极性日益增强,各类慈善公益组织逐步发展,慈善公益活动蓬勃兴起,不断向扶老、爱幼、助残、救孤、济困、救灾、助学、助医等领域延伸。

社会慈善公益组织的恢复发展。1981年7月苏州市红十字会(以下简称"市红会")恢复工作,1987年起各县(市)、区相继恢复红会。市红会大力弘扬"人道、博爱、奉献"的红十字精神,积极开展群众性卫生救护培训、组织灾害赈济、组织公民参加无偿献血和捐献遗体等各项社会慈善公益活动;1987年台湾当局开放民众赴大陆探亲后,还协助政府做好对台事务,热情周到地为两岸同胞的查人转信、查证、寻亲、互访做了大量工作,至2000年累计为近400名台胞台属找到失散四五十年的亲人,还在台胞住院治疗、台胞死亡善后处理、涉台遗产和婚姻公证、接受台商捐赠等方面发挥了不可替代的作用。改革开放以来,苏州还相继设立了以社会各界和民众捐助为主的市残疾人福利基金会、中小学和幼儿教师奖励基金会、儿童少年基金会、见义勇为基金会、职工互助互利福利基金、青少年发展基金、党员扶贫基金,先后建立了市青年志愿者协会、巾帼志愿者队伍、金相邻联谊会等社会慈善公益机构,为推动苏州慈善公益事业的发展发挥了应有的作用。

慈善公益捐赠与日俱增。1986年苏州市开始接受国外和境外人士的文教、医卫、社会福利事业捐资。早年寓居苏州的香港著名人士张永珍女士,昆山籍旅日华侨葛江氏,港胞朱恩馀,吴县籍港胞孙阿发,太仓籍港胞张志华,巴西籍华人詹沛霖夫妇,香港实业家周文轩、周忠继、邵逸夫、赵廷箴、张宗宪先生,台湾企业家陈盛沺,原籍苏州的国际著名物理学家李政道、吴健雄等,先后向苏州各有关方面和故乡慷慨捐献钱物数十万至数百万元之多,还创办了多个教育奖励基金会。[1]在"三胞"(海外侨胞、港澳同胞、台湾台胞)大爱无疆般善举的启发、带动下,90年代起苏州本地的企事业单位和社会热心人士也积极投身到慈善公益事业中去。1991年抗洪救灾中,市民政部门共接收了本市1.6万多个单位、48万多人次的捐款1 367万余元,物品价值80多万元,全市上下形成了团结抗洪的浓

---

[1] 苏州市教育局《苏州教育志·续志》编纂组:《苏州教育志·续志(1986—2000)》,香港文汇出版社2007年,第420页。

厚氛围。1992年,年近90岁的老人方建申几乎倾尽所有积蓄,并通过奔波"化缘",向社会各界募得善款140多万元,全部捐出用于市社会福利院建造老年公寓;民营企业苏州大富豪企业集团捐资25万元设立苏州首个民营公益教育基金。1994年,全市众多企事业单位和公益人士捐资设立市见义勇为基金会,首期就筹资236万元。[1] 1995年苏州市慈善总会成立,负责接收政府资助和海内外社会各界的慈善捐款,举办和资助各项社会慈善福利事业。1997年起,市委组织部在全市基层党组织和全体党员中开展扶贫捐款活动,当年共募集扶贫资金756.46万元,其中30多万党员个人捐款近560万元,当年投放扶贫基金386万余元,翌年党员扶贫专款累计达2100万元。1999年市政府部署开展"爱心献功臣行动",从生活、住房、医疗等方面对"三属"(烈属、因公牺牲军属、病故军人家属)中的重点优抚对象进行帮助和扶持。

医学捐献事业良好起步。我国无偿献血制度实施之前,苏州有少量热心人士自愿无偿献血。1992年苏州首次组织集体无偿献血活动,市及各县(市)建立红十字血站,开展无偿献血服务工作。1999年起实施《苏州市献血条例》,当年起全市无偿献血总量持续保持全省第一。2000年全市无偿献血总人数达30182人,无偿献血量达6.03吨,占临床用血总量的60%以上。[2] 1986年苏州医学院教授杨汝杰病逝,遵照其遗愿,成为苏州首个捐献遗体者。90年代后期苏州一些市民自愿办理公证手续,死后向医学界捐献遗体,至2000年11月底市区已有100余名老、中、青市民办理了这种遗嘱公证。[3]

公益彩票事业红火兴起。我国民政和体育部门于1988年起发行社会公益性质的福利彩票和体育彩票。公益彩票以"取之于民、用之于民"为宗旨,开辟了普通民众捐助社会公益事业的新途径,有效促进了社会公益事业的加快发展,并迎合了民众普遍具有的"博彩"心理,因而一经推出就赢得了民众的积极参与,以一种最为便捷的方式凝聚起了社会的爱心,取得了良好的经济效益和社会效益。起初发行的为即开型彩票,每年还进行2—3次集中销售。1998年起发行电脑彩票,设置投注站,全市彩民数量超100万人。1990—1999年全市共发行福利奖券近4亿元,为地方筹集福利资金近亿元。1998—2000年全市电脑体育彩票销售超2亿元,积累体育公益金4000万元左右。

---

[1] 中共苏州市委政法委员会:《苏州政法工作五十年(1949.4—1999.12)》,苏准字JSE—0001048号,2004年,第29页。
[2] 王启:《3万多人爱心抒袖,我市今年无偿献血量超过6吨》,《苏州日报》,2000年12月31日。
[3] 陆天荣:《市区百人自愿捐献遗体》,《苏州日报》,2000年12月4日。

第四节　社会习俗和苏州方言的传承与演化

以吴地人生礼仪习俗和岁时节令习俗为主要内涵的社会习俗（也称"地方民俗"）是吴地的历史与文化积淀，也是吴地居民的思想方式和生活方式的重要体现；以吴侬软语为主要特征的苏州方言，则既是吴地居民日常交流的工具，也是吴地历史文化世代口口相传的载体。在极左思潮泛滥的年代，传统地方民俗文化被视作"封资修"，到了几乎被"砸烂"的境地。改革开放以来，苏州各级党委政府在努力推进现代化建设的同时，加大文化建设力度，特别注重对地方优秀传统文化的抢救、保护和传承工作，苏州的地方传统民俗在民间逐步恢复起来，并在古今交融、中西合璧中传承开去；苏州方言则在普及普通话的同时，得以基本完整地保留和延续下来。如今，人们仍可以从一项项地方民俗活动中，从一句句吴侬俚语中，找寻到祖先留下的文化基因和地方文化记忆。

一、吴地民俗的传承与流变

1. 古今交融的吴地人生礼仪习俗

人生礼仪是进入各个人生阶段的特定标志，大致可分为诞（生）、冠（成人）、婚、寿（寿诞）、丧几个部分。苏州本土居民至今沿袭的人生礼仪习俗，既是苏州当代物质生活水平的体现，又是苏州人民俗心理的反映，社会特征、信仰特征互渗，祈愿俗、禁忌俗、饮食俗、语言俗等交织，无不体现了人民群众的善良愿望与对安康生活的朴素追求。[1]

（1）婚嫁习俗。婚嫁筹备上，男女青年恋爱成熟到了谈婚论嫁时，首先要由男方家长及红娘一起到女方家中提亲，亦称为"（新女婿）上门"，礼节性地向女方正式提出结婚请求，并向女方赠送彩礼，双方还要一起商定婚礼日期和婚宴举办地点、规模等。农村一些地方还有在提亲日办定亲宴的习俗。随后双方开始筹备婚事。改革开放之初几年，苏州城里流行结婚时男方准备"三转一响三十六只脚"，是指手表、自行车、缝纫机、收音机（所谓"三转一响"）以及大床、大衣橱、五斗橱、床头柜、方台、椅子等（统称"三十六只脚"）。80年代中期起电视机、洗衣机、电冰箱等"新三大件"成为必备物品。女方准备的嫁妆，起初主要是生活

---

[1] 蔡利民、高福民：《苏州传统礼仪节令》，古吴轩出版社2006年，第3、4页。本小目及第2小目主要参考该专著和蔡梦寥、蔡利民著《四季风雅：苏州节令民俗》（江西人民出版社2013年版）有关内容编写。以下凡同一出处的不再一一注明。

起居用的被褥及盆桶,之后女方的嫁妆不断"扩容",不仅家用电器"三大件",甚至连新房中的全套家具也逐步转为女方的陪嫁物品。但随着新人普遍住上成套公寓房,马桶、浴桶之类已不需要,取而代之的是只具象征意义的工艺品"子孙桶"。婚礼前数日间,男方邀请至亲中多子成双的夫妻为新房"铺床","童男"(没结过婚的男子)与新郎联床而眠,称之为"暖床",也有让男孩到新床上玩耍一番的"滚床",都意在盼望将来多子多福。

婚礼婚宴。苏州城里的习俗是:初婚在晚上,再婚在中午;农村不少地方初婚也安排在中午。婚宴,城里自从多到饭店举办后基本上都是男方女方两家合办。婚礼的仪式程序,20世纪70年代末到80年代,城里一般是男方借一辆汽车或几辆黄鱼车,农村一般是摇一条船,到女方家"迎亲",将新娘及陪嫁物品一起接到新郎家;晚上举办婚宴,大家一起"吃喜酒";婚宴后亲友一起送新郎新娘"入洞房""闹新房"。90年代后,婚礼逐步流行由婚庆公司整体策划操办,程序有增多趋势,礼仪中西合璧,总的是越来越热闹喜庆,仪式感越来越强。其中延续至今的传统习俗有:新郎到新娘家迎亲时,新郎要在门前呼唤,新娘和伴娘等要紧抵房门,多次呼唤并递送红包后迎亲的人们始得入内;送新郎新娘入新房的队伍中,有人提着寓意生活如芝麻开花节节高的两根甘蔗,有人提着寓意多子多福的"子孙桶"和寓意丰衣足食的一对"金饭碗",依次进入;新人新婚三朝之内须到新娘娘家行"回门礼",后一般采用当天回门。由于婚礼当晚新郎新娘都住在承办婚宴的宾馆所提供的临时婚房,因而婚宴后闹新房的习俗逐步不再流行。苏州农村的婚礼习俗也慢慢向城里靠拢,变得文明而浪漫,唯独婚宴的方式大都依旧,一般男方家要连续举办三天,顿顿丰盛招待宾客,而且多数仍喜欢在自己家中举行,厨师带来用木板临时组装的宴席房,雅称"木缘堂",俗称"流水席"。太仓、常熟等地婚宴中,还要在席间向宾客不断地发送糖果、糕点类的礼品,过一会发一样,少则八样、多则十多样。为便于宾客带走,还给每人发一只大号的蛇皮袋,喜酒结束大家乐呵呵地满载而归。

婚俗禁忌。苏州城乡的婚俗中都有一些禁忌习俗一直沿用至今。如正月(农历一月)不可举办婚礼;婚宴结束送别宾客时不能说"再见",否则不利于婚姻的恒久;新人三朝"回门"不能在娘家过夜,蜜月中除了到自己父母家外,不可到其他亲戚朋友家串门。

(2)生育习俗。妇女怀孕三个月内,除父母外不能告诉外人。产前一月左右娘家给女儿送包括自缝的毛衫、肚兜、尿布等在内的"催生包",随着经济条件好转便改为到商店购买配好的"催生包",尿布也由尿不湿所代替。但在婴儿未出生前不送鞋的习俗仍在民间流传至今。

坐月子。产妇分娩出院后回家坐月子,苏州人叫作"做舍姆"。随着医学常识的普及及家中空调、热水淋浴器等的普及,孕妇坐月子期间头上用毛巾包裹、不洗头、不梳头、不洗澡等传统风俗已经破除。1994年市区出现第一家月子护理中心,有经济条件的人家选择聘用月嫂负责照料产妇和婴儿,尽管月嫂薪酬由4 000余元一路上涨到八九千甚至逼近万元,但品牌月嫂还是供不应求。产妇满月后要"移窠",即从原来坐月子的居住地换到娘家或婆家住一段时间,据说这样有利于宝宝的成长。

过满月。婴儿满月要给宝宝过满月(或双满月,或百日),宝宝要行首次"剃头礼",剃头时要由娘舅抱并由娘舅付钱,头剃好后孩子先要由母亲抱,然后亲友递相抱,据说这样小孩以后就不怕陌生;祖辈要给宝宝送寓意"长命富贵""吉祥如意"的金银锁片、手镯、项圈、花生果饰品等;主人家要煮染大批"喜蛋",设宴邀亲朋好友聚庆,并必有长寿面,每碗面双浇加一对未剪须的大虾;给未获邀请的左邻右舍送上两碗面加3只红蛋(寓意连中三元),让大家分享添丁之喜。80年代后满月宴亦到饭店举行,席散时每家携5只喜蛋(寓意五子登科)高兴而归。太仓等地农村小孩过周岁甚为隆重,要办"几过酒"(太仓方言中一周岁叫"几过",谐音字)宴请亲朋好友,还要蒸制糯粉肉馅"几过团"赠送亲友乡邻。

(3)寿诞习俗。苏州人重视过生日,年龄整十的为"大生日",其他为"小生日"。过大生日苏州人有一习俗叫"做九不做十",即提前一年在周岁逢九的年头过,意在"逢凶化吉"。60岁起做生日称为"做寿",开始隆重起来。66岁生日,苏州人也视为人生一大关口,女儿要送66块肉让父或母一次食完,以示"六六大顺"。改革开放之初,给孩子过周岁、10岁生日,祖辈及至亲要送生日面和定升糕;给长者祝寿,子孙及亲友要送寿桃、寿糕、寿面、寿烛等,寿桃、寿糕的数量要与寿星的年龄相同。后来城里这一习俗逐步简化,农村有的地方依旧。苏州给60岁以上长者做寿还衍生出给老人做寿衣、买寿穴(用于身后骨灰安葬)之俗,有给老人"添寿"之说。

(4)丧葬习俗。改革开放后,苏州城乡传统的丧葬习俗简化了许多。90年代后出现专门负责"白事"的礼仪人员,并逐步形成了一套通行的礼仪习俗。

送终。逝者气绝,家人为死者梳头、擦身、更衣。寿衣应为单数,最少3件,也有5件、7件的,以所见衣领计数。遗体整理好后送往殡仪馆时,将为逝者梳头用过的梳子折断,将逝者生前用过的饭碗打碎、筷子折断,寓意生命终结。

守灵及吊唁。90年代后传统"披麻戴孝"的习俗又在丧亲家庭逐步恢复,城里的子女腰束毛边白布条,臂佩别有小块麻布或小段麻绳的黑纱,孙辈臂佩别有小块红布的黑纱,以示区别辈分;农村的子女还要穿戴白布帽、白布衫。逝者家中设灵堂,丧家在家门口最外一道门处墙上贴上"某宅丧事,谢绝吊唁"的纸条。亲朋好友循着纸条入门前来吊唁(不能向路人及邻居询问丧家地址),去吊唁时,七八十年代多送丝绸被面,后改为送花圈、花篮和礼金。礼金必须为单数(通常是若干张百元钞加上一枚1元硬币),礼袋用白纸,自己摆放在灵堂的地上或桌上,不可递给主人。吊唁者向遗体(遗像)鞠躬行礼后,自行从地上捡取黑纱佩戴上。家人一般在家"守灵"三日或五日,多则七日,晚上需有家人及亲朋在灵堂守夜,不能断人和断香烛。也有丧家在夜间请僧尼礼忏,或请道士斋醮。

出殡和安葬。年长逝者一般家中都事前准备好寿穴,火化后直接前往墓地进行安葬,称之为"热葬"。骨灰择日落葬的,应在每年的清明或冬至日下葬。火化和落葬后,汽车择与去时不同的路径返回家中,同行人员在家门处跨过焚烧着的花圈,进屋后每人喝一碗糖水、吃几片云片糕。当晚丧家要设席招待参加吊唁的亲友,其中必有豆腐,故苏州人称吃丧事饭为"吃豆腐饭",也称"利市饭"。席散时,主人家不与客人告别,客人都是各带上一份主人家送的"兴隆馒头"悄悄离席。参加吊唁但因故未能参加筵席的,丧家要回送礼品,其中必有一条云片糕、一条新毛巾和一份"兴隆馒头"。苏州人还有将80岁以上老人的丧事当喜事办的习俗,与一般丧事的区别在于:灵堂可挂红绸喜幛,亲友前来吊唁时家人不必在一旁"哭丧";主人家要备好带"寿"字的寿碗,"利市饭"后分送给吊唁者,左邻右舍也有不少主动上门来讨要的。得到"寿碗"的人家将其用作孩子的饭碗,图的是孩子健康长寿。

做七。逝者出殡后,家中灵堂不撤,每隔7日祭祀一次,称为"做七",共做7次。逢"七"时,家人聚集灵前,点香燃烛,设食供奉。后为了简化,有人家开始借"五七"做"断七",以缩短2周时间。"断七"前一日所供菜肴都由女儿备齐,晚上家人聚集举办斋醮祭祀逝者,直至午夜进入"断七"日,家人撤下灵堂,将最后一只花圈连同家人佩戴过的黑纱、白腰带及逝者生前所穿过的衣服,一起到屋外焚化。至此,丧事也告全部结束。服丧期间死者家人还有许多禁忌,最主要的是:不得剃头理须,不得到直系亲属以外的人家造访串门。

扫墓祭奠。逝者落葬后,每年清明时节,家人都要到墓地扫墓"上坟"。落葬头三年必须清明正日扫墓,供奉的食品为逝者生前爱吃的菜品,外加青团子和水果等,每样的数量要逢单。三年过后就可择靠近清明节、自己方便的日子进行扫墓,供奉的食品有青团子和水果就行。除了上坟外,一般每年还有几个日子(亲人逝世日、农历七月十五、冬至节、除夕日)要在家中祭奠逝去的亲人。

(5)造房和搬家习俗。苏州农家造房,20世纪80年代多造坡顶房,待上最后一根正山尖梁时,要在正梁上系红绸带、红花球并贴"上梁大吉"红纸,燃放"高升"(鞭炮),向空中抛扔"兴隆馒头"和"定升糕",孕妇及未满月产妇不得在场;晚上要设"上梁酒"招待匠人、亲友和帮工者,菜肴中必有一道百叶结,寓意"百事吉祥"。90年代起多造钢混结构楼房,遂以房屋封顶替代上梁仪式。房屋竣工要办"待匠酒"。新房中柴灶启用时,有先烧"发禄火"、炒蚕豆之习俗,称"头头利市"。[1]

苏州城乡居民搬入新盖好的房屋居住,或乔迁到新居所居住,进门前按惯例要放炮仗,并一定要先搬入晾衣物用的竹竿、竹节架,然后才搬入家具,寓意以后的日子红红火火、节节高。至亲要送"兴隆馒头"和"定升糕",向主人家贺喜,主人家再将这些糕馒分送给亲友及左邻右舍,以让大家分享乔迁之喜。苏州人素有"正月(农历一月)里不搬家"的习俗,至今仍在沿用。

2. 色彩缤纷的吴地节令民俗

节日和时令民俗,源自天文历法、气候物候,与生产生活、宗教信仰、纪念庆典、文化娱乐等社会生活密切相关,是为地方民俗文化中的一个重要领域,内涵极为丰富,其中不乏代代相传的生产、生活经验,凝聚着祖先的聪明智慧和美好愿景。一些为人民群众所共庆的节日,更具有族群认同、社群整合、社会交际、道德教化、身心愉悦、经济贸易等多方面的社会功能,成为人民群众在长期物质生产和精神生产过程中形成的非物质文化遗产。改革开放以来,苏州城乡人民群众对大多随农历和二十四节气而展开的传统节令,既有老风俗的沿袭,也有新习俗的逐步形成。

过年(除夕和春节)。苏州同全国各地一样,对过年最为重视,过年也是持续时间最长和民俗文化内涵最为丰富的节日。至今仍可循迹的习俗主要有:(1)准备年事。苏州人从农历十二月廿四这天起年味渐浓,各项年事准备紧锣密鼓地进行。是日家家户户要做两件事:一是"掸檐尘",对家前屋后、房内房外进行一次彻彻底底的大扫除,有"除陈布新"之意;二是"送灶",在灶间(大户人家在大厅)供奉灶神(苏州人称"灶界老爷")为其饯行,并祈求他在玉皇大帝面前多说好话。进入新时期祭灶神习俗基本遗弃,而"掸檐尘"仍在沿用。廿四夜后,家家大量置办年货,年货中少不了糖年糕,农村则家家忙于蒸年糕、馒头、团

---

[1] 江洪、朱子南、叶万忠、唐文:《苏州词典》,苏州大学出版社1999年,第1161页。

子等,还要宰杀养了一年的猪羊鸡鸭等,称为"岁猪"。(2)年夜饭。除夕之夜,一家人供奉好祖先后,就开始吃"年夜饭"。菜肴中有几样必不可少,且都有吉利的寓意,即形如元宝的蛋饺,寓意"团圆、圆满"的肉圆,寓意"长寿"的粉丝,寓意"如意"的黄豆芽,寓意"勤劳、勤俭"的芹菜,色绿梗长,寓意"长寿、安乐、福禄"的青菜,寓意"年年有余"的整条红烧鱼(一般不将鱼吃光,以讨口彩"吃剩有余"),象征家道兴旺发达的"暖锅"等;点心中必有"春卷",寓意迎新春;最后每人的饭里要预埋荸荠,吃饭时用筷子挑出来,叫作"掘元宝"。(3)守岁和压岁钱。吃过年夜饭,家人围坐,边谈家常,边吃糖果,边看中央电视台的春节联欢晚会,等待新年钟声敲响,叫作"守岁"。除夕晚上长辈有给孩子压岁钱的习俗,父母将长辈给的压岁包偷偷放到孩子的枕头下,待孩子一觉醒来让他到枕头下摸,给他一个惊喜。(4)年初头习俗。年初一早上一开门要放"开门爆仗",寓意兴旺高升。早餐吃糯米小圆子和糖年糕,寓意生活甜蜜圆满。80年代后除夕夜到寺院"烧头香"习俗开始恢复,并大行其道。年初一,熟人相遇一定要拱手相贺,俗称"拜年"。晚辈要先给长辈拜年。年初三"小年朝"起长辈则要带领晚辈到亲友邻里家去拜年,一直可持续到正月十五,并同亲朋好友递相邀饮的"年节酒"习俗相结合。春节期间客人来家拜年,市区的主人家常以"元宝茶"奉客,所谓"元宝"实则是两颗形似元宝的青橄榄;吴江西部震泽、七都等地农村盛行请客人喝"三道茶",第一道是甜的"锅巴茶",第二道是略咸的"熏豆茶",第三道是上等"清茶"。[1]其他各县农村则多以水潜蛋、红枣茶、咸肉粉丝汤等招待前来拜年的亲友。年初一苏州民间还有许多禁忌习俗至今仍在遵循,主要有:不能扫地、倒垃圾、倒马桶,不能催叫没起床的人,不能动针线,不能动剪刀,不能吃粥等。(5)接路头(迎财神)。俗传正月初五是财神(苏州人称"路头菩萨")的生日,苏州民间素有"接路头"的习俗,希望能给自己带来财运。改革开放后初四午夜的鞭炮声比除夕夜有过之而无不及,一些商家也争相为利市在年初五开门迎客。周庄古镇借助富商沈万三的"名片",1999年起举办一年一度的迎财神仪式,成为一个特色民俗文化项目,吸引大量游客参与。(6)闹元宵。正月十五为"上元节",又称"元宵节"。是日家家要吃元宵(汤圆)、赏灯会。进入新时期,市区灯会多在东园举行,后移师古胥门一带,持续半月之久。元宵过去,过年盛俗也告一段落。

龙抬头和撑腰糕。农历二月初二,时近惊蛰,大地回春,蛰伏的过冬动物开

---

[1] 高戬、王森霖:《喝吴江三道茶:皇帝的待遇也不过如此》,《姑苏晚报》,2012年9月7日。

始苏醒,传说中的龙也抬起头来,吴地民间就将农历二月二日看作"龙抬头日"。这一天,为讨吉利,百姓会将很多事情与龙联系起来,如吃的面叫"龙须面",孩子剃头理发叫"龙剃头"。此时也是农村春耕开始之时,为了劳作有力气,农户家家都要蒸食"撑腰糕"(一种比糖年糕略小的糕)。90年代后苏州城里人也流行起吃撑腰糕的习俗,糕团店生意煞是兴隆。

寒食节与清明节。清明节,苏州素有吃青团子和焐熟藕、烧野火米饭及上坟扫墓、踏青等习俗,而这些习俗大都与春秋时期起形成的"寒食节"(在清明前一日)习俗吻合。清明节人们上坟扫墓之际,在市郊湖光山色之中踏青赏春,男孩折几支柳条编成一个帽圈,女孩采几朵野花插入鬓角,则是延续了古代"清明柳俗",既增添了野趣,也表达了留住青春的虔诚祈求。

立夏节。是日,吴地有许多习俗沿袭至今。一曰"尝三鲜",即品尝新鲜上市的青蚕豆、苋菜和竹笋。此外以咸肉、蹄髈、竹笋三样合煮的"腌笃鲜",用红曲米着色煮制的甜而不腻、酥而不烂的酱汁肉,也是立夏时节苏州人的最爱。二曰"挂网蛋"。家长用彩丝线编织小网袋,内盛一只咸鸭蛋,一早就让孩子挂在胸前玩耍,傍晚吃掉,俗传咸鸭蛋清火爽口,可防止小孩夏天"疰夏"(夏天食欲不振),以求长得像蛋一样白胖。三曰做酒酿吃酒酿。商家则制作酒酿饼应市,成为最受欢迎的时令小吃。至于改革开放前还流传的立夏"称人"习俗(寓意小孩称了会被秤钩"勾牢",不易夭折;大人称了"称心如意",还可"吊吊胃口",一个夏天吃得下饭不掉膘),则因街坊中有大木杆秤的人家越来越少,加上人们都住进了公寓式楼房较少来往而逐步绝迹。

轧神仙。农历四月十四日,苏州城内有一项重要的民俗活动——神仙庙轧神仙。"轧"在苏州话中是挤来挤去的意思。传说这一天为八仙之一的吕纯阳生日,他要化身下凡来点化世人,这一天遇到的每一个人都可能是他的化身,因此大家都要到神仙庙去挤来挤去,希望"轧"到神仙,沾上点仙气,消灾祛病,益寿延年,交上好运。人们从四面八方赶到地处老阊门内下塘街的福济观(俗称神仙庙)来,甚至长三角各地都有人来苏州参与,商贩们也趁机赶来做生意,于是形成了历时三天左右、涉及周边很多街巷的一个盛大民间庙会。庙会上的一切东西都要带上"神仙"两字,如神仙糕、神仙乌龟、神仙茶、剃神仙头等。庙会上各种风味小吃和手工艺品的摊铺一个紧挨一个,最多的还得数出售各种花草的小摊,堪称苏州一年一度的花市。其中买卖最多的一种是被称为"神仙花"的千年蒀(即万年青),市民买回家种植,待到来年轧神仙前夜将老叶剪下抛在自家门口,以期仙人路过时踩踏,可沾得仙气、交得好运("蒀"谐"运")。各色民间玩具也备受欢迎,尤其是虎丘泥人中的各色戏文人物、不倒翁和无锡惠山泥人中的大阿福、皮老虎等泥塑玩具最令孩子们心动。70年代末政府尊重民意习俗,轧神仙庙会得到恢复。80年代庙会改址吴趋坊,1992年再迁至中街路,1999年新建神仙庙落成后移至南濠街(又称南浩街),会期也延长到6天,参与"轧神仙"者约175万人次。

端午节。农历五月初五端午节苏州民间习俗较多,且基本一直延续至今。主要有:一是包粽子和竞龙舟。与其他地方不同,苏州端午此俗并非祭奠屈原,而是为了祭奠比屈原还要早200多年的伍子胥。他是春秋时辅助吴王强国、规划建设阖闾大城(即今苏州古城)的有功之臣,后因屡谏吴王夫差防范越国复仇灭吴,挫伤了吴王自尊,被夫差"赐属镂"于端午日自尽,并被投尸江(后被命名为胥江)中。民众崇敬他的精神,便纷纷用船打捞其尸体,并向江中抛粽子,以作鱼食,防止他的尸首被鱼吃掉。后由之沿袭成端午竞龙舟和包粽子的风俗。二是祛避五毒。农历五月江南的天气开始变得湿热,蜈蚣、蝎子、毒蛇、蛤蟆、壁虎等毒虫活动也变得活跃起来,疫病开始流行,因而过去人们将五月视为"毒月"或"恶月"。为驱毒,端午日家家户户都要在门上挂起菖蒲、艾蒿、蒜头扎,悬挂各种具有驱毒功效的香囊,喝用雄黄和酒中和的雄黄酒,并用手指蘸了在孩子额头上写上一个"王"字,让孩子戴上虎头帽或穿上虎头鞋和印有"五毒"图案的衣服,用五色丝线缠住孩子手臂等。三是制作馈赠端午女红节物。女子用布帛缝制形状各异的绣花袋,用硬纸板折出小粽子形,外面缠上彩色丝线,里面装上百草香料,妇女和孩子们或挂于胸前,或插于发髻,既可驱毒,又可装饰。

夏至面与夏至粥。夏至是一年中白昼最长的一天,面条则是食品中最长的一种,并兼寓"生命绵长""天长地久"的美好愿望,于是苏州人有了"冬至馄饨夏至面"的习俗并流传至今。这天还有用新上市的绿豆煮食"夏至粥"的习俗,常熟、太仓等地农村则煮食以糯米为主,掺入五谷杂粮,加红糖熬成糖粥用于冷食。[1]

观莲节。农历六月廿四被苏州民间视为荷花(又名莲花)生日,人们纷纷涌往市郊娄葑荷花荡和西山消夏湾等处观荷,泛舟湖上,边品赏船娘烹饪的荷叶粉蒸肉等风味独特的"船菜",边赏荷纳凉,于是将这天定为观莲节。1996年起拙政园每年此时都要举办荷花节。

乞巧节。农历七月初七民间有牛郎织女鹊桥相会的美丽传说,又称七夕

---

[1] 利刚:《夏至粥》,《姑苏晚报》,2013年6月25日。

节。是日苏州民间有祭双星(牛郎星、织女星)、乞巧(希望从心灵手巧的织女处乞得智慧和巧艺)、吃巧果、用时令的凤仙花瓣捣汁后染指甲等习俗。因大多与美丽善良的织女有关,故又称"女儿节""少女节"。如今犹存吃巧果习俗。巧果是乞巧节祭祀双星时用的供品之一,系一种形如苎结的油炸小面点,太仓等地农家至今仍炸食,90年代后苏州市区一些商家也作为时令小吃推出。世纪之交七夕节以"中国情人节"名义被推出,在年轻人中流行起来,情侣们在这一天互赠鲜花、信物,共进晚餐,共赏夜景,经营礼品的商铺售卖与牛郎织女有关的工艺品。

中秋节。农历八月十五,苏州民间有吃月饼、"走月亮"习俗流传至今。月饼形如满月,象征天上月圆、人间团圆,因此深受群众欢迎。苏式月饼为油酥皮,内包百果、五仁、椒盐、玫瑰等馅芯,重糖重油,与苏州人偏爱甜食吻合。中秋之夜,苏州妇女更有"走月亮"的习俗,她们三五成群,盛装出游,一路赏月谈笑,尽兴而归。

游石湖看串月。位于苏城西南郊的石湖,有座九环洞桥行春桥,相传每年农历八月十八夜满月偏西时分,拱桥北边水面会显现出九月成串的月影奇观,因而苏州人素有"八月十八游石湖,看串月"的习俗。这一天善男信女登临湖旁的上方山五通神庙"借阴债",以求神暗中相助日后财运亨通、发家致富。两俗相会,一个看得美妙景色,一个得到心灵慰藉,因而八月十八在石湖和上方山会形成一个盛大的庙会,连续二三日热闹非凡。80年代后游石湖看串月活动又成为苏州每年的一项较大规模的民俗节庆活动,市民举家结伴前往,边赏月边逛庙会,品尝水红菱、嫩鲜藕、烤白果、糖炒栗子等时令食品。后来看串月活动还逐步延展至有53桥洞的宝带桥。

重阳节。农历九月初九,苏州人在这一天有登高、赏菊、吃重阳糕的习俗。登高是为了健身,去市郊登山同时观赏正值盛开的菊花,一事两便,赏心悦目。苏州好多地方没有山可登高,而"糕"与"高"谐音,于是这天品尝米粉蒸制的重阳糕便流行开来。1989年国家将重阳节定为"老年节"(又称敬老节),每逢此时,社会各界普遍举行为老年人祝寿、组织老年人登高、向老人送重阳糕活动,全社会敬老爱老蔚然成风。

冬至节。按照周代历法冬至为岁首,即一年的开始。古代冬至节间许多习俗和过年相似,而吴地素有"冬至大如年"和"肥冬瘦年"的说法,在风俗上把冬至看得比过年还重。冬至前一晚称为"冬至夜",素有"有铜钱吃一夜,呒铜钱冻一夜"的老话,因而这夜也和除夕吃年夜饭一样,全家团聚在家,菜肴十分丰盛,而桂花冬酿酒更是席上必不可少的佳酿,仅苏州东吴酒厂一家一季就生产销售冬酿酒10万瓶(2.5升的雪碧瓶)之多。[1]冬至节不是法定节假日,人们没有空准备菜肴,于是市民大多到卤菜店购买熟菜,由此卤菜店的生意往往是一年中最好的。吴县环太湖地区农村冬至节素有包吃"冬至团"的习俗,用植物色素揉成白、绿、黄、红四色皮,内包鲜肉、芝麻、萝卜丝、赤豆沙等不同馅料。[2]但除吴县之外的苏州下辖其他各县似乎对冬至节不那么重视,只是当作一个节气,而不当作一个节日。

腊八节。农历十二月为腊月,该月初八之日为"腊八节"。苏州民间在该日素有煮食"腊八粥"的习俗,并一直流传至今。腊八粥分甜、咸两种。民间通常用十来种菜蔬煮成咸粥,自己食用;寺庙则用十来种干果煮成类似八宝粥的甜粥,施舍于善男信女食用。改革开放后苏州市民逐步形成了腊月初八争相到寺庙吃"腊八粥"的风俗,西园寺等大寺更是一年兴盛一年,每年煮施的粥数以万碗计。

3. 外来节俗的渗入与融合

80年代起我国对外开放的面日益扩大,天主教、基督教教会活动逐步恢复,一些西方国家的洋节日逐步传入我国,一些开化人士和许多青年人由最初的好奇、尝试到逐步接受、喜好。于是,市民的节庆活动中呈现了传统节日、国家法定节日和外来节日多元并存的新格局,促进了各种文化的相互渗透和融合。

最早从教会内部延传到民间的当属圣诞节。每到12月下旬,苏州的各大饭店酒楼和商场就精心布置圣诞彩饰,打出圣诞特供的招牌,装扮成圣诞老人的店员给前来就餐的顾客恭祝圣诞快乐,给小朋友分发小礼物,吸引着越来越多的顾客。教堂向公众开放,在圣诞老人头像、圣诞红花卉、五彩圣诞球的环绕下,出席"平安夜"礼拜,品尝圣诞餐(小圆饼、葡萄酒),体验感受圣诞节的气氛,成为很多非教徒的年轻人十分乐意投入的事。圣诞节很快进入苏州人的生活,并不完全是宗教意义上的节日。

2月14日是西方情人节,90年代后因其"洋气""新潮""浪漫"而开始在苏城流行起来,气氛一年比一年浓厚,尤其受到年轻人的青睐,由此催生的"情人节经济"也越来越火,向各个领域不断延伸。热恋中的情侣和年轻夫妇,到咖啡吧、酒吧共同品饮,到餐厅共进烛光晚餐,到影院观看一场言情片,变得越来越时尚;巧克力、化妆品、饰品、情侣对表、对戒、套装等成为商家的热销商品;鲜花尤其是玫瑰花是情人节最受欢迎的礼物,从苏城花店玫瑰的热销程度

---

[1] 楚易:《冬酿酒:千年不变的美酒》,《苏州广播电视报》,2013年12月20日。
[2] 沈红娣:《探访原汁原味民间"冬至节"》,《姑苏晚报》,2012年12月21日。

和年年攀涨的花价可感受情人节的热度。[1]20世纪末西方的"白色情人节"（3月14日）也在城市部分青年中流行起来，大体是2月14日男生送玫瑰给自己心仪的女生，若女生也有意交往则在3月14日回送巧克力，男生能收到这样的礼物当属天大的喜事。

此外，每年5月第二个星期日的母亲节和6月第三个星期日的父亲节，也同为"舶来"的洋节，因其既充满脉脉温情的人情味，又与孝敬父母的中华传统美德一脉相承，还切合日益富裕起来的中国人的精神追求，从而在20世纪90年代后期起逐步被国人所接纳和享用，社会各界和各种媒体也对这两个节日所蕴含的正能量加以推崇，因而逐步演变成中国的"半官方"节日。[2]每年4月1日的"愚人节"、11月1日的"万圣节"等以往国人或搞不明白或不当回事的西方节日，也逐步在国内传开，尤其在年轻人和学生中流行起来。

二、苏州方言的承继与演化

1. 当代苏州方言的演变和语言环境的变化

苏州方言属吴方言，向来被视为吴方言的代表，故又称吴语。近代吴语则成为我国汉民族四大语系之一，吴方言成为官方定义的中国八大方言之一，并拥有国际代码。苏州话以软糯著称，"吴侬软语"之说由此而来，被公认为是"全国最美的方言"之一。1977年美国国家宇航局发射的太空探测器"旅行者1号"，担负着地球文明大使的职责，内部携带了一张金唱片，灌输了从全世界古今语言中挑选出的55种不同语言的问候语，其中包括中国的普通话和闽南语、粤语、吴语等3种方言，作为压轴的吴语的问候语为"行星地球的孩子向你们问好"，足见吴语在国际上也有重要地位。目前吴语区分布范围包括江苏南部苏锡常地区、上海、浙江、安徽南部、江西东部、福建北一角，使用人数约1亿，仅次于北方方言。[3]但由于苏州话的语音、词汇、语法都有许多独特之处，苏州话靠汉字记录音节很难做到，好多字（音节）用汉语拼音无法表示，只有国际音标可以记录，口语中更有好多说法写不出字来，只能写个同音字或近音字，有的连同音字也很难找到，因而外地人尤其是北方人很难听懂和学习模仿。

近世的苏州话，从语音到词汇和语法也在慢慢地发生着变化。到20世纪五六十年代，苏州方言中翘舌音已经基本消失，只在评弹演员、极少数老人中和娄

---

[1] 陆晓华、卢迎春：《情人节的那些密码》，《苏州日报》，2011年2月15日。
[2] 俞愉：《情人节热了，元宵节冷了》，《苏州日报》，2001年2月17日。
[3] 苏报综合消息：《金唱片揭秘：55种语言吴语压轴》，《苏州日报》，2013年9月14日。

蒋、横塘部分地区残存。70年代中期起,苏州话的语音越来越向普通话看齐,青少年中有明显的音变,其中尖音改读团音、清音和浊音不分的趋势最为明显,并因此而产生了1个新声母;年轻一代的生活用语中常将"小"说成"晓","剪"说成"见","言情"说成"现行","切菜"说成"吃菜","好像"说成"好样","观前"说成"肝炎","实践"说成"实现","产业"说成"菜叶","宣传"说成"显然","七个方面"说成"吃葛方面"等,不一而足。从而,目前的苏州话,一般包涵了28个声母,韵母虽减少了些,但仍有43个之多,比普通话还多4个,声调仍为7种。同时,苏州话也有新的发展、变化,主要有四种现象:一是形成了一些新的常用词语和俗语,如把信口开河的瞎说八道说成"说书",形容脑子活络、计算快速的人"脑子像计算机";二是因某处有一个特殊的机构,民众妇孺皆知,随之便以该处地名指代该机构,由此形成了一些新的代词,如在苏州市区人们常以"杨家桥"指代火化场,以"司前街"指代拘留所,以"四摆渡"指代精神病院等;三是把普通话或其他方言中的一些词语植入苏州话并渐成流行,如"捣糨糊"(为人做事没有章法,不讲原则和稀泥)、"下海"(改行经商)、"小三"(婚外情中的第三者)、"洋泾浜"(上海方言中专指模仿得不像、不伦不类者)等;四是形成了一种在形容词前添加"覅"(意即"不要")的新句型,一时颇为流行,如"感觉覅忒好奥!""味道覅忒灵奥!"

改革开放以后,尤其是90年代中期以来,苏州方言的语言环境发生了很大的变化,生存和使用范围日益缩小。其中原因主要有两个方面:一是随着外来人口增多,苏州逐步成为移民城市,城乡原住民和外来人员混居在一个社区里,人们相互之间的交流使用苏州话的机会大为减少,以至于苏州人到街上找陌生人问个讯、到商店买东西与营业员沟通都不能用苏州话,因为十有八九要碰到外地人,常常会造成语言障碍的尴尬;二是国家推广使用普通话的力度不断加大,幼儿园、学校、机关、单位普遍推行普通话,广播电台、电视台等大众传媒全面使用普通话,久而久之,苏州本地家庭成员之间、同为苏州人的单位同事之间的交流中,苏州话和普通话并用现象日趋增多。特别是许多出生苏州的少年儿童,平日交谈已不再使用苏州话;即使偶尔说一两句苏州话,其发音、用词和语序等,与他们的父辈、祖辈也有相当大的不同,"洋泾浜"式的苏州话常常让人忍俊不禁,会讲一口像样苏州话的学生可谓凤毛麟角。2002年苏州方言专家在市区调查苏州学生在家庭和学校等场合的语言使用情况,共调查了从小学二年级到高中二年级的110名学生,他们的父母92%为苏州人,70%的学生表示普通话更运用自如,只有15%的学生认为家乡话更熟练,在家中与父母和祖父母交流时学生说普通话的比例高达74%。[1]

2. 苏州方言的保护和传承

苏州方言经过漫长时间的充实、修饰和完善,不但有了优美的形式,更蕴含了独具地方特色的人文内涵,成为深厚绵长的吴文化的重要组成部分和"吴文化之魂"。进入新时期,专家学者和社会各界高度关注苏州方言面临着的生存危机,一致呼吁要"留住乡音",保护好苏州方言这张"城市名片",增强广大市民和新苏州人的"语言认同感"。作为政府职能部门的苏州市语言文字工作委员会(以下简称"市语委")以及市有关部门和语言学界的一些专家学者,为拯救、保护和传承苏州方言,也采取了一些有效的措施,做了大量艰苦细致的工作,逐步取得了一些可喜的成果,到21世纪初形成了"一手抓大力推广国家通用语言文字,一手抓科学保护苏州方言"的工作格局。[2]主要体现在三个方面:

一是加强苏州方言研究和资料库建设。为增强苏州方言保护和传承的科学性、有效性,市专门成立了语言学会,组织专家学者从文字典籍编纂和有声资料采录两方面同时入手,对苏州方言开展全面、系统、深入的整理和研究。继1928年赵元任编著出版中国第一部应用现代语言学方法研究吴方言的著作《现代吴语研究》后,苏州方言专家叶祥苓1988年编著出版了更为完善的《苏州方言志》,1993年编纂出版《苏州方言词典》。80年代中,叶祥苓、翁寿元、张家茂、石汝杰等人参与首轮《苏州市志·方言卷》的编纂,对苏州方言的语音、词汇、语法以及苏州话的特点、苏州音与中古音及北京音的对应关系、苏州方言区中各地之间的异同等,都做了详细的描写和分析。汪平教授先后编写出版了《苏州方言语音研究》《苏州方言研究》等,并根据用国际音标标注苏州方言太专业化、一般读者很难掌握的实际情况,特地设计出一套苏州话的拼音,系在汉语拼音的基础上根据苏州话的特点改造而成,据此再编纂出《标准苏州音手册》,标注了近6 000个汉字的苏州话对应读音,给读者学习苏州话提供了方便可鉴的工具书。这些为研究苏州话的演变积累了宝贵的资料,为苏州方言的使用推广提供了范例和规范。进入新世纪,国家语委启动中国语言资源有声数据库建设工程,苏州积极争取列入了首批启动区。在选拔苏州片发音人时,经层层严格挑选,从300多名应聘者中挑选出6名,其中老中青三代、男女各1人,每人朗读相同的苏州方言常用字、词、句,采录编辑形成了苏州方言标准语音库。之后,又在省语委的

---

[1] 施晓平:《让苏州话与普通话和谐共存》,《苏州日报》,2013年9月20日。
[2] 张致远:《我市语言文字工作全国领先》,《苏州日报》,2013年7月3日。

组织下,开展了苏州地方口头文化语料采录工作,完成了包括昆曲、评弹、苏剧、山歌、渔歌、讲述、童谣、姑苏叫卖、方言说苏州等苏州地方文化语料和苏州话歌曲的录制工作。这些都为苏州方言留下了宝贵、完整的有声资料。

二是改善苏州方言的语言环境。为扩大苏州方言的社会生存环境,营造学讲苏州话的语言环境,增加苏州方言的使用和流传范围,苏州市语委提出:希望建立一个"双语"的语言社会,让苏州话与普通话和谐共存;明确普通话是正式用语、工作用语,苏州话是非正式用语、生活用语,在工作场合、公共场合适宜用普通话,在家庭场合、私人场合提倡用苏州话;欢迎外地来苏人员学会苏州话,从而更好地融入苏州。同时,有关部门也在积极尝试,在公共场合设法给苏州话让出一些空间。1987年苏州人民广播电台无线台移植有线广播台原有栏目,以苏州方言开播《苏阿姨谈家常》节目,从语言到内容都贴近苏州民众,也满足了一些身在外地的苏州人的思乡之情,因而很受公众欢迎。进入21世纪,受众面最广的苏州电视台先后开办了《天天山海经》《施斌聊斋》《开心茶馆》《故事会》等苏州方言类节目,播出时都配有字幕,为少年儿童和新苏州人了解和学习苏州话提供了一个很好的平台。苏州公交公司在部分公交线路上用普通话和苏州话"双语"报站,为本地不会普通话的老人提供了方便,也为外地人熟悉苏州方言提供了机会。

三是广泛开展苏州方言语言学习培训。市语委秉承"从娃娃抓起"的宗旨,牵头成立了苏州方言培训中心,首期培训小学、幼儿园老师32人,课时达200小时,通过这些老师带动了孩子们的方言教学;组织专家编写出版了《学说苏州话》,为学生学习提供了教本;每年举办"苏州话风情大赛",仅前4年就吸引小老苏州人、小新苏州人、小洋苏州人近20万人参与,孩子们在参与中增加了学说苏州话的兴趣,增长了讲苏州话的本领。[1]

第五节 多元并存的宗教信仰

苏州宗教历史悠久、底蕴深厚,佛教、道教、伊斯兰教、天主教、基督教在全省乃至全国都有一定影响。改革开放后,党和政府的宗教政策得到逐步恢复和落实,依法管理宗教事务,依法保障宗教界合法权益和宗教信仰自由,全市各宗教

---

[1] 施晓平:《苏州话走向"复兴"有多难》,《苏州日报》,2012年2月20日;施晓平:《让苏州话与普通话和谐共存》,《苏州日报》,2013年9月20日。

都进入了发展的新阶段;各宗教团体和宗教界人士努力服务信教群众和服务社会,宗教活动日益丰富并形式多样;民间的宗教信仰活动也日益增多,宗教文化渗入经济社会的众多领域,成为苏州历史文化内涵和民众精神文化生活的一个重要方面。

一、宗教政策的恢复和落实

1979年党和政府重申和恢复宗教信仰自由。1982年修改的新宪法,在关于宗教信仰自由问题上,恢复和发展了1954年宪法的有关规定,提出了更加明确具体的一项基本政策和三项规定。[1]苏州各级党委、政府积极贯彻落实党和国家的这一系列法律法规和基本政策,为促进苏州各宗教活动的迅速恢复和健康发展创造了有利条件和环境。1996年,在苏州市人民政府民族宗教事务处的基础上,成立苏州市民族宗教事务局,作为市政府主管民族和宗教事务的职能部门,使全市宗教管理走上规范化、法制化轨道。

1. 宗教政策的落实和宗教活动的逐步恢复

1979年开始的全面拨乱反正中,苏州对50年代以来历次政治运动中错划为"右派分子""坏分子"以及"文化大革命"中受迫害的宗教界人士,都进行了改正,对涉及宗教界人士的历史积案进行了认真复查,撤销了许多冤假错案。随着宗教活动场所的恢复开放,1980年80余名宗教教职人员重回寺观教堂,并补发了"文化大革命"中被扣发的生活费14万余元。1992年、1994年政府还两次较大幅度地提高了宗教教职人员的生活费。

50年代苏州市区各类宗教寺观教堂多达300余处。1979年起在"文化大革命"中被改作他用的宗教活动场所逐步落实宗教政策,组织修缮。1980年元旦佛教西园寺、寒山寺、灵岩山寺成为全市首批恢复开放的宗教活动场所。同年复活节,基督教市区养育巷使徒堂恢复开放;开斋节,伊斯兰教市区天库前寺恢复活动;圣诞节,天主教市区杨家桥堂恢复开放,昆山陆家、常熟颜港、沙洲鹿苑、江阴南门等4所天主教堂和吴江盛泽、常熟虞山2所基督教堂也恢复开放。[2] 1981年道教玄妙观三清殿、正山门修缮后恢复开放。至1986年8月,全市五大宗教共计开放宗教活动场所25处,市区清理落实宗教房产28.87万平方米,占应清理落实的97.9%,六县(市)也基本清理结束。2000年解决大新巷天主

---

[1] 王作安:《中国的宗教问题和宗教政策》,宗教文化出版社2010年,第117—125页。
[2] 中共苏州地委统战部:《关于我区宗教情况和今后意见的报告》,1980年5月12日,第6页,苏州市档案馆藏,档号H1—2—671。

堂、灵岩山寺山林地、昆山陆家浜天主教堂等 8 件宗教土地、房产遗留问题,至此全市宗教土地、房产问题已大多得到解决。

进入新时期,全市佛教、基督教、天主教先后召开新一届代表会议,进行换届工作。1982 年市伊斯兰教协会成立,1986 年市道教协会正式成立。新一届各宗教团体组织成立后,认真贯彻党和政府的宗教政策,坚持独立自主自办原则,按照各自的章程,团结全体宗教教职人员和广大信众,民主管理宗教事务,促进了各宗教的工作和活动在迅速全面恢复的基础上,按照新时期的新情况和新任务不断开拓、发展。据统计,至 1986 年 8 月苏州所辖六县(市)有宗教信众 1.93 万人。1995 年国务院宗教局组织全国宗教活动场所登记发证工作,全市符合条件给予正式登记的宗教活动场所有 68 处,临时登记的有 30 处、暂缓登记的有 23 处,合计 121 处。至 2002 年全市开放宗教活动场所已扩充至 182 处,其中佛教 86 处、道教 25 处、天主教 15 处、基督教 54 处、伊斯兰教 2 处;全市有宗教团体 28 个,宗教教职人员 700 多人;天主教、基督教、伊斯兰教的信众有 12 万人,佛教、道教的信众更是多得无法统计。

2. 党委和政府重视发挥宗教界的积极作用

进入新时期,全市各级党委和政府重视发挥宗教界在保持党和政府与人民群众的血肉联系、维护民族团结和祖国统一、维护国家安全和社会稳定、促进改革开放和现代化建设等方面的独特的、积极的作用,有序组织宗教界人士参政议政。1986 年全市民族宗教界上层人士有 110 人;1993 年全市各级人大、政协换届,少数民族、宗教界代表和委员共 45 人;2003 年各级人大、政协换届,全市宗教界的代表和委员增至 71 人,其中佛教 24 人、道教 9 人、伊斯兰教 5 人、天主教 18 人、基督教 15 人。

帮助宗教界培养人才。进入新时期,为解决各宗教恢复发展中人才不足、后继乏人的问题,中共苏州市委统战部统一部署,协调、指导、帮助各宗教团体组织开展人才培养工作。1980 年中国佛学院灵岩山分院经国务院宗教事务局批准开班,为改革开放后全国首批举办的佛学院之一,首届专科班招收学僧 48 名,1984 年起开设本科班,1993 年开办首届研究生班,至 2000 年分院共培养 9 届专科及以上学历的高层次学僧 360 人;1985 年天主教苏州教区修女班、基督教义工培训班(1998 年改名为圣约翰堂苏南义工培训中心)、道教苏州道士培训班开班;1989 年中国天主教佘山修院江苏文学班在苏州杨家桥天主堂开班。至 1991 年,全市 5 所宗教院校(班)毕业 106 人,在读 105 人。1999 年苏州西园戒幢律寺佛学研究所经国家宗教事务局批准成立,同年与南京大学中华文化研究院联合办班,招收本科预科生20名、研究生10名。[1]由此,培养、输送了一大批爱国爱教、有较高文化素质的年轻宗教神职人员,他们在宗教团体、寺观教堂里担任一定的职务。

引导宗教界爱国利民。1991年、1999年苏州遭受特大洪涝灾害,全市各宗教团体和宗教界人士慷慨解囊捐款,支援抗洪救灾。1993年市佛教协会投资在胥门外原佛教放生地旧址建造苏州佛教安养院,收养救济年老多病的佛教徒。1994—1996年间,市宗教界为支持苏州争创全国"双拥"模范城市、成立市慈善基金会、举办全国第三届城运会、扶贫济困等项目捐款。

支持宗教界开展国际交往活动。仅1981—1985年市宗教界就接待国外来访的宗教代表团152批、1 700余人,接待港澳台地区宗教代表团62批、800余人,接待境外自费旅行者49万人次。同时市委通过统战部、民族宗教事务处等部门,依靠宗教界广大信教群众,有力地抵制了国外敌对宗教势力的渗透。

二、五大宗教的繁荣发展

1979年后,苏州五大宗教在迅速恢复活动的基础上,不断落实、完善宗教活动场所,活跃、丰富宗教活动,弘扬爱国利民的优良传统和宗教文化,并根据与时俱进的时代要求大胆革新教规教义,在服务信众、服务社会的同时,实现了各宗教的繁荣和发展。

1. 佛教

苏州历来寺院众多,灵岩山寺在当代印光法师的护法下成为享誉中外的十方专修净土道场,佛教在苏州的活动场所和信众也很多。[2]1980年西园戒幢律寺、寒山寺、灵岩山寺恢复开放后,即筹资数百万元对其修缮,修葺后殿宇辉煌,法像庄严,香火鼎盛。1983年,这3个寺院及常熟兴福寺一起被列为全国142所重点寺院之列。至2000年,市佛教协会还先后收回、修复、开放了报恩寺、定慧寺、报国寺、文山寺、伽蓝寺等;各县(市)也先后恢复开放了吴县光福圣恩寺、西山包山禅寺、镇湖万佛寺,常熟虞山藏海寺,太仓南广教寺、沙溪普济禅寺、浮桥同觉寺,昆山千灯延福寺,吴江平望小九华寺等一批寺院。

佛教界恢复活动后,为满足信众的需求,于1979年在寒山寺创办除夕听钟声活动,各大寺院的春节"烧头香"活动也随即恢复,市内外民众参与者渐增,90

---

[1] 郁永龙:《宗教文化在苏州》,宗教文化出版社2014年,第259页。
[2] 郁永龙:《宗教文化在苏州》,宗教文化出版社2014年,第3页。

年代后仅西园寺每年约有10万余人。苏州市佛教协会于1981年7月召开第二次代表大会,明开法师再度出任会长。1982年9月在西园寺举办中华人民共和国成立后第一次传戒活动,为100余名僧人传戒或补戒,并废除元代流传下来的烫香疤陋习,是为全国的一大创举。1983年市文管部门在"文化大革命"中代为保管的佛教文物悉数归还寺院,藏经达12万册,珍品满目。1984年5月市居士林(信佛而在家参修者称居士)第二次代表大会召开,登记林员86人,1987年苏州将12个佛教莲社合并为菉葭巷居士林,1992年居士林首次举办传戒法会,1994年登记林员已增至700多人。1989年少林寺高僧海灯法师(五六十年代曾在西山石公寺当住持十余年)圆寂,按照他生前"归骨石公"的遗嘱,苏州佛教界在石公山建海灯法师灵骨塔和陈列室,让世人观瞻。1997年苏州市佛教博物馆假报国寺建成开馆。1998年苏州佛教界明学、性空法师作为护送团成员,一起护送从南京灵谷寺分出的唐代玄奘顶骨舍利到台湾玄奘大学安奉。1999年净土宗十三祖印光大师创办弘化社及省内第一本佛教杂志《弘化》。苏州佛教界在全国、全省具有重要地位和影响。80年代初明开法师再度出任省佛教协会会长。1993年明开(西园寺方丈)、明学(灵岩山寺方丈)、安上(中国佛学院灵岩山分院副院长)、妙生(兴福寺方丈)、性空(寒山寺方丈)5位法师被选进中国佛协领导机构,其中明开、明学为中国佛协咨议委员会副主席,明学、安上为常务理事。以后历届苏州都有法师担任中国佛协要职。

2. 道教

苏州道教以正一派流传最广,全真派传布较少。1949年后苏州道教组织一直缺失。至"文革"前城区有道房道士31人、会外道士23人。1981年9月苏州市道教协会筹备委员会成立,道教活动场所逐步恢复。当年11月经整修焕然一新的玄妙观三清殿、正山门重新开放,6名道士返回,成为苏州首个恢复道教活动的场所,次年玄妙观三清殿被列为全国重点文物保护单位。之后20年间玄妙观多次进行修缮扩建,成为占地面积3.4万平方米、规模宏大、规制齐整的一座全国著名道观。1992年玄妙观举行神像开光仪式,是为中华人民共和国成立后苏州道教首次举办此类活动。景德路城隍庙1985年实行保护性整修,基本恢复原貌,其中的工字殿为全国保存至今为数不多的明初城隍庙古建筑之一;1995年将阊门外原宝莲寺大殿移建于工字殿后寝宫遗址上;2001年该庙部分产权、使用权归还市道协,经3年全面维修后开放,成为苏州道教又一主要活动场所,每年农历八月十八都举办城隍圣诞祭祀活动。此外还先后修复开放了王洗马巷春申君庙、穹隆山上真观、南濠街(南浩街)神仙庙(移建)、陆慕悟真道院、斜塘旺墓土地庙、东渚小茅山道院等一批道教活动场所。

　　1986年苏州市道教协会正式成立,宋佩琴任会长。为了发展苏州的道教事业,1983年、1985年、1990年市道协(筹委会)三次招收了24名有志于道教事业的新一代青年道士,并送入电视大学、技工学校等学习专业技术。1996年颁发散居道士证,成立道教散居道士管理组织。各宫观的新老道士加强自身修持,坚持每天上殿做早晚功课,每年要举行几场大型斋醮道场,应信众之邀所做的小型醮事也十分繁忙,成为联系信教群众的重要纽带。苏州道教保存着大量的经典著作,玄妙观珍藏的品种之富、版本之全在全国道教界闻名。新时期苏州道教文化的研究和弘扬取得可喜成绩,构成了道教文化道学、神学、仙学、教学四大学术体系。[1] 1991年成立市道教文化研究室,1994年与中国道教协会联合编撰出版《道教大辞典》,还编写出版了《苏州道教史略》《苏州玄妙观》《苏州道教志》等近10部道教科仪、文化书籍。苏州道教音乐为苏州道教文化的一大亮点,经多年的有效抢救和传承,引起国内外瞩目,两度赴北京参加全国佛教道教音乐会演,中央电视台、北京电影制片厂、上海电影制片厂等拍摄并播映了苏州道教斋醮音乐的影视,还前往意大利、比利时、英国、新加坡演出,大获好评,被称为"神奇、迷人的东方音乐";2006年苏州道教音乐被列入国家级非物质文化遗产名录,成为苏州宗教界乃至文化界的一朵奇葩。改革开放后苏州道教在全国具有一定地位,在全省具有重要地位,有多人次担任中国道协、省道协副会长和常务理事等职务。

3. 基督教

　　1979年下半年,市基督教三自爱国运动委员会和市基督教协会恢复,教牧人员陆续返堂。1980年养育巷使徒堂内的工厂退出后首先修复开堂,240位信徒参加感恩礼拜,是为全省最先恢复开放的教堂。1981年市基督教第六次代表会议召开,牧师姚天惠任市基督教三自爱国运动委员会主席。1988年苏州市基督教协会成立,牧师包谷平任会长,为基督教全市性教务组织,与市基督教三自爱国运动委员会分工合作,合称市基督教两会。1987年乐群社宫巷堂经全面修复后恢复开放。1991年使徒堂和宫巷堂同时被列入市文物保护单位。1995年,苏州最早的基督教堂十梓街圣约翰堂归还基督教会后即展开全面维修,恢复原状,竣工后作为市基督教两会办公用房及基督教苏南义工培训中心。进入21世纪,圣约翰堂成为苏州市区的第三个基督教活动场所开放。苏州所辖各县市在新中国成立后基本没有基督教堂,只有几处活动点,仅有的吴县枫桥救恩堂在

---

[1] 郁永龙:《宗教文化在苏州》,宗教文化出版社2014年,第263、264、319页。

"文化大革命"中被毁。1990年昆山建造了教堂,满足了前来投资、工作的外籍教徒和当地教徒的需要。[1] 1984、1985年市举办两期神学培训班,为市、县两级培训了40余名义工。1985年全市教会工作人员18人,其中牧师7人、长老4人、传道7人。1987年后苏州教会按立或从其他地方调入牧师、副牧师、长老等教职人员近20名,教务力量大大加强。张贤福牧师1997年当选省基督教三自爱国会副主席,1999年当选市基督教协会会长、三自爱国会副主席。[2]

全市基督教两会恢复活动后,宗教活动健康开展,信徒人数逐年增加。1981年持安息日会神学观点者首先重回教堂从事礼拜。之后各个教派秉承50年代形成的联合礼拜制度,宗教活动恢复为每周举行4次,每两月(后又改成每月)举行一次圣餐礼,每年举行两次洗礼。市区教堂主要活动有主日崇拜、周末聚会、查经会、祷告会、成人主日学、培灵会等。1966年苏州基督教信徒才约700人,20世纪末已发展至四五万人之多。90年代苏州外向型经济发展迅猛,几万在苏工作、生活的外籍人员及港台地区人员中有相当一部分信仰基督教,苏州教会开设双语礼拜,主日讲道使用同声传译,满足了境外教徒需求。

4. 天主教

1979年后苏州天主教活动逐步恢复。1981年马龙麟当选苏州教区主教,并被祝圣为正权主教。当年市区杨家桥天主堂首先恢复开放,定期来此活动的教友近5 000人。此后杨家桥堂数次改造建设,占地面积扩大至1万余平方米,1991年教堂被列为苏州市文物保护单位。1981年常熟颜港天主堂、吴江黎里天主堂修复后恢复开放。1982年新建的昆山陆家浜、沙洲杨舍、太仓张泾3座天主堂建成开放。1985年苏州教区共有教堂9座,教友4万余人。1992年,作为苏州教区主教府的大新巷天主堂复堂。1998年新建的吴县湘城堂开堂。2000年,重建的甪直天主堂开堂,木渎天主堂也启动搬迁占住居民。

1983年10月,苏州市天主教爱国会召开第二届代表会议,主教马龙麟任苏州市天主教爱国会主任。为培养天主教神职接班人,1984年苏州教区在全国率先开办修女培训班,至1996年共举办3期、培训修女58人,同时选送10名男修生到中国天主教上海佘山修院修道;1989年,天主教上海佘山修院江苏分院预料班在苏州杨家桥堂内开办,10年先后开办了5届、修生57人,学员结业后相当一批人报考上上海佘山修院和中国天主教神哲学院,成为苏州教区和省内其他

---

[1] 郁永龙:《宗教文化在苏州》,宗教文化出版社2014年,第407、424页。
[2] 郁永龙:《宗教文化在苏州》,宗教文化出版社2014年,第417—423页。

教区的神职后备力量。苏州教区1990—1998年先后5批培养和祝圣了12名年轻司铎,1994年选拔3名司铎赴美国、德国深造,他们学成归来后都成为苏州教区的神职骨干,其中神父徐宏根1999年接任苏州教区主教。苏州天主教在全国、全省具有一定影响。马龙麟主教曾任中国天主教主教团成员、江苏省天主教爱国会副主任、江苏省天主教教务委员会副主任。苏州市天主教爱国会主任、杨家桥本堂神父许建国后也任省天主教爱国会副主任。[1]

天主教苏州教区恢复后,各教堂的礼仪、圣事、瞻礼活动随之恢复,教徒群集各堂,规模不断扩大。最隆重的复活节(又称逾越节)共持续六七天之久,复活守夜祈祷为高潮,信徒除举行洗礼外,还有一些相关的庆祝活动。圣诞节期间举办讲经、祝圣、礼拜、唱诗等活动。80年代中期每次前来杨家桥堂参加圣诞夜望弥撒的船只云集700余艘,人数达7 000人。昆山陆家浜堂口有近万名教徒常年参加活动。[2] 20世纪末苏州教区共有信徒5万人左右。2000年,苏州广大天主教人士坚决反对梵蒂冈"封圣",进一步坚定了广大神长教友与党同心同德,走爱国爱教、独立自主、自办教会道路的决心。

5. 伊斯兰教

改革开放前苏州4所伊斯兰清真寺均被占用。1979年起恢复苏州市清真寺保管委员会。1980年天库前清真寺首先恢复宗教活动,由于该寺年久失修、空间狭小,置换给紧邻的雷允上制药厂后新建石路太平坊清真寺,1982年竣工后成为全市穆斯林的活动中心,刘如麟为该寺阿訇;1985年改扩建后具有阿拉伯礼拜寺特色,大殿可容100多人礼拜。1986年后迁居苏州的穆斯林人数逐年增加,至2000年增加至3 000人,而在苏务工经商的常住穆斯林人员全市估计还有五六千人。为适应伊斯兰教事业发展的需要,1995年对太平坊清真寺实施翻建,使礼拜大殿可容300人左右,寺内还收藏了从各寺收集起来的13块有关苏州伊斯兰教的碑刻,包括明永乐皇帝、清康熙和乾隆帝钦定碑等珍贵文物。[3] 1982年后每逢开斋节(又称肉孜节)和古尔邦节(又称宰牲节)这两个重大节日,穆斯林群众聚集在太平坊清真寺内庆祝。

1982年成立苏州市伊斯兰教协会,马宏仁任主任,在任期间还担任江苏省伊斯兰教协会副会长。1983年选送一青年穆斯林去北京伊斯兰经学院学习,逐步培养为阿訇。伊斯兰教协会民主管理教会,促进宗教活动健康开展,还积极协

---

[1] 郁永龙:《宗教文化在苏州》,宗教文化出版社2014年,第384—389页。
[2] 郁永龙:《宗教文化在苏州》,宗教文化出版社2014年,第386页。
[3] 郁永龙:《宗教文化在苏州》,宗教文化出版社2014年,第377页。

助政府有关部门做好尊重伊斯兰教风俗、关心穆斯林群众生活、维护社会稳定、促进民族团结等方面的工作。1996年原观前街清真食品店搬迁至石路,保证回民的清真牛羊肉供应。1998年市有关部门首批确定14家清真饮食网点,发放了"清真标志牌",满足了全市回族等10个少数民族穆斯林群众的特殊生活需要,也规范了清真食品行业的管理。2000年市民政部门批准在木渎尧峰山公墓中辟建回民公墓,受到广大回民的欢迎。

三、民间宗教信仰活动呈现多样化

宗教信仰自由政策恢复落实后,苏州不少地方自古流传的带有宗教信仰色彩的民间活动也逐步恢复、兴盛起来,大致可分为农事祭祀和神灵(人物)祭奠两大类。宗教信仰活动再现了苏州传统的生产方式与生活方式,为我们提供了一幅色彩斑斓的社会民俗风情画。

1. 农事祭祀活动[1]

改革开放以后,人们的生产方式和生活方式虽然已发生了根本的变化,但人们仍然希冀通过举办各种与农事相关的祭祀活动,来表达对"风调雨顺、五谷丰登、六畜兴旺"的精神寄托,并借以留住"乡愁"、凝聚"乡情",活跃丰富地方传统文化。当下苏州地区仍在举行的这类农事祭祀活动,除了前文"色彩缤纷的吴地节令民俗"中已述之外,主要还有如下几项:

祭猛将。太湖地区俗传猛将能驱除蝗灾,天旱祷之即雨,因而旧时农民祭祀十分虔诚。90年代后期起祭猛将民俗在常熟、吴县、高新区农村多地恢复传承,每逢正月十三猛将生日,村民备祭品,抬猛将神像回游于街市、田岸,称"待猛将""赶猛将",出会时有各色杂耍,并举行赛山歌等活动,十分热闹。在木渎南刘庄等8个村,正月十二日晚全村人聚到会东家,用一只直径二尺的巨型糕团,周围放上6只小团子供奉、陪伴猛将神像,人们吃着糕团,喝着甜酒,聊天娱乐,一直闹到三更半夜;十三日下午铳(土枪)声三响后,各村选派壮汉抬着装在轿上的猛将出会,壮汉不顾隆冬一律上身赤膊,8人一组轮番上阵,一路拼命奔跑,争取抢先到达诸土庙;8路队伍全部到达庙场后,大家使出浑身解数举行抛轿比赛,祭祀完后大家尽兴而归。胥口镇蒋家村则在十三日上午从猛将堂请出猛将坐像,敲锣打鼓,舞龙舞狮,打莲厢,挨家挨户给农家送福,晚上再进行抬猛将接

---

[1] 本小目及第2小目主要参考蔡梦篓、蔡利民著《四季风雅:苏州节令民俗》(江西人民出版社2013年版)有关内容编写。以下凡同一出处的不再一一注明。

力活动,每组选手都要在全村跑上三圈,最后进行抛猛将时活动达到高潮。抬猛将正值过年,由此成为许多地方最为热闹的一项新年祈福活动。

祭花神。俗传农历二月十二为百花生日。是日种植花果之家,或为花树扎红绸带,或在花盆中插红纸小旗,以求枝繁叶茂,称作"赏红";虎丘一带花农皆往花神庙庆寿,入夜举行隆重的"花神灯会",会后演戏直达天明。苏州人将梅花看作春的使者,二月初正值梅花绽放时节,人们纷纷出城前往光福邓尉山、西山等处山野去"探梅""赏梅",打听春的消息。

祭禹王。吴地民众为纪念大禹当年在此治水的功德,在太湖边建起了多座禹王庙。太湖渔民对禹王尤其崇敬,称之"水路菩萨""主管太湖",还确定了以禹王为保护神的信仰体系。1983年起吴县组织对西山甪里洲保存的禹王庙及码头全面修复,重塑禹王像一尊。从此祭祀的人长年不断,渔民们则主要在清明进行祭禹活动。[1]

祭蚕神。吴江蚕区过去每至清明前民间就有一种迎蚕神的仪式,祈求蚕业丰收。90年代末中国四大绸都之一的吴江盛泽修复清道光年间建造的先蚕祠,祠里供奉的是相传为最早教人养蚕织丝的黄帝之妻嫘祖,被民间尊为蚕神,又名"蚕花娘娘",她的生日为小满日。小满日正当蚕结茧时日,祠内举行隆重的公祭"蚕神"大典,同时接连数日演出"小满戏"以酬神,蚕农和丝绸经营者踊跃参与,借此祈祝蚕桑丝绸产业丰收。进入21世纪,小满戏被列为吴江市首批非物质文化遗产,先蚕祠被列为全国第七批重点文物保护单位。[2]

宝岩寺烧莳香看杨梅。常熟为稻作之乡,每年莳秧(即插秧)结束后,稻农们便成群结队地到虞山南麓宝岩湾的宝岩寺(延福禅寺)去"烧莳香",祈求丰收,而此时正值宝岩寺周围杨梅成熟之际,村民便顺便观赏姹紫嫣红的杨梅。1999年常熟重建宝岩寺,2000年该寺被列为宗教活动点,人气和香火渐旺,政府还举办一年一度的"宝岩杨梅节",遂成为常熟的一个农业观光旅游品牌。

2. 神灵人物祭奠活动

千百年来,吴地民众为祈求平安吉祥,对宗教中一些神灵人物顶礼膜拜,对传说中的一些曾造福吴地民众的神话人物及现实人物也念念不忘,于是在一些特定的日子总会进行一些祭奠活动,以示追思和纪念。除前文所述之外,当下仍在延续开展的主要还有以下几项:

---

[1] 钱兴生:《吴中史话》,古吴轩出版社2006年,第18页。
[2] 黄亮:《盛泽昨公祭嫘祖》,《苏州日报》,2013年5月21日。

妈祖祭。太仓浏河的海洋捕捞是其传统产业之一，浏河又是一个重要的漕运码头，明永乐年间郑和多次率船队从此出发下西洋。渔民出海捕鱼，远洋船队漂洋过海都会面临许多风险，需要精神支柱，护海救难、舍己为人的妈祖（又称天妃）于是成了他们的精神依托。元初即建造的浏河天妃宫（俗称娘娘庙），是世界各地数以千计的妈祖庙中建造最早的之一，在浏河妈祖信众也从单一的渔民队伍逐步扩展到各个阶层。妈祖祭拜活动主要是农历三月廿三的妈祖诞辰日和九月初九的妈祖升天日。1985年天妃宫修复，重塑妈祖像，祭拜活动也得以恢复。1995年天妃宫被列为省文物保护单位。

浴佛会和放生。苏州习俗以四月初八为佛祖释迦牟尼生日，是日民间信众以各种方式"浴佛"。吴县穹窿山一带的寺庙和农家信众，有煮乌米饭（又称阿弥饭）供奉佛祖、散发信众、自家食用的习俗。[1]这天，信众买来乌龟、鱼虾等水族生物，前往佛庙放生池放生，放生后再不食用。苏州人放生以鲤鱼为多，故苏州人大多不吃鲤鱼。

祭相王。民间传说，建造阖闾城（即今苏州古城）时，东南隅河水湍急，土城难以合拢，吴县西山人桑湛璧奋勇跳下水去，用身体挡住了大水，终使城墙筑了起来，后人将他奉为"当方土地"。至唐代人们在他殉职之处附近立祠奉祀，名为相王庙（今相王弄内），清康熙时朝廷加奉相王为"护国忠显王"。每年农历五月初六相王神诞之日，前往祭奠的人甚多。该庙虽已于"文化大革命"期间停止宗教活动，庙殿建筑改为中学校办工厂，但进入新时期每逢农历初一、月半及神诞之日，特意前来烧香祭拜的人仍络绎不绝，人们进不得原庙殿，就在相近的围墙根燃香点烛。后校方在围墙边辟出一香火间专供人们祭拜之用。

祭关公。每逢农历五月十三关羽生日，苏州各关帝庙和奉设关帝祠的道观都要举行隆重的祭奠活动，各会馆华灯万盏，同业相聚，祭献演剧，称作"待关帝"。改革开放后各会馆和众多经营者秉承这一传统，在会馆和经营场所内建关帝祠，或设关帝神位，每日点烛上香，以求生意兴隆，保佑万事平安。

祭地藏王和烧久思香。农历七月三十是地藏王生日，晚上每家每户要在庭前阶下点上一盏盏蜡烛，叫作"地藏灯"，点烛之数与家中人数相等，以作祭奠，祈求人生平安。是日，苏州人还有烧"久思香"的习俗，以纪念曾在苏州建立"大周"政权、自称为"吴王"、前后在苏主政十年余的元末农民起义领袖张士诚。张士诚势力后被朱元璋所破，但苏州百姓对他还是颇有怀念之情。明代官府规定

---

[1] 胡佳逸：《"乌米饭"好吃更好看》，《苏州日报》，2013年5月18日。

苏州百姓不许"讲张"（即议论张士诚），他们便想出借地藏王生日用烧香方式"私祭"张士诚功德的办法。因张士诚小名"九四"，所烧之香谐音就叫"久思香"，后民间讹传并俗称为"狗屎香"。四百年来，每当此晚，家家户户在点亮"地藏灯"的同时，点燃"久思香"插于地，香枝连绵每条街巷，可谓蔚为壮观。此俗"文化大革命"时期中断。改革开放后一些民众和文化人士便于该日前往位于斜塘的张士诚墓进行祭奠。1995年张吴王墓被列为市级文物保护单位。21世纪初苏州工业园区在新建的玉皇宫中辟建专祠，以永久供奉、祭奠张士诚。

第五章 与时俱进的文化建设

中共十一届三中全会后,我国迎来了社会主义文化事业繁荣发展的又一个春天。苏州各级党委政府全面贯彻党的基本路线和"两手抓"方针,在全力推进经济建设的同时,积极推进社会主义文化建设,大力发展科技、教育、文学艺术、新闻出版、广播电视、哲学社会科学、卫生体育等各项文化事业,呈现了全面繁荣并与时俱进的可喜发展局面,为苏州的经济迅速崛起和社会全面进步提供了强大的精神动力和智力支持,同时也促进了人民群众知识水平和生活质量的提高,提升了苏州这座历史文化名城的文化软实力。

第一节　科技事业长足发展

改革开放之前苏州的科技基础十分薄弱,经济的科技含量很低。改革开放以来,苏州各级各部门在中央确定的"科学技术是第一生产力""经济建设必须依靠科学技术,科学技术必须面向经济建设"的方针指引下,不断深化对科学技术在现代化建设全局中所处的重要战略地位的认识,努力营造有利于科学技术加快发展的环境和条件,积极引导和支持科研机构和企事业单位加大科技投入与研发应用力度,鼓励广大科技工作者发挥才智、大胆创新,实现了全市各行各业科技创新能力不断提高,科技进步在全市经济发展中的贡献份额大幅提升,为苏州经济的跨越式发展提供了有力的科技支撑。

一、科技兴市方略的制定与实施

1. 科学技术是生产力观念的确立和科技体制改革的启动

十一届三中全会前夕召开的全国科学大会上,我国确立了科学技术是生产力、科技人员是工人阶级的一部分的马克思主义观点,为科技事业拨乱反正和改革创新提供了强大的思想武器和精神力量。苏州抓住"科学的春天"到来的有利机遇,1980年召开的中共苏州市第五次代表大会把"积极发展科学文教事业,大力培养建设人才"作为实现四个现代化第一战役的主要任务和关键举措之一。[1] 1983年11月市委、市政府制发《关于加强科技工作的意见》,之后短短一年中市政府接连制发了10个有关科技体制改革和科技政策的文件。1984年9月召开的中共苏州市第六次代表大会,首次把"科技发达"作为全市经济社会发展的目标任务之一,提出:农业要依托结构调整和科学技术,促进实现"两个转化";工业要牢固树立起主要依靠科技进步实现翻番的思想,把全市城乡工业逐步转移到先进的技术基础上来。[2] 1985年市制定贯彻《中共中央关于科学技术体制改革的决定》的具体实施意见,编制了《"七五"期间科技发展规划纲要》,全市的科技体制改革在多个方面初步推进。在运行机制上,改革了拨款制度,使得有限的财政投入资金起到了"四两拨千斤"的效应,同时克服单纯依靠行政手段管理科技工作,国家包得过多、统得过死的弊病,使科学技术机构具有自我发展的能力和自动为经济建设服务的活力;在组织结构上,改变过去研究机构与企业相分离,研究、设计、生产脱节,部门、地区分割的状况,使地方本来就不多的科研机构和科技力量能更好地融入经济建设主战场;在人事制度上,进一步扭转对科技人员限制过多、人才不能合理流动、智力劳动得不到应有尊重的局面,创造人才辈出、人尽其才的良好环境。这些发展战略思想和工作部署、改革举措的提出,使得科技成为促进80年代全市经济发展的重要因素,科技工作自身的活力和动力在不断增强。1989年在全市经济增长中,工业、农业科技进步贡献份额分别达32%、37%。[3]

2. 科技兴市战略的提出和大力实施

经过20世纪80年代的发展,苏州基本完成了工业化初始阶段的历史进程,成为经济大市。但全面审视和客观评价苏州经济尤其是工业经济的质量,与国内老牌工业城市和国家先进水平相比,应当说还有不小的差距,科技竞争力还很薄弱。80年代后期,掌握国际先进装备和技术的外资企业大举进入中国,市场竞争加剧,对苏州经济尤其是工业经济提出了重大的挑战。在这发展的重要转折关头,1989年初市委、市政府首次确立了"科技兴市"战略指导思想,是年4月

---

[1] 中共苏州市委党史工作办公室、苏州市档案局(馆):《中国共产党苏州市历次代表大会(会议)文献汇编(1949—2001)》,苏出准印JSE—001549号,2001年,第357页。

[2] 中共苏州市委党史工作办公室、苏州市档案局(馆):《中国共产党苏州市历次代表大会(会议)文献汇编(1949—2001)》,苏出准印JSE—001549号,2001年,第391—396页。

[3] 苏州市人民政府:《苏州市科学技术基本现代化实施纲要》,1996年5月17日,第3页,苏州市档案馆藏,档号C33—3—63。

做出《关于依靠科技进步,振兴苏州经济的决定》(又称"科技兴市"决定),制定35条政策措施。之后,全市各级各部门积极、全面地组织实施,科技工作显示勃勃生机。1989年市、县两级都建立了科技发展基金,科技三项费用都列入了财政预算;市科委会同有关部门制定了《关于工业企业实行技术进步承包的意见》,选择14家企业进行试点,确定了185个重点科研项目,其中有10个争取列入了国家和省的项目,21个产品为苏州市首批战略产品;主办了苏州市常设技术市场,举办了首届技术交易会,促进技术成果的商品化和交易市场化。1990年市委、市政府决定在苏州新区运河西侧开发建设高新技术产业开发基地(即河西新区),搭建起高起点、大手笔的高新技术产业化开发载体;市政府成立引进国外智力领导小组。1991年经国家科委批准,苏锡常火炬带苏州火炬区正式设立,着重开拓电子信息技术、机电一体化技术、生物技术、光技术、新材料技术等5个领域的技术。1992年起苏州获批4个国家级开发区和10个省级开发区,市委、市政府制发《苏州市"八五"期间"科技兴市"实施方案》,市政府成立"产学研"联合开发工程工作领导小组,加快科技成果向现实生产力转化。1993年科技进步在全市经济发展中的贡献份额达47.56%,居全省首位,科技实力综合评价被评为全省第二。[1]

1994年10月中共苏州市第八次代表大会提出:为了实现基本现代化的目标,要贯彻实施"科教兴市"战略。由此,"科教兴市"战略开始成为全市经济和社会发展的主体战略,科技进步在全局工作中处于优先地位。翌年5月市政府制定《苏州市科学技术基本现代化实施纲要》,确定了到2000年科技进步对经济增长的贡献份额达到50%以上、农业科技整体水平达到中等发达国家水平、工业科技的整体水平达到20世纪90年代初中等发达国家的水平等一系列崭新奋斗目标。[2]之后,全市各级各部门积极实施《纲要》,促进苏州的科技事业长足发展,科技水平显著提升。1995年国家科委授予苏州市"全国科教兴市先进城市"称号,所辖6个县级市全部被评为"全国科技工作先进县(市)"。[3]2000年全市工农业经济增长中科技进步的贡献份额分别达到47.64%和54.67%,苏州市荣获"1999—2000年度全国科技进步先进市"殊荣。2001年4月苏州市被美

---

[1] 刘巽基、陈红喜:《科技事业为苏州经济作出重要贡献》,《苏州日报》,1994年9月1日;亦鸣、科委:《我市获全国科教兴市先进城市称号》,《苏州日报》,1995年9月16日。

[2] 苏州市人民政府:《苏州市科学技术基本现代化实施纲要》,1996年5月17日,第6—8页,苏州市档案馆藏,档号C33—3—63。

[3] 亦鸣、科委:《我市获全国科教兴市先进城市称号》,《苏州日报》,1995年9月16日。

国《新闻周刊》列为"21世纪全球九大新兴科技城",该刊指出:"苏州已摇身成为中国的高科技中心之一。"[1]

二、科研机构和科技队伍的成长壮大

1. 科研机构多层次扩展

改革开放前苏州的独立科研机构很少,部、省属科研机构只有5个,即省农科院的江苏太湖地区农业科学研究所、一机部的苏州电加工机床研究所、建工部的苏州混凝土水泥制品研究所、国家建材总局的苏州非金属矿工业设计院、水电部的苏州核电科学研究所(后更名为苏州热工研究院);市有关局、公司及郊区所属科研机构有丝绸科学、刺绣、工艺美术、自动化仪器仪表、轻工业品设计、化工、蔬菜、水产科学等13个研究所。

"六五"时期,适应经济和科技事业发展的需要,苏州的科研机构加快发展。1983年轻工业部在苏州设立化学电源研究所,1984年国家建材工业局在苏州设立中国建筑防水材料公司苏州研究设计所;市有关局、公司也先后建立了计算机开发应用、塑料、食品、钟表、电器科学、纺织产品、应用激光、建筑材料技术开发等11家独立科研机构;市科委还批准设立了5个民办个体科研机构,1984年创办的殷乃德非金属电镀研究所为全国第一家私立研究所;一些大中型企业纷纷恢复和新建了一大批厂办科研机构,主要从事新型实用技术的研究和开发;一些高等院校在自然科学领域建立了一批研究室,实行基础研究和应用研究并举。至1985年底,苏州有部、省属科研所7所,职工1196人;市属研究所24个,职工2031人,其中科技人员762人;厂办研究所87个,科技人员700多人;高等院校研究室27个,其中苏州大学8个、苏州医学院12个、苏州丝绸工学院5个、苏州蚕桑专科学校2个。

"七五"时期苏州各类科研机构积极探索从单纯科技型向市场科技开发型转化。17家地方技术开发型研究所以"以所带厂"、成立技工贸一体化企业集团、转化为行业技术中心等不同形式长入经济,成为一支充满活力的地方科技主力军,5年中技术装备增值3倍、年总收入翻一番、技术性收入翻了两番。与高等院校和科研机构合作创办研发基地开始起步,1989年苏州电子设备厂与苏州大学联合创办苏州信息技术研究所,3年中开发出18项智能化产品,其中已实现

---

[1] 宓晓文:《苏州:亚洲新兴"科技城"》,《苏州日报》,2001年5月22日;陈莉:《我市获"全国科技进步先进市"殊荣》,《苏州日报》,2002年4月10日。

产业化的有7项。

90年代苏州的科研机构建设着重在三个方面有新的拓展：一是发展企业研发机构。如苏州振亚丝织厂建办的江苏省涤纶仿真丝新型纤维科技开发（中试）基地、苏州医学院科技工作者黄振钧辞职创办的沧海光电研究所、苏净集团创办的江苏省净化工程技术研究中心等。全市各开发区在大力引进跨国公司生产性项目的同时，积极引进跨国公司的研发机构，使其产品与不断更新的国际先进水平保持同步发展。至2000年底全市已拥有国家级、省级工程技术研究中心3个，省科技开发中试基地5个，部省级重点试验室5个，全市60%以上的大中型企业建立了技术开发机构。[1] 二是高等院校和科研机构自办或与企业合作创办研发基地。1992年吴县光福镇与中国药科大学生化教研室共同创办吴梧桐技术研究中心，是为国内首家以科学家个人名字命名的民办科研机构；苏州六菱电子公司与哈尔滨工业大学合资兴办苏州哈菱应用技术研究所，建成具有对外开放实验室的集科工贸一体的经济实体。1995年苏州非金属矿工业设计研究院设立非金属矿深加工工程技术研究中心，是为苏州首家国家级工程技术中心。1998年市政府与中科院签署全面合作框架协议，吴江丝绸股份公司的丝绸及制品后整理技术开发、昆山周庄的传感器产业园、苏净集团的纳米材料在水处理方面的应用研究等一批项目随即展开。至2000年末，中科院51个分院、研究所、公司与全市80多家企业签订正式合作项目78项，已完成23项，双方投入项目资金2.55亿元，实现销售收入8.5亿元；苏州与其他科研机构和高校开展的科技合作项目达292项，全市70%以上的骨干企业与国内外的科研机构、大学建立了合作关系，形成了200多个产学研联合体。三是在开发区设立国际企业创新创业孵化器。苏州高新区借鉴美国硅谷成功经验，于1994年率先建成苏州高新技术创业服务中心，1998年又成立苏州留学人员创业园，吸引留学回国人员、国内大学和科研院所、民营研发机构等依托创业园的平台进行科研成果孵化。昆山开发区留学人员创业园、苏州工业园区国际企业科技创业园、常熟留学人员创业园也相继成立开业。

2. 科技人才队伍量增质升

1979年苏州全面恢复原有技术人员的职称，并在专业技术人员中逐步恢复职称评定制度，至1983年9月市区共评定高级工程师20名、工程师2 138名。大批在职科技人员通过接受继续教育提升了专业层次，1985年末全市评定各级

---

[1] 宓晓文：《苏州：亚洲新兴"科技城"》，《苏州日报》，2001年5月22日。

各类专业技术人员79 388人,其中自然科学技术人员45 915人、社会科学方面的专业技术人员33 473人。1984—1987年,苏州大学范伯群、朱烈和苏州医学院院长耿、蒋文平等人被国家科委授予"国家级有突出贡献的中青年专家"称号。[1]1988年全市选拔国家级优秀专家2名、省级优秀专家17名。1989年全市确定66名市以上优秀专业技术人才。"七五"期末,全市各类专业人才超过10万人,占职工总数的比重为10.8%。1990年苏州医学院陈王善继成为苏州首批享受国务院颁发的政府特殊津贴的专家,1991年姜礼尚、朱烈、周孝谦、钱仲联、陈克潜等12名专家教授经批准享受政府特殊津贴,至1993年初全市共有60多名专家教授获批享受。这些特殊津贴获得者自改革开放以来共获得国家发明奖、科技进步奖12项,全国科学大会奖6项,省部级科技进步奖58项,成为全市科学研究的领军人物。[2]

"八五"时期,市委成立知识分子工作领导小组,市政府设立苏州市优秀科技人才奖励基金,苏州敞开大门吸引大批外地人才进入苏州。1995年全市从外地引进专业技术人才1 517名,其中硕士和博士43名、大学学历1 388名,市区接受留学生38名,使得苏州的专业技术人员队伍有较快增长,层次有所提升。

"九五"伊始,苏州市制定《苏州市1995—2000年人才开发规划》和《苏州市培育跨世纪高级人才规划(1996—2010)》,启动"百千万人才工程"和紧缺人才培训工程。2000年初苏州高新区获国家人事部批准设立全市首家博士后科研工作站,成为全国首家在省辖市开发区的博士后科研工作站。[3]至2000年底,全市人才资源总量已达46.8万人,在岗专业技术人员30.9万人,其中研究生以上学历3 500多人、本科学历8.2万人、大专学历16万人;高层次人才队伍的优势逐步凸显,全市拥有两院院士3名、国家级有突出贡献的中青年专家16名、省有突出贡献青年专家134名、享受政府特殊津贴专家509名、省跨世纪学术技术带头人培养对象161名、市优秀技术拔尖人才113名、市跨世纪高级人才培养对象1 493名;全市8个国际企业孵化器、留学人员创业园共吸引了来自十多个国家的470多名留学生,并吸纳了3 800多名优秀科技人员,成为吸引高级人才的重要载体。[4]

---

[1] 周治华:《当代苏州人才录》,上海三联书店1999年,第160页。
[2] 文标:《六十多名知识分子获政府特殊津贴》,《苏州日报》,1993年2月11日。
[3] 苏仁:《新区博士后科研工作站获准成立》,《苏州日报》,2000年1月18日。
[4] 宓晓文:《创新:苏州腾飞的翅膀》,《苏州日报》,2001年9月18日;宓晓文:《苏州人才资源现状》,《苏州日报》,2001年10月27日。

"九五"时期,苏州人才队伍建设最突出的成果是培育和引进了3名院士。第一位是1997年12月当选中国工程院院士的阮长耿。阮长耿1964年北京大学毕业后分配到苏州医学院,在血液学研究室任教并从事临床工作,1979年成为我国改革开放后首批公派出国留学人员。留法期间他研究发现了国际上第一株抗人血小板膜糖蛋白单克隆抗体,并首先阐明GPI在血小板黏附过程中的生理功能,由此成为获得法国生物学国家博士学位的第一位留学生。1981年回国后,在苏州医学院创建了我国第一个血栓与止血研究室,在极其艰苦简陋的条件下,他和助手研制成功我国第一组抗人血小板膜糖蛋白单抗以及抗vW因子、抗纤维蛋白和抗人活化血小板等系列单抗,提高了血液病与血栓病的诊断水平,其中5株单抗通过国际分化抗原委员会鉴定,成为血小板研究的标准试剂。在成果命名时他把系列单抗冠名"苏州(SZ)",从此世界血液研究领域有了"苏州系列"。其科研成果先后获得国家发明三等奖、国家科技进步三等奖各1项。历任苏州医学院副教授、教授、副院长、院长及核工业总公司科学技术委员会委员等职。他所主持的江苏省血液研究所是省重点定向科研基地,其日后从事的抗血栓病研究课题被列入国家"863"科技攻关项目。自1981年至1997年年底共培养了17名博士生、24名硕士研究生。1986年被评为国家级有突出贡献的中青年专家,1988年获全国"五一劳动奖章",1991年起享受国务院特殊津贴。1997年当选中国工程院院士,成为苏州的首位院士。[1]

第二位是1999年苏州大学引进的中国工程院院士薛鸣球。薛院士1981年起在中科院西安光学精密机械研究所工作,担任研究员、所长,长期从事光学仪器和光学系统设计研究工作,对我国变焦距光学系统的发展起了重大作用,1995年当选中国工程院院士。苏州大学为发展成国内地方所属一流综合性大学的需要,在苏州市的大力支持下,经历一年多的诚意邀请和积极争取,1999年9月薛鸣球院士正式落户苏州。苏州大学为其启动建立现代光学技术研究所,投资1600万元建造科研大楼,添置引进的科研设备。薛院士来到苏大后很快初步确定了光纤传感技术、空间光学等多个研究方向和首批科研开发项目,包括光学跟踪与测量等国家重点研究项目。[2]

第三位是2000年苏州大学引进的中国工程院院士潘君骅。潘院士1952年

---

〔1〕周治华:《当代苏州人才录》,上海三联书店1999年,第10页;陈莉、常新:《老老实实做学问——访新当选的中国工程院院士、苏州医学院院长阮长耿》,《苏州日报》,1997年12月6日。

〔2〕沈安华:《不甘伏枥更奋蹄——访苏州大学首次引进的中国工程院院士薛鸣球》,《苏州日报》,1999年10月16日;周震麟、周玉玲:《薛鸣球:翱翔在光学的空间》,《苏州日报》,2004年2月10日。

清华大学毕业，1980年从中科院长春光机所调到南京天文仪器研制中心工作，至1993年退休，任研究员。1988年由其负责研制的2.16米望远镜是当时我国也是远东最大的天文望远镜，1998年获国家科技进步一等奖；其研制的折轴阶梯光栅分光仪1999年获国家科技进步三等奖。1999年当选为中国工程院院士。2000年潘君骅受邀在苏州大学现代光学技术研究所继续从事科研工作，致力于非球面光学系统的理论研究和科普型天文望远镜等新品开发，为祖国的航天科技和国防科技进步再做贡献。[1]

1999年中国工程院和中国科学院增选新院士，经有关方面提名和层层遴选，苏州共有3位优秀专家被确认为新院士有效候选人。一位是在苏州工业园区规划、设计、建设中发挥重要作用的苏州工业园区设计研究院院长、特许一级注册建筑师、教授级高级工程师时匡，被确认为中国工程院（土木、水力与建筑工程学部）院士有效候选人。第二位是苏州大学化学化工学院教授沈琪，被确认为中国科学院（化学部）院士有效候选人。她1972年起在中科院长春应用化学研究所主持研究稀土催化剂，1982年荣获国家自然科学二等奖；之后转向研究金属有机化学，研制出了一系列高效、有选择性的催化剂，1993年再获中科院自然科学二等奖；是年她回到家乡苏州，成为苏州大学化学化工学院的博士生导师和学术带头人，承担主持了国家攀登计划、国家自然科学基金等多项合成化学领域的重大科研项目，获国家专利2项，荣获国家级有突出贡献中青年专家等称号。第三位是苏州医学院副院长、教授张学光，被确认为中国科学院（生物学部）院士有效候选人。他1986年被国家教委派往法国攻读博士学位，留学期间成功地建立了人白细胞介素6骨髓细胞株，对研究多发性骨髓肿瘤的发生、发展和寻找新的治疗方案具有重要的理论研究和应用研究价值，经国际有关部门认定，这个细胞株系列用他的名字"学光"命名。1992年回国后在苏州医学院组建生物技术研究所，在分子生物学和分子免疫学的前沿不断进取，在人造血生长因子、生物技术应用于肿瘤治疗等研究领域取得重大成果，还先后培养出23名硕士研究生和多名博士研究生，成为国内免疫学界的主力军，获全国劳动模范、国家级有突出贡献中青年专家等荣誉称号。[2]

苏州历来崇文重教，人文荟萃，在国内顶级专家学者的行列中，苏州籍的人

---

[1] 周震麟、周玉玲：《潘君骅：研制远东最大天文望远镜》，《苏州日报》，2004年4月20日。
[2] 涵冰：《生物技术明星张学光》，《苏州日报》，1998年3月10日；沈安华：《我市时匡沈琪张学光三人被确认为院士有效候选人》，《苏州日报》，1999年8月17日；俞愉：《跋涉在"绿色化学"前沿——记苏州大学博士生导师沈琪教授》，《苏州日报》，2000年5月6日。

才辈出。新中国成立后,胡绳、王大珩、周同庆、王淦昌、李强、张青莲、夏坚白、戴松恩、张光斗、黄文熙等10人被聘为中国科学院学部委员;1957年吴仲华又当选为中科院学部委员。1980年国家恢复评聘中科院院士,至2000年先后有53名苏州籍人士当选中科院院士;1991年起评聘中国工程院院士,顾诵芬成为首位苏州籍工程院院士,至2000年先后有31名苏州籍人士当选工程院院士,其中王大珩、周干峙、顾诵芬、张光斗为中科院和中国工程院双院士。至2000年末,苏州籍的两院院士共有91名之多,在全国各大城市中名列前茅。我国于1994年起聘请外籍院士,至2000年共有5名原籍苏州的外籍科学家受聘,分别为:1994年受聘中科院外籍院士的美国哥伦比亚大学教授、1957年获诺贝尔物理学奖的李政道;1994年受聘中科院外籍院士的美国哥伦比亚大学教授、1974年当选美国最优秀科学家的国际著名物理学家吴健雄;1994年受聘中国工程院外籍院士的国际著名建筑大师贝聿铭;1998年受聘中科院外籍院士的美国斯坦福大学教授、1997年获诺贝尔物理学奖的朱棣文;1998年受聘中国工程院外籍院士的国际著名半导体专家施敏。[1]

三、科技创新成果不断涌现

改革开放以来,苏州各科研机构和广大科技人员在基础理论研究和应用技术研发上都取得了丰硕的成果,有的达到了国内甚至国际先进水平。1978—1985年,全市获国家发明奖6项、国家科技进步奖13项、省科技进步奖391项、苏州市科技进步奖1 029项。"七五"和"八五"的10年间,全市共获得国家发明奖6项、国家科技进步奖22项、国家星火奖5项、省科技进步奖546项、市科技进步奖1 464项。"九五"期间,全市共获国家级科技成果奖40项(其中国家科技进步奖6项、国家星火计划项目奖10项、国家火炬计划项目奖24项),获省科技进步奖169项,获市科技进步奖707项。[2]

1. 工业科技成果助推结构调整优化

改革开放后至80年代,全市主要围绕丝绸、轻纺、机电、化工等传统产业进行科技攻关,取得了一大批重要成果,有效促进了传统产业的改造升级。苏州丝织试样厂高级工程师钱小萍主持研发的"机织涤纶毛绒型人造血管"被誉为第二代人造血管,在医学上具有广泛推广使用价值,1983年获国家发明三等奖。在

---

[1] 周治华:《当代苏州人才录》,上海三联书店1999年,第5、9、14、17、19页。
[2] 此组数据系根据苏州市档案局《苏州年鉴》编辑部(编纂委员会)编历年《苏州年鉴》中相关数据汇总而成。

1985年颁发的首届国家科技进步奖中,华盛造纸厂的射流气法造纸机白水封闭循环回用技术、二六七厂的高速转镜分幅摄影机、第一光学仪器厂的四频环形激光角度传感器及测角仪、苏州丝绸科学研究所的涤纶长丝仿真丝绸等4项获二等奖;苏州仪表元件厂的100吨微机衡、苏州医疗器械厂的照相裂隙灯显微镜、二六七厂的高速转镜扫描相机、苏州人造板厂的纤维板废水循环装置、吴县制氧机厂的双气膜气体轴承等5项获三等奖。1989年苏州的电脑刺绣机及其编程系统、发光二极管液外延技术和管芯制造技术等6个项目被列入国家级科技计划项目。90年代中苏州一些科研机构和企业承担并完成了一批国家科技重点攻关项目,如苏州塑料一厂的改性工程塑料研发项目,[1]苏州净化设备厂(苏净集团)的特种气体纯化、微机控制强对流钟罩式光亮退火炉、亚微米生产微环境系统设备项目,[2]吴江新生化纤厂的新型四组份涤纶长丝开发项目,苏州兰博集团的管道和石化压力容器CBS检测仪等。[3]苏州作为国内国际主要的丝绸生产基地,长期以来受到真丝绸穿着易皱、易泛黄褪色、粘着皮肤、牢度差等天生弱质的问题困扰,1998年吴江与中科院下属8个研究所联合攻关,经过一年多的研究和实验,在提高真丝绸抗皱免熨性能方面取得了较好成效,向攻克"世界性难题"迈出了可喜的一步。接着课题组又运用基因技术,向改良蚕丝品质方向延伸。[4]国家火炬计划苏州火炬区1991—1995年共实施火炬计划项目162项,其中国家级项目27项、省级项目135项,总投资12亿元,先后开发出400多只高新技术产品,累计实现新增工业产值50亿元,创利税10.8亿元。[5]"九五"时期围绕培育六大支柱产业,组织实施了一大批科技研发项目,形成了14个高新技术产品群,使得全市高新技术产品产值在全市工业经济中的比重由1996年的10.5%上升到2000年的25%。

2. 科技进步助推现代农业加快发展

改革开放后,在农业产业结构大调整、农村劳动力大转移的背景下,苏州各级大力推进农业的科技进步,实行"科技兴农",从而在1978—2000年全市耕地减少20%、农业劳力减少65%的情况下,农业非但没有萎缩,而且实现了农业单

---

[1] 周国忠、管基:《国家"八五"科技重点攻关项目新颖工程塑料由塑料一厂开发成功》,《苏州日报》,1993年9月9日。
[2] 高一鸣:《记苏州净化设备厂副总工程师、洁净技术专家吴彦敏》,《苏州日报》,1995年5月2日;冯立、毕传琦:《苏净集团一国家重点科技项目昨通过验收》,《苏州日报》,2001年5月19日。
[3] 沈安华:《15个项目列入国家科技开发计划》,《苏州日报》,1999年8月15日。
[4] 王晓宏:《吴江与中科院携手攻关挑战丝绸"世界性难题"》,《苏州日报》,1999年10月31日。
[5] 苏科高、亦鸣:《火炬计划实施在我市已成燎原之势》,《苏州日报》,1996年4月19日。

位面积产量水平和效益大幅度提高,促进了农业的规模化经营和产业化发展,实现了由传统农业向现代农业转化。据江苏省统一测算,苏州农业科技对农业经济增长的贡献份额,1980年为30.2%,1994年为48.2%,高于全国平均数12.5个百分点,2000年又提升为54.67%。[1]与此同时,苏州的农业科技力量不断壮大。1985年全市有列入国家行政和事业编制的农业科技人员1 644名,其中高级职称8名、中级职称292名,2000年全市有农业技术人员4 261名,其中高级职称195名、中级职称1 273名、享受国务院颁发的政府特殊津贴科技人员27名。[2]

粮棉油产量依靠科技屡创新高。[3]80年代,起苏州为实现主要农作物粮棉油的稳产高产,跳出靠精耕细作夺丰收的传统生产方式,转而主要依靠科技进步。首先是抓好良种繁育和新品推广种植。水稻生产上,至1995年先后培育出8个具有高产稳产、米色好吃口佳、耐肥抗倒抗病、适应现代化栽培要求特点的新品,累计推广种植面积达1 700余万亩、增产粮食近10亿斤。[4]1995年起主攻杂交粳稻育种,先后培育出并大面积推广种植了十多个新品,1998年全市332万水稻亩产达1 203.6斤,为苏州历史最高年产量,获农业部"丰收计划"一等奖。常熟市农科所端木银熙1998年起主持培育的"常优1号"成为国内首个通过国家品种审定的南方杂交晚粳稻组合,端木银熙因此被誉为"南方的袁隆平"。小麦生产上,先后育成并大面积推广种植早熟、高产的"扬麦5号"新品种,从而使得1996年全市小麦亩产达到600斤,创出历史最高纪录。适合在本地种植的白皮小麦品种"苏麦6号",成为国家规定红皮小麦退出保护价收购范围之后本地的当家品种。油菜生产上,先后育成并大面积推广种植"荣选2号""苏油1号"等"双低"(低芥酸、低硫代葡萄糖甙)新品种,1996年全市102万亩油菜获得了亩产288斤的历史最高产量,之后基本保持在这一水平上。棉花生产上,90年代太仓棉花原种场在刘正銮领衔下,先后育成"苏棉"系列4只新品,其中"苏棉8号"获省科技进步一等奖,"苏棉12号"居全国各区试品种(系)的品质之首,这些优质新品的种植为90年代中期苏州地区成为全国首个皮棉亩产"超双纲"(即皮棉亩产160斤)的地级市做出了重要贡献,1996年更是创出了全市亩产皮棉231.8斤的历史最高纪录。至1999年,"苏棉12号""苏棉16号"

---

[1] 苏州市农业委员会:《苏州农业志》,苏州大学出版社2012年,第139、149页。
[2] 苏州市农业委员会:《苏州农业志》,苏州大学出版社2012年,第139、140页。
[3] 本小目主要参考苏州市农业委员会编《苏州农业志》(苏州大学出版社2012年版)中有关内容编写。以下凡同一出处的不再一一注明。
[4] 亦鸣:《我市水稻育种科研攻关取得重大突破》,《苏州日报》,1995年11月17日。

两大品种累计为全社会增加了20多亿元的效益。[1]其次是抓好"四新"技术（新技术、新农艺、新机械、新肥药）的应用推广。"七五"时期陆续推广的水稻两段育秧、机插秧、再生稻、小麦免（少）耕、棉花双膜育秧、油菜套（直）播以及化学除草等一些能够明显增产增效或省工省力节本的新技术深受农民欢迎。90年代中后期重点推广了水稻水直播、机插秧、抛秧、套播麦、板田麦、机灭茬麦等先进省工增效种植方法，"稻茬麦免（少）耕技术"获国家科技进步二等奖，是为苏州农业领域获得的最高科技奖项。[2]由于"四新"技术的应用推广，至1996年全市每年每亩粮田种植的平均花工，已由20世纪70年代的124工降减到只需18工，大大提高了农业生产力。[3]

经济作物种植业依托科技快步发展。80年代全市推广粮棉油作物与经济作物套种、夹种技术，从一年二熟、三熟发展到四熟、五熟，提高了耕地产出效益，至1985年全市经济作物套夹面积已超过100万亩。90年代大力引进适宜本地种植、具有市场潜力、可以出口创汇的上百种外来蔬菜、瓜果、花卉园艺新品，不仅丰盛了寻常百姓的餐桌，农户的收益也比种植常规蔬菜增加2—3倍。至1999年全市已形成千亩以上规模的特色蔬菜基地28个。本地常规大宗蔬菜、瓜果品种大部分得到更新，优良品种覆盖率明显提高。[4]在栽培技术创新和应用上，1988年郊区高级农艺师裘妙棠率先进行蔬菜无土栽培试验获得成功，两年后大面积栽培取得突破，黄瓜、西红柿亩产超出有土栽培的1.5倍以上，每亩净利润达8 000元之多；[5]90年代开始推广的设施栽培技术，使得蔬菜、瓜果生产基本摆脱了季节、气候、病虫害的影响，一年四季都有较高的产出，亩均净效益都在3 000—7 000元，是传统农业的二三十倍，极大地丰富了市场供应，代表了现代高效农业的发展方向。

养殖业借助科技突破走上发展快车道。水产养殖上，80年代共取得国家、部省、市科技奖项61项[6]，重点组织推广内塘、小外塘精养鱼以及外塘网箱养鱼，使成鱼产量成倍增长，鳗鱼、青虾、湖蟹、甲鱼等特种水产的人工繁殖、饲养等技术也都有所突破。90年代，随着"四大家鱼"（青鱼、草鱼、鲢鱼、鳙鱼）繁育体系的健全和多种池塘混养技术的推广，"太湖三白"（白鱼、白虾、银鱼）、银鲫鱼、

---

[1] 何维朴、宋欣：《太仓"一枝棉"增效20亿元》，《苏州日报》，2000年6月19日。
[2] 周治华：《当代苏州名人录》，上海三联书店1999年，第216页。
[3] 沈石声：《苏州市农业连年丰收纪事》，《苏州日报》，1996年12月23日。
[4] 苏州市农业委员会：《苏州农业志》，苏州大学出版社2012年，第566页。
[5] 徐俊明：《悠悠蔬菜情——记市政协常委、高级农艺师裘妙棠》，《苏州日报》，1993年11月26日。
[6] 苏州市农业委员会：《苏州农业志》，苏州大学出版社2012年，第387—390页。

青虾、大闸蟹、太湖蚬、中华鳖等20多个地方名优特种水产的苗种人工繁育和大面积放养技术取得成功,罗氏沼虾、南美白对虾、加州鲈、黄颡鱼、露斯塔野鲮等国外引进新品种在本地驯化、人工苗种繁育和养殖技术取得突破,推动全市特种水产养殖业步入发展快车道。一批科研项目达到国内先进水平,鳜鱼养殖获全国星火项目博览会金奖,"中国四大名鱼"之一的太湖白鱼(翘嘴红鲌)的人工早繁方法获得国家发明专利,吴江华鑫集团龟鳖良种场被列为中华鳖原种场,吴县湘城镇阳澄湖大闸蟹养殖基地被列为国家级星火计划项目。[1]畜禽养殖业上,80年代着重推广猪的统一供精技术,节约公猪饲养费用,提高母猪受胎率,1985年全市猪人工授精普及率达到76.9%,是年该项目获国家科学技术进步奖三等奖,1994年全市猪的统一供精技术已达到世界畜牧业发达国家的水平,太仓市种猪场青年技术员邹家祥因在这方面的出色成果被联合国粮农组织授予"亚洲杰出农民"荣誉称号;市畜牧兽医站开展德国长毛兔与本地全耳毛兔杂交改良研究获得成功,全市推广改良兔122万只,平均年产毛量达351克,比全耳毛兔提高1.33倍。[2]90年代畜牧科技部门共取得市级以上科技成果奖144项,其中国家级、部省级60项,一大批科技成果得到推广应用。[3]苏州市太湖猪育种中心王子林团队以太湖猪为基础母本,经过8个世代的选育,培育成国家级瘦肉型优质新猪种,1995年全市推广比例达97.6%,1999年通过国家级审定,并命名为"苏太猪",先后获国家科技进步二等奖、农业部科技进步一等奖。太仓市种猪场从当地优质种猪梅山猪系选育出的小梅山猪,在国内外迅速推广养殖,出口日本、美国等国家每头卖到4 000美元,1993年该种猪场被评为国家级原种场。奶牛饲养中,90年代以全面普及应用外地优良公牛品种颗粒冷冻精液人工授精的方式,使成年母牛年产鲜奶量从70年代末的3 260公斤提高到4 400多公斤。养羊业上,1983年农业部等将吴县东山列为湖羊资源保护区后,苏州积极开展提纯、复壮、扩群工作,至1998年该种湖羊存栏量已从15年前的4 100头扩大到2.8万头,年均产羔率达284%,超过世界著名品种"布鲁拉"羊270%的指标,平均体重提高了62.08%,2001年苏州市种羊场(含东山保护区)被列为首批国家级湖羊遗传资源保种场。家禽饲养中,农户规模饲养肉禽、蛋禽综合高产技术全面推广。在科技的引领支撑下,90年代苏州畜禽生产出现了三大转变:一是实

---

[1] 苏州市农业委员会:《苏州农业志》,苏州大学出版社2012年,第299、328、331、332、345、355页。

[2] 苏州市农业委员会:《苏州农业志》,苏州大学出版社2012年,第544、545页。

[3] 沈石声:《本市多种经营年年迈新步》,《苏州日报》,1994年10月25日。

现了千家万户小生产向规模化、集约化大生产的转变,全市畜禽规模养殖已占畜禽总产量的80%以上;二是实现了以少数常规品种为主向名特优品种百花齐放的转变,全市特种畜禽发展到27个品种;三是实现了饲料喂养模式向种草养殖模式的转变,全市多种形式的畜禽牧草种植面积已达3.6万亩,年供养鹅120多万羽、养羊28万多头。[1]此外,苏州动物园高级兽医师黄恭情在人工饲养和繁殖世界濒危动物华南虎方面取得卓著成就,创造出世界养虎史上3项世界纪录(一头母虎一生生育幼虎最多、一头公虎繁殖幼虎最多、接生华南虎最多),成为中国动物园协会华南虎保护协调委员会副主任、专家组组长,并使苏州成为世界华南虎最主要的人工饲养和繁殖基地。[2]

转基因农作物研究和种植的探索。为紧跟世界农业科技进步和"种子革命"的潮流,90年代后期中科院上海植物生理研究所培育成功了世界首批转兔角蛋白基因棉花(俗称"兔棉花"),使棉花品质有质的飞跃。上海所决定让太仓市棉花原种场棉花育种专家刘正銮来完成"兔棉花"的选育工作,并合资成立太仓世华转基因棉种公司。1999年春世界首批133株"兔棉花"落户太仓鹿河,是为苏州历史上首次选育、栽种转基因农作物。此后不久,太仓棉花原种场又与上海所联手开展转蚕基因棉花(俗称"蚕棉花")选育工作的研究,与国际著名的美国岱氏棉公司合作进行抗病虫转基因棉花的选育研究。[3]为推动苏州本地常规蔬菜的"种子革命",1999年苏州市郊区蔬菜研究所与北京航天育种技术开发中心联合组建"苏州航天育种中心"。当年9月9日该中心精选8大类、30份苏州地产品种种子,搭载中国第一艘宇宙试验飞船"神舟"号返回舱,在经过21小时的轨道运行后顺利返回。这一全省首家进行的航天育种方法,主要是通过航天过程中失重、高速运转和宇宙射线辐射使种子内部产生变异、基因重组,可以开辟种子培育的新途径。种子返回后,郊区蔬菜园艺场特辟50亩太空蔬菜基地,经过多年系统杂交选育,先后育成"太空1号""太空2号"萝卜、"黑杂1号"香青菜、"苏网1号"甜瓜等新品种。新品种具有种子发芽率高、生长势强等优点,得到逐步推广种植。[4]

3. 其他领域的科技创新与科技进步

建筑设计领域:1978年后苏州非金属矿山设计院、苏州市建筑设计院、苏州

---

[1] 王晓宏:《我市畜禽生产出现三大转变》,《苏州日报》,2000年5月31日。
[2] 高岩:《黄恭情:接生华南虎最多的人》,《苏州日报》,2001年11月12日。
[3] 宋欣:《世界首批"兔棉花"落户太仓》,《苏州日报》,1999年7月9日。
[4] 苏州市农业委员会:《苏州农业志》,苏州大学出版社2012年,第571页。

市园林设计所等3家首获国家甲级勘测设计证书,至1985年自行设计和参与设计了开发大楼、胥城大厦、雅都大酒店、苏纶纺织厂3.3万平方米封闭式厂房等一批高层、大型建筑物;苏州市建筑设计院时匡主持设计的苏州刺绣研究所接待楼被评为国家级优秀设计金质奖,18.5万平方米的彩香新村住宅小区被评为优秀设计银质奖,苏城饭店、虎丘万景山庄盆景园、逸园(苏州市园林设计所为加拿大温哥华市设计)、公园会堂等11个项目获部、省级优秀设计项目。

建筑施工领域:苏州一建集团在苏州商品交易所44层大楼的施工中,实现了174.5米高主楼施工中垂直误差小于2厘米的技术标准要求,使苏州的预应力技术在国内处于领先地位,成为建设部"八五"期间推广的十大新技术之一。[1]苏州二建集团在苏州会议中心人民大会堂建设施工中,采用多项新技术,将一根长27米的大梁及5根悬臂梁成功制成并吊装成功,比传统工艺技术提高工效2倍。苏州建筑构配件公司90年代在钢网架施工技术方面创造了3个"全国之最"。[2]"九五"期间,苏州一建、二建公司拥有国内最高等级的国家特级建筑施工总承包资质;苏州古典园林建筑公司承建的上海豫园商城天裕楼、苏景城市建设开发公司等承建的苏州桐芳巷住宅小区、苏州二建公司承建的苏州新城花园酒店等3项获全国建筑界的最高奖——鲁班奖。

基础设施建设领域:苏州市自来水公司参与研发的水上一体化水厂项目1984年获国家科技发明三等奖;苏州市和太仓水利部门共同研发的浏河潮汐电站1983年获省科技进步二等奖;1993年建成的国家太湖治理骨干工程之一的望亭水立交工程,为国内首个此类大型水立交工程,1997年获国家科技进步二等奖;市交通部门在苏嘉杭高速公路、沿江高速公路建设中研究、解决了软土地基处理和工后沉降等难题,还节约工程经费4 000余万元。

气象观测领域:苏州市气象局1983年完成市县两级气候资料调查和气候区划,对粮食作物的熟制及经济作物的适宜生长区作了可行性验证。至1985年共获国家、省、市科技成果奖17项。1986年在全国率先建立天气警报系统台站联合体,科研成果"中期天气客观预报系统"参加全国微机展览;1992年建成市—县微机无线远程工作站,气象资料收报填图实现自动化;1997年由国家和地方共同建设的"气象卫星综合应用业务系统"市级VSAT站在市气象局建成投运,16种数据图像和预报产品供县(市)气象站随时调用;1998年"苏州气象"网站和

---

[1] 邢霄若:《苏州预应力技术国内领先》,《苏州日报》,2000年7月11日。
[2] 吴家晓、陈汉忠:《科技:腾飞的翅膀——苏州建筑业科技兴业纪事》,《苏州日报》,1998年10月13日。

"121"天气预报自动答询电话开通运行;1999年各县的气象卫星通信地面站全部建成,市县间实现数据通信;2000年全市开始建设7台(套)自动气象站和1台(套)紫外线辐射观测仪,并实现了自动气象站数据网上实时图形化显示和管理,全市气象地面监测系统和预报、发布系统的现代化水平上了一个新台阶。

4. 科研院所创新成果卓著

作为苏州科研机构中的"国家队",改革开放后苏州的6家部属研究所积极开展科学研究和科技攻关,取得了丰硕成果,成为全国行业科研的领头雁和科技创新的重要基地。

苏州电加工机床研究所,研发的异形孔仿丝板电火花加工工艺及设备1980年获国家发明奖三等奖;1985年后开始成为全国机械工业电加工监督检测中心和科研生产测试基地,中国机床工具工业协会特种加工分会、中国模具工业协会技术委员会等4个全国性专业技术机构均设在该所,并编辑出版全国发行的《电加工与模具》杂志。

苏州混凝土水泥制品研究院,由汤关祚主持研发的"钢管混凝土柱"1978年获全国科学大会奖,"钢管混凝土工业厂房柱"1985年获首届国家科技进步三等奖,其所著《三向应力混凝土》成为国内行业权威性技术指导专著,1989年被命名为"国家级有突出贡献中青年专家";林光善主持承担或参与组织有关水泥混凝土制品与开发的科技项目有18项,其中获国家级科技奖2项、获国家专利2项,"水泥制品节能养护窑成套技术"1987年被国家经委、国家建材局列为重大节能科研项目,至1995年已在全国20多个省、市、区200多家企业推广使用,累计节能降耗达5亿多元;[1]"九五"期间该院承担绿色环保建筑砌块等6项国家级技术创新和科技攻关项目,负责主编国内外公开发行的《混凝土与水泥制品》杂志。

苏州非金属矿工业设计研究院,成立后至1992年共获全国科学大会奖3项,国家建材局、地矿部科技成果奖4项,国家建委优秀设计奖1项;1992年筹建联合国资助的中国非金属矿发展中心,拥有世界一流的5个中试生产线,在高岭土、石墨、膨润土、硅灰石、石材等非金属矿研究领域取得引人注目的成绩,尤其是煤系煅烧高岭土的研究处于世界领先水平;1995年建立的国家非金属矿深加工工程技术中心成为国家科委首批命名的25个国家工程中心之一;1997年该所研发的"高岭土剥片分级新技术"获国家科技进步二等奖。

---

[1] 任庆文:《水泥节能专家林光善》,《苏州日报》,1995年9月18日。

苏州热工研究院,引进、消化并跟踪核电新技术,为中国核电建设和生产服务,建有核安全与辐射环境、电站自动化等8个技术研究中心和1个大型中试基地,至1992年科技人员中有1人被授予国家级有突出贡献中青年专家称号、15人享受国务院批准的政府特殊津贴;1995年起完成"研究堆设计基准事故及严重事故序列的研究""高温汽冷堆调试监督程序编制""核电厂设备寿命诊断技术的研究"等国家"九五"攻关项目,为我国核电技术的发展做出重要贡献;至2000年共获科技成果奖151项。

苏州化学电源研究所,1983年建所后积极开展化学电源新电池产品的研究开发,使"七五"期间我国锌型纸板电池向高功率、国产化方向发展有了良好的开端;90年代起锌锰电池、开关屏用镉镍电池进入中试生产,同时研制开发出管式密封铅酸蓄电池,达到高水平电池的比能量,取得良好的经济效益。

苏州建筑防水材料研究设计所,1984年建立后致力于防水材料领域新产品开发研制,至1987年已取得水性胶泥、弹性地面涂料等十多项科技成果。

5. 专利工作的起步与发展

1985年苏州的专利工作开始起步,当年全市申请专利80项,其中职务发明21项、非职务发明59项,获首批授权专利54项。1988年苏州市科委成立苏州市专利管理办公室,统一管理全市专利工作。1990年在全国率先完成企业专利工作组织建设,95%的大中型企业配有专兼职专利工作人员。1993年苏州市被国家专利局列为全国专利工作试点城市。至1994年底,全市报中国专利局申请的专利达3 407件,授权量达1 144件,有2项专利发明获得了国际尤里卡发明骑士奖;在江苏省百强专利企业行列中苏州有34家,列为全省企业专利申请量最多的前10名企业中苏州占5家;全市的专利实施率接近专利申请率的50%,高于全国平均水平;在是年举办的"中国专利十年成就展"中,苏州参展的11件项目5件获金奖、5件获银奖、1件获优秀奖,苏州被中国专利局列为全国9个专利工作先进城市之一。[1]1997年全市专利年申请量突破1 000件。1999年全市年专利授权量突破1 000件。2000年全市专利授权量增加至1 922件,其中发明专利32件、实用新型专利1 076件、外观设计专利814件。

---

[1] 高一鸣:《我市专利工作取得丰硕成果》,《苏州日报》,1995年4月1日。

第二节 教育现代化不断推进

改革开放以来,苏州各级党委和政府发扬崇文重教的优良传统,积极贯彻党和国家的教育方针,努力适应经济和社会发展的需要,确立教育优先发展的地位,在政府强势推动的同时,努力营造全社会参与和支持教育事业的良好氛围,大力发展各级各类教育,不断深化教育改革,优化教育结构体系,提升教育普及程度和教育现代化水平,20世纪末初步形成城乡一体、布局合理、结构优化、富有生机和活力的现代区域国民教育体系,全市中等及中等以下教育已达到世界中等发达国家90年代的水平,高等教育的普及程度处于国内领先水平。

一、教育改革与发展的重大决策部署

1. 从教育优先发展到科教兴市战略的确立

中共十一届三中全会后,苏州逐步明确和不断强化教育在现代化建设全局中的战略地位,并以邓小平提出的"教育要面向现代化,面向世界,面向未来"为指针,开始全面谋划各级各类教育的发展与改革问题。1980年苏州市第五次党代会提出:"要认真办好各级各类学校,注意教育形式的多样化。"1984年苏州市第六次党代会提出:"从振兴经济的战略高度,抓紧抓好智力开发","发动各方面的力量,通过多种渠道,采取多种形式,满腔热情地推进各级、各类教育事业的发展"。1989年苏州市第七次党代会首次提出"优先发展教育事业"的方针。[1] 1992年苏州市委、市政府做出《关于加快教育发展和改革若干问题的决定》,确立"科技兴市,教育为本"的发展战略,制定了优先发展和加快发展教育的一系列政策、措施。1994年苏州市第八次党代会制定了"科教兴市"战略,市政府批转《苏州市教育基本现代化实施纲要(1996—2000年)》,确定到20世纪末苏州教育发展的目标任务是:努力创建与现代化、国际化开放型城市相适应的一流教育事业,在国内率先达到中等发达国家80年代末的教育水平,新成长劳动者受教育的年限达到11.5年,每万人人口中具有大专以上学历的人数达到国内领先水平,高、中、初级技术工人比例达到10∶60∶30,建成一批具有国家级水平、能与国际教育接轨的学校,形成具有中国特色、苏州特点、面向21世纪的社会主义

---

[1] 中共苏州市委党史工作办公室、苏州市档案局(馆):《中国共产党苏州市历次代表大会(会议)文献汇编(1949—2001)》,苏出准印JSE—001549号,2001年,第357、402、460页。

现代化教育体系。

由于各级党委和政府的高度重视、精心部署和大力推进,全市各级教育行政主管部门和教育单位把优先、加快、超前发展教育的战略落到实处,通过改革和发展,苏州教育同苏州经济一样一步步走到了全省乃至全国的前列,80年代初全市基本普及了小学教育,90年代初基本普及了初中教育,90年代末又基本普及了高中教育,实现了普及教育每十年左右上一个学历台阶;1996—2000年全市18—22周岁年龄段人口高等教育的毛入学率达到28.83%;2000年苏州青少年预期正规教育年数已达13年。1997年苏州被授予"江苏省教育先进市"称号。教育部部长称赞"苏州是优先发展教育的典范"。[1]

2. 教育体制改革的全面推进[2]

十一届三中全会以后,苏州在教育事业的发展中也坚持以改革为主线、以改革促发展,先后部署和组织实施了一系列重大改革举措。

城乡教育综合改革。1988年11月,苏州市被国家教委列为"全国城市教育综合改革实验城市"。1989年起,昆山、常熟、张家港先后被国家教委列为全国"百县农村教育综合改革实验区",同时苏州也先后确定了16个实验乡镇。城乡教育综合改革摸索出了区域教育优化的规律,并推动了城乡教育的快速发展,原定到2000年的实验目标1994年初步实现。之后,苏州从7个方面组织教育现代化实验,进入区域教育综合改革的新阶段,推进城乡教育一体化。

办学体制改革。市直属中小学1993年起进行扩大学校办学自主权改革,至2000年共有12所中小学进行"两权分离"改革。1995年起苏州国际外语学校等多所民办中小学开办,还出现"公办民助""民办公助""公办企助""公有民营""联合办学""合并办学"及组建"教育集团"等多种新的办学形式,打破了以往教育由政府包揽的格局,为苏州教育加快发展注入了活力和动力。

教育经费筹措体制改革。改革开放后,市、县两级财政对教育事业的拨款和建设投入做到"三增长一优先";1985年、1986年先后开征农村、城市的教育费附加,至2000年全市征收城乡教育费附加累计达39.19亿元;1992年起职业类学校、普通高中招自费生,2000年起高中全部缴费上学;1986—2000年校办产业

---

〔1〕 苏州市教育局《苏州教育志·续志》编纂组:《苏州教育志·续志(1986—2000)》,香港文汇出版社2007年,第1、10、11页。

〔2〕 本小目及下一小目主要参考苏州市教育局《苏州教育志》编纂组编《苏州教育志》(上海三联书店1991年版)和苏州市教育局《苏州教育志·续志》编纂组编《苏州教育志·续志(1986—2000)》(香港文汇出版社2007年版)中"概述"部分内容编写。以下凡同一出处的不再一一注明。

反哺教育共提供经费10.75亿元;80年代起接受境外的捐资助学共达1.5亿元,2000年全市捐、集资办学收入为2.03亿元。由此逐步建立起以国家财政拨款为主、多种渠道筹措教育经费的体制,确保了苏州教育事业优先发展。"七五"期间全市新建校舍83.5万平方米,"八五"和"九五"期间全市用于改善中小学办学条件投入的经费达60亿元,共新建、改建校舍537万平方米,占校舍总面积的86.6%,"苏州城乡最好的建筑是学校"已成为现实。2000年苏州市对教育的总投入达27.93亿元,其中财政预算内拨款(不包括教育费附加)为13.85亿元,为1978年的56.8倍、1985年的23.2倍;普通中学生均公用经费326元,普通小学生均公用经费104元,分别比1995年增加182元和22元。

3. 师资队伍建设扎实有效[1]

改革开放后苏州地、市通过多种途径加强教师队伍建设。1978年苏州地区创办幼儿师范学校,1982年苏州地区师范学校改建为苏州师范专科学校,1984年太仓、吴江师范学校相继复校,连同1977年恢复的新苏师范学校(恢复初称苏州师范学校)共同为全市中小学培养合格师资;7所教师进修学校(市区和所辖6县各1所)负责在职中小学、幼儿教师的进修培训工作,苏州市教师进修学院组织中学教师参加高师专科函授,至1984年共有2 471人毕业获得大专学历;同时对全市中小学民办教师进行整顿,辞退了3 479名中小学不合格民办教师。至1985年全市各层次教师学历达标率(国家规定幼儿园教师幼师、中师及高中毕业以上,小学教师中师、高中毕业以上,初中教师专科毕业以上,高中教师本科毕业为合格)与1980年相比,幼儿教师由36.86%提高到44.24%,小学教师由49.1%提高到62.6%,初中教师由27.4%提高到54.7%,高中教师由46.53%提高到56.3%;全市10所普通高等院校共有专职教师2 358人,其中教授25人、副教授195人、讲师989人,讲师以上层次占总数的51.27%。[2]

1986年后,市教育行政管理部门多措并举,促进全市教师队伍进入整体发展水平较高、数量充足、质量良好的时期。

一是开展教师职务评审。1987年首批评出的中学高级教师(副高级职称)、中学一级教师(中级职称)分别占参评总数的7.6%和36.3%,小学高级教师(中级职称)占参评总数的33.9%,幼儿园高级教师(中级职称)占参评总数的28.5%。中等专业学校也同步开展,分为教员、助教(初级职称)、讲师(中级职

---

[1] 本小目主要参考苏州市教育局《苏州教育志·续志》编纂组编《苏州教育志·续志(1986—2000)》(香港文汇出版社2007年版)中"教师"一章内容编写。以下凡同一出处的不再一一注明。
[2] 苏州市教育局《苏州教育志》编纂组:《苏州教育志》,上海三联书店1991年,第141、234、235页。

称)、高级讲师(高级职称)4等。1992年起中小学教师职务评聘转入经常化。至2000年,全市小学高级教师占总数的43.4%,初中高级教师占总数的8.57%、一级教师占34.5%,高中高级教师占19.88%、一级教师占39.56%;中等专业学校1 561名专任教师中,副高级教师(高级讲师)占19.1%,中级教师(讲师)占40%。

二是民办教师考核合格予以转正。1987年将1 933名民办教师选招转为公办教师;1989年起制定并实施民办教师转正的考试、考核办法,至1996年先后有6 400余名民办教师经考核合格转为公办教师,全市老民办教师问题基本得到解决。

三是提升教师的学历水平。《中共中央国务院关于深化教育改革推进素质教育的决定》中要求:具备条件的地区力争使小学和初中专任教师的学历分别提高到专科和本科层次,经济发达地区的高中专任教师中获硕士学位者应达到一定比例。苏州1992年开始对中小学教师实施教师继续教育证书制度,通过多渠道的办学,使全市35周岁以下的青年教师基本上都参加了高一层次的学历进修,学历水平不断提升。同时相应提升新吸收教师的学历层次,1996年起向小学输送大专毕业生,1997年起中等学校吸收有硕士学位的新教师;至2000年,全市共接收近3万合格学历及以上人员充实中小学教师队伍,其中硕士研究生20人,全市6 431名幼儿园教师、21 122名小学教师、13 886名初中教师、5 137名高中教师中,合格学历以上分别占93.68%、97.91%、93.40%和82.85%。

四是实施教师资格认定工作。至1993年底,全市获得资格证书的各级各类学校教师共有45 574名;至1999年初,全市1994年以后补充到各类学校的教师中有14 137名被认定了教师资格,2 000多名农村新合同制代课教师中有1 700多名获得教师资格证书。

五是表彰激励优秀教师。1979年,江苏省在中小学教师中评选命名了首批特级教师,苏州中学物理教师吴保让、苏州市第十中学体育教师童英可、苏州市实验小学语文教师庄杏珍名列其中;至1984年全市有中小学特级教师15名。1984年苏州市第三中学蒋婉中当选首次评选的全国优秀教育工作者。[1]1988、1989年国家教委授予苏州市12名教师和学校行政管理人员"全国教育系统劳动模范"荣誉称号,62人获"全国优秀教师"称号。1991年苏州市教育局开展树

---

〔1〕 苏州市教育局《苏州教育志》编纂组:《苏州教育志》,上海三联书店1991年,第240、241、333页。关于江苏省命名首批特级教师时间,江苏省苏州中学的校史记载吴保让1978年获特级教师称号(蔡大镛、张昕主编:《道山情怀——苏州中学的千年传奇故事》,古吴轩出版社2010年,第306页),与《苏州教育志》不一致,存疑。

立学科带头人活动。1994年全市首次评选表彰"十杰校长"和"十杰教师"。1998年全市有3人被教育部、人事部评为"全国模范教师"。1999年苏州中学教师孙德霖被评为"江苏省教育系统十大标兵"。至2000年,全市共有7批100人荣获省特级教师称号,6人为省名教师、名校长,62人为苏州市名教师、名校长,300人为市级学科、学术带头人。

二、义务教育的率先普及与高标准发展

1. 九年义务教育制的率先普及[1]

1983年教育部制定《关于普及初等教育基本要求的暂行规定》,江苏省教育厅提出初等教育(小学和初中教育)"四率"基本要求:学龄儿童入学率95%以上,在校学生年巩固率97%以上,毕业班学生毕业率城市95%以上、农村乡镇90%以上,12—15周岁的少年初等教育普及率95%以上。苏州针对存在的薄弱环节,通过开办寄宿制小学或寄宿点的办法,提高了流动性较大的渔民子女入学率,通过举办智障儿童辅读班、聋哑儿童学前班等方式,为残疾和智障儿童创造了学习条件。[2] 至1986年,全市小学"四率"全部达到或超过省的普及要求,初中"三率"除农村年巩固率尚未达到要求外,其余指标均达到省普及初级中等教育要求。但其中也存在着一些有待解决的问题。一是初中流生尤其是农村初中流生问题突出。1985—1986学年度农村初中流生率7.81%,造成全市初中流生率高达7.25%,高于全省平均水平4.5个百分点。二是办学条件不达标。1983年全市农村小学还有复式班(两个不同年级的学生编排在一个教室上课,由同一教师任课)学生89 183人,占学生总额的22.3%;乡镇学校"一无两有"(校校无危房,班班有教室,学生人人有课桌凳)也没有完全解决,1986年全市中小学校舍危房占校舍总面积的3.64%。三是中小学尤其是农村中小学教师学历不达标,任课教师中民办教师和代课教师比重偏高。

1986年4月《义务教育法》颁布,苏州城乡开始全面贯彻实施九年制义务教育(即小学和初中教育)。首先是搞好学制过渡。1987年全市完成小学学制由5年向6年过渡,初中学制由2年过渡到3年,1997年全市小学生入学年龄达到国家规定的最低入学年龄6周岁。其次是推进农村基础教育体制改革。实行农村

---

[1] 本小目及下一小目主要参考苏州市教育局《苏州教育志·续志》编纂组编《苏州教育志·续志(1986—2000)》(香港文汇出版社2007年版)中"九年义务教育"一章内容编写。以下凡同一出处的不再一一注明。

[2] 苏州市教育局《苏州教育志》编纂组:《苏州教育志》,上海三联书店1991年,第65页。

初中、中心小学乡办乡管;村校以村办为主,乡适当补贴,并由乡统一管理。三是增加义务教育事业经费的投入。1986—1992年全市各级共投入用于改善办学条件的资金8.2亿元,其中乡镇义务教育达标投入的资金有5.5亿元之多。四是坚持实施义务教育办学条件标准。学校生均占地面积、校舍面积、占有图书量、操场配备、实验设施、专用教室配备等六大方面指标,苏州城乡小学、初中校均达到或超过1988年省定标准。五是调整优化学校布局。1986年全市有小学3 079所、初中396所(不含有初中部的完全中学学校数)。在实施义务教育过程中,先后撤并了一些生源不足、学校占地面积和校舍面积严重不足且不具备扩充条件的学校,至1992年全市共撤并小学666所、初中185所,提高了校均的办学规模和教育经费的投资效益。六是严格控制流生。1989—1990学年度全市初中流生率降至1.87%,低于全省平均水平;1992年全市城镇及乡镇的小学"四率"、初中"三率"全部达到或超过省标。1988年起市教育局分期分批对全市初中进行合格验收,市人大教科文组和市教育局会同各县市对乡镇义务教育组织达标验收。1992年12月苏州市政府公告宣布:全市166个乡镇和市区所有中小学共2 988所,已全部通过验收,达到江苏省实施义务教育办学条件标准;自1993年起依法进入全面实施九年制义务教育阶段。由此,苏州市成为全国第一个依法全面实施九年制义务教育的城市。

2. 巩固提高九年义务教育成果

1993年起,苏州根据《义务教育法》实施细则的规定施行《苏州市实施〈义务教育法〉办法》,实行九年制义务教育证书制度,全市义务教育法制日趋完备。为提高办学质量,并根据生源减少的情况,市区至1996年先后停办、撤并了4所中学的初中部。同时在义务教育阶段开始引入民办机制,先后开办了4所国有民办公助性质、3所民办性质的初中校,为学生提供了自主选择的机会。1997年起实施《改造义务教育阶段薄弱学校行动计划》,全市着重抓272所薄弱小学和43所薄弱初中建设,至2000年上半年改造任务全部完成。至2000年末,全市共有小学980所、10 759个班、学生448 363人、专任教师21 122人,与1986年相比,学校数调整缩减了68.2%,班级数缩减了17.5%,学生数基本持平,而专任教师增加了12.9%;共有初中151所(不含有初中部的完全中学学校数)、4 788个班、学生234 817人、专任教师138 86人,与1986年相比,学校数减少61.9%,班级数增加30.2%,学生数增加33.4%,专任教师增加43.8%;全市小学的入学率、巩固率、毕业率均为100%,初中的入学率、巩固率、毕业率分别为99.97%、99.96%和99.15%,初中生辍学率为0.04%;全市小学、初中专任教师合格学历达标率分别为98.4%、93.26%,有42.4%的小学教师、28.3%的初中教师还获得了高一层次学历证书。这些充分表明,苏州的九年义务教育各项主要指标都已达到很高水平,基本实现了"学有所教"和"教育公平"的目标。

3. 素质教育的大力推进[1]

改革开放以来,尤其是实施义务教育制度以来,苏州中小学校全面贯彻"三个面向"教育方针,以培养社会主义现代化建设合格人才为目标,积极履行"教书育人"职能,稳步推进素质教育,促进学生德、智、体、劳、美全面发展。1998年苏州市成为江苏省中小学素质教育实验区。

德育教育方面,各校把德育放在学校教育工作的首要地位,80年代中后期起跳出政治思想教育框框,着重对学生进行思想、道德和心理品质教育,实施中小学生《日常行为规范》,加强班集体建设;90年代中后期在中小学着力进行爱国主义、行为习惯养成、法制三项基础教育,搞好制度、队伍、基地、乡土教材、校园文化五项建设,德育工作在加强和改进中健康开展。至2000年,全市有50余所普通中学被评为江苏省德育先进校。

教学质量方面,80年代初强调办好每一所学校、教好每一个学生,以合格率为目标,大面积提高初中教学质量。1984年起市区取消初中升学考试,改为就近入学。1987年初中取消重点中学,为小学实施素质教育创造良好的外部条件。1989年起市区初中可择优推荐一定比例应届毕业生报考省重点中学高中部,以利于办好每一所初中。1992年起实行全省统一的高中段升学会考制度,全市初中毕业学生会考合格率为85.66%,1997年提高到93.11%。

体卫艺劳教育方面,1988年起全市全面实施国务院颁布的《学校体育工作条例》《学校卫生工作条例》和国家教委颁布的《中学生体育合格标准的试行办法》,学校体育卫生教学工作日趋规范。1992年起初中毕业生加试体育,1995年起全市中小学开设健康教育课,1986—2000年全市中小学学生《国家体育锻炼标准》达标率从83.6%提高到97.57%。90年代起城乡中小学按照国家教委《学校艺术教育总体规划》的要求,普遍加强艺术教育工作,90年代中期城市中小学和乡镇中心小学的艺术课开课率达100%,农村一般小学的开课率提高到92%,市区小学、中学艺术教育专用教室内部主要设施基本达到上述规划中的一、二类标准,2000年苏州市教委被评为全国学校艺术教育工作先进单位。

---

[1] 本小目主要参考苏州市教育局《苏州教育志·续志》编纂组编《苏州教育志·续志(1986—2000)》(香港文汇出版社2007年版)中"概述"部分内容编写。以下凡同一出处的不再一一注明。

1986年全市75%的中学开设了劳动技术课,1992年全市学校、班级劳技课开设率均达100%,苏州市编写的12种通用性较强的劳技课教材由江苏教育出版社出版并在全省使用。在推进素质教育的过程中,学校普遍增设选修课和社会实践活动课,发展学生的个性特长,由此还出现了一批办学有特色的学校。

三、普通高中教育的发展起伏与办学模式探索

1. 普通高中教育的起伏发展[1]

同属于基础教育范畴的普通高中教育,苏州在1978年至2000年中经历了较大的起伏式发展过程。"文化大革命"后期中学教育实行初高中四年一贯制,中学都成为完全中学,且本来就不多的中职类学校大都停办或停滞发展,导致了普通高中教育的恶性膨胀和畸形发展。改革开放后,苏州改革中等教育体制,部分完中停办高中,一批中学高中部改办职业高中或中等专业学校。但由于受前一阶段发展惯性的延续影响,加上1980年起高中学制由2年恢复为3年,以及高等院校办学规模扩大提高了学生就读高中的积极性,因而苏州的普通高中办学规模仍呈上升趋势。1987年为这一波的最高峰,全市普通高中共有学校121所、班级901个、学生46 624人。

1988年起,由于苏州的高考录取总人数下降较多(1986年为5 404人,1991年减少为4 151人),许多学生和家长选择退出"千军万马过独木桥"的高考激烈竞争,加之中等职业教育的快速兴起,初中毕业生分流到中等职业学校的比例上升,全市普通高中的发展转入一个低潮期。1990年全市高一招生人数为11 597人、高中在校学生总人数为33 147人,分别比1986年减少了28.6%和27.4%。1994年全市升入普通高中人数占初中毕业生总人数的比例仅为36.4%。

90年代后期起,我国高考录取人数每年有较大增加,企事业单位所招收的"白领""蓝领"人员均要求大学本科以上学历,由此苏州的"普高热"再度升温。1996年全市初中毕业生升入普通高中的人数首次突破2万人。1998年全市考入高等院校的人数突破1万人,2000年突破2万人,达20 385人之多。由此,2000年全市初中毕业生升入普通高中的人数超过中职(包括中专)生,占比达到56.4%;全市113所普通高中学校在校生达69 890人,比1990年增长了1.11倍。

---

[1] 本小目及下一小目主要参考苏州市教育局《苏州教育志》编纂组编《苏州教育志》(上海三联书店1991年版)中"中学教育"一章及苏州市教育局《苏州教育志·续志》编纂组编《苏州教育志·续志(1986—2000)》(香港文汇出版社2007年版)中"普通高中教育"和"中等职业教育"部分内容编写。以下凡同一出处的不再一一注明。

2. 普通高中办学模式的探索变化

长期以来普通高中教学目标定位是为高等学校输送合格的新生,教学内容执行的是教育部颁发的普通高中教学计划。1991年苏州市第六中学率先开始探索新的办学模式,经教育部门批准于秋季招收高一学生开始开办艺术特长班。该班的课程结构中文化必修课按国家教委的普通高中教学计划开设,而选修课则侧重音乐和美术方面的专业性升学预备教育,首届艺术班毕业生以较高水平全部通过了20余所高等院校艺术专业复试,其中声乐专业囊括了省前三名,43名毕业生全部升入高校学习。该校的这一改革被列入国家教委及全国教育科学"八五"重点研究课题。[1]1992年起市教育局引导和鼓励各个学校进行多样化的探索和实践,一些学校出现了"二、一分段,高三分流"的办学模式,普高与成教、职教沟通,办特色班、双证班等。1995年国家教委明确普通高中要根据当地和学校的实际情况各有侧重地对学生实施升学预备教育或就业预备教育,此后市区又有一批高中校开办特色班。1999年全国普通高等院校大扩招,苏州市高考录取率达94.22%。在此背景下,是年起市区普通高中不再举办与就业预备教育相适应的分段分流班和中专层次的双证班;继续办学的六中、十四中等少数特色班也将办学目标主要瞄准了为专业类高等院校输送合格新生的升学预备教育。

此外,1978年起设立的专门培育智力超常少年的中国科技大学少年班,1985年在北京景山中学和苏州中学设立少年班预备班,面向全国招收年龄13周岁以下已完成初中全部课程的学生(比正常初中毕业生小2—3岁),经过两年预备班学习,学完高中段全部课程,然后报考中科大少年班。苏州中学预备班每年招收20名左右,毕业后大部分被中科大少年班录取,不少后来成为各个领域的优秀年轻人才。其中首届女生庄小威中科大少年班毕业后赴美国深造,21岁获得物理学博士学位,应聘担任美国斯坦福大学物理学副教授,并在朱棣文指导下攻读博士后,在聚合体物理学、单个分子特征等研究领域取得数个重大发现[2],日后当选美国科学院院士和中国科学院外籍院士。[3]90年代后由于实行九年义务教育,拔尖跳级学生基本没有,缺乏少年班预备班生源,苏州中学预备班停办。

---

[1] 亦鸣:《市六中艺术教育受国家教委肯定》,《苏州日报》,1994年5月2日。
[2] 倪晓英:《庄小威:名字闪耀在科技前沿——记苏中首届科大少预班学生、美国"天才奖"获得者庄小威》,《苏州日报》,2003年10月10日。
[3] 小方:《苏中校友当选中科院外籍院士》,《姑苏晚报》,2015年12月8日。

四、中等职业技术教育的兴盛与发展特色

1. 发展历程[1]

由于"文化大革命"期间大砍职业教育,盲目发展普通高中,中等教育结构极不合理,1979年苏州市区初中毕业生升入职业学校和普通高中的比例为1∶38。改革开放以来,在经济和社会发展的外部驱动力和教育自身改革的内部变革力互相作用中,苏州的职业技术教育取得了长足发展,成为全市教育的重要组成部分,并基本形成了"结构合理、专业配套、形式多样、城乡辐射"的区域性职教体系,发展规模、办学水平、运行机制和装备条件等方面在省内外都属先进水平。1991年苏州市被国家教委等部门联合表彰为全国职业技术教育先进单位。苏州市中等职业技术教育22年间大体经历了三个发展阶段。

蓬勃兴起阶段。1980年苏州市第五次党代会做出"积极稳妥地进行中等教育的结构改革,有计划地把一部分普通中学改为职业中学"的部署。[2]全市各级教育、劳动等主管部门和大型企事业单位迅速行动起来,至1985年的7年间先后恢复和新办了一大批中等职业技术学校,初步形成了由中专(含中师)学校、职业中学、技工学校三大类别构成,行业门类比较齐全的中等职业技术教育体系,其吸纳分流的初中毕业生升学人数占到41.37%。普通中专,全市先后恢复了11所、新办了8所,其中部省属8所、市属10所、县属1所;共有学生7 228人、专任教师657人,分别比1978年增加5 271人和491人。职业中学,市区先后办起了13所职业中学、7所普通中学附设职业班,涉及30多个专业,共有91个班、学生近3 700人;所辖六县(市)的农(职)业中学发展到17所,加上普通中学附设的职业班,共有学生8 654人,2年中骤增5.5倍。技工学校,市区先后恢复了3所、建办了10所,共有学生3 244名、专任教师435人,分别比1978年增加了1.75倍和1.6倍。

全面兴盛阶段。1986—1995年的10年间,苏州中等职业技术教育的办学规模有很大扩展,学校总数由49所发展至90所,且实现六县(市)和郊区全覆盖;分流的应届初中毕业生的比例提高到63%以上,达到历史最高值;各类学校的

---

[1] 本小目及下一小目主要参考苏州市教育局《苏州教育志》编纂组编《苏州教育志》(上海三联书店1991年版)中"中等职业技术教育"一章及苏州市教育局《苏州教育志·续志》编纂组编《苏州教育志·续志(1986—2000)》(香港文汇出版社2007年版)中"中等职业教育"部分内容编写。以下凡同一出处的不再一一注明。

[2] 中共苏州市党史工作办公室、苏州市档案局(馆):《中国共产党苏州市历次代表大会(会议)文献汇编(1949—2001)》,苏出准印JSE—001549号,2001年,第357页。

办学层次和实力水平都大大提高,其中省级以上重点职业学校18所,开始形成了优势学校群,走在全省乃至全国的前列;职业技术教育对经济建设的人才支撑作用日益突出,全市技术工人队伍中高、中级所占比重分别从1982年的2.86%、4.29%提高到1995年的7%、53%。普通中专,先后兴办了7所,总数达26所,为历史最多;同时许多老校的学生人数成倍增长,办学水平明显上升,铁路机械、农业、工艺美术学校被教育部评为国家级重点中专学校。职业中学和职业中专,学校数增至46所,各县(市)和郊区各建办了1所主体型(骨干型)职业中学;9所职业中学先后改办为职业中专。技工学校,"七五"时期新办了3所,总数达16所;"八五"时期市政府出台政策,对18个全市紧缺急需工种招收农村学生实行"农转非",开设十多个就业形势看好的新专业,推动技工教育进入第二个发展高潮,1995年招生达4 471人,比1986年增加了2倍。

主动调整提高发展层次阶段。进入"九五"时期,受"普高热"的冲击,苏州中等职业技术教育的发展逐步面临生源不足、生存危机的严峻挑战。全市各级政府和各办学单位主动进行适应性调整,使全市中等职业技术教育仍然保持相对协调的发展格局。一方面大力提高学校办学水平。中专方面,又有苏州卫生学校、丝绸学校、商业学校跻身国家级重点中专,江苏省人口学校被评为省重点中专,苏州评弹学校的评弹专业被列为省艺术教育重点专业,苏州市体育运动学校被国家体委定为全国举重、田径高水平后备人才基地和全国青少年篮球训练重点单位。职中方面,2000年9所学校入列首批国家重点中等职业学校。技校方面,积极适应科学技术综合化的趋势,大量开设复合专业,2000年全市学校发展至20所,苏州高级技术学校(原苏州市技工学校更名)和苏州电力技工学校建成国家级重点技工学校,5所为省级重点技工学校。另一方面积极提升教育层次,加快与高等职业教育接轨。1996年国家教委批准苏州农业学校、工艺美术学校、卫生学校开办5年制高职班,5所中等师范学校也同时开办5年一贯制的大专班。1999年苏州工艺美术学校改建成苏州工艺美术职业技术学院,实现向高职教育的转变。此外,到2000年全市共有8所重点职业中学、16所技工学校与高校联办大专班。

2. 发展的主要特色

一是构建"政府办学为主,社会全面参与"的多元办学体制。由于行业主管部门和企业的积极参与,办学经费、专业师资、实习基地、毕业生推荐就业等问题都能较好解决,培养人才"适销对路",毕业生录用率一直保持在98%以上。90年代扩大学校办学自主权,由学校直接面对市场需求做出灵敏的反应;政府则能动指导各校在专业设置、招生数量和办学水平等方面适应经济社会发展的急剧变化,保持稳步发展的态势。

二是不断调整优化专业结构,适应经济社会发展对人才的需求。80年代全市开设70多个专业或工种,以"二、三、一"的产业次序配置专业结构。90年代各校开设了适应外贸、外经、现代工业的新专业,围绕全市六大支柱产业着力加强13个骨干专业建设,在传统专业中都增设电脑、外语课程,提高学生就业后的适应能力。1996年起组织12所学校参与省教委组织的五大专业的现代化建设试点,添置了一大批与现代生产现场基本同步的先进设备,为培养高素质劳动者创造了必备条件。

三是推行"双元制"和"双证制",培养合格有用人才。"双元制"是联邦德国企业与学校合作对徒工培训的模式,实行"校企结合,企业为主;理论与实践结合,实践为主"。1989年国家教委批准苏州进行"双元制"职业教育模式试点,苏州确定丝绸、机械、电子3个试点专业,组建3个厂校联合实验组,至1993年"双元制"毕业生经考核技术等级达4级工的占51.2%、达5级工的占41%,学生全部被对口企业录用。至1996年试点推广到3个县(市),有20个企业、8所学校参加,在5个行业中进行。1989年起苏州市教育局和劳动局在职业中学的4个专业中试行"双证制",即学生毕业既发毕业证书又发技术等级证书,技术等级的标准要求达到应知4级、应会3级。1991年市区715名学生参加应会3级考核,合格率为75%。1999年,市区职业中学、职业中专中有技术等级标准的1 349名毕业生全部参加4级工的技术考核,合格率达99.23%。

五、普通高等教育的发展与壮大

1. 普通高等教育的发展进程[1]

改革开放后,苏州的高等教育进入新的历史阶段,办学和学校管理体制呈现多元化格局,学校数量大量增加,办学规模迅速扩大,教学和科研水平大力提升,为国家和地方培养输送了数十万高层次人才。改革开放后至20世纪末的20多年间,苏州高等教育大体经历了三个发展阶段。

1978—1985年为新校大量兴办阶段。至改革开放前,苏州仅有江苏师范学

---

[1] 本小目及第2、3小目主要参考苏州市教育局《苏州教育志》编纂组编《苏州教育志》(上海三联书店1991年版)中"普通高等教育"一章及苏州市教育局《苏州教育志·续志》编纂组编《苏州教育志·续志(1986—2000)》(香港文汇出版社2007年版)中"普通高等教育"部分内容编写。以下凡同一出处的不再一一注明。

院、苏州医学院、苏州丝绸工学院、苏州蚕桑专科学校4所普通高等学校,学历层次为大学本科和专科。1978年起3所学院先后恢复招收硕士研究生,1982年苏州大学中文系中国古代文学专业获国务院批准成为苏州首个有博士学位授予权的专业,1985年培养出首批2名博士。1980年铁道部在苏州创办苏州铁道师范学院。1982年江苏师范学院改为综合性的苏州大学,苏州地区师范学校改建为苏州师范专科学校,为省属高校。1984年由建设部与国家环保总局共同投资兴建、建设部主管的苏州城市建设环境保护学院正式成立,1985年秋首次招生。这期间,苏州还根据地方经济社会发展需要创办起苏州市职业大学(1981年)、沙洲职业工学院(1984年)、常熟职业大学(1984年)等3所地方普通高等院校,实现了地方普通高等教育的"从无到有"。至1985年底全市普通高等院校总数达10所,其中部属4所、省属3所、市属1所、县属2所;教职员工5 435人;在校生总数12 248人(包括2所成人高校的全日制大专班学生344人),共有研究生200名,其中攻读博士学位的6名,共计毕业了117名硕士研究生。

1986—1994年为扩大办学规模稳步发展阶段。1989年苏州师范专科学校和常熟市职业大学合并建立常熟高等专科学校,实行师范类与非师范类教育同步发展。这期间各高校的办学规模都有很大扩展,办学水平也有较快提升。1994年,全市9所普通高等院校当年招生7 681人、毕业5 180人,在校学生22 361人,教职员工7 300人,其中专任教师2 774人,分别比1986年增加3 332人、2 223人、8 729人、1 192人和82人。

1995—2000年为整合优化和多渠道发展高等教育阶段。这期间,合并办学成为我国深化高等教育管理体制改革的一项重要举措。遵循主管部门同一、校区地域相近、学科专业互补的调整组合原则,1995年11月苏州蚕桑专科学校、1997年4月苏州丝绸工学院、2000年3月苏州医学院相继并入苏州大学,使苏州大学成功跻身国家"211工程"(国家教委1993年7月起实施的面向21世纪,用10年或更长一点时间,重点建设100所大学和一批重点学科点的建设工程),成为专业齐全的大型综合性大学。2000年苏州城建环保学院和苏州铁道师范学院同时由部属改为江苏省属,翌年9月两校合并组建苏州科技学院。2000年省属中专校苏州农业学校开始筹建苏州农业职业技术学院,翌年6月正式建立。这期间,我国普通高等教育改革政府办学校、国家包经费、毕业生统分配的旧体制以及部门分割、条块分割的办学格局,逐步形成公办、民办、股份制、中外合作办学等多元化格局,不同隶属关系的学校优化组合、联合办学等也在普通高等教育中施行。苏州在这方面积极改革探索,走出了多种形式发展高等教育的新路。

第一种是挂靠高等院校开办本科教育。沙洲职业工学院80年代后期与上海大学联合创办上海大学张家港工学院,开设2个本科专业,1998年起与苏州大学联合开设3个本科专业。常熟高等专科学校1995年起挂靠苏州大学、常州技术师范学院,开办7个师范类专业本科班和几个非师范类工科专业本科班。第二种是跨部门联合创办高等学校。1999年省属中专苏州工艺美术学校与局属成人教育性质的苏州轻工职业大学合并建办省属苏州工艺美术职业技术学院,成为全省首批建立的5所职业技术学院之一。第三种是普通高等院校创办民办学院。1998年底由苏州大学与苏州凯达房地产公司联合投资创办苏州大学文正学院,是为苏州大学统一管理、统一教学的公有民办二级学院,1999年首批招生1200人,第二年在校生已达5800多人。1999年苏州城建环保学院与苏州华达房地产公司也合作创办了公有民办二级学院——天平学院,2000年首批招生800人。第四种是创办股份制性质的公办高等院校。1997年底开始筹建的苏州工业园区职业技术学院,由苏州工业园区与国内外著名院校、企业采用股份制形式联合创办,2000年经省教委批准正式成立。[1]第五种是创办纯粹的民办高校。1998年苏州市良士文化有限公司在昆山市花桥镇投资创办了苏州第一所民办大学——硅湖大学(筹)(2002年正式命名为硅湖职业技术学院),1999年起挂靠无锡轻工业学院开始招收本科生,当年招生1200名。[2]经过这一阶段的调整、改革与发展,至2000年底,全市部省属普通高等院校调整整合成5所,即苏州大学、苏州城建环保学院、苏州铁道师范学院、常熟高等专科学校和苏州工艺美术职业技术学院,地方普通高校有苏州市职业大学、沙洲职业工学院2所;全市7所普通高等院校共有专任教师3133名,其中正高级276名、副高级1021名,分别占全省总数的10%、9.1%和10.3%,当年招生17457人、在校生47701人(不含成人高教班),分别比1994年增长了1.17倍和1.13倍,分别占全省的10%和10.56%,在全省12个地级市中名列第一。[3]

2. 苏州大学积极争创国内一流综合性大学

苏州大学自1982年由江苏师范学院改建后开始走上发展的快车道,在学校建设与管理、教学、科研等各个方面都取得了卓著成果。1995年11月苏州大学申请进入"211工程"。1996年江苏省教委、苏州市政府签订共建苏州大学协

---

[1] 尹平:《我市加快高级工培训步伐》,《苏州日报》,2000年4月2日。
[2] 王东来:《我市第一所民办大学硅湖大学昨在昆山奠基》,《苏州日报》,1998年11月16日。
[3] 贾轸、唐文起:《江苏通史·中华人民共和国卷(1978—2000)》,凤凰出版社2012年,第356、358页。

议,苏州大学实行省市共管、以省为主的体制,筹建苏州大学董事会;江苏省教委把苏州大学列为重点建设的学校,支持苏大进入"211工程",决定"九五"期间将投资3亿元支持苏州大学的建设与发展,并增加面向苏州市的招生计划;苏州市政府把苏大的建设和发展列入全市经济和社会发展的整体规划,以多种形式支持苏大的改革与发展。[1]1997年国家有关部门正式批准苏州大学进入"211工程",苏州大学成为全省11所"211工程"高校之一,推动办学水平跃上新台阶。[2]至2000年底学校共拥有2个国家级重点学科、20个部省级重点学科,共设有6个一级学科博士学位授权点、1个一级学科专业学位博士点、63个博士学位授权点,132个硕士点、7个专业学位硕士点,2个国家人才培养基地;拥有6个部省级重点实验室、1个省级工程中心,设有6个博士后流动站,并有5所附属医院;拥有为教育科研服务的苏州大学出版社,编辑出版《苏州大学学报》《国外丝绸》等多种学报;每年接收外国留学生、进修生900余人来校学习汉语言文学和其他有关专业,争创国内一流综合性大学的目标基本实现。1999年李岚清副总理第三次考察苏大时说:"没想到发展这么快","苏州大学很有希望"。[3]2000年苏州大学迎来建校100周年,中共中央总书记、国家主席江泽民为苏大题词:"努力将苏州大学办成高素质创新人才的培养基地",激励苏州大学朝着新的发展目标进一步开拓前进。[4]

办学规模不断扩大。1982年苏州大学成立时设置10个系、13个专业,并开始从以师范教育为主转向以应用专业为主,2年间先后增设了13个新专业,基础数学、有机化学、核物理、光学等4个专业被评为江苏省高校重点学科。1984年原财经系扩建为财经学院,是为学校的首个二级学院。1986年原法律系扩建成法学院。1987年建立由省教委和苏州市政府联办形式的工学院。1995年学校全面推行学院制改革,以一级学科为核心,在各个系的基础上组建7所新学院,成为全省省属高校中学院最多、学科门类协调发展的综合性大学。[5]1996年起在相继并入的3所学校基础上先后组建6个二级学院。1998年创办文正学院。至2000年底,苏州大学共设有17个二级学院、88个本科专业,涵盖11个大学科门类;6个校区占地总面积达137公顷,建筑总面积达94万平方米;在校生

---

[1] 王友良:《省教委和苏州市政府共建苏州大学》,《苏州日报》,1996年5月16日。
[2] 贾轶、唐文起:《江苏通史·中华人民共和国卷(1978—2000)》,凤凰出版社2012年,第356、358页。
[3] 顾明高:《蓄势拓展新空间——苏州大学合并办学的实践与启示》,《苏州日报》,2000年3月18日。
[4] 王东来:《苏州大学喜庆建校100年》,《苏州日报》,2000年5月19日。
[5] 轩船、常新:《苏州大学全面实行学院制》,《苏州日报》,1995年4月9日。

总数达38 490人(含成人高教班),占全市普通高等院校在校生总数的71.5%,为1986年的8.3倍,其中研究生1 488人、本专科生25 790人,全日制学生为5年前的近3倍;2001年计划招收研究生860人,招生数在全国省属高校中列第一,在江苏省高校中仅次于南京大学和东南大学。[1]

教师队伍建设力度不断加大。1985年专任教师共777人,其中教授11人、副教授66人,博士生导师仅1人(中国古代文学博士生导师钱仲联)。"八五"时期学校一方面加强自身教师的培养和水平提升,一方面注重人才引进工作,仅1993—1995年就引进各级各类人才200余人,其中具有教授、副教授职称的25人、国内外博士毕业生20人,1994年学校拥有的博士生导师达10人,[2]1995年国家教委授权该校8个学科教授任职资格评审权。"九五"伊始,学校实施人才引进"215工程"(即在5年中引进2名院士、10名学科带头人、50名博士),开始有计划、有目标地引进高层次、高素质人才,到1999年底共引进各类人才500多人,其中硕士以上学位的高层次人才超过半数,教授(含博士生导师)28人、副教授22人、博士50人,大部分为年富力强的有一定造诣的学术专长者。[3]随着3所在苏部、省属高校的并入,至2000年底学校共有专任教师1 710人,其中正高级218人、副高级619人,有薛鸣球、潘君骅、阮长耿等3名中国工程院院士,在职博士生导师有包仕尧、黄强、郑祖根、胡华成、兰青、吴浩荣、刘春风、董启榕、张钧庆、李德春、杨建平、张志德、蒋文平、刘志华、孙俊英、惠国桢、周岱、杨向军、沈振亚、杨惠林、夏学鸣、钱海鑫、严春寅、薛永寒、唐天驷、王兆钺、郑斯英、李士骏、赵经涌、童建、范我、江家贵、杨吉成、陈子兴、俞光弟、诸葛洪祥、陆惠民、张学光、吴锦昌、顾振纶、朱烈、谢惠民、任重道、汪仁官、殷剑兴、虞言林、施武术、沈琪、张雅文、朱秀林、顾仁敖、张可达、李振亚、朱士群、宁兆元、余景池、印建平、钱培德、黄贤武、白伦、李栋高、顾平、吴徵宇、陈庆官、闻荻江、钱仲联、范培松、杨海明、王继如、曹惠民、蔡镜浩、方汉文、王钟陵、朱栋霖、刘锋杰、严迪昌、潘树广、马亚中、严明、杨海坤、周永坤、陈立虎、王光伟、万解秋、任平、朱永新、王金福、李兰芬、崔绪治、王国平、陆建洪、周川等92名。

教学质量不断提高。学校在加强基础、拓宽口径、强化应用、重视实践的思

---

[1] 顾明高:《苏大"211工程"成就斐然》,《苏州日报》,2001年5月24日。
[2] 黄静:《苏大引进人才提高办学水平》,《苏州日报》,1994年10月10日;轩船、常新:《苏州大学全面实行学院制》,《苏州日报》,1995年4月9日。
[3] 沈安华:《苏州大学求贤若渴》,《苏州日报》,1999年10月27日;沈安华:《环境吸引人,事业激励人,政策留住人,苏大推进学科上台阶》,《苏州日报》,2000年1月20日。

想指导下,一直狠抓教育质量和教学改革,不断提高人才培养质量。1979年该校毕业生吴真成为我国改革开放后首批公派出国留学生之一。[1]学校是全省率先全面实行学分制的高校。1993年起实施主辅修制,开设大量选修课,注重拓宽专业口径,以增强学生的适应性。还强化外语和计算机教学,1994年学生英语四级通过率达88.27%,比全国重点院校的平均率高出近15个百分点,名列全省高校第一。[2]1995年在全国高校中首创建立学生必读书制度。是年中文和数学两个专业被确定为国家教委批准建立的基础学科人才培养和科学研究基地,基地班采用"本科—硕士—博士"9年贯通的学制,有些本科课程原是研究生课程。1999年首届数学基地班30位本科毕业生中有14位被免试推荐、4位经考试被录取进入硕士段学习深造。[3]

科研成果量质并进。改革开放以来苏州大学加强对科研工作的规划和领导,不断加大科研经费投入,采取多种激励政策支持和鼓励教育和科研人员开展科研工作,在注重基础理论研究的同时,面向经济建设加强了应用研究、开发性研究,取得了一大批在国内外有着重要影响的科研成果。90年代初苏大的科研成果开始居全国地方综合性大学的前列[4],中国科学技术信息研究所公布的数据表明,苏州大学SCI索引名列全国高校第33位。

在自然科学研究领域,至2000年先后获得包括国家自然科学奖、国家科技进步奖、国家发明奖在内的省部级以上科研奖430多项。[5]1987年朱烈因在组合数学研究方面的显著成就被国家科委命名为"国家级有突出贡献的中青年专家",成为苏州较早获此殊荣的中青年专家之一。90年代初陈克潜、陆忠娥领衔研制开发的低毒新农药"苏脲1号""苏脲44号"及系列化合物获国家发明奖和国家科技进步奖。[6]谢惠民在"非线性科学的研究"等2项国家重点科研项目中取得重要研究成果,1995年数学系成为江苏省属高校中仅有的2个博士后流动站之一。[7]李振亚承担并完成3个列入国家"八五"攀登计划重大项目的基础理

---

[1] 顾惠民:《大洋彼岸的苏州人》,《苏州报》,1980年4月15日。
[2] 轩船、常新:《苏州大学全面实行学院制》,《苏州日报》,1995年4月9日。
[3] 崔清华:《夯实基础,再迈新高——来自苏大首届文、理基地班的报告》,《苏州日报》,1999年7月5日。
[4] 俊生、亦鸣:《苏大科研工作走在我国地方高校前列》,《苏州日报》,1993年10月7日。
[5] 苏州市教育局《苏州教育志·续志》编纂组:《苏州教育志·续志(1986—2000)》,香港文汇出版社2007年,第231页。
[6] 俊生、亦鸣:《苏大科研工作走在我国地方高校前列》,《苏州日报》,1993年10月7日;周治华:《当代苏州人才录》,上海三联书店1999年,第83、146、154页。
[7] 顾明高、常新:《漫游在数学奇境——记苏州大学数学学院教授谢惠民》,《苏州日报》,1995年4月9日。

论研究工作,成为省级重点学科领军人。[1]钱培德承担并完成"计算机汉字 I/O 处理数学模型研究"等国家重大实验室基金项目,使中国在计算机中文信息处理研究方面长期落后于外国的局面得到改变,"纵横汉字输入法类的设计与实现""纵横汉字录入编辑器"两项成果被认为达到国际水平。[2]陈林森 80 年代后期开始研制的"真彩色全息母版制版技术"达到世界先进水平,1998 年成功将成果应用到数字化激光图像和激光防伪行业,获得 2000 年度国家科技进步二等奖。[3]信息光学工程研究所成功研制出高精密度大口径非球面光学器件加工设备,获国家科技进步二等奖。王裕兴为首的课题组运用现代生物技术,研究出一套完善的蚕微粒子病(被业界称为"蚕癌")防治体系和复合药剂,研究水平国际领先,社会效益和经济效益十分巨大。[4]

在哲学社会科学学术研究上,同样涌现了一大批在国内有影响的专家学者和成果。钱仲联长期致力于中国古典文学的教学与研究,尤其对明清诗文有较深的研究,主编的《清诗纪事》获国家古籍整理、全国图书学会评比两个一等奖和第一届国家图书奖提名奖,还主编了《中国文学家大词典·清代卷》、清代及近代卷之《中国文学大词典》等大型工具书,后者 1999 年荣获国家图书奖。范伯群的中国近现代通俗文学研究、范培松的中国现代散文研究、朱栋霖的中国现代戏剧研究、吴企明的隋唐五代文学研究、杨海明的唐宋词研究、朱子南的中国报告文学史研究、潘树广的中国文学史料学研究等取得全国领先水平。张梦白因著有《第二次世界大战的前奏》《修改联合国宪章是第三世界反霸斗争的需要》《关于年代学上的一些问题》等,1993 年被英国剑桥国际传记中心授予"1991—1992 年度国际名人"殊荣,并载入《有成就人士名录》。董蔡时、张圻福、段本洛等在中国近现代史和人物研究方面取得了一批有重要影响的成果,唐力行参与编选的《明清徽商资料选编》获全国优秀图书二等奖。王国平、张颢瀚牵头开展"九十年代苏南社会发展研究",成果直接为苏锡常三市的科学决策提供了有价值的咨询服务和智力支持。崔绪治在现代管理学和哲学研究、李家钧在中华人民共和国史研究方面成为国内有影响的学者之一。方世南参编的《中国一百个军事家》获第二届全国优秀政治理论读物一等奖。陈志中参与编著的《中国乡镇

---

[1] 于凌:《物理科学的朝圣者李振亚》,《苏州日报》,1998 年 5 月 5 日。
[2] 朱启飞、常新:《计算机王国开拓者——记苏州大学工学院计算机工程系教授钱培德》,《苏州日报》,1995 年 4 月 14 日。
[3] 朱启飞:《光学世界的攀登者——记苏州大学激光研究室副研究员陈林森》,《苏州日报》,1994 年 9 月 28 日;耿新芳:《陈林森:为第二代身份证全息保真》,《苏州日报》,2004 年 4 月 8 日。
[4] 王宇:《我市专家八年心血结硕果,世界性"蚕癌"难题被攻克》,《苏州日报》,1999 年 4 月 20 日。

企业管理百科全书》获中国图书奖。程家钧、姚景虞参加校译《列宁全集》多卷,受到中宣部、中共中央马列著作编译局表彰。王文昌主编的《英语搭配大词典》、王国富主编的《英汉澳大利亚语词典》等填补了国内辞书的空白。叶永延所著《运动生物力学》获国家教委优秀教材一等奖。杨海坤在宪法学与行政法学研究方面成为国内领军人物,由其任导师的该博士点1998年成为江苏唯一一个拥有法学博士授予资格的博士点。[1]

3. 其他部省属高校长足发展

苏州医学院,是一所以核医学和放射医学、核技术和生物技术为特色,医工结合、文理相通的综合性医学院校。1977年恢复5年制本科,至1985年设有医学、放射医学2个系、4个专业;有专任教师515人,其中教授9人、副教授67人;设有苏州市第一人民医院和儿童医院2所附属医院;1978—1984年间共获科研奖项164项,其中部、省级奖项67项,1986年起培养博士研究生,至1994年共设有7个博士点,有18名博士生导师,脑外、血液、骨外和放射医学的博导数在全国名列前茅,放射医学居全国第二;共培养出博士生28名、硕士467名,在校博士生40名、硕士生170名。[2]1992年成为我国唯一设立核医学专业的医学院和我国核医学发展基地。[3]多年来学院还涌现出了一批在国内外有一定影响的医学科技工作者。陈王善继为国内放射学科资深专家,1990年享受国务院首批批准的政府特殊津贴。杜子威20世纪70年代末起在国内率先主持人脑胶质瘤与生物导弹的研究,1986年已达到国际先进水平。阮长耿领衔创建的我国首个血栓与止血研究室在20世纪80年代后期跻身于世界先进水平,国际血栓与止血学术委员会中仅有的3名中国委员全是"苏医人",1992年研制的SZ系列单克隆抗体达到国际先进水平,1997年当选中国工程院院士,成为苏州的首位院士。蒋文平的心律失常研究、唐天驷的脊柱系列研究、彭大恩的小儿血液学研究等在20世纪80年代后期均处于全国先进水平。章仲候、许昌韶、李士骏、朱寿彭等在放射学研究领域取得了在国内有重要影响的成果,朱玲俐在小儿白血病、蒋百康在儿童心脏电生理和肾疾病、鲍耀东在免疫学和神经外科、曹锡冲在耳鼻咽喉科、陆惠民在疟疾病和钩虫病防治等研究领域也取得了显著成果。高锦声编著有《优生指南》《人类染色体方法学》等,承担"绒毛的产前诊断"等全国重点课

---

[1] 周治华:《当代苏州名人录》,上海三联书店1999年,第41、57、64、75、87、110、113、114、119、139、143、154、160、161、181、185、187、210、221、230、237、244、247页。
[2] 黄厚甫、陈莉:《苏医重点学科博士生导师形成群体优势》,《苏州日报》,1995年4月1日。
[3] 新华社电:《苏州医学院成为我国核医学发展基地》,《苏州日报》,1996年6月22日。

题,任中国优生协会专家委员会主任。蒋滢致力于临床生物化学及食品生物化学的研究,取得8项成果,其中"蜂花粉破壁技术"获国家发明专利。[1] 1994年起,吴德沛、阮长耿、薛永权等10人组成的项目组,瞄准恶性血液肿瘤(白血病)这一严重危害人类生命健康的疾病,围绕白血病遗传学发病机制、骨髓增生异常综合征(MDS)的规范化诊疗、造血干细胞移植治疗高危患者的关键技术等三方面进行深入研究,取得了一系列重大成果,发现了白血病新的遗传学机制,在国际上首次发现了两种白血病新亚型,写入了世界卫生组织的白血病诊断标准,发现了MDS的发病及进展相关的遗传学异常及其意义,建立了MDS分子遗传学检测技术并应用于临床,掌握了造血干细胞移植手术成败的关键,从2001年起正式开展造血干细胞移植手术并取得成功,相关成果在全国各地推广,造福了数以万计的血液病患者,并使苏州的血液肿瘤诊疗技术走在了世界的前沿。[2] 1986—2000年间,学院共正式出版教材和著作234种,获部、省级科技进步二等奖以上项目70个,科技成果推广和技术开发项目有41个,授予专利的有28个项目,获准生产生物制剂和保健品15个;1989—1999年在国内期刊发表论文2 385篇,被SCI收录的论文118篇,居全国高等院校的第79位。至2000年初,学院共设有10个专业、64个教研室、13个部省级重点学科、7个研究所、5所附属医院、1个部级重点实验室;设有1个博士后流动站(临床医学)、7个博士点,有50名博士生导师,设有29个硕士点,有233名硕士生导师;共有教职工925人,其中高级技术职务人员500多人,专任教师403人,其中教授160多名、享受国务院特殊津贴人员68人、国家级和部级有突出贡献的中青年专家15人、中华医学会资深会员2人;在校学生近7 000人,其中本科生3 500多人,博士生和硕士生672人,成人教育在读生2 800多人。2000年3月30日,教育部和江苏省政府决定撤销苏州医学院建制,并入苏州大学。

苏州丝绸工学院,是一所具有丝绸和艺术特色的高等院校。1981年起招收硕士研究生,1983年起在国内率先招收服装设计本科生。至1985年设有丝绸工程、染化工程、机械自动化工程、工艺美术、工业管理工程等5个系、9个专业,有教职员工908人,其中专任教师351人(教授1人,副教授17人);设有5个研究室,承担并完成了一批部省科研项目,推动了丝绸行业的技术改造。1986—1995年间学院共承担国家自然科学基金资助项目8项、国家重点科技攻关项目

---

[1] 周治华:《当代苏州人才录》,上海三联书店1999年,第85、86、97、107、149、152、208、219、222、223、226、227、233页。

[2] 张甜甜:《苏州血液病专家团队获国家科技进步二等奖》,《苏州日报》,2017年1月10日。

19项、部省科研项目46项,科研成果中获国家发明三等奖2项、部省科技进步奖14项,发明专利6项,实用新型专利8项,转化为生产力的50项。高速自动缫丝机、桑蚕膨松丝及其产品分别荣获1993年、1995年中国高新技术博览会金奖,FD301V型煮茧机为国家级重点新产品。1989年在全国率先创办时装设计与表演本科专业,学员马可毕业后不久在国际青年服装设计师大赛上夺得金奖[1];1999年(已属苏州大学艺术学院)该专业在第二届中国服装设计博览会上被评为"全国最具影响力的服装设计学府",在已评出的全国40名"十佳服装设计师"中该专业毕业生有7人先后入列。1997年4月并入苏州大学前,学院共设有5个系、14个本科专业、16个专科专业、3个重点学科、4个重点实验室;有教职员工1 010人,专任教师380人,其中具有正、副教授等高级专业技术职务的150多人;设有硕士点4个,共招收了17届研究生,有123名研究生毕业;有本、专科在校生3 096名、硕士研究生33名。

苏州蚕桑专科学校,以蚕桑专业为重点专业,还设有生物系、水产系、经贸系和基础部、实验中心。1984年建立蚕桑、家蚕育种2个研究室。"七五"期间成立蚕桑科学研究所。至1990年学校共培养6 287名毕业生,其中大专毕业生3 183人。1992年与南京师范大学联合举办本科函授班。至1995年11月学校并入苏州大学前,在校学生900多人,有教职工300多人,其中专任教师170多人、教授和副教授30多人,共有10多个科研项目获部、省级的农业技术改进奖和农业科学技术进步奖。

苏州城市建设环境保护学院,1985年首次招生130余名,1986年设有11个专业,其中本科9个、专科2个;有教职工462人,其中专任教师204人。1995年专业扩展至本科11个、专科3个,有教职工650人,专任教师265人,其中教授16人、副教授66人;共培养本专科毕业生2 600多人,培训各类专业技术人员近万名。1996年成立成人教育学院,与江阴建筑集团公司合作成立东方建筑分院。1999年新增电子信息工程、英语本科专业,并举办高等职业技术教育。2000年初学院实行部与省共建、由省主管,并举办民办性质的天平学院。至2000年学院共培养普通高校本、专科毕业生5 997人,有专任教师320人,其中博士10人、硕士92人,具有副高以上职称的163人,其中正高级27名;共承担科研项目112项,其中国家自然科学基金项目4项、省部级项目20项,获省部级科技进步奖15项;教师在国内外发表论文800多篇,出版专著和教材200多部;

---

[1] 黄贤君:《马可:苏州培养的女设计师》,《城市商报》,2013年3月27日。

环境科学与工程实验室被江苏省和建设部评为重点实验室,在"有机废水生物处理"研究方面出了一批成果,取得较大的经济和社会效益。2001年9月学院与苏州铁道师范学院合并组建苏州科技学院,成为一所以工为主,工、理、文、管理协调发展的多科性大学。

苏州铁道师范学院,本部位于苏州市郊上方山麓,后在市区平门设有分部。1985年设有6个本科系科、5个专科;在校学生700人,专任教师157人,其中教授1人、副教授15人。1986年后逐步增设8个系(部),设立古籍整理、江南社会历史、亚太国际现代化等5个研究所。2000年2月学校隶属关系从铁道部划转江苏省。[1]至2000年底共有14个系(部)、23个专业,毕业生6000余名,在校学生4000多人;有教职工670多人,专任教师290余人,其中教授22人、副教授90人;共有36个项目获省以上科研奖,《西藏冰川》获中科院1986年科学技术基本特等奖,《铌酸锂晶体物缺陷结构和杂质效应》获中科院1994年自然科学一等奖。2001年9月学校与苏州城建环保学院合并组建为苏州科技学院。

常熟高等专科学校,1989年合并设立,设师范类和非师范类两部分,均培养大专学生。师范类设8个系,在校生976人;非师范类设4个系,在校生358人;有教职工453人,其中教授、副教授36人。1995年起采用挂靠其他普通高校的形式陆续开办本科班。至2000年学校设有9个系、28个专业,其中联办的本科专业有12个;全日制在校学生3894名,其中本科生2471名;有教职工623名,专任教师315名,其中教授13名、副教授108名。

六、其他各类教育的发展与演变

1. 特殊教育的日益重视和发展[2]

至1977年底,苏州的特殊教育学校只有苏州市聋哑学校、昆山聋哑学校、常熟聋哑学校等3所,均为5年制小学校,学生共300余名,教师50余名。改革开放后,苏州按照《义务教育法》《残疾人教育条例》等国家法律法规的要求,在全市义务教育达标、巩固、提高的过程中,同步发展盲聋哑教育、智障儿童教育、青少年工读教育三种类型的特殊教育事业,实现了义务教育阶段特殊教育的基本普及。全市7—15周岁视障、听障、智障三类特殊儿童少年的入学率,"七五"初

---

[1] 陈汉忠:《苏州铁师喜庆20华诞》,《苏州日报》,2000年5月6日。
[2] 本小目主要参考苏州市教育局《苏州教育志》编纂组编《苏州教育志》(上海三联书店1991年版)中"特殊教育"一章及苏州市教育局《苏州教育志·续志》编纂组编《苏州教育志·续志(1986—2000)》(香港文汇出版社2007年版)中"特殊教育"一章内容编写。以下凡同一出处的不再一一注明。

为40%,"八五"初已上升至86%,2000年达98.2%。

盲聋哑儿童教育方面,1983年地市合并后,苏州市对3所聋哑学校施教范围进行了统一布局,实现了招生全覆盖。1987—1990年张家港、吴县、吴江各建办了1所聋哑学校,苏州市聋哑学校更名为苏州市盲聋哑学校,开始招收视障儿童。"九五"期间各县(市)聋哑学校相继把听障、视障儿童集于一校,更名特殊教育学校(昆山市更名为爱心学校)。为提高教学效果,"七五"期间各聋哑学校配置了助听教室、律动教室,充实了电教设备,相继开办康复班。90年代中期起各校学制向9年制过渡,各年级各学科全部用上教育部编写的全日制聋校实验教材,学校设施更加完备,设有多种专用教室、训练室、康复活动室。至2000年,张家港、常熟市特殊教育学校跻身江苏省特殊教育现代化示范学校;全市特殊教育学校共开办86个班、学生707人(含智障学生),还有2 898名在普通学校特教班和随班就读的特殊学生。

智障儿童教育方面,苏州于1985年起在新苏师范附小及各区、县(市)始办智障儿童辅读班。1986年全市共开办21个班,在校学生197名,专任教师33名。1988年3个城区所办的辅读班均独立建制,更名为培智学校;各县(市)办的辅读班稍后均并入特殊教育学校。1992年后相继开办了浒墅关培智学校、光福中心小学附设培智学校、苏州市博爱幼儿园;此类学校学制9年,采用全日制培智学校统一教材。90年代后期轻度智障儿童多数进入普通学校随班就读,中重度智障儿童成为生源主体,各校普遍进行课程设置改革,使智障儿童在"医、教、训、育"一体化个别教育中逐步获得生活自理能力和社会适应能力。2000年底全市5所培智学校共开办26个教学班,在校生277名,教职工66名;金阊区、沧浪区培智学校为江苏省特殊教育现代化示范学校。

工读教育方面,1979年苏州市教育局、公安局联合开办苏州市工读学校,校址设在市郊尹山湖,招收全市18周岁以下有违法和轻微犯罪行为的在校初中男生,执行义务教育全日制初中课程计划,采用集中住宿在校形式,过严格的集体生活,以培养集体、纪律观念和良好的行为习惯。凡学生在工读学校已改正了行为偏差,即可回原校读书;读完初三并达到毕业标准的由原校发给毕业证书,并可参加全市中等学校招生统一考试。至1985年共招生95名,已毕业的学生中75%以上表现较好,能遵纪守法。90年代初,有严重不良行为、品行偏常的初中在校男生,在学校、家长和学生都同意的情况下,也可到工读学校就读,学校增设第二校名——苏州市宝带中学。学校与家长密切配合,努力做好教育、矫治、挽救有严重不良行为的未成年人工作,帮助他们完成义务教育阶段的学业。

1986—2000 年共毕业学生 451 名,毕业后升入高一级学校的学生比例由 64% 上升到 98%。

2. 幼儿教育的扩展和提升[1]

改革开放后,随着社会的稳定,尤其是下乡知青集中返城结婚生育,苏州市区幼儿日多一日。1978 年起市区多渠道大力举办幼儿园,至 1982 年共有幼儿园(办班点)292 所、班级 817 个,分别比 1977 年增加 108 所、472 班;在园幼儿 20 122 人,幼儿入园率 87%,比 1979 年提高了 5.1 个百分点。1984 年起一些小学附设的幼儿园独立建制,社会青年创办起私立"苗苗""百花"幼儿园,各乡镇中心幼儿园实现了大中小班配套,90% 以上的村办起了幼儿园(班)。1989 年起贯彻国家教委发布的《幼儿园管理条例》,按照规范办园要求,村办园、居委会办托儿所、工矿企业办的幼儿园逐渐停办,街道调整撤并规模小、园舍设备差的幼儿园,乡镇改建扩建中心幼儿园达 80% 左右;政企联办、民办、中外合作举办、外资开办专招收外籍人员子女的幼儿园等新的办园形式大量涌现。至 2000 年底全市幼儿园数减少到 907 所,入园幼儿 136 243 人,教师 6 431 人;全市公办园约占 25%,集体办园约占 60%,个人和其他形式办园占 15%;学龄前三年幼儿入园率,市区达到 100%,县(市)达到 96%。同时办园水平也在不断提升。师资方面,全市幼儿教师学历达标率 1986 年仅为 43.8%,2000 年已提升到 93.67%,拥有高一层次(大专以上学历)的占教师总数的 33.2%。园舍设备上,1988 年 16 所幼儿园被评为市区首批一类幼儿园,至 2000 年全市有 31 所成为江苏省示范性实验幼儿园,全市幼儿园园舍建筑面积接近达到生均 6 平方米的规定办园标准,其中市区达 7.53 平方米。教育改革上,1981 年起贯彻教育部《幼儿园教育纲要》,全市幼儿教育以教育活动为基本组织形式、以游戏为基本活动,促进了幼儿的健康成长与全面发展。

3. 成人教育的多样化蓬勃发展[2]

改革开放前苏州的成人教育基本上以工人、农民为主要对象,主要为业余学习,主要任务为扫除文盲和普及初等及中等文化教育,故称"工农教育""业余教育"。1979 年后为适应现代化建设的需要,满足"文化大革命"期间失去机会的

---

[1] 本小目主要参考苏州市教育局《苏州教育志》编纂组编《苏州教育志》(上海三联书店 1991 年版)中"幼儿教育"一章及苏州市教育局《苏州教育志·续志》编纂组编《苏州教育志·续志(1986—2000)》(香港文汇出版社 2007 年版)中"幼儿教育"一章内容编写。以下凡同一出处的不再一一注明。

[2] 本小目主要参考苏州市教育局《苏州教育志》编纂组编《苏州教育志》(上海三联书店 1991 年版)中"成人教育"一章及苏州市教育局《苏州教育志·续志》编纂组编《苏州教育志·续志(1986—2000)》(香港文汇出版社 2007 年版)中"成人教育"一章内容编写。以下凡同一出处的不再一一注明。

广大中青年在职人员学习提高的需要,开始大力发展成人教育。"六五"期间大量举办成人业余中学、成人中等专业技术学校,还创建了成人高等学校,呈现多层次教育、多渠道办学、全员化培训的新局面。1985年全市各类成人学校学员达21.1万人(包括各类短训班人数),1986年全市共有各类成人学校425所。"七五"期间教育层次向中、高级发展,教育形式从业余为主向脱产、半脱产、自学考试和广播电视远程教育等多种形式转变。1989年苏州市职工教育办公室与苏州市教育局合署办公,后更名为苏州市教育局成人教育办公室,全市成人教育有了统一的管理机构。"八五"期间全市成人教育事业继续迅速发展,至1996年全市成人教育学校总数达6 581所。"九五"期间由于行政区划调整(乡镇、村撤并)、体制改革(企业改制)和成人教育自身提升办学规模和发展层次等原因,学校总量有所减少,2000年全市有各类成人学校3 976所,但其办学规模和层次均有较大提升。2000年与1986年相比,成人高校、中专在校生分别增加了44.4%和27.3%。

成人高等教育日益兴盛。1979年苏州成人高等学历教育开始起步,建办江苏省广播电视大学苏州分校,苏州市的7个产业主管局、五二六厂、苏州钢铁厂、常熟市机械行业各创办了1所职工大学,均开办国家认可学历的大专班。1985年全市学校发展至18所,在校学生10 395人,共设置71个专业,已毕业4 638人。为提高干部文化层次和管理工作水平,1982年起苏州市组织一批青年干部,经过统一考试,进入在苏的6所普通高等院校附设的干部专修科以及苏州市委党校、苏州农村干部学校、苏州经济管理干部学院开设的干部大专学历教育班脱产学习,至1985年共招收干部学员2 385人,已有毕业生566人。1986年起入学学员参加全国统一的成人高考,当年录取2 112人。1987年苏州市广播电视大学单独建制。1988年8所产业局主办的职工大学联合组建成苏州市职工大学,办学规模为1 000人,1992年建制获江苏省正式批准后,原局办的职工大学陆续撤销。1992年年底苏州市经济管理干部学院撤销,建制并入市职业大学。1995年全市成人高校报考人数突破万人。2000年全市职工大学还有苏州市职工大学、职工业余大学、建筑职工大学3所,在校生9 164人。1983年起高等自学考试作为成人高等教育的另一种主要形式在苏州开始实行。1986—2000年全市累计招收各类成人高校生67 402人,已毕业48 255人,2000年在校生29 102人。

高标准扫除文盲。20世纪80年代苏州继续扫盲,文盲比重逐年下降。按国务院规定,非文盲率在85%以上为基本扫除文盲单位,1984年经江苏省教育厅考核,苏州市所有乡镇成为基本扫除文盲单位。"七五"期间苏州市开展扫除剩余文盲工作,着重抓好青壮年和未达标村的扫盲工作,至1992年共扫除文盲95 322名。是年底苏州市政府宣布:全市提前3年成为全国首个高标准扫除青壮年文盲的地级市。之后全市年均扫除文盲2 000名,至2000年全市非文盲率提高到99.5%。

第三节　文化事业繁荣发展

改革开放迎来了苏州文化事业发展的又一个春天,苏州市各级党委、政府充分发挥苏州文化底蕴深厚的优势,认真贯彻党和国家的文化工作方针政策,按照中央关于社会主义文化建设的总体部署,积极组织推进文化体制改革和各项文化事业的建设发展。在历次市党代会上和历次五年规划中都把"文化发达"作为全市经济社会发展的奋斗目标,2000年提出实施"文化苏州"战略和建设"文化强市"的目标,为面向21世纪的文化事业发展做好了充分准备。同时,全市文化主管部门和文化系统的工作人员增强使命感和责任感,充分运用各种文化阵地、文艺形式,认真抓好弘扬主旋律的精神产品生产,丰富人民群众的精神文化生活。在全市上下的共同努力下,改革开放以来的20多年中,苏州的文化综合实力和竞争力居全国领先地位。[1] 1982年国务院将苏州列为全国首批24个历史文化名城之一。1995年苏州市被评为"全国文化模范市",常熟市、张家港市、金阊区被命名为"全国文化先进县(市)区",首批命名的4个省级历史文化名镇全部花落苏州。联合国教科文组织1997年将"苏州古典园林"列为世界文化遗产,2001年初将苏州"昆曲"列为首批人类非物质文化遗产代表作。

一、公共文化服务体系日臻完善

改革开放以来,苏州市各级政府按照公益性、基本性、均等性、便利性的要求,坚持政府主导,以公共财政为支撑,以公益性文化单位为骨干,以全体公民为服务对象,以保障人民群众进行公共文化鉴赏、参与公共文化活动等基本权益为主要内容,大力加强文化基础设施建设,不断完善公共文化服务网络,积极提供公共文化产品和公共文化服务,热情支持开展健康向上的群众文化活动,以满足社会的公共文化需求,提高市民的思想道德素养和文化生活水平。

---

[1] 汪长根、蒋忠友:《苏州文化与文化苏州》,古吴轩出版社2005年,第1页。

1. 公共文化管理服务组织体系的建立和完善

改革开放以来,苏州各县(市)、区都先后建立了文化局,各乡镇、街道都建立了文化站,承担政府赋予的地方公共文化管理和服务职能。苏州各级政府逐步加大对公共文化服务运行和事业建设发展经费的投入,市本级财政1985年拨付的文化事业经费187万余元,为1978年的3倍,至2000年已达4833万元。根据中央关于抓精神产品生产也要像抓经济建设那样抓好重点工程、多办实事的指示精神,苏州市委宣传部于90年代初起实施全市精神产品"五个一工程",每两年评选表彰一批优秀作品,以推动作家、艺术家、群众文化工作者创作出更多精品力作,繁荣苏州文化事业。[1]各级各部门组建的文化学会组织、研究机构和文艺爱好者组建的群众文化组织雨后春笋般涌现,为协助党委政府共同推动苏州的公共文化事业做出了积极的贡献。

2. 公共文化设施不断充实完善

苏州各级政府不断加大公共文化服务设施建设力度,一些社会力量也加入公共文化服务设施的开发建设和社会服务行列,使全市初步形成了数量充足、布局合理、功能完善、服务优良的公共文化设施体系,也促进了文化产业的发展。

文化馆建设:苏州市文化馆(群众艺术馆)新馆改革开放前夕在观前街建成投用,苏州市青年宫1980年在民治路万寿宫建立,苏州市工人文化宫1983年起进行大规模改扩建,苏州市青少年活动中心1991年在西环路建成开放,苏州市妇女儿童活动中心1994年在狮山大桥西南堍建成开放。各县(市)区的文化馆普遍进行了新建、改建、扩建,使馆舍建筑面积都超过1000平方米,普遍设有阅览室、展览厅、小剧场、活动室、健身房、舞蹈训练房、歌舞厅、录像放映室、电子游戏室等。至2000年,各县(市)、区文化馆均先后获评全国标准馆、特级文化馆、群众文化先进集体等荣誉称号。乡镇文化站从无到有、从小到大,普遍建起了颇具规模的农村集镇文化活动中心。三个城区和张家港、常熟、昆山还建有"少年之家",1980年全国人大常委会副委员长宋庆龄为新建的常熟市少年之家题词并题写馆名。[2]各级文化馆(站、室)积极组织和指导群众文化活动的开展,至1998年底共有各种门类的业余文化活动团队1656个,从中培养了一支有较高文化艺术素养的业余文艺骨干队伍。[3]苏州市群众艺术馆1986年后组织、辅导、创作的各类艺术作品获得省以上入选、奖励的有360多件。吴县文化馆编导

---

[1] 杨新、徐宁:《我市举行"五个一工程"奖颁奖表彰大会》,《苏州日报》,1993年12月20日。
[2] 江洪、朱子南、叶万忠、唐文:《苏州词典》,苏州大学出版社1999年,第1006页。
[3] 缪智、朱钧柱、徐宁:《我市文化建设二十年综述》,《苏州日报》,1998年12月23日。

的《担鲜藕》1986年获全国民间舞蹈比赛一等奖,后被东方歌舞团移植到国外演出。1987年昆山歌手葛海珍获全国首届农村歌手大选赛一等奖;平江区吴平国乐团在首届海内外江南丝竹比赛中获演奏二等奖。到2000年为止,在共10届全国业余文化艺术政府最高奖"群星奖"比赛中,苏州市、县两级文化馆编导的节目共获2个金奖、9个银奖、2个铜奖。[1]

图书馆建设:1986年全市公共图书馆馆舍面积1.89万平方米,藏书190万册;苏州市图书馆藏书量达100万册,其中古籍25万册,1993年建办古籍馆,大批古籍得到较好保护和利用。1994年全市乡镇图书馆全面实现万册馆目标。1995年全市公共图书总量480万册,人均0.84册,接待读者327.9万人次;苏州市图书馆和常熟市图书馆被分别评为地级市和县级市的国家一级馆;常熟市图书馆藏书总量超100万册,成为全国首个达到人均拥有公共图书1册的县级市。1999年张家港市图书馆跻身国家一级馆。2000年昆山市图书馆馆舍面积扩大6倍多,太仓市规划新建太仓图博中心;全市公共藏书总量增加至595.8万册,列江苏省各市第一[2],分别超过全国、全省人均公共图书馆藏书的2倍和1倍。在苏州的几所部省属高校图书馆也颇具规模,2000年苏州大学、苏州医学院、苏州城建环保学院、常熟高等专科学校图书馆藏书分别达286万册、54万册、28万册、40万册。[3]经过两年建设,2001年6月苏州市图书馆新馆落成开馆,馆舍面积比老馆扩大了近5倍,成为环境优雅、功能完备、设施现代化的大型公共图书馆,亦成为苏州古城区的一座地标性建筑。

博物馆建设:改革开放之初苏州城乡仅有苏州博物馆一座博物馆,馆址在原太平天国忠王府,展室面积2600平方米,共有文物藏品1.4万余件,其中一级文物239件。80年代起各地先后开办了一批新博物馆,多方面展示苏州的悠久历史和灿烂文化。1985年苏州碑刻博物馆在苏州府学文庙内开馆。1986年中国苏绣艺术博物馆、苏州戏曲博物馆、苏州民俗博物馆同时建成开馆。至90年代前期,市区又有国宝钱币、工艺美术、丝绸(新馆)、园林、革命、佛教等6座专业博物馆建成开放。80年代后期起,除吴县外的苏州所辖五县(市)也先后建办了地方综合博物馆,常熟博物馆荣获"江苏省优秀博物馆"称号。1994、1995年全市各文博单位收藏保管的文物经国家文物局专家组鉴定评审,确认为一级文物的共316件,其中属

---

[1] 肖旭:《苏州舞蹈获"群星奖"两金一银》,《苏州日报》,2000年12月6日。
[2] 贾鲅、唐文起:《江苏通史·中华人民共和国卷(1978—2000)》,凤凰出版社2012年,第366页。
[3] 苏州市教育局《苏州教育志·续志》编纂组:《苏州教育志·续志(1986—2000)》,香港文汇出版社2007年,第234—238页。

"国宝"级的 5 件,居全省各市首位;全市馆藏革命文物中一级品总数达 318 号(件、组),其中市区有 233 号。苏州许多民间收藏家收藏根底深厚,继 1988 年吴根生在吴江芦墟镇创办全市第一家私人钱币博物馆后,一些收藏家将私人藏品博物馆化,陆续开办出一批小型专题博物馆,向社会公众开放。

名人纪念馆建设:苏州各地政府和有关部门自 80 年代后期起先后建办了太仓浏河郑和纪念馆、唐寅纪念陈列室、吴江黎里柳亚子纪念馆、天平山范仲淹纪念馆、范庄前范氏义庄范仲淹史迹陈列馆、吴县甪直叶圣陶纪念馆、昆山顾炎武纪念馆、千灯顾炎武故居、常熟翁氏故居翁同龢纪念馆、庞薰琹美术馆、常熟名人馆、太仓沙溪吴晓邦纪念馆等一批名人纪念馆,供市民和外地游客参观缅怀,彰显了苏州深厚的人文底蕴。

3. 群众文化活动活跃丰富

改革开放以来,苏州各级各有关部门努力适应人民群众求知、求乐、求美的需要,大力组织并引导城乡群众开展丰富多彩的文化活动,并在农村群众文化的繁荣方面创造了一些成功的经验,在全国引起良好反响。

一是沙洲县兆丰乡"以工养文"经验。1979 年中宣部、文化部肯定了兆丰文艺宣传队创造的"以队办厂、以厂养队"的经验;1984 年邀请兆丰文化中心宣传队赴京专场演出,先后在中南海怀仁堂等演出 10 场,中宣部部长、文化部部长等领导同志观看了演出,两个节目在中央电视台举办的国庆文艺晚会上演出,其间还召集首都文艺界的专家和专职文艺工作者对兆丰文艺宣传队的演出进行座谈,给予了很高的评价。

二是建设"五位一体"集镇文化中心经验。1979 年中宣部、文化部提出"逐步建设集镇文化中心"后,沙洲县迅即对建设集时政宣传、文化娱乐、业余教育、科学普及、群众体育"五位一体"的农村文化中心做出部署。1981 年兆丰公社文化中心被文化部授予"全国农村文化艺术工作先进集体"称号。1983 年 11 月《红旗》杂志发表专题文章,对沙洲县兴办"五位一体"的农村集镇文化中心的做法和经验予以高度评价。是年底文化部在苏州召开全国南方地区农村集镇文化中心工作座谈会,使苏州经验在全国推广。在全市农村集镇文化中心全部做到"五位一体"的基础上,1987 年起常熟市率先提出"五五"新目标,即每个中心要有 5 个以上阵地活动项目、一支 50 人左右的文艺队伍、每年出 5 个以上较有质量的作品、宣传队每年演出不少于 50 场、中心所属经营企业实际利润达 5 万元以上。全市各地学习推广常熟做法,促进农村集镇文化中心建设发展上新水平。

三是创建特色文化乡镇。随着农村群众文化活动的蓬勃开展,一些乡镇开始根据自己的基础和各方面条件,有目标地培育本地的一二项传统或新兴的特色项目,壮大群众基础,提升发展层次,使其成为当地的"文化名片"。常熟市董浜乡农民管弦乐队1986年应首都新闻单位邀请赴京演出,中央领导同志观看后赞之为"迷人的乐队"。具有深厚农民画历史积淀和一定群众基础的吴县胥口镇,1988年起逐步走上发展农民书画艺术产业的路子,在镇上形成了前店后坊式的"书画一条街",1991年该镇被文化部命名为"中国民间文化艺术之乡(书画)",成为苏州首个国家级特色文化之乡。1992年张家港市塘桥镇被国家体委命名为"围棋之乡"。1999年市政府命名了首批20个"苏州市特色文化乡镇",在江苏省首批命名的特色文化之乡中苏州有7个入列。2000年,常熟白茆镇(山歌)、太仓新湖镇(狮龙舞)、昆山正仪镇(书法)、吴县镇湖镇(刺绣)被文化部命名为"中国民间文化艺术之乡"。至此苏州的国家级特色文化乡镇总数达6个,占全省总数的近四分之一。[1]

二、物质文化遗产保护成果不凡

千百年来苏州积淀和遗存了种类繁多、造诣精深、价值厚重的物质文化遗产,包括文物、古迹、古建筑、古树名木以及包涵丰富历史文化信息、具有一定规模的古城、古镇、古村落等,是全省、全国的物质文化遗产大市,堪与北京、西安等古都媲美。改革开放以来,全市上下保护文化遗产的意识不断增强,各级政府管理部门坚持"保护为主,抢救第一"的方针,积极、有序地开展物质文化遗产的保护工作,并在保护的基础上进行合理开发利用,取得了显著的成效,走出了一条遗产保护和经济发展相互促进、相得益彰的成功路子,演绎了传统文明与现代文明相融相合的"双面绣",为国内外所瞩目,一些保护和传承的成果与做法不仅得到了国家有关部门的肯定,而且得到了联合国教科文组织的认可和赞赏。

1. 文物古迹保护力度不断加强

第一阶段1979—1982年,为引起高度重视、实施抢救性保护的阶段。这几年间中央对苏州的古城和古典园林保护高度重视,做出了一系列重要指示和制度性安排。由此,苏州对文化遗存的保护意识日益强烈,并开始积极有所作为。1980年至1982年5月市对城区文物古迹、园林名胜和古建筑进行了一次全面调查,查明:在城区1963年前公布的85处国家、省、市级文物保护单位(以下简称"文保单位")中,已有15处在"文化大革命"期间被毁废、拆除,实际剩下70处;

---

[1] 贾轶、唐文起:《江苏通史·中华人民共和国卷(1978—2000)》,凤凰出版社2012年,第365页。

1959年查明实有的142处园林庭院中,已经完全毁废的96处,受到不同程度破坏但尚能修复的23处,完整和比较完整的只有23处。在这次普查及1982年玄妙观三清殿和网师园被列入第二批全国重点文保单位、11处文化遗址被列入江苏省第三批文保单位的基础上,1982年10月市政府将1963年已公布的苏州市第一批文保单位调整为55处(包括已列入全国重点文保单位和省文保单位),同时新公布了第二批市级文保单位共38处,至此,市区拥有全国重点文保单位7处、省文保单位23处、市文保单位63处,三级共计93处;经苏州市政府批准,由市基本建设委员会和市文物管理委员会联合公布了新发现的保存完整和比较完整的69处古园林庭院与252处古建筑名单,因其历史文化内涵和文物价值有待研究,公布为文物保护单位的条件尚不成熟,于是在全国首创建立了"控制保护古建筑"这一制度,明确规定产权单位、产权人和使用单位"不得任意改建、翻建或拆除"。这几年间,采用多管齐下方法,投入经费875.6万元,先后组织对26处重要和濒危的文保单位进行抢救性保护维修,其中全面维修的有13处。[1] "吴中第一名胜"虎丘园中的首批全国重点文物保护单位云岩寺塔,1978年时发现该塔体东北部内外墩碎裂,塔的倾斜加快,塔顶倾角2°48′,倾距已达2.34米,险情日趋严重。经反复论证,1981年起确定采取"加固地基,补筑基础,修缮塔体,恢复台基"的整修方案,1986年竣工并通过国家文物局验收。此后20多年来的监测表明,塔体已基本稳定,千年古塔转危为安。与此同时,苏州地区所辖各县对文物保护工作也日益重视并富有成效,在1982年公布的第三批江苏省文保单位中,苏州地区有10个升格入列,至此苏州所辖6个县共有全国重点文保单位1处(用直保圣寺)、省级文物保护单位23处。[2]

  第二阶段1983—1992年,为步入依法、科学、有序、全面保护阶段。1982年国务院将苏州列入首批中国历史文化名城,《文物保护法》颁布实施;1986年国务院批准《苏州市城市总体规划》,是年10月隆重举行苏州建城2500年纪念活动之际,苏州市制定保护恢复园林古迹的总体方案,确定分三类加以保护的具体规划和实施方案,进一步明确了保护的目标和方向。一是继续积极推进园林古迹的保护修复。至1985年修复开放了文庙、五人墓、双塔、唐寅墓、天平山高义

---

[1]《中共苏州市委员会、苏州市人民政府关于我市园林风景、文物古迹整修、恢复及近期发展规划的报告》,1982年9月3日,第2页,苏州市档案馆藏,档号A1—1—299。
[2] 汤钰林:《苏州文化遗产丛书·文物卷(Ⅰ)》,文汇出版社2010年,第175—197页。

园,整修了近20处古典园林和古建筑[1],"七五"期间又先后修复了环秀山庄、鹤园、畅园、枫桥铁铃关、盘门水陆城门城楼及300米古城墙、石湖景区的范成大祠堂、石佛寺和楞伽塔院等一大批园林名胜,市区开放参观的园林名胜增加至28处。[2]二是文物保护工作进一步加强。1988年市区的环秀山庄和瑞光寺塔又被列入第三批全国重点文保单位,1991年市政府将东吴大学旧址、苏州日本领事馆旧址、天香小筑、金城新村、杨家桥天主堂、乐群社会堂、使徒堂、金门、渔庄(又名余庄)、信孚里等16处优秀近代建筑列为第三批市级文保单位。[3]至1992年市区范围内经过不同程度抢修维修的文保单位达62处,省级以上的文保单位基本整修一遍,使文物总体面貌发生了重大变化,文物开放点从13处增加到37处。三是古树名木保护迈开步子。1982年市园林绿化部门组织对古城内的古树名木进行第三次普查,对329株(不含园林)逐一登记编号、造册建卡、立档挂牌并落实管护单位(或责任人)。1984年市政府颁布《苏州市古树名木保护管理暂行办法》后,对古树名木进行复查,查明园林名胜内有438株、古城区有335株,其中一级保护(树龄300年以上)46株、二级保护289株。之后分别轻重缓急,对古树名木开展保护复壮,对一批濒危古树进行抢救复壮,改善立地条件,防治病虫危害。

第三阶段为1993年后,以苏州古典园林申报世界文化遗产和历史文化古镇的保护、利用为重点和主要特色,以1996年修编完成的《苏州市文物保护专题规划》和1997年市政府颁布实施的《苏州市文物保护管理条例》为主要标志,全市物质文化遗存保护进入法制化管理、科学化传承新阶段。市区1995年完成对各级文保单位逐一重新划定保护范围和建设控制地带,对208处控制保护古建筑进行了筛选分级,在古城区内划定了平江、拙政园、怡园、山塘4处历史文化保护街区,并纳入城市总体规划;1997年完成123处文保单位的文字、测绘图纸、照片记录档案工作,为加强保护打下了基础。在此基础上按历史原貌进行了保护性维修,使许多文保单位扩大了范围、丰富了内涵,为以后提升文保单位的等级层次创造了条件。这一时期,苏州城乡的各级开发区建设和各项现代化建设大力推进,为切实有效地保护文物,在具体实施中,大规模拆迁、挖掘之前,先由文

---

[1]《俞兴德同志在市城市建设工作会议上的讲话》,1986年4月5日,第3页,苏州市档案馆藏,档号C1—1—522。

[2] 陆明其、程国明:《我市实施城市总体规划五年成果卓著》,《苏州日报》,1991年6月12日。

[3] 汤钰林:《苏州文化遗产丛书·文物卷(Ⅰ)》,文汇出版社2010年,第173—178页;汤钰林:《苏州文化遗产丛书·文物卷(Ⅲ)》,文汇出版社2010年,第1页;汤钰林:《苏州文化遗产丛书·文物卷(Ⅳ)》,文汇出版社2010年,第48页。

物部门进行全面勘查和抢救挖掘,使一些有一定历史文化价值的文物遗构得以保存了下来。对因开发建设而必须移动的文保单位、古建筑、古遗构、古树名木等,如京杭大运河航道整治中涉及的浒墅关十里亭、常熟古城改造中涉及的言子故里亭等,选择适宜场所进行迁建,使其得以永续传承。有的因文物保护需要而临时变更建设施工方案,不再拆除而予以修缮,从而避免造成历史的遗憾。如1999年环古城河低洼地建设改造中发现了古胥门遗迹遗址,随即调整方案,对其进行抢救性发掘清理,使元至正十一年(1351)重建的胥门门洞、两翼残存城垣385米、北部由青石盘砌的登城墙马道、城门内外的石板道路及被埋在地下的半月形瓮城基础部分等古遗存得以完整地保存了下来。这一阶段全市文物保护工作取得了许多新成果。1995年公布的第四批江苏省文保单位中,苏州共有26处入列;1996年12月国务院公布第四批全国重点文保单位,苏州的罗汉院双塔及正殿遗址、常熟的綵衣堂(翁氏故居)名列其中;[1]1998年11月市政府公布苏州市第四批文保单位,计18处。至2000年底,苏州共有全国重点文保单位13处、江苏省文保单位64处,分别占全省总数的32.5%和20.6%,市级文保单位360余处(包括所辖各县级市历次命名而升格为苏州市文保单位的在内)。全市拥有的文物保护单位数量继续名列全国城市的前茅。[2]

2. 苏州古典园林成功列入世界文化遗产名录

千百年来,苏州古典园林的历代造园者,在有限的空间里,因地制宜,模拟自然,运用高超的叠山理水、花木栽植、建筑配置等造园手法,组建成丰富多彩、小中见大的空间布局,创造出大量精致典雅、诗情画意的中国写意山水园林景观艺术奇迹,突出地体现了中国古代造园家的高超技艺和卓越智慧,深刻影响着东西方园林艺术体系的发展;园林内丰富的各色建筑、假山石峰、书画作品以及各种类型的家具陈设、装饰艺术品等,系统地展示了古代中国江南地区高超的艺术成就,折射出中国传统文化中的精髓和内涵,完美地诠释了中国古代文人士大夫的隐逸文化、美学思想和城市人居环境的和谐统一。[3]苏州园林享有"江南园林甲天下,苏州园林甲江南"之誉,中华人民共和国成立后作为江南私家园林杰出代表的苏州拙政园、留园与作为皇家园林杰出代表的北京

---

[1] 汤钰林:《苏州文化遗产丛书·文物卷(Ⅰ)》,文汇出版社2010年,第173—197页。
[2] 汤钰林:《苏州文化遗产丛书·文物卷(Ⅰ)》,文汇出版社2010年,第173—201页;贾轸、唐文起:《江苏通史·中华人民共和国卷(1978—2000)》,凤凰出版社2012年,第367页。
[3] 联合国教科文组织2012年发布的《苏州古典园林突出普遍价值回顾性声明》,《苏州日报》,2013年12月27日。

颐和园、承德避暑山庄共同被命名为中国四大名园;1985年"苏州园林"被评为全国十大风景名胜之一。

联合国教科文组织1972年制定《世界遗产公约》,1976年成立世界遗产委员会,标志着保护世界遗产的国际行动正式启动。1985年中国正式加入《世界遗产公约》,1987年中国长城、故宫、周口店北京猿人遗址、秦始皇陵及兵马俑、敦煌莫高窟等5个首批"申遗"项目成功列入《世界文化遗产名录》,极大地推动了我国的文化遗产保护工作。1993年苏州酝酿争取将古典园林列入世界文化遗产。然而"申遗"并非一蹴而就,首先必须列入国内预备名单,而到1994年底全国已有27处列入预备名单,即使增补苏州,排名也要到35位之后,况且我国向联合国申报每年仅限2—3项。这样若按正常程序,苏州古典园林"申遗"最快也要等到2010年以后。鉴于苏州古典园林在世界文化遗产中的独特和重大价值,1995年国家有关部门破例将苏州古典园林列入中国预备名单,并与山西平遥古城、云南丽江古城同时提前列入1996年中国政府向联合国申遗的正式项目。与此同时,苏州市自身也在积极努力,创造条件。1996年市政府成立专门的领导小组及其办公室,市人大常委会通过了《苏州园林保护和管理条例》,把古典园林的保护与管理进一步纳入法制化轨道。同时,在市政府统一部署下,对园林内外环境全面整治。内部环境整治主要是按照联合国教科文组织关于保护世界文化遗产的标准,全面整治作为"申遗"典型例证的4座古典园林,充分体现其中国造园艺术的民族特色和水平;外部环境整治主要是拆除园林周边的近千平方米违章建筑,搬迁、埋设各类杆线;并按照相关规定,按时、按规范要求完成了各项申报材料的准备,做好联合国教科文组织官员和专家的多次实地考察、评审考核的准备和接待工作。经过三年多的积极争取和艰苦努力,1997年12月联合国教科文组织第21届世界遗产委员会会议批准,以拙政园、留园、网师园、环秀山庄为典型例证的"苏州古典园林"列入《世界文化遗产名录》,成为中国第三批列入世界文化遗产的3个项目之一。这标志着苏州古典园林在世界造园史上享有的独特的历史地位和价值得到了国际社会的公认。1998年起苏州把争取古典园林群体列入世界文化遗产作为新目标,进一步加大和深化了其他古典园林的管理和内外部环境整治力度;同时开展遗产保护宣传、管理培训和研讨活动,建办"苏州园林网"并与联合国世界遗产中心实现了对接,建立苏州园林档案馆。经过这一系列的努力,2000年11月联合国教科文组织第24届世界遗产委员会会议正式批准,沧浪亭、狮子林、艺圃、耦园、退思园等5座园林作为苏州古典园林的扩展项目正式列入《世界文化遗产名录》。[1]

联合国教科文组织规定,列入《世界文化遗产名录》的文化遗产项目,必须符合6项世界价值标准中的一项或几项,而该组织认为,苏州古典园林已达到了其中的5项,尤其是体现在作为世界文化遗产的真实性、完整性和典范性上。真实性:现存于苏州古典园林内的园记、诗文、绘画以及各个时期的测绘资料翔实记载着自公元11世纪至今苏州古典园林的历史变迁,现存于核心区内大量的古树名木、匾额、楹联、砖雕、石雕以及其他珍贵的不可移动文物保存着其建立以来各个历史时期的真实信息;当地传统造园技艺世代相传至今,地方政府在管理中坚持"不改变原状"的维修原则,采用传统材料和传统工艺进行维护,现代城市的发展对园林的影响已经得到有效控制,使其取法自然而又超越自然的深邃造园意境得以真实呈现。完整性:遗产地完整包括了各园林内部的组成要素以及园林所处的整体环境。参照11至20世纪各个时期的苏州史志、典籍等历史文献中的详细图文和测绘资料,其结构布局、建筑形制、假山石峰、植物配置、匾额楹联、家具陈设等均保留完整;其缓冲区内苏州古典园林的河道、街巷、民居以及文化氛围等所有必要元素均保存良好,系统全面地展示出苏州古典园林"城市山林"的风貌、氛围和意境。[2]典范性:在首批4座园林被列入《世界文化遗产名录》时,世界遗产委员会做出这样的评价:"没有哪些园林比历史名城苏州的四大园林更能体现出中国古典园林设计的理想品质。咫尺之间再造乾坤,苏州园林被公认为是实现这一设计思想的典范。这些建造于16—18世纪的园林,以其精雕细琢的设计,折射出中国文化取法自然而又超越自然的深邃意境。"[3]

3. 水乡古镇保护和开发利用初见成效

苏州农村为江南水乡,自古以农耕文明发达而著称为"鱼米之乡"。在这片富庶的土地上,历代形成了众多的古镇,它既是农村经济、文化、政治的中心,又是乡绅、佃主、商贾集中居住的场所,经数百年的营建、传承,普遍形成了小桥流水、人家枕河、河街相邻、粉墙黛瓦、宅第密布、庭院深深、商肆林立、文人雅士云集的水乡古镇风貌,蕴含着极其丰富的历史文化内涵,其中有一批厅堂宅院、名人故居、古桥古塔、寺庙祠堂被列入了各级文保单位,在中国乃至世界的小城镇体系中独树一帜,为文人墨客所向往,为专家学者所称道。自20世纪70年代后

---

[1] 汤钰林:《苏州文化遗产丛书·文物卷(Ⅳ)》,文汇出版社2010年,第98—102页。
[2] 联合国教科文组织2012年发布的《苏州古典园林突出普遍价值回顾性声明》,《苏州日报》,2013年12月27日。
[3] 汤钰林:《苏州文化遗产丛书·文物卷(Ⅳ)》,文汇出版社2010年,第100页。

期起,因乡镇工业和小城镇的发展,苏州农村一些地方在老镇区中拆房建厂开商店、填河拆桥修筑马路,导致相当多的水乡古镇风貌遭受不同程度的破坏,但也有一些乡镇由于考虑降低开发建设成本、加快开发建设速度而选择另辟新区发展,从而使得全市有20多个集镇的古镇区较为完整地保存了下来。

1982年国务院将太湖风景名胜区列为全国首批国家重点风景名胜区,在确定公布的苏州境内8个景区景点中有6个为水乡古镇。受此启迪,苏州的一些县、乡干部开始意识到:古镇既是一笔宝贵的历史文化遗产,也是一种可资开发利用的物质文化资源和独特的旅游资源。认识的升华很快转化为实际的行动。吴江首先保护、开发1982年被以整个镇列为省文物保护单位的同里古镇,乡政府办公场所从古典园林退思园中退出后对其进行了全面修缮,还对四周与退思园风貌不协调的建筑物进行拆除、改造和整治,对古镇区的沿街立面和街道路面进行整治改造,1984年竣工后作为苏州首个水乡古镇旅游景点对外开放。90年代初又修复开放崇本堂、嘉荫堂和太平、吉利、长庆桥,形成"二堂三桥"旅游精品线路,古镇旅游迅速红火起来。80年代初昆山县政府确定重点保护开发千灯、陈墓(后更名锦溪)、周庄3个古镇后,周庄首先展开0.47平方公里古镇区内的风貌和文物保护工作,随着玉燕堂(俗称张厅)、敬业堂(俗称沈厅)和古镇标志性景观双桥(世德桥和永安桥)及沿河建筑的修复,1988年创办镇旅游公司,开始打出"中国第一水乡"品牌。吴县结合太湖风景名胜区的保护和开发,在东山、西山、光福、甪直等古镇上逐步修复文保单位和有一定历史文化价值的古建筑、古遗迹,使古镇风貌得以保存和逐步彰显。甪直镇首先对"国宝"保圣寺罗汉彩塑及塑壁进行维修,整修古街道和古桥、驳岸、沿河廊棚等,修复利用叶圣陶早年执教的县第五高等小学旧址开设叶圣陶纪念馆,使古镇旅游逐步发展起来。1992年苏州市旅游部门向海内外推出"江南古镇游"旅游新产品,首批为同里、周庄、甪直3个古镇,在海内外旅游市场上引起较大反响,苏州的水乡古镇日益引起人们的瞩目。1995年省政府命名首批4个省级历史文化名镇,全部花落苏州,即东山镇、甪直镇、周庄镇和同里镇。[1]由此推动苏州的古镇保护和开发利用加大力度、拓展范围、提升层次,并开始步入良性循环发展之路,成为苏州物质文化遗产保护工作的一大新亮点。"九五"时期,昆山锦溪和千灯、太仓沙溪、吴县木渎、吴江震泽的古镇旅游开发建设也相继展开;这些古镇上的一批文物古迹得到有效保护,周庄的玉燕堂、敬业堂、双桥及沿河建筑,同里的崇本堂、嘉荫堂、

---

[1] 贾蔚、唐文起:《江苏通史·中华人民共和国卷(1978—2000)》,凤凰出版社2012年,第366页。

耕乐堂和陈去病故居(明善堂),千灯的顾炎武墓、余家当铺,沙溪的龚氏雕花楼,震泽致德堂等相继被列为江苏省文保单位,同里的退思园2000年成为世界文化遗产苏州古典园林的典型例证之一,2001年被列为全国重点文物保护单位。2001年,苏州的木渎、西山、光福、沙溪、震泽镇被命名为第二批省级历史文化名镇。2003年10月,国家文物局和建设部首批命名了10个"中国历史文化名镇",苏州的周庄、同里、甪直名列其中。之后几年间,木渎、沙溪、千灯、沙家浜、锦溪、东山、凤凰(张家港)古镇也先后被命名为中国历史文化名镇。[1]

三、非物质文化遗产保护与传承初现成效

苏州历史源远流长,文化底蕴深厚,历来有"鱼米之乡""丝绸之府""工艺之都"等美誉。千百年来,苏州创造、积淀了传统戏剧、音乐、舞蹈、游艺、美术、技艺、饮食、医药及地方曲艺、民间文学、地方民俗等非物质文化遗产,不仅数量众多、门类齐全,而且内涵丰富,彰显出苏州的独特文化魅力。十年动乱中,苏州的非物质文化遗产普遍遭受严重的摧残,不少已身处绝境。改革开放以来,在全市各级党委、政府的高度重视和精心组织下,有关部门和有识之士共同努力,通过逐步建立完善法规规章、组织机构、人才队伍、平台建设、生态环境、财政保障等,开始形成了一条政策性扶持与生产性保护相结合、项目性保护与生态性建设相结合、文献传承与活态传承相结合的非物质文化遗产保护传承之路,取得了令人瞩目的成绩,大大提升了苏州的文化软实力。

1. 昆曲成功列入首批世界非物质文化遗产[2]

发源于元末明初吴地昆山一带,被称为中国传统戏曲"百戏之祖"和典型代表的昆曲,进入改革开放新时期迎来了发展的春天,但同时也受到现代传播媒体和娱乐方式的冲击,一度面临着市场萎缩、观众锐减和后继乏人的严峻形势。为此,中央和省都采取了一系列举措,以保护和传承昆曲艺术;苏州更是将昆曲的保护和振兴作为文化遗产保护的主要抓手,做出了不遗余力的努力,使之成为苏州文化建设的一张"王牌"和苏州的一张"城市名片"。

在国家层面上,1981年文化部、全国剧协等联合在苏州举办"昆剧传习所"成立60周年纪念活动,并作汇报交流演出;1982年文化部、江浙沪文化厅和苏

---

[1] 汤钰林:《苏州文化遗产丛书·文物卷(Ⅳ)》,文汇出版社2010年,第170、176页,第179—186页,第204—208页。
[2] 本小目及第三目中以下其他各小目主要参考汤钰林主编《苏州文化遗产丛书·非物质文化遗产卷》(文汇出版社2010年版)第Ⅰ、Ⅱ、Ⅲ卷有关内容编写。以下凡同一出处的不再一一注明。

州市文化局在苏州联合举办昆剧会演,并探讨和交流执行"抢救、继承、改革、发展"昆剧方针的情况、经验和问题,文化部给16位"传"字辈老演员颁发"荣誉奖",授予江苏省昆剧院、江苏省苏昆剧团等4个昆剧表演团体"继承革新奖";1985年昆剧艺术大师俞振飞上书胡耀邦总书记,提出了保护昆剧的六点意见,引起党中央的高度重视,胡耀邦做了批示,国务院发了文件,文化部发了《关于保护和振兴昆剧的通知》;[1]1986年召开保护和振兴昆剧会议,成立文化部振兴昆剧指导委员会(简称"昆指委");之后两年中由昆指委组织,采取录像、师生传授、文字记录三同步方法,集中在苏州等地举办4次昆剧培训班,抢救继承昆剧传统剧目133折;1992年昆指委等在昆山举办纪念昆剧传习所成立70周年活动;2000年文化部和江苏省、苏州市政府共同举办首届"中国(苏州)昆剧艺术节",大陆7个昆剧专业艺术团和台湾联合昆剧团及海内外的一些民间昆剧社团参演,演员从"传"字辈老艺术家到"小昆班"六世同堂,参演的剧目继承与创新并举,风格各异,流派纷呈,是为世纪之交昆剧界的第一次大团圆和昆剧艺术的大会演。

在省级层面上,80年代初南京电影制片厂将江苏省昆剧院"继"字辈名家张继青主演的《牡丹亭》搬上了银幕,江苏电视台也将《朱买臣休妻》摄制成电视片,江苏两家出版社分别出版《张继青表演艺术》和《笛情梦边——张继青的艺术生活》,对她的表演艺术和艺术生活做了系统的评价与介绍;1983年张继青荣获首届中国戏剧"梅花奖"这一中国戏曲界最高奖。1982年建立江苏省昆剧研究学会。80年代以来江苏省昆剧院十多次出访,张继青、张寄蝶(1986年第四届中国戏剧"梅花奖"获得者)等名角倾情演出,扩大了昆剧在海外的影响。[2]

就苏州自身来看,江苏省苏昆剧团1977年恢复后,团内分为昆剧和苏剧两队。剧团改变以往拜师传承方式,开办了学馆和学员班,在老艺人的面授身传下培养了王芳(艺名王弘芳)、杨晓勇、高雪生等一批"弘"字辈新演员(1956年昆曲界拟定在"传"字辈后以"继""承""弘""扬"为剧团演员艺名辈序)。1982年重建苏州昆剧传习所,连续举办11期培训班,专业和业余昆剧工作者300余人参加培训。至80年代中的十来年间,苏昆剧团倪传钺、薛传钢等"传"字辈艺人艺术青春重新焕发,时常登台演出,风采不减当年;柳继雁、龚继香、朱继勇、周继康、严继梅、周继翔、凌继勤等"继"字辈及胡锦芳等"承"字辈演员常年活跃在舞台上,艺术日趋成熟,渐成骨干。"弘"字辈青年演员经过十来年的学习磨炼,加

---

[1] 苏州市文学艺术界联合会:《群星灿烂——苏州当代文化名人》,古吴轩出版社2003年,第491页。
[2] 周治华:《当代苏州人才录》,上海三联书店1999年,第142、143页。

快成长。[1] 80年代中期由于社会变革，传统戏剧整体转入低迷期，苏昆剧团众多演员无奈暂时离团从事其他职业。然而，暂时的沉寂并没有阻断新老艺人振兴昆曲的梦想。进入90年代后情况有所转机。专工丑行的"继"字辈演员林继凡和"承"字辈旦角胡锦芳，1990年双双荣获第八届中国戏剧"梅花奖"，成为苏昆剧团首获"梅花奖"的演员。1992年剧团组织参加在泉州举办的"天下第一团"（指一个剧种全国只有一个专业演出剧团）优秀剧目展演，昆剧与苏剧皆擅长的王芳以一折苏剧《醉归》获优秀表演奖榜首；1994年王芳参加昆剧青年演员展演演出《牡丹亭·寻梦》，荣获"兰花最佳表演奖"，并获国务院批准的政府特殊津贴；翌年王芳凭借昆剧《寻梦》等三出折子戏一举摘得第十二届中国戏剧"梅花奖"，她作为"弘"字辈的优秀代表开始在昆剧舞台崭露头角。1997年胡锦芳荣获文化部设立的首届中国文化艺术政府奖"文华奖"。[2] 1994年苏州市决定在苏州评弹（戏曲）学校中开设昆剧班，首届学员毕业后充实苏昆剧团，成为昆剧"扬"字辈新生代演员。1999年剧团排演全本传统昆剧《牡丹亭》，先后赴北京、上海及四国演出，引起较大反响。在2000年首届中国昆剧艺术节上，苏昆剧团的《花魁记》获演出特别奖，"扬"字辈沈丰英、俞玖林脱颖而出，也获优秀表演奖，显示了苏昆剧团在传承和振兴昆剧方面的丰硕成果。

在苏昆剧团默默奉献、奋发进取的同时，苏州社会各界也一直在为昆剧的传承与振兴做出各种各样的努力。1982年市文联、市剧协建立昆剧研习社，1985年又建立业余昆曲曲社"兰言雅集"和昆剧之友社，剧社举办业余昆剧培训班，深入大中学校进行演出辅导，大力普及、弘扬昆剧。1986年建办的苏州戏曲博物馆中辟设昆曲专题陈列。1987年，已经离休的苏昆剧团老艺人顾笃璜出版《昆剧史补记》，90年代后期应邀在台湾几所大学作有关昆剧的学术报告，之后在台湾朋友的支持下开始校勘、汇编出版《昆剧传世演出珍本全编》。该书汇集现存的1800余出昆剧舞台演出本，分16函陆续出版（每函10本），可谓昆剧的传世之作。[3] 在昆曲发源地昆山市，90年代初组建"小昆班"，建办昆曲博物馆，成立昆曲艺术研究会。

经过几代人的共同努力，2001年5月18日，中国传统戏剧昆曲被联合国教科

---

[1] 高福民：《"继字辈"的历史贡献》，《苏州日报》，2015年10月24日；苏州市文学艺术界联合会：《群星灿烂——苏州当代文化名人》，古吴轩出版社2003年，第507、520、595页。

[2] 周治华：《当代苏州人才录》，上海三联书店1999年，第55、162、177页；缪智、朱钧柱、徐宁：《我市文化建设二十年综述》，《苏州日报》，1998年12月23日。

[3] 苏州市文学艺术界联合会：《群星灿烂——苏州当代文化名人》，古吴轩出版社2003年，第596页。

文组织列为世界第一批"人类口述和非物质遗产代表作"(后更名为人类非物质文化遗产代表作)。这标志着昆曲这一中华民族的优秀文化遗产得到世界的公认和高度重视,昆曲的保护和传承取得了阶段性重大成果,昆曲的发展进入了新阶段。之后,文化部公布首批"国家级非物质文化遗产名录",昆曲名列其中;苏昆剧院的王芳、柳继雁先后被列为国家级非物质文化遗产项目昆曲的代表性传承人。[1]

2. 苏州评弹的发扬光大

数百年来,听苏州评弹成为吴地城乡百姓文化生活的重要内容之一。中华人民共和国成立后江浙沪地区省、市、县三级大都建立评弹团,达数十个之多,共有大小书场上千家,听众数仅次于电影的观众数。进入改革开放新时期,由于社会生产生活方式的迅速转变与娱乐方式的日益多样化,苏州评弹也一度出现了演出场所明显萎缩、听众减少、后继乏人、大量优秀传统书目和表演艺术濒临失传、书目演出数量与质量下滑等问题。20世纪80年代苏州一些县的评弹团被迫撤销,保留的也实行停发工资、演员靠"跑码头"演出养活自己。针对苏州评弹发展面临的新情况新问题,国家、省及苏州各级政府、文化部门和评弹界自身,都采取了许多切实有效的措施,努力消除各种不利和制约因素,使苏州评弹的发展取得了较为显著的成果。

1977年6月"杭州会议"(陈云征得文化部同意,在杭州组织召开的由苏州评弹界各方面代表参加、旨在保护和振兴苏州评弹的座谈会)后,评弹演出逐步恢复,苏州评弹团、苏州地区评弹团创作演出了一批新节目,并参加全国优秀曲艺节目观摩演出。1982年组织王鹰、顾之芬、金丽生等苏州评弹演员赴意大利演出,是为苏州评弹界首次出国演出。1984年文化部成立江浙沪评弹工作领导小组,并设办公室于苏州。1986年组织苏州市评弹团魏含玉、金丽生代表评弹界参加中国艺术团赴巴黎艺术节演出。1987年在苏州举办首届评弹艺术节。1989年在苏州召开评弹创作和书场工作座谈会,讨论确定了繁荣创作、保持阵地的对策与措施。1992年起实施"南曲北移",尝试用普通话说唱,向北方地区推广;苏州评弹团录制的一批节目在青岛、北京等地电台演播,参加中国农民艺术节演出,还应邀进中南海演出,江泽民、李鹏、朱镕基等中央领导观看了演出,中宣部部长和文化部部长接见演出人员,听取关于苏州评弹发展现状的汇报。1993年领导小组根据中央领导的指示,研究制定了扶持和传承评弹事业的三项措施。1994年组织赵开生、江文兰、邢晏春、郑缨等名家对江浙沪6个评弹团选

---

[1] 汤钰林:《苏州文化遗产丛书·非物质文化遗产卷(Ⅲ)》,文汇出版社2010年,第181、188页。

派的11名评弹新秀进行深化培训。1996年江浙沪三地的书场数量回升至165家,其中江苏91家,听众也大量增多,恢复了昔日书坛风采。1998年苏州举办评弹流派曲调演唱会,评弹界20多位著名演员的21种流派曲调争奇斗艳。2000年,由文化部和江苏省政府共同主办的第六届中国艺术节苏州评弹比赛暨首届中国苏州评弹艺术节在苏州举行,全国10个评弹专业团体的200余人次参赛,演出7台36档书目,成为对改革开放以来评弹振兴工作成果的一次大检阅。此后中国苏州评弹艺术节每三年举办一次,定点在苏州。经过社会各界和几代评弹艺人的共同努力,21世纪初"苏州评弹"被列入首批国家级非物质文化遗产名录,标志着苏州评弹的保护和传承进入了一个新阶段。

改革开放新时期,苏州采取了一系列举措保护与传承苏州评弹。一是抓艺术理论研究。1981年苏州成立评弹研究会,80年代先后举办徐云志、姚荫梅、杨振雄、邱肖鹏等评弹名家和《珍珠塔》《岳飞传》等评弹名作的艺术研讨会,组织收集、保存评弹研究资料和史料,编辑出版《评弹艺术》理论性研究期刊和《中篇弹词选》《评弹史话》《再论苏州评弹艺术》等专著。二是抓流派传承。苏州评弹界演员根据自身条件,或通过拜师学艺,或自我模仿钻研,人人主攻一两个流派,学好几个该流派的代表性书目,基本做到字正腔圆、形神兼似,并努力适应时代发展,推陈出新,形成自己的特色和风格,使这些经典流派有了活态新传人。三是抓新作创作。先后创作演出了一批脍炙人口的新书目,中篇弹词《七品书王》被改拍成电视剧,长篇评弹《九龙口》、弹词开篇《凯旋曲》《英雄谱》等在全国获奖,1998年苏州评弹团创作演出的曲目首次登上中央电视台春节联欢晚会,《姑苏水巷》《搬家乐》2000年荣获文化部第七届"文华奖"新节目奖。四是抓演出实战和尖子培养。苏州评弹团要求演员像老艺人一样"跑码头",人人都要有几个长篇作为拿手的看家本领,1996年起该团每年演出场次超6 000场,创造并始终保持了一个剧团一年演出场次的全国纪录,全团30余名演员平均每人每年演出200多场,最多的达340场。在各级各类评弹会演、比赛中,一批中青年尖子演员脱颖而出。1999年,盛小云、袁小良演唱的开篇《莺莺操琴》获中国广播电视协会举办的中国戏曲电视转播金奖。2000年中国曲艺首届"牡丹奖"评选揭晓,苏州的金丽生、赵慧兰、盛小云摘取了评弹界的全部3枚"牡丹奖";邢晏芝、邢晏春喜获文化部第九届文华创作奖和表演奖。[1] 21世纪初,苏州评弹界的金

---

〔1〕 徐宁、高琪:《苏州评弹艺术团晋京献演,金丽生赵慧兰盛小云同获"牡丹奖"》,《苏州日报》,2000年11月11日。

丽生、邢晏芝、邢晏春、王月香、张国良被确认为国家级项目代表性传承人,杨乃珍、金声伯、薛君亚、薛小飞、王鹰、张君谋被确认为江苏省项目代表性传承人,赵慧兰等8人被列为市级项目代表性传承人。五是抓后备队伍建设。苏州评弹学校作为全国评弹界唯一的一所中等艺术职业学校,1980年复学后至1995年已为江浙沪数十家评弹艺术团体培养和输送了300多名有较扎实基本功的演员,1997年江苏省第二届曲艺节上,该校毕业生囊括了全部一等奖。学校成为国家级重点中等艺术职业学校,至21世纪初全国95%以上的评弹演员都是该校毕业生,成为全国培养评弹人才的基地。[1]六是抓演出阵地和爱好者培养。苏州评弹团先后开办光裕书厅和梅竹书苑,多地乡镇纷纷为老年观众开设福利型书场,使得评弹的基本观众剧增。1994年苏州电视台开办"苏州电视书场",以固定的时间天天与电视观众见面,发挥了现代媒体在评弹艺术传播中的优势和作用。同时,社会各界也为培养和扩大评弹爱好者积极努力,市区就兴办了十来个业余社团、书会,给活跃于民间的评弹票友提供了交流、演出平台。

新时期苏州评弹的传承与发展离不开陈云的关心和指导。出身上海青浦的老一辈无产阶级革命家陈云,自幼在家乡就酷爱听苏州评弹,后因参加革命与评弹一别二三十年,中华人民共和国成立后因常来江浙沪地区又开始听书,1955年首次在苏州与评弹演员接触,此后数十年间与评弹界保持着密切的联系交往。陈云作为党和国家的领导人,虽然没有分管过文艺工作,但他把评弹作为党的文化事业的一个部分,看作我国优秀传统民族文化中的一朵奇葩,予以高度重视、大力弘扬、积极推动。他从广泛听书,熟悉演员、书目、流派入手,进而对评弹的历史、特色、艺术规律和发展趋向做了系统的调查研究,由此从一个爱好者变成颇有造诣的研究者,进而当之无愧地成为评弹事业的指导者和领导者。1977年6月"杭州会议"前,他书写《对当前评弹工作的几点意见》,会上又做了多次重要讲话,着重提出要保持评弹的艺术特色、抓紧整理传统书目、培养评弹事业接班人等,为评弹艺术的拨乱反正指明了方向,明确了任务,极大地推动了评弹事业的迅速恢复和健康发展。1983年中共中央文献研究室编辑出版了《陈云同志关于评弹的谈话和通信》,收入陈云1959—1983年的部分谈话、文稿和通信共40篇,基本上涵盖了陈云关于评弹的基本思想和一系列精辟的指导性意见。陈云提出苏州评弹要"出人、出书、走正路"的方针,发展评弹艺术要正确处理好继承

---

[1] 苏州市教育局《苏州教育志·续志》编纂组:《苏州教育志·续志(1986—2000)》,香港文汇出版社2007年,第164页;梅蕾:《苏州评弹学校办学50年赢得赞誉》,《苏州日报》,2012年12月10日。

与创新、娱乐与教育、普及与提高等关系,既深入浅出又高屋建瓴。中宣部在《关于文艺界学习〈陈云同志关于评弹的谈话和通信〉的通知》中指出:"陈云同志的这本著作,不仅对我国评弹艺术在建国后的发展过程和经验教训作出了科学的总结,而且对党和国家的整个文艺工作,对整个社会主义文艺事业,发表了许多重要意见。"[1]陈云同志对苏州的评弹界特别厚爱。1980年苏州评弹学校复校后,时任中共中央副主席的陈云欣然担任学校的名誉校长,多少年来学校的招生、教学、教师选配、书目建设及新校选址、设计等每一件都浸透着他的关切之情。1986年春在杭州休养期间,他兴致勃勃地观看了苏州评弹学校师生的汇报演出,认真听取了学校和苏州评弹工作的情况汇报,对学校的办学成果及苏州在评弹保护、传承方面所做的工作给予充分的肯定。1989年初新校竣工,陈云为苏州评弹学校题写了校名。他十分关心苏州评弹队伍的建设,提出要加强评话创作演出和评话演员的培养,评弹书目建设在挖掘整理传统书目的同时要重视现代书目尤其是长篇的创作。80年代初苏州评弹团创作反映海关缉私斗争的32回长篇弹词《九龙口》,陈云每回都听了(录音带)两遍,并先后三次写信给(苏州市文化局局长)周良和(主创人员)邱肖鹏,对这部书的创作和演出给予了热情鼓励,还书写了5幅书法条幅,赠送给该书的主创和演员。老一辈革命家的热情鼓励使苏州评弹团的创、演人员深受鼓舞,此后涌现了《三个侍卫官》《芙蓉锦鸡图》《筱丹桂之死》《反贪风暴》等一批新编的现代长篇,都长期在书坛获得了很好的演出效果。[2]

3. 苏绣艺术繁花似锦

自古以来,苏州刺绣(以下简称"苏绣")形成了门类齐全、针法多样、绣工精细、风格雅致的特色,成为全国四大名绣之首,被誉为"东方明珠",成为苏州的一张文化名片。改革开放后,刺绣产品的外贸出口日趋增多,旅游工艺品盛销不衰,苏州各地兴办了许多与苏绣相关的企业,市郊镇湖、光福、东渚、木渎等一带农村出现数万绣娘,形成"家家有绣棚,人人善刺绣"的局面。同时,刺绣技艺在传承中不断创新发展,创造出了双面绣、双面异色绣、双面三异绣(异样、异色、异针)等新品种,针法从原来十多种发展到40多种。苏绣中的艺术精品屡屡在国内外获得殊荣,频频被选为国家礼品赠送给各国政要。

---

[1] 杨文利:《〈陈云同志关于评弹的谈话和通信〉对我国非物质文化遗产保护的指导意义》,见《评弹艺术》2009年4月。
[2] 曹凤渔:《改革开放中的苏州评弹》,见《苏州文艺评论·2008》,江苏教育出版社2008年,第91页。

在代表苏绣当今最高艺术水平的苏州刺绣研究所,李娥瑛指导绣制的双面三异绣《松鼠葡萄》、顾文霞复制的"明万历帝龙袍"1982年双双荣获中国工艺美术百花奖金杯奖,她俩的代表作《洗马图》《普贤菩萨》《花猫戏蚱蜢》等先后被北京故宫博物院、中国工艺美术珍宝馆收藏,还多次出访国外向世人展现精湛的苏州刺绣技艺,1988年她俩及乱针绣高手任嘒闲同时荣获首批"中国工艺美术大师"称号。这三位老艺人为传承苏绣技艺和培养苏绣人才做出了卓著贡献。李娥瑛主编的《苏绣技法》《苏绣针法汇编》等书,成为业内的教科书。顾文霞1985年后负责筹建中国苏绣艺术博物馆,重点进行刺绣文物的复制研究工作,世纪之交她还创办了苏州首个大师工作室——顾文霞大师工作室。任嘒闲高徒黄春娅80年代根据英国著名油画绣制出《海伦》,90年代以美国摄影艺术家罗伯特的摄影照片为蓝本绣制出《野地红叶》等多幅作品,运用苏绣技艺完美表现了摄影艺术的光影效果,摄影家感到震惊并说"我要跪在地上观赏你的绣作";著名画家吴冠中观赏后称赞"这是很现代、绘画笔调很高的、世界一流的艺术,具有极高的水平"。[1]

在刺绣艺术之乡吴县镇湖,90年代有绣娘8 000多人,1998年镇里组织成立了刺绣协会,投资兴建的"绣品一条街"汇集了上百家刺绣经营作坊和工作室,在共同切磋、探究、提高中,一批具有较高技艺水平和创新能力的民间苏绣新人脱颖而出。姚建萍在人物肖像绣上有所创新,代表作品《周总理》《邓小平》《蒙娜丽莎》《父亲》等多次在国内外展出,并屡获中国民间文艺山花奖等业界高等级奖项,《安南与江泽民》被联合国总部收藏展陈。作为沈寿第四代传人的姚惠芬,绣制的《水乡》《牡丹》《荷花》等系列写意水墨作品,透出了浓郁的吴文化韵味和强烈的时代气息[2],与其妹姚惠琴合作绣制的《荷花》2000年参加第二届中国工艺美术大师精品展获"中国工艺美术金奖";她在人物肖像绣上也颇有造诣,佳作《张大千》《董建华》获1999年中国国家级工艺美术精品展银奖等。[3]在镇湖,崭露头角的还有被称为"学者型绣娘"的梁雪芳、首创"滴滴绣"针法的邹英姿、专攻仿古画绣品的卢建英、创作第十一届亚运会吉祥物被采用的濮凤娟、专事发扬光大盘金绣的林多妹、第一个到观前街开绣品店的薛金娣等。新生代绣娘的崛起,显示苏绣技艺的传承卓有成效。

---

[1] 冷坚:《融画于绣——黄春娅刺绣艺术赏析》,《城市商报》,2012年2月13日。
[2] 大沐:《一池春水染飞蝶——姚惠芬刺绣作品赏析》,《苏州日报》,2013年3月5日。
[3] 苏州市高新区虎丘区志编纂委员会:《苏州市高新区虎丘区志》,上海社会科学院出版社2012年,第839页。

21世纪初苏绣被列为首批国家级非物质文化遗产名录,之后李娥瑛、顾文霞、姚建萍被列为苏绣项目国家级代表性传承人。

4. 其他非物质文化遗产的保护与传承

改革开放以来,除昆曲、评弹、苏绣这三项堪称苏州最靓丽名片的非物质文化遗产之外,苏州还对数十项非物质文化遗产开展了保护和传承工作,使其在新的历史条件下得到发扬光大。21世纪之初,苏州有古琴艺术、香山帮传统建筑营造技艺、宋锦织造技艺、缂丝织造技艺、苏州端午习俗等5个项目先后被联合国教科文组织列为人类非物质文化遗产代表作,有苏剧、桃花坞木刻年画、吴歌、江南丝竹、玄妙观道教音乐、核雕、玉雕、泥塑、灯彩、御窑金砖制作技艺、明式家具制作技艺、制扇技艺、剧装戏剧制作技艺、民族乐器制作技艺、雷允上六神丸制药技术、甪直水乡妇女服饰等16项先后被列为国家级非物质文化遗产代表作。

古琴艺术(虞山琴派)。古琴之乡常熟,1984年恢复成立虞山琴社,1985年举办纪念严天池逝世360周年活动,与海内外琴社及古琴爱好者交流。1986年苏州市区成立吴门琴社,每月定期举办两次雅集。1997年常熟理工学院音乐系在全国首开古琴选修课。1998年成立虞山少儿古琴社,培养艺术新苗。2000年起虞山琴社每年举办中秋琴会,与中央电视台等媒体单位合作拍摄电视专题片。虞山琴社社长朱晞完整掌握了虞山派口传心授的曲目,并出版专著《虞山琴学研究》。通过这些努力,古琴艺术得到了保护和弘扬,开始形成各个年龄段的骨干队伍,一度濒危的古琴艺术后继有人。

宋锦。作为我国古代三大名锦之一的苏州宋锦,清末民初起日益萎缩。1977年改组建立的苏州织锦厂,采用新式机械生产,年产量2万多米,主要作书画装裱用。90年代后国内生产竞争激烈,苏州宋锦生产日趋下降,20世纪末规模生产基本停顿。为保护和传承苏州宋锦织造技艺,90年代苏州建办丝绸博物馆,并建立中国丝绸织绣文物复制中心,先后承担了国家文物局、中国历史博物馆等单位下达的古宋锦织物的保护、研究、复制、修复等科研项目,钱小萍(馆长、中心主任)成功复制出宋锦代表作《清·菱格四合如意锦》,出版《宋锦结构和制作技艺》《中国宋锦》,为这一技艺的传承留下了宝贵的文献资料。[1] 丝绸博物馆高级工程师沈蕙被授予"中国织锦工艺大师"称号。

缂丝织造技艺。缂丝是以"通经断纬"为主要织造方式的传统手工技艺,被誉为"织中之圣"。20世纪60年代初苏州刺绣研究所俞家荣、王金山等少数艺

---

[1] 晓亮:《钱小萍的宋锦创新与坚守》,《苏州日报》,2012年2月21日。

人从事缂丝技艺的研究和制作。1976年后建立苏州缂丝厂及吴县4家乡镇缂丝厂,主要生产供外贸出口的缂丝日用品日本和服腰带,80年代员工、织机都上万。90年代后缂丝日用品生产萎缩,技艺人员外流。王金山大胆探索创新,将东方的缂丝艺术与西方的绘画、摄影艺术相结合,先后缂织了《静物》《孩童》《大卫人像》等一批艺术新作,发明了模仿枯笔书法、"双面三异"等缂丝新技法,给缂丝注入了新的活力[1],还撰写了《苏州缂丝》《缂丝技艺发展》等专著[2],1988年被国务院授予"中国工艺美术大师"称号,1992年起享受国务院特殊津贴。吴县陆墓王姓缂丝家族中的第五代传人王嘉良,第六代传人王建江、王昌江兄弟也在坚守、传承着这一传统技艺。[3]

香山帮传统建筑营造技艺。改革开放后,香山帮建筑营造技艺面临传承和发展的问题,主要是因技艺繁杂,无法通过规模生产来产生市场效应,缺乏现代科学化教育体系的支撑,新一代技术人才的培养受到制约等。以薛福鑫(20世纪60年代初清华大学建筑专业毕业后放弃高校任教的机会重操旧业)、陆耀祖等领衔的苏州太湖古典园林建筑公司,坚持对香山帮建筑技艺实行"生产性保护",除了从事苏州古典园林和古建筑的修复工作外,积极走出去,先后在江南多地设计建造了一批仿古园林和古典式建筑。还大胆跨出国门,先后建造了美国纽约大都会艺术博物馆明轩,加拿大温哥华逸园,新加坡唐城、蕴秀园,美国波特兰兰苏园等中国仿古园林建筑,使香山帮建筑技艺名扬四海,对国际建筑界产生越来越大的影响。[4]

苏州御窑金砖制作技艺。清末苏州陆墓(后更名陆慕)金砖全面停造,烧制技术几近失传。改革开放后,陆墓御窑传人金梅泉主持抢救金砖烧制技艺,经过多年努力,这一传统工艺被"复活"。1990年北京故宫维修时首次用上新烧制的陆慕金砖。同时,苏州御窑生产的金砖和各类古建筑砖瓦构件开始被全国各地的古建筑修复和仿古建筑工程所用,还随着古建工程流传海外。

桃花坞木刻年画。与天津杨柳青合有"南桃北杨"之美称的苏州桃花坞木刻年画,近代以来受西方印刷术输入、十年动乱等影响,几经摧残,奄奄一息。1979年恢复建立桃花坞木刻年画社,成立桃花坞木刻年画研究会,30多位美术人员创作了50多幅新作在国内外巡展。1985年年画社并入艺石斋后的十余年中,

---

[1] 刘欣:《缂丝:活态传承求变求新》,《苏州日报》,2012年4月3日。
[2] 周治华:《当代苏州人才录》,上海三联书店1999年,第63页。
[3] 张帅、蒋丽英:《龙的传人》,《苏州日报》,2012年1月21日。
[4] 刘放:《苏州园林留有我的心血——香山帮传人薛福鑫访谈录》,《姑苏晚报》,2012年10月21日。

张晓飞、段文海、王祖德、吴臻的新作在第三至第六届全国年画展上先后获得金奖 2 个、银奖 3 个、三等奖 1 个,复制刻板的传统年画《百子图》在文化部举办的"中国民间艺术一绝大展"中获银奖;老画家凌虚编纂出版《中国古版画纵横谈》《桃花坞木刻年画技艺资料集》等,为该文化遗产的传承留下了宝贵的资料。[1] 进入 90 年代,由于人们居住环境和审美观的变化,传统的桃花坞年画渐渐失去了原有的市场,再次陷入困境。2000 年年画社创作设计人员仅有 3 人,且 2 人已到退休年龄,刻工、印工仅剩 3 人,年画几乎停产。为抢救、保护、传承桃花坞木刻年画,2001 年年画社划转至苏州工艺美术职业技术学院,学院开办桃花坞木刻年画研修班,培养新一代传承人。后市文化广电新闻出版局在桃花坞朴园建办桃花坞木刻年画博物馆,进行学术研究和传承展示。

吴歌。吴歌是吴地民歌民谣的总称,主要代表有常熟的白茆山歌、吴江的芦墟山歌、张家港的河阳山歌、太仓的双凤山歌和吴县胜浦(现属苏州工业园区)山歌等。改革开放以来,随着农村生产生活方式的变化以及文化娱乐的多样性,旧时演唱吴歌的形式逐渐消失,年轻人几乎无人能唱吴歌。为防止吴歌的衰亡,苏州以各种方式保护和传承吴歌。1983 年市成立吴歌学会,各地纷纷建立山歌馆,成立研究会,组织表演团队,举办民间艺术节,编写乡土教材进入小学课堂;同时专家学者对吴歌进行了大规模的采集、整理和研究,结集出版了一批新成果。80 年代初吴江芦墟一带的长篇叙事吴歌《五姑娘》的发现轰动全国,打破了国际民俗学界认为汉族没有长篇叙事诗的定论,被中外学者称为"卓越的发现,伟大的诗篇",并逐步引起西方学者的重视,英、德、荷等国学者翻译了部分吴歌;常熟白茆山歌《肚里山歌万万千》《看看情哥看看郎》等编入了高等院校文科教材《民间文学作品选》;顾颉刚等人又辑成吴歌《丁集》《戊集》《己集》;苏州民俗博物馆将馆藏的吴歌录音刻录成光盘,开展了吴歌数据库的建设工作,采录了陆瑞英、吕杏英、徐雪元(白茆山歌)、杨文英(芦墟山歌)、尹丽芬(河阳山歌)、徐士龙(双凤山歌)等传唱的各地经典山歌。1994 年联合国教科文组织中国传统民歌保持情况考察团到苏州、常熟考察吴歌的保存情况。

苏剧。1956 年起苏州市苏剧团与昆剧团合班,改称苏昆剧团,演员大都昆、苏兼擅。20 世纪 80 年代后苏剧举步维艰,日趋濒危,除个别折子戏参加会演外,很少再有公演。90 年代起剧团为传承苏剧做出较多努力。1992 年苏剧《醉归》参加全国"天下第一团"优秀节目展演,主演王芳名列"优秀表演奖"榜首。

---

[1] 周治华:《当代苏州人才录》,上海三联书店 1999 年,第 213 页。

1993年创作演出轻喜剧《欢喜冤家》,创出苏剧演出场次、观众人数、演出收入最高纪录。1994年苏剧《醉归》获得"最佳兰花奖"。1995年王芳又以苏剧演员身份摘取第十二届中国戏剧"梅花奖"。之后几年剧团先后创作演出了《都市寻梦》《一念之差》《状元与乞丐》等剧目,新编传统苏剧《花魁记》在首届中国昆剧艺术节上获得"演出特别奖"。世纪之交,江苏省苏昆剧团改称为江苏省苏州昆剧院,同时设立江苏省苏剧团,实行两(院)团合一的管理体制和运行机制;苏州文化部门开展苏剧艺术资料抢救整理,编辑出版《苏剧遗产集萃》5集300万字,苏州戏曲博物馆收集整理各类苏剧剧本450多件,老艺人顾笃璜编著《苏剧史话》。

江南丝竹。改革开放后,作为江南丝竹主要发源地和流传地区的太仓,把它作为特色文化之一,成立了专门的工作领导小组和专家组,制定了保护规划,组建乐队,举办江南丝竹音乐节,创办展示馆和人才培养基地,在市文化馆的组织下以群体性方式进行传承,被命名为"江苏省特色文化(江南丝竹)之乡"。苏州市区也恢复组建以演奏江南丝竹为主的吴平国乐团,三次受邀参加中央电视台的演出,演奏的《小九连环》《大九连环》等经典曲目受到好评,还赴日本进行交流演出。苏州市歌舞团在资料的搜集整理和新乐曲的创作方面做了大量工作,并多次受政府派遣出访,为江南丝竹的传承发展和国际交流做出了贡献。

苏州玄妙观道教音乐。为传承和弘扬堪与天主教弥撒、基督教神剧媲美的苏州道教音乐艺术,20世纪80年代末苏州举办道教音乐培训班,培养了毛良善、薛桂元等一批包括能掌握飞钹技艺和能演奏十来套套曲的后继人才。90年代,整理录制了苏州道教音乐经典作品集《霓裳雅韵》,组团参加了在北京举办的"佛道教音乐周""罗天大醮"和新加坡举行的第三届道教节等,还先后赴港、澳、台地区及英国、比利时等国进行道教音乐演出活动。

明式家具制作技艺。改革开放后,社会上钟情于使用和收藏"结构严谨,线条流畅,工艺精良,漆泽柔和"的"苏式"明式家具的越来越多,促进了该业的兴盛。90年代末全市已有大小生产厂家100余家,且愈益向高材质、高品位和高质量发展。行业领军企业苏州红木雕刻厂先后承担了中南海紫光阁会见厅大型红木雕刻地屏、国家赠送朝鲜金日成礼品红木地屏、北京钓鱼台国宾馆主要陈设家具和南京洪秀全天朝皇宫、长春伪皇宫、杭州胡雪岩故居复原家具等的设计与制作;许建平作品"微型明式家具(17件套)"获中国明式家具展优秀设计奖,钱琪林复制了木工制作技艺较复杂的明式七巧桌等代表性作品。

制扇技艺。苏州生产的折扇、檀香扇、绢宫扇统称苏扇。苏扇造型优美、做工考究、书画并茂,制作技艺精良,艺术特征明显,高档的艺术品扇颇有赏玩和收藏价值,清代成为皇家贡品。改革开放后扇子失去了原有的市场,技艺人员流失,苏扇面临失传的危险。为传承和发展苏扇制作技艺,市政府拨出专项保护经费,保留了徐义林、陈琴、邢伟中等艺术骨干,市有关部门编辑出版了《百扇集》画册和《制扇工艺》一书;苏州市檀香扇厂制作的"如意"牌檀香扇先后获中国工艺美术百花奖银杯奖、中国国际工艺美术博览会金奖、中国工艺美术大师精品博览会金奖等。

剧装戏具制作技艺。明清以来形成的全国三大剧装戏具流派,其源头均来自苏州。中华人民共和国成立后,苏州剧装戏具厂先后为全国90多个剧种生产制作戏服、道具。改革开放以来传统戏剧陆续恢复演出,使苏州剧装戏具生产达到高峰。1980年苏州剧装戏具厂年产量达3.6万件,占全国市场份额的50%。1982年制作的大龙蟒袍获国家级工艺美术百花奖。之后企业除生产传统戏衣外,还制作影视剧、歌舞剧服饰和历代仿古服饰,国内外热播的《红楼梦》《水浒传》《射雕英雄传》等电影、电视剧的全套剧装戏具均由该厂生产,成为全国唯一保留了全部六大类剧装戏具制作技艺的基地。90年代后相当一部分技艺人员流失或转行。为防止该项技艺失传,市政府拨付一定资金,苏州剧装戏具厂通过传、帮、带培养了李荣森(剧装图案设计)、朱存贵(擅长戏衣制作)、陈永菊(擅长盔帽制作)等各门类技艺传承人,经整理、研究编著《苏州剧装戏具》一书,留下了传承文献资料。

苏州用直水乡妇女服饰。苏州用直、斜塘、车坊、胜浦一带水乡妇女服饰的丰富内容、基本特征和传承历史,在中国其他汉族地区的服饰中实属罕见,被专家学者称为"汉族中的少数民族"。改革开放以来,随着传统农村生产劳动方式的变革,水乡妇女服饰实用价值的基础发生动摇,年轻人不再喜欢穿着,需求的减少使得会裁剪、缝制传统服饰的手艺人也日益减少。为使这一堪称"江南一宝"的苏州水乡服饰不至于失传灭迹,曾是用直知青的严焕文首先行动起来,用30多年时间收集到清末至今不同款色和材质的水乡服饰100余件,整理出文字资料5万多字,还收集、拍摄了照片200余张。[1] 1985年胜浦镇文化站也开始搜集、整理水乡传统妇女服饰,并在镇上开辟展览室,进行集中陈列展示。1998年用直镇镇政府举办"东吴水乡妇女服饰展"并向社会开放,同时开始探索做好这一传统特色项目的活态传承和弘扬工作,举办首届水乡服饰文化旅游节,尝试将水乡妇女服饰与当地另一项传统民俗文化活动——打连厢结合起来,让打连

---

[1] 严焕文:《我收藏角直水乡妇女服饰》,《姑苏晚报》,2012年2月19日。

厢队员身着水乡服饰走进古镇景区表演,取得了意想不到的好效果。[1]从此用直水乡妇女传统服饰的知名度和影响力大大提升,引起文化界、史学界、服饰界愈来愈多专家学者的关注。

苏州民族乐器制作技艺。清代宫廷需用的乐器不少由苏州制作,苏州遂成为江浙一带乐器的主要产地和销售中心。改革开放后社会对民族乐器的需求量迅速增长、品质要求提升。苏州民族乐器一厂工艺美术师封明君改进制作的"虎丘牌"苏州红木精制二胡1984年获国家银质奖,受到专家的青睐,苏州被誉为"中华二胡之乡";企业改进生产的琵琶、阮、古筝等18项民族乐器先后荣获轻工业部优质产品,国内顶尖专业乐团广泛选用苏州制作的民族乐器。[2]20世纪末起苏州民族乐器制作技艺传承出现断层,为此苏州政府部门投入一定资金,制作、复制了一批乐器精品和仿唐乐器。

苏州玉雕。以"小、巧、灵、精"为主要特色的苏州玉雕技艺,明代起名震京师,陆子冈在民间玉工行业中被奉为鼻祖,其创作的玉雕精品、珍品成为国宝。改革开放后苏州玉雕厂新一代玉雕人才逐步成熟。90年代初起崇玉、爱玉、藏玉的传统习俗在苏州及周边地区悄然兴起,杨曦、蒋喜、瞿利军等一批少壮派陆续离厂成立个人工作室,他们拉起"苏作"玉雕的大旗,创新出一些设计理念和表现技法先进、具有古韵今风的作品,逐步成为苏州玉雕的领军人物,同时全国各地玉雕大师也来到苏州、融入苏州,由此带动在市区园林路、相王弄和吴县光福等地涌现出数百上千个玉雕作坊,从业人员上万名,苏州作为全国一流玉雕高地的地位再次确立。[3]

核雕。苏州光福舟山村的核雕始于民国时期,主要用产自广东一带的"乌航"橄榄核,殷氏一族出了一批名家高手,形成了"精、细、奇、巧"的艺术特色,其中核舟为典型代表。70年代他们建办吴县东山雕刻厂、舟山核雕厂,殷学芸则被邀至苏州工艺美术厂传授核雕技艺,先后培养了7名艺徒。90年代起喜爱核雕的民众与日俱增,核雕生产逐渐复苏,品种、花色更加丰富,至20世纪末舟山村家家户户都制作核雕,并涌现了宋水官、周建明、陈素英等核雕能手。

苏州泥塑。鼎盛于清的苏州泥塑以"苏捏"(即虎丘泥人)见长,跻身我国"四大泥塑"之列。中华人民共和国成立后,顾维成、潘声煦等几位民间老艺人被安排在市工艺研究所专做泥捏戏文。后由于长期无人传承,"苏捏"面临消

---

[1] 顾玲:《甪直:一件"青布衫"的文化跃升》,《苏州日报》,2012年1月15日。
[2] 李婷:《苏州四"非遗"项目诞生首批国家级传承人》,《苏州日报》,2012年12月22日。
[3] 吕继东:《奔向朝阳的苏作玉雕》,《苏州日报》,2011年10月21日。

亡。改革开放后,苏州工艺美校研学泥塑的朱文茜毕业后走进泥塑艺术,经过多年的研究和探索,终于复活了虎丘泥人绝技"捏相",代表作品有《顽童》一组被日本收藏,《十五贯》获第五届全国民间艺术节金奖,1995年联合国教科文组织和中国民间文艺家协会联合授予她"一级民间工艺美术家"称号。[1]潘声煦老艺人也重操旧业,"金雁桥""长坂坡""杨排风"绢衣泥人戏文三套为苏州博物馆收藏。新生代张敏惠则主要以江南风情、民俗文化为主题,创作塑造了"苏州小娘鱼""姑苏十二娘""江南丝竹"系列人物作品。[2]

苏州灯彩。"苏灯"以其造型优美、结构巧妙、色彩鲜艳和装饰华美而成为中国灯彩的典型代表之一,闻名中外。改革开放后,苏州灯彩在继承传统的基础上有所突破,开始制作大型组景灯彩,并配上声、光、电,以逼真的形象、优美的姿态、形象的动作,达到出神入化的境地,被称为第二代苏州灯彩。汪筱文的代表作品《亭子式花篮灯》,"眼"(即灯面上的空隙)的数量超过宋代"万眼灯",创造了"亭台楼阁"灯制作的新高度,还有《双龙戏珠》《猴国乐队》《百鸟朝凤》以及戏曲灯彩《追鱼》《桃花扇》等作品,多次获全国同行最高奖。[3]

雷允上六神丸制药技术。苏州雷允上研制的"六神丸"被人们誉为"中药抗生素",成为我国中医药利用毒性药物的代表性品种,20世纪80年代该产品三次蝉联国家优质产品金奖。中华人民共和国成立后雷氏后人将六神丸制作技艺秘方献于国家,被列为国家保密产品,药方被国务院机密档案库收藏。1996年卫生部批准其为国家一级中药保护品种,同时颁布《关于解决"六神丸"有关问题的通知》,清理了其他生产同名异方六神丸厂家产品,只允许雷允上独家生产。李英杰被国家和厂方确定为该药配制技艺的第三代传承人。

四、文学艺术创作繁荣兴旺

改革开放以来,全市各级各类文学艺术团体坚持贯彻党的"百花齐放、百家争鸣"文艺工作方针,全市广大文学艺术工作者深入火热生活,感受人民群众奋发进取的精神和伟大历史创造,汲取人民群众中蕴含的丰富的创作营养,在各个艺术领域辛勤耕耘创作,不断提高创作和演艺水平,取得了累累硕果,创作了一批在全国有影响的优秀作品,崛起了一批在全国有地位的作家、书画家、表演艺术家,形成了一批在全国有特色的文艺项目。至90年代末,全市共有文联团体

---

[1] 杨雄林、晓亮:《朱文茜:巧手泥塑大世界》,《苏州日报》,2012年5月29日。
[2] 徐蕴海、张致远:《虎丘泥人把水乡服饰"秀"给你看》,《苏州日报》,2011年9月15日。
[3] 晓亮:《汪筱文:让灯彩光芒四射》,《苏州日报》,2012年4月17日。

会员 21 个,其中市级文艺家协会有文学、美术、书法、摄影、戏剧、曲艺、舞蹈、音乐、民间文学、电影电视等 10 个,共联系文艺工作者近万人;各协会共拥有会员 2 742 名,其中省级会员 1 026 名、国家级会员 234 名[1],分别比 80 年代末增加了 456 名、144 名和 64 名。

1. 苏式滑稽戏的发扬光大和其他地方戏剧的兴衰

享誉全国的苏式滑稽戏。1958 年成立的苏州市滑稽剧团,由张幻尔、方笑笑领衔创造了"苏式滑稽"的流派风格,它以苏州方言为母体语言,综合苏州地区各种民间说唱艺术,包含说、噱、做、唱等艺术表演形式,通过铺设和释放"包袱",或利用吴地方言俗语的幽默及与外地方言之间的语音差异造成的误会、一切在情理之中的高度夸张的肢体语言,连续不断地引爆观众的笑声,并在笑声中叙述故事、塑造人物,铸就了它独一无二的戏剧个性。[2] 1963 年苏州市滑稽剧团创作演出的《满意勿满意》被长春电影制片厂摄制成电影搬上银幕,让全国观众了解了苏州滑稽戏,也领略了它的艺术魅力,是为苏州专业剧团创作演出的戏剧首次被改编为电影在全国公映。"文化大革命"期间剧团被撤销,1978 年 8 月恢复。1983 年、1985 年该团陈继尔、李效尔、顾芗、陆辰生、杜介奇等创作、演出的《小小得月楼》《屋顶奇缘》(电影改名为《三十层楼上》)先后被摄制成彩色影片,在全国观众中引起较大的反响。90 年代苏式滑稽戏步入繁荣兴旺期,剧作家陆伦章接连创作编写出《小惊大怪》《快活的黄帽子》《小城故事多》等 3 部戏,剧团精彩演绎后大获成功。《小惊大怪》创出了连演 1 000 场的纪录,风靡华东地区。反映搬家队队员火热生活的《快活的黄帽子》1991 年获中宣部首届精神文明建设"五个一工程"奖、文化部第二届"文华新剧目奖"等,1992 年顾芗因在剧中成功饰演女配角黄毛而首次摘取第九届中国戏剧"梅花奖"桂冠。反映青少年学生成长中的曲折与烦恼的《小城故事多》1995 年获文化部特别奖,至 1998 年累计演出 1 600 场次,在中国剧坛堪称罕见。[3] 该剧 1996 年改编成儿童滑稽戏《一二三,起步走》,当年获全国儿童剧新剧目评比演出一等奖,翌年在第七届"文华大奖"中一举夺魁,并荣获第六届全国"五个一工程"奖;在剧中饰演女主角的顾芗和主要配角张克勤双双荣获"文华表演奖",1998 年第十五届中国戏剧

---

[1] 张澄国:《在苏州市文学艺术界联合会第八次代表大会上的工作报告》,2001 年 7 月 26 日,第 10 页。
[2] 汤钰林:《苏州文化遗产丛书·非物质文化遗产卷(Ⅰ)》,文汇出版社 2010 年,第 19—21 页。
[3] 徐宁:《勤奋创作,默默奉献——记剧作家陆伦章》,《苏州日报》,1995 年 3 月 13 日;邹强:《好一个"快活者"——记国家一级编剧陆伦章》,《苏州日报》,1999 年 9 月 3 日。

"梅花奖"评选中顾芗"梅开二度",也是江苏首个"二度梅"获奖演员[1]。该剧2000年获第六届"中国艺术节大奖",后又被列为国家舞台艺术精品工程"十大精品剧目",先后被全国十多个剧种的数十个剧团学习、移植改编。期间剧团还创作演出了《今夜更有情》《破镜重圆》等十多个小品,并获得多项国家级奖励。经过该团十多年的继承创新,苏式滑稽戏形成了"冷峻幽默、爽甜润口、滑而有稽、寓理于戏"的风格,表演足迹遍布全国一半省份,得到了极大的发展和弘扬。

锡剧、沪剧、越剧等地方戏剧的起起落落。苏州的地方戏剧除昆剧、苏剧、滑稽戏外,观众群最大的当属锡剧、沪剧、越剧三个剧种,主要原因是其舞台语言共属吴语系统,能为苏州百姓熟悉和接纳,寻常百姓都能哼唱。改革开放后这三种戏剧在苏州市(地区)、县两级都有专业剧团继续演出,但受到整个戏剧市场不景气的大环境影响,红火的不多,苏州市越剧团、苏州市沪剧团、太仓锡剧团、吴县锡剧团等80年代初相继解散,至20世纪末还留存苏州市、常熟、张家港、昆山、吴江的5个锡剧团及太仓、吴县的2个沪剧团、吴江市越剧团共8个专业剧团,但大都步履维艰,与得到各级高度重视的昆剧和市场红火的滑稽戏、评弹相比,形成了鲜明的反差。21世纪初苏州市将锡剧列入了非物质文化遗产名录予以保护和传承。

一度鹊起的京剧。苏州虽为吴语区,但受"文化大革命"时期样板戏的传播影响,改革开放初期京剧在苏州地区仍有一定的市场。苏州市京剧团1978年恢复后即创作演出了现代剧《血冤记》。1979年由"小盖叫天"(盖叫天三子张剑鸣)主演的盖派名剧《十字坡》《一箭仇》参加在上海举行的"盖派艺术展演",对继承盖派艺术起了推动作用。中学时期自学梅派旦角戏的胡芝风,在清华大学物理系学习时得到梅兰芳大师赏识并成为他最后第二位"私淑弟子",未毕业即由梅兰芳先生引荐来到苏州市京剧团担任旦角主演。[2] 1980年任苏州市京剧团团长,艺术上日趋成熟的她在剧团导演并主演了《百花公主》《白蛇传》《李慧娘》。《李慧娘》一剧,在继承京剧梅派传统的基础上,博采众长、锐意革新,成功地塑造了李慧娘这一英烈女性十分动人的艺术形象,在上海、北京上演时引起轰动,名家盛赞胡芝风的创新改革开拓了京剧表演的新天地;1981年上海电影制片厂将《李慧娘》摄成彩色戏曲片并获文化部"最佳戏曲电影片奖";1981年该团赴香港演出历时半月,胡芝风被香港媒体昵称为"胡旋风";1982年出访意大

---

[1] 汤钰林:《苏州文化遗产丛书·非物质文化遗产卷(Ⅰ)》,文汇出版社2010年,第24页。
[2] 王染野:《梅兰芳与胡芝风》,《苏州日报》,1994年8月17日。

利演出,被意大利文化届称为"最美的艺术"。1984年跻身全国第一批国家一级演员行列。1985年胡芝风考入中国艺术研究院戏曲理论研究班攻读硕士,毕业后留院专业从事京剧等戏曲艺术研究,并培养了多位获得"梅花奖"的弟子。[1] 胡芝风离开后的第二年初,因缺乏明星效应,苏州市京剧团停办。

2. 陆文夫的创作巅峰与中青年作家群的崭露头角

改革开放新时期,苏州的文学工作者创作激情勃发,小说、散文、报告文学、儿童文学、杂文诗歌、民间文艺、文学评论等各个文学领域都有大量具有鲜明时代特征和地方特色的佳作不断推出,频频亮相于全国核心文学期刊,屡屡在国家级、省级评奖中有所收获,呈现出十分繁荣的景象。以陆文夫的小说、肖建亨的科幻文学逐步领衔中国文坛,以范小青、吕锦华、徐卓人、朱红、金曾豪、杨守松等中青年作家群的崭露头角为主要标志,以植根于吴文化底蕴的"小巷文学"为基本特色,苏州地方文学在新时期全国文坛占据了比较重要的地位。[2] 20世纪末省作家协会选编大型文丛《江苏文学五十年》,其中共收入苏州80多位作家的110篇作品。[3] 在2000年省首届"紫金山文学奖"评比中,苏州共有7部作品联袂获奖,占全省的1/5。至1999年全市共有作家协会会员264名,其中省作协会员147人、全国作协会员21名。

陆文夫的创作成就和文学地位。陆文夫自1956年登临中国文坛便受人瞩目,被文学大师茅盾称为是个"不踩着别人的脚印走,也不踩着自己的脚印走"的作家。粉碎"四人帮"后陆文夫任苏州市文学艺术创作室专业作家,在尘封14年后重新提笔,第一篇小说《献身》便一炮打响,获1978年全国优秀短篇小说奖。之后,陆文夫承继20多年前发表成名作《小巷深处》所逐步形成的创作思想和风格,紧扣以深厚的吴文化为底蕴的"小巷文学"这一核心命题,接连创作发表了《小贩世家》(获1980年全国优秀短篇小说奖)、《唐巧娣翻身》《美食家》(获第三届全国优秀中篇小说奖)、《围墙》(获1983年全国优秀短篇小说奖)、《井》等,塑造了一批堪称典型的"姑苏小巷人物",从这些平凡的小人物身上展示出所处时代的发展变化,让人们从中找出个人与历史的直接的关联,并从他笔下的小巷中能看到一个大千世界。著名作家王蒙在谈到《围墙》时说:"陆文夫的小说《围墙》,故事单纯而意蕴深厚。……这样的作品算是搔到了生活的痒痒筋,它让你哭,让你笑,让你摇头摇尾,让你熨帖舒展。是为小说妙品。"艾煊"在读

---

[1] 刘放:《胡芝风:中国戏曲是把米做成酒酿》,《姑苏晚报》,2013年12月29日。
[2] 王尧:《苏州文学的新时期》,《苏州日报》,1997年7月16日。
[3] 邱载:《我市一批作品入选〈江苏文学五十年〉》,《苏州日报》,2000年5月10日。

《美食家》时却情不可遏,半夜读完后,连夜就写了封祝贺的信"。[1]南京大学文学院教授王彬彬认为:"《美食家》的出现,意味着城市开始复苏,开始再生,也意味着城市文学开始再生。整个20世纪80年代以后的城市文学是以《美食家》为源头的。"[2]1985年和1987年,《美食家》《井》先后被拍摄成同名电影。[3]1984年在苏州举办了全国性的"陆文夫作品学术讨论会",陆文夫在回顾自己的创作道路、谈到他的"小巷题材"时说:"让更多的、普通而平凡的人活在文学作品里,用以补充历史记载之不足,避免使人产生一种误会,以为历史实际上是少数英雄创造的。如果使人认识到普通而平凡的人也是英雄,只不过没有进入史册而已,那也是功德无量的。"艾煊在研讨会上说:"世界那么大,他只写苏州;苏州也不小,他专写小巷,专写高高风火墙后边的那些人家。……陆文夫是苏州的,苏州也是陆文夫的,陆文夫是文学上的'陆苏州'。"陆文夫的作品立足苏州,但其对中国文坛的影响是巨大的。1983年他作为作家代表当选第六届全国人大代表,并一直连选连任到第八届;在1985年第四次全国作家代表大会上,他当选中国作家协会副主席。之后陆文夫又创作发表了《清高》《幸福》等一批获全国奖项的优秀中短篇小说,1995年出版了他的力作——长篇小说《人之窝》(获省首届紫金山文学奖),可以视为"小巷小说"的极致,也为陆文夫的小说创作画上了一个圆满的句号。[4]至1998年陆文夫共创作发表了中短篇小说60余部、长篇小说1部、《陆文夫文选》4卷、散文随笔集1部。他以自己严谨刻苦的创作为中国文学的繁荣和苏州地方文学的发展做出了卓越的贡献。[5]

范小青的成功崛起。在陆文夫的小说创作登临中国文坛顶峰的同时,苏州一批中青年创作者也活跃于小说天地,并以其鲜明的地方特色、较高的文学造诣逐步脱颖而出,受到国内小说界的瞩目,其中最具代表性的当属范小青。范小青1980年还在江苏师范学院中文系学习时就在《上海文学》发表处女作短篇小说《夜归》,此后创作《毕业歌》《我们都有明天》《萌芽》等多部中短篇小说在《人民文学》等刊物发表,获得广泛好评。1985年调入省作协从事专业创作,并成为中国作协会员。1987年发表首部长篇小说《裤裆巷风流记》,被改编成多集电视剧并荣获中国第九届电视剧"飞天奖"二等奖。之后10年间她进入创作高产期和

---

[1] 苏州市文学艺术界联合会:《苏州当代文化名人》,古吴轩出版社2003年,第134、135、137、138页。
[2] 李婷:《苏州当代小说对话地域文化:解构还是建构?》,《姑苏晚报》,2015年12月18日。
[3] 温尚南:《苏州与中国电影》,中国电影出版社2007年,第81、82页。
[4] 苏州市文学艺术界联合会:《苏州当代文化名人》,古吴轩出版社2003年,第138、139页。
[5] 周治华:《当代苏州人才录》,上海三联书店1999年,第26页。

丰收季,以几乎一年一部的速度接连创作发表了《个体部落纪事》《采莲浜苦情录》《锦帆桥人家》《天砚》《老岸》《误入歧途》《无人作证》《费家有女》《城市民谣》《百日阳光》等10部长篇小说,同时创作发表了《顾氏传人》《错误路线》《城乡简史》等100余篇脍炙人口的中短篇小说。她以"我从来不写也不习惯写惊天动地的人物和事件,更愿意在平淡的叙述中带给读者阅读的韵味"为自己的文学追求,长期植根于苏州的土地,用她那委婉细腻、充满深情的笔触,向人们展示了具有悠久历史积淀的吴文化的独特魅力,成为继陆文夫之后第二位以描写姑苏风土人情、小巷文学为特点的作家。同时,自《裤裆巷风流记》开始,她把笔触延伸到公司、酒楼、夜总会,塑造出小巷小说中没有的或很少出现过的经理、公关小姐、骗子等人物形象,不仅拓展了"小巷文学"的内涵,也更多地表现了民间社会在现代化进程中的"现代性",使作品具有强烈的时代感和较高的审美价值与认识价值。冯牧等著名作家、评论家认为:这标志着范小青的小说创作进入了新的阶段。[1] 范小青1995年发表的《费家有女》被拍摄成电视连续剧获得不俗的反响;《百日阳光》1997年发表后中国作协专门举办作品讨论会,后荣获江苏省首届"紫金山文学奖";1999年范小青获中国作家协会"全国当代女性文学创作奖";2000年2部中短篇小说被收入《江苏文学五十年》。1997年范小青当选为江苏省作家协会副主席,开始成为江苏文坛的领军人物。

苏州中青年小说家群的形成及其文学特色。新时期步入文坛的许多苏州作家,在他们的小说创作中也多以小巷作为人物的安身立命之所和命运的归结点,对小巷文化从本质上加以揭示,让读者在品读之余进一步激起对人生和社会的思考。如苏童(童忠贵)在其"红粉""枫杨树""香椿树"等系列小说中以故乡为素材,创作出具有浓厚苏州味的故事;获《小说月报》第四届"百花奖"的小说《妻妾成群》,1990年由张艺谋将其嫁接改编成《大红灯笼高高挂》,影片在国内外引起轰动,多次获得国际电影大奖;小说《红粉》被苏州籍女导演李少红搬上银幕,获1995年柏林国际电影节银熊奖等;他的一部颇具争议的作品《米》也被黄建中改编成电影《大鸿米店》,影片问世后一时成为人们议论的焦点。[2] 被陆文夫称为吴门真正的"土著"作家的吴凤珍,创作的《扇子》《女劫》读来让人在悲哀中沉思。叶弥的小说和小说里的人物一样,"有苏州园林的气质"。[3] 文学评论家王

---

[1] 周治华:《当代苏州人才录》,上海三联书店1999年,第160页;王尧:《苏州文学的新时期》,《苏州日报》,1997年7月16日;秦兆基:《即将步入新世纪的苏州小说》,《苏州日报》,1999年6月10日。
[2] 温尚南:《苏州与中国电影》,中国电影出版社2007年,第85、150页。
[3] 李婷:《苏州当代小说对话地域文化:解构还是建构?》,《姑苏晚报》,2015年12月8日。

尧在分析1997年出版的《苏州小说十五年》中收录的大部分作品后对此做了一个精辟的概括:"苏州的文学世界是本世纪最后一个传统文化的村落。"随着改革开放和城市现代化的推进,80年代后期起苏州作家的小说创作开始向纵向和横向延伸,反映了小说家视野的开阔、题材的多元化,也反映了创作主体对人生思考的加深。从纵向看,卢群的《西施》,吴恩培的《巨商沈万三》《百年觅渡》,朱寅全的《七品蛇王》等这类作品,善于以现代意识再现历史人物和历史事件。从横向看,徐卓人的《你先去彼岸》《蜗人》《天天有太阳》《永恒的雪》和唐晓玲的《家园》等一批写小城镇和农村的小说,比起写古城的作品似乎更多点民俗色彩。[1] 90年代,陆平(白驼)先后创作发表了《太湖大盗》《古城堡的儿女们》《渡口》等多部获奖长篇小说,《白坯院门》入选美国华盛顿大学出版的高级中文读本;荆歌的《惊愕奏鸣曲》、叶弥的《成长如蜕》一并荣获江苏省首届"紫金山文学奖";以微型小说见长的凌鼎年,以《了悟禅师》获首届全国微型小说年度评选一等奖,还有十多篇微型小说被收入外国文学教材和中学中文教材。[2]

散文、杂文、诗歌和民间文学创作的兴盛。散文方面,改革开放以来的苏州散文创作热度很高,仅《苏州散文选(1979—1995)》就收入作品211篇、入选作者137人,这些作者出版的散文集多达92本。苏州的散文有着丰富的题材范围,或着力于乡土文化底蕴的发掘和张扬,或寄情山水、渴求与自然亲和,或探究苏州人性格特征的发展变化、寻绎出促其变化的动因。有评论家把苏州这一时期的散文分类为:以范培松为代表的学者散文,以俞明为代表的文化散文,以吕锦华为代表的叙事抒情散文,以吴凤珍为代表的民俗散文,以车前子、纪银剑为代表的探索创新型散文,这些特性赋予了苏州散文自异于他地散文的地方。[3] 改革开放以来,苏州散文创作在国内的影响虽不如小说大,但也不乏一些可资传世之作,吕锦华、范培松、吴凤珍等人的17部作品入选了《江苏文学五十年·散文卷》。吕锦华自20世纪80年代初开始至1994年发表了100余万字的散文作品,入选当代多种文学选本,部分作品还被译成外文介绍到国外,《何时入梦》成为苏州获江苏省首届"紫金山文学奖"的唯一散文作品,著名散文家艾煊称赞其作品"用一片真情讴歌时代、讴歌家乡"。[4] 杂文方面,一些作家以敏锐的眼光、

---

[1] 徐宁:《四方作家评论家汇聚苏州讨论唐晓玲新作〈家园〉》,《苏州日报》,1998年3月22日。
[2] 黄洁:《凌鼎年:中国微型小说的领军人物》,《苏州日报》,2011年12月23日。
[3] 秦兆基:《对苏州散文的衡估》,《苏州日报》,1998年7月16日;王尧:《苏州文学的新时期》,《苏州日报》,1997年7月16日。
[4] 徐宁:《吕锦华散文作品讨论会在吴江举行》,《苏州日报》,1994年7月18日。

理性的思维、洒脱的文笔,观察、评述时代的发展变化,歌颂真善美;一些作家以犀利的文辞、幽默的笔调,针砭时弊,抨击假丑恶,撰写出一批杂文随笔,为新时期苏州文坛增添了一抹别致的色彩。市作协编辑出版《苏州杂文自选集》《苏州杂文随笔选》,精选109位作者的246篇作品。苏州日报社副总编徐颖(秋末)以日报专栏为阵地,发表了众多深受读者欢迎的杂文佳作。2000年陆咸、杨文杰等人的5篇作品入选《江苏文学五十年·杂文卷》。诗歌方面,改革开放后最早活跃于苏州诗坛的朱红(朱弘),1981年组诗《寻觅》获全国首届中青年诗人优秀诗歌奖,同年加入中国作家协会,之后创作出版《初夏的凤蝶》《剪影者的世界》等诗集,成为新时期苏州诗坛的领军人物。[1]随后,车前子(顾盼)、小海(涂海燕)、陶文瑜、薛亦然、老铁(郁建中)、长岛等年轻一代诗人逐步鹊起,成为国内诗坛有影响的人物,有的跻身国内正在兴起的"第三代诗人"代表性诗人之列。车前子的《三原色》《一串葡萄》等入编1985年我国首次出版的《朦胧诗选》。小海的《必须弯腰拔草到午后》等获《作家》杂志诗歌奖、江苏省第二届"紫金山文学奖"。[2]王染野、朱红、车前子等人的23篇作品入选《江苏文学五十年·诗歌卷》。民间文学方面,一批民间文艺家从事通俗文学、新故事创作和传统故事改编,如卢群的《真娘泪》、徐卓人的《生死太阳湖》、马汉民的《冯梦龙》等,其中张瑞照的《梁红玉外传》获全国优秀作品一等奖,市民间文艺家协会组织整理记录的长篇叙事诗《五姑娘》获第二届全国文学作品奖。2000年,金煦、潘君明、马汉民等人的23篇作品入选《江苏文学五十年·民间文艺卷》,苏州市民间文艺家收集整理的200余篇优秀民间文艺作品被收入《中国民间故事·歌谣·谚语》(江苏卷)。

报告文学迎来创作兴盛期。改革开放之初,徐迟(东吴大学20世纪30年代校友)的一篇《哥德巴赫猜想》取得轰动效应,带火了全国的报告文学创作。苏州作家作者也以报告文学这一最能快速反映纷纭变幻的时代风貌的文学样式,以广大干部群众改革开放伟大实践所提供的极为广泛的写作素材,以自己敏锐的感觉、深邃的思索,在20世纪80年代写出了一篇篇或催人泪下或激人振奋的报告文学作品,给处于社会发展和变革中的广大读者以多方面的启迪与感染。如姚福年的《她,离死亡只有零点一厘米》、冯立的《神奇的天地》、张昌颐的《安得广厦千万间》、阿坤的《橄榄绿的眷恋》、叶正亭的《怪人胡子》、房余龙的《并非

---

[1] 刘放:《诗人朱红访谈录》,《姑苏晚报》,2012年1月29日。
[2] 东研:《复旦大学、南京大学联合举办小海诗歌学术研讨会》,《苏州日报》,2013年4月13日。

异常世界》、朱澄潜的《北厍龙》、祝兆平的《怀乡草》等。[1]1990年昆山市机关干部杨守松创作发表报告文学《昆山之路》于《雨花》杂志,以满腔激情记述了1985年昆山市委、市政府大胆决策、敢为人先,创办全国首家县级自费开发区,把昆山经济引上横向联合、外向开拓的发展快车道的生动业绩,在读者中引起强烈反响,并迅速由文艺界扩展到经济界和政界,省作协和省委宣传部两次专门召开作品讨论会,对该作的时代意义给予肯定,该作品获省政府文艺大奖和1990—1991年全国优秀报告文学奖;[2]1992年杨守松创作反映苏州乡镇工业异军突起历程的报告文学《苏州"老乡"》于《人民文学》第10期头篇刊出,翌年人民文学杂志社、省作协等联合举行该作品的讨论会,全国政协、中宣部、中国作协、人民日报社的领导出席,称赞这部作品"是对小平同志南方谈话的一个最好注解"。该作再次荣获全国优秀报告文学奖,并获《人民文学》创刊45周年优秀报告文学奖和江苏省"五个一工程"奖。杨守松由此确立了在报告文学领域的地位,从一名业余作者跃变为中国作协会员。1995年后杨守松又创作发表了《昆山之路》第二部、《生命九章》(获全国第二届图书奖)、《生命如火》(获省首届"紫金山文学奖")等在全国有影响的报告文学作品。90年代苏州的改革开放向纵深推进,经济社会发生了历史性巨变,苏州广大报告文学作者创作发表了一大批思想性、艺术性兼备的好作品,生动地反映了苏州经济社会发展变革中的重大事件和重要节点,生动展现了五光十色的各种人物形象。1999年市报告文学协会编辑出版《苏州报告文学选》,108篇作品集中展示了苏州新时期报告文学的丰硕成果。[3]2000年,杨守松、朱子南、李巨川等人的12篇作品入选《江苏文学五十年·报告文学卷》。

科幻与儿童文学享誉国内文坛。科幻与儿童文学较早成为苏州的文学强项。肖建亨1962年以一篇《布克的奇遇》确立了其在我国科幻文学领域的领衔地位,1984年该小说成为我国第一篇被选入师范语文教材的科幻小说,他早期创作的《影子的故事》1989年又被选入初中语文全国统编教材;1978年调到苏州市文化局从事专业创作,1979年当选中国科普创作协会科学文艺委员会副主任,其科幻小说《警醒人之谜》发表在《科学文艺》创刊号上,荣获江苏省第一届优秀读物一等奖,1980年成为中国作家协会会员和我国第一批参加世界科幻作协的5名会员之一;之后他的科幻小说有了新的突破,1980年和1981年发表在

---

[1] 苏州市报告文学协会:《苏州报告文学选》,百花文艺出版社2001年。
[2] 杨守松:《昆山之路(1991—1995)》,江苏文艺出版社1995年,第3页。
[3] 苏州市报告文学协会:《苏州报告文学选》,百花文艺出版社2001年。

《人民文学》杂志上的《沙洛姆教授的迷误》《乔二患病记》,赋予了科幻小说更大的社会价值和哲学意味,《万能服务公司的最佳方案》《机器狗卡曼》《南极历险记》等屡获全国大奖,先后被100多种书籍收载;1999年国家新闻出版总署编辑出版的20世纪优秀科普作家作品集中,共收录了他的15部作品。[1]新时期苏州还成长起来一批在全国有重要影响的科幻和儿童文学作家。常熟作家金曾豪90年代创作发表的《狼的故事》《青春口哨》《苍狼》等作品,三获中国作家协会"全国优秀儿童文学奖",还获得了全国"五个一工程奖"、第九届"中国图书奖";20世纪末,《鹤唳》和《绝谷猞猁》又分获第五届"国家图书奖"和第十三届"中国图书奖",被评论界称为"当今最具才华的青年作家之一"。[2]李镇的《冷冻人俱乐部》、刘虎苗的《重返蓝星》、钱欣葆的《两匹千里马》等作品也先后获得全国性奖项,王一梅的《书本里的蚂蚁》荣获第五届"全国优秀儿童文学奖"。1999年市文联和市作协编辑出版《苏州儿童文学作品选》,收录21位儿童文学作家近20年来的精品力作40余篇。2000年,肖建亨、金曾豪等人的18件作品入选《江苏文学五十年·儿童文学卷》。

3. 新吴门书画的崛起和其他美术创作的兴起

新吴门画派的逐步形成。苏州明代开始形成的吴门画派,在长达150多年的兴盛时间里,逐渐取代宫廷绘画和"浙派",占据了画坛主导地位,把中国文人画推向顶峰,其艺术思想和绘画风尚对中国画坛产生了深远影响,被清代人称为"天下第一画派"。近代以来苏州绘画受种种因素制约,影响逐渐被其他画派盖过。[3]20世纪五六十年代苏州建立美术职业高中和苏州工艺美术专科学校,培养出了一批后来成为新吴门画派有生力量的人才。1979年5月苏州成立吴门画派研究会,1981年建立苏州国画院。[4]新老画家在发扬光大吴门画派的同时谋求创新发展,并努力形成"苏州风格",其绘画内容上以江南题材为主,技法上保持着吴门画派的特点,以书法笔意入画,强调写意性,与其他地方绘画强调画面的完整性有着明显的区别。山水画家中,吴䍩木的山水画意境幽远、用笔简练,具有深厚的艺术功底及非同寻常的绘画技巧,被推举为吴门画派研究会会长,先

---

[1] 苏州市文学艺术界联合会:《群星灿烂——苏州当代文化名人》,古吴轩出版社2003年,第141—148页。

[2] 常闻:《金曾豪三获全国优秀儿童文学奖》,《苏州日报》,1999年5月10日;徐宁:《给孩子们最好的精神母乳——访〈青春口哨〉作者金曾豪》,《苏州日报》,1996年11月21日。

[3] 江洪、朱子南、叶万忠、唐文:《苏州词典》,苏州大学出版社1999年,第890页。

[4] 苏州市文学艺术界联合会:《群星灿烂——苏州当代文化名人》,古吴轩出版社2003年,第264、274、275页。

后为人民大会堂作《万竿烟雨图》,为淮安周恩来纪念馆作《万顷浩瀚总理情》,为台湾"故宫博物院"作《龙吟泉韵图》等,并编写出版《中国画技法概论》,不仅在国内再版,还发行日文和英文版;张晋为北京人民大会堂创作《天平红枫》巨作,受到文化部嘉奖;孙君良的《须知盘中餐粒粒皆辛苦》《生生不息》入选第七、第八届全国美展;刘懋善大量吸收西画技巧,笔下的江南枕河人家别有风韵,90年代初两次赴美国举办个人画展;杨明义善用水墨晕染,其作品山色迷蒙,影影绰绰,有浓郁的江南风情,水墨画《西子湖》1989年登上了邮票这一"国家名片";马伯乐、茹峰、张明、陈危冰、曹仁容、张国柱、曹玉林等一批中青年画家的一些新锐山水作品也经常在各类美术大展中获奖。花鸟画家中,陶冷月、张辛稼、张继馨、徐源绍、谢孝思、沈彬如的作品各具风格,艺韵十足,蒋风白、施仁、崔护、朱欣生、宫音、王西野、杭青石、姚新峰、贺野、凌虚、韩山、魏本雄、周建华等新秀也各有所长、日趋成熟。人物画家中,刘振夏潜心于水墨写生人物画的创作与研究,以《鱼婆》蜚声中国画坛;潘裕钰的戏剧人物画动态鲜灵,纵横驰骋而独具匠心;顾曾平、王锡麒、程宗元、江野、周矩敏、徐惠泉、李涵等潜心探索而不囿于传统绘画法,以不同的视角与艺术手法来对"新文人画"进行探索,频频有作品入选全国美展、全国中国画展、全国中国画人物画展。[1]进入21世纪之际,为重塑苏州画坛品牌,苏州国画界提出了"新吴门画派"的概念,文化部专家调研考察后认为苏州国画具备了作为一个流派的四个要素:一是传承有序,二是有一批在全国有影响的画家,三是文化特征有别于其他地区,四是后继有人。随后苏州"新吴门画派"成功入选文化部"全国画院优秀创作研究项目扶持计划"项目,成为省内除江苏省国画院"新金陵画派"之外唯一入选的项目。[2]

其他绘画艺术的创作成果。进入新时期,西洋绘画也逐步成为苏州绘画艺术的一个强项。粉画方面:杭鸣时90年代任全国水彩画艺术委员会副主任,《绿色的梦》《蓝色的交响》《黑与白》被编入《世界人体艺术欣赏大典》,《柯桥夕照》获美国第26届粉画大展金奖,《山城》获国际专业画家联盟颁发的"优秀画家奖";[3]卢卫星作品《渔村》1999年获第九届全国美展金奖,张新权的《阳光水乡》在同展上获优秀奖。由于苏州在水粉画艺术方面的传统和实力,21世纪初

---

[1] 苏州市文学艺术界联合会:《群星灿烂——苏州当代文化名人》,古吴轩出版社2003年,第157—278页。

[2] 施晓平:《新吴门画派迈开步子走出去》,《苏州日报》,2013年9月18日。

[3] 苏州市文学艺术界联合会:《群星灿烂——苏州当代文化名人》,古吴轩出版社2003年,第281—283页。

中国美术家协会艺术委员会在苏州设立全国粉画创作研究中心。水彩画方面：张俊秋的《荒野》、贝戍民的《夕之意》、李白丁的《思乡曲》入选第八届全国美展，喻春泉、汪钰元、黄海、姜竹松、曹大庆、吴燕、金纬等人的作品在全国水彩画展览中获奖。油画方面：肖波的《一曲江南歌》、张庆国的《拉卜楞寺》入选第八届全国美展，余克危的作品1993年在法国国际双年展中获"最杰出中国画家特别奖"，徐海鸥的作品多次入选全国画展，姚莨、卢卫星的作品同获"迎接新世纪江苏油画展"金奖。漆画方面：周矩敏的《弦叙》1995年获第八届全国美展金奖，是为中华人民共和国成立后苏州获得全国美展金奖第一人。版画方面：苏州除了拥有桃花坞木刻年画这一国家级非物质文化遗产项目之外，现代版画在新时期也逐步发展起来，作品多表现江南水乡风光、古老城市建筑以及江南妇女服饰情趣，富有地方特色。潘裕钰的《村里的那条河》、沈民义的《在水一方》《燕去燕来》、周伟民的《老屋》、顾志军的《世说新语》入选第七、八、九届全国美展，承豪的《沙家浜》、顾志军的《朝来夕去》获全国版画展铜奖，1999年王勉、潘裕钰、沈民义、杨明义、张天星、顾志军、凌君武等7位画家获中国版画协会颁发的"鲁迅版画奖"，劳思创作的版画《网师园》2003年被设计成一套4枚的邮票由国家邮政发行。连环画方面：梅云、王企政、苏起峰、劳思、张晓飞、夏维淳等陆续有新作问世，顾曾平创作的《裤裆巷风流记》入选第七届全国美展。

4. 书法篆刻艺术发扬光大

1980年苏州市书法印章研究会成立，1984年苏州市书法工作者协会成立（1994年改名为苏州市书法家协会），自此苏州书坛整体实力不断提升，涌现出一批跻身国内一流水平的书法、篆刻家。在1980年第一届至1989年第四届全国书法篆刻展中，苏州共有近30人次的作品入选参展；自第四届起的历次参展作品评奖中，苏州每届都有作品获一、二等奖。

书法界：首先是老一辈艺术青春勃发。费新我70年代左笔书法展示才华，进入新时期开始形成生、逆、拙的独特风格，达到炉火纯青的艺术境界，作品在国内外受到热捧，有相当多的作品作为国礼赠送给了外宾，先后在内地数十个城市和香港、台湾地区以及日本、新加坡等举办个人书法作品展。1982年中国书协主席启功评价说："费老是继元代左笔书法家郑遂昌、清代高凤翰之后一位别具生面的左笔书法家。"1992年启功先生为费新我题诗："烂漫天真郑板桥，新翁继响笔萧萧。天惊石破西园后，左腕如山不可摇。"祝嘉晚年书法技艺更趋成熟，1980年林散之大师请祝嘉写了一幅隶书并以草书回赠，之后其作品入选"中国书法展""全国当代名家展"，1989年《人民中国》日文版专题介绍《祝嘉其人和作品》。吴进贤作品以汉风隶书见长,在吴中被称为"隶王"。瓦翁作品接连参加三届全国书法篆刻展,在第四届上他的一幅《石湖文略》行楷作品在一等奖中名列第一。沙曼翁在1980年全国第一届书法篆刻展中脱颖而出,在南京博物院举办个人书法篆刻展,林散之观后赋诗一首大加称赞,1986年起在中央广播电视大学讲授书法(侧重篆书、隶书)并出版教材,1993年被中国书法家协会培训中心聘为教授,2001年在中国美术馆举办个展,中国书法家协会主席沈鹏在观摩后还专程来苏造访沙曼翁,并赋诗一首以表敬仰之情。[1]新时期苏州一批以中青年为主体的书法新人逐步崭露头角。常熟言恭达逐步形成用篆书笔法作草书的特色,被公认为"当代草书大家",其作品被国家博物馆、中国美术馆等100多家单位收藏和中南海、北京人民大会堂用于布置,1998年调入江苏省书法家协会主持工作,后又当选为中国书法家协会副主席、省文联副主席等职。[2]华人德80年代作品屡次参加全国书法篆刻展览等重大展项并多次获奖,90年代担任全国书法学术奖评审委员会副秘书长等职,发表、出版书法论文、著作数十篇(种)。[3]潘振元1987年作品入选第三届全国书法篆刻展,后参与编纂《中国书法篆刻鉴赏辞典》《中国历代书法名作鉴赏辞典》等大型专业工具书。[4]陆家衡作品曾十余次参加国家级重大展览,在第五届全国书法篆刻展中其一幅隶书对联作品获最高奖——全国奖。谭以文师从费新我先生书艺长进迅速,1980年参加第一届全国书法篆刻展受到书坛瞩目,1982年成为最年轻的中国书法家协会会员,1985年当选江苏省青年书法家协会主席。"草根书法家"乡镇干部周雪耕的隶书作品一举夺得第七届全国书法篆刻展最高奖——全国奖,同获该殊荣的苏州书法家还有言恭达、包伟东、徐燕。

篆刻界:改革开放后"吴门印派"篆刻艺术进入一个发展新阶段。1983年在原市书法印章研究会基础上成立东吴印社,会员67人。早年师从吴昌硕的张寒月,1979年加入著名印学团体西泠印社,后参加第一届全国书法篆刻展、首届全国篆刻展等大展,当选为全国篆刻征稿评比评委,刻成巨作《西园五百罗汉像》,成为苏州篆刻界的领军人物。蔡谨士1979年加入西泠印社,1980年作品入选第一届全国书法篆刻展,其中"见山楼"一印编入展览作品集,著名书画家亚明

---

[1] 苏州市文学艺术界联合会:《群星灿烂——苏州当代文化名人》,古吴轩出版社2003年,第306—327页,第337—340页,第356—362页;沈伟东:《费新我:以意志和毅力登上书艺高峰》,见《钟山风雨》2012年第4期;沈慧瑛:《左笔大家费新我》,《姑苏晚报》,2012年12月16日。
[2] 商中尧、吕继东:《言恭达:挥毫泼墨为时代积累经典》,《苏州日报》,2012年5月11日。
[3] 姚永强:《华人德四度问鼎兰亭奖》,《苏州日报》,2012年12月11日。
[4] 柯继承:《诗雅文雅书亦雅——赏心悦目的潘振元书法》,《姑苏晚报》,2013年12月8日。

先生评价他的篆刻具有"茂朴古雅、劲健老辣"的风格。[1]矫毅中年后食古而化,创"草篆印""动物肖像印",作品先后入选第一届全国书法篆刻展等大展,成为西泠印社社员和中书协会员,80年代起每年篆刻当年生肖印百枚,1986年和1987年所作虎、兔生肖印被香港用作生肖邮票图案,被誉为"中华生肖篆刻第一刀"。蔡廷辉自幼受其父蔡谨士的熏陶,历经数十年磨炼,技艺日臻完善,形成运刀老辣、风格古雅的特色,1987年起多次在国内外举办个人作品展,作品多次作为国家礼物先后赠送给外国政要和友人,80年代将洞庭东山和古城内的私家庭院建成碑刻公园,90年代为拙政园镌刻文徵明《拙政园三十一景图》石碑镶嵌于长廊上,1993年和2001年中央电视台两次对其篆刻作品和艺术生涯做专题介绍。新生代宋咏、潘风等80年代起就陆续参加全国性重要展项并时有获奖,为吴门篆刻平添了许多令人耳目一新的精品力作。[2]

5. 音乐、舞蹈、摄影、影视艺术的长足发展

音乐创作演出时有新成果。苏州市歌舞团范广勋创作的《苏州夜歌》、周友良的《江南雪》《最美的心》、唐斌华的《太湖,天堂的湖》《相会在苏州》、吴根龙的《北塔风铃声》等歌曲获全国大奖;金砂、钱克忠、梁志广等创作的《苏州风情三首》《月夕抒怀》《蝶恋花》《橘林即景》《石湖串月》《喜庆》等器乐演奏曲获省以上创作奖;曾主演过著名歌剧《江姐》的演唱家万馥香,创作并演唱《东山碧螺春》《姑苏东山美》等歌颂家乡苏州的歌曲;声乐演员陈庆琳、江佩莉在1999年省第四届音乐舞蹈节上分获演唱银奖、铜奖。

舞蹈创作演出显示一定实力。苏州是被誉为"中国现代舞之父"的著名舞蹈艺术家、教育家吴晓邦的故乡。1981年苏州市舞蹈工作者协会成立。80年代以来一批反映地方特色、具有浓郁水乡小巷社会气息的作品纷纷涌现。吴晓邦学生马家钦编导的《绣娘》《渔娘》《小鱼儿》《园林行》《吴越木屐舞》《五姑娘》等,李乃斌编导的《千古一将》《浣纱吟》《卒士愤》《姑苏好风光》等,王永林编导的《湖韵》《听松》等,在全国、华东地区、省专业舞蹈赛事中连连获奖。1999年马家钦为苏州市歌舞团创作大型舞剧《干将与莫邪》,不仅填补了苏州舞蹈史上大型舞剧的空缺,还连获中国艺术节大奖、全国文华新剧目奖、文华导演奖。常熟市文化局艺术总监牛小艾创作的舞蹈《织》《耕绿》双双获得2000年全国"群星奖"金奖,实现了文化部设立的这一全国业余文化艺术政府最高奖开评10年来

---

[1] 苏州市文学艺术界联合会:《群星灿烂——苏州当代文化名人》,古吴轩出版社2003年,第328—335页,第341—346页。
[2] 陈艺:《传承接力,锐意进取——宋咏、潘风篆刻展作品撷英》,《苏州日报》,2012年9月13日。

苏州金奖零的突破;市群艺馆于丽娟编导的舞蹈《苏韵》获银奖。[1]

摄影创作全面兴起。改革开放后市文联每四年举办一次全市摄影艺术展,促进形成了一支庞大的专业和业余摄影创作队伍。1986年苏州市摄影工作者协会成立,至2000年苏州摄影家协会会员(包括省、全国会员)已由初期的数十人扩大至数百人。陈健行在古典园林摄影方面形成了自己的风格和韵味,所创作的《珠帘凝翠露华浓》《山塘街通贯桥雪景》等数千件作品不少在国内外获奖或展出,1992年以《园林诗情》开苏州出版个人摄影画册先河。孙凤初、吴万一、陶剑秋、黄斌、朱曙辉、蔡德森、林霄平、张丽娜、张克新、张志强、孟强、高榴松、于祥等摄影家和爱好者的作品入选全国摄影展或在全国性展览中获奖;大量优秀作品被选入市委宣传部、市摄影家协会编辑出版的《苏州园林》《苏州风情》《苏州胜景》系列画册,获全国外宣品评比一等奖和省"五个一工程奖"。

影视艺术的悄然兴起。进入新时期苏州也逐步涌现出一批有一定水准的编剧、导演、摄像、制作等专业人员,影视作品创作在苏州逐渐发展起来。1986年作家王静珠编写的电影文学剧本《少年犯》被摄制成电影,在全国放映后引起较大反响,获广播电影电视部优秀影片奖。1987年成立苏州市电影电视艺术家协会。至1992年的5年间,全市拍摄、播出了《柳亚子》《孙武出山》《范仲淹》《范成大》《救孤记》《柴达木人》《真娘》等电视剧30余部近百集,电视专题片数百集,在全国、省两级影视作品评奖中获奖60余次,电视剧《同心茧》1992年被列入江苏爱国名人系列电视剧之一并获当年省"五个一工程奖"。1994—2001年,苏州影视文学作品获部级奖励的22个、省政府奖励的111个,苏州电视台创作摄制的电视剧《春天的故事》荣获第七届全国"五个一工程奖",由陆文夫策划、苏州有线电视台制作的电视文化片《苏园六记》获第八届全国"五个一工程奖"和第十四届中国电视艺术"星光奖"一等奖,音乐电视片《庭院深深》《碧螺春》同获省首届电视"金凤凰奖"一等奖。[2]

五、传媒业发展壮大与史志社科研究活跃兴盛

改革开放以来,作为新时期社会主义文化建设重要组成部分的新闻出版、广播电视、史志编纂、社科研究等各项文化事业,从无到有,从小到大,发展迅速,成果迭出,在推动社会主义精神文明建设和文化建设、促进改革开放和现代化建

---

[1] 肖旭:《苏州舞蹈获"群星奖"两金一银》,《苏州日报》,2000年12月6日。
[2] 张澄国:《在苏州市文学艺术界联合会第八次代表大会上的工作报告》,2001年7月26日,第9页;徐宁、钱锡生:《〈苏园六记〉赢得国内影视界高度评价》,《苏州日报》,2000年5月14日。

设、丰富人民群众的精神文化生活等方面都发挥了积极、重大的作用。

1. 日趋繁荣的新闻出版业

1986年市文化局设立新闻出版处,1996年建立市新闻出版局,1989年成立苏州市新闻工作者协会和市新闻学会,1997年起设立"苏州新闻奖",鼓励新闻工作者多出精品力作。2001年初首次表彰1999—2000年度50位"苏州市优秀新闻工作者"暨"十佳记者""十佳编辑"。积20余年之发展,苏州形成了由市县两级党委机关报、晚报、电视报、地方文化期刊、专业性杂志和驻苏高等院校和科研机构创办的高校学报、专业学报、专业期刊等组成的30多种公开发行报刊体系,还建办起2家出版社,新闻出版业取得长足发展。

市县党委机关报的完善壮大。1979年4月27日中共苏州市委机关报复刊,报名由《苏州工农报》改为《苏州报》,4开4版,每周3刊;为适应经济发展的需要,1980年春起恢复刊登商业广告;1982年1月改为周四刊,增出一期《星期版》。1983年7月起改出周六刊,宣传报道延伸到县乡,对版面进行较明确的分工;1987年元旦起改办为《苏州日报》;1991年告别铅与火,实现排版电脑化、印报胶印化,大大提高了效率和质量;1993年起改为对开4版大报,同年6月试出第一张彩报;1994年元旦报社创办了全国第一张彩色晚报——《姑苏晚报》,4开4版、日刊,具有姑苏地方特色和古城文化味道,大量刊发社会、娱乐新闻和市场信息,受到市民的普遍欢迎;1996年元旦起《苏州日报》天天出彩报。[1]1992年起《苏州日报》和《姑苏晚报》参加"中国地市报优秀新闻作品""中国晚报新闻奖"评选活动,10年中累计有72个作品获奖,其中夕春的《自贡灯会·姑苏灯彩·商品经济意识》、徐颖的《"突破十万大关"意味着什么》、沈石声的《秦振华的思路和决策》、陆玉芳的《沈昌牌信息茶是什么茶》、王晓宏的《千年古镇走上信息高速公路》、冯立等的《困难中找机遇,逆境中求出路》、李勇的《中学生力证〈东史郎日记〉》等12篇作品荣获一等奖。改革开放之前苏州所辖6个县中有4个县创办了县委机关报,十年内乱中全部停刊。进入新时期,《常熟日报》于1984年元旦首先复刊,随后《吴县日报》于1991年7月、《昆山日报》于1993年9月、《吴江日报》于1995年1月也先后复刊;1992年9月和1996年7月,《张家港日报》和《太仓日报》先后创刊;2000年底苏州6家县(市)党委机关报均获全国公开刊号。这些县级党委的机关报都办得十分红火,屡有优秀作品获全国、省、市级新闻奖,为推动地方"两个文明"建设和党的建设发挥了重要的作用。

---

[1] 薛良材:《风雨征程45春》,《苏州日报》,1994年7月3日。

2001年10月末,因吴县撤市建区,《吴县日报》停刊,人员并入《苏州日报》社,刊号被新创办的《城市商报》所用。此外,苏州市广播电视局1985年创办的《苏州广播电视报》,1987年起经国家新闻出版总署批准公开发行。至2000年,在苏的6所高等院校也都办有各自公开发行的校报。

地方期刊办出特色和影响。中华人民共和国成立后近40年中,根据国家有关规定,地、市以下一般不办期刊,故至1985年苏州只有公开发行的大学学报和高校及部省属科研机构创办的专业期刊9种。1988年开始解冻,苏州先后创办了3份地方主办的公开发行期刊。一为1988年12月创刊的《苏州杂志》,双月刊,由中共苏州市委宣传部主管、市文联主办。创刊时由作家陆文夫出任主编和社长,确定"当代意识、地方特色、文化风貌"的办刊方针,提倡苏州人写苏州、外地人写苏州,反映苏州历史文化和当代文化社会风貌。在陆文夫、朱红等文化人的孜孜追求和苦心经营下,这本印刷精良、图文并茂并坚持"不与广告沾边"的杂志,编辑、发表了一大批具有吴文化风貌、反映时代气息的好作品,1993年荣获华东地区优秀期刊一等奖,此后又多次获此殊荣,2002年被国家新闻出版总署评为"全国百家重点期刊"。[1]二为1988年9月由苏州市科委和市乡镇企业管理局联合创办的《苏州乡镇企业》杂志,每月一刊,侧重介绍苏南农村乡镇工业改革、发展的情况和经验。随着90年代后期苏南集体乡镇企业的全面改制、市乡镇企业管理局的机构变动,2001年起该杂志划归苏州日报社主办,后更名为《苏南科技开发》。三为1992年1月由苏州市计委和市体改委联合主办的《集团经济研究》(月刊),面向全国公开发行。1986年后在苏的高等院校和部属科研机构陆续创办了一批院校学报和专业性期刊,面向国内外公开发行,普遍具有较高的学术水平和办刊质量,《苏州大学学报(哲学社会科学版)》《苏州医学院学报》、国家建材工业总局苏州混凝土与水泥制品研究院主编的《混凝土与水泥制品》跻身"全国中文核心期刊",《苏州铁道师范学院学报(社科版)》为全国优秀人文社会科学学报,苏州大学主办的《中学历史》和《中学数学月刊》深受中学教学教研人员的好评,在全国有较大影响。

地方出版业的快速成长。1979年苏州建办古吴轩书画艺术公司,主要编辑出版反映苏州地方特色的书画作品、画片挂历、字帖及桃花坞木刻年画等。1980年胡耀邦为古吴轩题词:"扬古国文化,聚画坛珍宝"。1989年3月,在古吴轩书画艺术公司基础上成立古吴轩出版社,是为中华人民共和国成立以来苏州首家

---

[1] 苏州市文学艺术界联合会:《群星灿烂——苏州当代文化名人》,古吴轩出版社2003年,第139页。

出版社,也是全国地级城市中的第一家出版社[1],之后形成美术、书法、地方文化三大图书板块,至2000年共计编辑出版图书2 000余种,其中《林散之书法集》获第十一届中国图书奖,《隋唐文明》被列为国家"十五"时期重点图书,《苏州古版画》入选国家首届"三个一百"原创出版工程。古吴轩与北京荣宝斋、上海朵云轩、杭州西泠印社并称为"中国四大书画名店"。苏州大学出版社1992年成立,年出版教材和学术著作占图书总量的2/3左右;2000年出版图书214种,发行码洋达5 330万元,综合实力在全国100多家高校出版社中的排名升至第28位,当年有23种图书获各类优秀图书奖。[2]

2. 凸显主流传媒作用的广播电视业

改革开放以来,苏州的广播电视业,尤其是电视业,成为文化事业中发展最快的一部分和受众最广的现代大众传媒。1986年苏州市广播电视局成立,分设苏州电视台、苏州人民广播电台,实行"局台合一"运行体制,并对全市的广播电视业进行宏观规划、业务指导和行政监督管理,促进了全市广播电视业的健康发展,20多年间全市经历了从广播时代迈向电视时代的历史性跨越。

广播业的升级换代。改革开放之初,苏州城乡居民接受新闻信息仍以收听有线广播为主,市区和各县均建有有线广播电台,农村各公社(乡)建有广播站。1978年底苏州城区对有线广播用户核发收听证6.79万本,比1972年初增加1倍多;1985年市区入户率为83.5%,名列全国城市第一。市有线广播台全天播音时间11.5小时,共有节目28档,其中自办节目播音长度占总时长的80%。与此同时苏州的无线广播业也加快了发展步伐,自1080千赫频率为自办节目广播后,1993年经济广播电台、1994年儿童台(1997年3月停播)、1998年音乐台相继开播,形成多台同播、专业分工的发展格局,满足了不同听众群体的需要。1985年国庆节正式开办调频广播,1991年7月起电台新闻专题节目《天天半小时》栏目改用主持人直播的方式,1994年12月31日午夜电台首次与国外电台(日本北陆放送)联合举办寒山寺新年听钟声现场对播,1995年起实行24小时播音。随着无线广播尤其是电视深入千家万户,有线广播的局限性日益明显,80年代后期起城区的有线广播业日渐萎缩,到1994年市区的有线广播网已名存实亡,1998年苏州有线广播停播。各县的有线广播80年代后期至90年代前期仍在继续大力巩固提高阶段,并普遍进行广播设备、线网和喇叭的升级换代,1995

---

[1] 江洪、朱子南、叶万忠、唐文:《苏州词典》,苏州大学出版社1999年,第773页。
[2] 闻泓:《苏大出版社硬件上台阶》,《苏州日报》,2001年9月9日。

年全市村通播率达99%,名列全省前茅。90年代后期起乡镇的有线电视发展起来后,有线广播这方面的功能逐步被有线电视所取代。各县的无线广播自1988年常熟市首开,至1993年其他五县也先后开播无线广播电台。苏州广播业20多年间屡有创作的专题节目和优秀稿件获各级新闻单位的奖励,或为中央台、省台和兄弟台选播。1997年,苏州电台叶正亭、顾金荣创作的广播短剧《草莓》荣获中国广播奖"广播短剧"一等奖;1998年,苏州电台创作的儿童广播剧《谁当班长》荣获"中国广播剧奖"一等奖,广播新闻《布莱尔首相为英国企业在苏州投资喝彩》获"中国广播奖"三等奖。

电视业的迅速崛起。1975年国庆节起,苏州人民广播电台电视台两个频道开始转播中央电视台和上海电视台节目,苏州电视业开始起步,1978年起开始发射彩色电视信号。1981年起,在转播上海电视台节目前不定期播出《苏州新闻》,苏州自办电视节目迈出步子。1983年12月建立苏州电视台,与广播电台分立;1984年开播18频道,每周三天播出自办节目,《苏州新闻》每周三、六播出。1992年5月起改为天天播出自办节目,每天播出时间增加到4—5小时。[1] 之后苏州的电视业进入发展快车道,呈现市县同步、有线无线同步发展的新格局。1992—1993年间六县(市)电视台全面建立。1994年1月苏州有线电视台建立开播,除传播14套境内电视节目外,还有12、16频道2套自办电视节目,第一年在市区发展用户7万多户,1997年完成与6县市的联网,2000年全市有线电视镇村联网率达98.5%,全市有线电视用户达87万余户,人口有效覆盖率达50%以上。苏州电视台1995年与市教委联合开办第二套节目(侧重于宣传、教育和娱乐功能的48频道),1996年开播与六县市联播的《苏州新闻联播》,1999年起开设手语固定节目《一周新闻热点》。为扩大苏州的国际影响,苏州电视台1992年成立国际部,摄制了一批介绍苏州历史文化、经济建设、投资环境的专题片,先后在我国台湾和美国纽约等境外电视台中用8种语言播出;1994年在美国的中国黄河电视台开办《今日苏州》和《名城掠影》两个专栏节目,通过美国卫星电视网向全世界播出;1997年起苏州有线台每年向美国熊猫台、欧洲东方台、香港凤凰卫视提供播放专题片数十部。2000年10月29日苏州有线数字电视正式开播,标志着苏州电视事业迈向信息化、数字化、网络化,走在了全国的前列。[2]

---

[1] 石花:《苏州电视台十八频道五月一日起天天播出自办节目》,《苏州日报》,1992年4月19日。
[2] 于晓彬:《苏州电视片国外交流侧记》,《苏州日报》,1995年1月28日;徐宁、高琪:《我市有线数字电视昨开播》,《苏州日报》,2000年10月30日。

3. 成果颇丰的史志档案业

中国自古就有盛世修志的传统。改革开放以来,在各级党委、政府的重视和组织领导下,全市各级党史、方志、档案、政协文史等工作部门,积极开展编史修志这项地方基础性文化建设工作,组织征集、整理了一大批各个历史时期、各个方面的珍贵历史文献、档案资料,编纂、出版了一大批地方党史、地方志、专业志、年鉴、地情书等书籍,忠实地记录了苏州的时代兴革演进,为苏州这座千年古城又增添了许多权威历史典籍,积累了丰富翔实的档案资料,较好地发挥了"存史、资治、教化"的功能和作用。

党史征集研究和编纂工作方面:1981年根据中央和省委关于开展党史资料征集工作的要求,市委和地委分别成立党史资料征集小组及其办公室。在市党史工作部门的组织下,经数以百计老同志和党史工作者20年的不懈努力,2001年"七一"前夕《中共苏州地方史》(第一卷)正式出版。该书系统记述了从1919年"五四运动"至1949年5月苏州全境解放、人民政权诞生的30年间,苏州人民在中国共产党领导下,创立苏州地方党组织、开展新民主主义革命斗争的历程,再现了波澜壮阔、迂回曲折、可歌可泣的人民革命斗争历史画卷,填补了中共苏州地方组织史籍的空白,告慰了为苏州革命胜利而献身的英烈们,也是奉献给苏州人民的一份精神食粮。[1]此书荣获苏州市第七届哲学社会科学优秀成果奖一等奖。此间市、县两级党史工作部门还组织编纂了"五个一"地方党史专题资料和书籍,即一本地方党史大事记、一本革命斗争故事、一本英烈传、一本革命斗争群英谱、一批有地方特色的重点党史专题,或上报中央和省委党史部门结集出版,或自行单独出版,其中苏州市委党史办编纂的《抗战中的苏南东路》和《七君子在苏州》、常熟市委党史工委编写的《沙家浜抗日烽火》等具有较高的史学价值,为中央和省编写党史书籍提供了重要参考。1993年起全市党史工作重点转入社会主义革命和建设时期,市委党史办自行征编并组织各部门编写了《毛泽东在苏州的两次调查研究》《社会主义建设时期苏州经济工作》《苏州乡镇工业》等40多个专题资料,先后征编出版了《中国共产党苏州党史大事记(1949—1999)》《中国共产党苏州市历次代表大会(会议)文献汇编(1949—2001)》《苏州历届全国和省人大代表简介》《中国共产党江苏省苏州市组织史资料》《苏州市资本主义工商业改造史料丛刊》等,为编写地方党史二卷本(社会主义革命和建设时

---

[1] 中共苏州市委党史工作办公室:《中共苏州地方史》(第一卷),中共党史出版社2001年,"序""后记"。

期)打下了基础。

方志编纂工作方面:1981年起以苏州市原副市长陈晖为首、市地方志办公室为主体力量、全市各级各部门各单位全面参与,启动编纂中华人民共和国成立后首轮《苏州市志》,历经群众性编写、分志编写、总纂和评审出版三大阶段,前后历时14年,1 600余名专兼职修志人员参与,终于在1995年付梓发行。该志主要内容的记述时限自1912年至1985年,以总述为纲、大事记为经、各卷为纬,以述、表、志、传、录、图为表述形式,共设54卷,分三册,洋洋500万字,系统地记载了本地自然和社会的历史与现状,其中许多资料为首次发现,起到了"补史之缺、参史之略、续史之无"的存史作用。[1]该志1997年获全国地方志奖一等奖。1990—1994年苏州所辖六县(市)的新编地方志也相继出版,其中《沙洲县志》《常熟市志》分别获得全国新编地方志优秀成果一、二等奖,《吴县志》获省一等奖;至1999年全市公开出版专业志62种、乡镇志37种。此外,市方志办1984年起与市政协文史委联合编辑内部年刊《苏州史志资料选辑》;1998年起编辑出版图志,用老照片形式记录、定格苏州历史,至2000年出版首部《老苏州·百年旧影》,完成编辑第二部《老苏州·百年历程》;还推出"苏州地方历史文化读物"丛书,继首部《再读苏州》编著出版后,《苏州名门望族》世纪末完成编辑。1995年起市方志办筹建市方志馆,共征购各种新旧志书4 000余种,其中不乏一些弥足珍贵的古籍善本和境外版本,成为苏州方志的集大成之处,1998年起向社会免费开放查阅。

年鉴编纂和档案工作方面:苏州市档案局(档案馆)1988年启动档案信息数字化开发建设,逐步实现重要档案全文数字化,90年代两次开展市级机关档案进馆工作,接收1977—1990年中100余家单位形成的档案;馆藏档案自1796年起至2001年,其中文书档案占90%以上,其余为专门档案和科技档案;对保存满30年应开放的档案实施开放,年均接待查档利用者近3 000人次,成为市级重要档案的永久性保存基地和利用中心,2000年通过省一级档案馆考核。馆中形成于1905—1949年的苏州商会档案极具地方特色和历史价值,共有3 500卷、25.55万份、图片33万幅,其中晚清苏州商会档案于2002年被列入首批《中国档案文献遗产目录》,并通过对这一珍贵档案进行深入研究,形成了一批在全国产生重要影响的成果,为全国众多研究机构和学者引用。此外,苏州市建设部门于1981年建立苏州市城乡建设档案馆,为工程建设领域的规划设计和市民的房产信息查询利用提供了可靠的档案资料;市园林局2000年筹建苏州园林档案

---

[1] 臣杰:《呕心沥血谱写春秋——写在〈苏州市志〉付梓之际》,《苏州日报》,1994年11月5日。

馆,为保护和利用好苏州古典园林遗产发挥了重要作用。市档案局从1984年起还承担了编辑出版《苏州年鉴》的工作,1983—1985年的三册记载当年资料,1987年版起改为记载上一年资料,每年出版一册,每册容量从80万字左右增加至130万字左右,汇聚着苏州经济和社会各个领域高度密集的信息,成为重要的地方资料工具书。[1]苏州所辖各县(市)的年鉴编纂出版也先后开展。在第二届全国年鉴编纂出版质量评比中,1999年版《张家港市年鉴》荣获综合特等奖,《苏州年鉴》和常熟、太仓、昆山市编纂的年鉴均获综合二等奖。此外,市统计局从1985年起编辑出版《苏州统计年鉴》,向全社会发布提供每年的权威统计数据,1995年起连年在全国地方统计年鉴评比中获省辖市组一等奖。

4. 日益活跃的社科研究

1981年苏州市哲学社会科学联合会成立后,组织社科界专家学者做好中国特色社会主义理论体系的学习、宣传、研究工作,紧紧围绕全市各个阶段的中心工作任务开展理论研究和实践总结,形成了一大批成果,编写、发表、出版了许多理论类、地情类的论文和专著,其中不乏一批产生较大影响和具有较强指导作用的精品力作,为推动全市改革开放和现代化建设发挥了理论指导和思想引领的作用。

在苏州发展理论与实践研究方面,70年代后期80年代初着重围绕苏州农村改革和乡镇企业以及"苏南模式"的形成、主要特点、动力机制和创新发展,编写出版了《今日苏州农村经济》(中共苏州市委)、《农民·市场·流通》(徐颖、姚福年、蒋一新)、《苏州崛起的足迹》(蒋振云)、《九十年代乡镇企业发展透视》(丁永仁等)、《苏南农民企业家研究》(汪长根)、《异军突起在江南》(徐伟荣)等;80年代后期及90年代中期着重围绕发展外向型经济和开发区建设,编写出版了《外向型经济实务》(王伟林、庞学良)、《走向世界的历程:苏州外向型经济发展纪实》(苏州市对外经济贸易委员会)、《崛起的热土——来自苏州各级开发区的报告》(孟焕民等)、《苏州经济国际化研究》(朱仲羽)、《中国"入世"与苏州经济》(何光耀等)、《苏州对外经济五十年(1949—1999)》(陆允昌、高志斌)等;90年代中后期着重围绕培育弘扬"三大法宝"和苏州率先实现现代化,编写出版了《张家港之路》(张家港市委宣传部)、《伟大理论的成功实践——张家港精神》(秦振华)、《昆山开发之道》(张树成)、《中国昆山的崛起与可持续发展》(刘维新)、《新加坡与苏州工业园区》(苏简亚)、《苏州工业园区借鉴新加坡经验研究

---

[1] 洪祥生:《〈苏州年鉴〉创刊十年硕果累累》,《苏州日报》,1995年4月28日。

初探》(潘云官、周志方)、《走向现代化的苏州》(徐国保)、《苏州基本现代化研究》(杨晓堂)、《苏州工业基本现代化研究》(包国新)、《苏州农村现代化研究》(赵文博、侯星芳)、《苏州教育现代化研究》(顾敦荣、王少东)、《苏州两个文明协调发展的成功实践》(周向群)、《面向二十一世纪的小城镇建设——苏州小城镇建设的理性思考》(邬才生、孙艺兵、王炎炯)等,为各级党委、政府的决策发挥了参谋和助手的作用。

  在挖掘和弘扬苏州各类历史文化遗存和人文资源方面,相关部门和专业理论工作者在系统梳理、深入研究的基础上著书立说,形成了一大批成果,为保护、传承、开发、利用这些文化遗存和旅游资源提供了历史依据和现实路径。这方面公开发表的成果(按出版年份排列)主要有:曹子芳、吴奈夫主编《中国历史文化名城丛书·苏州》,苏州民俗博物馆编《苏州民俗》,戴云贵编《苏州园林》,周良著《苏州评弹艺术初探》,金煦等著《苏州歌谣谚语》,徐民苏等编《苏州民居》,石琪主编《吴文化与苏州》,魏嘉瓒著《苏州历代园林录》,岳俊杰等主编《苏州文化手册》,李嘉球著《苏州状元》,朱凤编著《苏绣》,吴县政协文史资料委员会编《蒯祥与香山帮建筑》《吴地文化一万年》,苏州市孙武子研究会编《兵圣孙子与苏州》,朱小田著《吴地庙会》,许冠亭著《吴地思想家》,陈振刚主编《苏州佛教文化》,杭炳森、陆新主编《历代诗人笔下的苏州》,叶文宪著《吴地古战场》,戈春源著《吴地娱乐文化》,孙佩兰著《吴地刺绣文化》,周苏宁等著《苏州园林与名人》,徐文涛著《苏州古塔》,冯立主编《苏州观前》,李嘉球著《苏州梨园》,姜晋、林锡旦著《百年观前》,高福民、高敏主编"苏州文化丛书",濮安国著《明清苏式家具》,苏州市徐福研究会编《徐福东渡与吴地》,王稼句著《苏州山水》,金煦著《苏州传说》,钱公麟、徐亦鹏著《苏州考古》,张晓旭著《苏州碑刻》等。

  这期间,苏州社科工作者还编纂出版了几部工具类书。1986年苏州市纪念建城2500年筹委会编著《中国历史文化名城词典·苏州》,收词180条。1994年周治华、吴奈夫主编《苏州全国之最》,收编了苏州从古到今、从自然到社会、从经济到文化科技的各个领域中涌现出来的在全国范围内、在同行业或同类事物中居于"全国第一"地位的事项共548条。[1] 1999年由江洪、朱子南、叶万忠、唐文主编《苏州词典》,共收词条6 400余条,包括30个部类。同年由市有关部门编纂的《当代苏州人才录》也正式出版,收录1949—1996年间的苏州人才共1 970名,主要包括具有教授级职称或副省级以上职务者,或副教授(或相应职

---

[1] 周治华:《苏州全国之最》,江苏科学技术出版社1994年,"前言"。

称)并获国家级重要奖励的,其中院士等国内一流人物98名,对他们的生平业绩做了扼要介绍,为苏州提供了一个全面而又系统的人才资料库。

为鼓励社科工作者多出精品力作,1988年起市政府开展苏州市哲学社会科学优秀成果评奖活动,参评作品均为公开出版的书籍和公开发表的学术论文,每次一、二、三等奖共200项左右,至2000年共评出获奖成果1 305项,其中一等奖45项。苏州还推荐优秀作品参加省的历届优秀社科成果评选。太仓金世明、朱汝鹏1993年编撰的《中国的一个小康市——太仓小康社会实录》一书荣获第八届"中国图书奖",是为苏州社科界(除在苏高校外)所获全国出版界的最高奖项。

第四节 卫生和体育事业发展提升

进入21世纪,苏州市各级政府把卫生和体育事业作为社会事业建设的重要组成部分、民生实事工程的重要抓手,不断加大投入、提升水平、完善服务,促进苏州的医疗卫生事业和体育事业得到较快发展,人民群众的健康水平得到较大提升,全市居民人均期望寿命从1949年的35岁(系南京公布的全国统一参照数据)提高到1990年的76.12岁、2000年的77.56岁,超过世界经济发达国家平均期望寿命76岁的水平。2001年6月全国爱卫办将苏州作为第一个"健康城市"项目试点城市向世界卫生组织正式申报。

一、医疗卫生事业飞跃发展

改革开放后,得益于各级对卫生事业的重视及苏州经济发展提供的强有力物质支撑、医疗卫生科技突飞猛进所提供的技术支撑、城乡医疗社会保障制度逐步完善所提供的政策支撑,苏州城乡医疗卫生事业得到迅速恢复和快速发展,只用短短20多年时间就实现了质的飞跃,从医疗设施到医疗技术水平、从医学观念到医疗保障的社会化水平,都逐步走上现代化的发展历程。[1]

1. 医疗服务机构的扩展和医疗技术水平的提升

1978年全市城乡共有各类医疗卫生机构971个,其中医院和卫生院204个,卫生技术人员12 902人,其中医生5 434人,拥有病床数13 209张;全市平均每千人口拥有医院床位2.61张、卫生技术人员2.55人。[2]至2000年全市卫生机

---

[1] 杨帆:《医卫事业实现质的飞跃》,《苏州日报》,1999年9月18日。
[2] 黄正栋:《数字见证苏州改革开放30年巨变》,苏出准印(2008)字JSE—1002233号,第121页,第217—221页。

构已发展到1 319个,其中市、县(区)两级的医院数增加了近20所。苏州市级1979年底复建了市妇幼保健医院、1986年新建了苏州医学院附属第二医院,还新建了牙病防治医院、眼耳鼻喉科医院、老年康复医院等3所区级专科医院,市区共拥有市、区两级医院16所。县(市)拥有的县级医院数,常熟、吴县各有5所,张家港、昆山各有4所,太仓、吴江各有3所;全市医院和卫生院拥有病床数增加到了17 582张,平均每千人医院床位增加到3.1张;拥有卫生技术人员猛增到24 877人,平均每千人口拥有卫生技术人员增加到了4.3人;卫生技术人员中高级专业人员有1 245人(1998年10月底统计数),比1978年增加了82.6%;全市门诊、急诊诊疗总数达1 557万人次,住院总人数39.43万人次,完成手术11.33万余例。[1]农村初级卫生保健不断完善,至1995年全市村卫生所全部达标,提前6年实现了国家提出的"2000年人人享受初级卫生保健"目标;至1999年,全市3 314个行政村中已有卫生室3 090个,专职乡村医生和保健人员5 580个。[2]

改革开放以来,各级医院逐步增设临床和医技科室,加大先进设备的引进和使用力度,仅市区医院1977—1985年间就增添价值5 000元以上的设备共129台,总值370余万元,爱国华侨、港台同胞和国际友人、外国医疗机构等也向苏州捐赠了一批先进医疗设备,总价值也达300多万元,不仅普及B超,第一和第四人民医院还率先添置CT,从而使得苏州的医疗检测和诊断向快、准、全方向迈出了一大步。90年代起开始创建等级医院,医院的服务设施大面积改善,医疗装备水平大幅度提升。1994年苏医附一院被评定为最高等级的三级甲等医院,市四院被评定为三级乙等医院,7所县级医院达到二级甲等医院标准,3所城区医院和市七院(浒墅关医院)被评定为二级乙等医院,156所乡镇卫生院中有106所达到一级甲等医院标准。1995年,市二院被评为三级乙等医院,附二院通过三级医院基本标准评审。至2000年全市已拥有直线加速器2台、螺旋CT 11台、磁共振5台,人均占有量达国际先进水平;血管造型仪、彩色多普勒、显微结肠镜、麻醉机+监护系统、全自动生化仪等检测设备基本普及;市、县两级综合医院的病房先后装备起了中央空调、中心供氧和中心负压吸引装置,并设有净化级别较高的手术室,能开展难度较大的外科手术,区级医院一般能施行腹部手术,解决常见疾病。大力加强医学科研,不断取得诊断、治疗、康复方面的重要新成

---

[1] 俞明林:《我市医疗卫生事业二十年发展综述》,《苏州日报》,1998年11月11日。
[2] 杨帆:《医卫事业实现质的飞跃》,《苏州日报》,1999年9月18日。

果,1996—1999年全市医疗卫生单位共获各级科技进步奖184项,其中获国家级科技进步奖1项、省部级科技进步奖55项,有相当一批科研项目处于国内领先水平,并逐步形成了一批在国内有地位、省内属领先的重点专科,1998年10月止全市有省级重点专科5个,1999年命名了首批14个市级重点专科和首届30位"苏州名医"、6位"苏州名护士"。[1]1996年苏州市急救中心在市二院启动运行,2000年全市"110—120"并网运行急救体系运行,是年危重病人的抢救成功率达88.4%的较高水平。

苏州医学院三所附属医院的医疗技术水平在本市处于领先水平。附一院的血液病科和心脑外科尤为突出,蒋文平1979年首创经食管起搏心脏这一简便安全的方法,达到国际先进水平,80年代初开展纵膈肿瘤切除、经蝶垂体肿瘤清除和先天性脑积水修补术、肺叶及全肺切除手术等,取得理想效果,还在国内最早设立神经外科;陈悦书应用"HOAP"方案诊断治疗急性非淋巴细胞白血病缓解率达60%以上,1988年设立江苏省血液研究所,成为全市血液病专业的医疗、教学和科研中心;在鲍耀东、杜子威先后主持下,在国内最早施行脑血管手术,在全市首家利用微导管栓塞技术治疗颅内血管畸形患者,人脑恶性胶质瘤治疗研究成果填补了国内空白;该院90年代先后成功开展利用纤维支气管镜技术提取气管异物、经肺穿刺活检技术和胸膜活检技术、运用血管造型机技术治疗脑瘫、激光根治前列腺肥大症、冠状动脉腔内旋切术、眼科显微手术等,还找到了有"凶恶杀手"之称的脑血管痉挛的发病原因和有效疗法,2000年首次成功开展心脏移植手术;该院的血液科后成为全国重点科室,麻醉手术科、骨科、脑外科、心内科、心血管外科、妇产科、心胸外科、呼吸科、泌尿科、普外科先后成为省重点科室。苏医附属儿童医院(市儿童医院)1978年建立新生儿病区,1981年运用远红外线复温治疗新生儿硬皮病,1982年运用新技术诊断、治疗新生儿胆红素血症,1983年抢救新生儿透明膜病获得成功,1984年成功抢救一例800克极低体重双胎且Ⅲ度营养不良合并支气管肺炎婴儿,新生儿科后成为省重点科室;血液病组1979年成立血液研究所,开设专科门诊,至1985年先后治疗75例小儿急性非淋巴细胞白血病,完全缓解率达64%,1998年开展骨髓染色体检测研究取得突破,与国际MDC诊断接轨,2000年在省内成功为晚期恶性淋巴瘤小儿进行骨髓移植,成为国内从事小儿血液病研究的重点单位之一;[2]该院1981年还在省内首

---

[1] 陈莉:《我市召开卫生科技大会,首批名医名护士闪亮登场》,《苏州日报》,1999年10月23日。
[2] 张苏亚:《儿院成功移植骨髓》,《苏州日报》,2000年12月12日。

建小儿骨科、泌尿外科、普外科、呼吸科,外科1994年在省内首家运用多功能神经定位刺激仪为脑瘫病儿手术治疗获成功。1986年建立的附二院,起步晚、起点高,尤以核医学科和颅脑微创手术技术领先,1991年成为国家级核事故医学应急中心,1992年利用"生物导弹"技术诊断脑恶性肿瘤获得成功并达到国际先进水平,1993年在国内首创不开刀治疗胸腰椎不稳定骨折获得成功[1],1994年在全市首家开展内窥镜下肾囊肿去顶引流术和十二指肠乳头肌切开取石术,后又在国内首家开展了系列"锁眼"显微手术治疗神经外科疾病,该院的心内科、神经内科、骨科、血液科、神经外科先后成为市重点科室。

地方医院的医疗技术也有很大长进。市二院,1982年顾乃勤主持开展羊水细胞培养及胎儿体表造型;黄士中团队80年代起在全省率先开展人工髋关节置换手术、半骨盆置换手术,90年代在国内率先开展颈椎椎弓根内固定手术,有的患者术后能奇迹般地重新站立行走,采用新型中空防旋双头加压螺钉用于股骨颈骨折固定,解决了传统固定方法不愈合率、缺血坏死率高的医学难题,并通过国家技术鉴定,被国内近百家医院运用后成功率高达96.6%;[2]梅拥平1993年起首创腹腔镜下胆囊、阑尾切除手术和胃穿孔修补术,开启了苏州内镜微创手术的先河。市三院,1980年开设全市首个灼伤病区,通过自体植皮、异种(羊膜)植皮手术,成功抢救了许多危重病人;90年代建立苏州市肿瘤防治所、血液透析中心,消化内科成为首批市级重点临床医学专科之一。市四院(1983年前为苏州地区人民医院),拥有萧伯宣、宋鲁、钱大椿、曹德箴、余清等著名医师,心血管内科、肿瘤科、老年病专科技术优势较强。市五院(1985年前名为苏州市传染病结核病医院),是苏州市唯一一所收治传染病、结核病、皮肤性病、职业病为主的市级专科医院,1985年传染病科总的治愈率提高到57.3%、病死率下降到1.6%,肺结核病好转率达88%;1996年肺结核规则治疗率达96.5%、痰菌转阴率达92.7%。1984年投运的市妇幼保健院,新生儿科擅长呼吸管理和早产儿喂养,1993年成为省内首批、市内首家爱婴医院。苏州市广济医院(1984年前名为苏州市精神病院),80年代起采取综合性治疗和康复措施,使精神病患者的治愈率由以往的59.3%提高到1985年的74.1%。郊区创办的苏州市眼耳鼻喉科医院,逐步自行开展显微喉科、人工晶体安放、一般视网膜剥离、角膜移植等有难度的手术,至1995年的10年间使3 000多名眼疾患者重见光明、1 500多名聋人恢

---

[1] 陈红喜:《苏医附二院利用"生物导弹"技术诊断脑恶性肿瘤成功》,《苏州日报》,1992年11月2日;季峰:《苏医附二院不开刀治疗胸腰椎不稳定骨折获得成功》,《苏州日报》,1993年11月26日。

[2] 孟昭丽:《生命绿洲的守护者——记市二院主任医师黄士中》,《苏州日报》,1994年9月28日。

复听觉、800多名声哑病人恢复了嗓音。[1]

2. 吴门中医在传承中发展

苏州中医因"名医多、古籍多、温病学派的发祥地"这些美誉而名闻天下,被称为"吴门医派",为丰富和发展中国医药学做出了重大贡献;还有历代传承至今的昆山郑氏妇科、昆山闵氏伤科、吴县尤氏针灸等,也都成为中华传统医学的宝贵财富。"文化大革命"期间苏州中医遭受摧残,一度将市中医医院改为综合性医院。1979年起苏州中医事业进入新的历史发展阶段。至1985年全市各级医院均设有针灸科,中医治疗温热病及消化道、心脑血管、风湿性疾病、肿瘤等方面都有进步;市区有中医院1所、各类医院设中医科12个,从业中医899人,个体开业中医47人,中医门诊量占总量的四分之一左右;市中医医院的骨伤科被卫生部指定为全国中医骨伤科临床进修基地。[2]

"七五"以后,苏州中医的保护、传承和发展工作力度明显加大,成效日益显著。1987年市卫生局设中医科。1988年全市六县(市)一郊区都建成中医院,共有病床1 090张。1991年全国评定第一批老中医药专家500名,苏州市中医院汪达成、昆山市中医院郑绍先(郑氏妇科传人)跻身其中。汪达成在内科杂病和肿瘤的临床研究方面总结出了自己的独到见解,先后撰写出有关肿瘤、脾胃病方面的论文数十篇,主持研制的"香菊感冒冲剂"疗效显著,任苏州市中医学会理事长、全国脾胃病专业委员会委员等职。1993年,经过筛选评审,在全市7所中医院、1所市级综合医院和3所乡镇卫生院中共确定了18个市级重点中医专科,采取开展专科门诊、设立专科病床、自制专科用药、进行专科科研"四配套"办法加强专科建设,提高中医中药使用率;市卫生局等部门制发《苏州市农村中医带徒试行办法》,解决农村中医后备人才问题;同年经7年整理研究所形成的500万字的吴医古籍巨著《吴中医籍》4个分册全部出版发行,获国内外好评。1994年,市中医医院被国家中医药管理局批准为全国示范中医医院,随即又被评定为三级甲等中医医院,成为国内最高等级中医医院,67位高中级医师被南京中医学院聘为兼职教授、副教授、讲师;昆山、常熟、张家港3所中医院被省中医药管理局评定为二级甲等中医院;在省首次评出的106位著名中医中,苏州市中医院汪达成、何焕荣、顾大钧、费国瑾,市四院尤怀玉、薛济群、金士璋,市二院徐文华,常熟市中医院周本善、李葆华,昆山市中医院郑绍先,郊区娄葑乡中心卫

---

[1] 史福明:《市眼耳鼻喉科医院走出办院新路子》,《苏州日报》,1995年5月1日。
[2] 陈秀雅:《中共苏州市委建言献策座谈会聚焦吴门医派传承与发展》,《苏州日报》,2012年8月18日。

生院杨大祥等12位榜上有名。1995年市政府制定《关于加快发展苏州中医的意见》，并设中医发展基金。1996年起全市实施中医发展"350工程"，至1997年完成了50名中青年中医骨干研究生班培养，完成了50张中医古验方整理汇集，加强了对50个乡镇卫生院示范中医科建设；还创办了苏州中医学馆、《吴中医学研究》杂志，召开中医学术报告会，开辟了中医药师承教育和学术阵地。90年代中，全市7所中医院共自制各种特色制剂400余种，市中医药研究所的"健忆方"和"脊椎推拿治疗腰椎间盘突出症的临床研究"两个项目、太仓市中医院的"肢体原发恶性骨肿瘤的综合治疗"项目获省中医药科技进步奖，吴县东山人民医院研制出的治疗晚期胰腺癌的制剂龙葵山甲汤入选《中医秘方大全》，吴江市中医医院痔瘘专科自制中药"便通灵"获国家发明专利。

3. 40年不懈努力消灭血吸虫病

血吸虫病是一种在水网地区极易传播并对人体健康有严重危害的传染性疾病，被毛泽东主席称为"瘟神"。苏州历来是血吸虫病流行的重灾区，昆山、常熟、吴县被列为全国十大重点流行县。中华人民共和国成立后尤其是1955年毛泽东主席发出"一定要消灭血吸虫病"的号召后，苏州各级党委、政府和卫生部门把血吸虫病防治（简称"血防"）作为全市疾病防控中一项最重要的工作，组织开展了一场持之以恒、声势浩大的综合性防治运动，通过大规模查灭钉螺以铲除钉螺滋生场所、加强粪便管理以阻止活体虫卵进入水体、全面筛查感染者和治疗感染病人等措施，至70年代初的20余年间苏州各级医疗机构共收治本地患者近100万人次，治疗率近90%。[1]经过坚持不懈的艰苦努力，1976年感染率最高的昆山县在苏州地区各县中率先达到基本消灭血吸虫病的标准。[2]至1979年苏州市及地区所辖各县均基本达到消灭血吸虫病的标准。

此后地、市各级各部门没有丝毫懈怠，继续贯彻领导、群众、专业队伍三结合和查、防、治三结合的工作方针，加大对血防人财物力的投入，朝着早日消灭血吸虫病的新目标奋斗。至1983年，苏州所辖6县（市）累计消灭钉螺4亿多平方米，占有螺面积的99.9%；治愈病人102万人，占血吸虫病患者的99.6%；有77个乡（镇）达到中央规定的消灭血吸虫病标准，占乡（镇）总数的47%。鉴于全市已连续十来年未发现急性感染者，1992年起重点对暂住人口开展血吸虫病检查，以防止外来带病者传染。同年，太仓市和常熟市率先达到消灭血吸虫病技术

---

[1] 中共苏州市委党史工作办公室：《历史曲折中的艰难发展——苏州市第二、三、四次党代会简介》，《苏州日报》，2006年8月7日。

[2] 新华社南京电：《昆山人民消灭血吸虫病》，《苏州日报》，1993年11月8日。

标准(即阻断传播)后,省卫生厅确定昆山、吴江、吴县、郊区为接受世行贷款血吸虫病控制项目单位,以加快全市达标进程。1991—1994 年中,全市 137 个流行乡(镇)的 2 326 个村和 12 个非流行乡(镇)的 247 个村开展查螺灭螺,共投工 82.5 万个,查实面积 19 073 万平方米,共灭螺 615 万平方米,完成查病 50 余万人次,实治感染病人 5.1 万人。[1]1993 年经省组织的专家调查考核,昆山市已连续 21 年无血吸虫病急性感染发生,12 年未查到阳性病人和阳性牲畜,原有的病牛也全部治愈或处理,随机抽查的 14 万平方米历史有螺环境和 2 326 人,均无螺情和阳性病人,同年 11 月国务院第五次全国血防会议公布昆山达到消灭血吸虫病标准。1994 年经省考核,吴江和郊区完成血防达标。1995 年全市共进行巩固性灭螺 89.8 万平方米,完成省重点灭螺工程 5 处,彻底改变历史有螺环境 2.23 万平方米,查螺 3 677 万平方米,仅发现有螺面积 3 300 平方米;完成查病 23.1 万人,治疗 9 421 人;经省考核吴县市也达到了消灭血吸虫病的标准。至此全市流行血吸虫病的 5 个县市(张家港为非流行地区)及郊区全部达到消灭血吸虫病的标准,经过 40 多年的不懈努力,苏州人民终于送走了"瘟神"。

1996 年开始血防工作全面转入检测巩固阶段,各级各有关部门仍做到队伍不散、工作不懈、经费不减,以切实防止疫情出现大的反弹。至 2000 年的 5 年中,市血防站查出血清阳性病人 1 568 人,全部给予了治疗;全市的有螺面积、阳性患者和急性感染者虽仍不时有所发现,但都在可控范围内,未达到疫情严重程度。

除血吸虫病外,中华人民共和国成立后列入重点监测的其他 16 种传染病,由于政府不断开展环境卫生运动,消灭细菌和病毒滋生源,推行预防接种,发生疫情后又严格实行隔离治疗,继 50 年代梅毒、天花在苏州基本绝迹后,至 70 年代末 80 年代初,斑疹伤寒、脊椎灰质炎、儿童白喉、小儿麻痹症等曾经严重危害人们健康的传染病在苏州已经绝迹,至 1993 年全市疟疾、丝虫病基本消灭,猩红热、百日咳、甲肝、乙型脑炎、流行性脑膜炎、肺结核等传染病基本得到控制,至 1998 年基本消灭麻风病。1997 年全市传染病总发病率已从 1978 年的 1800.8/10 万下降到 262.2/10 万,而且其中占一半左右的为可控可治的肺结核病;被称为传染病"头号杀手"的霍乱 1998 年已控制在每 10 万人 0.1 例以下。[2]随着外来人员和流动人口的日渐增多,20 世纪末起苏州的传染病防控面临新

---

[1] 贡瑞金、朱振球:《苏州提前实现血防"八五"目标》,《苏州日报》,1995 年 2 月 27 日。
[2] 黄静:《卫生事业发展促进健康水平提高》,《苏州日报》,1994 年 10 月 11 日;俞明林:《我市医疗卫生事业二十年发展综述》,《苏州日报》,1998 年 11 月 11 日;杨帆:《医卫事业实现质的飞跃》,《苏州日报》,1999 年 9 月 18 日。

的较大的挑战,全市发病率 2000 年小幅回升到 312.4 例/10 万,艾滋病、非典型性肺炎("非典")、禽流感等新型传染病逐步侵入,对公共卫生安全构成严重威胁。

4. 妇幼保健水平不断提升

随着计划生育国策的推行,改革开放以来全市医疗卫生部门积极适应社会对妇幼保健工作要求不断提升的新形势新任务,以抓好母婴安全工程为重点,大力加强妇女卫生保健、围产保健、新生儿保健、儿童保健等医疗保障和服务工作,以确保妇女和婴幼儿的身心健康,提高优生优育水平。在妇女卫生保健方面,80年代末市卫生局出台女职工劳动保护工作检查验收标准,1995 年制定实施妇女病普查普治工作规范。在婚前保健方面,80 年代初苏州启动集中婚前医学检查工作,对人口出生缺陷进行社会化干预;1995 年婚前医学检查成为法定服务项目,全市婚前医学检查率达 95% 以上,大大降低了新生儿出生缺陷。在围产保健方面,1983 年制定实施《苏州市围产保健常规》,在各级助产机构设立高危产妇病房;1993 年起实施最佳围产保健方案,婚育妇女的产前检查、产时监护、产后访视、产后 42 天检查等形成了系统的保健和监护。在儿童保健方面,1983 年起对全市 6 岁以下儿童开展系统保健检查服务,免费为适龄儿童接种 7 种计划免疫疫苗,至 2000 年全市计划免疫疫苗接种率达 95% 以上,有效降低了各项儿童传染病的发病率;1995 年起推行母乳喂养,1997 年全市 0—4 个月婴儿的母乳喂养率达 98.7%,有效提高了新生儿的免疫功能。2000 年全市孕产妇死亡率在万分之二以内,婴儿死亡率在百分之一以内,大大低于世界卫生组织提出的百分之五的标准。

二、体育事业日益兴盛

改革开放以后苏州的体育事业进入新的发展时期。全市走竞技体育和群众体育、体育竞赛和体育健身结合之路,加强体育场馆建设,积极发展体育产业,群众体育活动丰富多彩,竞技体育捷报频传,体育事业得到蓬勃发展。

1. 日趋完善的公共体育设施

各级政府不断加大体育设施建设力度。位于五卅路的市体育馆 80 年代翻建看台,新建了全市首个儿童温水游泳池,建造棋院楼并开办了全国第一所市级棋院,1995 年体育馆全面翻新改造。位于五卅路的市体育场多次翻建,建造了看台、塑胶田径跑道、天然草坪足球场。1993 年在河东新区建成包括标准游泳池、儿童游泳池、射击场、综合训练馆在内的市体育中心(体育训练基地)。1999

年初工业园区管委会投资建造星海游泳馆,内设 1 个标准游泳池和 2 个儿童戏水池,室内全温控制,还建有乒乓球、羽毛球、健美、健身等配套场馆设施。1999年 7 月苏州市体育中心在三香路狮山桥东南块动工兴建,占地面积 21 公顷,建筑总面积 11.31 万平方米,总投资 37.1 亿元,分为东中西三部分,总共包括 9 个设施、18 个分部项目。体育中心西区为体育场区,设国际比赛标准足球场、田径场,4 万座看台和全遮式网架雨篷,还包括足球热身场、运动员体能训练房、贵宾接待室、新闻发布室等配套设施及配套基础设施;中区为体育馆区,设标准篮球比赛场和观众席 6 000 座,其中固定座位 4 500 座,附设热身训练场馆等;东区为健身馆,设温水标准游泳池、羽毛球馆、网球馆、健身健美中心、国民体质测试中心等。自 1988 年起苏州从体育彩票公益金中筹集 130 余万元,分 3 批在市区建设了 23 个全民健身工程和 13 个健身点,增添室内外场地 54 片、健身器材 950件,增加体育活动场所面积 5.9 万平方米,位居全省前茅。

各县(市)的体育场馆设施从无到有,相继建成了设席二三千座、可承办国际性单项体育赛事的现代化体育馆,拥有标准田径场和足球场、可承办地方运动会和单项体育比赛的体育场。乡镇普遍建起了灯光篮球场和乒乓球室,1994 年张家港南沙镇投资建造苏州首个乡级体育馆及其配套设施,村级普遍建起了户外篮球场,满足了群众性体育活动的基本需求。[1]

随着高标准推进义务教育和教育现代化工程,全市城乡各级各类学校的体育设施不断完善。至 1999 年底全市中小学有 400 米标准场地 54 个、200 米以上非标准田径场 381 个(其中改造为塑胶跑道的有 201 个)、体育馆 61 个、游泳馆(池)7个、乒乓球馆(室)284 个,基本上满足了学校教学和学生开展体育活动的需要。[2]

2. 探索发展的体育产业化

在政府的引导和鼓励下,苏州的体育产业化探索发展起来,到 90 年代全市的体育团队和体育比赛活动已由依靠政府行政一家办转为依靠社会各界多家办,到 20 世纪末体育产业化已达到了一定的规模和经营水平。从投资运营主体来看主要包括三类:

一类是非体育部门。如至 1991 年,全市桌球房发展至 25 家 100 台,其中绝大部分为区、县、乡镇(街道)文化馆(站)所开设。又如 1993 年市园林管理局在

---

[1] 文洪:《姑苏体坛龙腾虎跃起雄风》,《苏州日报》,1994 年 10 月 6 日;程军红:《我市体育事业二十年发展综述》,《苏州日报》,1998 年 12 月 9 日。
[2] 苏州市教育局《苏州教育志·续志》编纂组:《苏州教育志·续志(1986—2000)》,香港文汇出版社 2007 年,第 303 页。

运河公园内建成投用了苏州首个高尔夫球场,同时成立苏州高尔夫俱乐部,为苏州首个实行会员制的体育类俱乐部;次年常熟园林部门也在尚湖公园内兴建了高尔夫球场,向社会开放营运。[1]

一类是中外企业和个人。吴县蠡口陈政富于 1987 年获批创办了蠡口业余武术学校,聘用教练员,向社会招收学员,实行有偿培训,是为全省第一个民办业余体育学校。继 1988 年苏州市青年旅行社在市区开发大楼开办首家保龄球馆后,1995 年起佳福、凤凰、泰华等数家保龄球馆在市区营运。1992 年后昆山淀山湖、吴县甪直、太湖度假区、吴县陆慕等多地兴办了高尔夫球场,投资者多为外资企业或中外合资企业。90 年代起由企业或个人投资兴办的健身房也在城乡热火起来。此外,一些企业开始赞助冠名体育运动队或体育比赛。生产"贝贝"牌儿童足球的沙洲县西张乡振云橡胶厂 1983 年起独家赞助冠名"贝贝杯"全国少儿足球赛,实现了企业和体育发展的"双赢"。之后,孔雀(苏州电视机厂)无线电测向队、五化交公司市少儿乒乓球队、祥云(实业公司)省女子举重队、香雪海(冰箱厂)游泳队、长城(电扇厂)击剑队等也建立运行。[2] 至 1993 年,全市农村有 87 家企业与体育部门合办运动队,有 600 家企业赞助各种体育比赛,村办全国邀请赛、乡办省市联赛、企业家个人出资办赛等十分活跃。

再一类是体育部门自身。适应改革推进和体育产业化的发展大环境,1984 年市体委成立中国苏州体育服务公司(后更名为体育实业投资发展公司),负责组织大型商业性体育比赛、文艺演出,举办经营性休闲健身项目、体育培训等,先后参与投资承办全国男子篮球甲 A 联赛新浪狮俱乐部、全国女子篮球甲 A 联赛八一队、全国男子足球甲 B 联赛大连赛德隆队等的主场赛事,为中国体育赛事的职业化做出了积极的贡献。

3. 蓬勃开展的全民健身活动

新时期苏州贯彻实施《国家体育锻炼标准》和国家《全民健身计划纲要》,各部门各单位积极组织开展形式多样、丰富多彩的群众体育活动,城乡男女老幼参加体育锻炼的热情不断高涨,健身成为日常生活的一个重要组成部分。苏州市人民体育运动大会(简称"市运会")每 4 年举办一次,2000 年第十届市运会在原各级学生组、青年组、职工组的基础上又增设了农民、老年人、残疾人组,竞赛项目由 10 多项扩展至 64 项,参赛运动员增加至 7 300 多人,成为检阅全市群众体

---

[1] 尹平、夕春:《高尔夫:今日始识尊君面》,《苏州日报》,1994 年 9 月 17 日。
[2] 文洪:《姑苏体坛龙腾虎跃起雄风》,《苏州日报》,1994 年 10 月 6 日。

育、业余训练的一大盛会。各县市的体育运动会也定期举行,全市各级各类的专项体育比赛一年四季不断。1994年起苏州开始实施全民健身计划"一二一工程",倡导广大群众每天参加一次健身活动,每人学会两种以上健身方法,每人每年进行一次体质测定;实施社会体育指导员等级制度,并开展指导员培训工作;成立全民健身工作指导委员会,举办"全民健身周"、家庭运动会、"十佳健身之家"评选、广播体操会操比赛、妇女健美操比赛、"十大体育新闻"评选、体育知识大奖赛等活动,促进全民健身活动持续红火开展。仅2000年,全市共组织开展万人以上体育活动3次、千人活动7次,各类活动参加总人数达248万人次,占全市总人口的近一半。

学校体育方面,全市每年举办中小学生运动会;1986年起开展创建体育特色学校,至1992年全市有5所学校被评为全国先进体育传统项目学校,1999年全市共有体育传统项目学校209所,其中省级16所、市级73所;1991年起全市初中毕业生进行升学体育考试,计入升学考试总成绩,2000年全市考生平均得分率达96.2%,学生《国家体育锻炼标准》达标率为97.56%,其中优秀率12.67%,分别比1986年提高了10.16个和3.67个百分点。[1]

农村体育方面,各县(市)、乡(镇)广泛组织开展"亿万农民健身活动",1986年举办首届苏州市农民运动会。同年太仓县、常熟市被国家体委评为首批"全国体育先进县",1990年成为全国第一个体育先进县"满堂红"的城市。[2]1996年省评选首批"体育示范乡镇",苏州有7个乡(镇)名列其中,占全省的47%之多,至1998年共计有115个乡(镇)跻身省级"体育先进"行列。至2000年沙溪镇、徐市镇、木渎镇、玉山镇先后被授予"全国亿万农民健身活动"先进乡镇称号。体育部门积极引导各地创建特色之乡,1992—1996年张家港市被国家体委命名为"全国围棋之乡"、太仓为"全国武术之乡"和"桥牌之乡"、南沙镇为"全国举重之乡"、吴县为"全国象棋之乡";市体委1998年首批命名了6个"特色体育乡镇",2000年又命名了10个。

城市体育方面,市工人文化宫先后组建了十来支职工运动队,经常组织举办各类体育比赛,至90年代初全市大中型企业普遍建立体育协会,市级机关举办机关干部运动会,带动了职工体育的红火;1988年市区举办首届街道运动会,1995年市区所有街道均被命名为省级体育先进街道,1997年有4个街道被评为

---

[1] 苏州市教育局《苏州教育志·续志》编纂组:《苏州教育志·续志(1986—2000)》,香港文汇出版社2007年,第300—305页。
[2] 文洪:《姑苏体坛龙腾虎跃起雄风》,《苏州日报》,1994年10月6日。

首批全国城市体育先进社区;1983年起举办市老年人运动会,每届参赛人数达2万名左右,市、县(区)两级相继成立老年人体育活动中心,建起了一大批老年人健身辅导站,1993年全市常年参加各种形式体育锻炼的老年人达38万之多,占老年人总数的53%。

4. 不断提高的竞技体育

改革开放后,苏州立足优秀体育后备人才的培养,先后创办了苏州市振吴中学(全日制体育初级中学)、苏州市体育运动学校(普通中专)、苏州教育学院体育大专班,形成多层次合一的体育训练专门学校,对学员进行系统的体育专项训练,有专职教练员31人,其中国家级教练3名、高级教练5名;1986—2000年累计招生1553名,先后培养出4名国际运动健将、39名运动健将、83名一级运动员,还向省和国家队以及高校等输送体育人才283名;学校被国家体委定点为全国举重、田径高水平后备人才基地和全国青少年篮球、田径训练重点单位。[1]同时,市体育部门还先后创办了苏州市青少年业余体校、儿童业余体校、第二青少年业余体校、第三青少年业余体校,还与市区部分中小学联办近10项专项运动队或训练学校,先后向省、国家输送了数百名运动员。[2]

以梯队形的体育后备人才为基础,苏州的竞技体育训练项目和规模不断扩大,90年代后几乎包括了除冰雪、公开水域项目之外的全部奥运项目和国内重要体育比赛项目,1998年仅在市区受训的市级专业运动队就有22个,在训运动员586人;并逐步形成一批优势项目,涌现出一批高水平运动员。在省第12届、13届、14届运动会上,苏州的金牌数均排全省第二,团体总分两届位居全省第二、一届为第三。[3]一批苏州籍运动员开始不断攀登全国和世界体育的高峰,在1987年、1993年、1997年举行的第6、7、8届全国运动会上共有14人次获得冠军,在1986—1998年间举行的第10—13届亚洲运动会上共有6人获得7项冠军,1999年江苏评选表彰"新中国江苏体育运动50杰",袁伟民、孙晋芳、曹新民、孙志安、陈艳青、张惠琴、阮国良等7名苏州籍运动员、教练员当选;至2000年,先后产生了8位世界冠军,有8位运动员和教练员参加了奥运会,为发展我国的竞技体育做出了较大的贡献。

---

[1] 苏州市教育局《苏州教育志·续志》编纂组:《苏州教育志·续志(1986—2000)》,香港文汇出版社2007年,第164、302页。

[2] 苏州市教育局《苏州教育志·续志》编纂组:《苏州教育志·续志(1986—2000)》,香港文汇出版社2007年,第303页。

[3] 程军红:《我市体育事业二十年发展综述》,《苏州日报》,1998年12月9日。

苏州女子举重所创造的辉煌,成为新时期苏州体育发展中最大的亮点。1986年苏州成立女子举重队,1990年以苏州队为主体的省女子举重队成立,由苏州负责训练和组织参赛,1992年李红云夺得第6届世界女子举重锦标赛60公斤级冠军,成为苏州历史上首个世界冠军;接着唐卫芳在第9—12届世界女子举重锦标赛上连获多个级别的8项冠军,成为中国女子举重在世锦赛上获得冠军最多的运动员;之后陈艳青开始崛起,接连夺得第11届、13届世锦赛58公斤级冠军。至2000年,苏州女子举重队共有5人、12项、84次打破女子举重世界纪录。其他项目上苏州也培养出了一批尖子。羽毛球,张军1999年代表国家队参加第6届"苏迪曼杯"获混双冠军,2000年出征悉尼奥运会与高崚合作获混双冠军,成为苏州第一位夺得奥运会冠军的运动员。篮球,苏州男队培养出了胡雪峰、张成、唐正东等3位国手。网球,蒋宏伟1992年作为国家网球队教练出征巴塞罗那奥运会。田径,苏州籍运动员蔡建明1988年代表国家队参加汉城奥运会4×100米接力赛,苏懿萍2000年代表国家队出征悉尼奥运会。水上运动,金娜1996年、2000年两次代表国家队参加奥运会花样游泳比赛。技巧,吴俊、沈国华代表国家队参加第10届、16届世界技巧锦标赛,每人各获得3项冠军,周丹、王菊入选国家女子技巧队连续出战第11届、12届、13届世界技巧锦标赛,共计夺得了7项冠军。体操,曹静1992年代表国家队参加第35届国际体操锦标赛获平衡木第二名和个人全能第6名的好成绩,张慧琴1996年作为中国艺术体操队教练出征了1996年亚特兰大奥运会。柔道,2000年徐志明入选国家队参加悉尼奥运会男子柔道比赛。体育舞蹈,沈毅、黄文娟1995年起先后代表中国队参加世界大奖赛、曼谷亚运会等。棋类,徐俊成为国际象棋国家队主力队员、国际特级大师,徐超晋升象棋国家级大师。

随着体育场馆设施的不断完善和竞技体育水平的不断提升,80年代中期起苏州开始承办一些全国性的重大比赛和国际性的正式比赛,如1986年的全国围棋团体赛、1987年的第4届亚洲女子排球锦标赛、1992年的全国男子举重冠军赛、1998年的大维杯国际乒乓球邀请赛和全国跆拳道冠军赛、2000年的羽毛球天王挑战赛等;一些县(市)甚至乡镇也尝试举办全国性正式比赛,1994年张家港南沙镇成功举办全国女子举重冠军赛,开创了我国由乡镇承办全国最高水平单项比赛的先河;1999年常熟市、吴县分别承办了全国蹦床技巧冠军赛、全国体育舞蹈比赛。苏州的办赛水平在实践积累中不断提高,赢得了主办单位和参赛运动员、裁判员的好评,为繁荣发展我国的体育事业做出了应有的贡献,也让广大市民有机会在家门口欣赏到高水平的体育比赛。

大 事 记[1]

1978 年

12月下旬 中共十一届三中全会公报发表后,中共苏州地委(以下简称"地委")、中共苏州市委(以下简称"市委")分别组织各级领导干部和群众学习全会公报,掀起学习和宣传公报的热潮。

12月下旬 地委、市委分别召开会议,研究贯彻中共中央通知精神,抓好上山下乡知识青年返城工作,统筹解决就业问题。

12月30日 地委部署冤假错案平反工作,深入揭批林彪、"四人帮"罪行,抓好复查纠错工作,落实党的政策。

年末 苏州地区农村普遍实行按劳动定额评工记分制度,全地区81%的生产队实行定额管理,棉区近2 000个生产队、稻区400个生产队试行包工到组、联系产量计酬。

1979 年

1月5—10日 地委、地区行政公署(以下简称"行署")召开地区社队工业工作会议,讨论通过《关于社队工业若干问题的规定》,部署加快发展社队工业。

1月15日 地委召开平反大会,为储江等8人平反。18日市委召开平反大会,宣布16项平反决定,为在"文化大革命"中受到错误批判的柳林等82人平反,恢复名誉。

1月14—16日 市委召开区局领导干部会议,传达和部署学习中共十一届三中全会和中央工作会议精神。2月2—19日市委召开工作会议,研讨工作着重点转移问题。2月1—6日地委召开县委书记会议,传达党的十一届三中全会精神和省委工作会议精神,讨论和部署苏州地区工作着重点转移的问题。

---

[1] "大事记"主要参考中共苏州市委党史工作办公室编《苏州改革开放三十年大事记(1978—2008)》(中共党史出版社2008年版)相关内容编写,并对部分内容进行了校改和增补。

1月18日　市委、苏州市革命委员会(以下简称"市革委会")召开全市干部大会,宣布中共中央、江苏省委(以下简称"省委")对"四人帮"骨干华林森开除党籍、开除公职、撤销党内外一切职务、交司法机关逮捕法办的决定。

2月　根据中共中央《关于地主、富农分子摘帽和地富子女成分问题的决定》精神,苏州地、市进行"四类分子"摘帽和地富子女重定成分工作。

4月23日　地委召开常委会议,听取省工作组在吴县洞庭、光福、唯亭3个公社进行人民公社农工商一体化试点工作的意见。

5月17—23日　市委召开工作会议,研究贯彻国民经济调整"八字方针"的部署。

6月2—4日　市委继续召开工作会议,确定苏州市进行国民经济调整的主要任务。

6月10日至7月上旬　地委对全区在"文化大革命"中立案审查的10 671名干部进行复查工作验收。7月14日地委召开工作会议,明确在9月底以前善始善终地结束复查纠错、落实政策的工作。

8月18日　省委做出为"文化大革命"中被江青反革命集团迫害致死的原中共苏州地委副书记王敬先同志平反的决定。9月27日地委为王敬先同志举行平反昭雪大会。11月23日中共中央办公厅和江苏省委在北京八宝山革命烈士公墓礼堂为王敬先同志举行追悼会。

8月24日　地委向省委做出报告,苏州地区错划右派的改正、安置工作基本结束。9月底,苏州市该项工作也基本结束。

9月3日　市委召开党员干部大会,动员全市党员干部认真学习、解放思想,补好"实践是检验真理标准"这一课。10月,地委举办关于真理标准问题讨论的学习班、轮训班,对党员干部进行补课。

9月19—26日　地委召开全区农村工作会议,研究部署加快农业全面发展措施,制定全区国民经济三年调整的设想。

9月　市恢复对个体工商户的登记发证工作。

10月29日　市14家、地区6家全民所有制企业试行扩大企业自主权和利润留成制度。

11月17日　地委就开展社会主义民主和法制宣传教育发出通知。

12月30日　市革委会召开颁发市级劳动模范"荣誉纪念状"大会,肯定和表彰"文化大革命"前历届劳模的功绩,恢复其名誉。

12月31日　市举行首届寒山寺听钟声活动。

1980年

1月1日　市委、市革委会分开办公。8月14日地委和行署分开办公。

1月3日　市委、地委分别发出文件,要求各地各部门在春季完成区别"三小"(小商、小贩、小手工业者)工作,明确他们本来的劳动者成分。

1月　交通部宣布张家港港为长江各港口中首批对国内远洋船舶开放的港口之一。7月成立张家港港务管理局。

2月5日　行署批转地区环保局《对全地区环境污染情况的调查报告》,要求杜绝新污染源的产生,对有污染的老企业积极进行治理,保护自然资源和风景区。

2月6—10日　中共苏州市第五次代表大会召开,号召全市人民为实现党在新时期的总任务而奋斗,把苏州市建设成为经济繁荣、文化发达、环境优美的拥有以轻纺为主体的现代化的园林风景旅游城市。10日市委五届一次全委会议选举产生中共苏州市第五届委员会、苏州市委纪律检查委员会。

3月5日　地区召开全区科技成果授奖大会。

3月24日　苏州市和意大利威尼斯市缔结友好城市,是为苏州市对外缔结的第一个友好城市。

3月27—31日　地委召开工作会议,就加强和改善党的领导、提高党的战斗力、培养和选拔优秀的中青年干部、纠正党风不正等问题进行部署。3月31日至4月4日市委召开五届二次全委(扩大)会议,就加强各级领导班子建设和整顿党风问题做了研究和部署。

4月21日　地委和行署转发行署教育局《关于当前教育工作几点意见的请示报告》,强调必须充分认识教育工作在国民经济中的地位和作用,进一步加强对教育工作的领导。

5月23日　由市园林管理处为美国纽约大都会艺术博物馆建造的中式古典园林"明轩"竣工开园,是为江苏、苏州的第一个对外承包工程项目,也是苏州古典园林第一次走出国门。

5月24日　地委转发地委统战部文件提出,要全面贯彻执行宪法所规定的宗教信仰自由政策,尊重信教群众的正当宗教生活,各县应恢复和健全宗教工作机构,酌情配备宗教专职干部。11月17—21日地委统战部召开会议,要求继续落实党的各项统战政策,切实加强宗教工作,贯彻落实侨务政策。

6月2日　中共中央主席、国务院总理、中央军委主席华国锋在苏州视察,参观苏州刺绣研究所和苏州园林。

6月30日 经国务院批准,苏州市纺织、丝绸、钟表三个工业公司推行全行业扩大企业自主权试点;经省政府批准,苏州市其他行业的扩权试点企业增加到45个。8月17日省政府批准苏州市人民商场等4家为财贸系统扩大企业自主权试点单位。

7月14—17日 民革市第三届党员大会、民盟市第二次代表大会、民建市第六次会员代表大会、民进市第三次会员大会、农工党市第二次代表大会、九三学社苏州分社第三次全体社员大会、市工商联第六届代表大会先后召开。

8月16日 行署召开全区外贸工作会议,明确地区外贸工作的发展方向和当前任务。

9月8日 市革委会发出《关于推动经济联合的试行意见》。

9月14日 地委、行署召开水产工作会议,要求发挥水域资源优势,建设鱼米之乡。

9月27日 市委、地委分别召开大会,动员干部群众认真学习贯彻《中共中央关于控制我国人口增长问题致全体共产党员、共青团员的公开信》。

10月22日 市革委会批转市工商局《关于适当发展个体工商户的报告》。

1981年

1月14日 市委发出《关于切实搞好清理领导班子中"三种人"工作的通知》。

1月19—27日 市政协六届一次会议召开。

1月21—26日 市八届人大一次会议召开。会议听取和审议通过政府工作报告及其他各项报告,并做出相应的决议;根据《中华人民共和国地方各级人民代表大会和地方各级人民政府组织法》规定,正式设立苏州市人大常委会;决定废除苏州市革命委员会,恢复苏州市人民政府;选举产生市八届人大常委会和市政府领导成员。

2月24日 国务院决定,把苏州及北京、杭州、桂林等4个风景游览城市列为全国环境保护重点城市。市委随即召开常委办公会议,专题研究如何贯彻国务院文件精神,把苏州市建设成为园林风景旅游城市的规划、措施。

2月25日 市八届人大常委会第二次会议审议通过《苏州市城市建设总体规划(1981—2000年)》,报上级审批。

2月 由省建材工业公司承揽组织实施,常熟县砖瓦厂派出26名工人去伊拉克迪瓦尼砖瓦厂进行为期2年的工作,是为苏州第一个对外劳务输出项目。

3月9日　市召开动员大会,号召全市人民积极开展"五讲四美"文明礼貌活动。9月,地委召开全区"五讲四美"、综合治理社会治安经验交流会。

4月　经省进出口管理委员会批准,无锡县轻工公司等3家公司(企业)与菲律宾维德集团有限公司合资,在无锡县西漳公社域内建立中国江海木业有限公司,是为苏州地区及全省第一个中外合资经营企业。

6月21日　市委、市政府举办工交企业经济责任制学习班,学习推广振亚丝织厂等单位实行不同形式经济责任制的经验。8月28日市政府发出试行《工业企业经济责任制若干规定》的通知。同日,行署发出通知,要求企业积极试行计件工资和浮动工资制。

7月18日　国家农委发出文件,对苏州地区发展双三制的得失做出客观分析,要求苏州地区从实际出发,适当调减双季稻种植面积。

8月15日　地委召开全区三级干部会议,研究部署农、副、工生产的综合发展问题及调减粮食征购基数问题。

10月　市在企业新招工人中开始试行劳动合同制。

12月4日　省委召开常委(扩大)会议,专题研究贯彻胡耀邦、邓小平、陈云等中央4位常委批示,讨论苏州城市性质、城建方针等问题。12月7—9日市委召开常委会议研究贯彻意见。12月10日市委召开局级干部会议,传达中央、省委指示,要求各级领导统一认识,认真学习贯彻,保护和建设好苏州这座古城。

1982年

2月8日　国务院公布苏州等24个城市为国家第一批历史文化名城。2月23日国务院公布玄妙观三清殿、网师园为第二批全国重点文物保护单位。3月25日省政府公布江苏省第三批文物保护单位,苏州(含苏州地区所辖6县市)有26处入列。10月22日市政府公布苏州市第二批文物保护单位38处。

2月11—15日　地委召开完善生产责任制现场会,研究完善农业生产责任制问题。会后组织6个工作组、2.6万名干部,在两个月里帮助82%的生产队完善生产责任制,其中大组联产40%左右,分组联产10%左右,联产到劳31%左右。

3月1日　市政府召开动员大会,号召全市人民积极投入第一个"全民文明礼貌月"活动,以实际行动建设社会主义精神文明。

3月11日　地委、行署发出通知,要求各级党政部门认真抓好计划生育工作,控制人口出生率。8月25日市委召开干部大会,下发市政府颁布的《苏州市计划生育若干问题的实施细则》,部署搞好计划生育工作。

3月21—24日 市委召开五届八次全委会议,学习中共中央关于进一步打击经济领域中违法犯罪活动斗争的指示,研究开展斗争的部署。4月2日地委发出紧急通知,要求各地各单位大张旗鼓地宣传贯彻全国人大常委会《关于严惩严重破坏经济的罪犯的决定》。

4月2日 省委、省政府做出决定,追认"文化大革命"中被迫害的陆兰秀同志为革命烈士。5月8日市委、市政府举行追认陆兰秀同志为革命烈士大会。

5月12日 国务院批复原则同意江苏省政府呈报的《关于保护苏州古城风貌和今后建设方针的报告》。6月,全国政协调查组来苏调查文物保护情况,并向中央呈报《请示立即制止对苏州风景区的继续破坏》。7月,省委、省政府接连发出《关于坚决制止任意侵占和破坏太湖风景资源的通知》《关于保护苏州风景名胜的布告》。8月6—9日市委、市政府召开城市建设工作会议,学习贯彻中央、省委有关保护苏州古城和风景区的一系列指示,部署城建工作。

6月25日 经国务院批准,江苏师范学院改建为苏州大学,为省属重点综合性大学。

9月1日 苏州的中共党员代表戴心思、费铭钊、杨金福和候补代表谢家灿参加中共第十二次全国代表大会。

9月 地委决定,在太仓县娄东公社进行政社分设工作试点。

10月26日 地委提出做好知识分子工作的14点意见。

11月8日 国务院公布太湖为首批国家重点风景名胜区。区内分为13个风景区,其中8个在苏州境内。

11月19日 五届全国人大常委会第25次会议批准,张家港港对外籍船舶开放。

12月20日 市政府确定公布苏州市市树(香樟)、市花(桂花)。

12月30日 苏州地区、苏州市加入上海经济区,并实行跨省、市经济联合。

12月30日 市10所职工大学被教育部批准备案,国家承认其毕业生大学专科学历。

年底 地区91%的生产队实行家庭联产承包责任制,苏州农村第一步改革基本完成,进入以家庭联产承包责任制为主要形式的农业生产经营新阶段。

1983年

1月18日 国务院批准江苏省关于改革地市体制调整行政区划的报告,决定撤销苏州行署;撤销常熟县,改设常熟市;将原苏州地区的吴县、吴江、昆山、太仓、沙洲、常熟6县(市)划归苏州市,江阴、无锡两县划归无锡市。2月7日省委发出《关于苏州市一级领导成员任职的通知》。28日市委召开地、市党员领导干部会议,宣布自3月1日起实行市管县的新体制。

2月6—9日　中共中央政治局常委、中央顾问委员会主任、中央军委主席、全国政协主席邓小平在苏州考察社会经济发展情况,对江苏和苏州有信心提前实现党的十二大确定的"翻两番"目标和苏州社队企业凭借灵活的经营机制得到较快较好发展、带动农业发展、农民致富、农村稳定给予充分肯定。

3月3日　经国务院批准,苏州城市建设环境保护学院正式筹建。1985年9月25日正式成立,首届新生开学。

4月1—6日　市政协七届一次会议召开。

4月2—6日　市九届人大一次会议召开。

4月12日　市政府批转市进出口管理办公室《关于开展利用外资工作意见的报告》,要求抓住外经贸部把苏州列为利用外资联系点的机遇,加大利用外资工作力度。

6月1日　中国人民武装警察部队苏州支队成立。

6月1日　《苏州市新办集体企业职工关于养老金保险的试行办法》实行。

6月3日　苏州市第一家城乡经济联合体——苏州市净化设备公司成立。

6月4日　在苏州的全国政协委员谢孝思、黄一中、许楠英、顾文霞参加全国政协六届一次会议。

6月6日　在苏州的全国人大代表王惠芳、方明、杨家骝、杜子威、陆文夫、张永来、张美芳、府培生、钱小萍、谈文钰、曹凤娣参加六届全国人大一次会议。

6月7日　太湖风景区总体规划讨论会和太湖风景区建设委员会第二次会议召开,要求将太湖风景区建设成湖光山色与历史文化结合的游览胜地。

6月16日　市劳动就业经验交流现场会提出,今后劳动就业实行劳动部门介绍就业、组织起来就业、自谋职业"三结合"的就业方针,以发展城镇集体所有制经济为主,适当发展个体经济,广开就业门路。

6月　市委批转《全市农村政社分设工作会议纪要》,市九届人大常委会二次会议通过《关于苏州市农村人民公社实行政社分设的决议》。10月,苏州全面完成人民公社政治体制改革,以原人民公社区划范围设立乡,建立乡政府、公社经济联合委员会;以原生产大队区划范围设立村,建立村委会、村经济合作社。

7月12日　市政府发出通知,部署抓好社队企业的全面整顿工作,推行"五定一奖"和"四项管理"经营制度。

8月12日 市委召开会议,部署加快落实私房政策的工作。

8月27日 市五讲四美三热爱活动委员会成立,并举行首次会议。

9月4日 按照中央统一部署,全市"严打"(严厉打击严重刑事犯罪)斗争开始。至1986年6月"严打"第三战役结束。

9月15日 市委党校实行正规化教育的第一期培训班举行开学典礼。

10月1日 苏州电视台《苏州新闻》节目开播。12月22日苏州电视台正式建立。

10月5日 市政府决定把市税务机构从财政部门分出,单独设置苏州市税务局,主管税务工作。

10月下旬 全市农村出现"专业户"和"重点户"自发联合新趋向,已有多种形式的"两户"经济联合体5 500多个,有18 000余户农民参加。

11月中旬 全市农村信用社体制改革工作基本结束,增加了民办因素,入股农户从55.1%增长到83.2%。

12月12日 苏州市教师进修学院更名为苏州教育学院。

12月18日 市委印发《关于进一步完善农业生产责任制的意见》。

本年 苏州农村涌现沙洲县乐余、塘桥两个工农业总产值"亿元乡"。

1984年

1月4日 市委、市政府发出《关于加强普通教育工作的决定》。24日市政府出台改革中等教育结构、发展职业技术教育的文件。年内,先后增设6所职工中等专业学校。

1月17—24日 市委、市政府召开农村三级干部会议,部署全市农村实行自给半自给经济向较大规模商品生产转化、传统农业向现代农业转化。

2月25日 《人民日报》头版刊登《碧溪乡发展农副工建成新型集镇》的报道。27日新华社播发《碧溪之路》通讯,并配发编者按。

3月1日 苏州市台湾同胞联谊会成立。

3月 昆山陆扬乡谢三根、俞三男、祁阿花等转包本村农户转让的土地,办起8个家庭农场。5月吴县光福乡顾春生承包本乡及东渚乡432.8亩渔场荡田、游湖垦荒芦苇田等荒地闲田,办起全市首家开发型承包经营的家庭农场。9月常熟市琴南乡元和村4位妇女分别担任起4个村合作农场的场长,开创了由个人承包经营村办农场的先例。苏州农村实行家庭联产承包责任制后多种形式的规模经营由此起步。

4月26日　苏州市个体劳动者协会成立。

5月23日　市委、市政府召开城市经济工作会议,研究部署加快城市经济体制改革步伐。6月7日市委、市政府批转《关于县属以上工业企业经济体制改革若干问题的意见》《关于城市商业体制改革若干问题的意见》。

6月13日　市政府公布《苏州市市民守则》。

6月27日　市委、市政府发出《关于积极发展大中专教育的通知》。9月10日市政府同意创办常熟职业大学,11日苏州市经济管理干部学院举行开学典礼,15日全国第一所县级地方财政投资兴建的县办大学——沙洲职业工学院开学。

7月7日　市政府批转《关于搞活人才流动的试行意见》。

8月21日　昆山县九届人大三次会议审议通过《关于在玉山镇东南面开辟工业新区的决定》,是为全国第一家县级自费创办的经济技术开发区。

8月　苏州市第一家中外合资企业——中国苏旺你有限公司在昆山开发区内创建。

9月21日　致公党苏州市工作委员会成立。

9月23—27日　中共苏州市第六次代表大会召开。大会提出:从1984年起到1990年,在提高经济效益的前提下,实现工农业总产值翻一番的奋斗目标;到20世纪末把苏州建设成为经济繁荣、文化发达、科技先进、旅游兴旺、人民富裕、风气良好的地区。

10月22—23日　市九届人大常委会第11次会议通过决议,要求加强水环境管理的领导,进行水环境综合整治。

11月1日　市委召开全市科级以上干部大会,进行彻底否定"文化大革命"教育动员。

12月1日　市人民银行和工商银行开始分设,对外办公。分设后的市人民银行称中国人民银行苏州分行,承担金融管理职能。

12月4日　改革开放后苏州古城区最大的综合改造项目——道前街拓宽改造工程竣工。

12月　由苏州铜材厂与港商等合资创办的苏州铜材有限公司项目签约,是为市区第一家签约的中外合资企业。

本年　全市提前一年超额完成"六五"计划。当年实现工业总产值132.96亿元(当年价),连续两年成为全国工业产值逾百亿元的10个城市之一。

1985 年

1月11日　市委召开六届二次会议,贯彻《中共中央关于经济体制改革的决定》,部署全面推进经济体制改革。5月31日市政府制发《关于推进城市经济体制改革若干问题的意见》。6月19日市委、市政府决定建立苏州市体制改革办公室。

1月22日　市委决定,用五年时间有计划地向全市公民系统地普及法律知识,标志着"一五普法"活动启动实施。

2月18日　中共中央、国务院批转《长江、珠江三角洲和闽南厦漳泉三角地区座谈会纪要》,确定苏州市及所属六县(市)开辟为沿海经济开放区。苏州市迅即提出并实施外向带动战略。

2月28日　市委召开第一批整党动员会。至1986年底全市整党结束。

5月10日　江苏省第一家乡村农民集资兴办的专业市场——常熟招商场正式开业。

5月28日　中国少年先锋队苏州市工作委员会成立,负责指导全市少先队工作。

5月　市老年大学开学。

6月22日　苏州、无锡两市联合建立江南航空服务公司,共同利用和建设硕放机场,开辟国内定期客运航空线。7月2日首条苏州—北京航线开航。

7月14日　《中国旅游报》主办的"中国十大风景名胜"评选活动揭晓,"苏州园林"获选,列第5位。

7月26日　市政府决定成立苏州市新区开发领导小组,下设指挥部,负责环古城河以西苏州新城区的开发建设。当月新城区首幢高层建筑——18层的胥城大厦开工建设。

7月　经省政府批准,苏州首批13个乡实施撤乡建镇。

8月29日　市委发出《关于贯彻执行〈中共中央关于教育体制改革的决定〉的意见》,推动全市加快教育体制改革步伐。

9月7日　市九届人大常委会第18次会议通过《关于苏州市城市总体规划的决议》,初步确定苏州"全面保护古城风貌,重点建设现代化新区"的城市建设方针。12日市政府向省政府、国务院呈报《关于苏州市总体规划修改意见的报告》。

9月9日　市委、市政府向全市教师祝贺第一个教师节。

9月10日　苏州市物资贸易中心举行开业典礼。

10月　苏州市第一家地方性拥有进出口经营权的企业——苏州市对外经济技术贸易公司成立。

10月　全市"文化大革命"中被查抄财物发还工作基本结束。

12月9日　市政府印发《苏州市全民企业离退休基金统筹办法(试行)》和《苏州市集体企业离退休基金统筹办法(试行)》，逐步实现劳动保险社会化。

12月24日　苏州大学2名中国古代文学研究生通过博士论文答辩，苏州首次有了自己培养的博士。

1986年

1月4日　由吴县涤纶长丝厂等与台商合资的苏州华泰有限公司获外经贸部批准，是为苏州首家台商投资企业。

1月11日　省政府批复，原则同意苏州市委、市政府报审的《苏州市对外开放实施方案》。

1月17日　市九届人大常委会举行第20次会议，通过《关于认真搞好教育体制改革，努力普及九年制义务教育的决定》，确定1987年全市基本普及九年制义务教育的目标任务。

3月8日　苏州市获全国计划生育先进集体称号。

3月22日　市政府决定建立土地管理办公室，加强城乡土地管理。

4月7日　市委、市政府召开城市建设工作会议，就贯彻城市总体规划、搞好"七五"时期的城市建设进行部署。5月，决定对平江路、平江河从五个方面进行综合治理，由平江区政府负责实施。

4月26日　市委、市政府批转《关于进一步增强企业活力的几点意见》，部署简政放权、完善厂长(经理)负责制和以承包为主的经济责任制，大力发展横向经济联合。

4月27日　顾春生在家庭农场的基础上与东渚乡农业服务公司联合创办的春生合作农场成立，开创了苏州发展农业规模经营的一种新形式。

5月9—13日　市九届人大五次会议召开，审议通过《关于苏州市国民经济和社会发展第七个五年计划草案的报告》。

5月19日　市委首次举行民主推荐市级领导干部。

5月26日　苏州市171名纺织技术人员赴苏丹为青尼罗河纺织厂提供技术服务。是为苏州市第一个规模较大的劳动、技术相结合的对外劳务合作项目。

5月28日　市政府决定建立苏州市城市管理委员会。

6月13日　国务院批准《苏州市城市总体规划》,规定苏州市今后发展方针是:全面保护古城,积极建设新区,发展小城镇,把苏州逐步建成环境优美、具有江南水乡特色的现代化城市。7月31日市政府决定建立苏州市旧城建设办公室。

6月28日　《太湖风景名胜区发展建设总体规划》经国务院同意、城乡建设环境保护部正式批文实施。批文要求尽快把太湖风景区建设成为一个集游览、度假、休闲、水上运动和科学文化等多种活动的天然湖泊型国家重点风景名胜区。

8月11日　经国家旅游总局和省建委批准,寒山寺景区建设计划组织实施工作正式开始,目标是将寒山寺建成我国第一流旅游胜地。

8月13日　中国人民银行、国家体改委确定苏州市为全国金融体制改革试点城市之一。11月20日工商银行苏州资金市场成立。

9月16日　国务院批复撤销沙洲县,设立张家港市(县级)。12月1日张家港市举行成立大会。

9月29日　全市677人首批通过省高等教育自学考试取得大专文凭。

10月11日　东方丝绸市场在吴江县盛泽镇落成开业。

10月15日　苏州市举行纪念苏州建城2500年大会。

10月16日　苏州首位个体出租车司机获营运证。

10月26—28日　中共中央总书记胡耀邦先后在张家港、常熟、吴县、苏州市区视察,对苏州的工业建设、乡镇企业、农业规模经营、城市建设做指示。

11月13日　市政府召开推行厂长负责制工作会议。至年底全市56%的县属以上企业和63%的大中型企业已推行厂长(经理)负责制。

11月26日　市委六届四次全委(扩大)会议审议通过《中共苏州市委关于贯彻党的十二届六中全会决议,加强社会主义精神文明建设的实施意见》。

12月2日　市政府推行"改、转、租"办法,放开搞活小型商业企业。至年底市区101家国营小型商业企业改为国家所有、集体经营,51家国营小型商业企业实行租赁经营。

12月3日　纺织工业部确定苏州市为"七五"期间全国12个重点纺织品深加工出口基地之一。

12月19日　国务院批准常熟市为第二批国家历史文化名城。

12月20日　苏州市第一家股份公司——长城电扇股份有限公司成立。

本年　全市实现工农业总产值251.2亿元,位居全国大中城市第4位;常熟、张家港、吴县、吴江年财政收入跻身全省财政收入超亿元的14个县(市、区)行列;全市乡镇工业完成总产值171亿元,成为苏州国民经济的"半壁江山"。

1987 年

1月1日　《苏州报》更名为《苏州日报》。

1月19日　市召开对外开放工作会议,提出要积极发展外向型经济,以出口创汇为中心,推进利用外资工作,带动全市经济发展。4月24日市政府制发《苏州市贯彻国务院和省政府关于鼓励外商投资若干规定的实施意见》。4月25日成立苏州市利用外资办公室。

1月　历时8年的152公里太湖大堤兴修工程全线竣工,太湖防洪能力大为提高。

3月17日　市政府举行首批居民身份证颁发大会。

4月17日　苏州大学朱烈、苏州医学院阮长耿、苏州医学院附属第一医院蒋文平被国家科委命名为"国家级有突出贡献的中青年专家"。

5月1日　苏州第一幢以出租写字间为主业的苏州开发大楼正式开业。

6月16日　《苏州日报》报道:春花吸尘器热已露势头,市区工业"四大名旦"(长城牌电扇、孔雀牌电视机、香雪海牌电冰箱、春花牌吸尘器)形成。

7月1日　苏州市丝绸、纺织品、轻工、工艺品进出口支公司获得直接对外出口经营权。

7月1日　常熟市丙纶厂与泰国亿峰(集团)公司签订合资联办丝特(集团)有限公司协议书。中方投资额占51%,是为苏州第一家企业到国外合资办厂。

7月30日　吴江达胜皮鞋总厂厂长肖水根、沙洲纺织印染公司董事长谭惠亚分获"全国最佳农民企业家""当代中国优秀农民企业家"称号。

8月7日　市政府批转《关于继续搞好清理非农业用地若干意见的报告》,要求坚决刹住乱占滥用耕地的歪风。9月,苏州市土地管理局成立。

8月14日　苏州市第一次政府法制工作会议召开。

8月24日　《苏州日报》报道:苏州市企业组织形式发生深刻变化,企业集团逐步成为发展市区经济的台柱。

9月23日　市委、市政府发出《关于社会主义农业现代化试点工作的意见》,确定首批35个农业现代化试点村。

10月6日　市政府批转《关于进一步推进科技体制改革若干试行意见》。

10月9日　市委、市政府发出《关于乡镇工业发展外向型经济上水平增效益的意见》。

10月15—21日　首届苏州评弹艺术节举行。陈云为艺术节题字。

10月25日　苏州的中共党员代表高德正、严鼎丰、钱福珠、彭世涛、程肖彭、管正出席中共第十三次全国代表大会。

11月25—26日　中共中央总书记赵紫阳在吴江、昆山和苏州市区视察,并同江、浙、沪三省、市负责人讨论研究进一步加快长江三角洲对外开放和制定实施沿海地区经济发展战略问题。

12月25日　《人民日报》报道:全国11家乡镇企业率先跨入大中型乡镇企业行列,苏州的沙洲客车厂、沙洲特种汽车改装厂、沙洲锦丰玻璃厂跻身其中。

1988年

1月3—9日　市政协八届一次会议召开。

1月4—10日　市十届人大一次会议召开。

1月13日　国务院公布第三批全国重点文物保护单位,苏州的瑞光塔、环秀山庄入列。

1月15日　《苏州日报》报道:苏州电视机厂成为苏州市第一家享有外贸经营权的生产企业。

2月7日　苏州有线电一厂、中国技术进出口总公司引进荷兰飞利浦公司程控数字用户交换机生产技术合同签订,是为全省第一个外商技术转让合同。

2月13日　苏州市监察局建立。

3月22日　省政府颁文,同意苏州市实行外贸"切块自营",市10家外贸公司获得自主的进出口经营权。

3月24日　在苏州的全国政协委员叶元铮、周桑漪、徐永端、顾文霞参加全国政协七届一次会议。

3月25日　在苏州的全国人大代表王祖福、杜子威、汪仁彪、陆文夫、张美芳、俞兴德、钱小萍、高政、龚维新参加七届全国人大一次会议。章新胜于1990年补选为第七届全国人大代表。

3月　市政府决定开展苏州市哲学社会科学优秀成果评奖活动,每三年评选一次。12月首届评选出1984—1987年间的160项优秀成果。

4月2日　苏州市外商投资企业协会成立。

4月12日　市委、市政府召开第一次城区改革工作会议,确定城区改革的指导思想是:立足于发展经济,为发挥城市的中心作用服务。15日市委、市政府转发《关于搞活城区的改革方案》。

4月16日 市政府批转《关于办好农村合作养老保险的试行意见》。

4月25日 中国苏绣艺术博物馆顾文霞、苏州缂丝厂王金山、苏州刺绣研究所任嘒闲获首批"中国工艺美术大师"称号。苏州刺绣研究所李娥瑛1979年被轻工业部授予"工艺美术家"称号,此次也改称为"中国工艺美术大师"。

6月18日 全国首届乡镇企业出口创汇评优活动揭晓,苏州3家企业产品获优质产品"金龙奖"、10家企业获创汇大户"飞龙奖"、2个产品获新品开发"青龙奖"。

6月30日 苏州市第一次出现企业兼并,香雪海电器公司兼并苏州洗衣机厂,苏州钟表研究所兼并苏州日用玻璃厂。

7月17日 市十届人大常委会第3次会议通过决议,确定每年农历九月初九为"苏州市老年节"。10月19日全市上下庆祝苏州市首个老年节。

7月22日 《人民日报》一版发表《自费开发——记昆山经济技术开发区》的通讯,并配发评论员文章《"昆山之路"三评》。

7月28日 省政府批准昆山县有偿出让位于经济开发区内的15亩国有土地的使用权,是为全省第一块有偿出让的批租地块。

7月29日 市委、市政府部署全面推行以划小核算单位、建立厂内银行、引进竞争机制"三位一体"为主要内容的企业内部改革。

8月上旬 全市全民事业单位和试点企业首次专业职务聘任工作基本结束,有21 242名专业人员晋升高、中级职务。

8月23日 苏州市人才交流中心成立。

8月25日 日本苏旺你株式会社兴办的国际苏旺你公司在昆山建立,是为全省首家外商独资企业。

9月10日 市8所职工大学联合办学,组建为苏州市职工大学。

9月12日 苏州市旧街坊改造规划研讨会召开,提出苏州旧城改造的方针和任务。

9月14日 国务院批转海关总署,同意设立苏州海关。1991年3月30日苏州海关成立开关。

9月22日 市委、市政府召开工作会议,部署贯彻中共十三届三中全会精神,开展"治理整顿"(治理经济环境,整顿经济秩序)。

9月下旬 苏州化工厂在全市首个向职工出售商品住房。

9月下旬　《苏州乡镇企业》杂志创刊并向全国公开发行。11月5日古吴轩出版社经国家新闻出版署批准成立。12月5日《苏州杂志》创刊。

9月　金阊时美服装百货店开业,是为全市首家经工商登记注册的私营企业。

10月8日　市委政治体制改革领导小组成立。翌年5月15日市委发出《关于政治体制改革近期工作实施要点》《关于实行"两公开一监督"推进廉政制度建设的实施意见》。

11月24日　市委、市政府部署在深化企业改革中突出推行股份制。

12月27日　张家港港务管理体制交接仪式在张家港举行。1989年起张家港港务局实行苏州市和交通部双重领导、以苏州市领导为主的管理体制。

12月30日　苏州大学附属第二医院开诊。

本年　苏州市外贸收购额达33.8亿元,居全省首位;全市农民人均年纯收入1 120元,成为全省第一个农民人均年收入"千元市";国家统计局工业交通司等部门首次评定"中国500家最大工业企业",苏州电视机厂、苏州电冰箱厂、苏州电扇总厂、苏州钢铁厂跻身其中。

1989年

1月9日　市委、市政府召开对外经济技术工作会议,提出"三外(外贸、外资、外经)齐上"、发展外向型经济方针。3月7日市委、市政府召开农村发展外向型经济经验交流会,部署农村加快外向型经济发展步伐。

1月25日　市委六届八次全会召开,首次确立"科技兴市"战略思想。4月25日苏州市技术贸易中心成立。

2月23日　郊区东吴化学工业公司的白炭黑生产技术有偿转让给印度尼西亚阿巴迪化工公司,是为苏州市第一个纯生产技术出口项目。

6月5日　中共中央、国务院发表《告全体共产党员和全国人民书》。苏州市局以上领导干部认真学习,决心努力维护和发展安定团结的局面。

6月24日　国家教委批准苏州市为率先实行双元制职业教育模式试点城市。

7月20日　太仓县成为全市第一个消灭血吸虫病的县。

7月26日　经国务院批准,撤销昆山县,设立昆山市。9月28日举行昆山市成立大会。

7月28日　全市首家合伙制的天平律师事务所成立。

7月29日　市政府法制局成立。

9月25日　改革开放以来首次评选全国劳动模范和先进工作者,苏州分别有10人和5人当选。

9月28日　国家重点电力工程——望亭发电厂30万千瓦14号发电机组正式发电投产,进入全国百万千瓦发电大厂行列。

10月5日　国务院批准张家港港口建设二期工程列入国家"七五"重点建设项目。

9月下旬　全国涉外旅游饭店首次评定星级,苏州饭店、姑苏饭店获评三星级。

10月1日　市公安局指挥中心成立,下设的110报警服务台对社会开通服务。

10月4日　新华社报道：江苏省苏州、无锡、常州三市率先实现小康目标,人均国民生产总值已达800美元,成为我国经济发展最迅速、工业化程度最高的地区之一。

12月6—8日　中共苏州市第七次代表大会召开。大会提出,用3年或者更多一些时间完成治理整顿任务。

1990年

1月3日　经国务院批准,东吴丝织厂为全国首批国家一级企业。

2月10日　凌晨1时57分常熟和太仓交界处发生5.1级地震,是为苏州市域范围内有地震记录以来震级最大的一次地震。

2月26日　物资部、国家体改委、国务院发展研究中心批准,苏州物资贸易中心进行全国首家综合商社式企业集团和规范化物资交易所试点。翌年6月22日苏州物资交易所开业。

3月27日　常熟高等专科学校正式建校。

5月4日　市委、市政府召开全市三级干部会议,提出"南学盛泽、北学杨舍、企业学东吴",推进"两个文明"建设;部署在农村开展"五杯"竞赛活动。

6月29日　苏州市残疾人联合会第一届代表大会召开。

6月　全市乡(镇)人大换届选举结束,设立乡(镇)人大主席团。

8月21日　市委召开工作会议,部署抓好国家重点开发上海浦东的机遇,利用本市优势,积极扩大对外开放。

9月2日　总装机容量240万千瓦、由国家和地方共同投资建设、列入国家

"八五"重点建设项目的常熟发电厂破土动工。

9月25日　市政府主办首届中国(苏州)丝绸旅游节暨经贸洽谈会。

10月6日　国家统计局公布,全国有25个城市国民生产总值超过百亿元,苏州市名列第7位;苏州等36个城市人均国内生产总值超过3 013元人民币(折合800美元),达到小康水平。

10月8日　市委、市政府召开乡镇工业工作会议,部署全市乡镇工业实施"三面向、两提高"(面向现实、面向市场、面向未来,提高组织程度、提高整体素质),加快调整步伐,扩大对外开放,走正提高路子。

11月2日　市政府决定建立苏州市新区开发领导小组指挥部,按照"统一规划、合理布局、综合开发、配套建设"的方针,在苏州城西大运河以西地区开发建设苏州新区。

11月6日　市政府颁发《关于建立基本农田保护区的实施意见》。

11月20日　昆山所有乡镇全部改为建制镇,成为全国第一个"无乡县(市)"。

11月24日　市委、市政府决定撤销乡(镇)的公社经济联合委员会,成立乡(镇)农工商总公司。

12月4日　苏州市外商投资管理委员会成立。

12月25日　苏州市获"全国卫生城市"称号。

1991年

1月4日　市政府公布第三批苏州市文物保护单位14处。

1月7日　市委、市政府发出《关于开展纠正行业不正之风,治理"三乱"工作的实施意见》。

1月12日　苏州电扇总厂、苏州电冰箱厂、望亭发电厂获国家一级企业称号。

1月20日　省政府办公厅发出《关于昆山开发区问题的通知》,昆山市开发区列为省级重点开发区,是为全市首个省级开发区。

1月22日　市政府批转《关于加强国有资产管理的实施意见》。

2月6日　苏州市被国务院授予"全国粮食生产先进单位称号。"

3月16日　国家旅游局批准苏州列为全国旅游行业综合改革试点城市之一。5月24日市政府制发试点实施方案。

3月19日　市政府召开"科技兴农"工作会议,提出"八五"期间全市科技兴农的规划设想和政策、工作意见。

4月10日　市委发出通知,部署贯彻中央《关于加强社会治安综合治理的决定》。

4月　市委、市政府首次召开市场建设培育工作会议。5月8日市委、市政府转发《加强市场建设培育工作的意见》。据统计,1991年全市成交额达1亿元以上的专业市场有10个。

5月8日　《人民日报》报道:苏州由消费城市成为经济大市,工农业总产值连续六年列全国大中城市第4位。

5月10日　全国农村亿元乡镇社会经济发展战略研讨会对全国2 093个亿元乡镇进行排序,吴江县盛泽镇列全国首位,张家港市杨舍镇列全国第7位。

6月12日　国家科委批准建立的旨在推进高新技术产业化的"苏锡常火炬开发带"苏州火炬区举行开区典礼。11月市政府确定"火炬区"实施方案。

6月12日至7月中旬　由于连降暴雨,苏州遭到历史上罕见的特大洪涝灾害,太湖水位最高达4.79米,创历史纪录。市委、市政府动员和组织全市人民全力以赴投入抗洪救灾斗争。7月6日,中共中央政治局委员、国务院副总理、国家防总总指挥田纪云来苏实地指挥防洪。7月9日至10日,中共中央总书记、国家主席、中央军委主席江泽民实地察看苏州市区、吴江灾情和抗洪救灾工作,现场慰问抗洪救灾的干部群众和解放军官兵。

8月19日　苏州市被评为1990年度全国城市环境综合整治十佳城市。

10月8日　市委、市政府转发《关于企业放开经营、转变经营机制试点的意见》,部署从改善企业外部环境和转换企业内部机制结合上进行综合治理,促进搞活企业。11月9日市委、市政府举办搞好大中型企业学习班,研究部署进一步搞好大中型企业的政策措施和工作意见。

10月9日　市政府首次召开国内旅游工作会议,部署制定旅游业发展规划,把发展旅游产业作为一项重要的经济工作来抓。

11月30日　省委、省政府批转《关于学习推广铜罗经验,进一步完善承包经营责任制的意见》,向全省推广吴江铜罗镇乡镇企业实施的"生产要素承包,资产滚动增值"责任制,进一步完善乡镇企业承包经营责任制。

1992 年

1月16—18日　市委召开七届五次全会,审议通过《苏州市社会主义精神文明建设"八五"规划纲要》。

2月18日　国务院批准吴江撤县建市。5月4日举行吴江市成立大会。

3月1日　市十届人大第五次会议审议通过《苏州市国民经济、社会发展十年规划和"八五"计划纲要》。

3月4日　市政府印发《苏州市市区住房制度改革实施方案》,规定机关和企事业单位停止向职工无偿分配住房,已分配住房逐步由职工按价购买。

3月8日　市委发出《关于认真传达学习邓小平同志重要谈话的通知》。4月至5月上旬,市委、市政府接连召开县(市)区委书记会议、常委扩大会、局以上领导干部会议、全市三级干部会议,动员全市干部群众进一步学习贯彻邓小平南方谈话精神,加大改革开放力度,加快经济发展步伐,实现全市经济建设"'八五'计划三年完成,十年规划五年实现",力争用20年时间使苏州市的经济水平和人民生活水平赶上亚洲"四小龙"。

4月1日　市委、市政府召开全市企业三项制度(全员劳动合同制、干部聘任制、岗位技能工资制)配套改革动员大会。同日,市委、市政府批转《关于全民、集体商业企业实行"四放开"改革的试行意见》,对全民、集体商业企业实行经营、价格、分配、用工"四放开"。

4月7日　苏州物资集团公司、苏州燃料公司、苏州市金属材料公司入列国务院首次评定公布的"全国500家最大服务企业"。

5月16日　市委、市政府召开股份制企业试点工作会议,确定30家企业为首批进行规范化股份制试点企业。

5月20—24日　全国县级综合改革经验交流会在常熟市召开。中共中央政治局常委、国务院总理李鹏出席会议,并在苏州市区、吴县、常熟、张家港等地视察,对苏州拟创办太湖旅游度假区和张家港保税区的设想和初步规划给予肯定。

5月25日　苏州市回国留学人员服务中心成立,是为全省首家专为回国留学人员提供职业选择及有关政策咨询的服务机构。

5月26日　苏州市首届(1987—1991)文学艺术奖颁奖大会举行。

6月4日　苏州市私营企业第一次代表大会召开,成立苏州市私营企业协会。

6月5日　市委、市政府批转《苏州市教育综合改革方案》。

6月5日　苏州市第一份国有土地使用权补办出让合同在市木材公司签约,标志着全市土地使用制度改革起步。11月25日市政府印发《关于加快土地使用制度改革的意见》。

6月14日　江苏境内首条高速公路——沪宁高速公路江苏段开工典礼在昆

山举行。

6月25日　市委、市政府发出《关于向县（市）下放经济管理权限的决定》，扩大各县（市）、区的经济管理权限。

6月29日　苏州市机械发展总公司成立，是为由产业局改组建立的第一家试点性公司。

6月　太仓县委、县政府建立太仓沿江港口开发建设指挥部。9月8日太仓浏家港港区开发建设正式启动。

7月6日　《苏州日报》报道：首届全国农村综合实力百强县（市）排名中，常熟市、吴县、张家港市分列第5、6、7位。

7月23—25日　市委召开七届八次全委（扩大）会议，号召全市干部群众学习和发扬"团结拼搏、负重奋进、自加压力、敢于争先"的"张家港精神"，加快改革开放、经济建设和城市建设步伐。

8月5日　市政府成立干将路工程指挥部。10月28日，首项干将路西段（烽火路至西环路）拓建工程开工。

8月19日　外经贸部批准张家港市外贸公司享有进出口经营权，成为全省县级市中首家享有对外经营权的外贸公司。

8月22日　国务院批准在原自费开发区基础上设立昆山经济技术开发区，列入国家级开发区序列，成为苏州第一个获批的国家级开发区和全国首个设在县级市并由县（市）管理的国家级开发区。

9月8日　苏州郊区人民政府承办开发建设的浒墅关新区和浒墅关经济技术开发区正式挂牌奠基。

10月4日　国务院批准建立江苏太湖国家旅游度假区苏州胥口旅游度假中心。1993年6月11日国务院批复同意将该中心更名为苏州太湖国家旅游度假区。

10月12日　苏州的中共党员代表王敏生、秦振华、朱佩霞、程肖鹏、徐关祥参加中共第十四次全国代表大会。

10月12日　江苏省第一家期货市场——苏州物资交易所期货市场开盘。翌年3月26日国务院批准该所为全国期货试点市场，在国内首批开展规范化标准合约期货交易。4月该所更名为苏州商品交易所。

10月21日　国务院批准设立江苏省张家港保税区，是为国内唯一的内河港型保税区。12月20日保税区正式封关运作。

10月27日　全国最长的内湖大桥——太湖大桥开工建设。1994年10月

25日大桥建成通车。

11月2日 市政府发出《关于在全市开展农村社会养老保险工作的通知》。26日市政府建立苏州市社会保障委员会,并成立市社会保障局和农村养老保险事业管理处,为委员会的常设办事机构。

11月9日 国务院、国家科委批准,苏州河西新区已开发的6.8平方公里为国家高新技术产业开发区。经国家科委审定,翌年5月13日苏州国家高新技术产业开发区正式挂牌运行。

11月10日 建设部在全国范围内选定的第一个古城保护试点项目——市区桐芳巷试点小区综合改造工程开工。

11月中旬 列入全国水利重点工程的太湖流域综合治理十大骨干工程中的望虞河、太浦河工程相继开工建设。

11月23日 国务院发展研究中心、中国社科院等联合公布1991年全国188个地级以上城市经济社会发展水平评价结果,苏州市列第7位。12月27日"中国城市综合实力50强"在北京揭晓,苏州市列第15位,同时进入"全国城市投资环境40优"行列。

11月26日 市政府办公室印发《江苏省沿江地区经济发展纲要苏州市实施方案》,制定了苏州沿江地区经济发展的指导原则和目标等。

12月8—10日 市委召开七届九次全委(扩大)会议,号召全市上下进一步加快改革开放和经济建设步伐,以高于全省平均水平的速度加快发展,到20世纪末把苏州建成基本现代化地区。

12月9日 苏州市被中央社会治安综合治理委员会授予"全国社会治安综合治理先进单位"称号,是为全国首批。

12月9日 江苏省第一个私营经济投资园在昆山市城北火炬开发区内建立。

12月9日 《苏州日报》报道:苏州市振亚丝织厂等27家企业进入全国大型工业企业行列。当月,外经贸部、国家统计局等联合公布1991年全国规模最大的500家外资企业,苏州迅达电梯公司等8家企业入列。

12月24日 市政府发表公告,宣布苏州市提前三年全面实现九年制义务教育和高标准扫除青壮年文盲,成为全国第一个"双达标"的省辖市。

12月30日 苏州市商会成立。

本年 全市乡镇工业完成产值1 385亿元,占全市工业总产值的70%,可谓"三分天下有其二"。

1993 年

1月7日　市委、市政府发出《关于加快全市文化事业改革和发展的若干意见》。

1月8日　国务院批准太仓撤县建市。3月28日举行太仓市成立大会。

1月15日　国务院批准,苏州市最大的中外合资项目苏州—菱康化纤有限公司6万吨聚酯切片、1万吨涤纶长丝工程列入国家"八五"计划。

1月15日　市政府举行首次外国专家表彰大会,8名为苏州经济建设和文教事业做出贡献的外国和海外华人专家受到嘉奖。

1月15日　苏州机床电器厂等本市15家企业被评为省首批高新技术企业。

1月18日　苏州有线电视台开始试播。

1月19日　《苏州日报》报道:"1992年度全国最畅销商品"评比揭晓,在43种家电类产品中,苏州的长城电扇名列榜首,春花吸尘器、孔雀电视机同获殊荣。

2月3日　市委、市政府首次召开全市开发区工作会议,要求抓住时机,集中力量,加快开发区建设。2月18日市委、市政府召开全市经济工作会议,要求抓住机遇,全面实施"面向世界,依托浦东,四区(即四个国家级开发区)领航,四沿(即沿长江、沿大运河、沿太湖、沿沪宁线)推进,城乡联动,各业奋进"的开发开放大举措,加快改革和发展的步伐。

2月10日　市委、市政府举行仪式,向70多位知识分子首次颁发国务院授予的享受政府特殊津贴证书。

2月23日　市举行警察授衔仪式。

3月10—15日　市政协九届一次会议召开。

3月12—17日　市十一届人大一次会议召开。

3月14日　在苏州的全国政协委员叶元铮、周桑漪、徐永端、顾文霞参加政协全国八届一次会议。

3月15日　在苏州的全国人大代表邹家祥、张美芳、陆文夫、郑坚、徐德郁、钱小萍、章新胜、谢美兰参加八届全国人大一次会议。

3月28日　美罗时装公司正式开业,是为苏州首家中外合资零售企业。

4月2日　市委、市政府召开苏州新区工作会议,决定将河西新区更名为苏州新区,与苏州国家高新技术产业开发区管理委员会合署办公,确定苏州新区按照国家高新技术产业开发区、经济开发区、苏州新城区"三位一体"的总体构想进行开发建设,赋予苏州新区相当于省辖市级经济管理权限。

4月13—16日　新加坡副总理王鼎昌委派首席私人秘书来苏州市考察,并与苏州市政府签订合作建设苏州工业园区的《谅解备忘录》。19日国务院总理李鹏在与新加坡总理吴作栋的国事会谈中,第一次明确提出中新合作在苏州建设工业园区的建议。5月10—14日新加坡资政李光耀和副总理王鼎昌一行来苏访问,与苏州市政府签订合作开发苏州工业园区原则协议。

4月22日　国务院批准苏州市为"较大的市",苏州市可以根据有关法律规定,制定地方性法规和规章。6月28日,市人大常委会、市政府就此召开新闻发布会。

4月28日　市委、市政府召开干将路工程建设动员大会,古城区段工程开工。1994年9月28日干将路全线通车。

4月　苏州市第一家规范化股份制试点企业——昆山市三山实业股份有限公司向社会公众发行股票。9月8日"苏三山"股票在深圳证券交易所挂牌上市,成为全市第一个上市股票。

5月7日　苏州市农村干部学院正式成立。

6月8日　苏州证券公司进行股东登记。该公司是苏州市首家同时成为上海、深圳证券交易所会员单位的证券交易专业公司。

6月22日　隶属中国人民银行的昆山特种纸厂(后更名为昆山钞票纸厂)开工建设。

6月下旬　国家统计局工交司发布"全国千家效益最佳工业企业"名单,苏州钢铁厂等23家企业入列。

7月2日　市委、市政府发出《关于加快发展第三产业的若干意见》。

7月15日　市政府部署对个体、私营经济实行放宽申请登记对象、放宽经营范围和经营方式、放宽登记条件和简化办照手续"三放宽"政策。

7月26日　《苏州日报》报道:苏州市被列为全国专利工作试点城市。

8月2日　经金阊区人民法院裁定,苏州工艺美术厂破产,是为苏州市第一家宣告破产的工业企业。

8月5日　外经贸部批准成立苏州国际经济技术合作公司,苏州市获得对外承包工程劳务合作签约权。

8月12日　市人大常委会、市政府举行苏州市首次立法工作会议。在9月7—9日召开的市十一届人大常委会第3次会议上,审议通过了苏州市第一个地方性法规——《苏州市人民代表大会常务委员会制定地方性法规的规定》。10月20日市长章新胜签署第1号政府令,颁布《苏州市人民政府制定规章的规定》。

8月30日　苏州经济广播电台开播。

9月1日　全市行政执法人员开始实行持证执法。

10月1日　苏州革命博物馆开馆。

10月8日　市惩腐倡廉建设领导小组转发《关于党政机关县处级以上领导干部廉洁自律的实施意见》《关于开展治理乱收费实施意见》。11月26日市政府决定取消首批124个不合理收费项目。

11月4日　经省政府批准：常熟经济开发区、太仓经济开发区、吴县经济开发区、吴江经济开发区为省级经济开发区；太仓浏家港港口开发区为省级开发区。11日省政府批准张家港经济开发区为省级开发区。12月14日省政府批准苏州浒墅关经济开发区为省级开发区。

11月20日　新华社报道：国家主席江泽民在美国西雅图会见新加坡总理吴作栋时指出，"苏州工业园区"项目开创了两国合作的新模式。

11月23日　市委、市政府决定建立苏州新加坡工业园区筹委会。12月3日筹委会挂牌成立。12月31日苏州新加坡工业园区联合发展总公司成立。

12月15日　《人民日报》第一版刊登长篇通讯《苏州跃起六只虎》，报道苏州县域经济迅速崛起、你追我赶的情况，并配发评论。

12月17日　市政府发出《关于进一步加强政府法制工作的决定》。

12月18日　市举行首届精神产品"五个一工程"奖颁奖表彰大会，《苏州老乡》等15件作品获奖。

12月18日　长江常熟汽渡开渡，成为苏州第二条过江北上通道。

本年　全市当年完成国内生产总值525.96亿元，列上海、北京、广州、天津之后，居全国25个大中城市第5位；完成工业总产值1881.07亿元，仅次于上海居第2位；"三资"企业实际利用外资15.09亿美元，居第3位；新批"三资"企业2532个，居第6位；地方财政收入36.64亿元，居第12位；全市提前两年实现"八五"经济和社会发展目标。

1994年

1月1日　全国第一份彩色晚报——《姑苏晚报》创刊。

2月20日　全国第一家县办民航机场——苏州光福机场的吴县联航"北京—苏州"首航成功。

2月21日　国务院发出《关于开发建设苏州工业园区有关问题的批复》，同意苏州市和新加坡有关方面在城东金鸡湖地区合作开发建设苏州工业园区,致力于发展以高新技术为先导、现代工业为主体、第三产业和社会公益事业配套的现代化经济,建设成为与国际经济相适应的高水准工业园区,进一步推动中新经济合作和两国友好关系的发展。26日中国政府和新加坡政府在北京签署《关于合作开发建设苏州工业园区的协议》,中国国务院总理李鹏、新加坡总理吴作栋出席签字仪式;苏州市政府与新加坡裕廊镇管理局签署《关于借鉴运用新加坡经济和公共管理经验的协议书》。3月16日省委、省政府召开省级机关领导干部大会,要求全力以赴地支持苏州工业园区的开发建设。18日市委、市政府召开领导干部动员大会,动员全市人民把苏州工业园区开发建设好。5月12日苏州工业园区首期开发启动典礼在金鸡湖畔举行,"苏州市—新加坡裕廊镇双边工作委员会"举行第一次会议;13—15日国务院副总理李岚清在苏州工业园区视察,指出开发和建设苏州工业园区不仅是苏州的大事、江苏的大事,也是全国的大事;20日苏州工业园区联合协调理事会首次会议在新加坡举行,中方主席、国务院副总理李岚清,新方主席、新加坡副总理李显龙出席会议。9月2日省委、省政府发出《关于加快苏州工业园区建设若干问题的通知》,14日苏州工业园区举行首批投资项目签字仪式。

4月12日 全国高新技术产业开发区工作研讨会在苏州进行,会议指出:在全国52个国家高新区中苏州高新区1993年综合开发指标已列各开发区前茅。

4月15日 中国珠宝城在吴县渭塘镇兴建。

4月23日 新华社苏州支社成立。

5月12日 市国家公务员培训基地——苏州市行政学院成立。

6月8—11日 全国农村社会治安综合治理工作会议在吴江举行。中共中央总书记江泽民、国务院总理李鹏、全国人大常委会委员长乔石对召开此次会议做出批示,任建新、罗干、温家宝、张思卿等中央领导同志出席会议。苏州、吴江市委在会上做交流发言,得到与会代表的赞誉。

7月17日 张家港市被命名为"国家卫生城市"。

7月18日 昆山星火技术密集区建立。10月16日国家科委批准其为国家级星火技术密集区。

7月 省政府批准昆山、吴江汾湖旅游度假区为省级旅游度假区,列入省级开发区序列。

8月1日 市委、市政府召开苏州新区工作会议,部署进一步完善新区管理体制,明确加快新区建设发展目标。

8月19日　市委、市政府召开第三产业工作会议,确定加快第三产业发展的目标、任务和措施。

8月23—25日　市十一届人大常委会召开第10次会议,通过《苏州市人大常委会关于组织市人大代表评议政府、"两院"工作的决定》。

8月28日　苏州电话号码由6位升至7位。

9月26日　苏州市国有资产管理局成立。

9月　竹辉饭店被国家旅游局评定为苏州首家四星级饭店。翌年1月竹辉饭店荣获"全国100家最佳星级饭店"称号,苏州饭店晋升四星级;10月雅都大酒店获评四星级。

10月12日　苏州工业园区海关(筹)成立。12月16日,苏州海关驻吴江、胥口、太仓办事处相继开关,至此苏州所辖6县(市)全部设有海关机构。

10月20—23日　中共苏州市第八次代表大会召开,确定20世纪末苏州实现基本现代化的目标:率先建立社会主义市场经济的新的管理和运行机制,经济运行和管理基本同国际接轨;工业、农业和科学技术基本现代化,具有现代化功能的城市化格局形成;城乡居民既有较为丰富的物质生活,又有较高文明层次的精神生活。

10月下旬　苏州12人获选"江苏省著名中医"。

11月2日　市委颁发《市委常委会工作和自身建设制度》。

11月8日　张家港妙桥中国羊毛衫商城开业。

11月9日　苏州农业学校、苏州工艺美术学校被评为"国家级重点中等专业学校",苏州铁路机械学校、苏州卫生学校被评为"省(部)级重点学校"。

11月17日　《苏州日报》报道:本市乡镇企业首批35人获高级专业技术职称。

12月9—11日　中共中央政治局常委、国务院副总理朱镕基先后在苏州工业园区、吴县越溪镇、太湖国家旅游度假区、苏州机床电器厂等地考察,并就如何搞活国有企业为题召开厂长经理座谈会。

12月30日　苏州市妇女儿童活动中心在苏州高新区建成开放。

12月　国务院批准,苏州市为全国新增加的10个可以开设外资金融机构的城市之一。

1995年

1月8日　《苏州日报》报道:常熟市率先成立工业国有资产经营投资公司。

这标志着全市国有资产营运管理体制改革起步。6月22日市政府首次召开国有资产管理工作会议,部署进一步深化全市国有资产管理和经营体制改革。

1月13日 《苏州日报》报道:苏州市提前六年实现国家制定的"农村2000年'人人享有卫生保健'"规划目标。

1月14日 苏州医学院附属第一医院举行三级甲等医院挂牌仪式,成为全市首家获得国内医院最高等级的医院。

1月16日 太湖流域水资源保护委员会第一次工作会议在苏州召开,制定太湖流域水环境管理的长期规划。

1月17日 市委、市政府转发《关于深化企业改革、逐步建立现代企业制度的实施意见》,部署重点推进以建立现代企业制度为目标的国有企业改革。10月24日市政府召开现代企业制度试点工作会议,决定从今年起用4年左右的时间,分层次、分阶段、有计划、有步骤地在全市大中型企业中基本建立现代企业制度。

1月18日 市委发出《爱国主义教育实施意见》。9月23日苏州市首届18岁成人仪式举行,28日市委、市政府命名苏州革命博物馆、横山烈士陵园等22个单位为首批市爱国主义教育基地。

2月14日 市政府召开知识产权办公会议第一次会议。3月30日苏州市被国家专利局评为"全国专利工作先进城市"。

3月22日 《苏州日报》报道:苏州被文化部、人事部评为"全国文化模范市"。

3月22日 历时12年编纂的《苏州市志》出版发行,其主要内容的记述时限为1912—1985年。各县(市)的志书至此也全部出版。

3月22日 《苏州日报》报道:经国家教委评审批准,苏州大学"国家文、理科人才培养基地"最近挂牌,成为省内继南京大学后第二个有文理科"基地"专业点的高校。4月初苏州大学开始全面实行学院制。

4月19日,省政府公布江苏省第四批文物保护单位,苏州市有33处入列。

4月24—26日 市十一届人大常委会召开第15次会议,通过《苏州市城市绿化条例》《苏州市城市规划条例》《关于苏州市城市标志的决定》。

5月12—13日 江泽民总书记在吴江市、苏州工业园区、张家港市和昆山市等地视察,着重考察企业改革发展和开发区建设情况,并为苏州工业园区题词:"加快建设苏州工业园区,为发展中外经济技术互利合作积累新的经验",还题写了"团结拼搏,负重奋进,自加压力,敢为争先"的"张家港精神"。

5月26日 市委召开农村现代化建设座谈会,要求搞好试点,加快苏州基本现代化进程。6月17日张家港市被国家有关部门确定为全国第一家城市现代化、乡村城市化试点市。

6月8日 市召开人才工作会议,部署实施苏州市"百千万人才工程"。

6月19—20日 市召开开发区建设与土地资源开发、保护和利用专题研讨会,提出要扭转苏州土地资源严重浪费情况,"留下寸金地,传予子孙耕"。20日市政府发出《关于进一步深化苏州市区土地使用制度改革的决定》《苏州市区国有土地使用权出让实施办法》。12月1日市政府发出《关于全面开展清理整顿土地市场的通知》。

6月26日 市政府成立市推动特困企业解困工作领导小组、市实施"再就业工程"领导小组。27日市政府印发《认真实施"再就业工程"的意见》。7月10日市政府召开全市特困企业解困工作会议。

6月26日 台湾《中国通》杂志发起评选的"大陆十大热门投资点"揭晓,苏州名列第三,仅次于上海、北京。9月28日苏州市台湾同胞投资企业协会成立。至此全市已批准台资企业1600多家。

6月28日 国务院批准吴县撤县建市。7月12日举行吴县市成立大会。至此苏州市所属6个县全部实行县级市建制。

6月30日 中共张家港市委书记秦振华被中组部评为"全国优秀县(市)委书记"。

7月25—26日 市委召开八届三次全会,原则同意《苏州农村基本现代化实施纲要》。8月25日市十一届人大常委会第十七次会议审议通过该《纲要》。10月12—13日市委、市政府召开全市农村工作现场会,部署贯彻落实该《纲要》,加快实现农村基本现代化步伐。

8月1日 苏州工业园区二、三区总体规划通过论证。8月28日,园区中新合作区内力斯顿(苏州)公司等首批12家工业企业开业投产。

8月2日 市委批转市政协《关于政治协商、民主监督、参政议政的规定》。

8月11日 苏州市基本农田保护区划定,380万亩为永久性保护的一级基本农田,二级农田为62.1万亩,预留建设用地51.5万亩。

8月25日 市十一届人大常委会第十七次会议审议通过《苏州市外商投资企业管理条例》。

9月10日 苏州市获"全国科教兴市先进城市"称号。

9月20日 市政府授予吴健雄等14名海外友好人士为首批"苏州市荣誉

市民"。

10月6—9日　全国小城镇综合改革试点工作经验交流会在昆山举行。会议对苏州市在改革开放中抓好小城镇建设的成果给予较高的评价。

10月7日　苏州工业园区中新联合协调理事会第二次会议在苏州工业园区举行,中方主席李岚清副总理、新方主席李显龙副总理出席。会议确定争取用三年时间(到1997年底以前)基本完成一区8平方公里的开发,在工业园区初步形成与国际经济发展相适应的一流的投资环境("亲商"环境)的目标。

10月7日　省政府批准在常熟藕渠设立常熟农业综合开发区,列入省级开发区序列。至此苏州共有5个国家级开发区、10个省级开发区。

10月10日　《苏州日报》报道:由国家统计局、中国农村评价中心等举办的第三届中国农村综合实力百强县(市)评定发布:张家港市、常熟市、吴县市、昆山市、太仓市、吴江市分列第2、6、7、9、11、13位。

10月17日　苏州歌舞团相声演员刘喜尧获中国曲艺家协会举办的首届"牡丹奖"曲艺大赛最高奖——牡丹奖。

10月18—22日　中共中央宣传部、国务院办公厅在张家港市召开全国精神文明建设经验交流会。会议要求通过学习、推广"张家港精神",推动全国精神文明建设,促进"坚持两手抓,两手都要硬"方针的落实。翌年4月8—13日,中共中央宣传部在张家港市举办全国市委书记精神文明建设研讨班,研究在不同地区如何结合实际进一步推广张家港经验。

10月23日　经省血吸虫地方病防治领导小组考核批准,吴县市达到消灭血吸虫病标准。至此苏州市在全省率先达到血吸虫病防治标准。

10月　干将路工程古城段被中国市政工程协会评为国家级"市政工程金杯奖",是为我国市政行业工程质量方面的最高荣誉奖。

11月8日　国务院批准常熟港为国家一类对外开放口岸。翌年11月16日常熟港开港。

11月13日　市委、市政府召开古城区街坊解危安居工程动员大会。古城区54个街坊中的10、16、37号街坊首批实施。

11月18日　苏州迅达电梯有限公司等4家苏州企业获"全国百强高新技术企业"称号,吴江工艺织造厂等5家苏州企业获"全国500家最大工业企业"称号。

11月中旬　苏州蚕桑专科学校并入苏州大学。

12月18日　国家首次太湖流域污染防治座谈会在苏州举行,提出到2000

年实现太湖水质状况基本好转。

12月18日　苏州市慈善基金会成立。

12月28—30日　市委召开八届四次全委(扩大)会议,通过《中共苏州市委关于制定苏州市国民经济和社会发展"九五"计划暨基本现代化总体规划的建议》。翌年3月4日市十一届人大四次会议审议通过《苏州市国民经济和社会发展"九五"计划暨基本现代化总体规划纲要》。

1996年

1月1日　苏州开通"全球通"电信业务。6月市邮电局开展面向社会的"因特网"接入业务。

1月4日　周庄、同里、东山、甪直镇被确定为首批省级历史文化名镇。

1月8—9日　中共中央政治局常委、全国人大常委会委员长乔石在苏州工业园区、苏州新区、吴县等地视察,并为苏州工业园区题词:"借鉴国际先进经验,办好中国新加坡苏州工业园区。"

1月14—15日　中共中央政治局常委、国务院总理李鹏考察苏州工业园区和昆山经济技术开发区,并为苏州工业园区题词:"希望苏州工业园区既出物质文明又出精神文明成果"。

1月19日　市政府召开"送温暖工程"活动会议,部署解决部分群众生活困难问题。24日市委、市政府召集部分困难企业厂长、经理座谈,研究解困办法。

1月25—26日　市委召开八届五次全委(扩大)会议,审议通过《苏州市社会主义精神文明建设"九五"规划》。

2月8日　苏州市供销社集团公司成立,是为全市首家以集体资产授权经营的单位。

2月12日　市委、市政府召开工业经济工作会议,提出重组全市工业整体优势的总体规划。3月11日市政府确定市区20家重点企业集团和骨干企业为"市区工业扶优扶强工程"试点单位。4月市政府颁发《关于苏州市区工业实施名牌战略的意见》。

3月15日　市委、市政府颁发《苏州市党政干部廉政准则(试行)》。

3月27日　市委、市政府制定《苏州市、区实行两级政府、两级管理改革的总体方案》。

4月1日　上海巴黎国际银行苏州代表处成立,是为进入苏州的第一家外资银行机构。

4月19日　市委、市政府举行全市加快实施教育现代化工程动员大会,要求加快教育改革力度,推进教育现代化进程。

4月21日　《苏州日报》报道:苏州中国珍珠城等10家市场列入全省三类十大市场,24家列入省百强市场。1995全市已拥有超亿元市场51家。

4月28日　市委、市政府授予世界著名建筑大师贝聿铭"苏州市城建高级顾问"证书。

5月10日　市委、市政府发出《关于加快农村现代化试点步伐的意见》,确定12个试点镇和40个试点村的规划。

5月12日　苏州工业园区股份有限公司举行成立大会暨首届股东大会。6月22日工业园区首次推出4宗商业用地招标。

5月17日　市政府印发《苏州市科学技术基本现代化实施纲要》。

5月20日　市人大常委会、市政府联合举行贯彻实施《苏州市阳澄湖水源水质保护条例》新闻发布会,要求各级人大、政府和各部门切实依法治理和保护阳澄湖。

5月23日　新华社报道:1995年全国52个国家高新技术产业开发区主要经济指标排序确定,苏州高新区列出口创汇额第3名、工业总产值第7名。

6月6日　中国远洋运输(集团)总公司与太仓市人民政府签署《共同开发建设中远国际城协议书》,目标为在太仓港开发建设一个以集装箱泊位为主的现代化港口和多业融合的"国际城";翌年10月太仓中远国际城首个2.5万吨级码头工程举行开工典礼。是年6月国务院确定太仓港列为上海国际航运中心组合港。10月22日太仓港正式对外籍船舶开放。

6月14日　《苏州日报》报道:苏州新加坡国际学校近日获国家教委批准设立,11月开学。是为苏州首座专门招收外籍人员子女的国际学校。

6月17日　市政府决定:古城区90家有污染工业企业将全部搬迁、关停、改造。

6月20日　苏州市住宅建设成就展开幕。1995年末苏州城市人均居住面积达8.6平方米,名列全省首位。

6月21日　苏州市归国科技工作者协会成立。7月22日市政府批转《苏州市回国留学人员来苏工作若干规定》。

8月6日　市委、市政府颁发《苏州市1996—2000年依法治市规划》,标志着苏州依法治市工作全面启动展开。

8月12—14日　市委、市政府召开乡镇工业工作会议,决定在市县两级机关干部中抽调400多人组成乡镇企业改革调研组,督促、指导各乡镇深化完善乡镇企业改革。

9月12日　市房管、规划、市政公用部门率先实施社会服务承诺制度。10月18日市委部署全面推行社会服务承诺制。11月10日国务院纠风办确定,苏州市为全国推行社会服务承诺制的12个试点城市之一。

9月15日　沪宁高速公路江苏段开通运行,是为苏州境内首条运行的高速公路。

9月20日　苏州市人民政府外商投资服务中心成立。11月15日开始运作。

9月20日　上海大学张家港工学院成立,是为沙洲工学院与上海大学联办的本科学院,在全国县级市中开了高校本科教育的先河。

10月12日　苏州工业园区中新联合协调理事会第三次会议在苏州举行,中方主席李岚清副总理和新方主席李显龙副总理出席。会议进一步明确苏州工业园区3年发展目标。

11月3日　《苏州日报》报道:1995年度"全国乡镇企业百名先进县(市)"评比揭晓,苏州所辖6个县级市和郊区全部跨入全国百强行列,其中张家港市列百强之首。

11月20日　市政府举行市区国有(集体)资产保值增值签字仪式,15个集团公司的董事长在国有资产保值增值责任书上签字。

11月25日　苏州市仲裁委员会成立。

12月9日　苏州建设工程招投标有形市场投入运行。

12月13日　市人大常委会审议通过《苏州园林保护和管理条例》,是为中国第一部园林保护地方性法规。

12月18日　苏州新区的百汇购物广场投入运行,是为苏州首家大型仓储式超市。

12月25日　国务院公布第四批全国重点文物保护单位,苏州罗汉院双塔及正殿遗址、常熟绥衣堂(翁氏故居)入列。

12月26日　国家"八五"重点项目、望亭发电厂11号机组并网发电,成为拥有4台30万千瓦机组的大型火电企业。

1997年

1月8日　市区实施城镇居民最低生活保障办法,月人均收入低于180元的家庭可申请社会救济。

1月15日　苏州市和张家港市荣获"全国双拥模范城"称号。

1月18日　国家一类口岸太仓港开港。国务院总理李鹏题词:开创太仓港建设新局面。

2月27日　市政府发出《关于印发〈苏州市城镇职工养老保险制度改革实施意见〉的通知》,部署建立社会统筹与个人账户相结合的新机制。国务院确定苏州市为全国医疗保险制度改革试点城市,4月起全市医疗保险制度改革方案正式实施。7月起市区机关、企事业单位实施职工工伤、生育社会保险制度。

3月4日　《苏州日报》报道:苏州工业品商场、苏州商业大厦、苏州第一百货商店、泰华商城、苏州市人民商场跻身"全国大型零售商场150强"。

3月13日　苏州化工控股、化工农药、精细化工等3家集团有限公司同时挂牌成立。至此,市属国有工业企业全部完成国有资产授权委托经营机制转换。

3月25日　新华社报道:中宣部命名张家港市、苏州市区三元四村为"全国创建文明城市示范点",常熟市为"全国创建文明村镇示范点",苏州汽车站等5家单位为"全国创建文明行业示范点"。

4月24日　经省通信建设领导小组确认,太仓市建成全国第一个电话市。

4月30日　《苏州日报》报道:苏州累计实际利用外资突破100亿美元。

4月30日　第二批古城街坊解危安居工程启动,包括17、33、36、39、43号街坊和40、45号街坊局部。11月盘门景区所处的51号街坊整体改造工程启动。

5月31日　苏州市获全国"儿童工作先进市"称号。

6月9日　国家教委和省政府决定,苏州丝绸工学院并入苏州大学。

6月19日　市委、市政府召开贯彻三项基本国策、坚持可持续发展会议。

7月5日　市委、市政府召开工业资产经营工作会议。至此市属工业总资产的96%、净资产的95%已实行授权经营。10日市举行9家非工业系统控股集团公司国有资产保值增值责任书签约仪式。该月中旬市委、市政府批转市国有(集体)资产管理委员会旨在规范国有资产委托经营的8个文件。这些标志着苏州构建三个层次组成的国有资产经营管理框架已经形成。8月国家体改委批准苏州市为全国国有资本营运体制改革试点城市。

7月16日　苏州市首次公开面向社会招聘公务员报名开始。年内苏州完成推行国家公务员制度工作。

7月29日　市委、市政府召开农业产业化工作会议,9月10日市委、市政府发出《关于加快推进农业产业化的意见》。

8月19日　苏州城市合作银行揭牌开业,是为苏州首家地方性股份制商业银行。

8月31日　苏州市滑稽剧团创作演出的儿童滑稽剧《一二三,起步走》获中宣部第六届精神产品"五个一工程奖"儿童剧第一名、文化部第七届"文华奖"。

9月12日　苏州的中共党员代表杨晓堂、秦振华、顾子然、沈文娟参加中共第十五次全国代表大会。18日,江苏省委常委、苏州市委书记杨晓堂当选为中共十五届中央候补委员。

9月20日　市政府向24位为苏州市经济建设和社会事业发展做出贡献的海外、港澳友人和实业家授予"苏州市荣誉市民"称号。

10月29—31日　市十一届人大常委会第三十次会议审议通过《苏州市城市总体规划(1996—2010年)》。

10月　外经贸部和国家统计局联合发布1996年全国最大的500家外商投资企业排序(按销售额〈营业款〉排序),苏州市有18家入列。

12月2日　市区召开工业企业深化改革动员大会,着重部署加快放开搞活小企业步伐。

12月4日　《苏州日报》报道:苏州医学院院长、省血液研究所所长阮长耿教授当选为中国工程院院士,成为在苏工作的首位院士。

12月4日　第21届世界文化遗产委员会会议表决通过,苏州古典园林列入联合国教科文组织《世界文化遗产名录》,确定拙政园、留园、网师园、环秀山庄为苏州古典园林的典型例证。

12月8日　国家主席江泽民在北京会见新加坡资政李光耀时指出:中新两国政府间最大的合作项目苏州工业园区是中新经济合作的重中之重,更是中国对外合作的重点项目,中国领导人一贯支持苏州工业园区项目,中国愿与新方共同努力,集中力量把园区建设搞好,共同推进中新经济合作不断向前发展。

12月26日　日本住友银行苏州分行在苏州新区开业,是为全市首家营运的外资银行。

12月　苏州横山烈士陵园、苏州革命博物馆等9家单位被命名为江苏省爱国主义教育基地。

1998年

1月6日　《苏州日报》报道:苏州高新区成为国家科委批准的中国首批3个国际企业孵化器之一。2月26日中国苏州留学人员创业园在苏州新区成立。

1月12—15日　市政协十届一次会议召开。

1月18—23日　市十二届人大一次会议召开。

2月12日　市政府召开环境保护工作会议,重点部署实施"太湖限期达标"污染治理。12月31日市政府宣布:苏州市太湖流域水污染防治第一战役——全市278家重点单位和113家非重点单位的水污染限期达标排放"零点行动"全面完成。

2月　吴县西山镇被国务院农业综合开发办公室列入国家农业综合开发项目区,启动建立苏州西山国家现代农业示范园区。

3月3日　在苏州的全国政协委员刘振夏、杨海坤、强亦忠参加政协全国九届一次会议。

3月5日　在苏州的全国人大代表朱建平、时匡、沈文荣、陈德铭、顾芗、徐德郁、钱月宝、钱海鑫、谢美兰参加九届全国人大一次会议。

3月19日　苏州市滑稽剧团演员顾芗继1992年首获"梅花奖"后再次荣获中国戏剧最高奖"梅花奖",成为该年度全国唯一的"二度梅"。

3月20日　昆山高科技工业园揭牌。该园区享受省级经济技术开发区及省有关发展高新技术产业的政策。

3月27日　市政府决定即日起向公众发布"城市空气质量周报"。

3月30日　市委、市政府召开再就业工作会议。至年底,近年来市区累计5万多名下岗职工中已有4.8万多名得到分流安置。

4月15日　中共中央政治局常委、全国人大常委会委员长李鹏在苏州考察乡镇企业和太湖旅游度假区。

4月17—22日　中共中央总书记、国家主席、中央军委主席江泽民在苏州视察。就乡镇企业改革与发展、太湖保护与开发利用进行考察调研,并为吴县题词:开发太湖,保护太湖,发展吴县,造福后代。10月5日,江泽民总书记来到昆山市对农业和农村工作进行考察调研,召开有江苏省、市、县领导干部和农业专家参加的座谈会听取意见。

5月5日　市政府印发《苏州市区蓝印户口管理暂行办法》。

5月8日　常熟市被科技部确定为"国家持续高效农业技术研究与示范区"。

5月18日　苏州市规划委员会成立。6月30日苏州市城市规划专家咨询委员会成立。

6月11日　省委、省政府在苏州召开江苏省创建卫生城市工作会议,宣布苏州市于5月被全国爱卫会正式命名为"国家卫生城市"。此前,继张家港市后,昆山市、吴江市也跻身"国家卫生城市"行列。12月25日市委、市政府召开加强国家卫生城市长效管理暨创建文明城市动员大会。

6月19日　市政府发出《苏州市国有大中型工业企业三年改革与脱困工作意见》,提出从7个方面寻求突破。

6月22日　市委、市政府发出《关于稳定完善农村土地承包关系发放经营权证书的意见》。至年底全市全面完成延长承包期工作,95.59万农户领取了土地承包经营权证书。

6月26日　市委、市政府发出《关于农村集体资产营运管理体制改革的意见》。

6月29日　市委、市政府发出《关于全市卫生改革与发展的意见》,提出到2000年初步建立起与基本现代化地区相适应的卫生服务、医疗保障、卫生执法监督体系,国民健康主要指标达到中等发达国家水平。

6月29日　吴江市委书记沈荣法荣获中组部授予的"优秀县(市)委书记"称号。

7月7日　市委、市政府印发《苏州市村级民主管理制度(试行)》。9日召开农村基层民主建设工作会议,部署在全市农村全面实行"一公开四民主"。

7月24日　联合国技术信息促进系统中国国家站苏州中心站建立并投运。年内苏州电信局先后建成163、169两个公众多媒体信息网,"网上苏州"开通苏州政务信息公开平台。

7月27—29日　市委、市政府召开乡镇企业工作会议,研究和部署深化完善乡镇企业产权制度改革工作。

8月16日　《苏州日报》报道:苏州市被科技部命名为江苏沿江火炬带"火炬奖明星城市"。

8月21日　苏州市与中科院加强合作研讨会召开。11月14日市政府与中科院签订全面高新技术合作协议,苏州市与中科院10余个分院共签订172项合作项目协议。

9月7日　市政府发出《关于进一步扩大对内开放的若干意见》,出台14条新举措吸引外地企业来苏共同发展。

10月4日　《苏州日报》报道:苏州新区25平方公里和工业园区10平方公里已成建成区,苏州市区建成区面积扩大至76平方公里。

10月13日　市委、市政府在工业园区召开会议,部署贯彻江泽民总书记关于苏州工业园区是中新两国经济合作"重中之重"的指示精神,开创园区发展和繁荣的新局面。

10月26日 苏南运河苏州段整治工程通过交通部验收,成为中国内河第一条标准化、美化样板航道。

11月15日 苏州市第一所民办大学——硅湖大学在昆山市花桥镇奠基,计划于1999年9月开学。

11月26日 苏州钢铁厂特钢工程炼出首炉钢。该工程总投资17亿元,是为中华人民共和国成立以来苏州自筹资金投放量最大的工业项目。

11月24日 市政府公布第四批苏州市文物保护单位17处。

12月14日 市委、市政府批准《观前地区整治更新规划设计方案》和《观前地区整治更新工程实施意见》。观前地区整治更新工程计划投资约4.64亿元,一期工程于12月30日启动建设。翌年9月24日新观前街开街。

1999 年

1月5日 苏州市被国家旅游局命名为首批"中国优秀旅游城市"。

1月18日 市政府颁发《苏州市市区进一步深化住房制度改革的实施方案》,确定停止住房实物分配,逐步实行住房分配货币化。

1月22日 市委、市政府召开全市大中型乡镇企业座谈会,要求全市乡镇企业产权制度改革在年内基本完成。

1月23日 《苏州日报》报道:1998年苏州市人口首次出现负增长,增长率为-0.28%。

2月25日 市委知识分子工作领导小组公布1 493人为苏州市首批跨世纪高级人才培养对象。4月22日又公布首批113名优秀专业技术拔尖人才名单。

3月8日 中国科学院与江苏省重大合作项目——中科昆山高科技产业园在古镇周庄正式启动。5月12日中科院沈阳自动化研究所苏州分部成立。10月18日苏州市政府与中科院联合组建的首批股份制高科技公司——苏州沈苏自动化技术开发公司和苏州长光科技发展公司开业。

4月5日 苏州市首次政府采购项目开标。8月7日市政府发布《苏州市政府采购暂行办法》。

4月8日 新华社报道:"全国村民自治模范县"评选揭晓,太仓市、昆山市获此殊荣。

4月14日 市图书馆新馆、市体育中心两大工程开建。

4月25日　《苏州日报》报道：全市有3 000名外籍人员在苏州就业。

5月6日　《新华日报》报道：苏州市被确定为全国首批15个高新技术产品出口试点城市之一，成为我国科技兴贸行动计划的排头兵。8月，苏州市15个项目被列入1999年国家科技开发项目计划。

5月12日　苏州工业园区海关开关。

5月17日　苏州市被列为江苏省小城镇户籍制度改革试点市。

5月21日　市法律援助中心成立。

5月26日　苏州市首次公开选拔县处级领导干部。

6月18日　市委、市政府召开小城镇建设工作座谈会，要求进一步加快小城镇建设步伐，推动农业和农村现代化建设进程。据统计，至此全市已有111个镇达到市级新型小城镇标准，31个镇被评为江苏省新型示范小城镇，张家港塘桥镇、昆山淀山湖镇被评为首批全国小城镇建设示范镇。8月5日省政府确定苏州市27个镇为省重点中心镇。11月12日市委、市政府颁发《关于进一步加快小城镇建设的意见》。

6月30日　入梅后连日普降大暴雨形成全市城乡严重洪涝灾害，市委、市政府决定：依据《防洪法》，全市进入紧急防汛期，市政府发布《通告》。7月8日出现太湖水位超过1991年历史最高水位0.28米（达5.07米）的险情，市委、市政府连夜部署全市上下投入抗洪救灾斗争。9日国务院副总理、国家防指总指挥温家宝到苏州察看灾情、指导工作，国家防总及时指令泄洪。7月28日紧急防汛期结束。

7月28日　苏嘉杭高速公路江苏段建设工程在苏州举行开工典礼。

8月12日　市政府召开加快国有（集体）企业改革推进工作会议，确定到年底大企业改制面达80%、中小企业改制面达90%以上的目标任务。

8月17日　《苏州日报》报道：苏州的时匡、沈琪、张学光三人被确认为中国科学院、中国工程院增选新院士的有效候选人。

8月19日　市委发出《关于在市级领导班子、领导干部中深入开展以"讲学习、讲政治、讲正气"为主要内容的党性党风教育的实施意见》，并召开市级领导班子"三讲"教育动员大会，全市"三讲"教育启动。10月28日市委发出《中共苏州市委常委会关于党性党风方面存在问题的整改措施》。

9月2日　新华社报道：到8月底苏州市引进合同外资累计达300亿美元，仅次于上海、广州，列全国城市第3位。

9月13日　中共中央政治局常委、国务院副总理李岚清在苏州考察苏州大学、苏州工业园区职业技术学院、古城区37号街坊等地。

9月14日 苏州工业园区中新联合协调理事会第四次会议在苏州召开,中方主席李岚清副总理、新方主席李显龙副总理共同主持。会议一致同意工业园区今后3年的发展目标和措施。

9月16日 苏州市、张家港市、昆山市被中央文明委表彰为"全国精神文明创建工作先进城市"。

9月22日 摩托罗拉半导体苏州设计中心开业,是为全国首家国家级IC设计中心。

10月7日 我国著名光学专家、中国工程院院士薛鸣球来到苏州大学工作。

10月19日 《苏州日报》报道:苏州成为台商投资的"天堂",吸引台资和实际利用台资分别占全国总量的1/6和1/7。

10月22日 全市召开首次卫生科技大会,市政府命名首批30名"苏州名医"和6名"苏州名护士"。

11月7日 市委、市政府召开水利工作会议,部署贯彻省委、省政府关于"奋战三年,治理好太湖水患"的决策,掀起灾后大干水利热潮。当月苏州城区高标准防洪工程及低洼地区居民住宅区综合改造工程启动,12月环太湖大堤除险加固和应急工程启动。

11月12日 外经贸部批准昆山建达服装公司在柬埔寨创办远东纺织品公司,是为苏州私营企业在国外创办的首家企业。

11月20日 苏州出入境检验检疫局成立。

12月17日 苏州新区博士后科研工作站经国家人事部批准正式成立,是为全国首家在省辖市开发区成立的博士后科研工作站。

12月23日 《苏州日报》报道:至11月底苏州市当年外贸进出口总额首次突破百亿美元大关,达111.8亿美元。

12月31日 《苏州日报》报道:1999年苏州市实现财政收入109亿元,首次超百亿元。

本年 苏州市旅游业总收入突破百亿元大关,达121亿元;接待海外旅游者突破50万大关,达60.69万人次。

2000年

1月4日 《苏州日报》报道:苏州二建公司承建的新区新城花园酒店项目获本市首个国家建筑工程"鲁班奖"。

1月10日　国务院批复《苏州市城市总体规划(1996—2010年)》,确定苏州市城市性质是:国家历史文化名城,重要的风景旅游城市,长江三角洲重要的中心城市之一。

1月10日　苏州工业园区金鸡湖景观工程规划成果报告会举行。该项目计划投资11亿元,建成后将成为我国最大的城市湖泊公园。年内,首个项目湖滨大道建成开放,城市广场项目开工建设。

1月21日　《苏州日报》报道:波司登(服装)、好孩子(童车及儿童用品)成为苏州首批"中国驰名商标"。

1月26日　市人大常委会和市政府宣布《苏州市禁止开山采石条例》自2月1日起施行。

2月17日　国家环保总局授予苏州市"国家环境保护模范城市"称号。

2月22—24日　中共中央政治局常委、全国人大常委会委员长李鹏一行来苏州市、张家港市考察工作,并就"三讲"教育进行调研,参加张家港市领导干部"三讲"教育会议并作重要讲话。

3月3日　市委、市政府召开观前地区整治更新一期工程表彰和二期工程启动动员大会。

3月13日　观前街获全国第三批"百城万店无假货活动示范街"称号,苏州工业品商场购物中心获全国第二批"百城万店无假货活动示范店"称号。

3月23日　《苏州日报》报道:苏州高新区、昆山经济技术开发区1999年实现业务总收入双超200亿元,占全省4个入列开发区的一半。

3月31日至4月6日　首届中国(苏州)昆剧艺术节暨昆剧优秀古典名剧展演在苏州市举行。

4月7日　苏州国际旅游节开幕式上,首次打出苏州"三古一湖"(古典园林、水乡古镇、千年古城、太湖风光)旅游新品牌。

4月24日　市政府转发省有关文件明确:苏州13家企业进入全省探索建立现代企业制度的百户国有大中型企业行列。

4月27日　国务院批准苏州工业园区、昆山开发区设立全国首批试点出口加工区。10月8日昆山出口加工区封关运作。

4月27日　市政府批转《关于支持市属国有科研机构转制的若干意见》。至年底,已有市丝绸科学研究所等5家市属应用型科研机构相继完成整体转制。

5月9日　《人民日报》头版头条发表《苏州工业园区开发建设进入新阶段》的报道指出:苏州工业园区成为世界著名跨国公司"聚焦"的热点之一,截至

2000年3月已进入36家世界500强企业,项目平均投入强度继续在全国开发区中保持领先水平。

5月14日　市委、市政府召开农村工作会议,部署大力推进农业结构调整,拓展农村经济发展空间。

5月15日　市政府召开苏州市实施"走出去"战略座谈会。

5月15日　《苏州日报》报道:苏州乡镇工业在经历改革转制的"阵痛期"后跨入"新生期"。至4月底全市乡镇企业职工人数达到102万人,恢复到90年代初的历史最高水平。

5月18日　苏州大学举行建校100周年庆祝大会。江泽民总书记为苏大题词:"努力将苏州大学办成高素质创新人才的培养基地"。日前,我国著名光学专家、中国工程院院士潘君骅受邀来到苏州大学现代光学技术研究所继续从事科研工作,是为苏州大学拥有的第三位两院院士。

6月8日　市委、市政府召开会议,表彰首批22名苏州市"人民满意的公仆"和被省政府授予"人民满意的公务员"荣誉称号的3名同志。

6月13日　市政府印发《关于进一步深化苏州市国有工业企业改革工作的实施意见》,提出国有资本坚决、全部、逐步地从中小企业退出的原则,并在资产量化、职工身份置换、国有资产转让作价等方面制定突破性政策,为推进企业改制创造条件。

6月15日　苏州市技术创新大会召开,表彰苏州市优秀科技人才。8月28日市委、市政府发出《关于加强技术创新推进高新技术产业化的意见》。

6月28日　市政府印发《关于全面推进依法行政工作的决定》。10月1日"名城苏州"政府网站开通。11月21日市政府办公室印发《关于在全市进一步推进政务公开的实施意见》。

6月　截至6月底,全市私营企业数已达23 518家,注册资本总额达124亿元,首次跃居全省首位。

7月11日　全省城市工作会议宣布:苏州市被确定为全省4个特大城市之一。

7月13日　《苏州日报》报道:吴宫喜来登大酒店、工业园区新苏国际大酒店成为苏州首批"五星级"饭店。

8月30日　市政府印发《关于苏州市积极参与西部大开发的意见》。

9月1日　苏州市国民经济和社会信息化工作会议召开,明确全市信息化建设目标。

9月1日 《苏州日报》报道：苏州3年内将关闭所有深井，禁止开采地下水，有效控制地面沉降。

9月2日 市政府决定，苏州市郊区更名为虎丘区。8日虎丘区正式揭牌。

9月4—7日 第六届中国艺术节苏州评弹比赛暨首届中国苏州评弹艺术节举行。

9月10日 《苏州日报》报道：江苏省生产的首批笔记本电脑在昆山问世。12日《苏州日报》报道：电子信息业已成为苏州市新兴支柱产业。

9月21日 苏州籍运动员张军与队友合作获悉尼奥运会羽毛球混双比赛金牌，苏州市实现奥运金牌"零的突破"。

9月26日 市委首次召开全市政协工作会议。12月15日市委发出《关于进一步加强新时期人民政协工作的意见》。

10月16日 国务院副总理李岚清与新加坡副总理李显龙在苏举行会谈，并共同主持苏州工业园区中新联合协调理事会第五次会议。

10月16日 《苏州日报》报道：苏州新增春花、梦兰、AB三只"中国驰名商标"。

10月29日 苏州有线数字电视开播，全市有线电视镇村覆盖率达96.3%，提前基本实现村村通有线电视。

11月8日 苏州境内第三条高速公路——沿江高速公路举行开工典礼。

11月10日 市委八届十九次全体（扩大）会议审议通过《中共苏州市委关于制定苏州市国民经济和社会发展第十个五年计划的建议》。

11月11日 《苏州日报》报道：苏州评弹演员邢晏芝、邢晏春分获"文华表演奖""文华创作奖"，金丽生、赵慧兰、盛小云在"中国曲艺牡丹奖"评选中同获"牡丹表演奖"。

11月30日 沧浪亭、狮子林、艺圃、耦园、退思园等5座苏州古典园林申报世界遗产扩展项目在联合国教科文组织第24届世界遗产委员会会议上被正式批准。至此苏州共有9座古典园林列入《世界遗产名录》。

11月 苏州高新区、昆山开发区留学人员创业园被命名为首批"国家留学人员创业示范基地"，并同时被确认为"国家高新技术创业服务中心"。

11月 虎丘、拙政园、苏州乐园、周庄4个景区入列全国首批最高等级的"国家4A级旅游区（点）"。

12月2日 《苏州日报》报道：苏州又新添8位专家享受国务院特殊津贴。10年来苏州共有511人享受国务院特殊津贴。

12月3日 《苏州日报》报道:苏州被认定的国家级、省级高新技术企业总数达350多家。

12月6日 《苏州日报》报道:苏州舞蹈界获本行最高奖"中国文化艺术政府奖群星奖"二金一银。此前,苏州市歌舞团创作演出的舞剧《干将与莫邪》荣获文化部第九届"文华新剧目奖",舞蹈家马家钦获"文华编导奖"。

12月8日 中共中央政治局常委、国务院总理朱镕基在常熟考察调研棉花收购、加工和开展棉花打假专项行动情况。

12月12日 《苏州日报》报道:台商在岛外投资前十强企业中一半已在昆山投资兴业,投资额均在1亿美元以上,昆山成为大陆台商投资密集区。

12月18日 苏州新区陆路二类口岸挂牌成立。

年末 全市提前和超额完成"九五"各项主要发展计划。2000年全市实现国内生产总值1 540.7亿元,人均国内生产总值2.67万元,按当年汇率折算超过3 200美元。

参考文献

《苏州交通运输志》编纂委员会编:《苏州交通运输志(1986—2005)》,扬州:广陵书社,2011年。

《苏州市旅游志》编委会编:《苏州市旅游志》,扬州:广陵书社,2009年。

蔡利民、高福民主编:《苏州传统礼仪节令》,苏州:古吴轩出版社,2006年。

蔡利民著:《苏州民俗》,苏州:苏州大学出版社,2000年。

蔡梦寥、蔡利民著:《四季风雅:苏州节令民俗》,南昌:江西人民出版社,2013年。

洪银兴、王荣主编:《改革开放三十年:苏州经验》,苏州:古吴轩出版社,2008年。

黄正栋主编:《数字见证苏州改革开放30年巨变》,苏出准印(2008)字JSE—1002233号。

贾轸、唐文起主编:《江苏通史·中华人民共和国卷(1978—2000)》,南京:凤凰出版社,2012年。

江洪、朱子南、叶万忠、唐文主编:《苏州词典》,苏州:苏州大学出版社,1999年。

江苏省地方志编纂委员会编:《江苏省志·乡镇工业志》,北京:方志出版社,2000年。

江苏省统计局、国家统计局江苏调查总队编:《巨大的变化　辉煌的成就——江苏改革开放30年》,北京:中国统计出版社,2008年。

陆允昌、高志斌主编:《苏州对外经济五十年(1949—1999)》,北京:人民出版社,2001年。

孟焕民、陈楚九著:《第二次突破——苏州开发区建设实证研究》,北京:人民出版社,2002年。

孟焕民主编:《崛起的热土——来自苏州各级开发区的报告》,上海:上海科学普及出版社,1994年。

沈石声著:《苏南模式在苏州的实践》,北京:人民日报出版社,2010年。

苏州工业园区地方志编纂委员会编:《苏州工业园区志(1994—2005)》,南京:江苏人民出版社,2012年。

苏州市城市建设博物馆编著:《苏州城市建设大事记》,上海:上海科学技术文献出版社,1999年。

苏州市档案局《苏州年鉴》编辑部(编纂委员会)编:《苏州年鉴》1983—2001年各年度版。苏州:苏州市档案局(内部发行),1985、1986、1988年;上海:上海社会科学院出版社,1988年;上海:上海人民出版社,1990年;上海:中国大百科全书出版社上海分社,1991年;南京:江苏古籍出版社,1992、1993、1994年;南京:《江苏年鉴》杂志社,1994、1995、1996年;上海:上海百家出版社,1998年;上海:世界图书出版公司,1998年;上海:上海科学技术文献出版社,2000年;苏州:古吴轩出版社,2000、2001年。

苏州市地方志编纂委员会编:《苏州市志》,南京:江苏人民出版社,1995年。

苏州市地方志编纂委员会编:《苏州市志(1986—2005)》,南京:江苏凤凰科学技术出版社,2014年。

苏州市对外经济贸易委员会编:《苏州对外经济志》,南京:南京大学出版社,1991年。

苏州市对外贸易经济合作局编:《苏州对外经济二十六年发展历程(1980年—2005年)》(内部资料),2007年。

苏州市高新区虎丘区志编纂委员会编:《苏州市高新区虎丘区志》,上海:上海社会科学院出版社,2012年。

苏州市工会志编纂委员会:《苏州市工会志》,南京:江苏古籍出版社,1993年。

苏州市教育局《苏州教育志》编纂组编:《苏州教育志》,上海:上海三联书店,1991年。

苏州市教育局《苏州教育志·续志》编纂组编:《苏州教育志·续志(1986—2000)》,香港:香港文汇出版社,2007年。

苏州市经济贸易委员会、苏州市乡镇企业管理局、中共苏州市委党史工作办公室编:《苏州乡镇工业》,北京:中共党史出版社,2008年。

苏州市经济委员会编:《走向辉煌——阔步前进的苏州工业经济》,苏州:古吴轩出版社,1994年。

苏州市农业委员会编:《苏州农业志》,苏州:苏州大学出版社,2012年。

苏州市文学艺术界联合会编:《群星灿烂——苏州当代文化名人》,苏州:古吴轩出版社,2003年。

苏州市吴中区地方志编纂委员会编:《苏州市吴中区志(1988—2005)》,上海:上海社会科学院出版社,2012年。

苏州市政协文史委员会编:《异军突起——苏州乡镇企业史料》,苏州:古吴轩出版社,2012年。

太仓市史志办公室编:《太仓港发展史》,西安:西安地图出版社,2005年。

汤钰林主编:《苏州工艺美术》,上海:文汇出版社,2012年。

汤钰林主编:《苏州文化遗产丛书》,上海:文汇出版社,2010年。

王国平主编:《苏州史纲》,苏州:古吴轩出版社,2009年。

王荣、韩俊、徐建明主编:《苏州农村改革30年》,上海:上海远东出版社,2007年。

王荣主编:《苏州之路:"两个率先"的实践思考》,苏州:苏州大学出版社,2006年。

吴县地方志办公室、吴县档案馆编:《吴县大事记(石器时代—1993年)》,苏州:古吴轩出版社,1994年。

杨守松:《昆山之路(1991—1995)》,南京:江苏文艺出版社,1995年。

郁永龙著:《宗教文化在苏州》,北京:宗教文化出版社,2014年。

中共常熟市委党史工作办公室编:《缔造辉煌》,北京:中共党史出版社,2001年。

中共江苏省委党史工作办公室编:《五十年探索与辉煌——中共江苏地方史大事记》,北京:中央文献出版社,1999年。

中共昆山市委党史研究室编:《中国共产党昆山市历史大事记(1949.5—1999.12)》,上海:上海科学技术文献出版社,2000年。

中共苏州市纪委教育室编:《前车之鉴(三)——2000年以来苏州市党员干部违纪违法典型案件剖析》,苏出准印(2003)字JSE—000329号。

中共苏州市委党史工作办公室、苏州市档案局(馆)编:《中国共产党苏州市历次代表大会(会议)文献汇编(1949—2001)》,苏出准印JSE—001549号,2001年。

中共苏州市委党史工作办公室、苏州市体制改革委员会编:《姑苏春潮——苏州改革开放纪实》,上海:上海大学出版社,1997年。

中共苏州市委党史工作办公室编:《苏州改革开放三十年大事记(1978—2008)》,北京:中共党史出版社,2008年。

中共苏州市委党史工作办公室编:《中国共产党苏州党史大事记(1949—1999年)》,北京:中国文史出版社,2000年。

中共苏州市委党史工作办公室编著:《中国共产党苏州地区历史大事记(1949.4—1983.3)》,北京:中共党史出版社,2013年。

中共苏州市委农村工作办公室编:《苏州建国以来农村历次运动史料简综(1951—1983)》(内部资料),2006年。

中共苏州市委员会编:《今日苏州农村经济》,南京:江苏人民出版社,1985年。

中共苏州市委政法委员会编:《苏州政法工作五十年(1949.4—1999.12)》苏准字JSE—0001048号,2004年。

中共苏州市吴中区委宣传部编:《往事回眸——吴县(市)历史资料(1919—2001)》(内部资料),2002年。

中共张家港市委党史地方志办公室编:《辉煌二十年(1986—2005)》,北京:中共党史出版社,2006年。

中共张家港市委党史地方志办公室编:《历史的回声——张家港市党史专题集(1962—2000)》,北京:中央文献出版社,2001年。

中共张家港市委党史地方志办公室编:《中国共产党张家港市历史大事记(1949.4—1998.12)》,北京:中共党史出版社,1999年。

中共中央党史研究室编:《中国共产党新时期历史大事记(1978.12—2002.5)》(增订本),北京:中共党史出版社,2002年。

中共中央党史研究室著:《中国共产党简史》,北京:中共党史出版社,2001年。

中共中央书记处研究室、中共中央文献研究室编:《坚持改革、开放、搞活——十一届三中全会以来有关重要文献摘编》,北京:人民出版社,1987年。

《邓小平文选》(第三卷),北京:人民出版社,1993年。

周良著:《苏州评弹》,苏州:苏州大学出版社,2000年。

周治华主编:《当代苏州人才录》,上海:上海三联书店,1999年。

周治华主编:《苏州全国之最》,南京:江苏科学技术出版社,1994年。

后 记

本卷记述内容的时限,自1978年12月中共十一届三中全会召开至2000年末止。根据本史全卷编纂的统一规范,本卷第一、二、三章,按国内史学界通行的关于改革开放新时期我国历史分段方法,依序分章记述这一历史阶段苏州政治与经济(含城乡建设)方面的发展变革历程;第四章记述改革开放以来苏州的社会发展与变革情况;第五章记述改革开放以来苏州的文化发展与变革情况。为保持事件与资料的完整性,全卷及前三章中某些事件实际记述的时限,根据需要作适当上溯和下延。

本卷记述内容的地域范围,1983年2月之前包括苏州市和苏州地区,其中苏州地区以记述当时所辖的常熟、沙洲、太仓、昆山、吴县、吴江6个县的情况为主,但由于有些事件、文献资料、统计数据无法分割,为保持其完整性,因而前两章中少数地方实际记述的地域范围涵盖了当时苏州地区的全域,即包括了当时隶属苏州地区的江阴县和无锡县在内,文中这一时期所使用的"苏州"一词,意指苏州市、苏州地区二者合一的整体;1983年3月后所记述的地域范围,与现今苏州市的行政区域范围相同,文中这一时期所使用的"全市"一词意含苏州现今的全部行政区域范围,所使用的"市区"一词专指当时属于苏州市区行政管辖内的区域范围。文中所涉及的行政区划名、地名,依所记述该事件当时之名称。

本卷编写中所运用的素材和所引用的文献资料,主要源自苏州市地方志编纂委员会所编《苏州市志》(江苏人民出版社1995年版)、《苏州市志(1986—2005)》(江苏凤凰科学技术出版社2014年版)和苏州市档案局《苏州年鉴》编辑部(编纂委员会)所编各年度《苏州年鉴》,因引用数量庞大、频次密集,根据出版社的意见,为简化版面,未在成书中逐一加注,恕请上述编纂单位和相关编写者谅解;除此之外,均以脚注逐一注明出处。

本卷记述内容中所使用的统计数据,主要源于档案文献资料和苏州市统计局的统计公报、统计年鉴及由其所编写出版的统计资料性书籍,无上述权威性统计数据时采用《苏州市志》《苏州年鉴》、县(市)区编写的地方志和部门编写的专业志、单位和个人编写出版的书刊、地方报刊等中的相关数据。

本卷所记述党政机关、人民团体等机构、单位名称,首次出现时用全称,重复

后　记

出现时一般使用简称。

本卷编写中,得到众多相关部门、单位及专家学者的支持、帮助和指导,包括提供史志书籍和文献资料、帮助查考核实史实、提出修改完善意见等。苏州市档案局、档案馆为作者查档、阅档给予了极大的帮助和热情周到的服务。熊月之(上海社会科学院原副院长、《苏州通史》顾问)、唐力行(上海师范大学历史学教授)、池子华(苏州大学历史学教授)、孟焕民(苏州市人大常委会原副主任、中共苏州市委原秘书长)、徐伟荣(苏州市人民政府研究室原主任)等市内外专家学者,对本卷的纲目制定及编写中应着重把握的问题发表了很多指导性意见。王国平(苏州大学历史学教授、《苏州通史》总主编)、李峰(苏州大学历史学教授)对本卷纲目及第一稿的修改、完善提出了很多重要的意见。王玉贵(苏州大学历史学教授)、陈其弟(苏州市地方志办公室副主任)对本卷第二稿进行了全面审读,孟焕民、汪长根(中共苏州市委原副秘书长)、吴云高(中共苏州市委原副秘书长)、卢宁(苏州市人民政府研究室主任)、邓正发(中共苏州市委研究室副主任)、涂海燕(中共苏州市委党史工作办公室副主任)对本卷第三稿进行了全面审读,从结构编排到内容取舍,从史实甄别到评述斟酌,从标题提炼到语句文字修改,都提出了很多中肯的修改意见。本书总主编王国平对本卷第四稿进行了总体把关和内容删节,中共苏州市委党史工作办公室、苏州市民族宗教事务局对书稿进行了审读,使本卷得以定稿。苏州大学出版社责任编辑欧阳雪芹、顾清对本卷书稿进行了认真校审,从体例、注释、语言文字等各方面做了全面规范,终使本书得以付梓。在此,谨向对本卷编写、出版给予帮助、指导的专家学者和各有关方面表示诚挚的感谢!

从1978年到2000年的20余年,在苏州几千年的发展史中虽只是短暂的一段,然而这20余年堪称苏州历史上政治、经济、文化、社会等各方面变革最大、发展最为显著的一个时期。在这一时期,苏州各级各部门及广大干部群众以建设中国特色社会主义为指引,结合苏州的实际,进行了许多史无前例的创举和革新,谱写了苏州在改革开放大潮中迅速崛起、跨越发展的历史新篇章。这是一段值得大书特书并载入史册的辉煌历史。王玉贵教授认为本卷属于苏州这一段历史的"开山之作",从而使本人犹感使命光荣、责任重大,近八年来亦为写好此作倾注了几乎全部的精力。但囿于作者的水平,也限于本书的篇幅,加上这一时期苏州的许多探索和实践的影响尚未全部呈现,还有待更长时间的积淀,因而本卷所记述的内容及本人所做的一些属于个人见解的评述,难免有疏漏、偏颇和不当之处。希冀本书只是作为记述苏州这一段历史的抛砖引玉之作,面世后能得到更多亲历、亲为者和专家学者的补正和指正。